Norwegen

Anthony Ham

Miles Roddis

Inhalt

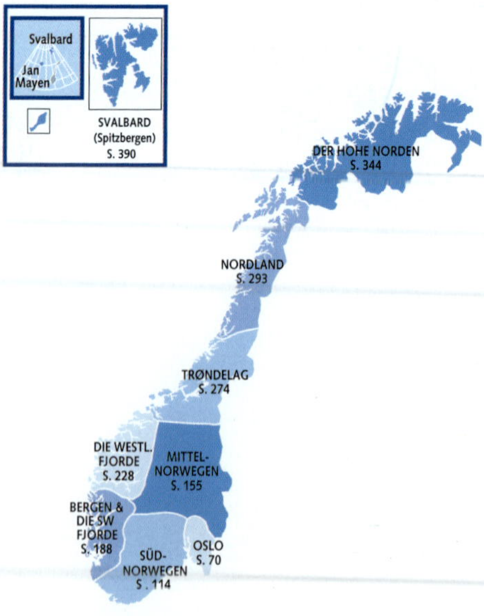

Svalbard
Jan Mayen
SVALBARD (Spitzbergen) S. 390
DER HOHE NORDEN S. 344
NORDLAND S. 293
TRØNDELAG S. 274
DIE WESTL. FJORDE S. 228
MITTEL-NORWEGEN S. 155
BERGEN & DIE SW FJORDE S. 188
SÜD-NORWEGEN S. 114
OSLO S. 70

Reiseland Norwegen

Norwegen ist einfach atemberaubend schön. Egal wie viele Fotos man vor der Reise gesehen hat – nichts bereitet einen auf den absolut überwältigenden Live-Anblick eines steilwandigen norwegischen Fjordes vor. Besonders aus der Adlerperspektive der vielen Aussichtspunkte, Hunderte Meter über dem Wasser, auf die Boote, die gemächlich zwischen Klippen und einsamen Dörfern kreuzen, sind Norwegens Fjorde ein sensationelles Erlebnis.

Doch Norwegen bietet viel mehr als „nur" Fjorde. Die allein würden die Reise allerdings schon lohnen.

Von den weiß gestrichenen Holzhäuschen in den Dörfern entlang der pittoresken Südküste bis hin zur wilden Schönheit des arktischen Nordens – die norwegische Landschaft hat wahnsinnig viel zu bieten: riesige Wälder, schroffe Gipfel, spektakuläre Gletscher, riesige Eisfelder und die wilde arktische Tundra. Die zahllosen außergewöhnlichen Wanderwege führen direkt vom Lärm des modernen Alltags in einige der letzten noch erhaltenen urtümlichen Landschaften Europas. Aber auch wer auf Abenteuer aus ist, findet den wahren Kick beim Wildwasser-Rafting, Skilaufen und Bergsteigen, bei Hundeschlittenfahrten und beim Parasailing.

Alle, die sich einen ganz relaxten Urlaub wünschen, sind mit der Küstenfähre der Hurtigruten richtig bedient. Diese schippert von der zauberhaften Stadt Bergen – von der Unesco zum Weltkulturerbe ernannt – bis hoch hinauf ins arktische Kirkenes weit über den Polarkreis hinaus. Auf einer solchen Tour erlebt man Norwegen von seinen schönsten Seiten: Eindrucksvolle Inseln wie die Lofoten und spannende Orte wie Trondheim und Tromsø ziehen vorbei, ohne dass auf dieser Reise zum Ende der Welt auf Komfort verzichtet werden muss – ein tolles Gefühl.

Ja, Norwegen ist teuer. Dafür entschädigen die überwältigende Schönheit und die freundlichen Bewohner reichlich. Es ist ein Reiseziel, das man sich nicht entgehen lassen sollte.

GRAEME CORNWALLIS

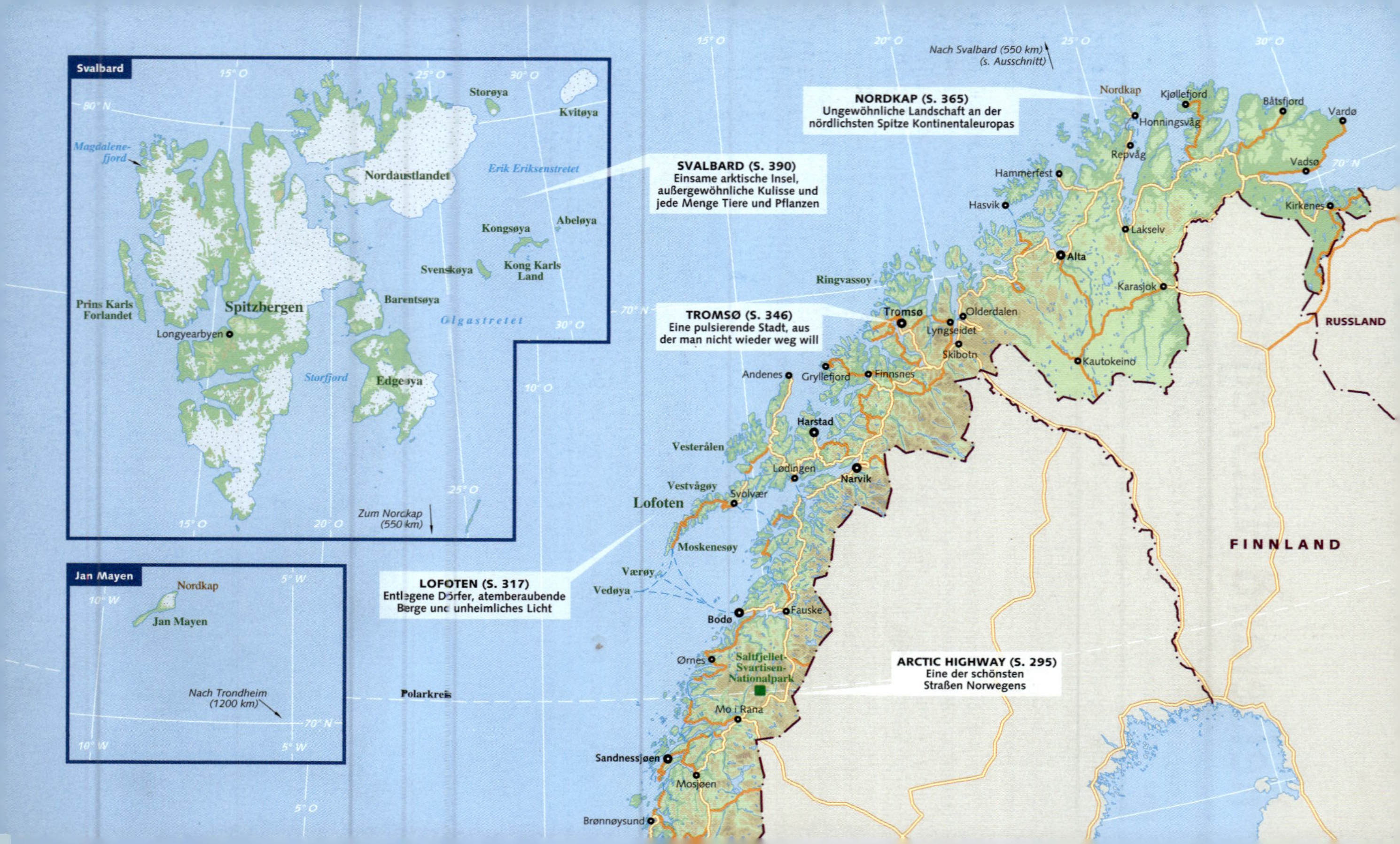

NORDKAP (S. 365)
Ungewöhnliche Landschaft an der nördlichsten Spitze Kontinentaleuropas
SVALBARD (S. 390)
Einsame arktische Insel, außergewöhnliche Kulisse und jede Menge Tiere und Pflanzen
TROMSØ (S. 346)
Eine pulsierende Stadt, aus der man nicht wieder weg will
LOFOTEN (S. 317)
Entlegene Dörfer, atemberaubende Berge und unheimliches Licht
ARCTIC HIGHWAY (S. 295)
Eine der schönsten Straßen Norwegens
Nach Svalbard (550 km) (s. Ausschnitt)
Nordkap
Kjøllefjord
Honningsvåg
Båtsfjord
Vardø
Vadsø
Repvåg
Hammerfest
Hasvik
Kirkenes
Lakselv
Alta
Karasjok
Kautokeino
Ringvassøy
Tromsø
Olderdalen
Lyngseidet
Skibotn
Andenes
Gryllefjord
Finnsnes
Harstad
Vesterålen
Lødingen
Narvik
Vestvågøy
Svolvær
Lofoten
Moskenesøy
Værøy
Vedøya
Bodø
Fauske
Ørnes
Saltfjellet-Svartisen-Nationalpark
Mo i Rana
Sandnessjøen
Mosjøen
Brønnøysund
Polarkreis
RUSSLAND
FINNLAND
Svalbard
Storøya
Kvitøya
Magdalenefjord
Nordaustlandet
Erik Eriksenstretet
Kongsøya
Abeløya
Svenskøya
Kong Karls Land
Prins Karls Forlandet
Spitzbergen
Barentsøya
Olgastretet
Longyearbyen
Storfjord
Edgeøya
Zum Nordkap (550 km)
Jan Mayen
Nordkap
Jan Mayen
Nach Trondheim (1200 km)

TRONDHEIM (S. 276)
Tor zum Norden, Dom und quirlige Atmosphäre
ÅLESUND (S. 260)
Jugendstilstadt in herrlicher Landschaft
GEIRANGER (S. 256)
Ein atemberaubender Fjord mit ruhig dahinschippernden Booten
BRYGGEN (S. 193)
Bezaubernde Häuser im Hafenviertel, die zum Weltkulturerbe zählen
HARDANGERFJORD (S. 207)
Obstplantagen und schneebedeckte Bergspitzen an der Küste
PREIKESTOLEN (S. 225)
Der ultimative Aussichtspunkt über den Lysefjord
RØROS (S. 165)
Zum Weltkulturerbe zählender Ort mit Holzhäusern und großartiger Atmosphäre
JOTUNHEIMEN-NATIONALPARK (S. 181)
Der wunderschöne Gipfel Norwegens, Gletscher und Wanderwege
OSLO-BERGEN-BAHNSTRECKE (S. 13)
Ein reizvolle Reise durch die schönsten Gegenden Norwegens
GRIMSTAD (S. 128)
Wunderhübsches Dorf mit weißen Holzhäusern, malerischem Hafen und ruhigen Straßen
Nach Jan Mayen (1200 km) (s. Ausschnitt)
NORWEGISCHE SEE
NORDSEE
SCHWEDEN
BOTTNISCHER MEERBUSEN
OSTSEE
Skagerrak
65° N
60° N
5° O
10° O
20° O
0 100 km
0 60 Meilen
HÖHENSCHICHTEN
1800 m
1500 m
1200 m
900 m
600 m
300 m
0
Rørvik
Namsos
Grong
Steinkjer
Levanger
Verdalsøra
Stjørdal
Trondheim
Heimdal
Orkanger
Kristiansund
Molde
Sunndalsøra
Åndalsnes
Ålesund
Spjelkavik
Ørsta
Stranda
Volda
Røros
Dovrefjell-Sunndalsfjella-Nationalpark
Tynset
Dombås
Geirangerfjord
Galdhøpiggen (2469 m)
Jotunheimen-Nationalpark
Koppang
Florø
Førde
Sogndal
Øvre Årdal
Trysil
Lillehammer
Rena
Elverum
Moelv
Hamar
Gjøvik
Flåm
Voss
Oslo-Bergen-Bahnstrecke
Gol
Geilo
Bergen
Hardangerfjord
Odda
Jevnaker
Råholt
Kongsvinger
Hønefoss
OSLO
Lillestrøm
Rjukan
Hokksund
Lervik
Kongsberg
Drammen
Ski
Sauda
Notodden
Mysen
Haugesund
Kopervik
Horten
Moss
Tønsberg
Sarpsborg
Skudeneshavn
Jørpeland
Telemark-kanal
Skien
Halden
Preikestolen (604 m)
Porsgrunn
Sandefjord
Stavanger
Larvik
Fredrikstad
Sandnes
Kragerø
Bryne
Risør
Evje
Egersund
Arendal
Vannesla
Flekkefjord
Grimstad
Lyngdal
Kristiansand
Mandal
STOCKHOLM

Norwegen ist ein bemerkenswertes Land, das jede Menge zu bieten hat. Ein guter Ausgangspunkt ist z.B. **Røros** (S. 165), ein charmantes altes Städtchen in einem kaum besuchten Winkel Norwegens oder **Grimstad** (S. 128), eine hübsche Hafenstadt mit engen Gassen und weiß gestrichenen Holzhäusern. Die **Bahnstrecke Oslo–Bergen** (S. 13) ist ein Abenteuer voller landschaftlicher Highlights, und vom **Preikestolen** (S. 225) bietet sich ein phantastischer Ausblick. **Trondheim** (S. 276) ist Norwegens drittgrößte Stadt und besonders berühmt für seine Kirchen. Absolut spektakulär sind die Fjorde: Der **Hardangerfjord** (S. 207) ist ein ursprüngliches Fjordsystem, das weit ins Landesinnere reicht; der **Geirangerfjord** (S. 256) ist als Fotomotiv Spitzenreiter. Hoch im Norden warten das **Nordkap** (S. 365), eine aufregende Felsformation unweit der nördlichsten Spitze des europäischen Festlandes, sowie die quirlige Stadt **Trømso** (S. 346).

LEE FOSTER

Edvard Munchs berühmtes Gemälde *Der Schrei* gibt's in der Nationalgalerie in Oslo zu sehen (S. 77)

Prähistorische Steinritzungen zeigt das Museum von Alta (S. 359)

INGRID RODDIS

Kletterer genießen einen überwältigenden Blick über den Jotunheimen-Nationalpark (S. 181)

ANDERS BLOMQVIST

NED FRIARY

Die historischen Uferbauten in Bergens Stadtteil Bryggen (S. 193) sind absolut sehenswert

GLENDA BENDURE

Die endlosen Serpentinen des Trollstigen (S. 253) sollte man sich nicht entgehen lassen

Das hübsche Küstenstädtchen Ålesund (S. 260) ist einen Bummel wert

ANDERS BLOMQVIST

DAVID TIPL

Der zugefrorene Fluss Tana (S. 372) in Finnmark ist einfach spektakulär

CHRISTIAN ASLUND

In Svalbard (S. 394) haben die Wanderführer immer ein Gewehr dabei, um gegen Eisbären gewappnet zu sein

NED FRI

Auf den Lofoten gibt es malerische Küstenorte in Hülle und Fülle; Reine (S. 331) wurde einmal zum hübschesten Ort Norwegens gekürt

Bevor es losgeht

Norwegen ist touristisch extrem gut erschlossen. Trotzdem sollte jeder, der keine dicke Erbschaft auf dem Konto hat und sie verprassen möchte, vor Antritt der Reise gut planen. Dann reicht das hart verdiente Geld ein ganzes Stück weiter. Da die Entfernungen riesig sind, ist es kaum möglich, sämtliche Sehenswürdigkeiten Norwegens zu besichtigen. Deshalb lohnt sich eine gute Vorbereitung, damit man möglichst viel von diesem außergewöhnlichen Land zu sehen bekommt.

REISEZEIT

Von Mai bis September ist Norwegen am schönsten und am sonnigsten. Ganz besonders Ende Mai: Dann blühen die Blumen und Obstbäume, die Tage werden länger und die meisten Hostels und touristischen Highlights sind geöffnet, aber noch nicht überlaufen. Nördlich des Polarkreises ist die Mitternachtssonne an mindestens einem Tag im Jahr zu sehen – am Nordkap vom 13. Mai bis 29. Juli, auf den Lofoten vom 28. Mai bis 14. Juli.

In den bergigen Gebieten im Inland ist es im Sommer wärmer und im Winter kälter als in den meist milden Küstenregionen. Temperaturen über 30 °C im Sommer und unter -30 °C im Winter sind dort nicht ungewöhnlich. Mit solchen Extremen muss das ganze Jahr über gerechnet werden.

Wetterdaten wichtiger Orte in ganz Norwegen s. S. 419

Aber nicht nur ans Wetter sollte man denken, sondern auch daran, dass die Schulferien die beste Reisezeit sind. Sie dauern in Norwegen etwa von Mitte Juni bis Mitte August. In dieser Zeit fahren die öffentlichen Verkehrsmittel regelmäßig, Fremdenverkehrsbüros, Hostels, Sommerhotels und Touristenattraktionen sind am längsten geöffnet, und die meisten gehobenen Hotels haben günstige Angebote. Mit kürzeren Öffnungszeiten ist in der Vorsaison von Mitte Mai bis Mitte Juni und in der Nachsaison von Mitte August bis Anfang September zu rechnen. Wohl nur etwas für Skifanatiker und Nordlichtfans ist Norwegens kalter, dunkler Winter. Dann fahren die öffentlichen Verkehrsmittel selten, die meisten Hostels und Campingplätze sind geschlossen, und touristische Attraktionen, Museen und Fremdenverkehrsbüros sind nur kurz geöffnet – wenn überhaupt.

Auf S. 414 gibt's eine Liste der norwegischen Ferien- und Feiertage.

AN ALLES GEDACHT?

Für einen Norwegenurlaub muss generell nicht mehr eingepackt werden als für eine Reise in jedes andere europäische Land. Ein paar Dinge sollten aber unbedingt in den Koffer:

- Vernünftige Schuhe – für viele Norweger ist ganz klar: „Schuhe machen Leute".
- Robuste Wanderstiefel – beim Wandern in Sandalen ist das Desaster vorprogrammiert.
- Eine Alternative zu Jeans und Sneakers – in Norwegen ist saloppe Kleidung normal, aber zum Ausgehen darf man sich schon ein bisschen aufbrezeln.
- Jacke, Pullover oder Anorak zum Überziehen – auch im Sommer.
- Ein Betttuch und ein leichter, warmer Schlafsack; alternativ: mehrere Betttücher, denn die meisten Hostels und Campinghütten berechnen Bettzeug extra (S. 423).
- Ein Railpass welcher Art auch immer (s. S. 429) – warum mehr bezahlen als nötig?
- Viel Geduld beim Autofahren – wer es auf norwegischen Straßen (s. S. 436) eilig hat, muss mit Frust rechnen.

PREISE

Norwegen ist teuer. Alles kostet Geld: jede Tasse Kaffee, Brückenüberquerung oder Tunneldurchfahrt, Kirchenbesichtigung oder auch nur die Befriedigung eines natürlichen Bedürfnisses auf einer öffentlichen Toilette.

Wer auf Campingplätzen nächtigt (oder besser noch ganz unter freiem Himmel – siehe S. 424) und selbst kocht, kann mit 200 bis 220 nkr pro Person und Tag auskommen – wenn er Glück hat! Eine Übernachtung mit Frühstück im Hostel (oder auch mit Frühstück beim Bäcker), Mittagessen in einem preisgünstigen Restaurant und Abendbrot vom Supermarkt – das ist wahrscheinlich mit 350 nkr zu schaffen.

Für eine Übernachtung mit Frühstücksbuffet im Hotel, einem leichten Mittagessen und einem Abendessen in einem nicht zu teuren Restaurant sollte man zu zweit im Doppelzimmer mindestens 600 nkr pro Person und Tag kalkulieren, allein Reisende 750 nkr. Dazu kommen noch Fahrtkosten (ein Bahnpass ist günstiger, doch die Bahn fährt im Norden nur bis Bodø) und etwas Kleingeld für die abendliche Unterhaltung (Konzert- und Kinokarten gibt's ab 50 nkr, aber auch 150 nkr sind drin) sowie alkoholische Getränke (Cover Charges in Nightclubs ab 70 nkr). Alles in allem bleibt die Summe nur mit Mühe unter 1000 nkr pro Tag. Wenn man sich dann noch einen Mietwagen leistet, kommt man kaum unter 1500 nkr weg.

WAS KOSTET WIE VIEL?

Tasse Kaffee mit Kuchen: 50 nkr

Museumsticket für Erwachsene: 40 – 75 nkr

Bahnfahrt Oslo–Bergen (einfache Fahrt): 670 nkr

24-Stunden-Tour „Norway in a Nutshell": 1735 nkr

Mietwagen für einen Tag: ab 440 nkr

LONELY PLANET INDEX

Liter Benzin: 9,50 bis 10,75 nkr

Literflasche Mineralwasser: 8 nkr

Flasche Bier: 15 nkr

Souvenir-T-Shirt: 99 nkr

Hotdog am Stehimbiss: 15 nkr

REISELEKTÜRE

Es gibt viele Bücher über Norwegen, die schon vor der Reise neugierig machen oder sich perfekt als Lektüre während langer, entspannter Touren durch die Fjorde Norwegens eignen. Außer bei den üblichen Onlineversandhändlern kann man auch auf der Website **www.skandinavien.de** fündig werden.

Wandern & Erleben, Südliches Norwegen (2000) von Peter und Ute Freier: sehr gut beschriebene Wanderrouten mit vielen Infos zu den Reisezielen. Eine Karte ist auch dabei.

Barry Lopez, Autor von *Arktische Träume* (2002), schrieb einen Klassiker – eine sensible, unvergessliche Beschreibung der arktischen Regionen und ihrer Bewohner.

Der Bildband *Abenteuer Norwegen* (2004) von Fotograf und Outdoorspezialist Lars Schneider entführt den Leser in die faszinierenden Landschaften ganz Norwegens mit vielen Tipps und Themenessays.

Eisfahrt: Rudern in arktischen Breiten (2005) von Jill Fredston dokumentiert die raue Vielfalt der arktischen Küste Norwegens. Die Autorin fuhr mit dem Ruderboot fast die gesamte Küste ab.

Geo Special: Norwegen (2003): Dieses Sonderheft ist vollgestopft mit Reiseinfos und Insidertipps und damit eine gute Möglichkeit, um einen ersten Eindruck von dem Land zu bekommen.

Reisebriefe aus Südskandinavien (1991) von Mary Wollstonecraft: Eine Engländerin erlebt am Ende des 18. Jhs. einige Monate voller intensiver Gefühle in Schweden, Norwegen und Dänemark.

Bill Bryson ist einer der unterhaltsamsten Reiseschriftsteller überhaupt. Anfang der 1970er-Jahre reiste er mit dem Rucksack vom Polarkreis in Norwegen bis zur Insel Capri in Italien; in *Streifzüge durch das Abendland: Europa für Anfänger und Fortgeschrittene* (2001) macht er sich nach zwei Jahrzehnten noch einmal auf den Weg.

INFOS IM INTERNET

Im Internet finden sich viele brauchbare Informationen zu Norwegen; auf den meisten norwegischen Internetseiten kann man eine deutsch-

TOP TEN

SEHENSWERTES FÜR KINDER

- Hunderfossen Familiepark (S. 160) – Märchenschlösser und reichlich Aktivitäten in Lillehammer.
- Atlantikpark (S. 260) – ein 4-Mio.-Liter-Aquarium und Meeresattraktionen in Ålesund.
- Moschusochsen- & Elchsafaris (S. 171) – Expeditionen auf den Spuren von Norwegens ungewöhnlicher Tierwelt in Oppdal.
- Wildwasser-Rafting (S. 174) – maßgeschneidertes Familienabenteuer in Sjoa.
- Die Seeschlange von Seljord (S. 152) – viele Legenden ranken sich um Norwegens „Nessie".
- Hundeschlittenfahrten (S. 409) – seit Urzeiten die beste Methode, die nordische Winterlandschaft zu erkunden.
- Kinderkunstmuseum (S. 91) – Kunstwerke von Kindern aus aller Welt in Oslo.
- Bobbahn (S. 160) – in Lillehammer geht's in (fast) olympischem Tempo den Berg hinunter.
- Kindermuseum (S. 220) – in Stavanger können Kinder viele Dinge entdecken und erleben.
- Dyrepark (S. 132) – beliebtes Ausflugsziel norwegischer Kinder mit Vergnügungspark und Zoo in Kristiansand.

REGIONALE FESTIVALS/FESTE & EVENTS

- Rørosmarkt (S. 168) – der fünftägige Jahrmarkt, der jedes Jahr am letzten Dienstag im Februar beginnt, reicht bis ins Jahr 1644 zurück.
- Vinterfestuka (S. 307) – einwöchiges Musikfestival mit zahllosen Events im März in Narvik.
- Samisches Osterfestival (S. 385) – zu Ostern finden in Kautokeino Hochzeiten, Kulturveranstaltungen und die Weltmeisterschaft im Rentierrennen statt.
- Internationales Festival Bergen (S. 201) – zwölf Tage Tanz, Musik und Folklore Ende Mai.
- Extremsportwoche (S. 210) – in Voss sind Ende Juni Adrenalinschübe garantiert.
- Molde Jazz Festival (S. 266) – internationales Musikfestival der Spitzenklasse im Juli.
- Olavsfestdagene (S. 283) – Prozessionen und Musik zu Ehren St. Olavs Ende Juli in Trondheim.
- St.-Olav-Festival (S. 289) – Mittelaltermarkt, moderne Wikinger und ein berühmtes Freilufttheater am 29. Juli in Stiklestad.
- Nordland-Musikfestival (S. 313) – zehntägiges Festival mit Klassik, Jazz, Rock und Folk Anfang August in Bodø.
- Weihnachten in Lillehammer (S. 161) – zwei Wochen Schlittenfahrten, Weihnachtspartys, Besuch vom Weihnachtsmann und Weihnachtsbeleuchtung.

FJORDE

- Geirangerfjord (S. 256) – er ist extrem steilwandig, unglaublich berühmt und eines der Markenzeichen Norwegens.
- Sognefjord (S. 230) – das vielleicht schönste Fjordsystem des Landes.
- Lysefjord (S. 224) – senkrecht abfallende Klippen, Schiffstouren und Aussichtspunkte für Schwindelfreie.
- Nærøyfjord (S. 233) – einer der engsten und idyllischsten Fjorde Norwegens.
- Magdalenefjord (S. 406) – den abgelegenen Fjord auf Svalbard hat man mit ein bisschen Glück für sich allein.
- Hardangerfjord (S. 207) – ein Fjord, an dessen Ufern sich sanfte Hügel und bezaubernde Dörfer entlang reihen.
- Eidfjord (S. 215) – der eindrucksvollste Nebenarm des Hardangerfjords.
- Trollfjord (S. 321) – atemberaubend schroffer Fjord auf den Lofoten.
- Vestfjord (S. 317) – geschützte Buchten und schmucke Dörfer säumen den Fjord, der die Lofoten vom Festland trennt.
- Jøssingfjord (S. 138) – überraschend tiefer Fjord im flachen Süden des Landes.

oder englischsprachige Version anklicken. Die Fremdenverkehrsbüros der größeren Städte und oft auch kleinerer Orte haben eine eigene Website mit praktischen Informationen; s. hierzu auch die einzelnen Ortsbeschreibungen im Buch.

Fjord Norway (www.fjordnorway.com) Alles, was man über Norwegens Hauptattraktion wissen muss, auch auf Deutsch.

Skandinavien.de (www.skandinavien.de) Hier gibt es umfassende Infos rund um Nordeuropa.

Lonely Planet (www.lonelyplanet.com) Reisenews, kurze Zusammenfassungen über Norwegen, Berichte von Reisenden und das Forum „Thorn Tree".

Norwegen-Insiderinfo (http://norwegen-insiderinfo.com) Ausführliche Webseite mit praktischen Tipps und Reiseberichten speziell für Norwegenreisende.

Norwegian Tourist Board (www.visitnorway.com) Die umfassende Webseite gibt praktische Hinweise und macht Lust zum Reisen, z. T. auch auf Deutsch.

The Norway Post (www.norwaypost.no) Die aktuellsten Nachrichten aus Norwegen auf Englisch mit Schwerpunkt Reise und Kultur.

Reiserouten

KLASSISCHE ROUTEN

NORWEGEN EN MINIATURE

Zwei Wochen

Nach einigen Tagen in den Galerien und Museen **Oslos** (S. 76) ist eine Bahnfahrt auf der malerischen Strecke Oslo–Bergen, einer der spektakulärsten der Welt, genau das Richtige. Von Oslo aus steigen die Schienen sanft an: Sie führen durch Wälder, über Plateaus und durch Skigebiete bis auf die gewaltige **Hochebene Hardangervidda** (S. 147). Von Myrdal fährt die Flåmsbanen hinab nach **Flåm** (S. 230); hier legen die Schiffe ab, die den einzigartigen **Sognefjord** (S. 230) hinauffahren. Von Gudvangen geht's weiter nach **Voss** (S. 207); wer den Nervenkitzel sucht, wird die Angebote für Abenteueraktivitäten dort lieben. Auf der Bahnfahrt von Voss nach **Bergen** (S. 190) ziehen faszinierende Landschaften vorbei.

Mit seinen Holzhäusern, einem wunderbaren Fischmarkt und Weltstadtflair erobert Bergen schnell das Herz der Besucher. Von hier lohnt sich ein Abstecher nach Süden: zum malerischen Ort **Stavanger** (S. 216). Dort starten Touren zum **Lysefjord** (S. 225) inklusive Aufstieg zum dramatischen Preikestolen, der „Felskanzel". Auf dem Rückweg nach Bergen kann man einen Stopp am **Hardangerfjord** (S. 207) einlegen; hier liegen **Ulvik** (S. 211) und **Eidfjord** (S. 215), zwei der schönsten Fjordstädte Norwegens.

Von Oslo nach Bergen dauert die Reise mit der „Norway on a Nutshell"-Tour zwei Tage. Wer mehr Zeit hat, sollte sich eine Woche gönnen. Für eine Rundreise von Bergen nach Stavanger und zurück via Lysefjord und Hardangerfjord ist eine Woche mehr zu veranschlagen. Inklusive Rückfahrt nach Oslo legt man bei der Rundreise unglaubliche 1570 km zurück.

DAS HERZ NORWEGENS & DIE SCHÖNSTEN FJORDE Drei Wochen

Mittelnorwegen gehört zu den Gegenden, die einfach jeden in ihren Bann ziehen. Eine kurze Bus- oder Bahnfahrt von **Oslo** (S. 94) entfernt liegt **Lillehammer** (S. 157), eines der schönsten Reiseziele dieser Region. 1994 fand hier die Winterolympiade statt, und viele Olympiastätten sind heute noch zu sehen. Von hier ist ein Abstecher nach **Røros** (S. 165) ein absolutes Muss. Das Dorf – von der Unesco als Weltkulturerbe ausgezeichnet – bezaubert jeden mit seinen bunten Holzhäusern, steilen Fußgängerstraßen, dem stillgelegten Bergwerk und v. a. seinem altmodischen Charme. Nur ungern dreht man ihm wieder den Rücken zu. Etwas weiter im Norden liegt die wunderschöne Küstenstadt **Trondheim** (S. 276).

Von Trondheim geht's weiter ins hübsche **Ålesund** (S. 260) – vielleicht mit einem kleinen Halt in **Åndalsnes** (S. 253), wo schöne Straßen Richtung Süden in die westlichen Fjorde losgehen. Die Passstraße Trollstigen hat ein enormes Gefälle, jede Menge Haarnadelkurven und überquert einen Wasserfall. Sie mündet ins **Romsdal** (S. 253), 1500 m hohe Felswände rechts und links – die höchsten Norwegens. Weitere Highlights hat der Weg nach Süden in petto: den fast ebenso steilwandigen **Geirangerfjord** (S. 256) – ein beliebtes Fotomotiv –, dann die phantastische Schlucht von Norangsdalen und der Norangsfjord, ein tolles Fleckchen, das von riesigen Bergen überragt wird – den mit imposantesten des Landes; schließlich das hinreißende Fjærland, ein Paradies aus Fjorden, Gletschern und Berggipfeln. Nicht weit von Geiranger liegt **Lom** (S. 179); hier beginnt der Sognefjelletvegen, die höchstgelegene Straße Nordeuropas. Sie führt durch den wunderschönen **Jotunheimen-Nationalpark** (S. 181) und hinab zum **Sognefjord** (S. 230), wo es eine super Anbindung an Voss, Bergen und Oslo gibt.

Bei flottem Tempo reichen für die 1475 km zehn Tage; wer aber zwei bis drei Wochen einplant, kann überall etwas länger bleiben. Das lohnt sich ganz besonders in Røros, Trondheim, Ålesund und an den zahllosen spektakulären Fjorden.

UNBEKANNTE ROUTEN

NORWEGENS HOHER NORDEN

Drei Wochen

Der Norden ist vollkommen unberührt. Aber man muss erst mal ausgetretenen Pfaden folgen, um hin zu gelangen. **Bergen** (S. 206) ist der Heimathafen der Hurtigruten-Schiffe, die entlang der Küste bis hoch in den Norden nach **Kirkenes** (S. 377) fahren. Die wunderschönen **Lofoten-Inseln** (S. 317) stehen ganz oben auf der Liste der atemberaubendsten Orte Norwegens; **Kabelvåg** (S. 323), **Henningsvær** (S. 325), Nusfjord und Moskenesøy stimmen bereits auf die urwüchsige Atmosphäre der Lofoten ein. Auch auf dem **Vesterålen-Archipel** (S. 334) gibt's selten besuchte Juwelen wie Nyksund und Stø.

Zurück auf dem Festland, ist das quirlige **Trømso** (S. 346) das Richtige gegen die langen einsamen Nächte des Nordens. Nach Ausflügen zur Insel Karlsøy oder landeinwärts nach **Lyngen** (S. 355) kehrt man gern dorthin zurück. Genauso schön, aber um einiges ruhiger sind die Fischerdörfer von **Senja** (S. 355). Wer Einsamkeit schätzt, darf den **Øvre-Dividal-Nationalpark** (S. 356) und die Felsgravuren von Alta nicht auslassen. Und wenn man schon in der Gegend ist – das Nordkap ist ein Muss und eine einzigartige Erfahrung. Von dort geht's zur **Halbinsel Nordkyn** (S. 370), zum Lachsfang am **Tana Bru** (S. 372) und zu den Zentren samischer Kultur in **Kautokeino** (S. 383) und **Karasjok** (S. 386) sowie zum **Reisa-Nationalpark** (S. 386).

Fernab jeder Zivilisation und fast am Ende der Welt liegt schließlich **Svalbard** (S. 390), ein Archipel von seltener, rauer Schönheit: keinem anderen Ort vergleichbar und der Inbegriff arktischer Landschaft.

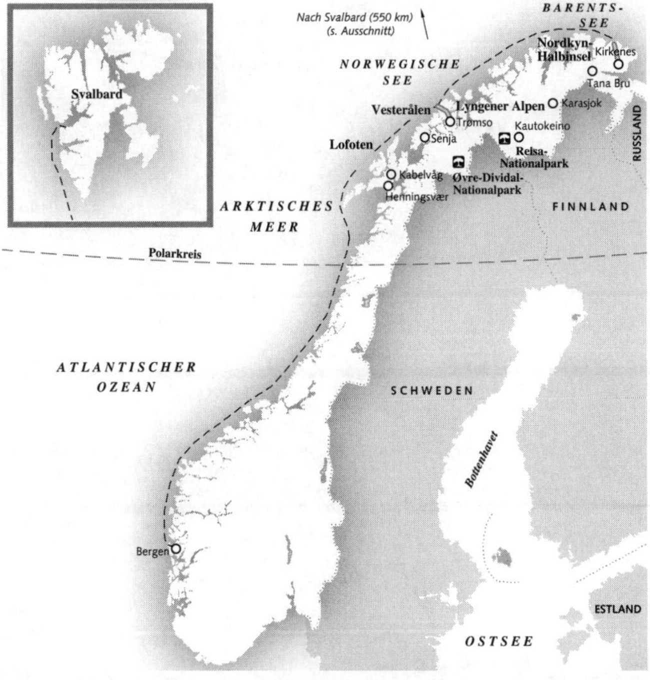

Für diese Tour sollten wenigstens drei Wochen eingeplant werden, doch selbst ein ganzer Monat wäre nicht übertrieben, v. a. wenn man noch eine ausgiebige Wanderung zwischenschiebt. Wer außerdem mit einem Dampfer an der malerischen Küste entlang schippert, hat noch ein wenig mehr Reisezeit (und unzählige Bilderbuch-erinnerungen) dazu.

NORWEGENS UNENTDECKTER SÜDEN

Eine Woche

Die Norweger lieben es, ihr eigenes Land zu entdecken. Deshalb kann es ziemlich schwierig sein, unentdeckte Wege zu finden. Im Süden Norwegens gibt es relativ wenige ausländische Besucher; die meisten drängeln sich auf den beliebten Straßen der Westküste. **Tønsberg** (S. 116) ist die älteste Stadt des Landes und eine Stippvisite wert, wenn man an der Küste entlang zu den hübschen weißen Holzhäusern von **Kragerø** (S. 122), **Risør** (S. 123), **Grimstad** (S. 128) und **Lillesand** (S. 129) unterwegs ist. Egal in welchem dieser Orte – überall kann man es gut einen ganzen Tag am Strand aushalten oder am Nachmittag durch die schmalen Gassen schlendern, die sich vom Hafen aus nach oben winden. Nur wenige ausländische Besucher finden nach **Arendal** (S. 125), einem wunderschönen Küstenort mit entzückender Altstadt. **Sandefjord** (S. 119) hat genau eine echte Attraktion – das norwegische Walfangmuseum, in dem Besucher viel Neues über den Walfang aus norwegischer Perspektive erfahren, aber wohl kaum überzeugt werden.

Kristiansand (S. 130) lohnt keinen längeren Aufenthalt, doch von hier gelangt man in die waldigen Hügel des Setesdals: Dort ist **Evje** (S. 150), ein Zentrum für geologische Raritäten, und weiter nördlich führt der Weg an einigen hervorragenden **Heimatmuseen** (S. 152) vorbei. In **Seljord** (S. 150), Heimat der Seeschlange Selma und eines ausgesprochen launenhaften Trollvolkes, finden Märchenfans Erfüllung, die sich nach einem Land sehnen, in dem Legenden wahr werden. Eine der ergreifendsten Kriegslegenden Norwegens hat ihren dramatischen Schauplatz in **Rjukan** (S. 146) – zudem ein guter Ausgangspunkt für tolle Rad- und Wandertouren.

Mindestens eine Woche braucht man auf jeden Fall für die 650 km lange Tour. Länger dauert die Küstenroute, auf der die Verlockung, hier und da abzubiegen, groß ist. Wer ohne Auto durch das Landesinnere will, muss oft warten, denn öffentliche Verkehrsmittel sind selten.

MASSGESCHNEIDERTE TOUREN

UNESCO-WELTKULTURERBE IN NORWEGEN

Zwei Wochen

Die Verantwortlichen bei der Unesco hätten bestimmt am liebsten einfach das ganze Land zum Weltkulturerbe erklärt. Am Ende wählten sie fünf Orte aus, und wer sie alle besucht, kommt in Nord- und Westnorwegen ganz schön rum. Start ist in **Bergen** (S. 190). Dort führt ein Spazierweg hinunter zum Wasser zu den wunderschönen alten Lagerhäusern von **Bryggen** (S. 193), von denen 58 zum Weltkulturerbe gehören. Sie liegen wie an einer Perlenschnur aufgereiht an bezaubernden und zugleich gefährlich holprigen, schmalen Gassen, die vom Hafen weg führen. Nordwestlich von Bergen, nachdem man Norwegens schönste Fjorde passiert hat, trifft man in **Urnes** (S. 239) am Ufer des Sognefjords auf die älteste Stabkirche Norwegens, ein märchenhaftes Gebäude aus dem 12. Jh. Von hier führt der Weg an den hohen Gipfeln des norwegischen Inlands vorbei nach **Røros** (S. 165), einem Bilderbuchdorf, in dem das alte Zentralnorwegen noch lebendig ist. Nach einer langen, aber unglaublich schönen Fahrt, erreicht man **Alta** (S. 358), wo an die 3000 Felsritzungen aus der Stein- und Eisenzeit als frühestes Open-Air-Geschichtsbuch zu bestaunen sind.

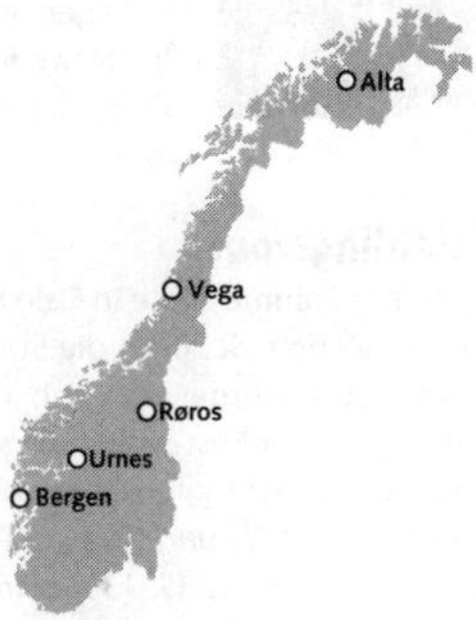

ABENTEUERLICHES NORWEGEN

Sechs Wochen

Norwegens unbändige Wildnis beginnt oft schon hinter dem letzten Gartenzaun der Städte und Dörfer. Selbst in **Oslo** (S. 89/90), Norwegens wuchernder Hauptstadt, gibt es viele Rad- und Wanderwege, die meilenweit von jeglicher Zivilisation entfernt zu sein scheinen, aber eigentlich gleich beim letzten U-Bahn-Stopp beginnen. Wahre Wanderfreunde werden kaum darauf verzichten, den Nationalpark Hardangervidda zu durchqueren oder den Gaustatoppen (1883 m) in **Rjukan** (S. 146) zu erklimmen; hier kann man sich übrigens auch mit Railbiking, Bungeejumping und Skilaufen vergnügen. **Sjoa** (S. 173) ist zwar klein, aber seine Stromschnellen ziehen Rafting- und Riverboarding-Freaks aus der ganzen Welt an; noch mehr Rafting verheißt **Oppdal** (S. 171), aber auch Drachenfliegen und Skifahren. Das unangefochtene Wandereldorado Norwegens ist der **Jotunheimen-Nationalpark** (S. 181): Endlose Wege führen durch eine der schönsten und höchstgelegenen Landschaften Norwegens. Wer will, kann sich hier im Sommer beim Skilaufen eine Abkühlung holen. **Voss** (S. 207) ist ein Paradies für alle, die den echten Kick suchen: Hier werden Fallschirmspringen, Drachenfliegen, Rafting und Bungeejumping angeboten. Andere wunderschöne Nationalparks, in denen man in die Wildnis vordringen kann, sind: **Rondane** (S. 174), **Dovrefjell-Sunndalsfjella** (S. 178) mit Moschusochsen und Rentieren, der **Jostedalsbreen** (S. 240) mit seiner riesigen Eisdecke und der Möglichkeit zum Kiten (Gletschersurfen auf Skiern), **Rago** (S. 304), **Reisa** (S. 386), **Saltfjellet-Svartisen** (S. 300) und **Stabbursdalen** (S. 369), der nördlichste Kiefernwald der Welt.

Die Autoren

ANTHONY HAM

Koordinierender Autor

Vor fast 20 Jahren schenkten ihm sein Onkel und seine Tante sein erstes Buch über Norwegen. Später ließ ihn der Bericht seiner Eltern vor Neid erblassen, die ihm von jedem kleinsten Detail ihrer Reise zu den Fjorden vorschwärmten. Seitdem gehört sein Herz dem Land in der Ferne. Eigentlich ist Anthony sonnigere Gefilde gewohnt: Er lebt in Madrid und reiste viel durch Europa, Afrika und den Mittleren Osten. Etwas widersprüchlich ist seine Leidenschaft sowohl für die quirligen Städte als auch für die weiten einsamen Landschaften dieses Planeten. In Norwegen findet er beides. Anthony schrieb die einleitenden Kapitel und Oslo, Südnorwegen, Mittelnorwegen, Bergen & Die südwestlichen Fjorde.

Meine Lieblingsroute

Die Tour meiner Träume sollte in Oslo beginnen, denn mit ihren Museen und Galerien (S. 76) ist die Stadt der Mikrokosmos Norwegens. Von dort würde ich mich nach Süden vorarbeiten, immer entlang der Südküste mit ihren sagenhaften weißen Städten und herrlichen Yachthäfen, allen voran Kragerø (S. 122), Risør (S. 123), Arendal (S. 125) und Grimstad (S. 128). Nach einem kurzen Stopp in Kristiansand (S. 130) wäre das weltstädtische Stavanger (S. 216) mein nächstes Ziel. Dorthin kommt man gut über die Rv 44 zwischen Egersund und Flekkefjord. Von Stavanger aus würde ich auf den riesigen Preikestolen (S. 225) kraxeln, um von dort meinen Blick über den phänomenalen Lysefjord (S. 225) schweifen zu lassen. Weiter ginge es über Ulvik und den Eidfjord, den schönsten Teil des Hardangerfjords, zur bezaubernden Stadt Bergen (S. 190). Auf dem Weg ostwärts würde ich so lange wie möglich im Jotunheimen-Nationalpark (S. 181) bleiben, von dort nach Lillehammer (S. 157) runtersausen und schließlich in Røros (S. 165) landen, wo ich problemlos den Rest meiner Tage verbringen könnte.

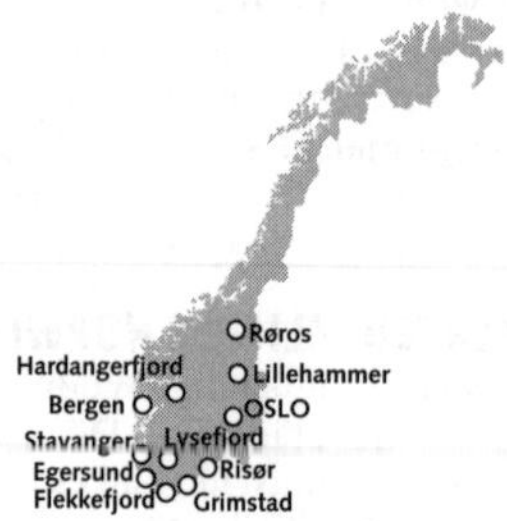

MILES RODDIS

Ein Zelturlaub tief in den Wäldern Finnlands vor langer Zeit, eine schwedische Freundin vor noch längerer Zeit und Phantasien von Felswänden, zerklüfteten Fjorden und saftig grünem Gras – das waren die Anreize, die Miles Roddis überzeugten, diesen Auftrag nördlich des Polarkreises anzunehmen.

Miles ist Autor oder Mitautor von über 25 LP-Büchern; heute schreibt er meist über das Mittelmeergebiet. Die kühle nordische Brise wirkte sehr erfrischend, wenngleich es beim nächsten Mal gern etwas weniger regnen dürfte – ob Petrus das wohl einrichten kann? Roddis schrieb die Kapitel Die westlichen Fjorde, Trøndelag, Nordland, Der hohe Norden und Svalbard.

Überblick

Norweger führen ein angenehmes Leben – auch wenn sie das besser nicht hören sollten. Das staatliche Wohlfahrtssystem Norwegens ist eines der eindrucksvollsten der Welt; Norweger – egal wie alt – ruhen auf einem dicken Polster aus Zuwendungen. Dazu zählen (nur u. a.) ein von der Regierung gefördertes Studium, großzügige Urlaubsregelungen, freie Gesundheitsversorgung, bis zu einem Jahr bezahlter Erziehungsurlaub und eine sichere Rente – die wohl optimale Versorgung von der Wiege bis zur Bahre. Als 2001 die lange Regierungszeit der sozialdemokratischen Arbeiterpartei (DNA) zu Ende ging, war selbst der neuen Mitte-Rechts-Regierung klar, dass das Wohlfahrtssystem unantastbar ist. Die Norweger waren jedoch nicht völlig überzeugt. Bei der letzten Wahl im September 2005 zeigten sie der Regierung die Rote Karte; die rot-grüne Opposition entschied die Wahl eindeutig für sich. Erstmals seit ca. 20 Jahren verfügt eine norwegische Regierung überhaupt wieder über eine absolute Mehrheit im Parlament.

Die Großzügigkeit des Staates hat aber bei vielen Norwegern die Befürchtung (und sorgenvolle Debatten) ausgelöst, dass die übrige Welt (die zugegeben ziemlich neidisch auf den Versorgerstaat blickt, weniger neidisch allerdings auf die unerträglich hohen Steuersätze) sie für faul halten könne. Eine andere Sorge gründet sich auf die Tatsache, dass inzwischen viele Norweger das bequeme Leben für selbstverständlich halten: Kürzlich ergab eine Studie, dass sie im Schnitt weniger als 160 Tage pro Jahr arbeiten. Dazu kommt die Frage, wie lange der Reichtum der norwegischen Ölreserven noch sprudelt (der Ölexport macht 30 % des BIPs aus), und so schauen immer mehr Norweger ein wenig ängstlich in die Zukunft.

Ein weiteres Thema bewölkt das sonst so heitere Gemüt der Norweger: nämlich die Frage, welche Stellung das Land in der Welt hat. Norweger lieben es zu reisen, sie kommen beneidenswert weit in der Welt rum. Auch zählt Norwegen zu den Ländern der Erde, die pro Einwohner die meiste Entwicklungshilfe leisten, und die Regierung beteiligt sich aktiv an Friedensinitiativen auf der ganzen Welt. Und doch setzt sich das Land mitunter mit verbissenem Stolz über die internationale Meinung hinweg; geradezu (un)populär ist seine Haltung zum Thema Walfang. Immigration gibt's kaum. Und die Norweger haben sich auch, entgegen dem Wunsch der Regierung, in Abstimmungen konsequent gegen den Beitritt zur EU ausgesprochen (obwohl eine Umfrage 2004 darauf hindeutete, dass die Befürworter der Mitgliedschaft jetzt bei knapp über 50 % liegen): Sie befürchten, nach der Eingliederung ihre Unabhängigkeit zu verlieren. Viele sehen dadurch auch ihren hohen Lebensstandard gefährdet.

Um diese vielen gegensätzlichen Tendenzen und den norwegischen Hang zu Argwohn und Verteidigungshaltung zu verstehen, muss man nur einen Blick auf die Geschichte des Landes werfen. Jahrhundertelang waren die Norweger gezwungen, ihre Eigenständigkeit aufzugeben und sich als Minderheit in fremde Reiche einzugliedern. Bis zur Entdeckung des Erdöls in den 1960er-Jahren war Norwegen auch einer der ärmsten Staaten Europas – die Norweger haben sehr lange auf den heutigen Reichtum gewartet. Manchen Norwegern stellen sich bereits bei der leisesten Andeutung, ihr Leben solle von Brüssel (oder auch einer anderen Stadt) aus bestimmt werden, die Nackenhaare auf. Gleichzeitig erkennen viele – vor allem Städter und die Bewohner des Südens –, dass sich Norwegen nicht auf Dauer von der Weltwirtschaft abschotten kann. Den meisten ist klar, dass sie bald vielleicht keine andere Wahl mehr haben werden.

KURZINFOS

Einwohner: 4 577 500

BIP pro Kopf: 31 100 €/48 300 sfr (dritthöchstes der Welt)

Inflation: 2,5 %

Arbeitslosenquote: 4,5 %

Lebenserwartung: 81,8 Jahre (Frauen) und 75,9 Jahre (Männer)

Auslandsschulden: 0

Besucher pro Jahr: 4,5 Mio.

Ölproduktion: Ölreserven an 14. Stelle weltweit, Ölförderung an 6. Stelle, Ölexport an 3. Stelle

Anzahl von Ärzten/Pflegepersonal pro 100 000 Einwohner: 413/1840 (im Vergleich in Deutschland: 373/865)

Von Wald bedeckte Fläche: 27 % des Landes

Geschichte

Die Geschichte Norwegens erzählt von etwas anderem als von dem sicheren, friedlichen Land, das Besucher heute vorfinden. Von den wilden und sagenumwobenen Wikingern bis hin zu einer endlosen Kette von Kriegen mit den Nachbarn und im Land selbst – Norwegen hat seine Stabilität und Unabhängigkeit im Laufe einer blutdurchtränkten Geschichte wirklich hart erkämpft.

FRÜHGESCHICHTE

Während der Eiszeit muss es in Norwegen ziemlich trostlos ausgesehen haben. Aber vermutlich besser als in Sibirien, denn von dort wanderten vor etwa 11 000 Jahren die ersten Menschen nach Norwegen ein. Die alte Jägerkultur, die sie mitbrachten, als Komsa bekannt, bildete den Vorläufer der Kultur der Samen (S. 35) – eines Volkes, das ganz nach sibirischer Tradition noch immer die kalten nördlichen Regionen Skandinaviens und Nordwestrusslands bewohnt. Frühe Siedlungen gab es auch um Trondheim: An der Küste lebten die Fosna vom Jagen, Fischen und Viehhaltung.

Als das Eis zurückging, begannen die Menschen der mitteleuropäischen Nøstvet-Økser-Kultur nach Südskandinavien zu ziehen, vor allem an die norwegische Südküste. Die Angehörigen dieses Nomaden-, Jäger- und Sammlervolks waren vermutlich ziemlich groß, blond und blauäugig, obwohl ihre Wurzeln in verschiedenen Teilen Europas lagen. Und sie redeten in einer germanischen Sprache miteinander, dem Vorgänger der modernen skandinavischen Sprachen.

Etwa 2500 v. Chr. kamen Kulturen aus dem heutigen Schweden nach Südnorwegen, denen man so grandiose Namen gab wie Streitaxt-, Bootaxt- und Trichterbecherkulturen – entsprechend ihren steinernen Gerätschaften. Weil es in dieser Gegend nur wenig Metall gab, gehören Felsritzungen zu den wichtigsten Zeugnissen der Bronzezeit. Sie zeigen Schiffe und religiöse Symbole, was beweist: Die Skandinavier waren schon damals ein richtiges Seefahrervolk. Sie tauschten Bernstein gegen Metall – v. a. Bronze – vom europäischen Festland.

In den späten Jahren des Römischen Reiches wurden die Norweger von Rom mit Stoffen, Eisengeräten und Keramik versorgt. Mit den Eisenwerkzeugen konnten sie Felder roden, größere Boote bauen, und weil es insgesamt merklich kühler wurde, bauten sie stabilere Häuser aus Stein und Torf. Im 5. Jh. hatten die Norweger gelernt, selbst Eisen aus Erz zu schmelzen, das sie in den Mooren im Süden des Landes fanden. Jetzt taucht auch das Runenalphabet auf, das sie wahrscheinlich von den Germanen abgeguckt hatten. Es ist noch heute auf Steinplatten in der gesamten Region zu sehen.

Nach dem Untergang des Römischen Reiches folgte eine Zeit der Wanderungen und regionaler Kämpfe. Um 700 bestand Norwegen überwiegend aus kleinen unabhängigen und nicht verbündeten Königreichen. Über sie herrschten so genannte *jarls* (Herzöge). Das Gebiet des heutigen Norwegens war den Europäern nur vom Norovegr (Nordweg) bekannt, einer Handelsroute vom Oslofjord entlang der Südküste nach Westen.

GEWUSST?

Die Wikinger praktizierten im 9. Jh. ein System zur Wiedergutmachung von Mordtaten: Danach war ein Sklave halb so viel wert wie ein Bauer, dieser wiederum halb so viel wie ein Gutsbesitzer. Der besaß nur ein Viertel vom Wert eines Häuptlings, und ein König war achtmal so viel wert wie ein Gutsbesitzer.

Einen guten Überblick über Norwegens Geschichte, frei von akademischem Kauderwelsch, gibt's unter www.norwegen.or.at/history.

ZEITSCHIENE

9000 v. Chr.	793 n. Chr.
Erste Zuwanderungen nach Norwegen von Sibirien	Beginn der Wikingerzeit mit dem Überfall auf das Kloster St. Cuthbert in Britannien

DIE WIKINGERZEIT

Der Einfluss Norwegens auf die Weltgeschichte war zweifellos am größten in der berühmt-berüchtigten Zeit der Wikinger, die fast 500 Jahre dauerte.

Ihre Herrschaft begann ganz harmlos. Im 8. Jh. war Norwegen überbevölkert; außerdem führte die Polygamie dazu, dass das Land zwischen zahlreichen männlichen Erben in immer kleinere Parzellen aufgeteilt wurde. Die Lösung bestand für zahllose junge Männer darin, ihr Glück jenseits des Meeres zu suchen. Nur gut, dass die meisten Seefahrerblut in den Adern hatten.

Einer der ältesten Berichte über die norwegische Seefahrt findet sich in der *Angelsächsischen Chronik*: 787 landeten drei Schiffe aus Hordaland (Heredalande) in Britannien – mit „Nordmännern" an Bord. Auf den Orkney- und den Shetlandinseln ließen sich in den 780ern norwegische Bauern friedlich nieder.

Die Wikinger von Peter Sawyer gehört zu den besten und ausführlichsten Büchern über die Wikingerzeit: aktuelle Forschungsergebnisse, jede Menge Illustrationen und viele tolle Storys über ihre Heldentaten.

Diese ersten historischen Aufzeichnungen über die norwegische Seefahrt lassen kaum erahnen, was sich daraus entwickeln würde. Während diese Vorhut kaum Wellen schlug, bastelten die Schiffsbauer in der Heimat an einem schnellen, manövrierfähigen Segelschiff mit schwerem Kiel, bis zu 16 Paar Rudern und einem großen, quadratischen Segel. Kurzum – sie bauten das erste richtig stabile Boot, das einer Ozeanüberquerung gewachsen war.

So ausgerüstet, brach 793 die große Zeit der Wikinger an. Auf der britischen Insel Lindisfarne vor der Küste Northumberlands plünderten sie das Kloster St. Cuthbert und ein Jahr später Jarrow, ebenfalls in Northumberland. Aus dem Rinnsal wurde eine Springflut, als 795 eine Flotte aus hundert Wikingerschiffen Kurs auf Südwales nahm. König Maredydd wehrte sich erfolgreich, aber die Klöster im benachbarten Irland waren eine leichte und obendrein fette Beute.

Viele Wikinger glaubten, dass die eroberten christlichen Klöster eine Gefahr für ihre wilde Götterschar darstellten. In den gesetzloseren Gebieten Britanniens und Irlands zerstörten sie christliche Siedlungen und schlachteten Mönche ab. Die fragten sich, welche Sünde sie wohl begangen hatten, die sie mit dem Überfall durch heidnische Horden büßen mussten. Während die Wikinger die Klöster Applecross an der schottischen Westküste und Iona, einer Insel der Inneren Hebriden, plünderten, war ihre Kriegsbegeisterung kein Hindernis, relativ friedlich mit den Kelten der Äußeren Hebriden zusammenzuleben.

Nach den ersten Raubzügen fielen die Wikinger mit großen Flotten über Britannien, Irland und den Kontinent her und terrorisierten, mordeten, versklavten, vertrieben oder assimilierten die Bevölkerung. Sie drangen außerordentlich weit vor: Zahlreiche Küstenregionen Nordnorwegens, Britanniens, Irlands, Frankreichs (die Normandie ist nach den Nordmännern benannt), Russlands (nach Osten bis zur Wolga), des maurischen Spaniens (Sevilla wurde 844 überfallen) und des Mittleren Ostens (bis nach Bagdad) wurden von ihnen unterjocht. Das gut verteidigte Konstantinopel (Istanbul) erwies sich als eine Nummer zu groß: Sechsmal griffen die Wikinger die Stadt an – ohne Erfolg. Solche Rückschläge waren aber selten. Ihre Raubzüge machten aus Skandinavien – einer einst unbekannten Provinz am nördlichen Rand Europas

872
Schlacht am Hafrsfjord; unter Harald Hårfagre erste Einigung Norwegens

995
Erste christliche Kirche in Norwegen errichtet

DER WIKINGERMYTHOS

Nur wenige Völker der Geschichte haben die Phantasie so sehr beflügelt wie die Wikinger. Auch wenn sie heute in zahllosen Comics raufen und pöbeln (Asterix und Hägar der Schreckliche, um nur zwei zu nennen) – über die echten Wikinger konnte früher keiner so recht lachen.

Voller Kriegsdrang zogen die Wikinger durch ganz Europa und kehrten mit Sklaven in ihren niedrigen, skandinavischen Langbooten nach Hause zurück. Diese Boote – über 30 m lang und bis zu 12 Knoten (24 km/h) schnell – gründeten den Wikingermythos. Mit ihnen konnten die Wikinger beachtliche Entfernungen zurücklegen – und das zu einer Zeit, wo für die meisten Menschen die Welt am Horizont zu Ende war.

Den Plünderern folgten stets Siedler in kleineren Handelsschiffen, den *knerrir* (Singular *knörr*). Diese robusten kleinen Schiffe, kaum 18 m lang und mit niedrigem Freibord, waren so konstruiert, dass sie große Ladungen transportieren konnten. Eine Reise darin war sicherlich eng, unkomfortabel und oft beängstigend.

Wirklich spektakulär war das Navigationsequipment, das die Wikinger auf ihren Fahrten durch unbekannte Gewässer verwendeten. Die altnordischen Sagen erwähnen einen geheimnisvollen Apparat, bekannt als *solarsteinn* oder „Sonnenstein". Mit diesem konnten die Wikinger auch navigieren, wenn der Himmel bewölkt oder die Sonne hinter dem Horizont verschwunden war und sie sich deshalb nicht mehr am Himmel orientieren konnten.

Heute nimmt man an, dass der *solarsteinn* ein Cordierit-Kristall war, der in ganz Skandinavien zu finden ist und polarisierende Eigenschaften hat. Betrachtet man den Kristall von unten und dreht ihn dabei, leuchtet er im polarisierten Restlicht blau, sodass man den Sonnenstand ausmachen kann.

Die Wikinger waren damit ihrer Zeit um Jahrhunderte voraus: Selbst heute verwenden Düsenflugzeuge beim Überfliegen der Polarregion, wo magnetische Kompasse versagen, einen Himmelskompass. Er bestimmt die Position der Sonne mit Hilfe einer künstlichen Polarisationslinse.

– eine berüchtigte Region, die den Kontinent bis tief ins Innerste in Angst und Schrecken versetzte.

Neben aller Zerstörung in der Fremde brach in der Heimat ein besseres Leben an. Da viele auswanderten, wurde wieder mehr Ackerland frei, und eine neue Händlerschicht konnte gedeihen. Die Eroberer brachten Sklaven mit nach Hause, die Landarbeit verrichteten.

Im 9. und 10. Jh. wagten sich norwegische Bauern auch über den Atlantik und kolonisierten die Färöer, Island und Grönland. Um das Jahr 1000, fast 500 Jahre vor Kolumbus, erkundete Leifur Eiríksson, Sohn von Eiríkur Rauðe (Erik dem Roten), sogar die Küste Nordamerikas, die er Vinland nannte, „Land des Weines".

GEWUSST?

Entgegen heutigen Darstellungen trugen die Wikinger keine Hörner an ihren Helmen – was nur bedeuten kann, dass der Erfinder von Hägar dem Schrecklichen falsch informiert ist.

NORWEGENS ERSTE EINIGUNG

Während die Wikinger durch die Weltgeschichte segelten, tobte 872 in ihrer Heimat, nahe Haugesund im Hafrsfjord, die entscheidende Seeschlacht in einem Bürgerkrieg (s. Kasten S. 224). Die demografischen Folgen waren beachtlich: 20 000 Menschen wanderten von Norwegen nach Island aus, um dem siegreichen König Harald Hårfagre (Harald Schönhaar) zu entkommen, dem Sohn von Halvdan Svarti (Halvdan dem Schwarzen). Politisch hatte sein Sieg weit reichende Konsequenzen: Es gelang ihm, eine Reihe von Kleinkönigtümern zum Königreich Norwegen zu vereinen.

1024 Olav II. gründet die Kirche von Norwegen

1030 König Olav II. fällt in der Schlacht von Stiklestad

Die Herrschaftszeit von Harald Hårfagre war derart außergewöhnlich und unterhaltsam, zumindest für Historiker, dass der Isländer Snorri Sturluson sie in der *Heimskringla*, der norwegischen Königssaga, für die Nachwelt festhielt.

Snorri zufolge inspirierte eine Frau Harald zur Vereinigung Norwegens: Sie verspottete den König, indem sie es ablehnte, mit einem Mann zusammen zu sein, dessen Reich sogar noch kleiner sei als das winzige Dänemark. Durch diverse Bündnisse und Handelsabkommen dehnte er sein Herrschaftsgebiet nach Norden bis Trondheim aus, das 997 an der Flussmündung des Nid gegründet worden war. Bald darauf wurde Trondheim die erste Hauptstadt des neuen Königreiches. Und auch außenpolitisch war er sehr clever; er ließ sogar einen seiner Söhne, Håkon, am Hof des englischen Königs Athelstan aufziehen. Es gibt keinerlei Aufzeichnungen, ob die Frau, die das alles ausgelöst haben soll, genügend beeindruckt war.

Viga-Ljot und Vigdis von Sigrid Undset erzählt die Geschichte der Wikinger etwas gewagter als üblich; der historische Roman ist voll von norwegischen Volksmärchen und alten Geschichten über die Raubzüge der Wikinger.

Der König heiratete jedenfalls zehn Frauen und zeugte scharenweise Erben, was zu ernsthaften Problemen bei der Nachfolge führte. Einer schaffte es schließlich, alle auszustechen: Erik war Haralds jüngstes Kind und einziger Sohn von Ragnhild der Mächtigen, der Tochter des Dänenkönigs Erik von Jütland. Der skrupellose Erik sicherte seine Macht, indem er sämtliche legitimen Brüder beseitigte – bis auf Håkon (der in England sicher war). Gemeinsam mit einer sich ewig kabbelnden Horde illegitimer Brüder machte sich Erik, dessen Herrschaft von beachtlichem Unvermögen gekennzeichnet war, frisch ans Werk, den schwer erkämpften norwegischen Bund seines Vaters herunterzuwirtschaften. Als Håkon schließlich aus England zurückkehrte, um als König Håkon den Gode (Håkon der Gute) die Sache wieder ins Lot zu bringen, musste Erik nach Britannien fliehen: Als König Erik Blutaxt machte er es sich nun auf dem Thron von York bequem.

GEWUSST?

Das Wort „Wikinger" leitet sich von *vik* ab, einem altnordischen Wort für Bucht, und bezieht sich auf die Ankerplätze der Wikinger während ihrer Raubzüge – so eine von vielen Theorien.

NORWEGEN IM MITTELALTER

König Håkon der Gute – in seiner Jugend in England getauft – brachte den christlichen Glauben mit nach Norwegen. Seine Versuche, ihn in seinem Reich mit Hilfe britischer Missionare und eines Bischofs einzuführen, waren nur begrenzt erfolgreich – vor allem in Trondheim, wo seine Untertanen scheinbar nichts andres taten, als sich volllaufen zu lassen und Trinksprüche auf Þór (Thor), Oðinn (Odin) und Freyr auszubringen. Obwohl es den Missionaren letzten Endes gelang, die heidnischen Götternamen durch Namen katholischer Heiliger zu ersetzen, bekamen sie den Brauch des Blutopfers nicht in den Griff. Als Håkon der Gute im Jahr 960 getötet wurde, verschwand das Christentum wieder fast völlig aus Norwegen.

Es erwachte für kurze Zeit wieder zu neuem Leben während der Herrschaft von König Olav Tryggvason (Olav I.), eines Wikingers, der in England zum christlichen Glauben konvertiert war. Als echter Wikinger meinte Olav, seine Landsleute seien nur mit Gewalt vom wahren Glauben zu überzeugen. Zu seinem Pech weigerte sich seine zukünftige Frau, Königin Sigrid von Schweden, zum Christentum überzutreten. Also löste Olav den Heiratsvertrag, und Sigrid heiratete den heidnischen König Sven Gabelbart von Dänemark, der Olav in einer großen Seeschlacht auf der Ostsee besiegte und sich Norwegen unter den Nagel riss.

Explore North (www.explorenorth.com/vikings.html) ist eine Seite für alle Wikingersüchtigen – mit Links von abgedreht bis informativ mit einer ordentlichen Dosis nordischer Götter, Mythologie und Verschwörungstheorien.

Das Christentum etablierte sich schließlich dauerhaft in Norwegen, als König Olav Haraldsson (Olav II.) – ebenfalls in England bekehrt – das

1066
Niederlage des Heeres von Harald III. in der Schlacht von Stamford Bridge

1266
Verkauf der Äußeren Hebriden und der Isle of Man an die Schotten; erster Verlust von norwegischem Territorium

Zepter in der Hand hielt. In England hatte er sich mit seinen Wikingern auf die Seite König Ethelreds gestellt und London vor einem Angriff des Dänenkönigs Sven Gabelbart bewahrt, indem er die London Bridge zerstörte (die Geburt des englischen Kinderlieds „London Bridge is falling down"). Was bei seinem Namensvetter schief ging, gelang Olav II.: Die erste christliche Kirche Norwegens wurde mit seiner Hilfe im Jahr 995 bei Mosterhamn auf der Insel Bømlo, Hardanger errichtet. Und 1024 begründete er die Kirche von Norwegen. Sogar im widerspenstigen Trondheim hielt das Christentum Einzug.

Trotzdem konnte in dieser Zeit kein skandinavischer Monarch ruhig schlafen. König Canute (Knut) von Dänemark hatte ein Auge auf Norwegen geworfen: 1028 fiel er in das Land ein und zwang König Olav II. zur Flucht. Olav kehrte zwar später zurück, doch in Trøndelag erwartete ihn ein Aufstand der Bauern und Stammeshäuptlinge, der schließlich in die Entscheidungsschlacht bei Stiklestad im Jahr 1030 mündete, in der Olav zu Tode kam. Für die Christen war er dadurch zum Märtyrer geworden und die Heiligsprechung folgte auf dem Fuße. Der großartige Nidarosdom in Trondheim wurde zur St.-Olavs-Gedenkstätte und bis zur Reformation zum Magneten für Pilger aus ganz Europa (s. Kasten S. 278). Abgesehen von seinem Aufstieg in luftige Höhen als Heiliger wird Olav auch verehrt, weil er Norwegen eine feste Identität als unabhängiges Königreich gab.

Auf der Website von Den Kongelige Norske Sankt Olavs Orden (www.saintolav.com) erfährt man alles, was man je über den hl. Olav wissen wollte (einiges vermutlich nicht); manches riecht sehr nach Heiligenlegende. Auf der deutschsprachigen Seite www.koenigshaus-norwegen.de kann man sich wunderbar über die Geschichte der norwegischen Monarchie informieren.

Auf die kurze Herrschaftszeit von Canute folgten vier Könige, die Norwegen als halbautonome Nation regierten. Auch wenn König Olav Kyrre (Olav der Stille) um 1070 die Städte Bergen und Stavanger gründete, interessieren sich die Historiker viel mehr für Harald III. (Harald Hardråda, Harald der Harte), den Halbbruder vom hl. Olav. Im Jahr 1043 gründete er Oslo als seine Basis: Von hier zog er los, um das Mittelmeer mit seinen Raubzügen unsicher zu machen. 1066 heckte er einen Überfall auf England aus, der allerdings unter einem schlechten Stern stand. Während der Schlacht bei Stamford Bridge fiel er durch die Hand König Harolds von England. Dieses Ereignis steht im Allgemeinen für das Ende der Wikingerzeit und ihrer Expansionspolitik. Außerhalb des Landes begann der Einfluss der Wikinger jedoch erst im 13. Jh. spürbar zu schwinden.

AUFSTIEG & FALL DER NORWEGISCHEN KÖNIGREICHE

Im 12. Jh. wurde die christliche Identität Norwegens durch den Bau von Stein- und Stabkirchen im ganzen Land zementiert. Von den wenigen Bauwerken, die noch existieren, befindet sich das älteste – um 1130 errichtet – in Urnes am Lustrafjord.

Der Expansionsdrang der Wikinger war zwar ins Stocken geraten, doch so ganz war ihnen die Kampfeslust nicht vergangen. Im Jahr 1107 steuerte der Wikingerkönig Sigurd I. („der Jerusalemfahrer") eine Flotte von 60 Schiffen ins Heilige Land. Drei Jahre später hatte er Sidon eingenommen. Doch mit dem Erfolg im Ausland ging kein Frieden in der Heimat einher: Nachdem Sigurd 1130 das Zeitliche gesegnet hatte, wurde die übrige Zeit des Jhs. von brutalen Bürgerkriegen um die Thronfolge bestimmt. Diese Zwistigkeiten gipfelten in einer entscheidenden Seeschlacht (1184) bei Fimreite im Sognefjord, in der eine ganze Heerschar reicher und einflussreicher Bürger abgeschlachtet wurde. König Sverre, ein ehmaliger Gottesmann, entschied den Kampf schließlich für sich. Er führte das Land

1349
Ein Drittel der Bevölkerung fällt dem Schwarzen Tod zum Opfer

1720
Schwedens Niederlage beendet den 150 Jahre währenden Krieg mit Norwegen

ins „Goldene Zeitalter" des mittelalterlichen Norwegen, in dem Bergen zur Hauptstadt aufstieg.

Die Norweger konnten eine ganze Weile lang ein Leben in Frieden und Wohlstand genießen; der Handel zwischen den Küstenstädten und der deutschen Hanse (s. Kasten S. 193) hatte das Land reich gemacht.

In den Jahren 1261 und 1262 schlossen sich Grönland und Island freiwillig dem Königreich Norwegen an. Die ewigen Reibereien mit Schottland fanden 1266 ein Ende, als Norwegen die Äußeren Hebriden und die Isle of Man an die Schotten verkaufte. Damit aber begann das norwegische Reich zu schrumpfen.

König Håkon V. ließ mächtige Festungen aus Stein errichten – eine bei Vardø, um im Norden vor den Russen sicher zu sein, und eine zweite 1308 bei Akershus, um den Hafen von Oslo verteidigen zu können. Bald darauf löste die Stadt Christiania (das vormalige Oslo) Bergen als Hauptstadt ab. Die Nachfolge Håkons V. trat sein Enkel Magnus an, Sohn von Håkons Tochter und eines Schwedenfürsten. Magnus wurde 1319 auch auf den schwedischen Thron gewählt, und im selben Jahr vereinten sich die beiden Königreiche. Die Dynastie Harald Hårfagres war nun ausgestorben, und eine 200-jährige Phase des Verfalls begann. Am Ende war Norwegen nur noch eine der vielen Provinzen Dänemarks.

Im August 1349 kam mit einem englischen Schiff der Schwarze Tod über Bergen nach Norwegen. Die Beulenpest raffte ungefähr ein Drittel der europäischen Bevölkerung dahin. Während dieser finsteren Zeit lagen die Felder brach, ganze Ortschaften verfielen, der Handel geriet ins Stocken und die Schatzkammern schrumpften um 65 %. In Norwegen starben etwa 80 % der Adligen. Da aber auch die Feldarbeiter dezimiert waren, mussten die Überlebenden selbst auf dem Land arbeiten. Dadurch hatte Norwegen für immer seine Machtbasis verloren.

Im Jahr 1387 verlor Norwegen die Kontrolle über Island. Zehn Jahre später vereinigte Königin Margarete von Dänemark in der Kalmarer Union Schweden, Dänemark und Norwegen und setzte Erich von Pommern als König ein. Margeretes Vernachlässigung Norwegens setzte sich noch bis ins 15. Jh. fort; die Handelsbeziehungen zu Island brachen ab und die grönländischen Kolonien verschwanden auf geheimnisvolle Weise spurlos.

Der Verlust der Unabhängigkeit wurde durch die Deutsche Hanse noch verschlimmert. Diese wurde immer mächtiger und schuf eine völlig einseitige Handelssituation zum Vorteil der Deutschen. Allerdings: Die Hanse importierte wichtige Güter nach Norwegen, und der Hafen von Bergen konnte durch den Export von Stockfisch aus Nordland überleben. 1427 flohen die Händler der Hanse aus Bergen, als sie hörten, dass Piraten den Hafen überfallen wollten. Als diese tatsächlich angriffen, wurde die norwegische Verteidigung einfach überrannt. Acht Jahre vergingen, bevor die Deutschen zurückkehrten und den Handel wieder aufnahmen.

1469 verpfändete der dänisch-norwegische König Christian I. – angeblich nur vorübergehend – die Orkney- und die Shetlandinseln an die schottische Krone, weil er Geld für die Mitgift seiner Tochter brauchte. Bereits drei Jahre später annektierten die Schotten beide Inselgruppen. Die Schweden sagten sich 1523 von der Union los, setzten den ersten König aus dem Hause Wasa auf den Thron und schufen damit die Voraussetzungen für eine anhaltende Ära des Krieges.

1814

Dänemark tritt Norwegen an Schweden ab; trotzdem erste norwegische Verfassung durch eine gewählte Versammlung beschlossen

1854

Norwegens erste Bahnlinie, von Oslo nach Eidsvoll, wird eröffnet

Stoßtrupp Telemark (1965) setzt einen Meilenstein des norwegischen Widerstands in Szene. Die Hollywood-Produzenten haben es mit der Historie nicht so genau genommen, aber immerhin poltert Kirk Douglas über die Leinwand.

Der Roman *Die Auswanderer* (1924) von Johan Bojer erzählt von den Erlebnissen einer Gruppe norwegischer Emigranten, die nach Amerika gehen. Hier erfährt man eine ganze Menge über die damaligen Lebensbedingungen der norwegischen Aussiedler in den USA.

REFORMATION, KRIEG & POLITISCHE UNION

1537 erreichte die Reformation auch Norwegen, und der lutheranisch-protestantische Glaube trat an die Stelle des Katholizismus. Gut 22 Jahre später brach Christian III. das Handelsmonopol der Hanse in Bergen. Das Ergebnis war eine buntgemischte Kaufmannschaft: Holländische, dänische und schottische Händler brachten Geld und Wissen in die Stadt, und eine wohlhabende norwegische Mittelklasse entstand.

Am Ende des 16. Jhs. begann es zwischen der dänisch-norwegischen Union und Schweden zu brodeln. Eine Auseinandersetzung folgte der nächsten: u. a. der Nordische Siebenjährige Krieg – auch Dreikronenkrieg – von 1563 bis 1570 und der Kalmarkrieg von 1611 bis 1613. Beide Kriege wurden teilweise auf norwegischem Boden ausgefochten. So wurde etwa Trondheim mehrfach abwechselnd von den Schweden und den Dänen annektiert. Im Kalmarkrieg nahm Schottland Norwegen mit einer Invasion von zwei Seiten aus in die Zange. In Gudbrandsdalen gelang es den Bauern aus eigener Kraft, eine dieser Truppen zu schlagen (s. Kasten S. 175).

In jener Zeit standen bei den Expeditionen in die Arktis erstmals wirtschaftliche Interessen im Mittelpunkt. Sie legten die Basis einer ganzen Reihe der modernen – und kontroversesten – Wirtschaftszweige des Landes. Wal-, Robben- und Walrossjäger kamen aus verschiedenen Ländern und hatten für gewöhnlich Trapper im Schlepptau, die auf Fuchspelze aus waren.

In zwei weiteren Kriegen Mitte des 17. Jhs. musste Norwegen einen guten Teil seines Gebiets an Schweden abtreten. Im Großen Nordischen Krieg zu Beginn des 18. Jhs. standen die Norweger dem immer größer werdenden Königreich Schweden gegenüber. 1716 besetzten die Schweden Christiania (das heutige Oslo). Im Winter 1718/19 kreisten sie Trondheim ein. Nach dem Tod des Schwedenkönigs Karl XII. gaben sie die Belagerung jedoch auf, und 1720 waren die Schweden endgültig geschlagen. Der über 150 Jahre währende Krieg ging zu Ende.

In Bergen entstanden im Jahr 1720 norwegische Handelsgesellschaften, die neue Handelsbeziehungen zu Grönland knüpfen wollten. Jedoch zerschlugen dänische Handelsbeschränkungen die zarten Sprossen wirtschaftlicher Unabhängigkeit. Daher war Norwegen nicht in der Lage, die so genannte kleine Eiszeit zu verkraften. In den Jahren 1738 bis 1742 blieben ganze Ernten aus und ein Drittel des Viehs verendete. Hungersnöte plagten die Norweger und Tausende fanden den Tod.

Während der Napoleonischen Kriege blockierte Großbritannien Norwegen und führte so die Kapitulation Dänemarks am 14. Januar 1814 herbei. Der folgende Kieler Vertrag besiegelte die „Vereinigung der Kronen" von Norwegen mit Schweden. Eine Gruppe von Bauern, Kaufleuten und Politikern hatte es gründlich satt, dass ihr Land ständig durch fremde Könige aufgeteilt wurde. Deshalb versammelten sie sich im April 1814 in Eidsvoll Verk, arbeiteten die erste Verfassung des Landes aus und wählten einen neuen norwegischen König. Am 17. Mai 1814 war das Werk vollendet; dieses Datum wird noch heute am norwegischen Nationalfeiertag zelebriert. Der Erfolg war indes nur von kurzer Dauer: Schweden zwang den neuen König Christian Frederik zur Abdankung und zur Anerkennung des von Schweden eingesetzten Monarchen Karl Johan. Krieg ließ sich durch einen Kompromiss abwenden, der die Vormacht Schwedens einschränkte. Es folgten einige Streitigkeiten zwischen Norwegen und Dänemark um die

1905
Das Königreich Norwegen wird unabhängig und nach einer Volksabstimmung konstitutionelle Monarchie

1920
Das *Storting* wird eingeladen, dem neu gegründeten Völkerbund beizutreten

Kolonien Island, Grönland und Färöer (das Gerangel endete erst 1931, als der Internationale Ständige Gerichtshof zugunsten Dänemarks enschied).

Nach Jahrhunderten des Krieges und der Fremdherrschaft erlebte Norwegen im 19. Jh. eine kulturelle Wiedergeburt. Diese musikalische und künstlerische Blüte verdankte das Land vor allem dem Dichter und Dramatiker Henrik Ibsen, dem Komponisten Edvard Grieg und dem Maler Edvard Munch. Zur selben Zeit bildete sich auch ein einzigartiger norwegischer Dialekt heraus: das *landsmål* (oder *Nynorsk*). 1854 rollten Züge zwischen Oslo (König Karl Johan änderte den Namen „Christiania" wieder in „Oslo", um die Spuren der dänisch-norwegischen Union zu verwischen) und Eidsvoll auf Norwegens erster Eisenbahnstrecke. Und Norwegen konnte einen Aufschwung im Außenhandel, besonders mit Erzeugnissen aus Fischerei und Walfang, verbuchen.

Dennoch: Die rasche Bevölkerungszunahme zusammen mit der Tatsache, dass Norwegen immer noch einer der ärmsten Flecken Europas war, führte dazu, dass die Norweger begannen, ihrer Heimat in Scharen den Rücken zu kehren und nach Nordamerika auszuwandern. Zwischen 1825 und 1925 ließen sich über 750 000 Norweger in den USA und Kanada nieder.

GEWUSST?

Die erste Schlacht gewannen die Alliierten im Zweiten Weltkrieg, als britische Seestreitkräfte Ende Mai 1940 Narvik zurückeroberten und den strategisch wichtigen Eisenerzhafen unter ihre Kontrolle brachten. Am 9. Juni fiel die Stadt jedoch wieder an die Deutschen zurück.

DAS KÖNIGREICH NORWEGEN

1905 versammelten sich die Norweger, um eine Verfassung auf den Weg zu bringen. Wie nicht anders erwartet, stimmte praktisch niemand für eine Fortsetzung der Union mit Schweden. Der schwedische König Oskar II. musste die norwegische Unabhängigkeit akzeptieren und abdanken. Er setzte die norwegische konstitutionelle Monarchie wieder in Kraft und Håkon VII. auf den Thron. Dessen Nachkommen regieren Norwegen bis zum heutigen Tag, wobei das *Storting* (Parlament) letztlich über die Nachfolge entscheidet. Oslo wurde zur Hauptstadt des neuen unabhängigen Königreichs Norwegen erklärt.

In den ersten drei Jahrzehnten des 20. Jhs. erlebte das Land eine Fülle technischer Fortschritte und Pioniertaten. 1911 erreichte der norwegische Entdecker Roald Amundsen den Südpol. 1913 erhielten die Frauen in Norwegen als einem der ersten Länder Europas das Wahlrecht. Bis 1914 schossen im ganzen Land Wasserkraftwerke wie Pilze aus dem Boden; neue Wirtschaftszweige florierten und trieben eine zunehmend gesunde Exportwirtschaft an. Obwohl Norwegen im Ersten Weltkrieg neutral war, wurden etliche norwegische Handelsschiffe von der deutschen Flotte versenkt.

1920 gewann Norwegen mit der Unterzeichnung des Svalbardtraktats – 1925 in Kraft getreten – erstmals seit Jahrhunderten Gebiet hinzu. Die 1920er brachten weitere Neuerungen: z. B. Fabrikschiffe, auf denen die Wale direkt auf See verarbeitet werden konnten. Damit stieg der Walfang an, v. a. um Svalbard und in der Antarktis (Infos dazu s. Kasten S. 66).

Ebenfalls im Jahr 1920 beschloss das *Storting*, dem neu gebildeten Völkerbund beizutreten. Lediglich die kommunistisch gefärbte Arbeiterpartei – eine zunehmend militante, revolutionären Partei, die 1927 schließlich das *Storting* dominierte – war davon nicht zu begeistern. Ende der 20er-Jahre kämpfte die USA mit der Großen Depression. Im Fahrwasser dieser wirtschaftlichen Flaute geriet auch Norwegen in Schwierigkeiten. Im Dezember 1932 waren 42 % der Norweger arbeitslos; besonders stark bekamen die Bauern diese ökonomische Misere zu spüren.

GEWUSST?

Das Svalbardtraktat von 1925 garantierte Norwegen die Souveränität über den Svalbard-Archipel. Die über 20 Unterzeichnerstaaten, darunter die UdSSR, Australien, Kanada, Indien, Japan, die USA und die meisten heutigen EU-Staaten, verlangten dafür Schürf- und Siedlerrechte.

9. April 1940
Die Deutschen marschieren in Norwegen ein; die Regierung flieht ins Exil

1945
Nach der Kapitulation Deutschlands verlässt die russische Armee das arktische Norwegen

WAS WAREN DIE DEUTSCHEN DOCH GROSSZÜGIG

Kurz nach der Invasion Norwegens durch Deutschland im Jahr 1940 gab der Hauptkommandant der Besatzungstruppen, General von Falkenhorst, folgende Erklärung ab:

> Ich habe den Befehl erhalten, die norwegischen Gebiete gegen die Angriffe der Westmächte zu schützen. Zahlreiche Angebote zur Kooperation hat die norwegische Regierung abgelehnt. Nun muss die Bevölkerung selbst über das Schicksal ihres Landes entscheiden. Wird dieser Aufforderung entsprochen, so wie es in der gleichen Situation das dänische Volk mit großem Verständnis tat, wird Norwegen von den Schrecken des Krieges verschont bleiben.
>
> Wenn Widerstand geleistet werden sollte und die in friedlicher Absicht gereichte Hand ausgeschlagen werden sollte, sehe ich mich gezwungen, diesen Widerstand mit den schärfsten und unbarmherzigsten Mitteln zu brechen.
>
> Jeder, der den Aufruf der geflohenen früheren Regierung zur Mobilisierung unterstützt oder falsche Gerüchte streut, wird standrechtlich ERSCHOSSEN.
>
> Jeder Zivilist mit einer Waffe in der Hand wird ERSCHOSSEN.
>
> Jeder, der Einrichtungen der Stadt zerstört oder solche Anlagen, die dem Verkehr oder dem militärischen Geheimdienst dienen wird ERSCHOSSEN.
>
> Jeder, der Waffen entgegen internationalem Recht benutzt, wird ERSCHOSSEN.
>
> Die Deutsche Armee, siegreich in vielen Schlachten, die großartige und mächtige Luftwaffe und Marine werden dafür sorgen, dass meine Anweisungen durchgesetzt werden.
>
> *Der deutsche Kommandierende General von Falkenhorst – General der Infanterie*

DER ZWEITE WELTKRIEG & SEINE FOLGEN

1933 begann sich der Geist des Faschismus über ganz Europa auszubreiten. In Norwegen rief der ehemalige Verteidigungsminister Vidkun Quisling die faschistische Partei *Nasjonal Samling* ins Leben. Als die Deutschen am 9. April 1940 in Norwegen einfielen, setzte sich König Håkon mit seiner Familie zunächst nach Elverum (s. Kasten S. 164) ab. Nach einem Zwischenstopp in Großbritannien machte sich die königliche Familie auf in die Hauptstadt der USA. In Washington DC verbrachte der König die Kriegsjahre, während britische, französische, polnische und norwegische Truppen einen verzweifelten Rückzugskampf ausfochten.

Krieg in Norwegen (1941) ist eines von sechs Büchern von Willy Brandt über Norwegen. Der spätere Bundeskanzler lebte hier im Exil und schrieb über seine eigenen Erfahrungen. Das Buch wurde von den Nationalsozialisten verboten.

Sechs Städte im Süden wurden niedergebrannt. Trotz einiger Erfolge der Alliierten standen die Briten ziemlich allein da, sodass sie Order erhielten, das arktische Norwegen seinem Schicksal zu überlassen. In Oslo setzten die Deutschen eine Marionettenregierung unter Vidkun Quisling ein, dessen Name seither für den Landesverräter schlechthin steht.

In den folgenden fünf Jahren setzte der norwegische Widerstand alles daran, die deutschen Pläne zu durchkreuzen. Häufig halfen wagemutige Fischer von den Shetlandinseln, Waffen über die See nach Westnorwegen zu schmuggeln. Eine der unvergesslichsten Widerstandsaktionen war der berühmte Überfall auf die Produktionsanlage für schweres Wasser in Vemork im Februar 1943. Die Anlage war Teil der Pläne für die Entwicklung einer deutschen Atombombe (s. Kasten S. 145).

Die Deutschen übten bittere Rache an der Bevölkerung; während der Besatzung kamen 1500 Norweger ums Leben. Zu den zivilen Opfern zählten 630 norwegische Juden, die in die Konzentrationslager Mitteleuropas verschleppt wurden. Serbische und russische Kriegsgefangene verrichteten bei Bauprojekten in Norwegen Zwangsarbeit; viele starben an Kälte und unzureichender Ernährung. Den vielen Opfern unter den Arbeitern beim Bau der Straße hoch auf dem Saltfjellet verdankt sie ihren Beinamen *blodveien* (Blutstraße).

Besonders die Finnmark hatte während des Krieges verheerende Zerstörungen und zivile Opfer zu beklagen. Die Deutschen errichteten im Altafjord und an anderen Orten U-Boot-Stützpunkte. In der Hoffnung, den Waffennachschub der Russen zu unterbrechen, griffen sie von hier aus Schiffskonvois an, die nach Murmansk und Archangelsk in Russland unterwegs waren. Zu Beginn des Jahres 1945 gingen die Deutschen angesichts des eskalierenden Zweifrontenkrieges zu einer Politik der verbrannten Erde über, um so das Vordringen der Russen in die Finnmark zu verzögern. Sie verwüsteten den Norden Norwegens vollkommen, indem sie Felder, Wälder, Städte und Dörfer in Brand steckten. Kurz nachdem die Deutschen Norwegen aufgegeben hatten, wurde Quisling von einem Exekutionskommando erschossen; weitere Kollaborateure wanderten ins Gefängnis, und am 7. Mai zog die russische Armee aus dem arktischen Norwegen ab.

Norwegen (2002) von Fritz Petrick bietet einen kompletten Abriss der norwegischen Geschichte. Die politische, gesellschaftliche und wirtschaftliche Entwicklung des Landes wird hier genauestens unter die Lupe genommen.

Auch wenn die kommunistische Partei bei den Wahlen Gewinne verbuchen konnte, blieb der Eiserne Vorhang an der Grenze zu Russland. Die strenge Kriegswirtschaft wurde erst 1952 aufgegeben. Nun widmeten sich die Norweger dem notwendigen Wiederaufbau der vielen zerstörten Dörfer – v. a. im nördlichen Teil des Landes. Auch die Handelsmarine und die Walfangflotte kamen rasch wieder auf die Beine.

Norwegen war 1945 einer der Gründerstaaten der Vereinten Nationen. Sich seiner Nähe zu Russland stets bewusst, trat das Land 1949 außerdem der Nato bei. Eine engere Bindung an andere skandinavische Länder kam mit der Gründung des Nordischen Rates im Jahr 1952 zustande.

DAS MODERNE NORWEGEN

Ende der 60er-Jahre stieß man in der Nordsee auf Öl und die Wirtschaft boomte; Norwegen wandelte sich von einem der ärmsten Länder Europas zu einem der reichsten. Seitdem hat eine sozialdemokratische Regierung nach der anderen den unverhofften Ölsegen (plus rigorose Einkommenssteuern und Versorgungsgebühren) dazu verwendet, eines der umfangreichsten Sozialsysteme der Geschichte zu schaffen – mit kostenloser Gesundheitsversorgung und Studium sowie großzügigen Renten- und Arbeitslosenregelungen. Alles in allem ist Norwegen – so die Regierung – die „egalitärste Sozialdemokratie Westeuropas".

1960 trat Norwegen der Europäischen Freihandelsassoziation (EFTA) bei, doch einem Beitritt zur Europäischen Wirtschaftsgemeinschaft (EWG) wollten die Norweger – wenn auch knapp – 1972 nicht zustimmen. Die starke Wirtschaft verhinderte in den 80er-Jahren einen Anstieg der Arbeitslosigkeit und den Sozialverfall. Und so sahen die Norweger auch 1994 keinen Grund, der Europäischen Union (EU), dem Nachfolger der EWG, beizutreten. Das „Nein" zur EU ergab sich besonders aus den Interessen traditioneller Familienhöfe und der Fischereiwirtschaft. Man hoffte, dem Wettbewerb mit den größeren und technisch überlegenen EU-Konkurrenten aus dem Weg gehen zu können. Weitere Informationen zu Norwegen und die EU auf S. 19.

1972
Die Norweger stimmen gegen den Beitritt zur EWG

1994
In einer Volksabstimmung lehnen die Norweger zum zweiten Mal den Beitritt zur EU ab

Kultur

MENTALITÄT

Die Norweger lieben ihre Unabhängigkeit, sind aber gleichzeitig durchaus willig, sich mit der Welt einzulassen. Nicht wenige empfinden trotzigen, wenn auch verhaltenen Stolz angesichts der umstrittenen Haltung ihrer Regierung zum kommerziellen Walfang; sie sehen weniger die Tiere in Gefahr als die traditionelle norwegische Industrie und die Handlungsfreiheit Norwegens. Mehr noch allerdings zerbrechen sie sich den Kopf darüber, ob ihr Land der EU beitreten soll; sie haben Angst um ihre Unabhängigkeit, sind sich aber auch der Verpflichtung bewusst, sich mit ihren Nachbarn im Süden und Osten auseinander zu setzen. Insbesondere aber leben in Norwegen Menschen, die eine Vielzahl von Sprachen sprechen, weit gereist sind und nichts lieber tun, als Besucher in ihrem Land zu begrüßen.

Angesichts der Schönheit des Landes kann die Liebe der Norweger zur freien Natur kaum überraschen. Jeder hat hier das Recht auf freien Zugang zur unberührten Landschaft – das garantiert das uralte Gesetz des *allemansretten,* das „Jedermannsrecht". Alle Norweger halten es hoch in Ehren und fordern auch jeden auf, es ihnen gleichzutun. Viele Norweger weigern sich sogar während des deprimierend langen Winters, sich im Haus zu verkriechen. Das soll jedoch nicht heißen, dass sie sich nicht über den Sommer freuen – im Gegenteil: Sie wissen nur allzu gut, dass er nach zwei Monate schon wieder vorbei sein könnte, und feiern ihn deshalb mit einem Enthusiasmus, den nur der wirklich verstehen kann, der den langen norwegischen Winter erlebt hat. Norweger sind generell gutmütige Naturen, im Sommer jedoch strahlen sie geradezu vor ansteckend guter Laune – eine herrliche Zeit, das Land zu besuchen. Wie stark die Sonne bzw. ihre Abwesenheit auf die Gemüter der Norweger wirkt, hat der Dichter Henrik Ibsen (s. Kasten S. 44) so ausgedrückt: „Wer mich ganz verstehen will, muss Norwegen kennen. Diese großartige und doch strenge Natur, die die Menschen dort oben im Norden umgibt, das einsame, abgeschlossene Leben zwingt sie dazu, sich nicht um andere Leute zu kümmern, sondern nur um sich selbst und das Eigene. Das ist der Grund, warum sie so nach innen gekehrt und ernst sind, warum sie grübeln und zweifeln und oft den Mut verlieren. Hinzu kommen die langen, dunklen Winter mit ihren dichten Nebeln ums Haus – oh, wie sie sich nach der Sonne sehnen!"

„Angesichts der Schönheit des Landes kann die Liebe der Norweger zur freien Natur kaum überraschen."

Norweger glauben mehr als an alles andere an Fairness und Gerechtigkeit, sind aber häufig misstrauisch gegenüber farbigen Zuwanderern und haben zuweilen schnell eine abwertende Bemerkung über Schweden bei der Hand. Norwegen wird regelmäßig zum lebenswertesten Land der Welt gewählt – trotzdem murren viele Norweger, dass die Dinge nicht mehr so seien, wie sie einmal waren.

LEBENSART

Die staatlichen Sozialprogramme haben das Leben der Norweger stark verändert. (Manche Kritiker würden es als künstliche Umgestaltung – Social Engineering – bezeichnen.) Doch wie man auch dazu steht – das Ergebnis ist unbestreitbar beeindruckend. Und wir stehen nicht allein mit unserer Meinung: Norwegen landete 2004 erneut auf dem ersten Platz des Human Development Index der UN, der den Entwicklungsstand eines Landes an der Lebenserwartung, der Ausbildung und dem

Durchschnittseinkommen misst. Also ist Norwegen auch ganz offiziell das lebenswerteste Land der Welt.

Arbeit & Familie

Norwegens sagenhafte staatliche Förderungsprogramme konzentrieren sich vor allem auf zwei Punkte: Familie und Gleichstellung der Geschlechter (weiter Informationen s. S. 39). Anfangs war die staatliche Familienunterstützung als „Müttergehalt" gedacht und sollte es den Frauen ermöglichen, zu Hause zu bleiben, ohne vom Einkommen des Mannes abhängig zu sein; seit den 1970er-Jahren hat sich der Schwerpunkt auf die Wahrung des Anspruchs von Männern wie Frauen auf einen aushäusigen Arbeitsplatz verschoben. Dies findet vielfältigen Ausdruck: von bezahltem Elternurlaub bis hin zu stark subventionierter Kinderbetreuung. Drei Wochen bezahlter Mutterschutz und sechs Wochen bezahlter Mutterschaftsurlaub sind garantiert, und das Elterngeld kann in voller Höhe bis zu 42 Wochen lang in Anspruch genommen werden – die besten Leistungen in Europa. Vier Wochen davon sind dem Vater vorbehalten, und 78 % der Väter nehmen das auch in Anspruch. Jeder Elternteil hat außerdem Anrecht auf ein weiteres Jahr unbezahlten Urlaub mit Arbeitsplatzgarantie (Staatsbedienstete drei Jahre) oder aber auf bis zu zwei Jahre Teilzeitarbeit mit Lohnausgleich. Bei der Geburt eines Kindes gibt es darüber hinaus staatliche Zuschüsse von über 32 000 nkr und eine Kinderunterstützung als Familienbeihilfe, bis das Kind das 18. Lebensjahr vollendet hat.

Alles in allem ist Norwegen ein hervorragendes Land, um Kinder zu bekommen und eine Familie zu gründen. Vielleicht ist seine Geburtenrate auch aus diesem Grund mit 1,9 Kindern pro Familie eine der höchsten Europas. Zum Vergleich: Die durchschnittliche Geburtenrate in der EU beträgt 1,45 Kinder.

Dennoch hat sich in den letzten Jahren die Familienstruktur geändert: Das Durchschnittsalter der Erstgebärenden ist gestiegen (27,5 Jahre), die Zahl der Eheschließungen gesunken (5,6 auf 1000 Einwohner), nichteheliche Lebensgemeinschaften nehmen zu (49 % der Kinder werden unehelich geboren) und ebenso die Zahl allein erziehender Mütter (22 % der Kinder wachsen in Ein-Eltern-Familien auf). Diese neuen Realitäten, die größtenteils vom Wohlfahrtssystem getragen werden, bewirken eine deutliche Entfernung von der traditionellen Kernfamilie, die immer der Stützpfeiler der norwegischen Gesellschaft war. Z. T. liegt diese Veränderung in den verbesserten Möglichkeiten begründet, die das Ansteigen der norwegischen Einkommen mit sich bringt (mit durchschnittlich 35 466 € pro Kopf das dritthöchste Durchschnittseinkommen der Welt); ein anderer Grund ist, dass sich viele junge Leute von der Kirche abgewandt haben. Die spürbarste Auswirkung betrifft aber nicht die Kleinfamilie, die es noch immer, wenn auch in vielfältigerer Form, gibt – Doppelverdiener mit zwei Kindern bleiben die Norm –, sondern die traditionelle Großfamilie: Die Verantwortung, sich der älter werdenden Verwandten anzunehmen, scheint von den Familienmitgliedern auf den Staat übergegangen zu sein.

Wie die meisten westlichen Staaten hat Norwegen eine zunehmend überalterte Bevölkerung und eine durchschnittliche Lebenserwartung von nahezu 80 Jahren. Diese Entwicklung hat für zukünftige Regierungen massive Konsequenzen, was die Finanzierung öffentlicher Leistungen auf dem heutigen großzügigen Stand betrifft. Obgleich das Rentenalter für Männer wie Frauen auf 67 Jahre festgelegt ist, wird die Rente bis ans Lebensende garantiert.

GEWUSST?

Unglaubliche 86 % der Norweger im arbeitsfähigen Alter haben eine neunjährige Schulausbildung absolviert und 31 % haben einen Hochschulabschluss.

DIE RUSS KOMMEN!

Eine ziemlich ungewöhnliche Tradition norwegischer Schulabgänger nennt sich *russ*. Die Abiturienten (*russ*) oder Abiturientinnen (*rødruss*) ziehen rote Latzhosen an, setzen ein rotes Käppi auf und dürfen – wegen ihres Status – eine Weile lang allen möglichen Unsinn veranstalten. Bei Sachbeschädigung hört der Spaß auf, doch ansonsten ist Unfug aller Art – ohrenbetäubender Lärm, Partys, abwaschbare Graffiti und allgemeine Nervtöterei – erlaubt und wird sogar unterstützt. Das kann gegen Ende des Schuljahres mehrere Wochen so gehen. Das meiste ist jugendlicher Übermut, aber wer schlafen möchte, kann nicht unbedingt drüber lachen.

Wer einmal in einer ruhigen Minute die Aushänge eines Maklers studiert, wird feststellen, dass Häuser unerschwinglich teuer sein können. Zusätzlich werden sie mit einer Luxussteuer belegt. Dennoch lassen sich die Norweger dadurch nicht vom Hauskauf abhalten: Über 80 % der Bevölkerung haben eine eigene Wohnung oder ein Haus.

Ausbildung

Der Besuch der Schule ist obligatorisch (und zwar seit 1889!); das staatliche System wird stark gefördert, der Besuch von Privatschulen dagegen aktiv eingedämmt. Für die weiterführende Ausbildung gibt es unterschiedliche Möglichkeiten: vom traditionellen Studium bis hin zur Berufsausbildung. Viele verlassen dafür ihre Heimatstadt, weshalb in Norwegen Kinder viel früher aus dem Haus gehen und relativ unabhängiger leben als etwa in den meisten südeuropäischen Ländern. Ausbildung und Studium sind generell frei.

Die Politik der freien Entscheidung betrifft auch die Mitglieder der Volksgruppe der Samen; es werden bewusste Anstrengungen unternommen, ihre traditionelle Kultur zu bewahren. Es gibt verschiedene universitäre Angebote im Bereich der samischen Kulturwissenschaften und Studiengänge, die z. T. in samischer Sprache absolviert werden können. Wer kein Norwegisch spricht, kann besondere subventionierte Bildungsangebote in Anspruch nehmen.

Die vier Hauptuniversitäten in Norwegen sind: die Universität von Oslo (die älteste Hochschule), die Universität von Bergen, die Norwegische Universität für Wissenschaft und Technik in Trondheim und die Universität von Tromsø. Hinzu kommen etwa vierzig regionale Unis und Fachhochschulen.

GEWUSST?

Traditionelle norwegische Bauernhäuser sind aus Holz gebaut. Die reicheren Norweger protzten mit palastartigen Steinhäusern – die allerdings waren kalt und zugig.

Brauchtum

Norwegen ist ein ausgesprochen modernes Land; seine alten Traditionen kann man – von letzten Spuren in abgelegenen ländlichen Gebieten abgesehen – nur noch in den ausgezeichneten Heimatmuseen, auf den Volksfesten und – mit ganz viel Glück – hier und da bei einer traditionellen Hochzeit erleben.

Eines der auffälligsten traditionellen Überbleibsel ist das *bunad*, die kunstvoll gearbeitete Tracht. Alle Regionen haben ihre eigenen charakteristischen Volkstrachten, wobei Buntheit und Einfallsreichtum variieren. Wo die Tradition noch Konjunktur hat, wie etwa im Setesdal und in Teilen der Telemark, waren Trachten selbst nach dem Zweiten Weltkrieg noch ein übliches Outfit. Heute werden sie aber nur noch selten getragen und meist nur für Hochzeiten und ähnliche Festivitäten aus dem Schrank geholt.

Früher waren es die Schäferinnen und Melkerinnen, die diese phantastischen Kleider mit ihren komplizierten Stickereien versahen, während

FOLKLORE & LEGENDEN

Norwegen-Neulinge könnten den Eindruck bekommen, dass die Wikinger unwiederbringlich der Vergangenheit angehören und Norwegen der Inbegriff einer modernen rationalen Gesellschaft ist. Doch halt: Nirgendwo sonst in Europa gibt es noch eine derart ausgeprägte Tradition von Volksmärchen und Legenden.

Mythische Kreaturen

Die norwegischste aller übernatürlichen Kreaturen Norwegens ist wohl der Troll; man nimmt an, dass es ihn seit dem Ende der letzten Eiszeit gibt. Trolle hausen in düsteren Wäldern, mondbeschienenen Seen, tiefen Fjorden, auf schneebedeckten Gipfeln und an tosenden Wasserfällen. Die meisten von ihnen sind Geschöpfe des Schattens und der Dunkelheit; direktes Sonnenlicht lässt jeden Troll zu Stein erstarren.

Trolle können Hunderte von Jahren alt werden und sind von unterschiedlichster Gestalt und Größe. Manche sind riesig, manche winzig; fast alle jedoch haben vier Finger bzw. Zehen an Händen und Füßen, eine lange, krumme Nase und einen buschigen Schwanz. Es gibt auch Trolle mit mehreren Köpfen mit jeweils bis zu drei Augen. Mit einer erstaunlichen Begeisterung ärgern sie Ziegenböcke; auf den Klang von Kirchenglocken reagieren sie ausgesprochen allergisch. Zwar sind sie dafür bekannt, dass sie leicht ausrasten und ausgesprochen unausstehlich sein können, doch im Allgemeinen sind sie den Menschen freundlich gesonnen.

Eine größere Ausgabe des Trolls ist der Riese. Der Legende nach wurde die Welt aus dem Körper des Riesen Ymir von Jotunheimen (Heim der Riesen) erschaffen, nachdem ihn der nordische Gott Oðinn getötet hatte.

Von den Elfen, die normalerweise an Wasserläufen tief in den Wäldern leben, gibt es gute und böse Exemplare. Sie lassen sich nur nachts blicken, wenn keine Gefahr besteht, dass sie in Stein verwandelt werden. Es heißt, man könne die Stätten ihrer nächtlichen Feste und Tänze an Kreisen besonders grünen Grases erkennen.

Weitere scheue Kreaturen sind die *hulder*, die Milch von der Sommerweide stehlen, der Furcht erregende **draugen**, ein kopfloser Fischer, der mit einem schauerlichen Geheul den Tod durch Ertrinken prophezeit, und die *vetter* (Wichte), die Schutzgeister der rauesten Küsten. Auch Schlangen bevölkerten die Wikingermythologie, und zumindest eine existiert noch heute – die sagenumwobene Seeschlange Selma (s. Kasten S. 152). Die Wicca-Anhänger haben sich vergeblich bemüht, das Image ihrer verrufenen Kunst aufzubessern: Hexen sind und bleiben in der gängigen norwegischen Überlieferung Kräfte des Bösen, die zu allen möglichen Schreckenstaten fähig sind.

Volksmärchen

Die Täler West- und Nordnorwegens sind ein nie versiegender Quell von Volksmärchen, Sagen und Mythen; oft erklären sie seltsame Erscheinungen der Landschaft. Eine besonders wichtige Rolle spielen sie in der nordländischen Küstenkultur.

Eine Geschichte erzählt von einer einsamen Insel-Riesin, die dem Festlandsriesen Blåmann (Blaumann) zubrüllt, ob er sie heiraten wolle. Der ist einverstanden, solange sie die Insel mitbringt. Dummerweise geht die Sonne aber gerade in dem Moment auf, als sie gerade mit dem Packen fertig ist, und sie verwandelt sich in Stein. Dasselbe Schicksal ereilt Blåmann, der zu lange auf sie gewartet hat. Die Insel wurde als Gygrøy (Insel der Riesin) bekannt, doch die Fischer der Umgegend tauften sie in Landegode (Gutes Land) um, damit sich die Riesin nicht angegriffen fühlte. Landegode ist mit seinen charakteristischen Umrissen ein Markstein der Fährstrecke Bodø–Kjerringøy; der arme Blåmann dagegen ist heute ein Eishügel.

In einer anderen Legende schießt Hestmannen, der Pferdemann, einen Pfeil auf die Prinzessin Lekamøya ab, die sich geweigert hatte, ihn zu heiraten. Um den Pfeil abzulenken, wirft ihr Vater, der König von Sømna, seinen Hut zu Boden. Das Resultat: eine hutförmige Bergkuppe, die aussieht, als sei sie durchbohrt worden – Torghatten auf der Insel Torget südlich von Brønnøysund. Hestmannen selbst wurde zu einem buckligen Gipfel auf der weiter nördlich gelegenen Insel Hestmanna, die von der Stadt Mo i Rana zu erreichen ist.

Auf der Webseite des Arctic Council (www.arctic-council.org) finden sich informative Links zu Webseiten mit samischer Kultur und Politik im gesamtskandinavischen Kontext.

SAMISCHE REGIONEN: KULTUR & DIALEKTE

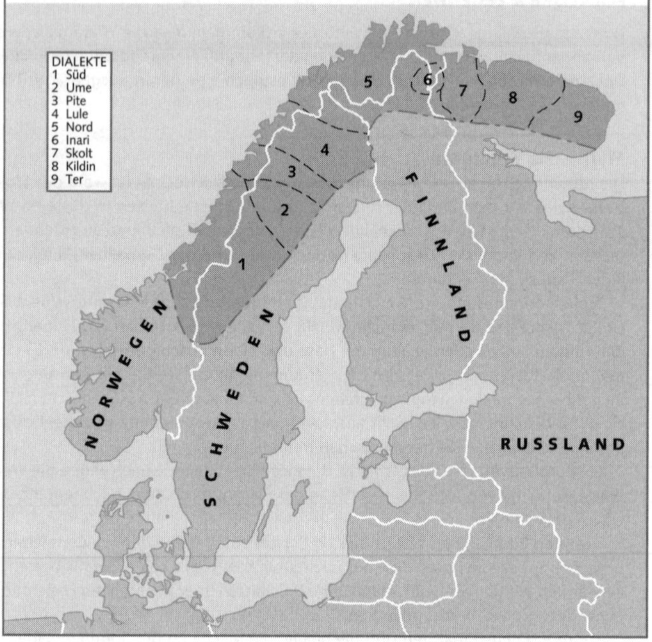

sie ihren Herden beim Grasen Gesellschaft leisteten. Heute dagegen fertigen nur noch wenige engagierte Näherinnen und Stickerinnen die kunstvollen Trachten an, und ein *bunad* stellt eine beträchtliche Investition dar. Das Norwegische Volksmuseum in Oslo stellt einige dieser beeindruckenden Kostüme aus, doch am schönsten wirken sie in Oslo während des Nationalfeiertags am 17. Mai, wenn Männer und Frauen aus dem ganzen Land in den alten Trachten ihrer Region zusammenkommen.

BEVÖLKERUNG

Die Bevölkerungsdichte Norwegens ist mit ca. 14 Ew./km² eine der niedrigsten in ganz Europa. Traditionell ist Norwegen eine bäuerliche Gesellschaft mit abgelegenen ländlichen Höfen (die – obwohl ihre Zahl ständig zurückgeht – noch heute charakteristisch sind für die norwegische Landschaft), doch der Trend zur Verstädterung ist nicht mehr rückgängig zu machen: 75 % der norwegischen Bevölkerung leben heute in der Stadt (im Vergleich: in Großbritannien 93 %, Deutschland 84 %, Österreich 66 %, Schweiz 70 %).

Nordische Herkunft

Der größte Teil der norwegischen Bevölkerung ist wahrscheinlich nordischer Abstammung. Man glaubt, dass sie Nachfahren mittel- und nordeuropäischer Volksstämme sind, die sich vor etwa 8000 Jahren Richtung Norden aufmachten. Tatsächlich sind die modernen nordischen Völker die Ureinwohner Süd- und Mittelskandinaviens. Das Klischee vom typischen Nordländer – groß, kräftig, helle Haare, blaue Augen – ist nicht

DER HISTORISCHE KAMPF DER SAMEN

Die Vorläufer der Samen wanderten aus Sibirien nach Norwegen ein – so nimmt man allgemein an. Doch zum ersten Mal schriftlich erwähnt werden sie im Jahr 98 n. Chr. in einem Eintrag des römischen Historikers Tacitus. 555 n. Chr. taucht beim Griechen Prokopios von Kaisareia der Name „Thule" – äußerster Norden – für Skandinavien auf. Die dort lebenden Völker beschrieb er als *skridfinner*, die jagten, Rentiere hielten und sich auf Skiern fortbewegten. Mittelalterliche Sagen aus Island bestätigen Handelsbeziehungen zwischen den nordischen Völkern und den Samen, und der Händler Ottar, der „weiter im Norden lebte als irgendein anderer Nordländer", diente am Hofe des englischen Königs Alfred des Großen und fertigte ausführliche Aufzeichnungen über seine Heimat und deren Völker an.

Damals lebten die Samen als Jäger und Fallensteller in kleinen Gruppen oder Verbänden, die als *siida* bezeichnet wurden, und jede Gemeinschaft bewohnte ihr eigenes Gebiet. Als im 17. und 18. Jh. nordische Bauern den Norden kolonisierten, wurde dieses System zwangsläufig gestört. Doch dann stellten viele der Neuankömmlinge recht bald fest, dass die Lebensweise der Samen viel besser an die vorherrschenden Bedingungen in diesem Landstrich angepasst war. Und so übernahmen sie von den Samen deren Art, sich zu kleiden und zu ernähren, sowie ihre Sitten und Gebräuche.

Um 1850 wurden Reformen eingeführt, die den Gebrauch der samischen Sprache in der Schule einschränkten, und ab 1902 war es illegal, Land an Leute zu verkaufen, die kein Norwegisch sprachen. Diese Politik wurde vor allem Anfang des 20. Jhs. mit viel Energie betrieben. Nach dem Zweiten Weltkrieg jedoch machte man eine Kehrtwendung, und die Behörden förderten nun die multikulturelle Gesellschaft. In den 60er-Jahren schließlich erklärte das gesamte politische Spektrum das Recht der Samen auf Bewahrung und Förderung ihrer eigenen kulturellen Werte und Sprache für unantastbar. Die Samen waren nun nicht nur offiziell als norwegische Staatsbürger anerkannt, sondern auch als ethnische Minderheit und eigenes Volk. Ihre rechtliche Stellung wurde immer besser, und die Regierung bildete eigens zwei Komitees: Den Samekulturutvalget für die kulturellen Interessen der Samen und den Samerettsutvalget für die Rechtsstellung der Samen und ihren Anspruchs auf Ressourcen.

Im Jahr 1988 verabschiedete die norwegische Regierung eine wahrlich erleuchtete Verfassungsänderung mit folgendem Wortlaut: „Es liegt in der Verantwortung des Staates, dafür zu sorgen, dass das Volk der Samen seine Sprache, seine Kultur und seine Lebensart bewahren und entfalten kann." Die Änderung sah des Weiteren die Bildung eines aus 39 gewählten Mitgliedern bestehenden samischen Parlaments, des **Sameting** (www.samediggi.no), vor, das als eine Art Beirat die Interessen der Samen vor dem Nationalparlament vertritt (ähnliche Einrichtungen existieren in Finnland und Schweden).

Anfang 1990 brachte die Regierung ein Gesetz durch, das die samische Sprache dem Norwegischen gleichstellte. Später im selben Jahr ratifizierte Norwegen die Konvention Nr. 169 der Internationalen Arbeiterorganisation, welche die Rechte indigener Bevölkerungsgruppen und anderer Stammesvölker garantiert.

ganz unbegründet: Nahezu 70 % der Norweger sind blauäugig. Das gibt es außerhalb Skandinaviens nirgendwo.

Samen

Die Urbevölkerung der Samen (früher als Lappen bezeichnet) stellt mit 40 000 Angehörigen die größte ethnische Minderheit des Landes dar. Sie können mit Recht behaupten, Norwegens älteste Einwohner zu sein. Heute sind sie vor allem in den nördlichsten Regionen der Finnmark ansässig; einzelne Gruppen leben auch verstreut in Nordland, Trøndelag und der Hedmark. Jahrhundertelang zogen die Angehörigen dieses widerstandsfähigen Völkchens als Nomaden in Nordskandinavien und Nordwestrussland umher und lebten von der Rentierhaltung. Heute gibt es insgesamt etwa 60 000 Samen, die sich jeweils als ethnische Minderheit auf vier Länder – Norwegen, Schweden, Finnland und Russland – verteilen (s. Karte S. 34). Ihr traditionelles Verbreitungsgebiet bezeichnen sie selbst als Sápmi – Samiland.

Die althergebrachte Rentierhaltung wurde in den 80er- und 90er-Jahren des 20. Jhs. als etwas überholt erkannt und erfolgreich auf den neuesten Stand gebracht; heute hat sie sich zu einer bedeutenden Einnahmequelle gemausert. Daneben verdienen die modernen Samen ihren Lebensunterhalt mit Fischfang, Ackerbau, Handel, Kleingewerbe und Kunsthandwerk sowie mit allen auch sonst in Norwegen üblichen Gewerben und Berufen.

Eine ausführlichere Darstellung der samischen Religion ist auf S. 39 nachzulesen.

POLITISCHE ORGANISATIONEN

Die Samen werden durch das Sami-Parlament vertreten, das in Karasjok zusammentritt und alle vier Jahre direkt gewählt wird. Darüber hinaus haben sich die norwegischen Samen dem **Nordischen Sami-Rat** (www.saamicouncil.net) angeschlossen, der 1956 gegründet wurde, um die Zusammenarbeit zwischen den verschiedenen politischen Organisationen in Norwegen, Schweden, Finnland und Russland zu fördern; sie sind außerdem Mitglied des **Arktischen Rates** (www.arctic-council.org) und des Weltrates der Urvölker (WCIP), der für die Solidarität und den Informationsaustausch unter Urvölkern der verschiedenen Mitgliedsstaaten eintritt. Das **Nordische Sami-Institut** (☎ 78 48 80 00; info@nsi.no) in Kautokeino wurde 1974 ins Leben gerufen; neben samischer Sprache, Kultur und Bildung unterstützt es Forschung, wirtschaftliche Aktivitäten und den Umweltschutz. Finanziert wird es vom Nordischen Ministerrat.

1980 einigte sich der Sami-Rat in Tromsø auf die folgenden Prinzipien eines politischen Programms:

> Wir, die Samen, sind ein Volk, dessen Gemeinschaft nicht durch Landesgrenzen zerstört werden darf. Wir haben eine eigene Geschichte, Tradition, Kultur und Sprache. Von unseren Vorfahren erbten wir das Anrecht auf Land, Wasser und eine selbstständige Wirtschaft. Wir haben das unveräußerliche Recht, unsere Wirtschaft und unsere Gemeinschaft im Einklang mit unserer Lebensweise zu bewahren und zu entfalten, und wir werden gemeinsam unser Land, unsere natürlichen Ressourcen und unser nationales Erbe für spätere Generationen schützen und bewahren.

SPORT

Jahrtausendelang waren in großen Teilen Norwegens Skier das einzig sinnvolle Fortbewegungsmittel. Dementsprechend tun sich die Norweger vor allem bei den Wintersportarten hervor. Tatsache ist, dass man in der Telemark den eleganten gleichnamigen Skistil (s. Kasten S. 411) erfand und das Wort „Slalom" von norwegisch *sla låm* (= geneigte Skispur) abgeleitet ist – ursprünglich die Bezeichnung für einen Querfeldein-Skilanglauf-Wettbewerb, bei dem alles mögliche Gesträuch umfahren werden musste. Bei den Winterolympiaden 1928, 1932 und 1936 gewann Sonja Henie die Goldmedaille im Eiskunstlauf, der Eisschnellläufer Johann Koss sicherte sich während der Winterolympiade 1994 in der Wikingerschiffarena in Hamar dreimal Gold, und bei der Olympiade 1998 holte der Langläufer Bjørn Dæhlie seine siebte Goldmedaille und war damit der erfolgreichste Athlet in der Geschichte der Olympischen Winterspiele.

Im Winter findet üblicherweise ein großes Skispringen am Holmenkollen bei Oslo statt; weitere große und kleine Wintersportevents werden in den ehemaligen Olympiastätten von Hamar und Lillehammer ausgetragen.

Auch der Fußball ist im Winter sehr angesagt. In den 1990er-Jahren hielt sich die norwegische Männer-Nationalmannschaft unter den ersten 20 der FIFA-Weltrangliste, fiel allerdings bis heute auf Platz 37 zurück. Nachdem sie sowohl 1994 als auch 1998 bei der Weltmeisterschaft dabei waren (1998 schlugen sie sogar Brasilien), konnten sich die Spieler weder für die Weltmeisterschaft 2002 noch für die Europameisterschaft 2004 qualifizieren, was die Fußballfans in Norwegen mit tiefer Trauer erfüllte. Die norwegischen Nationalspieler spielen überwiegend in der britischen Ersten Liga (Ole Gunnar Solskjær schoss im Finale der europäischen Champions League 1999 für Manchester United das dramatische Entscheidungstor), während in der nationalen Konkurrenz die Mannschaft Rosenborg Trondheim ganz vorne liegt.

GEWUSST?

Nachdem bei den Winterspielen 1998 in Nagano Deutschland vor Norwegen lag, holte Norwegen 2002 in Salt Lake City die meisten Medaillen; von 25 Medaillen waren 13 Gold.

Eigentlich aber sind es die Frauen, die sich mit dem größten Erfolg auf dem internationalen Rasen präsentieren; die Frauen-Nationalmannschaft gewann 1995 die Weltmeisterschaft und holte bei den olympischen Sommerspielen 2000 in Sydney die Goldmedaille. Heute steht sie an dritter Stelle der Weltrangliste des Frauenfußballs. Die Top-Spielerinnen sind Heidi Støre, die zwischen 1980 und 1997 151 Mal für Norwegen auf dem Platz stand, und Bente Nordby, die Torhüterin, die bei der Weltmeisterschaft 2003 den Elfmeter des US-Superstars Mia Hamm glänzend parierte.

IMMIGRATION & MULTIKULTURELLES

Wer zum ersten Mal nach Norwegen kommt, dem fällt auf, wie entschieden monokulturell das Land wirkt. Norwegens komplizierte Einwanderungspolitik ruft höchst widersprüchliche Eindrücke hervor. Immigration ist generell stark reglementiert; Asylsuchende werden abgewiesen, rein dürfen nur anerkannte Flüchtlinge (die also bereits den Flüchtlingsstatus beantragt und von der UN erhalten haben). Man kann argumentieren, diese Vorgehensweise sei vor allem angesichts des Reichtums des Landes schäbig und nur darauf ausgerichtet, die Homogenität der Gesellschaft zu erhalten; andererseits steckt kaum eine andere Nation so viel Geld in Entwicklungshilfe und Flüchtlingsprogramme wie Norwegen.

Eugenics and the Welfare State von Gunnar Broberg und Nils Roll-Hansen (Auszüge in Stefan Kühl: *Die Internationale der Rassisten. Aufstieg und Niedergang der internationalen Bewegung für Eugenik und Rassenhygiene im 20. Jahrhundert)* ist eine beunruhigende historische Bestandsaufnahme über die Haltung Norwegens Ausländern gegenüber und deren Implikationen für ein multikulturelles Norwegen.

Flüchtlinge, die tatsächlich eingelassen werden – vor allem aus Somalia, Bosnien, dem Kosovo, Sri Lanka u. a. Krisengebieten –, werden ganz überwiegend in Oslo untergebracht und können schon bei ihrer Ankunft sicher sein, dass die Regierung sie so bald wie möglich in ihre Heimat zurückschickt. Im Mai 2004 lehnte Norwegens Premierminister Kjell Magne Bondevik einen Plan ab, der vorsah, leer stehende Kirchen als Moscheen zu nutzen: Dies sei nicht die „natürlichste“ Lösung.

Der schon erwähnte Gerechtigkeitssinn der Norweger äußerte sich im August 2001 in allgemeiner Empörung, als das norwegische Schiff Tampa nicht in die australischen Hoheitsgewässer einfahren durfte, weil es vor der Küste Australiens 400 Asylsuchende gerettet hatte. Acht Monate zuvor gab es großes Entsetzen, als ein Jugendlicher afrikanisch-norwegischer Abstammung vor seiner Wohnung in Oslo erstochen wurde – Norwegens erster rassistisch motivierter Mord.

Wer fürchtet, an all der Einförmigkeit zu ersticken, muss sich nur in den Stadtteil Grønland in Oslo begeben. Gleich hinter dem Hauptbahnhof findet er – je nach Blickwinkel – ein Immigrantenghetto oder ein erfrischend heterogenes, multikulturelles Stück Norwegen.

A PRAIRIE HOME COMPANION – EINE NORWEGISCH-AMERIKANISCHE RADIOSENDUNG

Die Beziehung Norwegens zu Immigranten aus nicht europäischen Kulturen ist heute eher reserviert; die Auswanderung von Norwegern in die USA führte dagegen seit dem 19. Jh. zur Entstehung einer blühenden norwegischen Kultur in der Diaspora. Inoffizielles Sprachrohr norwegisch-amerikanischer Kultur ist die Radiosendung *A Prairie Home Companion (PHC)*. Sie wurde 1974 zunächst in Minnesota, wo besonders viele Norwegischstämmige leben, übertragen. Heute zählt sie zu den beliebtesten Sendungen des US National Public Radio (NPR); drei Millionen Hörer nehmen in Norwegen an dem zweistündiges Samstagabendritual teil – das entspricht zwei Dritteln der gesamten Bevölkerung!

Witzige Soundeffekte, Einspielungen aus alten Zeiten und Volksmusik bilden den Rahmen für Sketche mit Guy Noir Private Eye, den kultivierten Cowboys Dusty und Lefty und anderen Protagonisten; gefakte Werbespots preisen Berthas Katzenboutique („Wenn Ihnen Ihre Katze am Herzen liegt") und den Ketchup-Beirat an. Die Comedysendung macht sich gnadenlos über die Norweger (und andere Volksgruppen, was ohne das hohe Image des Senders als nicht besonders political correct gälte) lustig und ist sich auch für gelegentliche Ausrutscher in den Fäkalhumor nicht zu schade.

Im Mittelpunkt der Sendung stehen die Nachrichten aus „Lake Wobegon" (auch als Buch ein Bestseller), einer fiktiven Kleinstadt in Minnesotas wind- und schneereichem Norden. Hier sind „alle Frauen stark, alle Männer gutaussehend und alle Kinder überdurchschnittlich begabt". Wortkarge, kauzige und unverheiratete norwegische Farmer betrachten vom Café Chatterbox aus den Lauf der Welt; der Rest der Einwohner des Örtchens geht Eisangeln, isst *lutefisk* und besucht fleißig die Kirche „Unserer Lieben Frau der Ewigen Verpflichtung". Das bekannteste Wahrzeichen der Stadt ist das Grab des Unbekannten Norwegers; die „Söhne Knuts" stellen die führende Bürgervereinigung dar.

Diese Norwegenbezogenheit von *PHC* ist umso bemerkenswerter, als Garrison Keillor, der Moderator, Erfinder und Hauptautor der Sendung, schottischer Abstammung ist. Er schreibt außerdem für die Magazine *The New Yorker* und *Time*.

Norwegische Auswanderer

Zum Thema Multikulturalismus in Norwegen gehört auch die Auswanderungswelle im 19. und zu Beginn des 20. Jhs. (allein 800 000 in die USA und Kanada). In der ganzen Welt leben Menschen norwegischer Herkunft, von denen viele auf der Suche nach ihren Wurzeln nach Norwegen reisen. Wer auf diese Art Teil der norwegischen Geschichte ist, sollte einen Blick in das tolle Heft *How to Trace Your Ancestors in Norway* werfen; im Web findet man es unter der Adresse www.ide-as.com/fndb/howto.html, wo außerdem hervorragende Ratschläge und Links zu anderen Seiten helfen, die Suche zu verfeinern.

A Prairie Home Companion (http//:prairiehome.publicradio.org) ist die Webseite von Norwegens beliebtester Radiosendung. Dort findet man Auszüge aus alten Folgen und Tipps rund um Lake Wobegon.

Weitere informative Anlaufstellen: das **Norwegische Auswanderermuseum** (Norsk Utvandrermuseum; ☎ 62 57 48 50; www.museumsnett.no/emigrantmuseum) in Hamar und das **Norwegian Emigration Centre** (☎ 51 53 88 60; www.emigrationcenter.com) in Stavanger.

RELIGION

Gut 86 % der norwegischen Bevölkerung gehören der Kirche von Norwegen an; die übrigen (vorwiegend in Oslo) sind Mitglieder anderer christlicher Kirchen, darunter 40 000 Katholiken. Hinzu kommen über 50 000 Muslime und etwa 1000 Juden.

Christentum

Das norwegische Christentum blickt auf eine lange, mehr als tausendjährige Geschichte zurück. Einer der ersten Könige des skandinavischen Landes, Olav II., wurde sogar durch die katholischen Kirche heilig gesprochen. Das heutige Christentum in Norwegen hat die meisten Einflüssse von Martin Luther erhalten, dessen protestantische Lehre 1536 von Norwegen übernommen wurde.

Heute ist die Kirche von Norwegen eine protestantische Staatskirche; in der norwegischen Verfassung heißt es: „Alle Einwohner des Reichs haben das Recht auf freie Religionsausübung. Die evangelisch-lutherische Konfession verbleibt öffentliche Religion des Staates. Die Einwohner, die sich zu ihr bekennen, sind verpflichtet, ihre Kinder in derselben zu erziehen.“ So viel zum Thema Religionsfreiheit!

Wie in Großbritannien ist auch in Norwegen der König offizielles Kirchenoberhaupt und hat in allen kontroversen Entscheidungen das letzte Wort. Diese Macht übte 1961 erstmals König Olav V. auf dramatische Art und Weise aus, als er die erste Frau zur Pfarrerin ernannte, und erneut 1993 König Harald V., als er die erste Bischöfin einsetzte. Noch mehr Widerspruch erntete aber die Verabschiedung eines liberalen Gesetzes zur Abtreibung durch das *Storting* (Parlament) mit Zustimmung des König in den 70ern. Ein Bischof und eine ganze Reihe Pfarrer legten daraufhin ihren Talar ab – von einem Großteil der Bevölkerung wurde dies allerdings kaum bemerkt. Doch einige Kirchenmitglieder der frommeren Fraktion waren der Meinung, die Kirche sei nur noch dem Namen nach christlich, und traten aus.

Norweger gehen im Schnitt zweimal im Jahr in die Kirche, welche Missionen in der ganzen Welt finanziert. Allerdings treten alljährlich 5000 Mitglieder aus der Kirche aus; die meisten von ihnen sprechen sich für eine Trennung von Kirche und Staat aus.

Samen

Die alte Religion der Samen ist vor allem durch ihre starke Beziehung zur Natur und den Glauben an der Natur innewohnende gottartige Kräfte gekennzeichnet. An Orten besonderer Macht, vor allem bei auffälligen Steinformationen, brachten die Menschen früher ihren Göttern und Ahnen Gaben dar, um sich Erfolg auf der Jagd und bei anderen Unternehmungen zu sichern. Für die Vermittlung zwischen Göttern und Menschen sowie für Heilungen waren Schamanen zuständig, die sich mit Hilfe von Trommeln und kleinen Figuren in Trance versetzten und sich auf der Suche nach Antworten auf außerkörperlichen Reisen ans Ende des Bewusstseins begaben. Wie fast alle Urvölker der nördlichen Hemisphäre betrachteten die Samen den Bären, das mächtigste Geschöpf der Natur, als heiliges Tier.

Zentraler Teil der religiösen Tradition war auch das Singen der *joiks* (oder *yoiks*), der „Lieder der Ebenen“. Jedem Menschen gehörte eine eigene besondere Melodie oder ein Lied, das jedoch nicht von der konkreten Person oder ihren Erfahrungen erzählte, sondern ihr geistiges Wesen darstellte. Dieses persönliche „Mantra“ war derart mächtig und bedeutsam, dass die frühen christlichen Missionare ihre Anstrengungen dadurch gefährdet sahen und es daher als Sünde verboten.

Zwar bekennen sich heute die meisten Samen zum Christentum, doch die traditionellen Elemente der alten Religion erleben seit kurzem eine Art Comeback.

GEWUSST?

Um offiziell als Sami anerkannt zu werden, muss die betreffende Person Samisch als Muttersprache sprechen, sich als Mitglied der Gemeinschaft der Samen betrachten und nach ihren Gebräuchen leben oder einen Elternteil haben, auf den eine der beiden Bedingungen zutrifft.

FRAUEN

Den Angaben der UN zufolge ist Norwegen ein idealer Aufenthaltsort für Frauen. Im Entwicklungsindex für geschlechtliche Gleichberechtigng (Gender-Related Development Index – GDI, Teil des umfassenderen Human Development Index) des Jahres 2004 stand Norwegen im internationalen Ranking auf Platz eins. Neben einer ganzen Latte von Sozialleistungen kann das Land mit einer vorbildlichen Beschäftigungsquote von nahezu 80 % aller Frauen auftrumpfen. Es liegt damit weit über dem EU-Durchschnitt und dem Mittelwert der Organisation für wirtschaftliche Zusammenarbeit und Entwicklung (OECD) von 60 %. Gut 79 % der verheirateten Frauen mit Kindern unter sechs Jahren gehen einer bezahlten Arbeit nach, mehr als die Hälfte von diesen (53 %) allerdings in Teilzeit. 2003 kamen auf 94 Männer 102 Frauen, die in Grund-, Sekundär- und weiterführenden Schulen tätig waren.

GEWUSST?

Bei den Wahlen 1993 hatten Frauen den Vorsitz aller drei Parteien inne; nach den Wahlen im Jahr 2001 waren 36,4 % der Parlamentsabgeordneten weiblich (im Vergleich: 48,8 % in Ruanda, 45 % in Schweden, 31,8 % in Deutschland, 27,4 % in Österreich, 23,5 % in der Schweiz und lediglich 14,3 % in den USA).

Trotz solch positiver Statistiken gibt es Bereiche, in denen die norwegische Frau dem Mann noch lange nicht gleichgestellt ist. So liegt etwa das durchschnittliche Jahreseinkommen einer erwerbstätigen Frau mit 25 653 € noch immer unter dem eines Mannes (34 640 €), obgleich die Gesetze zur Gleichstellung der Geschlechter eine einheitliche Bezahlung vorschreiben. Im März 2002 verkündete die Regierung anlässlich des Internationalen Frauentages, dass die Vorstandsposten von Firmen in Zukunft zu 40 % mit Frauen besetzt werden müssten. (2002 machten Frauen lediglich 6,6 % der Vorstandsmitglieder öffentlich notierter Firmen aus; weniger als 20 % der höheren Führungsposten an Universitäten und in anderen öffentlichen Bereichen waren mit Frauen besetzt.) Auch das Thema häusliche Gewalt ist in Norwegen noch lange nicht vom Tisch; im Jahr 2002 wurden 10 000 Frauen aufgrund von Misshandlungen in der Partnerschaft ärztlich behandelt.

KUNST

Literatur

MITTELALTERLICHE NORDISCHE LITERATUR

Die Geburtsstunde der norwegischen Literatur liegt mehr als tausend Jahre zurück. Da nämlich entstanden die ersten Wikingersagen. Dieses Genre stand auf zwei Hauptpfeilern: der Skaldendichtung (*skalds), den* metaphorischen und alliterierenden Werken der norwegischen Hofdichter im 9. und 10. Jh., und der *Edda.* Hinter diesem Namen verbergen sich zwei Werke der mittelalterlichen isländischen Literatur. Das eine, die *Snorra-Edda,* ist die ausführlichste Darstellung der nordischen Mythologie überhaupt. Allerdings ist bei ihr ein christlicher Einschlag nicht zu übersehen, denn sie wurde erst im 13. Jh. von Snorri Sturluson als eine Art Dichterlehrbuch zu „Papier" gebracht, also lange nach der Christianisierung sowohl Norwegens als auch Islands. Die ältere Edda, auch als Lieder-Edda bekannt, gibt Aufklärung über die Entstehung und das Ende der Welt sowie über Götter und Helden; sie besteht aus Balladen, Belehrungen und einer Reihe unzusammenhängender Aphorismen, die dem obersten Gott Oðinn zugeschrieben sind.

www.norwegen.no – eine ausgezeichnete offizielle Seite mit ausführlichem Kulturkalender, neuesten Nachrichten und vielen Hintergrundfacts.

NORWEGENS NOBELPREISTRÄGER

Am Ende des 19. Jhs. wurde die norwegische Literatur international bekannt – durch die Werke der „vier Großen": Henrik Ibsen (1828–1906, s. Kasten S. 44), Bjørnstjerne Bjørnson (1832–1910), Alexander Kjelland (1849–1906) und Jonas Lie (1833–1908). Obwohl man heute fast nur noch Ibsen kennt – 1857 war der überaus produktive Bjørnson mit seiner Erzählung *Sinnøve Solbakken* in aller Munde. Sein riesiges Werk umfasst Beschreibungen des Landlebens (man warf ihm zu Unrecht vor, das Schicksal der norwegischen Landbevölkerung zu romantisieren); später wandte er sich sozialen Problemen zu, um die Industrialisierung Norwegens zu propagieren. 1903 erhielt er als erster norwegischer Schriftsteller den Nobelpreis für Literatur.

www.ibsen.net beantwortet alle Fragen, die man zu Norwegens wichtigstem Dramatiker haben kann; dazu finden sich hier ein ausführliches Lexikon und Unmengen an Links.

Sigrid Undset (1882–1949) bekam 1920 den Nobelpreis und wird häufig als bedeutendste norwegische Literatin bezeichnet. Zu Beginn ihrer Karriere widmete sie sich in diversen Romanen und Novellen der Not armer, bürgerlicher Frauen; von 1920 bis 1922 veröffentlichte sie dann die im Skandinavien des 14. Jhs. spielende Romantrilogie *Kristin Lavranstochter*. Zwar ist dieses Werk schon weitaus optimistischer als die früheren, doch auch hier macht die Autorin aus ihrem Unmut keinen Hehl: über den Missstand, dass die Frau ihren Willen und ihre Sexualität sozialen und religiösen Normen unterwerfen muss. Auf *Kristin Lavranstochter* folgte das dreibändige Werk *Olav Audunssohn*, das ebenfalls in der Zeit des Mittelalters spielt.

1928 erhielt ein Dichter aus der nächsten Generation den Literaturobelpreis, der äußerst umstrittene Knut Hamsun (1859–1952). Sein Werk lässt sich in drei Perioden unterteilen. Romantische Helden, tragische Liebesgeschichten und psychologische Analysen kennzeichnen sein Frühwerk, darunter die großen Romane *Hunger* (1890) und *Mysterien* (1892). Später folgte eine Reihe von Sozialromanen, die das Landleben preisen und die Industrialisierung und Verstädterung verdammen, allen voran *Segen der Erde* (1917). Hamsuns elitäres Gedankengut, seine Neigung zu deutsch-germanischen Werten und seine idealisierte Idee vom Landleben ließen ihn im Zweiten Weltkrieg für die Nazis Partei nehmen, was ihm die Norweger auf immer übel nahmen. Erst heute gilt es als allgemein anerkannt, dass er in der Tradition von Dostojewski und James Joyce einen bedeutenden Beitrag zur literarischen Moderne geleistet hat.

Dalen Portland von Kjartan Fløgstad porträtiert einfühlsam das Leben in einer norwegischen Kleinstadt im Wandel von der bäuerlichen zur industriellen Gesellschaft – schön zu lesen; im Stil des Magischen Realismus.

MODERNE LITERATUR

Der größte Teil der modernen norwegischen Literatur ist bis jetzt nicht ins Deutsche übersetzt worden. Der Roman *Unjahre* des Schriftstellers Knud Faldbakkens ist eine futuristische apokalyptische Vision; sie steht in scharfem Kontrast zu *Der Schneeprinz*, einer kompletten Umkehrung des Märchens *Dornröschen*.

Herrbjørg Wassmo, eine von mehreren bekannten norwegischen Schriftstellerinnen der Gegenwart, erhielt 1987 den Nobelpreis für Literatur. Ihre Bücher konzentrieren sich auf die Misere der Frau und das Elend der Kinder in der norwegischen Gesellschaft. *Das Buch Dina* erzählt die Geschichte der gleichnamigen Heldin im Norwegen der 1840er-Jahre; *Das Haus mit der blinden Glasveranda* spielt während des Zweiten Weltkriegs und danach.

Jostein Gaarder ist ebenfalls ein gut lesbarer, zunehmend international anerkannter Autor. Sein erster Bestseller, *Sophies Welt* (deutsch ©1993), wurde über 15 Mio. Mal verkauft und in über vierzig Sprachen übersetzt. Und auch im deutschsprachigen Raum stand das Buch monatelang auf den Bestsellerlisten und löste einen wahren Boom in Sachen Stammtischphilosophie aus. Der Roman behandelt in einer vielschichtigen Erzählung ernsthafte philosophische und religiöse Themen aus Sicht eines heranwachsenden Mädchens. Auch andere Werke Gaarders, darunter *Das Kartengeheimnis* und *Durch einen Spiegel, in einem dunklen Wort,* setzen in ähnlicher Weise die Kinder als Protagonisten ein. Sie müssen immer wider einige Rätsel lösen, um dann ihr Schicksal in die eigene Hand nehmen zu können. Das jüngere Werk *Das Leben ist kurz* gibt vor, die Übersetzung eines Briefes von Floria Aemilia an ihren Geliebten, den hl. Augustinus zu sein. Aus dieser feministischen Perspektive – angesichts des asketischen Lebens und der Ideale des Augustinus ein einigermaßen origineller Effekt – stellt Gaarder bekannte

Norwegische Märchen von Peter Christen Asbjørnsen und Jørgen Moe ist eine absolut maßgebliche und kunterbunte Versammlung von Trollen, Elfen, Hexen und Prinzessinnen; auch sonst sind alle Bücher dieser Autoren wärmstens zu empfehlen.

Themen wie die Existenz Gottes und den Sinn des menschlichen Daseins zur Diskussion.

Jan Kjærstads *Der Verführer* (2003) schafft es irgendwie, die für einen Bestseller notwendigen Elemente – Thriller, Liebesgeschichte und einen Hauch Glitzerwelt der Stars – mit wirklich gutem Stil zu verbinden, was ihm den Nordischen Literaturpreis des Jahres 1999 und eine Vielzahl weiterer internationaler Preise einbrachte. Dicht gefolgt ist dieser Roman von Darstellungen, die zahlreiche Aspekte der norwegischen Gesellschaft beißender Kritik unterziehen.

Musik

KLASSISCHE MUSIK

Das 19. Jh. war für die norwegische Musik außerordentlich ergiebig. Edvard Grieg (s. Kasten S. 197) wurde weltberühmt und ist es heute noch – als einer der größten Komponisten der Geschichte. Das beachtliche Talent seiner Zeitgenossen Halfdan Kierulf und Johan Svendsen brachte den 1870er- und 80er-Jahren den Beinamen „Goldenes Zeitalter" der norwegischen Musik ein. Eine vielleicht noch wichtigere Rolle spielte jedoch der begnadete Violinist Ole Bull (s. Kasten S. 196), der in ganz Europa als „Paganini des Nordens" Furore machte. Ihm ist die kritische Förderung der Karrieren von Edvard Grieg und Henrik Ibsen (s. Kasten S. 44), der Einzug der Hardanger-Fiedler in die Konzerthallen von Bergen und ein in ganz Europa auflammendes Interesse an norwegischer Volksmusik zu verdanken. Sein Einfluss auf die norwegische Kultur ist kaum zu überschätzen. Nachdem das Land 1905 seine Unabhängigkeit erlangt hatte, waren Bull und Grieg sogar unmittelbar für die Entstehung einer nationalen norwegischen Identität mitverantwortlich – unabhängig vom restlichen Skandinavien.

Die klassische Musikszene ist in Norwegen ausgesprochen lebendig geblieben – mit ausgezeichneten Philharmonischen Orchestern in Oslo, Bergen (seit 1765), Trondheim und Stavanger und dazu der Norwegischen Oper (gegründet 1958). Und nicht nur Grieg – auch den Werken anderer norwegischer Komponisten wie etwa David Monrad Johansen, Geirr Tveitt, Fartein Valen und Pauline Hall sollte man Beachtung schenken. Auch die jüngeren Kompositionen von Hanson, Kvandal und Søderlind, deren Verwandtschaft mit der Volksmusik z. T. nicht zu überhören ist, sind nicht zu unterschätzen.

MODERNER FOLK, JAZZ & FUSION

www.norwayfestivals.com/index.cfm ist ein ziemlich vollständiges Verzeichnis von Norwegens vielen Festivals; die meisten davon stark kulturlastig mit Literatur, Musik und Theater.

Wer lieber modernere Musik mag, für den ist der norwegische Jazz-Saxophonist Jan Garbarek einer der heißesten Tipps der Weltmusikszene; von ihm existieren Aufnahmen mit dem pakistanischen Qawwali-Superstar Nusrat Fateh Ali Khan, mit Sami-Sängerinnen (*Ragas & Sagas*) sowie mit dem gefeierten tunesischen Oud-Spieler Anouar Brahem (*Ustad Shaukat Hussein-Madar*). Zwei weitere Aufnahmen sind *Twelve Moons* und *I Took up the Runes*. Eine andere spitzenklassige Kombination, diesmal von norwegischer Volksmusik mit dem Kora-Spiel des Senegalesen Solo Cissokho, ist auf dem absolut lohnenden Album *From Senegal to Setesdal* zu hören. Auch Knut Reierstad und Hans Fredrik Jacobsen haben sich auf diesem Gebiet hervorgetan: In *Himalaya Blues* feiert traditionelle norwegische Musik Hochzeit mit den nepalesischen Klängen der Gruppe Vajra.

Liebhabern von Volkmusik, die nicht von fremden Klängen infiziert ist, dürften diese modernen Aufnahmen zusagen: *Nattsang* – traditionelle Telemark-Gesänge von Tore Bruvoll und Jon Anders Halvorsen; *Spel* –

EDVARD MUNCH

Edvard Munch (1863–1944), Norwegens berühmtester Maler und einer der großen europäischen Meister, war eine gequälte Seele. Erste Bekanntschaft mit den Emotionen der dunkelsten Art machte er bereits während seiner frühen Kindheit in Christiania (Oslo): Die Mutter starb an Tuberkulose, als Edvard gerade fünf war, seine ältere Schwester erlag mit 15 ebenfalls dieser Krankheit, und bei seiner jüngeren Schwester diagnostizierte man eine Geisteskrankheit, als sie noch ein Kind war.

Munch verbrachte seine jungen Jahre als Maler in Paris, wo die französischen Realisten großen Einfluss auf ihn ausübten; dort schuf er sein erstes großes Werk, *Das kranke Kind*, ein Porträt seiner Schwester Sophie kurz vor ihrem Tod. Es war so provokativ, dass er von den offiziellen Kunstpäpsten fast nur negative Kritik einstecken musste.

Nach Christiania zurückgekehrt, schloss sich Munch einer Truppe Bohemiens an, deren Einfluss seine natürliche Neigung zu düsteren Themen noch verstärkte. Dann ging er nach Paris zurück, wo ihn die Nachricht vom Tod seines Vaters erreichte; 1890 schuf er das beklemmende Gemälde *Nacht:* eine einsame Figur in einem dunklen Fenster. Im Jahr darauf vollendete Munch *Melancholie* und machte erste Skizzen für sein später bekanntestes Werk *Der Schrei*, das seinen inneren Qualen kraftvoll Ausdruck verleiht.

1892 zog Munch nach Berlin, wo er sich vollends in der Arbeit an einem Zyklus stimmungsvoller, von Angstneurosen geprägter Gemälde vergrub; er fasste sie unter dem Namen *Lebensfries – Ein Gedicht über das Leben, die Liebe, den Tod* zusammen. Zu der Serie zählen *Sternennacht*, *Mondschein*, *Der Sturm*, *Vampir*, *Asche*, *Angst* und *Der Tod im Krankenzimmer*. Munchs Besessenheit von Düsternis und Verhängnis, die zunächst nur seine Arbeit dominierte, warf später einen langen Schatten auf sein gesamtes Leben. Alkoholismus, chronische emotionale Labilität und eine tragische Liebesaffäre kulminierten 1907 in dem Werk *Marats Tod*; ein Jahr später verbrachte Munch acht Monate in einer Kopenhagener Nervenklinik.

Nach seiner Entlassung kehrte Munch nach Norwegen zurück, wo er sich in dem Küstenort Kragerø niederließ. Es ist nicht zu übersehen, dass Munchs Werke nach dem Klinikaufenthalt einen vollkommen anderen Charakter hatten: Sie strahlten eine lichtere, hoffnungsvollere Stimmung aus und waren Menschen gewidmet, die mit der Natur im Einklang leben. Das vielleicht typischste Gemälde dieser Periode ist *Die Geschichte*; es zeigt einen Greis, der unter einer ausladenden Eiche sitzend einem kleinen Kind die Geschichte der Menschheit erzählt.

Seinen Nachlass vermachte Munch der Stadt Oslo; heute sind die Bilder in der Nationalgalerie, dem Munch-Museum und dem Kunstmuseum Bergen zu sehen, wo sie allerdings nicht immer so sicher sind, wie es sich der Kunstliebhaber wünschen würde – s. Kasten S. 77.

norwegische Musik mit viel Hardanger-Fiedel, live von Bukkene Bruse; *Rusk* – Rusks beeindruckend weit gespanntes Musikrepertoire aus Südostnorwegen; *Spindel* – traditionelle Fiedel, gespielt mit klassischer Technik von Sigrid Moldestad und Liv Merete Kroken; *Runoja* – Sinikka Langelands Annäherung an alte Runenmusik.

Die sehnsüchtigen Melodien der Samen aus Norwegens Norden erleben ebenfalls einen zweiten Frühlimg. Moderne samische Künstler – Aulu Gaup, Mari Boine Persen und Nils Aslak Valkeapääs – haben in Auftritten und durch Aufnahmen alter und neuer Versionen des traditionellen *joik* diese intimen Gesänge populär gemacht; vor allem Boine ist auch international im Radio präsent. Weitere Informationen zur Bedeutung der Musik in der samischen Kultur sind auf S. 39 und im Kasten S. 385 nachzulesen.

Und wenn es denn schließlich sein muss: Keine Darstellung der norwegischen Musikszene kommt ohne sie aus: A-ha, die große norwegische Rock-Pop-Band der 80er-Jahre, die auch im deutschsprachigen Raum riesige Erfolge feierte – mit Hits wie *Take on me*, *The Sun Always shines on TV* und *Crying in the Rain*.

HENRIK IBSEN

Henrik Ibsen, der Star unter Norwegens Dichtern, wurde 1828 in Skien geboren. Als er 15 war, zwangen ihn widrige familiäre Umstände, nach Grimstad überzusiedeln und eine Apothekerlehre anzutreten. Ein Medizinstudium hängte Ibsen schnell an den Nagel, nachdem er in Griechisch und Mathematik durchgerassselt war; sein Hobby war das Schreiben von Gedichten. Diese machten Eindruck auf den Geiger Ole Bull (s. Kasten S. 196), der den empfindsamen jungen Mann Richtung Theater lenkte.

Ibsen war sechs Jahre am Theater in Bergen tätig und anschließend fünf Jahre in Christiania (Oslo); dort entwickelte er einen scharfen Blick für Bühnenwirksamkeit. Sein Glanzstück aus dieser Zeit, *Die Kronprätendenten* (1864), spielt im Norwegen des 13. Jhs.; hier träumt König Håkon Håkonsson seine anachronistischen Träume von nationaler Einheit.

Ab 1864 lebte und studierte Ibsen in Rom, Dresden und München – ständig die Engstirnigkeit der damaligen norwegischen Gesellschaft kritisierend; er war so enttäuscht von seiner Heimat, dass er erst 1891, mit 63 Jahren, dorthin zurückkehrte. In seinen späteren Werken, vor allem *Brand* (1866), *Kaiser und Galiläer* (1873), *Die Stützen der Gesellschaft* (1877), dem super-provokativen Drama *Gespenster* (1881), *Ein Volksfeind* (1882), *Die Wildente* (1884) und *Hedda Gabler* (1890), brachte er den realistischen Dialog zur Meisterschaft und wird seither als Vater des modernen norwegischen Dramas angesehen.

Sein internationaler Durchbruch gelang Ibsen nicht zuletzt mit dem überaus populären Drama *Peer Gynt* (1867) – besonders in Kombination mit der Schauspielmusik von Edvard Grieg. In diesem ewig aktuellen „Dramatischen Gedicht" kehrt der alternde Antiheld zu seinen norwegischen Wurzeln zurück. Er ist ziellos durch die Welt getrampt und muss sich nun mit seinen seelischen Abgründen, seinem verpfuschten Leben und seiner erfolglosen Suche nach der Wahrheit auseinander setzen. Nach und nach entblättert sich sein Wesen und am Ende bleibt wie bei einer Zwiebel nichts übrig, was Substanz hat.

Ähnlich bejubelt wurde *Nora oder Ein Puppenheim* (1879). Ibsen beackert darin erfolgreich die Lehre des Kritischen Realismus und zeigt das Individuum in Konfrontation mit der Gesellschaft. Seine Protagonistin Nora drückt es so aus: „Ich muss dahinterkommen, wer Recht hat, die Gesellschaft oder ich." Später wurde Nora zur Symbolfigur für Frauen, die das Familienleben opfern, um für Gleichberechtigung und Befreiung zu kämpfen.

In seinem letzten Drama, dem halb autobiografischen *Wenn wir Toten erwachen* (1899), steht das Leben eines entfremdeten Künstlers, des Bildhauers Professor Rubek, zur Debatte. Der ist im fortgeschrittenen Alter nach Norwegen zurückgekehrt, findet aber sein Glück und seine Ruhe nicht, weil er seine einzige Liebe und seine Jugend einem verfehlten Idealismus geopfert hat.

Ibsen war nach einem Herzinfarkt im Jahr 1901 gesundheitlich stark angeschlagen und starb fünf Jahre später.

MUSIKFESTIVALS

In Norwegen findet eine ganze Reihe ausgezeichneter Musikfestivals statt, darunter Jazzfestivals in Molde, Kongsberg und Oslo, Bluesfestivals in Notodden und Voss, ein Kammermusikfest in Risør, ein Festival moderner Musik mit Schwerpunkt Skandinavien in Oslo und Bergens Internationales Festival mit einer bunten Mischung musikalischer Leckerbissen aus verschiedenen Musikstilen.

Architektur

Norwegens riesige Holzvorkommen lieferten das Rohmaterial für einen großen Teil seiner traditionellen Bauten. Im hohen Norden, wo Holz ebenso Mangelware ist wie Stein, bauten die frühen samischen Nomaden in ihrem Einfallsreichtum Häuser aus Torf – ein ausgezeichnet gegen die Kälte isolierendes Baumaterial.

Die meisten größeren Kirchenbauten wurden aus Stein errichtet; unverkennbar ist ein starker angelsächsischer Einfluss – schließlich kam das

Christentum aus England nach Norwegen. Beachtenswerte Ausnahmen bilden u. a. der gotische Nidarosdom in Trondheim und der romanische Dom von Stavanger.

Ebenfalls von großer architektonischer Bedeutung sind die 58 bezaubernden Handelshäuser in Bryggen/Bergen, die zum Unesco-Welterbe gehören, sowie der herrliche Jugendstilort Ålesund, der nach einer Feuersbrunst 1904 komplett wieder aufgebaut wurde.

Wenn man aber von einem wirklich einmaligen Beitrag Norwegens zur Weltarchitektur sprechen kann, so ist das ohne jeden Zweifel die Stabkirche. Diese Kirchenbauten, die aussehen, als wären sie einer verspielten kindlichen Phantasie entsprungen, zeugen von einer genialen Anpassung an die besonderen Bedingungen ihrer Umgebung. Die reich verzierten hölzernen Gotteshäuser stammen vom Ende der Wikingerzeit; sie zählen zu den ältesten noch erhaltenen Holzbauten der Welt, sind allerdings inzwischen stark restauriert. Benannt sind diese Kirchen nach ihren senkrechten Stützpfosten; sie zeichnen sich durch feine Schnitzereien aus, drachenköpfige Giebel, die an den Bug alter Wikingerschiffe erinnern, und ihre ausgesprochen schöne, nahezu asiatisch anmutende Form. Heute enthalten nur noch etwa zwanzig der Kirchen, die von den ursprünglich errichteten 500 bis 600 erhalten sind, Originalbauteile. Am herrlichsten sind die Stabkirchen in Heddal, in Ringebu, die Fantoft-Stabkirche nahe Bergen und die älteste von allen, die zum Unesco-Welterbe zählende Stabkirche von Urnes. Weitere Informationen zur Bauweise der Stabkirchen s. Kasten S. 239.

Nach den Verwüstungen des Zweiten Weltkriegs regierte reine Funktionalität die Architektur in Norwegen – ohne jeglichen Sinn für einen schlüssigen Stil. Das wird nirgends deutlicher als an dem roten Ziegelbau des Osloer Rådhus aus den 50er-Jahren.

Einen umfassenden Überblick über die historische und moderne Architektur in Norwegen vermittelt das ausgezeichnete Norwegische Architekturmuseum.

Malerei & Skulptur

Volkskunst gehört in Norwegen zum Leben, seit die frühen Jäger ihre Geschichten in Stein ritzten. Am leichtesten zugänglich für Besucher sind die Reste dieser Kunstwerke in Alta sowie die Artefakte aus der Bronzezeit, die mit dem *Oseberg*-Schiff entdeckt wurden.

Lange Zeit danach kamen im 19. Jh. in Norwegen zwei außerordentliche Talente zur Welt: der Maler Edvard Munch (s. Kasten S. 43) und der Bildhauer Gustav Vigeland (s. Kasten S. 84). Ihr Stil war jedoch derart individuell, dass sie mit ihren einzigartigen Werken kaum Einfluss auf die weitere Entwicklung der Kunst in Norwegen hatten.

Zu Beginn des 20. Jhs. nahmen mehrere norwegische Künstler begeistert den flächig-dekorativen Stil des Impressionisten Henri Matisse auf. Axel Revold, Per Krohg und Alf Rolfsen wurden bald als „Freskogruppe" bekannt. Ein weiterer Matisse-Schüler, Henrik Sørensen, war inoffiziell der Vierte im Bunde.

In der Nachkriegszeit dominierten die düsteren Wälder Jakob Weidemanns, die konstruktivistischen Gemälde Gunnar S. Gundersens und die nonfigurativen Plastiken von Arnold Haukeland und Åse Texmon Rygh die Kunstszene.

In den 90er-Jahren setzte eine massive Kunstförderung seitens der Regierung ein. Davon profitierten u. a. Olav Jensen, Anne Dolven, Ørnulf Opdahl, Bjørn Tufta, Håvard Vikhagen und Andres Kjær, die mit ihren Werken überwiegend zu einer abstrakten, expressionistischen Form zu-

Edvard Munch. Der Genius des Nordens (1963) von Josef P. Hodin bietet eine überragende Einführung in Leben und Werk des größten norwegischen Malers, mit Arbeitsbeispielen sowie Anekdoten des Autors, der ein Zeitgenosse Munchs war.

Gustav Vigeland – Der Künstler und sein Werk von Ragna Stan verschafft einen super Überblick über Leben und Werk von einem der innovativsten Bildhauer der Welt.

rückkehrten, vor allem mit herben Darstellungen der norwegischen Landschaft. Unter den Bildhauern taten sich in den 90ern u.a. Bård Breivik, der sich besonders mit der Beziehung Mensch–Werkzeug beschäftigte, und Per Inge Bjørlo mit seinen Holz- und Linolschnitten primitiv anmutender Menschen- und Tiergestalten hervor. Mit seinen provokativen Gemälden wurde auch Odd Nerdrum sowohl in seiner Heimat als auch im Ausland bekannt.

Den besten Überblick über norwegische Kunst bieten die Nationalgalerie in Oslo, das Kunstmuseum Rogaland und das Kunstmuseum Bergen. Die besten Sammlungen moderner norwegischer Kunst sind im Museum für Zeitgenössische Kunst, im Astrup-Fearnley-Museum und im Henie-Onstad-Kunstzentrum zu sehen, alle in Oslo.

Kino

Norwegen hat eine kleine, aber international berühmte Filmbranche. Ganz an der Spitze steht dabei Nils Gaup. *Pathfinder* – ein Film in samischer Sprache – basiert auf einer mittelalterlichen Legende und wurde für den Oscar nominiert. Gaups nächsten Film, *Gestrandet,* finanzierte Disney; er erzählt die Geschichte eines norwegischen Robinson Crusoe aus dem 19. Jh. in der Südsee.

Sehr fleißig war auch Arne Skouen, ein Kolumnist der Zeitung *Dagbladet*. Von 1948 bis 1968 drehte er 17 Filme; auch er wurde mit einer Oscar-Nominierung belohnt, und zwar für *Soweit die Kräfte reichen*. Diese Geschichte spielt während der deutschen Besatzung und erzählt von einem Soldaten, der an der stürmischen Nordküste Norwegens an Land gesetzt wird und sich von dort ins neutrale Nachbarland Schweden durchschlagen will.

Ehefrauen, Ehefrauen zehn Jahre danach und *Ehefrauen III* ist eine Filmtrilogie der Regisseurin Anja Breien: Drei alte Freundinnen sehen sich beim Klassentreffen wieder und stellen ihr Leben in Frage – das eröffnet faszinierende Einblicke in verschiedene Lebensabschnitte der norwegischen Frauen.

Eine weitere führende Filmemacherin Norwegens ist Anja Breien. Sie begann ihre erfolgreiche Karriere Mitte der 70er mit *Jostedalsrypa*, dem Porträt eines jungen Mädchens im 14. Jh., das als Einzige in dem westnorwegischen Tal Jostedal den Schwarzen Tod überlebt. Seitdem drehte Breien die bejubelte Trilogie *Ehefrauen, Ehefrauen zehn Jahre danach* und *Ehefrauen III*; die vierte Folge ist für 2005 geplant. Breiens größte Kritikererfolge sind aber wohl *Erbschaft*, 1979 auf den Filmfestspielen in Cannes vorgestellt, und *Die Hexe von Laupstad*, der 1982 auf der Biennale in Venedig ausgezeichnet wurde.

Die ausgeprägte soziale Ambitioniertheit des norwegischen Films kommt auch in der Arbeit von Marius Holst zum Tragen; er drehte den Gewinner des „Blauen Engels" auf der Berlinale 1995, *Zehn Messer ins Herz*, einen Film über Kindheitskonflikte in Oslo; außerdem in Berit Nesheims beißender Darstellung der Pubertät in *Frida*. Weniger düster ist Ivo Caprinos Verhältnis zur Kindheit; seine Spezialität sind Trickfilme und norwegische Märchen, allen voran der witzige Animationsfilm *Hintertupfinger Grandprix*.

Von den internationalen, in Norwegen gedrehten Filmen ist wohl die Verfilmung von Sigrid Undsets *Kristin Lavranstochter* des schwedischen Regisseurs Ingmar Bergman mit der norwegischen Schauspielerin Liv Ullman am berühmtesten. Der russische Regisseur Nikita Michalkow drehte seinen Film *Schwarze Augen* in der traumhaften Landschaft um Kjerringøy in Nordland.

Theater & Tanz

Traditioneller Volkstanz und -gesang erleben derzeit ein echtes Revival; sie sind auf zahlreichen Festivals zu erleben. Kreistänze wie Rundtanz, Rheinländer, Polka und Mazurka wurden nach dem 18. Jh. immer seltener getanzt, doch mit der Unabhängigkeit 1905, als das Land nach einer unverwechselbaren eigenen Identität suchte, erlebten sie wieder einen Aufschwung. Heute sprießen im ganzen Land Volkstanzgruppen (*leikarringer*) aus dem Boden, die vor begeistertem Publikum Wettkämpfe (*kappleiker*) gegeneinander austragen. Zu diesen höchst feierlichen Anlässen spielen häufig traditionelle Instrumente auf, so etwa die einzigartige Hardangerfiedel. Diese verdankt ihren besonderen Klang den vier oder fünf Harmoniesaiten, die unterhalb der normalen Spielsaiten verlaufen. Die besten Live-Folkloreveranstaltungen kann man im Sommer in Bergen erleben.

Oslo, Bergen u.a. größere Orten haben Theater- und Opernhäuser sowie Ballettkompanien. In Bergen werden auch im Sommer Klassikkonzerte veranstaltet, manche sogar ganz stimmungsvoll unter freiem Himmel. Ansonsten finden die meisten Aufführungen im Winter statt – wenn es draußen ungemütlich ist. Leider sind dann aber nicht viele Gäste im Land, die sich an ihnen freuen könnten.

Natur & Umwelt

GEOGRAFIE

Norwegen erstreckt sich über eine Fläche von 385 155 km² und grenzt an Schweden, Finnland und Russland. Diese nackten geografischen Tatsachen sagen aber nur wenig aus über die beeindruckende Naturgeschichte dieses Landes.

Die Küste

Ein Blick auf die Landkarte ist ein guter Start, um sich ein Bild von Norwegens einzigartiger Gestalt zu machen. Die zerklüftete Küste mit einer Gesamtlänge von 25 148 km umgibt die skandinavische Halbinsel wie ein Schutzschild, das ihr die Gewalt der eisigen Arktis vom Leibe hält. Ein gewaltiger Druck scheint die Küste zerfetzt und in Stücke zerrissen zu haben – mit ihren unzähligen kleinen Inseln und Fjorden (langen, schmalen Ausbuchtungen des Meeres mit felsigen Steilküsten), die tiefe Furchen ins Land schneiden.

GEWUSST?

Geologen glauben, dass die Inseln vor der nordnorwegischen Küste früher zur nordamerikanischen Kontinentalplatte gehörten. Darauf weist die Ähnlichkeit zwischen ihnen und der Form Ostgrönlands hin.

Die geologische Entwicklung Norwegens begann schon vor ungefähr 1,8 Mrd. Jahren: Damals stießen die präkambrischen Gebirge im Süden des Landes auf den Baltischen Schild, den Kern des heutigen europäischen Kontinents; die Fjorde dagegen bildeten sich erst wesentlich später aus. In den Eiszeiten der letzten 1,8 Mio. Jahre sackten die großen Hochplateaus unter der Last großer Eismassen um 700 m ab. 2 km dicke Eisschichten arbeiteten sich durch alte Flusstäler und schliffen so die Fjorde und Täler aus; auch türmten sie die norwegischen Gebirge mit ihren kantigen Gipfeln und kahlen, hoch aufragenden Felsen auf. Der Großteil des Eises schmolz zu Beginn der jetzigen Zwischeneiszeit vor 8800 Jahren, sodass heute nur noch wenige Eisdecken und vergletscherte Täler auf dem norwegischen Festland übrig geblieben sind.

Einige der Inseln vor der langgestreckten Nordküste – besonders die Lofoten und die Vesterålen – bestehen aus Granit und Gneis. Ganz oben im Norden jenseits des Polarkreises liegt Svalbard: unabhängig von Europa auf der Barentskontinentalplatte gelegen – so eine umstrittene Theorie. Während das übrige Norwegen um das Überleben seiner Eisfelder kämpft, erlebt die Inselgruppe immer noch eine dramatische Vereisung. Das Sedimentgestein auf Svalbard birgt Fossilien und Kohle.

Aber wie auch immer die geologische Entwicklung abgelaufen sein mag – sie hat sich auf jeden Fall als äußerst profitabel erwiesen: Zwei Gräben in der Nordsee bergen Schiefer aus der oberen Jurazeit mit reichen Erdöl- und -gasvorkommen. Diese werden heute von Norwegen ans Tageslicht gebracht, was das Land zu einem weltweit führenden Erdölexportland macht.

Das Polarlicht von Harald Falck-Ytter kombiniert Forschungsergebnisse mit überlieferten Legenden und versucht so, eines der größten Geheimnisse Norwegens zu lüften.

Inland

Wer heute schon von Norwegen schwer beeindruckt ist, der hätte es erst mal vor 450 Mio. Jahren sehen müssen. Damals zog sich die kaledonische Bergkette quer über das ganze Land – so hoch wie der heutige Himalaja. Die Kräfte von ungeheuren Wasser- und Eismassen haben sie im Laufe der Zeit aber schließlich auf ihre jetzige Höhe schrumpfen lassen. Darüber müssen Alpinisten aber nicht in Depressionen verfallen – noch immer ist mehr als die Hälfte des Festlandes mit Gebirgszügen bedeckt, z. T. mit den größten Gletschern und Eisfeldern Europas auf den Gipfeln. Das ist eine gute Nachricht für Besucher und Abenteurer, weniger aber für die einheimischen Bauern. Denn nur knapp 3 % der Bodenfläche sind für die landwirtschaftliche Nutzung geeignet. Die höchsten Berge Norwegens gibt es im Jotunheimen-Nationalpark, wo der Galdhøpiggen „bescheidene“ 2469 m erreicht.

Was kaum jemand weiß, aber angesichts der vielen Berge und des feuchten Klimas wenig überrascht: Die Gletscher- und Wasserfälle Norwegens gehören zu den höchsten der Welt. Der für Besucher kaum zugängliche, 800 m hohe Utigardsfossen, der vom Jostedalsbreen-Gletscher durch Nesdalen und in den Lovatnet fließt, wird manchmal als zweit- oder dritthöchster Wasserfall der Welt eingestuft: 800 m stürzt das Wasser hier im freien Fall in die Tiefe. In den meisten Listen werden noch drei weitere Wasserfälle in Norwegen zu den Top Ten der weltweit höchsten Katarakte gezählt: der Mongefossen im Romsdal (774 m; ist aber wegen eines Wasserkraftwerks derzeit trockengefallen), der Mardalsfossen im Eikesdal (655 m) und der Tyssestrengene (646 m in mehreren Kaskaden) bei Odda.

Zauberwelt Arktis (2002) von Jean-Louis Etienne ist ein gutes Buch über die Wunder der Arktis: Ein erfahrener Polarforscher schreibt mit viel Liebe zum Detail über die Faszination des Nordpols.

Und noch ein letztes Naturphänomen fasziniert uns alle: Nahezu ein Drittel des Landes liegt nördlich des Polarkreises, wo die Sonne mindestes in einer Nacht im Sommer nicht untergeht und mindestens an einem Tag im Winter nicht aufgeht.

TIERE & PFLANZEN

Norwegens Flora und Fauna ist verglichen mit der üppigen Natur in den Nachbarländern Schweden und Finnland ziemlich spärlich. Doch die abwechslungsreiche Landschaft und die großen Höhenunterschiede des Landes bieten Lebensräume für äußerst unterschiedliche Tierarten, darunter so eigentümliche Geschöpfe wie Rentiere, Elche, Lemminge und Moschusochsen.

Zahlreiche Naturführer und Bücher zur Naturkunde Skandinaviens sind hier zu finden:

Ratgeber Norwegen (www.ratgeber-norwegen.de/buecher.htm)
Nordland Shop (www.nordland-shop.de)

Tiere

Norwegen ist zwar nur sehr dünn besiedelt, aber die wenigen Bewohner verteilen sich über das gesamte Land. Diese besondere und einmalige Besiedlungsstruktur schränkt den Lebensraum vieler wild lebender Tiere ein und hält ihre Zahl relativ gering. Trotzdem laufen einem immer wieder welche über den Weg.

LANDSÄUGETIERE

Am häufigsten trifft man in Norwegen auf kleinere Säugetieren. Abseits von Straßen und belebten Wanderwegen stehen die Chancen dafür besonders gut.

Hare (Schneehasen) sind im ganzen Land zu finden, typischerweise v. a. im Heideland und auf Bergwiesen und manchmal in Waldgebieten. Der *pinnsvin* (Igel) durchstreift vorzugsweise die Gegend südlich von Trøndelag. *Bever* (Biber), die in Norwegen eine sehr gesunde Population bilden, lieben die wald- und seenreichen Gegenden im Süden des Landes, während der *grevling* (Dachs) Flusstäler und Wälder in ganz Norwegen bewohnt und der *oter* (Otter) dicht bewachsene Uferböschungen sowie Küstengebiete (außer in der nördlichen Finnmark).

Vesel (Wiesel) und *røyskatt* (Großes Wiesel) laufen dem aufmerksamen Wanderer in allen Teilen des Landes über den Weg. Die nördlichen Artgenossen tragen im Winter den begehrten weißen Hermelinpelz – ein

ARKTISCHE PHÄNOMENE

Die Aurora Borealis

Kaum eine Erscheinung ist faszinierender als wogende Nordlichter. Sie tauchen in den unterschiedlichsten Formen auf – als Säulen, Streifen, dünne Wolkenfetzen oder als Ringe pulsierenden Lichts. Besonders großartig aber ist es, wenn sie wie ein blasser Vorhang von einer leichten Brise dahingeweht werden. Normalerweise erscheint die arktische Aurora als blassgrünes oder hellrosa Leuchten am Himmel, doch in aktiveren Phasen changiert sie ins Gelbe oder Karmesinrote.

Die Aurora borealis oder das Nordlicht (sein Gegenstück auf der südlichen Erdhalbkugel heißt Aurora australis) wird durch geladene Teilchenströme der Sonne erzeugt, die vom Magnetfeld der Erde abgelenkt und zu den Polarregionen geleitet werden. Weil die Feldlinien des Erdmagneten an den Polen ringförmig nach unten fallen, werden die geladenen Partikel in die Nähe der Erde gelenkt. Wenn sie dann in der oberen Atmosphäre (in etwa 160 km Höhe) auf Stickstoff- und Sauerstoffatome prallen, wird Energie in Form von Licht freigesetzt – die Aurora. In einer Periode hoher Polarlichtaktivität kann ein einziger Sonnensturm Energiemengen von einer Billion Watt mit Stromstärken bis zu einer Million Ampere freisetzen.

Die Inuit (Eskimos) nennen das Nordlicht *arsarnerit* („Ball spielen"). Man stellte sich früher vor, es sei das Ballspiel der Ahnen mit einem Walrossschädel. Auch glaubte man, die Lichter könnten durch Pfeifen angelockt und durch Hundegebell vertrieben werden. Bis heute hat das Nordlicht für die Inuit eine spirituelle Bedeutung. Einige glauben, es sei das Spiel ungeborener Kinder. Für andere ist es ein Geschenk der Ahnen, um ein wenig Licht in die langen Polarnächte zu bringen. Wieder andere glauben darin zukünftige und vergangene Ereignisse zu erkennen.

In der Zeit von Oktober bis März hat man in Norwegen die größten Chancen, Nordlichter zu beobachten. Aber auch im August kann man manchmal schon welche sichten. Svalbard liegt skurrilerweise schon zu weit im Norden, als dass man intensive Nordlichter entdecken könnte.

Mitternachtssonne & Polarnacht

Weil die Erdachse geneigt ist, sind die Polarregionen zur jeweiligen Sommersonnenwende pausenlos der Sonne zugewandt. Im Winter dagegen bleiben sie ihr für eine bestimmte Zeit permanent abgewandt. Die Polarkreise bei 66° 33′ nördlicher und südlicher Breite markieren die Grenzen, an denen die Sonne an einem Tag des Jahres – nämlich am längsten – nicht untergeht.

Die Nordhälfte des norwegischen Festlandes, der Svalbard-Archipel und Jan Mayen liegen über dem Polarkreis, aber auch in Südnorwegen sinkt die Sommersonne nie weit unter den Horizont. Zwischen Ende Mai und Mitte August wird es in keinem Teil des Landes völlig dunkel. In Trondheim beispielsweise funkeln erst Mitte August wieder die ersten Sterne am Himmel.

Ganz anders im Winter, der dunkel, trist und lang ist: Nur für wenige Stunden am Tag wird die lange Polarnacht von einem diffusen Dämmerlicht erhellt. Auf Svalbard ist über einen langen Monat hinweg noch nicht einmal ein Dämmerungsstreifen am Horizont zu sehen. In dieser langen Phase

State of the Environment Norway (www.environment.no) ist eine gute englischsprachige Informationsquelle, die von der Artenvielfalt Norwegens über internationale Abkommen bis hin zu Statistiken und Svalbard alles abdeckt.

Umstand, der schon so manches Tier das Leben gekostet hat. Ein größerer Verwandter der Wiesel ist der *jerv (Vielfraß)*, ein Einzelgänger, der sich in hohe Bergwälder und die unteren Gebirgsregionen Norwegens abgesetzt hat – hauptsächlich in die Nähe von Sümpfen und Seen in Nordland, Ost- und Mittelnorwegen. In den feuchten Waldgebieten südlich der Finnmark lebt der *skogmår* (Baummarder). Und auch Nerze zieht es zum Wasser. Sie durchstreifen die nördlichen Waldgebiete bis hinauf nach Tromsø.

Die Gebirge – und damit insgesamt 30 % des ganzen Landes – werden von *lemens* (Lemmingeen) okkupiert. Im Süden leben sie auf etwa 800 m Höhe, im Norden in tieferen Regionen. Sie sind etwa 10 cm lang, haben weiches orangebraunes und schwarzes Fell, wachsame Augen, einen kurzen Schwanz und eklatante obere Nagezähne. Wenn sie Menschen der Dunkelheit leiden nicht wenige Menschen an einer „jahreszeitlich bedingten Depression" (SAD-Syndrom). Die Symptome lassen sich aber mit speziellen Tageslichtlampen bekämpfen: Täglich 45 Minuten Bestrahlung nach dem Aufstehen wirken Wunder! Es überrascht also nicht, dass die meisten Dörfer im Norden Begrüßungsrituale abhalten, wenn die Sonne zum ersten Mal wieder über den südlichen Horizont lugt.

Ort	Breitengrad	Mitternachtssonne	Polarnacht
Bodø	67° 18′	4. Juni bis 8. Juli	15. Dez. bis 28. Dez.
Svolvær	68° 15′	28. Mai bis 14. Juli	5. Dez. bis 7. Jan.
Narvik	68° 26′	27. Mai bis 15. Juli	4. Dez. bis 8. Jan.
Tromsø	69° 42′	20. Mai bis 22. Juli	25. Nov. bis 17. Jan.
Alta	70° 00′	16. Mai bis 26. Juli	24. Nov. bis 18. Jan.
Hammerfest	70° 40′	16. Mai bis 27. Juli	21. Nov. bis 21. Jan.
Nordkap	71° 11′	13. Mai bis 29. Juli	18. Nov. bis 24. Jan.
Longyearbyen	78° 12′	20. April bis 21. Aug.	26. Okt. bis 16. Feb.
Ny Ålesund	78° 55′	16. April bis 25. Aug.	22. Okt. bis 20. Feb.

Fata Morgana

Während die Aurora borealis „nur" Erstaunen hervorruft, legt die Begegnung mit einer Fata Morgana einen Besuch beim Psychiater nahe. In der klaren Luft der Arktis werden auch weit entfernte Gegenstände weniger schnell unscharf oder unsichtbar. Dadurch fällt es sehr schwer, Entfernungen abzuschätzen: Die Welt wird merkwürdig zweidimensional. Das hat schon die ersten Arktisforscher dazu verführt, Inseln, Landspitzen und Bergrücken sorgfältig in ihre Karten einzutragen, die niemals wieder aufgetaucht sind. Ein sehr amüsantes Beispiel für jene falsche Wahrnehmung von Distanzen beschreibt Barry Lopez in seinem Buch *Arktische Träume* (2000):

Ein schwedischer Forscher war schon fast fertig mit der schriftlichen Beschreibung einer zerklüfteten Landspitze mit zwei ungewöhnlich symmetrischen Talgletschern, die zu einer großen Insel gehörte. Da stellte er plötzlich fest, dass er ein Walross betrachtet hatte.

Fata Morganas werden offenbar durch Wasser-, Eis- und Schneespiegelungen erzeugt. In Kombination mit einer Temperaturinversion erscheinen dann einzelne Dinge klar und deutlich, die tatsächlich aber gar nicht vorhanden sind. An einem klaren Tag vor den Küsten der Lofoten, den Vesterålen, der nördlichen Finnmark oder vor Svalbard erscheinen häufig auf dem Kopf stehende Berge oder felsige Inselgruppen am Horizont, die dort gar nicht existieren. Selbst mit einer guten Landkarte in den Händen möchte man kaum glauben, dass sie tatsächlich nicht da sind!

Es kann ganz schön verwirrend sein, wenn man Schiffe, große Städte und Wälder sieht, die gar nicht da sein können. Normalerweise beträgt die Sicht auf See knapp 18 km. Doch in der Arktis gibt es immer wieder Berichte über Sichtungen von Inseln und Objekten, die Hunderte von Kilometern entfernt liegen.

begegnen, können Lemminge durchaus in Rage kommen, Quieken, Zischen und womöglich einen Angriffsversuch starten! Entlang der schwedischen Grenze von der Hedmark bis hoch zur Finnmark lebt eine Unterart der Lemminge, der *skoglemen* (Waldlemming).

Die eigentlichen Stars in der Fauna Norwegens sind jedoch die größeren Säugetiere.

Von den Wäldern des Südens bis hoch in die südliche Finnmark gibt es jede Menge *elgs* (Elche). Sie halten sich jedoch von Menschen und Straßen tunlichst fern. Dazu haben sie auch allen Grund: Norweger haben eine Vorliebe für Elchbraten.

Die prähistorisch anmutenden *moskus-okse* (Moschusochsen) waren durch die Jagd schon nahezu völlig ausgerottet, als man in den 40er-Jahren begann, einige Tiere aus Grönland im Dovrefjell-Nationalpark auszuwildern. Seitdem haben sie ihren Lebensraum bis hinein in den Nationalpark Femundsmarka bei Røros ausgedehnt. Weitere Informationen s. Kasten S. 177.

Am einfachsten lassen sich Elche und Moschusochsen in freier Wildbahn auf organisierten Safaris beobachten. Touren zu diesen eindrucksvollen und scheuen Tieren werden etwa in Oppdal, Dombås, Evje und Hovden angeboten.

Marine Mammals of the North Atlantic (2003) von Carl Christian Kinze ist ein ausgezeichneter Führer über die 51 verschiedenen Meeressäuger in Norwegen.

Wilde *reinsdyr* (Rentiere) leben gern in Gesellschaft. Durch ganz Mittelnorwegen – in der Regel über der Baumgrenze und manchmal in Höhen bis zu 2000 m – ziehen die großen Herden. Die größte Europas findet man auf der Hochebene Hardangervidda. Aber auch in Jotunheimen, auf dem Dovrefjell und im Inland von Trøndelag begegnet man ihnen zuweilen. Die Rentiere in der Finnmark gehören den Samen, die sie zum Beginn des Sommers zur Küste und im Winter wieder zurück auf die Hochebenen treiben. Das kleinere *svalbardrein* (Svalbard- oder Spitzbergenren) ist nur auf Svalbard heimisch.

MEERESSÄUGETIERE

In den Sommermonaten herrschen in der Norwegischen See optimale Bedingungen für das Wachstum von Plankton – der Lieblingsspeise vieler

DIE WAHRHEIT ÜBER LEMMINGE

Kaum ein anderes Tier wird so verleumdet wie der harmlose Lemming. Wir kennen alle die Geschichten über Hunderttausende von Lemmingen, die sich von den Klippen stürzen und rituellen Massenselbstmord begehen. Manche Leute behaupten auch, ihr Biss könne tödliche Krankheiten auf den Menschen übertragen.

Aber ist das wirklich alles, was man über Lemminge wissen sollte? Mitnichten. Zunächst mal kommt es zwar vor, dass Lemminge ein aggressives Verhalten an den Tag legen – manchmal sogar, ohne dass sie bedroht oder in die Enge getrieben werden. Aber es gibt absolut keine Anzeichen dafür, dass ihr Biss gefährlicher ist als der irgendeines anderen Nagetiers, oder dass sie besonders schwere Krankheiten übertragen.

Und was hat es nun mit dem selbstmörderischen Verhalten der Lemminge auf sich? Bekanntermaßen tritt alle fünf bis zwanzig Jahre das Phänomen des vermeintlichen Massensuizids auf – und zwar immer dann, wenn sich die Lemminge so erfolgreich vermehrt haben, dass es zu einer regelrechten Überbevölkerung kommt. Aufgrund der Masse der Tiere wird die Vegetation rapide dezimiert und die Nahrungsreserven schwinden. Ganze Scharen von Lemmingen (die letzte Plage war im Jahr 2001) sind dann gezwungen, das Hochland zu verlassen, um sich auf die Suche nach weniger dicht bevölkerten Lebensräumen zu begeben. Die meisten finden ein eher unspektakuläres Ende, werden auf der Straße überfahren oder von Raubtieren und Haustieren aufgefressen. Tatsächlich wächst in den Jahren nach einer Lemmingplage auch die Zahl der Füchse, Habichte, Eulen und anderer Raubtiere.

Trotzdem: Ziemlich oft sieht man tatsächlich Lemmingarmeen Richtung Meer marschieren, wo sie dann nicht selten an hohe Klippen geraten. Wenn dann die Massen von hinten zu sehr drängeln, können die Anführer schon mal über den Rand geschubst werden. Auch wenn Lemminge bei schlechtem Wetter einen Fjord oder einen See überqueren wollen, passiert es manchmal, dass sie massenweise ertrinken. So betrüblich diese Vorkommnisse auch sein mögen – ganz besonders für die Lemminge –, es gibt keinerlei Hinweise darauf, dass die Tiere suizidgefährdet sind.

Übrigens, nicht alle Lemminge beteiligen sich an diesen Wanderungen in den sicheren Tod. Die schlaueren und aggressiveren Tiere bleiben in den Bergen und verteidigen ihr Territorium, werden dort glücklich und fett, verbringen den Winter unter dem Schnee und vermehren sich im nächsten Jahr wieder. Neugeborene Weibchen können schon nach 15 Tagen selbst trächtig werden. Die meisten bringen jedes Jahr mindestens zweimal fünf Junge zur Welt und sorgen so für das Überleben der Art.

Fische und Hauptnahrungsmittel der Bartenwale. Die reichen Fischgründe locken zudem Zahnwale und Robben an. Mehr zu den verschiedenen Walarten S. 55. Zu den wenigen nicht bedrohten Walarten gehört der *minkehval* (Zwergwal). Er ist sieben bis zehn Meter lang und bringt bis zu zehn Tonnen auf die Waage. Er gehört zu der Familie der Bartenwale, d. h. in seinem Oberkiefer befinden sich starre Hornplatten (so genannte Barten) anstelle von Zähnen, mit denen er das Plankton aus dem Wasser filtern kann. Er pendelt in erster Linie zwischen Svalbard und den Azoren.

Zwischen Ålesund and Varangerhalvøya sieht man manchmal den *knolhval* (Buckelwal). Der bis zu 15 m lange und 30 t schwere Bartenwal ist der Akrobat unter den Meeressäugern: Er springt gern hin und her und klatscht seine Schwanzflosse (Fluke) auf das Wasser, bevor er abtaucht und anfängt zu singen. Denn er ist auch einer der musikalischsten Wale. Seine tiefen Gesänge sind noch über Hunderte von Kilometern hinweg zu hören.

An der Spitze der Nahrungskette im norwegischen Meer thront der *spekkhogger* (Schwertwal) oder Orca: bis zu sieben Metern lang und fünf Tonnen schwer – ein Gewicht, das man ihm gar nicht ansieht. Etwa 1500 Tiere treiben sich – meist zu zweit oder zu dritt – vor den Küsten herum. Auf ihrem Speiseplan stehen Fische, Robben, Delphine und Tümmler – aber auch Wale, die z. T. größer sind als sie (z. B. Zwergwale).

Bis hinauf zum Nordkap lassen sich die Herden des *grindhvals* (Gewöhnlicher Grind- oder Pilotwal) beobachten. Große Gruppen von mehreren hundert Exemplaren dieser sechs Meter langen Wale sind keine Seltenheit. Kleinere Trupps bildet dagegen der vier Meter lange *hvithval* (Weißwal oder Beluga). Selten mehr als fünf bis zehn dieser Tiere durchstreifen gemeinsam das Nordpolarmeer.

Nicht zu verwechseln ist der grauweiß gefärbte *narhval* (Narwal) mit seinem seltsamen, bis zu 2,7 m langen, spiralig gedrehten Horn, das aus dem Oberkiefer der Männchen herausragt. Bei dem „Horn" handelt es sich in Wahrheit um einen der beiden Zähne des Wals, der im Mittelalter überaus begehrt war. Die 3,5 bis 5 m langen Narwale lassen sich v. a. im Nordpolarmeer in Gruppen von 15 bis 20 Tieren blicken, wagen sich aber auch hin und wieder an Flussmündungen ins Süßwasser.

Außerdem kommen in Norwegen Große Tümmler, Gemeine, Weißschnauzen- und Weißseitendelphine vor.

Robben tauchen regelmäßig an der gesamten norwegischen Küste und sogar in einigen Fjorden auf. Am häufigsten sind *steinkobbe* (Gemeiner Seehund), *havert* (Kegelrobbe), *ringsel* (Ringelrobbe), *grønlandssel* (Sattelrobbe), *klappmyss* (Mützenrobbe) und *blåsel* (Bartrobbe). Das um einiges größere *hvalross* (Walross) ist dagegen nur um Svalbard zu Hause. Es erreicht eine Länge von fast 4 m und ein Gewicht von 1450 kg. Unverkennbar sind seine gewaltigen Stoßzähne (Hauer) aus Elfenbein – verlängerte Eckzähne, die beim Männchen bis zu 1 m lang werden können. Früher wurden diese Tiere erbarmungslos gejagt – als Lieferanten von Tran und Elfenbein. Seitdem sie 1952 unter Schutz gestellt wurden, hat sich ihr Bestand jedoch erholt, und ihre Zahl um Svalbard ist wieder auf 1000 gestiegen.

Kabeljau: Der Fisch, der die Welt veränderte (1999) von Mark Kurlansky ist ein eigenwilliges Buch, das eine Unmenge von Informationen über den einfachen Kabeljau enthält.

FISCHE

Jahrhundertelanger Fischfang hat die Fischbestände rund um Norwegen bedrohlich dezimiert, darunter auch solche Arten, die lange Zeit als Säulen der norwegischen Wirtschaft galten. *Sild* (Hering), *hellefisk* (Heilbutt) und *lysing* (Seehecht) sind überfischt worden und kommen längst nicht mehr so zahlreich vor wie früher. Die große Sportanglergemeinschaft des Landes versucht die *Laks*-(Lachs-)Bestände in den Flüssen und Seen so gesund wie möglich zu halten. Trotzdem greifen jetzt immer wieder Krankheiten aus den Zuchtbetrieben auf die Wildbestände über. Das hat in einigen Regionen zu gewaltigen Problemen geführt. Informationen zum Schutz des Lachses im Kasten auf S. 409.

VÖGEL

Für Hobbyornithologen ist Norwegen ein wahres Paradies. Aber die Anzahl der hier nistenden Zugvögel und einheimischen Vögel ist so immens, dass unmöglich alle Arten in aller Ausführlichkeit erörtert werden können.

Optimale Gegenden für Birdwatcher sind Revtangen (an der Küste von Rogaland), Utsira (vor Rogaland), Fokstumyra (in Dovrefjell), der Nationalpark Femundsmarka (Hedmark), Runde (bei Ålesund; über 350 000 nistende Seevogelpaare), die Inseln von Nordland (vor allem Lovund, Træna, Røst, Værøy and Bleiksøya), der Nationalpark Øvre Pasvik (östliche Finnmark) und Svalbard (Sommerzugvögel).

„Das größte Landraubtier der Welt, den *isbjørn* (Eisbär), gibt es in Norwegen nur auf Svalbard, wo er die meiste Zeit auf dem Pack- und Treibeis umherstreift."

Die größten Vogelkolonien Norwegens gibt es entlang der Küste: Hier nisten Millionen von Seevögeln in den Klippen und ernähren sich von Fisch u. a. Meeresgetier. Die häufigsten Arten sind Seeschwalben, *havsule* (Tölpel), *alke* (Tordalke), *lundevugl* (Papageientaucher), *Lomvi* (Lumme), *teiste* (Gryllteiste), *havhest* (Eissturmvogel), *krykkje* (Dreizehenmöwe), *tjuvjo* und *fjelljo* (Raubmöwen) und *alkekonge* (Krabbentaucher).

Der spektakulärste Raubvogel Norwegens ist der wunderschöne *havørn* (Seeadler) – mit einer Flügelspannweite von bis zu 2,50 m der größte Nordeuropas. Mindesten 500 Paare brüten heute an der Küste von Nordland, aber auch in Teilen von Troms und in der Finnmark. Über den arktischen und alpinen Tundren kreist der *fjellvåk* (Rauhfußbussard), der mit Vorliebe Lemminge und Wühlmäuse verspeist. Und in den höheren Gebirgsregionen brüten etwa 500 Paare des *kongeørn* (Steinadler). Vom seltenen *fiskeørn* (Fischadler) existieren nur noch 30 Paare. Mit etwas Glück lassen sie sich aber in den dicht bewaldeten Gebieten der Nationalparks Stabbursdalen und Øvre Pasvik erspähen.

Mindestens vier Eulenarten leben in Norwegen: die in Sümpfen und Mooren lebende *jordugle* (Sumpfohreule); der *spurveugle* (Sperlingskauz), der v. a. in Nadelwäldern haust; die *snøugle* (Schneeeule), die die alpinen Tundren liebt, und der *hubro* (Uhu), der sich in die Bergwälder im Norden zurückgezogen hat.

Auch die üblichen europäischen Waldvögel flattern in Norwegen herum, insbesondere im Süden des Landes. Der anmutige *sidensvans* (Seidenschwanz) zieht zwar nur selten seine Jungen hier auf. Aber im Winter kommen große Schwärme aus Russland ins Land und bevölkern Wälder, Parks und Gärten.

Fjellrype (Schneehuhn), *orrfugl* (Birkhuhn) und *jerpe* (Haselhuhn) sind die größten norwegischen Waldvögel. Das *skotsk lirype* (Schottisches Moorschneehuhn) bevorzugt die baumlosen Moore und Tundren. Der *Tiur* (Auerhahn) dagegen, einem wilden Truthahn oder einem kleinen Pfau ähnelnd, stolziert durch die Nadelwälder.

Unter den zahllosen norwegischen Wat- und Wasservögeln sind folgende die prominentesten: *storlom* (Prachttaucher), *smålom* (Sterntaucher), *horndykker* (Ohrentaucher), *åkerrikse* (Wachtelkönig) und last but not least Norwegens Nationalvogel, die *fossekall (Wasseramsel)*. Sie treibt sich besonders gern an Bergbächen herum, in denen sie nach ihrer Nahrung fischt.

BEDROHTE ARTEN

Jahrhundertelanges Jagen und das starke Bevölkerungswachstum brachten zahlreiche Tierarten an den Rand der Ausrottung. Einige Bestände beginnen sich gerade wieder zu erholen, da die Jagd inzwischen weitgehend verboten ist.

Der *bjørn* (Braunbär) wurde seit Jahrhunderten verfolgt. Es streifen zwar noch einige wenige Exemplare durch die waldreichen Täler an der Grenze zu Schweden zwischen Hedmark und Finnmark, aber die einzige stabile Population Norwegens ist die im Nationalpark Øvre Pasvik in der östlichen Finnmark.

Das größte Landraubtier der Welt, den *isbjørn* (Eisbär), gibt es in Norwegen nur auf Svalbard, wo er die meiste Zeit auf dem Pack- und Treibeis umherstreift. 1973 wurde die Jagd auf Eisbären verboten. Seitdem ist ihre Zahl auf über 5000 Tiere gestiegen. Trotz seiner 720 kg Gewicht und einer Körperlänge von 2,50 m ist ein Eisbär ausgesprochen schnell und wendig. Schuld daran sind seine behaarten Tatzen, mit denen er sich phantastisch auf Schnee und Eis bewegen kann, Kälteschutz inklusive. Eisbären fressen Robben, gestrandete Wale, Fische und Vögel. Nur manchmal reißen sie ein Rentier oder andere Landsäugetiere (darunter auch mal einen Menschen). Die Milch einer Bärin enthält 30 % Fett; kein anderes Landraubtier produziert so nahrhafte Muttermilch. Bei solch guter Ernährung wachsen die neugeborenen Jungen schnell und sind gegen extreme Minusgrade gefeit. Aufgrund ihres reichhaltigen Speiseplans enthält die Leber eines Eisbären extrem große Mengen Vitamin A. Ein Mensch, der so dumm wäre, sie zu essen, würde an der Überdosis sterben.

GEWUSST?

Der größte Blauwal, der je gefangen wurde, brachte es auf eine Länge von 33,58 m. Er war möglicherweise das größte Tier, das je auf der Erde gelebt hat. Allein auf seiner Zunge hätten 50 Menschen Platz gehabt.

Wie fast überall ist der *ulv* (Wolf) auch in Norwegen bei Landwirten, Rentierzüchtern und Jägern höchst unbeliebt. Nur noch wenige Exemplare durchstreifen die Gegend um Hamar und die Finnmark. Sie wandern gelegentlich über die russische Grenze, werden aber meist sofort erschossen, da sie als Überträger der Tollwut gefürchtet sind.

Ein seltener, in den Wäldern lebender Einzelgänger ist der Luchs, Europas einzige Großkatze.

Die langen Jahre des Walfangs im Nordatlantik und im Nordpolarmeer haben die Populationen vieler Walarten gefährlich schrumpfen lassen. Die Zwergwale ausgenommen, gibt es keinerlei Anzeichen, dass sich die Bestände jemals wieder erholen werden.

Vor der Küste der Finnmark zeigt sich manchmal noch der extrem bedrohte *seihval* (Seiwal). Dieser Bartenwal heißt so, weil er stets zur gleichen Zeit hier eintrifft wie der *sei* (Köhler oder Seelachs), der sich – genauso wie der Wal – jeden Sommer am alljährlichen Planktongelage beteiligt. Seiwale werden bis 18 m lang und 30 t schwer (Kälber sind bis zu 5 m lang). Jedes Jahr wandern sie von ihren Winterquartieren vor Nordwestafrika und Portugal bis in die Norwegische See und in die südliche Barentssee.

The Whaling Season – An Inside Account of the Struggle to Stop Commercial Whaling (2003) von dem erfahrenen Greenpeace-Aktivisten Kieran Mulvaney ist eine leidenschaftliche Bilanz der Zeit des Walfangs.

Der 24 m lange und bis zu 80 t schwere *finhval* (Finnwal) wurde zur Lieblingszielscheibe, als der Norweger Svend Føyn 1864 die Sprengstoffharpune erfand. Die folgende unkontrollierte Jagd überlebten im Nordatlantik nur wenige tausend Tiere. Auch Finnwale wandern: Sie überwintern in den Gewässern zwischen Spanien und Südnorwegen und verbringen den Sommer vor der nordnorwegischen Küste, bei Jan Mayen und Svalbard.

Der *spermsetthval* (Pottwal) ist besonders gut an seinem merkwürdigen quadratischen Profil zu erkennen. Er wird bis zu 19 m lang, 50 t schwer und frisst hauptsächlich Fisch und Tintenfisch. Meist ist er in Herden von 15 bis 20 Tieren unterwegs. Walfänger auf der Jagd nach Waltran und dem wertvollen Walrat in ihren Köpfen haben ihre Zahl stark dezimiert. Zum Glück locken die fischreichen Tiefen vor Vesterålen aber vergleichsweise viele Pottwale an, sodass man sie auf einer Bootstour mit Sicherheit zu sehen bekommt.

Das größte Lebewesen der Erde – der *blåhval* (Blauwal) – misst rund 28 m und wiegt unglaubliche 110 t. Er kann bis zu 80 Jahre alt werden, wobei das durchschnittliche Höchstalter bei etwa 50 Jahren liegt. Lange

NATIONALPARKS

Nationalpark	Besonderheiten	Größe	Aktivitäten	Beste Zeit	Seite
Børgefjell	alpine Vegetation	1447 km²	Vogelbeobachtung	Juni–Aug.	S. 277
Dovrefjell-Sunndalsfjella	Moschusochsen, Rentiere, Snøhetta-Hochebene (2286 m), Fokstumyra-Moor	4367 km²	Wandern, Klettern, Vogelbeobachtung, Safaris	Mai–Sept.	S. 178
Femundsmarka	Gletscher, Hochebenen, Moschusochsen, Rentiere	390 km²	Wandern, Bootsfahrten	Mitte Juni–Aug.	S. 170
Forlandet	nistende Wasservögel, Kinderstube von Robben und Walrossen	640 km²	Vogelbeobachtung	Juli–Aug.	S. 405
Gressåmoen	junger Fichtenwald	182 km²	Vogelbeobachtung	Mai–Sept.	S. 277
Gutulia	Urwald	19 km²	Vogelbeobachtung	Mai–Sept.	
Hardangervidda	riesiges Hochlandplateau, größte wilde Rentierherde Europas	3422 km²	Skilanglauf, Wandern	Juni–Aug.	S. 148
Jostedalsbreen	Jostedalsbreen-Eisfeld (487 km²), Gletscher	1230 km²	Wandern, Eisklettern, Kiten, Bootsfahrten	Juni–Aug.	S. 240
Jotunheimen	die höchsten Berge in Norwegen	1145 km²	Wandern	Juli–Aug.	S. 181
Møysalen	letzte wilde Gebiete auf den Lofoten, Møysalen-Gipfel (1262 m)	51,2 km²	-	Juli–Aug.	
Nordvest-Spitsbergen	Kongsbreen-Eisfeld, Magdalenefjord, archäologische Stätten, Kinderstube von Rentieren & Meeressäugern	3560 km²	Wandern, Kayakfahren	Juli–Aug.	S. 405
Ormtjernkampen	alter Kiefernwald, Birkenwald	9 km²	-	Juni–Aug.	
Rago	hohe Gipfel, steile Täler & Wasserfälle, grenzt an schwedische Nationalparks	167 km²	Wandern	Juli–Aug.	S. 304
Reisa	dramatische Reisa-Schlucht, Wasserfälle, wilde Tiere	803 km²	Wandern	Juni–Aug.	S. 386
Rondane	Rentiere, Rondane-Bergmassiv, archäologische Stätten	580 km²	Wandern, Safaris	Juni–Aug.	S. 174
Saltfjellet-Svartisen	liegt auf dem Polarkreis, Hochmoor, Eisfelder, alte Samistätten	2105 km²	Wandern	Juli–Aug.	S. 300
Stabbursdalen	nördlichster Kiefernwald der Welt	98 km²	Wandern	Juli–Aug.	S. 369
Sør Spitsbergen	Norwegens größter Park, zu 65 % von Eis bedeckt, nistende Seevögel	5300 km²	-		
Øvre Anarjåkka	Birken- & Kiefernwälder, Moore, Seenlandschaft	1399 km²	-	Juli–Aug.	
Øvre Dividal	wilde Natur, Alaska-Rhododendron & Schuppenheide, Vielfraß	743 km²	Wandern, Hundeschlitten		S. 356
Øvre Pasvik	borealer Wald, letzte Braunbär-Vorkommen in Norwegen	119 km²	Wandern		S. 382
Ånderdalen	Moore, Küstenwald mit Kiefern & Birken (einige Bäume über 500 Jahre alt)	69 km²	-	Juli–Aug.	

Zeit wurde er wegen des Trans verfolgt, bis er dann endlich 1967 von der Internationalen Walfangkommission unter Schutz gestellt wurde – viel zu spät! Zum Vergleich: Vor 1864 gab es etwa 6000 bis 9000 Tiere. Heute schwimmen nur noch wenige hundert Exemplare durch die Weltmeere, auch wenn norwegische Schätzungen von gut 11 000 Tieren ausgehen. In jüngster Zeit gibt es Hinweise darauf, dass im Nordatlantik einige tapfere Blauwale ein Comeback starten.

Der *grønlandshval* (Grönlandwal) war am Ende des 19. Jhs. fast völlig ausgerottet, da seine Barten als Rohstoffe für Korsetts, Fächer und Peitschen sehr begehrt waren. Zudem ist er eine relativ leichte Beute: Grönlandwale sind sehr langsame Schwimmer und gehen nicht unter, wenn sie tot sind. 1679 hielten sich um Svalbard rund 25 000 Tiere auf. Heute ist davon nur noch eine Hand voll übrig geblieben, und die weltweite Population ist bedenklich klein.

Pflanzen

Im Großen und Ganzen ist die Flora in Norwegen mit etwa 250 Blütenpflanzenarten sehr typisch für das Klima eines Landes in der gemäßigten Zone.

Im Hochland und in den nördlichen Regionen gedeihen vor allem alpine und arktische Pflanzen, während in den tieferen, fruchtbaren Regionen Mischwälder mit Koniferen, Eschen, Ulmen, Linden, Eichen, Buchen, Spitzahorn und Erlen verbreitet sind. In den geschützteren Küstengebieten, insbesondere am Hardangerfjord, werden Obstbäume – vor allem Äpfel und Pflaumen – angebaut. Und in den Bergregionen Westnorwegens klettern die Nadel- und Birkenwälder bis in eine Höhe von 900 bis 2000 m. Die küstennahen Inseln sind weniger dicht bewaldet, und im nördlichen Nordland, in Troms und der südlichen Finnmark kann die Baumgrenze bis auf 200 bis 300 m sinken.

Am Rande der Hochplateaus und um Südnorwegen herum bestehen die Wälder aus Waldkiefern, Fichten, Espen, Weißbirken, Haselnussbäumen, Schwarzerlen und Ebereschen, in den höheren Gebieten aus Zwergbirken, Weiden und Wacholder.

Zwischen der Schneegrenze und den ersten kleinen Baumbeständen gedeihen überwiegend Moose, Pilze und Flechten. Berggräser wachsen vor allem in sumpfigen Gebieten, und oben in den Bergen – etwa in Höhe der Sommerschneegrenze – sprießen Steinbrech und diverse kleine Tundragewächse.

Auf Svalbard herrscht ein besonders raues Klima mit kurzen Wachstumsperioden, strengen Wintern, wenig Niederschlag, kargem Boden und Permafrost. Trotz allem gibt es hier 165 winzige, bodennahe Pflanzenarten, darunter Krautweide und Zwergbirke, aber auch verschiedene Tundra-Blütenpflanzen und Flechten.

Wanderer finden in Norwegen Beeren in Hülle und Fülle. Die meisten von ihnen wachsen dicht über dem Boden und werden zwischen Mitte Juli und Anfang September reif. Zu den beliebtesten essbaren Arten gehören die in offenen Höhenlagen gedeihenden Blaubeeren, Moorbeeren, hohe und niedrige Moosbeeren, Krähenbeeren und die wunderbaren bernsteinfarbenen Moltebeeren. Letztere gelten als besondere Delikatesse; sie wachsen – jeweils eine pro Stiel – vorwiegend in sonnigen Sumpfgebieten. In den arktischen Gebieten der Nachbarländer Finnland und Schweden zieht die Bevölkerung scharenweise aus, um diese köstlichen Gaben der Natur zu sammeln. In Norwegen werden jedoch manche Moltebeerfleckchen mit großem Eifer bewacht. Regeln zum Moltebeerpflücken auf S. 64.

NATIONALPARKS

Die 22 Nationalparks in Norwegen wurden gegründet, um die natürlichen Lebensräume samt der darin lebenden Tierwelt zu erhalten. Obendrein sollte natürlich die einmalige Landschaft des Landes geschützt werden (s. Karte S. 56 und Kasten S. 57). Häufig geht es in diesen Parks aber nicht so sehr darum, ein bestimmtes Naturphänomen unter Schutz zu stellen. Vielmehr sollen sie ganz allgemein die Bebauung der letzten unberührten Gebiete verhindern. Die Parkgrenzen deuten deshalb nicht unbedingt auf spektakuläre Naturdenkmäler oder die Grenzen eines Ökosystems hin, sondern folgen oft ganz einfach den Konturen unbewohnter Gebiete. Im Mittelpunkt der Parkkonzepte steht nicht die angeleitete Begegnung zwischen Mensch und Natur, sondern der Naturschutz selbst. Trotzdem gibt es durchaus das eine oder andere biologische Infozentrum. Bis zu 15 % der Fläche Norwegens will man bis 2008 unter Schutz gestellt haben.

Im Gegensatz zu den Nationalparks in anderen Ländern bleibt man in den norwegischen Parks weitestgehend verschont von den Verkehrsströmen und Touristeneinrichtungen, die anderswo aus den Schutzgebieten regelrechte saisonale Ballungszentren machen. Zwar haben insbesondere Jotunheimen und Rondane unter wachsenden Besucheranstürmen zu leiden, doch in den meisten Parks gehören Erosion und Müllprobleme noch nicht zu den täglichen Problemen, und auch das Wild hat noch seine Ruhe.

Die Vorschriften und Regeln in den Nationalparks, Naturreservaten und Schutzgebieten sind – wie in Norwegen nicht anders zu erwarten – sehr streng. Normalerweise unterliegt der Zutritt zu den Nationalparks keinerlei Beschränkungen, und der Eintritt ist frei. Aber fast immer hat man eine Gebühr zu entrichten, wenn man die Zufahrtsstraßen zu den Parks benutzen will. Müll wegwerfen, Pflanzen ausreißen, Mineralien oder Fossilien einstecken sowie das Jagen oder Stören von Tieren und das Fahren mit dem Auto oder dem Motorrad abseits der Straßen ist ausdrücklich verboten.

Weitere Infos zu den Nationalparks gibt's vor Ort in den Fremdenverkehrsbüros und beim **Directorate for Nature Management** (☎ 73 58 05 00; www.dirnat.no) in Trondheim.

UMWELTPROBLEME

Im Bereich der Umweltpolitik ist Norwegen rekordverdächtig: Industrieabfälle unterliegen strengen Regelungen, Recycling wird allgemein praktiziert, und Müll am Straßenrand ist eine Seltenheit. Generell wird Sauberkeit in Stadt und Land groß geschrieben.

Aber es gibt – wie immer – auch eine Kehrseite der Medaille. Etwa 900 Tier- und Pflanzenarten stehen heute auf der Liste der bedrohten oder gefährdeten Arten, weil ihre Lebensräume zerstört wurden (s. S. 55). Viele Arten stehen zwar mittlerweile unter Schutz, aber Jagd- und Angelsport sind Norwegen so beliebt wie in kaum einem anderen europäischen Land. Die Wirtschaft bekommt jetzt die Konsequenzen der Überfischung zu spüren. Am umstrittensten ist aber wohl die norwegische Haltung zum Wal- und Robbenfang, die bereits internationale Proteste und Warenboykotts auslöste.

Das UN Environment Programme (www.unep.net) ist ein Umweltnetzwerk der UN; hier bekommt man einen ausgezeichneten Einblick in Norwegens Umweltakten.

Unberührte Gebiete

Die Bevölkerungsdichte in Norwegen ist eine der niedrigsten in Europa. Aber aufgrund der auf dem Kontinent einmaligen Besiedlungsstruktur mit mehr verstreuten Einzelhöfen als Dörfern ist selbst der verlassenste

RETTET DIE WALE?

Keine andere umweltpolitische Entscheidung Norwegens rief weltweit solche Wut und Ablehnung hervor wie die Wiederaufnahme des Walfangs im Nordatlantik.

Als Resultat weltweiter Kampagnen zur Rettung der dramatisch zurückgehenden Walbestände wurde schon 1986 von der internationalen Walfangkommission ein Fangverbot verhängt. Auch wenn es immer noch in Kraft ist – zwei Dinge haben das Verbot in den letzten Jahren erheblich unter Druck gesetzt.

Zunächst gibt es da einen gemeinsamen Beschluss der drei führenden Walfangnationen Norwegen, Japan und Island. Sie behalten sich das Recht vor, den Walfang jederzeit wieder aufzunehmen. Japan und Island haben sogar mit dem Austritt aus der Kommission gedroht und angekündigt, 2006 wieder kommerziell Wale zu jagen – sollte bis dahin das Fangverbot nicht durch einen Plan mit geregelten Fangquoten ersetzt werden.

1993 machte Norwegen wieder Jagd auf den Minkewal – trotz internationalem Verbot. Zwar unterstützt Norwegen den Schutz bedrohter Arten, doch die Regierung behauptet, dass die Bestände des Minkewals – mit zwischen 70 000 bis 200 000 Tieren im Nordostatlantik – wieder einen begrenzten Fang verkraften könnten. 1999 legte die norwegische Regierung die Fangquote auf 753 Tiere fest; 2001 wurde sie auf 549 Tiere gesenkt. Anders als in den 70er- und 80er-Jahren, als die vehementen Proteste das Fangverbot erzwingen konnten, blieb eine Reaktion der internationalen Politik auf diese Entwicklung aus – auch wenn Umweltschutzgruppen, besonders Greenpeace und der World Wildlife Fund, laut protestierten.

Bei der zweiten Entwicklung, die die Wale bedroht, handelt es sich um eine gezielte Kampagne innerhalb der Kommission: Nationen, die niemals Walfang betrieben haben, sind ihr beigetreten – darunter Mauretanien, die Elfenbeinküste, Benin, Surinam, Grenada, Tuvalu und sogar die Mongolei, ein Staat ohne Anschluss zum Meer! So kam es, dass 2003 21 von 57 Staaten für den Walfang stimmten, nachdem es 2000 noch 9 von 55 gewesen waren. Den Vorwurf, das Abstimmungsergebnis sei mit Entwicklungshilfen erreicht worden, wies Japan zurück.

Norwegen betrachtet das Fangverbot jedenfalls als unnötig und überholt. In der Vergangenheit seien die Walfänger zwar gewissenlos vorgegangen und hätten ihre Opfer bedenkenlos bis an den Rand der Ausrottung getrieben. Doch heute seien sie besser informiert und hielten sich an die vernünftigeren Fangquoten, und auch die Jagdmethoden selbst seien heute sanfter. Norwegen versichert, nur traditionelle Familienunternehmen zu unterstützen und weder die Absicht noch den Wunsch zu haben, zum kommerziellen Walfang zurückzukehren. Viele Norweger halten überdies Umweltschützer für Stadtmenschen, die jeden Sinn für die Realität verloren haben. Walfanggegner hätten ein gestörtes und sentimentales Verhältnis zur Natur, getrieben von einem „halbreligiösen Wahn, der den Meerestieren menschliche Fähigkeiten und Gefühle unterstellt". Japan und Norwegen starteten im Mai 2004 wieder den Handel mit Walfleisch. Im August 2005 hob Norwegen die eigene Fangquote komplett auf. Auf Fischmärkten (besonders in Bergen) wird Walfleisch offen zum Kauf angeboten – hier muss sich dann jeder Einzelne entscheiden, auf welcher Seite er steht.

Aber nicht nur die Jagd ist schuld, dass die norwegischen Wale in ihrer Existenz massiv bedroht sind. Chemikalien und insbesondere die PCBs stehen im Verdacht, die Fortpflanzungsorgane und das Immunsystem der Meeressäuger zu schädigen – zahlreiche Todesfälle durch Virusinfektionen sind bereits bekannt.

Weitere Informationen über Wale und den Schutz der Meere bietet **Greenpeace Deutschland** (☎ 030-308 89 90; www.greenpeace.de) und die etwas radikalere **Whale and Dolphin Conservation Society** (☎ 089-61 00 23 93; www.wdcs-de.org). Die Nordnorwegische Sicht vermittelt **High North Alliance** (www.highnorth.no). Was die norwegische Regierung denkt, erfährt man auf der offiziellen deutschen **Norwegen-Website** (www.norwegen.no) und im Walfangmuseum in Sandefjord.

Winkel des Landes schon bewohnt – von einer überwiegend ländlichen Bevölkerung. Hinzu kommt die Vorliebe der Norweger für frische Luft und Erholung im Freien, die im Sommer geradezu zur Besessenheit wird.

Aus diesen Gründen fühlen sich die meisten Einwohner Norwegens noch eng mit der Natur verbunden.

Damit aber geht einher, dass die Natur durch die menschlichen Aktivitäten stark verändert wird. Kreuz und quer ziehen sich Straßen durch das Land, die die abgelegenen Häuser, Höfe und Forstgebiete mit den dichter bevölkerten Regionen und Städten verbinden. Bis auf wenige Ausnahmen wurden alle größeren Flüsse zur Stromerzeugung aufgestaut. Und nahezu jede norwegische Familie besitzt ein Ferienhaus an einem See, in einem Skigebiet oder in einer landschaftlich besonders attraktiven Gegend. Selbst die so unberührt wirkende Weite von Finnmarksvidda und die riesigen Halbinseln, die in das Nordpolarmeer ragen, werden als riesige Weiden für Rentiere genutzt. Das Resultat: Abgesehen von den hoch gelegenen Eisfeldern und den Nationalparks findet man echte Wildnis in Norwegen nur noch in wenigen bewaldeten Bergregionen an der schwedischen Grenze, in Teilen der Hardangervidda und auf Svalbard.

Recycling

Recycling ist in. Die Norweger sortieren fleißig ihre Haushaltsabfälle (Papier, Glas, Plastik, Reifen, Autobatterien und organische Abfälle), und natürlich sollen auch die Besucher des Landes mitmachen. Das Pfandsystem für Glasflaschen ist sehr erfolgreich: 96 % der Bier- und Limonadenflaschen werden heute in den Laden zurückgebracht. Supermärkte nehmen leere Aludosen und Plastikflaschen an und zahlen dafür 1 bis 5 nkr. Sogar wenn man ein Auto kauft, muss man in Norwegen eine Vorab-Recyclinggebühr bezahlen – auf diese Weise ist garantiert, dass die Fahrzeuge auf dem Schrottplatz landen und nicht in irgendeinem Straßengraben, wenn sie ihren Geist aufgegeben haben.

Forstwirtschaftliche Nutzung

Forstwirtschaft hat auf den ersten Blick nicht besonders viel mit Umweltschutz zu tun, aber Norwegen verfolgt eine der weltweit nachhaltigsten Methoden der Holznutzung. Ein Großteil der heute sichtbaren Waldschäden wurde bereits zwischen dem 17. und 20. Jh. verursacht – durch Raubbau der Holzindustrie und die rücksichtslose Erschließung landwirtschaftlicher Nutzflächen.

„Heute bestehen etwa 25% der Landesfläche aus Nutzwald."

Heute bestehen etwa 25 % der Landesfläche aus Nutzwald. Viele kleine Forstwirtschaftsbetriebe, überwiegend in Ostnorwegen, roden derzeit etwa 8,4 Mio. m^3 Holz im Jahr. In manchen Gegenden geht man zwar noch nach dem Kahlschlagprinzip vor – aber glücklicherweise nur selten und nie in großem Stil. In der Regel wird eine selektive Rodung betrieben: Bodenerosion und eine Verschandelung der Landschaft sollen so verhindert werden. Außerdem forsten die Holzunternehmen die abgeernteten Flächen sofort wieder auf: Jedes Jahr werden so etwa 50 Mio. junge Bäume gepflanzt.

Fischfang & Meeresressourcen

Die norwegische Umweltpolitik hat einige Knackpunkte, die sowohl national als auch international kontrovers diskutiert werden: die Jagd auf Meeressäuger, die Fischereirechte und die abnehmenden Fischbestände.

KOMMERZIELLER FISCHFANG

Man kann es guten Gewissens so ausdrücken: Die Norweger betrachten den gefährlichen Rückgang der Fischbestände in ihren Gewässern mehr unter dem Blickwinkel ihres wirtschaftlichen Eigeninteresses und weniger als Umweltproblem. Seit Menschengedenken sind die Gewässer vor der norwegischen Küste reiche Fischgründe – und nebenbei das fragile Rückgrat der norwegischen Wirtschaft. Vor der Zeit des Ölsegens war der Fischfang eine der wenigen gewinnbringenden Ressourcen des Landes, und er steht noch immer an zweiter Stelle der Exportstatistik. Wenn man sich das bewusst macht, fällt es leichter, die Umweltpolitik Norwegens zu verstehen – insbesondere ihre Haltung gegenüber den lebenden Meeresressourcen.

Ein Hauptgrund für die guten Erfolgsbilanzen der norwegischen Küstenfischerei waren von jeher die warmen Wassermassen des Golfstroms, der bis in die Nordmeere hineinreicht – auch wenn die Stärke seiner Strömung von Jahr zu Jahr variiert. Je mehr warmes Wasser in die norwegische See fließt, desto besser gedeiht das Plankton hoch im Norden und umso mehr gibt's für die Fische und Meeressäuger hier zu futtern.

„Mit einem Jahresfangvolumen von über 3 Mio. t ist Norwegen die zehntgrößte Fischfangnation."

Bis vor etwa 25 Jahren konnte praktisch jeder, der Lust hatte, Tiefseefischerei in dieser Region betreiben. Die idealen Bedingungen des Meeres im Verein mit der Erfindung des Echolots, mit dem sich die großen Heringsschwärme u.a. kommerziell ertragreiche Fischarten gezielter orten ließen, trugen der norwegischen Fischereiflotte in den 60er-Jahren enorme Fangquoten ein. Dieser Segen hatte jedoch seinen Preis: Ende der 70er-Jahre war der Hering beinahe ausgerottet. Und auch die Kabeljaubestände gingen wegen Überfischung im ganzen Nordatlantik stark zurück: von den Grand Banks vor Neufundland (Kanada) bis nach Nordnorwegen.

Tausende Menschen sahen schlagartig ihre Existenz bedroht. Wachgerüttelt von dieser unerwarteten Bedrohung verkündete Norwegen am 1. Januar 1977 eine 200 Seemeilen breite Außenwirtschaftszone, die noch im selben Jahr bis Svalbard und später – im Jahr 1980 – bis nach Jan Mayen ausgedehnt wurde. Noch heute legt das Land gemeinsam mit der EU, Russland, den Färöer, Island, Grönland und Polen jährliche Fangquoten fest.

Nach fast drei Jahrzehnten intensiver Schutzmaßnahmen mit strikten Fangquoten blüht die Heringsindustrie wieder. Auch der Fang von Kabeljau ist jetzt geregelt. Aber es werden sicher noch einige Jahre vergehen, bevor der Bestand sich wieder vollkommen erholt hat. Fischfang und Aquakultur (kontrollierte Fischzucht) sind noch immer das Fundament der norwegischen Küstenwirtschaft: Allein in der Fangflotte arbeiten fast 22 000 Menschen. Hinzu kommt eine Unmenge von Industriezweigen, die direkt von der Fischerei abhängen: Schiffsbau, Fischfutter, Verarbeitung, Verpackung, Fischereibedarf und Transport. Mit einem Jahresfangvolumen von über drei Millionen Tonnen ist Norwegen die zehntgrößte Fischfangnation.

Die Aquakulturindustrie wurde aus dem Boden gestampft, als die Wildbestände knapp wurden, und floriert seit zwei Jahrzehnten. Sie konzentriert sich v.a. auf die Zucht von atlantischem Lachs und Forellen. Doch die Züchter haben auch schon mit Seesaibling, Heilbutt, Wels und Jakobsmuscheln experimentiert. Gegenwärtig produzieren die Farmen fast 460 000 t Fisch im Jahr, und der Export von Lachs und Forelle aus Gehegen macht 55 % des gesamten norwegischen Fischexports aus.

Diese scheinbare Patentlösung für das Problem der Überfischung hat aber einige gefährliche Begleiterscheinungen. Das größte Manko besteht darin, dass immer wieder einzelne Fische aus den Netzgehegen entkommen. Diese übertragen dann Krankheiten auf die wilden Populationen und gefährden erneut ihren Bestand. In den letzten Jahren konnte die Zahl der Ausreißer zwar gesenkt werden, doch das Problem bereitet der Regierung weiterhin große Kopfschmerzen und führt zu immer strikteren Vorschriften.

ROBBENJAGD

Es liegt wohl an den schockierenden Bildern, dass Umweltschützer auf der ganzen Welt die Robbenjagd noch schärfer verurteilen als den Walfang. In Norwegen ist die Robbenjagd auf zwei Arten beschränkt: die Sattelrobbe und die Mützenrobbe. Angeblich müssen überschüssige Bestände reduziert werden. Vor allem aber wollen die Fischer ihre größten Konkurrenten ausschalten, denn die Meeressäuger vertilgen am Tag bis zu 2,5 kg Fisch. Zudem bestreiten viele Leute in Norwegen und anderen Staaten am Nordatlantik ihren Lebensunterhalt mit der Robbenjagd.

Die Jagd auf Robben, bei der es v. a. um die Pelze und das Fleisch geht, wird nur in sehr geringem Umfang betrieben. Aber es ist ein grausames Business, so das nicht zu widerlegende Argument der Gegner. Um sie zu besänftigen, hat man nur zwei Waffen für die Jagd zugelassen: Gewehr und *hakapik* oder auch Gaff. Mit dem Gewehr erschießt der Robbenjäger die ausgewachsenen Tiere, das Gaff benutzt er für die Jungtiere – die erst gejagt werden dürfen, wenn sie entwöhnt sind. Vor Beginn der Jagdsaison muss jeder Jäger einen Kurs und eine Schießprüfung ablegen.

Ende 2001 lösten Pläne für touristische Robbenjagdtrips weltweite Bestürzung aus. Im Jahr 2005 sind die Pläne aber tatsächlich verwirklicht worden: Die ersten Freizeit-Robbenjäger haben sich eingeschossen.

Essen & Trinken

Es lässt sich nicht leugnen: Norwegisches Essen ist größtenteils völlig fade, schwer und schlecht verdaulich. Und auch die norwegischen Preise für Food and Drink laden dazu ein, endlich mit einer lang geplanten Diät zu beginnen. Der Trick ist: Nur noch in Kronen denken und die Preise nicht in die eigene Währung umrechnen. Sonst riskiert man es wirklich abzumagern.

Es gibt in Norwegen aber auch sehr gutes Essen: Seafood ist ein besonderes Highlight, und Wild bildet eine durchweg positive Ausnahme in der allgemein deprimierenden Lage.

Eine komplette Liste norwegischer Bezeichnungen für Speisen und Getränke findet sich im Speisekartenschlüssel und kulinarischen Glossar am Ende dieses Kapitels.

TYPISCHES & SPEZIALITÄTEN

Seafood

Einen bedeutenden Beitrag zur internationalen Küche, ohne den zumindest ein Lonely-Planet-Autor nicht existieren könnte, hat Norwegen immerhin geleistet: Lachs. Für viele norwegische Gerichte wird man reichlich Geld los, ohne geschmacklich eine entsprechende Gegenleistung zu erhalten, doch Lachs, ob gegrillt oder geräuchert, ist supergünstig – allerdings nur gefarmter. Wildlachs ist wesentlich teurer. Die Qualität ist durch die Bank Spitzenklasse. Besonders lecker ist *Graved Lachs:* Lachs gebeizt mit Zucker, Salz, Weinbrand und Dill.

Norwegian National Recipes: An Inspiring Journey in the Culinary History of Norway von Arne Brimi ist eine erschöpfende und höchst lesenswerte Auflistung norwegischer Gerichte; das Buch von einem der besten Köche Norwegens deckt sämtliche Landesregionen ab, ist aber leider nur auf Englisch erhältlich.

Andere Süßwasserfische, die zu empfehlen sind: Forelle (nur im Süden), Flussbarsch, Rotforelle, Arktische Äsche, Brasse, Schleie und Aal.

Meeresfrüchte und -fische, die üblicherweise angeboten werden, sind Kabeljau (häufig als Stockfisch), Krabben – frisch und gekocht – Sprotten, Schellfisch, Makrele, Lodde, Sandaal, Lengfisch, Rotbarsch und Köhler. Der hässliche und doch irgendwie liebenswerte Wels ist zu seinem Pech ausgesprochen lecker, ebenso der Seewolf. Hering, einst ein Armeleutefisch, ist heute wesentlich teurer und wird normalerweise mit Zwiebeln, in Senf- oder Tomatensauce eingelegt serviert. Hier und da steht er noch auf der Speisekarte, doch er wird immer seltener angeboten, da sich die Bestände erst erholen müssen. Norweger schwärmen von ihrer Fischsuppe, einer dünnen, sahnigen Suppe mit leichtem Fischgeschmack, in der mit Glück ein oder zwei Krabben zu finden sind.

Andere Spezialitäten

Kartoffeln gehören zu fast jeder norwegischen Mahlzeit. Die meisten Restaurants bieten sie zum Hauptgericht gekocht, gebacken oder gebraten an. Aber auch Kohl (oft gekocht), Kohlrüben, Karotten, Steckrüben, Blumenkohl und Brokkoli kommen in Norwegen regelmäßig auf den Tisch.

Das bedeutendste Obstanbaugebiet des Landes befindet sich rund um den Hardangerfjord; hier wachsen Erdbeeren, Pflaumen, Kirschen, Äpfel u. a. Plantagenobst in Hülle und Fülle. Unter den wildwachsenden Beeren sind Erdbeeren, Moosbeeren, schwarze und rote Johannisbeeren, Blaubeeren, Himbeeren und die beliebten Moltebeeren genießbar – warme Moltebeerkonfitüre zu Eiskrem ist schlichtweg fantastisch!

Norwegischer Käse wurde durch den mild-nussigen Jarlsberg international bekannt – ein heller Käse, der schon 1860 auf dem Anwesen Jarlsberg in Tønsberg hergestellt wurde.

Immer donnerstags von September bis Mai servieren viele Bergener Restaurants *Raspeballer*, ein deftiges traditionelles Gericht, bestehend aus Salzfleisch, Kartoffeln und Kohlrübenmus – eine herzhafte Mahlzeit für die kalte Jahreszeit, wenn auch vom Geschmack her etwas gewöhnungsbedürftig.

Essgewohnheiten

In Norwegen beginnt der Tag mit Kaffee (immer!), einem gekochten Ei und Brot oder Knäckebrot (normalerweise Ryvita) mit Käse, Gurke, Tomate und eingelegtem Hering.

Mittags reicht oft ein einfaches Sandwich oder eine Scheibe Brot mit Sardinen, Krabben, Schinken, Oliven, Gurke, Ei oder was sich sonst so findet. Nachmittags lieben Norweger ein Kaffeepäuschen; dazu wird ein kulinarisches Highlight serviert: Waffeln mit Sahne und Marmelade. Im Unterschied zu den belgischen Waffeln sind die blumenförmigen norwegischen Waffeln weich und meist kräftig mit Kardamom gewürzt.

Die wichtigste Mahlzeit findet in Norwegen gewöhnlich zwischen vier und sechs Uhr nachmittags statt. Dieses einzige warme Essen am Tag besteht meist aus einem Fleisch-, Fisch- oder Nudelgericht, gekochten Kartoffeln, einem Schlag Gemüse, vielleicht einem kleinen Salat oder etwas Grünzeug als Garnitur. Im Sommer kosten die Norweger jedoch gerne die langen Tage aus und verlegen ihre Hauptmahlzeit auf den späteren Abend.

Die norwegische Küche (1999) von Aase Strømstad ist eine Einführung in die Essensgewohnheiten der Norweger.

Auf www.norwegen-freunde.com finden sich diverse Rezepte für traditionelle Gerichte, Fisch- und Pilzgerichte.

GETRÄNKE

Das norwegische Nationalgetränk ist der Kaffee – definitiv! Fast überall wird er in solch riesigen Mengen konsumiert, dass man sich nur darüber wundern kann, wie die Menschen trotz des vielen Koffeins derart ruhig bleiben können. Die meisten Norweger trinken den Kaffee schwarz und stark. Doch der von Ausländern geäußerte Wunsch nach Milch und/oder Zucker wird überall toleriert.

Tee und Kräutertee kann man ebenfalls im ganzen Land bekommen, außerdem Limonaden und Mineralwasser.

Alkoholische Getränke

Bier rangiert auf der Beliebtheitsskala nicht weit hinter Kaffee. Es ist in einigen Supermärkten zu haben. Aber in größeren Mengen und zu zivileren Preisen kauft man es besser in den staatlichen Monopolläden – liebevoll

AQUAVIT

Nur ein Norweger konnte auf die geniale Idee kommen, aus der Kartoffel Alkohol zu destillieren. Der Nationalschnaps *aquavit* (oder *akevitt*) ist ein aus Kartoffeln und Kümmellikör hergestellter kräftiger Schluck norwegischer Kultur. Sein Name stammt aus dem Lateinischen: *aqua vitae* („Wasser des Lebens"). Kümmel gehört immer dazu. Einige moderne Brennereien ergänzen den würzigen Geschmack mit Kombinationen aus Orange, Koriander, Anis, Fenchel, Zucker und Salz. Das Gebräu muss dann etwa drei bis fünf Jahre in 500-l-Eichenfässern reifen, in denen vorher Sherry gelagert wurde.

Die womöglich beliebteste Variante dieses Schnapses ist der *Linje Aquavit* („Linienaquavit"). Er verdankt Namen – mit Linie ist die Äquatorlinie gemeint – und Tradition einem Zufall im 19. Jh., als ein norwegisches Schiff Fässer mit *aquavit* nach Australien transportierte. Als man sie dort nicht verkaufen konnte, nahm man sie einfach wieder nach Norwegen zurück und bot sie zum Verkauf an. Bald stellte man fest, dass der Schnaps nach der Überfahrt besser schmeckte als vorher, und die Fässer wurden zu einem wertvollen Gut. Bis heute findet man auf jeder Flasche *Linje Aquavit* den Namen des Lagerschiffes, seine Route und die Zeit, in der die Fässer auf See gereift sind, vermerkt.

EWIGES THEMA ALKOHOL

Norwegen ist eines der wenigen Länder, deren Bewohner tatsächlich *für* die Prohibition gestimmt haben (in einer Volksabstimmung im Jahr 1919)! Bis 1927 blieb der Alkohol unter Bann. In dieser Zeit war die halbe Bevölkerung entweder mit Alkoholschmuggel oder der Destillation von heimischen Schnäpsen beschäftigt. Darin taten sich zweifellos auch viele Norweger hervor, die ursprünglich für das Verbot gestimmt hatten. Später sollte ein staatliches Monopol dazu beitragen, den Alkoholkonsum einzuschränken. Doch es scheint, dass die Schwarzbrennerei dadurch nicht abgenommen hat. Sie floriert bis heute. Vorsicht ist geboten, wenn man selbstgebrannten Schnaps angeboten bekommt. Die Wirkung kann wahrhaft teuflisch sein!

Norwegens offizielle Haltung zum Alkohol grenzt noch immer an Paranoia. Der Alkoholverkauf ist strikt reglementiert, und einige Orte haben praktisch die Prohibition beibehalten. In einigen Regionen, etwa in Teilen von Telemark, wird öffentlicher Bierkonsum sogar mit 2000 nkr und/oder Gefängnis bestraft!

Bier und Wein sind für Jugendliche ab 18 Jahren erlaubt, Härteres ab 20.

pole (kurz für Vinmonopolet) genannt. Wein und Spirituosen gibt es ausschließlich in diesen Geschäften.

Bier wird in Bars gewöhnlich im 0,4-l-Glas (im Schnitt um 50 nkr) oder 0,5-l-Glas (um 60 nkr) ausgeschenkt. Am häufigsten ist in Norwegen helles Pils mit einem Alkoholgehalt um 4 %, das noch heute nach dem deutschen Reinheitsgebot aus dem 16. Jh. gebraut wird. Die beliebtesten Marken sind *Ringsnes* in Süd- und *Mack* in Nordnorwegen. *Munkholm* ist ein recht genießbares alkoholfreies Bier.

FESTESSEN

Das ultimative Feiertagsgericht ist *lutefisk* (eingeweichter Stockfisch), den es glücklicherweise nur in der Weihnachtszeit gibt – dann aber können die Norweger gar nicht genug davon bekommen. Der Stockfisch wird gewässert, bis seine Konsistenz gallertartig ist: ein definitiv gewöhnungsbedürftiger Genuss.

Weitere Weihnachtsgerichte und Festtagsspezialitäten sind im Kasten auf S. 415 nachzulesen.

WOHIN ZUM ESSEN?

Das Hotelfrühstück besteht in Norwegen meistens aus einem gigantischen Büffet: Unter englischen, amerikanischen, mitteleuropäischen und skandinavischen Delikatessen droht der Tisch fast zusammenzubrechen. Wer eine Übernachtung ohne Frühstück gebucht hat, geht morgens am besten in eine Bäckerei; dort sind Brot, Kuchen, Sandwiches und Bagels recht günstig. Wer Geld sparen will, kann auch im Supermarkt einkaufen, der letzten norwegischen Bastion akzeptabler Preise (Öffnungszeiten im ganzen Land s. Umschlag). Manche bieten in der Feinkostabteilung bezahlbare Salate nach Gewicht oder Grillhähnchen für ca. 30 nkr an.

GEWUSST?

Auf Svalbard ist Alkohol steuerfrei. Für die Inselbewohner ist er streng rationiert und Besucher müssen beim Kauf ein gültiges Flugticket vorlegen.

Pizza steht ebenfalls weit oben auf dem Diätplan der Norweger. Die fantasievollen Pizzen (ab 134 nkr) der Kette Peppe's Pizza heben sich positiv von anderen Angeboten ab und reichen locker für zwei; besonders gut ist das Mittagsbüffet (um 100 nkr).

Wer gern frischen Fisch isst, findet auf sämtlichen Fischmärkten Norwegens sein Paradies. Zu den besten zählen die Märkte von Stavanger, Kristiansand und – allen voran – Bergen. Im Sommer kann man oft selbst im kleinsten Fischerdorf frische Krabben direkt vom Kutter kaufen – für 60 bis 80 nkr pro Kilo.

Eine Mahlzeit in einem normalen Mittelklasse-Restaurant kostet erfahrungsgemäß 80 bis 120 nkr; manche bieten auch ein *dagens rett* (Tagesgericht) für nur 70 nkr an.

Teure Restaurants genügen in der Regel auch einem gehobenen Anspruch; Hauptgerichte liegen allerdings selten unter 200 nkr und häufig wesentlich darüber. Wenn aber Geld keine Rolle spielt, sollte man sich die Drei- bis Fünf-Gänge-Menüs gönnen, die in vielen dieser Lokale angeboten werden und von meist unübertroffener Qualität sind (350 bis 475 nkr).

Auf die Schnelle

Die meisten Tankstellen verkaufen Hotdogs in den verschiedensten Variationen – ein billigeres warmes Essen gibt es nicht. Garnitur und Soßen sind meist inklusive. Auch der *gatekjøkken*, ein mobiler Imbiss oder Kiosk, bietet Hotdogs, Burger, Pommes, Minipizzen u. Ä. für 20 bis 60 nkr an.

VEGETARIER & VEGANER

Vegetarier gibt es nicht viele in Norwegen. Trotzdem steht fast in jedem Restaurant wenigstens ein vegetarisches Gericht auf der Karte – und sei es nur ein Omelett mit Käse und Zwiebeln oder Pasta mit Sahnesoße. In Oslo, Bergen u. a. größeren Städten gibt es zahlreiche Cafés mit diversen preisgünstigen und kreativen Gerichten; darunter sind meist mehrere vegetarische Angebote.

GEWUSST?

Nicht selten wird behauptet – und verlässliche Umfragen bestätigen dies –, dass Norwegens wahres Nationalgericht *Pizza Grandiosa* heißt: eine halbwegs tolerable Tiefkühlpizza.

FÜR KLEINE ESSER

Essen gehen mit Kindern macht in Norwegen Spaß. Viele Restaurants habe eine Kinderkarte mit kleineren Portionen und entsprechenden Preisen. In anderen bekommt man auf Anfrage auch kleinere Portionen.

Weitere Infos zum Reisen mit Kindern in Norwegen s. S. 417.

SPRACHFÜHRER ESSEN

Wem angesichts norwegischer Speisekarten der kalte Schweiß ausbricht, der findet auf S. 452 die wichtigsten norwegischen Vokabeln.

Was heißt...?

Einen Tisch für... bitte.

Et bord til ..., takk. — Ett buhr till ..., takk

Kann ich bitte die Karte haben?

Kan jeg få menyen, takk. — Kann jaj fo me-nü-jen, takk.

Ich hätte gern das Tagesgericht.

Jeg vil gjerne ha dagens rett, takk. — Jaj will jar-ne ha dah-gens rett, takk.

ABENTEUER FÜR DEN GAUMEN

- Rentier – erinnert an Rindfleisch und steht in teuren Restaurants häufig auf der Speisekarte (ein Filet kostet mindestens 250 nkr).
- Wal – eventuelle Artenschutzbedenken sollten an der Garderobe abgegeben werden.
- Brauner Käse – Gudbrandsdalsost (auch *gjetost* oder *brunost*) wird aus Ziegen- und/oder Kuhmolke gewonnen; schmeckt leicht süßlich und schreckt durch seine Farbe ab.
- Eingeweichter Stockfisch, Makrelen- oder Seelachsklöße – die Hauptnahrungsmittel älterer Norweger.
- Kabeljauzungen – ungemein beliebt auf den Lofoten, aber sonst nirgends.
- *Rakørret* – eingelegte und angegorene Forelle – ziemlich abartig.

NORWEGENS TOP FIVE

- Der Fischmarkt Torget (S. 193) – hier genießt man Hafenatmosphäre und den frischesten Fisch.
- Bei Bølgen & Moi (S. 135) kocht man hervorragende Suppen aus Fisch und Schalentieren sowie Seafood aller Art; eine romantische Kulisse liefert der Fischereihafen.
- Das Fossheim Turisthotell (S. 182) wurde vom berühmten Küchenchef Arne Brimi gegründet. Wildforelle, Rentier, Elch und Schneehuhn werden hier immer noch nach seinen persönlichen Rezepten zubereitet.
- Hamnøy Mat og Vinbu (S. 332) – Familienrestaurant mit norwegischer Hausmannskost: Spezialitäten der Region und die besten Fischfrikadellen Norwegens.
- Restaurant Isqueen (S. 335) – hier speisen die Gäste in einem gestrandeten Walfangschiff – arktische Küche und ein herrlicher Blick.

Was gehört alles dazu?
Hva inkluderer det? — Wah in-klu-dere deh?

Ist die Bedienung im Preis enthalten?
Er bevertninga iberegnet? — Ar be-wart-nin-ga i-be-raj-net?

Bitte nicht zu scharf.
Ikke for sterkt krydra, takk. — Ik-ke for sstarkt krü-dra, takk.

Ich esse kein Fleisch.
Jeg spiser ikke kjøtt. — Jaj sspie-sser ik-ke chött.

Ich esse kein Huhn, keinen Fisch und keinen Schinken.
Jeg spiser verken kylling eller fisk eller skinke. — Jaj sspie-sser war-ken chül-ling el-ler fisk el-ler sching-ke.

Was steht auf der Karte?

MILCHPRODUKTE

gudbrands dalsost – süßer brauner Ziegenkäse
mysost – brauner Molkenkäse
pultost – weicher fermentierter Käse, oft mit Kümmel
rømmegrot – leckere Sauerrahmgrütze, traditionell zu Weihnachten serviert

SUPPEN, VERSCHIEDENE GERICHTE & GETRÄNKE

dagens rett – Tagesgericht
fårikål – Kohleintopf mit Lamm
gløgg – Glühwein zur Weihnachtszeit, kann mit Zimt, Rosinen, Mandeln, Ingwer, Nelken, Kardamom u. a. Gewürzen sowie Fruchtsaft angesetzt sein
koldtbord – kaltes Büffet (Fisch, Fleisch, Käse, Salate, Süßspeisen)
lapskaus – dicker Eintopf mit Fleischwürfeln, Kartoffeln, Zwiebeln u. a. Gemüse
pytt i panne – Eier mit Kartoffelwürfeln und Fleisch
suppe – Suppe
svele – mit Erdbeeren und Sahne servierte Pfannkuchenspezialität

FLEISCHGERICHTE

bankebiff – in Soße gegarte Rindfleischstücke/-scheiben
bidos – traditioneller samischer Hochzeitseintopf aus Rentierfleisch
dyrestek – Wildbraten
kjøttkake – kleines Hacksteak
kjøttpålegg – kalter Aufschnitt
lam(mebog) – Lamm(schulter)
postei – Fleischpastete
reinsdyrstek – Rentierbraten

spekemat – Rauchfleisch (Lamm, Rind, Schwein, Rentier, oft mit Rührei serviert)
spekepølse – lufttrockene Wurst
syltelabb – gekochte, eingesalzene Schweinsfüße

FISCHGERICHTE
bacalao – Fischgericht aus Kabeljau
fiskebolle – Fischkloß
fiskegrateng – Fischkasserolle
gaffelbitar – mit Salz und Zucker gebeizte Sprotten-/Heringsfilets
gravlaks – mit Salz und Zucker gebeizter Lachs mit Dill und Sahnesoße
klippfisk – Klippfisch – gesalzener, getrockneter Kabeljau
lutefisk – in Lauge eingeweichter und gekochter Stockfisch
rakefisk – eingelegter, vergorener Fisch (häufig Forelle)
(røyke)laks – (Räucher-)Lachs
saltfisk – eingesalzenes, etwa drei Wochen getrocknetes Kabeljaufilet
sildesalat – Salat aus Herings-, Gurken-, Zwiebelscheiben etc.
spekesild – Salzhering, gern mit eingelegter roter Bete, Kartoffeln und Kohl serviert

Essglossar

FLEISCH & GEFLÜGEL

kjøtt	Fleisch
kylling	Huhn
oksekjøtt	Rind
pølse	Wurst
skinke	Schinken
sauekjøtt	Lamm/Hammel
svinekjøtt	Schwein

GEMÜSE

grøn(n)saker	Gemüse
løk	Zwiebel
potet	Kartoffel
sopp	Pilz
tomat	Tomate

MEERESFRÜCHTE

brisling	Sprotte/Sardine
fisk	Fisch
hellefisk	Heilbutt
hvalbiff	Walsteak
lysing	Seehecht
makrell	Makrele
reker	Krabben
sild	Hering
torsk	Kabeljau
tunfisk	Thunfisch

OBST

ananas	Ananas
appelsin	Orange
banan	Banane
druer	Trauben
eple	Apfel
frukt	Obst
jordbær	Erdbeeren

FRÜHSTÜCK & BROT

bocadillos	gefüllte Brötchen
brød	Brot
egg	Eier
grøt	Grütze
helkornbrød	Vollkornbrot
honning	Honig
loff	Weißbrot
rundstykke	Brötchen
shillingsboller	süßes Hefebrötchen
syltetøy	Marmelade

MILCHPRODUKTE

fløte	Sahne
ost	Käse
smør	Butter
Skyr	isländische Quarkpezialität

SÜSSSPEISEN, KUCHEN & KEKSE

goro	Waffelart
is	Eiskrem
kake	Kuchen
krumkake	dünnes Waffelhörnchen
pannekake	Pfannkuchen
sjokolade	Schokolade
strull	Eierkuchen

GETRÄNKE

jus	Obstsaft
kaffe	Kaffee
melk	Milch
rødvin	Rotwein
hvitvin	Weißwein
te	Tee
vann	Wasser
øl	Bier

Oslo

INHALT

Mit Norwegens Hauptstadt und gleichzeitig größter Metropole (521 900 Ew.) wird man nur langsam warm, ist dann aber froh, dass man hergekommen ist. Sie gilt als bieder und ist ganz klar nicht Skandinaviens schönste Stadt; trotzdem gibt's im bescheidenen Oslo viel zu sehen und zu tun – nur wird kein großes Tamtam darum gemacht.

Die Liste der Weltklasse-Museen in Oslo ist absolut umwerfend; zusammen bilden sie einen Mikrokosmos der reichen kulturellen Vergangenheit und Gegenwart Norwegens. Wer schon immer von Wikingern geträumt hat oder davon, sich einer der großen norwegischen Polarexpeditionen anzuschließen, wird sich in Bygdøy verlieben. Diese Halbinsel rühmt sich zudem des schönsten Volkskundemuseums des Landes, das die außergewöhnliche Vielfalt norwegischer Kultur präsentiert. Kunstliebhaber werden von der Nationalgalerie begeistert sein – hier hängt Edvard Munchs weltberühmtes Gemälde *Der Schrei*, eines der beklemmendsten Meisterwerke europäischer Malerei – sowie vom Munch-Museum. Diejenigen, die ein Auge fürs Innovative haben, dürfen auf keinen Fall die Sammlung provokativer Werke des Bildhauers Gustav Vigeland verpassen. Wenn man dann noch eine mittelalterliche Festung, schattige Parks und die quirligen Viertel Grünerløkka und Aker Brygge mit ihren Cafés, Bars und Restaurants dazunimmt, ergibt sich doch so einiges, was Norwegens Hauptstadt liebenswert macht.

Oslo liegt am Ende einer schmalen Bucht des Skagerraks, dem Oslofjord; im Norden der Stadt zieht sich die Nordmarka (der „Nordwald") als Grüngürtel entlang. Hier kann man wunderbar wandern und Ski laufen, was Oslo auch für Naturliebhaber zu einem sehr lebenswerten Ort macht. Attraktive Ziele für Tagesausflüge sind außerdem das bezaubernde Dorf Drøbak und die größeren Orte Fredrikstad und Halden; sie liegen in einer Gegend im Südosten der Stadt, die von Norwegenbesuchern sträflich vernachlässigt wird.

HIGHLIGHTS

- Vor den unvergleichlichen **Kunstwerken** (S. 77) des phantastischen Malers Edvard Munch und des berühmten Bildhauers Gustav Vigeland niederknien
- Über die herrliche Halbinsel Bygdøy mit ihren wunderbaren **Museen** streifen (S. 87)
- Sich vom Drive des Osloer **Jazz-Festivals** (S. 92) im August anstecken lassen – die beste Zeit, um herzukommen
- Sich nachmittags in eins der **Cafés** oder eine der **Bars** von **Grünerløkka** (S. 96) setzen – und erst gehen, wenn der Morgen graut
- Ganz relaxt durch die alten Gässchen von **Gamlebyen** (S. 106) in Fredrikstad schlendern
- Mit der Fähre den Oslofjord hinauf zu den zauberhaften Holzhäusern des Dorfes **Drøbak** (S. 103) schippern

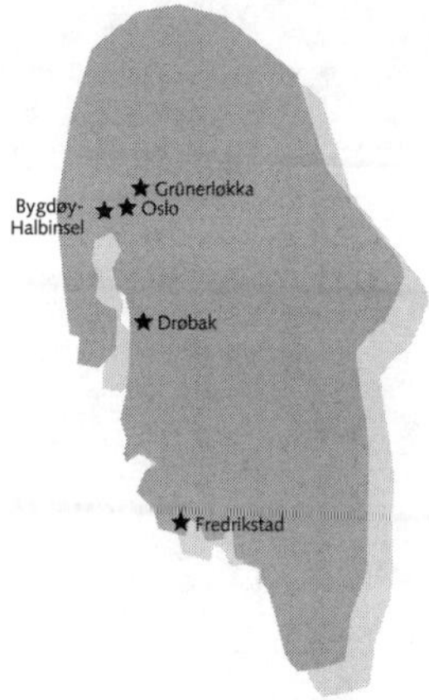

FLÄCHE: 8903 km²	**HÖCHSTE ERHEBUNG:** FJELLSJØKAMPEN (812 m)	**BEVÖLKERUNG**: 1 267 200

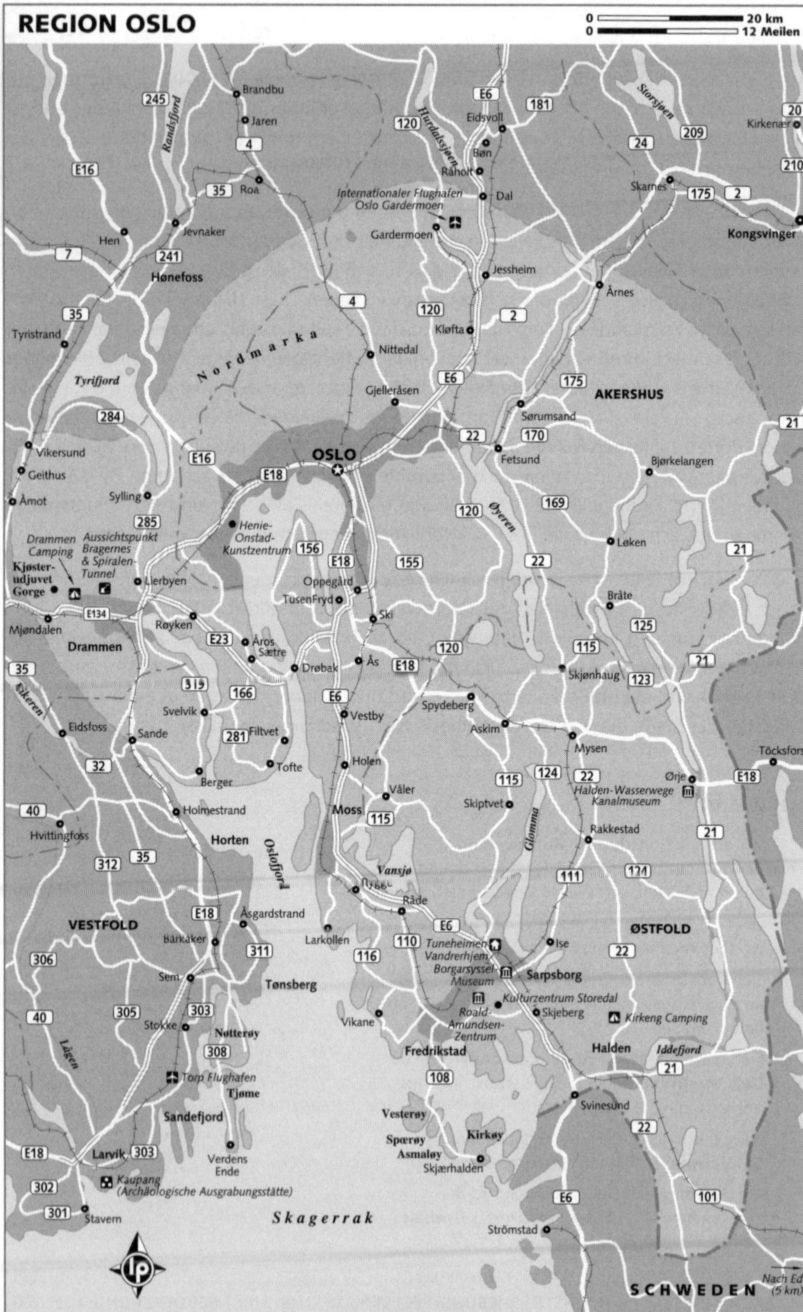
REGION OSLO
0 20 km
0 12 Meilen
Brandbu
Jaren
Randsfjord
Roa
Hen
Jevnaker
Hønefoss
Tyristrand
Tyrifjord
Nordmarka
Hurdalssjøen
Eidsvoll
Bøn
Råholt
Dal
Internationaler Flughafen Oslo Gardermoen
Gardermoen
Jessheim
Kløfta
Nittedal
Gjelleråsen
Storsjøen
Kirkenær
Skarnes
Kongsvinger
Årnes
AKERSHUS
Sørumsand
Fetsund
Bjørkelangen
OSLO
Vikersund
Geithus
Åmot
Sylling
Henie-Onstad-Kunstzentrum
Drammen Camping
Aussichtspunkt Bragernes & Spiralen-Tunnel
Kjøster-udjuvet Gorge
Lierbyen
Mjøndalen
Drammen
Røyken
Åros
Sætre
Drøbak
Oppegård
TusenFryd
Ski
Ås
Øyeren
Løken
Bråte
Skjønhaug
Spydeberg
Askim
Mysen
Eikeren
Eidsfoss
Svelvik
Sande
Filtvet
Tofte
Berger
Vestby
Holen
Våler
Moss
Skiptvet
Halden-Wasserwege Kanalmuseum
Ørje
Töcksfors
Holmestrand
Hvittingfoss
Horten
Oslofjord
Vansjø
Rygge
Råde
Glomma
Rakkestad
VESTFOLD
Åsgardstrand
Barkåker
Larkollen
Tuneheimen Vandrerhjem
Borgarsyssel-Museum
Sarpsborg
Ise
ØSTFOLD
Sem
Tønsberg
Stokke
Nøtterøy
Kulturzentrum Storedal
Roald-Amundsen-Zentrum
Skjeberg
Vikane
Kirkeng Camping
Lågen
Fredrikstad
Halden
Iddefjord
Torp Flughafen
Tjøme
Sandefjord
Svinesund
Vesterøy
Spærøy
Asmaløy
Kirkøy
Skjærhalden
Larvik
Verdens Ende
Kaupang (Archäologische Ausgrabungsstätte)
Stavern
Skagerrak
Strömstad
SCHWEDEN
Nach Ed (5 km)

GESCHICHTE

Der Name Oslo setzt sich zusammen aus den Worten *Ås* – die Asen sind das mächtigste Göttergeschlecht der altnordischen Mythologie – der nordischen Gottheiten – und *lo*, „Weide" oder „Ebene"; das ergibt in etwa „Ebene der Asen" bzw. „Ebene der Götter".

Die Stadt wurde 1048 von König Harald Hardråda (Harald der Strenge; s. S. 24) gegründet; sein Sohn Olav Kyrre (Olaf der Stille) errichtete dort einen Dom und machte Oslo zum Bischofssitz. Anfang des 14. Jhs. sorgte König Håkon V. für Militärpäsenz, indem er die Akershus Festning (Festung Akershus, s. S. 88) errichten ließ und hoffte, so die schwedische Bedrohung aus dem Osten aufhalten zu können. Nachdem die Beulenpest Mitte des 14. Jhs. die halbe Bevölkerung des Landes ausgelöscht hatte, vereinigte sich Norwegen mit Dänemark; von 1397 bis 1624 wurden norwegische Politik und Verteidigung von Kopenhagen aus gelenkt. Oslo geriet in Vergessenheit. 1624 brannte die Stadt bis auf den Grund nieder. König Christian IV. erweckte sie wieder zum Leben; er ließ sie an strategisch günstigerer Stelle wieder aufbauen und benannte sie in aller Bescheidenheit nach sich selbst – Christiania.

300 Jahre lang hielt sich die Stadt als militärischer Stützpunkt. 1814 bestimmten die Väter der ersten norwegischen Verfassung sie zur offiziellen Hauptstadt des neuen Reiches, doch Schweden hatte ganz andere Pläne für Norwegen; es wischte dessen Bemühungen vom Tisch und vereinigte beide Länder unter schwedischer Herrschaft. Als die Union im Jahr 1905 zu Bruch ging, waren die Weichen für Christiania als Hauptstadt des heutigen Norwegens gestellt. 1925 nahm es seinen alten Namen Oslo wieder an und warf danach nicht einen einzigen Blick zurück.

ORIENTIERUNG

Der Hauptbahnhof von Oslo (Oslo Sentralstasjon: „Oslo S") liegt am Ostrand des Stadtzentrums und nicht weit davon in nordöstlicher Richtung der Busbahnhof Galleri Oslo. Vom Oslo S verläuft die Hauptstraße Karl Johans gate als Zeremonialachse mitten durch das Herz der Stadt nach Westen zum Königspalast. Zu den meisten Sehenswürdigkeiten, einschließlich Hafen und Akershus Festning, braucht man von der Karl Johans gate maximal 15 Minuten zu Fuß, ebenso zu den meisten Hotels und Pensionen. Viele der Sehenswürdigkeiten außerhalb des Zentrums von Oslo, wie etwa der Vigeland-Park und das Munch-Museum, sind mit Bus oder Tram schnell erreicht. Zur Museumshalbinsel Bygdøy fährt man zehn Minuten mit der Fähre durch den Hafen.

Stadtplan

Die Fremdenverkehrsbüros geben kostenlos einen detaillierten Stadtplan aus. Solange man nicht gerade in die Vororte will, sollte dieser ausreichen. Auf der Rückseite befinden sich ein Plan vom T-bane-System und eine Nebenkarte des Holmenkollen.

PRAKTISCHE INFORMATIONEN

Buchläden

Ark Bokhandel (Karte S. 78–80; ☎ 22 47 32 00; Øvre Slottsgate 23-25; 🕑 Mo–Fr 10–20 Uhr, Sa 10–18 Uhr) Absolut empfehlenswert, mit einem guten Sortiment an Büchern und Schreibwaren; weitere Filialen in der Stadt.

Nomaden (Karte S. 78–80; ☎ 23 13 14 15; Uranienborgveien 4; 🕑 Mo–Fr 10–18 Uhr, Sa 10–16 Uhr) Reiseliteratur, Karten, Ausrüstung.

Norli (Karte S. 78–80; ☎ 22 00 43 00; www.norli.no; Universitetsgata 20–24; 🕑 Mo–Fr 9–19 Uhr, Sa 10–16 Uhr) Die größte Buchhandlung Norwegens.

Ringstrøms Buchladen (Karte S. 78–80; Ullevålsveien 1; 🕑 Mo–Fr 10–16 Uhr, Sa 10–14 Uhr) Antiquarische Bücher, Secondhandbücher, CDs.

Tanum Libris (Karte S. 78–80; ☎ 22 41 11 00; www.tanum.no; Karl Johans gate 43; 🕑 Mo–Fr 10–20 Uhr, Sa 10–18 Uhr) Zweite Filiale am Hauptbahnhof Oslo S.

Tronsmo (Karte S. 78–80; ☎ 22 99 03 99; Kristian Augusts gate 19; 🕑 Mo–Mi 9–17 Uhr, Do & Fr 9–18 Uhr, Sa 10–16 Uhr) Alternativer Buchladen mit feministischer, schwuler, lesbischer und politischer Literatur.

Notfall

Feuer (☎ 110)

Krankenwagen (☎ 113)

Polizei (Karte S. 78–80; ☎ 112, ☎ 22 70 54 00; Henrik Ibsens gate 10)

Internetzugang

Arctic Internetcafé (Karte S. 78–80; ☎ 22 17 19 40; Oslo S; 30/50 nkr pro 30/60 Min.; 🕑 8–24 Uhr)

Deichmanske Bibliotek (Stadtbibliothek; Karte S. 78–80; ☎ 22 03 29 00; Henrik Ibsens gate 1; kostenlos, aber mit Zeitlimit; 🕑 Juni–Aug. Mo–Fr 10–18 Uhr, Sa 9–14 Uhr; Sept.–Mai Mo–Fr 10–20 Uhr, Sa 9–15 Uhr)

OSLO IN ...

... zwei Tagen

Morgens starten mit einem Spaziergang durchs Stadtzentrum, vorbei am eleganten **Stortinget** (Parlamentsgebäude, S. 87) und dem **Osloer Dom** (S. 87) die beide an der belebten **Karl Johans gate** (S. 73) – teilweise eine Fußgängerzone – liegen. Im Stadtteil Aker Brygge legen die Fähren nach **Bygdøy** (S. 87) mit seinen hervorragenden Museen ab. Nicht verpassen: die **Nationalgalerie** (S. 77) an der Universitetsgata in Oslos Mitte.

Am Abend geht's straight ins Viertel **Grünerløkka** (S. 96); die super Vibrations in den Bars, Cafés und Restaurants sind absolut ansteckend. Und zuletzt verwöhnt man sich selbst mit einer Übernachtung im feudalen **Grand Hotel** (S. 94).

... vier Tagen

Zunächst absolviert man das Zwei-Tages-Programm, hat dann aber noch genügend Zeit für eine Stippvisite in der mittelalterlichen **Festung Akershus** (S. 88). Die Extra-Zeit reicht auch, um das ausgezeichnete **Munch-Museum** (S. 77), den **Vigeland-Park** (S. 81) und das **Vigeland-Museum** (S. 81) zu besichtigen. Und unbedingt etwas Luft im Kalender lassen für einen Abend in einem der Hafenrestaurants von **Aker Brygge** (S. 96).

... einer Woche

Wer eine ganze Woche in Oslo verbringt, kann auch ein paar speziellere Museen besuchen – zu den besten zählen das **Historische Museum** (S. 82), das **Kinderkunstmuseum** (S. 91), das **Ibsen-Museum** (S. 82) und das **Nationalmuseum für zeitgenössische Kunst** (S. 81); es lohnt sich auch ein Spaziergang durch den **Botanischen Garten** (S. 89) mit seinen alpinen Gewächsen. Wer etwas von der Umgebung sehen will, kann zur **Skisprungschanze am Holmenkollen** (S. 89) und zum Fernsehturm **Tryvannstårnet** (S. 90) fahren oder einen Tagesausflug entweder nach **Drøbak** (S. 103) oder ins reizende **Gamlebyen** (S. 106), die Altstadt von Fredrikstad, unternehmen.

Galleriet i Café (Karte S. 78–80; Galleri Oslo Busbahnhof; 30/50 nkr pro 30/60 Min.; ⌚ Mo–Fr 10–23 Uhr, Sa & So 12–22 Uhr)

QBA (Karte S. 76; ☎ 22 35 24 60; Olaf Ryesplass 4; 80 nkr pro Std.; ⌚ Mo–Fr 8–1 Uhr, Sa & So 11–1 Uhr) Teuer, für Laptops mit WLAN jedoch kostenlos.

Sam Telecom (Karte S. 78–80; ☎ 22 11 41 04; Hausmanns gate 6; 20/30 nkr pro 30/60 Min.; Mo–Fr 10–20 Uhr, Sa 12–18 Uhr)

Studenten (Karte S. 78–80; ☎ 23 42 56 80; Karl Johans gate 45; 20/30/55 nkr pro 15/30/60 Min.; ⌚ Mo–Do 11–23 Uhr, Fr & Sa 11–21 Uhr, So 12–23 Uhr)

Use-It (Karte S. 78–80; ☎ 22 41 51 32; Møllergata 3; kostenloser Internetzugang; ⌚ Juni–Aug. Mo–Fr 9–18 Uhr, Sa 11–17 Uhr, in der übrigen Zeit kürzere Öffnungszeiten)

Waschsalon

A-Snarvesk (Karte S. 76; Thorvald Meyers gate 18; Waschen/Trocknen 45/25 nkr; ⌚ Mo–Fr 10–20 Uhr, Sa 10–15 Uhr)

Majorstua Myntvaskeri (Karte S. 76; Vibes gate 15; ⌚ Mo–Fr 9–20 Uhr, Sa 8–15 Uhr) 1 km nördlich vom Schloss gelegen.

Selva As (Karte S. 78–80; Ullevålsveien 15; Waschen/Trocknen 40/25 nkr; ⌚ Mo–Fr 8–21 Uhr, Sa 8–15 Uhr)

Gepäckaufbewahrung

Beim Oslo S gibt's Schließfächer verschiedener Größen; 20 bis 30 nkr pro 24 Std.

Bibliothek

Deichmanske Bibliotek (Stadtbibliothek; Karte S. 78–80; ☎ 22 03 29 00; Henrik Ibsens gate 1; ⌚ Juni–Aug. Mo–Fr 10–18 Uhr, Sa 9–14 Uhr; Sept.–Mai Mo–Fr 10–20 Uhr, Sa 9–15 Uhr) Größte öffentliche Bibliothek Norwegens; Leseraum mit Zeitungen und Zeitschriften aus dem Ausland.

Medizinische Versorgung

Jernbanetorget Apotek (Karte S. 78–80; ☎ 22 41 24 82; Fred Olsens gate) 24-Stunden-Apotheke gegenüber vom Oslo S.

Oslo Kommunale Legevakten (Oslo Notfallklinik; Karte S. 78–80; ☎ 22 11 80 80; Storgata 40; ⌚ 24 h) Unfall- und Notfallklinik.

Tannlegesvakten (Karte S. 72; ☎ 22 67 30 00; Tøyen Senter, Kollstadgata 18; ⌚ 11–14 Uhr, 19–22 Uhr) Empfehlenswerte Zahnarztpraxis.

Geld

Banken über die ganze Stadt verstreut; die Geldautomaten der meisten nehmen ausländische Karten an. Fast alle Banken haben eine Filiale in der Nähe vom Oslo S – entweder in der Karl Johans gate oder in einer ihrer Seitenstraßen.

Das Fremdenverkehrsbüro und das Postamt im Oslo S wechseln Geld in norwegische Kronen (ausschließlich!); der Kurs ist allerdings relativ ungünstig (gewöhnlich 3 % schlechter als die Banken).

Post

Hauptpostamt (Karte S. 78–80; ☎ 23 14 90 00; Ecke Prinsens/Kongens gate) Wer sich an dieses erstaunlich kleine Hauptpostamt Post schicken lassen will, lässt sie folgendermaßen adressieren: Poste Restante, Oslo Sentrum Postkontor, Dronningens gate 15, 0101 Oslo. Schnell zu erreichen sind auch die Postfilialen am Oslo S, am Solli plass und am Grensen.

Telefon & Fax

Karten- und Münztelefone der Telekort gibt's überall in der Stadt. Münzapparate akzeptieren Münzen von 1 bis 20 nkr; ein Ortsgespräch kostet mindestens 3 nkr.

Faxe können vom Postamt aus versendet werden.

Telehuset (Karte S. 78–80; ☎ 22 00 30 40; Karl Johans gate 41a; 🕒 Mo–Fr 10–17 Uhr, Sa 9–15 Uhr) Hier gibt's Informationen rund ums Handy.

Toiletten

In dieser Stadt der teuren öffentlichen Toiletten finden sich dennoch tagsüber mehrere Möglichkeiten, sich kostenlos zu erleichtern: in der dritten Etage der Glasmagasinet arcade am Stortorvet, oben in der Paléet arcade an der Karl Johans gate 37–43 und in der Deichmanske Bibliotek, Henrik Ibsens gate 1. Andere Alternativen sind ein Museumsbesuch oder Warten bis zur Mittagszeit, um die Restauranttoilette aufzusuchen. Die Toiletten am Oslo S und am Busbahnhof Galleri Oslo kosten 10 nkr.

Touristeninformation

Den Norske Turistforening (DNT; Norwegischer Bergwanderverein; Karte S. 78–80; ☎ 22 82 28 22; www.dntoslo.no; Storgata 3; 🕒 Mo–Mi & Fr 10–16 Uhr, Do 10–18 Uhr, Sa 10–14 Uhr; im Sommer 1 Std. früher geöffnet) Hier gibt's Informationen, Karten und Broschüren zu den Themen Wandern in Norwegen und Mitgliedschaften; Mitglieder erhalten u. a. Rabatte in den Wanderhütten entlang der Hauptwanderwege. Manche Hütten kann man hier direkt buchen und bekommt auch gleich die Schlüssel.

Fremdenverkehrsbüro (Karte S. 78–80; Jernbanetorget 1, Oslo S; 🕒 Mai–Aug. 8–23 Uhr, Sept. Mo–Sa 8–23 Uhr, Okt.–April Mo–Sa 8–17 Uhr) Im Hauptbahnhof Oslo S herrscht ein solcher Betrieb, dass das dort untergebrachte Fremdenverkehrsbüro nur über Oslo selbst informiert; außerdem bekommt man hier den Oslo-Pass und kann Zimmer buchen.

Fremdenverkehrsbüro Oslo Promotion (Karte S. 78–80; ☎ 24 14 77 00; www.visitoslo.com; Fridtjof Nansens plass 5; 🕒 Juni–Aug. 9–19 Uhr, April, Mai & Sept. Mo–Sa 9–17 Uhr, Okt.–März Mo–Fr 9–16 Uhr) Liegt gleich nördlich vom Rådhus. Dort gibt es den nützlichen *Oslo Guide* (auch auf Deutsch) und den monatlichen Veranstaltungskalender *What's On in Oslo*.

OSLO-PASS & OSLO-PAKET

Selbst für eine relativ kleine Tour durch Oslo ist der **Oslo-Pass** die optimale Lösung. Er gilt als Eintrittskarte zu Museen und Schwimmbädern und berechtigt außerdem zum Parken auf öffentlichen Parkplätzen und zur Benutzung sämtlicher Stadtbusse, Fähren, Straßenbahnen, der T-bane (U-Bahn) und der Nahverkehrszüge der staatlichen Eisenbahn (NSB) (keine Nachtbusse und Nachtstraßenbahnen). Zusätzlich bekommt man damit Rabatte auf Stadtrundfahrten, Theaterkarten und Mietwagen. Im Fremdenverkehrsbüro gibt es die Broschüre *Oslo Pass,* wo noch mal alle Vorteile aufgelistet sind.

Der Oslo-Pass kostet für ein/zwei/drei Tage 195/285/375 nkr (Kinder unter 16 Jahren: 75/97/125 nkr). Ein Familien-Tagespass für zwei Erwachsene und zwei Kinder kostet 395 nkr. Man bekommt ihn im Fremdenverkehrsbüro, in manchen Hotels und an den Narvesen-Kiosken. Der Pass ist sein Geld unbedingt wert, wenn man in kurzer Zeit viel sehen und v. a., wenn man sein Auto ein paar Tage stehen lassen will. Allerdings bezahlen Studenten und Senioren in den meisten Museen usw. sowieso nur die Hälfte – da kann es günstiger sein, sich auf einen ÖPNV-Pass zu beschränken und den Museumseintritt extra zu bezahlen.

Zum **Oslo-Paket** gehören der Oslo-Pass und ein Hotelzimmer mit Frühstück (bis zu zwei Kinder umsonst). Es kostet pro Person und Tag zwischen 730 und 1200 nkr – je nach Hotel. Buchen kann man telefonisch über ☎ 23 10 62 62 oder per Internet über www.visitoslo.com.

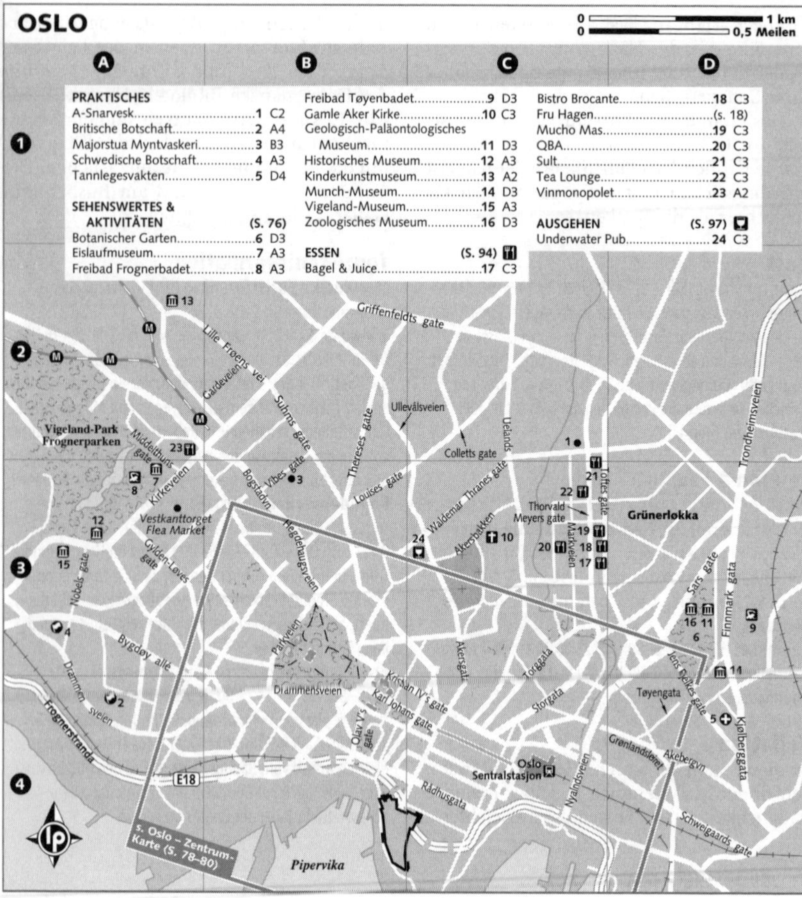

Use-It (Karte S. 78–80; ☎ 22 41 51 32; www.use-it.no; Møllergata 3; ⌚ Juli–Aug. Mo–Fr 9–18 Uhr, Sept.–Juni Mo–Fr 11–17 Uhr) Das unglaublich hilfsbereite und gut informierte Ungdomsinformasjonen (Jugendinformationszentrum, besser bekannt als Use-It) richtet sich in erster Linie (aber nicht ausschließlich) an Backpacker. Die haben hier die Möglichkeit, (gebührenfrei) preisgünstige oder private Zimmer zu buchen, und bekommen Informationen zu einfach allem, was man sich so vorstellen kann: von aktuellen Veranstaltungen bis hin zu Mitfahrgelegenheiten. Von Juli bis Mitte August organisiert Use-It auch kostenlose Führungen und Grillabende. Im Büro gibt's umsonst Kondome, Internetzugang und die Möglichkeit zu telefonieren. Use-It gibt außerdem *Streetwise* heraus, einen umfassenden, benutzerfreundlichen Stadtführer für Norwegens wundervolle Hauptstadt voller Spartipps.

Reisebüros

Kilroy Travels (Karte S. 78–80; ☎ 02633; Nedre Slottsgate 23; ⌚ Mo–Fr 10–18 Uhr, Sa 10–15 Uhr) ist auf Studenten/Jugendliche und Stand-by-Angebote spezialisiert.

SEHENSWERTES

Oslo ist vielleicht nicht Europas schönste Hauptstadt, aber über einen Mangel an hervorragenden Museen kann sich hier keiner beklagen. Die meisten liegen nah am Ufer des Oslofjords.

Kunstgalerien & Museen

In Oslo kann man in schönen Galerien und Ausstellungen nur so schwelgen. Von den Hauptwerken Edvard Munchs über die Impressionisten bis hin zu zahlreichen anderen

EINMAL WÄRE JA NOCH VERZEIHLICH ...

Am 12. Februar 1994, dem Tag, als in Lillehammer die Eröffnungszeremonie der Winterolympiade anstand, erwachte Norwegen mit der Nachricht, dass das vielleicht größte Kulturgut des Landes, *Der Schrei* von Edvard Munch, aus der Nationalgalerie in Oslo entwendet worden sei. Das höchst peinliche Ereignis hatte keinerlei technische Raffinesse erfordert – lediglich ein eingeschlagenes Fenster und eine Drahtschere: Ein Polizist auf Streife hatte den Diebstahl entdeckt, weil ihm eine an der Museumswand lehnende Leiter auffiel. Anstelle des Bildes hing eine Nachricht an der Wand: „Danke für die miserablen Sicherheitsvorkehrungen."

Die Nation war entsetzt, und das Entsetzen wuchs, als bei den Behörden eine Lösegeldforderung in Höhe von 4 Mio. nkr von Leuten mit Verbindung zur Anti-Abtreibungs-Bewegung einging. Ein lutheranischer Pastor, der an der Organisation von Protesten gegen die Abtreibung während der Olympiade beteiligt gewesen war, verkündete, das Gemälde werde zurückgegeben, wenn das norwegische Fernsehen einen schonungslosen Film über die Abtreibung eines Fötus ausstrahle.

Nach drei Monaten schließlich entdeckte die norwegische Polizei in dem Nordosloer Vorort Nittedal vier Teile des Bilderrahmens. Innerhalb von Tagen tauchte auch Edvard Munchs auf dünnem Papier gemaltes Meisterwerk unversehrt in einem Hotel in Asgardstrand, etwa 60 km südlich von Oslo, auf. Drei Norweger wurden verhaftet, und das ganze Land seufzte erleichtert auf.

Zehn Jahre später: Am 22. August 2004 marschieren zwei bewaffnete maskierte Männer in das Munch-Museum, bedrohen eine Museumsangestellte, nehmen eine zweite Version des Gemäldes *Der Schrei* (Edvard Munch malte vier Versionen) sowie ein weiteres seiner Meisterwerke, *Madonna*, von der Wand und machen sich in einem Auto davon – das Ganze innerhalb von fünf Minuten und vor den Augen der völlig perplexen Museumsbesucher. Kein Alarm schrillte, die Polizei traf erst nach 15 Minuten ein, und – was am meisten erstaunte – die Gemälde waren nicht versichert. Die Museumsleitung gibt als Grund dafür an, sie seien sowieso unbezahlbar.

Zum Zeitpunkt der Drucklegung suchte die norwegische Polizei noch immer nach den verschwundenen Gemälden und deren Dieben – ganz zu schweigen von der Frage, wie so etwas ein zweites Mal passieren konnte.

großen internationalen und norwegischen Künstlern – die Auswahl ist so groß, dass sich Kunstliebhaber locker ein paar Tage in die Kunstbetrachtung vertiefen können.

NATIONALGALERIE

Eines der ultimativen Highlights jeden Oslo-Besuchs ist die **Nationalgalerie** (Nasjonalgalleriet; Karte S. 78–80; ☎ 22 20 04 04; www.nasjonalgalleriet.no; Universitetsgata 13; Eintritt frei; ⏲ Mo, Mi & Fr 10–18 Uhr, Do 10–20 Uhr, Sa 10–16 Uhr, So 11–16 Uhr). Hier ist die größte Sammlung norwegischer Kunst untergebracht, darunter Werke der Romantik und modernere Werke von 1800 bis zum Zweiten Weltkrieg. Die Ausstellung zeigt einen Teil der bekanntesten Arbeiten von Edvard Munch, darunter das weltberühmte Gemälde *Der Schrei;* s. Kasten oben. Dazu kommt eine eindrucksvolle Sammlung europäischer Kunst mit Werken von Gauguin, Picasso, El Greco und zahlreichen Impressionisten: Manet, Degas, Renoir, Matisse, Cézanne und Monet.

Weitere Informationen zu Edvard Munch im Kasten S. 43.

MUNCH-MUSEUM

Für Fans Edvard Munchs (1863–1944) führt kein Weg am **Munch-Museum** (Munch-museet; Karte S. 76; ☎ 23 24 14 00; www.munch.museum.no; Tøyengata 53; Erwachsene/Kinder 60/30 nkr, im Oslo-Pass enthalten; ⏲ Juni–Mitte Sept. 10–18 Uhr, Mitte Sept.–Mai Di–Fr 10–16 Uhr, Sa & So 11–17 Uhr) vorbei; es ist seinem Lebenswerk gewidmet und zeigt fast alle Werke, die nicht in der Nationalgalerie hängen. Obwohl der Künstler einen eindeutigen Hang zu traumatischen Visionen hatte, ist doch nicht alles gleich düster. Natürlich sieht man dort Werke wie *Das kranke Kind* und *Das Mädchen und der Tod,* daneben aber auch Leichteres wie etwa *Die Sonne.* Mit mehr als 5000 Zeichnungen und Gemälden, die Edvard Munch selbst der Stadt Oslo hinterließ, ist dies eine herausragende Sammlung; allerdings wurde sie empfindlich geschädigt, als im August 2004 zwei der wichtigsten Gemälde Munchs gestohlen wurden (s. Kasten oben). Zum Museum fährt die T-bane, Haltestelle Tøyen – von dort fünf Minuten zu Fuß immer den Schildern nach.

OSLO – ZENTRUM

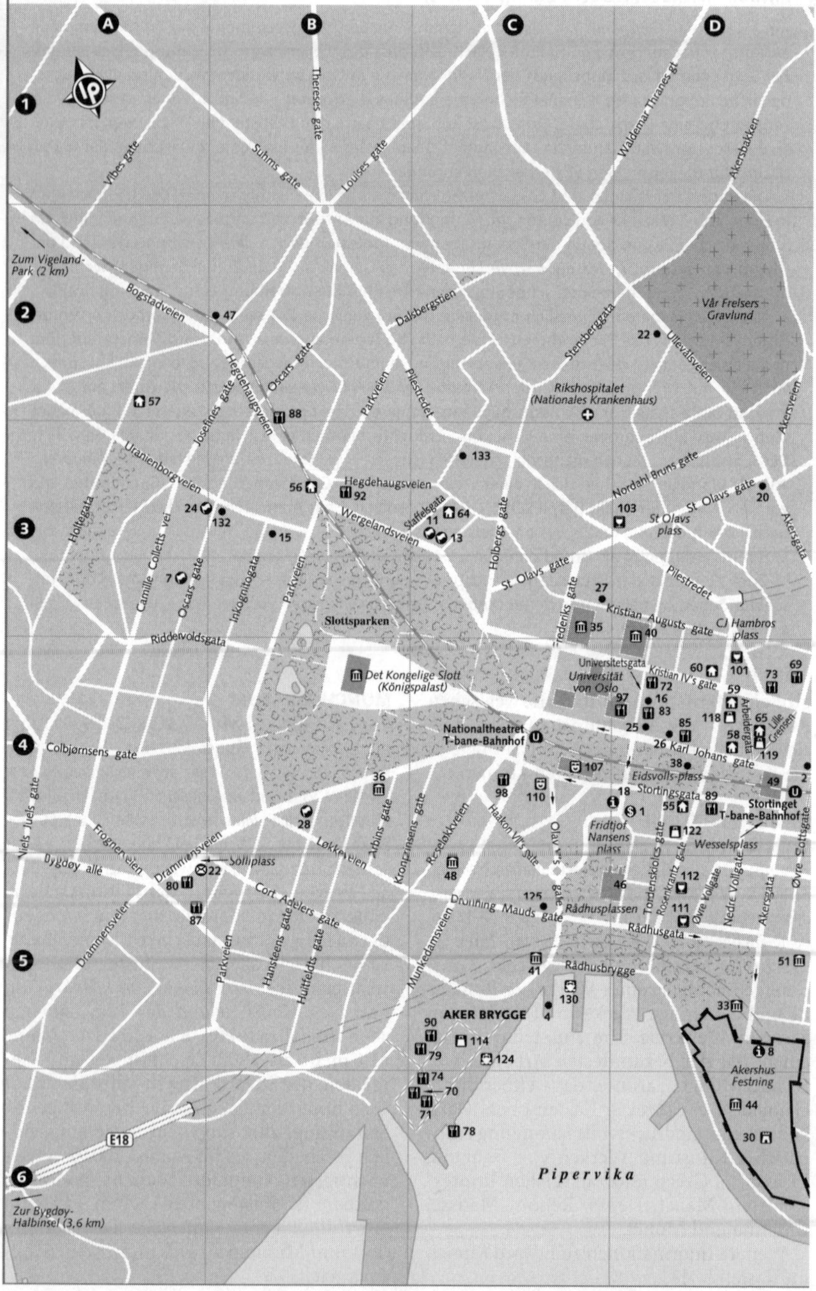

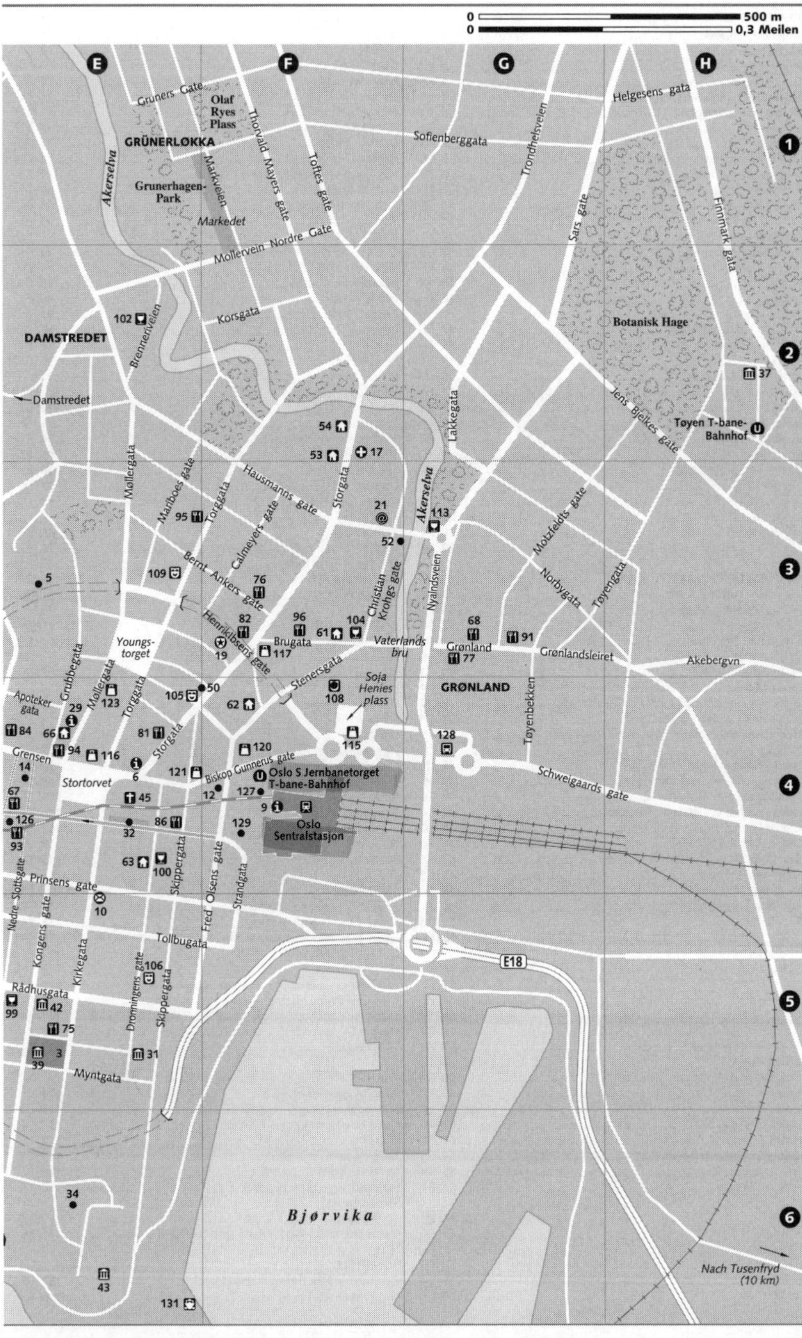

0 500 m
0 0,3 Meilen
E
F
G
H
1
2
3
4
5
6
Gruners Gate
Olaf Ryes Plass
GRÜNERLØKKA
Thorvald Meyers gate
Toftes gate
Sofienberggata
Trondheimsveien
Helgesens gata
Akerselva
Markveien
Grunerhagen-Park
Markedet
Sars gate
Finnmark gata
Møllervein Nordre Gate
Korsgata
Brenneriveien
DAMSTREDET
Damstredet
Botanisk Hage
Lakkegata
Jens Bjelkes gate
Tøyen T-bane-Bahnhof
Møllergata
Mariboes gate
Torggata
Hausmanns gate
Storgata
Calmeyers gate
Bernt Ankers gate
Christian Krohgs gate
Nyalandsveien
Motzfeldts gate
Norbygata
Tøyengata
Henrik Ibsens gate
Brugata
Vaterlands bru
Grønland
Grønlandsleiret
Akebergvn
Youngs-torget
Grubbegata
Apoteker gata
Stenersgata
Soja Henies plass
GRØNLAND
Tøyenbekken
Grensen
Stortorvet
Biskop Gunnerus gate
Oslo S Jernbanetorget T-bane-Bahnhof
Oslo Sentralstasjon
Schweigaards gate
Skippergata
Fred Olsens gate
Strandgata
Prinsens gate
Nedre Slottsgate
Kongens gate
Tollbugata
E18
Kirkegata
Dronningens gate
Rådhusgata
Myntgata
Bjørvika
Nach Tusenfryd (10 km)

PRAKTISCHES

American Express 1 D4
Arctic Internetcafé (s. 9)
Ark Bokhandel 2 D4
Bank Plassen 3 E5
Båtservice Sightseeing 4 C5
Deichmanske Bibliotek 5 E3
Den Norske Turistforening (DNT) 6 E4
Deutsche Botschaft 7 A3
Festung Akershus-Informationszentrum 8 D5
Fremdenverkehrsbüro 9 F4
Galleriet i Café (s. 128)
Hauptpostamt 10 E5
Japanische Botschaft 11 C3
Jernbanetorget Apotek 12 F4
Kanadische Botschaft 13 C3
Kilroy Travels 14 E4
Nomaden 15 B3
Norli 16 D4
Oslo Kommunale Legevakten (Oslo Notfallklinik) 17 F2
Oslo Promotion Fremdenverkehrsbüro 18 D4
Polizei 19 F3
Ringstrøms Buchladen 20 D3
Sam Telecom 21 F3
Selva As 22 D2
Solli Plass Postamt 23 A5
Spanische Botschaft 24 A3
Stadtbibliothek (s. 5)
Studenten (s. 25)
Tanum Libris 25 D4
Telehuset 26 D4
Tronsmo 27 C3
US-Botschaft 28 B4
Use-It 29 E4

SEHENSWERTES & AKTIVITÄTEN (S. 76)

Akershus (Festung & Schloss) 30 D6
Astrup-Fearnley-Museum 31 E5
Basarhallen 32 E4
Christiania Bymodell 33 D5
Exerzierplatz der Festung 34 E6
Historisches Museum 35 C3
Ibsen-Museum 36 B1
Munch-Museum 37 H2
Narvisen-Outdoor-Eisbahn 38 D4
Nationales Museum für Zeitgenössische Kunst 39 E5
Nationalgalerie 40 D3
Nobel-Friedenszentrum 41 C5
Norwegisches Architekturmuseum 42 E5
Norwegisches Armeemuseum 43 E6
Norwegisches Widerstandsmuseum 44 D6
Osloer Dom 45 E4
Osloer Rathaus (Rådhus) 46 D5
Skandinavisk Høyfjellsutstyr 47 B2
Stenersen-Museum 48 C5
Stortinget (Parlament) 49 D4
Syklistenes Landsforening 50 E4
Theatermuseum 51 D5
Villmarkshuset 52 F3

SCHLAFEN (S. 92)

Anker Hostel 53 F2
Anker Hotel 54 F2
Cecil Hotel 55 D4
Cochs Pensjonat 56 B3
Ellingsens Pensjonat 57 A2
Grand Hotel 58 D4
Hotel Bondeheimen 59 D4
Hotel Bristol 60 D4
Hotel Spectrum 61 F3
Hotel Terminus 62 F4
Hotell Astoria 63 E4
Oslo Vandrerhjem IMI 64 C3
Rica Travel Hotel 65 D4
YMCA Sleep-In 66 E4

ESSEN (S. 94)

A Touch of France 67 E4
Albertine (s. 114)
Baker Brun 68 G3
Baker Hansen 69 D4
Beach Club 70 C6
Big Horn Steak House 71 C6
BIT 72 D4
Café Norrøna 73 D4
Café Sorgenfri 74 C6
Engebret Café 75 E5
Far East 76 F3
Food Court (s. 120)
Gamle Rådhus (s. 51)
Grønlandstorg 77 G3
Herbern Marina 78 C6
ICA Gourmet Supermarket & Café 79 C5
Kaffe & Krem 80 A5
Kiwi Supermarket 81 E4
Kiwi Supermarket 82 F3
Noodle Bar (s. 114)
Onkel Donald Kafé-Bar 83 D4
Oslo Helsekost 84 E4
Paléet Food Court 85 D4
Peppe's Pizza 86 E4
Peppe's Pizza 87 A5
Peppe's Pizza 88 B2
Peppe's Pizza 89 D4
Peppes Pizza 90 C5
Punjab Tandoori 91 G3
Rimi Supermarket (s. 117)
Rust 92 B3
Salsa 93 E4
Stortorvets Gjæstgiveri 94 E4
Sushi Nam King 95 E3
Teddy's Soft Bar 96 F3
University Café 97 D4
Vegeta Vertshus 98 C4

AUSGEHEN (S. 97)

Dubliner 99 E5
Elm Street Rock Café 100 E4
Herr Nilsens Pub 101 D4
London Pub (s. 101)

UNTERHALTUNG (S. 97)

Blå 102 E2
Black Box (s. 114)
Blitz 103 D3
Café Con Bar 104 F3
Den Norske Opera 105 E4
Filmens Hus 106 E5
Lille Laila (s. 104)
Nationaltheater 107 C4
Onkel Donald Kafé-Bar (s. 83)
Oslo Spektrum 108 F4
Rockefeller Music Hall 109 E3
Saga Kino 110 C4
Skansen 111 D5
Smuget 112 D5
Stargate 113 G3

SHOPPEN (S. 99)

Aker Brygge Shoppingcenter 114 C5
Galleri Oslo Shoppingcenter 115 F4
Glasmagasinet Kaufhaus 116 E4
Gunerius Shoppingcenter 117 F3
Heimen Husflid 118 D4
Husfliden 119 D4
Oslo City Shoppingcenter 120 F4
Oslo Sweater Shop 121 E4
Unique Design 122 D4
Vinmonopolet 123 E4

TRANSPORT (S. 100)

Aker Brygge Pier 124 C5
British Airways 125 C5
Color Line Ferries 126 E4
Finnair 127 F4
Galleri Oslo Busbahnhof 128 G4
Jernbanetorget 129 F4
Rådhusbrygge (Anlegestelle) 130 C5
Stena Line AS (s. 129)
Trafikanten (s. 129)
Vippetangen-Kai Nr. 2 (Stena Line & DFDS Ferries) 131 E6

SONSTIGES

Den Rustne Eike (Fahrradreparaturen) 132 B3
HM Kristiansen Tours 133 C3

FROGNERPARK & VIGELAND-PARK

In der Mitte des Frognerparks befindet sich der **Vigeland-Park** (Karte S. 76; ganzjährig geöffnet), eine wirklich außergewöhnliche Open-Air-Ausstellung von Werken des beliebtesten norwegischen Bildhauers, Gustav Vigeland (s. Kasten S. 84). Im Park wimmelt es von seinen Skulpturen (insgesamt 212) aus Granit und Bronze. Die kraftvollen Arbeiten von Gustav Vigeland reichen von verschlungenen Liebenden über stille ältere Pärchen bis hin zu ausgestoßenen Bettlern. Sein berühmtestes Werk, *Sinnataggen* („Der kleine Trotzkopf"), porträtiert einen besonders schlecht gelaunten Knaben.

Man kann in den Park auch gut am Abend gehen, wenn andere Sehenswürdigkeiten in der Stadt geschlossen sind.

In der Nähe des Südeingangs vom Park wurde im 18. Jh. der Herrenhof Frogner errichtet, wo früher ein Herrenhaus aus der Wikingerzeit stand. Inzwischen hat sich darin das **Osloer Stadtmuseum** (Karte S. 76; Oslo Bymuseum; 23 28 41 70; Frognerveien 67; Erwachsene/Kinder 40/20 nkr, im Oslo-Pass enthalten; Mi–So 12–16 Uhr, Di 12–19 Uhr) einquartiert – samt seinen eher unspektakulären Exponaten zur Geschichte der Stadt.

Den Frognerpark selbst mit seinen weiten Rasenflächen, Teichen, einem Wasserlauf und schattigen Alleen finden sogar die Osloer attraktiv. An einem sonnigen Nachmittag kann man hier herrlich ein Picknick machen, spazieren gehen und auf dem Rasen faulenzen.

Vom Stadtzentrum fahren die Straßenbahnen Nr. 12 und 15 zum Park (Richtung „Frogner").

VIGELAND-MUSEUM

Einen gründlichen Einblick in Gustav Vigelands Werk vermittelt das **Vigeland-Museum** (Karte S. 76; 22 54 25 30; www.vigeland.museum.no; Nobels gate 32; Erwachsene/Kinder 40/20 nkr, im Oslo-Pass enthalten; Juni–Aug. Di–So 11–17 Uhr, Sept.–Mai Di–So 12–16 Uhr) gegenüber dem Südeingang zum Frognerpark. Die Stadt ließ das Gebäude in den 1920er-Jahren als Wohnhaus und Atelier für den Bildhauer bauen; als Gegenleistung erhielt sie einen erheblichen Teil seines Lebenswerks. Neben einer Sammlung seiner frühen Statuen und Denkmäler für prominente Personen zeigt das Museum Gipsformen, Holzschnitte und Skizzen. Als Vigeland 1943 starb, wurde seine Asche im Turm des Gebäudes beigesetzt; vier Jahre später öffnete das Museum seine Tore.

EMANUEL-VIGELAND-MUSEUM

Nur wenige Besucher wissen, dass Gustav Vigelands Bruder Emanuel ebenfalls ein überaus begabter Künstler war; manche Norweger sind sogar der Meinung, seine Arbeiten seien denen seines bekannteren Bruders überlegen. Um einen Vorgeschmack zu bekommen, kann man sich die Glasmalereien in der Domkirche ansehen, um anschließend ins **Museum** (Karte S. 83; 22 14 57 88; www.emanuelvigeland.museum.no; Grimelundsveien 8; Erwachsene/Kinder 30/15 nkr, im Oslo-Pass enthalten; So 12–16 Uhr) zu gehen. Leider öffnet es nur sehr selten. Anfahrt mit der T-bane (Linie Nr. 1) nach Slemdal.

ASTRUP-FEARNLEY-MUSEUM

Das **Museum** (Astrup Fearnley Museet; Karte S. 78–80; 22 93 60 60; www.afmuseet.no; Dronningens gate 4; Erwachsene/Kinder 50/25 nkr, im Oslo-Pass enthalten, Di Eintritt frei; Di, Mi & Fr 11–17 Uhr, Do 11–19 Uhr, Sa & So 12–17 Uhr) zeigt in wechselnden Ausstellungen norwegische und internationale Gegenwartskunst; nähere Details zu aktuellen Ausstellungen stehen im Veranstaltungskalender *What's On in Oslo*.

NATIONALES MUSEUM FÜR ZEITGENÖSSISCHE KUNST

Das **Nationale Museum für Zeitgenössische Kunst** (Museet for Samtidskunst; Karte S. 78–80; 22 86 22 10; Bank plassen 4; Erwachsene 40 nkr /Kinder frei; Di, Mi & Fr 10–17 Uhr, Do 10–20 Uhr, Sa 11–16 Uhr, So 11–17 Uhr) stellt die Sammlungen skandinavischer und internationaler Kunst nach 1945 der Nationalgalerie aus. Ein Teil ist definitiv gewöhnungsbedürftig; auf jeden Fall wird hier deutlich, dass die norwegische Kunst nicht mit Edvard Munch endete.

STENERSEN-MUSEUM

In diesem **Museum** (Stenersenmuseet; Karte S. 78–80; 23 49 36 00; Munkedamsveien 15; Erwachsene/Kinder 40/20 nkr, im Oslo-Pass enthalten; Mi & Fr–So 11–17 Uhr, Di & Do 11–19 Uhr) sind drei ehemalige Privatsammlungen norwegischer Kunst von 1850 bis 1970 vereint. Das Gebäude und ein Großteil der Ausstellungsstücke, darunter auch Arbeiten von Munch, schenkte Rolf E. Stenersen der Stadt. Die anderen Sammlungen trugen die Osloer Bürger Amaldus Nielsen und Ludvig O. Ravensberg bei.

HENIE-ONSTAD-KUNSTZENTRUM

In Høvikodden, westlich des Stadtzentrums, befindet sich eine der besten privaten Kunstsammlungen des Landes, das **Henie-Onstad-Kunstzentrum** (Henie-Onstad Kunstsenter; Karte S. 83; ☎ 67 80 48 80; Høvikodden; Eintritt frei; ⏲ Di–Do 11–19 Uhr, Fr–So 11–18 Uhr). Es wurde 1960 von dem norwegischen Eiskunstlaufstar Sonja Henie und ihrem Mann Niels Onstad gegründet. Das Paar fahndete ständig nach wertvollen Arbeiten von Joan Miró und Pablo Picasso sowie verschiedenen Impressionisten und Expressionisten, nach abstrakter Kunst und moderner norwegischer Kunst. Alles zusammen gibt eine ziemlich gute Mischung ab, und wer keine Kunst mehr sehen kann, geht einfach eine Treppe runter und guckt sich Sonja Henies Medaillen- und Trophäensammlung an. Von Jernbanetorget mit dem Bus Richtung Sandvika; an der Haltestelle Høvikodden aussteigen.

Weitere Museen

EISLAUFMUSEUM

Das **Museum** (Skøytemuseet; Karte S. 76; ☎ 22 43 49 20; Middelthuns gate 26; Erwachsene/Kinder 20/10 nkr, im Oslo-Pass enthalten; ⏲ Di & Do 10–14 Uhr, So 11–14 Uhr) ist dem norwegischen Eiskunst- und Eisschnelllauf gewidmet. Die Ausstellung zeigt historische Schlittschuhe und informiert über die norwegischen Eisstars, u. a. über den Eisschnellläufer Johann Olav Koss und die Eiskunstläuferin Sonja Henie. Eine schöne Ergänzung zu den Olympiastätten in Lillehammer (S. 157) und Hamar (S. 163).

HISTORISCHES MUSEUM

Das sehr empfehlenswerte **Historische Museum** (Historisk Museet; Karte S. 78–80; ☎ 22 85 99 64; Universität Oslo, Frederiks gate 2; Erwachsene 40 nkr/Kinder frei; ⏲ Mitte Mai–Mitte Sept. Di–So 10–16 Uhr, übrige Zeit Di–So 11–16 Uhr) vereinigt genau genommen drei Museen unter einem Dach. Sehr spannend ist die **Nationale Antiquitätensammlung** (Oldsaksamlingen) im Erdgeschoss; sie zeigt Münzen, Schmuck und Ornamente aus der Wikingerzeit. Der **Hon-Schatz** aus dem 9. Jh. ist der größte Fund dieser Art in Skandinavien (2,5 kg); man sollte ihn nicht verpassen. In einer Abteilung mit mittelalterlicher Sakralkunst kann man die Türen und die reich bemalte Decke der Ål-Stabkirche (erbaut ca. 1300) bewundern. In der zweiten Etage kommt man zur Arktisausstellung und zum Myntkabinettet, einer Sammlung der ältesten norwegischen Münzen; manche stammen von 995 n. Chr. Ebenfalls in der zweiten Etage und im Obergeschoss ist das **Ethnographische Museum** untergebracht; hier wechseln Ausstellungen über Asien, Afrika und Nord- und Südamerika.

NORWEGISCHES MUSEUM FÜR WISSENSCHAFT & TECHNIK, NORWEGISCHES TELEKOMMUNIKATIONSMUSEUM

Wer eine naturwissenschaftliche Ader hat, ist im **Norwegischen Museum für Wissenschaft & Technik** (Norsk Teknisk Museum & Telemuseum; Karte S. 83; ☎ 22 79 60 00; www.tekniskmuseum.no; Kjelsåsveien 143; Erwachsene/Kinder 75/30 nkr, im Oslo-Pass enthalten; ⏲ Mitte Juni–Mitte Aug. 10–18 Uhr, in der übrigen Zeit kürzere Öffnungszeiten) nicht weit vom Maridal-See bestens aufgehoben. Zu dem Museum gehören eine gut bestückte technische Bibliothek und ein interaktives Lernzentrum für wissenschaftliche Forschung und Experimente. Technische Laien finden aber möglicherweise das **Norwegische Telekommunikationsmuseum** (Norsk Telemuseum; Karte S. 83; ☎ 22 22 05 05; Kjelsåsveien 143; Erwachsene/Kinder 75/35 nkr, im Oslo-Pass enthalten; ⏲ Mitte Juni–Mitte Aug. 10–18 Uhr, in der übrigen Zeit kürzere Öffnungszeiten) nebenan interessanter; hier erfährt man alles über die Geschichte der Kommunikation in Norwegen – von den Leuchtfeuern der Wikinger bis hin zu moderner Internettechnologie. Trotzdem lohnt es sich wahrscheinlich nur, wenn man den Oslo-Pass hat. Mit Bus Nr. 22, 25 oder 37 zur Haltestelle Kjelsås oder mit der Tramlinie Nr. 12 oder 15 zur Kjelsås Allé.

THEATERMUSEUM

Das **Theatermuseum** (Teatermuseet; Karte S. 78–80; ☎ 22 42 65 09; Christiania Torv 1; Erwachsene/Kinder 25/15 nkr; ⏲ Mi 11–15 Uhr, Do & So 12–16 Uhr) ist im ersten Rathaus (Rådhus) des alten Christiania (1641) untergebracht. Das Bauwerk selbst ist so interessant wie die Ausstellungen, die die Geschichte des Theaters in Oslo nach 1800 erzählen.

IBSEN-MUSEUM

Der letzte Wohnsitz des norwegischen Dramatikers Henrik Ibsen (s. Kasten S. 44) ist heute ein **Museum** (Ibsen-Museet; Karte S. 78–80; ☎ 22 12 35 50; Arbins gate 1; Erwachsene/Kinder 50/20 nkr, im Oslo-Pass enthalten; ⏲ Di–So 12–14 Uhr stündl. Führung). Im Arbeitszimmer steht noch alles

RUND UM OSLO

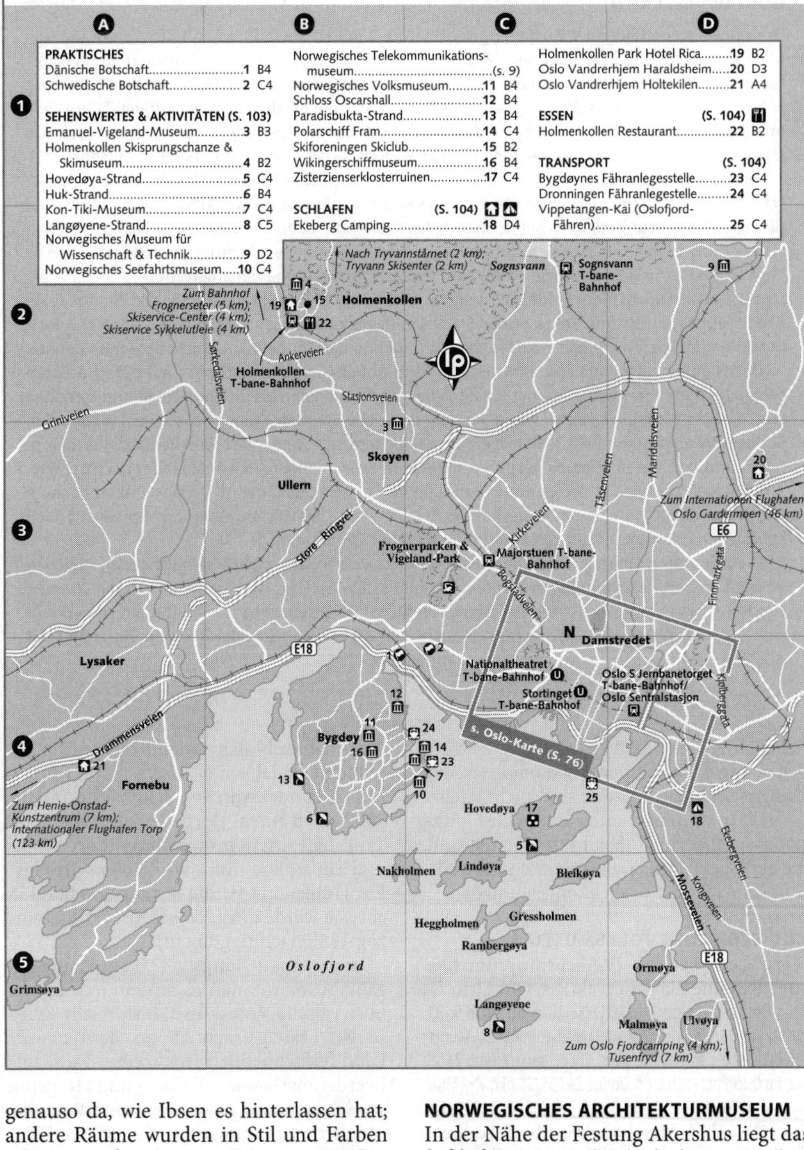

genauso da, wie Ibsen es hinterlassen hat; andere Räume wurden in Stil und Farben restauriert, die zu seiner Zeit in waren. Für Ibsen-Fans ist das Museum ein absolutes Muss; danach geht die Pilgerreise weiter in seinen Geburtsort Skien (S. 146) oder nach Grimstad (S. 128), wo der großartige Meister seine prägenden Jahre verbrachte.

NORWEGISCHES ARCHITEKTURMUSEUM

In der Nähe der Festung Akershus liegt das **Architekturmuseum** (Norsk Arkitekturmuseum; Karte S. 78–80; ☎ 22 42 40 80; www.arkitektur.museum.no; Kongens gate 4, Kvadraturen; Eintritt frei; ⌚ Mo–Fr 11–18 Uhr, Sa & So 12–16 Uhr). Die ständige Ausstellung führt durch 1000 Jahre großartiger norwegischer Architektur und Baukunst, während

GUSTAV VIGELAND

Der norwegische Bildhauer Gustav Vigeland (1869–1943) wurde auf einem Hof in der Nähe von Mandal ganz im Süden des Landes geboren. Als Kind und Teenager war er fasziniert vom Protestantismus, von Spiritualität, Holzschnitzerei und Zeichnen – eine einzigartige Kombination, die sein Lebenswerk bestimmen sollte. 1888 absolvierte er eine Lehre bei dem Bildhauer Brynjulf Bergslien. Im darauf folgenden Jahr stellte er auf der Staatlichen Kunstausstellung sein erstes Kunstwerk aus. Das war sein Durchbruch – seine Begabung erregte nationales und internationales Aufsehen.

1891 reiste Vigeland erst nach Kopenhagen und dann nach Paris und Italien, wo er mit verschiedenen Künstlern zusammenarbeitete; besonders inspirierte ihn die Arbeit des französischen Bildhauers Auguste Rodin. Als seine öffentlichen Stipendien ausliefen, kehrte er nach Norwegen zurück; dort verdiente er seinen Unterhalt, indem er bei der Restaurierung des Nidarosdoms in Trondheim half und Porträts führender Norweger als Auftragsarbeiten anfertigte.

1921 erkannte auch die Stadt Oslo sein Talent und baute ihm ein geräumiges Studio für seine Arbeit; als Gegenleistung sollte er der Stadt sämtliche zukünftigen Werke sowie seine Originalmodelle und Skizzen vermachen. Das war ein Angebot, das der Bildhauer nicht ablehnen konnte.

Das Highlight des Vigeland-Parks ist ein 14 m hoher Granitmonolith, der auf dem höchsten Hügel des Parks thront. An diesem unglaublichen Werk arbeiteten drei Steinmetze ununterbrochen von 1929 bis 1943; die Skulptur wurde aus einer einzigen Steinsäule gehauen, die vom Iddefjord in Südostnorwegen stammte. 121 detailliert ausgearbeitete, sich windende Menschengestalten kämpfen darum, ganz nach oben zu gelangen, ineinander verschlungen, sich aneinander hochziehend. Auf den kreisförmigen Stufen darunter befinden sich weitere Steinfiguren. Die Gesamtkomposition wurde auf vielfältige Weise interpretiert: als Phallussymbol, als Existenzkampf, als Sehnsucht nach spirituellen Erfahrungen, als Überwindung zyklischer Wiederholung.

Die Skulpturen auf den Stufen unterhalb des Sockels der Säule stellen sämtliche menschlichen Emotionen und Handlungen dar. Bei den übrigen zahllosen Figuren im Park reichen die Themen des Künstlers vom Realistischen bis zum Grotesken. Das Ergebnis ist wahrhaftig ein Höhepunkt norwegischer Kunst; das Allerbeste ist jedoch: Hier gibt's keine Schilder, die den Betrachter auf Abstand halten.

sich die wechselnden Ausstellungen verschiedenen Aspekten des modernen norwegischen Designs widmen. Letztere sind nicht zuletzt deshalb so attraktiv, als sie ein höchst wirksames – modernes – Heilmittel für alle sind, die eine Überdosis Volksmuseen und traditionelle Architektur abbekommen haben.

NORWEGISCHES VOLKSMUSEUM

Norwegens größtes Freilichtmuseum und zugleich eine Hauptattraktion von Oslo ist das **Folkemuseum** (Norsk Folkemuseum; Karte S. 83; ☎ 22 12 37 00; www.norskfolkemuseum.no; Museumsveien 10; Mitte Mai–Mitte Sept. Erwachsene/Kinder 75/20 nkr, im Oslo-Pass enthalten, übrige Zeit 55/20 nkr; 🕑 Mitte Juni–Mitte Sept. 10–18 Uhr, übrige Zeit Mo–Fr 11–15 Uhr, Sa & So 11–16 Uhr). Man hat über 140 Gebäude – die meisten aus dem 17. und 18. Jh. – aus dem ganzen Land zusammengetragen und hier nach Herkunftsgebiet sortiert wieder aufgebaut. Fußwege schlängeln sich an alten Scheunen und hohen *stabbur* (hochgesetzten Speichern) vorbei; auf den Rasendächern der Blockhäuser blühen wilde Kräuter. Die Abteilung Gamlebyen (Altstadt) ist der Nachbau einer norwegischen Stadt zu Beginn des 20. Jhs. mit einem Dorfladen und einer alten Tankstelle; im Sommer führen dort Weber und Töpfer ihre Kunst vor (außer samstags). Ein Höhepunkt ist die restaurierte Stabkirche; sie wurde um 1200 in Gol errichtet und zog 1885 nach Bygdøy um.

In der Ausstellungshalle beim Haupteingang bekommt man außerdem jede Menge norwegische Volkskunst, historische Spielzeuge, Festtagstrachten aus dem ganzen Land (einschließlich Hochzeits-, Tauf- und Beerdigungskleidern), Haus- und Hofgeräte sowie -apparate zu sehen; außerdem alles Mögliche zur samischen Kultur der Finnmark. Darüber hinaus finden immer wieder Wanderausstellungen statt. Im Sommer kommt man am besten sonntags, denn da gibt's ab 14 Uhr Volksmusik und Tanz. Mittwochs bis samstags ab 17.30 Uhr finden von Juli bis Mitte August norwegische Abende statt – mit Volksmärchen (auf Englisch) und Volkstanz (Erwachsene/Kinder 195/50 nkr, einschließlich Museumsbesichtigung).

Gründlicher als in diesem Museum kann man wohl nicht in die traditionelle norwegische Kultur eintauchen – also bitte ...!

WIKINGERSCHIFFMUSEUM

Absolut fesselnd ist dieses **Museum** (Vikingskipshuset; Karte S. 83; ☎ 22 13 52 80; Huk Aveny 35; Erwachsene/Kinder 40/20 nkr, im Oslo-Pass enthalten; 🕑 Mai–Sept. 9–18 Uhr, Okt.–April 11–16 Uhr), in dem drei Wikingerschiffe endgültig vor Anker gegangen sind; sie wurden in der Gegend um den Oslofjord ausgegraben. Im oberen Stock befindet sich eine gute allgemeine Ausstellung – der beste Überblick über die Wikingergeschichte, den man finden kann. Die Schiffe waren an Land geschleppt und als letzte Ruhestätten für hochgestellte Persönlichkeiten benutzt worden; für die Überfahrt ins Jenseits gab man ihnen alles mit, was man für nötig hielt: Schmuck, Mobiliar, Nahrung, Diener, kunstvoll geschnitzte Wagen und Schlitten, Webteppiche und grimmig dreinschauende Figuren. Die im 9. Jh. aus Eiche erbauten Wikingerschiffe waren in blauem Ton vergraben, wodurch sie erstaunlich gut konserviert wurden.

Die beeindruckende *Oseberg*, 834 in die Erde versenkt, ist mit kunstvollen Drachen- und Schlangenschnitzereien an Bug und Heck geschmückt, misst 22 m und benötigte an die dreißig Ruderer. Die Grabkammer darunter barg den größten Schatz an Wikingerartefakten, der je in Skandinavien entdeckt wurde – den Schmuck hatten allerdings schon Plünderer mitgenommen. Die stabilere 24 m lange *Gokstad*, um 890 gebaut, ist das schönste noch erhaltene Beispiel eines Wikinger-Langschiffs, doch auch hier hatten die Grabräuber schon ganze Arbeit geleistet, als man das Schiff freigelegt hat. Vom dritten Schiff, der *Tune*, sind nur einige wenige Planken und Fragmente erhalten.

KON-TIKI-MUSEUM

Auch dieses **Museum** (Karte S. 83; ☎ 23 08 67 67; Bygdøynes; Erwachsene/Kinder 40/20 nkr, im Oslo-Pass enthalten; 🕑 Juni–Aug. 9.30–17.45 Uhr, in der übrigen Zeit kürzere Öffnungszeiten) ist einen Besuch wert. Es ist dem Balsaholz-Floß gewidmet, mit dem der norwegische Forscher Thor Heyerdahl 1947 von Peru nach Polynesien segelte. Aber auch die aus Totora-Schilf gebaute *Ra II* kann besichtigt werden; Angehörige des Volkes der Aymara von der bolivianischen Insel Suriqui im Titicaca-See bauten das Boot, und Heyerdahl überquerte damit 1970 den Atlantik. Im Kasten auf S. 118 gibt's einen kompletten Überblick über das Leben dieses außergewöhnlichen Mannes, der in seinem Leben ungeheuer viel erreichte.

POLARSCHIFF FRAM

Gegenüber dem *Kon-Tiki*-Museum befindet sich das **Polarschiff Fram** (Karte S. 83; ☎ 23 28 29 50; www.fram.museum.no; Erwachsene/Kinder 30/15 nkr, im Oslo-Pass enthalten; 🕑 Mitte Juni–Aug. 9–18.45 Uhr, in der übrigen Zeit kürzere Öffnungszeiten), das 1892 vom Stapel lief. Auch dieses Schiff hat eine ziemlich bewegte Vergangenheit. Von 1893 bis 1896 nutzte Fridtjof Nansen den 39-m-Schoner Fram („Vorwärts") für seine Polarexpedition zu den nordsibirischen Inseln Russlands; auf dem Rückweg nach Norwegen verpasste sein Team den Nordpol nur um wenige Grad. Im Jahr 1911 landete Roald Amundsen (s. Kasten S. 404) mit dem Schiff am Ross-Schelfeis, um sich von dort zu Fuß auf den Weg Richtung Südpol zu machen. 1898 bis 1902 segelte Otto Sverdrup darauf an der Südküste Grönlands entlang bis zum kanadischen Ellesmere Island. Besucher können in dem Schiff herumklettern und sich vorstellen, wie es gewesen sein mag, darin im Polareis festzusitzen. Das Museum umfasst auch eine interessante Darstellung der Geschichte der Polarforschung.

NORWEGISCHES SEEFAHRTSMUSEUM

Dieses **Museum** (Norsk Sjøfartsmuseum; Karte S. 83; ☎ 24 11 41 50; Bygdøynesveien 37; Erwachsene/Kinder 40 nkr/frei; 🕑 Mitte Mai–Aug. 10–18 Uhr, Sept.–Mitte Mai Fr–Mi 10.30–16 Uhr, Do 10–18 Uhr) widmet sich der Beziehung Norwegens zum Meer, einschließlich Fisch- und Walfang, der seismischen Flotte (die nach Öl und Gas sucht), Schiffbau und Bergung von Wracks. Draußen erinnert ein Mahnmal an die 4700 norwegischen Seeleute, die im Zweiten Weltkrieg fielen; daneben liegt Roald Amundsens Schiff Gjøa, das erste Schiff, das die ganze Nordwestpassage überwand (1903–1906). Außerdem zeigt das Museum die größte norwegische Sammlung an Schiffskunst, eine Ausstellung zum Stockfisch und einen Film mit beeindruckenden Über- und Unterwasseraufnahmen der norwegischen Küste. Vom Balkon des obersten Stockwerks des

DIE NOBLEN NOBELPREISE

Die meisten Nobelpreise – Physik, Chemie, Medizin, Literatur, und Wirtschaftswissenschaften – werden jeden Oktober in Stockholm verliehen; den renommiertesten jedoch, den Friedensnobelpreis, haben die Osloer für sich gepachtet. Jedes Jahr am 10. Dezember rückt das Osloer Rådhus in den Mittelpunkt des Weltinteresses: Hier wird ein Mensch geehrt, der ein Krisengebiet der Welt dem Frieden näher gebracht oder sogar Frieden geschaffen hat.

Gestiftet wurde der Preis von dem Schweden Alfred Nobel (paradoxerweise auch der Erfinder des Dynamits). 1895 verfügte er in seinem Testament, die Verantwortung für den Friedensnobelpreis solle ein Komitee tragen, das vom norwegischen Storting (Parlament) zu ernennen sei. Viele halten es für möglich, dass er damit einen norwegischen Aufstand gegen die Schwedisch-Norwegische Union schüren wollte. Im Jahr 1901 wurde der erste Friedensnobelpreis an den Schweizer Jean Henri Dunant, den Gründer des Internationalen Roten Kreuzes, verliehen; seit diesem Zeitpunkt findet die Vergabezeremonie in Oslo statt.

Zwar bestimmt das norwegische Storting die fünf Mitglieder des Komitees, das den Empfänger des Friedensnobelpreises wählt, doch die Parlamentsabgeordneten haben selbst keinen Einfluss auf die Entscheidung. Kandidaten werden von herausragenden Juristen und Akademikern aus aller Welt, von früheren Friedensnobelpreisträgern und den Mitgliedern des Komitees nominiert. Die Vorschläge müssen bis zum 1. Februar des Jahres eingereicht sein.

Wenn dann die etwa hundert Namen vorliegen, beginnt die Arbeit des Komitees. Es untersucht haarklein die Verdienste eines jeden Nominierten. Am Ende sind nur noch wenige in der engeren Wahl; unter diesen wird der Sieger ausgewählt. Der Preis wurde u.a. an folgende große Persönlichkeiten verliehen: Martin Luther King Jr. (1964), Mutter Theresa (1979), den 14. Dalai Lama Tenzin Gyatso (1989), Michail Gorbatschow (1990), Aung San Suu Kyi (1991), Nelson Mandela (gemeinsam mit F. W. de Klerk, 1993) und Jimmy Carter (2002). Auch Institutionen sind gelegentlich Träger des Friedensnobelpreises; so ging er bereits an Amnesty International (1977), die Internationale Kampagne gegen Landminen (1997) und Ärzte ohne Grenzen (1999).

Selten sind solche Entscheidungen einfach; sie lösen unweigerlich heftige Kontroversen aus. Besonders umstritten war die Verleihung des Preises an Henry Kissinger und Le Duc Tho (1973), an Yitzhak Rabin, Shimon Perez und Yasser Arafat (1994), an die Iren John Hume und David Trimble (1998), an Kofi Annan und die UN (2001) und an Shirin Ebadi (2003), eine Menschenrechtsanwältin aus dem Iran.

Im Juni 2005 wurde das **Nobel-Friedenszentrum** (Karte S. 78–80; www.nobelpeacecenter.org) am Ufer von Aker Brygge eröffnet.

Hauptflügels kann man den Blick weit über die Inseln des Oslofjords schweifen lassen.

ZOOLOGISCHES MUSEUM & GEOLOGISCH-PALÄONTOLOGISCHES MUSEUM

Neben dem Botanischen Garten liegt das **Zoologische Museum** (Zoologisk Museum; Karte S. 76; ☎ 22 85 17 00; Sars gate 1; Erwachsene/Kinder Kombiticket mit Geologischem Museum 40/20 nkr; ⌚ Di–So 11–16 Uhr) der Universität mit gut präsentierten Tierpräparaten aus Norwegen und anderen Gebieten; eine spezielle Abteilung widmet sich der arktischen Tierwelt. Das **Geologisch-Paläontologische Museum** (Geologisk Museum; Karte S. 76; ☎ 22 85 17 00; Sars gate 1; Erwachsene/Kinder Kombiticket mit Zoologischem Museum 40/20 nkr; ⌚ Di–So 11–16 Uhr) gleich nebenan zeigt Exponate zur Geschichte des Sonnensystems und zur Geologie Norwegens sowie Proben unzähliger Mineralien und Meteorite sowie Mondgestein. Die paläontologische Abteilung hat u. a. ein 10 m langes Iguanodon-Skelett und ein Nest mit Dinosauriereiern zu bieten.

SKIMUSEUM

Bei der Skisprungschanze auf dem Holmenkollen wedelt der Besucher des **Skimuseums** (Karte S. 83; ☎ 22 92 32 00; www.skiforeningen.no; Kongeveien 5; Erwachsene/Kinder 50/25 nkr; ⌚ Juni–Aug. 9–20 Uhr, Jan–April & Okt.–Dez. 10–16 Uhr, Mai & Sept. 10–17 Uhr) durch die 4000-jährige Geschichte des Abfahrts- und Langlaufs in Norwegen. Besonders interessant sind die Ausstellungen zu den Antarktisexpeditionen von Amundsen und Scott und über Fridtjof Nansens zermürbenden Fußmarsch über die Eisfelder Grönlands (u. a. befindet sich hier das Boot, das er aus seinem Schlitten und seinem Zelt baute, um darin die letzten 100 km nach Nuuk zu rudern). Im Skisimulator können Besucher ausprobieren, wie es sich anfühlt, das olympische Abfahrtsrennen zu gewinnen.

Im Eintritt zum Skimuseum ist auch ein Besuch der **Skisprungschanze** (s. S. 89) enthalten. Einen Teil des Weges zur Turmspitze legt man im Lift zurück, doch die letzten 114 Stufen muss jeder selbst erklimmen. Mit der T-bane-Linie Nr. 1 zum Holmenkollen, dann den Schildern folgen – immer bergauf.

Die Halbinsel Bygdøy

Mehrere Top-Attraktionen Oslos befinden sich auf der Halbinsel Bygdøy. Manche Leute hetzen hier an einem halben Tag durch, aber es lohnt sich unbedingt, ein paar Stunden mehr zu investieren.

Bygdøy liegt nur wenige Minuten vom Stadtzentrum entfernt, hat sich aber seinen ländlichen Charakter bewahrt. Die Königsfamilie und viele wohlhabende Bürger der Stadt besitzen hier ein Sommerhaus.

Fähren (Karte S. 83; ☎ 23 35 68 90; Nr. 91) fahren von Anfang April bis Anfang Oktober; alle dreißig bis vierzig Minuten legt eine Fähre zu der 15-minütigen Fahrt nach Bygdøy ab (Erwachsene/Kinder 20/10 nkr, im Oslo-Pass enthalten). Die erste geht morgens um 8.45 Uhr, die letzte legt in Bygdøy im April und September gegen 18.30 Uhr, im Sommer um 21.15 Uhr ab, in den übrigen Monaten früher. In Oslo legen die Fähren an der Rådhusbrygge 3 (gegenüber vom Rådhus) ab; erster Halt ist der Fährterminal Dronningen. Von hier sind es zehn Minuten zu Fuß zum Norwegischen Volksmuseum (s. S. 84) und 15 Minuten zum Wikingerschiffmuseum (s. S. 85). Von den Schiffen sind es dann noch einmal zwanzig Minuten nach Bygdøynes; hier liegen das *Kon-Tiki*-Museum, das *Polarschiff Fram* und das Norwegische Seefahrtsmuseum (s. S. 85) dicht beieinander. Der Weg ist ausgeschildert und angenehm zu gehen. Es gibt auch die Möglichkeit, mit der Fähre bis Bygdøynes durchzufahren. Vom Jernbanetorget fährt der Bus Nr. 30 zum Folkemuseum.

SCHLOSS OSCARSHALL

Johan Henrik Nebelong hat dieses **Schloss** (Oscarshall Slott; Karte S. 83; ☎ 22 56 15 39; Oscarshallsveien; Erwachsene/Kinder 50/20 nkr, im Oslo-Pass enthalten; 🕑 Ende Mai–Anfang Sept. Do, Fr & So 12–16 Uhr, geführte Touren stündl. 12–15 Uhr) in einem Mix aus Romantik und englischer Neugotik entworfen; es wurde von 1847 bis 1852 als Residenz für König Oscar I. erbaut. Wahrscheinlich ist es die unspannendste Attraktion auf Bygdøy, aber wenn man sowieso in der Nähe ist, lohnt ein kleiner Umweg, um wenigstens von außen einen kurzen Blick drauf zu werfen.

Kirchen

OSLOER DOM

Der **Osloer Dom** (Domkirke; Karte S. 83; ☎ 22 31 46 00; Stortorget 1; Eintritt frei; 🕑 10–16 Uhr) wurde 1697 geweiht; interessant sind v. a. die kunstvollen Glasmalereien Emanuel Vigelands (Bruder von Gustav Vigeland) und die Deckenmalereien (zwischen 1936 und 1950 angefertigt). Die meisterliche Altartafel von Michael Rasch, eine Darstellung des Letzten Abendmahls und der Kreuzigung, war von Anfang an Teil des Kirchenbaus, wurde allerdings ständig im Land herumgereicht, bis sie schließlich 1950 aus der Prestneskirche in Majorstua nach Oslo zurückgebracht wurde. Auch der Orgelprospekt und die Kanzel gehören zur Originalausstattung des Osloer Doms. Gelegentlich werden hier Konzerte veranstaltet (100 nkr).

Hinter der Kirche findet man die **Basarhallen** (Basarhallene; Karte S. 78–80) aus dem Jahr 1858; heute bieten dort im Sommer Kunsthandwerker ihre Waren an.

GAMLE AKER KIRKE

Die mittelalterliche **Steinkirche** (Karte S. 76; ☎ 22 69 35 82; Akersbakken 26; Eintritt frei; 🕑 Mo–Sa 12–14 Uhr) nördlich des Zentrums an der Straße Akersbakken ist das älteste Gebäude Oslos; es stammt aus dem Jahr 1080. Sonntags um 9 und 11 Uhr wird ein dort lutherischer Gottesdienst gefeiert. Anfahrt mit dem Bus Nr. 37 vom Jernbanetorget bis Akersbakken; von dort zu Fuß am Kirchhof vorbei.

Stortinget (Parlament)

Mitten im Stadtzentrum, mit Blick den Hügel rauf zum Königspalast, steht das norwegische **Parlamentsgebäude** (Karte S. 78–80; ☎ 23 31 35 96; Karl Johans gate 22; Eintritt frei; Mitte Juni–Mitte Aug. geführte Touren um 10 & 13 Uhr auf Norwegisch & Englisch, um 11.30 Uhr auf Deutsch; in der übrigen Zeit nur Sa); der gelbe Backsteinbau aus dem Jahr 1866 gehört zu den sympathischeren Parlamentsgebäude Europas. Besonders von außen ist es sehr eindrucksvoll und verleiht dem ansonsten eher nichtssagenden Stadtzentrum Oslos ein wenig architektonische Individualität.

Das Osloer Rathaus

Das **Rathaus** (Rådhus; Karte S. 78–80; ☎ 22 46 16 00; Fridtjof Nansens plass; Erwachsene/Kinder 40 nkr/frei, Sept.–Mai und mit Oslo-Pass Eintritt frei; ⌚ Mai–Aug. 9–17 Uhr, Sept.–April 9–16 Uhr) mit seinen zwei Türmen wurde 1950 aus Anlass des 900-jährigen Stadtjubiläums fertig gestellt; hier residiert die Stadtregierung. Es ist so etwas wie das Wahrzeichen der Stadt; seine funktionale Fassade aus rotem Ziegel ist sicher ungewöhnlich, wenn auch nicht sehr originell. In die Außenmauern sind Holzreliefs mit Darstellungen nordischer Mythen eingelassen; eindrucksvolle Wandgemälde sowie kleinere Gemälde bedeutender norwegischer Künstler schmücken die Eingangshalle. Genau hier findet jedes Jahr am 10. Dezember die Verleihung des Friedensnobelpreises statt (s. Kasten S. 86). Das Innere des Gebäudes versteht sich als Verschmelzung alter Mythologie mit moderner Regierung. Die Haupthalle kann man vom Eingangskorridor aus betrachten, ohne etwas zahlen zu müssen; 45 minütige Führungen (auf Englisch) finden montags bis freitags um 10, 12 und 14 Uhr statt.

Festung & Schloss Akershus

Die mittelalterliche Festung mit Schloss (*festning* mit *slott*) liegt strategisch günstig an der Ostseite des Hafens und dominiert die komplette Osloer Hafenfront. Ohne Zweifel hat man es mit Oslos größtem architektonischem Highlight zu tun.

Als König Håkon V. im Jahr 1299 Oslo zur Hauptstadt Norwegens erklärte, befahl er gleichzeitig den Bau der Festung Akershus, um die Stadt vor äußeren Bedrohungen zu schützen. Da sie ständig Feuer, Belagerungen und Kämpfen ausgesetzt war, wurde sie immer weiter ausgebaut, um den ständig vehementer werdenden Angriffen und Geschützen standzuhalten; dem gleichen Zweck diente auch die Errichtung des Munkturms 1559. Von 1580 bis Mitte des 18. Jhs. wurde die Festung durch Burggräben und Bastionen weiter verstärkt.

Beim Wiederaufbau von Oslo nach dem Feuer im Jahr 1624 verlegte man die nun in Christiania umgetaufte Stadt an eine weniger verwundbare, leichter zu verteidigende Stelle hinter den schützenden Festungsmauern. Irgendwann aber wurde Platz wichtiger als Schutz, und so zerstörte man 1818 den größten Teil der äußeren Wälle, um Raum für die wachsende Bevölkerung zu schaffen. Von 1899 bis 1933 wurde die Festung großräumig renoviert, und heute finden in der parkartigen Anlage Konzerte, Tanz- und Theateraufführungen statt – ein weiter Weg von den kriegerischen Ursprüngen und eine positive Abkehr von der grausamen Vergangenheit. Allerdings ist der Komplex noch immer eine Militäreinrichtung und kann jederzeit anlässlich eines Staatsakts für das Publikum geschlossen werden.

Im 17. Jh. baute Christian IV. das **Schloss Akershus** (Akershus Slott; Karte S. 78–80; ☎ 22 41 25 21; Erwachsene/Kinder 40/10 nkr; ⌚ Mai–Mitte Sept. Mo–Sa 10–16 Uhr, So 12.30–16 Uhr, Führungen Mo–Sa 11 Uhr, 13 Uhr & 15 Uhr, So 13 Uhr & 15 Uhr) in einen Renaissancepalast um, auch wenn die Fassade einen mittelalterlichen Touch behielt. In den Verliesen kann man die dunklen Löcher besichtigen, in denen geächtete Adlige eingesperrt wurden (in einem Verlies hockt immer noch eine Mitleid erregende, in Säcke gehüllte Gestalt); die Bankettsäle und Staatsgemächer in den oberen Etagen des Schlosses sind dagegen ausgesprochen prunkvoll – ein echter Kontrast.

Die Kapelle wird noch heute für Armee-Veranstaltungen genutzt; unter ihr liegen die Gruften von König Håkon VII. und Olav V. Zeitgemäß gewandete Studenten der Universität führen die Besucher herum und haben fast alle lustige Anekdoten aus der Vergangenheit des Schlosses auf Lager. Die verpasst man allerdings, wenn man allein herumwandert.

Die ausgedehnte **Festung** (Festning; Karte S. 78–80; Eintritt frei; ⌚ 6–21 Uhr) kann durch ein Tor am Ende der Akersgata oder über eine Zugbrücke über die Kongens gate am Südende der Kirkegata betreten werden. Im Winter ist ab 18 Uhr nur der Eingang an der Kirkegata geöffnet.

Das **Festung Akershus-Informationszentrum** (Karte S. 78–80; ☎ 23 09 39 17; ⌚ Mitte Juni–Mitte Aug. Mo–Fr 9–17 Uhr, Sa & So 11–17 Uhr, in der übrigen Zeit 1 Std. früher geschlossen) gleich hinter dem Haupteingang zeigt die Ausstellung *Nye Barrikader* (Neue Barrikaden), die die Geschichte der Anlage erzählt. Um 13.30 Uhr können

Besucher vor der Festung die Wachablösung miterleben.

Direkt hinter der Nordmauer der Festung Akershus zeigt **Christiania Bymodell** (Karte S. 78–80; ☎ 22 33 31 47; Eintritt frei; ⌚ Di–So 12–17 Uhr) anhand eines einmaligen, 10 mal 15 m großen Modells, wie das alte Christiania im Jahr 1840 aussah; eine Multimedia-Präsentation erzählt die Geschichte der Stadt von ihrer Gründung 1624 bis 1900.

Parks & Gärten

In Oslos **Botanischer Garten** (Botanisk Hage; Karte S. 76; ☎ 22 85 17 00; Sars gate 1; Eintritt frei; ⌚ April–Sept. Mo–Fr 7–20 Uhr, Sa & So 10–20 Uhr, Okt.–März Mo–Fr 7–17 Uhr, Sa & So 10–17 Uhr) hegt und pflegt man über tausend alpine Pflanzen aus der ganzen Welt; hinzu kommen Abteilungen mit Pflanzen aus temperierten und tropischen Regionen. Die Kräuter im Duftgarten sind sowohl in normaler Schrift wie auch in Blindenschrift ausgewiesen.

Stadtviertel Damstredet

Die schiefen Holzhäuser des Stadtviertels Damstredet (Karte S. 78–80) stammen zum Teil aus dem frühen 19. Jh. und bringen eine persönliche Note in Oslos ansonsten moderne Nullachtfünfzehn-Architektur. Das ein bisschen kurios anmutende Viertel im Norden des Stadtzentrums steht in scharfem Kontrast zur der ärmlichen, öden Vorstadt Akerselva am gegenüberliegenden Ostufer des Flusses.

Stadtviertel Holmenkollen

Auf einer Hügelkuppe hoch über Oslo thronend, bietet die **Skisprungschanze Holmenkollen** einen herrlichen Panoramablick über die Stadt; aber es finden hier auch Konzerte statt. Während des alljährlichen Skifestivals in Oslo lockt die Schanze die besten Skispringer der Welt an.

Stadtviertel Tryvannstårnet

Der **Fernsehturm Tryvannstårnet** (Karte S. 83; ☎ 22 14 67 11; Voksenkollen; Erwachsene/Kinder 40/20 nkr; ⌚ Mai–Sept. 10–17 Uhr, Okt.–April 10–16 Uhr) nördlich der Skisprungschanze befindet sich auf 538 m Höhe und überblickt das der Stadt vorgelagerte Waldgebiet der Nordmarka. Ein Lift befördert die Besucher im Handumdrehen nach oben; von hier können sie ein Gebiet von 20 000 km² überblicken – bis hin zum schneebedeckten Gausta im Westen, dem Oslofjord im Süden und den endlosen Wäldern Schwedens im Osten. Von der Haltestelle Holmenkollen der T-bane ist es eine malerische Fahrt bis zur Endstation Frognerseter; dort muss man dann einfach nach dem ausgeschilderten Fußweg Ausschau halten.

AKTIVITÄTEN

Eislaufen

Auf der **Narvisen-Outdoor-Eisbahn** (Karte S. 78–80; ☎ 22 30 30 33; Karl Johans gate) ist das Eislaufen kostenlos – es muss nur kalt genug fürs Überfrieren sein (normalerweise etwa von November bis März). Schlittschuhe können an der Eisbahn für ungefähr 40 nkr gemietet werden.

Klettern

Ein echtes Kletterparadies sind die präparierten Routen am Kolsåstoppen, den man über die Linie Nr. 3 der T-bane Richtung Kolsås erreicht. Alternativ erklimmt man die Indoor-Kletterwand von **Villmarkshuset** (Karte S. 78–80; ☎ 22 05 05 22; post@veggivegg.no; Christian Krohgs gate 16; vor/nach 16 Uhr 45/80 nkr für 2 Std.; ⌚ Mo–Do 10–22 Uhr, Fr 10–20 Uhr, Sa 10–18 Uhr, So 12–20 Uhr, Mitte Juni–Mitte Aug. kürzere Zeiten). Auch Bouldern geht hier (45 nkr für 2 Std.), und man bekommt Infos zu den Klettergebieten in der Gegend.

Allgemeines über Klettermöglichkeiten und -ausrüstung ist bei **Skandinavisk Høyfjellsutstyr** (Karte S. 78–80; ☎ 23 33 43 80; www.shu.no; Bogstadveien 1; ⌚ Mo–Mi & Fr 9–18 Uhr, Do 9–19 Uhr, Sa 9–16 Uhr) zu erfahren.

Radfahren

Beim Fremdenverkehrsbüro kann man kostenlose Radwanderführer bekommen: In der Radwanderkarte *Sykkelkart Oslo* sind alle Radwege der Hauptstadt verzeichnet; *Idrett og friluftsliv i Oslo* deckt das Hinterland ab; und die Broschüre *Opplevelsesturer i Marka* schlägt sechs verschiedene Rad- und/oder Wandertouren in der näheren Umgebung von Oslo vor.

Informationen und Karten für Radwanderungen in ganz Norwegen bekommt man über **Syklistenes Landsforening** (Karte S. 78–80; ☎ 22 47 30 30; post@slf.no; Storgata 23C; ⌚ Mitte Juni–Mitte Aug. Mo–Fr 10–17 Uhr, Sa 10–14 Uhr, in der übrigen Zeit kürzere Öffnungszeiten).

Für Informationen zu Leihfahrrädern in Oslo s. S. 102.

Skilaufen

Oslos Skisaison dauert ungefähr von Dezember bis März; in der Region gibt's über 2400 km gespurte Loipen (1000 km allein in der Nordmarka), von denen viele mit Flutlichtanlagen ausgestattet sind. Leicht zu erreichen sind die Loipen, die direkt bei der Endstation der T-bane-Linien Nr. 1 und 5 beginnen. Das **Skiservice-Center** (Karte S. 83; ☎ 22 13 95 04; www.skiservice.no; Tryvannsveien 2) an der Haltestelle Voksenkollen (eine vor dem Frognerseter) vermietet Snowboards und Langlaufski. Die Abfahrtspisten beim **Tryvann Skisenter** (Karte S. 83; ☎ 22 13 64 50) sind während der Skisaison geöffnet. Weitere Informationen zum Skiangebot gibt's bei **Skiforeningen** (Ski Society; Karte S. 83; ☎ 22 92 32 00; holmenkollen@skiforeningen.no; www.skiforeningen.no; Kongeveien 5) und über die Internetseite www.holmenkollen.com.

Schwimmen

INSELN & STRÄNDE

Wenn es heiß wird, kann man zu ein paar ganz annehmbaren Stränden in unmittelbarer Nähe zum Osloer Stadtzentrums Zuflucht nehmen. Am Vippetangen-Kai (südöstlich der Festung Akershus) legen Fähren zu einem halben Dutzend Inseln in der Oslofjord-Region ab. Zu den Inseln Hovedøy und Langøyene fahren die Boote im Sommer ziemlich häufig (mindestens stündl.); andere Inseln werden seltener angelaufen.

Sonnenanbeter lieben besonders das Südwestufer der ansonsten felsigen Insel Hovedøy (Karte S. 83); sie liegt dem Festland am nächsten. Fußwege führen zu alten Geschützständen auf Hovedøy und zu den Ruinen eines **Zisterzienserklosters** aus dem 12. Jh. Anfahrt mit den Fähren Nr. 92 und 93.

Südlich von Hovedøy liegt die komplett unbebaute Insel Langøyene (Karte S. 83); an den Fels- und Sandstränden kann man super schwimmen (FKK-Strand am Südostufer). Anfahrt mit der Fähre Nr. 94.

Huk und **Paradisbukta** (Karte S. 83) sind zwei Top-Strände auf der Halbinsel Bygdøy; vom Jernbanetorget fährt die Buslinie Nr. 30 dorthin (Endstation). Huk ist – abgesehen von ein paar sandigen Flecken – von Rasen und großen glatten Felsen bedeckt, die sich ideal fürs Sonnenbaden eignen. Der Strand wird von einer kleinen Bucht geteilt; FKK-Freunde halten sich an den nordwestlichen Teil. Wem Huk zu voll ist, wandert von der Bushaltestelle zehn Minuten Richtung Norden durch den Wald und landet am abgeschiedeneren Paradisbukta.

SCHWIMMBÄDER

In Oslo gibt's zwei Freibäder: das Freibad **Frognerbadet** (Karte S. 83; ☎ 23 27 54 50; Frognerparken; Erwachsene/Kinder 50/25 nkr, im Oslo-Pass enthalten; 🕑 Mitte Mai–Mitte Aug.) und in der Nähe des Munch-Museums das Freibad **Tøyenbadet** (Karte S. 83; ☎ 23 30 44 70; Helgesens gata 90; Erwachsene/Kinder 50/25 nkr, im Oslo-Pass enthalten).

Wandern

Die Nordmarka ist durch ein Wegenetz mit einer Gesamtlänge von ca. 1200 km erschlossen, beginnend am Frognerseter (am Ende der T-bane-Linie Nr. 1). Eine tolle Wanderung führt z.B. runter zum See Sognsvann 6 km nordwestlich vom Stadtzentrum am Ende der T-bane-Linie Nr. 5. Auch der See selbst ist von vielen Wanderwegen umgeben; eine komplette Umrundung des Sees kann man in einer knappen Stunde bewältigen. Erhitzte Wanderer können sich am Ostufer beim Schwimmen abkühlen; wer's einsamer liebt, springt am urwüchsigeren Westufer ins Wasser. Weitere Wanderwege führen in das dahinter gelegene Hügelland.

In urbanerer, aber dennoch überwiegend grüner Umgebung führt ein zweistündiger Fußmarsch entlang des Flusses Akerselva von der Tramhaltestelle Kjelsås bis zur Vaterlands bru („Vaterlandsbrücke") im Herzen von Grønland. Park og Idrettsvesenet gibt zwei Karten heraus, auf denen noch andere Wege verzeichnet sind; die Karten sind im Fremdenverkehrsbüro zu bekommen.

Für echte Wanderfreaks lohnt sich ein Besuch beim **DNT** (Karte S. 78–80; ☎ 22 82 28 22; Storgata 3; 🕑 Mo–Mi & Fr 10–16 Uhr, Do 10–18 Uhr, Sa 10–14 Uhr, Mitte Juni–Mitte Aug. 1 Std. früher geöffnet); dieser Verein hat mehrere Hütten in der Region Nordmark und hat Infos und Karten zu den norwegischen Fernwanderwegen.

OSLO FÜR KINDER

Oslo hat zwei Museen extra für Kinder, die Inspirierendes und Spaß pur bieten. Sie sind ein notwendiger und schöner Kontrast zu den Unmengen „seriöser" Museen und Attraktionen. Der Nationalfeiertag am 17. Mai (s. S. 91) ist heute v. a. ein Familienfest mit vielen Kinderattraktionen und -aktionen.

Kinderkunstmuseum

Wer seine Freunde um die Bildergalerie am häuslichen Kühlschrank beneidet, der ist im **Kinderkunstmuseum** (Barnekunstmuseet; Karte S. 83; ☎ 22 46 85 73, Lille Frøens vei 4; Erwachsene/Kinder 50/30 nkr; ⌚ Ende Juni–Anf. Aug. Di–Do & So 11–16 Uhr, in der übrigen Zeit kürzere Öffnungszeiten, Anf. Aug.–Mitte Sept. geschlossen) nicht weit von der T-bane-Haltestelle Frøen an der richtigen Adresse. Wer also drauf steht, findet in der Sammlung von Kinderkunstwerken aus 180 Ländern – Textilarbeiten, Skulpturen, Gemälden und Zeichnungen – wunderschöne Inspirationen – Kinder wie Erwachsene.

Tusenfryd

Alle Kinder und oft genug auch ihre Eltern lieben **Tusenfryd** (Karte S. 83; ☎ 64 97 64 97, Vinterbro; Körpergröße über/unter 140 cm 225/195 nkr; ⌚ Mitte Juni–Sept. 10.30–19 Uhr, in der übrigen Zeit kürzere Öffnungszeiten); die Besucher erwarten Wasserattraktionen, Karusselle, eine Western City, eine absolut phantastische neue Holzachterbahn, in der zwölfmal pro Runde die Schwerkraft aufgehoben wird, und jede Menge anderer Fahrgeschäfte für Junge und Junggebliebene. Tusenfryd liegt 10 km südlich von Oslo, unweit der E 6. Neunmal am Tag, zwischen 10 und 16 Uhr, fährt ein Bus vom Busbahnhof Galleri Oslo dorthin (Erwachsene/Kinder 35/25 nkr).

GEFÜHRTE TOUREN

Wer wenig Zeit hat, bekommt auf einer organisierten Stadtbesichtigungstour einen guten Überblick über das, was Oslo zu bieten hat – was allerdings auch dazu führen kann, dass der Besucher sich wünscht, doch mehr Zeit zu haben.

Oslo & Oslofjord

Båtservice Sightseeing (☎ 23 35 68 90; www.boatsightseeing.com; Pier 3, Rådhusbrygge) veranstaltet für bezahlbare 465 nkr eine kompakte 7½-stündige Rundfahrt zu den Museen auf Bygdøy, dem Vigeland-Park und der Skisprungschanze Holmenkollen, inklusive einer gemütlichen Fahrt auf dem Oslofjord (nur Ende Mai bis Anfang September). Der gleiche Veranstalter bietet auch eine Reihe kürzerer Touren und Fjordfahrten an, u. a. eine 50-minütige Minikreuzfahrt auf dem Oslofjord (195 nkr, im Oslo-Pass enthalten) und eine zweistündige Fahrt (185 nkr, als Abendveranstaltung mit Krabbenbüfett 320 nkr).

HM Kristiansen Tours (Karte S. 78–80; ☎ 23 15 73 00; www.hmk.no; Hegdehaugsveien 4) bietet von Mitte Mai bis September zwei-/drei-/vierstündige Touren (Erwachsene 230/280/340 nkr, Kinder 100/140/170 nkr) rund um Oslo an. Die vierstündige Tour führt zum Vigeland-Park, zu den meisten Museen auf Bygdøy, ins Stadtzentrum und auf den Holmenkollen; die dreistündige Variante ist ähnlich, lässt allerdings ein paar Museen aus.

City Sightseeing (☎ 22 95 54 14; www.citysightseeing.com; Mai–Dez.) hat ein ähnliches Angebot. Auf den anderthalb-/zweieinhalb-/dreistündigen Touren (190/240/270 nkr) kann man wirklich nur einen sehr flüchtigen Blick durchs Busfenster auf die Stadt werfen; zur dreistündigen Variante gehört immerhin ein anderthalbstündiger Aufenthalt im Munch-Museum. Im Fremdenverkehrsbüro gibt's ein Verzeichnis der Haltestellen.

Interessanter dürfte **Oslo Pride City Sightseeing** (☎ 97 10 47 42; www.citysightseeing.no; Mitte Mai–Mitte Sept.) sein, Oslos Hop-on/Hop-off-Tour. Ein Zweitagesticket kostet 175/85 nkr für Erwachsene/Kinder und deckt den überwiegenden Teil der Sehenswürdigkeiten der Stadt ab, die dann jeder im eigenen Tempo abklappern kann. Ein Verzeichnis der Haltestellen dieses Veranstalters ist im Fremdenverkehrsbüro zu bekommen.

Oslo Promenade (Erwachsene/Kinder 80 nkr/frei; ⌚ Juni–Aug. Mo, Mi & Fr 17.30 Uhr) ist eine abendliche Stadtführung durch das Zentrum von Oslo; die Fremdenführer haben richtig Ahnung, und so bekommen Teilnehmer der absolut unterhaltsamen Tour einen Insider-Blick auf die Stadt. Vom Rådhus aus geht's zu Fuß los.

Norway in a Nutshell

Die beliebten Tagestouren „Norway in a Nutshell" kosten für Erwachsene/Kinder (unter 16 Jahre) 1735/867,50 nkr; gebucht werden kann in jedem Touristen- oder Reisebüro oder direkt bei der NSB. Weitere Infos zu dieser Tour s. 443.

FESTIVALS & EVENTS

Oslos mit Abstand feierlichstes Ereignis im Jahr ist der **Nationalfeiertag** am 17. Mai. Die Osloer, die ihre Wurzeln in sämtlichen Teilen des Landes haben, werfen sich an diesem Tag in die traditionellen Gewänder ihrer Heimat und ziehen zum Königspalast (s. auch S. 90).

Mitte März versammeln sich Langläufer und Skispringer aus der ganzen Welt beim **Holmenkollen-Skifestival**. Am letzten Wochenende im Juli findet die **Sommer-Parade** statt, ein Indoor- und Outdoor-Festival zeitgenössischer Musik. Im August steigt das **Internationale Jazzfestival Oslo** (www.oslojazz.no) – sechs Tage hervorragender Live-Jazz an Veranstaltungsorten in der ganzen Stadt. Zwar hat es nicht das besondere Feeling seines Gegenstücks in Molde, doch dafür ist es gut erreichbar und dementsprechend gut besucht. Im Oktober folgt das speziell skandinavische **Ultima-Festival zeitgenössischer Musik** (☎ 22 42 99 99).

Details zu diesem und weiteren Festivals finden sich auf www.visitoslo.com.

SCHLAFEN

In Oslo kann sich niemand über einen Mangel an Unterkünften aller Art beklagen, aber Reservierungen sind im Sommer dennoch angebracht.

Budgetunterkünfte

Die Zeltplätze und preiswerten Unterkünfte liegen normalerweise eine Straßenbahn- oder Busfahrt von der Stadtmitte entfernt.

HOSTELS

In Oslo gibt's diverse gute Hostels, die zum Verband Hostelling International (HI; www.hihostels.com) gehören. In den meisten sind Schlafsäcke nicht erlaubt; man braucht spezielle HI-Laken, die man auch für 50 nkr pauschal ausleihen kann.

YMCA Sleep-In (Karte S. 78–80; ☎ 22 42 10 66; Fax 22 20 83 97; Grubbegata 4; Matratze 130 nkr; 🕑 Mitte Juli–Mitte Aug., Rezeption besetzt von 8–11 Uhr & 17–23.30 Uhr) Das Einfachste vom Einfachen, zehn Minuten zu Fuß vom Hauptbahnhof Oslo S – also günstig und zentral gelegen. Kein Wunder, dass das Sleep-in in einer so teuren Stadt sehr schnell belegt ist! Einen Schlafsack muss man dabeihaben, untergebracht wird man in großen Schlafsälen mit Matratzen auf dem Fußboden. Kochgelegenheit ist vorhanden.

Anker Hostel (Karte S. 78–80; ☎ 22 99 72 10; www.ankerhostel.no; Storgata 55; B im 4/6BZ 170/145 nkr, DZ ab 430 nkr) Hostel mit internationalem Flair, blitzblanken Zimmern, Bettwäsche, Gepäckaufbewahrung, Küche und einer kleinen Bar; Frühstück gibt es für 60 nkr. Dieses sehr gut geführte Haus ist ein ganz heißer Tipp. Zu erreichen per Bus (Linien 30–32) oder Straßenbahn (Linien 11, 12, 13, 15 oder 17) vom Jernbanetorget bis Hausmanns gate.

Oslo Vandrerhjem Haraldsheim (Karte S. 83; ☎ 22 22 29 65; post@haraldsheim.oslo.no; Haraldsheimveien 4; B ab 175 nkr, EZ/DZ mit Gemeinschaftsbad 320/460 nkr, mit eigenem Bad 340/500 nkr) Dieses Hostel mit 270 Betten – die meisten davon in sauberen Vierbettzimmern – liegt 4 km von der Innenstadt entfernt und ist 24 Std. geöffnet. Küche und Waschsalon sind da, Frühstück ist inbegriffen. Mit der Tram (Linien 12, 15, 17) oder dem Bus (Linien 31 und 32) bis Sinsenkrysset, von dort fünf Minuten zu Fuß den Hügel hinauf.

Das **Oslo Vandrerhjem Holtekilen** (Karte S. 83; ☎ 67 51 80 40; oslo.holtekilen.hostel@vandrerhjem.no; Michelets vei 55, Stabekk; B 180 nkr, EZ/DZ mit Gemeinschaftsbad 280/460 nkr) ist ein Hostel 9 km westlich von Oslo mit wirklich sehr fairen Preisen (Frühstück ist inbegriffen). Man darf allerdings das Fahrgeld für die Busfahrt nicht vergessen, denn für Tagesticket und Oslo-Pass liegt es zu weit draußen. Hin kommt man mit den Bussen Nr. 151, 153, 161, 162, 252 oder 261 bis Kveldroveien oder mit dem Vorortzug nach Stabekk, dann auf der Fußgängerbrücke über die E 18.

Oslo Vandrerhjem IMI (Karte S. 78–80; ☎ 22 98 62 00; oslo.imi.hostel@vandrerhjem.no; Staffelsgata 4; B inkl. Frühstück 190 nkr; EZ/DZ mit Gemeinschaftsbad inkl. Frühstück 295/470 nkr; 🕑 Juni–Mitte Aug.) Ideal für all jene, die nah am Zentrum wohnen wollen. In dieser ordentlichen Unterkunft sind den Rest des Jahres Studenten untergebracht. Es gibt eine Küche und einen Waschsalon.

PENSIONEN

Cochs Pensjonat (Karte S. 83; ☎ 23 33 24 00; www.cochspensjonat.no; Parkveien 25; EZ/DZ mit Gemeinschaftsbad 390/540 nkr, EZ/DZ mit eigenem Bad ab 490/640 nkr) Eine gute Wahl mit hübschen, renovierten Zimmern in einem schönen Stadtteil unweit des Königspalasts. Die Zimmer mit Bad sind sehr ordentlich, wenn auch ein klein bisschen teuer im Vergleich zu dem, was man sonst in Oslo bekommt.

CAMPING

Oslo Fjordcamping (Karte S. 83; ☎ 22 75 20 55; mail@oslocamping.no; Ljansbrukveien 1; Stellplatz ohne/mit Auto 130/150 nkr, Caravanmiete 300 nkr) Familienfreundlicher Campingplatz direkt am Oslofjord, er ist der beste, den Oslo zu bieten hat. Der Platz scheint weit weniger Jugendliche anzuziehen, die Party machen wollen, als die

AUF DER SUCHE NACH DEM BILLIGSTEN BETT

Günstige Übernachtungsmöglichkeiten haben in Oslo Seltenheitswert; diese vier guten Servicestellen helfen bei der Suche.

Die beste Anlaufstelle ist **Use-It** (Karte S. 78–80; ☎ 22 41 51 32; www.use-it.no; Møllergata 3), das Jugendinformationszentrum in Oslo. Es hilft bei Buchungen in Hostels und bei Privatleuten (Schlafsaal ab 120 nkr); es gibt keinen Mindestaufenthalt, und die Buchung ist umsonst. Wer außerhalb der Öffnungszeiten in der Stadt ankommt, kann schon vorweg Kontakt aufnehmen, sich Tipps und Telefonnummern geben lassen und direkt buchen.

Die Angestellten des offiziellen Fremdenverkehrbüros (Oslo S und Fridtjof Nansens plass; Buchungsgebühr 50 nkr; s. S. 75) vermitteln ebenfalls Privatzimmer (Minimum sind zwei Nächte); diese sind etwas günstiger als die Hostels. Außerdem gibt's hier Last-Minute-Hotelzimmer zum Sonderpreis.

Bei **Den Norske Turistforening** (Karte S. 78–80; DNT; Norwegischer Bergwanderverein; ☎ 22 82 28 22; www.dntoslo.no; Storgata 3) bekommt man ein Verzeichnis von etwa 40 Hütten im Naherholungsgebiet Nordmarka, die keinen Ketten angehören. Manche bewirtschafteten Hütten sind recht bekannt; dort ist eine Buchung im Voraus nötig und man kann mit Preisen um 185/240 nkr (DNT-Mitglied/Nichtmitglied) rechnen. Die meisten Hütten liegen mindestens 10 km vom Zentrum entfernt.

Und zu guter Letzt: **Bed & Breakfast Norway** (☎ 22 67 30 80; rominorg@online.no; www.bbnorway.com) vermittelt Zimmer in den 16 Frühstückspensionen der Hauptstadt.

übrigen Plätze in der Gegend. Es gibt Duschen, einen Kiosk, der auch kleine Snacks verkauft, und ganz in der Nähe ein Restaurant. Der Campingplatz liegt 9 km südlich der Stadt; Anbindung mit dem Bus Nr. 83.

Ekeberg Camping (Karte S. 83; ☎ 22 19 85 68; mail@ekebergcamping.no; Ekebergveien 65; Stellplätze 1–2 Personen 130–190; Ende Mai–Anfang Aug.) Absolute Top-Lage auf einem Hügel südöstlich der Stadt mit herrlichem Blick über Oslo. Klar, dass der Platz zeitweise aus allen Nähten platzt und die sanitären Einrichtungen nicht unbedingt tipptopp sind. Von Jernbanetorget mit der Buslinie Nr. 34 oder 46 nach Ekeberg (10 Min.). In der Hochsaison sind die Preise 10 % höher.

Wer lieber wild zeltet, fährt mit der Linie Nr. 1 der T-bane nach Frognerseter am Rand der Nordmarka oder mit Linie Nr. 5 zum Sognsvann-See. Direkt am Sognsvann kann man nicht campen, aber wer ein oder zwei Kilometer in den Wald marschiert, findet zahlreiche Stellen, an denen er sein Zelt gebührenfrei aufschlagen kann.

Mittelklassehotels

In Oslo gibt's Hotels ohne Ende; am billigsten kommt man normalerweise bei denjenigen weg, die zu einer der Ketten gehören, die Hotelpässe vergeben; Details s. S. 426. Fünf Hotels sind der Tulip Inn/Rainbow-Kette angeschlossen; sie haben ziemlich günstige Wochenend- und Sommerangebote (u. a. an der E-Mail-Adresse zu erkennen).

Rica Travel Hotel (Karte S. 78–80; ☎ 22 00 33 00; rica.travel.hotel.oslo@rica.no; Arbeidergata 4; EZ/DZ Mitte Juni–Mitte Aug. & Sa & So 695/945 nkr, übrige Zeit 950/1290 nkr;) Hotel für Geschäftsreisende mit angemessenen Preisen. Die modernen Zimmer sind ziemlich kompakt (manche sind auch größer), aber sonst okay und bieten alles, was man braucht, um sich wohl zu fühlen. Mehrere Einzelzimmer sind „kombi-rooms" mit Schlafsofa (ab 795 nkr). Weiterer Pluspunkt: die absolut zentrale Lage.

Anker Hotel (Karte S. 78–80; ☎ 22 99 75 10; www.anker-hotel.no; Storgata 55; EZ/DZ Mitte Juni–Mitte Aug. 690/890 nkr, Sa & So 590/790 nkr, übrige Zeit 830/1080 nkr;) Genau die richtige Adresse für alle, die keine Lust auf den Innenstadtrummel haben, aber trotzdem gern per pedes hinkommen wollen; auch die Restaurants und Kneipen im Stadtviertel Grünerløkka sind nicht weit. Die Zimmer sind modern und ansprechend, und das Personal ist freundlich.

Hotel Bondeheimen (Karte S. 78–80; ☎ 23 21 41 00; booking@bondeheimen.com; Rosenkrantz gate 8; EZ/DZ Mitte Juni–Mitte Aug. ab 750/830 nkr, Sa & So 750/990 nkr, übrige Zeit 1095/1295 nkr) Das zentral gelegene Hotel Bondeheimen ist eine ausgezeichnete Wahl mit schönen Zimmern und nettem Personal. Die älteren Zimmer (mit skandinavischen Kiefermöbeln aus den 80ern) werden nach und nach renoviert; alle sind sehr zu empfehlen.

DER TIPP VOM AUTOR

Die gemütliche Pension **Ellingsens Pensjonat** (Karte S. 78–80; ☎ 22 60 03 59; ep@tiscali.no; Holtegata 25; EZ/DZ mit Waschgelegenheit 300/490 nkr, mit Bad 420/590 nkr) in einer ruhigen, angenehmen Gegend bietet ihren Gästen wirklich viel für ihr Geld. Die Villa stammt aus dem Jahr 1890; viele der ursprünglichen Elemente (hohe Decken, Rosenbemalung) sind noch vorhanden und sorgen für eine wunderbare Atmosphäre. Die Zimmer sind hell und luftig und zum Teil herrlich geräumig. Im Sommer muss man im Voraus reservieren; das Haus ist nicht ausgeschildert. Anfahrt von Jernbanetorget mit Tram Nr. 19 (Richtung Majorstuen).

Hotel Spectrum (Karte S. 78–80; ☎ 23 36 27 00; spectrum@rainbow-hotels.no; Brugata 7; EZ/DZ Mitte Juni–Mitte Aug. & Sa & So 630/790 nkr, übrige Zeit 1075/1325 nkr; 💻) Dieses konventionelle Rainbow-Hotel ist komfortabel und zentral gelegen. Zwar merkt man manchen Zimmern allmählich ihr Alter an, aber trotzdem ist es eine gute Wahl.

Cecil Hotel (Karte S. 78–80; ☎ 23 31 48 00; cecil@rainbow-hotels.no; Stortingsgata 8, EZ/DZ Mitte Juni–Mitte Aug. & Sa & So 660/840 nkr, übrige Zeit 1175/1425 nkr; 💻) Dieses Hotel liegt ideal, nur einen Steinwurf vom Stortinget (Parlamentsgebäude) entfernt; der Eingang befindet sich an der Rosenkrantz gate. Die Zimmer sind ruhig und modern ausgestattet; das Frühstücksbüfett ist ausgezeichnet.

Hotell Astoria (Karte S. 78–80; ☎ 24 14 55 50; astoria@rainbow-hotels.no; Dronningens gate 21; EZ/DZ Mitte Juni–Mitte Aug. & Sa & So 475/625 nkr, übrige Zeit 585/735 nkr) Nur 100 m südlich der Hauptachse Karl Johans gate und unweit vom Bus- und Hauptbahnhof: eines der günstigsten Hotels der Rainbow-Kette. Die Zimmer sind okay, wobei sie in der Größe etwas variieren. Die meisten gehen auf den großen Innenhof hinaus.

Hotel Terminus (Karte S. 78–80; ☎ 22 05 60 00; terminus@rainbow-hotels.no; Stenersgata 10; EZ/DZ Mitte Juni–Mitte Aug. & Sa & So 630/790 nkr, übrige Zeit 1075/1325 nkr; 💻) Das Terminus liegt nur 200 m nördlich vom Oslo S und hat die besten Sommerangebote der Tulip Inn/Rainbow-Kette. Die gemütlichen Zimmer verfügen über Komplettausstattung und einen persönlicheren Touch als die meisten anderen. Darüber hinaus: Das Frühstück ist überdurchschnittlich gut, und den ganzen Tag gibt' Kaffee, Tee und Obst umsonst. Höchst empfehlenswert.

Spitzenklassehotels

Hotel Bristol (Karte S. 78–80; ☎ 22 82 60 00; booking@bristol.no; Kristian IV's gate 7; EZ/DZ Mitte Juni–Mitte Aug. & Sa & So 995/1195 nkr, übrig Zeit ab 1350/2030 nkr; 💻 Ⓟ) Eines der Top-Hotels Oslos: wunderbare, elegante Zimmer mit poliertem Holzparkett und zeitgenössischem Mobiliar; alle mit moderner Luxusausstattung, manche zusätzlich mit Badewanne.

Grand Hotel (Karte S. 78–80; ☎ 23 21 20 00; grand@rica.no; Karl Johans gate 31; EZ/DZ Mitte Juni–Mitte Aug. & Sa & So ab 995/1250 nkr, übrige Zeit 1845/1995 nkr; 💻) Das fürstliche Grand Hotel ganz im Stil seiner Zeit verströmt Charme und europäische Eleganz. Die Räume sind wunderschön ausgestattet und dabei von zurückhaltender Noblesse. Ebenfalls wärmstens empfohlen.

Holmenkollen Park Hotel Rica (Karte S. 83; ☎ 22 92 20 00; www.holmenkollenparkhotel.no; Kongeveien 26; EZ 1600–1950 nkr, DZ 1600–2100 nkr) Für alle, die sich wirklich was Gutes tun wollen, liegt etwas hügelan dieses historische Hotel unweit der Skisprungschanze Holmenkollen. 1891 eröffnete hier Dr. Ingebrigt Christian Lund Holm ein schlossartiges Sanatorium mit einer der schönsten Aussichten von ganz Oslo. Bis heute strahlt das architektonisch einzigartige Gebäude Understatement und Individualität aus.

ESSEN

In Oslo gibt's die größte Restaurantvielfalt in ganz Norwegen. Sofern hier nicht anders vermerkt, werden Mittag- und Abendessen angeboten.

Fast alle Hotels bauen für ihre Gäste ein reichhaltiges Frühstücksbüfett auf; für 80 bis 100 nkr sind fast immer auch Gäste von auswärts willkommen. Das ist die beste Möglichkeit, mit einer ordentlichen Grundlage in den Tag zu starten.

Wer von Hering und Rührei zum Frühstück genug hat, kann sich eine der vielen guten Bäckereien der Hauptstadt suchen. Hier bekommt man für ungefähr 50 nkr einen Kaffee und ein Gebäckstück. Die üblichen Öffnungszeiten sind montags bis freitags von 7.30 Uhr bis 16 oder 17 Uhr (samstags 10 bis 17 Uhr).

Stadtzentrum

Paléet Food Court (Karte S. 78–80; ☎ 22 41 22 63; Karl Johans gate 37; Gericht 75–95 nkr) Einer der netteren Foodcourts in Norwegen – im Souterrain gelegen – mit verschiedenen Restaurants unter einem Dach: indische, japanische (Sushi ab 75 nkr), thailändische und italienische Küche; außerdem werden Baguettes (43 nkr) und gegrilltes Fleisch und Fisch angeboten (ab 95 nkr).

Salsa (Karte S. 78–80; ☎ 22 41 20 60; Nedre Slottsgate 15; Gericht ab 32 nkr) Das Salsa ist ein gutes Restaurant ohne viel Firlefanz – Tapas und *bocadillos* (belegte/gefüllte Brötchen) zu annehmbaren Preisen. Man kann auch draußen sitzen.

Peppe's Pizza (Karte S. 78–80; ☎ 23 31 12 80; Karl Johans gate 1; Pizza ab 134 nkr; Stortingsgata 4; Hegdehaugsveien 31; Observatoriegata; Aker Brygge) Wenn man schon Pizza in Norwegen isst, dann bei Peppe's – große Pizzen, Lasagne (93 nkr) und Mittagsbüfett (95 nkr).

Café Norrøna (Karte S. 78–80; ☎ 23 31 80 00; Grensen 19; Mittagsbüfett 148 nkr, Salat-/Suppenbüfett 98/78 nkr; ⏲ Mitte Mai–Mitte Sept. 11–16.30 Uhr, übrige Zeit bis 18 Uhr) Dieses Café ist phantastisch für alle, die scharf auf Grünzeug sind; nach all den Hotdogs bedankt sich der Magen für dieses Mittagsbüfett.

Das historische Lokal **Stortorvets Gjæstgiveri** (Karte S. 78–80; ☎ 23 35 63 60; Grensen 1; Vorspeisen 70–130 nkr, Hauptgerichte 145–245 nkr) hat weit mehr Ambiente als die meisten anderen Osloer Restaurants zusammenkratzen können. In einem reizenden alten Osloer Haus werden sorgfältig zubereitete traditionelle norwegische Delikatessen serviert. Besonders zu empfehlen ist das Rentier-Carpaccio (130 nkr). An manchen Samstagnachmittagen gibt es Live-Jazz.

A Touch of France (Karte S. 78–80; ☎ 23 10 01 60; Øvre Slottsgate 16; Vorspeisen 75–150 nkr, Hauptgerichte 185–289 nkr) Für alle, die Sehnsucht nach Paris haben. A Touch of France hat einiges von einem Pariser Straßencafé: Plätze im Freien, große Gemeinschaftstische und eine lockere Atmosphäre; dazu ein Angebot, dessen sich auch ein Pariser Koch nicht zu schämen bräuchte – allem voran der große Seafood-Teller (375 nkr).

Eine der schicksten Adressen in Oslo ist **Onkel Donald Kafé-Bar** (Karte S. 78–80; ☎ 23 35 63 10; Universitetsgata 26; Snacks & Sandwiches 39–89 nkr, leichte Gerichte 98–131 nkr, Hauptgerichte 179–198 nkr). Hier herrscht ein lebhafte Atmosphäre; in dem eleganten Restaurantbereich gibt's norwegisches Essen der Spitzenklasse. Abends verwandelt sich das Café in eine ebenso trendige Bar, die lange geöffnet ist (meist bis 3 Uhr morgens).

Rust (Karte S. 78–80; ☎ 23 20 22 10; Hegehaugsveien 22; Snacks & leichte Gerichte 54–127 nkr, Hauptgerichte 136–198 nkr) Hoch gelobte Location im Retro-Bohemien-Style in einer besonders schönen Ecke von Oslo mit schöner Terrasse und netter Bedienung. Alles, um sich rundum wohl zu fühlen – vom phantastischen Essen ganz zu schweigen.

Engebret Café (Karte S. 78–80; ☎ 22 82 25 25; Bank plassen 1; Sandwiches 59–89 nkr, Vorspeisen 125–145 nkr, Hauptgerichte 245–345 nkr; ⏲ Mo–Sa Mittag & Abend) Als erstes „Theatercafé" der Stadt wurde das Engebret Café 1857 neben dem Christiania Theater eröffnet: ein Treffpunkt für Schauspieler und Schriftsteller. Bis heute hat es sich sein kultiviertes und nobles Ambiente bewahrt – mit sehr guter norwegischer und internationaler, auf Fischgerichte spezialisierter Küche.

Gamle Rådhus (Karte S. 78–80; ☎ 22 42 01 07; Nedre Slottsgate 1; Vorspeisen 98–145 nkr, Hauptgerichte 245–285 nkr) Das älteste Restaurant Oslos befindet sich in einem historischen Gebäude aus dem

DER TIPP VOM AUTOR

Das ehemals leicht heruntergekommene Arbeiterviertel Grünerløkka, besser bekannt als „Løkka", zählt zu den am besten gehüteten Geheimnissen Oslos; es ist auf dem besten Weg, eines der trendigsten Stadtviertel zu werden. In diese Gegend verlaufen sich nur wenige Touristen; aber wenn man hier wohnen würde, ließe man sich sicher immer wieder von den guten Restaurants und hippen Cafés und Bars herlocken. Viele Restaurants öffnen abends als Bar – am Wochenende bleiben sie bis drei Uhr in der Früh geöffnet.

Tea Lounge (Karte S. 76; ☎ 22 37 07 05; Thorvald Meyers gate 33B; Sandwiches & Salate 72 nkr) Dieses Lokal ist ein Juwel. Die Jugendstilfassade bildet die Kulisse für eine angesagte Location, in der man leichtes Essen, erstklassigen Kaffee und Eistee sowie zig alkoholische Getränke bekommt. Ob bei Tag oder bei Nacht, hier ist man richtig aufgehoben – und im Sommer bleibt der Laden bis halb vier Uhr morgens auf.

Jahr 1641. Ein Pub im englischen Stil und ein prasselndes Feuer machen die schummrig-gemütliche Atmosphäre perfekt. Wer schon immer den gummiartigen *lutefisk* (Stockfischzubereitung) probieren wollte, hat hier in der Vorweihnachtszeit dazu Gelegenheit – Vorrat gibt es reichlich.

Ebenfalls zu empfehlen:

Vegeta Vertshus (Karte S. 78–80; ☎ 22 83 42 32; Munkedamsveien 3B; kleine/große Gerichte 90/100 nkr, Büfett 145 nkr) Deftiges vegetarisches Büfett einschließlich Vollkornpizza, Kasserollen und Salate.

Sushi Nam King (Karte S. 78–80; ☎ 22 20 19 40; Torggata 24; Sushi 36–165 nkr, Hauptgerichte 145–249 nkr; 🕑 Mo–Sa 16–11.30 Uhr, So 16–22.30 Uhr) Halb japanisch, halb koreanisch – ideal für Sushi-Fans.

Far East (Karte S. 78–80; ☎ 22 20 56 28; Bernt Ankers gate 4; Mittag 78 nkr, Hauptgerichte 78–158 nkr) Ausgezeichnete, satt machende Thai- und vietnamesische Küche.

Ein paar großartige Lokale für wenig Geld rund um die Universität. Im **University Café** (Karte S. 78–80; Universitetsgata; Abendessen für Studenten/alle anderen 40/50 nkr) im unteren Stockwerk des Juridicums gibt's einfache Mahlzeiten, aber üppige Portionen. Anspruchsvollere Studenten drängeln sich im **BIT** (Karte S. 78–80; Universitetsgata; 🕑 Mo–Fr 8–19 Uhr, Sa 10–17 Uhr), wo es ausgezeichnete Baguettes (36–42 nkr), Calzone (42 nkr) und Ciabatta (39–42 nkr) gibt; im **Kaffe & Krem** (Karte S. 78–80; Drammensveien 30; Solli plass) und im **Baker Hansen** (Karte S. 78–80; Akersgata 47) sind hervorragende Bagels zu bekommen.

Aker Brygge

Aker Brygge, die ehemalige Werft westlich des Haupthafens, ist heute ein schickes Shoppingcenter, wo es auch es auch einen Foodcourt (11–22 Uhr) mit verschiedenen Angeboten gibt, darunter chinesische Gerichte von der Noodle Bar (Karte S. 78–80) und Ofenkartoffeln.

Reker (frische Krabben) gibt's in der Nähe von Aker Brygge direkt vom Kutter; frische Lebensmittel bekommt man am preisgünstigsten an den Marktständen um Grønlandstorg.

ICA Gourmet Supermarket & Café (Karte S. 78–80; Holmens gate 7, Aker Brygge; 🕑 Mo–Fr 9–22 Uhr, Sa 9–20 Uhr) Im ICA auf der Rückseite von Aker Brygge läuft einem regelrecht das Wasser im Mund zusammen. Hier kommen gefüllte Baguettes (40 nkr), ganze Grillhähnchen (45,50 nkr) sowie Wok- und Pastagerichte und Sushi auf den Tisch. Man kann sich auch zum Essen reinsetzen, aber Mitnehmen ist etwas preisgünstiger und v. a. wesentlich netter.

Albertine (Karte S. 78–80; ☎ 21 02 36 30; Stranden 3; Snacks 34–95 nkr, leichte Gerichte 95–135 nkr, Hauptgerichte 189–225 nkr; 🕑 Frühstück, Mittag & Abend) Albertine ist wohl die netteste Kombüse am Ufer; beim Essen nach Bistroart lässt man auf dem Logenplatz die ganze Welt an sich vorüberziehen.

Das **Big Horn Steak House** (Karte S. 78–80; ☎ 22 83 83 63; Fjordaléen 6; Steaks 159–436 nkr) im amerikanischen Stil haut Steaks der unterschiedlichsten Größen auf den Grill. Fragt man Norweger nach ihrem liebsten Steakhaus, so schicken sie einen meist hierhin.

Ebenfalls zu empfehlen:

Beach Club (Karte S. 78–80; ☎ 22 83 83 82; Bryggetorget 14; Burger 85–135 nkr; 🕑 Frühstück, Mittag & Abend) genau das Richtige an einem sonnigen Nachmittag; hier wird einem ein komplettes amerikanisches Frühstück (105 nkr) vorgesetzt.

Café Sorgenfri (Karte S. 78–80; ☎ 21 50 10 90; Bryggetorget 14; Mittag & leichte Gerichte 69–155 nkr, Vorspeisen 75–115 nkr, Hauptgerichte 195–245 nkr) Abwechslungsreiche Speisekarte und gemütliche Sitzgelegenheiten im Freien.

Herbern Marina (Karte S. 78–80; ☎ 22 83 19 90; Stranden 30; leichte Gerichte 79–113 nkr, 0,4 l Bier ab 57 nkr) Überraschend bezahlbare Preise direkt am Wasser.

Grünerløkka

Sult (Karte S. 76; ☎ 22 87 04 67; Thorvald Meyers gate 26; Gerichte 79–179 nkr) Das beliebte, relaxte Sult hat das typische Grünerløkka-Feeling; auf der kreativen Karte stehen jede Menge hervorragende Fisch- und Nudelgerichte. Es ist immer gerammelt voll – also am besten früh kommen und in der angeschlossenen Bar (die sich passend Tørst nennt) auf einen freien Tisch warten.

Bagel & Juice (Karte S. 76; ☎ 22 37 05 80; Thorvald Meyers gate 44; Bagel 31–58 nkr; 🕑 Frühstück, Mittag & Abend) Helles, freundliches Lokal mit großartigen Bagels, einer Riesenauswahl an frischen Säften (32–40 nkr) und gutem Kaffee (20–34 nkr).

Mucho Mas (Karte S. 76; ☎ 22 37 16 09; Thorvald Meyers gate 36; Vorspeisen 39–85 nkr, Hauptgerichte um 110 nkr) Von draußen macht es nicht viel her, doch drinnen entpuppt es sich als eins der besten mexikanischen Restaurants Norwegens. Auf der Karte findet man das ganze Repertoire mexikanischer Küche inklusive

Tacos, Nachos und Burritos (sämtliche Gerichte mit und ohne Fleisch). Zum Feuerlöschen gibt es günstiges Bier. Nehmen dort keine Kreditkarten.

Bistro Brocante (Karte S. 76; ☎ 22 35 68 71; Thorvald Meyers gate 40; Tagesgericht 59–135 nkr, Vorspeisen 38–96 nkr, Hauptgerichte 164–285 nkr) Das ebenfalls sehr gute, zwanglose, französisch inspirierte Café serviert leckeres Essen, u. a. Salate (98–115 nkr) und Quiche (93 nkr). Im Sommer erwischt man nur mit viel Glück einen der Tische draußen.

Fru Hagen (Karte S. 76; ☎ 22 35 67 87; Thorvald Meyers gate 40; Hauptgerichte 75–159 nkr) Trendige Bohemekneipe direkt neben dem Bistro Brocante; bis 21.30 Uhr kommt internationale Küche auf den Tisch, danach verwandelt sich der Ort in eine beliebte Bar der oberen Kategorie. Auch hier ist ein Tisch draußen nur zu bekommen, wenn man seine Ellenbogen benutzt – oder wartet.

QBA (Karte S. 76; ☎ 22 35 24 60; Olaf Ryes plass 4; Snacks & leichte Gerichte 29–79 nkr; 🕑 Mo–Fr 8–1 Uhr, Sa & So 11–1 Uhr) Noch ein Szenetreff, der sich abends in eine Bar verwandelt – v. a. freitags sehr beliebt bei der studentischen In-Crowd. Wer seinen Laptop dabeihat, kommt per WLAN ins Internet; hier gibt's eine riesige Getränkeauswahl sowie Nachos, Wraps, Salate und Bruschetta.

Rund um Oslo S & Grønland

Im Foodcourt des Shoppingcenters Oslo City (Karte S. 78–80) sind u. a. Bäckereien zu finden, ein Ofenkartoffel- und Grillstand, chinesische und mexikanische Restaurants; unter der Woche ist bis 21 Uhr geöffnet, samstags bis 18 Uhr. Hier kann man schnell und für wenig Geld satt werden, wenn auch im gewohnt sterilen Ambiente eines Einkaufszentrums.

Leute über 18 Jahren bekommen montags bis freitags bis 20 Uhr und samstags bis 18 Uhr in Osloer Supermärkten Bier. Wein und Spirituosen dagegen gibt es erst ab 20 Uhr, und zwar im **Vinmonopolet** (Karte S. 78–80; Kirkeveien 64, Oslo City Shopping Centre, Møllergata 10 & Elisenbergveien 37; 🕑 Mo–Mi 10–17 Uhr, Do 10–18 Uhr, Fr 9–18 Uhr, Sa 10–14 Uhr).

Im Stadtteil Grønland und in den Seitenstraßen westlich der Storgate wimmelt es von günstigen Asia-, Afrika- und Orientläden, wo man alles bekommt, was es anderswo nicht gibt, wie etwa frische Kräuter und exotische Zutaten.

Teddy's Soft Bar (Karte S. 78–80; ☎ 22 17 36 00; Brugata 3A; leichte Gerichte um 75 nkr; 🕑 Mo–Sa Mittag & Abend) Teddy's Soft Bar ist eine lokale Institution und hat sich seit seiner Eröffnung in den 50er-Jahren kaum verändert. Hier werden leichte, überwiegend norwegische Gerichte angeboten – besonders zu empfehlen ist *pytt i panne* (88 nkr), eine Art Bauernfrühstück.

Punjab Tandoori (Karte S. 78–80; ☎ 22 17 20 86; Grønlandsleiret 24; Tagesgericht 75 nkr, Hauptgerichte um 60 nkr) Das einfache indische Lokal befindet sich unweit der T-bane-Station Grønland. Im Angebot: Curry, Dal, Samosa und leckere Pfannengerichte, das Ganze nicht zu scharf, außer man bittet ausdrücklich darum. Auf der Mittagskarte steht außerdem Chicken Tandoori mit Nan.

Baker Brun (Karte S. 78–80; ☎ 22 17 51 26; Grønland 12) Eine unserer Lieblingsbäckereien – mit ein paar Tischen, dazu tollem Brot und Gebäck (mehrere Filialen in der Stadt).

In ganz Oslo gibt es Supermärkte noch und noch. Nur die ganz kleinen laufen unter Kiosk und dürfen daher sonntags öffnen. Gut erreichbar sind u. a.:

Kiwi (Karte S. 78–80; Oslo S (Jernbanetorget), Storgata; 🕑 Mo–Fr 9–21 Uhr, Sa 9–20 Uhr)

Rimi (Karte S. 78–80; Gunerius Shopping Centre, Storgata; 🕑 Mo–Sa 8–22 Uhr)

Oslo Helsekost (Karte S. 78–80; ☎ 22 42 96 00; Akersgata 32; 🕑 Mo–Mi & Fr 9–17 Uhr, Do 9–18 Uhr, Sa 10–15 Uhr) Kleiner Drogeriemarkt mit Bio-Food und gesunden Snacks.

Holmenkollen

Holmenkollen Restaurant (Karte S. 83); ☎ 22 13 92 00; Holmenkollveien 119; Hauptgerichte 199–289 nkr, 3-Gänge-Sommermenü 425 nkr) Das beliebte Restaurant ist oberhalb der T-bane-Station Holmenkollen (Linie 1) zu finden. Hier gibt's gutes Essen und obendrein einen schönen Ausblick. In der Cafeteria gleich nebenan genießt man den gleichen Ausblick und bekommt einfachere Gerichte für um die 120 nkr.

AUSGEHEN

Die monatliche Broschüre *What's On in Oslo*, die kostenlos in den Fremdenverkehrsbüros zu bekommen ist, informiert über Konzerte, Theateraufführungen und besondere Events; für Nachteulen empfiehlt sich besonders das ebenfalls kostenlose *Streetwise*, das von Use-It (s. S. 76) jedes Jahr neu auf Englisch herausgegeben wird.

Pubs, Diskos & Nightclubs

Das Nachtleben in Oslo zählt nicht zum aufregendsten in Europa. Der berühmte spanische Regisseur Pedro Almodovar, eine Ikone des dynamischen Madrids der 80er-Jahre, beschwerte sich tatsächlich zehn Jahre später, die Hauptstadt Spaniens sei in Gefahr, „genauso langweilig wie Oslo" zu werden. Wenn Oslo wenigstens *so* langweilig wäre!

Aber egal – wo es in der Hauptstadt so richtig abgeht, hat man schnell herausgefunden. In den Nächten von Mittwoch bis Samstag kann es für norwegische Verhältnisse recht lebhaft zugehen. Man wird vielleicht keine unvergessliche Zeit erleben, aber zumindest jede Menge fröhliche laute Menschen treffen. Im *Streetwise* ist eine gute Liste der neuesten Trendlokale.

Man muss wissen, dass in Oslo in vielen Abendlokalen eine Art ungeschriebene Kleiderordnung gilt: Man sollte schon einigermaßen ordentlich angezogen sein – und auf gar keinen Fall in schmuddeliger Kleidung und Wanderstiefeln aufkreuzen. In die meisten Bars und Clubs, in denen Bier und Wein über die Theke geht, kommt man nicht rein, wenn man unter 18 ist; vielerorts, v.a. wo es auch Härteres gibt, gilt ein höheres Mindestalter. Am Wochenende machen die meisten Abendlokale in Oslo erst gegen 3 Uhr oder später dicht.

Der übliche Preis für 0,5 l Bier liegt zwischen 50 und 65 nkr, doch in manchen Lokalen (normalerweise den etwas düsteren, wo sich Einheimische mit verschlossener Miene und Ellbogen auf der Theke treffen) können Urlauber, die ihre Kronen zusammenhalten wollen, das Bier schon für 29 nkr bekommen. Die Bars und Clubs im Stadtzentrum sind meist teuer (bei bis zu 99 nkr für 0,5 l Bier sollte man sehr langsam trinken!); die Lokale östlich der Innenstadt und nördlich vom Oslo S sind dagegen mehr was für Leute mit kleinem Budget.

Die billigsten Lokale, die derzeit zu finden sind: **Lille Laila** (Karte S. 78–80; Ecke Brugata/Christian Krohgs gate; 0,5 l drinnen/draußen 29/34 nkr), wo wahrscheinlich jeder gern die 5 nkr mehr bezahlt, um der deprimierenden Atmosphäre im Innern entkommen zu können, und **Stargate** (Karte S. 78–80; Grønlandsleiveret 2; 0,5 l 36 nkr), das mit seiner nüchternen Trinkstu-

LIVEMUSIK IN OSLO

Die Livemusikszene in Oslo ist launisch, aber ein paar Adressen haben regelmäßige Programme; mittwochs bis samstags stehen die Aussichten auf eine Veranstaltung am besten (und im Winter auf eine Erkältung – denn zum Rauchen muss man vor die Tür). Üblicherweise 60–70 nkr Eintritt.

Jazz ist immer wieder ein aktuelles Thema; in den meisten Bars sind während des Osloer Jazzfestivals im August (S. 92) Gruppen live zu hören.

Mit Abstand die beste Adresse für Jazzmusik ist das **Blå** (Karte S. 78–80; ☎ 22 20 91 81, Brennerieveien 9C); hier treten hervorragende junge Künstler und Bands auf, bevor sie den ganz großen Durchbruch schaffen.

Das **Café Con Bar** (Karte S. 78–80; ☎ 22 05 02 00; Brugata 11) bietet samstags manchmal Livemusik und sonntags von 22 bis 2 Uhr großen Jazz. In **Herr Nilsens Pub** (Karte S. 78–80; ☎ 22 33 54 05; CJ Hambros plass 5; Eintritt 70 nkr) trifft sich alles, was über dreißig ist; samstags von 23 Uhr bis sonntagmorgens um 2 Uhr swingt man zu sanftem Live-Jazz live durch die Nacht. Etwas hektischer und unberechenbarer ist **Smuget** (Karte S. 78–80; ☎ 22 42 52 62, Rosenkrantz gate 22; Eintritt 65/75 nkr Woche/Wochenende) – hier ist grundsätzlich was los, mit wummernder Disko und Live-Jazz, Rock und Blues.

Rockfans sollten im **Elm Street Rock Café** (Karte S. 78–80; ☎ 22 42 14 27; Dronningens gate 32) vorbeischauen; leer wird es hier nie, erst recht nicht mittwochs – da gibt's oft eine Liveveranstaltung.

Ein Erlebnis der anderen Art ist das **Underwater Pub** (Karte S. 76; ☎ 22 46 05 26, Dalsbergstien 4); hier ölen dienstags und donnerstags die Studenten der Staatlichen Opernschule ihre Kehlen und verwöhnen die Gäste mit ihren Lieblingsarien. Und ja klar – man befindet sich wirklich und wahrhaftig unter Wasser!

Mehrmals pro Woche treten im **Dubliner** (Karte S. 78–80; ☎ 22 33 70 05; Rådhusgata 28; Eintritt 60 nkr) irische Bands auf; das gemütliche irische Pub lockt mit Original-Atmosphäre, typischer Holzvertäfelung, netter Bedienung und reichlich Guinness in Pint-Gläsern (62 nkr).

Die Barrikaden außen sprechen für sich: Im **Blitz** (Karte S. 78–80; ☎ 22 11 23 49; Pilestredet 30C) trifft sich Oslos rebellische Bohemien-Szene. Hier gibt es ein Büchercafé und ebenfalls Livekonzerte.

SCHWULEN- & LESBENSZENE

Oslos Schwulenszene ist ziemlich sprunghaft, was In-Lokale betrifft, aber konstant beliebt ist das **London Pub** (Karte S. 78–80; ☎ 22 70 87 00; CJ Hambros plass 5; Eintritt 50 nkr). Das relativ untypische Pub ist schummrig, gut frequentiert, mit überwiegend männlichem Publikum. Im Pub legen DJs auf, es gibt eine Disko und Pianobar. Hier erfährt man außerdem, welche Adressen gerade besonders angesagt sind. Auch ein Blick ins *Streetwise*, das kostenlose Stadtmagazin von Use-It (S. 76), lohnt sich: Der „Gay Guide" listet Cafés, Pubs, Clubs, Buchhandlungen und interessante Veranstaltungen und Adressen auf. Es gibt auch ein **Lesben- und Schwulentelefon** (☎ 22 11 33 60). Weitere Informationen zum Thema s. S. 420.

benatmosphäre minimal (aber wirklich nur minimal) besser ist.

Ein anderes, wirklich richtig nettes Lokal etwas näher am Stadtzentrum ist das jazzige **Café Con Bar** (Karte S. 74–80; ☎ 22 05 02 00; Brugata 11; ⌚ Mo–Do 11–1 Uhr, Fr & Sa 11–3 Uhr, So 12–3 Uhr), das an den meisten Abende vor Energie vibriert. Eine waschechte Szenekneipe ist die **Onkel Donald Kafé-Bar** (Karte S. 78–80; ☎ 23 35 63 10; Universitetsgata 26; s. S. 95).

Skansen (Karte S. 78–80; ☎ 22 42 28 88; Rådhusgata 25; Eintritt 50 nkr; ⌚ Mi–So) galt mal als einer der drei besten Clubs der Welt; nachdem es mehrere Jahre lang geschlossen war, hat sich das Skansen nie wieder richtig erholt. Trotzdem ist hier immer jede Menge los. Regelmäßig legen hier bekannte DJs auf, und freitags und samstags wummern in der ehemaligen Bedürfnisanstalt House-, Funk-, Jazz- und Techno-Beats.

Eine Reihe angesagter Bars sind auch in Grünerløkka an der Thorvald Meyers gate und den umliegenden Straßen zu finden. Viele Restaurants werden flippig, sobald die Küche schließt; um den Einstieg zu bekommen, sollten die Tipps auf S. 96 reichen. In folgenden Bars hält man es auf jeden Fall gut etwas länger aus:

Sult (Karte S. 76; ☎ 22 87 04 67; Thorvald Meyers gate 26)
Tea Lounge (Karte S. 76; ☎ 22 37 07 05; Thorvald Meyers gate 33B)
Fru Hagen (Karte S. 76; ☎ 22 35 67 87; Thorvald Meyers gate 40)
QBA (Karte S. 76; ☎ 22 35 24 60; Olaf Ryes plass 4)

Konzerte

Im Sommer sollte man die Ohren aufsperren, um die Konzerte vor der ganz speziellen, wunderbaren Kulisse des Vigeland-Parks nicht zu verpassen.

In den größten Konzerthallen der Stadt, dem **Oslo Spektrum** (Karte S. 78–80; ☎ 22 05 29 00; Sonja Henies plass 2) und der **Rockefeller-Musikhalle** (Karte S. 78–80; ☎ 22 20 32 32; Torggata 16), bekommt man eine große Auswahl von Veranstaltungen mit den unterschiedlichsten Künstlern geboten, darunter auch international renommierte Musiker.

Den Norske Opera (Karte S. 78–80; ☎ 81 54 44 88; Storgata 23; Tickets ab 300 nkr) ist Oslos Opernhaus; hier finden Opern- und Ballettaufführungen und klassische Konzerte statt.

Es lohnt sich auch, mal in die alternative Tanz- und Theaterszene reinzugucken; die findet man in dem café-artigen **Black Box** (Karte S. 78–80; ☎ 22 10 40 20; Stranden 3) im Aker-Brygge-Komplex.

Das **Nationaltheater** (Nationaltheatret; Karte S. 78–80; ☎ 22 00 14 00; Stortingsgata 15) ist das Aushängeschild von Norwegens Theaterszene. Das Haus mit dem reich verzierten Rokoko-Saal wurde speziell als Aufführungsort für die Werke des norwegischen Dramatikers Henrik Ibsen erbaut. Die gehören natürlich auch heute noch zum Repertoire.

Kino

Saga Kino (Karte S. 78–80; ☎ 82 03 00 00; Stortingsgata 28) Im Saga-Kino mit seinen sechs Leinwänden laufen brandneue Filme einschließlich Hollywoodproduktionen in Originalsprache; der Eingang befindet sich an der Olav V's gate.

Filmens Hus (Karte S. 78–80; ☎ 22 47 45 00; Dronningens gate 16) Hier flimmern vorwiegend alte Klassiker und die Sieger internationaler Festivals über die Leinwand.

SHOPPEN

Oslo ist das richtige Pflaster für vornehmes Shopping auf hohem Niveau; viele schicke Läden locken am Grensen und in der Karl Johans gate. Wer an Kunst interessiert ist, wird am ehesten in den Galerien am Frognerveien fündig.

Oslo Sweater Shop (Karte S. 78–80; ☎ 22 42 42 25; Biskop Gunnerus gate 3; ⌚ Mo–Sa 8–22 Uhr, So 13–19 Uhr) Traditionelle norwegische Pullover sind ein absoluter Dauerbrenner; im Oslo Sweater Shop stimmen Preise und Auswahl.

BUSREISEN

Zielort	Abfahrten	Preis	Dauer
Åndalsnes	2-mal tgl.	390/570 nkr (Tag/Nacht)	7 Std.
Arendal	3-mal tgl.	340 nkr	4 Std.
Bergen	3-mal tgl.	640 nkr	11½ Std.
Kristiansand	8-mal tgl.	380 nkr	5½ Std.
Lillehammer	4-mal tgl.	250 nkr	3 Std.
Røros	3-mal tgl.	465 nkr	6 Std.
Stavanger	bis zu 5-mal tgl.*	720 nkr	9½ Std.
Trondheim	3-mal tgl.	610 nkr	8½ Std.

* in Kristiansand umsteigen

Husfliden (Karte S. 78–80; ☎ 24 14 12 80; Lille Grensen 7) Husfliden ist ein größeres Geschäft mit hochqualitativer norwegischer Kleidung und Kunsthandwerk. Das Angebot reicht von geschnitzten Holztrollen bis hin zu kunstvollen Trachten.

Vestkanttorget-Flohmarkt (Amaldus Nilsens plass; ⏰ Sa 10–16 Uhr) Wer glücklich ist, sich durch haufenweise altes Zeug zu wühlen, um vielleicht ein wertvolles Stück herauszufischen, hat hier alle Chancen. Der Flohmarkt findet auf dem Platz an der Professor Dahls gate statt, einen Block östlich vom Vigeland-Park, eine wirklich überaus vergnügliche Weise, einen Samstagvormittag zu verbringen.

Ebenfalls zu empfehlen:

Heimen Husflid (Karte S. 78–80; ☎ 23 21 42 00; Rosenkrantz gate 8) Kleidung und Kunsthandwerk.

Unique Design (Karte S. 78–80; ☎ 22 42 97 60; Rosenkrantz gate 13) Gute Adresse für Pullis.

AN- & WEITERREISE

Flugzeug

Oslos Internationaler Flughafen Gardermoen (☎ 64 81 20 00) öffnete im Oktober 1998; eine Autobahn und ein Hochgeschwindigkeitszug (s. S. 101) bringen Reisende ins Stadtzentrum. Nonstopflüge bieten Scandinavia Airlines von Berlin Tegel und Zürich, die Lufthansa fliegt täglich von Frankfurt nach Oslo. Von Österreich gibt's keine regelmäßigen Direktflüge. Weitere Informationen zu internationalen Flügen s. S. 433.

Auch Inlandsflieger heben hier ab, darunter (Preisbeispiele für Oneway-Tickets) nach: Ålesund (553 nkr), Bergen (739 nkr), Røros (ab 430 nkr, tgl. außer Samstag), Stavanger (739 nkr), Tromsø (808 nkr) und Trondheim (553 nkr)

KLM, Widerøe, SAS Braathens und Ryanair fliegen den Flughafen Torp in Sandefjord gut 123 km südwestlich der Stadt an. Für weitere Details zur Anbindung an die Stadt s. S. 102.

Fähre

Informationen zu internationalen Fährverbindungen s. S. 432.

Die Fähren von **DFDS Seaways** (Karte S. 78–80; ☎ 22 41 90 90; Vippetangen 2) und **Stena Line AS** (Karte S. 78–80; ☎ 02010; Jernbanetorget 2) sind Oslos Verbindung nach Dänemark; sie legen vom Vippetangen-Kai ab (Nähe Skippergata). Der Bus Nr. 60 hält zwei Minuten zu Fuß vom Fährterminal entfernt.

Die Fähren der **Color Line** (Karte S. 78–80; ☎ 81 00 08 11; Øvre Slottsgate 12A) fahren von/nach Hirtshals (Dänemark) und Kiel (Deutschland); die Anlegestelle ist der Hjortneskaia westlich des Haupthafens; diese ist mit der Straßenbahn Nr. 10 oder 13 vom Hauptbahnhof Oslo S zu erreichen oder mit dem Bus der Color Line, der eine Stunde vor Ablegen der Fähre vom Oslo S abfährt.

Bus

An- und Abfahrtspunkt für Fernbusse ist der Busbahnhof **Galleri Oslo** (Karte S. 78–80; Schweigaards gate 8, Galleri Oslo); eine praktische Fußgängerbrücke verbindet diesen mit dem Hauptbahnhof, sodass man seine Anschlüsse bequem erreicht.

Nor-Way Bussekspress (☎ 82 02 13 00, 81 54 44 44; www.nor-way.no) bietet die größte Auswahl an Busverbindungen.

Im Sommer gibt's für die beliebteren Strecken Sonderangebote, bei denen man richtig sparen kann, darunter Fahrten nach

ZUGREISEN

Zielort	Abfahrten	Preis	Dauer
Åndalsnes	bis zu 3-mal tgl.	644 nkr	5½ Std.
Arendal	3-mal tgl.	250 nkr	3½ Std.
Bergen	5-mal tgl.	670 nkr	6½–8 Std.
Kristiansand	4-mal tgl.	531 nkr	4½ Std.
Lillehammer	11–17-mal tgl.	282 nkr	2¼ Std.
Røros	bis zu 3-mal tgl.	582 nkr	5 Std.
Stavanger	bis zu 5-mal tgl.	783 nkr	8 Std.
Trondheim	4-mal tgl.	748 nkr	6½ Std.

Sämtliche Preise zweiter Klasse; Schlafwagenplätze zweiter Klasse kosten 150 nkr extra.

Bergen (265 nkr), Trondheim (290 nkr) und Røros (290 nkr).

Vom Busbahnhof fahren auch internationale Busse ab. Näheres zu Fahrplänen und Preisen s. S. 430.

Auto & Motorrad

Die Hauptzufahrtstraßen in die Stadt sind die E 6 von Norden und die E 18 von Westen bzw. Osten. Von welcher Seite man auch nach Oslo reinfährt, man kommt an mindestens einer der 19 Mautstationen vorbei, wo dann 15 bis 25 nkr fällig werden.

Trampen

Wenn man von Oslo weiterwill, ist es generell am besten, zunächst mit dem Bus oder Zug in der entsprechenden Richtung bis zum Stadtrand zu fahren. Und dann von dort per Anhalter weiter (s. S. 444).

Wer nach Bergen trampen will, fährt mit dem Bus Nr. 161 bis zur Endstation und stellt sich an die E 16 Richtung Hønefoss. Für Trondheim nimmt man die T-bane Linie 5 (Richtung Vestli) bis Grorud und stellt sich dort an die Rv 4, die an die E 6 Richtung Norden anbindet. Richtung Südküste und Stavanger kommt man gut von der Tankstelle bei der Haltestelle Maritim weg (Bus Nr. 31 oder 32).

Zug

Sämtliche Züge fahren zum/vom Hauptbahnhof Oslo S im Stadtzentrum. Hier gibt's **Fahrkartenschalter** (Karte S. 78–80; 🕓 6–23 Uhr, international 6.30–23 Uhr) und einen **Auskunftschalter** (☎ 81 50 08 88), wo man Informationen zu Verbindungen und Abfahrtzeiten im ganzen Land bekommt.

Regelmäßig fahren Züge die Orte rund um den Oslofjord an (u. a. Drammen, Skien, Moss, Fredrikstad und Halden).

Näheres zu internationalen Verbindungen und Preisen s. S. 429.

UNTERWEGS VOR ORT

In Oslo gibt es ein gutes Nahverkehrssystem mit zahllosen Bus-, Straßenbahn-, U-Bahn- und Fährverbindungen. Neben Einzeltickets gibt es Tageskarten und übertragbare Achterkarten. Kinder von vier bis sechzehn Jahren und Senioren über 67 zahlen überall den halben Preis.

Mit dem Oslo-Pass (s. Kasten S. 75) können sämtliche öffentlichen Nahverkehrsmittel innerhalb der Stadt außer Nachtbusse und -straßenbahnen genutzt werden. Fahrräder dürfen für 10 nkr mehr in Straßenbahnen und Zügen mitgenommen werden. Für Schwarzfahren bekommt man automatisch ein schmerzhaftes Bußgeld von 750 nkr aufgebrummt.

Trafikanten (Karte S. 78–80; ☎ 177, 81 50 01 76; Jernbanetorget; 🕓 Mo–Fr 7–20 Uhr, Sa & So 8–18 Uhr) ist unter dem Turm des Oslo S untergebracht; hier sind kostenlose Fahrpläne und ein Plan des Nahverkehrsnetzes, *Sporveiskart Oslo*, zu bekommen.

Zum/Vom Flughafen

Flybussen (☎ 177, 22 17 70 30; www.flybussen.com) fährt als Flughafenshuttle den 50 km nördlich von Oslo gelegenen Internationalen Flughafen Gardermoen an. Er fährt zwischen 4.05 und 21.50 Uhr drei- bis viermal stündlich vom Busbahnhof Galleri Oslo ab. Die Fahrt kostet 100/160 nkr (einfache Fahrt/Hin- und Rückfahrt, Gültigkeitsdauer

1 Monat) und dauert 40 Minuten. **Flybussekspressen** (☎ 177) verbindet Gardermoen mit Majorstua (110 nkr), Bekkestua (130 nkr), Ski (150 nkr) und anderen Orten (1- bis 4-mal pro Std.).

Die Flughafenbahn **FlyToget** (☎ 81 50 07 77; www.flytoget.no) startet von 4.45 bis 24 Uhr alle 20 Minuten vom Bahnhof Asker nach Gardermoen (150 nkr, Dauer 24 Min.); sie hält auch am Nationaltheater. Außerdem halten die meisten der nach Norden fahrenden Intercityzüge und Regionalbahnen der **NSB** (☎ 81 50 08 88) am Bahnhof Gardermoen (75 nkr, mindestens 26 Min., stündl., samstags seltener).

Um zum Flughafen Torp 123 km südwestlich von Oslo zu kommen, den u. a. Ryanair anfliegt (s. S. 100), nimmt man den **Torp-Expressen** (☎ 81 50 01 76; Erwachsene/Kinder 130/70 nkr) vom Busbahnhof Galleri Oslo (1½ Std.). Abfahrt in Oslo ist drei Stunden vor Abflug der Ryanair-Maschinen, Abfahrt von Torp nach Ankunft der Ryanair-Flüge. Zwar wurde dieser Service in erster Linie für Passagiere von Ryanair eingerichtet (der Bus wartet bei Flugverspätung), doch auch die Passagiere anderer Fluggesellschaften werden mitgenommen. Zu allen anderen Zeiten muss man mit dem stündlich verkehrenden Telemarksekspressen-Bus oder dem Taxi (ab 150 nkr, 10 Min.) vom Flughafen zur Bahnstation Sandefjord fahren und von dort weiter mit dem Zug nach Oslo.

Fahrrad

In Oslo ein Fahrrad auszuleihen gestaltet sich schwieriger als nötig. Nur eine einzige Adresse vermietet tageweise Fahrräder: **Skiservice Sykkelutleie** (Karte S. 83; ☎ 22 13 95 04; www.skiservice.no; Tryvannsveien 2; um 175 nkr/Tag).

Wenn man keine großen Touren unternehmen will, bietet **Oslo Citybike** (☎ 22 02 34 88) eine Alternative: Überall in der Stadt verstreut gibt es Fahrradstände, wo man sich Räder ausleihen kann. Die Berechtigungskarte (50 nkr) ist 24 Stunden gültig; man muss allerdings das Fahrrad nach spätestens drei Stunden zu einem Stand zurückbringen (Insider bringen es zurück und leihen es umgehend wieder aus). Karten verkauft das Fremdenverkehrsbüro (S. 75); 500 nkr in bar sind als Pfand zu hinterlegen.

Den Rustne Eike (Karte S. 78–80; ☎ 22 44 18 80; Oscars gate 32; Mo–Fr 8–16.30 Uhr, Sa 10–14 Uhr) repariert Fahrräder.

Weitere Informationen zum Radfahren auf S. 89.

Fähre

Die Fähren zu den Inseln im Oslofjord legen am Vippetangen-Kai ab. Das Expressboot **Princessin** (☎ 81 50 01 76; www.nbds.no) fährt vom Aker-Brygge-Pier; es verbindet Oslo mit Drøbak (62 nkr, 1½ Std., 3-mal wöchentl.) und anderen am Weg gelegenen Häfen im Oslofjord: Ildjernet, Langåra and Håøya (ein beliebter Urlaubsort zum Zelten und Schwimmen).

Für Details zu den Fähren zur Halbinsel Bygdøy s. S. 87.

Bus & Tram

Bus- und Straßenbahnlinien durchziehen die Stadt bis in die Vororte hinein. Es gibt keinen zentralen Verkehrsknotenpunkt; die meisten Linien laufen jedoch am Jernbanetorget vor dem Oslo S zusammen. Die nach Westen fahrenden Busse einschließlich derjenigen nach Bygdøy und zum Vigeland-Park halten außerdem meist direkt südlich des Nationaltheaters.

Nachts verkehren fast keine öffentlichen Verkehrsmittel; am Wochenende allerdings fahren die Nachtbusse N12, N14 and N18 bis 4 Uhr morgens oder länger die Straßenbahnrouten ab; dazu gibt es noch die Nachtbusse N201 bis N218. Dieses Angebot nennt sich Nattlinjer und kostet pro Fahrt 45 nkr (nicht in Pauschaltickets enthalten).

Die meisten Fahrscheine kosten 20 nkr, sofern man sie im Voraus kauft (7-Eleven, Narvesen, Trafikanten), und 30 nkr direkt beim Fahrer. Der Preis für ein Tagesticket beträgt 55 nkr.

Auto & Motorrad

Oslo hat so einige Einbahnstraßen, was das Navigieren in der Stadt ein wenig kompliziert machen kann, aber generell sind die Straßen selten so verstopft wie in anderen Städten Europas.

An vielen gekennzeichneten Stellen kann man in der Stadt gegen Gebühr am Straßenrand parken. Gebührenpflichtig ist das Parken normalerweise montags bis freitags von 8 bis 17 Uhr, samstags bis 15 Uhr (bis zu 44 nkr/h). Zu anderen Zeiten muss nichts gezahlt werden, sofern nicht anders angegeben. Im Stadtzentrum findet man außerdem 16 mehrstöckige Parkhäuser, u. a. bei den Einkaufszentren Oslo City und Aker Brygge; die Gebühren betragen hier 70 bis 200 nkr für 24 h.

Mit dem Oslo-Pass ist das Parken auf allen städtischen Parkplätzen umsonst; eine Anleitung bekommt man mit dem Pass dazu.

Taxi

Sobald der Zähler läuft, sind schon 45 nkr fällig; dazu kommen 12 bis 18 nkr für jeden Kilometer. Taxistände gibt es beim Oslo S, an den Shoppingcentern und größeren Plätzen, doch prinzipiell ist jeder Wagen mit eingeschaltetem Taxischild frei. Telefonisch kann man bei **Norgestaxi** (☎ 08000) oder **Oslo Taxi** (☎ 02323) einen Wagen bestellen, sollte aber wissen, dass diese bereits die Anfahrt mitberechnen. In Oslo kann man im Taxi mit gängigen Kreditkarten bezahlen.

T-Bane

Die fünf U-Bahn-Linien der Tunnelbanen, besser bekannt als „T-bane", sind schneller und führen weiter aus der Stadt hinaus als die meisten Busse. Sämtliche Linien halten an den Stationen Nationaltheater, Stortinget und Jernbanetorget.

RUND UM OSLO

DRØBAK

11 200 Ew.

Drøbak, einst der Winterhafen von Oslo, ist ein schnuckeliges kleines Dorf mit vielen Holzhäusern direkt am Wasser. Es eignet sich perfekt für einen Tagestrip von der Hauptstadt aus.

Das **Fremdenverkehrsbüro** (☎ 64 93 50 87; Hanegata 4; 🕑 Mitte Juni–Mitte Aug. 10–17.30 Uhr) am Hafen ist hilfsbereit und hat reichlich Infomaterial zu Drøbak da, darunter den kostenlosen Führer *Walks Around Drøbak*.

Rund um den hübschen Torget-Platz und nicht weit davon an der Storgata findet man mehrere kleine Esslokale.

Sehenswertes

Drøbak ist Oslos „Weihnachtsdorf", berühmt für seine stimmungsvollen Dekorationen. Außerdem gibt es ein Weihnachtslädchen **Tregaardens Julehus** (☎ 64 93 41 78; www.julehuset.no; Torget 4; 🕑 März–Okt. Mo–Fr 10–17 Uhr, Sa 10–15 Uhr; Nov. Mo–Fr 10–19 Uhr & Sa 10–15 Uhr; Dez.–Feb. Mo–Fr 10–20 Uhr & Sa 10–16 Uhr) mit einem Briefkasten, in den Kinder ihre Briefe an den Weihnachtsmann einwerfen können.

Saltvannsakvarium (☎ 64 93 09 74; Havnegata 4; Erwachsene/Kinder 30/10 nkr; 🕑 Mai–Aug. 11–19 Uhr, Sept.–April 11–16 Uhr) kann von sich behaupten, das einzige *lutefisk*-Museum der Welt zu sein. Nicht weit davon befindet sich das kleine **Drøbak Båtforenings Maritime Samlinger** (☎ 64 93 09 74; Kroketønna 4; Erwachsene/Kinder 10/5 nkr; 🕑 Mai–Aug. 11–19 Uhr, Sept.–April 11–16 Uhr), ein Museum mit maritimen Sammlerstücken, u. a. einer Reihe Bootsmotoren.

Etwa 3 km nördlich der Ortsmitte liegt das **Follo-Museum** (☎ 64 93 99 00; Belsjøvn; Erwachsene/Kinder 20/5 nkr; 🕑 Ende Mai–Anf. Okt. Di–Fr 11–16 Uhr, Sa & So 12–17 Uhr), ein Freilichtmuseum mit Stücken zur Kultur dieser Küstenregion am Oslofjord sowie zu Roald Amundsen (s. Kasten S. 404), der in der Nähe lebte.

Von der **Festung Oscarsborg,** im Jahr 1850 auf einer Insel vor der Küste erbaut, wurden am 9. April 1940 die Schüsse abgefeuert, die den deutschen Schweren Kreuzer *Blücher* versenkten. Die Fähre zur Insel (Erwachsene/Kinder 65/40 nkr, 45 Min.) legt von Mitte Juni bis Mitte August vierzehnmal täglich im Hafen ab.

An- & Weiterreise

Der Bus Nr. 541 fährt jede Stunde von Oslo nach Drøbak (62 nkr, 1 Std.). Alternativ legt das Expressboot **Princessin** (☎ 81 50 01 76; www.nbds.no) im Juli mittwochs bis sonntags einmal am Tag von Oslos Aker-Brygge-Pier ab (im August 3-mal die Woche); bevor das Boot wieder die Anker lichtet, hat man wenigstens anderthalb Stunden Zeit, um sich in Drøbak umzusehen. Die einfache Fahrt kostet 62 nkr.

Der neue Tunnel, der unter dem Oslofjord die Orte Drøbak mit Drammen verbindet, kostet pro Auto und Fahrt 55 nkr (Motorräder frei).

DRAMMEN

90 000 Ew.

Das Industriezentrum Drammen ist für Geschäftsleute interessanter als für Urlaubsreisende. Mit seinen schweren Hafenanlagen und Fabriken würde man es wohl kaum als besonders sehenswert einstufen. Allerdings sind mit dem Ort zwei fast kuriose Dinge verbunden: Zum einen war Drammen Ausgangspunkt des historischen Königsweges nach Bergen, zum anderen ist er der Ursprungsort des Kartoffelschnapses Aquavit. So ist der Umweg vielleicht doch gerechtfertigt. Das **Fremdenverkehrsbüro** (☎ 32 80 62 10; www.drammen.kommune.no; Bragernes Torg 6; ⌚ Mitte Juni–Mitte Aug. Mo–Fr 9–17 Uhr & Sa & So 11–17 Uhr, übrige Zeit Mo–Fr 9–16.30 Uhr) bietet weitere Informationen.

Sehenswertes & Aktivitäten

In Drammen stehen mehrere interessante Bauwerke, die sich allesamt im alten Stadtzentrum nahe der Hauptdurchfahrt Bragernes Torg verteilen: die historische **Börse** am Bragernes Torg (in der heute ein McDonald's untergebracht ist); das restaurierte **Rådhus** an der Adresse Engenes 1 (früher Gerichtshof mit Gefängnis); die **Feuerwehr** am Bragernes Torg (heute eine Bank); das wunderschöne **Theater Drammen** (☎ 32 21 31 00; Gamle Kirkeplass; ⌚ nur für Veranstaltungen geöffnet), das im Jahr 1870 gebaut wurde, 1993 abbrannte und 1996 wiedereröffnet wurde; und die im gotischen Stil erbaute **Bragernes-Kirche** (Bragernes Torg) von 1871.

Auch das Haus am Sommerfrydveien, wo der Händler Johan Godtfried Schwencke 1804 den ersten Aquavit zusammenbraute, kann man zumindest von außen betrachten; mit seiner Erfindung reagierte er auf eine königliche Verfügung, die es verbot, aus Getreide Branntwein herzustellen. Im Spätherbst veranstaltet Drammen einen nationalen Aquavit-Wettbewerb, bei dem Promis über die beste Sorte befinden.

Um die Industrieanlagen hinter sich zu lassen, kann man einen der schönen Spazierwege nehmen, die in die Wälder des **Bragernesåsen** oder durch die romantische, 50 m tiefe **Kjøsterudjuvet-Schlucht** einen guten Kilometer nördlich der Stadt führen. Wanderkarten gibt's im Fremdenverkehrsbüro.

Schlafen & Essen

Am und um den Bragernes Torg finden Hungrige und Durstige einen bunten Mix von Cafés, Kneipen und Nachtclubs.

Drammen Vandrerhjem & Davik Troika (☎ 32 26 77 00; Fax 32 26 77 01; Fagerlibakken 1; B/EZ/DZ 220/350/550 nkr) Wer entgegen dem Trend in Drammen über Nacht bleiben will, findet im sauberen, freundlichen Hostel Schlafsäle mit hohem Standard; vielleicht noch besser sind die Hotelzimmer im angegliederten Davik Troika.

An- & Weiterreise

Alle 30 Minuten fährt ein Zug nach Oslo (70 nkr, 35 Min.); Busse verkehren ein- bis zweimal stündlich (75 nkr, 35 Min.).

RUND UM DRAMMEN

Direkt vor den Toren von Drammen geht der bemerkenswerte, 1650 m lange **Spiralen-Tunnel** los, der auf den 200 m hohen Gipfel des Bragernes führt; von oben bietet sich ein sagenhafter Blick über die Stadt. Das Beste daran ist aber der Tunnel selbst, der sich in sechs Windungen durch das Hügelinnere nach oben schraubt. Wer kein Auto hat, kommt am besten an einem Sommerwochenende und steigt in Bus Nr. 41, der dann die Tour vom Bragernes Torg dreimal am Tag macht (21 nkr, 15 Min.).

Eine anderer interessanter Ausflug führt nach Åmot; König Christian VII. gründete hier im Jahr 1773 das **Königliche Blåfarveværk** (☎ 32 78 67 00; www.blaa.no; Besichtigung stündl. 50 nkr; ⌚ Mitte Mai–Mitte Sept. 12–18 Uhr, übrige Zeit So 12–18 Uhr), um aus Kobalterz das blaue Pigment für die Glas- und Porzellanindustrie zu gewinnen. Es lohnt sich auch, den großen Haugfoss-Wasserfall anzusehen, den Mølla-Laden mit seinen Kobaltglaswaren und die verschiedenen Kunstausstellungen in dem angeschlossenen **Museum** (☎ 32 78 67 00; Erwachsene/Kinder 60 nkr/frei; ⌚ Mitte Mai–Mitte Sept. 10–17 Uhr). Mit der planmäßigen Nettbuss-Schnellbuslinie 100 oder 101 von Drammen nach Åmot fahren (68 nkr, 1 Std.) und dort in Bus Nr. 105 umsteigen (26 nkr, 7 Min.).

ØSTFOLD

Die Provinz Østfold, das kleine Zipfelchen Norwegen im Osten des Oslofjords, ist stark bewaldet und besteht ansonsten aus landwirtschaftlichen Nutzflächen und kleinen Küstenorten mit gewichtiger Vergangenheit. Einen Abstecher dorthin sollte man in jedem Fall einplanen.

FREDRIKSTAD

96 600 Ew.

Zu Fredrikstad gehört eine der am besten erhaltenen Festungsstädte Skandinaviens, Gamlebyen, das direkt auf den modernen Teil am gegenüberliegenden Ufer schaut. Dieser Mix aus Alt und Neu ist es, der Fredrikstad seinen besonderen Charme gibt.

ANDERS BLOMQVIST

Ein Straßencafé auf dem Platz an der Karl Johans Gate (S. 95), Oslo

Bronze- und Granitskulpturen von Gustav Vigeland im Osloer Vigeland-Park (S. 81)

BILL BACHMANN

ANDERS BLOMQVIST

Königspalast (S. 73), Oslo

JON DAVISON

Das Wikingerschiffmuseum (S. 85) auf der Halbinsel Bygdøy, Oslo

Stabkirche beim Norwegischen Volksmuseum (S. 84/85), Oslo

DEANNA SWA

DEANNA SWANEY

Am 17. Mai, dem Nationalfeiertag, ist ganz Oslo ein Meer von norwegischen Flaggen (S. 414)

ANDERS BLOMQVIST

In Bergens Stadtteil Bryggen (S. 193) reihen sich Holzhäuser direkt am Ufer aneinander

Die eindrucksvolle Domkirche von Stavanger im gotischen und anglo-normannischen Baustil (S. 218)

NED FRIARY

JAN STROMME

Hafenviertel in einer Winternacht, Bergen (S. 190)

NED FR

Radfahrer genießen den Blick über Bergen hoch oben auf dem Fløyen (S. 199)

Preikestolen (Felskanzel; S. 225) und der einzigartige Blick über den Lysefjord (S. 224)

DEANNA SW

CHRISTIAN ASLUND

Skilaufen mit Nervenkitzel bei Voss (S. 207)

Ursprünglich war der Ort ein wichtiges Zentrum für den Handel zwischen Kontinentaleuropa und Westskandinavien. Den Dom (1880) schmücken Glasmalereien von Emanuel Vigeland; ungewöhnlich ist die Doppelfunktion des Kirchturms, der als Leuchtturm noch heute die Nacht erhellt.

Praktische Informationen

Das **Fremdenverkehrsbüro Gamlebyen** (☎ 69 30 46 00; turistkontoret@opplevfredrikstad.com; Tøhusgata 41; 🕑 Mitte Juni–Mitte Aug. Mo–Fr 9–17 Uhr & Sa & So 11–17 Uhr, Mitte Aug.–Mitte Juni Mo–Fr 9–16.30 Uhr) in der Altstadt (Gamlebyen) erhält im Sommer Unterstützung durch ein kleineres **Fremdenverkehrsbüro** (☎ 69 39 65 00; Dampskipsbrygga; 🕑 15. Juni–15. Aug. 8–21 Uhr) am Yachthafen. Dort gibt es außerdem einen Internetzugang (10 nkr/15 Min.).

Sehenswertes

GAMLEBYEN

Gamlebyen, die Altstadt von Fredrikstad, ist mit seinen hübschen Holzbauten, den Wassergräben und Toren sowie der Zugbrücke schlichtweg bezaubernd. Der Ortskern von Fredrikstad, erbaut 1567, verband als wichtige Handelsstadt Südnorwegen mit dem europäischen Kontinent, war jedoch anfällig für Übergriffe vom Wasser her. Also beeilte man sich, aus dem Ort eine Festung zu machen, die leicht gegen Angriffe und Überfälle aus Schweden zu verteidigen war. Die Schutzmauern, einst mit

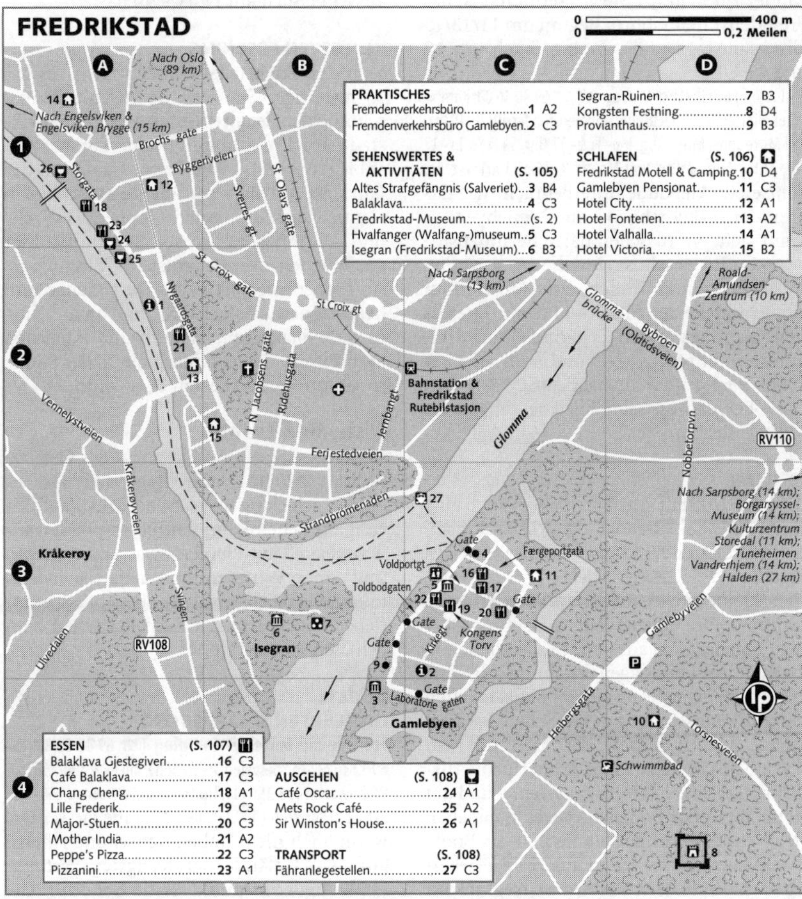

zweihundert Kanonen bewehrt, sind heute grasbewachsene Wälle, auf denen man völlig friedlich rumwandern kann. Die engen Kopfsteingassen sind ebenfalls noch erhalten – mit malerischen Häuschen aus dem 17. Jh. rechts und links.

Unter all den schönen alten Gemäuern sind einige von ihnen einen etwas genaueren Blick wert: das alte **Strafgefängnis** (Salveriet, 1731), das **gemauerte Provianthaus** (1674–91), das älteste Bauwerk der Stadt, in dem es heute Keramik zu sehen gibt, und **Balaklava** (1783), ein Komplex von drei historischen Gebäuden.

Von Mitte Juni bis Mitte August veranstaltet das **Fremdenverkehrsbüro Gamlebyen** (☎ 69 30 46 00) Stadtführungen (Erwachsene/Kinder 75/35 nkr, 1 Std.). Treffpunkt ist das Fremdenverkehrsbüro; Beginn um 11/13/15 Uhr, samstags und sonntags auch um 12 und 16 Uhr.

Das **Fredrikstad-Museum** (☎ 69 30 46 00; Kombiticket mit Isegran Erwachsene/Senioren/Kinder 40/20/10 nkr; ⌚ Mitte Juni–Mitte Aug. Mo–Fr 9–17 Uhr, Sa & So 11–17 Uhr; Mitte Aug.–Mitte Juni Mo–Fr 9–16.30 Uhr) ist in demselben Gebäude untergebracht wie das Fremdenverkehrsbüro von Gamlebyen; es lohnt sich, ein bisschen darin herumzustöbern. Im Erdgeschoss sind die wechselnden Ausstellungen zu finden; eine Treppe rauf gibt's Modelle der Altstadt und eine interessante Sammlung von Zeugnissen aus dreihundert Jahren ziviler und militärischer Stadtvergangenheit und Industriegeschichte. Das Obergeschoss schließlich beherbergt ein Militärmuseum.

ISEGRAN

Zum Fredrikstad-Museum gehört auch eine Ausstellung auf **Isegran** (☎ 69 30 60 00; Kombiticket mit Fredrikstad-Museum Erwachsene/Senioren/Kinder 40/20/10 nkr; ⌚ Mitte Juni–Mitte Aug. Di–So 12–17 Uhr), einer kleinen Insel auf der anderen Seite der Glomma, Norwegens längstem Fluss. Dort steht eine Festung aus dem 13. Jh., die schon in den nordischen Sagen erwähnt wird; Mitte des 17. Jhs. wurde sie zu einer zusätzlichen Verteidigungsstellung gegen Schweden ausgebaut. Auf der Südseite der Insel kann man sich noch die **Ruine** eines Mauerturms (ursprünglich ein Holzturm) ansehen – und das kleine regionale Bootsbaumuseum daneben gleich mit; es erinnert an die Zeit, als Boote noch liebevoll von Hand aus Holz gearbeitet wurden. Fähren verbinden Isegran mit Gamlebyen und mit der Neustadt (6 nkr). Mit dem eigenen Fahrzeug oder zu Fuß erreicht man die Insel von der Rv 108 aus, etwa 600 m südlich des Stadtzentrums von Fredrikstad.

HVALFANGER (WALFANG-)MUSEUM

Das kleine **Walfangmuseum** (☎ 69 32 44 21; Tolbodgaten; Eintritt 10 nkr; ⌚ Juni–Juli Mi–So 12–16 Uhr, Aug. Sa & So 12–16 Uhr) wird von stolzen alten Männern betrieben, die den Besuchern nur zu gern die alten Fotos, die gewaltigen Walharpunen, die einst in der Antarktis zum Einsatz kamen, und den noch gewaltigeren Penis eines Blauwals zeigen. Deutsch oder Englisch spricht hier niemand, und die Beschriftungen der Ausstellungsstücke sind ausschließlich auf Norwegisch.

KONGSTEN FESTNING

Von der Zugbrücke Gamlebyen ist es ein 15-minütiger Spaziergang zur blumengeschmückten **Kongsten Festning** (beim Fredrikstad Motell & Camping vom Torsnesvien abbiegen; rechts). Die Festung geht auf das Jahr 1685 zurück und diente einst den in Gamlebyen stationierten Truppen als Wach- und Alarmposten. Im Sommer finden hier am Wochenende die reinsten Volksaufläufe statt; ansonsten ist es ein verlassener und herrlich urwüchsiger Ort, wo man auf Türmen, Wallanlagen, Mauern und Palisaden herumkraxeln oder einfach nur in der Sonne sitzen und die Stille genießen kann.

Festivals & Events

In der zweiten Juliwoche steigt das **Glomma-Festival** (☎ 69 31 51 77; glommas@glommafestivalen.no); eine Woche lang herrscht bei Musikaufführungen, Scheinkämpfen, einer „Badewannenregatta" mit Phantasiewasserfahrzeugen und einer Windjammerschau Hochstimmung. Da das Festival sehr beliebt ist, empfiehlt es sich, frühzeitig ein Plätzchen zum Schlafen zu reservieren.

Schlafen

GAMLEBYEN & SARPSBORG

Fredrikstad Motell & Camping (☎ 69 32 05 32; Fax 69 32 36 66; Torsnesveien 3; Zelt ohne/mit Pkw 100/155 nkr, Wohnwagen 155-190 nkr, Hütte für 2–4-Personen 260–360 nkr, EZ/DZ im Motel 400/500 nkr; 🅿) Eine vielseitige, wenn auch nicht unbedingt schöne Anlage auf dem Gelände der Kongsten-Festung; eindeutiger Pluspunkt ist die Nähe zur Altstadt; Zentrum mit allen Bussen Richtung Torsnes (z. B. Linie 362) zu erreichen.

Gamlebyen Pensjonat (☎ 69 32 20 20; www.gamlebyen-pensjonat.no; Smedjegaten 88; EZ/DZ mit Gemeinschaftsbad 350/500 nkr; P) Hier nächtigt man in den renovierten ehemaligen Artilleriebaracken; an Sommerwochenenden herrscht eine gewisse Studentenheimatmosphäre, doch es ist die einzige wirklich günstige Unterkunft in der Altstadt und allein deshalb schon ihr Geld wert.

Tuneheimen Vandrerhjem (☎ 69 14 50 01; Fax 69 14 22 91; Tuneveien 44; B inkl. Frühstück 210 nkr, EZ/DZ mit Gemeinschaftsbad inkl. Frühstück 350/500 nkr; P) Die nächste Jugendherberge von Fredrikstad in der Nähe des Tunevannet-Sees, 1 km von Sarpsborg. Mit dem Bus von Fredrikstad sind es 14 km. Halbpension ist möglich.

NEUSTADT

Hotel Fontenen (☎ 69 30 05 00; Fax 69 31 32 64; Nygaardsgata 9-11; Mitte Juni–Mitte Aug. & Sa & So EZ/DZ 595/895 nkr, übrige Zeit 795/995 nkr; P) Eine der besten Adressen mittlerer Preisklasse am Ort: ein Hotel mit netten Zimmern, gutem Frühstück und familiärer Atmosphäre. Besondere Highlights sind die polierten Holzfußböden und der Blick auf den Dom von den Zimmern, die nach vorne liegen.

Hotel City (☎ 69 38 56 00; www.hotelcity.no; Nygaardsgata 44/46; Mitte Juni–Mitte Aug. & Sa & So EZ/DZ 750/950 nkr, übrige Zeit 1150/1350 nkr; P 💻) Schicke Zimmer für den gehobenen Anspruch mit wirklich gutem Preis-Leistungs-Verhältnis im Sommer. Erstaunlicherweise kosten die Zimmer mit Leopardenfell-Möblierung nicht extra. Zum Haus gehören ein Nachtclub, eine Kneipe, eine Pizzeria und zwei gute Restaurants. Nicht von der tristen äußeren Erscheinung abschrecken lassen!

Hotel Victoria (☎ 69 38 58 00; www.hotelvictoria.no; Turngaten 3; Mitte Juni–Mitte Aug. & Sa & So EZ/DZ 750/950 nkr, übrige Zeit 1250/1400 nkr; 💻) Auch dieses Hotel gegenüber vom Domhof ist besser, als es von außen den Anschein hat. Das nicht mehr neue, aber gut gepflegte Haus mit seinen attraktiven Zimmern liegt nur einen kurzen Fußmarsch von der Fähre nach Gamlebyen entfernt.

Hotel Valhalla (☎ 69 36 89 50; www.hotelvalhalla.no; Valhallsgate 3; EZ/DZ 595/795 nkr) Ein reizendes altes Holzhaus mit gemütlichen, sehr anständigen Zimmern und Superblick – es liegt hoch auf einem Hügel über der Stadt und trotzdem nahe am Zentrum.

Essen

GAMLEBYEN

Was der Altstadt an Übernachtungsmöglichkeiten fehlt, macht sie mit ihren Restaurants wieder wett.

Lille Frederik (Torvgaten; Burger ab 49 nkr; 🕑 Mo–Fr 11–22 Uhr, Sa 10–22 Uhr, So 12–22 Uhr) Für Burger, Snacks und Kaffee ist Lille Frederik genau richtig. Im Sommer fallen die Hungrigen in Scharen über die Tische im Freien her und stehen zeitweise in langen Schlangen an.

Peppe's Pizza (☎ 69 32 32 10; Torvgt 57; Pizza 134–234 nkr, Pasta ab 93 nkr; 🕑 Mo–Fr 12–23 Uhr, Sa 11–23.30 Uhr, So 12–23.30 Uhr) Das italienische Essen ist gut, perfekt aber sind die Tische draußen an der steingepflasterten Straße, wo man beim Bier den Blick über den Fluss schweifen lassen kann. Bei Peppe's gibt es auch Kinderteller (33 bis 66 nkr).

Major-Stuen (☎ 69 32 15 55; Voldportgata 73; Vorspeisen 65–129 nkr, Hauptgerichte 129-245 nkr; 🕑 12–22 Uhr) Noch ein Top-Restaurant in Gamlebyen: Das hoch gelobte Major-Stuen hat eine internationale Speisekarte, ist aber eigentlich auf norwegische Gerichte spezialisiert, inklusive Walfleisch mit Röstzwiebeln, gedünstetem Kohl und Kartoffeln (225 nkr).

Café Balaklava (☎ 69 32 30 40; Færgeportgata 78; Snacks 79–89 nkr, Desserts 30-45 nkr; 🕑 12–22 Uhr) ist ein charmantes, sehr beliebtes und gut geführtes Café; Gourmets gehen nach nebenan ins noble **Balaklava Gjestgiveri** (☎ 69 32 30 40; Faergeportgata; Hauptgerichte ab 150 nkr, 3-Gänge-Menü 450 nkr; 🕑 Mo–Sa 18–23 Uhr) in einem historischen Gebäude; seine Spezialität sind norwegische Fisch- und Rindfleischgerichte.

NEUSTADT

Am Ufer von Fredrikstad, zwischen Storgata und dem Wasser, reiht sich ein Lokal an das nächste; die meisten haben wunderschöne Terrassen – ideal für einen Sommernachmittag oder -abend.

Pizzanini (☎ 69 30 03 00; Storgata 5; Pizza 70–220 nkr, Pasta 84-125 nkr; 🕑 im Sommer So–Do 12–1 Uhr & Fr/Sa 12–2 Uhr, im Winter 15–24 Uhr) Wenn in anderen Restaurants gähnende Leere herrscht, tritt man sich hier auf die Füße – Grund sind u. a. das jugendliche Flair und die lange Speisekarte mit günstigen Preisen.

Chang Cheng (☎ 69 31 71 77; Storgata 15; Vorspeisen 32–65 nkr, Hauptgerichte 98–175 nkr; 🕑 12–23 Uhr) Auch dieses Chinarestaurant hat vernünftige Preise und ist mittags ganz besonders günstig; dann gibt es Tagesgerichte für 68 nkr.

Mother India (☎ 69 31 22 00; Nygaardsgata 17; Hauptgerichte 120–195 nkr; ⌚ Mo–Fr 14–22 Uhr, Sa & So 15–23 Uhr) Ein Inder mit viel Atmosphäre, attraktivem Dekor und gutem Essen, der von den Einheimischen ebenso viel Zuspruch findet wie von den Besuchern.

Engelsviken Brygge (☎ 69 35 18 40, Engelsvikveien 6, Engelsviken; 3-Gänge-Menü um 350 nkr) Ein hervorragendes Fischrestaurant 15 km nordwestlich von Fredrikstad und eines der besten Lokale der Umgebung überhaupt. Man speist sehr exquisit – Krebs, Muscheln, Wels und Heilbutt.

Ausgehen

In diesen drei Lokalen kann man im Sommer schön luftig draußen sitzen:

Mets Rock Café (☎ 69 31 78 99; Dampskipsbrygga 12; ⌚ Mi, Fr & Sa 11–3 Uhr, So–Di & Do 11–2 Uhr) Mexican Food an der Flusspromenade für durchschnittlich 100 nkr; in der Bar legt jeden Abend ab 22 Uhr ein DJ Rockmusik auf (im Sommer nur mittwochs, freitags und samstags). Eintritt ist frei, allerdings nicht für Leute unter 20.

Café Oscar (☎ 69 39 66 20; Storgata 5; ⌚ Mi, Fr & Sa 12–2.30 Uhr, So–Di & Do 12–1.30 Uhr) Auch im Café Oscar groovt es; mittwochs ab 22.30 Uhr und freitags und samstags ab 23.30 treten hier Cover-Bands auf (Eintritt 60 nkr, mittwochs frei). Das Bier kostet 59 nkr.

Sir Winston's House (☎ 69 31 00 80; Storgata 17; ⌚ Mi, Fr & Sa 12–3 Uhr, So–Di & Do12–2 Uhr) Im englischen Pub am Fluss gibt's für 95 nkr Fish & Chips, dazu zehn Sorten Fassbier. Am Wochenende kommt auch hier ein DJ zum Einsatz (v. a. Musik der 60er, aber mitunter auch Modernes), und es wird getanzt.

An- & Weiterreise

Intercity-Busse fahren beim Busbahnhof **Fredrikstad Rutebilstasjon** (☎ 177) am Bahnhof ab und kommen dort an. Die Busse 200 and 360 verbinden Fredrikstad mit Sarpsborg (30 nkr, 25 Min., 2-mal stündl.). Nor-Way Bussekpress fährt ein- bis siebenmal täglich die Strecke Oslo–Fredrikstad (147 nkr, 1¼ Std.) und meist noch weiter bis Hvaler; regelmäßig pendelt **Flybussekspressen** (☎ 177) zwischen Fredrikstad und dem internationalen Flughafen Oslo Gardermoen (205 nkr, 2¼ Std., alle ein bis zwei Std.).

Fredrikstad liegt an der Bahnstrecke Oslo–Göteborg. Züge von/nach Oslo fahren etwa zehnmal täglich (148 nkr, 1 Std.), aber man braucht für die internationalen Züge Richtung Süden eine Platzreservierung.

Näheres zu den Abfahrtzeiten internationaler Fähren s. S. 432.

Unterwegs vor Ort

Wer über die Glomma nach Gamlebyen rüber will, kann entweder zu Fuß über die hohe Glommabrücke wandern oder von der Strandpromenade für 6 nkr mit der *Go'vakker-Randi*-Fähre übersetzen. Sie verkehrt wochentags von 5.30 bis 23 Uhr (freitags bis 1 Uhr nachts), samstags von 7 Uhr morgens bis 1 Uhr nachts und sonntags von 9.30 bis 23 Uhr.

Vom Bahnhof sind es fünf Minuten Fußweg zur Anlegestelle einer Fähre, die von 5.30 bis 23 Uhr regelmäßig zum Haupttor von Gamlebyen fährt (6 nkr, 2 Min.).

Taxis bekommt man unter ☎ 69 36 26 00. Fahrräder vermieten die beiden Fremdenverkehrsbüros.

RUND UM FREDRIKSTAD

Hvaler Schären

Norwegische Urlauber und Künstler lieben die Hvaler Schären, eine Gruppe von 833 bewaldeten Inseln und kleinen Eilanden vor der Küste, die den südlichen Eingang zum Oslofjord bewachen. Die Hauptinseln sind **Vesterøy**, **Spjærøy**, **Asmaløy** und **Kirkøy**. Über eine Mautstraße (55 nkr) und einen Tunnel sind diese Inseln mit dem Festland verbunden. Die Buslinie Nr. 365 (58 nkr) fährt bis nach Skjærhalden am anderen Ende der Insel Kirkøy.

Das **Fremdenverkehrsbüro** (☎ 69 37 86 76; Skjærhalden; ⌚ Mitte Juni–Mitte Aug. 10–20 Uhr) der Hvaler Schären informiert gern über die vielen Sehenswürdigkeiten, die sich über die Inseln verteilen.

Über der Küste der Insel Akerøy, die nur per Fähre (Taxiboot) zu erreichen ist, thront majestätisch eine **Küstenfestung** aus dem 17. Jh. Sie wurde in den 1960er-Jahren renoviert und ist super in Schuss; der Eintritt ist frei, geöffnet ist immer.

Aus der Mitte des 11. Jhs. stammt die **Steinkirche** (Skjærhalden; ☎ Juli 12–16 Uhr, 2. Junihälfte & 1. Augusthälfte Sa 12–16 Uhr) auf der Insel Kirkøy, eine der ältesten in Norwegen. Im Juli findet hier ein einwöchiges Musik- und Kunstfestival statt.

Im Fremdenverkehrsbüro gibt es ein Verzeichnis komplett ausgestatteter Privathäuser und Chalets auf den Hvaler Inseln; die Miete beträgt 400 bis 700 nkr pro Tag oder 2700 bis 4500 nkr pro Woche.

Das **Hvaler Kurs & Konferansesenter** (☎ 69 37 91 28; Fax 69 37 91 32; Skjærhalden; Apt. ab 500 nkr) bietet ausgezeichnete Apartments an.

Das ganze Jahr fahren die MS *Hollungen* und die MS *Hvalerfergen II* etwa stündlich von Skjærhalden durch die Hvaler Schären (45 nkr, 1 Std.). Alternativ verkehrt die Fähre MS*Vesleø II* von Mitte Juni bis Mitte August für 115/95 nkr Erwachsene/Kinder (hin & zurück) planmäßig zwischen Skjærhalden, Koster (Schweden) und Strömstad (Schweden).

Roald-Amundsen-Zentrum

1911 erreichte der berühmte Polarforscher Roald Amundsen als erster Mensch den Südpol. Geboren wurde er 1872 in Hvidsten, auf halber Strecke zwischen Fredrikstad und Sarpsborg. Amundsen war noch ziemlich lütt, als er mit seinen Eltern nach Oslo zog. Trotzdem ist das Haus der Familie, damals Basis ihres kleinen Schiffsbau- und Transportunternehmens, heute ein **Roald-Amundsen-Zentrum** (☎ 69 34 83 26; www.roaldamundsen.no; Eintritt frei, Führung Erwachsene/Kinder 40/20 nkr; ⌚ Mitte Mai–Mitte Aug. Mo–Fr 10–20 Uhr, So 11–15 Uhr), das sich dem Leben und den Expeditionen des erwachsenen Mannes widmet. Wenn man hier steht, umgeben von den stillen südnorwegischen Feldern, kapiert man irgendwie, warum Amundsen so weit weg ging, um Abenteuer zu suchen. Etwa 11 km östlich von Fredrikstad auf der Rv 111 Richtung Sarpsborg ist das Zentrum ausgeschildert.

Borgarsyssel-Museum

Das exzellente **Landesmuseum** (☎ 69 15 50 11; Kirkegata, Sarpsborg; Erwachsene/Kinder 40/20 nkr; ⌚ Mitte Mai–Aug. Di–Sa 10–17 Uhr & So 12–17 Uhr) von Østfold befindet sich in Sarpsborg 14 km nordöstlich von Fredrikstad. In der Freilichtausstellung können sich die Besucher dreißig historische Gebäude aus unterschiedlichen Gegenden angucken sowie eine riesige Sammlung an Artefakten und traditioneller Kunst. Außerdem gibt's noch einen **Kräutergarten**, einen **Streichelzoo** und die **Ruine** von König Øysteins St.-Nikolas-Kirche, 1115 errichtet und 1567 von den Schweden zerstört. Von Fredrikstad fahren regelmäßig Züge und Busse nach Sarpsborg.

Kulturzentrum Storedal

Dieses **Kulturzentrum** (☎ 69 16 92 67; Storedal; Eintritt 20 nkr; ⌚ Di–Fr 10–17 Uhr, Mitte Mai–Aug. 12–18 Uhr) liegt 11 km nordöstlich von Fredrikstad. An diesem Ort wurde 1117 König Magnus der Blinde geboren. Mit 13 Jahren bestieg er den Thron; und mit 18 Jahren erhielt er seinen Beinamen, als ihm in Bergen ein Feind die Augen ausstach. Ein späterer Besitzer des Hofes, Erling Stordahl, war ebenfalls blind; er stellte ein Denkmal für König Magnus auf und richtete ein Zentrum für Blinde und Menschen mit anderen Handicaps ein.

Im **Botanischen Garten** sind die verschiedenen Pflanzen und Kräuter sowohl in gedruckter als auch in Brailleschrift ausgezeichnet. Absolut faszinierend ist die *Ode til Lyset* (Ode an das Licht), eine Klangskulptur von Arnold Haukeland und Arne Nordheim: Mit Hilfe von Fotozellen und einem Computer im Bauernhaus werden die geringsten Veränderungen des Sonnenlichts in intensive, sich ständig verändernde Musik umgesetzt. Anfahrt über die Rv 110 Richtung Osten, etwa 9 km von Fredrikstad – das Zentrum befindet sich 2,1 km nördlich der Hauptstraße.

Oldtidsveien

Seit Tausenden von Jahren leben und arbeiten Menschen in der Region Østfold. Entlang des Oldtidsveien (Altertumsweg), eines Hohlwegs zwischen Fredrikstad und Sarpsborg, haben sie ihre Spuren hinterlassen: Hier sind jede Menge alte Klamotten und Felszeichnungen zu finden. Bei Solberg stößt man auf drei Platten mit rund hundert Figuren, die an die dreitausend Jahre alt sind. Bei Gunnarstorp gibt es mehrere dreißig Meter lange **Hügelgräber aus der Bronzezeit** und diverse **Steinwächter aus der Eisenzeit**. Bei Begby sind gut erhaltene Darstellungen von Schiffen, Menschen und Tieren gefunden worden; bei Hunn entdeckte man mehrere **Steinkreise** und **Hügelgräber** aus der Zeit von 500 v. Chr. bis 800 n. Chr. Die **Felszeichnungen** von Hornes zeigen ganz klar 21 Schiffe mitsamt Ruderern. Auf sämtliche dieser Fundstellen verweisen Schilder entlang der E 6 südlich von Sarpsborg; wer will, kann aber auch eine Tageswanderung von Fredrikstad unternehmen und die Fundorte abklappern oder per Fahrrad abfahren.

HALDEN

21 900 Ew.

Am Ende des Iddefjord liegt zwischen steilen, felsigen Landzungen das verschlafene Grenzstädtchen Halden. Als wichtiger Stützpunkt der norwegischen Verteidigung gegen die jahrhundertelange schwedische Aggression war es früher mal sehr bedeutsam. Mit seinem adretten kleinen Yachthafen, einer dräuenden Festung hinter der Stadt und einigen nicht zu verachtenden Restaurants ist der Ort einen Umweg wert.

Geschichte

Während des Torstensonkriegs von 1643 bis 1645 diente Halden als Garnison; ab 1644 war es mit einer hölzernen Palisade befestigt. Als Schweden und Dänemark im Jahr 1658 den Frieden von Roskilde schlossen und Norwegen seine Provinz Bohuslän mitsamt der Festung Bohus verlor, war Halden plötzlich ein schwer umkämpfter Grenzposten, der ziemlich schlecht geschützt war. In den Jahren 1658, 1659 und 1660 konnten schwedische Angriffe mehr schlecht als recht abgewehrt werden; ohne Frage musste da eine größere Befestigungsanlage her. Deshalb begann man im Jahr 1661 mit dem Bau der Festung.

Zweimal – 1659 und 1716 – griffen die Haldener zum letzten Mittel, um die Feinde aus der Stadt zu jagen: zum Feuer. Dieses Opfer wurde später hoch belohnt – mit zwei Zeilen in der norwegischen Nationalhymne: „Da steckten wir lieber das Land in Brand, als dass es zu Fall gekommen.“ Die Brände sind auch das Hauptthema des Museums zur Stadtgeschichte, das in der Festung besucht werden kann.

Bis ins 19. Jh. hinein nahmen die Angriffe kein Ende. In den ersten Jahren des 20. Jhs. wurde die Festung Fredriksten mit immer stärkeren modernen Kanonen, Turmgeschützen und Haubitzen aufgerüstet. Erst die Verhandlungen zur Auflösung der Schwedisch-Norwegischen Union führten dazu, dass die Bewaffnung 1906 abgebaut wurde. Und die Stadt verwandelte sich in einen ruhigen Küstenort.

Praktische Informationen

Das **Fremdenverkehrsbüro Halden** (☎ 69 19 09 80; www.visithalden.com; Torget 2; Mitte Juni–Mitte Aug. Mo–Fr 9–17.30 Uhr, übrige Zeit Mo–Fr 9–16.30 Uhr) nicht weit vom Torget hat einiges an nützlichen Informationen da. Wenn es geschlossen ist, dann kann auch das **Informationsbüro am Hafen** (☎ 69 18 14 78; Langbrygga; 🕒 Juli–Mitte Aug. 8–20 Uhr) weiterhelfen; allerdings kümmert man sich dort mehr um Schiffsbelange. Hier gibt's auch Internetzugang (20 nkr/15 Min.). Informationen zu Liegeplätzen und Hafen bekommt man unter ☎ 69 18 12 73.

Sehenswertes

FESTUNG FREDRIKSTEN & MUSEEN

Den Hügel hinter Halden krönt die **Festung Fredriksten** (Fredriksten Festning; ☎ 69 18 54 11; www.museumsnett.no/hhs; Erwachsene/Kinder 50/20 nkr, inkl. alle Museen; 🕒 18. Mai–Aug. 10–17 Uhr) aus dem Jahr 1661 – sechsmal von den Schweden belagert, aber nie eingenommen.

Von der Stadt geht ein ziemlich zugewachsener Kopfsteinweg zur Festung hoch; er beginnt am oberen Ende der Festningsgara in Sørhalden (einem Ortsteil mit Kapitänshäuschen aus dem 19. Jh.) und führt dann quer über die von Flieder überwucherten Hänge. Die Autoauffahrt geht von derselben Straße ab.

Am 28. Juli 1660 wurde von König Fredrik III. von Dänemark der Bau von stärkeren Verteidigungsanlagen oberhalb von Halden angeordnet. Von 1661 bis 1671 errichtete man auf zwei parallel verlaufenden Hügeln die fünfeckige Zitadelle und die drei vorgelagerten Basionen Gyldenløve Stortårnet und Overberget; von 1682 bis 1701 wurden die Anlage weiter ausgebaut. Das wichtigste Ereignis folgte am 11. Dezember 1718: An diesem Tag fiel hier während einer Belagerung der kriegerische König Karl XII. von Schweden (heute steht an der Stelle ein Denkmal).

Die Museen auf dem Festungsgelände widmen sich jeweils unterschiedlichen Aspekten der Festungsgeschichte. Vom Kartenschalter geht es den Hügel etwas runter zum **Kriegshistorischen Museum**, wo man einen guten Überblick über Haldens kriegerische Vergangenheit bekommt – von der jahrhundertelangen schwedischen Aggression bis hin zum Einfall der Nazis. Ein Tunnel führt hinauf zur **Prinz-Christian-Bastion**, dem strategisch wichtigsten Punkt für die Verteidigung der Burg. Einen etwas größeren Bogen über die Stadtgeschichte Haldens schlägt das **Byen-Brenner-Museums** („Stadtbrandmuseum“), etwa auf der Hälfte des Hauptweges. In der **alten Apotheke** wird die Geschichte der

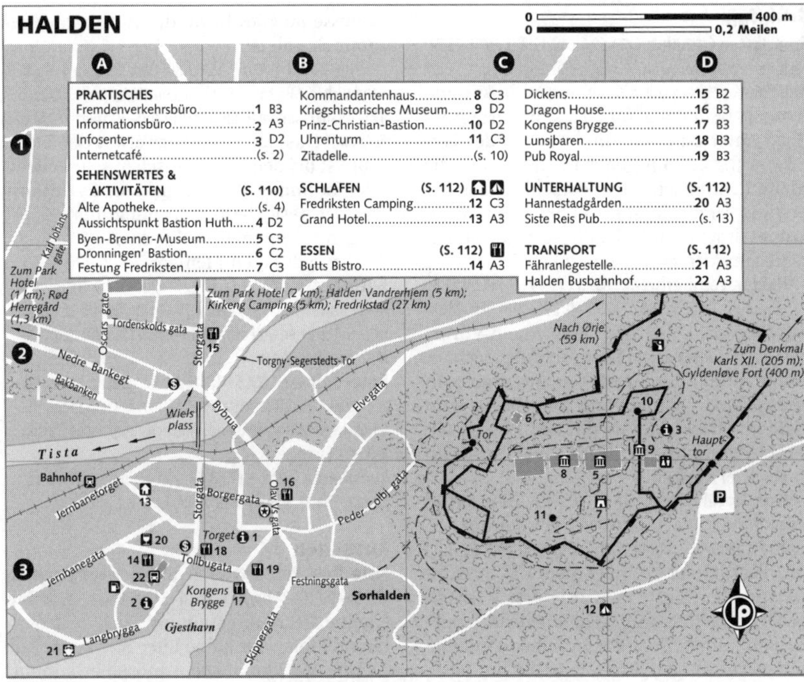

Pharmazie nachgezeichnet: Sie reicht von der frühen norwegischen Volksheilkunde bis zu den Apotheken des frühen 20. Jhs. Die Apotheke ist im ehemaligen **Kommandantenhaus** untergebracht, errichtet zwischen 1754 und 1758 und 1826 bei einem Feuer stark beschädigt. Nach der Renovierung wurde es als Pulverlabor, Waffenkammer und Kaserne genutzt.

Im ehemaligen Gefängnis in der Nähe des unteren Eingangs hat sich die Militärabteilung einquartiert; dort werden unterschiedliche Artefakte gezeigt und die Geschichte der militärischen Konflikte in Halden vom 17. Jh. bis zum Zweiten Weltkrieg beschrieben. Vielleicht am interessantesten sind das **Brauhaus**, das früher bis zu 3000 l Bier am Tag produzierte, und die **Backöfen**, in denen für bis zu 5000 Soldaten Brot gebacken wurde. Im Infosenter gleich hinter dem Haupteingang der Festung gibt es außerdem noch eine Multimediaausstellung und einen Museumsshop.

Rund um die Festung verteilt stehen viele faszinierende alte Gemäuer, aber noch besser ist der **Blick** über Halden und die umliegenden Hügel von den Kanonen nahe der **Dronningen's Bastion** (Königinnenbastion), dem **Uhrenturm**, dem **Ausblick der Bastion Huth** und der **Zitadelle** (der Außenseite der Prins-Christian-Bastion). Kleiner Tipp: Die hohen Wallmauern sind kaum bis gar nicht durch Geländer gesichert.

Führungen (Erwachsene/Kinder 50/25 nkr; Mitte Juni–Mitte Aug. Di–Sa 12, 13 & 14 Uhr & So 12, 13, 14 & 15 Uhr, Mai–Mitte Juni Sa 12, 13 & 14 Uhr, Mitte Aug.–Ende Sept. So 12, 13 & 14 Uhr) durch die Festung und andere Gebäude auf dem Gelände gibt's auf Norwegisch oder Englisch.

Rød Herregård

Das **Herrenhaus** Rød Herregård (69 18 54 11, Herregårdsveien; Führung Erwachsene/Kinder 50/10 nkr; Mitte Juni–Mitte Aug. Führungen Di–Sa um 12, 13 & 14 Uhr & So um 12, 13, 14 & 15 Uhr; Mai–Mitte Juni Sa um 12, 13 & 14 Uhr; Mitte Aug.–Ende Sept. So 12, 13 & 14 Uhr) aus dem Jahr 1733 besitzt ein hübsches Interieur, beachtenswerte Waffen- und Kunstsammlungen und einen der schönsten Gärten ganz Norwegens. Das Rød Herrenhaus liegt 1,5 km nordwestlich des Stadtzentrums und ist gut ausgeschildert.

Schlafen

Fredriksten Camping (☎ 69 18 40 32; Fax 69 18 75 73; Festung Fredriksten; Zelt- & Pkw-Plätze ohne/mit Strom 120/150 nkr, Hütten mit 4/5 Betten 350/400 nkr, Dusche 10 nkr; P) Ein gut geführter, super gelegener Platz unter Bäumen, direkt neben der Festung – absolut unschlagbar. Haben sich die Menschenmassen nach Torschluss aus der Festung verzogen, ist es ein herrlich ruhiges, grünes Stückchen Erde, um sein Zelt aufzuschlagen; Minigolf

Halden Vandrerhjem (☎ 69 21 69 68; Fax 69 21 66 03; Brødløs; B/EZ/DZ/3BZ 125/160/295/345 nkr; Mitte Juni–Mitte Aug.) Dieses Hostel in einem Vorort bei der Tosterød-Schule befindet sich in Familienbesitz; es bietet Standardzimmer in angenehmer Umgebung am Rand von Halden. Das Hostel ist mit den Bussen Nr. 102–104 (Richtung Gimle) von Busterud Park zu erreichen.

Park Hotel (☎ 69 21 15 00; www.park-hotel.no; Marcus Thranes gate 30; Mitte Juni–Mitte Aug. & Sa & So EZ/DZ 790/890 nkr, übrige Zeit 1050/1260 nkr; P 💻) Das Park Hotel befindet sich 1,5 km vom Zentrum entfernt; es wurde erst kürzlich frisch renoviert; mit seinen schicken, luftigen Räumen, dem freundlichen Personal und vernünftigen Preisen ist es die beste Adresse am Ort.

Grand Hotel (☎ 69 18 72 00; Fax 69 18 79 59, Jernbanetorget 1; Mitte Juni–Mitte Aug. EZ/DZ Fr & Sa 650/790 nkr, So–Do 790/920 nkr, übrige Zeit So–Do 890/990 nkr) Das Grand Hotel gegenüber vom Bahnhof ist eher bequem und funktional als luxuriös, aber die Lage ist gut und das Frühstücksbüfett ebenso.

Essen

Eine Reihe netter Restaurants, in denen man auch draußen sitzen kann, ist rund um den Gjesthavn (Gästehafen) zu finden.

Kongens Brygge (☎ 69 18 75 22; Gjesthavn; Pizza 130 nkr, Hauptgerichte ab 175 nkr; 🕑 Mittag & Abend) Lokal direkt am Wasser mit nautischem Flair; im Sommer ist überdies die schöne Ponton-Terrasse geöffnet. Die Pizzen sind teuer, aber so riesig, dass auch der hungrigste Reisende satt wird.

Dickens (☎ 69 18 35 33; Storgata 9; Hauptgerichte ab 110 nkr; 🕑 Mittag & Abend) Im äußerst beliebten Dickens muss man sich entscheiden, ob man sich lieber draußen (nur im Sommer) oder in dem Kellergewölbe aus dem 17. Jh. den Bauch vollschlagen will. Im Sommer betreibt das Restaurant auch eine Ponton-Terrasse im Gjesthavn, die auch immer gerammelt voll ist.

Pub Royal (☎ 69 18 00 80; Olav V's gata 1; Pasta & Sandwiches 50–85 nkr, kleine/mittlere/große Pizza 65/125/160 nkr, andere Hauptgerichte 160–190 nkr; 🕑 Mittag & Abend) Das Pub, vom Ufer etwas den Hang rauf, ist bei den Einheimischen sehr beliebt. Hier ist immer Betrieb, und die Essensauswahl ist riesig; besonders gut kommt es bei jüngeren Leuten an.

Ebenfalls zu empfehlen:

Butts Bistro (☎ 69 17 20 12; Tollbugata 3; Hauptgerichte ab 110 nkr; 🕑 Fr & Sa 15–4 Uhr, So–Do 15–24 Uhr) Gutes Essen und am Wochenende ideal für den Mitternachtshunger.

Dragon House (☎ 69 18 44 67; Borgergata 3; Vorspeisen 35 nkr, Hauptgerichte 75–139 nkr, Mittagsangebot 65 nkr; 🕑 Mittag & Abend) Abwechslungsreiche Karte, leckeres Essen.

Lunsjbaren (☎ 69 17 60 95; Torget; Sandwiches ab 29 nkr, Snacks & Burger ab 45 nkr)

Ausgehen

Siste Reis Pub (☎ 69 17 61 45; Jernbanetorget 1; 🕑 So–Do 15–24 Uhr, Fr & Sa 14–3 Uhr) Diese beliebte Kneipe liegt unter einem Dach mit dem Grand Hotel; der halbe Liter Bier kostet vor 23 Uhr nur 32 nkr. Die Atmosphäre stimmt, sodass man locker bis zum Morgen hier rumhangen und quatschen kann.

Hannestadgården (☎ 69 19 77 81; Tollbugata 5; Biergarten 🕑 Mo–Fr 15–3 Uhr & Sa 13–3 Uhr; Nachtklub 🕑 Fr & Sa 22–3 Uhr, Eintritt für den Nachtklub 50 nkr) Dieses Mehrzweck-Nachtlokal wartet mit einem stimmungsvollen Biergarten, einer Pianobar, einem turbulenter Nachtclub auf; den ganzen Sommer über finden hier regelmäßig Konzerte statt (Eintritt 70 nkr). Besser kann man den Abend in Halden nicht rumbringen.

Dickens (☎ 69 18 35 33; Storgata 9) Wer mehr auf ruhige Musik an einem faulen Sommernachmittag steht, macht sich im Juli und August samstagnachmittags zum Dickens auf. Dort gibt's von 13.30 bis 15.30 Uhr Jazz im Innenhof (Eintritt frei).

An- & Weiterreise

Zwischen Oslo und Halden verkehren die Züge montags bis freitags stündlich und am Wochenende alle zwei Stunden (191 nkr, 1¾ Std.). Etwa viermal am Tag setzt der Zug die Reise auch fort bis Göteborg und Malmö in Schweden. Die Fernbusse halten direkt am Hafen; von hier gibt es eine regelmäßige

Verbindung nach Oslo und Fredrikstad (am Wochenende seltener).

Informationen zum Fährverkehr nach Schweden s. S. 433.

RUND UM HALDEN

Haldenkanalen

Zwischen Oslo und Halden verkehren die Züge montags bis freitags stündlich und am Wochenende alle zwei Stunden (191 nkr, 1¾ Std.). Etwa viermal am Tag setzt der Zug die Reise auch fort bis Göteborg und Malmö in Schweden. Die Fernbusse halten direkt am Hafen; von hier gibt es eine regelmäßige Verbindung nach Oslo und Fredrikstad (am Wochenende seltener).

Wer sich lieber mit Muskelkraft fortbewegt, kann bei **Kirkeng Camping** (☎ 69 19 92 98), 5 km nordöstlich der Stadt in Aremark, ein Kanu mieten. Eine Landkarte für Bootsfahrten und Freizeitaktivitäten gibt's im Fremdenverkehrsbüro in Halden. Bei **Båt & Motor a/s** (☎ 69 17 58 59) können sich Besitzer größerer Privatboote informieren, inwieweit die Kanäle befahrbar sind.

Kanu- und Bootsbesitzer aus ganz Norwegen lieben diese Region; als Besucher bekommt man auf der **M/S Turisten** (☎ 93 06 64 44) eine ungefähre Ahnung davon. Das Schiff fährt zwischen Tistedal (östlich von Halden) und Strømsfoss auf dem Haldenkanal (Erwachsene/Senioren/Kinder Hin- & Rückfahrt 250/200/150 nkr, 3½ Std.). Von Mitte Juni bis Mitte August lichtet das Schiff um 11 Uhr in Strømsfoss die Anker und beginnt seine gemächliche Rückfahrt von Tistedal um 15 Uhr (mittwochs und von Freitag bis Sonntag). Nach Tistedal fahren die Busse Nr. 103 und 106 (32 nkr, 18 Min., 2-mal stündl. außer Samstag spätnachmittags und sonntags).

Im Juni gondelt die M/S Turisten mit ihren Fahrgäste zwischen Strømsfoss (11 Uhr) und Ørje (14 Uhr, 200/150/100 nkr, 2½ Std.). Auf dieser Tour bekommt man die Gelegenheit, das direkt am Kanal gelegene **Halden-Wasserwege-Kanalmuseum** (Haldenvassdragets Kanalmuseum; ☎ 69 81 10 21; Ørje; Erwachsene/Kinder 50/20 nkr; ⏲ Mitte Juni–Mitte Aug. Di–So 12–18 Uhr) zu besuchen.

Südnorwegen

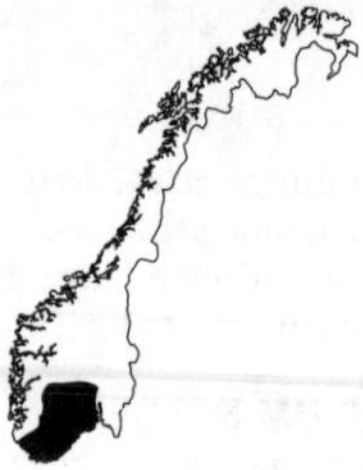

INHALT

Wenn es wärmer wird, lockt die felsige, aber paradiesische Südküste mit ihren vielen vorgelagerten Inseln norwegische Urlauber in Scharen an. Sich ihnen anzuschließen ist sicher nicht die schlechteste Idee.

Absolute Highlights der Südküste sind die weißen Städte und Dörfer, die sich in die vielen, steinigen Buchten schmiegen. Die schönsten liegen zwischen Kristiansand und Larvik: Im Hafen schaukeln Yachten, und Reihen weißer Holzhäuser schlängeln sich landeinwärts. Grimstad, Heimatstadt Henrik Ibsens, ist wohl am bezauberndsten. Trotz ihrer beachtlichen Größe und historischen Bedeutung hat sie ihr dörfliches Flair bewahrt. Risør und Kragerø geben ebenso hübsche Postkartenmotive ab, die Hafengegend in diesen Orten ist einmalig. Auch ein Juwel in Weiß ist Lillesand. Der Ort könnte als Musterdorf durchgehen, so gut ist er erhalten.

Kristiansand, Südnorwegens größte Stadt und ein attraktiver Fischereihafen, besitzt ebenfalls eine hübsche Altstadt. Arendal, auch eine größere Stadt, blickt mit seinem wunderbar erhaltenen historischen Kern direkt aufs Meer hinaus. Auf der Straße von Egersund nach Flekkefjord dagegen wird man mit steil abfallenden Kliffs konfrontiert und einer Landschaft, die man normalerweise in den Fjordgebieten weiter im Norden vermuten würde.

Das reizvolle Landesinnere Südnorwegens ist dünn besiedelt und waldreich. Es ist das Verbindungsglied zwischen den riesigen Wäldern Schwedens, der sonnigen Küstenregion und den schroffen Bergen und Fjorden im Westen. Hier gibt's Wald ohne Ende, dafür aber nur wenige ausländische Besucher. Unbedingt sehenswert sind die Heddal-Stabkirche, eine der Besten ihrer Art in Norwegen, und das Silberbergwerk in Kongsberg. Die malerische Telemark und die sanften, angenehm ruhigen Hügel des Setesdal sind genau das Richtige für alle, die dem sommerlichen Run auf die Küste entfliehen möchten. In Rjukan lässt es sich gut ein paar Tage aushalten. Die Stadt bietet zahllose Adventure Activities, ist von romantischen Landschaften umgeben und liegt am Rande des Nationalparks Hardangervidda.

HIGHLIGHTS

- Durch die engen Gassen der „weißen Städte" **Risør** (S. 123), **Grimstad** (S. 128), **Lillesand** (S. 129) und **Kragerø** (S. 122) flanieren
- Die Strände und vorgelagerten Inseln der norwegischen Sonnenküste am **Skagerrak** (S. 128) durchkämmen
- Sich bei einer gemütlichen Bootsfahrt über den romantischen **Telemark-Kanal** (S. 143) entspannt zurücklehnen
- Die einzigartigen Dachgiebel und Wandmalereien der Stabkirche von **Heddal** (S. 143) bewundern
- Die Wasserfläche des **Seljordvatn** (S. 152) nach der Seeschlange Selma absuchen
- Mit der Bahn durch das königliche Silberbergwerk nahe dem hübschen Städtchen **Kongsberg** (S. 140) juckeln

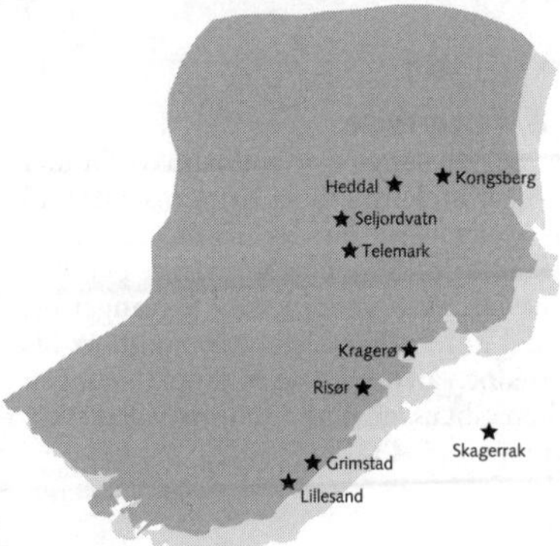

FLÄCHE: 31 628 km²	**HÖCHSTE ERHEBUNG**: GAUSTA (1881 m)	**BEVÖLKERUNG**: 649 100

SÜDNORWEGEN

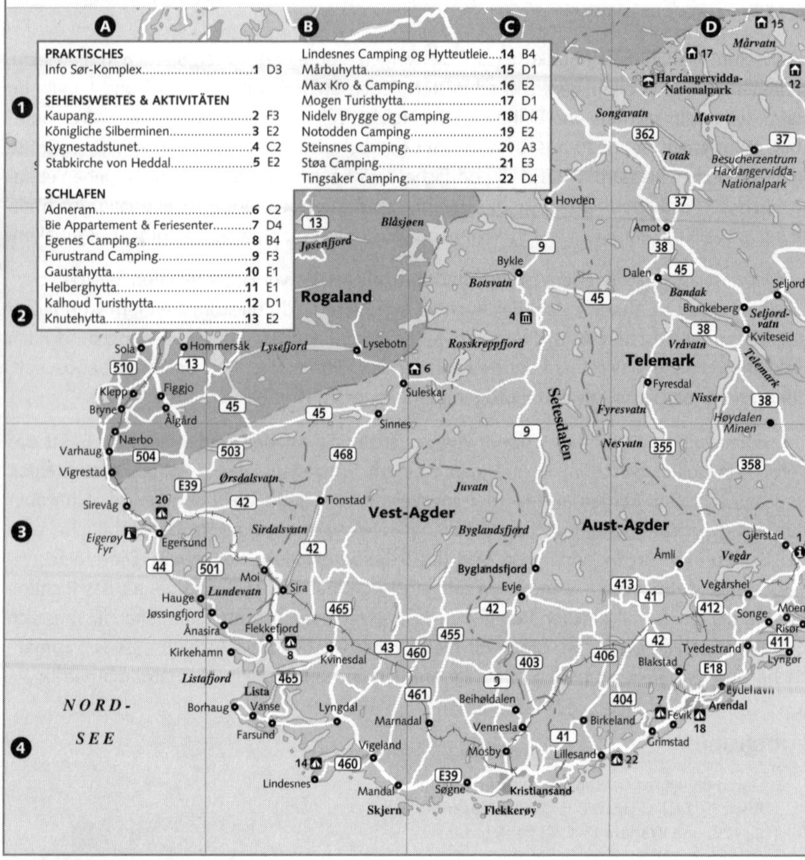

An- & Weiterreise

Die 586 km lange Sørlandbahn verbindet Stavanger und Oslo (über Kristiansand) und fährt weitgehend durchs Landesinnere. In die Städte im Süden geht's dann per Bus weiter. Die E 18/39 führt von Stavanger bis Mandal durchs Landesinnere, von dort bis Oslo jedoch an der Küste entlang. In einigen Städten gibt es auch internationale Fährverbindungen (S. 432).

DIE KÜSTE

TØNSBERG

44 700 Ew.

Tønsberg ist die älteste Stadt Norwegens. Auf den ersten Blick kann diese ständig betonte Tatsache zu Enttäuschungen führen. Tønsberg wirkt wie eine große, moderne und gänzlich unspektakuläre Stadt. Wer aber einen genaueren Blick riskiert, entdeckt Ruinen aus der Zeit der Wikinger, alte Holzhäuser und sogar eine Burgruine. Sie rechtfertigen einen Abstecher von ein oder zwei Stunden, wenn man entlang der Küste unterwegs ist.

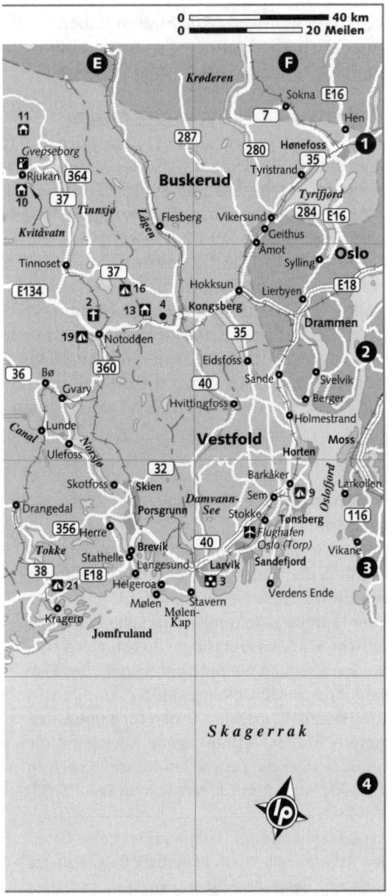

Das **Fremdenverkehrsbüro** direkt am Hafenkai Tønsberg Brygge (☎ 33 35 45 20; www.visittonsberg.com; Nedre Langatte 36; 🕓 Mitte Juli–Anfang Aug. Mo–Sa 9–19 Uhr, So 9–15 Uhr; übrige Zeit 9.30–15.30 Uhr) gibt den hervorragenden (und kostenlosen) *Tønsberg Guide* heraus.

Geschichte

In der *Sage von Harald-Hårfagre* (S. 22) erwähnt Snorre Sturluson, dass es Tønsberg bereits vor der Schlacht bei Hafrsfjord gab, die 872 stattfand. Tønsberg beging 1971 seine 1100-Jahrfeier. Der Name bedeutet so viel wie „Hofberg", was sich vermutlich auf den Haugar-Hof bezieht (heute im Zentrum).

Als König Harald Hårfagre das Königreich im 9. Jh. teilte, machte er seinen Sohn Bjørn Farmann zum Herrscher über Vestfold, und Sæheimir in Tønsberg wurde königliche Residenz. In Spätmittelalter fungierte die Stadt als eine von drei norwegischen Handelsniederlassungen der Hanse mit Verbindungen nach Deutschland. 1535 wurde sie durch einen Brand zerstört – der Beginn ihres Niedergangs. Im 17. Jh. erlebte Tønsberg dann einen erneuten Aufstieg; 1850 verfügte es über die größte Handelsflotte Norwegens.

EINE STADT DER ERFINDER

Die Geschichte Tønsbergs besteht nicht nur aus Wikingern und Seefahrern. Hier erblickten Erfindungen unterschiedlichster Art das Licht. Auf Gut Jarlsberg (vormals Sæheimir) begannen schon 1860 Käser ihre Arbeit, und heute ist Käse aus Jarlsberg international berühmt. Das erste direkt betankbare Schiff der Welt wurde 1878 in Tønsberg gebaut. Mitte des 19. Jhs. machte Svend Foyn, „Vater" des norwegischen Seehund- und Walfangs, Tønsberg zum Stützpunkt und Informationszentrum für Walfänger in arktischen und antarktischen Gewässern. Auch die Explosionsharpune, die den modernen Walfang revolutionierte, wurde hier entwickelt. Vervollständigt wird die Liste tønsbergischer Innovationen durch die Damenbinde, die Arne Gravdahl 1953 neu erfand.

Sehenswertes

BURG TØNSBERG

Die Burgruine **Tønsberg** aus dem 13. Jh. (Castrum Tunsbergis; ☎ 33 31 18 72; Eintritt frei, Turm Erwachsene/Kinder 10/5 nkr; 🕓 Turm Ende Juni–Mitte Aug. 11–18 Uhr, übrige Zeit kürzere Öffnungszeiten) thront auf einem Hügel 63 m hoch über der Stadt. Einst war sie mal eine der größten mittelalterlichen Befestigungsanlagen in Norwegen. Doch ihre Größe half ihr wenig, als die Schweden die Festung im Jahr 1503 zerstörten; von der Burg selbst blieb kaum etwas übrig. Von dem modernen, 17 m hohen **Slottsfjellstårnet-Turm** (1888 erbaut) aber hat man einen tollen Blick über die Ruinen. Vor dem Turmeingang zeigt ein Bronzemodell, wie die Burg um 1500 aussah. Teile der 600 m langen äußeren Mauer sind erhalten geblieben sowie Reste der mittelalterlichen Fundamente vom **Turm König Magnus Lagabøtes,** der **St.-Michaels-**

Kirche (1191), vom **Saal König Håkon Håkonssons** und mehrerer **Wachtürme**. Der Park ist immer zugänglich.

RUINEN

Oben auf dem Hügel im Stadtteil Haugar findet man die **Wikingergräber** der Könige Olav und Sigrød. Im Park am Kongsgaten stehen die Ruinen von **Kongsgård**, dem alten Herrschersitz des Königs Håkon Håkonsson, wo die Könige von Vestfold gewählt wurden. Gleich bei Storgaten 17 sind die Reste der mittelalterlichen **St.-Olavs-Kirche** aus dem Jahre 1207 (einer Rundkirche, die möglicherweise der Grabeskirche in Jerusalem nachempfunden ist), des Klosters St. Olav und einige Gräber aus der Wikingerzeit zu besichtigen. Alle Stätten haben große historische Bedeutung – so unscheinbar sie dem Laien auch vorkommen mögen.

MUSEUM DER PROVINZ VESTFOLD

Am Fuß des Slottsfjell (Schlossberg) am nördlichen Stadtrand befindet sich das **Museum der Provinz Vestfold** (Vestfold Fylkesmuseum; ☎ 33 31 29 19; www.vfm.no; Farmannsveien 30; Erwachsene/Kinder 40/5 nkr; 🕑 Mitte Mai–Mitte Sept. Mo–Sa 10–17 Uhr, So 12–17 Uhr) nur fünf Gehminuten nordwestlich des Bahnhofs. Die Highlights: Ausstellungsstücke zur Ausgrabung des beeindruckenden *Oseberg*-Schiffs (heute im Wikingerschiffmuseum in Oslo zu bewundern, S. 85), eine Unzahl mittelalterlicher Artefakte aus der Gegend und einige histo-

THOR HEYERDAHL

Larviks Lieblingssohn war der ebenso furchtlose wie umstrittene Thor Heyerdahl (1914–2002), ein außergewöhnlicher Wissenschaftler, Anthropologe und Entdecker.

Seine Spezialität waren ausgedehnte Reisen. 1947 segelte er auf einem Balsafloß, der *Kon-Tiki*, 6000 km von Peru nach Polynesien, um zu beweisen, dass der Südpazifik möglicherweise durch Einwanderer aus Südamerika und nicht aus Asien besiedelt wurde. Seine heiß diskutierten Theorien stützten sich auf die Entdeckung von Ähnlichkeiten der Fauna und kultureller Artefakte in Polynesien und Südamerika und die Tatsache, dass die pazifischen Meeresströmungen in ost–westlicher Richtung verlaufen. Sie standen jedoch der herrschenden Meinung diametral entgegen. Der Film über seine Reise gewann 1951 den Oscar in der Kategorie „Beste Dokumentation", und in den harten Nachkriegsjahren (im Zweiten Weltkrieg hatte Heyerdahl mehrere Orden für seine Unerschrockenheit im Widerstand gegen die Nazis bekommen) beschäftigten seine Abenteuer die Phantasie von Millionen Menschen in aller Welt. Sein Buch über die Expedition wurde in sechzig Millionen Exemplaren weltweit verkauft. Die echte *Kon-Tiki* ist im *Kon-Tiki*-Museum in Oslo (S. 85) zu bewundern.

Heyerdahl war bereits als einer der ersten Europäer bekannt, die auf Galapagos und den Osterinseln Ausgrabungen gemacht hatten, als er 1970 den Atlantik mit einem Papyrusfloß überquerte und die internationale Aufmerksamkeit erneut auf sich zog. Seine Absicht war zu beweisen, dass Kolumbus vielleicht doch nicht der erste erfolgreiche Transatlantiksegler war und dass sogar die alten Ägypter zu einer solchen Reise imstande gewesen wären. Sein erstes Boot, die *Ra*, sank kurz nach dem Auslaufen. Das aber konnte den hartnäckigen Heyerdahl nicht aufhalten, er schaffte die Überquerung auf der *Ra II*.

1978 segelte der unermüdliche Heyerdahl mit der *Tigris* vom Zusammenfluss von Euphrat und Tigris über den Schatt El Arab durch den Persischen Golf und über den Indischen Ozean nach Djibouti. Er wollte nachweisen, dass die alten Sumerer diese Reiseroute häufig benutzten. Als ihm aber wegen der Konflikte in der Region der Zugang zum Roten Meer verweigert wurde, setzte er sein Boot in Brand – eine spektakuläre Antikriegs-Demonstration. Heyerdahl war nicht nur Wissenschaftler und Entdecker, sondern setzte sich auch mit Elan für Völkerverständigung ein. Seine Crew war immer multinational und seine Boote trugen die UN-Flagge.

Zu Heyerdahls 75. Geburtstag, 1989, wurde in Tollerodden, östlich des Hafens von Larvik, zu seinen Ehren eine Statue enthüllt. Die Skulptur besteht aus blauem Larvikit, einem wunderschönen, fünfzig Millionen Jahre alten Granit, der am Ort gebrochen wird.

Heyerdahl glaubte bis an sein Lebensende, dass man bei der Erforschung alter Kulturen die Meere der Welt als eine einzige, gigantische Wanderstraße sehen müsse. Er starb am 18. April 2002 in Norditalien an Krebs.

rische Bauernhöfe mit Einrichtungsstücken aus ihrer Zeit. Eine Abteilung ist der Geschichte des Walfangs in Tønsberg gewidmet und zeigt u. a. die Skelette eines Pottwals und eines Blauwals. Letzteres ist mit 23 m Länge das größte ausgestellte Walskelett der Welt.

Schlafen

Im Fremdenverkehrsbüro gibt's Listen von Ferienhütten, Cottages, Gästehäusern und Privatunterkünften auf den Schären südlich der Stadt sowie Infos über Wege und Verkehrsmittel.

Campingplatz Furustrand (☎ 33 32 44 03; Fax 33 32 74 03; Tareveien 11, Tolvsrød; Zeltplatz 100 nkr plus 35/25 nkr pro Auto/Person, Hütte ab 500 nkr) 5,5 km östlich des Stadtzentrums; mit den Buslinien 111 oder 116 nach Tolvsrød (18 nkr) erreichbar. Das ist etwas unbequem, aber zum Ausgleich liegt der Platz direkt am Strand und die Infrastruktur ist sehr ordentlich.

Tønsberg Vandrerhjem (☎ 33 31 21 75; tonsberg.hostel@vanderhjem.no; Dronning Blancasgata 22; B 195–220 nkr, EZ/DZ mit Gemeinschaftsbad 350/450 nkr, EZ/DZ mit eigenem Bad 450/550 nkr; 💻 🅿) Dieses außerordentlich gut und freundlich geführte Hostel ist bestens ausgestattet, sauber und nur wenige Minuten zu Fuß vom Bahnhof entfernt. Im Preis ist ein gutes Frühstück inbegriffen.

Rainbow Hotel Brygga (☎ 33 34 49 00; www.rainbow-hotels.no/brygga; Nedre Langgate 40; EZ/DZ Mitte Juni–Mitte Aug. & Sa/So 725/960 nkr, übrige Zeit 1210/1510 nkr; 💻) Ein modernes Hotel am Meer mit freundlichen (nicht sehr großen) Zimmern und erstklassigem Frühstück; Topadresse für Familien.

Quality Hotel Tønsberg (☎ 33 00 41 00; tonsberg@quality.choicehotels.no; EZ/DZ ab 700/900 nkr; 💻 ♿) Ebenfalls erste Wahl! Ein Haus der Quality Hotelkette mit eleganten Zimmern (in einer Art nordischem Minimalismus) am ruhigeren, südlichen Stadtrand von Tønsberg, direkt am Wasser.

Essen

Tønsberg hat, gemessen an seiner Größe, ungeheuer viele Restaurants. Alle hier genannten sind täglich sowohl mittags als auch abends geöffnet.

Himmel & Hav (☎ 33 00 49 80; Tønsberg Brygge; Tapasbüfett 198 nkr, Hauptgerichte 115–275 nkr) Das Restaurant serviert hervorragende Meeresfrüchte und Fischgerichte; die verschiedenen Büfetts sind ihr Geld wert. Absolut zu empfehlen! An Sommerwochenenden gibt es abends beste Livemusik extra.

Brygga (☎ 33 31 12 70; Nedre Langgate 35; Hauptgerichte 175–210 nkr) Eine Spur edler als das benachbarte Himmel & Hav. Hier gibt's norwegische und internationale Küche in angenehmster Atmosphäre, besonders draußen auf der Terrasse. Auch ein gepflegtes Bier wird gezapft.

Esmeralda (☎ 33 31 91 91; Nedre Langgate 26C; Salate 75–100 nkr) In diesem Lokal – bei Einheimischen seit langem sehr beliebt – werden leichte, günstige Gerichte flink, flott und fröhlich auf der Terrasse serviert.

Peppe's Pizza (☎ 33 31 70 71; Nedre Langgate 26B; Pizza ab 134 nkr) Beim gastfreundlichen Peppe wird herkömmliche Pizza in einem Haus aus dem Jahre 1700 gebacken, das viel Atmosphäre hat.

Leute, die auf einen exotischen Touch stehen, werden ihre Location etwas abseits vom Wasser finden:

Bombay Tandoori (☎ 33 31 71 06; Ovre Langgate 36; Hauptgerichte ab 120 nkr) Der Duft ist meilenweit zu riechen – lange bevor man das Lokal sieht; das Essen ist phantastisch.

Fregatten (☎ 33 31 47 76; Storgaten 17; 2/6 Sushi ab 45/50 nkr, Hauptgerichte 99–219 nkr) Hier wird japanisch, chinesisch und norwegisch gekocht.

An- & Weiterreise

Die **Tønsberg Rutebilstasjon** (☎ 33 30 01 00; Jernbanegaten) befindet sich einen Block südlich des Bahnhofs. Busse des Nor-Way Bussekspress verkehren zwischen Tønsberg und Kristiansand (330 nkr, 4½ Std., 1- bis 2-mal tgl.) und halten in den meisten Küstenstädten. Es gibt auch Busse nach Oslo (140 nkr, 1¾ Std.).

Intercitys verkehren stündlich zwischen dem **Bahnhof Tønsberg** (☎ 81 50 08 88) und Oslo (168 nkr, 1½ Std.).

SANDEFJORD

39 400 Ew.

Die ehemalige Hauptstadt des Walfangs ist einen Umweg wert. Der Hauptgrund: Sie beherbergt das einzige bedeutende Walfangmuseum der Welt.

Das **Fremdenverkehrsbüro** (☎ 33 46 05 90; www.visitsandefjord.com; Thor Dahls Gate 1; 🕓 Mitte Juni–Anf. Aug. Mo–Fr 9–18 Uhr, Sa 10–16.30 Uhr, So 12.30–16.30 Uhr; übrige Zeit Mo–Fr 9–16 Uhr) befindet sich in Hafennähe.

Das **Walfangmuseum** (Hvalfangstmuseet; ☎ 33 48 46 50; www.hvalfangstmuseet.no; Museumsgaten 39; Erwachsene/Kinder 50/25 nkr; ⌚ Ende Juni–Mitte Aug. Do–Di 10–17 Uhr, Mi 10–19 Uhr) stellt die Walfangdebatte aus norwegischer Sicht dar, verzichtet weitgehend auf Polemik und betont historische Aspekte. So hat man eine gute Chance, sich mit beiden Seiten im Streit um den ältesten Industriezweig Norwegens auseinander zu setzen (s. Kasten S. 60). Das umfangreiche Archiv aus Fotos, Ausrüstungsgegenständen und Dokumentationen des Lebens auf See wird durch das Walfangboot *Southern Actor* vervollständigt, das im **Hafen** (⌚ Ende Juni–Mitte Aug., 9.30–17 Uhr) vertäut liegt; die Eintrittskarte gilt auch dort.

Die meisten Busse von Oslo oder Sarpsborg nach Kristiansand und zurück halten in Sandefjord.

LARVIK

23 000 Ew.

Larvik ist weniger attraktiv als groß. Dennoch stellt die Stadt eine gute Ausgangsbasis für Ausflüge in die Feriengebiete der Umgebung dar. Zu historischem Ruhm verhilft ihr nur eins: Sie war die Heimatstadt Thor Heyerdahls (s. Kasten S. 118), eines der bekanntesten Forscher und Entdecker Norwegens.

Praktische Informationen

Fremdenverkehrsbüro (☎ 33 13 91 00; www.visitlarvik.no; Storgata 48; ⌚ Mitte Juni–Anf. Aug. Mo–Sa 8.30–18 Uhr & So 13–16 Uhr; übrige Zeit Mo–Fr 9–16 Uhr) Gegenüber der Fähranlegestelle gelegen; das Personal hilft normalerweise gerne; es gibt einen Internetzugang (15 Min./20 nkr) und Infos zu den archäologischen Ausgrabungen der alten Wikingerstadt Kaupang.

Waschsalon (Gästehafen) Im Gästehafen gibt es einen Münzwaschsalon.

Sehenswertes

LARVIK-MUSEUM

Dieses **Museum** (☎ 33 17 12 90; Eintritt Erwachsene/Kinder 40/10 nkr) hat drei Abteilungen.

Das barocke, komplett hölzerne **Herrenhaus Herregård** (Herregårdsletta 6; Führungen Mitte Juni–Mitte Aug. Di–Sa & Juni–Mitte Sept. So 12.30, 13.30 und 14.30 Uhr) entstand 1677 als Sitz des Statthalters des dänischen Königs in Norwegen: Ulrik Frederik Gyldenløve, Herzog von Larvik. Als illegitimer Sohn König Fredriks IV. von Dänemark erhielt Gyldenløve ein Herzogtum und wurde nach Norwegen abgeschoben. Die derzeitige Einrichtung stammt aus dem 17. und 18. Jh.

Das **Seefahrtsmuseum Larvik** (Kirkestredet 5; ⌚ Mitte Juni–Mitte Aug. Di & Sa & Juni–Mitte Sept. So 12–16 Uhr) liegt direkt am Hafen in östlicher Richtung. Zu besichtigen sind in dem Backsteinbau aus dem Jahre 1730 eine Sammlung maritimer Kunst, verschiedene Artefakte und eine beachtliche Zahl beeindruckender Schiffsmodelle. Auch eine kleine Ausstellung über die Wikingerstadt Kaupang (s. unten) ganz in der Nähe ist hier untergebracht.

Verkensgården (Nedre Fritzøegate 2; ⌚ Mitte Juni–Mitte Aug. Di–Sa 12–16 Uhr; übrige Zeit Di–Sa 12–15 Uhr) zeigt eine Sammlung von Werkzeugen und Geräten aus einer örtlichen Sägemühle und einem Eisenwerk des 17. Jhs. Eine ständige geologische Ausstellung dort dokumentiert die Entstehung des blauen Larvikit: eines wunderschönen, fünfzig Millionen Jahre altes Granitgesteins aus örtlichen Steinbrüchen.

BØKESKOGEN

Der 300 ha große **Bøkeskog** (Buchenwald) bildet nördlich des Stadtzentrums einen herrlichen Grüngürtel, in dem man ausgedehnte Spaziergänge unternehmen kann. Dabei auf die achtzig **Grabhügel aus der Wikingerzeit** achten, die in dieser Idylle verstreut liegen. Die höchste Erhebung bietet eine fabelhaft Aussicht über den Wald und den Farrisvatn (Farris-See).

KAUPANG

Dieses Wikingerdorf 5 km östlich von Larvik wird auf das 8. Jh. datiert. Damals lebten dort schätzungsweise 600 Menschen. Es finden archäologische Ausgrabungen statt; die meisten Funde sind aber auf dem Weg nach Oslo. Trotzdem ist der Ort einen Besuch wert. Beim Fremdenverkehrsbüro ist mehr zu erfahren.

Schlafen

Campingplatz Hovlandbanen (☎ 33 11 44 22; Hovland; Zelt-/Wohnwagenplatz 120/175 nkr, Hütte ab 225 nkr, Strompauschale pro Person 25 nkr; ⌚ Juni–Sept.) Wenigstens einmal werden die Camper nicht in die Pampa geschickt. Dieser Platz liegt 1,5 km (bergauf) nördlich des Hafens, nahe einer Rennbahn.

Lysko Gjestegaard (☎ 33 18 77 79; www.lysko-it.no; Kirkestredet 10; EZ/DZ ab 500/700 nkr; Ⓟ) Das ruhige Gästehaus, ein hübsches altes Holzhaus, liegt gegenüber dem Seefahrtsmuseum an der Ostseite des Hafens. Selbstversorgung ist möglich. Die Preise gelten ohne Frühstück.

Gyldenløve Hotel (☎ 33 18 25 26; Fax 33 18 79 70; Storgata 26; EZ/DZ ab 600/750 nkr) Das bezaubernd renovierte Hotel aus dem Jahre 1903 bietet gute Übernachtungsmöglickeiten direkt am Hafen.

Quality Hotel Grand Farris (☎ 33 18 78 00; Fax 33 18 70 45; Storgata 38; EZ/DZ ab 690/890 nkr; P 🖳) Ebenfalls am Wasser gelegen: Larviks bestes Haus mit super komfortablen Zimmern. Darüber vergisst man sogar seine architektonische Scheußlichkeit.

Essen

Die Nächte in Larvik können ausgesprochen ruhig sein, aber die Auswahl an Restaurants ist üppig. Allerdings liegen sie hier nicht direkt am Meer wie in den anderen Küstenstädten. Alle genannten Restaurants sind mittags und abends geöffnet.

Ferdinands Lillekjøkken (☎ 33 13 05 44; Storgata 32; Hauptgerichte ab 130 nkr) Ein echt gutes Restaurant, wo allabendlich Steaks und Fischgerichte serviert werden.

Restaurant Hansemann (☎ 33 14 00 01; Kongegata 33; Specials ab 85 nkr, Hauptgerichte ab 145 nkr) Hansemann wird jedem Geldbeutel gerecht und ist für seine leckeren Fleisch- und Fischgerichte bekannt.

Jeppe's (☎ 33 18 08 08; Storgata 24; Pizza & Mexikanisches Büfett 110 nkr) Fast im Stadtzentrum bietet Jeppe's mittwochs, freitags und samstags ein überwältigendes Büfett an.

Bøkekroa Restaurant (☎ 33 18 10 53; Bøkeskogen) Das Essen hier ist eher durchschnittlich. Aber wenn freitags zwischen 18.30 und 22 Uhr Jazzkonzerte den milden Nächten von Larvik ihren Drive geben, ist man hier richtig. Sonntag vormittags gibt's Frühstück, garniert mit Chorgesang.

An- & Weiterreise

Die Busse von Nor-Way Bussekspress halten auf der Strecke Seljord–Tønsberg in Larvik (bis zu 3-mal tägl., ab Seljord 190 nkr, 2¼ Std., ab Tønsberg 75 nkr, 1 Std.) Andere Küstenorte sind teilweise nur mit Umsteigen in Tønsberg oder Arendal erreichbar.

Bis zu 20-mal am Tag verkehren Züge zwischen Oslo S (Hauptbahnhof) und Larvik (227 nkr, 2 Std.). Einige davon fahren von Larvik weiter nach Skien (55 nkr, 45 Min.). Dort gibt es täglich ein paar Anschlusszüge nach Nordagutu an der Bahnstrecke Oslo–Stavanger.

Color Line betreibt Fähren nach Fredrikshavn in Dänemark (s. S. 432).

Unterwegs vor Ort

Bahnhof und Busbahnhof liegen nebeneinander an der Storgata.

Die Provinz Vestfold ist ideal zum Fahrradfahren. Ausgetüftelte Radwege führen quer durch die ganze Region. Das Fremdenverkehrsbüro verleiht Fahrräder für 120/550 nkr pro Tag/Woche und verkauft für 100 nkr die unverzichtbare Radwegekarte *Sykkelkart Vestfold.*

RUND UM LARVIK

Auf der tief gelegenen Halbinsel Brunlanes südwestlich von Larvik gibt es ein paar relativ interessante Städte. Im Sommer besetzen norwegische Urlauber sämtliche Campingplätze an der Küste. Eine Alternative zu den überlaufenen Stränden ist der Fluss Numedalslåg. Dort kann man in Holmfoss oder Brufoss Lachse fischen. Das Fremdenverkehrsbüro in Larvik (S. 120) gibt Auskunft, auch zu den erforderlichen Angelscheinen.

DIE HALBINSEL BRUNLANES

Stavern

In dem netten Städtchen Stavern etwas südlich von Larvik ist mehr los als in allen anderen auf der Halbinsel. In den Fußgängerstraßen mit vielen Cafés und kleinen, privaten Galerien lässt es sich wunderbar flanieren. Ein Highlight ist **Fredriksvern Verft**, eine Festung aus der Mitte des 18. Jhs., umgeben von wachturmähnlichen Blockhäusern. Sie waren früher Teil der Befestigungsanlage. Sehenswert ist auch die farbenfrohe **Kirche** (☎ 33 19 99 75; Kommandør Herbsgata 1; Eintritt frei; 🕑 Di–Fr, 11–13 Uhr). 1756 erbaut, war sie Norwegens erste Marinekirche.

In Stavern beginnt auch der *Kyststi*, ein beliebter, 33 km langer **Küstenwanderweg** nach Ødegården an der Westküste von Brunlanes. Das **Fremdenverkehrsbüro** Stavern (☎ 33 19 73 00; Havnegata 3; 🕑 Mitte Juni–Anfang Aug., Mi–Sa, 10–16 Uhr & So, 13–16 Uhr) bietet Wegekarten an: *Kyststien i Larvik* (85 nkr).

Eine gute Übernachtungsmöglichkeit der Mittelklasse ist **Fredtun Folkehøyskole** (☎ 33 15 68 00; www.fredtun.no; Route 301; EZ/DZ 300/500 nkr, EZ/DZ mit Gemeinschaftsbad 265/550 nkr), 1 km südlich der

Stadt. Mehr Komfort bietet das **Hotel Wassilioff** (☎ 33 11 36 00; www.wassilioff.no; Havnegata 1; EZ/DZ ab 750/900 nkr), nur durch den Park vom Wasser getrennt. Für Zimmer mit Seeblick legt man allerdings 200 nkr drauf.

Zwischen Stavern und Larvik verkehrt die Buslinie Nr. 1 (23 nkr, 15 Min., 1- bis 2-mal stündl.).

Mølen

Das Kap von Mølen wird v. a. Geologen begeistern. Es ist nämlich das Ende der eiszeitlichen **Ra-Moräne:** Gestein und Schwemmsand wurden vom Gletscher vor sich hergeschoben und als neues Land abgelagert. Sie erstreckt sich vom Farrisvatn (einem durch die Moräne aufgestauten See) bis zur Südwestküste von Brunlanes. Wenn man den Postkarten glaubt, die in Mølen verkauft werden, ist dies der einzige Ort in der Gegend, wo richtig hohe Wellen heranrollen. Meistens ist die See allerdings so ruhig wie ein Kirchweiher. Die 230 in parallelen Reihen angelegten Steinhügel sind Grabstätten aus der Eisenzeit. Die größeren – speziell die in Schiffsform – bedecken vermutlich die sterblichen Überreste von Edelleuten, die unscheinbareren gewöhnliche Sterbliche. Der Weg vom 4 km entfernten Helgeroa über den Küstenwanderweg („Kyststien", Näheres S. 121) ist eine schöne Tageswanderung. Von Larvik nach Helgeroa (34 nkr) fahren die Buslinien Nr. 1 (über Stavern; 40 Min.) und Nr. 3 (direkt; 20 Min.).

DAMVANN

Mitten im Wald, 20 km nördlich von Larvik, liegt der verwunschene See von Damvann. Einer bekannten Sage nach wohnt dort die Hexe Huldra – eine Frau von solcher Schönheit, dass jeder Mann verloren sei, der sie nur ansehe. Im Juli serviert dort eine moderne Ausgabe der **Huldra** (Ellen Dalen; ☎ 33 11 25 17) sonntags von 12 bis 16 Uhr kleine Gerichte. Ohne Auto kommt man kaum dorthin. Die nächstgelegene Bushaltestelle befindet sich in Kvelde (6 km vom See entfernt) an der Numedalslågen-Straße.

KRAGERØ

5300 Ew.

Wenn man von Oslo die Küste runter fährt, ist Kragerø das erste wirklich malerische Dorf, in das man kommt. Obwohl es sich am Hafen ein bisschen auseinander zieht, sind seine engen Gassen mit den weiß gestrichenen Häusern, die sich vom Wasser bergauf ziehen, einfach wundervoll.

Kragerø war bei norwegischen Künstlern lange Zeit als Rückzugsort beliebt. Edvard Munch (s. Kasten S. 43) verbrachte hier des Öfteren erholsame Anglerferien. Er schrieb einmal:

> „Manch schlaflose Nacht ziehen meine Gedanken und Träume nach Kragerø ... Dort oben blies der Wind vom Meer, dahinter lag der Tannenduft. Dort draußen zwischen den Schären brach sich das Meer. Grüß mir das geliebte Kragerø. Die Perle unter den Küstenstädten."

Offensichtlich war Munch als Maler begabter denn als Schriftsteller. Eine Munch-Statue wurde an dem Fleckchen aufgestellt, wo er eine Wintersonne über dem Meer malte. Das **Fremdenverkehrsbüro** (☎ 35 98 23 88; www.visitkragero.no; Tovgaten 1; 🕒 Mitte Juni–Mitte Aug. Mo–Fr 9–19 Uhr, Sa 9–18 Uhr & So 9–17 Uhr; übrige Zeit kürzere Öffnungszeiten) liegt direkt am Wasser und vergibt Listen von Pensionen, Apartments und Privatunterkünften in Kragerø und einigen ruhigeren, kleineren Orten an der Küste. Kostenlosen Internetzugang gibt's in der öffentlichen Bücherei zwischen dem Fremdenverkehrsbüro und dem hübschen Stadtplatz.

Sehenswertes & Aktivitäten

Das **Berg-Kragerø Museum** (☎ 35 98 14 53; Lovisenbergveien 45; Erwachsene/Kinder 40 nkr/frei; 🕒 Juni–Mitte Aug., 12–18 Uhr) befindet sich am Südufer des Hellefjord, 3 km vom Zentrum entfernt auf einem 120 ha großen Gelände. Dazu gehören ein Landsitz von 1803, Gärten, Spazierwege, ein Café und eine Galerie für Wanderausstellungen (Kunst und Geschichte).

Eine tolle Aussicht über die Stadt und die Schären bietet der Aussichtspunkt auf dem **Steinmann-Berg** über dem Kragerøer Stadion.

Wer das Ausgefallene liebt, unternimmt eine Fahrt mit dem **Rail Bike** über die 13 km lange Schienenstrecke zwischen Sannidal und Merkebekk. Rail-Bikes (so etwas wie Fahrräder auf Draisinen, in Norwegen *dressin* genannt) sind für 60/220 nkr Std./Tag zu mieten. Buchen kann man über Støa Camping (s. S. 123); weitere Auskünfte beim Fremdenverkehrsbüro.

Schlafen

Kragerø Vandrerhjem (☎ 35 98 57 00; kragero.hostel@vandrerhjem.no; Lovisenbergveien 20; B/EZ/DZ 225/400/500 nkr; Mitte Juni–Mitte Aug.) In diesem wirklich schönen HI-Hostel, etwa 2 km von der Stadt entfernt, ist das Frühstück im Preis inbegriffen, und für 100 nkr bekommt man ein Abendessen.

Campingplatz Støa (☎ 35 99 02 61; spar.kivle@ngbutikk.net; Sannidal; Zeltplatz 120 nkr, Hütte ab 225 nkr) Dieser Campingplatz ist wirklich nichts Besonderes, hat aber eine super Verbindung zur Stadt mit der Buslinie Nr. 607 (26 nkr, 12 Min.).

Victoria Hotel (☎ 35 98 75 25; victoria@aco.no; PA Heuchtsgata 31;EZ/DZ 780/1000 nkr) Als bestes Haus in Kragerø hat das attraktive Victoria Hotel gepflegt eingerichtete Zimmer und ist eine hervorragende Basis für den Aufenthalt in der Region.

Essen

Stim (☎ 35 98 30 00; Storgata 1; 2-Gänge-Menü 350 nkr) Im Stim sind besonders die Fisch- und Geflügelgerichte spitze. Die Speisekarte ist modern und international, und die Zutaten kommen frisch aus der Umgebung.

El Paso Western Saloon (☎ 35 98 15 32; PA Heuchtsgata 31; Mittagstisch ab 75 nkr, Hauptgerichte 85–229 nkr) In diesem ziemlich abgefahrenen Lokal wird eine Fusion von norwegischer Küste mit den Badlands von West-Texas versucht. Das scheint fast zu gelingen. Besucher essen dort gerne ihre Steaks, Burgers und Pizzas, mexikanisch Angehauchtes und anderes Non-Seafood.

Amadeus Musikk Kafé (☎ 35 98 15 32; PA Heuchtsgata 31; Hauptgerichte um 110 nkr) Dieses Café ist ebenso ausgefallen; an Wochenendabenden gibt's Livekonzerte – gar nicht übel!

Kafe Edvard (☎ 35 98 15 50; Edvard Munchsvei 2; Mittagsspecials ab 75 nkr) Einfache norwegische Kost ohne die üblichen norwegischen Preise: Das Lokal ist kaum zu schlagen.

An- & Weiterreise

Die einfachsten ist es, man nimmt die Bahn von Oslo oder Kristiansand nach Neslandsvatn. Dort haben die meisten Züge Anschluss zu einem **Drangedal Bilruter-Bus** (☎ 35 99 81 00) nach Kragerø. Zwei bis fünf Busse von Nor-Way Bussekspress fahren täglich von Tangen nach Oslo über die E18 (300 nkr, 3½ Std.), wo Anschlussbusse nach/aus Kragerø warten. Von Kristiansand aus ist die Anreise (180 nkr, 2½ Std.) ebenfalls unproblematisch.

RUND UM KRAGERØ

Jomfruland

Jeden Sommer strömen norwegische Urlauber auf die Insel Jomfruland direkt vor der Küste von Kragerø. Sie ist etwa 10 km lang und nirgends breiter als 600 m, waldbedeckt und überwiegend von Sandstränden umgeben. Ihre Wahrzeichen, der alte (1869) und der neue (1937) **Leuchtturm** (☎ 35 99 11 79; Erwachsene/Kinder 20/10 nkr; Mitte Juni–Mitte Aug. Mo–Sa 12–16 Uhr, So 12–18 Uhr), können erklommen werden.

Der ansprechende **Campingplatz Jomfruland** (☎ 35 99 12 75; janne.riis@c2i.net; Åsvik brygge; Zeltplatz ab 100 nkr, Caravanstellplatz mit Stromanschluss 175 nkr, 4-Bett-Hütte 450 nkr) liegt in der Nähe der Fähranlegestelle Åsvik brygge.

Die Fähren der **Kragerø Fjordbåtselskap** (☎ 35 98 58 58) verkehren bis zu dreimal täglich zwischen Kragerø und Jomfruland (32 nkr, 50 Min.).

RISØR

4500 Ew.

Risør, die „Weiße Stadt am Skagerrak", zählt zu den schönsten in Südnorwegen. Das Halbrund des Hafens in ihrer Mitte wird von historischen weißen Häusern (aus der Zeit zwischen 1650 und 1890) umrahmt – genau der richtige Ort, um zwischen bunten Fischereibooten und Privatyachten ein paar Tage zu relaxen. Hier kann man in aller Ruhe flanieren und den rustikalen Zauber genießen. Wer allerdings das Faulenzen am Wasser schnell langweilig findet, ist höchstwahrscheinlich an der falschen Adresse.

Praktische Informationen

Bibliothek (Kragsgate 48A; Mitte Juni–Mitte Aug. Mo–Fr 11–15 Uhr & Sa 11–14 Uhr; übrige Zeit Mo–Do, 11–19 Uhr & Fr & Sa, 11–14 Uhr) Kostenloser Internetzugang.

Fremdenverkehrsbüro (☎ 37 15 22 70; Kragsgata 3; Mitte Juni–Mitte Aug. Mo–Fr 10–18 Uhr, Sa 10–16 Uhr & So 12–18 Uhr) Hier hat man Zeit und Informationen in Fülle, nur 50 m westlich des Hafens.

Info Sør-Komplex (☎ 37 11 90 00; www.infosor.no; Mitte Juni–Mitte Aug. Mo–Fr 9–18 Uhr, Sa 10–16 Uhr & So 12–18 Uhr; übrige Zeit 9–16 Uhr) Dieser umfangreiche Komplex ist für die gesamte Region zuständig. Er ist außerhalb der Stadt an der E 18 nahe der Grenze zur Telemark zu finden.

Sehenswertes & Aktivitäten

AQUARIUM RISØR

Das hoch spannende **Meerwasseraquarium in Risør** (Saltvannsakvariet; ☎ 37 15 32 82; Dampskipsbrygga; Erwachsene/Kinder 45/25 nkr; ⌚ Mitte Juni–Mitte Aug. 11–19 Uhr; in der übrigen Zeit kürzere Öffnungszeiten), am Kai direkt vor dem Risør Hotel gelegen, besteht aus lauter kleinen und großen Guckfenstern, hinter denen sich Seefische, Krusten- und Schalentiere tummeln, die an der Südküste Norwegens heimisch sind. Zu den Highlights gehören junge Hummer und der bunte Kuckuckslippfisch.

RISØR MUSEUM & GALERIE RISØR KUNSTPARK

Wer die Wahrheit über Geologie und Fischerei in der Region sowie Risørs 275-jährige Geschichte wissen will, der ist im **Risør Museum** (☎ 37 15 17 77; Prestegata 9; Erwachsene/Familien 30/50 nkr; ⌚ Mitte Juni–Mitte Aug. Mo–Fr 9–16 Uhr & Sa 9–14 Uhr) an der richtigen Adresse. Auf Anfrage wird ein Heftchen mit Erläuterungen in englischer Sprache verliehen. Dem Museum angeschlossen ist die **Galerie Risør Kunstpark** (⌚ Mitte Juni–Mitte Aug. Mo–Fr 9–16 Uhr & Sa 9–14 Uhr). Sie stellt Werke von Künstlern aus, die von Risørs Charme inspiriert wurden.

RISØR KUNSTFORUM

Das innovative **Kunstforum** (Risør Kunstforum; ☎ 37 15 63 83; www.kunstforum.no; Tjenngata 76; ⌚ für Kurse Mitte Juni–Mitte Aug.) bietet eine Fülle von Kursen an: von Papierherstellung bis Aquarellmalerei. Die Kurspreise bewegen sich zwischen 1500 nkr für drei Tage und 3300 nkr für 7 Tage. Packages aus Kurs, Kost und Logis werden ebenfalls geschnürt.

BOOTSVERLEIH

Die Inseln vor der Küste kann man locker ohne Hilfe (höchstens mit etwas Pferdestärke) erkunden. **Risør Båtformidling** (☎ 37 15 25 50) vermietet kleine Motorboote, **Sørlandet Feriesenter** (☎ 37 15 40 80) bietet auch größere Motorboote und Kanus an.

Festivals

Um den Sommer richtig anzuheizen, veranstaltet die Stadt in der letzten Juniwoche das **Risør Kammermusik-Festival** – unter wachsender Beteiligung örtlicher und internationaler Musiker.

Am ersten Wochenende im August findet in Risør zudem das **Holzbootfestival** (Trebåtfestival) statt, eine Attraktion für Segelveteranen und andere Bootfans aus ganz Norwegen. Zum Festivalprogramm gehören Bootsrennen, Konzerte und Aktivitäten für Kids. Eine Unterkunft ist in dieser Zeit allerdings kaum zu finden.

Schlafen

Das Fremdenverkehrsbüro vermittelt Zimmer, Häuser und Hütten.

Campingplatz Moen (☎ 37 15 50 91; Fax 37 15 17 63; Moen; Zeltplatz 100 nkr, Hütte 300–550 nkr) Dieser gut geführte und ausgestattete Campingplatz ist der nächste von Risør: 11 km westlich, nahe der E 18. Regelmäßig verkehrende Busse (Risør/Arendal, Kristiansand oder Oslo und zurück) kommen praktisch am Eingang vorbei.

Risør Kunstforum (☎ 37 15 63 83; kontor@kunstforum.no; Tjenngata 76; EZ/DZ/3BZ 450/600/700 nkr) An diesem tollen Ort 1 km westlich des Hafens werden einfache, aber ordentliche Zimmer angeboten. Frühstück kann man sich selbst zubereiten. Die eigentliche Attraktion sind aber eigentlich die Mal- und Bildhauerkurse (s. links).

Risør Hotel (☎ 37 14 80 00; www.risor-hotel.no; Tangengata 16; Mitte Juni–Mitte Aug. EZ/DZ ab 795/1095 nkr; übrige Zeit 550/850 nkr) Dem Risør Hotel fehlen die Konkurrenten am Ort. Zwar ist es unter den wenigen Alternativen wohl die beste Wahl, aber wichtige Details fehlen, die man bei dem Preis erwarten dürfte. Großes Plus ist die Lage direkt am Wasser.

Det Lille Hotell (☎ 37 15 14 95; www.detlillehotel.no; EZ/DZ pro Nacht ab 1100/1350 nkr, pro Woche ab 7700/9100 nkr) Ein interessantes Angebot: über die Stadt verteilte Suiten und Apartments für Selbstversorger. Die meisten befinden sich in geschmackvoll restaurierten, kleinen Häusern mit antiker Einrichtung, ideal für einen einwöchigen Aufenthalt. Wer mal richtig Geld raushauen will, kann damit nichts falsch machen.

Essen

Direkt am Hafen und in der Nähe findet man etliche Cafés und Restaurants mit moderaten Preisen.

Café Excellensen (☎ 37 15 30 50; Torvet 1; Abendessen & Getränke 350 nkr; ⌚ Frühstück, Mittag & Abend) Das Café Excellensen ist ein gemütliches Tagescafé, das sich am Abend in ein nobles Steakhouse mit phantastischem Essen verwandelt.

Brasserie Krag (☎ 37 15 04 50; Kragsgata 12; Hauptgerichte 89-198 nkr; 🕓 Mittag & Abend) Große Auswahl à la carte in lockerer Atmosphäre – eine empfehlenswerte Option.

Brygge Pizza (☎ 37 15 00 99; Strandgata 2; Pizza ab 75 nkr; 🕓 Mittag & Abend) Eines der wenigen Lokale mit Tischen draußen am Wasser. Hungrige, die ihre Kronen zusammenhalten müssen, sind hier goldrichtig.

Risør Hotel (☎ 37 14 80 00; Tangengata 16; Gericht 45–85 nkr; 🕓 Mittag & Abend) Ein Restaurant mit einer schönen, etwas erhöhten Terrasse mit Blick aufs Wasser. Hier bekommt man leckere Snacks und Gerichte und etwas kostspieligere Menüs à la carte.

An- & Weiterreise

Zwischen Risør und der Bahnstation Gjerstad (55 nkr, 45 Min.) verkehren mehrmals täglich Regionalbusse. Die Busse von Nor-Way Bussekspress die zwischen Kristiansand (140 nkr, 3 Std.) und Oslo (300 nkr, 3¾ Std.) pendeln, haben in Vinterkjær Anschluss zu den Regionalbussen von/nach Risør (26 nkr, 20 Min.).

RUND UM RISØR

Die Schären, Risør direkt vorgelagert, sind beliebte Ausflugsziele. Man muss sich allerdings von den Cafés am Hafen von Risør losreißen können. Die südlichste dieser Inseln, **Stangholmen**, mit einem Leuchtturm aus dem Jahre 1855, wird ganz besonders gestürmt. Das liegt z. T. daran, dass sie die einzige ist, wo's auch was zu Futtern gibt: im **Stangholmen Fyr Restaurant & Bar** (☎ 37 15 24 50; Hauptgerichte ab 200 nkr) im Leuchtturm.

Alle Inseln sind mit Fähren und Wassertaxis zu erreichen. Im Sommer verkehren **Fähren** (☎ 37 15 24 50) von Tollbubrygga nach Strangholmen (35 nkr hin & zurück, 2-mal ständl.) ab 10 Uhr bis mindestens 24 Uhr.

LYNGØR

100 Ew.

Das winzige Lyngør besteht aus mehreren Inselchen vor der Küste nahe dem Dorf Gjeving. 1991 gewann es den Wettbewerb um die sauberste Stadt des Kontinents und macht daraus kein Geheimnis. Aber auch ohne diesen speziellen Ruhm wäre die malerische kleine Ansiedlung einen Besuch wert. Sie gewinnt u. a. entschieden dadurch, dass Besucher ihre Fahrzeuge mit der Fähre nicht hinüberbringen dürfen.

Schlafen & Essen

Knatten Pensjonat (☎ 37 16 10 19; Odden; EZ/DZ 550/750 nkr) Wer Lyngør noch ein bisschen genießen möchte, nachdem die Tagesausflügler aufs Festland zurückgekehrt sind, quartiert sich am besten in dieser einfachen Pension ein. Sie ist eine Idee zu teuer, aber die Auswahl ist nicht gerade überwältigend. Die Pension befindet sich 300 m vom Holmen Quay entfernt.

Seilmakerfruens Kro (☎ 37 16 60 00; Ytre Lyngør; Pizza um 150 nkr; 🕓 Mittag & Abend) Auf der Insel das preislich Vernünftigste, was das Essen betrifft: anständige Pizza und ein paar Spezialitäten à la carte.

Den Blå Lanterne (☎ 37 16 64 80; Holmen; 🕓 Mittag & Abend) Viele betuchte Norweger haben ein Haus in Lyngør. Die Preise (Fischsuppe gibt es ab 300 nkr) in diesem ausgezeichneten, aber abartig teuren Etablissement spiegeln das wider.

An- & Weiterreise

Die **Lyngør Båtselskap-Fähre** (☎ 41 45 41 45) zwischen Gjeving, Holmen und Lyngør fährt an Wochentagen bis zu siebenmal, samstags viermal und sonntags mindestens einmal am Tag (Erwachsene/Kinder 25/15 nkr).

Zusätzliche Infos zur Fähre M/S *Patricia* s. S. 127.

ARENDAL

30 800 Ew.

Arendal gehört zu den attraktiveren und größeren Städten an der Südküste Norwegens. An den Hängen hinter dem lebendigen Hafenviertel („Pollen" genannt) reihen sich Holzhäuser aneinander, ganz besonders reizvoll im alten Tyholm-Viertel. Wer dem Meer aber noch näher sein will, als es ein Hafencafé bieten kann, sollte unbedingt Ausflüge auf die Küsteninseln Merdø, Tromøy und Hisøy unternehmen (S. 127).

Praktische Informationen

Bibliothek (☎ 37 01 39 13; Torvet 6; 🕓 Mo–Sa, 10–18 Uhr) Wie in vielen Bibliotheken Norwegens gibt's auch hier kostenlosen (aber zeitlich begrenzten) Internetzugang.

C & A Internet (Ostregata 9; 🕓 12–24 Uhr; pro Std. 35 nkr) Gegenüber vom Ting Hai Hotel. Gute Connections. Solange jemand da ist, wird nicht zugemacht.

Fremdenverkehrsbüro (☎ 37 00 55 44; info@arendal.com; www.arendal.com; Sam Eydes Plass, 4803 Arendal 5; Juni & Aug. Mo–Fr 9–19 Uhr, Sa 11–14; Juli Mo–Fr, 9–19 Uhr, Sa & So 11–18 Uhr).

Sehenswertes & Aktivitäten

TYHOLMEN

Auf dem Hang hinter dem Gästehafen (Gjestehavn) liegt das alte Viertel Tyholm mit einer ganzen Reihe von Holzhäusern aus dem 17.–19. Jh.; Einflüsse des Barock, Rokoko und Klassizismus sind unverkennbar. 1992 wurde ihm verdientermaßen der Preis „Europa Nostra" für vorbildliche Restaurierung verliehen. Tyholm war einst durch einen Kanal vom Festland getrennt. Der wurde zugeschüttet, nachdem die Zeit der großen Segler vorbei war. Es gibt Pläne, den Kanal wiederherzustellen; die Arbeiten haben bereits begonnen.

Direkt am Hafen, am Fuß des Hanges, steht das eindrucksvolle **Rathaus** (Rådhus; ☎ 37 01 30 00; Rådhusgata 10; Eintritt frei; ⌚ Mo–Fr, 9–15 Uhr), ursprünglich das Wohnhaus eines Reeders. Im Jahr 1815 erbaut, wurde es 1844 Rathaus. Im Innern wurden im späten 19. Jh. einige unschöne Umbauten vorgenommen (so wurde etwa die gewölbte Decke abgeflacht), aber das elegante Treppenhaus ist erhalten geblieben.

MUSEEN

Die Idee zum **Aust-Agder-Museum** (☎ 37 07 35 00; www.aust-agder.museum.no; Parkveien 16; Erwachsene/Kinder 25/15 nkr; ⌚ Mo–Fr 9–15 Uhr, Sa 12–15 Uhr) kam 1832 auf. Damals baten die Stadtväter die weitgereisten Seefahrer der Stadt, nach Dingen Ausschau zu halten, die für die Daheimgebliebenen interessant sein könnten. Ihre Mitbringsel sind nun in diesem Museum zu bewundern. Dazu kommen Erinnerungsstücke aus Schiffbau, Holzhandel und Import-Export in Arendal. Besonders interessant sind Stücke, die mit der verhängnisvollen letzten Reise des Sklavenschiffs Fredensborg zu tun haben. Das Schiff sank 1768 bei Tromøy. Die überlebenden afrikanischen Sklaven verkaufte man traurigerweise in der Karibik.

Auch das **Stadtmuseum Arendal** (☎ 37 02 59 25; Nedre Tyholmsvei 14; Erwachsene/Kinder 20/10 nkr; ⌚ Di–Fr 10–15 Uhr & Sa 10–14 Uhr) ist durchaus einen Besuch wert: Es bietet die seltene Gelegenheit, eines der zauberhaften alten Bürgerhäuser von Arendal (Klöckers Hus) von innen zu sehen.

KANUVERLEIH

Wer lieber die Inseln vor der Küste (S. 127) erkunden möchte, kann ein **Kanu** (☎ 37 03 41 15; Stoaveien 41) ausleihen, ab 125 nkr für den halben Tag.

Festivals & Events

Ende Juli ist Arendal Schauplatz eines einwöchigen **Jazz und Blues Festivals** (www.canalstreet.no) – genau die richtige Zeit für einen Besuch. Karten kosten um die 25 nkr.

Schlafen

In Arendal sind die Mittelklassehotels reichlich gesät. Wer mit knappem Budget reist, sieht sich besser außerhalb um.

Nidelv Brygge og Camping (☎/Fax 37 01 14 25; Vesterveien 251, Hisøy; Zeltplatz 90 nkr plus 15/10 nkr pro Erwachsene/Kind, Wohnwagenstellplatz 110 nkr, Hütte 250–750 nkr) Akzeptabler Campingplatz, 6 km westlich von Arendal am Flüsschen Nidelv auf Hisøy. Er ist mit jedem Bus (25 nkr, alle 30 Min.) zu erreichen, der nach Kristiansand oder Grimstad fährt. Selbstfahrer nehmen die Rv 420.

Ting Hai Hotel (☎ 37 02 22 01; Fax 37 02 23 25; Østregate 5; EZ/DZ 650/890 nkr) Das Ting Hai Hotel bietet große, saubere Zimmer an, nur ein paar Blocks vom Hafen entfernt.

Scandic Hotel (☎ 37 05 21 50; www.scandic-arendal.no; Friergangen 1; Mitte Juni–Mitte Aug. EZ/DZ 790/990 nkr, Sa & So 690/790 nkr; übrige Zeit 1105/1305 nkr) Ähnlich günstig gelegen und komfortabel ist das moderne Scandic Hotel unterhalb des historischen Tyholm-Viertels, einen Steinwurf vom Wasser entfernt.

Arendal Maritime Hotel (☎ 37 00 07 20; booking@arendal-maritime-hotel.no; Vestregate 11; EZ/DZ ab 685/865 nkr) Dieses Hotel liegt hangaufwärts, etwas weiter vom Wasser entfernt: Ein akzeptables Haus der mittleren Preisklasse, sollten die anderen ausgebucht sein.

Clarion Tyholmen Hotel (☎ 37 07 68 00; tyholmen.hotel@eunet.no; Teaterplassen 2; EZ/DZ 890/1090 nkr) Zweifellos das beste Hotel in Arendal: beste Lage am Wasser und attraktive, fast schon luxuriöse Zimmer in einem restaurierten historischen Gebäude, das bemüht ist, den nostalgischen Touch des Tyholm-Viertels einzufangen.

Essen

Pollen trumpft mit diversen atmosphärischen Open-Air-Restaurants und -Cafés auf. Alle sind mittags und abends geöffnet.

Sjøloftet (☎ 37 01 90 00; Langebryggen 3; Pizza ab 150 nkr) Im Sjøloftet am Nordende der Langebryggen, Meerblick inbegriffen, gibt's Pizza und noch mal Pizza. Im Sommer ist es so gut besucht, dass nur sehr Geduldige einen Tisch im Freien erwischen.

Madam Reiersen (☎ 37 02 19 00; Nedre Tyholmsvei 3; Hauptgerichte 125–245 nkr) Hier wird etwas anspruchsvollere Kost serviert als im Sjøloftet: in erster Linie Pasta in allen Variationen. Das Essen schmeckt, die Preise nicht ganz.

Ting Hai (☎ 37 02 22 01; Østregate 5; Hauptgerichte ab etwa 120 nkr) Es gehört zu den besseren Chinarestaurants Norwegens, nicht direkt am Wasser, aber mit freundlicher Bedienung, gutem Essen und großzügigen Portionen.

Café Det Lindvedske Hus (☎ 37 02 18 38; Nedre Tyholmsvei 7b; Snacks & Pasta 45–95 nkr) Reiche Auswahl an preisgünstigen Sandwiches, leckeren Snacks und Pasta-Gerichten. In dem von Amerikanern betriebenen Café speist man umgeben von stimmungsvollem, 200 Jahre altem Dekor.

Café Sam (☎ 37 02 46 63; Havnegaten 8; Snacks ab 15 nkr) Das Café Sam am Torvet (dem Hauptplatz) hat das übliche Angebot, Eiscreme und Snacks. Aber es gehört auch eine Bäckerei dazu – für Selbstversorger ideal.

Ein billiger und leckerer Snack ist auch ein Fischbrötchen auf die Hand – zu bekommen auf dem Fischmarkt am Hafen.

Unterhaltung

Viele der Restaurants in der Hafengegend taugen am späteren Abend als ganz normale Kneipe. Andere Bars und Diskos bleiben bis etwa 2.30 Uhr geöffnet.

Wer im Sommer draußen was trinken will, ist im **Fiskebrygge** (☎ 37 02 31 13; Nedre Tyholmsvei 1; 🕑 April–Sept., Mi–So 9–2 Uhr) direkt am Wasser bestens aufgehoben. Es gibt dort eine reiche Auswahl an Bieren (ab 45 nkr) und Cocktails (ab 79 nkr). Ebenfalls direkt am Wasser liegt das **Fishermans Pub** (☎ 37 02 88 70; Langbryggen 19; 🕑 20–2 Uhr): ideal, um den Abend in Schwung zu bringen, im Sommer besonders an einem Tisch im Freien.

Der **Club Papparazzi** (☎ 37 02 40 45; Friergangen 4–6; 🕑 21–4 Uhr) liefert die Powermusik für die durchtanzten Nächte eines hauptsächlich jüngeren Publikums. Das **Mammarazzi** (☎ 37 02 72 02; Langbryggen 15) dagegen müht sich, besser als sein alberner Namen zu sein, was meist auch gelingt: Es ist für Besucher wie Einheimische die Disko überhaupt. Ein bisschen entspannter und ruhiger geht's in **Rubens Danserestaurant** zu (☎ 37 02 51 60; Friergangen 1; 🕑 Fr & Sa).

An- & Weiterreise

Die Busse von Nor-Way Bussekspress fahren auf der Strecke Kristiansand (102 nkr, 1½ Std., bis zu 9-mal tgl.) Oslo (340 nkr, 4 Std.) mehrmals täglich die Arendal Rutebilstasjon an. Die Station liegt einen Block westlich des Pollen-Hafens. Regionalbusse verbinden Arendal mit Grimstad (40 nkr, 30 Min., stündl.), Risør (78 nkr, 1¼ Std.) und Kristiansand (98 nkr, 1½ Std., stündl.).

Arendal ist durch die Bahnstrecke von Nelaug an das Hauptschienennetz abgebunden, aber den **Bahnhof** (☎ 37 02 20 03) erreicht man nur in einem zehnminütigen Fußmarsch durch den Fløyheia-Tunnel oder über den Hügel entlang Hylleveien und Iuellsklev.

Die **M/S Patricia** (☎ 37 08 55 78) fährt im Juli dreimal wöchentlich (175/280 nkr einfach/hin & zurück) von Arendal (Pollen) nach Lyngør.

Mehr Infos zu Fähren von Arendal nach Strömstad (Schweden) s. S. 432.

Infos zu Yachtliegeplätzen gibt es hier: **Arendal Gjestehavn** (☎ 37 01 31 47).

Unterwegs vor Ort

In den städtischen Bussen in Arendal zahlt man 20 nkr. **Sykkelsport** (☎ 37 02 39 60; Ecke Nygaten & Vestre gates) verleiht Fahrräder für 75–120 nkr pro Tag. Damit kann man super die Inseln erkunden und kommt schnell zu den Badestränden auf Hisøy und Tromøy.

RUND UM ARENDAL

Die 260 ha große Insel **Merdø** direkt vor Arendal ist seit dem 16. Jh. bewohnt. Eine Besonderheit ist, dass hier immer noch die Überreste der Gemüsearten wachsen und gedeihen, die an Bord früher Segelschiffe ins Land kamen. Das **Merdøgård Museum** (☎ 37 07 35 00; Erwachsene/Kinder 25/10 nkr; 🕑 Mitte Juni–Mitte Aug., 12–16.30 Uhr) in der historischen, 1736 erbauten Residenz eines Schiffskapitäns ist mit Einrichtungsstücken aus ihrer Zeit ausstaffiert. Im Eintrittsgeld ist auch eine Führung inbegriffen (stündl.).

Merdø und Hove (auf der Insel Tromøy) werden von der Fähre **M/F Merdø** angelaufen (☎ 99 46 12 35; 🕑 Ende Juni–Mitte Aug.). Zwischen 9 und 17.30 Uhr gibt es neun Fahrten. In der übrigen Zeit läuft die **M/F Trau** (☎ 37 08 56 09; 🕑 ganzjährig) Merdø und die **Tromøy II** (☎ 90 06 12 35; www.skilsoferga.no; 🕑 ganzjährig) Skilso auf Tromøy an. Das „Fährgeld" beträgt 20 bis 30 nkr.

Beliebte Badestrände gibt's auf Tromøy, Spornes und Hove. An Spornes fährt der Bus mit der Aufschrift „Tromøy Vest/Øst" am nächsten heran, aber dann muss man immer noch 15 Minuten laufen. Alternativ kann man ein Fahrrad auf die **Fähre M/S Skilsøy** (☎ 37 00 55 44) mitnehmen. Sie verkehrt in kurzen Zeitabständen zwischen Arendal und dem westlichen Ende von Tromøy (15 nkr, 10 Min.).

Auf den Inselchen **Store** und **Lille Torungene** stehen zwei großartige Leuchttürme. Seit 1844 weisen sie Schiffen den Weg nach Arendal. Von den Küsten von Hisøy und Tromøy aus sind sie gut zu sehen.

Die beliebtesten Strände auf **Hisøy** sind Stølsvigen, Tangen und Vrageviga. Der Bus fährt allerdings nur bis Sandvigen. Kolbjørnsvik auf Hisøy ist von Arendal aus (18 nkr, 6 Min.) mit der **M/S Kolbjørn III** (☎ 94 58 71 72) zu erreichen, die in kurzen Intervallen verkehrt.

GRIMSTAD

9500 Ew.

Die weiße Stadt Grimstad gehört zu den malerischsten an der ganzen Skagerrakküste. Ihre Umgebung ist landschaftlich nicht gerade spannend, aber das macht sie durch den Charme und Zauber ihrer kleinen City wett, aus dem der motorisierte Verkehr verbannt wurde. Grimstad wird mit einem Monatsdurchschnitt von 266 Stunden Sonnenschein im Juni und Juli als sonnigster Ort Norwegens gerühmt. Die vielen Studenten verhelfen ihm zu seinem unverwechselbaren jugendlichen Flair.

Geschichte

Die unaufdringliche, friedliche Atmosphäre und der Charme Grimstads täuschen über seine frühere Bedeutung hinweg. Zwischen 1865 und 1885 war Grimstad wohl das größte Schiffbauzentrum der Welt. Die Eichenwälder auf den Hängen wurden gefällt und das Holz als Rohstoff für die florierenden Betriebe in Bretter und Balken zersägt. Die Stadt hatte einmal vierzig Werften und es kam vor, dass neunzig Schiffe gleichzeitig im Bau waren.

In dieser Zeit stiegen Bauern auf Fischfang um, weil es nicht genug Land gab. Mancher Bauernhof im Landesinneren war zugleich Schiffbauwerkstatt. 1875 besaß Grimstad eine eigene Flotte aus 193 Schiffen.

Praktische Informationen

Bibliothek (☎ 37 29 67 90; Storgata 44; ⏲ Mo–Sa, 10–18 Uhr) In der Bibliothek ist der Internetzugang kostenlos.

Fremdenverkehrsbüro (☎ 37 04 40 41; www.grimstad.net; Smith Petersensgata 3; ⏲ Juni–Aug., Mo–Fr 9–18 Uhr, Sa & So 10–16 Uhr) Das Büro liegt nahe am Wasser. Die Angestellten dort sind freundlich und hilfsbereit: Man bekommt Auskunft über alles – von Theatervorstellungen bis zum Nordic Sea-Rafting.

Gästehafen (Gjestehavn; ☎ 37 04 05 93; www.grimstadgjestehavn.no) Der scharfe Konkurrenzkampf mit anderen Orten führt dazu, dass zahlreiche Annehmlichkeiten angeboten werden, um die Yachteigentümer anzulocken. Es gibt öffentliche Toiletten, Duschen, einen Waschsalon (auch für Landratten zugänglich) und an einigen Liegeplätzen Wireless-Internet für jeden, der einen dafür ausgerüsteten Laptop bei sich hat. Die Scratch-Card gibt's im Fremdenverkehrsbüro (24 Std. gültig, 150 nkr).

Sehenswertes

IBSENHUSET & STADTMUSEUM GRIMSTAD

Grimstads meistgeliebter Sohn ist Henrik Ibsen (s. Kasten S. 44). Er tauchte hier im Januar 1844 auf, um eine Apothekerlehre anzutreten. Das Haus, in dem er arbeitete, wohnte und nach Herzenslust zu schreiben begann, ist heute das **Stadtmuseum Grimstad** (Grimstad By Museum; ☎ 37 04 46 53; Henrik Ibsens gate 14; Erwachsene/Kinder 35/10 nkr, So Kinder frei; ⏲ Mai–Mitte Sept. Mo–Sa, 11–17 Uhr & So 13–17 Uhr). Darin finden sich eine nachgebaute Apotheke und Dinge aus dem Besitz des Schriftstellers; außerdem eine Bibliothek mit seinem Gesamtwerk. Sein Gedicht *Terje Vigen* (1861) und sein Drama *Die Stützen der Gesellschaft* (1877) spielen in den Schären vor Grimstad. Die jungen, eifrigen Museumsaufseher können **Führungen** (☎ 37 04 04 90) zu anderen Orten und Plätzen der Stadt vermitteln, die mit Ibsen und dem ebenfalls bekannten norwegischen Autor Knut Hamsun (S. 41) verknüpft sind. Hamsun lebte von 1918 bis 1952 in Norholm, ganz in der Nähe.

SEEFAHRTSMUSEUM GRIMSTAD

Dieses bedeutende **Museum** (Sjøfartsmuseet; ☎ 37 04 04 90; Hasseldalen; Kombiticket mit Stadtmuseum Grimstad, Erwachsene/Kinder, 40/15 nkr; ⏲ Mai–Mitte Sept. Mo–Sa 11–17 Uhr, So 13–17 Uhr) im Bürogebäude der Werft Hasseldalen von 1842 gewährt einen flüchtigen Blick in Grimstads Geschichte in den „Tagen der weißen Segel". Einmal dort, sollte man unbedingt den kurzen Weg vom Ende des Batteriveien auf den Binabben-Berg hinaufkraxeln, um die Aussicht über Grimstad zu genießen.

STEINBRUCH-THEATER

Einen etwas ausgefallenen Kulturgenuss bietet das in Kristiansand beheimatete **Agder Theater** (☎ 38 12 28 88; www.agderteater.no; Ticket 300 nkr) in Grimstad an. Die Truppe spielt im Sommer bis zu sechsmal wöchentlich in einem alten Steinbruch. Im Fremdenverkehrsbüro gibt's sicher auch einen Spielplan. Der Steinbruch 4 km nördlich der Stadt geriet im Zweiten Weltkrieg in Verruf. Damals wurden dort Granitblöcke für Hitlers „Siegesmal" gebrochen. Das geplante Denkmal wurde allerdings nie errichtet.

Schlafen

Grimstad Hytteutleie (☏ 37 25 10 65; Fax 37 25 10 64; Grooseveien 103) Hier kann man Ferienhütten in der Gegend für eine Nacht (ab 350 nkr) oder eine Woche buchen. Auf der Website des Fremdenverkehrsbüros (www.grimstad.net) sind mindestens neun nahegelegene Campingplätze aufgelistet.

Bie Appartement & Feriesenter (☎ 37 04 03 96; www.bieapart.no; am Arendalsveien; Zeltplatz 220 nkr, Hütte 500–1200 nkr; ♿) Dies ist der nächstgelegene Campingplatz: vom Stadtzentrum auf dem Arendalsveien 800 m Richtung Nordost. Er ist freundlich und gut ausgestattet; das Gelände ist nicht Norwegens malerischstes, die Nähe zu Grimstad macht das aber hundertfach wett.

Grimstad Vertshus & Kro (☎ 37 04 25 00; post@grimstad-vertshus.no; Grimstadtunet; EZ/DZ 595/750 nkr) Ein gemütlicher Gasthof; allerdings ist der Fußweg zur Stadt ziemlich weit. Er wirkt etwas ab vom Schuss, aber die Angestellten sind nett und die Preise erträglich – v. a. im Vergleich zur Hafengegend, wo es nichts halbwegs Bezahlbares gibt.

Norlandia Sørlandet Hotel (☎ 37 09 05 00; www.norlandia.no/sorlandet; Televeien 21; EZ/DZ ab 705/850 nkr; 💻) Dieses moderne Hotel 3 km westlich vom Hafen verfügt über schöne Zimmer in einer ruhigen, waldigen Gegend. Einige Zimmer in den oberen Stockwerken haben Blick aufs Meer.

Grimstad Hotell (☎ 37 25 25 25; www.grimstadhotell.no; Kirkegata 3; EZ/DZ So–Do 675/845 nkr, Fr & Sa 1045/1245 nkr; 💻) Ein elegantes, sehr komfortables Hotel – und das einzige in der Innenstadt. Der Charme des restaurierten, alten Gebäudes ist absolut überwältigend.

Essen

Apotekergården (☎ 37 04 50 25; Skolegata 3; Hauptgerichte ab 210 nkr; ⏰ Mittag & Abend) Erstklassiges Gourmetrestaurant mit einer luftigen Außenterrasse und etlichen Stammgästen, die sonst nirgendwo zum Essen gehen würden. Sehr zu empfehlen!

Dr Berg (☎ 37 04 44 99; Storgata 2; Hauptgerichte ab 145 nkr; ⏰ Mittag & Abend) Wie ein Adlernest hängt das Dr Berg über dem Wasser. Hier sollte man unbedingt heimische Fischgerichte probieren.

Platebaren (☎ 37 04 21 88; Storgata 15; Baguettes 27–35 nkr, Salate 49 nkr; ⏰ Mo–Mi & Fr 9–17 Uhr, Do 9–19 Uhr & Sa 9–15 Uhr) Vor dieser wirklich empfehlenswerten Coffeebar sitzen die Gäste im Sommer auch auf der Straße. Die Snacks sind großzügig portioniert. Noch besser sind die Milchshakes (26 nkr); und Kaffeefans schwören auf den Eiskaffee (mit Eiscreme, 30 nkr).

Sam Berg (☎ 37 04 03 12; Storgata 9) Sam Berg backt in seinem Laden am Ende der Fußgängerzone am Grimstader Hafen Brot; dieser Bäcker ist die richtige Adresse für Picknickfreunde.

An- & Weiterreise

Die Grimstad **Rutebilstasjon** (☎ 37 04 05 18) befindet sich auf der Storgata am Hafen von Grimstad. Die Busse von Nor-Way Bussekspress, die zwischen Oslo (395 nkr, 5 Std.) und Kristiansand (80 nkr, 1 Std.) verkehren, halten in dem Örtchen drei- bis fünfmal täglich. Nettbuss-Busse von/nach Arendal fahren ein- bis zweimal in der Stunde (41 nkr, 30 Min.).

Unterwegs vor Ort

Das Fremdenverkehrsbüro vermietet Fahrräder mit 21 Gängen für 30/150 nkr pro Stunde/Tag. Bei mehr als einem Tag geht der Tagessatz auf 100 nkr runter, Kindersitze kosten 20 nkr, und wer im *Gjestehavn* ein Boot liegen hat, bekommt das Fahrrad umsonst.

LILLESAND

6000 Ew.

Lillesand, zwischen Kristiansand und Arendal, hat einen netten Dorfkern aus alten, weiß getünchten Häusern. Im Rathaus logiert das örtliche **Fremdenverkehrsbüro** (☎ 37 26 16 80; Rådhuset; ⏰ Mitte Juni–Mitte Aug., Mo–Fr 9–18 Uhr, Sa 10–16 Uhr & So 12–16 Uhr).

SÜDNORWEGEN

Schlafen & Essen

Das Fremdenverkehrsbüro vermittelt Hütten mit Selbstversorgung, Privatunterkünfte und Apartments ab 200 nkr.

Campingplatz Tingsaker (☎ 37 27 04 21; Fax 37 27 01 47; Zeltplatz/Wohnwagenstellplatz inkl. Auto 150 nkr, Hütte 750–950 nkr) Dieser überfüllte Campingplatz an der Küste, 1 km östlich des Ortszentrums, ist ein typischer Urlaubertreff am Meer mit Zelten, Caravans und einer Reihe überteuerter Hütten.

Lillesand Hotel Norge (☎ 37 27 01 44; Fax 37 27 30 70; Strandgata 3; EZ/DZ ab 795/1300 nkr, Snacks & Hauptgerichte 75–275 nkr) Schönes, exklusives Hotel, das sehr sensibel gemäß der Originalarchitektur aus dem Jahre 1837 renoviert wurde, komplettiert durch viele zeitgerechte Details (besonders in den Public Areas). Und es hat viel Charakter. Einige Räume sind König Alfonso XIII. von Spanien und dem Autor Knut Hamsun gewidmet. Beide haben hier gewohnt. Außerdem gibt's eine antiquarische Bibliothek und ein gutes Restaurant.

An- & Weiterreise

Die angenehmste Möglichkeit, Lillesand zu erreichen, ist per Schiff von Kristiansand (s. S. 133). Es fährt aber auch ein Nettbuss stündlich nach Kristiansand (51 nkr), Grimstad (41 nkr) und Arendal (65 nkr).

KRISTIANSAND

63 400 Ew.

Das geschäftige Kristiansand, fünftgrößte Stadt Norwegens, hat sich in den letzten Jahren einer Art Schönheitsoperation unterzogen (s. Kasten S. 131). Heute lohnt es sich durchaus, hier ein, zwei Tage zu verbringen. Als die Hafenstadt Norwegens, die Dänemark am nächsten liegt, ist sie das Erste, was viele Fährpassagiere aus dem Süden vom Land zu sehen bekommen. Kristiansand hat einen zauberhaften kleinen Hafen rund um den Fischmarkt. Auch die Altstadt ist entzückend, es gibt ein paar gute Museen, einen hervorragenden Kinderpark und verlockende Restaurants.

Orientierung

Das Stadtzentrum wird dort *kvadraturen* genannt: Die schachbrettähnliche Stadtanlage aus sechs langen mal neun kürzeren Blöcken wurde von König Christian IV. entworfen, der die Stadt 1641 gründete. Sie gehört zu den Städten Norwegens, in denen man sich am besten zurechtfindet. Bahnhof, Busbahnhof und Fähranlegestellen liegen westlich des Zentrums dicht beieinander. Die Fußgängerzone in der *Markens gate* ist Mittelpunkt der zentralen Shoppinggegend mit vielen Restaurants. Der Fischmarkt liegt am Südrand des Stadtzentrums.

Praktische Informationen

Im **Postamt** (Ecke Rådhus & Markens gates) oder bei allen größeren **Banken** (an der *Markens gate* gibt es mehrere) kann man Geld wechseln.

Bibliothek Kristiansand (☎ 38 12 49 10; Rådhus gate 11; ⏲ Mo–Do 10–18 Uhr, Fr 10–16.30, Sa, 10–15 Uhr) In der Bibliothek kann man kostenlos, aber zeitlich begrenzt ins Netz.

Fremdenverkehrsbüro (☎ 38 12 13 14; www.sorlandet.com; Vestre Strandgate 32; ⏲ Mitte Juni–Mitte Aug. Mo–Fr 8.30–18 Uhr, Sa 10–18 Uhr, So 12–18 Uhr; übrige Zeit Mo–Fr 8.30–15.30 Uhr) Die engagierten, freundlichen Mitarbeiter haben Antworten auf alle nur erdenklichen Fragen.

Gjestehavn (Gästehafen; ☎ 38 02 07 15; Maschine/Trockner 30/30 nkr) Am Gästehafen gibt's einen Waschsalon.

Internetcafé Café.com (Dronningens gate 56; 45 nkr pro Std.; ⏲ Mo–Do 11–23 Uhr, Fr 11–3 Uhr, Sa 12–5 Uhr, So 13–23 Uhr)

Kristiansand og Oppland Turistforening (☎ 38 02 52 63; mail@kot.no; Kirkegata 15; ⏲ Mo–Mi & Fr 8.30–15.30, Do 8.30–18 Uhr) Hier gibt's Infos über Wanderwege, Hütten und organisierte Bergtouren im südlichsten Teil Norwegens.

Sehenswertes

FESTUNG CHRISTIANSHOLM

An der *Strandepromenad* fällt sofort die **Festung Christiansholm** ins Auge (Kristiansand Festning; ☎ 38 07 51 50; Eintritt frei; ⏲ Mitte Mai–Mitte Sept., Gelände 9–21 Uhr). Das Bauwerk wurde auf königliches Dekret zwischen 1662 und 1672 errichtet, um das strategisch wichtige Skagerrak zu überwachen und die Stadt vor Piraten und Übergriffen der Schweden zu schützen. Es hat bis zu 5 m dicke Mauern; hinter einer zweiten, inneren Mauer verbirgt sich die Waffenkammer. All das hatte seinen Preis: Die 1550 Bürger der Stadt mussten die Festung durch Sondersteuern finanzieren und Zwangsarbeit leisten. Eine Brücke verband das Bauwerk mit dem Festland. Sie führte über einen Kanal (im 19. Jh. zugeschüttet), der so tief war, dass große Segelschiffe durchfahren konnten.

Die Festung erfüllte ihren Zweck: Sie schreckte feindliche Truppen gründlich ab

KRISTIANSANDS NEUES GESICHT

Vor nicht sehr langer Zeit noch rümpfte man über Kristiansand überall in Norwegen die Nase. Die Luft war verpestet, die Küste verdreckt und die Lachsflüsse waren so gut wie tot. Der Ideenreichtum der Einwohner hat den Ruf der Stadt jedoch in den letzten Jahren ins Gegenteil verkehrt. Industrieabwässer werden nun in riesigen Kläranlagen gereinigt, bevor sie ins Meer fließen, und Luftverunreinigungen werden ausgefiltert. Die Rückstände, die früher Bronchien verstopften, festigen nun den Beton für Ölbohrinseln vor der Küste und bringen jährlich mehrere Millionen Kronen ein. Der kleine, sanierte Hafenbereich um den Fischmarkt herum hat nun auch etwas von der heimeligen Atmosphäre, die viele der kleinen Städte an Norwegens Südküste so beliebt macht. Neue, schicke Wohnhäuser am Hafen tragen ebenfalls zu der ästhetischen Verwandlung bei. Mit Recht sind die Einheimischen stolz auf ihre Errungenschaften.

und wurde nie eingenommen. 1872 wurde das Dach bei einem Stadtbrand beschädigt; in jüngerer Zeit erhielt der Bau ein neues Dach mit Oberlichtern. Noch heute sind acht zwischen 1666 und 1788 gegossene Bronzekanonen drohend auf die Schären vor der Küste gerichtet. Von Mitte Juni bis Mitte August gibt es sonntags kostenlose Führungen. Mehr Infos beim Fremdenverkehrsbüro.

DOM VON KRISTIANSAND

Der **Dom von Kristiansand** (Domkirke; ☎ 38 10 77 50; Kirkegata; Eintritt frei, Turm 20 nkr; ⌚ Mitte Juni–Mitte Aug. Mo–Fr 10–16 Uhr, Sa 10–14 Uhr), 1884 in neugotischem Stil erbaut, hat Sitzplätze für 1800 Menschen und ist Norwegens drittgrößte Kirche. Führungen (Erwachsene/Kinder 20/10 nkr) durch die Kirche und auf den Turm finden im Sommer, Montag bis Samstag um 11 und um 14 Uhr statt. Mit etwas Glück hört man an Wochentagen im Sommer um 11 Uhr jemanden auf der Orgel üben.

PARKANLAGEN BANEHEIA & RAVNEDALEN

Baneheia und Ravnedalen sind zwei Parkanlagen nördlich des Stadtzentrums. Sie bieten allen, die dem städtischen Rummel für eine Weile entkommen möchten, ein Netz von **Wanderwegen** und **Loipen**, jede Menge Grün und einen See. Beide **Parks** ließ zwischen 1870 und 1880 einer der Stadtväter von Kristiansand, General Oscar Wergeland, anlegen. Dreißig Jahre lang beaufsichtigte er die Anpflanzung von 150 000 Nadelbäumen und machte aus dem Gelände ein Erholungsgebiet.

AGDER NATURKUNDEMUSEUM & BOTANISCHER GARTEN

Die gewundenen Pfade im 50 ha großen Park des **Herrenhauses Gimle** (☎ 38 09 23 88; Gimleveien 23; Erwachsene/Kinder 40/15 nkr; ⌚ Mitte Juni–Mitte Aug. Di–Fr 10–18 Uhr, Sa–Mo 12–18 Uhr; in der übrigen Zeit kürzere Öffnungszeiten) führen den Besucher durch einen Botanischen Garten mit seltenen Bäumen, Sträuchern, Blumen, Gesteinsarten, Mineralien und ausgestopften Tieren. Das Herrenhaus selbst ist im Stil des 19. Jhs. eingerichtet und mit einer Reihe außergewöhnlicher schlanker Säulen an der Frontseite ausgestattet. Auch ein historischer Rosengarten aus dem Jahre 1850 ist zu beschnuppern – das Ganze kaum mehr als 1 km vom Ortszentrum entfernt, jenseits der Oddernes-Brücke.

POSEBYEN

Posebyen, die Altstadt von Kristiansand, nimmt den größten Teil der 14 Blocks am Nordrand der charakteristischen *kvadraturen* der Stadt ein. Ganz relaxt durch dieses bezaubernde Viertel zu bummeln lohnt sich total. Seinen Name erhielt es von französischen Soldaten, die dorthin kamen *pour reposer* („um sich auszuruhen"). Ein maßstabgetreues Modell der Stadt (mit ca. 1 m hohen Gebäuden), wie sie Christian IV. entwarf, ist im Vest-Agder Fylkesmuseum (s. S. 132) zu sehen. Der *Kristiansand Guide*, den das Fremdenverkehrsbüro jährlich neu herausgibt, enthält einen ausführlichen Abschnitt „*A Stroll through Posebyen*", der sich gut als Stadtführer eignet.

KRISTIANSAND DYREPARK

Der frühere **Zoo von Kristiansand** (☎ 38 04 97 00; www.dyreparken.no; Eintritt inkl. Vergnügungspark Erwachsene/Kinder 85–240/70–195 nkr, je nach Jahreszeit; ⌚ Mitte Mai–Aug. 10–17 Uhr; in der übrigen Zeit kürzere Öffnungszeiten) wurde nach und nach zu einer der beliebtesten Attraktionen Norwegens. Er liegt an der E 18, 10 km östlich von Kristiansand, und steht wahrscheinlich bei allen

norwegischen Kindern ganz oben auf der Liste der beliebtesten Ferienziele.

Im Vergnügungspark sind die Sensationen eine Wildwasserbahn und ein Piratenschiff; der eigentliche Zoo punktet mit seiner großen Artenvielfalt, darunter dem vom Aussterben bedrohten Löwenäffchen. Wer im Wasserpark plantschen will, darf sein Badezeug nicht vergessen.

Echte Highlights aber sind die **Nordische Wildnis** (Nordisk Vilmark), wo die Besucher auf erhöhten Stegen über die Heimat von Elch, Wolf, Luchs und Vielfraß geleitet werden, und die **Stadt Kardemomme** (Kardemomme By), die nach einer Hauptzutat skandinavischer Waffeln benannt wurde: eine Phantasiestadt aus einer bekannten Kindergeschichte von Thorbjørn Egner. Sie erinnert entfernt an ein nordafrikanisches Städtchen und wurde sehr penibel nach den Buchillustrationen gestaltet. Es ist auch möglich, im Tierpark zu übernachten (s. S. 133).

Hin kommt man mit dem *Dyreparkbuss* (Tierparkbus) oder dem Linienbus M1 (Erwachsene/Kinder 23/12 nkr), der im Sommer mehr oder weniger stündlich fährt.

MUSEUM DER PROVINZ VEST-AGDER

Das **Museum der Provinz Vest-Agder** (Vest-Agder Fylkesmuseum; ☎ 38 09 02 28; Vigeveien 22B; Erwachsene/Kinder 40/15 nkr; ⏲ Mitte Juni–Mitte Aug. Di–Fr 10–18 Uhr, Sa–Mo 12–18 Uhr; übrige Zeit 12–17 Uhr) ist ein Freilichtmuseum 4 km östlich der Stadt an der E 18. Man kann durch eine Reihe von

Gehöften und Siedlungen aus der Region Setesdal spazieren und außerdem Trachten, Kunstgegenstände und Spielzeug betrachten. Im Sommer werden mittwochs um 17 Uhr hin und wieder Volkstänze aufgeführt. Ein maßstabgetreues Modell der Altstadt von Kristiansand ist gerade im Entstehen und soll 2006 fertig werden.

SETESDALSBANEN

Die 78 km lange Schmalspurstrecke zwischen Kristiansand und Byglandsfjord wurde 1896 eingerichtet, um Setesdalen mit der Küste zu verbinden. Sie wurde zum Transport von Nickel aus den Evje-Minen, Bauholz und Fassdauben genutzt, die zum Einsalzen von Heringen und für deren Export nötig waren. Der Wettbewerb mit der staatlichen Normalspurbahn erzwang 1962 die Stilllegung der Strecke. Trotzdem pendeln auf den letzten 6 km zwischen Grovane (2 km nördlich von Vennesla) und Beihølen auch heute noch Dampf- und Diesellokomotiven der **Setesdalsbanen** (☎ 38 15 64 82; www.setesdalsbanen.no; Erwachsene/Kinder Rückfahrkarte 80/40 nkr; 15 Min. hin, 15 Min. zurück). Im Juli ziehen dienstags bis freitags um 18 Uhr Dampfloks und donnerstags um 12 Uhr Dielselloks die Züge ab Grovane. Mitte Juni bis Ende August übernehmen an Sonntagen um 11.30 und 14 Uhr Dampfloks diese Aufgabe. Züge der NSB fahren bis zu viermal täglich von Kristiansand nach Vennesla (28 nkr, 12 Min.). Die Buslinie 30 legt dieselbe Strecke zurück (33 nkr).

KRISTIANSAND KANONENMUSEUM

Das **Kanonenmuseum Kristiansand** (☎ 38 08 50 90; Møvik; Erwachsene/Kinder 50/20 nkr; ⏰ Mitte Juni–Mitte Aug. Mo–Mi 11–18 Uhr; Mitte Mai–Mitte Juni & Mitte Aug.–Sep. Do–So 11–17 Uhr; Okt. So 11–17 Uhr), 8 km südlich der Stadt, bewahrt Überreste der deutschen „Batterie Vara". Zusammen mit einer zweiten Batterie in Hanstholm (Dänemark) sollte sie das strategisch wichtige Skagerrak überwachen. An beiden Küsten standen vier 337 t schwere 38-cm-Geschütze mit einer Reichweite von 55 km (die in 2 Min. überwunden werden konnten). Sie kontrollierten den Verkehr in den Küstenbereichen. Die Zone dazwischen, außerhalb ihrer Reichweite, wurde schwer vermint. Im Herbst 1941 waren auf dem Gelände mehr als 1400 Arbeiter und 600 Soldaten untergebracht. Die Besucher des heutigen Museums können die großen Kanonen, Bunker, Unterkünfte, Munitionslager (einschließlich einiger Furcht einflößender 800-kg-Granaten) und einen Stromgenerator besichtigen.

DIE SCHÄREN

Im Sommer verwandeln sich die Schären vor Kristiansand, eine Gruppe kleiner Inseln, in eines der tollsten Stranderholungsgebiete für norwegische Urlauber. Besucher aus dem Ausland trifft man hier dagegen selten an.

Die beliebteste Insel, **Bragdøy**, liegt nur einen Steinwurf weit vom Festland. Auf ihr gibt es ein Küstenmuseum, gleichzeitig auch Kulturzentrum und Konservierungswerkstatt für Holzschiffe; außerdem reizvolle Wanderwege und Badestrände. In der Ferne erkennt man den wunderschönen Leuchtturm **Grønningen Fyr**. Während der Schulferien können Besucher auch im **Leuchtturm** übernachten (☎ 38 08 55 66; saltebua@bragdoya.no; B 130 nkr).

Fähren zur Insel (15 nkr) fahren ab Vågsbygd, etwa 8 km südlich des Stadtzentrums von Kristiansand, Montag bis Freitag dreimal täglich. An Samstagen findet eine, an Sonntagen drei zusätzliche Fahrten statt.

Im Juli bietet die **M/S Maarten** (☎ 38 10 83 84; www.ms-maarten.no; Erwachsene/Kinder 100/50 nkr, Schwimmen 80/40 nkr) täglich mittags 2½-stündige Sightseeing- und/oder Badetouren an.

Die **M/S Øya** (☎ 95 93 58 55; bjorlykkeas@c2i.net) fährt von Ende Juni bis Anfang August einmal täglich außer Sonntag ab/nach Lillesand (pro Erwachsene/Kind einfach 170/85 nkr, hin und zurück 300/170 nkr, 3 Std.).

Aktivitäten

Kristiansand ist einer der beliebtesten Küstenbadeorte Norwegens. Wen das kühle Wasser des Skagerrak nicht abschreckt, der kann sich jederzeit unter die Einheimischen am **Bystrand** (Stadtstrand) mischen.

Schlafen

Kristiansand kann während der Schulferien im Juli total ausgebucht sein. Ohne Reservierung ist man dann aufgeschmissen.

Kristiansand Dyrepark (☎ 38 04 98 00; info@dyreparken.no; Phantasiehaus 2500–3400 nkr) Eine auch in Norwegen eher ungewöhnliche Übernachtungsmöglichkeit: die Phantasiehäuser für Selbstversorger im Dyrepark, in denen bis zu fünf Personen Platz finden (s. S. 131).

SÜDNORWEGEN

DIE TROPEN IN NORWEGEN?

Kristiansand rühmt sich, Norwegens schönstes Strandparadies zu sein. Mangels Konkurrenz darf die Stadt diesen Titel durchaus beanspruchen. Außerdem gibt es etwas, das dem Anspruch gegenüber anderen Städten Gewicht verleiht: Am Stadtstrand (Bystrand) stehen fünf Palmen. Nicht irgendwelche Palmen, sondern Norwegens einzige Palmen, behaupten die Einheimischen. Träume von hohen Stämmen, Schatten spendenden Palmwedeln und Kokosnüssen sind jedoch verfehlt, denn die Pflanzen sind recht klein und verwachsen. Palmen sind es dennoch und schon deshalb eine Besonderheit in Norwegen. Tatsächlich sind sie so kostbar, dass die Stadtverwaltung kein Risiko eingeht. Sobald der Sommer eine Spur von Herbst zeigt, verschwinden die verhätscheltsten Palmen der Welt flugs in einem Treibhaus im Rathaus, das ihnen artgerechtere Bedingungen bietet.

Kinder stehen total auf diese niedlichen Produkte kindlicher Phantasie, im Sommer sind sie schnell ausgebucht. Im Preis ist der Tierparkeintritt für zwei Tage mit drin.

Campingplatz Roligheden (☎ 38 09 67 22; roligheden@roligheden.no; Framnesveien; Zeltplatz 120 nkr, plus 25 nkr pro Person, Hütte für 4 Personen ab 650 nkr; 🕑 Juni–Aug.) Campern geht es auf diesem hervorragend geführten Platz richtig gut. Er liegt an einem beliebten Strand 3 km östlich des Stadtzentrums. Die Buslinie Nr. 15 fährt vom Zentrum dorthin.

Tangen Vandrerhjem (☎ 38 02 83 10; kristiansand.hostel@vandrerhjem.no; Skansen 8; B inkl. Frühstück 195 nkr, EZ/DZ inkl. Frühstück ab 395/475 nkr; 🕑 Jan.–Nov.; 💻 P) Das riesige HI-Hostel in Kristiansand ist nicht gerade ein architektonisches Kleinod, aber hinter der recht nüchternen Lagerhausfassade (10 Gehminuten nordöstlich der Festung) verbergen sich einfache, saubere Räume und freundliches Personal.

Clarion Hotel Ernst (☎ 38 12 86 00; www.ernst.no; Rådhusgate 2; EZ/DZ, Mitte Juni–Mitte Aug. 1025/1145 nkr, übrige Zeit 995/1245 nkr; 💻) Obwohl es zu einer Kette gehört, unterscheidet sich dieses Luxushotel von den meisten seiner Art: Die Zimmer sind individuell ausgestattet, geräumig und besitzen alle eine eigene Note. Das phantastische Frühstück gibt's im freundlichen, glasüberdachten Innenhof.

Rainbow Hotel Wergeland (☎ 38 17 20 40; wergeland@rainbow-hotels.no; Kirkegata 15; EZ/DZ ab 890/1020 nkr; 💻) Noch zentraler als dieses attraktive, moderne Hotel an der Domkirche geht's nicht. Die Zimmer haben einen hohen Standard und eine Idee mehr Charme als andere der Rainbow-Kette.

Ebenfalls zu empfehlen:

Villa Frobusdal B&B (☎ 38 07 05 15; Fax 38 07 01 15; Frobusdalen 2; EZ/DZ 525/725 nkr) Rustikal und gemütlich mit persönlichem Touch; 10 Gehminuten vom Zentrum.

Sjøgløtt Hotel (☎/Fax 38 02 21 20; sjoglott@sjoglott.no; Østre Strandgate 25; EZ/DZ mit Gemeinschaftsbad 350/660 nkr, mit eigenem Bad 640/880 nkr) Kleines und intimes Hotel.

Norlandia Kristiansand Apartment (☎ 38 07 98 00; service@kristiansand.norlandia.no; Tollbodgata 46; 2-/4-Bett-Apt. ab 570/785 nkr) Kleine Studentenwohnungen für Selbstversorger.

Hotel Norge (☎ 38 17 40 00; www.hotel-norge.no; Dronningens gate 5; Mitte Juni–Mitte Aug. EZ/DZ 890/1090 nkr, Sa & So 725/925 nkr; 💻) Komfortabel ausgestattete Zimmer, super bequeme Matratzen und eine Sonnen-Lounge auf dem Dach.

Essen

Enok Nielsen (☎ 38 09 71 11; Fiskehallen; Snacks 44–125 nkr, Hauptgerichte 95–228 nkr; 🕑 11 Uhr bis in die Nacht) Nicht ganz die Klasse von Bølgen & Moi, aber trotzdem gutes Essen. Hier, am Eingang zum Fischmarkt, gibt's ausgezeichnete Bagels (58 bis 65 nkr), Meeresfrüchtesalat (128 nkr) und Muscheln (136 nkr).

Snadderkiosken (☎ 38 02 90 29; Østre Strandgate 78a; Gerichte 17–75 nkr; 🕑 Mo–Fr 9–23.30 Uhr, Sa & So 11.30–23.30 Uhr; Okt.–März Sa & So nur bis 22.30 Uhr) Man macht es einfach den Einheimischen nach, geht zu diesem Kiosk nicht weit vom Strand – einem der besten seiner Art in Norwegen – und lässt sich eine superleckere supergünstige Mahlzeit schmecken. Die Auswahl ist riesig und die Preise absolut angemessen: Hotdogs und Baguettes gibt es ab 17 nkr, Hackfleischbällchen mit Kartoffelpüree für 50 nkr; auf der Karte stehen außerdem viele Fisch-, Hühner- und andere Fleischgerichte sowie jede Menge Snacks.

Dampbageriet (☎ 38 02 70 70; Rådhus gate 5; 🕑 Mo–Mi & Fr 8–17 Uhr, Do 8–19 Uhr, Sa 8–16 Uhr) Wem der Sinn nach einem Picknick im Park am Wasser steht, der kann sich hier die nötigen Köstlichkeiten besorgen: Bagels, Baguettes und Gebäck aller Art.

Spar Supermarket (🕑 Mo–Fr 9–20 Uhr, Sa 9–18 Uhr) Dieser Supermarkt am Fischereihafen verkauft ganze Brathähnchen zum Mitnehmen für fast geschenkte 29,90 nkr.

Zwei weitere, verdientermaßen beliebte Lokale an der östlichen Hafenseite sind **Hartmanns Brygge** (☎ 38 12 07 21; Østre Strandgate 2a; Lunch Specials 59–145 nkr, Fischsuppen 95–169 nkr, Hauptgerichte 235–255 nkr; ⌚ Mittag & Abend) mit Rind-, Enten- und Fischgerichten von erster Qualität und **Sjøhuset** (☎ 38 02 62 60; Østre Strandgate 12a; kleine Gerichte & Snacks 75–149 nkr, Vorspeisen 82–98 nkr, Hauptgerichte 172–249 nkr).

Ebenfalls zu empfehlen:

Østens Perle (☎ 38 07 02 00; Markens gate 35; Lunch Specials, Mo–Sa ab 69 nkr, Hauptgerichte 79–179 nkr, mongolisches Mittagsbüfett Erwachsene/Kinder 158/85 nkr; ⌚ 14–23 Uhr) Solide asiatische Küche.

Peppe's Pizza (☎ 38 07 20 70; Gyldenløves gate 7; Pizza für zwei ab 134 nkr) Überall beliebte und hervorragende Pizzerienkette.

Kjesk (☎ 38 10 86 10; Kirkegata 15; kleine Gerichte 45–135 nkr; ⌚ Mo–Sa, Mittag & Abend) Extrem coole Coffeebar mit Spitzenverköstigung.

Unterhaltung

Kick (☎ 38 02 62 44; Dronningens gate 8; ⌚ 14 Uhr bis in die Nacht) Dieses Straßencafé gehört zu den beliebtesten Treffs der jungen Generation und mutiert zu späterer Stunde zur Disko, wo DJs auflegen.

Markens Pub (☎ 38 02 06 99; Tollbodgata 3; ⌚ Mo–Sa 12 Uhr bis in die Nacht, So 18 Uhr bis in die Nacht) Im Markens Pub gibt's abends von Mittwoch bis Samstag Diskomusik; in der übrigen Zeit ist es eine ziemlich angenehme Kneipe.

Nightcap (☎ 38 12 86 00; Rådhus gate 2; ⌚ 18 Uhr bis in die Nacht) Der Club im Clarion Hotel Ernst ist zu fortgeschrittener Stunde bei den 25- bis 35-Jährigen eine angesagte Adresse. Wer überqualifiziert ist, muss trotzdem nicht seinen Ausweis vorzeigen. Alternative im selben Hotel ist die schicke und eher ruhige **Børsen Bar**.

Fønix Cinema (☎ 82 00 07 00; Vestre Strandgate 9) Ein großes Kino, wo man einen Film wirklich genießen kann.

An- & Weiterreise

Kristiansand ist ein Verkehrsknotenpunkt für Südnorwegen.

FÄHRE

Informationen zu Fährverbindungen nach Dänemark, Schweden und zu den Britischen Inseln s. S. 432.

BUS

Abfahrt **Nor-Way Bussekspress** (☎ 81 54 44 44; www.nor-way.no) ab Kristiansand:

Ziel	Abfahrten	Preis	Reisedauer
Arendal	bis zu 9 tgl.	102 nkr	1½ Std.
Bergen (über Haukeligrend)	tgl. 8.45 Uhr	610 nkr	12 Std.
Evje	tgl. 1 bis 2	100 nkr	1 Std.
Flekkefjord	tgl. 2 bis 4	200 nkr	2 Std.
Oslo	bis zu 9 tgl.	380 nkr	5½ Std.
Stavanger	tgl. 2 bis 4	350 nkr	4½ Std.

AUTO & MOTORRAD

Mit einem Kraftfahrzeug erreicht man die E18, nördlich des Stadtzentrums, über die Vestre Strandgate. Bei der Anreise kommt man meist irgendwo auf der Festningsgata heraus. Kristiansand ist wie die meisten Städte an der südnorwegischen Küste von

DER TIPP VOM AUTOR

Fischmarkt (☎ 38 12 24 50; Mo–Sa 8–17 Uhr) Auf dem Fischmarkt gibt's die frischesten und preiswertesten Fischgerichte weit und breit, und er ist auch der netteste Ort innerhalb des zauberhaften, kleinen Hafengeländes von Kristiansand, um etwas zu essen. Die Fischhändler bereiten mit Vergnügen eine Fischsuppe oder Lachs, Shrimps und Fischbrötchen zu (40–175 nkr), die man mit ein oder zwei Bier auf der Terrasse draußen genießen kann.

Bølgen & Moi (☎ 38 17 83 00; Sjølystveien 1A; Café: kleine Gerichte 55–169 nkr; Restaurant: Vorspeisen 95–145 nkr, Hauptgerichte 220–245 nkr; ⌚ Mo–Sa, Café 12–22 Uhr, Restaurant 17–22 Uhr) Wer es etwas förmlicher mag, ohne dem Hafen untreu zu werden, geht ins supercoole Bølgen & Moi. An einem Sommerabend muss man dort allerdings um einen Tisch im Freien kämpfen. Die Suppe aus Fisch, Krustentieren und Muscheln (136 nkr), eine Spezialität des Cafés, wurde kürzlich als beste Fischsuppe der Stadt ausgezeichnet. Außerdem gibt es großartige Menüs aus drei, vier oder fünf Gängen (pro Person 390/460/520 nkr). Im Winter ist das Restaurant montags geschlossen. Sonst aber bleibt es so lange geöffnet, bis der letzte Gast geht. Nur die Küche schließt gelegentlich früher.

Mautstationen umzingelt. Es kommt vor, dass man zahlen muss, nur um wenden zu können.

ZUG

Nach Oslo fahren bis zu vier Züge täglich (531 nkr, 4½ Std.), nach Stavanger täglich bis zu fünf (379 nkr, 3 Std.).

Unterwegs vor Ort

Kristiansand besitzt ein gutes Busliniennetz. Fahrplan und Netzplan sind beim Fremdenverkehrsbüro erhältlich und hängen an den Stationen aus. Eine Kurzstrecke im Innenstadtbereich kostet für Erwachsene/Kinder 15/10 nkr, längere Fahrten (z. B. zum Kristiansand *Dyrepark*) kosten 23/12 nkr.

Fahrräder verschiedenster Art kann man beim **Sykkelsenter** (☎ 38 02 68 35; Grim Torv 3; pro Tag/Woche 150/500 nkr) leihen.

MANDAL

10 100 Ew.

Die weiße Stadt Mandal, die südlichste Stadt Norwegens, ist wegen ihres 800 m langen Sjøsand-Strandes berühmt. Er ist nur 1 km vom Zentrum entfernt und von Wäldern umgeben: Nicht gerade die Copacabana, aber Norwegens bester Sandstreifen, der eigentlich nach sonnigem Mittelmeerklima schreit. Nördlich des Flusses Mandalselv liegt die malerische Altstadt mit Häusern mit weißer Stülpschalung. Das **Fremdenverkehrsbüro** (☎ 38 27 83 00; www.visitregionmandal.com; Bryggegaten 10; 🕑 Juni–Aug. Mo–Fr 9–19 Uhr, Sa & So 10–16 Uhr, Sept.–Mai Mo–Fr 9–14 Uhr) befindet sich am Hafen.

Sehenswertes

MANDAL-MUSEUM

Das nicht ganz uninteressante **Stadtmuseum** (☎ 38 27 30 00; Store Elvegata 5/6; Erwachsene/Kinder 15 nkr/frei; 🕑 Ende Juni– Mitte Aug. Mo–Fr 11–17 Uhr, Sa 11–14 Uhr, So 12–17 Uhr) zeigt Unmengen historischer Artefakte aus Seefahrt und Fischerei sowie Werke einheimischer Künstler. Vor Banalität schützen es beeindruckende Exponate vom Lieblingssohn der Stadt Mandal: Gustav Vigeland (s. Kasten S. 84).

VIGELAND HUS

Das Elternhaus des besten Bildhauers Norwegens wurde zu einem kleinen **Museum** (☎ 38 27 83 00; Erwachsene/Kinder 20 nkr/frei, 🕑 Mitte Juni–Mitte Aug., Di–So 12–16 Uhr) und Ausstellungsraum umfunktioniert. Die Einrichtung des Vigeland-Hus entspricht etwa dem Stil aus der Jugendzeit des Bildhauers, und sein Atelier wird heute als Galerie genutzt. Es sei besonders denjenigen ans Herz gelegt, die den hervorragenden Künstler besser verstehen möchten.

Festivals

In der zweiten Augustwoche ist Mandal Veranstaltungsort des **Schalentier-Festivals** (www.skalldyrfestivalen.no). Das ist die beste Zeit, um hierher zu kommen. Es ist ein absoluter Hochgenuss für Liebhaber von Fisch und Meeresfrüchten, die immer und überall serviert werden. Außerdem gibt's diverse musikalische Veranstaltungen.

Schlafen & Essen

Übernachten in Mandal ist relativ teuer.

Sjøsanden Feriesenter (☎ 38 26 14 19; www.sjosanden-feriesenter.no; Sjøsandveien 1; Zeltplatz ohne/mit Autostellplatz 120/140 nkr, DZ 350-600 nkr, Selbstversorger-Apt. 2–6 Personen 450–700 nkr) Das große Plus ist die Lage. Dieser gut geführte Platz ist nur wenige Meter vom Sjøsand-Strand entfernt, und das unterscheidet ihn von den anderen Campingplätzen der Umgebung.

Kjøbmandsgaarden Hotel (☎ 38 26 12 76; www.kjobmandsgaarden.com; Store Elvegaten 57; EZ/DZ mit Gemeinschaftsbad 475/700 nkr, mit eigenem Bad 725/980 nkr) Die Preise zeigen eindeutig, dass die Besitzer eine weit höhere Meinung von den Zimmern haben als wir. Tatsächlich sind sie spartanisch, aber sauber, und das Hotelgebäude von 1863 hat durchaus Flair.

First Hotel Solborg (☎ 38 27 21 00; tomerik.torresfold@firsthotels.no; Nesevelen 1; EZ/DZ ab 675/975 nkr, Hauptgerichte 165–235 nkr; 💻 🏊) Schickes Hotel, nur 10 Gehminuten westlich vom Strand – mit Schwimmbad, dem besten Restaurant der Stadt und einer Bar namens „Soldekket", die samstags zur Disko umfunktioniert wird. Die Zimmer, nicht zu vergessen, sind auch nicht übel.

Biffen (☎ 38 26 52 08; Store Elvegate 47b; Gerichte ab 89 nkr) Gutes Restaurant mit französischem Touch und ganz passablen Preisen.

Dr Nielsen's (☎ 38 26 61 00; Store Elvegate 47a; Hauptgerichte ab 75 nkr) Wem so richtig das Wasser im Mund zusammenläuft, wenn er an einen griechischen Salat und Fleisch vom Grill denkt, der wird hier zufrieden gestellt. Zur Wahl stehen auch Pasta, Huhn und ein paar Fischgerichte.

An- & Weiterreise

Die Rutebilstasjon Mandal liegt nördlich des Flusses, nur ein paar Schritte vom historischen Viertel entfernt. Der Küstenbus von Nor-Way Bussekspress, der zwischen Stavanger (320 nkr, 3½ Std.) und Kristiansand (80 nkr, 45 Min.) verkehrt, hält in Mandal zwei bis viermal täglich.

LINDESNES

Lindesnes (was wortwörtlich „gekrümmte Landzunge" bedeutet) ist der südlichste Punkt Norwegens (57° 58' 53" nördlicher Breite). Hier kann man hin und wieder die Naturgewalten, die zuweilen zwischen Skagerrak und der Nordsee wüten, erleben. In Broschüren wird sogar betont, hier finde man „bessere Fotomotive als am Nordkap" (2518 km entfernt).

Über dem Kap erhebt sich das legendäre **Lindesnes Fyr** (☎ 38 25 77 35; www.lindesnesfyr.no; Erwachsene/Kinder 40 nkr/frei; 🕑 Mai 12–18 Uhr; Juni 10–19 Uhr; Juli & Aug. 9–21 Uhr; Sept. 11–18 Uhr; Okt.–April nur So 12–16 Uhr), ein klassischer Leuchtturm. Im Turm werden Ausstellungen zur Geschichte dieses „Leuchtfeuers" gezeigt. Das erste Leuchtfeuer auf diesem Gelände (gleichzeitig das erste in ganz Norwegen) wurde ab dem Jahr 1655 mit Talglichtern, später dann mit Kohle betrieben, um Schiffe vor den Klippen zu warnen. Die heute existierende elektrische Anlage, im Jahr 1915 errichtet, ist bis zu 19½ Seemeilen übers Meer sichtbar.

Auch von Interesse: das **Distriktmuseum Lindesnes & Gustav-Vigeland-Galerie** (☎ 38 25 80 68; nahe der E39 in Vigeland; Erwachsene/Kinder 30 nkr/frei; 🕑 Ende Juni–Mitte Aug. Mo–Sa 11–17 Uhr, So 12–17 Uhr). Hier wird die Geschichte des Distrikts Lindesnes dokumentiert und man erfährt, was den Bildhauer Gustav Vigeland zu seinen Werken inspirierte.

Schlafen

Lindesnes Camping og Hytteutleie (☎ 38 25 88 74; www.lindesnescamping.no; Lillehavn; Zeltplatz 110 nkr, Wohnwagenstellplatz 350 nkr, Hütte 220–650 nkr) Toller Campingplatz mit moderner Ausstattung, einem kleinen Kiosk und Kochgelegenheiten. Er liegt nahe am Wasser, 3,5 km nordöstlich des *Lindesnes Fyr*.

Lindesnes Gjestehus (☎ 38 25 97 00; Fax 38 25 97 65; Spangereid; Übernachtung/Frühstück pro Person 300 nkr) Das einfache, aber gemütliche Gasthaus befindet sich 11 km nördlich des Kaps.

An- & Weiterreise

Busse aus Mandal (53 nkr, 1 Std.) fahren Montag, Mittwoch und Freitag über Spangereid zum Leuchtturm.

FLEKKEFJORD

5600 Ew.

Flekkefjord ist ein ruhiges Örtchen mit einer hübschen Altstadt (seine Geschichte lässt sich bis 1660 zurückverfolgen, als Flekkefjord und Kristiansand sich um die Vormachtstellung stritten). Vormals ein bedeutender Heringshafen und später ein Zentrum der Gerberei, ist die Stadt heute hauptsächlich dafür bekannt, dass sie fast keine gezeitenbedingten Wasserstandsschwankungen kennt (weniger als 10 cm zwischen Hochwasser und Niedrigwasser). Das **Fremdenverkehrsbüro** (☎ 38 32 21 31; Fax 38 32 21 30; Elvegaten 15; 🕑 Mitte Juni–Mitte Aug. Mo–Fr 10–18 Uhr, Sa 10–16 Uhr, So 12–16 Uhr; übrige Zeit Mo–Fr 9–16 Uhr) ist im Vergleich zu anderen eher mager ausgestattet, aber die Leute dort sind sehr hilfsbereit.

Sehenswertes

Vor dem ersten Erkundungsgang durch die Stadt sollte man sich im Fremdenverkehrsbüro die Broschüre *A Tour of Flekkefjord* besorgen.

Auf die interessanteste historische Architektur stößt man im Stadtteil **Hollenderbyen** (Holländerstadt) mit seinen engen Gassen und Holzhäusern. Das **Flekkefjord Museum** (☎ 38 32 26 59; Dr Kraftsgata 15; Erwachsene/Kinder 20 nkr/frei; 🕑 Juni–Aug. Mo–Fr 11–17 Uhr, Sa & So 12–15 Uhr) ist in einem ehemaligen Wohnhaus aus dem Jahre 1724 untergebracht, die Inneneinrichtung stammt allerdings aus dem 19. Jahrhundert.

Wirklich außergewöhnlich ist die achteckige, ganz aus Holz gebaute **Kirche von Flekkefjord** (Kirkegaten; Eintritt frei; 🕑 Juli–Mitte Aug., Mo–Sa, 11–17 Uhr), die 1833 geweiht wurde. Entworfen wurde sie vom Architekten H. Linstow (der vom königlichen Schloss in Oslo). Das Motiv des Oktogons durchzieht den gesamten Bau: Säulen, Turm und Taufbecken, alles unterwirft sich dieser Form.

Schlafen & Essen

Campingplatz Egenes (☎ 38 32 01 48; Fax 38 32 01 11; Zeltplatz mit/ohne Auto 90/110 nkr plus 20 nkr pro Person, Wohnwagenstellplatz 120 nkr, Hütte für 4/6 Personen ab 275/500 nkr, Wohnung für Selbstversorger 450–650 nkr)

Ein Platz in spektakulärer Lage am Selura-See, 1 km von der E 39 entfernt und 5 km östlich von Flekkefjord. Es gibt dort einen Bootsverleih (auch Kanus) und ein preiswertes Café (Hauptgerichte um 75 nkr). Die Busse von Flekkefjord (25 nkr, 10 Min.) nach Kristiansand halten knapp 1 km von dem Gelände entfernt. Auch Wassersportausrüstungen sind zu haben.

Maritim Fjordhotell (☎ 38 32 33 33; www.fjordhotellene.no; Sundegaten 9; EZ 749-849 nkr, DZ 899–1199 nkr) Flekkefjords Top-Hotel thront in bester Lage am Hafen. Es hat elegante Zimmer und ein gediegenes Restaurant (Hauptgerichte ab 110 nkr). In der zugehörigen Bar kann es an Wochenenden etwas laut werden.

Pizza Inn (☎ 38 32 22 22; Elvegaten; Snacks 59–105 nkr, Pizza/Pasta ab 159/115 nkr, Hauptgerichte 149–179 nkr; ⌚ Mittag & Abend) Dieses Wohlfühlrestaurant am Hafen bietet für Sommernachmittage luftige Plätze im Freien und für Winterabende kuschelige Nischen. An Service und Essen gibt's nichts auszusetzen.

Kaffebøsen (Elvegaten; ⌚ Mo–Mi & Fr–Sa 10–16 Uhr, Do 10–21 Uhr) Wer einen guten Kaffee direkt am Hafen schlürfen will, geht am besten in dieses unkonventionelle und überraschend coole Lokal.

An- & Weiterreise

Die Busse von Nor-Way Bussekspress halten auf ihrer Strecke zwischen Kristiansand (200 nkr, 2 Std.) und Stavanger (200 nkr, 2 Std.) in Flekkefjord. Zwei- oder dreimal täglich außer sonntags fahren Busse nach Jøssingfjord (57 nkr, 40 Min.).

VON FLEKKEFJORD NACH EGERSUND

Wer mit dem eigenen Fahrzeug unterwegs ist, sollte die E 39 verlassen und die Rv 44 nach Egersund einschlagen – eine der spektakulärsten Küstenstraßen Norwegens. Zunächst durch karge, felsige Berge an nur wenigen bewaldeten Flächen vorbei, führt sie hinunter in das entzückende Dörfchen Åna Sira. Weiter geht es am Jøssingfjord entlang, etwa 32 km westlich von Flekkefjord. Es folgen atemberaubende, senkrecht abfallende Felswände samt prächtigem Wasserfall und zwei Häuser aus dem 17. Jh., die sich unter einen Felsüberhang quetschen.

Ca. 30 km südöstlich von Egersund und 2 km südlich von Hauge stößt man in **Sogndalsstrand** auf ein paar malerische Wohn- und Lagerhäuser ganz aus Holz.

EGERSUND

9500 Ew.

Egersund, um eine inselreiche Bucht zwischen niedrigen Hügeln drapiert, ist wohl die hübscheste Stadt an diesem Küstenstrich. Auch sie blickt auf eine lange Geschichte zurück (es gab hier schon 1292 eine Kirche). Das erzählen alte Runensteine, die man im nahegelegenen Møgedal gefunden hat. Das **Fremdenverkehrsbüro** (☎ 51 49 27 44; www.reisemal-sydvest.no; Jernbaneveien 2; ⌚ Juni–Aug. Mo–Fr 8–16 Uhr, Sa 10–18 Uhr) ist nicht unbedingt das beste im Lande, aber für lokale Informationen genügt es.

Sehenswertes

DALANE FOLKEMUSEUM

Dieses lohnenswerte Museum besteht aus zwei Abteilungen. Das **Dalane Folkemuseum** (☎ 51 46 14 10; www.museumsnett.no/dalmus; Slettebø; Erwachsene/Kinder 20/10 nkr; ⌚ Mitte Juni–Mitte Aug. Mo–Sa 11–17 Uhr, So 13–18 Uhr; übrige Zeit nur So 13–17 Uhr) zeigt in Slettebø, 3,5 km nördlich der Stadt an der Rv 42, acht historische Wohnhäuser aus Holz. Die Busse von Stavanger-Expressen (drei bis sechs tgl., außer Sonntag) halten direkt vor dem Tor. Die zweite Abteilung, das **Egersund Fayance Museum** (☎ 51 46 14 10, Eia; Erwachsene/Kinder 20/10 nkr; ⌚ Mitte Mai–Mitte Aug. Mo–Sa 11–17 Uhr, So 12–18 Uhr; übrige Zeit nur So 13–17 Uhr) liegt 1,5 km nordöstlich der Stadt und ist zu Fuß gut erreichbar. Es zeigt Geschichte und Waren der Egersund Fayance, einer Keramik- und Porzellanfabrik, die Stadt und Umgebung von 1847 bis 1979 ernährte.

HISTORISCHE GEBÄUDE

Fast zwei Drittel der ursprünglichen Stadt wurden 1843 vom Feuer zerstört. Danach baute man Egersund mit breiteren Straßen wieder auf, um der Ausbreitung der Flammen in Zukunft vorzubeugen. Viele Gebäude aus dieser Zeit stehen noch. Durch die **Strandgaten**, eine Straße mit nach 1843 erbauten Holzhäusern, sollte man unbedingt einmal flanieren. **Skrivergården** (Strandgaten 58) wurde 1846 als Wohnhaus des örtlichen Friedensrichters Christian Feyer erbaut. Der Stadtpark gegenüber war früher sein privater Garten – beneidenswert. **Bilstadhuset** (Nygaten 14) hat noch immer seine Originalbalken und im Obergeschoss befindet sich das Lager eines Segelmachers. Das Haus ist jedoch nicht öffentlich zugänglich.

KIRCHE VON EGERSUND

Diese entzückende **Kirche** (Torget; Eintritt frei; ⌚ Mitte Juni–Mitte Aug. Mo–Fr 11–16 Uhr, Sa 10–15 Uhr, So 12.30–15 Uhr), ganz aus Holz und direkt am Wasser, muss man gesehen haben. Der Bau entstand in den 1620-ern, aber der Altaraufsatz, eine Darstellung der Taufe und Kreuzigung Christi, von dem Tischler Thomas Christophersen aus Stavanger geschnitzt und dem in Neustadt/Holstein geborenen Künstler Peter Reimers bemalt, wird auf 1607 datiert und das Taufbecken stammt aus dem Jahre 1583. Der Kreuzgrundriss, kleine Emporen und wunderschön verzierte Kirchenbanktüren sind es wert, dass man nicht gleich wieder umkehrt. Beim Eintritt bekommt man einen Handzettel in die Hand gedrückt, der Einzelheiten zur Geschichte der Kirche enthält.

VARBERG

Der Gipfel des Varberg, auf dem unübersehbar ein TV-Mast steht, bietet eine fabelhafte **Aussicht** auf das Stadtzentrum. Der Weg von der Stadtmitte bis nach oben nimmt kaum 15 Minuten in Anspruch.

Schlafen

Campingplatz Steinsnes (☎ 51 49 41 36; Fax 51 49 40 73; Tengs; Zeltplatz 110 nkr plus 25 nkr pro Person, Hütte 275–550 nkr) Dieser Platz ist von Egersund aus am bequemsten zu erreichen; er liegt 3 km nördlich der Stadt. Auch die Busse nach und von Hellvik halten dort.

Grand Hotell (☎ 51 49 18 11; www.grand-egersund.no; Johan Feyersgate 3; EZ/DZ ab 585/785 nkr; 💻) Das Grand Hotell ist ein schönes, altes Gebäude aus dem 19. Jh. mit eleganten, renovierten Zimmern. Die im hübschen alten, aber frisch aufpolierten Flügel sind logischerweise etwas preisintensiver.

Einen Test wert sind auch das freundliche **Blomsterbua Pensjonat** (☎ 40 40 79 95; Rundevollsveien 43; DZ 250 nkr), das von Ende Juni bis Mitte August von Studenten betrieben wird (Bettzeug wird nicht gestellt), und das **Egersund Hotel** (☎ 51 49 02 00; egersund.hotell@c2i.net; Årsdaddalen; EZ/DZ ab 500/650 nkr), 1 km südlich der Stadt an der Rv44. Es ist komfortabel und modern, sofern die 70er-Jahre heute als modern gelten dürfen.

Essen

Vinstokken (☎ 51 49 06 60; Strandgaten 60; Snacks 70–155 nkr, Hauptgerichte 155 nkr) Das Vinstokken liegt im historischen Viertel, allerdings nicht direkt am Wasser. Hier bekommt man Gutes French Food vorgesetzt.

Nicht ganz so raffiniert ist die Küche im **Telegrafen** (☎ 51 49 80 00; Areneset; Pizza ab 115 nkr, Pizzaecke ab 25 nkr; ⌚ Mittag & Abend), dort ist Pizza gut und günstig. Das **Havnehagen** (Gjestehavn, Strandgaten; Snacks 23-80 nkr; ⌚ Mittag & Abend) ist im Sommer wegen seiner Tische im Freien und seiner Baked Potatoes und Hamburger der Renner (50 nkr).

An- & Weiterreise

Züge von und nach Oslo (690 nkr, 8 Std.) über Kristiansand gehen sechsmal täglich. Mehrfach täglich wird auch die Strecke von und nach Stavanger (135 nkr, 1 Std.) befahren. **Fjord Line** (☎ 81 53 35 00) betreibt Fähren zwischen Bergen und Hanstholm in Dänemark über Egersund (Fahrten zwischen Bergen und Egersund sind jedoch nicht möglich). Näheres s. S. 432.

RUND UM EGERSUND

Mehr Infos zur Strecke Egersund–Flekkefjord s. S. 138.

Auf der Fahrt über die Rv 42 kommt man 20 km nordöstlich der Stadt zur **Terland Klopp**, einer bemerkenswerten 60 m langen Brücke, bestehend aus 21 steinernen Bögen. Sie wurde 1888 erbaut und inzwischen zur Aufnahme in die Unesco-Liste der Kulturdenkmäler vorgeschlagen.

Eigerøy Fyr (Midbrødøy; Erwachsene/Kinder 20/10 nkr; ⌚ So, nur im Juli, 11–16 Uhr), der majestätische Leuchtturm auf Midbrødøy aus dem Jahre 1855, steht nahe der südwestlichen Spitze der Insel Eigerøy. Die Aussicht ist eigentlich immer super, besonders aber an Sturmtagen. Der Bus von der Rutebilstasjon nach Nord Eigerøy hält auf der Rv 502 an der Station „Eigerøy fyr“ (24 nkr, 15 Min.). Von dort sind es noch dreißig Minuten Fußmarsch über *Fyrvegen*, den „Feuerweg“, zum Leuchtturm.

DAS LANDESINNERE

Das südnorwegische Binnenland – die Telemark (die einem eleganten Skiwendemanöver den Namen gegeben hat, s. Kasten S. 411) und Setesdalen – ist eine Region aus bewaldeten Steilhängen, Hochebenen und Seen über Seen.

KONGSBERG

17 600 Ew.

Kongsberg wurde 1624 gegründet und verdankt seine Existenz der Entdeckung eines der reinsten Silberlager der Welt im nahegelegenen Numedal. Der Silberrausch machte die Stadt für kurze Zeit zur zweitgrößten Stadt Norwegens mit 8000 Einwohnern; darunter waren 4000 Bergleute und 2000 Bauern. Die Stadt ist heute sehr attraktiv, Sturzbäche schießen mitten hindurch, und die interessante Kongsgruvene (Königliche Silbermine) ist nicht weit.

Geschichte

Kongsbergs Geschichte beginnt und endet mit dem Silber. Zwei Kinder zusammen mit einem Ochsen entdeckten es 1623. Ihr Vater versuchte, zu Geld zu machen, was ihm da in den Schoß gefallen war. Aber Soldaten des Königs bekamen Wind davon, verhafteten die Familie und zwangen sie, den Fundort preiszugeben. Es gilt als sicher, dass man schon früher Silber gefunden hatte, nur waren die Finder klüger und behielten es für sich. Von 1623 bis 1957 wurden 1,35 Mio. Kilogramm reines, sog. Haarsilber für die königlichen Schatztruhen abgebaut. Noch immer befindet sich die staatliche Münzanstalt in Kongsberg. Die letzte Mine wurde jedoch 1957 stillgelegt, denn sie war unprofitabel geworden.

Orientierung & Prakt. Informationen

Die stürzenden Wasser des Numedalslåg teilen Kongsberg säuberlich in eine Alt- und eine Neustadt. Im östlichen, neuen Teil befinden sich Haupteinkaufszentrum, Fremdenverkehrsbüro, Bahnhof und Busbahnhof. Im alten Teil westlich des Flusses sind Museum, Kirche und HI-Hostel zu finden. Das **Fremdenverkehrsbüro** (☎ 32 29 90 50; www.visitkongsberg.no; Karschesgt 3; ⌚ Mitte Juni–Mitte Aug. Mo–Fr 9–19 Uhr, Sa & So 10–16 Uhr, in der übrigen Zeit kürzere Öffnungszeiten) ist ausgezeichnet und hat viele Informationen über den Ort.

Sehenswertes

KIRCHE VON KONGSBERG

Norwegens größte **Barockkirche** (☎ 32 73 50 00; Kirketorget; Erwachsene/Kinder 30/10 nkr; ⌚ Mitte Mai–Mitte Aug. Mo–Fr 10–16 Uhr, Sa 10–13 Uhr, So 2–16 Uhr; in der übrigen Zeit kürzere Öffnungszeiten) in der Altstadt westlich des Flusses wurde 1761 geweiht. Im Interieur dominiert der Rokoko: kunstvoll verzierte Leuchter und ein ungewöhnlicher Altar, der eine ganze Wand einnimmt – mit Altaraufsatz, Kanzel und Orgel, alles in einem. Von Juni bis August finden dort mittwochs um 20 Uhr Orgelkonzerte statt.

NORWEGISCHES BERGWERKSMUSEUM

Kongsberg unterhält dieses lohnenswerte **Bergwerksmuseum** (Norsk Bergverksmuseum; ☎ 32 72 32 00; Hyttegata 3; Erwachsene/Kinder 50/10 nkr; ⌚ Mitte Mai–Aug. 10–17 Uhr, Sept.–Mai 12–16 Uhr) in einer Silberhütte aus dem Jahre 1844. Es erzählt die Geschichte des Bergbaus in Kongsberg anhand von erhaltenen Gegenständen, Modellen und Mineralien, und im Keller stehen noch die alten Schmelzöfen. Im selben Gebäude sind noch andere Abteilungen untergebracht, darunter die Königliche Münze, die im Jahr 1686 aus der Festung Akershus in Oslo an den Ursprungsort des Silbers verlegt wurde.

LÅGDAL FOLKEMUSEUM

Dieses **Museum** (Lågdalsmuseet; ☎ 32 73 34 68; Tillischbakken 8–10; Erwachsene/Kinder 40/10 nkr; ⌚ Mitte Juni–Mitte Aug. 11–17 Uhr; Mitte Mai–Mitte Juni & Mitte–Ende Aug. Sa & So 11–17 Uhr; Mitte Aug.–Mitte Juni Mo–Fr 11–15 Uhr), zehn Minuten Fußweg südöstlich des Bahnhofs, umfasst 32 historische Bauernhäuser und Bergarbeiterhütten, im Innern nachgebaute Beispiele für Werkstätten aus dem 19. Jh. und ein Museum des örtlichen Widerstands im Zweiten Weltkrieg. Im Sommer werden um 11, 13.30 und 15.30 Uhr Führungen angeboten.

KÖNIGLICHE SILBERMINEN

Kongsbergs *raison d'être* sind die vielen Silberminen der Umgebung, insbesondere jene, die unter dem Namen *Sølvgruvene* zusammengefasst werden. Der Hauptschacht der größten Mine reicht ganze 1070 m in den Berg hinein, bis zu einer Tiefe von 550 m unter dem Meeresspiegel.

Es gibt zahlreiche Möglichkeiten, die Minen zu erkunden. Die beliebteste und in kurzen Intervallen durchgeführte **Bergwerksführung** beginnt an der ausgeschilderten *Kongsgruvene*, die etwa 700 m von Saggrenda (8 km südlich von Kongsberg) entfernt ist. Sie beginnt mit einer 2,3 km langen **Schienenfahrt** durch den *stoll*, einen mühevoll in den Berg gehauenen Tunnel, der zur Trockenlegung des Bergwerks gedacht war.

Man hatte weder Maschinen noch Dynamit. Der Felsen wurde mit Feuer erhitzt und anschließend mit Wasser abgeschreckt, um ihn brüchig zu machen. Die Arbeit ging mit dem ermüdenden Tempo von 7 cm pro Tag voran, und es dauerte 73 Jahre (1782 bis 1855), bis sie beendet war!

Drin im Berg darf sich der Besucher Gerätschaften ansehen, die zur Silbergewinnung gebraucht wurden. Dazu gehört auch ein genialer, quietschender und knirschender Aufzug. Er machte den 300 m tiefen Abstieg über 65 feuchte, schlüpfrige Leitern von der Oberfläche zur Arbeitssohle überflüssig. Die Bahn fährt von Juli bis Mitte August täglich zwischen 10 und 16 Uhr ab (Mitte Mai bis Juni und Mitte August bis September ist der Zeitraum kürzer). Eine Führung dauert 1¼/1½ Stunden, Erwachsene zahlen 100/125 nkr, Kinder 30/50 nkr. Warme Kleidung ist dringend zu empfehlen, denn im Berg kann es recht kühl werden (6 °C).

Eine andere Möglichkeit ist eine **zweistündige Führung zu Fuß** (225 nkr) durch die 5 km lange Underberg-Mine. Auch diese Führung endet mit einer 2,3 km langen Bahnfahrt. Wer lieber am Tageslicht bleibt, macht sich auf den **Weg der Kumpels** (50 nkr), den diese zurücklegen mussten, wenn sie Kongsberg um 4 Uhr morgens verließen, um ihre 15-stündige Schicht anzutreten. Auf dem Weg passiert man die Wasserleitungssysteme, die zum Antrieb der Maschinen im Berg gebraucht wurden. An zahlreichen nutzlos gewordenen Geräten vorbei, kommt man schließlich zum Haus-Sachsen-Stollen.

Den echten Kick bringt die **Seil-und-Fackel-Tour** (800 nkr). Sie beginnt mit einem 1 km langen Marsch durch den Kronprinz-Fredrik-Tunnel. Anschließend seilt man sich bei Fackelschein 112 m tief ins Bergwerk ab (nach einem Crash-Kurs im Abseilen), wo man riesige, ausgebeutete Bereiche und viele historische Gerätschaften zu sehen bekommt. Diese Tour wird nur dreimal pro Sommer angeboten. Das Fremdenverkehrsbüro Kongsberg weiß die Termine.

Der TIMExpressen-Bus Oslo–Notodden fährt von Kongsberg nach Saggrenda (44 nkr, 10 Min., stündl.). Der Fußweg von dort zum Bergwerk dauert 15 Minuten.

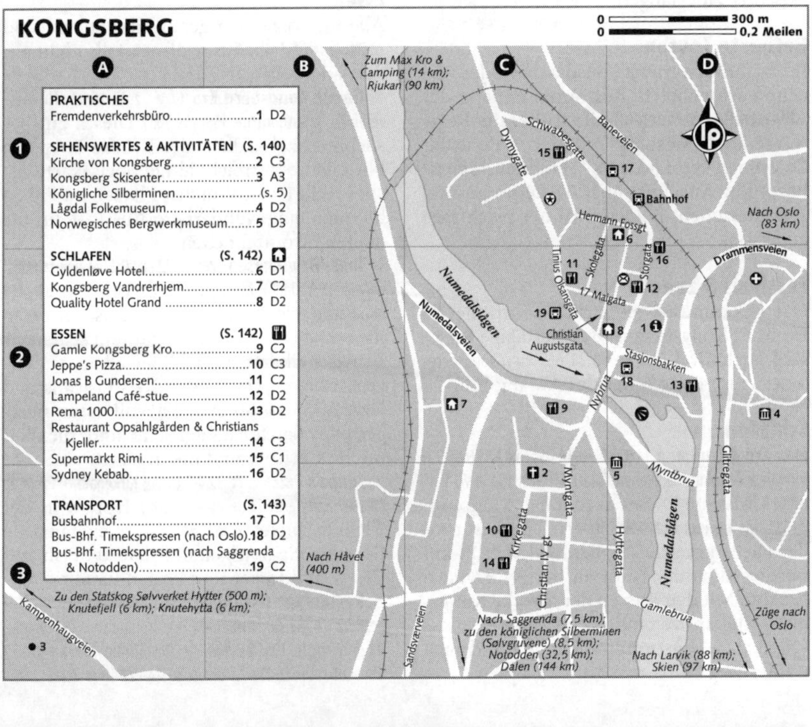

Aktivitäten

Kongsbergs bestes Wander- und Skilanglaufgebiet liegt am grünen, bewaldeten Knutefjell am westlichen Stadtrand. Das Fremdenverkehrsbüro von Kongsberg verkauft die Karte *Kultur- og Turkart Knutefjell* (80 nkr), in der Wanderwege und Loipen eingezeichnet sind.

Von der Stadt aus nimmt man am besten die Route vom **Kongsberg Skisenter** in die Berge. Von dort aus geht es stramme 6 km bergauf zur **Knutehytta hut** (☎ 32 73 12 83), im Zentrum dieses Gebiets auf 695 m Höhe. Im Winter ist der steilste Teil der Strecke gut mit dem 1700 m langen Sessellift des *Skisenter* zu bewältigen. Eine einfachere und etwas kürzere Route zur Knutehytta ist die Straße nach Notodden nördlich von Meheia (mit den Bussen nach Notodden erreichbar). Der Rückweg zur Stadt kann dann über das *Skisenter* führen. Eine weitere Option nahe dem *Skisenter* ist **Statskog Sølvverket Hytter** (☎ 32 73 50 00; Fax 32 73 50 01; Hütte 275–500 nkr): 16 einfache Hütten mit offenem Kamin. Im Winter kann man auch das Skitaxi (30 nkr, eine Fahrt) nehmen, um zum *Skisenter* zu gelangen.

Geführte Touren

Im Sommer veranstaltet das Fremdenverkehrsbüro geführte Bustouren entlang der **Silberstraße „Solvveien"**, die früher die Bergwerke in Kongsberg mit der Hafenstadt Drammen verband. Das Fremdenverkehrsbüro gibt Auskunft über Ticketpreise und Abfahrtszeiten. Beides wird der Nachfrage angepasst.

Festivals & Events

Das bekannteste, alljährlich stattfindende Event in Kongsberg ist das viertägige **Kongsberg Jazzfestival** (☎ 32 73 31 66; www.kongsberg-jazzfestival.no) Ende Juni oder Anfang Juli.

Schlafen

Max Kro & Camping (☎ 32 76 44 05; Fax 32 76 44 72; Jondalen; Zeltplatz/Caravanstellplatz 110/130 nkr, 4-/6-Bett Hütte 350/500 nkr) Dieser akzeptable Campingplatz ist etwas schwer zu erreichen, ist aber der nächstgelegene. Er befindet sich 14 km nordwestlich der Stadt an der Rv 37 nach Rjukan. Mit den Bussen der Strecke Kongsberg–Rjukan von Nor-Way Bussekspress (26 nkr, 15 Min.) kommt man hin und auch wieder weg.

Kongsberg Vandrerhjem (☎ 32 73 20 24; kongsberg.hostel@vandrerhjem.no; Vinjesgata 1; B/EZ/DZ inkl. Frühstück 200/425/500 nkr; P 💻) Die Jugendherberge von Kongsberg ist wohl die preisgünstigste Übernachtungsmöglichkeit. Irgendwo zwischen billig und mittlerer Preislage angesiedelt, bietet die Jugendherberge komfortable Zimmer in einem ruhigen, gut erreichbaren Teil der Stadt.

Gyldenløve Hotel (☎ 32 86 58 00; www.gyldenlove.no; Hermann Fossgata 1; EZ/DZ Mitte Juni–Mitte Aug. & Sa & So ganzjährig 710/875 nkr, übrige Zeit Mo–Fr 1250/1415 nkr; 💻) Das Gyldenløve, eines der besten Hotels in Kongsberg, hat geräumige Zimmer mit gefälligem Stildekor und glänzenden Holzfußböden.

Quality Hotel Grand (☎ 32 77 28 00; www.quality-grand.no; Christian Augustsgata 2; EZ/DZ Mitte Juni–Mitte Aug. 740/890 nkr, übrige Zeit 935/1075 nkr) Es ist zwar eine Idee teurer als das Gyldenløve, aber das Quality Hotel Grand in der Nähe des Flusses ist wirklich ein komfortables Etablissement mit allen Schikanen. An Sommerwochenenden gibt es hier einen Nightclub (80 nkr Cover Charge).

Essen

Alle im Folgenden genannten Lokale sind mittags und abends geöffnet, falls nicht anders angegeben.

Gamle Kongsberg Kro (☎ 32 73 16 33; Thornesveien 4; Hauptgerichte 155/259 nkr) Dieses gut besuchte Lokal südlich der Brücke über den Fluss hat eine reichhaltige Speisekarte, ist aber recht teuer. Von den Plätzen im Freien hat man eine wunderbare Aussicht auf die oberen Stromschnellen.

Jonas B Gundersen (☎ 32 72 88 00; Ecke Tinius Olsansgata & 17 Malgata; Mittagstisch 54–98 nkr, Pizza 89–119 nkr, Hauptgericht 99–209 nkr) Die Speisekarten in diesem wirklich guten Restaurant sehen wie Vinylschallplatten aus, über allem ein unverkennbarer Hauch von New Orleans und Jazz, und es gibt phantasievoll zusammengestellte Salate, italienische und mexikanische Gerichte und mehr.

Jeppe's Pizza (☎ 32 73 15 00; Kirkegata 6; Pizza ab 80 nkr, andere Gerichte 89–239 nkr) Jeppe's in der Altstadt bietet u. a. Steaks, mexikanische Gerichte, Spareribs und Salate an. Fish and Chips sind lecker und kosten 95 nkr.

Restaurant Opsahlgården & Christians Kjeller (☎ 32 76 45 00; Kirkegata 10; Vorspeisen 75–98 nkr, Hauptgerichte 195–22 nkr; 🕐 Restaurant Mo–Sa 17–22 Uhr, Café Mo–Fr 15–22 Uhr & Sa 14–22 Uhr) Ein ausgezeichnetes Restaurant, nur ein paar Häuser von Jeppe's entfernt. In dem gemütlichen angeschlossenen Café werden kleine, leichte Mahlzeiten aufgetischt, und im Sommer kann man draußen sitzen.

Weitere Empfehlungen für kleine Mahlzeiten und Snacks:

Sydney Kebab (☎ 32 76 88 58; Storgata 1; Kebab 49–89 nkr, Falafel 49 nkr; ⌚ Sa & So bis 4 Uhr früh)

Lampeland Café-stue (☎ 32 73 31 30; Storgata 19) Kaffee und Snacks.

Supermarkt Rimi (Schwabesgate 5) Westlich des Bahnhofs, mit Bäckerei.

Rema 1000 (Stasjonsbakken 4) Gute Auswahl an Lebensmitteln.

An- & Weiterreise

Zwischen Kongsberg und Oslo gibt es Zugverbindungen (142 nkr, 1½ Std., alle zwei Stunden).

NSB-Busse (☎ 32 73 31 40) zwischen Kongsberg und Larvik (168 nkr, 2¼ Std.) verkehren ein- bis dreimal täglich. Die Busse von **Nettbuss Telemark Timekspressen** (☎ 35 02 60 00) verbinden Kongsberg den ganzen Tag über mit Oslo (149 nkr, 1½ Std.), Saggrenda (44 nkr, 10 Min.) und Notodden (75 nkr, 35 Min.) und fahren mindestens stündlich. Die Busse nach Oslo halten bei *Den Norske Bank* (an der Storgata); die nach Saggrenda und Notodden halten vor dem Kino (an der Tinius Olsansgata).

Unterwegs vor Ort

Beim Fremdenverkehrsbüro können Fahrräder zum Preis von 250 nkr für den ersten Tag und 150 nkr für jeden folgenden Tag ausgeliehen werden.

DER TELEMARK-KANAL

Das 105 km lange Telemark-Kanalsystem besteht aus mehreren Seen und Kanalabschnitten, die Skien und Dalen miteinander verbinden (dazu kommt eine Abzweigung von Lunde nach Notodden). Schiffe und Boote, die auf diesem Kanalsystem verkehren, überwinden in 18 Schleusen insgesamt 72 m Höhenunterschied. Bis zu 400 Arbeiter gleichzeitig bauten den Kanal zwischen 1887 und 1892 für den Holzhandel. Die meisten Kanalreisenden kommen mit dem eigenen Boot (die Fahrt von Skien nach Dalen und zurück kostet 750 nkr pro Boot). Nähere Infos zu Kanalfahrten im Kasten S. 144.

Notodden

8300 Ew.

Die Industriestadt Notodden selbst hat nicht so viel zu bieten, aber ihre Umgebung zieht jede Menge Besucher an. Grund ist die beeindruckende Stabkirche von Heddal. Das imposante, schöne Bauwerk, von einem gepflegten Kirchhof und hügligem Agrarland umgeben, liegt 5 km westlich von Notodden an der E 134.

Informationen hält das **Fremdenverkehrsbüro** (☎ 35 01 50 00; www.notodden.kommune.no; Teatergate 3; Mitte Juni–Mitte Aug. Mo–Fr 8–15 Uhr, übrige Zeit 8–15.30 Uhr) von Notodden bereit.

SEHENSWERTES

Die **Stabkirche von Heddal** (☎ 35 02 00 93; www.heddal-stavkirke.no; Heddal; Erwachsene/Kinder 30 nkr/frei außer sonntägliche Gottesdienste; ⌚ Mitte Juni–Mitte Aug. 9–19 Uhr; Mitte Mai–Mitte Juni & Mitte Aug.–Mitte Sept. 10–17 Uhr; in der übrigen Zeit kürzere Öffnungszeiten) ist die größte der erhaltenen Stabkirchen Norwegens und eines der Markenzeichen des Landes. Sie scheint der märchenbeflügelten Phantasie eines Kindes entsprungen.

Die Kirche wurde vermutlich im Jahr 1242 vollendet, aber Teile des Altarraums werden auf 1147 datiert. 1952 wurde sie umfassend restauriert.

Wie alle Stabkirchen wird sie von Pfeilern aus norwegischem Nadelholz getragen, in diesem Fall von zwölf hohen und sechs kürzeren Pfeilern – alle von Furcht erregenden Fratzen gekrönt. Die Kirche besitzt vier geschnitzte Portale. Besonders bemerkenswert sind die wunderschönen, 1668 entstandenen Rosenmalereien an den Innenwänden, eine Runeninschrift im äußeren Gang (der zu entnehmen ist, dass der Bau am 25. Oktober 1242 vollendet wurde) und der „Bischofsstuhl", der im 17. Jh. aus einem alten Pfeiler gemacht wurde. Sein reiches Schnitzwerk erzählt die heidnische Geschichte eines Wikingers: Sigurd der Drachentöter. Man dichtete sie kurzerhand in eine christliche Parabel um, Jesus und Teufel inklusive. Der Altaraufsatz stammt aus dem Jahre 1667 und wurde 1908 restauriert, der äußere Glockenturm 1850 angebaut.

Die Ausstellung im Nachbargebäude (wo die Eintrittskarten verkauft werden) schildert die Geschichte der Kirche und ihrer Schnitzereien, und sie erklärt generell die Bauweise von Stabkirchen. Zusätzliche Infos im Kasten S. 239.

An Samstagen, wenn in der Kirche Hochzeiten stattfinden, werden Besucher manchmal nicht eingelassen. Von Ostern bis November finden sonntags um 11 Uhr Gottesdienste statt (Besucher sind willkommen, müssen aber, um Störungen zu vermeiden, den gesamten einstündigen Gottesdienst durchhalten). Nach 13 Uhr steht die Kirche dem Publikum wieder offen.

Der 301-er Bus aus Notodden fährt direkt vorbei, es kommen aber auch alle Busse nach Seljord und Bondal infrage.

Im **Freilichtmuseum Heddal** (Bygdetun; ☎ 35 02 08 40; Heddal; Erwachsene/Kinder 20 nkr/frei; ⌚ Mitte Juni–Mitte Aug. 11–17 Uhr), 300 m von der Stabkirche von Heddal entfernt, sind u. a. Häuser aus den ländlichen Gebieten der Telemark zu bewundern.

FESTIVALS & EVENTS

Notodden kennt man auch wegen seines ungeheuer populären **Blues Festivals** (☎ 35 02 76 50; nbf@bluesfest.no; www.bluesfest.no) Anfang August. Tickets kriegt man über **Billetservice** (☎ 81 53 31 33; www.billettservice.no).

SCHLAFEN

Campingplatz Notodden (☎ 35 01 33 10; Reshjemveien; Zeltplatz mit/ohne Auto 80/120 nkr, Wohnwagenstellplatz 130 nkr, plus 10 nkr pro Person, Hütte 350–450 nkr) Notodden Camping ist ein passabler Platz, 3 km Richtung Westen auf der E 134 und 200 m nach Süden auf dem Reshjemveien. Zur Festivalzeit muss man schon viel Glück haben, um noch ein paar Quadratzentimeter zu erwischen. Busse vom Zentrum in Richtung Seljord halten dort.

Norlandia Telemark Hotel (☎ 35 01 20 88; Fax 35 01 40 60; Torvet 8; EZ/DZ Mitte Juni–Mitte Aug. 790/890 nkr, Sa & So 860/960 nkr) Das Haus ist dem ScanPlus-Netzwerk angeschlossen. In dem ziemlich langweiligen Klotz in der Stadtmitte bekommt man moderne Hotelzimmer und ein ordentliches Frühstück.

AN- & WEITERREISE

Zwischen Kongsberg und Notodden verkehren ein bis zwei Mal stündlich Timekspressen-Busse (75 nkr, 35 Min.).

Skien

31 000 Ew.

Die Industriestadt Skien wird hauptsächlich von Reisenden besucht, die auf dem Telemark-Kanal unterwegs sind. Viel gibt es nicht zu sehen, aber Ibsen-Fans werden hier auf der Durchreise gerne einen Stopp einlegen. Im **Fremdenverkehrsbüro** (☎ 35 90 55 20; info@grenland.no; Nedre Hjellegate 18; ⌚ Mitte Juni–Mitte Aug. Mo–Fr 8.30–19 Uhr, Sa 10–16 Uhr, So 11–16 Uhr; übrige Zeit Mo–Fr 8.30–16 Uhr) ist man sehr hilfsbereit.

EINE GERUHSAME SCHIFFSTOUR DURCH DIE TELEMARK

Von Juni bis Mitte August legt die Fähre M/S *Telemarken* täglich zu einer Fahrt über die Kanäle der Telemark zwischen Akkerhaugen, 24 km südlich von Notodden, und Lunde ab (225 nkr, 3¾ Std.). Abfahrt in Akkerhaugen/Lunde ist um etwa 10/13.50 Uhr. Wer nur die Strecke Lunde – Akkerhaugen mitfahren will, kann am späten Vormittag einen Bus von Notodden nach Lunde (95 nkr, 1 Std.) und um etwa 17 Uhr (an Wochenenden 18 Uhr) ein Bus von Akkerhaugen nach Notodden nehmen.

Mitte Mai bis Anfang September sechsmal wöchentlich, Mitte Juni bis Mitte August sogar täglich, starten die Sightseeing-Boote M/S *Victoria* (Jahrgang 1882) und M/S *Henrik Ibsen* (Jahrgang 1907) zu einer gemütlichen elfstündigen Fahrt zwischen Skien und Dalen (330 nkr). Touren mit Hinweg per Boot von Skien nach Dalen und Busfahrt zurück nach Skien (3 Std.) kosten 560 nkr. In umgekehrter Richtung, von Skien zurück nach Dalen, bietet sich der Bus der **Telemark Bilruter** an (☎ 35 06 54 00, Mitte Juni bis Mitte August tgl. außer Samstag, 3¼ Std., 230 nkr). Rückfahrtickets für alle Fähren sind 50 % billiger.

Weitere Informationen gibt es bei **Telemarkreiser** (☎ 35 90 00 30; info@telemarkreiser.no; www.visittelemark.com). Dort ist auch der kostenlose *Ruteplan* zu bekommen, der zehn Bus-/Fährrouten durch die Telemark beschreibt.

Der Kanal lässt sich wunderbar per Kanu, Kajak oder Fahrrad erkunden, und die Fähren übernehmen für zusätzliche 160/110 nkr auch den Fahrrad-/Bootstransport zwischen Skien und Dalen. Am Campingplatz **Gåsodden** (☎ 35 54 50 77; Fjærekilen, Skien) zahlt man für die Kanu-Ausleihe pro Tag/Stunde 225/60 nkr.

SEHENSWERTES

Der norwegische Autor und Dramatiker Henrik Ibsen (s. auch Kasten S. 44) wurde am 20. März 1828 in Skien geboren. 1835 wurde das Geld knapp und die Familie zog um in den Bauernhof Venstøp 5 km nördlich von Skien. Dort lebte die Familie sieben Jahre lang. Der im Jahr 1815 erbaute Hof ist heute ein lohnendes **Museum** (☎ 35 52 57 49; Venstøphøyda; Erwachsene/Kinder 40/20 nkr; Mitte Mai–Aug., 10–18 Uhr). Busse von Skien fahren nur zwei Mal täglich.

SCHLAFEN & ESSEN

Skien Vandrerhjem (☎ 35 50 48 70; skien.hostel@vandrerhjem.no; Moflatveien 65; B/EZ/DZ 150/320/480 nkr) Dieses gut ausgestattete Hostel ist das ganze Jahr über geöffnet und hat gepflegte Zimmer. Für ein Frühstück müssen 50 nkr zusätzlich locker gemacht werden.

DIE HELDEN DER TELEMARK

1933 wurde in den USA entdeckt, dass 0,02 % aller Wassermoleküle „schwer" sind. Die Wasserstoffatome dieser Moleküle sind Deuterium, ein Wasserstoffisotop, das ein Neutron besitzt. Schweres Wasser wiegt 10 % mehr als normales Wasser, sein Siedepunkt liegt bei 101,4 °C, sein Gefrierpunkt bei 3,8 °C, höher als bei normalem Wasser also. Das reicht aus, um Kernspaltungsreaktionen zu stabilisieren, und damit wird es unendlich wichtig für die Herstellung von Atombomben.

Im Zweiten Weltkrieg war den deutschen Besatzern Norwegens bereits klar, dass man schweres Wasser durch einen Elektrolyseprozess herstellen kann. In Vemork, in der Nähe von Rjukan, richteten sie eine Schwerwasser-Produktionsanlage ein. Das Ziel war der Bau einer Atombombe. Hätte man sie nicht aufgehalten, wäre der Krieg womöglich ganz anders ausgegangen. Zum Glück bekamen Untergrundkämpfer auf alliierter Seite zwischen März und Oktober 1942 Kenntnis davon und stellten die Operation „Grouse" (Schneehuhn) auf die Beine, eine der kühnsten Sabotageaktionen in diesem Krieg.

Die Operation begann im Oktober 1942 mit dem Fallschirmabsprung von vier Norwegern im *Sognadal* westlich von Rjukan. Zwei Monate später sollten in zwei Segelflugzeugen 34 speziell dafür ausgebildete britische Saboteure zu ihnen stoßen. Die britischen Widerstandskämpfer hatten sich auf eine Landung in Skoland, nahe dem *Møsvatn* (Møs-See), vorbereitet, aber eines der Schleppflugzeuge und das zugehörige Segelflugzeug zerschellten an einem Berg. Das zweite Segelflugzeug verunglückte bei der Landung. Alle überlebenden Briten wurden von den Deutschen gefoltert und ermordet.

Die norwegische Widerstandsgruppe ließ sich in des nicht abschrecken. Die Operation bekam den neuen Decknamen „Swallow" (Schwalbe), und die Gruppe zog sich auf die *Hardangervidda* (eine Hochebene) zurück, wo sie den härtesten Teil des Winters überstand. Am 16. Februar 1943 landete eine neue, von den Briten geschulte Gruppe mit dem Decknamen „Gunnerside" (Name eines Dorfs in Yorkshire) auf der *Hardangervidda*. Unglücklicherweise wütete bei deren Absprung ein Schneesturm, sodass die Leute den Boden 30 km von ihrem Ziel entfernt erreichten und zurückmarschieren mussten. Am Abend des 27. Februar hatten die Saboteure ihr Versteck im *Fjøsbudal*, nördlich von Vemork, erreicht und waren bereit zuzuschlagen. Sie stiegen über den Steilhang, die heute berühmte *Sabotørruta* (Saboteursroute) ab, überwanden die Schlucht bei der Schwerwasser-Produktionsanlage, durchtrennten den Sicherungszaun und brachten Sprengstoff an, der die Anlage weitgehend zerstörte. Einige der Saboteure erreichten die *Hardangervidda* auf Skiern und flohen von dort, uniformiert und voll bewaffnet, in das neutrale Schweden. Die Übrigen blieben auf dem Plateau und konnten einer Verhaftung entgehen.

Die Deutschen bauten die Anlage zwar wieder auf, aber am 16. November 1943 flogen 140 US-Bomber einen Angriff auf Vemork. Dabei wurden zwanzig Norweger getötet. Ohne Hoffnung, die Schwerwasser-Produktion in Norwegen fortsetzen zu können, beschlossen die Deutschen, die Lagerbestände nach Deutschland zu bringen. Den zurückgebliebenen Saboteuren war klar, dass dazu eine Fähre über den *Tinnsjø* gebraucht würde. In der Nacht vor dem Auslaufen dieser Fähre, am 19. Februar 1944, montierten sie eine Sprengladung mit Zeitzünder an dem Schiff. In der Nacht darauf wurde das Schiff samt seiner wässrigen Ladung versenkt.

Diese Ereignisse wurden 1965 zu einem spannenden (aber historisch ungenauen) Film verarbeitet: *Stoßtrupp Telemark*, mit Kirk Douglas in einer Hauptrolle.

Rainbow Høyers Hotell (☎ 35 90 58 00; hoeyers@rainbow-hotels.no; Kongensgate 6; EZ/DZ ab 690/890 nkr) Ein Familienbetrieb direkt am Hafen: hell, großzügig und gut belüftet – eine ausgezeichnete Wahl.

Comfort Hotel Bryggeparken (☎ 35 91 21 00; bryggeparken@comfort.choicehotels.no; Langbryggene 7; EZ/DZ ab 640/840 nkr) Diesem modernen Haus fehlt vielleicht die persönliche Note, aber es liegt ebenfalls direkt am Wasser, und die Zimmer sind modern und höchst komfortabel. Auch das Restaurant ist okay, und es gibt ein Café zum Hafen hinaus.

Shanghai Restaurant (☎ 35 52 21 00; Kongensgate 20C; Vorspeisen 25–45 nkr, Hauptgerichte 75–125 nkr, Sun-Büfett 15–20 Uhr, 100 nkr; ⏲ Mittag & Abend) China Food superlecker und billig – darin eigentlich nicht zu toppen (auch Außer-Haus-Service).

AN- & WEITERREISE

Die Busse von Nor-Way Bussekspress fahren ein- bis zweimal täglich nach Notodden (128 nkr, 1¾ Std.) und Rjukan (232 nkr, 3¼ Std.). Die Züge NSB fahren stündlich oder zweistündlich nach Larvik und Oslo ab (274 nkr, 1¾ Std.).

Dalen

790 Ew.

Das hübsche Städtchen Dalen ist ein Ausgangspunkt für Fährfahrten auf dem Kanalsystem der *Øst Telemark*. Etwas außerhalb liegt die beschauliche, einschiffige **Eidsborg-Stabkirche** (Erwachsene/Kinder 40/10 nkr; ⏲ Juni–Aug., Mo–Fr, 9–16 Uhr) aus dem 14. Jh. Sie ist dem hl. Nikolaus geweiht.

Besucherinfos gibt's im **Fremdenverkehrsbüro** (☎ 35 07 70 65; www.visitdalen.com).

SCHLAFEN & ESSEN

Campingplatz Buøy (☎ 35 07 75 87; Fax 35 07 77 01; Zeltplatz 130 nkr, EZ/DZ 230/380 nkr, Hütte 475–700 nkr) Buøy ist ein akzeptabler Campingplatz, der auch Zimmer in Hostel-Qualität und Hütten anbietet.

Dalen Hotel (☎ 35 53 70 00; www.dalenhotel.no; EZ/DZ ab 900/1150 nkr) Das künstlerisch wertvolle Dalen Hotel hat ein bisschen was von einer Stabkirche. Es öffnete im Jahr 1894 erstmal seine Türen und liegt 1 km von der Dalen Brygge entfernt. Hier schwimmt man auf einer Woge der Nostalgie, allerdings hauptsächlich in den Public Areas und weniger in den Zimmern.

RJUKAN

3600 Ew.

Das 6 km lange Städtchen Rjukan schmiegt sich in das tiefe, von steilen Hängen begrenzte Vestfjorddal, überragt vom höchsten und charakteristischsten Gipfel der Telemark, dem Gausta (1881 m). Die Faszination des Ortes wird nur durch die Industrieanlagen an beiden Ortsenden etwas eingeschränkt. Im Hinterland von Rjukan sind viele Outdoor-Aktivitäten möglich, die die Anstrengung unbedingt wert sind.

Geschichte

Dank ihrer Gründer wurde diese Wasserkraftwerks-Stadt mit Sinn für Ästhetik geplant und gebaut. Im ersten Jahrzehnt nach ihrer Gründung (1907) waren 10 000 ihrer Einwohner in diesem Industriezweig beschäftigt. Früher thronten die Häuser der Unternehmensleitung auf den höchsten Hängen, wo die Sonne am längsten schien. Etwas unterhalb standen die Häuser des Büropersonals, und die Arbeiter hausten in den schattigen Tiefen des Tals. Die Erbauer des *Mår Kraftverk*, des Wasserkraftwerks am östlichen Stadtrand, hatten eindeutig einen Sinn für Rekorde: Seine hölzerne Treppe mit ihren 3975 Stufen ist abschreckend (sie ist die längste der Welt, und wer fit ist, darf hinaufklettern). Das **Fremdenverkehrsbüro** (☎ 35 09 12 90; www.visitrjukan.com; Torget 2; ⏲ Ende Juni–Ende Aug. Mo–Fr 9–19 Uhr, Sa & So 10–18 Uhr, übrige Zeit Mo–Fr 9–15.30 Uhr) ist das beste in der ganzen Telemark. Die Mitarbeiter kennen sich aus, es gibt Infomaterial ohne Ende und vor dem Eingang einen interaktiven Bildschirm.

Sehenswertes

NORWEGISCHES INDUSTRIE-ARBEITERMUSEUM

Dieses **Museum** (Norsk Industriarbeidermuseet; ☎ 35 09 90 00; www.visitvemork.com; Erwachsene/Kinder 60/35 nkr; ⏲ Mitte Juni–Mitte Aug. 10–18 Uhr, Mai–Mitte Juni & Mitte Aug.–Sept. 10–16 Uhr, in der übrigen Zeit kürzere Öffnungszeiten) liegt 7 km westlich von Rjukan. Es ist im Kraftwerk Vemork untergebracht, dem größten der Welt – zumindest als es 1911 fertig gestellt wurde. Heute hält man hier die Verdienste der Sozialistischen Arbeiterpartei hoch, die in Norwegen in den 1950ern am aktivsten war. Den Dreißigminuten-Dokufilm *If Hitler Had the Bomb* über die Heldentaten der Telemarker im

AKTIVITÄTEN IN RJUKAN

Wandern & Radfahren

Um eine Idee davon zu bekommen, was hier alles möglich ist, schaut man am besten in den kostenlosen *Rujkan – Cycling & Hiking Guide*. Er ist im Fremdenverkehrsbüro erhältlich und schlägt interessante Routen vor.

Der beliebte Wanderweg auf den Gausta (1881 m) endet an der **Gaustahytta** (☎ 35 09 41 50) des DNT (Den Norske Turistforening) auf dem Gipfel. Dort ragt auch ein gigantischer NATO-Funkturm in die Höhe, der den Anblick des Bergs empfindlich beeinträchtigt. Der Gausta war als Norwegens schönster und beeindruckendster Berg bekannt, bis diese überdimensionierte Konstruktion dort errichtet wurde. Eine Straße – leider verkehrt dort kein öffentliches Verkehrsmittel – führt vom östlichen Ortsende Rjukans (kurz vor dem Wasserkraftwerk) nach Stavsro am *Heddersvann* (Hedders-See) auf 1173 m Höhe. Mit dem **Taxi** (☎ 35 09 14 00) kostet die Fahrt hinauf runde 240 nkr.

Wanderer sollten für die Tour einen ganzen Tag einplanen. Dann bleibt genügend Zeit, den Gipfel zu genießen. Beim Fremdenverkehrsbüro gibt es eine Karte der Fv651, aber die *Turkart Gausta Området* ist besser und für 50 nkr zu haben.

Ab Gvepseborg, der Bergstation der Kabinenseilbahn *Krossobanen*, gibt es gute Wander- und Radwege in das ausgedehnte *Hardangervidda*-Plateau, die Heimat der größten wildlebenden Rentierherden Europas. Die Hauptstrecke, die auch zum Radfahren geeignet ist, führt zur Helberghytta des DNT und der **Kalhoud Turisthytta** (☎ 35 09 05 10) 13 km weiter nördlich. Eine achtstündige Wanderung geht von Gvepseborg nach Kalhovd, wo man entweder in den Bus steigt oder noch ein bisschen weiterläuft und die Fähre (110 nkr) zur Mårbuhytta nimmt. Von dort kommt man in einer zweitägigen Wanderung Richtung Westen zur **Mogen Turisthytta** (☎ 35 07 41 15), von man wo mit der Møsvatn-Fähre (175 nkr) nach Skinnarbu, westlich von Rjukan an der Rv 37, fahren kann. Wer nicht auf sich selbst gestellt sein möchte, kann an einer vom Fremdenverkehrsbüro organisierten, geführten Wander- oder Fahrradtour teilnehmen (Erwachsene 655–1245 nkr, Kinder 360–665 nkr).

Eine Alternative dazu ist die markierte Route, die oberhalb der Rjukan Fjellstue, etwas nördlich der Rv37 beginnt. Dabei handelt es sich um die historische *Sabotørruta* (Saboteursroute), den Weg, den Mitglieder des norwegischen Widerstands im Zweiten Weltkrieg nahmen (s. Kasten S. 145). Ende Juni bis Mitte August können per Anruf unter ☎ 95 72 34 96 geführte Wanderungen über diese Strecke vereinbart werden (Erwachsene/12–16 Jahre/unter 12 Jahre 120/50/frei). Gegebenenfalls kann das Fremdenverkehrsbüro die Vermittlung übernehmen.

Die beste Karte für alle diese Wanderwege ist die von Statens Kartverk herausgegebene *Hardangervidda Øst* im Maßstab 1:100 000, erhältlich im Fremdenverkehrsbüro (125 nkr).

Schwimmen

Jenseits des Flusses Måna gibt es ein Schwimmbad.

Rail-Bikes

Infos über Fahrten mit der *dressin* (Rail-Bikes, Fahrräder auf Draisinen) gibt's im Fremdenverkehrsbüro oder direkt unter ☎ 45 48 38 99. Die 10 km lange Fahrt (250 nkr) beginnt am Tinnsjø-See und folgt der stillgelegten Bahnstrecke talaufwärts nach Rjukan. Es werden aber auch kürzere Fahrten für 50 nkr pro Stunde angeboten.

Skilaufen

Das **Fremdenverkehrsbüro** (☎ 35 09 14 22; www.gaustablikk.no) hat jede Menge Infos für Wintersportler. Die Broschüre *Gaustablikk Skisenter* ist der ultimative Guide für alles Weiße und Pulverige.

Lifttickets gibt es pro Tag/Woche für Erwachsene ab 255/1135 nkr, für Kinder 200/900 nkr. Das Ausleihen einer Abfahrts-/Langlaufausrüstung kostet ab 280/150 nkr für den ersten Tag, ein Snowboard ist für 300 nkr zu haben.

Bungeejumping

Wem all das noch nicht den Kick gibt, kann auch noch schneller in die Tiefe sausen. Im Sommer werden dienstags und donnerstags um 17 Uhr und samstags um 11 Uhr die Bungeeseile von der Rolle geholt. Der Adrenalinstoß ist für 490 nkr pro Sprung zu haben. Unter ☎ 99 51 31 40 und beim Fremdenverkehrsbüro gibt es weitere Informationen.

RJUKAN

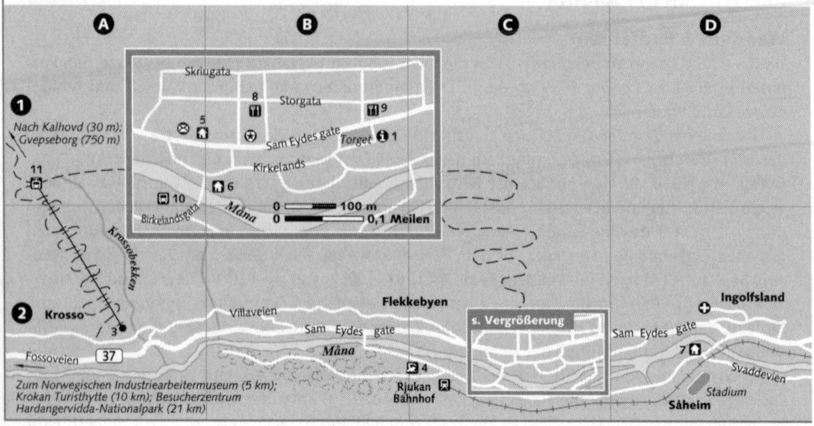

Zweiten Weltkrieg (s. Kasten S. 145) sollte sich niemand entgehen lassen. Das Mini-Kraftwerk in der Haupthalle ist ebenfalls sehenswert. Außerdem gibt es dort eine interessante Ausstellung über den weltweiten Wettlauf um den Bau einer Atombombe in den 1930ern und 40ern. Sie besteht aus Kurzfilmen, Touchscreen-Exponaten, Fotos und Dioramen.

Behinderte und Senioren (über 65 Jahre) dürfen bis zum Eingang hinauf fahren. Alle anderen müssen an der schaukelnden Brücke parken. Im Sommer pendelt ein Bus (Erwachsene/Kinder 20/10 nkr; Mitte Juni–Mitte Aug., 10–16 Uhr) zwischen Parkplatz und Eingang. Der Aufstieg zu Fuß dauert 15 Minuten.

BESUCHERZENTRUM HARDANGERVIDDA-NATIONALPARK

Etwa 21 km westlich von Rjukan zeigt das neue **Besucherzentrum** (☎ 35 09 57 00; www.hardangervidda-senter.no; Møsvatn; Erwachsene/Kinder 60/35 nkr; ⌚ Juli–Mitte Sept. 10–18 Uhr, übrige Zeit Sa & So 10–18 Uhr) Ausstellungen über norwegische Rentiere: interaktive Computer-Displays, eine interessante 3-D-Karte und ein Video. Der Raum für Kinder wird besonders schön präsentiert.

KROSSOBANEN

Die **Krossobanen** (☎ 35 09 04 44; einfache Fahrt/Auf- & Abfahrt, Erwachsene 35/70 nkr, Kinder 15/30 nkr, Fahrrad 30 nkr; ⌚ Mitte Juni–Sept. 10–20 Uhr, Jan.–Mitte Juni & Okt.–Dez. Sa–Do 10–18 Uhr), eine Kabinenseilbahn, wurde 1928 von Norsk Hydro gebaut, damit die dort Beschäftigten hin und wieder die Sonne zu sehen bekamen. Inzwischen längst modernisiert, bugsiert sie Urlauber auf den Gvepseborg (886 m), von wo man dann in die dunklen Tiefen hinabblicken kann. Dort ist auch der Ausgangspunkt zahlreicher Wander- und Radwege. Details gibt's beim Fremdenverkehrsbüro.

Schlafen

Die Ortsmitte von Rjukan ist mit herausragenden Übernachtungsmöglichkeiten nicht gerade gesegnet, aber in der Gegend von Gaustablikk gibt's einige Unterkünfte – ideal für alle Wanderer.

RJUKAN & WESTLICH DAVON

Rjukan Gjestegård (☎ 35 09 05 27; Fax 35 09 09 96; Birkelandsgata 2; B 175 nkr, EZ/DZ mit Gemeinschaftsbad 290/465 nkr) Dieses zentral gelegene Gästehaus befindet sich in den Gebäuden der ehemaligen Jugendherberge. Keine schlechte Location, und wer in der Stadt wohnen möchte, ist hier gut bedient. Das Frühstück kostet 60 nkr.

Rjukan Hytteby & Kro (☎ 35 09 01 22; post@rjukan-hytteby.no; Brogata 9; 2-/4-/6-Bett Hütte 650/850/950 nkr) Wahrscheinlich die beste Wahl im Ort: Rjukan Hytteby & Kro liegt sehr hübsch am Flussufer. Die gepflegten Hütten sollen an die Behausungen der Kraftwerksarbeiter aus dem frühen 20. Jh. erinnern.

Park Hotell (☎ 35 08 21 88; www.parkhotell-rjukan.no; Sam Eydes gate 67; EZ/DZ ab 590/850 nkr) Das Park

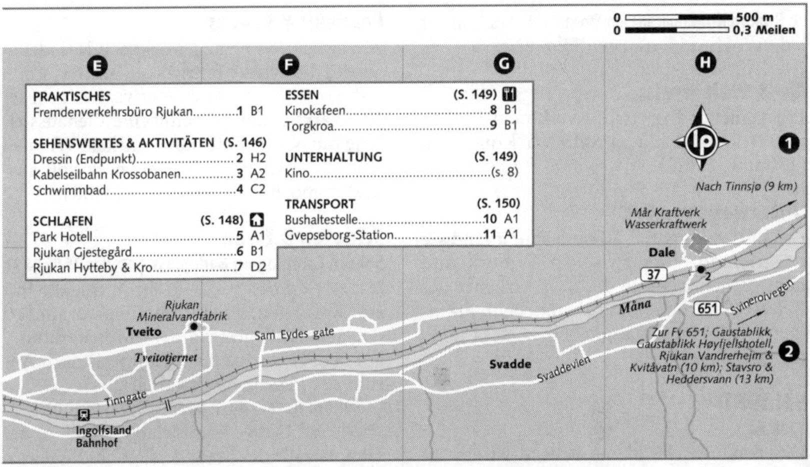

SÜDNORWEGEN

Hotell ist das teuerste Hotel der ganzen Gegend, dessen große Zeit vorbei ist. Die abgewohnten, etwas muffigen Zimmer sind völlig überteuert. Von Satelliten-TV oder flauschigen Handtüchern können Gäste hier nur träumen.

Krokan Turisthytte (☎ 35 09 51 31; Fax 35 09 01 90; nahe Rv37; 4-Bett-Hütte 375–500 nkr) Ungefähr 10 km westlich von Rjukan liegt dieses historische Gebäude, das 1869 als erste Touristenhütte des DNT (Den Norske Turistforening) errichtet wurde. Man wird in museumsähnlichen Blockhütten wie aus dem 16. Jh. untergebracht. Auf den Tisch kommt traditionelles Essen wie etwa *kjøttsuppe* („Fleischsuppe“, 50 nkr).

GAUSTABLIKK

Von einigen der Unterkünfte am Kvitåvatn (Kvitå-See), in der Nähe der Fv 651 und 10 km von der Stadt entfernt, hat man eine Spitzenaussicht auf den Gausta, und das Skigebiet Skipsfjell/Gaustablikk ist leicht erreichbar. Allerdings braucht man ein Auto dazu. In der Wintersaison ist viel Betrieb, aber **Gausta Booking** (☎ 45 48 51 51; www.gaustabooking.com) kann bei der Suche nach einer freien Hütte helfen.

Gaustablikk Høyfjellshotell (☎ 35 09 14 22; www.gaustablikk.no; EZ/DZ ab 760/960 nkr) Die Lage mit Blick auf den See und den Berg ist nicht zu toppen: Diese Berghütte ist bestens ausgestattet, und auch das Essen ist nicht zu verachten. Es gibt auch Apartments und Halbpension, die Preise sind abhängig von der Saison. Außerdem wird eine Reihe geführter Hiking-Touren angeboten.

Rjukan Vandrerhjem (☎ 35 09 20 40; Fax 35 09 20 95; Gaustablikk; B 175 nkr, EZ/DZ/3BZ mit Gemeinschaftsbad 300/430/480 nkr, DZ/3BZ mit eigenem Bad 505/555 nkr) In diesem Hostel nächtigt man super schlicht in gemütlichen Kiefernholzhütten mit sechs Etagenbetten pro Zimmer.

Essen

Im Zentrum Rjukans ist die Auswahl an Restaurants nicht gerade üppig.

Kinokafeen (☎ 40 85 60 48; Storstulgate 1; Hauptgericht 150–279 nkr; 🕒 Mittag & Abend) Kinokafeen – am Kino, versteht sich – bietet eine freundliche Atmosphäre, diverse Hauptgerichte, aber auch kleinere Snacks (50 bis 95 nkr) und Ciabatta-Sandwiches (35 nkr).

Torgkroa (☎ 35 09 09 30; Sam Eydes gate 93; Snacks ab 45 nkr, Hauptgericht 89–179 nkr) In dem einfachen, beliebten Lokal am Stadtplatz kommen Burger, Chinesisches und Pizza auf den Tisch.

Rjukan Hytteby & Kro (☎ 35 09 01 22; Brugata 9; Pizza ab 130 nkr, Mittagstisch ab 59 nkr) Ein Pizza- und Fastfood-Laden, wo es so ziemlich alles gibt: Snacks, Tacos, Lasagne, Kebab etc.

Unterhaltung

Park Hotell (☎ 35 08 21 88; Sam Eydes gate 67; 🕒 Mo–Do 19–24 Uhr, Fr & Sa 19–3 Uhr) In der Bar (warum sie „Ammonia Bar“ heißt, wissen wohl nur die Besitzer) sitzen hauptsächlich Einheimische zum Quatschen und Trinken. In der Disko rocken die 18- bis 25-Jährigen.

Rjukan Kino (Rjukan Kino; Storstulgate 1) bekommt jede Woche einen neuen Film rein.

An- & Weiterreise
Ein täglicher Expressbus verbindet Rjukan mit Oslo (270 nkr, 3 Std.) via Kongsberg (170 nkr, 2 Std.).

Unterwegs vor Ort
Die Entfernungen in Rjukan sind irgendwie frustrierend, aber zwischen Vemork und dem östlichen Ende des Tals verkehrt der *Bybuss* (Stadtbus). Ein Fahrrad, beim Fremdenverkehrsbüro auszuleihen, kostet 150/30 nkr pro Tag/Stunde.

SELJORD
1200 Ew.

Das romantische kleine Seljord ist ein sagenhafter Ort, bekannt vor allem als Heimat der Seeschlange Selma. Das Ungeheuer vom Typ Nessie haust in den Tiefen des Seljordvatn (s. Kasten S. 152).

Wanderer können in der Gegend aber auch nach anderen geheimnisvollen Bewohnern Ausschau halten – nach den verfehdeten Trollfrauen Ljose-Signe, Glima und Tårån, die auf den umliegenden Gipfeln wohnen. Gesehen haben wir sie nicht, aber die Einheimischen versicherten uns, dass sie tatsächlich dort sind. Seljord hat einige der bekanntesten Volksmärchen Norwegens inspiriert, darunter *De tre bukkene Bruse* (Die drei Böcke Brausebart), niedergeschrieben von Asbjørnsen und Moe und in aller Welt erzählt. Im **Fremdenverkehrsbüro** (☎ 35 06 59 88; www.seljordportalen.no; ⏲ Mitte Juni–Mitte Aug. Mo–Fr 8–19 Uhr, Sa & So 9–18 Uhr, übrige Zeit Mo–Fr 8–19 Uhr) bekommt man gute lokale Infos und alle guten Trollgeschichten. Außerdem sind Listen der Zimmer, Hütten und Häuser zu haben, die zur Vermietung angeboten werden.

Sehenswertes
Zu den Sehenswürdigkeiten Seljords, an die sich ebenfalls Legenden knüpfen, zählt auch die bezaubernde romanische **Kirche** (Eintritt frei; ⏲ Mitte Juni–Mitte Aug. 11–17 Uhr) am Nordende der Stadt. Der Steinbau stammt aus dem 12. Jh. und ist dem hl. Olav geweiht. Zwischen der Kirche und der Kirchhofmauer haben zwei Bergtrolle ihre Spuren hinterlassen – sagt man. Sie waren über die Ausbreitung des Christentums so empört, dass sie die Kirche mit Felsbrocken bewarfen.

Festivals & Events
Am zweiten Septemberwochenende findet in Seljord das **Dyrsku'n Festival** statt, und das schon seit 1866. Heute ist es Norwegens größter Jahrmarkt und gleichzeitig eine Viehausstellung mit 60 000 Besuchern jährlich. Wer den ländlichen Charme der Telemark voll auskosten möchte, darf hier nicht fehlen.

Schlafen & Essen
Seljord Camping og Badeplass (☎/Fax 35 05 04 71; Zeltplatz 110 nkr, Hütte 350–700 nkr; ⏲ Ende Juni–Ende Aug.) Ein angenehmer Campingplatz am See, der auch Anlegestelle der „Monsterboote" auf dem Seljordvatn ist (Fahrpreis nach Anzahl der Passagiere gestaffelt).

Seljord Hotel (☎ 35 05 10 00; Fax 35 05 10 01; EZ/DZ 795/895 nkr) Dieses komfortable Hotel an der Hauptstraße der Stadt verfügt über gut ausgestattete Zimmer. Es eignet sich hervorragend als Stützpunkt zur Erkundung der Telemark.

Sjøormkroa (☎ 35 05 05 02; Hauptgericht 89–149 nkr) In diesem seltsam gewundenen Bau an der E 134, nahe dem See, wird dem Gast eine ordentliche Mahlzeit serviert.

An- & Weiterreise
Die Busse von Nor-Way Bussekspress (Haukeliekspressen) verbinden Seljord bis zu viermal täglich mit Notodden (125 nkr, 1¼ Std.) und Oslo (283 nkr, 3¼ Std.).

SETESDALEN
Das Setesdal mit seinen waldigen Hängen und den Bergtälern mit ihren vielen Seen gehört zu den schönsten Landschaften Südnorwegens. Besonders für Outdoor-Fans (Rafter, Kanuten, Skifahrer, Wanderer und Bergsteiger) ist das Setesdal ein Paradies. Es liegt etwas abgeschieden und fernab der ausgetretenen Touristenpfade. Tradition und konservative Werte werden hier noch sehr hoch gehalten.

Information zu Bergwanderungen und Hütten in der Region Setesdal sind bei **Kristiansand og Oppland Turistforening** (☎ 38 02 52 63; Kirkegata 15) in Kristiansand zu bekommen.

Evje
1370 Ew.

An einem See gelegen und von Wäldern umgeben, ist das Städtchen Evje das südliche Tor zum Setesdal. Highlights sind hier die traumhaft reine Luft, zahlreiche Outdoor-Aktivitäten und viele geologische Attraktionen: Die nahegelegenen Bergwerke und Mineralienlager sind absolut faszinierend. Das **Information-Centre** (☎ 37 93 14 00; www.setesdal.com; ⌚ Mitte Juni–Mitte Aug. Mo–Fr 10–16 Uhr, Sa & So 10–14 Uhr, übrige Zeit Mo–Fr 10–16 Uhr) ist zusammen mit dem Busterminal in einem schönen, alten Gebäude in Blockhausbauweise untergebracht. Dort bekommt man auch Auskünfte über eine Schürferlaubnis für die Mineralienlager. Auch freier Internetzugang wird angeboten.

SEHENSWERTES

Mineralien-Fans werden das **Evje Og Hornnes Museum** (☎ 37 93 07 94; Erwachsene/Kinder/Familien 25/15/60 nkr; ⌚ Mitte Juni–Mitte Aug., 11–16 Uhr) zu schätzen wissen. Es liegt 2 km westlich der Stadt, jenseits des Flusses in Fennefoss. Gezeigt werden über hundert verschiedene Gesteinsarten, die in den Bergen der Umgebung zu finden sind. Außerdem gibt es Exponate, die den Nickelabbau und das traditionelle ländliche Leben im Setesdal illustrieren.

Heimische Mineralien und solche aus aller Welt bekommt man im **Setesdal Mineral Park** (☎ 37 93 13 10; Hornnes; Erwachsene/Kinder 70/40 nkr; ⌚ Mitte Juni–Mitte Aug. 10–17 Uhr, Mai–Mitte Juni & Mitte Aug.–Okt. kürzere Öffnungszeiten) 10 km südlich von Evje zu sehen.

Das **Nickelbergwerk Flåt** (☎ 37 93 03 71; Erwachsene/Kinder 60/30 nkr) war mit seinem 450 m tiefen Schacht eine lange Zeit das größte Nickelbergwerk Europas. Vom 1. Juli bis zum 15. August werden täglich Führungen angeboten (nichts für Klaustrophobe). Für größere Gruppen, die sich vorher anmelden, ist **Flåt** auch im Winter geöffnet. Im Information Centre ist man über den Stand der Dinge genaustens unterrichtet.

SCHLAFEN

Campingplatz Odden (☎ 37 93 06 03; www.oddencamping.setesdal.com; Zeltplatz mit/ohne Auto 70/120 nkr, plus 10 nkr pro Person, Wohnwagenstellplatz je 2 Personen 140 nkr, Hütte 2–8 Betten 250–1000 nkr) Ein sehr empfehlenswerter Campingplatz in einer Postkartenlandschaft am Wasser, extrem gut geführt und nur 200 m südlich der Stadt zu finden.

Campingplatz Neset (☎ 37 93 40 50; www.nesetcamping.setesdal.com; Zeltplatz ab 155 nkr plus 10 nkr pro Person, Hütte mit 4/8 Betten 450–600 nkr) Ebenfalls in malerischer Umgebung mit üppiger Vegetation liegt der Campingplatz Neset am Seeufer, ungefähr 15 km nördlich der Stadt an der Rv 9.

Evje Vandrerhjem (☎ 37 93 11 77; tim@troll-mountain.no; Zeltplatz/Tipi pro Person 50/80 nkr, Wohnwagenstellplatz 100 nkr, B/DZ 150/300 nkr, 5-Bett-Hütte 550 nkr; P 💻) Diese Power-Jugendherberge 7 km nördlich der Stadt ist ein modernes Hostel, betrieben vom Setesdal Rafting & Activity Centre. Zusätzlich zu dem reichen Angebot an Aktivitäten (s. Kasten unten) gibt es dort eine Kletterwand (100 nkr).

Revsnes Hotell (☎ 37 93 43 00; www.revsneshotell.no; Byglandsfjord; EZ/DZ ab 650/900 nkr, Drei-Gänge-Menü 275 nkr; P 💻) Evjes bestes Hotel liegt 12 km nördlich der Stadt am wunderschönen See Byglandsfjord. Die super komfortablen Zimmer haben fast alle Seeblick.

ESSEN

Essen in Evje bedeutet eher, sich mit dem Möglichen abzufinden, als gut zu speisen.

Stigeren Restaurant (☎ 37 93 08 28; Hauptgericht 119–238 nkr; ⌚ Mittag & Abend) Das Lokal liegt mitten in der Stadt und bietet ein Drei-Gänge-Menü à la carte aus Suppe, Fleisch- oder Fischgericht sowie Dessert an. Auch Pizza ist für 119 nkr aufwärts zu haben.

Pernille Cafeteria (☎ 37 93 00 69; Hauptgericht 89–129 nkr; ⌚ Frühstück, Mittag & Abend) Das Lokal liegt an derselben Straße wie das Stigeren und serviert eine schöne Auswahl an leckeren norwegischen Spezialitäten, Fischgerichten und Burgers.

Dragon Inn (☎ 37 93 09 19; Gericht 85–149 nkr; ⌚ Mittag & Abend) Das Dragon Inn nahe der

AKTIVITÄTEN IN EVJE

Das **Setesdal Rafting & Aktivitetssenter** (☎ 37 93 11 77; www.troll-mountain.no), etwa 7 km nördlich von Evje, und **Viking Adventures Norway** (☎ 37 93 13 03), am Ort, organisieren Outdoor Adventure Activities. Im Angebot sind Wildwasser-Rafting (ab 380 nkr pro Tag), Kanu (um die 250 nkr), Kajak, Paintball, Canyoning, Riverboarding, Felsklettern und Abseilen.

Das *Setesdal Rafting & Aktivitetssenter* bietet außerdem Wandertouren und nächtliche Elch-Safaris (Erwachsene/Kinder 250/200 nkr), Mountainbikes (25/250 nkr pro Std./Tag) und Reitpferde an. Man kann sich also auch selbstständig machen.

SELMA, DIE SEESCHLANGE

Die erste Erzählung über die Seeschlange Selma stammt aus dem Sommer 1750. Damals behauptete Gunleik Andersson-Verpe aus dem nahegelegenen Bø, er sei „von einem Seepferd angegriffen worden", als er über den See ruderte. 1880 berichteten Bjørn Bjørge und seine Mutter Gunnhild, sie hätten beim Wäschewaschen im See eine bizarre Echse getötet. Seither wollen Zeugen fast jeden Sommer (Selma scheint sich in der Wärme wohler zu fühlen) Flossen und Höcker dieser flinken Seebewohnerin gesehen haben. Den meisten Beobachtern zufolge soll das Wesen die Größe eines Baumstamms haben. Manche beschrieben es als aal-ähnlich, andere verglichen es mit einer Schnecke, einer Echse oder einem Krokodil, und seine Körperlänge wird mit 25, 30 oder gar 50 m angegeben. Amateurvideos aus den Jahren 1988 und 1993 zeigen eine Reihe von Höckern im Wasser, aber die Aufnahmen sind zu körnig, als dass sie als Beweismittel durchgehen könnten. Die meisten Forscher wollen nichts ausschließen, machen jedoch geltend, dass der See zu klein sei, als dass ein Tier von mehr als 7 m Länge auf Dauer darin leben könne.

Wie die berühmte schottische Nessie hat auch Selma die örtliche Folklore bereichert und jede Menge Touristen angezogen. Sie suchen den tiefen, von Nadelbäumen umsäumten Seljord-See (14 km lang, 2 km breit und 157 m tief) nach Beweisen ab. 1977 untersuchte der selbstständige schwedische Journalist Jan-Ove Sundberg den See mit Sonargeräten. Er entdeckte mehrere große Objekte, die sich zunächst parallel zueinander, dann aber getrennt in verschiedene Richtungen bewegten. Im Sommer 1998 kam er mit einem elfköpfigen Team zurück. Die Leute durchsuchten den See 17 Tage lang mit bildgebenden Geräten, die über den Seegrund gezogen wurden. Sogar ein Mini-U-Boot mit drei Unterwasserkameras, Ultraschall und einem Greifarm war dabei. Sundberg erklärt, Selma lasse sich keiner der Menschheit bekannten Spezies zuordnen. Sie besitze Fähigkeiten, wie man sie noch nie gesehen habe. So könne sie sich mit hoher Geschwindigkeit auf der Wasseroberfläche und vertikal auf- und abwärts bewegen. Sie zeige längere Zeit Rücken, Kopf oder Hals oder auch alle drei Körperteile gleichzeitig über Wasser und bewege sich dabei sehr schnell voran, mit bis zu 25 Knoten möglicherweise.

Der Gemeinderat von Seljord und die Eigentümer des Campinggeländes am See sponserten Sundbergs Suche nach dem Ungeheuer in der Hoffnung, die Publicity würde den Tourismus anfachen. Das könnte klappen. An der Straße, die mitten hindurch führt, hat das Dorf schon jetzt ein **Seeschlangenzentrum** (Sjøormsenteret; ☎ 35 05 03 55; Erwachsene/Kinder 40 nkr/frei; 🕑 Mitte Juni–Mitte Aug., 12–18 Uhr) eingerichtet, wo das geballte Wissen über seine bekannteste Einwohnerin dargeboten wird. Auch das Dorfwappen wurde geändert: Es zeigt jetzt eine gelbe Selma auf rotem Grund.

Rv 9, etwas südlich der Stadtmitte, bietet passable chinesische Spezialitäten an.

AN- & WEITERREISE

Der Bus von Nor-Way Bussekspress zwischen Kristiansand (100 nkr, 1 Std.) und Haukeligrend (250 nkr, 3 Std.) fährt täglich über Evje. Er hält in Byglandsfjord, Valle, Bykle und Hovden; in Haukeligrend hat er Anschluss nach Haugesund und Bergen.

Setesdalsmuseet

Diese kleine Ansammlung von **Heimatmuseen** (☎ 37 93 63 03; Erwachsene/Kinder/Familien 20/10/40 nkr; 🕑 Mitte/Ende Juni & Anfang/Mitte Aug. 11–17 Uhr, Juli 10–18 Uhr) an der Rv 9 ist ideal, um die Fahrt durchs Setesdal kurz zu unterbrechen.

Wer von Süden kommt, kommt zuerst am Hauptmuseum **Setesdalsmuseet** (setesdalsmuseet@c2i.net; Rysstad) vorbei, ein schönes, neu gestaltetes Ausstellungsgebäude mit historischen Einrichtungsstücken und heimischen Artefakten. Ungefähr 10 km weiter nördlich liegt **Tveitetunet** (Valle), ein wundervolles Bauernhaus in Blockhausbauweise mit einem Speicherhaus aus dem Jahre 1645. Die Krönung aber ist **Rygnestadtunet**, 9 km nördlich von Valle, wo zum Bauernhaus ein einmaliges, dreistöckiges Speicherhaus (aus dem Jahr 1590) gehört und eine außergewöhnliche Sammlung von bemalten Textilien aus dem 15. Jh. gezeigt wird. Eine Sage aus der Gegend erzählt, es habe einem Mann gehört, der *Vonde Åsmund* (Wüster Åsmund) genannt wurde. Der sei in ganz Europa als Söldner unterwegs gewesen und habe erbeutete Waffen und Kunstwerke von seinen Kriegszügen mitgebracht. Das Personal läuft oft in Trachtenkostümen herum.

Bykle

Für einen netten, kurzen Zwischenstopp im Setesdal bietet sich die einzigartige hölzerne **Bykle-Kirche** (☎ 37 93 81 01; Eintritt 20 nkr; ⌚ Mitte Juni–Mitte Aug. 11–19 Uhr) an. Die Kirche gehört zu den kleinsten in ganz Norwegen und ist deshalb mit ihrer Bemalung an Kirchenbänken, Altar und Orgel umso entzückender. Das Gebäude selbst und der Altar werden auf 1619 datiert. Die Rosen an der Emporenbrüstung und die traditionellen Rosenmalereien an der Wand wurden nach einer Restaurierung im Jahr 1804 in den 1820ern angebracht.

Auch ein wunderschöner ausgeschilderter **Fußweg** oberhalb des Flusses Otra, fünf Kilometer südlich der Stadt, ist eine gute Idee. Diesen Weg gab es schon 1770, wenn nicht früher, und er war einst der meistbenutzte Weg durch das Setesdal. Er ist in dreißig Minuten zu bewältigen.

Hovden

278 Ew.

Wer im Sommer nach Hovden kommt – ganz oben in der wilden, offenen Landschaft des Setesdal –, wird sich wundern, warum ein solches Brimborium darum gemacht wird: Im Winter ist hier ein sensationelles Skigebiet. **Hovdenferie** (☎ 37 93 96 30; www.hovden.com; ⌚ Mo–Fr 9–17 Uhr, Sa 10–14 Uhr, So 12–16 Uhr) Hier sind Touristeninformationen über die Region zu bekommen.

SEHENSWERTES & AKTIVITÄTEN

Hovdenferie organisiert **Rafting** (350 nkr), **Canyon Walks** (450 nkr) und nächtliche **Elchsafaris** (Erwachsene/Kinder 290/190 nkr). Außerdem bekommt man Tipps zu Wanderungen in der Region und Wegbeschreibungen zu fünf Routen für Gäste, die im eigenen Fahrzeug reisen.

Im Sommer kann man sich mit dem **Sessellift** (Erwachsene/Kinder 80/55 nkr; ⌚ Juli 11.30–14 Uhr, Aug. Mi & Sa 11.30–14 Uhr) auf den Gipfel des **Nos** (1176 m) gondeln lassen und oben eine fabelhafte Aussicht genießen. In der Skisaison kostet das Liftticket für einen/zwei Tage 275/495 nkr, der Wochenendpass 460 nkr.

Allgemeine Ski-Infos gibt es beim **Hovden Skisenter** (☎ 37 93 94 00). Eine Ski-/Bergausrüstung (ab 230/330/410 nkr für einen/zwei/drei Tage) oder Snowboards (ab 265/420/525 nkr) bekommt man bei: **Skiservice Hovden** (☎ 37 93 95 50), **Skibua** (☎ 37 93 81 80) beim *Skisenter* und im **Hovden Høyfjellsenter** (☎ 37 93 95 01); dort ist es am billigsten, allerdings das Equipment ist meist etwas älter, und es werden keine Skikurse angeboten.

Kletterer können zu jeder Jahreszeit an der 6 m hohen Indoor-Kletterwand im **G-Sport shop** (☎ 37 93 95 66) trainieren. Wenn das Wetter schlecht ist, lohnt sich das Erlebnisbad **Hovden Badeland** (☎ 37 93 93 93; Eintritt für 3 Std. 115 nkr; ⌚ Mai–Dez.).

SCHLAFEN & ESSEN

Ein Bett findet man am besten über den **Sentralbooking**-Service (☎ 37 93 93 75; post@hovden.com) von *Hovdenferie*. Dort werden Dutzende von Skihütten, Wohnungen, Berghütten und Hotels vermittelt, die im Sommer günstige Deals anbieten.

Hovden Fjellstoge & Vandrerhjem (☎ 37 93 95 43; www.hovdenfjellstoge.no; Lundane; B/EZ/DZ inkl. Frühstück 160/320/490 nkr; Essen 95 nkr) Das Hostel ist ein typisch norwegisches Holzhaus mit Grasdach. Auch das Essen dort ist original norwegisch.

Quality Hovden Høyfjellshotell (⌚ 37 93 96 00; www.choicehotels.no/hotels/no055; EZ/DZ ab 790/979 nkr) Hovdens Spitzenhotel steht am höchsten Punkt der Stadt.

Im **Furumo Kafé** (☎ 37 93 97 72) und im **Bamse Gatekjøkken** (☎ 37 93 91 88) findet man eine gute Auswahl an Gerichten.

AN- & WEITERREISE

Die Busse von Nor-Way Bussekspress zwischen Kristiansand (320 nkr, 3¾ Std.) und Haukeligrend halten täglich in Hovden. Von dort gibt es Anschlussverbindungen nach Bergen.

SIRDAL

Das Sirdal, eine der wichtigsten Wasserkraftregionen in Norwegen, ist bestenfalls als Zufahrtsroute zur Straße nach Lysebotn (S. 226) bekannt, die in 27 Haarnadelkurven 1000 m Höhenunterschied überwindet. Von der gut ausgestatteten DNT-Hütte in **Ådneram** über dem Sirdal kann man in neun Stunden bis nach Lysebotn wandern (die letzten 4 km müssen auf der Straße zurückgelegt werden). Außer in der Zeit von Mitte Juni bis Mitte September ist die Straße durch Schnee blockiert.

Wer mehr Besucherinformationen haben und Einzelheiten zu Wilderness-Touren, Reiten und Schlittenhundfahrten erfahren will, wendet sich an **Sirdalsferie** (☎ 38 37 13 90; www.sirdalsferie.com; Tjørhom).

Sinnes Fjellstue (☎ 38 37 11 21; info@sinnes-fjellstue.no; Sinnes; EZ/DZ ab 550/750 nkr) ist eine saubere Berghütte, die im Sommer Übernachtungsmöglichkeiten anbietet.

Die Buslinie 471 verkehrt einmal täglich, außer Sonntag, zwischen Tonstad und Ådneram (68 nkr, 1¼ Std.). Will man in Ådneram zusteigen, muss man jedoch im Voraus buchen. Der Suleskarekspress von Nor-Way Bussekspress fährt zwischen Juni und September täglich die Strecke Stavanger (174 nkr, 2 Std.) und Oslo (520 nkr, 7½ Std.) über Fidjeland, 7 km südlich von Ådneram.

SÜDNORWEGEN

Mittel-
norwegen

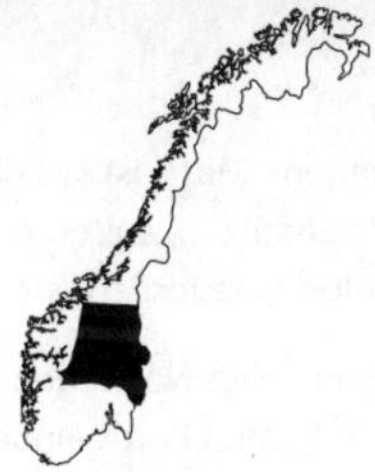

INHALT

Norwegens Mitte ist wirklich etwas ganz Besonderes: Hier findet man zauberhafte Dörfer aus Holzhäusern, außergewöhnliche schneebedeckte Berge und ein Angebot an Aktivitäten, das selbst passionierteste Abenteurer zufrieden stellen wird.

Keiner sollte Norwegen wieder verlassen, ohne einen Stopp in der hübschen ehemaligen Bergwerksstadt Røros eingelegt zu haben; ihre Häuser aus dunklen, bunt bemalten Holzbalken wurden von der Unesco zum Weltkulturerbe erklärt. Vom Ort ist es nicht weit bis zum Femundsmarka-Nationalpark, wo man ganz selten sogar wilde Rentiere zu Gesicht bekommt.

Das hübsche Lillehammer, einer der beliebtesten norwegischen Wintersportorte, wurde durch die Winterolympiade 1994 weltbekannt. Die Athleten sind längst über alle Berge, sodass die meisten Olympiastätten nun von allen ausgetestet werden können – manchmal sogar mit olympischer Geschwindigkeit.

Von idyllischen Dörfern in eine völlig andere, tosende Welt: In Oppdal und Sjoa, wo sich einige der besten Locations für Wildwasser-Rafting in ganz Nordeuropa befinden, sind Adrenalinkicks garantiert. Ob für leidenschaftliche Rafter oder Anfänger mit Kindern – es ist eine der berauschendsten Arten, die großartige Natur Norwegens zu erleben.

Wer gern wandert, wird sowohl den Rondane-Nationalpark als auch den Dovrefjell-Sunndalsfjella lieben. Im Letzteren kann man wunderbar Vögel beobachten und hat sogar die Chance, die legendären Moschusochsen zu erspähen. Gletscher, schneebedeckte Bergspitzen und die Anfahrt über die atemberaubende Sognefjellstraße machen den Jotunheimen-Nationalpark zu einer der ersten Naturlandschaften Europas.

Lom, das Tor zum Jotunheimen-Nationalpark, und Ringebu im Südosten sind mit ihren wunderschön gelegenen Stabkirchen architektonische Highlights.

HIGHLIGHTS

- Eine Zeitreise in die Vergangenheit im zauberhaften Städtchen **Røros** (S. 165), das zum Unesco-Weltkulturerbe gehört
- Auf weit verzweigten Wanderwegen den atemberaubenden **Jotunheimen-Nationalpark** (S. 181) durchstreifen
- Wildwasser-Rafting in **Sjoa** (S. 173) oder **Oppdal** (S. 171)
- In Erinnerungen schwelgen oder die Bobrennbahn runterrasen – bei den ehemaligen Olympiastätten im schönen **Lillehammer** (S. 157)
- Eine Fotopirsch auf die prähistorischen Moschusochsen im **Dovrefjell-Sunndalsfjella-Nationalpark** (S. 178)
- Über das Dach Norwegens auf der **Sognefjellstraße** (S. 181) fahren – eine der malerischsten Straßen Norwegens

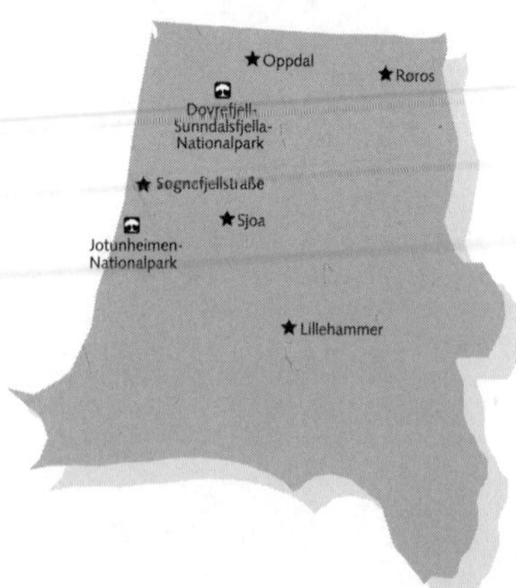

FLÄCHE: 63 803 km²	**HÖCHSTE ERHEBUNG**: GALDHØPIGGEN (2469 m)	**BEVÖLKERUNG**: 614 300

An- & Weiterreise

Die meisten mittelnorwegischen Orte liegen im Dreieck Trondheim–Bergen–Oslo; ausreichende und zuverlässige Verkehrsverbindungen sind daher garantiert. Die Bahnstrecke zwischen Oslo und Bergen ist obendrein landschaftlich besonders schön.

DER OSTEN MITTELNORWEGENS

LILLEHAMMER

19 100 Ew.

Lillehammer war schon lange vor der Winterolympiade 1994 ein beliebter norwegischer Skiort. Aber ganz plötzlich stand die Stadt im internationalen Rampenlicht. Die Olympischen Spiele wurden allgemein als Riesenerfolg angesehen, und noch immer – mehr als zehn Jahre danach – gehören die Olympiastätten zu den spannendsten und facettenreichsten Sehenswürdigkeiten der Stadt. Lillehammer, am Nordufer des Mjøsa-Sees gelegen und umgeben von Höfen, Wäldern und kleinen Siedlungen, ist ein entspannter Ort mit einer faszinierenden und interessanten Architektur.

Orientierung

Die Einbahnstraßen Lillehammers können für Autofahrer ganz schön verwirrend sein; aber Fußgänger finden sich in dem kleinen Stadtkern schnell zurecht. Die meisten Olympiastätten sind vom Zentrum einen dreißigminütigen Fußmarsch den Hügel hinauf entfernt.

Die wichtigste Einkaufsstraße ist die Storgata, nur zwei Häuserblocks östlich der Skysstasjon (der Bus- und Bahnstationen).

Praktische Informationen

Bibliothek (☎ 61 24 71 40; Wiesegate 2; ⌚ Mo–Mi & Fr 11–15 Uhr, Di & Do 11–18 Uhr) Freier Internetzugang, allerdings mit Zeitlimit.

Fremdenverkehrsbüro Lillehammer (☎ 61 28 98 00; www.lillehammerturist.no; ⌚ Mitte Juni–Mitte Aug. Mo–Sa 9–19 Uhr & So 11–18 Uhr; übrige Zeit Mo–Fr 9–16 Uhr & Sa 10–14 Uhr) Versorgt Reisende am Bahnhof mit Infos und Tipps.

Internetcafé (Jernbanegata 6; 40 nkr/Std.; ⌚ Mo–Fr 10–17 Uhr, Sa 12–16 Uhr) Fast gegenüber der Bus- und Bahnstation mit superschneller Internetverbindung.

Lillehammer og Omland DNT (☎ 61 25 13 06; Storgata 34; ⌚ Di–Do & Sa 10–15 Uhr) Verkauft Wander- und Skikarten, gibt Tipps zu Berghütten und organisiert Bergwanderungen.

Sehenswertes & Aktivitäten

OLYMPIASTÄTTEN

Als Lillehammer den Zuschlag für die Olympischen Winterspiele im Jahr 1994 bekommen hatte, steckte die norwegische Regierung mehr als zwei Milliarden Kronen in die Infrastruktur. Die meisten der olympischen Anlagen sind noch in Betrieb und Besucher können eine Tour zu den wichtigsten Olympiastätten im weitläufigen sog. **Olympiaparken** (☎ 61 25 11 40; www.olympiaparken.no; ⌚ Juni–Sept. 9–20 Uhr, Okt.–Mai kürzere Öffnungszeiten) unternehmen.

Skisprungschanze Lygårdsbakkene

Diese Anlage ist absolut gigantisch: Die **Hauptsprungschanze** (K120) fällt 136 m, und die Neigung des Aufsprungbereichs beträgt 37,5°. Beim Absprung beschleunigen die Skispringer auf unglaubliche 91 km/h; der Schanzenrekord liegt bei 137 m. Während der Olympiade wurden rund um die Anlage Sitzmöglichkeiten für 50 000 Zuschauer aufgestellt, und hier fand auch die Eröffnungszeremonie statt. Der Turm für das **olympische Feuer** steht noch heute in der Nähe des Schanzenfußes. Auf der kleineren Schanze (K90) daneben sieht man häufig Athleten, die vor ihrem nächsten großen Sprung an ihrer Technik feilen.

Besucher können sich mit dem **Sessellift** (Erwachsene/Kinder 35/30 nkr Hin- und Rückfahrt) nach oben gondeln lassen, um den Panoramablick über die ganze Stadt zu genießen. Alternativ geht es auch kostenlos zu Fuß, wenn man sich durch die Aussicht auf 952 Stufen nicht zu sehr abschrecken lässt. Im Preis für den Sessellift sind die 15 nkr Eintritt zum **Skisprungturm Lygårdsbakkene** schon mit drin. Hier kann man an der Rampe stehen und sich den Ernstfall vorstellen – Rampenfieber inklusive.

Um einmal das Feeling eines Herrenabfahrtslaufs (oder einer Fahrt auf der olympischen Bobbahn) zu erleben, ohne ein olympischer Athlet zu sein, kann man den **Simulator** (Erwachsene/Kinder 40/30 nkr, 5 Min.) unten am Fuß der Sprungschanze ausprobieren. Eine definitiv holprige, aber aufregende Erfahrung.

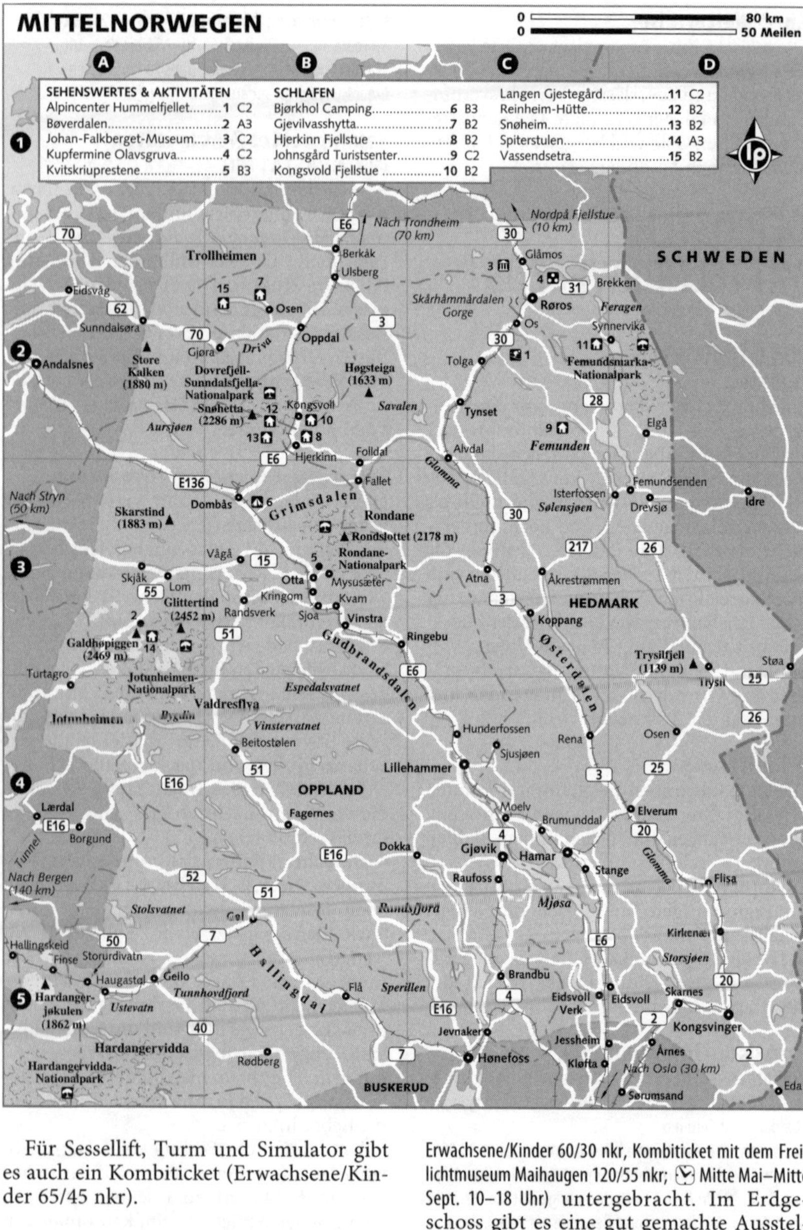

Für Sessellift, Turm und Simulator gibt es auch ein Kombiticket (Erwachsene/Kinder 65/45 nkr).

Norwegisches Olympisches Museum
In der Håkons Hall, Austragungsort der Eishockeyspiele, ist heute das erstklassige **Olympische Museum** (☎ 61 25 21 00; Olympiaparken; Erwachsene/Kinder 60/30 nkr, Kombiticket mit dem Freilichtmuseum Maihaugen 120/55 nkr; ⏰ Mitte Mai–Mitte Sept. 10–18 Uhr) untergebracht. Im Erdgeschoss gibt es eine gut gemachte Ausstellung über die Olympischen Spiele der Antike und der Neuzeit; im Mittelpunkt stehen selbstverständlich die Ruhmestaten norwegischer Athleten.

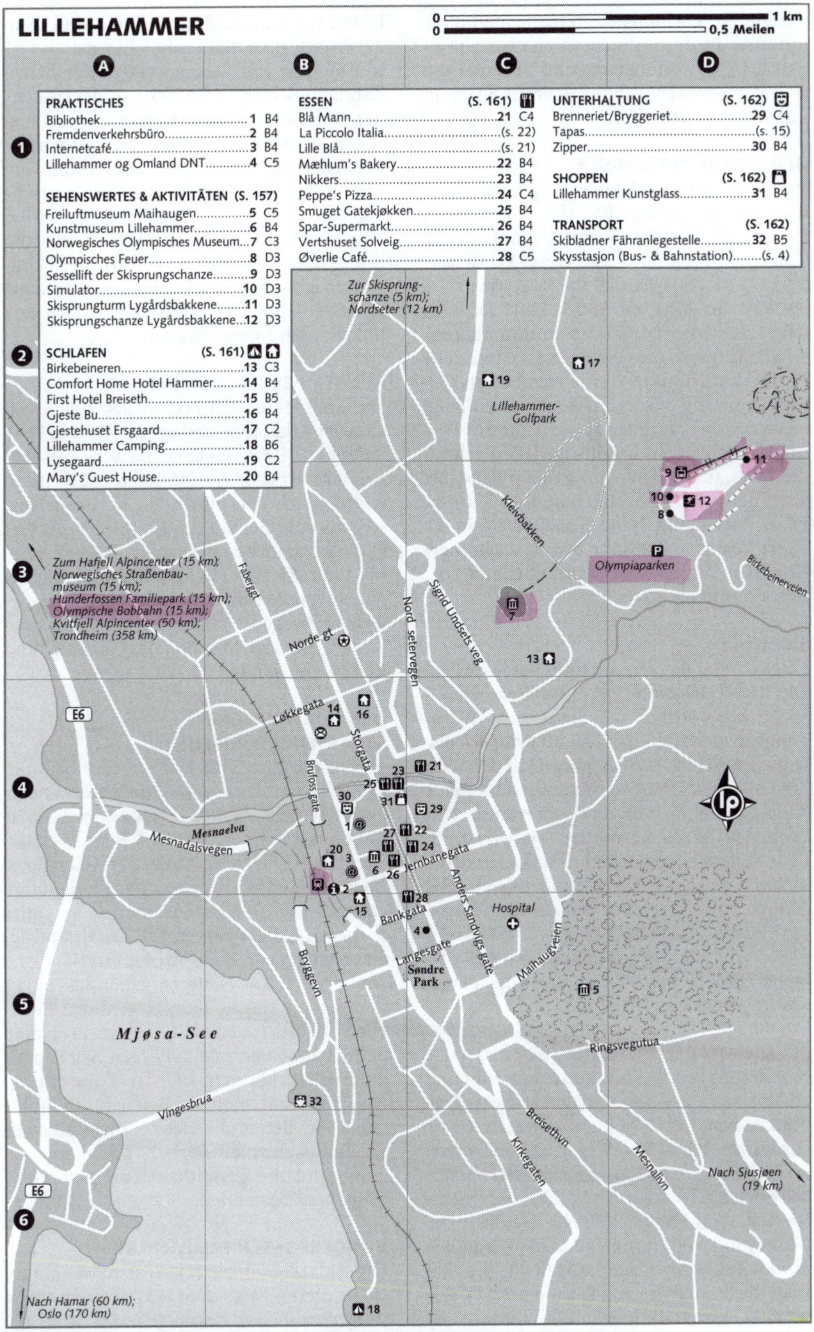

MITTELNORWEGEN

Eine Treppe höher kann man einen Blick hinunter in die Eishockeyarena werfen; in den Gängen rundherum sind Schaukästen und Videopräsentationen über die Spiele in Lillehammer zu sehen.

Olympische Bobbahn

In Hunderfossen, 15 km nördlich von Lillehammer, besteht die Möglichkeit, mit einem Profi-Bobfahrer die **Bobbahn** (☎ 61 27 75 50; Hunderfossen; Eintritt fürs Gelände 15 nkr; ⌚ Ende Juni–Mitte Aug. tgl. 11–18 Uhr, Ende Mai–Ende Juni Sa 11–18 Uhr, Mitte Aug.–Mitte Sept. Sa & So 11–18 Uhr, in der übrigen Zeit kürzere Öffnungszeiten) hinunterzupreschen. Taxibobs (das einzig Wahre bei mehr als 130 km/h) rasen von November bis Ostern in siebzig Sekunden die Bahn entlang; vier Passagiere können für 850 nkr pro Person einsteigen. In der übrigen Zeit fahren die Bobs auf Rollen – im Prinzip dasselbe, aber bei weit gemächlicheren 110 km/h. Diese Bobs nehmen fünf Passagiere mit; die Fahrt kostet 170/85 nkr pro Erwachsener/Kind. Im Winter sollt man unbedingt vorher reservieren.

Skipisten

Lillehammer hat zwei olympische Skipisten. Das **Hafjell Alpincenter** (☎ 61 27 47 00; www.hafjell.no) 15 km nördlich der Stadt war Austragungsort der Abfahrtläufe; im **Kvitfjell Alpincenter** (☎ 61 28 36 00) 50 km nördlich der Stadt fanden die Langlaufwettbewerbe statt. Beide Anlagen stehen von Ende November bis Ende April Besuchern offen. Hafjell ist mit dem Skibus zu erreichen (31 nkr, 20 Min., 6- bis 7-mal tgl.); Lifttickets gibt's ab 285/225 nkr für Erwachsene/Kinder für den ersten Tag, die Ausleihgebühren für eine komplette Ausrüstung (Skifahren oder Snowboard) fangen bei 285 nkr an; Langlaufausrüstungen gibt's ab 150 nkr.

FREILICHTMUSEUM MAIHAUGEN

Norwegens bestes Volkskundemuseum und zudem eines der populärsten ist dieses **Freilichtmuseum** (☎ 61 28 89 00; www.maihaugen.no; Maihaugveien 1; Erwachsene/Kinder/Studenten/Senioren/Familien 90/40/70/70/200 nkr, Kombiticket mit dem Olympischen Museum Erwachsene/Kinder 120/55 nkr; ⌚ Mitte Mai–Sept. 10–17 Uhr, Okt.–Mitte Mai 11–16 Uhr). Die Sammlung von 180 Gebäuden wurde wie ein kleines Dorf wiederaufgebaut; u. a. hat man die Stabkirche von Garmo hierher verfrachtet, dazu traditionelle Wohnhäuser und Läden aus dem Gudbrandsdalen, außerdem 27 Häuser vom Bauernhof Bjørnstad. Das Museum ist das Lebenswerk des örtlichen Zahnarztes Anders Sandvig; In der modernen Ausstellungshalle werden Sonderausstellungen präsentiert, Mitarbeiter in historischen Kostümen führen altes Handwerk vor, und eine Abteilung zeigt norwegische Wohntradition aus allen Jahrzehnten des 20. Jhs. Das Freilichtmuseum Maihaugen liegt zwanzig Minuten zu Fuß von der Bahnstation entfernt – die Jernbanegata entlang, rechts in die Anders Sandvig's gate und links in den Maihaugveien.

KUNSTMUSEUM LILLEHAMMER

Das architektonisch beeindruckende **Kunstmuseum** (Lillehammer Kunstmuseum; ☎ 61 26 94 44; Stortorget 2; Erwachsene/Kinder 60/50 nkr; ⌚ Mitte Juni–Mitte Aug. Di–So 11–17 Uhr, übrige Zeit 11–16 Uhr) widmet sich den bildenden Künsten Norwegens vom Beginn des 19. Jhs. bis zur Gegenwart, ganz besonders der Zeit von 1820 bis 1930. Zu den Highlights zählen die genialen Werke von einigen der besten Künstlern Norwegens: Johan C. Dahl, Christian Krogh, Edvard Munch, Axel Revold und Erik Werenskiold.

DAS NORWEGISCHE STRASSENBAUMUSEUM

15 km nördlich von Lillehammer befindet sich das eindrucksvolle **Straßenbaumuseum** (Norsk Vegmuseum; ☎ 61 28 52 50; www.vegmuseum.no; Hunderfossen; Eintritt frei; ⌚ Mitte Mai–Aug. 10–18 Uhr, Sept.–Mitte Mai 10–15 Uhr). Außer der Ausstellung über Straßenbau, verschiedenen Baufahrzeugen und Videopräsentationen sollte man sich auf gar keinen Fall das **Fjellsprengnings-museet** – Teil des Museumsgeländes – weiter oben am Hang entgehen lassen. In dem 240 m langen Tunnel wird den Besuchern deutlich gemacht, welche Probleme beim Tunnelbau in den Bergen Norwegens auftauchen können. Bei der Tour (ca. 30 Min.) kommt man an Beleuchtungsanlagen, Modellen und Videokommentaren auf Flachbildschirmen vorbei. Vor dem Eingang sind die gewaltigen Sprengvorrichtungen zu bestaunen.

HUNDERFOSSEN FAMILIEPARK

Die Kids werden begeistert sein, wenn man sie in diesen **Park** (☎ 61 27 55 60; www.hunderfossen.no; Hunderfossen; Erwachsene/Kinder 230/205 nkr;

Mitte Juni–Mitte Aug. 10–20 Uhr, in der übrigen Zeit kürzere Öffnungszeiten) mitnimmt. Er ist einer der besten norwegischen Vergnügungsparks für Kinder – mit Wasserrutschen, Panoramafilmen in Supervideographtechnik, Märchenschlössern, frei herumlaufenden Trollen und unzähligen Aktivitäten speziell für Kinder. Im Sommer fahren täglich bis zu fünf Busse von der Lillehammer Skysstasjon (Erwachsene/Kinder 27/14 nkr, 20 Min.); in der übrigen Zeit seltener.

Festivals & Events

Zwei Wochen lang um Weihnachten und Neujahr herum steigt in Lillehammer das **Weihnachtsfestival**. Dann werden Schlittenfahrten und Skitouren unternommen, Weihnachtsbäume gefällt, Weihnachtspartys stehen an, der Weihnachtsmann kommt zu Besuch, und die Weihnachtsbeleuchtung bringt die Fußgängerzone zum Funkeln und Glitzern. Näheres ist beim Fremdenverkehrsbüro zu erfahren.

Mitte September findet außerdem das viertägige **Lillehammer Jazzfestival** (☎ 81 53 31 33; www.dolajazz.no) statt; Tickets werden jedes Jahr ab dem 1. Juli verkauft. Im März wird ein Skilanglaufrennen nur für Frauen veranstaltet; Details gibt's beim Fremdenverkehrsbüro.

Schlafen

BUDGETUNTERKÜNFTE

Lillehammer Camping (☎ 61 25 33 33; www.lillehammer-camping.no; Dampsagveien 47; Zelt-/Wohnwagenplatz ab 120/160 nkr, 2-Bett-Hütte, 350–600 nkr; ganzjährig) Hier kann man sein Zelt direkt am See aufschlagen: ein typischer städtischer Zeltplatz mit Koch- und Waschgelegenheiten sowie Wassersport-Equipment, Kinderspielplätzen und Kabelfernsehen.

Gjeste Bu (☎/Fax 61 25 43 21; gjestebu@lillehammer.online.no; Gamleveien 110; B 100 nkr, EZ/DZ mit Gemeinschaftsbad 225/350 nkr, 1/2-Bett-Apt. ab 550/650 nkr) Gutes, freundliches Gästehaus mit verschiedenen Unterkunftsvarianten. Die kleinen und großen Apartments (in denen bis zu elf Leute Platz finden) sind ideal, wenn man länger in der Stadt bleibt. Eine Gemeinschaftsküche ist vorhanden; Frühstück kostet extra. Absolut empfehlenswert.

Mary's Guest House (☎ 61 24 87 00; www.marysguesthouse.no; Jernbanegata 2; B inkl. Frühstück 225 nkr, EZ/DZ inkl. Frühstück Mo–Fr 517/705 nkr, Sa & So 495/650 nkr) Dieses Haus – von den Bus- und Bahnstationen eine Treppe hoch – bietet Highstandard-Zimmer mit Dusche und Toilette zu einem guten Preis.

MITTEL- & SPITZENKLASSEHOTELS

Birkebeineren (☎ 61 26 47 00; www.birkebeineren.no; Birkebeinerveien 24; EZ/DZ mit Gemeinschaftsbad ab 365/530 nkr, EZ/DZ mit Bad ab 595/890 nkr, Apt. ab 1050 nkr) Top-Adresse in der Nähe der Skisprungschanze mit passenden Angebote für unterschiedliche Budgets; Frühstück ist im Preis inklusive, und das Zimmer kostet umso weniger, je länger man bleibt.

Gjestehuset Ersgaard (☎ 61 25 06 84; www.ersgaard.no; Nordseterveien 201; EZ 350–550 nkr, DZ 590–675 nkr) Eine großartige Wahl: schick renovierte Bauernhäuser hoch oben auf dem Hügel mit Blick über die Stadt; an der Straße zur Skisprungschanze.

Lysegaard (☎ 61 26 26 63; lysegaard@c2i.net; Lysegaard; B 150 nkr; 2-/4-Bett-Apt. 500/700 nkr) Noch ein umgebautes Bauernhaus mit viel Atmosphäre oben auf dem Hügel; und ebenfalls zu einem Superpreis.

Comfort Home Hotel Hammer (☎ 61 26 35 00; hammer@comfort.choicehotels.no; Storgata 108; EZ/DZ mit HP 740/940 nkr) Das Haus der Quality-Hotel-Kette bietet höchst komfortable Zimmer, direkt im Zentrum der Stadt.

First Hotel Breiseth (☎ 61 24 77 77; www.breiseth.com; Jernbanegata 1–5; EZ/DZ Mo–Fr 1019/1169 nkr, Sa & So 910/1060 nkr) Stylisches Hotel gegenüber vom Bahnhof, nur einen Steinwurf von der Hauptstraße entfernt; Zimmer und Service sind Spitzenklasse.

Essen

Lillehammer ist zwar kleiner als Oslo, aber was die kulinarische Vielfalt betrifft, kann es der Hauptstadt auf jeden Fall das Wasser reichen. Alle genannten Lokale haben täglich mittags und abends geöffnet, sofern nicht anders angegeben.

Smuget Gatekjøkken (☎ 61 25 92 12; Storgata 83; Hamburger 45–85 nkr) Tischt verschiedenste Fast-Food-Gerichte auf; besonders günstig sind der Fischburger (40 nkr) und das Schaschlik mit Pommes und Salat (75 nkr).

Vertshuset Solveig (☎ 61 26 27 87; Storgata 68B; leichte Gerichte 98–119 nkr, Hauptgerichte 136–169 nkr; Mo–Sa 10–22 Uhr, So 13–19 Uhr) Ein einfaches, aber richtig nettes Restaurant mit verschiedenen Lunchspecials sowie Fleisch- und Fischgerichten, außerdem Nachos (98 nkr) und Kindermenüs (55–69 nkr).

One-Hand Clapping (☎ 61 25 12 22; Storgata; ⏰ Mo–Sa 9.10–17 Uhr) Ein sehr cooler kleiner Coffeeshop. Hier gibt's hervorragenden Kaffee (20–32 nkr), Croissants und selbst gebackenen Schokoladenkuchen (15 nkr), für den man sterben könnte. Die beiden Sessel auf dem Fußgängerweg sind perfekt zum Leuteangucken – falls man das Glück hat, einen zu ergattern.

Blå Mann (☎ 61 26 22 03; Lilletorvet 1; Brunch & Sandwiches ab 79 nkr, Mexikanisch 129–179 nkr, Hauptgerichte 63–295 nkr) Auf der trendigen Speisekarte dieses empfehlenswerten Lokals wird alles von Baguette bis Mexikanisch angeboten, dazu ein paar exotischere norwegische Spezialitäten wie Rentier (295 nkr) und Strauß (243 nkr). Das Lille Blå im Parterre ist weniger förmlich, supercool und optimal, um einen Sommernachmittag lang Postkarten zu schreiben. Kaffee und Drinks sind großartig; am Wochenende ist bis 2 Uhr morgens geöffnet.

Nikkers (☎ 61 27 05 56; Elvegata 18; Mittagessen 69–108 nkr, Baguettes 59 nkr, Hauptgerichte 129–198 nkr) Eine stadtbekannte Adresse: Hier scheint ein Elch durch die Wand gelaufen zu sein (außen an der Ostwand ist der Effekt am besten). Die Küche ist international, und die schöne Gartenterrasse liegt direkt an einem sprudelnden Bach. Das Ambiente bewegt sich irgendwo zwischen englischem Pub und Osloer Café. Hier gibt's auch Kindermenüs (45 bis 65 nkr).

Ebenfalls zu empfehlen:

Øverlie Café (☎ 61 25 03 61; Storgata 50; Gerichte ab 39–69 nkr) Das Essen (z. B. Fleischbällchen mit Kartoffelpürree) macht satt und ist preiswert.

Peppe's Pizza (☎ 61 26 47 15; Storgata 69; Mo–Fr Lunchbüfett ab 84 nkr, Pizza ab 138 nkr) Spitzenmäßige Riesenpizzen.

La Piccolo Italia (☎ 61 05 45 10; Storgata 73; Pasta 70–85 nkr, kleine/große Pizza ab 60/120 nkr) Guter Italiener mit moderaten Preisen.

Mæhlum's Bakery (☎ 61 25 02 06; Storgata 73; ⏰ Mo–Fr 8.30–17 Uhr, Sa 10–16 Uhr, So 11–16 Uhr) Bei dem Bäcker bekommt man Brot, Kuchen und Ciabatta (40 nkr).

Spar Supermarkt (Ecke Jernbarnegata & Storgata; ⏰ Mo–Fr 9–21 Uhr, Sa 9–18 Uhr)

Unterhaltung

Bars sind ein integraler Bestandteil der optimalen Lillehammer-Erfahrung, besonders während der Skisaison. Die Lokale häufen sich an der Kreuzung Storgata/Elvegata und entlang des Mesnaelva-Flusses; sie sind jeden Tag mindestens von 11 Uhr bis 2 Uhr morgens geöffnet.

Nikkers (☎ 61 27 05 56; Elvegata 18) Die Bar mit dem Elch inklusive seiner Haufen zählt zu den beliebtesten Läden von Lillehammer. Die lockeren Vibrations ziehen tagsüber Familien an, nachts strömt eine gut gelaunte Truppe junger und jung gebliebener Partygänger herein.

Brenneriet/Bryggeriet (☎ 61 27 06 60; Elvegata 19) Die Mischung aus Kneipe, Nachtclub und Disko lockt die unterschiedlichsten Leute an, von gerade mal Volljährigen bis zu zähen Veteranen.

Dirty Nelly (Storgata 93) In Lillehammers Irish Pub mit seiner dunklen Holzvertäfelung wird das Bier von freundlichen Barleuten gezapft; vor 20 Uhr ist hier allerdings kaum etwas los.

Haakon's Bar (Storgata 93) Tagsüber geht es in Haakon's Bar ausgesprochen ruhig zu; nur ein paar hart gesottene Einheimische verirren sich hierher. Nach Sonnenuntergang geht's hier jedoch richtig ab; dann füllt sich der Laden und man bekommt Lust auf ein paar Drinks.

Zipper (☎ 61 22 22 81; Nymosvingen 2) Ein Studententreff mit Kneipe, Disko und Clubabenden, der v. a. bei 18- bis 30-Jährigen angesagt ist.

Tapas (☎ 61 24 77 77; Jernbanegata 1–5; kalte Tapas 27–103 nkr, heiße Tapas 37–69 nkr; ⏰ Mo–Do 17–23 Uhr, Fr & Sa 16–24 Uhr) Wer einen Szenenwechsel braucht, ist in dieser Tapasbar mit spanischem Flair und südländischer Musik genau richtig; die Tapas sind klasse und wenn sich das Haus füllt, geht es hier angenehm ausgelassen zu.

Shoppen

Lillehammer Kunstglass (☎ 61 25 79 80; Elvegata 17; ⏰ Mitte Juni–Mitte Aug. Mo–Mi & Fr 9–17 Uhr, Do 9–19 Uhr, Sa 9–15 Uhr, in der übrigen Zeit kürzere Öffnungszeiten) Hier kann man den Glasbläsern bei der Arbeit über die Schulter schauen (werktags 9 bis 14 Uhr) und obendrein ihre schönen Werke erstehen (ab 100 nkr).

An- & Weiterreise

Lillehammer Skysstasjon (☎ 177) ist der Hauptbahnhof für Busse, Bahnen und Taxen. Hier hält der Nor-Way Bussekspress von/nach Oslo (250 nkr, 3½ Std., 3- bis 4-mal am Tag). Busse zu/von den westlichen Fjorden kommen mehrmals täglich durch Lillehammer. Außerdem fährt einmal am Tag ein Bus nach Bergen (590 nkr, 9¼ Std.).

Bahnverbindungen gibt es nach Oslo (282 nkr, 2¼ Std., 11 bis 17 tgl.) und Trondheim (546 nkr, 4¼ Std., 4 bis 6 tgl.).

Näheres zum Raddampfer *Skibladner* s. Kasten rechts.

HAMAR

28 600 Ew.

Während der Winterspiele 1994 in Lillehammer fanden eine Menge Olympia-Veranstaltungen auch in Hamar statt; Überbleibsel ist ein charakteristisches Beispiel modernster Architektur. Die Industriestadt am riesigen Mjøsa-See hat außerdem einige exzellente Museen vorzuweisen. Das ist ganz gut so, denn einen Schönheitswettbewerb würde die Stadt nie gewinnen. Das Fremdenverkehrsbüro (☎ 62 51 75 03; hamar-turistkontor@hoa.net; ⌚ Mitte Juni–Mitte Aug. Mo–Fr 8–18 Uhr, Sa & So 10–18 Uhr, übrige Zeit Mo–Fr 8–16 Uhr) findet man bei der Olympiahalle.

Sehenswertes

OLYMPIAHALLE – DAS „WIKINGERSCHIFF"

Hamars Wahrzeichen ist die **Olympiahalle** (Vikingskipet; ☎ 62 51 75 00; www.hoa.no auf Norwegisch; Åkersvikaveien; Erwachsene/Kinder 30/10 nkr; ⌚ Juni–Mitte Aug. Mo–Fr 8–18 Uhr, Sa & So 10–18 Uhr), ein eleganter Bau mit den Umrissen eines umgedrehten Wikingerschiffes. Das Gebäude, in dem der olympische Wettbewerb im Eisschnelllauf ausgetragen wurde, ist 94,6 m lang und hat Platz für 20 000 Zuschauer sowie eine 9600 m² große Eisfläche. Es wurde als „Sportkathedrale ohne Vergleich" beschrieben. Bis heute steigen hier regelmäßig Events (alles von Antiquitätenmessen bis zu internationalem Eisschnelllauf). Von Ende Juli bis Mitte August ist das Eis auch für Besucher freigegeben (70 nkr).

NORWEGISCHES EISENBAHNMUSEUM

Das **Eisenbahnmuseum** (Norsk Jernbanemuseum; ☎ 62 51 31 60; www.norsk-jernbanemuseum.no; Strandveien 163; Erwachsene/Kinder 70/40 nkr; ⌚ Juli–Mitte Aug. tgl. 10.30–17 Uhr, Juni tgl. 10.30–15.30 Uhr, übrige Zeit Di–So 10.30–15.30 Uhr) am Ufer des Mjøsa-Sees wurde 1896 gegründet, um der norwegischen Eisenbahngeschichte die Ehre zu erweisen. Man kann zwischen hübschen alten Bahnhöfen, Lokschuppen, Bahnwagen und der Dampflok Caroline aus dem Jahr 1861 herumlaufen und erfährt außerdem eine Menge über die außergewöhnlichen ingenieurtechnischen Leistungen, die nötig waren, um die Schienen im unwegsamen Norwegen zu verlegen.

DER ÄLTESTE RADDAMPFER DER WELT

Eine Fahrt auf der **Skibladner** (☎ 61 14 40 80; www.skibladner.no), dem ältesten Raddampfer der Welt, ist die entspannteste Art, den Mjøsa-See kennen zu lernen. 1856 in Schweden gebaut, wurde das Schiff 1888 überholt und auf 50 m verlängert. Von Ende Juni bis Anfang August pendelt die *Skibladner* auf dem Mjøsa-See zwischen Hamar, Gjøvik und Lillehammer. Die meisten Reisenden entscheiden sich für die Route Hamar–Lillehammer (220 nkr, 3½ Stunden) am Dienstag, Donnerstag oder Samstag; es ist aber auch möglich, an einem Tag hin- und zurückzufahren (nur von Hamar aus, 320 nkr). Eine Jazznight inklusive Dinner auf dem Raddampfer kostet 450 nkr.

HEDMARKMUSEUM & GLASKATHEDRALE

Das riesige **Freilichtmuseum** (Hedmarkmuseet; ☎ 62 54 27 00; www.hedmarksmuseet.no; Strandveien 100; Erwachsene/Kinder 70/30 nkr; ⌚ Mitte Juni–Mitte Aug. tgl. 10–17 Uhr, Mitte Mai–Mitte Juni & Mitte Aug.–Anfang Sept. Di–So 10–16 Uhr), 1,5 km westlich von der Stadtmitte, umfasst Gebäude aus dem 18. und 19. Jh., eine Ausstellung zur regionalen Geschichte, die Ruine einer Bischofsburg und die absolut überwältigende Glaskathedrale, die über den Ruinen des mittelalterlichen Doms errichtet wurde. Der Dom und die Burg prägten Hamar bis 1567, als die Schweden die Stadt plünderten. Anfahrt mit Bus Nr. 6 von der Stadtbibliothek (25 nkr, stündl.).

NORWEGISCHES AUSWANDERERMUSEUM

Etwa 10 km östlich der Stadt befindet sich ein weiteres ausgezeichnetes **Freilichtmuseum** (Norsk Utvandrermuseum; ☎ 62 57 48 50; www.museumsnett.no/emigrantmuseum; Åkershagan; Eintritt frei; ⌚ Mitte Juni–Mitte Aug. Mo–Fr 9–15.30 Uhr, Sa 10–16 Uhr, So 12–16 Uhr, in der übrigen Zeit am Wochenende geschl.); es konzentriert sich auf Ausstellungsstücke und Archive norwegischer Auswanderer, die in den 1880er-Jahren nach Ame-

MITTELNORWEGEN

FINSTERE ZEITEN – DER ZWEITE WELTKRIEG

Elverum spielte im norwegischen Widerstand gegen die Nazis eine wichtige, aber auch tragische Rolle. Als die Deutschen im April 1940 über Norwegen herfielen, flohen König Håkon und die norwegische Regierung aus Oslo Richtung Norden. Sie legten einen Stopp in Elverum ein, wo sich am 9. April das Parlament in der Volkshochschule versammelte. Mit dem Elverum-Mandat übertrug es der Exilregierung den Auftrag, die Interessen Norwegens zu wahren, bis das Parlament wieder zusammentreten könne. Als ein deutscher Bote ankam, um dem Land „Schutz" nach Nazi-Manier – eine Marionettenregierung in Oslo – anzubieten, schlug der König das „Angebot" aus und ging ins Exil. Zwei Tage später wurde Elverum als erste norwegische Stadt von den Nazis massiv bombardiert und der Großteil der alten Holzgebäude im Ort wurde dem Erdboden gleichgemacht.

rika gingen. Mitglieder (150 nkr) haben auch die Möglichkeit, die Forschungsbibliothek zu nutzen.

Festivals & Events

In Hamar sind zwei ausgezeichnete Festivals zu Hause. Das **Musikfestival Hamar** (www.musicfest.no auf Norwegisch) in der ersten Septemberwoche lockt immer mehr internationale Künstler an; für Konzertkarten muss man zwischen 50 nkr und 350 nkr ausgeben, Dauerkarten fangen bei 500 nkr an. Am zweiten Juniwochenende steigt in Hamar das Mittelalterfestival; dann legen die Hamarer historische Kostüme an, und in der Glaskathedrale ertönt gregorianischer Gesang. Näheres kann man im Fremdenverkehrsbüro erfahren.

Schlafen & Essen

Vikingskipet Motell og Vandrerhjem (☎ 62 52 60 60; www.vi-sees.no; Åkersvikavegen 24; B/EZ/DZ 190/300/380 nkr, 4-Bett-Apt. 750 nkr) Eine tolle Unterkunft gegenüber vom „Wikingerschiff" mit einfachen, aber sehr gepflegten Zimmern und sagenhaften, blitzsauberen separaten Apartments. Frühstück gibt's für 60 nkr.

Seierstad Pensjonat (☎ 62 55 12 44; www.seierstad.no; Holsetgata 64; EZ/DZ 400/750 nkr) Liegt zentral und bietet eine heimelige, angenehme Atmosphäre und hübsch eingerichtete Zimmer. Abendessen ist ab 70 nkr zu haben. Um hinzukommen, läuft man vom Bahnhof aus die Vangsveien entlang nach Nordwesten und biegt kurz vor dem Stadion in die St Olav's gate.

Quality Hotel Astoria (☎ 62 70 70 00; quality.astoria.hotel@eunet.no; Torggata 23; EZ/DZ 690/890 nkr) Schickes, modernes Hotel im Stadtzentrum; in den Zimmern genießt man Komfort mit allem Drum und Dran; in manchen kann es allerdings im Sommer etwas warm werden.

Stallgården (☎ 62 54 31 00; Ecke Bekkegata & Torggata; Lunch 65–79 nkr, Snacks & leichte Gerichte 65–145 nkr, Hauptgerichte 175–235 nkr; ⏲ Mittag & Abend) Das Café im Erdgeschoss ist im Sommer besonders beliebt wegen seiner Tische im Freien; das Restaurant eine Treppe rauf ist etwas förmlicher (montags bis samstags nur Abendkarte).

Weitere gute Adressen:

Artichoke (☎ 62 53 23 33; Parkgata 21; Hauptgerichte ab 125 nkr; ⏲ Di 11–17 Uhr, Mi–Sa 11–23 Uhr, So 12–17 Uhr) Schicke minimalistische Einrichtung und kreative Küche.

Alle Tiders (1. OG, Torggata 71; Snacks & leichte Gerichte 62–109 nkr; ⏲ Mittag & Abend) Kuchen, Snacks und Kaffee (35 nkr) sind großartig.

Poesi (Torggata 32; ⏲ 10–17 Uhr) Auch hier bekommt man guten Kaffee.

An- & Weiterreise

Mehrmals täglich fahren die Busse von Nor-Way Bussekspress zu/von den westlichen Fjorden. Es gibt häufige Zugverbindungen zwischen Oslo und Hamar (205 nkr, 1¼ Std., 1- bis 2-mal stündl.); manche Züge fahren weiter bis Trondheim (585 nkr, 5 Std., 4 bis 5 am Tag) über Lillehammer. Züge gibt es auch nach Røros (425 nkr, 3¼ Std., 1 bis 3 tgl.).

ELVERUM

12 500 Ew.

Inmitten der riesigen und üppigen grünen Wälder in Südhedmark – Heimat unzähliger Elche und Biber – liegt der etwas unscheinbare Ort Elverum; die Landschaft entspricht nicht so sehr dem klassischen Bild von Norwegen, sondern erinnert eher an Schweden oder Finnland. Für die Norweger ist diese Gegend eine unerschöpfliche Quelle an Bauholz. In den klaren Bächen und Flüssen tummeln sich Äschen und Hechte, Forellen und Renken. Hier befindet sich auch das wunderbare Waldmuseum. Das Fremdenverkehrsbüro (☎ 62 41 31 16; www.elverum-turistinfo.com; Storgata 24; Ⓜ Mitte Juni–Mitte Aug. 9–18 Uhr, in der übrigen Zeit am Wochenende geschl.) liegt direkt im Stadtzentrum.

Sehenswertes

Das riesige **Norwegische Waldmuseum** (Norsk Skogmuseum; ☎ 62 40 90 00; www.skogmus.no auf Norwegisch; inkl. Glomdalsmuseum Erwachsene/Kinder/Studenten/Senioren 80/35/60/60 nkr; Ⓜ Mitte Juni–Mitte Aug. 10–18 Uhr, übrige Zeit 10–16 Uhr) liegt an der Rv 20, 1 km südlich vom Stadtzentrum. Höchst eindrucksvoll wird die vielfältige Nutzung sowie die Schönheit der norwegischen Wälder in Szene gesetzt. Das Museum hat aber noch mehr zu bieten: u. a. das Infocenter Natur, eine Bastelwerkstatt für Kinder, interessante geologische und meteorologische Ausstellungsstücke, Holzschnitzereien, ein Aquarium, Naturdioramen mit allen möglichen ausgestopften Tieren (sogar ein Mammut ist dabei) und eine Handbibliothek mit 20 000 Bänden.

Das **Glomdalsmuseum** (☎ 62 41 91 00; www.glomdal.museum.no; inkl. Waldmuseum Erwachsene/Kinder/Studenten/Senioren 80/35/60/60 nkr; Ⓜ Mitte Juni–Mitte Aug. 10–16 Uhr) ist ein großes Freilichtmuseum mit einer Sammlung von neunzig historischen Gebäuden aus dem Glomma-Tal, darunter eine alte Apotheke und eine Arztpraxis. Das Glomdalsmuseum ist vom Waldmuseum über eine Brücke zu erreichen.

Schlafen & Essen

Elverum Camping (☎ 62 41 67 16; www.elverumcamping.no; Halvdans Gransv 6; Zeltplatz 120 nkr, 4-Bett-Hütte ab 500 nkr) Dieser Campingplatz ist hervorragend ausgeschildert und liegt mitten im Grünen gleich südlich vom Waldmuseum.

Glommen Pensjonat (☎ 62 41 12 67; Vestheimsgata 2; EZ/DZ ab 350/400 nkr) Diese einfache Pension befindet sich 500 m westlich vom Stadtzentrum; genau richtig für alle, die einen persönlichen Touch dem Hotel vorziehen.

Hotel Central (☎ 62 41 01 55; www.hotel-central.no; Storgata 22; EZ/DZ ab 690/825 nkr) Einen Preis für Kreativität wird das Hotel wohl nicht gewinnen, aber es liegt mitten im Herzen der Stadt und hat moderne, komfortable Zimmer zu bieten.

Forstmann (☎ 62 41 69 10; Hauptgerichte ab 115 nkr; Ⓜ Mitte Juni–Mitte Aug. Mittag & Abend) Das Fisch- und Wildrestaurant beim Waldmuseum ist ein wunderschönes grünes Plätzchen mit guter norwegischer Traditionsküche.

An- & Weiterreise

Der Nor-Way Bussekspress „Trysil Ekspressen“ kommt auf der Strecke zwischen Oslo (190 nkr, 2½ Std.) und Trysil (98 nkr, 1¼ Std.) siebenmal am Tag durch Elverum.

DER NORDEN MITTELNORWEGENS

RØROS

3400 Ew.

Das charmante kleine Røros ist ein wahres Juwel. Das dachte sich auch die Unesco, als sie das Städtchen 1981 auf ihre Weltkulturerbe-Liste setzte. Früher hieß die historische Kupferbergwerksstadt mit ihren Holzhäusern an steilen Straßen „Bergstad“; der Ort hat es geschafft, seine Vergangenheit zu bewahren, ohne zum Museum zu werden. Das mittelalterliche Røros liegt in einer kleinen Talmulde mit Krüppelwald inmitten karger, baumloser Berge – es ist einer der zauberhaftesten Orte Norwegens.

Praktische Informationen

Fremdenverkehrsbüro (☎ 72 41 11 65; www.rorosinfo.com; Peder Hiortsgata 2; Ⓜ Mitte Juni–Mitte Aug. Mo–Sa 9–18 Uhr, So 10–16 Uhr, übrige Zeit Mo–Fr 9–15.30 Uhr) Das hilfsbereite Office befindet sich in einem historischen Gebäude nur einen Häuserblock vom Bahnhof entfernt. Das Personal kennt sich aus und erklärt jedem gern, was es in Røros und Umgebung zu erleben und begucken gibt.

Røros Internetcafé (☎ 72 41 00 90; Kjerkgata 42; 50 nkr/Std.; Ⓜ So–Do 12–21 Uhr, Fr & Sa 12–23 Uhr)

Sehenswertes

HISTORISCHES STADTVIERTEL

Das historische Stadtviertel von Røros – es umfasst den gesamten Stadtkern – wird geprägt durch die bemerkenswerte Holzbauweise der achtzig unter Denkmalschutz stehenden Gebäude. Die zwei Hauptstraßen, **Bergmannsgata** (diese Straße wird von Südwesten nach Nordosten hin immer schmaler und erzeugt so die Illusion, der Ort sei größer, als er tatsächlich ist!) und **Kjerkgata**, sind von historischen Wohnhäu-

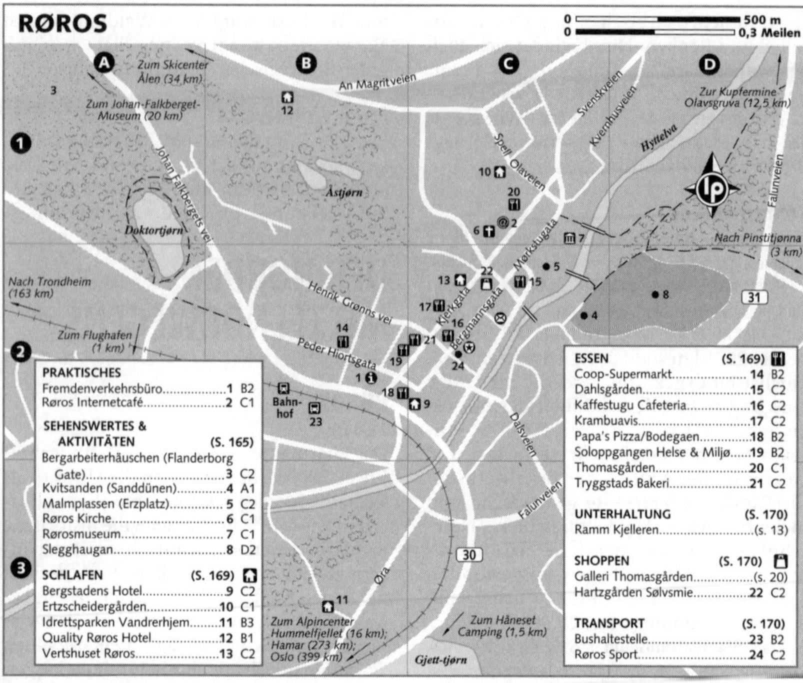

sern und Gebäuden gesäumt; sie stehen allesamt unter Denkmalschutz. Folgt man dem Fluss Hyttelva stromaufwärts, gelangt man zum historischen Hüttenbezirk mit seinen winzigen torfgedeckten **Bergarbeiterhäuschen** entlang der Flanderborg Gate bei der Mine; die Schmelze, weitere Hüttengebäude sowie die geschützten **slegghaugan** (Schlackenhalden) und andere Minenabfälle können besichtigt werden. Dort schillert der Boden in Regenbogenfarben, verseucht von den chemischen Rückständen der Verhüttung.

Falls jemandem die Gegend bekannt vorkommen sollte – das könnte daran liegen, dass hier mehrere Filme gedreht wurden, darunter der Klassiker Ich heiße *An-Magritt* mit Liv Ullmann in der Hauptrolle. Das Buch schrieb der aus Røros stammende Autor Johan Falkberget. Die Flanderborg gate kam schon in einigen Verfilmungen von Astrid Lindgrens *Pippi Langstrumpf*-Klassikern vor, und für die Verfilmung von Solschenizyns *Ein Tag im Leben des Iwan Denissowitsch* musste das Viertel sogar als Sibirien herhalten.

RØROS KIRCHE

Die lutheranische **Kirche** (Kjerkgata; Führung Erwachsene/Kinder 25 nkr/frei; ⏰ Besichtigung Mitte Juni–Mitte Aug. Mo–Sa 10–17 Uhr, So 13–15 Uhr, in der übrigen Zeit kürzere Öffnungszeiten) von Røros zählt mit ungefähr 1600 Sitzplätzen zu den größten Kirchenbauten Norwegens und hat schon einiges an Veränderungen mitgemacht. Das 1650 errichtete Gebäude war Mitte des 18. Jhs. so heruntergekommen, dass von 1780 bis 1784 für 23 000 *riksdaler* eine Barockkirche direkt am Standort der alten Kirche hochgezogen wurde. (Der Reichstaler ist die alte norwegische Währung; ein *riksdaler* entspricht 4 nkr. Zu jener Zeit verdiente ein Bergarbeiter etwa 50 *riksdaler* im Jahr.) Die noble Königsloge hinten im Kirchenschiff ist mit den Signets des Königshauses und des Bergwerks geschmückt; einen König beherbergt hat sie aber nie: Die Angehörigen der königlichen Familie haben es immer vorzogen, beim „Volk“ zu sitzen. Eine besondere Kuriosität ist die Kanzel, denn sie schwebt direkt über dem Altarbild (einer Darstellung des *Letzten Abendmahls*). Die Orgel von 1742 ist die

EINE BEWEGTE GESCHICHTE

Wie bei jeder „Märchenstadt", die ihren Namen verdient hat, liegt auch über der Gründungsgeschichte von Røros ein Hauch von Legende: 1644 schoss ein Mann aus der Gegend, Olsen Åsen, bei Storvola (Storwartz) auf ein Rentier. Das verwundete Tier sprang wie wild umher und scharrte mit den Hufen auf dem Boden – so lange, bis glänzendes Kupfererz zu Tage trat und die Zukunft von Røros sicherte. Die Nachricht verbreitete sich wie im Fluge, und noch im selben Jahr wurde das Kobberverk Røros gegründet. Zwei Jahre später garantierte eine königliche Charta dem Werk die Exklusivrechte an allen Mineralien, Walderzeugnissen und Wasserwegen in 40 km Umkreis von jener Stelle, an der zum ersten Mal Kupfererz gefunden wurde.

Die Minengesellschaft schlug ihr Hauptquartier in Røros auf. Gründe waren das viele Holz (Brennstoff) in der Umgebung und die Stromschnellen des Flusses Hyttelva (Wasserkraft im 17. Jh.). Beim Graben der Stollen in den Felsen wurde wie üblich Feuer verwendet, was eine gefährliche Angelegenheit war. Und Røros hat dafür teuer bezahlt. Im Gyldenløve-Konflikt mit den Schweden 1678/79 brannte das Werk zum ersten Mal nieder; 1953 ging die Schmelzhütte erneut in Flammen auf. Daraufhin wurde das Erz in Schweden verhüttet, doch 1977 ging das Unternehmen nach 333 Jahren Betrieb bankrott. Glücklicherweise war Røros zu diesem Zeitpunkt nicht mehr einzig und allein von diesem Wirtschaftszweig abhängig und überwand das anfängliche wirtschaftliche Tief.

älteste noch funktionierende Orgel, die in Norwegen gebaut wurde.

Bis 1865 gehörte die Kirche dem Bergwerk, was sich in vielen Kunstwerken des Gebäudes widerspiegelt. Beim Altar gibt es ein Porträt vom ergrauten Hans Olsen Åsen, der das Kupfer in Røros entdeckt haben soll. Ihm leisten weitere Altehrwürdige des Bergwerks Gesellschaft. Außerdem hängen hier Gemälde vom Autor Johan Falkberget und der ursprünglichen Kirche von 1650.

Fünf Wochen lang, von Anfang Juli bis Anfang August, werden in der Kirche **Orgelkonzerte** (Erw. 50 nkr/Kinder frei; ⏰ Mo–Sa 18 Uhr) gegeben, häufig mit Begleitung renommierter Orchestermusiker aus ganz Europa.

Im Jahr 2004 begannen fünfjährige Restaurationsarbeiten, bei denen der ursprüngliche Zustand der Kirche wiederhergestellt werden soll; hin und wieder ist also mit verschlossenen Türen zu rechnen.

RØROSMUSEUM

Dieses **Museum** (☎ 72 40 61 70; Malmplassen; Erwachsene/Kinder/Senioren/Studenten/Familien 60/30/50/50/140 nkr; ⏰ Mitte Juni–Mitte Aug. Mo–Sa 10–19 Uhr, So 10–16 Uhr, in der übrigen Zeit kürzere Öffnungszeiten) in der alten Schmelzhütte ist eines der Highlights der Stadt. Das Gebäude wurde 1988 nach alten Plänen aus dem 17. Jh. rekonstruiert. Oben befinden sich Ausstellungen zu Geologie und Umweltschutz, unten gibt es eine große Erzwaage, einige gut bebilderte Statistiken zum frühen Bergbau und eine ganze Reihe brillanter beweglicher Modelle von Minen und der Verhüttung mit Hilfe von Wasserkraft und Pferdestärken. Vor dem Museumseingang erstreckt sich ein riesiger Platz, der sog. **Malmplassen** (Erzplatz); hier wurde das Erz abgeladen und auf der großen Holzwaage gewogen.

Im Sommer ist im Ticketpreis eine Führung mit drin (11, 12.30, 14, 15.30 Uhr); die letzte ist auf Englisch und/oder Deutsch.

KUPFERMINE OLAVSGRUVA

Die Kupfermine **Olavsgruva** (☎ 72 41 11 65; Kojedalen; Erwachsene/Kinder/Senioren/Studenten/Familien 60/30/50/50/140 nkr; ⏰ Mitte Juni–Mitte Aug. 10–17 Uhr) 13 km nördlich von Røros sollte man sich nicht entgehen lassen. Die eher mäßig spannende Ausstellung im Museumsbau machen die **Grubenführungen** (Mitte Juni–Mitte Aug. 11, 12.30, 14, 15.30, 17 Uhr) durch die historische Nyberget-Mine aus den 1650er-Jahren absolut wett. Die moderne Olavsgruva dahinter wurde 1936 eröffnet und war bis in die 1970er in Betrieb. Der Boden kann öfter mal matschig werden, und die Temperatur liegt konstant bei 5 °C; Jacke und festes Schuhwerk sind also eine gute Idee. Zur Mine kommt man nur mit eigenem Auto oder Taxi (450 nkr hin und zurück).

JOHAN-FALKBERGET-MUSEUM

Der Lieblingssohn von Røros ist der Autor Johan Falkberget (1879–1967); er wuchs auf dem Bauernhof Trondalen im nahegelegenen Rugel-Tal auf. Seine Werke – heute in 19 Sprachen übersetzt – drehen sich um die 300 Jahre Bergbaugeschichte dieser Region. In seiner berühmten *An-Magrit* erzählt er die Geschichte einer Bauerstochter, die im Bergbaugebiet Røros Kupfererz schleppt. Das **Museum** (☎ 72 41 46 27; Ratvolden; Erwachsene/Kinder 50/30 nkr; ⏰ Juli–Anfang Aug. Di–So 11.30–15 Uhr, Anfang Aug.–Mitte Sept. Di–So 11.30–13.30 Uhr) liegt in der Nähe des Rugelsjø-Sees. Führungen gibt's von Dienstag bis Sonntag um 12 Uhr, im Juli zusätzlich um 13.30 Uhr. Besucher nehmen den Regionalzug zum Bahnhof Rugdalen 20 km nördlich von Røros – von dort führt ein kleiner Trampelpfad zum Museum.

Aktivitäten

Zum **Wandern** (und im Winter zum **Skilanglauf**) gibt es auf dem leicht bewaldeten Røros-Plateau jede Menge Gelegenheiten. Unzählige Wege ziehen sich kreuz und quer durch Hügel und Täler. Man kann eine Stunde oder auch eine ganze Woche unterwegs sein – beim Fremdenverkehrsbüro bekommt man entsprechende Tipps. In vielen Gebieten liegt noch lange nach Sommeranfang Schnee; in höheren Lagen kann man bis Juli die Skier anschnallen. Das **Alpincenter Hummelfjellet** (☎ 62 49 71 00; www.hummelfjell.no auf Norwegisch) 16 km südlich von Røros betreibt einen Lift und vier Skipisten; das **Skicenter Ålen** (☎ 72 41 55 55) 34 km nordwestlich der Stadt hat zwei Lifte und vier Pisten.

Ein 1 km langer **Fußmarsch** von Røros in Richtung Nordwesten führt zu den größten Sanddünen Skandinaviens: den **Sanddünen von Kvitsanden**. Unter einem uralten Gletscher wurde Gestein zu Sand zermalmt; Wasser hat den Sand hervorgespült und hier abgeladen. Die Dünen sind nicht ungeheuer spannend, aber wunderschön anzusehen.

Einen Kilometer weiter westlich befindet sich Skårhåmmårdalen. Die Schlucht mit ihren von Sand umgebenen Wasserlöchern ist an heißen Tagen perfekt zum **Schwimmen** und erscheint wie ein idealer Unterschlupf für Trolle.

Das Fremdenverkehrsbüro versorgt Besucher mit Infos zu organisierten Radtouren für einen bis zu fünf Tagen (rund 2820 nkr pro Person). Das Büro vermittelt außerdem Kanus (1/2 Tage 200/380 nkr), Ausritte (100 nkr/Std., 1- bis 3-tägige Reittouren 510 bis 2500 nkr) und Forellen-Eisangeln (135 nkr pro Tag) auf dem Pinstitjønna-See 3 km östlich der Stadt.

Geführte Touren

Im Winter organisiert das Fremdenverkehrsbüro Hunde- (2 bis 5 Std. 600 bis 800 nkr) und Pferdeschlittenfahrten (600 nkr/Std. für 4 Personen); im Sommer müssen Touren mit dem Hundewagen als Ersatz herhalten. Im Winter wird auch ein organisierter Tagesausflug zum Zeltlager der südlichen Samen am Pinstitjønna-See (3 km außerhalb der Stadt, 1 km abseits der Straße) angeboten; dort bekommt man Rentiergerichte vorgesetzt und kann solch einzigartige Fertigkeiten wie Eisfischen und Axtwerfen erlernen. Der dreistündige Ausflug kostet ungefähr 500 nkr pro Person (mind. 10 Personen).

Das Fremdenverkehrsbüro veranstaltet hervorragende **geführte Stadtspaziergänge** (Erwachsene/Kinder 50 nkr/ frei; ⏰ Führungen Mai–Mitte Juni & Mitte Aug.–Mitte Sept. Mo–Sa 11 Uhr; Mitte Juni–Mitte Aug. Mo–Sa 10, 11.30, 13, 14.30 Uhr, So 12 & 14 Uhr; übrige Zeit Sa 11 Uhr) durch das historische Stadtviertel; im Sommer finden die Führungen um 13 Uhr (montags bis freitags) und 14 Uhr (samstags) auf Englisch und Deutsch statt.

Festivals & Events

Das größte Event im Winter ist der Rørosmartnan (Rørosmarkt), der 1644 als Zusammenkunft von Jägern begann. Sie kamen in die Stadt, um ihre Beute an die Bergleute zu verkaufen und sich selbst mit Vorräten einzudecken. Per königliches Dekret wurde 1853 angeordnet, dass jedes Jahr ein großer Markt abgehalten werden solle, vom vor letzten Dienstag im Februar bis zum darauf folgenden Samstag. Und dabei ist es geblieben. Heutzutage geht es aber nicht ohne Kulturprogramm, Straßenmärkte und Live-Entertainment ab.

Alle zwei Jahre (2005, 2007 usw.) geht in Røros von Anfang bis Mitte August jede Nacht die dreistündige Rockoper mit dem schwedischen Titel *Det Brinner en Eld* („Es brennt ein Feuer") über die Bühne. Sie handelt von der Invasion Trøndelags durch schwedische Soldaten im Jahr 1718, der Besetzung von Røros und dem Tod Tausender Soldaten auf ihrem frostigen Heimweg nach Schweden. Arnfinn Strømmevold und Bertil Reithaug schrieben das Stück 1980; es wird auf den Schlackenhalden oberhalb der Stadt aufgeführt. Wer es irgendwie einrichten kann vorbeizukommen, sollte dieses Event nicht verpassen.

Schlafen

Beim Fremdenverkehrsbüro gibt's eine Liste mit Sommerhütten und Gästehäusern; manche sind vom Ort zu Fuß zu erreichen. In der Hochsaison kommt man für eine Woche auf 2500 bis 4000 nkr.

Håneset Camping (☎ 72 41 06 00; Fax 72 41 06 01; Osloveien; Zelt-/Wohnwagenplatz 130 nkr plus 25 nkr pro Person, 2-/4-Bett-Hütte 320/420 nkr) Auf diesem super Campingplatz kann man einfache, aber gepflegte Hütten mit Koch- und Waschmöglichkeiten, Gemeinschaftsraum und Fernsehen mieten; der Platz liegt etwa 2 km südlich der Stadt.

Idrettsparken Vandrerhjem (☎ 72 41 10 89; www.idrettsparken.no; Øra 25; Zelt-/Wohnwagenplatz 90/135 nkr, B inkl. Frühstück 200 nkr, Hostel EZ/DZ 375/450 nkr, Hütten EZ/DZ 475/600 nkr, Hotel EZ/DZ ab 650/875 nkr) Im Familienbetrieb Idrettsparken Vandrerhjem, 500 m vom Bahnhof entfernt, gibt's großartiges Frühstück; die Zimmer reichen von sauber und schlicht bis ultrakomfortabel.

Ertzscheidergården (☎ 72 41 11 94; Fax 72 41 19 60; Spell Olaveien 6; EZ/DZ 590/890 nkr) Ein hübsches Gästehaus mit 16 Zimmern, nur einen Steinwurf von der Kirche und dem Bergbaumuseum entfernt; die Zimmer haben Flair, und zum Frühstück gibt's superleckeres hausgemachtes Büfett.

Vertshuset Røros (☎ 72 41 93 50; www.vertshusetroros.no; Kjerkgata 34; EZ/DZ 760/990 nkr, Apt. für 2/3/4 Personen 580/485/420 nkr pro Person) Die gemütliche Unterkunft in einem historischen Gebäude liegt direkt am Hauptfußgängerweg und hat sehr hübsche Zimmer – eine hervorragende Wahl.

Bergstadens Hotel (☎ 72 40 60 80; www.bergstaden.no auf Norwegisch; Osloveien 2; Mitte Juni–Mitte Aug. & Sa & So EZ/DZ 820/990 nkr, übrige Zeit 1235/1420 nkr) Das behagliche, bodenständige Bergstadens Hotel in der Nähe des Bahnhofs vermietet gut ausgestattete Zimmer in unmittelbarer Nähe des Stadtzentrums von Røros. Die Pianobar und dürfte niemanden stören und ist eigentlich ganz nett; im Nachtclub kann es am Wochenende allerdings etwas lauter werden.

Quality Hotel Røros (☎ 72 40 80 00; booking.roros@qualitychoicehotels.no; An Magrit veien 10; Mitte Juni–Mitte Aug. & Sa & So EZ/DZ 740/940 nkr, übrige Zeit 1195/1395 nkr) Das Quality Hotel Røros liegt am nördlichen Stadtrand. In den phantastisch ausgestatteten Zimmer wird ein Hauch mehr Charme als bei Ketten sonst üblich geboten. Von manchen Zimmern bietet sich eine imposante Aussicht. Die angenehm entspannte Pianobar zieht ein nostalgisches älteres Publikum an. In der Disko ist mehr los – am Wochenende werden hier die Boxen aufgedreht.

Essen

Røros hat einige gute Restaurants zu bieten; alle sind täglich mittags und abends geöffnet, sofern nicht anders angegeben. Weniger als einen Häuserblock vom Fremdenverkehrsbüro entfernt findet man auch einige Bäckereien und einen **Coop-Supermarkt** (Hiortsgata 7). Bei **Soloppgangen Helse & Miljø** (☎ 72 41 29 55; Kjerkgata 6) bekommt man Reformkost.

Vertshuset Røros (☎ 72 41 24 11; Kjerkgata 34; Vorspeisen 75–79 nkr, Hauptgericht 175–239 nkr) Für elegante Dinner ohne steifes Ambiente ist wohl das Vertshuset Røros die beste Wahl; auf der abwechslungsreichen Karte stehen norwegische Spezialitäten von Rind und Süßwasserfischen bis hin zu Elch und Rentier (235 nkr).

Papa's Pizza/Bodegaen (☎ 72 40 60 20; Bergmannsgata 1; Pizza 105–170 nkr, Hauptgericht 85–218 nkr) Am unteren Ende der Bermannsgata findet man das Papa's; hier gehen Pizza, Burger, Rindfleisch, Fisch und Hühnchen über die Theke, dazu Bier und Wein. Obendrein hat das Papa's die schönste Sommerterrasse der Stadt; von dort hat man einen guten Blick auf die historische Straße bis zum oberen Ende. Bei Papa's gibt's auch Kindermenüs (40 bis 60 nkr).

Krambuavis (☎ 72 41 05 67; Kjerkgata 28; Vorspeisen 39–83 nkr, Hauptgericht 86–199 nkr) Absolute Empfehlung: riesige Portionen, freundliche Kellner und leckeres Essen von Mexikanisch über Spareribs bis hin zu Fisch.

Kafestuggu Cafeteria (☎ 72 41 10 33; Bergmannsgata 18; leichte Gerichte ab 49 nkr, Hauptgerichte 75–165 nkr; 🕑 Mo–Fr 8–17 Uhr, Sa 9–17 Uhr & So 11–17 Uhr) Eine lockere Cafeteria mit toller Auswahl an Kaffee, Kuchen, kalten Snacks und leichten Gerichten.

Daneben gibt es noch viele kleine Cafés (einige in Kunsthandwerks- und Souvenirläden):

Dahlsgården (☎ 72 41 19 89; Mørkstugata 5)

Galleri Thomasgården (☎ 72 41 24 70; Kjerkgata 48; Kuchen 15–50 nkr) Leckere Torten und Gebäck.

Trygstads Bakeri (☎ 72 41 10 29; Kjerkgata 12; 🕑 Mo–Fr 8.30–19 Uhr, Sa 9–16 Uhr, So 12–17 Uhr) Hervorragender Kaffee und nette Tische im Freien.

Unterhaltung

Im Bergstadens Hotel und im Quality Hotel Røros (s. S. 169) kann man in Nachtclubs, Diskos, Elton-John-betonten Pianobars und bei gelegentlicher Livemusik und Tanz einen draufmachen.

Ramm Kjelleren (☎ 72 41 24 11; Kjerkgata 34; ⌚ Mi, Fr & Sa 19–spät) In dieser Location im Tresorgewölbe eines Gebäudes aus der Mitte des 17. Jhs. herrscht eine tolle Atmosphäre. Coole Barkeeper, klasse Deko und gute Vibrations bei vollem Laden garantieren eine tolle Nacht. Freitags ab etwa 21 Uhr gibt's Livemusik (Eintritt frei). Der halbe Liter Bier geht für 55 nkr über die Theke, ein Glas Wein für nur 45 nkr. Absolut empfehlenswert.

Shoppen

Kein Wunder, dass sich in Røros wegen der entspannten Atmosphäre in der Stadt über vierzig Künstler und Kunsthandwerker niedergelassen haben. Im Ort gibt es außerdem eine Glasbläserei, eine Kupferwerkstatt und mehrere Kunsthandwerksläden mit gemischtem Allerlei.

Hartzgården Sølvsmie (☎ 72 41 05 50; Kjerkgata; ⌚ Mo–Fr 10–19 Uhr, Sa 10–16 Uhr, So 12–17 Uhr) Besonders verlockend ist diese Silberschmiede; hier wird handgearbeiteter Silberschmuck aus der Region verkauft – häufig mit Wikingerthemen – und eine kleine Ausstellung über antiken Schmuck gezeigt.

Galleri Thomasgården (☎ 72 41 24 70; Kjerkgata 48; ⌚ Mo–Fr 10–20 Uhr, Sa 10–16 Uhr, So 12–18 Uhr) In dieser wunderbaren Galerie töpfert Torgeir Henriksen rustikales Steingut und Porzellan; hier sind auch die großartigen, von der Natur inspirierten Holzschnitzereien von Henry Solli zu bewundern. Das Player piano, eines der beiden einzigen in Norwegen, stammt aus dem Jahr 1929.

An- & Weiterreise

Von Røros geht einmal am Tag (außer samstags) ein Flug mit **Widerøe** (www.wideroe.no) nach Oslo und wieder zurück (ab 430 nkr). Dreimal am Tag hält in Røros ein Bus auf der Strecke Oslo–Trondheim (Oslo 582 nkr, 6 Std.). Weitere Verbindungen gibt es täglich nach/von Trondheim. Røros liegt an der östlichen Bahnstrecke zwischen Oslo (582 nkr, 5 Std.) und Trondheim (215 nkr, 2½ Std.); in Richtung Oslo muss man manchmal in Hamar umsteigen.

Unterwegs vor Ort

Im Winter kann man sich für einen *spark* entscheiden. Der in dieser Region beliebte Tretschlitten hat etwas von einem Hundeschlitten – nur ohne Hunde. Im Sommer verleiht **Røros Sport** (☎ 72 41 12 18; Bergmannsgata 13) Mountainbikes.

FEMUNDSMARKA-NATIONALPARK

Der Nationalpark rund um Femunden, den zweitgrößten See Norwegens, wurde 1971 geschaffen. Es sollten der See und die Wälder geschützt werden, die sich nach Osten hin bis zur schwedischen Grenze ausdehnen. Lange Zeit kamen von hier die Falken für den Falknereisport in Europa und Asien; deshalb kommt man häufiger im Park zu Stellen, die Falkfangerhøgda, „Falkenjägerhöhe", heißen. Außerdem kann man wilde Rentiere aufspüren, die auf den Höhen grasen, und im Sommer streifen etwa dreißig Moschusochsen in der Nähe der Flüsse Røa und Mugga umher (im Winter ziehen sie in die Region Funäsdalen um). Möglicherweise hat sich die Truppe irgendwann von einer älteren Herde in der Dovrefjell-Region abgespalten und sich hierher auf den Weg gemacht. (s. Kasten S. 177).

Schlafen

Die zwei Hauptübernachtungsmöglichkeiten sind **Johnsgård Turistsenter** (☎ 62 45 99 25; Fax 62 45 99 55; Sømådalen; Zeltplatz 100 nkr, Hütte für 4–8 Personen 200–550 nkr), 9 km westlich von Buvika, und **Langen Gjestegård** (☎ 72 41 37 18; Fax 72 41 37 11; Synnervika; EZ/DZ 350/500 nkr), ein gemütliches torfgedecktes Bauernhaus in Seenähe.

An- & Weiterreise

Die historische Fähre MS *Fæmund II* gondelt von Mitte Juni bis Ende August jeden Tag von Synnervika (auch Søndervika geschrieben) am Nordufer des Femunden-Sees nach Elgå (von dort weiter bis Buvika Anfang Juli bis Anfang August, mittwochs und sonntags). Von Mitte Juli bis Anfang August fährt sie mittwochs die ganze Strecke bis nach Femundsenden am südlichsten Zipfel des Sees.

Von Mitte Juni bis Ende August verkehren ein- oder zweimal am Tag Busse zwischen Røros und Synnervika. Wer in Røros um 8.15 Uhr in den Bus steigt, kann mit der *Fæmund II* auf dem Femunden herum-

ACTION IN OPPDAL

Oppdal ist so etwas wie die mittelnorwegische Hauptstadt des Adventuresports.

Wildwasser-Rafting

Auf der wild schäumenden Driva ganz in der Nähe gibt es von Mai bis Oktober mehrere super Rafting-Strecken. Der auf Outdoor-Adventures spezialisierte Anbieter **Opplev Oppdal** (☎ 72 40 41 80; www.opplev-oppdal.no auf Norwegisch; Olav Skasliens vei 12) bietet eine Auswahl wirklich lohnender Trips an. Die dreistündige Familientour (Erwachsene/Familien 410/1230 nkr; Klasse I–II) ist mehr Naturerlebnis als Adrenalinkick; die halb- oder ganztägigen Fahrten der Klasse III–IV sorgen schon für ordentlichen Nervenkitzel (520/760 nkr). Für die ganz Mutigen ist schließlich das fünfstündige Riversurfen (760 nkr) das Richtige. Am Wochenende muss man für diese Expeditionen 50 nkr drauflegen.

Der Anbieter vermietet außerdem Kanus (295 nkr pro Tag) und veranstaltet Canyoning- (760 nkr) und Klettertouren mit niedrigem Schwierigkeitsgrad (Erw./Kinder 740/490 nkr).

Moschusochsen- & Elchsafaris

Oppdal Booking (s. unten) organisiert Safaris zu den wahrhaft prähistorisch anmutenden Moschusochsen (s. Kasten S. 177). Die fünf- bis sechsstündige Tour startet von Mitte Juni bis Mitte August jeden Morgen gegen 10 Uhr; Kostenpunkt: 250/100 nkr pro Erwachsener/Kind.

Alternativ kann man sich auch auf die Spuren der Elche begeben; mittwochabends geht's im Sommer auf Elchsafari (275 nkr, 2 bis 3 Std.). Buchungen über das Fremdenverkehrsbüro.

Drachenfliegen

Wer das malerische Mittelnorwegen schon immer mal aus der Vogelperspektive erleben wollte, kommt vielleicht per Tandemflug mit dem Drachen ans Ziel seiner Wünsche. Genaueres erfährt man bei **Walter Brandsegg** (☎ 72 42 21 30; walter@brandsegg.no); die Preise beginnen bei etwa 550 nkr pro Person.

Skifahren & Snowboarding

Das dreigeteilte Skigebiet von Oppdal erstreckt sich über die Hänge Hovden, Stølen und Vangslia; alle drei sind vom Ort gut erreichbar. Das kleinere Skigebiet Ådalen ganz in der Nähe ist mit zwei Liften ausgestattet. Vangslia hat zwei Anfängerhügel und ist generell am einfachsten; Stølen ist schon mehr was für Fortgeschrittene, und am Hovden wedeln die Profis drei anspruchsvolle Abfahrten runter. Liftpässe kosten 275/475/625 nkr für ein/zwei/drei Tage und 200/260 nkr für einen Vor-/Nachmittag. Die Saison ist mal länger, mal kürzer, dauert im Allgemeinen aber von Ende November bis Ende April.

schippern und schafft es noch am selben Tag nach Røros zurück. Zum südlichen Ende des Femunden kommt man mit den Bussen von Trysil Ekspressen; siebenmal am Tag geht's von Hamar nach Trysil, via Elverum; hier umsteigen in Richtung Engerdal/Drevsjø.

OPPDAL

3700 Ew.

Oppdal ist architektonisch nicht gerade das Nonplusultra dessen, was Mittelnorwegen zu bieten hat. Aber die Schönheit der Umgebung macht das allemal wett. Es lohnt sich also auf jeden Fall, auf der Strecke zwischen Lillehammer und Trondheim hier einen Zwischenstopp einzuschieben. Zumal Oppdal das Zentrum für Aktivurlauber ist. Das ist auch der Grund, warum die meisten herkommen.

Praktische Informationen

In Oppdal gibt's zwei wichtige Infoquellen für Reisende. Allgemeines über den Ort und die umliegende Gegend erfährt man beim **Fremdenverkehrsbüro** (☎ 72 40 04 70; www.oppdal.com; Mitte Juni–Mitte Aug. Mo–Fr 9–18 Uhr, Sa & So 10–16 Uhr); es liegt nur einen Häuserblock von den Bus- und Bahnstationen entfernt. Für Infos und Tipps zu Aktivitäten ist man bei **Oppdal Booking** (☎ 72 40 08 00; www.oppdal-booking.no; Mitte Juni–Mitte Aug. Mo–Fr 8–16 Uhr, Mitte Jan.–Ostern tgl. 8–18 Uhr, in der übrigen Zeit kürzere Öffnungszeiten) gut aufgehoben; diese Buchungszentrale vermittelt gegen eine Gebühr ein Dach über dem Kopf und Aktivitäten.

Geführte Touren

Wer wenig Zeit hat, bucht bei **Oppdal Booking** (☎ 72 40 08 00; www.oppdal-booking.no) die Troll- & Fjordtour (Erwachsene/Kinder 630/315 nkr), einen Tagesausflug nach Trondheim und Kristiansund per Bahn, Fähre und Bus. Der Zeitplan ist zwar etwas eng, aber die Tour spart einem die Mühe, alles selbst arrangieren zu müssen; der Zug fährt 6.45 Uhr (mindestens einen Tag im Voraus buchen).

Schlafen

Wer keine Bleibe findet, wendet sich an Oppdal Booking oder an das Fremdenverkehrsbüro (oben).

Oppdalstunet Vandrerhjem (☎ 72 42 23 11; Fax 72 42 23 13; Gamle Kongsvei; B/EZ/DZ 150/370/450 nkr; ⌚ Mai–Sept.) Diese Herberge 1,5 km nordöstlich vom Stadtzentrum ist eine Unterkunft auf gutem Hostelniveau; von der sanften Anhöhe kann man wunderbar das Tal überblicken.

Quality Oppdal Hotel (☎ 72 40 07 00; post@oppdalbooking.no; Olav Skasliens vei 8; EZ/DZ ab 840/890 nkr) Komfortables Hotel, das zum Nordisk-Hotel-Pass-Verbund gehört; die superschönen Zimmer sind ein bisschen überteuert, aber mit Abstand die besten im Stadtzentrum. Die hauseigene Bar erfreut sich großer Beliebtheit.

Sletvold Apartment Hotel (☎ 72 42 23 11; booking@sletvold-stolen.no; Gamle Kongsvei; EZ/DZ ab 550/690 nkr) Wen es nicht stört, am nördlichen Stadtrand zu logieren, macht in diesem tollen Hotel (gehört zum Verbund Skan Plus Hotelpass) einen guten Deal. Die Zimmer sind sauber und ganz hübsch, manche haben Blick runter ins Tal.

Essen

Møllen Restaurant & Pizzeria (☎ 72 42 18 00; Dovreveien 2; Pasta & Schaschlik 83–125 nkr, kleine/große Pizza ab 79/152 nkr, Fisch- oder Fleischgerichte 135–179 nkr; ⌚ Mittag & Abend) Das Møllen liegt direkt im Zentrum von Oppdal gleich an der E 6. Eine gute Idee, wenn man mal an einem Tisch sitzen und was Besseres einfahren will als einen Hamburger, und das zu vernünftigen Preisen.

Café Ludvik (☎ 72 42 01 40; Inge Krokanns vei 21; Hauptgerichte 75–145 nkr) Das beliebte Café Ludvik ist ebenfalls gut, hat aber nicht ganz so viel Klasse. Es gibt verschiedene leichte Mahlzeiten zu fairen Preisen, darunter Rindfleisch, Omelette und Pasta. Das Café liegt 300 m südlich vom Stadtzentrum.

Perrongen Steak House (☎ 72 40 07 00; Vorspeisen 86–99 nkr, Hauptgerichte 112–239 nkr; ⌚ Mittag & Abend) Das Perrongen ist ein Steakhaus im Quality Oppdal Hotel; das Essen ist top und die Adresse eine der besten der ganzen Stadt. Rentiersteak bekommt man hier für 239 nkr; absolut empfehlenswert ist die Bergforelle vom Grill mit Broccoli und Kartoffeln (163 nkr).

An- & Weiterreise

Am besten ist Oppdal mit dem Zug zu erreichen; vier- bis fünfmal am Tag fahren Züge nach Oslo (585 nkr, 4¾ Std.) und Trondheim (200 nkr, 1½ Std.). Der Nor-Way Bussekspress kommt zweimal täglich auf der Route zwischen Bergen (770 nkr, 12½ Std.) und Trondheim (185 nkr, 2 Std.) durch Oppdal.

TROLLHEIMEN

Die kleine Gebirgskette Trollheimen ist am einfachsten von Oppdal zu erreichen. Dort gibt es Wanderwege in Hülle und Fülle, die sich durch sanfte Berge und seenreiches Hochland ziehen. Nach 15 km auf der Mautstraße (30 nkr) zu Fuß oder per Anhalter gelangt man nach **Osen**, Hauptzugang zu dieser Naturlandschaft. Die beste Karte ist die *Turkart Trollheimen* (1:75 000) von Statens Kartverk; für 120 nkr ist sie im Fremdenverkehrsbüro von Oppdal zu bekommen.

Ein unkompliziertes Wanderziel im Trollheimen-Gebirge sind die Hütte und der historische Bauernhof in **Vassendsetra**. Von Osen, 3 km nördlich der Hauptstraße Richung Sunndalsøra, kann man mit der *Trollheimen II* über den Gjevilvatnet-See bis nach Vassendsetra schippern (150 nkr hin und zurück). Sie legt von Juli bis Mitte August täglich um 12 Uhr in Osen ab und um 15.30 Uhr in Vassendsetra. Wer will, kann auch 6 km auf der Straße von Osen zur DNT-Hütte **Gjevilvasshytta** mit dem Auto fahren oder wandern und dann 12 km dem Uferweg bis Vassendsetra folgen, wo sich die **Vassendsetra-Hütten** (☎ 72 42 32 20; Fax 72 42 34 30; DNT-Mitglieder/Nichtmitglieder B 150/230 nkr, Frühstück 75/125 nkr, Abendessen 160/200 nkr; ⌚ Juli & Aug.) befinden. Etwa auf halbem Wege liegen ein paar tolle Sandstrände – im Sommer absolut phantastisch zum Baden.

Auf der beliebten dreitägigen Hüttentour „Trekanten“ marschiert man die eindrucksvolle Route Gjevilvasshytta–Trollheimshytta–Jøldalshytta–Gjevilvasshytta entlang; Details bei Oppdal Booking (S. 171).

RINGEBU

1300 Ew.

Ringebu befindet sich ganz im Süden des Gudbrandsdalen; das schmale Flusstal erstreckt sich 200 km zwischen dem Mjøsa-See und Dombås. Die wunderbare **Stabkirche** (☎ 61 28 43 50; Erwachsene/Kinder 40/20 nkr, Kombiticket für Kirche und Pfarrhaus Erwachsene/Kinder 60/30 nkr; ⌚ Mitte Juni–Mitte Aug. 8–20 Uhr, in der übrigen Zeit kürzere Öffnungszeiten) – 2 km südlich von Ringebu unweit der E 6 – lohnt einen Abstecher in das kleine Örtchen. Um 1220 erbaut, wurde ihr bei der Restaurierung im 17. Jh. der auffällige rote Turm verpasst. Die Highlights drinnen sind eine Statue des hl. Laurentius (um 1250) und einige grobe Runeninschriften. Aufs Gelände kommt man, ohne Eintritt zahlen zu müssen. Gut 300 m in Richtung Osten den Hügel hinauf liegen ein paar Gebäude aus dem Jahr 1743, die bis 1991 als Pfarrei genutzt wurden; heute ist dort die **Ringebu Samlingene** (☎ 61 28 27 00; Erwachsene/Kinder 40/20 nkr; ⌚ Mitte Juni–Mitte Aug. Di–So 11–17 Uhr) untergebracht.

Mehr Details gibt's im Fremdenverkehrsbüro von **Ringebu** (☎ 61 28 47 00; ⌚ Mitte Juni–Mitte Aug. Mo–Do 8–18 Uhr, Fr 8–20 Uhr, Sa 10–13 Uhr, So 17–20 Uhr).

Die Busse von Nor-Way Bussekspress halten auf ihrer Route zwischen Oslo (Oslo 305 nkr, 5 Std.) und den westlichen Fjorden dreimal am Tag in Ringebu. Die Züge nach Oslo (394 nkr, 2¾ Std.) und Trondheim (500 nkr, 3½ Std.) halten in Ringebu vier- bis fünfmal am Tag.

SJOA

Für die kleine Siedlung Sjoa, 8 km westlich von Kvam, würde sich kaum jemand interessieren, wenn es nicht eines der ultimativen Wildwasser-Rafting-Zentren ganz Norwegens wäre (s. Kasten S. 174).

Die meisten Rafter quartieren sich im **Sjoa Vandrerhjem** (☎ 61 23 62 00; sjoa-vh@online.com; B 155 nkr, 2 BZ inkl. Frühstück 320–420 nkr; ⌚ Mitte Mai–Sept.) ein, einem Hostel am Hang mit toller Atmosphäre. Abendessen für 100 nkr gibt's im Bauernhaus, einem wunderbaren Blockhaus von 1747.

Der Campingplatz **Sæta Camping** (☎ 61 23 51 47; Zelt-/Wohnwagenplatz 120/160 nkr, Hütte für 1–5 Personen ab 330 nkr pro Personen) liegt unten am Ufer des Flusses; es ist ein netter Wiesenplatz mit mehreren kleineren Stromschnellen in nächster Nähe.

Die Busse von Nor-Way Bussekspress kommen mehrmals am Tag auf ihrer Route zwischen Oslo und den westlichen Fjorden durch Sjoa.

OTTA

1600 Ew.

Tief im Gudbrandsdalen, wo die Flüsse Otta und Lågen zusammenfließen, liegt Otta. Das Städtchen ist perfekt als Ausgangspunkt für Wanderungen im Rondane-Nationalpark. Das hilfsbereite **Fremdenverkehrsbüro** (☎ 61 23 66 50; www.visitrondane.com; ⌚ Mitte Juni–Mitte Aug. Mo–Fr 8.30–19 Uhr, Sa & So 11–18 Uhr, in der übrigen Zeit kürzere Öffnungszeiten) an der Bus- und Bahnstation versorgt mit Infos über die Region inklusive Wandertipps für den Rondane-Nationalpark. Mehr über den Rondane-Nationalpark erfährt man beim **Nationalparkcenter** (☎ 61 23 14 25; otta@nasjonalparker.org; ⌚ Mo–Fr 10–16 Uhr, Sa 10–14 Uhr) 50 m südlich vom Restaurant Milano.

Sehenswertes

Die 6 m hohen Steinsäulen, genannt **Kvitskriuprestene** (weiße Geröllpriester), sehen tatsächlich aus wie eine Versammlung von Priestern. Ihre außergewöhnliche Form kam durch die Erosion einer eiszeitlichen Moräne (Gesteinsschutt, den ein Gletscher transportiert und abgelagert hat) zustande. Den größten Teil der Moräne haben die Elemente weggewaschen; wo sie allerdings durch Steine geschützt war, blieben Säulen stehen. Wer sie finden will, fährt von Sel auf der Mautstraße (10 nkr) 4 km nach Osten in Richtung Mysusæter; von dort sind es noch zwanzig Minuten zu Fuß bergauf.

Schlafen

Otta Camping (☎ 61 23 03 09; Fax 61 23 38 19; Ottadalen; Zelt-/Wohnwagenplatz für 2 Personen 130 nkr, Hütte für 4 Personen 300–500 nkr) Otta Camping ist ein günstiger und beliebter Campingplatz am Flussufer, 1,5 km zu Fuß von der Bus- und Bahnstation entfernt. Vom Ortszentrum aus die Ottabrücke überqueren, nach rechts abbiegen und etwa 1 km stromaufwärts weitergehen.

Killis Overnatting (☎ 61 23 04 92; Ola Dahlsgate 35; EZ/DZ/3 BZ mit Gemeinschaftsbad 230/250/300 nkr) Killis Overnatting vermietet einfache Zimmer (Duschen 5 nkr); den ganzen Laden schmeißt eine wunderbare Wirtin, die auch dafür sorgt, dass man sich wie zu Hause fühlt.

WILDWASSER-RAFTING

Sjoa kann man mit Recht als norwegisches Zentrum für Wildwasser-Rafting bezeichnen. Die Saison dauert von Mitte Mai bis Ende September, bei gutem Wasserstand sogar bis Oktober. Der Level der Exkursionen bewegt sich zwischen beschaulichen Klasse-I-Fahrten (ideal für Familien) und der actionreichen Klasse V. Die Preise fangen bei 450 nkr für eine 3½-stündige Familientour an; angeboten werden auch Halbtagestouren (ab 590 nkr), bis zu siebenstündigen Tagesfahrten (ab 790 nkr) und sogar Zweitagestouren (ab 2150 nkr) durch die brodelnden Wasser der Åsengjuvet-Schlucht.

Hauptveranstalter in dieser Disziplin und sämtlich zu empfehlen sind:

- **Heidal Rafting** (☎ 61 23 60 37; www.heidalrafting.no; Sjoa) 1 km westlich der E 6 an der Rv 257.
- **Sjoa Rafting** (☎ 88 00 63 90; www.sjoarafting.com; Nedre Heidal) 7,5 km stromaufwärts von Sjoa an der Rv 257.
- **Norwegian Wildlife & Rafting** (☎ 61 23 87 27; www.nwr.no) 32 km stromaufwärts von Sjoa in Randswerk.
- **Go Rafting** (☎ 61 23 50 00; www.gorafting.no) 3,5 km nördlich von Sjoa an der E 6.

Die meisten dieser Anbieter organisieren auch andere Aktivitäten, etwa Riverboarding, Klettertouren mit niedrigem Schwierigkeitsgrad, Canyoning, Höhlentouren und Wanderungen; absolut im Mittelpunkt steht jedoch actiongeladener Wassersport.

Grand Gjestegård (☎ 61 23 12 00; Fax 61 23 04 62; Ola Dahlsgate; EZ/DZ Raucher 510/670 nkr, Nichtraucher 560/740 nkr) Der heiße Tipp für Raucher. Auch wenn sie sich in anderen Restaurants ihrer Leidenschaft enthalten müssen und sich manchmal sogar wie Aussätzige fühlen – hier bekommen sie sogar Rabatt! Die Zimmer sind gemütlich, und das Haus liegt absolut zentral.

Norlandia Otta Hotell (☎ 61 21 08 00; service@otta.norlandia.no; Ola Dahlsgate 7; EZ/DZ 685/890 nkr) Hier gibt's die besten Zimmer der Stadt – eigentlich nichts Besonderes, aber prima ausgestattet. Jeden Freitag (Eintritt frei) und Samstag (50 nkr) geht in der Disko die Post ab; sie ist v. a. bei Leuten zwischen 18 und 35 angesagt.

Essen

In Otta sind Restaurants gar nicht so dünn gesät; alle sind täglich mittags und abends geöffnet.

Milano Restaurant & Pizzeria (☎ 61 23 19 93; Storgata 17B; Antipasti 75–85 nkr, Fisch- & Fleischgerichte 85–175 nkr, Pasta & Pizza ab 75 nkr) Der beste Italiener der Stadt. Die meisten Pizzen sind typisch italienisch, aber auch ein paar dickere American Pizzas sind im Angebot. Absolut empfehlenswert.

Pillarguri Kafé (☎ 61 23 01 04; Storgata 7; Hauptgerichte 85–165 nkr) Noch eine gute Location. Die Karte ist ausgesprochen abwechslungsreich – mit norwegischen Spezialitäten (Rentierkasserolle 138 nkr) und Sushi (35 bis 58 nkr pro Stück, 128 nkr pro Teller). Um die Mittagszeit gibt's außerdem ein paar Lunchspecials.

Otta Kafé (☎ 61 23 03 24; Johan Nygårdsgate 10; Snacks 49–89 nkr, Hauptgerichte 59–135 nkr) Hier gibt's schlichte Hausmannskost: Omelettes, Steaks, Huhn, Hacksteaks usw.

Selbstversorger bekommen alles, was sie brauchen, im **Kiwi-Supermarkt** auf der Storgata.

An- & Weiterreise

Busse nach/von Lom (normal/Express 73/92 nkr, 2/1 Std.) verkehren bis zu sechsmal täglich, am Wochenende seltener. Nor-Way Bussekspress fährt täglich bis zu siebenmal nach/von Lillehammer (normal/Express 117/160 nkr, 2/1¼ Std.) und siebenmal nach Oslo (Express 370 nkr, 5 Std.); täglich steuern zwei Busse Trondheim (320 nkr, 2½ Std.) an. Die Stadt liegt zudem an der Dovre-Bahnlinie zwischen Oslo (489 nkr, 3¼ Std.) und Trondheim (420 nkr, 3 Std.) mit mindestens vier Zügen am Tag.

RONDANE-NATIONALPARK

Als „Luftschloss auf Luftschloss" beschreibt Henrik Ibsen in seinem Peer Gynt die Berge im 572 km² großen **Rondane-Nationalpark** (Rondane Nasjonal Park; www.visitrondane.com). Er wurde 1962 als erster Nationalpark Nor-

GURI RETTET DIE LAGE

Im August 1612, als Norwegen zu Dänemark gehörte und die Dänen sich mit den Schweden im Kalmarkrieg kabbelten, landeten 550 schottische Söldner in Norwegen, um sich für die Schweden zu schlagen. Auf ihrem Weg mussten sie nun auch durchs Gudbrandsdal. Die Bauern der Gegend, die vom Anmarsch der Soldaten Wind bekommen hatten, bewaffneten sich mit Äxten, Sensen und ähnlichen Gerätschaften. Sie blockierten den Weg mit Felsbrocken und Ästen und postierten mehrere ältere Männer als Ablenkung auf der anderen Seite des Flusses, die die anrückende Kolonne mit ihren Gewehren aufs Korn nehmen sollten – allerdings mit Platzpatronen.

Als sich die Schotten bei Høgkringom, 3 km südlich von Otta, einem engen Wegstück zwischen dem Fluss und einem steilen Hang näherten, raste die heldenhafte Pillarguri (Guri) auf den Hügel, um auf ihrem Hirtenhorn aus Birkenrinde die Ankunft des Feindes anzukündigen. Das war das Signal für die alten Bauern zu feuern. Absolut überzeugt davon, auf wenig Widerstand zu stoßen, erwiderten die Schotten das Feuer und ballerten über den Fluss zurück. Dann beantworteten sie Guris Hornklänge mit Hüteschwenken und Dudelsackmusik, ohne die Falle zu wittern.

Als Guri erneut in ihr Horn blies, rollten die Norweger hinter der Truppe noch mehr Felsen auf den Weg, um ihnen den Rückweg abzuschneiden. Dann griffen die Bauern mit Steinen und ihren primitiven Waffen an und metzelten das festgesetzte Truppenkontingent nieder, bis sich der Fluss vom Blut rot färbte.

Nur sechs Bauern kamen bei dem Kampf ums Leben. Die Sieger wollten die 134 überlebenden Schotten eigentlich als Gefangene zur Festung Akershus bringen. Da die Bauern aber ihre Ernte einbringen mussten und eigentlich gar keine Lust auf einen ermüdenden Fußmarsch nach Oslo hatten, ließen sie während der Siegesfeier in Kvam einfach einen Gefangenen nach dem anderen verschwinden.

Der Einfallsreichtum (und die Brutalität) der Bauern-„Armee" ist bis heute in Otta unvergessen; zur *bunad* (Tracht) dieser Gegend gehört ein völlig unnorwegisches Schottenkaro, und in der Nähe des Bahnhofs steht eine Statue von Pillarguri. Auch in Kringom erinnert eine Art Kriegerdenkmal an den Sieg: Der Hügel auf der gegenüberliegenden Flussseite wurde nach der Lokalheldin „Pillarguri" getauft.

wegens eingerichtet, um das sagenhafte Rondane-Massiv zu schützen, das viele für die schönste alpine Wanderregion Norwegens halten. Alte Rentierfanggruben und Grabhügel lassen erkennen, dass die Gegend schon seit Tausenden von Jahren besiedelt ist. Der größte Teil der Gletscherlandschaft des Parks liegt über 1400 m und zehn unwirtliche Felsgipfel gehen bis über 2000 m rauf, darunter als höchste der Rondslottet (2178 m) und der Storronden (2138m). Tiere leben in der Wildnis des Rondane in Hülle und Fülle: 28 Säugetierarten – von Lemmingen bis zu Rentieren – und 124 Vogelarten.

Wanderern bietet der Rondane alle Möglichkeiten der Welt für Touren ins Hochland; das relativ trockene Klima ist ein Extrabonus. Der optimale Zugang zum Park ist der Parkplatz Spranghausen: etwa 13 km eine relativ gute Straße von Otta den Berg rauf und dann die Mautstraße (10 nkr). Dort startet eine 6 km lange Wanderung (1½ Std.) immer geradeaus nach **Rondvassbu**, wo man auf eine beliebte bewirtschaftete DNT-Hütte stößt; es gibt aber noch weitere DNT-Hütten im Park.

Wer noch nicht müde ist, klettert von Rondvassbu aus auf den Gipfel des Storronden; Auf- und Abstieg sind zusammen in fünf Stunden zu schaffen. Den ultimativen Ausblick hat man vom etwas schwierigeren Gipfel des **Vinjeronden** (2044 m); über einen schmalen Grat ist der benachbarte Gipfel des Rondslottet erreichbar (ca. 6 Std.; Rondvassbu ist Start und Ziel).

Die allerbesten Karten sind *Rondane* (1:100 000; 99 nkr) und *Rondane Sør* (1:50 000) von Statens Kartverk.

Von der „Bom" (Mautstation) den Hügel hinunter liegt ein kleiner Laden, wo man sich mit Proviant und der Basic-Ausrüstung eindecken kann. Campen ist im Nationalpark überall erlaubt; nur am Rondvassbu darf ausschließlich in den markierten Bereichen das Zelt aufgeschlagen werden. **Mysusæter Fjellstue** (☎ 61 23 39 25; Mysusæter; B 220 nkr, DZ mit gemeinsamem/eigenem Bad 550/680 nkr) bietet

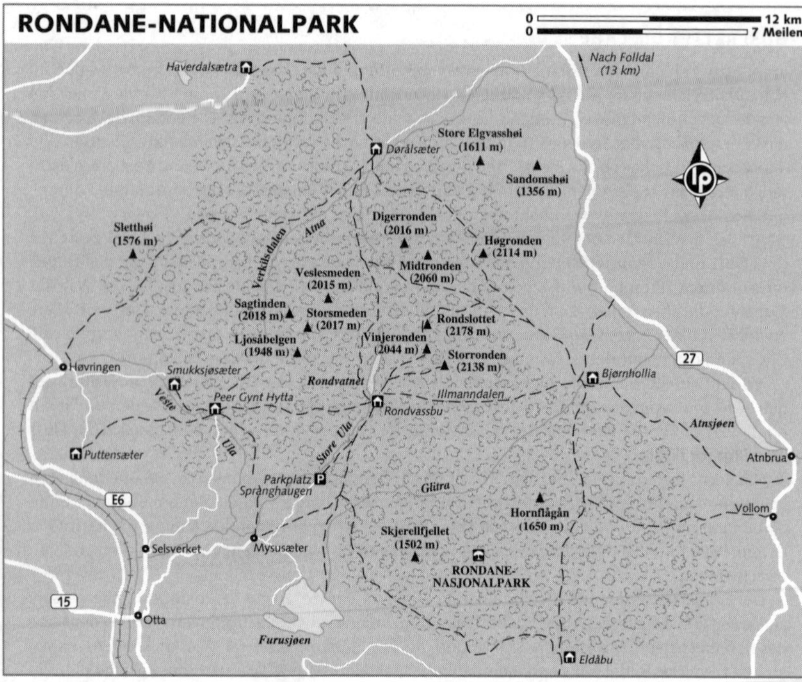

schlicht und einfach ein Dach über dem Kopf; das **Rondane Spa Høyfjellshotell** (☎ 61 23 39 33; hotel@rondane.no; Mysusæter; Vollpension ab 775 nkr pro Person) ist etwas komfortabler mit einem tollen Wellnessbereich und sogar Pediküre für gequälte Wandererfüße.

An- & Weiterreise

Busse fahren zweimal täglich zwischen Otta und Mysusæter (26 nkr, 45 Min.); von dort sind es noch 4 km bis zum Parkplatz.

Von Anfang Juli bis Ende August tuckert die Fähre *Rondegubben* dreimal täglich über Rondvatnet-See von Rondvassbu nach Nordvika (45 nkr, 30 Min.).

DOMBÅS

1200 Ew.

Dombås ist ein beliebtes Adventure- und Wintersportzentrum – ein Zwischenstopp auf der Fahrt von den Nationalparks im Hochland zu den westlichen Fjorden, der sich auf jeden Fall lohnt. Allerdings hat Oppdal (S. 171) weiter nördlich weit mehr Aktivitäten zu bieten, und für Rafting ist Sjoa (S. 173) eindeutig die bessere Adresse.

Praktische Informationen

Dovrefjell-Nationalparkzentrum (Dovrefjell Nasjonalparksenter; ☎ 61 24 14 44; dombaas@nasjonalparker.org; Sentralplassen; Eintritt frei; ⏲ Mitte Juni–Mitte Aug. 9–20 Uhr, in der übrigen Zeit kürzere Öffnungszeiten) Gehört zum Fremdenverkehrsbüro; die Ausstellungen werden allerdings im Trollpark nebenan gezeigt.

Fremdenverkehrsbüro (☎ 61 24 14 44; www.dovrenett.no; ⏲ Mitte Juni–Mitte Aug. 9–20 Uhr, in der übrigen Zeit kürzere Öffnungszeiten) Auf einem Parkplatz im Zentrum von Dombås.

Sehenswertes

Im **Dovregubbens Rike Trollpark** (☎ 61 24 12 90; Sentralplassen; Erwachsene/Kinder 40/20 nkr; ⏲ Mitte Juni–Mitte Aug. Mo–Fr 10–20 Uhr, Sa 10–19 Uhr & So 11–20 Uhr, übrige Zeit Mo–Fr 9–16 Uhr, Sa 9–14 Uhr) treiben die legendären norwegischen Trolle ihr Unwesen. Der freundlichste und mächtigste Troll haust im „Reich des Bergkönigs" (dem Dovre-Massiv). Außerdem gibt's einen Film über die Naturgeschichte der Gegend und diverse Ausstellungen – von Tierpräparaten und prähistorischen Jagdtechniken bis hin zur Gründung der Nationalparks in der Region.

MOSCHUSOCHSEN

Offiziell zählt der Moschusochse (*Ovibos moschatus*) zur Familie der *Bovidae*, doch mit seinen nächsten Verwandten, den Schafen, Ziegen und Rindern, hat er nur wenig Ähnlichkeit – und genau genommen mit gar keinem anderen Tier. Während der letzten Eiszeit verteilte sich diese Spezies über fast alle vergletscherten Regionen der Nordhalbkugel; heute ist ihr Lebensraum wesentlich stärker eingeschränkt. Wilde Herden sind in Teilen von Grönland, Kanada und Alaska anzutreffen sowie in den norwegischen Nationalparks Dovrefjell-Sunndalsfjella und Femundsmarka.

Moschusochsen bringen zwischen 225 und 445 kg auf die Waage, haben eine unglaubliche Schulterhöhe und einen gewaltigen, tief angesetzten Kopf mit breiten, flachen Hörnern, die sich erst nach vorne, dann nach außen, dann abwärts, wieder aufwärts und schließlich nach vorn krümmen. Extrem dichtes, zotteliges Fell mit verfilztem weichem Unterhaar bedeckt den ganzen Körper; wie ein Rock hängt es bis fast auf den Boden herab. Unter den vielen Haaren guckt nur der untere Teil der Beine hervor. Dadurch sieht das Tier so kompakt und stämmig aus und erinnert ein bisschen an ein mittelalterliches Turnierpferd mit langer Decke. Der Vergleich ist extrem gut: Während der Paarungszeit, wenn die männlichen Tiere ihren Harem um sich scharen, gehen sie aufeinander los – immer wieder – und crashen mit den Köpfen so heftig zusammen, dass es oft meilenweit zu hören ist. Dieser heiße Kampf dauert so lange, bis sich eines der Tiere geschlagen gibt und sich trollt.

Der natürliche Hauptfeind des Moschusochsen ist der Wolf. Ihre bevorzugte Verteidigungstaktik sieht so aus, dass die Stiere einen Kreis um die Kühe und Kälber bilden und darauf vertrauen, mit der geballten Kraft ihrer Hörner die Angreifer aufschlitzen zu können. Diese Art der Verteidigung hat sich allerdings gegen den Menschen, v.a. die grönländischen Inuit, als nutzlos erwiesen, und so wurden die Tiere stark dezimiert. Nur durch gezieltes Auswildern konnte erreicht werden, dass sich die Bestände wieder erholten.

Im Jahr 1931 wurden zehn grönländische Tiere auf dem Dovrefjell ausgesetzt. Während des Zweiten Weltkriegs verschwanden sie wieder fast vollständig, doch von 1947 bis 1953 wurden 23 weitere aus Grönland umgesiedelt. Die Herde ist heute auf etwa 80 Tiere angewachsen; ein paar sind nach Osten in den Femundsmarka-Nationalpark gezogen und haben dort eine neue Herde gegründet.

Moschusochsen reagieren nicht von Natur aus aggressiv auf Menschen, doch wenn sich ein Tier bedroht fühlt, kann es mit einer Geschwindigkeit von bis zu 60 km/h angreifen – und wehe dem, der ihm dann vor die Hörner kommt. Beim Wandern sollte man mindestens 200 m Abstand halten; macht ein Tier einen nervösen Eindruck oder scharrt mit den Hufen, sollte man nicht davonlaufen, sondern langsam rückwärts gehen, bis es sich entspannt hat.

Geführte Touren

Moskus-Safari Dovrefjell (☎ 99 70 37 66; www.moskus-safari.no) hat jede Menge gut organisierter Touren im Angebot:

Elchsafari Treffpunkt für diese Tour (200 nkr) ist das Fremdenverkehrsbüro von Mitte Juni bis Mitte August dienstags, mittwochs und donnerstags; vorher buchen.

Wanderung zum Snøhetta Die 5- bis 7-stündige geführte Wanderung zum Gipfel des Snøhetta (2286 m) findet von Mitte Juni bis Mitte August jeden Samstag statt; Mindestteilnehmerzahl ist fünf; Reservierung zwingend (400 nkr).

Moschusochsensafari Treff für die fünfstündige Tour (250 nkr) ist das Fremdenverkehrsbüro um 9 Uhr von Juni bis August; im September nur am Wochenende. Muss nicht vorher gebucht werden.

Schlafen & Essen

Bjørkhol Camping (☎ 61 24 13 31; bjorkhol@dovrenett.no; Bjørkhol; Zelt-/Wohnwagenplatz 80/110 nkr, Hütte für 2/5 Personen mit Gemeinschaftsbad 350/375 nkr, Hütte für 2–4 Personen mit Bad 450 nkr) Wahrscheinlich der freundlichste Campingplatz und einer der preiswertesten in ganz Norwegen, 7 km östlich von Dombås. Alle Einrichtungen sind im Topzustand; mehrmals am Tag fährt ein Bus von Dombås hierher.

Dombås Vandrerhjem Trolltun (☎ 61 24 09 60; firmapost@trolltun.no; B/EZ/DZ inkl. Frühstück 190/260/350 nkr) Exzellente Unterkunft etwa 1,5 km vom Zentrum entfernt abseits der kurvenreichen E 6; Abendessen für 100 nkr. Die Unterbringung ist einfach, aber sauber und superbillig.

Rica Dombås Hotell (☎ 61 24 10 01; www.dombashotel.no; EZ/DZ ab 445/670 nkr) Ein Haus der gehobenen Preisklasse mit tollem Blick über die Täler. Die Zimmer sind hell und ganz hübsch; außerdem gibt es ein gutes Restaurant. Nach einem Zimmer mit Ausblick (nach Süden) fragen.

Norlandia Dovrefjell Hotell (☎ 61 24 10 05; service@dovrefjell.norlandia.no; EZ/DZ ab 625/790 nkr) Ebenfalls eine gute Adresse mit schönen Zimmern und gerade weit genug vom Stadtzentrum, um daran zu erinnern, dass man sich hier am Rande der Wildnis befindet; abseits der E 136 etwa 2 km nordwestlich des Zentrums.

Im Shoppingcenter mitten in der Stadt befindet sich die beliebte **Frich's Cafeteria** (☎ 61 24 10 23; Sentralplassen); hier gibt's alles von Würstchen mit Pommes (45 nkr) bis Pfeffersteak. **Senter-Grillen** (☎ 61 24 18 33; Sentralplassen), ebenfalls im Shoppingcenter, macht gute Pizza. Beide Lokale sind täglich von 9 bis 23 Uhr geöffnet.

An- & Weiterreise

Dombås liegt an der Bahnstrecke zwischen Oslo (515 nkr, 3¾ Std.) und Trondheim (350 nkr, 2½ Std.). Es ist außerdem die Endstation der spektakulären Raumabanen, die zwei- bis dreimal am Tag das Romsdalen hinunter nach Åndalsnes tuckert (195 nkr, 1¼ Std.). Nach Åndalsnes (170 nkr, 2 Std.) und Ålesund (335 nkr, 4¼ Std.) geht jede Nacht ein Bus. Die Busse von Nor-Way Bussekspress halten auf ihrer Tour zwischen Bergen (685 nkr, 11¼ Std.) und Trondheim (295 nkr, 3¼ Std.) zweimal am Tag in beide Richtungen.

DOVREFJELL-SUNNDALSFJELLA-NATIONALPARK

Der 4367 km² große Nationalpark ist das größte ständige Schutzgebiet Norwegens. Er erstreckt sich über das atemberaubende Hochland um den 2286 m hohen Snøhetta und ist ein karger, aber perfekter Lebensraum für Polarfüchse, Rentiere, Vielfraße und Moschusochsen (s. Kasten S. 177). Den Snøhetta können Wanderer von Snøheim aus erklimmen (6 Std. einplanen; Details zu geführten Wanderungen s. S. 177). Das Knutshøene-Massiv (1690 m), ein Teil des Parks östlich der E 6, bietet dem artenreichsten intakten alpinen Ökosystem in ganz Europa Schutz.

Die **Fokstumyra-Sümpfe** gehören noch nicht lange zum Nationalpark. Absolut erstaunlich, wie viele Vögel hier leben: Annähernd 75 Arten nisten im Sumpfgebiet, bis zu 40 weitere können hin und wieder beobachtet werden. Zu den ungewöhnlicheren Arten, die in Wassernähe brüten, zählen Kampfläufer, Doppelschnepfe, Temminckstrandläufer, Regenbrachvogel, Seetaucher, Kiebitz, Zwerggans und Kornweihe. In den Hügeln und Wäldern drum herum haben sich Schneeammern, Ringdrosseln, Wacholderdrosseln, Meerstrandläufer, Raubwürger, Wasseramseln, Bergfinken, Wanderfalken, Mornellregenpfeifer, Sumpfohreulen, Raben und Ohrenlerchen einquartiert.

Viele dieser Vögel können von einem 7 km langen ausgeschilderten Pfad aus beobachtet werden, der durch das Naturschutzgebiet in der Nähe von Dombås führt; von Mai bis Juli ist es streng verboten, diesen Weg zu verlassen, damit die brütenden Vögel nicht gestört werden.

Für den Weg dorthin kann man im Fremdenverkehrsbüro in Dombås ein Fahrrad leihen (25/75 nkr pro Std./Tag) oder ein Taxi nehmen (ungefähr 170 nkr oneway).

Wanderer finden sich am besten mit der *Dovrefjell*-Karte (1:100 000) von Statens Kartverk zurecht. Das Knutshø-Gebiet ist allerdings nicht mit auf dieser Karte – da helfen die topografischen Karten *Einunna 1519-I* und *Folldal 1519-II* von Statens Kartverk weiter.

Schlafen & Essen

Die ursprüngliche DNT-Hütte Snøheim wurde zum Glück geschlossen, weil sie zu dicht am Armeeübungsplatz Hjerkinn lag, und durch die Selbstversorgerhütte Reinheim ersetzt, 5 km weiter im Norden auf 1341 m Höhe im Stroplsjødalen. Mehrere unbewirtschaftete DNT-Hütten gibt es auch in der angrenzenden Skrymtheimen-Region; Schlüssel bekommt man im Fremdenverkehrsbüro von Dombås.

Kongsvold Fjellstue (☎ 72 40 43 40; Fax 72 40 43 41; Kongsvold; DZ ab 550 nkr) Parkinfos, Karten, Essen und Unterkunft bietet dieser ebenso zauberhafte wie geschichtsträchtige Ort 13 km nördlich von Hjerkinn an der E 6. Die faszinierenden Holzhäuser aus dem frühen 18. Jh. schmiegen sich tief ins Drivdalen, 500 m von der winzigen Bahnstation Kongsvold (der Zug hält nur auf Anfrage). Frühstück, Mittag- und Abendessen gibt's in der Cafeteria, die zur Anlage gehört.

Hjerkinn Fjellstue (☎ 61 24 29 27; Fax 61 24 29 49; Hjerkinn; EZ/DZ 750/950 nkr) Urgemütliches Gasthaus etwa 1,5 km östlich von Hjerkinn an der Rv 29. Hier findet man auch ein Restaurant; Zelten ist möglich.

An- & Weiterreise

Es gibt keine öffentlichen Verkehrsmittel, die in den Park fahren; dafür werden Moschusochsensafaris mit Start in Dombås angeboten (s. S. 177). Das einzige Transportmittel ist ein Zug von Dombås nach Hjerkinn (72 nkr, 25 Min.).

VÅGÅ

1500 Ew.

Durchreisende werden in Vågå regelmäßig überrascht von dem Reichtum an alten Blockhäusern und Holzbauten. Die ursprüngliche hölzerne Stabkirche wurde um das Jahr 1150 errichtet und bestand aus einem einzigen Kirchenschiff; sie befand sich 300 m westlich der heutigen kreuzförmigen **Kirche** (Vågå Sentrum; Erw. 30 nkr/Kinder frei; Juni–Aug. Mo–Sa 9–19 Uhr, So 11–19 Uhr, im Juli bis 20 Uhr). Diese wurde zwischen 1625 und 1630 hochgezogen. An der Wand am Eingang sieht man noch geschnitzte Holzpaneele aus der alten Kirche mit v. a. Tierdarstellungen. Das Taufbecken stammt auch aus der originalen Kirche, das frühgotische Kreuz ist aus dem 13. Jh.

Infos hat das sehr hilfsbereite **Fremdenverkehrsbüro** (☎ 61 23 82 90; Edvard Storms veg 4; www.visitvaga.no; Mitte Juni–Mitte Aug. Mo–Do 11–17 Uhr, Fr 10–17 Uhr, Sa 10–16 Uhr & So 12–16 Uhr) parat – auch zum Jotunheimen-Nationalpark (es werden auch Karten verkauft). Außerhalb der Sommermonate erfährt man Details unter ☎ 61 23 78 80.

DER WESTEN MITTELNORWEGENS

LOM

Lom erstreckt sich auf beiden Seiten des Flusses Bøvra beim Prestfossen-Wasserfall; hier gabelt sich die Straße zum Geiranger (S. 256) und zum spektakulären Jotunheimen-Nationalpark (S. 181). Der Ort kann ziemlich überlaufen sein, weil er ein ideales Basislager für ein paar Tage Aufenthalt in der Gegend abgibt. Aber auch Lom selbst ist wunderschön und lohnt einen Nachmittagsspaziergang.

Praktische Informationen

Das gut informierte und hilfsbereite **Fremdenverkehrsbüro** (☎ 61 21 29 90; www.visitlom.com; Mitte Juni–Mitte Aug. Mo–Fr 9–21 Uhr, Sa & So 10–20 Uhr, in der übrigen Zeit kürzere Öffnungszeiten) von Lom befindet sich im Norwegischen Gebirgsmuseum; die Mitarbeiter versorgen jeden gern mit Tipps, Broschüren und Antworten auf Fragen, auf die man selbst noch gar nicht gekommen ist. Sehr praktisch ist das Fellesbillet (Erwachsene/Kinder 80 nkr/frei), mit dem man die Stabkirche, das Presthaugen Bygdemuseum und das Norwegische Gebirgsmuseum besuchen kann.

Das Fremdenverkehrsbüro bietet auch Internetzugang (1 nkr/Min.).

Wer für ein Weilchen hier bleibt, sollte sich den *Nature and Culture Guide for Lom* von Torgeir Garmo besorgen (48 nkr), in dem Wanderwege und Sehenswürdigkeiten der Gegend ausführlich beschrieben werden. Man bekommt den Guide im Fossheim Steinsenter. Wanderkarten werde im Fremdenverkehrsbüro verkauft.

Sehenswertes

STABKIRCHE VON LOM

Die hübsche romanische **Stabkirche** (☎ 61 21 73 38; Erwachsene/Kinder 40 nkr/frei; Mitte Juni–Mitte Aug. tgl. 9–20 Uhr, Mitte Mai–Mitte Juni & Mitte Aug.–Mitte Sept. 10–16 Uhr) im Stadtzentrum ist eine der schönsten in ganz Norwegen. Und ihre wunderschöne Lage auf einer Anhöhe am Wasser setzt noch eins oben drauf. Die Kirche wird heute immer noch genutzt, errichtet wurde sie ab 1170 und 1634 erweitert; 1663 erhielt sie durch den Anbau zweier Seitenschiffe ihre heutige Kreuzform. Bei den Führungen durch den Innenraum werden die Gemälde (um 1700 entstanden) sowie der Chorbogen und die Kanzel von Jakop Sæterdalen (von 1793) erläutert. Nachts wird die Kirche sanft in märchenhaftes Licht getaucht. Der Eintritt zum Gelände ist frei.

Im Souvenirladen neben der Lom Stavkyrkje versteckt sich auch ein kleines **Museum** (Eintritt 10 nkr) zur Stabkirche; es ist zu den selben Zeiten geöffnet wie die Kirche, und es gibt Pläne, die Ausstellung zu vergrößern.

FOSSHEIM STEINSENTER

Die humorvolle Ausstellung über zwanghafte Sammler im **Fossheim Steinsenter** (☎ 61 21 14 60; www.fossheimsteinsenter.no; Eintritt frei; ⌚ Mitte Juni–Mitte Aug. Mo–Sa 9–20 Uhr, So 9–19 Uhr; Mitte Aug.–Mitte Nov. & Mitte März–Mitte Juni 9–18 Uhr; übrige Zeit Mo–Fr 10–15 Uhr) sollte man sich wirklich nicht entgehen lassen. Ein absolut unvergessliches Erlebnis! Die größte europäische Sammlung seltener und schöner Steine, Mineralien, Fossilien, Edelsteine und Schmuck wird kombiniert mit einer Beratungs- und Verkaufsstelle für Steinfreaks; obendrein beherbergt das Zentrum ein großes Museum mit Gesteinsproben aus Norwegen und anderen Ländern.

Die sachkundigen Eigentümer des Steinsenter, beide begeisterte Steinsammler, tingeln auf der Suche nach besonderen Stücken durch die ganze Welt. Besonders stolz sind sie auf den norwegischen Nationalstein Thulit. Er wurde im Jahr 1820 entdeckt und wird heute in Lom abgebaut; für seine rötliche Färbung sind Manganspuren verantwortlich.

NORWEGISCHES GEBIRGSMUSEUM

Das lohnende **Gebirgsmuseum** (Norsk Fjellmuseum; ☎ 61 21 16 00; www.fjell.museum.no; Erwachsene/Kinder 60 nkr/frei; ⌚ Mitte Juni–Mitte Aug. Mo–Fr 9–21 Uhr, Sa & So 10–20 Uhr, in der übrigen Zeit kürzere Öffnungszeiten) ist gleichzeitig Besucherzentrum für den Jotunheimen-Nationalpark; es zeigt Bergsteiger-Memorabilien sowie Ausstellungen zur Natur, Kultur und Industrie in den norwegischen Bergen; ein Highlight ist das wollige Mammut(-Modell!). Außerdem wird eine tolle zehnminütige Diashow über die Berge gezeigt und der Tourismus samt seinen Auswirkungen auf die Naturlandschaft diskutiert. Oben steht ein maßstabsgetreues Modell des Parks.

FREILICHTMUSEUM PRESTHAUGEN

Wer das Gebirgsmuseum absolviert hat, findet gleich dahinter auf dem Hügel Presthaugen das **Freilichtmuseum** (Lom Bygdamuseum; ☎ 61 21 19 33; Lom; Erwachsene/Kinder 20 nkr/frei; ⌚ Juli–Mitte Aug. 12–17 Uhr, letzte Juniwoche & zweite Augusthälfte 12–16 Uhr) mit Bauernhäusern aus dem 18. und 19. Jh., diversen *stabbur* (Speicherhäusern auf „Stelzen"), einer alten Hütte (der hl. Olav soll hier übernachtet haben) und einer Sommeralm-Molkerei. Unbedingt Ausschau halten nach der Sonderausstellung zu den alten Bewässerungsmethoden im norwegischen Hochland.

Aktivitäten

Auch wenn die richtig ernsthaften Wandertouren nebenan im Jotunheimen-Nationalpark (Details s. S. 181) stattfinden – die Wanderwege in Stadtnähe sind auch nicht zu verachten; darunter mehrere mit tollem Blick auf die Täler Ottadalen und Bøverdalen. Eine beliebte Route ist die 3 km lange Rundwanderung auf den Lomseggi (1289 m) bis zur Hundert Jahre alten Steinhütte Smithbue, in der früher Carl Fridtjof Smith logierte, ein deutscher Maler des 19. Jhs.; im Fremdenverkehrsbüro sind Karten und Wegbeschreibungen zu bekommen.

Wer es einen Touch rasanter liebt, hält sich an **Lom Rafting** (☎ 95 80 90 90; www.lomrafting.no); das Büro befindet sich neben der Brücke im Stadtzentrum. Die Preise beginnen bei 450 nkr für Familienangebote.

Geführte Touren

Das **Fremdenverkehrsbüro** (☎ 61 21 29 90; www.visitlom.com) in Lom arrangiert auf Wunsch zwei- bis dreistündige Stadtführungen für Gruppen mit Schwerpunkt auf Geschichte und Kultur der Region.

Schlafen

Außer den Hütten beim Nordal Turistsenter ist hier keine preiswerte Bleibe zu kriegen; dafür müssen Reisende entlang des Tals weiter bis ins Bøverdalen (S. 183) wandern. Für alle anderen gibt es eine Handvoll guter Unterkünfte.

Nordal Turistsenter (☎ 61 21 93 00; www.nordal-turistsenter.no; Zeltplatz 110 nkr, 4-Bett-Hütte mit Gemeinschaftsbad 350 nkr, 8-Bett-Hütte mit Bad 1100 nkr, EZ/DZ 750/1050 nkr) Im Nordal Turistsenter sind Unterkünfte aller Art in einer hübschen Location zu bekommen; im Herzen der Stadt und direkt am Wasser gelegen.

Fossheim Turisthotell (☎ 61 21 95 00; www.fossheimhotel.no; EZ 700–825 nkr, DZ 850–1080 nkr, Apt. für 4 Personen 1500 nkr) Sehr nobles, aber gemütliches Hotel im traditionellen Stil am östlichen Stadtrand. Die Zimmer im Anbau sind relativ schlicht, die im Haupthaus sehr schick und gut ausgestattet; die Apartments in modernem Design in einer umgebauten Scheune sind schließlich der ultimative Luxus inklusive herrlicher Aussicht über das Städtchen.

Fossberg Hotell (☎ 61 21 22 50; www.fossberg.no; EZ/DZ ab 695/1090 nkr) Der Standard ist nicht ganz so hoch wie im Fossheim Turisthotell, aber trotzdem ist auch dieses Hotel eine super Adresse im Zentrum der Stadt. Die Zimmer sind ganz in Kiefer eingerichtet, und im Fitnessraum können sich Hotelgäste nach Herzenslust abrackern.

Essen

Fossberg Hotell (☎ 61 21 22 50; Snacks & Hauptgerichte 45–215 nkr; ⏲ Mittag & Abend) Diese Cafeteria ist immer gut gefüllt, nicht zuletzt wegen der Tische im Freien. Das Essen muss auf keiner Postkarte nach Hause erwähnt werden, aber es ist ein hübsches Plätzchen, um welche zu schreiben.

Kræmarhuset (☎ 61 21 15 60; Hauptgerichte 89–159 nkr; ⏲ 10–23 Uhr) Kræmarhuset im Stadtzentrum ist Spezialist für traditionelle Gerichte der norwegischen Berge, aber ohne viel Schnickschnack wie im Fossheim Turisthotell.

Im Nordal Turistsenter gibt es einen beliebten *gatekjøkken* (Imbiss, der fettiges Fast Food verkauft). Hier hängt die Dorfjugend bei Fish & Chips für nur 35 nkr rum. Zum Imbiss gehört auch der **Nordalsfjoset Pub** (☎ 61 21 93 08) in einer alten zweistöckigen Scheune; hier gibt's Pizza ab 135 nkr und die üblichen alkoholischen Getränke.

An- & Weiterreise

Dreimal am Tag kommen die Busse von Nor-Way Bussekspress auf ihrer Route zwischen Oslo (475 nkr, 6½ Std.) und Måløy (325 nkr, 4½ Std.) durch die Stadt. Die Busse von Ottadalen Billag halten auf ihrer Sommerstrecke zwischen Otta (85 nkr, 1 Std.) und Sogndal (215 nkr, 3½ Std., 2-mal tgl.) – über die Sognefjellstraße – auch in Lom.

JOTUNHEIMEN-NATIONALPARK

Die hohen Gipfel und Gletscher des Jotunheimen-Nationalparks (1145 km²) sind der absolute Renner unter den Naturlandschaften Norwegens. Die Wanderwege führen durch schluchtartige Täler, zu tief liegenden Seen und hinabstürzenden Wasserfällen sowie an sechzig Gletschern vorbei hinauf zu den mit über 2300 m höchsten Bergspitzen ganz Norwegens. Dazu gehören z. B. auch der Galdhøpiggen (mit 2469 m der höchste Berg Nordeuropas), der Glittertind (2452 m) und der Store Skagastølstind (2405 m). Der DNT unterhält bewirtschaftete Hütten an den meisten Wegen durch die Wildnis; an den Hauptstraßen gibt es auch jede Menge privater Unterkünfte.

Für Informationen über den Park wendet man sich in Lom ans **Fremdenverkehrsbüro** (☎ 61 21 29 90; www.visitlom.com).

Sehenswertes & Aktivitäten

SOGNEFJELLSTRASSE

Der landschaftlich phänomenale Sognefjellvegen (Rv 55), der sich in Schwindel erregender Höhe am Nationalpark entlang schlängelt, wird auch „Straße über das Dach Norwegens" genannt. Sie verbindet Lustrafjorden mit Lom und bietet Zugänge zu den zahllosen Wanderwegen. 1939 wurde sie von arbeitslosen Jugendlichen gebaut – bis auf 1434 m Höhe. Das macht sie zur höchsten Bergstraße Nordeuropas. Reisende mit fahrbarem Untersatz kommen hier nebenbei in den Genuss einer der tollsten Berglandschaften Norwegens.

Wer von Südwesten kommt, klettert durch zahlreiche Haarnadelkurven über die Baumgrenze bis nach **Turtagrø** hinauf – mit herrlichem Blick auf die **Skagastølstindane-Berge** auf der rechten Seite. Kommt man von Lom, ist der Anstieg wesentlich softer. Die Straße führt durch das wunderschöne Bøverdalen, das Tal des Bøvra-Flusses, vorbei an kleinen Seen, Gletscherflüssen, grasgedeckten Hütten und Kiefernwäldchen.

Der höchste Punkt der Straße ist auf dem **Sognefjell** erreicht. Von hier bietet sich ein überwältigender Blick auf Bergseen, Gletscher und schneebedeckte Gipfel.

Der Schnee schmilzt normalerweise nicht vor Anfang Juli, und in höheren Lagen sollte man zu jeder Jahreszeit auf Neuschnee gefasst sein. An manchen Stellen ist die Straße sehr schmal, aber es gibt jede Menge Ausweichbuchten, wo man den Gegenverkehr vorbeilassen (und natürlich den spektakulären Blick genießen) kann. Campingplätze und andere Übernachtungsmöglichkeiten gibt es entlang der Straße in Hülle und Fülle (s. S. 182).

Von Mitte Juni bis Ende August fahren die Busse von Ottadalen Billag zwischen Otta und Sogndal über die Sognefjellstraße (215 nkr, 3½ Std., 2-mal tgl.).

GALDHØPIGGEN SOMMERSKICENTER

Die Hütte Juvvashytta ist das Tor zum **Skigebiet** (☎ 61 21 17 50; Fax 61 21 21 72), das auf 1850 m in den eisigen Höhen des höchsten Berges ganz Norwegens liegt. Von Galdesand an der Rv 55 folgt man der Galdhøpiggen-Straße (70 nkr Maut) bis zum Ende in 1841 m Höhe. Die Saison dauert von Juni bis Mitte November. Mal abgesehen von den phantastischen Bedingungen zum Skifahren da oben, führt einen die Straße zum höchsten Punkt Norwegens, der mit dem Auto erreichbar ist.

MALERISCHE STRECKEN

Von Turtagrø nach Øvre Årdal

Die mautpflichtige Bergstraße von **Turtagrø** zur Industriestadt **Øvre Årdal** gehört zu den malerischsten Kurzstrecken Norwegens. Sie ist von Ende Mai bis Oktober geöffnet und führt durch hohes, wildes, baumloses Gelände. Von Ende Juni bis Ende August fährt einmal am Tag ein Bus diese Strecke (100 nkr, 1 Std.) ab. Die Fahrzeugmaut von 50 nkr wird am Pass eingesammelt. Reiseinformationen gibt's bei **Årdal Reiselivslag** (☎ 57 66 11 77).

Busse von Nor-Way Bussekspress kommen einmal am Tag auf ihrer Strecke von Lillehammer (280 nkr, 4 Std.) nach Bergen (300 nkr, 4¾ Std.) in Øvre Årdal vorbei. Es gibt auch Regional- und Expressbusse, die sechs- bis neunmal täglich nach/von Sogndal (101 nkr, 1½ Std.) fahren, und alle ein oder zwei Stunden nach/von Lærdal (67 nkr, 1 Std.). Expressbusse nach/von Oslo (410 nkr, 6 Std.) verkehren zwei- bis dreimal am Tag.

Von Randen nach Fagernes

Zwischen Randen und Fagernes klettert die Rv 51 durch die hügelige und waldige Sjodalen-Region hinauf ins weite, wilde Hochland, von wo man einen tollen Blick über Gipfel und Gletscher hat. Es ist eine der reizvollsten Bergrouten Norwegens. Hier sind viele Wanderer unterwegs, die die östlichen Ausläufer des Jotunheimen-Nationalparks ansteuern.

Die erste DNT-Hütte wurde 1878 bei **Gjendesheim** gebaut; das aktuelle Gebäude stammt jedoch zum größten Teil aus den Jahren 1935 bis 1937. Von hier brechen Wanderer zur allseits beliebten Tagestour entlang des Besseggen-Grates auf.

Von Mitte Juni bis Anfang September fahren zwei Busse täglich von Otta nach Gol über Vågå, Randen, Gjendesheim, Valdresflya und Fagernes. In Gjendesheim muss man umsteigen. Die Fahrt von Otta nach Gjendesheim dauert zwei Stunden und kostet 81 nkr. Valdresflya befindet sich nur 15 Minuten weiter.

Schlafen & Essen

Die im Folgenden genannten Unterkünfte liegen alle an der Sognefjellstraße oder sind von der Hütte Juvvashytta zu erreichen (beginnend mit den Orten, die am dichtesten an Lom liegen).

Spiterstulen (☎ 61 21 14 80; Fax 61 21 19 72; Spiterstulen; Zeltplatz 60 nkr pro Person, EZ/DZ mit Gemeinschaftsbad 350/450 nkr) Vom privaten Quartier Spiterstulen auf einer alten *sæter* (Sommeralm) ist das Skigebiet Galdhøpiggen super zu erreichen. Die reparaturbedürftige Mautstraße dorthin kostet 60 nkr pro Fahrzeug. Oder man wandert von der Leirvassbu-Hütte weiter westlich hierher – ein fünfstündiger Marsch auf ausgeschilderten Wegen.

DER TIPP VOM AUTOR

Im kleinen Lom versteckt sich eines der besten Restaurants in ganz Norwegen: das **Fossheim Hotell** (☎ 61 21 95 00; www.fossheimhotel.no; Mittag & Abend). Aus dem ganzen Land strömen die Gourmets hierher, um traditionelle norwegische Gerichte zu probieren, die nach Art des früheren Besitzers und berühmten Kochs Arne Brimi gekocht werden. Zu seinen besonderen Spezialitäten gehören Wildforelle, Rentier, Elch und Schneehuhn. Das Mittagsbüfett ist äußerst empfehlenswert (ab 225 nkr); abends werden allerdings nur komplette Menüs serviert. Das einfachere Menü kostet 300 nkr, das Arne-Brimi-Special ganze 485 nkr. Draußen auf der wunderschönen Gartenterrasse gibt's günstigere (aber dennoch erstklassige) Gerichte für 80 bis 160 nkr. Außerhalb der Sommermonate können die Öffnungszeiten variieren; vorher anzurufen ist daher sinnvoll. Auf der anderen Seite des Parkplatzes liegt das **Brimi Bue** (☎ 61 21 95 92; Mitte Juni–Mitte Aug. 9–21 Uhr); dort findet man die Kochbücher des berühmten Arne Brimi, Tischwäsche und Biokost.

MITTELNORWEGEN

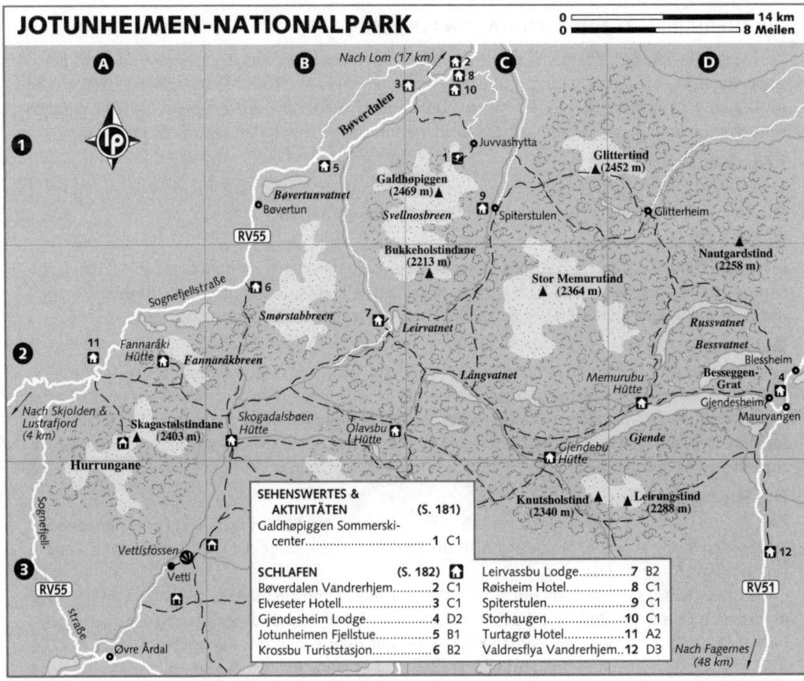

Bøverdalen Vandrerhjem (☎/Fax 61 21 20 64; Bøverdalen; B 110 nkr, EZ/DZ mit Gemeinschaftsbad 200/270 nkr, mit Dusche 390/490 nkr; ⌚ Juni–Sept.) Schönes Hostel am Flussufer mit einem kleinen Café, sauberen Zimmern und einer phantastischen Umgebung, die man richtig genießen kann, sobald die Tagesausflügler abgezogen sind.

Røisheim Hotel (☎ 61 21 20 31; www.roisheim.no; Bøverdalen; EZ/DZ ab 890/990 nkr) Ein Hotel mit viel Charme und einer gelungenen Kombination aus rustikalem Ambiente in historischen Gebäuden und modernem Komfort. Ziemlich schlicht, aber trotzdem ein wunderschönes Plätzchen, an dem man gern ein bisschen bleibt.

Storhaugen (☎/Fax 61 21 20 69; Bøverdalen; Selbstversorger im Haus ab 525 nkr, Hütte 350–1500 nkr) Eine Unterkunft der gehobenen Preisklasse mit sehr gutem Ruf ist der reizende Bauernhof von Marit und Magner Slettede. Von dem traditionellen, ganz aus Holz gebauten Hof hat man einen tollen Blick über die Höhen des Jotunheimen und das Bøverdalen. Bei Galdesand nach Süden in die Straße nach Galdhøpiggen abbiegen; nach 1,5 km kündigt ein Schild Storhaugen an; dort rechts in die Straße biegen.

Elvesæter Hotell (☎ 61 21 20 00; Bøverdalen; EZ/DZ 750/750 nkr, Abendessen 225 nkr) Dieses komfortable Hotel hat einen ganz besonderen Reiz: Gleich gegenüber steht die Sagasøyla, eine 32 m hohe geschnitzte Holzsäule, auf der die Geschichte Norwegens von der Vereinigung im Jahr 872 bis zur Verfassung 1814 erzählt wird.

Leirvassbu Lodge (☎ 61 21 29 32; Fax 61 21 29 21; DNT-Mitglieder/Nichtmitglieder B 130/140 nkr, EZ/DZ mit Bad 310/540 nkr) Die typische Berghütte, in 1400 m Höhe am Leirvatnet-See gelegen, ist ein gutes Basislager für Wandertouren im Jotunheimen; geführte Gletscherwanderungen auf dem Smørstabbreen kosten 500 nkr. Obwohl die Hütte wirklich groß ist, kann es v. a. in der Hochsaison ziemlich eng werden. Für die Zufahrtstraße zahlt man pro Auto 40 nkr Maut.

Jotunheimen Fjellstue (☎ 61 21 29 18; www.jotunheimen-fjellstue.no; EZ 600–750 nkr, DZ 1200–1500 nkr, HP ab 895 nkr pro Person) Eine moderne Berg-

WANDERN IM JOTUNHEIMEN-NATIONALPARK

Die Möglichkeiten zum Wandern im Jotunheimen Nationalpark sind praktisch endlos und alle gleich spektakulär. Mit Abstand am besten sind die Karten *Jotunheimen Øst* und *Jotunheimen Vest* (1:50 000; je 95 nkr) von Statens Kartverk. Das Fremdenverkehrsbüro hat gute Tipps und einige Wegbeschreibungen parat und organisiert geführte Wanderungen durch den gesamten Nationalpark.

Krossbu

Bei Krossbu, in der Nähe vom oberen Bøverdal, beginnt ein Gewirr von Wanderwegen. Von hier aus bietet sich eine kurze Tagestour zum Smørstabbreen-Gletscher an.

Galdhøpiggen

Mit vielen dramatischen Bergkesseln, Kämmen und Gletschern und einem Aufstieg in 1470 m Höhe ist diese achtstündige Tagestour mit Start an der Hütte Spiterstulen absolut nicht ohne. Zwar ist der Weg gut ausgeschildert, aber Karte und Kompass sollten im Gepäck nicht fehlen.

Øvre Årdal

Eine Tour ab Øvre Årdal führt 12 km nach Nordosten durch das Utladal hoch bis zum Hof Vetti. Von dort gehen Wanderwege zum Vettisfossen (275 m) – gemeinhin als Norwegens höchster frei fallender Wasserfall bezeichnet – und zu der selten benutzten unbewirtschafteten Hütte Stølsmaradalen. Die Tour ist auch ein alternativer Zugang über das obere Utladal zu längeren Strecken im Jotunheimen-Nationalpark.

Die Hurrungane-Berge

Das sagenhafte Hurrungane-Massiv erhebt sich düster am westlichen Ende des Parks. Die meisten erfahrenen Bergsteiger bewältigen ohne Probleme eine ganze Reihe der markanten Gipfel; andere sind nur was für Profi-Kletterer.

Für eine richtig schöne und angenehme Wanderung ziehen die meisten den Weg von Turtagrø in Richtung Osten vor. Vom Hotel gelangt man nach einem vierstündigen Marsch zur höchstgelegenen DNT-Hütte Norwegens namens Fannaråki auf dem Gipfel des Fannaråken (2069 m). Die Aussicht von dort ist schon phänomenal! Weiter geht es zunächst 500 m entlang der Straße, dann biegt man ins Helgedal ab. Bei der Hütte Ekrehytta beginnt mit einem schmalen Pfad die 800 m lange Kraxelei zum Gipfel.

hütte in wunderschöner Umgebung; Zimmer und Essen sind sehr ordentlich.

Krossbu Turiststasjon (☎ 61 21 29 22; Fax 61 21 26 80; Zi. 400–600 nkr) Die größeren Zimmer in diesem Häuschen an der Straße sind mit Bad; auf Wunsch gibt es auch Abendessen. Geführte Gletscherwanderungen und -kurse kosten 250 nkr (4 bis 6 Std.).

Turtagrø Hotel (☎ 57 68 08 00; www.turtagro.no; EZ/DZ 1010/1280 nkr, Turmzi. 1275/1640 nkr, Vollpension ab 1255/1810 nkr; 💻) Das historische Wander- und Bergsteigerzentrum hat eine angenehme, lockere Atmosphäre und ist der ideale Ausgangspunkt für Touren im Jotunheimen/Hurrungane. Das Hauptgebäude brannte 2001 komplett ab; an seiner Stelle steht jetzt ein Haus in dezent modernem Design, mit herrlichem Ausblick und urgemütlichen Zimmern. Das Zentrum bietet außerdem einwöchige Kletterkurse sowie geführte Tagestouren (Wandern, Klettern, Skilaufen) an und hat auch neue Wanderwege angelegt. Die Bar hängt voll von alten Fotos von Bergbesteigungen in Norwegen. Im Speiseraum kommen wunderbar herzhafte Mahlzeiten auf den Tisch (das Tagesgericht für 89 nkr gibt's bis zum späten Nachmittag), und in der Bibliothek kommt man ins Internet.

Auf der anderen Seite der Berge, am östlichen Ende des Jotunheimen-Nationalparks, befinden sich die beliebte **Gjendesheimhütte** (☎ 61 23 89 10; Fax 61 23 89 65; DNT-Mitglieder B 90–185 nkr, Nichtmitglieder B 150–235 nkr) und das ruhige, gut geführte **Valdresflya Vandrerhjem** (☎ 94 10 70 21; Valdresflya; B/EZ/DZ 130/225/280 nkr). Hier ist man stolz drauf, das höchst gelegene (1389 m) Hostel Nordeuropas zu sein. Es gibt keine Gästeküche, aber dafür Frühstück/Abendessen für 60/105 nkr; tagsüber werden im Café leckere Waffeln für die vorbeikommenden Wanderer gebacken. Beide Unterkünfte liegen etwa 15 Autominuten südlich von Gjendesheim.

Für den Rückweg kann man denselben Weg nehmen oder einen gut ausgeschilderten Weg am Osthang; von dort geht's zurück zur Ekrehytta. Wer Lust auf einen mehrtägigen Trip hat, kann auch ins Gjertvassdalen absteigen bis zur Skogadalsbøen-Hütte und sich dort für einen der unzähligen Wege nach Osten durch den Jotunheimen-Nationalpark entscheiden.

Besseggen

Wenn man über Wanderungen im Jotunheimen-Nationalpark spricht, darf der Besseggen-Grat auf gar keinen Fall fehlen – die beliebteste Wandertour in Norwegen. Man könnte fast sagen, sie ist *zu* beliebt: In den drei Monaten im Jahr, in denen der Grat passierbar ist, sind dort mindestens 30 000 Wanderer unterwegs. Wer für Menschenansammlungen nichts übrig hat, sollte also nach einem anderen Weg Ausschau halten; wer aber für eine der spektakulärsten Routen Norwegens auf Einsamkeit verzichtet, wird es wahrscheinlich nicht bereuen. Henrik Ibsen schrieb über den Bessegen: „Der Grat zieht sich sensenscharf Meilen um Meilen dahin ... Narben und Gletscher ziehen sich den Abgrund hinab bis zu den glasklaren Seen, 1600 Fuß [ca. 500 m] tief auf beiden Seiten." Der Grat erschien Ibsen so Furcht einflößend, dass er hier seinen Helden Peer Gynt auf einem Rentier entlang reiten und in den See hinunterstürzen ließ.

Die Tagestour von Gjendesheim zur Memurubu-Hütte dauert etwa sechs Stunden und erreicht ihren höchsten Punkt in 1743 m Höhe. Von der Gjendesheim-Hütte folgt man dem vom DNT ausgeschilderten Pfad etwa dreißig Minuten in Richtung Glitterheim; dort geht's bei einer Weggabelung nach links in die Vektløyfti-Schlucht, die nach oben auf das flache Veslefjellet-Plateau führt.

Nach einem kurzen Abstieg vom Plateau kommt man auf einen Pfad zum Besseggen-Grat. Der Bergkamm trennt den tiefblauen Bessvatnet-See von dem 18 km langen gletschergrünen Gjende-See; diese Farbe verdankt er den 20 000 t feinsten Gesteinsmehls, die der Memuru-Fluss jedes Jahr anschwemmt.

Der Besseggen ist nirgends schmaler als 10 m und wirkt v. a. aus der Ferne so bedrohlich. Nachdem der Bessvatnet passiert ist, führt der Weg an einem kleinen Gebirgssee vorbei, dem Bjørnbøltjørna; kurz darauf beginnt der Abstieg zu der modernen, chaletartigen Memurubu-Hütte.

Dort kann man entscheiden, ob man lieber mit dem Schiff *MS Gjende* zurück nach Gjendesheim schippert (67 nkr, 30 Min., im Sommer 5-mal tgl.), den Weg zu Fuß oder per Schiff (67 nkr, 30 Min.) nach Westen zur Gjendebu-Hütte fortsetzt oder gen Norden nach Glitterheim weiterwandert.

HARDANGERVIDDA

Das Hardangervidda-Plateau mit seiner rauen und wilden Schönheit gehört zum 3430 km² großen Hardangervidda-Nationalpark; in den wunderbaren Tundralandschaften des Parks leben die größten wilden Rentierherden (Karibuherden) Norwegens. Schon früher ging hier die Handels- und Reiseroute durch, die Ost- und Westnorwegens miteinander verband; heute durchkreuzen die wichtigsten Bahn- und Autostrecken von Oslo nach Bergen diesen Landstrich.

Der letzte Schnee schmilzt hier erst Anfang August, und auf Neuschnee muss man zu jeder Jahreszeit gefasst sein. Dennoch schwärmen Wanderer von den tollen Möglichkeiten und Wintersportler genießen sowieso die aufgrund der Höhenlage nicht enden wollende Langlaufsaison. Für Informationen zu den Adventuresport-Angeboten auf dem Plateau s. Kasten S. 147 oder im Hardangervidda-Nationalparkzentrum (S. 148) nachfragen.

Die Karten *Hardangervidda Øst* und *Hardangervidda Vest* (beide im Maßstab 1:100 000) von Statens Kartverk sind für Wanderer und Skiläufer Gold wert.

GEILO

2300 Ew.

Bei Geilo (Jey-lo gesprochen), auf halbem Weg zwischen Oslo und Bergen, kann man praktisch vom Zug direkt in den Skilift steigen. Und im Sommer gibt's in der Gegend viele schöne Wanderwege. Ein beliebtes Ziel – und gar nicht so weit weg – ist der riesige, plateauartige Berg Hallingskarvet mit mehreren kleinen Gletschern. Weitere Infos bekommt man in Geilo im **Fremdenverkehrsbüro** (☎ 32 09 59 00; turistinfo@geilo.no; ⌚ Juli–Mitte Aug. Mo–Fr 9–21 Uhr, Sa & So 9–17 Uhr, Mitte Aug.–Juni kürzere Öffnungszeiten).

MITTELNORWEGEN

Aktivitäten

Geilo Aktiv (☎ 32 09 39 50; tore.haugen@geiloaktiv.com) bietet von Juli bis Mitte September dreimal in der Woche Gletschertrekking auf dem Hardangerjøkulen (1862 m) an. Die zehnstündige Standardtour (inkl. Zugfahrt bis Finse und zurück) kostet 575 nkr pro Person. Außerdem sind verschiedene Raftingtouren (650 bis 800 nkr), Riverboarding (700 bis 800 nkr) und einmal die Woche eine zweistündige Elchsafari (375 nkr) im Angebot.

Schlafen & Essen

Für seine Größe hat Geilo eine verbüffende Auswahl an Unterkünften; die meisten sind speziell für die einfallenden Scharen von Outdoor- und Adventuresportler. Das Fremdenverkehrsbüro hat ein Verzeichnis mit sämtlichen Informationen und Preisen der verschiedenen Locations.

Zu den günstigeren Adressen zählen: **Øen Turistsenter & Geilo Vandrerhjem** (☎ 32 08 70 60; geilo.hostel@vandrerhjem.no; Lienvegen 137; B 130–160 nkr, DZ 400–500 nkr, Frühstück 60 nkr); **Haugen Hotell** (☎ 32 09 06 44; Fax 32 09 03 87; Gamleveien 16; EZ/DZ ab 500/790 nkr), ein supergünstiges Sommerhotel, 500 m vom Zentrum entfernt, und **Ro Hotell & Kro** (☎ 32 09 08 99; Fax 32 09 07 85; Geilovegen 55; EZ/DZ 525/690 nkr, Abendessen ab 85 nkr).

Ein Rimi-Supermarkt befindet sich zwischen dem Fremdenverkehrsbüro und der Hauptstraße von Geilo.

An- & Weiterreise

Der einzige Fernbus von Geilo fährt ein- bis zweimal am Tag nach Kongsberg (235 nkr, 3¼ Std.). Viele Besucher kommen mit dem Zug von Oslo (450 nkr, 3½ Std.) oder Bergen (390 nkr, 3 Std.).

FINSE

Von Geilo Richtung Westen klettern die Bahnschienen 600 m durch eine tundraartige Landschaft mit Seen und verschneiten Gipfeln bis nach Finse rauf. Es liegt auf 1222 m Höhe in der Nähe des Hardangerjøkulen-Gletschers. Die Gegend ist im Winter ideal zum Langlaufen und im Sommer zum Wandern; ein Dauerbrenner ist die vierstündige Wanderung zur Gletscherspitze Blåisen des Hardangerjøkulen. Die große drei- bis viertägige Tour von Finse nach Aurland führt durch das Aurlandsdalen zum Aurlandsfjord; auf dem Weg gibt's eine Reihe DNT- und Privathütten im Abstand von einem Tagesmarsch. Finsehytta liegt am nächsten, nur 200 m vom Bahnhof Finse entfernt. Für weitere Infos zu dieser Route s. S. 234.

Sehenswertes

BAHNARBEITERMUSEUM FINSE

Das **Museum** (Rallarmuseet Finse; ☎ 56 52 69 66; Erwachsene/Kinder 40/20 nkr; ⌚ Juli–Sept. 10–20 Uhr) östlich vom Bahnhof Finse ist voll und ganz der Geschichte der Bergenbahn, der Bahnstrecke zwischen Oslo und Bergen, gewidmet – und nicht zuletzt den 15 000 Menschen, die in 2,5 Mio. Arbeitstagen diese schwer erkämpfte Strecke entworfen und gebaut haben.

RALLARVEGEN

Der Rallarvegen, die Bahnarbeiterstraße, war früher die Versorgungsstrecke für die Arbeiter der Bergenbahn (am 27. November 1909 eröffnet). Heute verläuft die 80 km lange Asphalt- und Schotterstraße von Haugastøl durch Finse bis nach Flåm; eine 43 km lange Abzweigung am Ende des Gravhals-Tunnels bei Upsete schlängelt sich durch das Raundalen bis nach Voss. Der Abschnitt von Storurdivatn nach Myrdal über Finse führt durch eine wunderschöne Hochplateaulandschaft – Radfahrer und Fußgänger only! Auf den Abschnitten im Flåmtal und dem Raundalen dürfen auch Autos fahren. Die beliebte Strecke von Vatnahalsen nach Flåm fällt auf 29 km 865 m ab, besonders am Anfang mit einer Menge Haarnadelkurven.

Für Radfahrer und Wanderer sind die Bedingungen für Touren von Mitte Juli bis Mitte September optimal, weil dann auf jeden Fall der Schnee geschmolzen ist. Die meisten bevorzugen die Route von Osten nach Westen, weil es in diese Richtung merklich bergab geht.

Schlafen & Essen

Wer seine Kronen beisammen halten will, findet in der bewirtschafteten DNT-Hütte **Finsehytta** (☎ 56 52 67 32; DNT-Mitglieder B 90–190 nkr, Nichtmitglieder B 160–240 nkr) eine angemessene Bleibe; das nette **Finse 1222** (☎ 56 52 71 00; booking@finse1222.no; VP 850–1100 nkr) bietet gemütliche Zimmer in Sichtweite des Gletschers, und abends gibt's ein klasse Drei-Gänge-Menü.

An- & Weiterreise

Fünf Züge fahren täglich zwischen Oslo (480 nkr, 4½ Std.) und Bergen (310 nkr, 3 Std.).

MYRDAL

In Myrdal, etwas westlich von Finse, kreuzen sich die Strecken der Bergenbahn und der irrsinnig steilen Flåmbanen. Obendrein ist Myrdal ein berühmter Stopp auf der „Norwegen in a Nutshell"-Tour. Die Flåmbanen windet sich 20 km den Berg runter bis zum Städtchen Flåm am Aurlandsfjord, einem Seitenarm des Sognefjord. In Flåm legen Fähren zur spektakulären Fahrt über den Nærøyfjord nach Gudvangen ab; von dort fährt ein Bus weiter über die malerische Straße nach Voss. Für weitere Informationen s. S. 230 oder S. 443.

Bergen & Die südwestlichen Fjorde

INHALT

Hier gibt es alles vom abgeschiedenen Bauernhof hoch auf den Felsklippen eines Fjordes bis hin zum quirligen Café am Wasser in mondänen Städten: Es heißt nicht zu Unrecht, dass dies die schönste Ecke Norwegens sei.

Egal, wo man hinschaut, es wimmelt nur so von einmaligen und atemberaubenden Fotomotiven. Der Hardangerfjord mit seinen herrlich grünen Küstenstreifen wirkt im Vergleich zu seinen Verwandten weiter im Norden geradezu gepflegt, und mehrere reizende Dörfer, insbesondere Eidfjord und Ulvik, bieten sich als Ausgangspunkt für Erkundungen an. Am legendären und wunderschönen Lysefjord locken die weltberühmten und schwindelerregenden Aussichtspunkte Preikestolen (Felskanzel) und Kjeragbolten, die dem ansonsten eher beschaulichen Fjord einen abenteuerlichen Touch verleihen. Ganz und gar nicht beschaulich ist hingegen Voss, das norwegische Mekka der Extremsportbegeisterten.

Die zwei größten Städte der Region, Bergen und Stavanger, sind die Tore zu den Fjorden des Südwestens und bieten all das, was Oslo nicht hat: bedeutende Architektur, faszinierende Geschichte und pulsierende Weltoffenheit. Bergen ist schlichtweg ein Juwel, eine der schönsten Städte der Welt mit einer reichen Geschichte im Seehandel und einer Fülle von historischen Bauten, die auf Schritt und Tritt an ihre Vergangenheit erinnern. Stavanger ist vielleicht eine der meistunterschätzten Städte Norwegens. Dabei ist sie eine Stadt zum Wohlfühlen mit zahlreichen Attraktionen und außergewöhnlicher Architektur in der Nähe des hübschen Hafens.

Obwohl es im Rest des Landes so viel zu sehen gibt, könnte man problemlos die gesamte Reisezeit hier verbringen – mit dem Gefühl, das Beste gesehen zu haben, was Norwegen zu bieten hat.

HIGHLIGHTS

- In Bergen durch das historische Handelsviertel und Unesco-Weltkulturerbe **Bryggen** (S. 193) flanieren
- Den Lärm und das tolle Essen auf dem berühmten Hafenmarkt **Torget** aufsaugen (S. 193)
- Den **Preikestolen** (S. 225) oder **Kjeragbolten** (S. 226) erklimmen
- Eine relaxte Bootsfahrt den **Hardangerfjord** hinauf (S. 207)
- Durch das weltoffene **Stavanger** schlendern, besonders entlang der historischen Holzhäuser der Altstadt (S. 216)
- In **Voss** den ultimativen Kick im freien Fall oder tosenden Wasser erleben (S. 207)

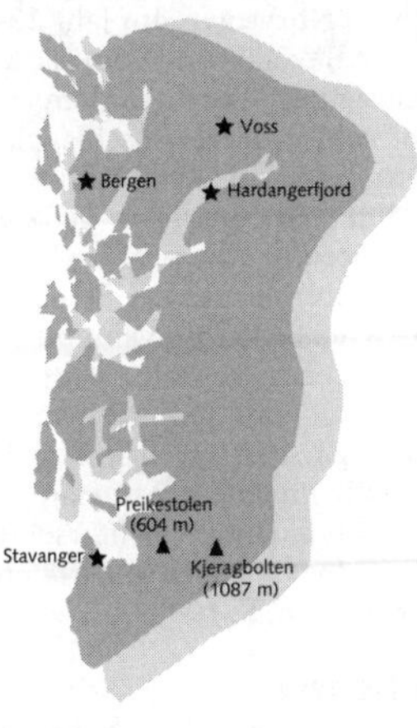

FLÄCHE: 23 515 km^2	**HÖCHSTE ERHEBUNG**: FOLGEFONN (1654 m)	**BEVÖLKERUNG**: 833 900

An- & Weiterreise

Die Verkehrsverbindungen von und nach Bergen gehören zu den besten des Landes, und nirgendwo ist die Anreise spektakulärer als auf der Bahnstrecke Oslo–Bergen (S. 13). Im schwierigen Terrain voranzukommen ist überhaupt kein Problem, dank der Tunnels durch die Berge und der Fähren, die nur darauf warten, die Passagiere übers Wasser zu schippern. Tipp: ein Exemplar des *Fjord Norway Travel Guide* (kostenlos) vom Fremdenverkehrsbüro in Bergen (S. 191) besorgen oder www.fjordnorway.com besuchen; beide bieten umfangreiche Infos zu Transport (und Unterkünften).

BERGEN

212 600 Ew.

Bergen ist eine phantastische, wunderschöne Stadt. Mit ihrem Unesco-Weltkulturerbe Bryggen, ihren einmaligen alten Häusern, dem lebhaften Fischmarkt, der Seilbahn mit überwältigenden Aussichten, tollen Museen und einem dynamischen Kulturleben wird man für jede Minute, die man hier verbringt, reichlich belohnt. Und obwohl es die zweitgrößte Stadt Norwegens ist, versteht es Bergen irgendwie, sich einen gemütlichen Lebensrhythmus zu bewahren.

Geschichte

Im 12. und 13. Jh. war Bergen die Hauptstadt von Norwegen. Im Jahr 1349 wurden 70 % der Bevölkerung vom schwarzen Tod ausgelöscht; trotzdem war Bergen im frühen 17. Jh. zum Handelsumschlagplatz Skandinaviens und mit 15 000 Einwohnern zur einwohnerstärksten Stadt ganz Norwegens aufgestiegen.

Die Halbinsel, auf der Bergen sich befindet, ist von sieben Bergen und sieben Fjorden umgeben. Deshalb ist die Geschichte der Stadt eng mit dem Meer verbunden. Sie gehörte zu den wichtigsten Häfen der Hanse, die im späten Mittelalter den nordeuropäischen Handel beherrschte und Bergen zu seiner malerischen Hafenfront verhalf (s. Kasten, S. 193).

Orientierung

In der hügeligen Umgebung von Bergen erstrecken sich die Vorstädte auf Halbinseln und Inseln, aber das Zentrum ist angenehm kompakt und leicht zu Fuß zu erkunden. Die Bus- und Bahnstationen befinden sich nur einen Häuserblock voneinander entfernt in Strømgaten – ein 10-minütiger Spaziergang Richtung Südosten von den Fähranlegestellen. Die meisten Restaurants, Hotels, Museen, Sehenswürdigkeiten und malerischen Straßen und Passagen drängeln sich rund um Vågen, den inneren Hafen.

Praktische Informationen

BIBLIOTHEK

Bergen Bibliothek (Karte S. 194/95; ☎ 55 56 85 00; Strømgaten 6; ⌚ Mo–Do 10–18 Uhr, Fr 10–16.30 Uhr, Sa 10–15 Uhr) Gute Auswahl an ausländischen Zeitungen.

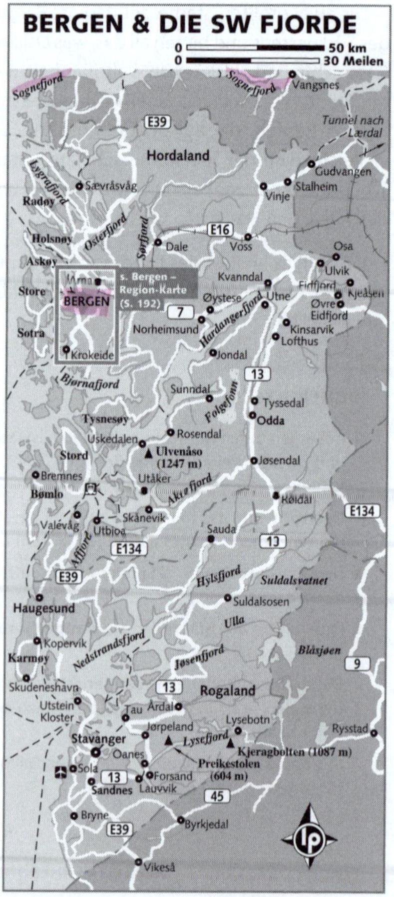

BUCHLÄDEN

Norli (Karte S. 194/95; ☎ 55 90 90 40; Torgalmenningen 7; ⌚ Mo–Fr 9 –20 Uhr, Sa 9–16 Uhr) Reiseführer und Bücher in Hülle und Fülle.

GELD

Geld wechseln kann man im Postamt, im Fremdenverkehrsbüro (3 % unter den Bankkursen) oder in einer der zahllosen Banken (großteils mit Geldautomaten) im Zentrum der Stadt.

GEPÄCKAUFBEWAHRUNG

Schließfächer gibt's im Bahnhof und Busbahnhof ab 30 nkr.

INTERNETZUGANG

Bergen Bibliothek (Karte S. 194/95; ☎ 55 56 85 00; Strømgaten 6; freier Eintritt; ⌚ Mo–Do 10–18 Uhr, Fr 10–16.30 Uhr, Sa 10–15 Uhr)

Bergen Internetcafé (Karte S. 194/95; Kong Oscars Gate 2B; 45 nkr pro Std.; ⌚ 9–23 Uhr)

Bergen Print Shop (Karte S. 194/95; ☎ 55 32 72 48; Torggaten 11; 15/45 nkr je 15 Min./Std.; ⌚ Mo–Fr 9–16 Uhr)

Cyberhouse (Karte S. 194/95; Hollendergaten 3, 50 nkr pro Std.; ⌚ 9–23 Uhr)

MEDIZINISCHE VERSORGUNG

Apotheke (Karte S. 194/95; ☎ 55 21 83 84; Busbahnhof; Mo–Sa 8–23 Uhr, So 10–23 Uhr)

Legevakten-Klinik (Karte S.194/95; ☎ 55 56 87 00; Vestre Strømkaien 19; ⌚ 24 Std.) Für Notfälle.

NOTFALL

Feuer (☎ 110)

Krankenwagen (☎ 113)

Polizei (☎ 112)

POST

Hauptpostamt (Karte S. 194/95; Småstrandgaten; ⌚ Mitte Juni–Mitte Aug. Mo–Fr 8–20 Uhr, Sa 9–18 Uhr, kürzere Öffnungszeiten außerhalb der Saison)

REISEBÜROS

Kilroy Travel (Karte S. 194/95; ☎ 02633; www.kilroytravels.com; Vaskerelven 16; ⌚ Mo–Fr 10–17 Uhr, Sa 10–15 Uhr) Spezialist für Studententickets.

TOURISTENINFORMATION

Bergen Turlag DNT (Karte S. 194/95; ☎ 55 32 22 30; Fax 55 32 81 15; Tverrgaten 4; ⌚ Mo–Mi 10–16 Uhr, Do 10–18 Uhr, Fr 10–16 Uhr, Sa 10–14 Uhr) Karten und Infos über Wandermöglichkeiten und Hüttenunterkünfte in der gesamten Region Bergen.

BERGEN CARD

Die Bergen Card (Erwachsene 165/245 nkr für 24/48 Std., Kinder 70/105 nkr) lohnt sich angesichts der gepfefferten Eintrittspreise. Allerdings nur, wenn man gut plant, früh loszieht und nicht trödelt, während die Karte gültig ist. Sie bietet freie Fahrt mit den Regionalbussen und der Seilbahn Fløibanen, kostenloses Parken auf den Straßen, Gratiseintritt in den meisten Museen, vergünstigten Eintritt bei anderen Sehenswürdigkeiten (z. B. Troldhaugen, Bergen Aquarium), kostenlose Führungen durch Bergen, 10 bis 35 % Nachlass auf Stadt- oder Bootsrundfahrten und 25 % Ermäßigung bei Konzerten und kulturellen Veranstaltungen. Für Autofahrer rentiert sich die Karte schon allein wegen des kostenlosen Parkens.

Die Bergen Card ist im Fremdenverkehrsbüro, manchen Hotels und Campingplätzen sowie am Busbahnhof erhältlich.

Besucherzentrum Bryggen (Besøkssenter; Karte S. 194/95; ☎ 92 08 93 53; Bryggen 19; Erwachsene/Kinder 20 nkr/gratis; ⌚ Juni–Aug. 9–18 Uhr) Wer mehr über Bryggen erfahren möchte, ist hier genau richtig.

Fremdenverkehrsbüro (Turistinformasjonen, Karte S. 194/95; ☎ 55 55 20 00; www.visitbergen.com; Vågsallmenningen 1; ⌚ Juni–Aug. 8.30–22 Uhr, Mai & Sept. 9–20 Uhr, Okt.–April Mo–Sa 9–16 Uhr) Es überrascht nicht, dass dieses Office eines der besten und betriebsamsten des Landes ist. Hier bekommt man die kostenlose Broschüre *Bergen Guide*, einen unentbehrlichen Partner für Erkundungstouren durch die Stadt; die Broschüre ist auch in vielen Hotels erhältlich. Das Office findet man in der Halle der alten Den Norske Bank (1862). Während der Wartezeit lohnt sich ein Blick auf die drei Freskenwände, gemalt von Axel Revold zwischen 1921 und 1923.

WASCHSALON

Jarlens Vaskoteque (Karte S. 194/95; ☎ 55 32 55 04; Lille Øvregaten 17; Waschen/Waschmittel/Trocknen 45/5/15 nkr; ⌚ Mo, Di & Fr 10–18 Uhr, Mi & Do 10–20 Uhr, Sa 10–15 Uhr) Der Komplettservice dauert 2 Std.

Sicherheit

Bergen ist zwar grundsätzlich eine sichere Stadt, aber es ist allgemein bekannt, dass Taschendiebe beim Torget-Fischmarkt und in Bryggen ihren Job machen. Deshalb sollte man am besten immer ein Auge auf seine Habseligkeiten haben.

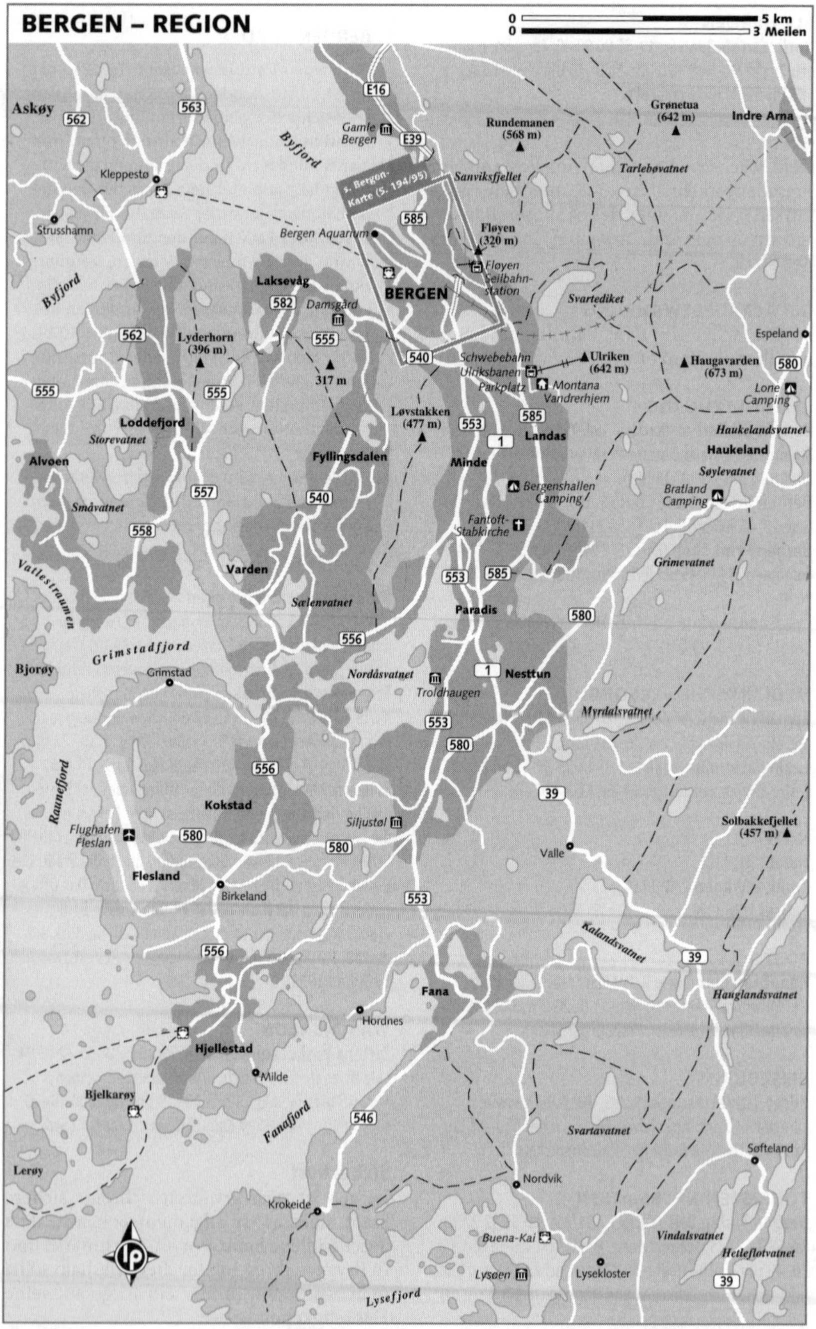

BERGEN – REGION
0 5 km
0 3 Meilen
Askøy
562
563
Kleppestø
Strusshamn
Byfjord
E16
Gamle Bergen
E39
s. Bergen-Karte (S. 194/95)
Rundemanen (568 m)
Grønetua (642 m)
Indre Arna
Sanviksfjellet
Tarlebøvatnet
585
Bergen Aquarium
Fløyen (320 m)
Fløyen Seilbahn-station
Laksevåg
BERGEN
582
Damsgård
Svartediket
Espeland
Lyderhorn (396 m)
555
317 m
540
Schwebebahn Ulriksbanen Parkplatz
Ulriken (642 m)
Montana Vandrerhjem
Haugavarden (673 m)
580
Lone Camping
Løvstakken (477 m)
553
1
Landas
Haukelandsvatnet
Haukeland
Loddefjord
Storevatnet
Alvøen
Fyllingsdalen
Minde
Søylevatnet
Bergenshallen Camping
Bratland Camping
557
Småvatnet
Fantoft-Stabkirche
558
Vatlestraumen
Varden
Grimevatnet
Paradis
Sælenvatnet
556
Grimstadfjord
Bjorøy
Grimstad
Nordåsvatnet
Troldhaugen
Nesttun
Myrdalsvatnet
Raunefjord
Kokstad
39
Solbakkefjellet (457 m)
Flughafen Fleslan
Siljustøl
Valle
Flesland
Birkeland
Kalandsvatnet
Hauglandsvatnet
Fana
Hordnes
Hjellestad
Milde
Bjelkarøy
Fanafjord
546
Svartavatnet
Lerøy
Søfteland
Nordvik
Krokeide
Buena-Kai
Vindalsvatnet
Hetleflotvatnet
Lysøen
Lysekloster
Lysefjord

Bergen hat außerdem den Ruf, eine der nassesten Städte Norwegens zu sein; Regen oder Schauer sind an mindestens 275 Tagen des Jahres garantiert; ein Regenschirm ist also ein unverzichtbares Accessoire.

Sehenswertes & Aktivitäten

Bergen hat viele urige Kopfsteinpflasterstraßen, gesäumt von kleinen Holzhäusern. Besonders hübsch sind die sich windenden Gassen und Wege oberhalb der Seilbahnstation Fløibanen.

TORGET

Auf dem Fischmarkt am Ufer (Torget heißt wörtlich „Markt") herrschen Betrieb und gute Laune – schwer, sich davon loszureißen. Es riecht penetrant nach Fisch, ausgekipptes Spülwasser verwandelt den Kai in eine Rutschbahn, und wer Hunger hat, bekommt hier jede Menge leckere Seafood-Snacks zu Superpreisen (s. S. 203).

BRYGGEN

Das älteste und bezauberndste Viertel Bergens – einst bedeutendes Handelszentrum Nordeuropas (s. Kasten unten) – verläuft entlang der Ostseite des Hafens Vågen. Die Häuser auf geschichteten Steinfundamenten und mit inzwischen rekonstruierten Verkleidungen aus groben Holzplanken stehen in langen, parallelen Reihen, die Giebelfronten zum Kai hin.

Trotz strenger Feuerschutzvorschriften brannten viele dieser Gebäude mindestens siebenmal bis auf die Grundmauern ab, die meisten zuletzt 1955. Die auffällige Neigung der Häuser geht auf das Jahr 1944 zurück, als die Explosion eines holländischen Munitionsschiffs im Hafen die Dächer abriss und die Pfahlkonstruktionen verschob. Nach dem Brand von 1955 nutzten Archäologen die Gelegenheit für Ausgrabungen. Dabei fanden sie über eine Million Gegenstände, Fundamente früherer Gebäude und Beweise für die Großbrände von 1170 und 1198.

1979 wurden 58 Holzhäuser entlang der Hafenfront von Bryggen in die Unesco-Liste der Weltkulturdenkmäler aufgenommen.

Wer mehr darüber erfahren möchte, bekommt im Besucherzentrum Bryggen (S. 191) ein ausgezeichnetes maßstabgetreues Modell

BRYGGEN UND DIE HANSE

Im 13. Jh. war Bergen zu einem bedeutenden Handelszentrum Europas und zur Hauptstadt des norwegischen Königreiches aufgestiegen. Ungefähr zur selben Zeit hatten sich die Stadtstaaten Deutschlands – denen kurz zuvor Autonomie per königliche Urkunde und die Befreiung von der kirchlichen Herrschaft gewährt worden war – in Handelsbündnissen zusammengeschlossen, deren wichtigstes die Hanse mit Zentrum in Lübeck war. In seiner Hochblüte hatte der Bund über 150 Mitgliedsstädte und war der mächtigste Wirtschaftszusammenschluss Nordeuropas.

Bryggen, der geschützte Hafen von Bergen, zog die hanseatischen Kaufleute in Scharen an. Sie eröffneten hier um 1360 ihr erstes Büro, und bald schon hatte sich Bryggen zu einem der vier großen ausländischen Hauptquartiere gemausert. Rund 2000 hauptsächlich deutsche Kaufleute schlugen hier ihre Zelte auf; sie importierten Getreide und exportierten Trockenfisch und andere Produkte.

Im frühen 14. Jh. bestand Bryggen aus rund dreißig Holzgebäuden, die sich mehrere *stuer* (Handelsfirmen) für gewöhnlich teilten. Sie ragten zwei bis drei Stockwerke hoch über den Anlegeplatz und wurden gleichzeitig als Geschäftsräume, Wohnung und Warenlager genutzt. Jedes Gebäude besaß einen Kran für das Be- und Entladen der Schiffe sowie einen großen Versammlungsraum (*schøtstue)*, in dem sich die Angestellten trafen und gemeinsam aßen.

Mehr als 400 Jahre lang wurde Bryggen von einer in sich geschlossene Gemeinschaft deutscher Kaufleute dominiert, denen der Umgang mit der lokalen norwegischen Bevölkerung nicht erlaubt war; sie durften Einheimische nicht heiraten oder mit ihnen eine Familie gründen. Im 15. Jh. führten allerdings die Konkurrenz holländischer und englischer Reedereien, interne Reibereien und v. a. die Pest, die ein Drittel der europäischen Bevölkerung auslöschte, zum unaufhaltsamen Niedergang der Hanse. Im 17. und 18. Jh. nahmen viele hanseatischen Händler die norwegische Staatsbürgerschaft an und mischten sich unter das Volk. Obwohl die Hanse nur bis Mitte des 18. Jhs. bestand, blieb Bryggen ein wichtiges Seehandelszentrum. Erst 1899 wurden die Büros der Hanse in Bergen endgültig dichtgemacht.

BERGEN & DIE SÜDWESTLICHEN FJORDE

PRAKTISCHES
Apotheke (s. 79)
Bergen Internetcafé 1 D4
Bergen Bibliothek 2 D5
Bergen Print Shop 3 C4
Bergen Turlag DNT 4 D5
Besucherzentrum Bryggen 5 D3
Cyberhouse 6 D4
Fremdenverkehrsbüro 7 C4
Halden Sparkassebank 8 D4
Hauptpostamt 9 C4
Jarlens Vaskoteque 10 D4
Kilroy Travel 11 C4
Legevakten Arztpraxis 12 C6
Norli 13 C4
Polizei 14 D4

SEHENSWERTES & AKTIVITÄTEN (S. 193)
Bergen Aquarium 15 B1
Bergen Kunstmuseum 16 C5
Bryggen Kontore 17 D3
Bryggens Museum 18 D3
Fløibanen Seilbahnstation 19 D3
Håkonshallen 20 C2
Hansemuseum 21 D3
Kulturhistorische Sammlungen 22 B5
Lepramuseum 23 D5
Marienkirche 24 D2
Naturhistorische Sammlungen 25 B5
Rosenkrantzturm 26 C2
Schøtstuene 27 D3
Seefahrtsmuseum 28 B5
Thetamuseum 29 D3

SCHLAFEN (S. 201)
Bergen Vandrerhjem YMCA 30 D4
Clarion Hotel Admiral 31 C3
Crowded House 32 B4
First Hotel Marin 33 D3
Grand Hotel Terminus 34 D5
Hotel Park Pension 35 B6
Intermission 36 D5
Kjellersmauet Gjestehus 37 B3
Marken Gjestehus 38 D5
Nygård Apartment 39 C6
Radisson SAS Hotel Norge 40 C4
Radisson SAS Royal Hotel 41 C3
Rainbow Hotel Bryggen Orion 42 C2
Rica Strand Hotel 43 C4
Skansen Pensjonat 44 D3
Steens Hotell 45 B6

ESSEN (S. 202)
Augustus Café (s. 77)
Baker Brun 46 C3
Baker Brun (s. 66)
Bar Celona (s. 9)
Bryggeloftet & Stuene 47 D3
Bryggen Tracteursted 48 D3
Café Opera 49 B4
Dickens 50 C4
Enhjørningen (s. 5)
Fiskekrogen (s. 66)
Godt Brød 51 D4
Kinsarvik Frukt 52 B5
Lido 53 C4
Louisiana Creole Restaurant 54 C4
Ma-Ma Thai 55 D5
Mr Bean Coffee Shop & Dr Livingstone Travellers Café 56 D4
Ole Bull (s. 40)
Pars 57 B4
Peppe's Pizza (s. 66)
Pygmalion Café (s. 30)
Rimi Supermarkt 58 C5
Sol Brød 59 D4
Söstrene Hagelin 60 C4
Sparmarket 61 D2
Stragiotti 62 B4
Tapas Tapas Bar 63 D3
Torget Fischmarkt 64 C4
Wesselstuen 65 C4
Zachariasbryggen 66 C3

UNTERHALTUNG (S. 204)
Banco Rotto & Blue Velvet Bar 67 D4
Bergen Folklore (s. 28)
Bergen Folklore (s. 18)
Bergen Kino 68 B4
Engelen 69 C3
Fana Folkloreshow Abfahrt 70 C5
Fotballpuben 71 B4
Fusion (s. 32)
Garage 72 C5
Grieghallen 73 C5
Kvarteret 74 B5
Pacific Bar (s. 76)
Rick's & Finnegans 75 C4
Scruffy Murphy 76 D4

SHOPPEN (S. 205)
Galleriet Shoppingcenter 77 C4
Husfliden 78 C4

TRANSPORT (S. 205)
Busterminal 79 D5
Freileneskaien (Hurtigruten-Terminal) 80 A6
Skoltegrunnskaien (Internationale Fähren) 81 C1
Strandkaiterminal (Expressfähren) 82 C3
Sykkelbutikken 83 D4

SONSTIGES
Bergen Express Miniaturbahn 84 D3
Sydnes Parkplatz 85 A4

von Bryggen um 1900, Teile von Fundamenten, Ausstellungen über Ausgrabungen, alte Schwarzweißaufnahmen und Videoshows geboten.

HANSEATISCHES MUSEUM

Hier darf man einen Blick in die Welt der hanseatischen Kaufleute werfen. Das großartige **Museum** (Karte S. 194/95; ☎ 55 31 41 89; www.hanseatisk.museum.no; Finnegårdsgaten 1a; Erwachsene/Kinder 45 nkr /gratis im Mai–Sept., 25 nkr /gratis im Okt.–April, Ticket gilt auch für Schøtstuene; ⌚ Juni–Aug. 9–17 Uhr, Mai & Sept. 11–14 Uhr, Okt.–April Di–Sa 11–14 Uhr & So 12–17 Uhr) in einem Holzhaus aus dem Jahr 1704 hebt besonders den Kontrast zwischen den kargen Wohn- und Arbeitsbedingungen der hanseatischen Seeleute und Lehrlinge und dem Lebensstil der Geschäftsleitung hervor. Zu den Highlights gehören das Büro des Kontorchefs, seine Wohnräume sowie seine private Schnapsbar und das Sommerschlafzimmer; außerdem die Schlafräume der Gesellen, wo sich je zwei Männer ein Bett teilten – wohl eher aus räumlichen als aus sinnlichen Gründen –, der Fischlagerraum, in dem monatlich über eine halbe Million Kilogramm Fisch gepresst und verarbeitet wurde, sowie die *fiskeskrue* (Fischschraube), die den Fisch in Fässer presste.

SCHØTSTUENE

Als Ergänzung zum Hanseatischen Museums unverzichtbar: Die **Schøtstuene** (Karte S. 194/95; ☎ 55 31 60 20; Øvregaten 50; Erwachsene/Kinder Kombi-Ticket mit dem Hanseatischen Museum 45 nkr /gratis; ⌚ Juni–Aug. 10–17 Uhr, Mai & Sept. 11–14 Uhr, Okt.–Dez. & März–April So 11–14 Uhr) ist die Rekonstruktion eines originalen Versammlungssaals, in dem sich die hanseatischen Kaufleute zu geschäftlichen Meetings – und Biergelagen – trafen. Auch die Küche im Untergeschoss sollte man nicht verpassen.

BRYGGENS MUSEUM

Das archäologische **Bryggens Museum** (Karte S. 194/95; ☎ 55 58 80 10; Dreggsallmenning 3; Erwachsene/Kinder 40 nkr/frei, freier Eintritt mit der Bergen Card; ⌚ Mai–Aug. 10–17 Uhr, Sept.–April Mo–Fr 11–15 Uhr, Sa 12–15 Uhr, So 12–16 Uhr) wurde am ersten Siedlungsort von Bergen errichtet. Zu den Ausstellungsstücken gehören auch die bei den Ausgrabungen freigelegten 800 Jahre alten Fundamente sowie u. a. mittelalterliche Werkzeuge, Keramikgefäße, Schädel und Runensteine. Besonders spannend ist die

OLE BULL

Der 1810 in Bergen geborene Ole Bull war ein violinistisches Wunderkind. Bereits mit acht wurde er Mitglied des Philharmonischen Orchesters von Bergen, und mit 25 hatte er Soloauftritte an der Pariser Oper. 45 Jahre lang bereiste Bull als Violinvirtuose die gesamte westliche Welt und machte die norwegische Volksmusik so bekannt wie nie zu vor.

Nach dem Tod seiner Frau Felicité Villeminot, einer gebürtigen Französin, erwarb Bull die 70 ha große Insel Lysøen. Zwischen 1872 und 1873 baute er dort gemeinsam mit dem Architekten Conrad Fredrik von der Lippe die extravagante Villa „Lysøen". Diese „kleine Alhambra" war von der maurischen Architektur Granadas inspiriert; man entdeckt nicht nur aufwändige Verzierungen und Spaliere, sondern auch Zwiebeltürmchen, romantische Gartenwege, italienische Marmorsäulen und einen kleinen Konzertsaal mit hoher Decke, ganz aus norwegischer Kiefer.

Als Bull im August 1880 auf Lysøen starb, begleiteten rund 10 000 Trauergäste den Begräbniszug zum Assistentkirkegården in der Nähe des alten Stadttors von Bergen. 1973 vermachte Bulls Enkelin, Sylvea Bull Curtis, den gesamten Besitz dem norwegischen Denkmalschutzverein („Foreningen til norske fortidsminnesmerkers bevaring"), und seit 1984 ist die Villa ein Museum zu Ehren des beliebtesten norwegischen Geigers aller Zeiten. Ihm sind auch eine Statue und ein Brunnen auf dem Ole Bulls plass im Herzen von Bergen gewidmet.

ständige Ausstellung über die Stadt Bergen um das Jahr 1300.

THETAMUSEUM

Die phantastische Rekonstruktion des Hauptquartiers einer geheimen Widerstandsbewegung, die 1942 von den Nazis entdeckt wurde. Das **Museum** (Karte S. 194/95; Enhjørningsgården, Erwachsene/Kinder 20/5 nkr; ⌚ Mitte Mai–Mitte Sept. Di, Sa & So 14–16 Uhr), nur aus einem Raum bestehend, ist heute das winzigste in Norwegen. Noch immer ist es eine Herausforderung, es zu finden: nämlich auf der Rückseite des Bryggen-Gebäudes mit der Einhornfigur; man muss durch die Passage gehen und die Stufen zum dritten Stock raufklettern.

MARIENKIRCHE

Die steinerne **Marienkirche** (Karte S. 194/95; ☎ 55 31 59 60; Dreggen; Erwachsene/Kinder Mitte Mai–Aug. 10 nkr/frei, Sept.–Mitte Mai gratis; ⌚ Mitte Mai–Aug. 9.30–11.30 Uhr & 13–16 Uhr, Sept.–Mitte Mai Di–Fr 12–13.30 Uhr) mit ihrem romanischen Portal und den Zwillingstürmen stammt aus dem frühen 12. Jh. Es ist das älteste Gebäude von Bergen. Drinnen beeindrucken die Fresken aus dem 15. Jh. und die prächtige Barockkanzel, die 1676 von hanseatischen Kaufleuten gestiftet wurde.

ROSENKRANTZTURM

Der um 1560 von Erik Rosenkrantz, einem Gouverneur Bergens, errichtete **Turm** (Rosenkrantztårnet; Karte S. 194/95; ☎ 55 31 43 80; Bergenhus; Eintritt 15 nkr; ⌚ Mitte Mai–Aug. tgl. 10–16 Uhr, Sept.–Mitte Mai So 12–15 Uhr) war zugleich Wohnung und Verteidigungsposten. Er umfasst auch Teile des Burgfrieds (1273) von Königs Magnus Lagabøte („Magnus der Gesetzesverbesserer") und die um 1520 entstandene Befestigungsanlage von Jørgen Hansson. Wendeltreppen führen an schmucklosen Hallen und Wachposten vorbei nach oben, wo man einen tollen Blick über den Hafen hat.

HÅKONSHALLEN

Diesen großen **Festsaal** (Karte S. 194/95; ☎ 55 31 60 67; Bergenhus; Erwachsene/Kinder 25/12 nkr; ⌚ Mitte Mai–Aug tgl. 10–16 Uhr, Sept.– Mitte Mai Fr–Mi 12–15 Uhr & Do 15–18 Uhr) direkt neben dem Rosenkrantzturm ließ König Håkon Håkonsson zwischen 1247 und 1261 erbauen. Zur Hochzeit und Krönung seines Sohnes war er dann fertig. Das Dach wurde 1944 bei der Explosion eines holländischen Munitionsschiffs weggepustet, später aber aufwändig restauriert. Im Sommer finden stündlich Führungen statt.

BERGEN KUNSTMUSEUM

Dieses **Kunstmuseum** befindet sich ganz in der Nähe des Sees Lille Lungegårdsvann (Bergen Kunstmuseum; Karte S. 194/95; ☎ 55 56 80 00; www.bergenartmuseum.no; Rasmus Meyers Allé 3 & 7; Erwachsene/Kinder 50 nkr /gratis; ⌚ Mitte Mai–Mitte Sept. tgl. 11–17 Uhr, übrige Zeit Di–So 11–17 Uhr). Hier ist eine ausgezeichnete Sammlung von Werken internationaler und norwegischer Künstler des 18. und 19. Jhs. ausgestellt, darunter Gemälde von Munch sowie von zeitgenössischen Künstlern wie Miró, Picasso, Kandinsky, Paul Klee und anderen.

UNIVERSITÄTSMUSEEN

Die beiden wichtigsten **Universitätsmuseen** (www.museum.uib.no; Erwachsene/Kinder Kombi-Ticket 30 nkr/frei; ⌚ Juni–Aug. Di–Sa 10–16 Uhr, So 11–16 Uhr, Sept.–Mai Di–Fr 10–14 Uhr, Sa 11–15 Uhr) am Ende der Christies gate sind die **Naturhistorischen Sammlungen** (Naturhistoriske Samlinger; Karte S. 194/95; ☎ 55 58 29 20; Muséplass 3) voll mit ausgestopften Kreaturen und Mineralien sowie die vielleicht spannenderen **Kulturhistorischen Sammlungen** (Kulturhistoriske Samlinger; Karte S. 194/95; ☎ 55 58 31 40; Haakon Sheteligs plass 10) mit Wikingerwaffen, mittelalterlichen Altären, Volkskunst und Möbeln aus verschiedenen Epochen. Außerdem gibt es Abteilungen über die Kulturen der Inuit und der Aleuten, sowie Ausstellungsstücke über alles Mögliche: von Henrik Ibsen bis hin zu ägyptischen Mumien.

SEEFAHRTSMUSEUM

Rund um Bergen gibt's so viel zu entdecken, dass dieses **Museum** (Sjøfartsmuseet; Karte S. 194/95; ☎ 55 54 96 00; www.bsj.uib.no; Haakon Sheteligs plass 15; Erwachsene/Kinder 30 nkr /gratis; ⌚ Juni–Aug. tgl. 11–15 Uhr, Sept.–Mai Mo–Fr 11–14 Uhr) von vielen übersehen wird. Eigentlich jammerschade, denn es ist ein wichtiges Puzzleteil, um die Geschichte dieser Seefahrerstadt komplett zu verstehen. Hier werden Schiffe von der Wikingerzeit bis heute sowie Ausstellungsstücke zur Geschichte der norwegischen Seefahrt gezeigt.

EIN SEHR NORWEGISCHER KOMPONIST

Norwegens bekanntester und allgemein beliebtester Komponist, Edvard Grieg, ist von jeher untrennbar mit Bergen verbunden. Er komponierte seine erste Sinfonie zwar in Kopenhagen, war dann aber vom Ergebnis so enttäuscht, dass er quer über die Partitur krakelte, dass sie nie aufgeführt werden dürfe! Zum Glück wurde sein Wunsch ignoriert – auch wenn er sich standhaft weigerte, das Werk als seine Schöpfung anzuerkennen.

Griegs früher Stil war stark von der Romantik geprägt, die er in Deutschland kennen gelernt hatte. Dennoch war ihm klar, dass man vom ihm erwartete, er würde nationale norwegische Musik komponieren. Nach seiner Rückkehr nach Christiania (Oslo) 1866 ließ sich Grieg zunehmend von norwegischer Volksmusik und -melodien inspirieren. 1868 vollendete er sein erstes großes Werk, das *Klavierkonzert in a-Moll,* was so stark Norwegen repräsentieren sollte wie kein zweites davor oder danach.

Zwei Jahre nach dem Konzert, ermutigt durch den Erfolg und die Unterstützung von Berühmtheiten wie Ole Bull (s. Kasten S. 197) und Franz Liszt, begann Edvard Grieg eine Zusammenarbeit mit Bjørnstjerne Bjørnson und vertonte dessen Gedichte und Texte. Die Ergebnisse – *Vor der Klosterpforte, Bergliot* und *Sigurd Jorsalfar* – machten Edvard Grieg endgültig zur musikalischen Stimme Norwegens. Es folgte ein Projekt mit Henrik Ibsen (s. Kasten S. 44), der ihn um eine Bühnenmusik zu seinem Drama *Peer Gynt* bat. Das Stück fand so großen Beifall, dass er daraus zwei Orchestersuiten zusammenstellte, die zu seinem – und Norwegens – international bekanntestem klassischem Werk wurde.

1874 konnte sich Grieg dank einer regelmäßigen Zuwendung der Regierung ganz seiner kreativen Arbeit widmen und ging nach Bergen; die Ergebnisse waren u. a. seine *Ballade in g-Moll, Der Bergentrückte,* die *Norwegischen Volksweisen und Tänze für Klavier* und *die Suite „Aus Holbergs Zeit".* Zwischen 1880 und 1882 leitete er ein Orchester in Bergen, gab den Posten aber wieder auf, um sich ganz seiner kompositorischen Arbeit zu widmen, die ihm weitaus lieber war. 1885 zogen er und seine Frau Nina in ihr Küstenhaus „Troldhaugen"; von hier brach er zu zahlreichen Konzerttourneen durch Europa auf. In Troldhaugen schuf er auch die *Sonate für Violine und Klavier in c-Moll,* die *Haugtussa-Lieder,* die *Norwegischen Bauerntänze und Stimmungen,* und die *Vier Psalmen,* sein letztes großes Werk, das auf alte norwegische Kirchenlieder zurückgeht.

Erst nach seinem Tod in Bergen am 4. September 1907 fand seine Musik europaweite Beachtung. Das vielleicht größte Lob für diesen norwegischsten aller Komponisten kam von seinem ersten Biografen Aimer Grøvald. Er behauptete, es sei unmöglich, Musik von Grieg zu hören, ohne dabei die leichte, frische Brise vom blauen Wasser zu spüren und die mächtigen Gletscher und Berge der westnorwegischen Fjorde vor sich zu sehen.

GAMLE BERGEN

Das Freilichtmuseum **Gamle Bergen Museum** (Karte S. 194/95; ☎ 55 39 43 04; Elsesro, Sandviken; Erwachsene/Kinder 60/30 nkr; 🕓 Mitte Mai–Anfang Sept. stündl. Führungen tgl. 10–17 Uhr) liegt 4 km nördlich des Stadtzentrums und besteht aus 35 Gebäuden des 18. und 19. Jhs., darunter auch eine Reihe von historischen Handelskontoren. Es ist einen Spaziergang vom Torget entfernt (ca. 30 Min.), aber man kann auch den Bus nehmen (Nr. 20–23). Der Außenbereich des Museums ist für jeden zugänglich und das ganze Jahr über geöffnet.

LEPRAMUSEUM

Um mal etwas ganz anderes zu sehen, geht man in dieses **Museum** (Lepramuseet; Karte S. 194/95; ☎ 55 96 11 55; St. Jørgens Hospital, Kong Oscars gate 59; Erwachsene/Kinder 30/15 nkr; 🕓 Mitte Mai–Aug. tgl. 11–15 Uhr). Der Großteil der Gebäude des St. Jørgens Hospital stammt zwar aus dem 19. Jh., aber im Mittelalter diente der Ort als Leprosarium. Die Ausstellung zeigt Norwegens Beiträge zur Lepraforschung, darunter auch die Arbeit des Arztes Dr. Armauer Hansen, nach dem die Hansen-Krankheit (der moderne Name für Lepra) benannt ist.

TROLDHAUGEN

Dieses zweistöckige **Haus** (Karte S. 194/95; ☎ 55 92 29 92; www.troldhaugen.com; Hop; Erwachsene/Kinder 60 nkr /gratis, 20 nkr mit der Bergen Card; 🕓 Mai–Sept. tgl. 9–18 Uhr, Okt.–April kürzere Öffnungszeiten) stammt von 1885 und steht an einem entzückenden Plätzchen auf einer üppigen und idyllischen Halbinsel am Küstensee Nordåsvatnet. Hier verbrachten der Komponist Edvard Grieg (s. Kasten S. 197) und seine Frau Nina Hagerup jeden Sommer von 1885 bis zu Griegs Tod 1907. Heute kann jeder das Haus und die Außenanlagen bewundern, mitsamt einer multimedialen Grieg-Ausstellung und einer Konzerthalle für bis zu 200 Leute. Besonders interessant ist die Komponistenhütte, wo sich Grieg seine musikalische Inspiration holte, der Steinway-Flügel – ein Geschenk zur Feier des 50. Hochzeitstages von Edvard und Nina 1892 – und die Gräber des Paares, eingebettet in eine Felswand mit Blick über das Nordåsvatnet. Ein eindrucksvoller Ort!

Im Sommer finden **Konzerte** mittwochs, samstags und sonntags sowie während der internationalen Festspiele in Bergen statt; Tickets (160 bis 200 nkr, weniger für Inhaber einer Bergen Card) und Spielpläne gibt's im Fremdenverkehrsbüro.

Für die Anfahrt kann man jeden Bus von den Plattformen 19 bis 21 bis zur Haltestelle Hopsbroen nehmen. Von dort aus ist Troldhaugen ausgeschildert, ungefähr 20 Minuten zu Fuß.

SILJUSTØL-MUSEUM

Die Heimat eines anderen berühmten norwegischen Komponisten liegt 3 km südlich von Troldhaugen. Harald und Marie Sæverud lebten in **Siljustøl** (Karte S. 192; ☎ 55 92 29 92; www.siljustol.no; Siljustøl; Erwachsene/Kinder 50 nkr /gratis; 🕓 Mitte Juni–Mitte Okt. So 12–16 Uhr) in einem einfachen Holzhaus. Es wurde in den 1930er-Jahren aus Naturstein und unbehandeltem Holz errichtet, um sich harmonisch in die umgebende Natur einzufügen. Harald Sæverud vollendete seine erste Sinfonie 1920 und komponierte sich in die Herzen seiner Landsleute, als er während des Zweiten Weltkriegs mit seiner Musik gegen die Nazibesatzung protestierte. 1986 wurde er zum offiziellen Komponisten der Festspiele in Bergen ernannt, ein Posten, für den er sich mit einer sinfonischen Suite zum Ibsen-Stück *Kaiser und Galiläer* bedankte. Als er im März 1992 starb, erhielt er ein Staatsbegräbnis und wurde seinem Wunsch gemäß in Siljustøl beigesetzt.

Um dorthin zu kommen, nimmt man den Bus Nr. 30 von der Plattform 20.

DAMSGÅRD

Das 1770 erbaute **Herrenhaus Damsgård** (Karte S. 192; ☎ 55 33 66 33; www.vk.museum.no; Laksevåg; Erwachsene/Kinder 50 nkr/gratis; 🕓 Ende Mai–Aug. tgl. 11–17 Uhr, stündl. Führungen 11–16 Uhr), 3 km westlich der Stadt, ist vielleicht Norwegens (wenn nicht sogar Europas) schönstes Beispiel für Holzarchitektur aus der Rokokozeit des 18. Jhs. Ein absolutes (manche sagen: überladenes) Highlight ist der barocke Garten mit Skulpturen, Teichen und Pflanzen, die vor 200 Jahren beliebt und üblich waren. Anfahrt mit Bus Nr. 19, 70 oder 71 vom Zentrum.

LYSØEN

Dieses wunderschöne **Anwesen** (Karte S. 192; ☎ 56 30 90 77; lysoen@online.no; Lysøen; Erwachsene/Kinder inkl. Führung 50/20 nkr; 🕓 Mitte Mai–Aug. Mo–Sa 12–16 Uhr, So 11–17 Uhr, Sept. So 12–16 Uhr) auf der gleichnamigen Insel entstand 1873 als Sommerresidenz des norwegischen Violinisten Ole Bull (s. Kasten S. 196). Viele Musiker, die es dank Ole Bulls Förderung zu Ruhm und Ehre brachten, zogen sich gern eine Weile nach Lysøen zurück. Die Anlage durchziehen kreuz und quer insgesamt 13 km Spazierwege und auch ein kleines Café gibt es. Anfahrt: Vom Busbahnhof den Lysefjorden-Bus (Nr. 566 und 567) von Plattform 19 oder 20 zum Buena Kai nehmen. Dort setzt eine Passagierfähre (stündl. von 12 bis 15 Uhr bzw. 16 Uhr So) nach Lysøen über. Die Hin- und Rückfahrt mit dem Bus kostet 110 nkr, die Fähre 40/20 nkr je Erwachsener/Kind.

SEILBAHNEN

Fløibanen

Den spektakulärsten Blick auf die Stadt hat man von der **Seilbahn Fløibanen** (Karte S. 194/95; ☎ 55 33 68 00; www.floibanen.de; Vetrlidsalmenning 21; Erwachsene/Kinder 60/30 nkr Berg- und Talfahrt; 🕑 Mai–Aug. Mo–Fr 7.30–24 Uhr, Sa 8–24 Uhr & So 9–24 Uhr, Sept.–April Mo–Do 7.30–23 Uhr, Fr 7.30–23.30 Uhr, Sa 8–23.30 Uhr & So 9–23 Uhr), die mit einer Steigung von 26 Grad auf den Gipfel des Fløyen (320 m) hinauftuckert; die vorderen (unteren) Sitze bieten den besten Blick, sind aber nur mit guter Ellbogentechnik zu kriegen.

Oben führen gut ausgeschilderte Wanderwege in den Wald. Sie sind auch in den Karten *Gledeskartet* (kostenlos) oder *Turløyper på Byfjellene Nord/Øst* (10 nkr) eingezeichnet, die im Fremdenverkehrsbüro in Bergen zu bekommen sind. Weg Nr. 2 zieht eine 1,6 km lange Schleife um den See Skomakerdiket, Weg Nr. 1 ist ein 5 km langer Rundweg über Hügel, durch Wälder und an mehreren Seen vorbei. Eine sehr angenehme 40-minütige Wanderung von Fløyen zurück zur Stadt führt über den Weg Nr. 4. Diesem im Uhrzeigersinn bis zum Anschluss an Weg Nr. 6 folgen, der durch alte Holzhaussiedlungen zum Hafen zurückführt. Die Seilbahn macht auf der Talfahrt zweimal Halt, sodass man das letzte Stück auch laufen kann.

Ulriksbanen

Die **Schwebebahn Ulriksbanen** (Karte S. 194/95; ☎ 55 20 20 20; www.ulriken.no; Erwachsene/Kinder 80/40 nkr Berg- und Talfahrt; 🕑 Juni–Aug. tgl. 9–22 Uhr, Mai & Sept. tgl. 9–19 Uhr, Okt.–April tgl. 10–17 Uhr) fährt zum Funkturm und Café auf dem Ulriken (642 m), der einen Panoramablick über die Stadt und die umgebenden Fjorde und Berge bietet. Das Ticket „Bergen in a Nutshell" (S. 200) gilt für die Schwebebahn und die Busfahrt vom Fremdenverkehrsbüro und wieder zurück. Ansonsten ist es vom Zentrum ein 45-minütiger Fußmarsch oder ein paar Minuten mit Bus Nr. 2 oder 31 vom Postamt oder Bus Nr. 50 von Bryggen.

Beliebt ist auch folgender Ausflug: Mit der Schwebebahn hinauffahren und sechs Stunden Richtung Norden auf einem gut ausgetrampelten Pfad zur Bergstation der Standseilbahn Fløibanen raufkraxeln.

GM

Am Ende der Halbinsel Nordnes liegt dieses **Aquarium** (Bergen Akvariet; Karte S. 192; ☎ 55 55 71 71; www.akvariet.com; Nordnesbakken 4; Erwachsene/Kinder 100/50 nkr; 🕑 Mai–Aug. 9–19 Uhr, Sept.–April 10–18 Uhr) mit einem großen Außenbecken für Robben und Pinguine sowie 70 Innenbecken. Den liebenswerten Steinbeißer, den hässlichen Seeteufel und die Heringsschule, die als große Einheit zu funktionieren scheint, wird man nie vergessen. Robben- und Pinguinfütterungen gibt's von Mai bis September um 15 und 18 Uhr bzw. von Oktober bis April um 12 und 15 Uhr.

Zu Fuß ist es vom Torget aus in zwanzig Minuten zu erreichen; alternativ kann man auch die Vågen-Fähre nehmen (S. 206).

FANTOFT-STABKIRCHE

Die Fantoft-**Stabkirche** (Karte S. 194/95; ☎ 55 28 07 10; Paradis; Erwachsene/Kinder 30/5 nkr; 🕑 Mitte Mai–Mitte Sept. 10.30–14 Uhr & 14.30–18 Uhr) liegt inmitten einer idyllisch grünen Landschaft („Paradies" genannt) südlich von Bergen. Sie wurde ca. 1150 in Sognefjord erbaut und 1883 an den südlichen Stadtrand von Bergen verlegt. 1992 von einem Satansanhänger niedergebrannt, wird sie seither detailgetreu wieder aufgebaut. Das **Turmkreuz**, ursprünglich aus Sola in Rogaland, stammt aus dem Jahr 1050. Anfahrt von Bergen mit jedem Bus, der von der Plattform 20 abfährt. Ausstieg an der Haltestelle Fantoft in Birkelundsbakken, von dort sind es ca. fünf Minuten zu Fuß den Hügel hinauf durch den Park.

Geführte Touren

Alle folgenden Touren können übers Fremdenverkehrsbüro in Bergen gebucht werden, soweit nicht anders angegeben.

RUND UM BERGEN

Bootstouren

Bergen Fjord Sightseeing (☎ 55 25 90 00) bietet eine einstündige **Hafenrundfahrt** (Erwachsene/Kinder 100/50 nkr, 14.30 Uhr) mit einer tollen Aussicht auf Bryggen und die umliegenden Hügel oder eine vierstündige **Fjordrundfahrt** (Erwachsene/Kinder 320/160 nkr; Juli bis Mitte August 15.30 Uhr, Mai bis Juni und Mitte August bis Mitte September 10 Uhr) in den Fjorden rund um Bergen. Die Boote legen im Hafen beim Fischmarkt ab.

Flaggruten (☎ 56 39 17 00) organisiert auch eine Reihe von ganztägigen **Oldtimer-Rundfahrten** in die Fjorde der Umgebung. Am beliebtesten ist die Fahrt zum überwältigenden Osterfjord an Bord der *M/S Bruvik* (Erwachsene/Kinder 400/200 nkr, mit der Bergen Card 350/175 nkr), die sonntags um 9 Uhr (Juni bis August) startet; Rückkehr in Bergen um 18.15 Uhr.

Busrundfahrten

Wer etwas weiter entfernte Sehenswürdigkeiten besuchen will, ist mit den dreistündigen **Bergen Guided Tours** (☎ 55 55 44 54; je Rundfahrt Erwachsene/Kinder 250/160 nkr, 35% weniger mit der Bergen Card) gut beraten, die in der Zeit von Mai bis September zweimal täglich beim Fremdenverkehrsbüro (um 10 und um 14 Uhr) starten.

Eine flexiblere Alternative ist der **Attractions Bus** (75 nkr für 24 Std.; Mitte Juni–Mitte Aug.); bei dieser Tour kann man ein- und aussteigen, wie man Laune hat. Dieser „hop-on-hop-off"-Service deckt das Stadtzentrum, das Bergen Aquarium und sogar Troldhaugen ab. Eintrittsgebühren sind nicht inklusive.

Alle Highlights von Bergen streift der alte **„Bergen in a Nutshell"-Bus** (☎ 55 20 20 20; www.bergeninanutshell.no; Erwachsene/Kinder 130/65 nkr; 🕑 Mai–Sept. 9–21 Uhr im Halbstundentakt); er fährt direkt neben dem Fischmarkt ab, tuckert entlang der Hafenfront von Bryggen bis zur Ulriksbanen-Seilbahn und wieder zurück. Im Preis ist eine Berg- und Talfahrt mit der Seilbahn drin und oben kostenlose Mini-Grieg-Konzerte (stündl. von 15 bis 20 Uhr Juni bis August). Die Kommentare gibt's in acht Sprachen.

Bahnrundfahrten

Der Bergen Express **Minizug** (☎ 55 53 11 50; www.bergensexpressen.no; Erwachsene/Kinder 100/40 nkr; 🕑 Mitte Juni–Mitte Aug. tgl. 10–19 Uhr im Halbstundentakt, Mai–Mitte Juni & Mitte Aug.–Mitte Sept. kürzere Öffnungszeiten) gondelt die Hafenfront von Bryggen entlang und macht Abstecher in einige der interessanteren Seitenstraßen. Die Fahrt dauert eine Stunde.

Von Anfang Juni bis Mitte September ist auch die sonntägliche Rundfahrt mit der **Oldtimer-Dampfbahn** zwischen Garnes und Midtun beliebt. Sie beginnt um 9 Uhr mit einer Fahrt auf der historischen Fähre M/S *Bruvik* von Bryggen zum **Eisenbahnmuseum** (☎ 55 24 91 00) in Garnes, von dort tuckert die Dampflok die 18 km nach Midtun. Von Midtun geht's in einem historischen Bus wieder zurück nach Bergen. Die Rundfahrt dauert insgesamt vier Stunden (225/120 nkr Erwachsene/Kinder). Die Bahnfahrt allein kostet 120 nkr hin und zurück.

Stadtspaziergänge

Bryggen entdeckt man am besten auf dem 1½-stündigen **geführten Rundgang** durch Bergens altes Viertel (nur im Sommer). Klar, man kann ihn auch allein ablaufen, aber die unterhaltsamen und informativen Erläuterungen, inklusive Beschreibungen des Lebens während der Blütezeit Bergens, sind jede Krone wert. Mit dem Ticket (Erwachsene/Kinder 80 nkr /gratis) kommt man auch ins Bryggens Museum, die Schøtstuene und das Hanseatische Museum (und darf am selben Tag noch mal hinein). Von Juni bis August finden täglich Führungen statt; zwei auf Englisch (11 und 13 Uhr), eine auf Deutsch (10 Uhr), eine auf Norwegisch (12 Uhr) und (gelegentlich) eine auf Französisch. Die Rundgänge beginnen beim Bryggens Museum, wo es auch die Tickets gibt.

Wer lieber auf eigene Faust unterwegs ist, findet im Bryggens Museum eine (kostenlose) Broschüre mit dem Titel *Meeting Point Bryggen, der* Rundgänge in Eigenregie mit zwölf Stationen in der Altstadt beschreibt.

RUND UM NORWEGEN

Die beliebte Tour **„Norwegen in a Nutshell"** ist eine gute Möglichkeit, um an einem Tag möglichst viel mitzunehmen. Das Tagesticket (750/375 nkr) von Bergen gilt für den Morgenzug von Bergen nach Flåm, die Fähre den spektakulären Nærøyfjord nach Gudvangen hinauf und den Bus nach Voss und den Zug zurück nach Bergen, rechtzeitig für ein spätes Gelage (oder Weiterfahrt nach Oslo mit Ankunft um ca. 22 Uhr).

Festivals & Events

Das **Bergen International Festival** (☎ 55 36 55 66; www.festspillene.no), das Ende Mai, Anfang Juni stattfindet und zwölf Tage dauert, ist das kulturelle Großereignis des Jahres – mit Tanz, Musik und Folkloredarbietungen sowie jeder Menge anderer Events in der ganzen Stadt.

Am letzten Sonntag im Mai steht die Siebengipfelwanderung auf dem Programm. Alle Gipfel müssen zu Fuß erklommen werden. Das sind hart erkämpfte 30 km, 2200 Höhenmeter, aber der Rekord liegt bei nur 4½ Stunden!

Weitere Highlights im Sommerkalender von Bergen sind das **Jazz Festival** (www.nattjazz.no) Ende Mai, das **Drachenbootfest** (www.dragebat.no) Anfang Juni, das **Fisch- und Meeresfrüchtefest** (www.sjomat.no) Anfang September und das **Bauernfest** mit Produkten der regionalen Bauern (www.matfest.no) Anfang bis Mitte September.

Eine vollständige Liste aller Veranstaltungen gibt's unter www.visitbergen.com.

Schlafen

In Bergen findet sich ein Plätzchen für jedes Budget. Das Fremdenverkehrsbüro bietet einen Buchungsservice an (30 nkr bei Buchungen vor Ort, 50 nkr bei Vorausbuchungen). Vermittelt werden auch Einzel-/Doppelzimmer privater Vermieter (ohne Frühstück), ab 210/320 nkr plus 20 nkr Buchungsgebühr.

BUDGETUNTERKÜNFTE

Lone Camping (Karte S. 192; ☎ 55 39 29 60; booking@lonecamping.no; Hardangerveien 697, Haukeland; Zeltplätze 120 nkr plus 20 nkr pro Person, Hütten 390–875 nkr) Dieser Campingplatz am See befindet sich ungefähr 16 km außerhalb der Stadt, an einer Tankstelle zwischen Espeland und Haukeland. Ziemlich überteuert für das, was der Platz bietet (absolute Basic-Ausstattung in den billigeren Hütten), aber mit öffentlichen Verkehrsmitteln gut zu erreichen. Bus Nr. 900 geht im Halbstundentakt von/nach Bergen (38 nkr, 30 Min.).

Bratland Camping (Karte S. 192; ☎ 55 10 13 38; www.bratlandcamping.no; Bratlandsveien 6, Haukeland; Zeltplätze 110 nkr plus 20 nkr pro Person, Hütten 350–1200 nkr; 🕑 Mitte Mai–Mitte Sept.) Gut ausgestatteter Campingplatz – ebenfalls mit dem Bus Nr. 900 erreichbar – 4 km südlich von Lone Camping.

Bergen Vandrerhjem YMCA (Karte S. 194/95; ☎ 55 60 60 55; ymca@online.no; Nedre Korskirkealmenning 4; B 125 nkr, 4–6-Bett-Zi. 160 nkr pro Person, DZ mit Bad 600 nkr; 🕑 Mai–Mitte Sept.; 💻) So zentral wie dieses freundliche HI-Hostel mit seinen 175 Betten sind Hostels in Norwegen fast nie. Es hat nach Geschlechtern getrennte und gemischte Schlafräume sowie Küchen.

Intermission (Karte S. 194/95; ☎ 55 31 32 75; Kalfarveien 8; B 110 nkr; 🕑 Mitte Juni–Mitte Aug.) Bei der gastfreundlichen Christian Student Fellowship in einem stilechten Holzhaus in der Nähe des alten Stadttors findet man die wohl preisgünstigsten Betten ganz Bergens. Küchenbenutzung ist inklusive. Das einfache Frühstück ist mit 25 nkr ein absolutes Schnäppchen.

Montana Vandrerhjem (Karte S. 194/95; ☎ 55 20 80 70; montvh@online.no; Johan Blyttsvei 30; B ab 135 nkr, EZ/DZ mit Gemeinschaftsbad 400/570 nkr, mit eigenem Bad 420/610 nkr; 💻) Tolles Hostel mit 332 Betten 5 km südöstlich vom Stadtzentrum in der Nähe der Ulriksbanen-Seilbahn. Anfahrt mit Bus Nr. 31 vom Stadtzentrum. Frühstück ist mit drin.

Marken Gjestehus (Karte S. 194/95; ☎ 55 31 44 04; markengjestehus@smisi.no; Kong Oscars gate 45; B ab 165 nkr, EZ/DZ mit Gemeinschaftsbad 355/470 nkr, mit eigenem Bad 495/610 nkr) Dieses Gästehaus liegt auf halbem Weg zwischen Hafen und Bahnhof – schlichte, gepflegte Zimmer mit Doppelstockbetten, eine gute Gemeinschaftsküche und ein unverwechselbares Hostelfeeling. Das Frühstück kostet 60 nkr.

Skansen Pensjonat (Karte 194/95; ☎ 55 31 90 80; www.skansen-pensjonat.no; Vetrlidsalmenning 29; EZ/DZ mit Gemeinschaftsbad 350/550 nkr, DZ mit Balkon 650 nkr, Apt. 700 nkr) Spitzenwahl. In zentraler Lage mit

> **DER TIPP VOM AUTOR**
>
> **Steens Hotell** (Karte S. 192; ☎ 55 30 88 88; www.steenshotel.no; Parkveien 22; EZ/DZ mit Fjord Pass 625/780 nkr, ohne 790/990 nkr; 💻). Ein phantastisches Hotel! Dieses liebenswerte Haus aus dem 19. Jh. (Mitglied des Fjord-Pass-Netzes) hat sich seinen ursprünglichen Charme weitgehend bewahrt: mit Stilmöbeln, großen Zimmern und einem wunderschönen Speiseraum mit Buntglasfenstern. Es liegt etwas abseits vom Hafengebiet (15 Min. zu Fuß) in einer grünen Wohngegend, fernab vom großen Touristengedränge. Sehr zu empfehlen.

hellen, geräumigen Zimmern, einige mit großartiger Aussicht – eine nahezu unschlagbare Kombination nur einen Steinwurf von Bryggen entfernt. In den Preisen ist Frühstück mit drin.

Crowded House (Karte S. 194/95; ☎ 55 90 72 00; www.crowded-house.com; Håkonsgaten 27; EZ/DZ/3BZ mit Gemeinschaftsbad 390/590/885 nkr, DZ mit eigenem Bad 690 nkr) Ein cooles Haus zum Abhängen. Die Zimmer sind geräumig und sauber, und unten gibt's einen Coffeeshop plus Bar namens **Fusion** (🕒 So–Mi 9–24 Uhr, Do 9–1 Uhr, Fr & Sa 9–2 Uhr). Koch- und Kücheneinrichtungen sind ebenfalls vorhanden.

Außerdem empfohlen:

Kjellersmauet Gjestehus (Karte S. 194/95; ☎ 55 96 26 08; www.gjesthuset.com; Kjellersmauet 22; EZ/DZ ab 400/700 nkr, Apt. 1200 nkr) Einfache Möbel, gut ausgestattet; Preise ohne Frühstück.

Nygård Apartment (Karte S. 194/95; ☎ 55 32 72 53; markengjestehus@smisi.no; Nygårdsgaten 31; EZ/DZ mit Gemeinschaftsbad 365/530 nkr, mit eigenem Bad 510/650 nkr; 🕒 Juni–Mitte Aug.) Kleine Studentenzimmer mit Zugang zu Kochgelegenheiten.

MITTELKLASSEHOTELS

Hotel Park Pension (Karte S. 194/95; ☎ 55 54 44 00; Fax 55 54 44 44; Harald Hårfagres gate 35; EZ/DZ Mitte Juni–Mitte Aug. 650/900 nkr, übrige Zeit 880/1080 nkr; 💻) Dieser Familienbetrieb liegt in derselben Gegend wie das Steens Hotell und besitzt ebenfalls eine Menge Charakter, 19.-Jh.-Flair und zahlreiche antike Stücke. Die Zimmer sind geräumig und sehr schick.

Grand Hotel Terminus (Karte S. 194/95; ☎ 55 21 25 00; www.grand-hotel-terminus.no; Zander Kaaes gate 6; EZ/DZ/3BZ ab 625/890/1040 nkr; 💻) Das Grand Hotel Terminus ist von jeher der Favorit der betuchten Bergen-Besucher; es liegt gegenüber vom Bahnhof. Der Standort ist nicht eben pittoresk und einige Zimmer sind eindeutig zu eng. Dennoch hat der Ort einen altehrwürdigen Charme und ein aufwändiges Dekor, das allerdings nicht unbedingt jedermanns Sache ist.

Clarion Hotel Admiral (Karte S. 194/95; ☎ 55 23 64 00; booking.admiral@clarion.choicehotels.no; C Sundts gate 9; EZ/DZ mit Nordisk Hotel Pass Mitte Juni–Mitte Aug. 700/900 nkr, DZ mit Hafenblick 1100–1250 nkr, EZ/DZ in der übrigen Zeit ab 850/1050 nkr; 💻) Blick auf Bryggen gefällig? Hier hat man die schönste Aussicht, die man in ganz Bergen beim Aufwachen haben kann – und sie ist jede Krone wert. Die Zimmer sind überaus komfortabel; wer allerdings scharf auf den Hafenblick ist, sollte unbedingt im Voraus buchen. Das Hotel hat auch ein eigenes Boot für Rundfahrten, komplett mit Zigarren- und Kognac-Salon.

Außerdem empfohlen:

Rainbow Hotel Bryggen Orion (Karte S. 194/95; ☎ 55 30 87 00; bryggenorion@rainbow-hotels.no; Bradbenken 3; EZ/DZ ab 650/750 nkr; 💻) Prima Location, in den Preisen ist ein leichtes Abendessen mit drin.

SPITZENKLASSEHOTELS

Radisson SAS Hotel Norge (Karte S. 194/95; ☎ 55 57 30 00; bergen@radissonsas.com; Ole Bulls plass 4; DZ ab 1090 nkr; 💻 ♿) Dieses zentral gelegene Hotel gehört zu den elegantesten in ganz Bergen. Die Zimmer bieten allen Luxus genau dort, wo man ihn sich wünscht, die Inneneinrichtung ist geschmackvoll – und alles zu einem überraschend vernünftigen Preis. Bei Einzelzimmerpreisen gibt sich das Haus eher zurückhaltend, sind aber drin, wenn man nicht locker lässt.

Außerdem empfohlen:

First Hotel Marin (Karte S. 194/95; ☎ 53 05 15 00; booking.marin@firsthotels.no; Rosenkrantz gate 8; EZ/DZ ab 998/1198 nkr; 💻) Top Location, elegante Zimmer und einige fabelhafte Aussichten.

Radisson SAS Royal Hotel (Karte S. 194/95; ☎ 55 54 30 00; sales.bergen@radissonsas.com; Bryggen; EZ/DZ 1395/1595 nkr; 💻 ♿) Komfortables und modernes Businessclass-Hotel.

Rica Strand Hotel (Karte S. 194/95; ☎ 55 59 33 00; www.strandhotel.no; Strandkaien 2–4; EZ/DZ Mitte Juni–Mitte Aug. 790/1090 nkr, übrige Zeit ab 450/690 nkr; 💻) Vernünftige Zimmer, einige mit Superblick auf Bryggen und Torget.

Essen

Alle im Folgenden genannten Restaurants in Bergen haben täglich sowohl mittags als auch abends geöffnet, soweit nicht anders angegeben.

GÜNSTIG

Pygmalion Café (Karte S. 194/95; ☎ 55 32 33 60; Nedre Korskirkealmenning 4; leichte Mahlzeiten 65–115 nkr; 🕒 Di–Sa 11.30–23 Uhr, So 11–17 Uhr) Sehr cool. Mit moderner Kunst an der Wand, relaxter Atmosphäre und erstklassigen Biogerichten (Salate, Pfannkuchen etc.) ist dieses Café zu jeder Tageszeit eine Top-Wahl.

Café Opera (Karte S. 194/95; ☎ 55 23 03 15; Engen 18; Snacks 23–92 nkr, Hauptgerichte 85–115 nkr) Das trendige Café Opera ist bei Künstlern und Studenten beliebt, was wohl am guten Essen zu vernünftigen Preisen liegt, etwa Pasta, Salate, Ciabatta und gegrillter Lachs.

Augustus Café (Karte S. 194/95; ☎ 55 32 35 25; Galleriet, Torgalmenningen 8; Hauptgerichte 69–115 nkr; 🕑 Mo–Sa Mittag & Abend) Im Augustus Café stehen sowohl warme als auch kalte Gerichte auf der Karte, inklusive Lasagne (95 nkr) und Quiche (89 nkr).

Lido (Karte S. 194/95; ☎ 55 32 59 12; Torgalmenningen 1; Tagesangebote & Hauptgerichte ab 110 nkr) Lido ist eine nicht teure Cafeteria mit gutem traditionellem Futter. Der gute Eindruck wird nur durch die 5 nkr etwas angekratzt, die sie einem auf der Toilette abnehmen.

Mr Bean Coffee Shop & Dr Livingstone Travellers Café (Karte S. 194/95; ☎ 55 56 03 12; Kong Oscars gate 12; Kaffee ab 25 nkr, leichte Mahlzeiten 65–110 nkr; 🕑 12–22 Uhr) Kein Wunder, dass dieser Urlaubertreff so beliebt ist; er ist bestens geeignet, Gleichgesinnte kennen zu lernen. Kaffee gibt's in riesigen Pötten; die können aber leider nur Spätaufsteher als Kickstart in den Morgen genießen.

Der **Rimi-Supermarkt** (Karte S. 194/95; Nygårdsgaten; 🕑 9–23 Uhr Mo–Sa, 11–23 Uhr So) hat länger geöffnet als die meisten; im **Sparmarkt** (Karte S. 194/95; Nye Sandviksveien; 🕑 Mo–Fr 9–20 Uhr, Sa 9–18 Uhr) gibt's einen grandiosen Takeaway-Deli mit ganzen gegrillten Hähnchen für nur 30 nkr. **Kinsarvik Frukt** (Karte S. 194/95; Olav Kyrres gate 38; 🕑 Mo–Fr 9–17 Uhr, Sa 10–15 Uhr) ist ein Lebensmittelladen mit Reformkostabteilung. In diesen Märkten bekommen Picknicker alles, was sie brauchen.

Bäckereien gibt es ebenfalls in Hülle und Fülle. Zu unseren Favoriten gehören:

Baker Brun (Karte S. 194/95; Zachariasbryggen; 🕑 Mo–Sa 8–20 Uhr, So 11–18 Uhr) Bekannt für seine Backwaren, Brötchen und die für Bergen typischen *skillingsboller* (lokale Backspezialität in Bällchenform; der Name kommt von der alten Währungseinheit skilling); eine zweite Filiale gibt's in Bryggen.

Godt Brød (Karte S. 194/95; Nedre Korskirkealmenningen 12; 🕑 Mo–Fr 7–18 Uhr, Sa 7–16.30 Uhr) Leckeres Biobrot und -gebäck.

Sol Brød (Karte S. 194/95; Ecke Vetrlidsalmenning & Kong Oscars gate; 🕑 Mo–Fr 8–17 Uhr, Sa 8–17.30 Uhr, So 9–16 Uhr) Brot, Gebäck und Sandwiches.

MITTELTEUER

Stragiotti (Karte S. 194/95; ☎ 55 90 31 00; Vestre Torvgate 3; Mittagsangebote 49–129 nkr, Hauptgerichte 120–280 nkr; 🕑 Mo–Sa 14–23.30 Uhr, So 14–22.30 Uhr) Der frisch aufpolierte Italiener ist drinnen stylisch eingerichtet; draußen auf der Terrasse hat man's angenehm luftig. Authentische italienische Küche zu sehr vernünftigen Preisen.

Bar Celona (Karte S. 194/95; ☎ 55 23 42 33; Vaskerelven 16–18; Tapas 19–89 nkr, leichte Gerichte 35–85 nkr; 🕑 Mo–Do 14–1.30 Uhr, Fr & Sa 13–14.30 Uhr) Als Alternative: Superschicke, freundliche Restaurant-Bar mit spanischem Touch und phantastischem Essen.

Tapas Tapas Bar (Karte S. 194/95; ☎ 55 96 22 10; Vetrlidsalmenning 15; vegetarische Gerichte 45–79 nkr, andere Hauptgerichte 130–290 nkr) Mediterranes Flair gibt's auch in der netten Tapas Tapas Bar eine Treppe rauf in der Nähe des Fløibanen-Terminals.

Peppe's Pizza (Karte S. 194/95; ☎ 55 96 41 99; Zachariasbryggen; Pizza ab 134 nkr; 🕑 Mo–Do 11–23 Uhr, Fr & Sa 11–24 Uhr) Der allgegenwärtige Peppe's hat die übliche Mega-Pizza, die einfach um Klassen besser ist als der Rest. Von den Tischen im Freien hat man Blick auf den Hafen und Bryggen; auch der Kaffee ist sehr genießbar (Eiskaffee für 29 nkr). Der Service ist durchweg flott, dynamisch, jung.

Pars (Karte S. 194/95; ☎ 55 56 37 22; Sigurdsgate 5; Vorspeisen 49–69 nkr, Hauptgerichte 89–189 nkr; 🕑 Di–Do 16–23 Uhr, Fr & Sa 16–24 Uhr, So 15–22 Uhr) Das orientalische Ambiente dieses persischen Restaurants kommt im weltoffenen Bergen gut. Das Essen ist ausgezeichnet, die vegetarischen Optionen preiswert (ab 65 nkr) und es gibt sogar Kindermenüs (89 nkr).

Ma-Ma Thai (Karte S. 194/95; ☎ 55 31 38 70; Kaigaten 20; Mittagsangebote 75–89 nkr, Vorspeisen 55–89 nkr,

DER TIPP VOM AUTOR

Auf dem **Fischmarkt** (Torget; Karte S. 194/95; Juni–Aug. So–Fr 7–17 Uhr, Sa 7–16 Uhr, Sept.–Mai Mo–Sa 7–16 Uhr) in Bergen wird Essen zum Erlebnis. Direkt am Hafen und nur einen Steinwurf von Bryggen entfernt findet man hier alles von Erdbeeren und Kirschen über üppige Meeresfrüchtesalate (90 nkr), Elchburger und Rentierwürstchen bis hin zu englischen Fish & Chips (90 nkr), Krabben (50 nkr), belegten Broten und Fischfrikadellen. Und dann die Fischstände: Lachssteaks, Walfleisch und jede Menge anderer Fische. Die Händler verpacken sie auch gerne als kleinen take-away-Snack oder in einem versiegelten Beutel zum Mitnehmen. So mancher legt hier zur Mittagszeit regelmäßig einen Boxenstopp ein.

Hauptgerichte 129–189 nkr) Ma-Ma Thai ist ein gemütliches, authentisches Asienlokal. Mit preisgünstigen Tagesspecials und leckeren Fisch-, Rind-, Schweine- und Lammgerichten sehr attraktiv für Studenten.

TEUER

Enhjørningen (Karte S. 194/95; ☎ 55 32 79 19; Bryggen; dreigängiges Abendmenü 440 nkr, Vorspeisen 95–140 nkr, Hauptgerichte 205–380 nkr; ⏲ Mittag & Abend Mo–Sa) Das exklusive Enhjørningen punktet mit leckeren Spezialitäten aus dem Meer. Der Name bedeutet „Einhorn"; das Biest über dem Eingang ist offensichtlich sexuell erregt und scheint einen Fluchtversuch unternehmen zu wollen! Trotz derlei Ablenkungen ist dies eines der Top-Restaurants in Bryggen – mit allerfeinster Küche und altmodischer Eleganz.

Bryggen Tracteursted (Karte S. 194/95; ☎ 55 31 59 55; Bryggen; leichte Gerichte 95–145 nkr, Vorspeisen 82–145 nkr, Hauptgerichte 225–275 nkr; ⏲ Mittag & Abend Mai–Sept.) Typisch Bryggen ist auch diese großartige 300 Jahre alte Taverne – mit morbidem Charme, ordentlichem Essen und jeder Menge hungriger Touristen.

Dickens (Karte S. 194/95; ☎ 55 36 31 30; Kong Olav Vs plass 4; Mittagessen 109–159 nkr, Abendhauptgerichte 179–231 nkr; ⏲ Mittag & Abend) Das populäre Dickens hat einen sonnigen Speisesaal mit Blick über den Kong Olav Vs plass, im Sommer Tische im Freien und großzügige Portionen – alles Gründe, um ein bisschen länger zu bleiben.

Wesselstuen (Karte S. 194/95; ☎ 55 55 49 49; Ole Bulls plass 6; leichte Gerichte 69–135 nkr, Vorspeisen 69–89 nkr, Hauptgerichte 179–225 nkr, dreigängiges Menü 335 nkr; ⏲ Mittag & Abend) Üppiger Dekor und ein hervorragendes Preis-Leistungs-Verhältnis – diese Kombination lockt besonders die Doktoranden, Philosophen und Intellektuellen der lokalen Szene der 30- bis 40-Jährigen in die Wesselstuen.

Weitere Empfehlungen:

Ole Bull (Karte S. 194/95; ☎ 55 57 30 00; Ole Bulls plass 5; Mittagsbüfett 225 nkr (Abendessen 275 nkr ⏲ Mittag 11.30–15.30 Uhr; Abend 18–21 Uhr) Parkblick und ein verlockendes Büfett.

Louisiana Créole Restaurant (Karte S. 194/95; ☎ 55 54 66 60; Vågsalmenning 6; Hauptgerichte 179–289 nkr) Der redliche Versuch einer Cajun Cuisine (einschließlich Steak und Alligator); kleinere Gerichte im Café darunter.

Bryggeloftet & Stuene (Karte S. 194/95; ☎ 55 31 06 30; Bryggen 11; Tagesangebote ab 89 nkr, Hauptgerichte 89–275 nkr) Ein weiteres beliebtes Bryggen-Lokal mit traditioneller norwegischer Küche (einschließlich Rentier, Wild, Dorsch und Seewolf).

Fiskekrogen (Karte S. 194/95; ☎ 55 55 96 55; Zachariasbryggen; Mittagessen ab 79 nkr, Abendhauptgerichte 245–295 nkr) Gourmetgerichte für Liebhaber von Wild- und Fischgerichten gleich neben dem Hafen.

Unterhaltung

Bergen hat für jeden etwas: von Hochkultur bis Nachtleben.

Für manche Konzerte, Folkloreveranstaltungen und sogar Nachtclubs gibt's mit der Bergen Card erhebliche Nachlässe.

KINO

Bergen Kino (Karte S. 194/95; ☎ 82 05 00 05; Neumannsgate 3; Eintritt 60–80 nkr) In diesem Multiplex mit insgesamt 13 Sälen werden brandneue Filme in Originalfassung gezeigt.

KONZERTE

Bergen hat im Sommer ein voll gestopftes Konzertprogramm, darunter viele klassische Aufführungen mit Schwerpunkt auf dem Lieblingssohn der Stadt, dem Komponisten Edvard Grieg (s. Kasten S. 197); die Konzerte finden an so stimmungsvollen Open-Air-Spielorten wie Troldhaugen, Lysøen, Siljustøl, auf dem Berg Fløyen und im Park neben den Håkonshallen statt. Details und Aufführungszeiten verrät das Fremdenverkehrsbüro. Ticketverkauf (150–220 nkr) beim **Billett Service** (☎ 81 03 31 33), im Fremdenverkehrsbüro oder an der Abendkasse am Veranstaltungsort.

Das renommierte **Philharmonische Orchester von Bergen** (☎ 55 21 61 50, www.harmonien.no) gibt klassische Konzerte in den **Grieghallen** (Karte S. 194/95; ☎ 55 21 61 00; www.grieghallen.no; Edvard Griegs plass; Tickets 150–250 nkr), v. a. in der Zeit von Juni bis August.

Von Mitte Juni bis Mitte August kann man Grieg-Konzerte in einer der Galerien des herrlichen alten Gebäudes von Det Norske Bank (Fremdenverkehrsbüro) hören. Die Veranstaltungen beginnen mittwochs bis samstags jeweils um 22 Uhr und kosten 160 nkr (120 nkr mit der Bergen Card).

FOLKLORE

Fana Folklore (Karte S. 194/95; ☎ 55 91 52 40; Fana Kirche/Ramsbergstunet; Tickets 270 nkr; ⏲ Anfang Juni–Ende Aug. Do & Fr) Wer bisher noch keinen Zugang zur traditionellen norwegischen Kultur gefunden hat, hat bei dieser Folkloreshow in der Stabkirche von Fana vielleicht seine ersten Aha-Erlebnisse. Klar ist sie touristisch, aber trotzdem gut gemacht, und unter den Zuschauern sind meistens nicht wenige Norweger. Busse von Fana Folklore holen Ticketinhaber um 19 Uhr von Festplassen ab und bringen sie um 22.30 Uhr wieder zurück; Tickets gibt's beim Fremdenverkehrsbüro.

Bergen Folklore (Karte S. 194/95; ☎ 55 55 20 06; Erwachsene/Kinder 95 nkr /gratis; ⌚ Ende Juni – Ende Juli Di 21 Uhr, Anfang bis Mitte Juni & Anfang bis Ende Aug. So 21 Uhr) Bergen Folklore ist eine weitere Truppe, die eine Stunde lang traditionelle Musik und Tänze zum Besten gibt. Die Dienstagsaufführungen finden im Bryggens Museum statt, die sonntäglichen im passenden Ambiente der Schøstuene. Tickets gibt's im Fremdenverkehrsbüro oder an der Abendkasse vor Ort.

PUBS, CLUBS & DISKOS

Kvarteret (Karte S. 194/95; ☎ 55 58 99 10; Olav Kyrres gate 49; ⌚ So–Do 11.30–1 Uhr, Fr & Sa 11.30–3 Uhr) Wer durch die norwegischen Alkoholpreise zum Abstinenzler geworden ist, kann hier der Dürrephase ein Ende setzen. Der halbe Liter (in Norwegen dieser Tage an sich schon eine Seltenheit) geht vor/nach 22 Uhr für 33/42 nkr über den Tresen. Die relaxte studentische Atmosphäre kann eine Menge Spaß bringen.

Garage (Karte S. 194/95; ☎ 55 32 02 10; Christies gate 14; ⌚ Mo–Sa 12 Uhr–spät, So 18 Uhr–spät) Bergens Top-Adresse für Rockmusik serviert sowohl lokales als auch irisches Bier – eine super Location, um sich die Nacht um die Ohren zu schlagen.

Rick's (Karte S. 194/95; ☎ 55 55 31 31; Veiten 3; ⌚ So–Do 22–3 Uhr, Fr & Sa 22–3.30 Uhr, Fr & Sa Eintritt 75 nkr) Zu diesem Komplex aus Pubs und Diskos gehören auch eine Rock-Disco mit DJ, eine Musikbar mit englischem Staff, ein Tanzlokal mit unterschiedlicher Livemusik, eine Disko 25+ und das angrenzende Irish Pub **Finnegan's** (Karte S. 194/95; ⌚ So–Do 14–1 Uhr, Fr & Sa 14–2 Uhr); im Finnegan's kostet ein 0,45 l-Glass Bier 46 nkr.

Engelen (Karte S. 194/95; ☎ 55 54 31 50; Bryggen; Eintritt 75 nkr; ⌚ Mi–Sa 20 Uhr–spät) Etwas peppiger und für die jüngere Szene ist das Engelen mit Diskomusik aus den 70ern und darüber hinaus sowie billigen Drinks am Donnerstag.

Banco Rotto (Karte S. 194/95; ☎ 55 32 75 20; Vågsalmenning 16; Eintritt 80 nkr, gratis mit der Bergen Card; ⌚ tgl. 18 Uhr–spät) Die Bergen Card bis zur letzten Minute auskosten – das geht im Banco Rotto, wo sich am Wochenende Publikum zwischen 30 und 60 zu den Livemusikshows (aktuelle/Charthits) einfindet, während in der angeschlossenen Blue Velvet-Bar an manchen Wochenenden Livejazz geboten wird.

Wenn's um einen gemütlichen Draußen-Platz um den Hafen geht, sind das bodenständige, irische **Scruffy Murphy** (Karte S. 194/95; ☎ 55 31 34 96; Torget 15; ⌚ 12 Uhr–spät) oder die wesentlich elegantere **Pacific Bar** (Karte S. 194/95; Torget 15; ⌚ 16 Uhr–spät) kaum zu toppen.

Eine Sportbar, in dem die aktuellen Spiele laufen, ist u. a. der ausgezeichnete **Fotballpuben** (Karte S. 194/95; ☎ 55 90 05 79; Vestre Torggate 9; ½ l Bier 35 nkr; ⌚ 12 Uhr–spät).

Shoppen

Die Läden in Bryggen sind fast alle sehr touristisch – mit scheußlichen Kühlschrankmagneten, Käsehobeln und Trollen als Dauerbrenner, aber unter dem ganzen Kitsch gibt's auch das eine oder andere lohnende und außergewöhnliche Souvenir. Der Großteil der Läden öffnet im Sommer – touristengerecht – um 9 Uhr und macht um 22.30 Uhr dicht.

Die größte Auswahl an Kunsthandwerk, Holzspielzeug und traditioneller Kleidung findet man in **Husfliden** (Karte S. 194/95; ☎ 55 31 78 70; Vågsalmenning 3; ⌚ Mo–Mi & Fr 9–16.30 Uhr, Do 9–19 Uhr, Sa 9–15 Uhr).

An- & Weiterreise

Bergen ist zentraler Ausgangspunkt für Reisen in die westlichen Fjorde und hat ein hervorragendes Verkehrsnetz.

FLUGZEUG

Der **Flughafen** (Karte S. 194/95; ☎ 55 99 80 00) von Bergen liegt in Flesland, rund 19 km südwestlich vom Stadtzentrum. **SAS Braathens** (www.sasbraathens.no; ☎ 81 52 00 00), am Flughafen, fliegt mehrmals täglich zwischen Oslo und Bergen (ab 739 nkr) und bietet Direktflüge nach Trondheim (830 nkr), Kristiansand (581 nkr) und Stavanger (353 nkr) an. **Widerøe** (www.wideroe.no; ☎ 81 00 12 00), ebenfalls am Flughafen, fliegt zum selben Preis Stavanger und einige der kleineren Flughäfen in der westlichen Fjordregion an.

Außerdem gibt es internationale Direktflüge nach Hamburg, Kopenhagen, Stockholm, London und anderen Städten. Berlin, Zürich und Wien werden nur mit Zwischenstopps in Amsterdam oder Kopenhagen angeflogen; mehr Infos s. S. 433.

SCHIFF/FÄHRE

Für Ziele am Sognefjord gibt es die täglichen **Fylkesbåtane** Expressschiffe (☎ 55 90 70 70; www.fylkesbaatane.no) nach Balestrand (385 nkr, 4 Std.) und Flåm (530 nkr, 5 Std.). Zum Nordfjord gibt es ebenfalls tägliche Fähren nach/von Måløy (570 nkr, 4 Std.) und Selje (615 nkr, 5 Std.).

HSD/Flaggruten (☎ 55 23 87 80; www.flaggruten.no) fährt bis zu viermal täglich von/nach Stavanger (einfache Fahrt/Hin- und Rückfahrt 560/670 nkr, 4 Std.) über Haugesund (350/440 nkr, 3 Std.). Alle diese Schiffe legen in Bergen vom Strandkaiterminal (Karte S. 194/95) ab.

Die Hurtigruten-Küstenfähre startet täglich um 20 Uhr vom Frieleneskaien (Karte S. 194/95) südlich der Universität. Nähere Einzelheiten auf S. 441.

Internationale Fähren von/nach Bergen docken am Skoltegrunnskaien an (Karte S. 194/95), nördlich vom Rosenkrantzturm. Mehr Details auf S. 432.

BUS

Der Nor-Way Bussekspress fährt nach:

Ziel	Abfahrten	Preis	Dauer
Ålesund	1 bis 2 tgl.	595 nkr	10½ Std.
Kristiansand (über Haukeligrand)	1 tgl.	610 nkr	12 Std.
Odda	1 bis 3 tgl.	275 nkr	3¼ Std.
Oslo	3 tgl.	640 nkr	11½ Std.
Stavanger	tgl. alle 2 Std.	410 nkr	5¾ Std.
Stryn	3 tgl.	415 nkr	6½ Std.
Trondheim	2 tgl.	810 nkr	14¼ Std.

ZUG

Näheres zur spektakulären Route zwischen Bergen und Oslo (670 nkr, 6½ bis 8 Std., 5-mal tgl.) auf S. 13. Regionalzüge zwischen Bergen und Voss (155 nkr, 1 Std.) gehen alle ein bis zwei Stunden; vier dieser Züge fahren nach/von Myrdal (215 nkr, 2¼ Std.).

Unterwegs vor Ort

VOM/ZUM FLUGHAFEN

Der Flughafen liegt in Flesland, 19 km südwestlich vom Zentrum von Bergen. Flybussen (Erwachsene/Kinder 65/35 nkr, 45 Min.) verkehrt mindestens zweimal pro Stunde zwischen dem Flughafen, dem Radisson SAS Royal Hotel, dem Radisson SAS Hotel Norge und dem Busbahnhof. Auch der lokale Bus Nr. 523 verkehrt mehr oder weniger stündlich zwischen dem Busbahnhof und dem Flughafen Flesland (40 nkr, 1 Std.).

FAHRRAD

Fahrräder zur Miete gibt's in **Sykkelbutikken** (Karte S. 194/95; ☎ 55 32 06 20; Østre Skostredet 5; ab 150 nkr pro Tag).

BUS

Stadtbusse kosten 15 nkr; die Tarife außerhalb des Zentrums hängen von der Entfernung ab. Routeninfos gibt's unter ☎ 177. der Gratisbus Nr. 100 verkehrt zwischen dem Hauptpostamt und dem Busbahnhof.

AUTO & MOTORRAD

Außer in Bereichen mit Parkuhren ist das Parken auf den Straßen den Anwohnern vorbehalten. In den frequentiertesten Gegenden sind die Parkuhren auf dreißig bis sechzig Minuten begrenzt; auf den Parkplätzen in Sydnes sind bis zu neun Stunden erlaubt (nachts gratis). Zeitlich weniger eingeschränkt sind die Parkhäuser; das größte und billigste (75 nkr für 24 Std.) ist die rund um die Uhr geöffnete Bygarasjen am Busbahnhof. Wer eine gültige Bergen Card hat, kann vielerorts gratis parken.

SCHIFF/FÄHRE

Von Mai bis Mitte September verkehrt die **Vågen Hafenfähre** (Karte S. 194/95; ☎ 55 56 04 00; einfache Fahrt/Hin- und Rückfahrt Erwachsene 30/40 nkr, Kinder 20/30 nkr) zwischen 10 und 18 Uhr ca. jede halbe Stunde zwischen dem Fischmarkt Torget und Tollbodhopen in Nordnes (in der Nähe des Bergen Aquarium).

HARDANGERFJORD

VOSS

5500 Ew.

Die Stadt Voss weiter im Landesinneren ist de facto die Hauptstadt der Hardangerfjord-Region und der ultimative Ort für einen Adrenalinkick – Voss ist eine von Norwegens Adventure-Metropolen.

Geschichte

Seit dem Mittelalter ist Voss ein landwirtschaftliches Zentrum und Stützpunkt für den Handel zwischen Ost- und Westnorwegen. 1023 ließ König Olav Haraldsson (der hl. Olav) ein Kreuz zur Erinnerung an die Christianisierung von Voss aufrichten. Das Stadtzentrum wurde 1940 von deutschen Jagdbombern zerstört, nach dem Zweiten Weltkrieg aber wieder aufgebaut.

Praktische Informationen

Fremdenverkehrsbüro (☎ 56 52 08 00; www.visitvoss.no; Uttrågata; ⌚ Juni–Aug. Mo–Fr 8–19 Uhr, Sa 9–19 Uhr, So 14–19 Uhr, Sept.–Mai Mo–Fr 9–15.30 Uhr) Dieses gut informierte Büro ist auf jeden Fall einen Besuch wert.

Nordic Ventures (☎ 56 51 00 17; ⌚ Mitte April–Sept. 9–20 Uhr; 35 nkr für 30 Min.) Internetzugang am besten hier erfragen. Das Büro liegt am See hinter dem Park Hotel.

Sehenswertes

VANGSKYRKJA & DAS OLAVSKREUZ

Die **Steinkirche** von Voss (☎ 56 51 94 00; Uttrågata; Erwachsene/Kinder 20 nkr /gratis; ⌚ Juni–Aug. 10–16 Uhr, kürzere Öffnungszeiten in der übrigen Zeit) befindet sich an der Stelle, wo früher ein alter heidnischer Tempel stand. Hier wurde in der Mitte des 13. Jhs. eine gotische Kirche errichtet, zu der König Magnus Lagabøte dem Stadtältesten im Jahre 1271 schriftlich gratulierte. Zwar sind der ursprüngliche Steinaltar und die einzigartige (und eher hässliche) Turmspitze aus Holz erhalten. Doch viele Originalteile wurden im Zuge der Reformation 1536 entfernt. Die Buntglasfenster wurden 1923 anlässlich des Jubiläums „900 Jahre Christentum in Voss“ eingesetzt. Wie durch ein Wunder überstand das Gebäude die heftige deutsche Bombardierung von Voss im Jahr 1940 völlig unbeschadet.

Auf einem Feld südöstlich der Kirche steht ein **Steinkreuz**, das der hl. Olav 1023 zur Erinnerung an die Bekehrung der Einheimischen zum Christentum aufstellte.

PRESTEGARDSMOEN

Das **Freizeit- und Naturschutzgebiet Prestegardsmoen**, das sich südlich von Voss Camping erstreckt, bietet eine Reihe von Wanderwegen sowie die Chance, 140 Pflanzen- und 124 Vogelarten zu beobachten.

VOSS FOLKEMUSEUM

Der wichtigste Teil des Volkskundemuseums von Voss (Voss Folkemuseum), das **Mølstertunet Museum** (☎ 56 51 15 11; Mølstervegen 143; Erwachsene/Kinder 40 nkr /gratis; ⌚ Mitte Mai–Mitte Sept. tgl. 10–17 Uhr, übrige Zeit Mo–Fr 10–15 Uhr, So 12–15 Uhr), ist der Mølsterhof auf einem Hügel oberhalb der Stadt. Die historischen Hofgebäude, wunderschön auf einer Bergkuppe gelegen, stammen aus der Zeit von Mitte des 17. bis Mitte des 19. Jhs. Und beleuchten verschiedene Facetten des Lebens früherer Zeiten. Führungen gibt es stündlich zu jeder vollen Stunde (im Eintritt inbegriffen).

Die anderen beiden Teile des Museums, das alte Gehöft **Nesheimstunet** und das hölzerne Pfarrhaus **Oppheim**, liegen 10 bzw. 26 km von Voss entfernt, an der Straße Richtung Gudvangen (E 16). Das Gelände selbst ist für jeden zugänglich, aber wenn man die Innenräume besichtigen will, muss man sich per Telefon anmelden.

DAGESTADMUSÉET

Dieses **Museum** (☎ 56 51 65 33; Helgavangen 52; Erwachsene/Kinder 30 nkr/gratis; ⌚ Juni–Mitte Aug. Di–So 11–14 Uhr) wurde 1950 von dem renommierten einheimischen Holzschnitzer Magnus Dagestad (1865–1957) eröffnet. Gezeigt wird sein Lebenswerk, bestehend aus Schnitzarbeiten, Zeichnungen und traditionellen Holzmöbelkreationen, sowie Werke seiner Frau Helena Dagestad. Eine ungewöhnliche und lohnende Ausstellung. Sie befindet sich ca. 1,5 km außerhalb des Stadtzentrums.

Geführte Touren

Die berühmte „Norway in a Nutshell“-Tour, normalerweise zwischen Oslo und Bergen, funktioniert auch als Tagestour von Voss aus. Sie umfasst die Bahnfahrt von Voss

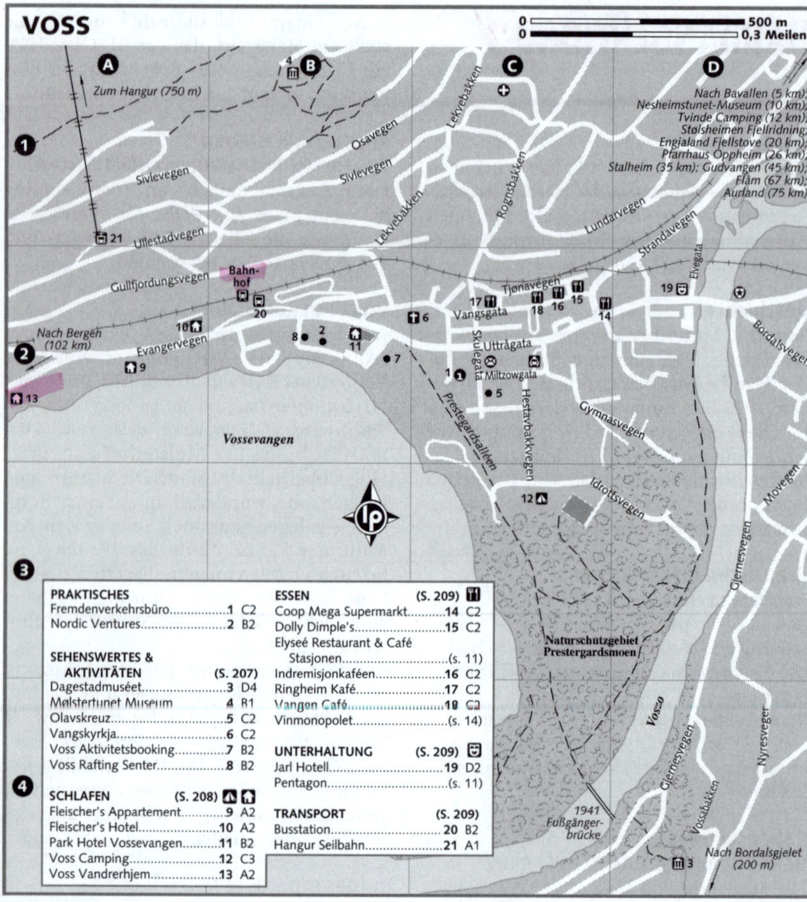

nach Myrdal und Flåm, die Bootsfahrt nach Gudvangen und den Bus zurück nach Voss (Erwachsene/Kinder 480/240 nkr, 6½ bis 8½ Std.). Buchungen übers Fremdenverkehrsbüro, Reisebüros oder direkt bei **NSB** (☎ 56 52 80 07) am Bahnhof.

Das Fremdenverkehrsbüro organisiert auch 6½-stündige Tagesausflüge nach Ulvik (S. 211) und Eidfjord (S. 215) mit Bus und Fähre. Das Ticket kostet für Erwachsene/Kinder 250/180 nkr. Außerdem vermittelt sie geführte Wanderungen in die Hügel der Umgebung.

Festivals

Einzelheiten zum **Extremsportfestival** von Voss s. Kasten S. 210.

Am letzten Wochenende im August findet das **Voss Blues & Roots Festival** (☎ 56 51 63 03; www.vossblues.no; Fr/Sa Tagespass 400/500 nkr, Festivalpass 790 nkr) statt – eines der besseren Musikfestivals Norwegens.

Beim **Schafkopffestival** (Smalahovesleppet) Ende September kann man sich von der kulinarischen Delikatesse eines Schafskopfs überzeugen. Definitiv etwas für Kenner.

Schlafen

Voss Camping (☎ 56 51 15 97; www.vosscamping.no; Prestegardsalléen 40; Zelt-/Wohnwagenplätze 110/130 nkr, Hütten 400 nkr) Der zentral an einem See gelegene Platz verfügt über die Grundausstattung. Im Sommer kann's etwas laut werden, aber ansonsten ist der Platz ein Volltreffer.

Tvinde Camping (☎ 56 51 69 19; www.tvinde.no; Tvinde; Zeltplätze pro Person ab 100 nkr, Hütten ab 300 nkr) Für alle, denen es nichts ausmacht, ein bisschen außerhalb der Stadt zu wohnen, gibt's diese idyllische Alternative an einem Wasserfall ca. 12 km nördlich der Stadt. Nichtmotorisierte Camper nehmen den Bus Voss–Gudvangen (30 nkr, 20 Min.).

Voss Vandrerhjem (☎ 56 51 20 17; www.vossvandrerhjem.no; Evangervegen 68; B/EZ/DZ inkl. Frühstück 195/420/540 nkr; ganzjährig; p) Dieses moderne Hostel in Voss bietet Zimmer mit eigenem Bad und einen tollen Seeblick. Tipp: nach einem Zimmer im obersten Stock zum See raus fragen. Fahrräder, Kanus und Kajaks kann man leihen; die Benutzung der Sauna ist gratis.

Fleischer's Hotel (☎ 56 52 05 00; www.fleischers.no; Evangervegen; EZ/DZ 1125 /1490 nkr; 💻 P) Wer gern historisch wohnt: Das riesige und wunderschschöne Fleischer's Hotel, das im Jahre 1888 eröffnet wurde, verströmt einen altmodischen Charme und ist das beste Hotel der Stadt. Manche Zimmer haben Seeblick, und obendrein gibt es Sonderaktionen, die den Aufenthalt im Sommer erschwinglicher machen.

Fleischer's Appartement (☎ 56 52 05 00; hotel@fleischers.no; Evangervegen; 2-/4-Bett-Apartments 495/395 nkr pro Person; 💻 P) Dieser Anhang zum Fleischer's Hotel am Seeufer besteht aus kleinen, aber ausreichenden Selbstversorgereinheiten.

Park Hotel Vossevangen (☎ 56 53 10 00; www.parkvoss.no; Uttrågata 1; EZ 725–825 nkr, DZ 950–1250 nkr; 💻 P) Zwar kann das Park Hotel Vossevangen nicht mit der Eleganz des Fleischer's Hotel mithalten, aber die modernen Zimmer sind dennoch sehr komfortabel, und viele bieten eine tolle Aussicht auf den See Vossevangen.

Essen

Elysée (☎ 56 51 13 22; Park Hotel Vossevangen; Uttrågata 1; Hauptgerichte 119–239 nkr; Mittag & Abend) Das beste Restaurant in Voss ist auf französische und internationale Küche spezialisiert und hat eine besonders imposante Weinkarte. Im selben Hotel befindet sich das beliebte, ganz dem Thema Eisenbahn gewidmete Café Stasjonen (Gerichte 30 bis 155 nkr), wo man kleine Snacks, leichte Mahlzeiten (z.B. Nachos für 45 nkr) sowie Üppigeres wie etwa im Ofen gebackenen Lachs mit Gemüse (115 nkr) bekommt.

Dolly Dimple's (☎ 56 51 00 40; Vangsgata 52; Pizza ab 115 nkr; Mittag & Abend) Dolly Dimple's serviert gute, große Pizzen, die locker auch für zwei reichen.

Das Restaurant im **Fleischer's Hotel** (s. links; Mittag & Abend) ist ebenfalls spitzenmäßig, mit einem Salatbüfett (95 nkr), leichten Gerichten (85 bis 105 nkr) und Hauptgerichten (175 bis 225 nkr).

Für Kuchen, Snacks und Rentiertoast ist das **Vangen Café** (☎ 56 51 12 05; Vangsgata 42; Gerichte 45–102 nkr; Mo–Fr 10–18 Uhr, Sa 10.30–16 Uhr, So 12.30–18 Uhr) eine gute Idee, während im **Indremisjonskaféen** (☎ 51 56 14 08; Vangsgata 46; Snacks & leichte Mahlzeiten 35–99 nkr; Mo–Fr 9.30–18 Uhr, Sa 9.30–15 Uhr, So 12–18 Uhr) traditionelles norwegisches Essen auf den Tisch kommt. Etwas vielseitiger ist das **Ringheim Kafé** (☎ 56 51 13 65; Vangsgata 32; Hauptgerichte 89–199 nkr; Mittag & Abend).

Der Supermarkt Coop Mega und das Vinmonopolet befinden sich im selben Häuserblock in Strandavegen.

Unterhaltung

Park Hotel Vossevangen (☎ 56 53 10 00; Uttrågata 1) besitzt eine Pianobar für Liebhaber leichter Musik; die beliebte Wochend-Disko Pentagon hat etwas mehr Power. Im Pub des **Jarl Hotell** (☎ 56 51 19 33; Elvegata 9) befindet sich eine Kellerdisko, die mit House und Techno 18- bis 25-Jährigen einheizt.

An- & Weiterreise

Die Busse halten am Bahnhof westlich vom Zentrum. Es gibt häufige Busverbindungen zwischen Voss und Bergen (158 nkr, 2 Std.) und Aurland (122 nkr, 1½ Std.) via Gudvangen und Flåm; dagegen gibt's nur drei bis sieben Busse täglich zwischen Voss und Norheimsund (130 nkr, 2 Std.).

Die berühmte *Bergensbanen* der norwegischen Bahn **NSB** (☎ 56 52 80 00) von/nach Bergen (155 nkr, 1 Std., stündlich) und Oslo (575 nkr, 5½ bis 6 Std., 5-mal tgl.) hat Anschluss in Myrdal (85 nkr, 50 Min.) zur Panoramastrecke nach Flåm (s. S. 230).

Unterwegs vor Ort

Fahrräder können bei **Voss Aktivitetsbooking** (Mo–Do & So 10–17 Uhr, Fr & Sa 10–20 Uhr) neben dem Park Hotel Vossevangen für ca. 200 nkr pro Tag oder beim Voss Vandrerhjem (s. links) für 150/250 nkr pro halben/ganzen Tag ausgeliehen werden.

EXTREMSPORT IN VOSS

Wer den besonderen Nervenkitzel sucht, findet in Voss die Rettung vor den gemütlichen Bootsfahrten auf dem Fjord. Ende Juni geht so richtig die Post ab, wenn Voss die **Extremsport-Woche** ausruft (☎ 48 06 60 92; www.ekstremsportveko.com). Mit allen möglichen Aktivitäten und Wettbewerben – die meisten sind für alle offen – werden Adrenalinjunkies von überall angelockt.

Um zu buchen oder zu hören, was alles angeboten wird, wendet man sich an **Voss Aktivitetsbooking** (Veranstaltungsbuchungen Voss; ☎ 99 47 65 75; 🕑 Mo–Do & So 10–17 Uhr, Fr & Sa 10–20 Uhr) gegenüber vom Park Hotel (s. S. 209). Alternativ direkt die Veranstalter kontaktieren.

Reiten

Genaue Infos zu Reitmöglichkeiten in Stølsheimen (450/750 nkr für 3 Std./ganzer Tag) erfährt man beim englisch geführten **Stølsheimen Fjellridning/Engjaland Fjellstove** (☎ 56 51 91 66; www.engjaland.no; Engjaland) 20 km nördlich von Voss. In der Hochsaison kostet das B & B 300 bis 375 nkr. Es eignet sich auch gut als Ausgangspunkt für Hüttenwanderungen in den spektakulären Bergen von Stølsheimen.

Paragliding, Parasailing & Bungeejumping

Nordic Ventures (☎ 56 51 00 17; www.nordicventures.com) ist eines der besten Aktivzentren seiner Art in ganz Norwegen – mit Tandem-Paragliding (1000 bis 1200 nkr), Parasailing (450 bis 1500 nkr) und sogar Bungeejumping von einem Parasegel (1495 nkr)! Die Expeditionen dauern oft den ganzen Tag; ein Barbecue zur Mittagszeit ist inklusive. Ihr Motto: „Sei mutig. Und auch wenn du's nicht bist, tu wenigstens so, als ob. Keiner wird den Unterschied merken."

Skifahren

Die Skisaison in Voss dauert von Anfang Dezember bis April, je nach Schneelage. Die winterliche Action konzentriert sich auf den Skizirkus auf dem Hangur. Wer motorisiert ist, kann auch nach Bavallen fahren (5 km nördlich vom Zentrum). Bavallen hat zwei Sessellifte und ist auch Austragungsort für internationale Abfahrtsrennen. Liftkarten und Skiausrüstungen zum Leihen gibt es an beiden Pisten; von Mitte Mai bis Mitte August befördert die **Seilbahn** Tagesausflügler auf den Berg(☎ 56 51 12 12; Erwachsene/Kinder 75/45 nkr Berg- und Talfahrt; 11–17 Uhr). Am Hangur werden im Winter Skikurse angeboten. Bei Mjølfjell auf dem Plateau sowie das Raundalen hoch gibt es tolle Langlaufmöglichkeiten. Informationen zu Wetter- und Schneebedingungen unter ☎ 56 51 94 88.

Wassersport

Auch wem die luftigen Höhen nicht so liegen, kommt nicht zu kurz. **Voss Rafting Senter** (☎ 56 51 05 25; www.vossrafting.no) bietet einfach alles: vom Wildwasserrafting (450 bis 700 nkr oder 1600 nkr pro Familie) und Canyoning (Nkr 700) bis hin zum Wasserfall-Abseilen (ab 700 nkr) und Riverboarding (750 nkr). Beim Rafting und Riverboarding kann man zwischen drei verschiedenen Flüssen wählen: Stranda (Klasse III bis IV), Raundalen (Klasse III bis V) und Vosso (Klasse II). Auch ihr Motto ist vielversprechend. „Bei uns machst du dir garantiert die Hose nass."

Nordic Ventures (☎ 56 51 00 17; www.nordicventures.com) organisiert auch Kajak-Expeditionen: von Seetouren (4 bis 5 Std., 550 nkr) bis Ein-/Zwei-/Drei Tagestouren (890/1495/2250 nkr). Die längeren Touren finden in der Nähe des spektakulären Nærøyfjord (S. 233) statt.

STALHEIM

Dieser großartige Flecken, hoch über der Talsenke, war zwischen 1647 und 1909 eine Haltestation für Reisende auf der königlichen Poststraße zwischen Kopenhagen, Christiania (Oslo) und Bergen. Hier machten sie Rast und wechselten die Pferde, nachdem sie das Tal und die Stalheimskleiva-Schlucht, vorbei an den Wasserfällen Stalheim und Sivle, hinaufgestiegen waren. Was die Leute heute hierher treibt, sind die atemberaubenden Aussichten auf das Nærøydalen von der **Terrasse** (🕑 Mitte Mai–Sept. 9.30–18 Uhr) des Stalheim Hotels.

Das **Stalheim Folkemuseum** (☎ 56 52 01 22; Stalheim; Erwachsene/Kinder 40 nkr /gratis; 🕑 auf Anfrage) in der Nähe des Stalheim Hotels, umfasst volkskundliche Ausstellungsstücke sowie einen traditionellen Bauernhof mit dreißig Blockhäusern.

Im **Stalheim Hotel** (☎ 56 52 01 22; www.stalheim.com; EZ/DZ 890/1290 nkr; 🕑 Mitte Mai–Sept.) ist die

Aussicht das Nonplusultra, daher bei der Buchung unbedingt danach fragen. Die Zimmer sind geräumig und komfortabel, aber das nimmt man kaum wahr, weil man sich vom Fenster gar nicht mehr losreißen kann. Für das Mittags-/Abendbüfett wird man 210/335 nkr los, es gibt aber auch kleinere Gerichte.

Nach Stalheim kommt man von Voss aus mit jedem Bus (56 nkr, 1 Std., 4- bis 11-mal tgl.), der in Richtung Gudvangen/Aurland fährt, wobei es allerdings durchaus sein kann, dass man die letzten 1,3 km von der Hauptstraße hochlaufen muss; es sei denn, der Fahrer lässt sich dazu überreden, den kurzen Umweg über diesen liebenswerten Ort zu machen.

NORHEIMSUND & ØYSTESE

3700 Ew.

Das ruhige kleine Norheimsund ist ein Tor zum Hardangerfjord und Endstation für Fähren in den inneren Teil eines der schönsten Inlandgewässer Norwegens.

Für Einzelheiten zu Rundfahrten und Fremdenverkehrsbüros in der Hardangerfjord-Region s. Kasten S. 212.

Nur 1 km westlich von Norheimsund liegt an der Rv 7 der malerische Wasserfall **Steinsdalsfossen**. Er ist zwar bei weitem nicht der höchste des Landes, aber hier hat man die Möglichkeit, hinter dem Wasser entlangzugehen. Eine weitere Attraktion des Ortes ist die ungewöhnliche **Museumswerft Hardanger Fartøyvernsenter** (☎ 56 55 33 50; www.fartoyvern.no; Erwachsene/Kinder 50/25 nkr; 🕑 Ende Mai–Ende Aug. 10–17 Uhr tgl.), in der alte Holzboote, Restaurierungsverfahren, Tauherstellung und verschiedene Ausstellungen zu bewundern sind; gelegentlich werden auch zweistündige Rundfahrten auf dem atemberaubenden Fjord in einem restaurierten Kutter angeboten.

Schlafen & Essen

Das **Sandven Hotel** (☎ 56 55 20 88; www.sandvenhotel.no; Norheimsund; EZ/DZ ab 700/1040 nkr; 💻 🅿) liegt direkt am Wasser im Zentrum von Norheimsund. Neben jeder Menge Charme, verfügt das 1857 eröffnete Hotel über ausladende Balkone und tolle Aussichten. Es ist einen Versuch wert, sich in der Kronprinzensuite (2000 nkr) einzuquartieren – hier nächtigte bereits der zukünftige König Norwegens.

Hardangerfjord Hotell (☎ 56 55 63 00; www.hardangerfjord-hotell.no; EZ/DZ ab 700/1010 nkr; 💻 🅿 ♿) Dieses ebenfalls zu empfehlende, moderne Hotel bietet freundliche Zimmer und eine fjordseitige Location in Øystese.

Camper werden einwandfrei versorgt bei **Mo Camping** (☎ 56 55 17 27; Zeltplätze 110 nkr, Hütten ab 400 nkr), 1 km westlich der Stadt, abseits der Rv 7, oder auch bei **Oddland Camping** (☎ 56 55 16 86; odaksnes@online.no; Zeltplätze 110 nkr, Hütten ab 400 nkr) in Øystese.

An- & Weiterreise

Zwischen Voss und Norheimsund verkehren täglich drei bis sieben Busse (130 nkr, 2 Std.) über Øystese. Sechs bis zwölf Busse fahren täglich von Øystese nach Bergen (137 nkr, 1¾ Std.) über Norheimsund.

ULVIK & OSA

682 Ew.

Ulvik im Herzen des Apfelanbaugebiets Norwegens hat etwas ganz Besonderes. Eingerahmt von Hügeln und Bergen und mit herrlichen Aussichten den Fjord hinauf ist Ulvik ein idealer Ort, um Ruhe und Frieden zu finden.

Das **Fremdenverkehrsbüro** von Ulvik (☎ 56 52 63 60; www.visitulvik.com; 🕑 Mitte Mai–Mitte Sept. Mo–Sa 8.30–17 Uhr, So 13–17 Uhr, übrige Zeit Mo–Fr 8.30–13.30) vermietet Fahrräder für 35/80/150 nkr pro Stunde/halben Tag/Tag und organisiert auch **Besuche bei Obstbauern** (25 nkr; geöffnet von Montag bis Freitag von Mitte Juni bis Mitte August).

Zu den Highlights der Anlage **Stream Nest** (☎ 56 52 69 90; Osa; Erwachsene/Kinder 30 nkr/frei; 🕑 Mitte Mai–Mitte Aug. 10–16 Uhr), 10 km östlich von Ulvik, gehören der ökologische Kräutergarten, einige Kunstwerke (darunter Allan Christensens *Rammbock*) und die eigenwillige Holz-Backstein-Installation *Stream Nest*, der sie ihren Namen verdankt. Es wurde vom japanischen Künstler Takamasa Kuniyasu ursprünglich für die Olympischen Winterspiele 1994 in Lillehammer konzipiert. Aus dem Objekt ertönt, wie damals bei den Spielen, die Tubamusik von Geir Løvold.

Schlafen & Essen

Ulvik Fjordcamping (☎ 56 52 61 70; camping@ulvik.org; Ulvik; Zelt- oder Wohnwagenplätze 110 nkr, Hütten ab EZ/DZ 200/300 nkr) Dieser kleine Campingplatz liegt 500 m vom Zentrum entfernt direkt am Wasser.

DEN HARDANGERFJORD ERKUNDEN

Wer den Hardangerfjord optimal erleben möchte, sollte sorgfältig planen.

Von Norheimsund, Eidfjord & Lofthus

Norheimsund ist einer der besten Ausgangspunkte. Die touristischsten Routen bietet **Hardanger Fjord Cruises** (☎ 55 23 87 80; www.hsd.no; Mai–Mitte Sep.). Superpopulär ist die Strecke von Norheimsund zum idyllischen Eidfjord und wieder zurück (Erwachsene/Kinder 304/190 nkr Hin- und Rückfahrt). Abfahrt um 8.55 Uhr (Ankunft in Eidfjord um 11.40 Uhr), Rückfahrt von Eidfjord um 14.40 Uhr (13.05 Uhr an Samstagen) mit Ankunft in Norheimsund um 17.25 Uhr (15.55 Uhr an Samstagen). Tickets gibt's im Fremdenverkehrsbüro in **Norheimsund** (☎ 56 55 19 88; k-reise@online.no; Mitte Juni–Mitte Aug Mo–Fr 9–18 Uhr, Sa 10–16 Uhr), im Fremdenverkehrsbüro in **Øystese** (☎ 56 55 59 10; www.kvam-reiselivskontor.no; Mitte Juni – Mitte Aug. Mo–Fr 9–19 Uhr, Sa 9–18 Uhr, So 15–20 Uhr, übrige Zeit Mo–Fr 9–15.30 Uhr) oder an Bord. Von Mitte Juni bis Mitte August werden in Eidfjord Sightseeing-Touren angeboten (Erwachsene/Kinder 165/95 nkr). Zu den Ausflugsbooten gibt es auch Busverbindungen von/nach Bergen.

Eine kürzere Alternativstrecke ist die zwischen Norheimsund und Lofthus (Erwachsene/Kinder 240/150 nkr Hin- und Rückfahrt) mit Abfahrt in Norheimsund um 8.55 Uhr (Ankunft in Lofthus um 10.05 Uhr) und Rückfahrt um 16.15 Uhr (14.40 Uhr an Samstagen) mit Ankunft in Norheimsund um 17.25 Uhr (15.55 Uhr an Samstagen).

Eine weitere Möglichkeit ist die vierstündige Panoramarundfahrt auf dem Fyksesund, einem schmalen Arm des Hardangerfjords östlich von Øystese. Die Boote laufen in der Regel in Norheimsund aus (Erwachsene/Kinder 200/100 nkr), allerdings nur montags um 11 Uhr, und auch das nur im Sommer. Die Abfahrtszeiten können sich ändern, zur Sicherheit also im Fremdenverkehrsbüro in Norheimsund nachfragen.

Von Ulvik

Das Fremdenverkehrsbüro in **Ulvik** (☎ 56 52 63 60; ulvikturist@ulvik.org) verkauft Tickets für eine Reihe selbst geführter Ausflüge. Von Juni bis August kann man so große Teile des Hardangerfjords vom Ausflugsboot, Expressboot oder von der Fähre aus erleben:

- Eidfjord (Erwachsene/Kinder 190/96 nkr Hin- und Rückfahrt, Mo–Sa) – über Bruravik und Brimnes, mit jeweils 2 Std. Aufenthalt im Hardangervidda Naturzentrum und in Eidfjord; Abfahrt von Ulvik um 8.55 Uhr mit Rückkehr um 15.10 Uhr.
- Eidfjord & der Wasserfall Vøringfossen (Erwachsene/Kinder, nur mit dem Ausflugsboot 160/80 nkr, mit Tour zu Naturzentrum und Wasserfall 355/275 nkr, Mo–Sa) – Abfahrt 11.10 Uhr und Rückkehr um 15.10 Uhr.
- Kinsarvik u&nd Utne (205/102 nkr, Mo–Fr) – über Bruravik, Brimnes, Kvanndal und Granvin; Abfahrt in Ulvik um 8.55 Uhr und Rückkehr um 16.40 Uhr.
- Hardanger Grand Tour (310/155 nkr, Mo–Fr) – wie oben, aber mit Zwischenstopp in Odda.

Von Bergen

Im Sommer gibt es jede Menge Möglichkeiten für Tagesausflüge von Bergen aus per Bus und Fähre an den Hardangerfjord. Die Touren dauern bis zu zwölf Stunden; in den Pausen von zwei bis sechs Stunden kann man die Ortschaften und die Umgebung gut erkunden. Lohnende Ziele sind z.B. Rosendal (Erwachsene/Kinder 350/250 nkr), Lofthus (450/275 nkr), Ulvik (595/320 nkr), Utne und Kinsarvik (450/275 nkr) sowie Eidfjord (610/415 nkr plus 195/110 nkr für Sightseeing in Eidfjord). Tickets gibt's bei **NSB** (der Norwegischen Staatsbahn, ☎ 55 96 69 00) in Bergen oder im Fremdenverkehrsbüro in **Bergen** (☎ 55 55 20 00).

Uppheim Gård (☎ 56 52 62 93; www.uppheim-farm.com; Ulvik; EZ/DZ 650/750 nkr) Ein reizendes, altes Bauernhaus am Hang, 2 km nördlich vom Dorf, mit hübschen Zimmern und großartiger Aussicht.

Ulvik Fjord Pensjonat (☎ 56 52 61 70; www.ulvikfjordpensonjat.no; Ulvik; EZ/DZ ab 550/780 nkr) Auch eine exzellente Wahl: ein gut geführtes Gästehaus mit kuscheligen Zimmern. Es liegt zwar auf der Straßenseite, die nicht zum Wasser hin geht, aber einige Zimmer haben Balkone mit Blick auf einen sprudelnden Bach.

Rica Brakanes Hotel (☎ 56 52 61 05; www.brakanes-hotel.no; Ulvik; EZ/DZ ab 710/990 nkr; Büfettdinner 325 nkr, Hauptgerichte ab 139 nkr; 💻 🅿 ♿) Von dem riesigen modernen Hotel hat man eine tolle Aussicht auf den Hardangerfjord; ein Zimmer mit Fjordblick kostet allerdings pro Person 100 nkr extra. Das Hotel organisiert auch 15-minütige Helikopterrundflüge (550 nkr pro Person).

Snacks für zwischendurch bekommt man im Supermarkt und am Kiosk einige Häuser westlich vom Fremdenverkehrsbüro.

An- & Weiterreise

Zwischen Voss und Ulvik fahren täglich zwei bis sechs Busse (75 nkr, 1¼ Std.). Für Fähren s. Kasten S. 212.

ODDA

5500 Ew.

Die Industriestadt Odda mit ihrer Eisenschmelze ist das hässliche Stiefkind des bildhübschen Hardangerfjords. Sie wird häufig sogar als hässlichste Ortschaft ganz Norwegens bezeichnet – um diese Ehre kämpft sie hart mit einigen ziemlich tristen Dörfern in Finnmark. Seinen schlechten Ruf macht Odda aber wett durch die spektakuläre Aussicht auf eine der schönsten Landschaften Norwegens: die innersten Ausläufer des Hardangerfjords mit tosendem Wasserfall und den eisigen Höhen des phantastischen Folgefonn-Gletschers im Hintergrund. Allerdings ist es ratsam, sich das Atmen zu verkneifen, während man den tollen Ausblick bewundert. Das **Fremdenverkehrsbüro von Odda** (☎ 53 64 12 97; www.visitodda.com; 🕑 Juni–Aug. Mo–Fr 9–18 Uhr, Sa 9–17 Uhr, So 11–17 Uhr, Sept.–Mai 8.30–16 Uhr) liegt in Ufernähe des Sørfjords und hat Internetzugang (15 nkr für 15 Min.). Hier bekommt man auch Tipps für Erkundungen des Folgefonn und der Umgebung. Wer im Sommer an einem Donnerstag oder Freitag in der Stadt ist, kann sich auch den Weg zu den restaurierten Arbeiterhäuschen aus dem Jahr 1910 sowie einige gute Wanderwege in der Nähe beschreiben lassen.

Sehenswertes

FOLGEFONN

Folgefonn ist der drittgrößte Gletscher auf dem norwegischen Festland. Im Sommer von Mitte Juni bis Oktober ist hier Skifahren, Snowboarden und Schlittenfahren angesagt. Kurztrips zum Skizentrum werden von Mitte Juni bis Mitte August angeboten; Abfahrt um 10.30 Uhr vom Jondal-Kai und Rückkehr um 15.30 Uhr, mit Anschlussmöglichkeit für Fähren und Busse von/nach Norheimsund. Am Wochenende kann man von Odda aus Gletschertouren zu der von Odda Turlag betriebenen Berghütte Holmaskjær mitmachen; nähere Infos beim Fremdenverkehrsbüro.

Eine gute Idee für alle, die fit und mit warmer Kleidung und festem Schuhwerk ausgerüstet sind, ist auch die einstündige geführte Wanderung das reizvolle Buer-Tal. Danach geht's weiter mit einer Gletscherwanderung auf dem Buer-Arm des Folgefonn (Mindestteilnehmerzahl: drei Personen, 350 nkr/Person, inkl. Steigeisen und Eispickel); der Transport zum Start in Buer, 9 km westlich von Odda, ist allerdings nicht mit drin. Eine Wanderung zum Gletscher ist auch ohne Führung möglich (24 km hin und zurück von Odda).

TYSSESTRENGENE

Rund 5 km östlich von Odda, in Skjeggedal, überwindet die **Mågelibanen-Seilbahn** mittwochs und freitags 960 m und 42 ° Steigung. Die Tickets kosten 100/50 nkr für Erwachsene/Kinder (hin und zurück). Tolle Ziele für Hiker sind der höchsten Punkt des Wasserfalls **Tyssestrengene** (646 m) und der skurrile Felsen **Trolltunga** („Trollzunge"); diesen erreicht man entweder von Skjeggedal aus (8 bis 10 Std. hin und zurück) oder von der Bergstation der Seilbahn (6 bis 8 Std. hin und zurück). Nähere Infos beim Fremdenverkehrsbüro.

Schlafen & Essen

Odda Camping (☎ 41 32 16 10; Odda; Zelt-/Wohnwagenplätze 130 nkr; 🕑 Mitte Mai–Aug.) Der Campingplatz punktet mit seiner Spitzenlage am Ufer des Sees Sandvinvatnet; vom Ortszentrum zwanzig Minuten zu Fuß Richtung Süden den Berg hinauf.

Hardanger Hotel & Restaurant (☎ 53 65 14 00; post@hardangerhotel.no; Eitrheimsveien 17; EZ/DZ 890/110 nkr, Mittagessen 59–139 nkr, Hauptgerichte abends 195–258 nkr, Tagesangebote 85–105 nkr) Das etwas schickere Hardanger Hotel bietet komfortable, modern ausgestattete Zimmer und ein passables Restaurant/Cafeteria.

Tyssedal Hotel (☎ 53 64 69 07; tyssohot@online.no; Tyssedal; EZ/DZ ab 850/950 nkr, 3-gängiges Menü 325 nkr, Hauptgerichte 89–289 nkr) Das von Isländern geführte Tyssedal Hotel hat tolle Zimmer mit Bad – für alle, die nicht an Gespenster glauben (im Hotel soll es der Legende nach spuken). Es gibt eine Galerie mit phantastischen Gemälden von Märchen- und Hardangerfjord-Landschaften des aus Eidfjord stammenden Künstlers Nils Bergslien, und der isländische Chefkoch verwöhnt die Gäste mit Delikatessen wie *skyr* (isländischem Joghurt) und Früchten (85 nkr).

An- & Weiterreise

Zwischen Odda und Jondal verkehren täglich ein bis drei Busse (135 nkr, 2½ Std.). Busse von Nor-Way Bussekspress fahren ein- bis dreimal täglich von/nach Bergen (275 nkr, 3¾ Std.) und Oslo (490 nkr, 7¼ Std.).

ROSENDAL & UMGEBUNG

955 Ew.

Der Weg zum idyllischen Rosendal – gleich westlich des Folgefonn – führt heute durch den 11 km langen **Straßentunnel** (Pkw 60 nkr; ⌚ 6–22 Uhr) unter dem Gletscherfeld von Odda durch. Das **Fremdenverkehrsbüro** (☎ 53 48 42 80; ⌚ Mai–Sept. Mo–Fr 9–18 Uhr, Sa 10–17 Uhr, So 11–17 Uhr) findet man am Rosendal-Kai.

In Sunndal, 4 km westlich des Tunnels, führt eine Straße das Sunndal-Tal hinauf (1 km weit befahrbar). Auf einem guten Wanderweg erreicht man nach 2 km den See Bondhusvatnet, von wo man den Gletscher **Bondhusbreen** wunderbar überblicken kann. In Uskedalen, 14 km westlich von Rosendal, erhebt sich das außergewöhnliche Felsmassiv Ulvanosa („Wolfsnase“, 1247 m). Für **Kletterer** eine der Top-Locations des Landes; nähere Einzelheiten beim Fremdenverkehrsbüro in Rosendal.

Die 1665 erbaute **Baronie Rosendal** (☎ 53 48 29 99; Rosendal; Erwachsene/Kinder 75/10 nkr; ⌚ Mai–Aug. unterschiedliche tgl. Öffnungszeiten, stündl. Führungen), Norwegens einziges Herrenhaus dieser Art, präsentiert Stilmöbel, einen Rosengarten im Renaissance-Stil, Konzerte und Kunstausstellungen.

In Sunndal gibt's das recht ordentliche **Sundal Camping** (☎ 53 48 41 86; Fax 53 48 18 20; www.sundalcamping.no; Mauranger, Zeltplätze 100 nkr, Hütten 300–500 nkr).

Das pompöse **Rosendal Gjestgiveri** (☎/Fax 53 47 36 66; Skålagato 17; Rosendal; EZ/DZ mit Gemeinschaftsbad 550/750 nkr, Hauptgerichte 89–179 nkr) wurde 1887 erbaut. Heute ist es eine höchst charmante Frühstückspension. Das Restaurant ist wahrscheinlich das beste der Gegend und im Keller versteckt sich ein annehmbares Pub.

Busse verkehren drei- bis siebenmal täglich zwischen Rosendal und Odda über Sunndal. Es gibt auch bis zu sieben tägliche Verbindungen zwischen dem Fährkai Løfallstrand (4 km nördlich von Rosendal) und Uskedalen via Rosendal, außerdem fahren zwei Busse am Tag nach Bergen über Løfallstrand.

UTNE, LOFTHUS & KINSARVIK

3200 Ew.

In dem malerischen Obstbauerndorf Utne liegt das hervorragende Freiluftmuseum **Hardanger Folkemuseum** (☎ 53 67 00 40; www.hardanger.museum.no; Erwachsene/Kinder 40 nkr/frei; ⌚ Mai–Juni tgl. 10–16 Uhr, Juli–Aug. tgl. 10–17 Uhr, Sept.–April Mo–Fr 10–15 Uhr) mit historischen Wohnhäusern, Booten, Läden, Nutzgebäuden und einer Schule. Themen der Ausstellungen sind die Frauen aus Hardanger, Hochzeiten, der Bau der Hardingfele („Hardangergeige“), Fischfang, Musik und Tanz, Obstanbau und die Holzschnitzereien des lokalen Künstlers Lars Kinsarvik. An jedem Donnerstag im Juli (12 bis 15 Uhr) werden außerdem delikate Kuchen nach lokalen Rezepten gebacken.

In Kinsarvik, das mit der Fähre über den Sørfjorden erreichbar ist (28/70 nkr pro Person/Fahrzeug; 30 Min.), steht eine der frühesten **Steinkirchen** Norwegens (Eintritt gratis; ⌚ Mai–Aug. 10–19 Uhr). Sie wurde 1250 errichtet und 1880 sowie 1961 restauriert. Kreidezeichnungen an den Wänden zeigen den Erzengel Michael beim Wiegen und Wägen der menschlichen Seelen.

Von Kinsarvik führt ein hübscher Wanderweg vorbei an den „coolen“ **Husedalen-Wasserfälle** zum weit verzweigten Wegenetz durch den wilden Wald des **Hardangervidda-Nationalparks** (S. 148). Im Nachbarort Lofthus findet man die **Grieg-Hütte** (Lofthus; Eintritt frei; ⌚ durchgehend geöffnet), das einstige Refugium des norwegischen Komponisten Edvard Grieg (s. S. 198) im Garten des Hotels Ullensvang.

Infos über Wanderungen im Nationalpark hat das **Fremdenverkehrsbüro in Kinsarvik** (☎ 53 66 31 12; www.kinsarvik.com; ⌚ Mitte Juni–Mitte Aug. 9–19 Uhr, in der übrigen Zeit kürzere Öffnungszeiten) oder das **Fremdenverkehrsbüro in Lofthus** (☎ 53 66 11 90; turistinfo@lofthus.no; 🕑 Mitte Juni–Mitte Aug. 9–19 Uhr, in der übrigen Zeit kürzere Öffnungszeiten).

Schlafen

Bråvoll Camping (☎ 53 66 35 10; Kinsarvik; Zelt-/Wohnwagenplätze 120 nkr plus 20 nkr für Strom, EZ/DZ-Hütten 270/330 nkr) Dieser einfache, angenehme Platz liegt direkt am Wasser und hat eine Wasserrutsche für Kinder und Kindische.

Hardanger Gjestegård (☎ 53 66 67 10; post@hardanger-gjestegard.no; Alsåker; EZ/DZ 600/650 nkr) Dieses hübsche Gästehaus von 1898 liegt 10 km westlich von Utne an der Fv 550 und bietet Zimmer mit viel Flair.

Utne Hotel (☎ 53 66 64 00; utnehot@online.no; Utne; EZ/DZ mit Gemeinschaftsbad 350/550 nkr, mit eigenem Bad 790/1250 nkr; 💻 🅿) Das historische Utne Hotel wurde 1722 nach dem Großen Nordischen Krieg komplett aus Holz erbaut und ist seither durchgehend in Betrieb. Das Haus wurde 2003 restauriert und ist wegen seiner tollen Einrichtung auch dann sehenswert, wenn man nicht dort übernachtet.

Hotel Ullensvang (☎ 53 67 00 00; www.hotel-ullensvang.no; Lofthus; EZ/DZ ab 715/1070 nkr, mit Fjordblick zusätzlich 100 nkr pro Zi.; Büfettdinner 375 nkr; 💻 🅿 ♿) Ein riesiges, luxuriöses Hotel mit außergewöhnlich schöner Aussicht, außergewöhnlich komfortablen Zimmern und einem Top-Restaurant.

An- & Weiterreise

Busse von Nor-Way Bussekspress verkehren zwischen Bergen (210 nkr, 2½ Std.) und Oslo (535 nkr, 8¼ bis 9 Std.) über Odda (77 nkr, 1 Std.) und fahren ein- oder zweimal täglich durch Utne.

Infos zu den Fähren auf dem Hardangerfjord s. Kasten S. 212.

EIDFJORD & UMGEBUNG

580 Ew.

Die innersten Ausläufer des Hardangerfjords sind umgeben von steilen Bergen, riesigen kaskadenreichen Wasserfällen, spiralförmigen Tunnels und höchst charmanten Bauernhöfen, die es sich auf Bergvorsprüngen mit grandiosen Aussichten bequem machen. Das Örtchen Eidfjord besticht durch seine beeindruckende Lage und ist ein klasse Ausgangspunkt für Erkundungstouren in die Umgebung. Das **Fremdenverkehrsbüro** (☎ 53 67 34 00; www.eidfjordinfo.com; 🕑 Mitte Juni–Mitte Aug. Mo–Fr 9–18 Uhr, Sa & So 12–18 Uhr, in der übrigen Zeit kürzere Öffnungszeiten) hilft mit Tipps zu lokalen Sehenswürdigkeiten.

Sehenswertes

Neben dem tollen Blick vom Ufer aus gibt es in der Gegend rund um Eidfjord einiges Sehenswerte. Vor allem den Bauernhof **Kjeåsen**, 6 km nordöstlich von Eidfjord, sollte man nicht übersehen. Die Hofgebäude liegen wunderbar abgeschieden an einem der idyllischsten Plätze Norwegens und werden immer noch von einer alten Frau bewohnt, die Besucher gelegentlich herumführt (tgl. von 9 bis 17 Uhr). Man kann auch zu Fuß hochklettern (4 Std. hin & zurück), aber der Anstieg ist steil und nicht ohne; er führt über mindestens eine Hängebrücke. Nähere Infos und Wegbeschreibungen gibt's beim Fremdenverkehrsbüro. Die Straße führt durch einen Einbahntunnel (Bergfahrt zur vollen Stunde, Talfahrt zu jeder halben Stunde); das Schild, auf dem die letzte Fahrt mit 17.30 Uhr angegeben ist, kann man getrost ignorieren, da die Straße rund um die Uhr geöffnet ist.

Am Fuß der Straße zum Hof hinauf liegt das **Kraftwerk Sima** (☎ 53 67 34 00; Erwachsene/Kinder 50/40 nkr; Führungen von Mitte Juni–Mitte Aug. tgl. um 12 & 14 Uhr), wo einstündige Führungen angeboten werden.

Das phantastische **Hardangervidda Natursenter** (☎ 53 66 59 00; www.hardangervidda.org; Øvre Eidfjord; Erwachsene/Kinder 80/40 nkr; 🕑 Juni–Aug. tgl. 9–20 Uhr, April–Mai & Sept.–Okt. 10–18 Uhr) gibt eine grandiose Einführung in einen der schönsten Nationalparks Norwegens. Dazu gehören ein 19-minütiger Film (ein absolutes Muss!), interaktive Ausstellungen und interessante naturgeschichtliche und geologische Ausstellungsstücke.

Wirklich spektakulär ist auch der 145 m hohe **Vøringfoss-Wasserfall**, 18 km südöstlich von Eidfjord an der Rv 7. Die Aussicht entlang der Straße ist schon nicht schlecht, aber den besten Blick hat man vom Parkplatz des Fossli Hotel (20 nkr).

Schlafen & Essen

Sæbø Camping (☎ 53 66 59 27; scampi@online.no; Øvre Eidfjord; Zeltplätze 100 nkr, Hütten 250–550 nkr) Eine Superkombination: gepflegte Anlagen und reizvolle Lage – nur 500 m vom Hardangervidda Natursenter entfernt.

Quality Hotel Vøringfoss (☎ 53 67 41 00; voringfoss@quality.choicehotels.no; EZ/DZ Mitte Juni–Mitte Aug.

ab 890/990 nkr, Sa & So Mitte Aug.–Dez. 790/890 nkr) Schickes Hotel, 2001 eröffnet, mit tollem Blick aus den Zimmern zum Fjord hin. Auch wer sonst gern knausert – hier lohnt es, sich in Unkosten zu stürzen, um morgens mit einer spektakulären Aussicht aufzuwachen. Im hoteleigenen Café werden kleinere Gerichte und Snacks serviert (35 bis 145 nkr, Kindermenü 45 nkr); der Wildschweinburger mit Currymayonnaise (120 nkr) ist mal eine Abwechslung zum norwegischen Kioskessen.

Vik Pensjonat (☎ 53 66 51 62; www.vikpensjonat.com; Eidfjord; EZ/DZ/3BZ mit Gemeinschaftsbad inkl. Frühstück ab 350/450/650 nkr, DZ mit Bad & Küche inkl. Frühstück 850 nkr, Hütten ab 650 nkr) Diese nette Pension im Ortszentrum gleich hinter dem Fremdenverkehrsbüro ist ein reizendes, renoviertes altes Privathaus mit Übernachtungsmöglichkeiten unterschiedlicher Güte und einem kleinen Café.

Ingrids Appartement (☎ 53 66 54 85; Fax 53 66 57 10; Eidfjord; DZ 600 nkr, 4-Bett-Zi./FZ 750 nkr) Familiäres Haus, wärmstens empfohlen, bringt seine Gäste in gepflegten Apartments mit Bad und Küche unter; manche haben schöne Aussicht.

Eidfjord Hotel (☎ 53 66 52 64; eidfjordhotel@produktnett.no; Eidfjord; EZ/DZ mit Fjordpass ab 675/780 nkr; Hauptgerichte 75–159 nkr) Dieses moderne Hotel bietet gemütliche, wenn auch einfache und wenig inspirierende Zimmer, manche mit Teilblick auf den Fjord. Auf der Gartenterrasse kann man herrlich chillen, und auch das Restaurant ist recht ordentlich.

An- & Weiterreise

Busse werden ein- bis zweimal täglich zwischen Geilo und Odda über Vøringfoss, Øvre Eidfjord und Eidfjord eingesetzt, darüber hinaus gibt es täglich außer sonntags mehrere zusätzliche Fahrten zwischen Øvre Eidfjord, Eidfjord und Odda. Für Infos zu den Fähren s. Kasten S. 212.

STAVANGER

171 300 Ew.

Stavanger ist die viertgrößte Stadt Norwegens und einer unserer absoluten Favoriten – lebhaft, weltoffen und dabei mit dem Flair einer gemütlichen Kleinstadt. Mit ihrer gut erhaltenen Altstadt aus alten Holzhäusern, einem historischen Hafen und einigen der interessantesten Museen des Landes hat sich Stavanger die Auszeichnung als designierte Europäische Kulturhauptstadt 2008 redlich verdient. Sie ist auch idealer Ausgangspunkt für Ausflüge an den außergewöhnlich schönen Lysefjord (S. 224) und dessen spektakulären Aussichtspunkt Preikestolen (S. 225), von dem man heruntersieht wie ein Adler aus seinem Horst.

Orientierung

Die Bahn- und Busstationen liegen nebeneinander am südwestlichen Ufer des Sees Breiavann, ungefähr zehn Minuten Fußweg vom Hafen entfernt. Die meisten interessanten Sehenswürdigkeiten sind vom malerischen Hafen aus ebenfalls locker zu Fuß zu erreichen.

Praktische Informationen

Die meisten großen Banken findet man entlang Olav Vs gate und Håkon VIIs gate. Den Norske Bank und das angrenzende Postamt bieten günstige Wechselkurse.

C@fe.com (☎ 51 55 41 20; Sølvberggata 15; 🕑 Mo–Sa 11–21 Uhr, So 12–21 Uhr; 55 nkr pro Stunde) Hier gibt's Internetzugang.

Fisketorget Wäscherei (Rosenkildetorget; Waschen und Trocknen 35 nkr; 🕑 durchgehend geöffnet)

Fremdenverkehrsbüro (☎ 51 85 92 00; www.visitstavanger.com; Rosenkildetorget 1; 🕑 Juni–Aug. tgl. 9–20 Uhr, Sept.–Mai Mo–Fr 9–16 Uhr, Sa 9–14 Uhr) Das Büro in Stavanger ist eine Fundgrube für lokale Infos, inklusive Details zu Lysefjord und Preikestolen.

Öffentliche Bücherei (Kulturhus) Internetzugang kostenlos, aber zeitlich begrenzt.

Stavanger Turistforening DNT (☎ 51 84 02 00; gleich neben Muségata; 🕑 Mo–Fr 10–16 Uhr, Sa 10–18 Uhr, So 10–14 Uhr) Infos zu Wanderungen und Berghütten.

Sehenswertes

Bei der letzten Zählung hatte Stavanger 23 Museen; das Fremdenverkehrsbüro hat eine komplette Liste.

ALT-STAVANGER

Die Altstadt **Gamle Stavanger** ist eine wahre Wonne: 173 gut erhaltene weiß getünchte Holzhäuser aus dem späten 18. Jh., alle perfekt in Stand gehalten und geschmückt mit gut gelaunten, gepflegten Blumenkästen. Sie stehen brav in Reih und Glied, während man selbst auf den kopfsteingepflasterten Fußwegen stolpert. All das ist nur einen knappen

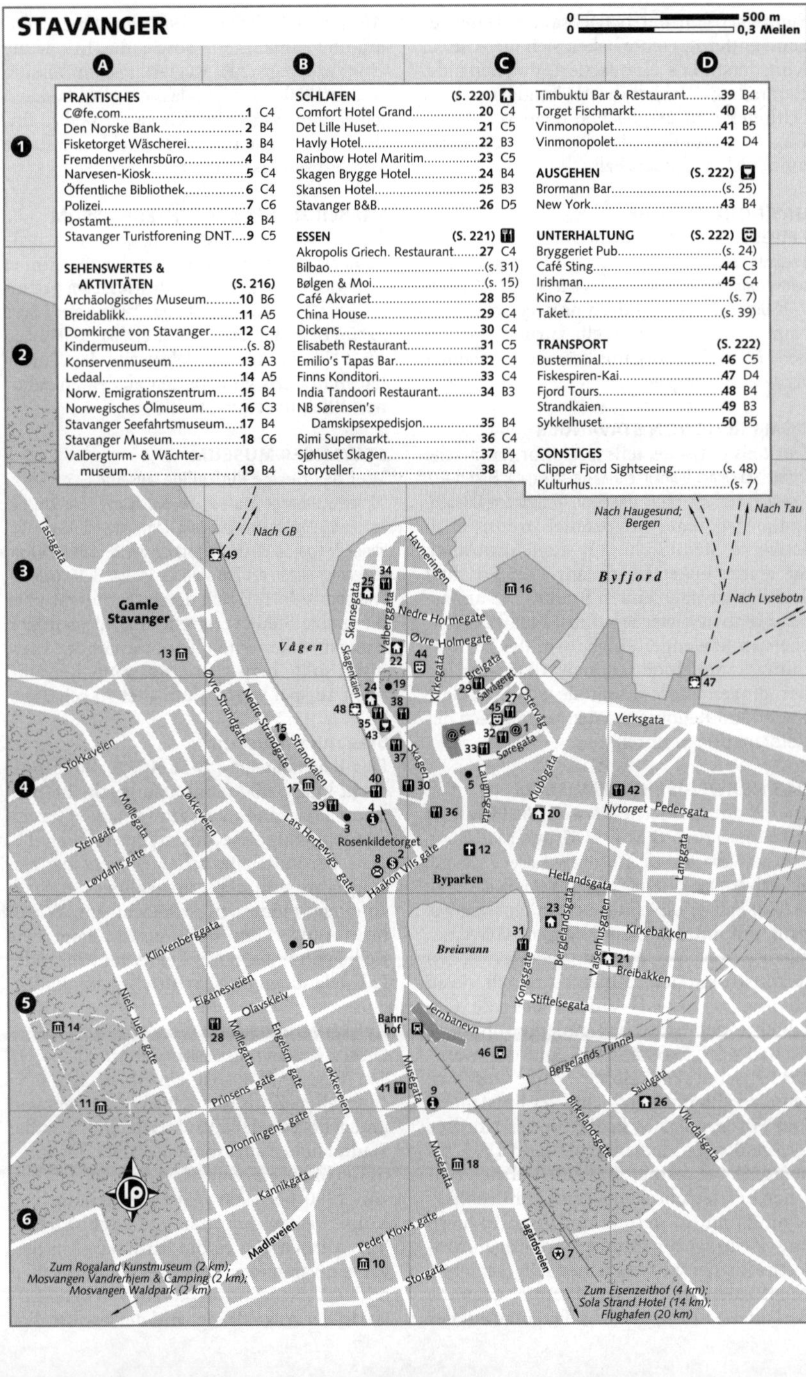
STAVANGER
0 500 m
0 0,3 Meilen
A
B
C
D
1
2
3
4
5
6
PRAKTISCHES
C@fe.com....1 C4
Den Norske Bank....2 B4
Fisketorget Wäscherei....3 B4
Fremdenverkehrsbüro....4 B4
Narvesen-Kiosk....5 C4
Öffentliche Bibliothek....6 C4
Polizei....7 C6
Postamt....8 B4
Stavanger Turistforening DNT....9 C5
SEHENSWERTES & AKTIVITÄTEN (S. 216)
Archäologisches Museum....10 B6
Breidablikk....11 A5
Domkirche von Stavanger....12 C4
Kindermuseum....(s. 8)
Konservenmuseum....13 A3
Ledaal....14 A5
Norw. Emigrationszentrum....15 B4
Norwegisches Ölmuseum....16 C3
Stavanger Seefahrtsmuseum....17 B4
Stavanger Museum....18 C6
Valbergturm- & Wächtermuseum....19 B4
SCHLAFEN (S. 220)
Comfort Hotel Grand....20 C4
Det Lille Huset....21 C5
Havly Hotel....22 B3
Rainbow Hotel Maritim....23 C5
Skagen Brygge Hotel....24 B4
Skansen Hotel....25 B3
Stavanger B&B....26 D5
ESSEN (S. 221)
Akropolis Griech. Restaurant....27 C4
Bilbao....(s. 31)
Bølgen & Moi....(s. 15)
Café Akvariet....28 B5
China House....29 C4
Dickens....30 C4
Elisabeth Restaurant....31 C5
Emilio's Tapas Bar....32 C4
Finns Konditori....33 C4
India Tandoori Restaurant....34 B3
NB Sørensen's Damskipsexpedisjon....35 B4
Rimi Supermarkt....36 C4
Sjøhuset Skagen....37 B4
Storyteller....38 B4
Timbuktu Bar & Restaurant....39 B4
Torget Fischmarkt....40 B4
Vinmonopolet....41 B5
Vinmonopolet....42 D4
AUSGEHEN (S. 222)
Brormann Bar....(s. 25)
New York....43 B4
UNTERHALTUNG (S. 222)
Bryggeriet Pub....(s. 24)
Café Sting....44 C3
Irishman....45 C4
Kino Z....(s. 7)
Taket....(s. 39)
TRANSPORT (S. 222)
Busterminal....46 C5
Fiskespiren-Kai....47 D4
Fjord Tours....48 B4
Strandkaien....49 B3
Sykkelhuset....50 B5
SONSTIGES
Clipper Fjord Sightseeing....(s. 48)
Kulturhus....(s. 7)
Nach GB
Nach Haugesund; Bergen
Nach Tau
Nach Lysebotn
Byfjord
Vågen
Gamle Stavanger
Tastagata
Havneringen
Skansegata
Valberggata
Nedre Holmegate
Øvre Holmegate
Skagenkaien
Kirkegata
Breigata
Salvågergt
Østervåg
Verksgata
Øvre Strandgate
Nedre Strandgate
Strandkaien
Skagen
Laugmegata
Søregata
Klubbgata
Stokkaveien
Møllegata
Løkkeveien
Steingate
Løvdahls gate
Lars Hertervigs gate
Rosenkildetorget
Haakon VIIs gate
Byparken
Nytorget
Pedersgata
Langgata
Hetlandsgata
Bergjelandsgata
Valsenhusgaten
Kirkebakken
Breibakken
Breiavann
Kongsgate
Stiftelsegata
Klinkenberggata
Eiganesveien
Olavskleiv
Engelsm. gate
Niels Juels gate
Bahnhof
Jernbanevn
Bergelands Tunnel
Prinsens gate
Musegata
Saudgata
Birkelandsgate
Vikedalsgata
Dronningens gate
Kannikgata
Madlaveien
Peder Klows gate
Storgata
Lagårdsveien
Zum Rogaland Kunstmuseum (2 km); Mosvangen Vandrerhjem & Camping (2 km); Mosvangen Waldpark (2 km)
Zum Eisenzeithof (4 km); Sola Strand Hotel (14 km); Flughafen (20 km)

Steinwurf von der betriebsamen Hafengegend entfernt. Heute haben sich hier allerlei Künstlerstudios einquartiert, die Gemälde, Keramiken, Webhandwerk, handgemachten Schmuck und dergleichen mehr verkaufen. Ein, zwei Stunden hier durchzuschlendern, lohnt sich auf jeden Fall.

DAS NORWEGISCHE EMIGRATIONSZENTRUM

Dieses **Zentrum** (☎ 51 53 88 60; www.emigrationcenter.com; Strandkaien 31; ⌚ Mo & Mi–Fr 9–15 Uhr; Di 9–19 Uhr) hilft Ausländern norwegischer Abstammung, ihre Wurzeln zurückzuverfolgen. Mitte Juni organisiert es ein beliebtes Auswanderungsfest.

DOMKIRCHE VON STAVANGER

Der teils gotische, teils anglonormannische **Dom** (Stavanger Domkirke; Haakon VIIs gate; Eintritt frei; ⌚ Juni–Aug. tgl. 11–19 Uhr, Sept.–Mai kürzere Öffnungszeiten) ist eine imposante, wenn auch schlichte Steinkirche aus dem Mittelalter. Sie wurde ungefähr im Jahr 1125 errichtet und musste nach einem Brand 1272 umfassend renoviert werden. Einst besaß die Kirche von Stavanger einen Arm des hl. Swithun (!) und einen schönen Altar, aber leider gingen diese Kleinode sowie andere Bilder und Reliquien in den Jahren nach der Reformation verloren.

DAS NORWEGISCHE ÖLMUSEUM

Dieses ultramoderne **Norwegische Ölmuseum** (Norsk Oljemuseum; ☎ 51 93 93 00; www.norskolje.museum.no; Kjeringholmen; Erwachsene/Kinder 75/35 nkr; ⌚ Juni–Aug. tgl. 10–19 Uhr, Sept.–Mai Mo–Sa 10–16 Uhr, So 10–18 Uhr) ist eines der besten Norwegens. Voll mit interaktiven Hightech-Displays, gigantischen Modellen und authentischen Rekonstruktionen, zählen zu seinen vielen Highlights das 3D-Video über die Geschichte der Erde, das außergewöhnliche Modell der „Ekofisk City" und der avantgardistische „Petrodome"-Film. Das Museum erzählt die Geschichte der Entstehung und Förderung des Erdöls in der Nordsee – von der Entdeckung im Jahr 1969 bis heute. Dabei gelingt ihm eine Balance zwischen den technischen Details zur Erdölforschung und -förderung und Archivbildern und Zeitungsausschnitten wichtiger Momente in der norwegischen Ölgeschichte. Nicht zuletzt findet sich darunter auch die Berichterstattung über die Tragödie auf der *Alexander L Kielland* 1980, bei der 123 Ölarbeiter umkamen, sowie die Erklärung einer norwegischen Regierungskommission in den 1950er-Jahren, dass es keine Aussicht gäbe, in norwegischen Gewässern Öl zu finden! Das Museum bietet auch eine Reihe von Sommeraktivitäten für Kinder.

VALBERGTURM & WÄCHTERMUSEUM

Der historische **Turm** Valbergtårnet wurde 1850 als Wachturm errichtet; heute befindet sich dort ein interessantes **Museum** (Vektermuseet; ☎ 90 72 63 94, Valbergjet 2; über/unter 5 Jahre 20 nkr/frei; ☎ Mo–Mi & Fr 10–16 Uhr, Do 10–18 Uhr, Sa 10–14 Uhr). Hinter der Westseite des Turms hat man auch vom Boden aus einen schönen Blick über die Stadt.

STAVANGER MUSEUM

Wer das riesige **fünfteilige Museum** (☎ 51 84 27 00; www.stavanger.museum.no; Kombiticket Erwachsene/Familie 40/90 nkr; ⌚ Mitte Juni–Mitte Aug. tgl. 11–16 Uhr, übrige Zeit nur So 11–16 Uhr; Stavanger-, Seefahrts- & Konservenmuseum in der Zeit vom 1.–14. Juni & 16. Aug–10. Sept. auch Di–Fr 11–15 Uhr), dessen Standorte über die ganze Stadt verstreut sind, besichtigen will, ist locker einen Tag beschäftigt. Allerdings sollte man sich etwas ranhalten und nicht zu spät starten, um alles zu schaffen.

Stavanger Museum

Das **Hauptmuseum** (☎ 51 84 27 00; Muségata 16) deckt knapp 900 Jahre Stadtgeschichte auf: „Von alter Landschaft zur Ölstadt". Gezeigt werden Zeugnisse des steinzeitlichen Lebens, der mittelalterlichen Diözese, der Hering-Jahre und der Entwicklung der Stadt zu einem modernen Erdölzentrum. Wie es in Stavanger um 1880 aussah, zeigt eine Reihe von Bildern mit Fokus auf Alexander L. Kielland, einen Schriftsteller der Stadt.

Konservenmuseum

Dieses **Museum** (Hermetikkmuseet; ☎ 51 52 65 91; Øvre Strandgate 88–90) ist ein Muss! Es ist in einer alten Konservenfabrik untergebracht und gehört zu den attraktivsten Museen der Stadt. Hier erfährt man alles über die wichtigste Industrie von Stavanger in der Zeit von 1890 bis 1960 – die Herstellung von Konserven aus Sprotten und Fischbällchen. Vor dem Öl gab es die Sardinen – in Stavanger waren einst mehr als die Hälfte aller norwegischen Konservenfabriken beheimatet. In der Ausstellung wird der zwölfstufige

DIE GEMEINE SARDINE UND DER IDDIS-KULT

Rund um Stavanger hat sich das Wort *iddis*, abgeleitet aus der lokalen Aussprache von *etikett*, als Bezeichnung für die exakt 75 mal 105 mm großen, bunten und künstlerisch wertvollen Etiketten eingebürgert, die norwegische Sardinendosen zieren. Die allererste Konservenfabrik der Stadt, Stavanger Preserving, entstand 1873 und stellte anfangs Dosenfleisch her. Um die Jahrhundertwende stieg das Unternehmen jedoch auf Sprotten um – damals ein Hauptstandbein der örtlichen Wirtschaft. Mit der zunehmenden Bedeutung von Stavanger als Norwegens Sardinenkonservenzentrum sprossen noch einige Unternehmen mehr aus dem Boden, und 1922 beschäftigten die Konservenfabriken der Stadt die Hälfte der arbeitsfähigen Bevölkerung. Jede Konservenfabrik hatte ihr eigenes Etikett mit unterschiedlichsten Motiven: von Königen, wilden Tieren, Polarforschern und Seefahrtszenen bis hin zu Gebäudeteilen, Zeppelins, Sportereignissen und Freizeitaktivitäten. Keiner weiß genau, wie viele Designs tatsächlich im Umlauf waren, aber manchen Schätzungen zufolge waren es bis zu 40 000.

Bald waren die Einheimischen verrückt nach den Sardinendosenetiketten. Sie hatten deren künstlerischen Wert – und nicht zuletzt ihren Sammlerwert – erkannt. Die Arbeiter kamen ohne Probleme an die Etiketten ran, aber andere Sammler mussten auf ein *sjeining* warten, bei dem Etiketten bündelweise in den Wind geworfen wurden und jeder soviel wie möglich an sich raffte. Unter den Kindern wurden die *iddisar* sogar zu einer Art Währung und so gehandelt wie heute etwa die Pokemon-Karten.

Die beliebtesten und begehrtesten Designs waren wohl von Christian Bjelland & Co der *Mann mit Fisch* von Kittelsen und der Schiffskapitän von Skippers, der den Schotten William Duncan Anderson in Ölzeug darstellte. Jenes *iddis* war das Werk des schottischen Künstlers Angus Watson, der sich den Namen „Skippers" ausgedacht hatte. Er erwarb das Copyright für das Foto von Anderson, das er als *iddis* für seine Marke ausgesucht hatte, und beauftragte einen Künstler, ein Konterfei für die Marke zu entwerfen. Das Etikett machte den armen William Duncan Anderson jedoch zum Gespött der Leute, sodass er auf keiner Fischerflotte mehr anheuern konnte. Er wurde daher für den Rest seiner Tage auf die Lohnliste von Skippers gesetzt und arbeitete als Modell für Künstler.

Prozess demonstriert – vom Einsalzen bis zum Auffädeln, Räuchern, Köpfen und Verpacken. Beschriftungen hat man sich gespart, aber am Eingang liegt eine praktische Broschüre aus, und Führer sind stets zur Stelle, um Fragen zu beantworten und die eine oder andere alte Maschine anzuwerfen. Im Obergeschoss erwartet die Besucher eine ebenso umfangreiche wie faszinierende Sammlung historischer Sardinendosenetiketten. Im angrenzenden Gebäude befindet sich ein Café und ein restauriertes Arbeiterwohnhaus, eingerichtet im Stil der 1920er- und 1960er-Jahre. Am ersten Sonntag jeden Monats (sowie dienstags und donnerstags von Mitte Juni bis Mitte August) wird Feuer gemacht, sodass man geräucherte Sardinen direkt aus dem Ofen probieren kann.

Ledaal

Das kürzlich restaurierte **Ledaal** (Eiganesveien 45) wurde zwischen 1799 und 1803 im Empirestil für den gut betuchten Reeder Gabriel Schanche Kielland erbaut; heute ist es lokale Residenz und Sommersitz der königlichen Familie. Hier kann man das 250 Jahre alte Himmelbett des Königs, ungewöhnliche antike Möbel und eine Pendeluhr aus dem Jahre 1680 bestaunen.

Breidablikk

Das wundervolle **Herrenhaus** Breidablikk (Eiganesveien 40A) wurde ebenfalls für einen Reeder, Lars Berentsen, gebaut. Heute bekommt man hier einen Einblick in den opulenten Lebensstil der Reichen und Berühmten im Norwegen des späten 19. Jhs.; zu sehen sind alte landwirtschaftliche Geräte, Bücher und allerlei Nippes.

Stavanger Seefahrtsmuseum

Dieses umfangreiche und sehenswerte **Museum** (Sjøfartsmuseet; Nedre Strandgata 17–19) präsentiert 200 Jahre Seefahrtsgeschichte von Stavanger, verteilt auf zwei Lagerhäuser aus der Zeit um 1800. Zu sehen sind eine große Sammlung von Modellbooten und Segelschiffen, ein lautes, aufziehbares Nebelhorn, die Rekonstruktion einer Segelmacherwerkstatt aus dem späten 19. Jh., das Büro eines Reeders und eine tolle Gemischtwarenhandlung sowie die Wohnräume des dazugehörigen Kaufmanns. Dem Museum gehören auch zwei historische Segelschiffe, *Anna of Sand* (1848) und *Wyvern* (1896); beide können besichtigt werden.

ARCHÄOLOGISCHES MUSEUM

Ein gut gemachtes **Museum** (☎ 51 84 60 00; www.ark.museum.no; Peder Klows gate 30A; Erwachsene/Kinder 20/10 nkr; ⏲ Juni–Aug. Di–So 11–17 Uhr, Sept.–Mai Di 11–20 Uhr, Mi–Sa 11–15 Uhr & So 11–16 Uhr), das 11 000 Jahre Menschheitsgeschichte, inklusive des Wikingerzeit, präsentiert. Zur Ausstellung gehören Skelette, Werkzeuge, ein Runenstein und eine Beschreibung der Symbiose zwischen prähistorischen Menschen und ihrer Umwelt. Im Sommer gibt's auch jede Menge Kinderprogramm (z. B. eine Schatzsuche).

EISENZEITHOF

Die Rekonstruktion eines 1500 Jahre alten **Bauernhofs aus der Eisenzeit** (Jernaldergarden; ☎ 51 80 70 00; www.forhistoriske-opplevelser.no; Ullandhaugvn 3, Ullandhaug; Erwachsene/Kinder 30/10 nkr; ⏲ Juni–Mitte Aug. tgl. 11–16 Uhr, Mai–Okt. nur So 11–16 Uhr) befindet sich 4 km südlich des Zentrums. Die Mitarbeiter laufen in Mittelalter-Look herum und demonstrieren typische Tätigkeiten; sonntags wird gekocht wie zur Eisenzeit. Anfahrt mit Bus Nr. 25 oder 26 Richtung Sandnes bis Ullandhaug (24 nkr, 15 Min.).

ROGALAND KUNSTMUSEUM

Dieses **Museum** (Rogaland Kunstmuseum; ☎ 51 53 09 00; Henrik Ibsens gate 55; Erwachsene/Kinder 50/30 nkr; ⏲ Di–So 11–16 Uhr) zeigt eine Sammlung norwegischer Kunst vom 18. Jh. bis heute, darunter auch das gespenstische Gemälde *Gamle Furutrær* und andere Landschaftsmalereien des aus Stavanger stammenden Lars Hertervig (1830–1902). Im neuneckigen Nebengebäude ist die Halvdan Hafsten Collection zu besichtigen, die größte Sammlung norwegischer Kunst aus der Mitte des 20. Jhs., u. a. mit Werken von Harald Dal, Kai Fjell, Arne Ekeland und anderen Künstlern.

KINDERMUSEUM

Genau das Richtige, um die Kids ins **Museum** (Norsk Barnemuseum; ☎ 51 91 23 93; www.norskbarnemuseum.no; Arneageren; Erwachsene/Kinder 65/35 nkr; ⏲ Mo–Sa 11–15.30, So 12–16.30 Uhr) zu bekommen. Denn in diesem Musem dürfen sie alle Ausstellungsstücke (z. B. alte Spielsachen, ein Labyrinth) rund um die Themen Landschaft, Labyrinth, Neugier und Theater anfassen und ausprobieren.

MOSVANGEN

Der große **Waldpark** in Mosvangen ist ein beliebtes Naherholungsgebiet, aber auch ein Rückzugsort für wild lebende Tiere. Der See und die kleine angrenzende Lagune, die von Fußwegen umgeben sind, ziehen zahlreiche nistende und brütende Enten, Gänse und Meeresvögel sowie Singvögel an. Der Park ist einen soften 3-km-Spaziergang vom Zentrum entfernt oder zehn Minuten mit dem Bus Nr. 130 (20 nkr).

Geführte Touren

Clipper Fjord Sightseeing (☎ 51 89 52 70; www.rodne.no) bietet 1½-stündige Touren (Erwachsene/Kinder 100/50 nkr) auf den Gewässern rund um Stavanger an. Die Schiffe legen donnerstags bis samstags um 19 Uhr vom Gjestehavn (Gästehafen) entlang der Skansegata ab und bieten einen phantastischen Blick auf Stavanger vom Wasser aus.

Für nähere Infos zu Rundfahrten zum Lysefjord s. Kasten S. 226.

Schlafen

Unterkünfte sind in Stavanger im Juli immer weit im Voraus ausgebucht; das heißt: möglichst frühzeitig reservieren. Am besten im Fremdenverkehrsbüro nach der Broschüre *„Bed & Breakfast Circle"* fragen.

Zum Hostel oder Campingplatz Bus Nr. 78 oder 79 (21 nkr) gegenüber vom Dom nach Ullandhaugveien nehmen.

Mosvangen Vandrerhjem (☎ 51 87 29 00; Fax 51 87 06 30; Henrik Ibsensgate 21; B/DZ 175/350 nkr, ⏲ Mitte Mai–Mitte Sept.) Das nette und gut ausgestattete Mosvangen Vandrerhjem am See, 3 km südwestlich vom Stadtzentrum, nimmt fürs Frühstück 60 nkr.

Mosvangen Camping (☎ 51 53 29 71; Fax 51 87 20 55; Tjensvoll 1b; Zeltplätze ohne/mit Auto 85/120 nkr, mit Wohnwagen oder Wohnmobil 130 nkr, Hütten für 2/4 Personen 275/375 nkr, ⏲ Mitte Mai–Mitte Sept.) Während der Nistsaison rund um den Mosvangen-See werden Camper inmitten der genialen, grünen Umgebung mit Vogelgesang nonstop beglückt.

Stavanger B&B (☎ 51 56 25 00; www.stavangerbedandbreakfast.no; Vikedalsgata 1a; EZ/DZ/3BZ mit gemeinsamer Toilettenbenutzung 540/640/740 nkr) Diese ruhige, aber beliebte Pension wird von Lesern sehr empfohlen, und der Grund dafür ist nicht schwer zu erraten. Die einfachen Zimmer sind blitzsauber, haben Satellitenfernsehen und Dusche, und ein Lächeln der freundlichen Eigentümer gibt's obendrein. Sie packen Lunchpakete zum Schnäppchenpreis von 25 nkr und sevieren allabendlich um 21 Uhr Kaffee, Tee und Waffeln auf Kosten des Hauses.

Skansen Hotel (☎ 51 93 85 00; www.skansenhotel.no; Skansegt 7; EZ/DZ/FZ Mitte Juni–Mitte Aug. ab 445/598/928 nkr, übrige Zeit ab 560/645 nkr) Das zentral gelegene Skansen Hotel gegenüber vom alten Zollhaus ist echt cool. Die netten jungen Besitzer, die erst kürzlich übernommen haben, machen langsam, aber sicher aus diesem Haus (dessen Zimmer einfach sind, aber einen zunehmend freundlichen Touch erhalten) ein angenehmes, gemütliches und intimes Hotel.

Skagen Brygge Hotell (☎ 51 85 00 00; www.skagenbryggehotell.no; Skagenkaien 30; EZ/DZ Juli & Sa & So 700/850 nkr, übrige Zeit 1350/1450 nkr) Riesiges Nobelhotel in optimaler Lage, direkt am Wasser, und mit super Wochenendangeboten. Die Zimmerauswahl ist groß, am besten fragt man aber nach einem Zimmer mit schönem Blick auf den Hafen.

Rainbow Hotel Maritim (☎ 51 85 05 00; maritime@rainbow-hotels.no; Kongsgate 32; EZ/DZ ab 550/690 nkr) Dieses moderne Hotel der stets komfortablen Rainbow-Kette wahrt den Standard mit einem (für norwegische Verhältnisse) ausgezeichneten Preis-Leistungs-Verhältnis für geräumige, gut ausgestattete Zimmer; manche davon bieten Blick auf den Breiavatnet-See.

Sola Strand Hotel (☎ 51 94 30 00; www.solastrandhotel.no; EZ/DZ ab 650/775 nkr) Das historische Sola Strand Hotel ist sehr zu empfehlen: Es liegt an einem ruhigen Sandstrand 14 km südwestlich von Stavanger, bietet große Zimmer sowie ein tolles Frühstück. Zum Hotel gehört auch ein kompletter Salon aus einem ehemaligen Kreuzfahrtschiff.

Weitere Empfehlungen:

Det Lille Huset (☎ 51 89 40 89; Vaisenhusgaten 40; EZ/DZ 350/550 nkr) Ein Privathaus von 1869 mit familiärer Atmosphäre und Kochgelegenheiten.

Havly Hotell (☎ 51 89 67 00; www.havly-hotell.no; Valberggt 1; EZ/DZ Mitte Juni–Mitte Aug. 590/660 nkr, Sa & So 580/710 nkr, übrige Zeit 935/1080 nkr) Zentral und gut geführt.

Comfort Hotel Grand (☎ 51 89 58 00; booking.stavanger@comfort.choicehotels.no; Klubbgata 3; EZ/DZ Mitte Juni–Mitte Aug. & Sa & So 640/690 nkr, übrige Zeit 1250/1450 nkr) Modern und komfortabel.

Essen

Wie von einer Erdölmetropole nicht anders zu erwarten, gibt es in Stavanger eine Unmenge von Lokalen der unterschiedlichsten Nationalitäten; die Preise können sich mancherorts allerdings nur besser verdienende Ölmanager leisten. Eine besondere Attraktion ist das Stavanger Essensfestival Ende Juli, bei dem die Restaurants von Stavanger Stände entlang des Hafens aufstellen. Alle hier angeführten Lokale sind täglich sowohl mittags als auch abends geöffnet, soweit nicht anders angegeben.

SNACKS

Café Akvariet (☎ 51 56 44 44; Olavskleiv 16; Snacks ca. 50 nkr) Wer kein Ölindustriegehalt kassiert, findet in diesem studentischen Stammcafé eine günstige Bar mit Kaffee, Bier und einfachen Snacks.

Leckere Backwaren, Sandwiches und Eis gibt's in **Finns Konditori** (Arneageren; 🕑 Mo–Fr 9–17 Uhr, Sa 9–14 Uhr, So 9–18 Uhr), gegenüber vom Kulturhus-Eingang.

Frischer Fisch wird auf dem Fischmarkt Torget angeboten; mit Wein und anderen alkoholischen Getränken kann man sich in den Vinmonopol-Läden an der Olav Vs gate und Nytorget eindecken. Für Selbstversorger gibt's den **Rimi-Supermarkt** (Skagen; 🕑 Mo–Fr 9–20 Uhr, Sa 9–18 Uhr).

FISCHRESTAURANTS

NB Sørensen's Dampskibsexpedition (☎ 51 84 38 20; Skagen 26; Tagesangebote 85–125 nkr, Hauptgerichte 125–275 nkr) *Das* ultimative Fischrestaurant in Stavanger ist was für Gourmets. Im Sommer kann man draußen am Hafen sitzen, und wenn das Wetter dreht, in einem stimmungsvollen Speiseraum.

Sjøhuset Skagen (☎ 51 89 51 80; Skagenkaien 16; Tagesangebote 59–89 nkr, Hauptgerichte 105–255 nkr) Fast so gut wie NB Sørensen's Dampskibsexpedition (manche Einheimischen behaupten mittlerweile sogar besser). Das Lokal in einem restaurierten Lagerhaus liegt ebenfalls in erster Reihe am Wasser; die Fischgerichte sind sensationell, die Atmosphäre einmalig.

Bølgen & Moi (☎ 51 93 93 51; Norsk Oljemuseum, Kjerringholmen; Hauptgerichte 115–295 nkr) Das Bølgen & Moi ist ein super stylisches Restaurant mit phantasievoller Speisekarte, auf der u. a. Seeteufel, Lamm und Kalb stehen. Platz für die Desserts lassen!

Timbuktu Bar & Restaurant (☎ 51 84 38 00; Nedre Strandgate 15; Hauptgerichte ab 235 nkr; 🕑 Mo–Mi 18–24 Uhr, Do–Sa 18–2 Uhr) Diese angesagte Location ist wegen seiner spitzenmäßigen Fischgerichte besonders in der jungen Szene trendy; hier sind auch kleinere, weniger teure Gerichte zu bekommen.

INTERNATIONAL

Akropolis griechisches Restaurant (☎ 51 89 14 54; Solvberggata 14; Tagesangebote 59–129 nkr, Hauptgerichte ab 110 nkr) Dieses sehr populäre Lokal serviert original griechisches Essen zu vernünftigen Preisen – das Richtige für Fans von knackigen Salaten, gegrilltem Fleisch und Moussaka. Sonntags gibt es auch ein Mittagsbüfett (129 nkr).

Emilio's Tapas Bar (☎ 51 89 64 00; Solvberggata 13; Tapas 45–120 nkr, Hauptgerichte ab 77 nkr; 🕑 Mo–Sa) Gegenüber vom Restaurant Akropolis gelegen und ebenfalls mediterran angehaucht ist diese nette spanische Tapas-Bar, in der man gutes iberisches Essen bekommt.

Elisabeth Restaurant (☎ 51 53 33 00; Kongsgate 41; 2-/3-/4-gängige Gerichte 365/425/485 nkr) Das elegante Elisabeth Restaurant liegt im Obergeschoss mit Blick auf den Breiavatnet-See und serviert hochwertige baskische Küche aus einer ausgetüftelten Speisekarte, die wöchentlich wechselt; eine Treppe runter betreiben die Besitzer das **Bilbao** (Vorspeisen 78–119 nkr, Hauptspeisen 160–215 nkr, Tapasbüfett (mind. 2 Personen 295 nkr), ein Restaurant mit Bar direkt am Wasser.

Weitere Empfehlungen:

Storyteller (☎ 51 89 44 11; Skagen 27; Tagesangebote 99 nkr, Hauptgerichte 179–269 nkr) Im Storyteller gibt's Cajun Cuisine für Erdölarbeiter, die den Golf von Mexiko vermissen.

China House (☎ 51 89 18 38; Salvågergata 3; Tagesangebote ab 99 nkr, Hauptgerichte 115–179 nkr, mongolisches Grillbüfett 149 nkr) Gutes chinesisches Essen in schlichtem Ambiente.

India Tandoori Restaurant (☎ 51 89 39 35; Valberggata 14; Hauptgerichte 109–209 nkr; 🕑 ab 16 Uhr) Riesenauswahl zu vernünftigen Preisen.

Dickens (☎ 51 89 59 70; Skagenkaien 6; Pizzabüfett 89 nkr; Hauptgerichte 69–176 nkr) Rustikale Pub-Atmosphäre und anständige Pizzen.

Ausgehen

Eines sollte man beim Trinken zu später Stunde in Stavanger nicht vergessen: Seit dem 1. Juli 2004 sind alle Lokale mit Alkoholausschank gesetzlich verpflichtet, um 1 Uhr morgens dichtzumachen.

Die meisten lebendigeren Bars liegen direkt am Wasser und sind v. a. was für die jüngere Szene mit einer Vorliebe für laute, wummernde Musik. Das **New York** (☎ 51 89 95 50; Skagenkaien 24; 🕑 Mi–Sa) steckt jeden mit seiner Power an und ist immer gut voll, das **Taket** (☎ 51 84 37 20; Nedre Strandgate 15; 🕑 bis 3.30 Uhr) dagegen ist die richtige Adresse für eine etwas ältere, anspruchsvollere Klientel– wobei sich der Anspruch im Lauf der Nacht irgendwie in Luft auflöst.

Etwas bergauf, aber nicht weit entfernt, liegt das **Café Sting** (☎ 51 89 38 78; Valbergjet 3; 🕑 Mo–Do & So 11–24 Uhr, Fr & Sa 11–3.30 Uhr), tagsüber ein Spitzencafé (der Pistazien-Milchshake für 36 nkr ist ein absolutes Highlight). Nach Einbruch der Dunkelheit wird daraus ein pulsierender Nachtclub, in dem der DJ Rock- und Diskoklassiker auflegt. Gelegentlich gibt es hier auch Liveacts.

Etwas bedächtiger geht's im **Bryggeriet Pub** (☎ 51 85 00 00; Skagen 28) zu, wo an den meisten Sommerabenden guter Jazz geboten wird (Eintritt 20 nkr). **Irishman** (☎ 51 89 41 81; Hølebergsgata 9; 🕑 bis 1 Uhr) ist das freundliche Irish Pub der Stadt mit (kostenloser) irischer Livemusik im Sommer (donnerstags, ca. 21.30 Uhr und samstags, 15 Uhr).

Eine der coolsten Bars, in der man sein Gegenüber auch verstehen kann, ist die **Brormann Bar** (☎ 51 93 85 00; Skanseqt 7; 🕑 17–1 Uhr). Mit intimer Atmosphäre und seinem großartigen Barpersonal spricht es eine anspruchsvollere Klientel über 30 an und serviert den halben Liter Bier für ca. 57 nkr und Cocktails für ca. 75 nkr. Sehr empfehlenswert!

Filmfans sei das **Kino Z** (☎ 82 05 11 00; Erwachsene/Kinder 65/35 nkr) ans Herz gelegt mit insgesamt acht Sälen im Kulturhus.

An- & Weiterreise

FLUGZEUG

Der **Flughafen** (☎ 51 65 80 00) befindet sich in Sola, 14 km südlich vom Stadtzentrum. **SAS Braathens** (☎ 81 52 00 00; www.sasbraathens.no) fliegt mindestens einmal täglich zwischen Stavanger und Oslo (ab 739 nkr) bzw. Bergen (353 nkr). **Widerøe** (☎ 81 00 12 00; www.wideroe.

no) nimmt ähnliche Preise von/nach Bergen. Lufthansa und Scandinavian Airlines fliegen mehrmals täglich direkt von/nach Frankfurt am Main. Verschiedene Fluggesellschaften fliegen von Stavanger die Ziele Hannover, Graz und Innsbruck an, allerdings mit Zwischenstopps in Amsterdam, Oslo oder Kopenhagen; nähere Infos über internationale Flüge s. S. 433.

SCHIFF/FÄHRE

Von Fiskepiren fahren die Expressboote der **Flaggruten** (☎ 51 86 87 80; www.flaggruten.no) bis zu viermal täglich nach Bergen (560 nkr, 4 Std.) über Haugesund (230 nkr, 1½ Std.). Hier legen auch Fähren nach Tau ab (Pkw/Person 112 nkr /33, 40 Min.). Wer auf der Straße nach Haugesund fährt, muss zunächst nach Mortavika (Maut 140 nkr) und dort die Fähre nach Arsvågen (97/50 nkr, 30 Min.) nehmen.

Für Fährverbindungen zum Lysefjord s. Kasten S. 226.

Für Verbindungen zwischen der Anlegestelle Strandkaien in Stavanger und Hirsthals s. S. 432.

BUS

Der Nor-Way Bussekspress fährt nach:

Ziel	Abfahrten	Preis	Dauer
Bergen	tgl. alle 2 Std.	410 nkr	5¾ Std.
Haugesund	tgl. alle 2 Std.	195 nkr	2¼ Std.
Kristiansand	tgl. 2–4	350 nkr	4½ Std.
Oslo	bis zu 5 tgl.*	720 nkr	9½ Std.

* manche Verbindungen mit Umsteigen in Kristiansand

ZUG

Züge fahren von Stavanger nach Egersund (128 nkr, 1 Std., 10 tgl.) und Oslo (783 nkr, 8 Std., bis zu 5 tgl.) über Kristiansand (379 nkr, 3 Std., bis zu 3 tgl.); darunter auch ein Nachtzug.

Unterwegs vor Ort

VOM/ZUM FLUGHAFEN

Von frühmorgens bis spätabends verkehren die **Flybussen-Flughafenbusse** (☎ 51 52 26 00) bis zu viermal stündlich zwischen dem Stadtzentrum und dem Flughafen in Sola (55 nkr, 30 Min.). Alternativ gibt's den Stadtbus Nr. 143 (36 nkr, 35 Min.), der ab frühmorgens bis Mitternacht ungefähr jede halbe Stunde fährt.

Ein Taxi vom Stadtzentrum zum Flughafen kostet rund 180 bis 220 nkr.

FAHRRAD

Radler können Mountainbikes bei **Sykkelhuset** (☎ 51 53 99 10; Løkkeveien 33; nkr 60/250 pro Tag/Woche) mieten.

BUS

Lokale Busse (ab 15 nkr) fahren häufig und kreuz und quer durch das Stadtzentrum.

HAUGELANDET & RYFYLKE

Nördlich und östlich von Stavanger erstreckt sich eine Region mit Bergen, ausgedehnten Fjorden und relativ flachen Kücteninseln, auf die sich nicht viele Touristen verirren.

HAUGESUND

40 300 Ew.

Der Nordseehafen Haugesund liegt ziemlich abseits der gängigen Touristenrouten und wird nur selten von Reisenden besucht. Schade eigentlich, denn Haugesund ist ein hübsches Städtchen mit Ausstrahlung, insbesondere während der zunehmend beliebten Jazz- und Filmfestivals. Das **Fremdenverkehrsbüro** von Haugesund (☎ 52 74 33 53; www.haugesund.no; Smedasundet 77; ⌚ Juni–Aug. Mo–Fr 10–18 Uhr, Sa 10–16 Uhr, Sept.–Mai Mo–Fr 10–14 Uhr) ist auf jeden Fall ziemlich gut vorbereitet, auch wenn nicht viele Touristen vorbeikommen. Hier gibt's umfangreiche Broschüren und freundliches Personal.

Sehenswertes

In Haugesund stehen noch viele historische Gebäude; eines der Highlights ist das **Rådhus** (Rathaus). Ungefähr 75 m südlich davon liegt der Hügel **Krosshaugen** mit einem steinernes Kreuz, bei dem sich um das Jahr 1000 Christen versammelten und Gottesdienste feierten.

Etwa 5 km südlich vom Zentrum der Stadt steht die wuchtige **Steinkirche** von König Håkon Håkonsson (☎ 52 83 84 00; Avaldsnes; freier Eintritt; ⌚ Juni–Aug. Mo–Sa 10–17 Uhr, So 12–17 Uhr), die 1250 dem hl. Olav geweiht wurde. An die seitliche Kirchenwand lehnt ein 7,2 m hoher Bautastein, bekannt als

Jungfrau Marias Nähnadel. Die Legende besagt, dass der Tag des Jüngsten Gerichts naht, wenn sie umfällt. Als wir dort waren, stand sie noch. Von der Kirche kommt man bald zum rekonstruierten **Wikingerhof** (☎ 52 83 84 00; www.vikinggarden.no; Avaldsnes; Erwachsene/Kinder 30/10 nkr; ⌚ Mitte Juni–Mitte Aug. Mo–Fr 10–18 Uhr, So 12–18 Uhr), wo einen Mitarbeiter in authentischem Look herumführen.

Das wunderschöne **Skudeneshavn**, 37 km südlich von Haugesund (auf Karmøy), hat viele traditionelle Holzhäuser und ein großes Museum, **Mælandsgården** (☎ 52 84 54 60; Skudeneshavn; Erwachsene/Kinder 40/10 nkr; ⌚ Mitte Mai–Mitte Aug. Mo–Fr 11–17 Uhr, So 12–18 Uhr); hier gibt's eine tolle Sammlung von Haushaltsgegenständen, Zimmern mit alter Möblierung und Exponaten aus Landwirtschaft und Seefahrt.

Schlafen & Essen

Norneshuset (☎ 52 82 72 62; pnornes@online.no; Nordnes 7, Skudeneshavn; EZ/DZ ab 480/580 nkr) Superfreundliches und charmantes B & B in einem ehemaligen Lagerhaus, das in den 1830er-Jahren vom lettischen Riga hergebracht wurde.

Strandgaten Gjestgiveri (☎ 52 71 52 55; post@gjestegiveri.net; Strandgate 81; EZ/DZ mit Gemeinschaftsbad 500/650 nkr) Einfache, saubere Zimmer – eine Spur überteuert, aber für ein, zwei Nächte in Ordnung.

Comfort Hotel Amanda (☎ 52 80 82 00; booking.amanda@comfort.choicehotels.no; Smedasundet 93; EZ/DZ ab nkr 790/850; i) Hotel im Zentrum der Stadt und direkt am Wasser. Sehr schöne, gut ausgestattete Zimmer in einem phantastischen Gebäude aus dem frühen 20. Jh.

Lothes Mat & Vinhus (☎ 52 71 22 01; Skippergata 4; Snacks ab nkr 45, Tagesangebote 149 nkr; Hauptgerichte 145–258 nkr; ⌚ Mittag & Abend) Das vielleicht eleganteste und trendigste Restaurant in Haugesund.

Peppe's Pizza (☎ 22 22 55 55; Smedsundet 90; Pizza ab 134 nkr; ⌚ Mittag & Abend) Bei dieser landesweiten Kette sind die üblichen kreativen Pizzen zu bekommen

An- & Weiterreise

Am einfachsten ist die Anreise mit der Flaggruten-Fähre zwischen Bergen (350 nkr, 3 Std.) und Stavanger (230 nkr, 1½ Std.), die bis zu viermal täglich fährt.

Busse des Nor-Way Bussekspress verbinden Haugesund mit Oslo (585 nkr, 8½ Std., 1-mal tgl.), Stavanger (195 nkr, 2¼ Std., alle 2 Std.) und Bergen (275 nkr, 3½ Std.).

SAS Braathens (☎ 81 52 00 00; www.sasbraathens.no) setzt fünfmal am Tag Flieger zwischen dem **Flughafen von Haugesund** (☎ 52 85 79 00) und Oslo (739 nkr) ein; **Coast Air** (☎ 52 84 85 00; www.coastair.no) bietet internationale sowie auch einige inländische Flüge.

Die Fähre der **Fjord Line** (☎ 81 53 35 00; www.fjordline.com) zwischen Bergen und Hanstholm (Dänemark) legt ebenfalls an (s. S. 432).

DIE SONDERBARE GESCHICHTE VON HAUGESUND

Die Gegend rund um Haugesund ist für Norweger äußerst geschichtsträchtig. Im nahe gelegenen Hafrsfjord wurde nämlich die entscheidende Schlacht geschlagen, nach der Norwegen erstmals vereinigt wurde. **Haraldshaugen**, die Grabstätte des Wikingerkönigs Harald Hårfagre (S. 22), den in Avaldsnes auf Karmøy die Pest dahinraffte, liegt 1,5 km nördlich von Haugesund. Der 1872 errichtete Obelisk erinnert noch heute an die wichtige Schlacht im Jahr 872.

Aber die Geschichte von Haugesund hat noch viel mehr zu bieten (viel mehr auch als die nahe gelegenen Fjorde). Die Einheimischen sind wahnsinnig stolz darauf, dass Kupfer vom Bergwerk in Visnes – dem heutigen Bergwerksmuseum (**Visnes Gruvemuseum**, ☎ 52 83 84 00; www.karmoy.kommune.no; Visnes; Mitte Mai – Mitte Aug. Mo–Fr 11–17 Uhr, So 12–18 Uhr; Erwachsene/Kinder 40/10 nkr) – 4 km westlich von Avaldsnes, für die Errichtung der Freiheitsstatue in New York verwendet wurde.

Und sogar ein Hauch von Glamour liegt über der Stadt, denn Haugesund besteht darauf, die Heimat der Vorfahren von Marilyn Monroe zu sein, deren Vater, ein Bäcker des Ortes, in die USA auswanderte. Ein Denkmal ihr zu Ehren wurde anlässlich ihres dreißigsten Todestages auf dem Kai errichtet.

LYSEFJORD

Entlang des gesamten 42 km langen Lysefjord (Heller Fjord) schimmert der Granitfelsen sogar an grauen Tagen in ätherischem, nahezu raumhellen Licht, eingehüllt in einen ewig leuchtenden Dunstschleier. Der Lieblingsfjord vieler Besucher ist zweifelsohne von berückender Schönheit. Egal, ob man von Stavanger dorthin schippert, den Preikestolen (604 m) hinaufklettert oder die tückische Straße nach Lysebotn hinunterfährt – der Lysefjord ist definitiv ein Muss für jeden Norwegenbesucher.

Praktische Informationen

Lysefjordsenteret (☎ 51 70 36 60; www.ryfylke.com; Oanes; Erwachsene/Kinder 50/25 nkr; ⌚ Juni–Aug 11–20 Uhr, Sept.–Mai 11–17 Uhr), mit großartiger Lage nördlich des Fährterminals in Oanes, bietet jede Menge touristische Infos und präsentiert den Lysefjord audiovisuell. Außerdem gibt's einige geologische und volksgeschichtliche Objekte zu sehen.

Am Eingang zum Parkplatz, wo die Wanderwege losgehen, geben das Preikestolhytta Vandrerhjem (rechts) und der **Kiosk** (☎ 97 16 55 51; ⌚ Mai–Mitte Sept. 9.30–20.45 Uhr) Informationen über Preikestolen und verkaufen Wanderführer für die unzähligen Wege in der Region.

Infos zu Basejumping gibt's beim **Stavanger Base Club** (☎ 51 88 12 10; vibknuts@online.no; Nedre Lyngnesveien 62, 4018 Stavanger) oder dem **Fremdenverkehrsbüro in Lysebotn** (☎ 51 70 36 71; midsoe@online.no).

Preikestolen (Felskanzel)

Der Anblick von Ehrfurcht ergriffener Besucher, die sich furchtlos an den Rand dieser außergewöhnlichen Granitfelsformation gewagt haben, ist unter allen Norwegenansichten der Klassiker. Der Preikestolen, der an drei Seiten absolut senkrecht 604 m tief in den Fjord fällt, ist eine Laune der Natur. Obwohl ein alarmierender Spalts am Übergang zu den Bergen klafft, wird er sicher noch ein paar Jahrzehnte überstehen. Beim Blick hinunter kann einem schon etwas mulmig werden, aber die magische Aussicht direkt auf den Lysefjord ist absolut genial. Dieser Ort ist ganz einfach phantastisch – ein Aussichtspunkt ohne Konkurrenz weltweit.

Geländer gibt es übrigens keine – wer also nicht schwindelfrei ist, sollte sich besser nicht bis an die Kante vorwagen (allein der Anblick waghalsiger Menschen, die ihre Beine über den Abgrund baumeln lassen, kann einem den Atem stocken lassen.) Die lokalen Behörden haben uns aber versichert, dass es keine aktenkundige Fälle von Abgestürzten gibt (nicht einmal den tollkühnen Franzosen, der am Rand auf drei Stühlen herumbalancierte, hat's erwischt). Dennoch raten wir zu Umsicht und Vorsicht, auch wenn sich andere nicht daran halten. Felsige Wege führen auch auf die Berge dahinter, von wo man auch tolle Ausblicke hat.

Der zweistündige, 3,8 km lange Weg zum Preikestolen beginnt beim Preikestolhytta Vandrerhjem (s. unten). Er verläuft zunächst auf einer steilen, aber gut markierten Route, dann auf abwechselnd steilen und morastigen Strecken bis zum letzten Anstieg, der über Granitplatten und einige windige, frei liegende Klippen zum Preikestolen selbst führt. Die steilsten Abschnitte befinden sich am Anfang und im Mittelteil des Weges und können für weniger Fitte eine echte Herausforderung sein.

Die Gegend bietet auch einige andere großartige Wanderwege – den **Vatnerindane Rundweg** (2 Std.), **Ulvaskog** (3 Std.), den **Refsvatnet Rundweg** (3 Std.) und den Gipfel des **Moslifjellet** (3 Std.) – die alle vom Parkplatz der Preikestolhytta erreichbar sind.

SCHLAFEN & ESSEN

Preikestolhytta Vandrerhjem (☎ 97 16 55 51; www.preikestolhytta.no; Jørpeland; B inkl. Frühstück 200 nkr, DZ inkl. Frühstück 545–620 nkr) Nettes, torfgedecktes Hostel am See, wo der Wanderweg zum Preikestolen beginnt. Gut geführt, ideal gelegen und mit Café (Gerichte 35 bis 145 nkr). Ruderboote können ausgeliehen werden.

Preikestolen Camping (☎ 51 74 97 25; Jørpeland; Zeltplätze ohne/mit Auto 90/130 nkr plus 20 pro Person nkr; ⌚ April–Okt.) Der vom Preikestolen aus am nächsten liegende Campingplatz (5 km, oder 1 km abseits der Rv 13) ist nichts Besonderes, aber Nähe ist alles. Kochgelegenheiten sind vorhanden, man kann aber auch im angeschlossenen Shop/Restaurant essen.

Etwas weiter die Straße hinunter in Oanes (16 km südlich von der Preikestolen-Abfahrt an der Rv 13) liegt **Lysefjord Hyttegrend** (☎ 51 70 38 74; www.lysefjord-hyttegrend.no; Hütten für 4–6 Personen 410–600 nkr), das tolle Hütten mit eigenem Bad zu bieten hat. Das **Lysefjordsenteret** (☎ 51 70 31 23; Hauptgerichte 59–129 nkr, So Büfett 175 nkr), ebenfalls in Oanes, ist ein Restaurant mit gutem, traditionellem Essen zu vernünftigen Preisen.

Lysebotn

Mit der Fähre gelangt man von Stavanger zum Fjordende bei Lysebotn, wo sich eine enge und oft geknipste Straße 1000 m nach

Sirdal in 27 spektakulären Haarnadelkurven nach oben windet.

AKTIVITÄTEN

Nach der Felskanzel Preikestolen ist **Kjeragbolten** das Top-Wanderziel am Lysefjord. Dieser riesige, ovale Gesteinsbrocken ist zwischen zwei etwa 2 m von einander entfernten Felsen eingeklemmt. Die 10 km lange Wandertour (hin und zurück) besteht aus einem schweißtreibenden Aufstieg über 700 m vom Parkplatz des Øygardsstølen Café (Parkgebühr 30 nkr), in der Nähe der höchsten Haarnadelkurve oberhalb von Lysebotn.

Dann stapft man immer weiter nach oben, über drei Felsgrate rüber, und gelegentlich wird der Marsch über die steilen schlammigen Abhänge ganz schön heavy. Wenn man knapp davorsteht, ist es nochmal ein ziemlicher Act, den Kjeragbolten selbst zu erklimmen – dazu muss man u. a. einen frei liegenden, senkrecht abfallenden Felsvorsprung in 1000 m Höhe überqueren! Von dort aus kann man direkt auf den „Bolten“ steigen (oder kriechen) und die viel-

EIN BESUCH DES LYSEFJORDS

Fähre, Auto und zu Fuß

Wer ein Auto hat, kann die Autofähre vom Fiskepiren-Kai in Stavanger nach Tau nehmen (Auto und Fahrer 112 nkr, 40 Min., bis zu 24 Abfahrten tgl.). Von der Anlegestelle in Tau führt eine gut ausgeschilderte Straße (Rv 13) zum 19 km entfernten Preikestolhytta Vandrerhjem (nach 13 km beim Hinweisschild abbiegen). Parken kostet hier 50/25 nkr je Auto/Motorrad. Vom Parkplatz führt ein zweistündiger Wanderweg zum Preikestolen.

Alternativ fährt man von Stavanger nach Lauvik (über Sandnes die Rv 13 entlang), wo eine Fähre nach Oanes übersetzt (Auto und Fahrer/Erwachsene zu Fuß 60/19 nkr, 10 Min., Abfahrten fast jede halbe Std.).

In beiden Fällen dauert der Trip von Stavanger bis zum Beginn des Wanderwegs rund 1½ Stunden.

Fähre, Bus und zu Fuß

Die Fähre von Stavanger nach Tau kostet 33/16 nkr für Erwachsene/Kinder ohne Auto. Fast alle Fähren (sonntags allerdings seltener) haben einen Anschlussbus (50 nkr), der zwischen der Anlegestelle in Tau und dem Preikestolhytta Vandrerhjem, wo der Wanderweg zum Preikestolen losgeht, pendelt. Der letzte Bus von Preikestolhytta nach Tau fährt um 16.25 Uhr ab.

Fähre nach Lysebotn

Die **Veteran Fjord Cruise** (☎ 51 86 87 80, Auto/Motorrad & Fahrer 340/250 nkr, Erwachsene/Kinder & Senioren zu Fuß 150/75 nkr) legt von Mitte Juni bis Ende August jeden Tag um 10 Uhr vom Fiskepiren-Kai in Stavanger ab (in den ersten beiden Juniwochen und der letzten Augustwoche nur freitags bis sonntags). Die Fahrt dauert vier Stunden (Rückfahrt von Lysebotn um 15 Uhr). An Bord erwarten die Passagiere ein Café und sympathisch-eigenwillige Kommentare als spezielles Entertainment. Zwischendurch werden Fotostopps eingelegt. Wer mit dem Auto unterwegs ist, sollte *mindestens* zwei Tage im Voraus buchen. Von Lysebotn windet sich die Straße den Berg hinauf, und von dort geht es weiter in die Region Setesdalen (S. 150) und Oslo.

Sightseeing-Touren

In Stavanger bieten mindestens zwei Reiseunternehmen geführte Bootstouren durch einen Teil des Lysefjords inklusive Blick auf den Preikestolen an. Beide Boote legen vom Skagenkaien im Hafen von Stavanger ab, und Tickets werden für gewöhnlich bis zu einer halben Stunde vor Abfahrt am Kai verkauft.

FjordTours (☎ 51 53 73 40; www.fjordpanorama.no; Erwachsene/Senioren/Studierende/Kinder 270/210/210/135 nkr) bietet 3½-stündige Rundfahrten täglich von Mitte Mai bis Ende August, Abfahrt mittags.

Clipper Fjord Sightseeing (☎ 51 89 52 70; www.rodne.no; Erwachsene/Senioren/Studierende/Kinder 290/220/220/150 nkr) fährt fünfmal wöchentlich (mittags) im Mai, täglich (mittags) im Juni, zweimal täglich (10.30 und 16.30 Uhr) von Juli bis Mitte August und täglich (mittags) von Mitte August bis Mitte September.

leicht spektakulärste Aussicht Norwegens genießen. Ein Foto mit einem selbst, auf dem Felsbrocken hockend, macht zu Hause garantiert Eindruck.

SCHLAFEN & ESSEN

Touristenzentrum Lysebotn (☎ 51 70 34 90; Fax 51 70 34 03; Lysebotn; Zelt-/Wohnwagenplätze 120/140 nkr, Apt. 350–800 nkr) Wer sich mit dem Gedanken an die Respekt einflößende Straße den Berg hinauf nicht anfreunden oder sich einfach nicht losreißen kann, hat die Möglichkeit, im wunderschön gelegenen Lysebotn Turistsenter am Ende des Fjords einzukehren. Hier kann man den Tag in aller Ruhe ausklingen lassen – wenn die Fähre abgedampft ist.

Øygardsstølen Café (☎ 38 37 74 00; Lysebotn; Snacks & leichte Mahlzeiten 45–120 nkr; Mitte Juni–Mitte Sept. 10–18 Uhr) Was die Aussicht angeht, ist das „Adlernest" hoch oben auf dem Felsen mit Blick auf die Haarnadelspiralen hinunter nach Lysebotn nicht zu toppen. Wer nichts essen möchte, geht einfach auf die Aussichtsplattform.

RUND UM RYFYLKE

Die Rv 13, die sich durch das wilde und dünn besiedelte Land nördlich des Lysefjords schlängelt, wurde für den Titel der nationalen Panoramastraße vorgeschlagen. Sie ist ohne Zweifel die langsamere Strecke zwischen Stavanger und Bergen, lohnt sich aber wirklich, wenn man's nicht eilig hat. Landschaftlich am schönsten ist die Gegend um **Årdal**, **Jøsenfjord**, **Suldalsosen** und **Suldalsvatnet**.

Sauda Turistsenter (☎ 52 78 59 00; post@sauda-turistsenter.no; Saudasjøen; Zeltplätze 120 nkr, Hütten 350/625 nkr) Campingplatz 3 km westlich vom Zentrum mit Fast-Food-Laden und Supermarkt; die Anlagen sind recht ordentlich.

Wesentlich mehr Komfort und Charme hat das würdevolle alte **Sauda Fjord Hotel** (☎ 52 78 12 11; sauda@online.no; Saudasjøen; EZ/DZ ab 600/800 nkr, Hauptgerichte 75–239 nkr) zu bieten sowie tolle Zimmer und gutes Essen zu absolut angemessenen Preisen.

Das beste öffentliche Verkehrsmittel ist die Fähre zwischen Stavanger und Sauda (288 nkr, 2¼ Std., 2- bis 3-mal tgl.). Auf der Rv 13 fährt man am besten mit eigenem Auto.

Die westlichen Fjorde

INHALT

2004 kürte *National Geographic* die norwegischen Fjorde zum weltbesten Reiseziel, noch vor anderen Traumgebieten wie den Alpen, den Galapagosinseln und dem australischen Great Barrier Reef. Das renommierte Reisemagazin platzierte die norwegischen Fjorde auch noch vor vergleichbaren Wundern der Natur wie etwa die zerklüfteten Küstenlandschaften von Chile und Neuseeland. Der Grund ist klar.

Ausgeschürft und gegraben von Gletschern, deren letzte Reste immer noch ächzen und knarren, sind diese gewaltigen, tiefen, vom Meer überfluteten Täler von nahezu unmöglich rauem Terrain umgeben. Erstaunlicherweise hat das die Norweger nicht davon abgehalten, ihre Hänge und Höhen seit Jahrtausenden zu besiedeln und zu bebauen. Hier gibt es eine überwältigende Anzahl von Dingen zu sehen und zu tun – im Wasser, oben in den Bergen oder schlicht auf der Erde. Das Gelände ist so komplex, dass schon das Aussuchen einer Route zur Herausforderung wird.

Fahrten mit der Fähre machen Spaß. Beim Planen der Reise sollte man im Kopf haben, dass diese zuverlässigen Arbeitstiere einem nicht nur große Umwege um die Fjorde ersparen, indem sie einfach rüberfahren, sondern auch selbst ein erfreulicher Teil der Reise sind. Bieten sie doch bug- und heckwärts großartige Panoramaansichten der Küste, die man sonst nicht zu sehen bekommt.

Auch wenn man beim besten Willen nur wenige ebene Fleckchen findet, eignen sich die westlichen Fjorde dennoch hervorragend zum Wandern – entweder in einer geführten Gruppe über einen der typischen Gletscher der Region oder auf einem der markierten Pfade. Die westlichen Fjorde reichen tief in die zwei Verwaltungsregionen Sogn og Fjordane und im Norden Møre og Romsdal ein.

Und wer sich nach so viel Frischluft und unendlichen Weiten nach etwas Kleinstadt-Flair sehnt, ist in der charmanten Küstenstadt Ålesund bestens aufgehoben.

HIGHLIGHTS

- Eine Bootsfahrt zwischen Geiranger und Hellesylt entlang der beeindruckenden Felswände des **Geirangerfjords** (S. 256)
- Mit der spektakulären **Flåmsbana** (S. 232) zwischen der wilden Hardangervidda und dem sanften Aurlandsfjord fahren
- Die gewaltige **Trollstigen-Route** (S. 253) zwischen Åndalsnes und Valldal bezwingen
- Sich auf einer winzigen Gletscherzunge des riesigen **Jostedalsbreen** (S. 240) nasse Füße holen
- Den Jugendstil in der reizenden Stadt **Ålesund** bewundern (S. 260)
- Sich beim **Jazzfestival** in **Molde** (S. 266) von der Stimmung anstecken lassen

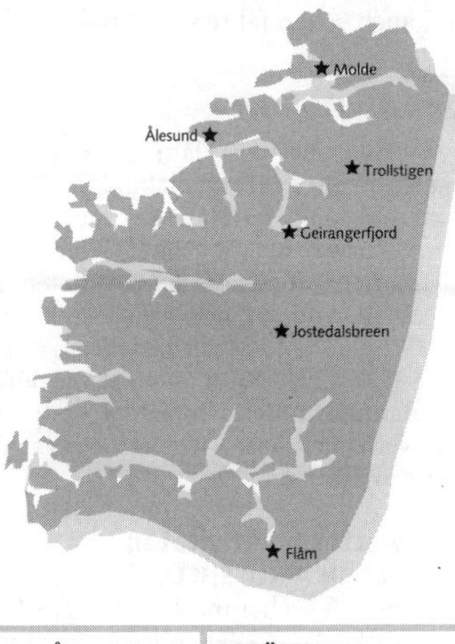

FLÄCHE: 32 460 km²	**HÖCHSTE ERHEBUNG:** LODALSKÅPA (2083 m)	**BEVÖLKERUNG:** 351 800

SOGNEFJORD

Sognefjord, Norwegens längster (204 km) und tiefster (1308 m) Fjord, schneidet sich tief in die Landkarte Westnorwegens ein. An manchen Stellen ragen steile Wände mehr als 1000 m über dem Wasser empor, während man woanders sanfte Ufer mit Bauernhöfen, Obstgärten und kleinen Ortschaften sieht. Die breite Hauptwasserstraße ist zwar beeindruckend, aber wer sich in die schmäleren Arme hinein begibt, etwa in den tiefen und herrlichen Nærøyfjord Richtung Gudvangen, wird mit idyllischen Ansichten abrupter Felswände und kaskadierender Wasserfälle belohnt.

An- & Weiterreise

Von Mai bis September betreibt **Fylkesbaatane** (☎ 55 90 70 70; www.fylkesbaatane.no) eine tägliche Expressbootlinie zwischen Bergen und Flåm, nahe dem Ende des Sognefjords, die unterwegs bei zehn kleinen Ortschaften anlegt. Sie legt täglich um 8 Uhr in Bergen ab und kommt um 13.25 Uhr in Flåm an (530 nkr). Zu den Stationen gehören u. a. Vik (365 nkr, 3½ Std.) und Balestrand (385 nkr, 3¾ Std.). Zurück fährt sie um 15.30 Uhr von Flåm, mit Ankunft in Bergen um 20.40 Uhr. Studenten und Interrailer erhalten 50 % Nachlass. Außerdem gibt es zahlreiche lokale Fähren zwischen einzelnen Orten am Sognefjord sowie jede Menge (wenn auch selten fahrende) Busse.

FLÅM

600 Ew.

Das winzige Örtchen Flåm am Ende des Aurlandsfjords liegt spektakulär und bekommt – als eine der Stationen auf der beliebten „Norway in a Nutshell"-Tour – vermutlich mehr ausländische Touristen zu sehen als alle anderen norwegischen Dörfer seiner Größe. Die **Toristeninformation** (🕑 Juni–Aug. 8.30–15 Uhr & 15.30–20 Uhr, Mai & Sept. 8.30–16 Uhr) ist im Bahnhof untergebracht, wo es praktischerweise auch vier Internetzugänge gibt (8 nkr pro Std.).

Sehenswertes & Aktivitäten

NORWEGEN IN A NUTSHELL

Die meisten Besucher machen die „Norway in a Nutshell"-Tour zwar entweder von Oslo oder Bergen (s. S. 443) aus, aber auch eine Minivariante ist möglich (Erwachsene/Kinder 480/240 nkr). Diese Rundfahrt – Boot nach Gudvangen, Bus nach Voss, Zug nach Myrdal, dann wieder mit der Bahn auf der spektakulären Flåmsbana nach Flåm – ist eigentlich das Filetstück der gesamten Tour, das die aufregendsten Streckenteile mitnimmt.

ZUGFAHRT

Wer nicht mit der Bahn nach Flåm gekommen ist, sollte wenigstens auf diesem Weg abreisen, nämlich mit der spektakulären **Flåmsbana** (s. S. 232), oder diese großartige 20 km lange Strecke als Tagesausflug genießen.

BOOT- & KANUSPORT

Wer sich auf dem Fjord sportlich betätigen möchte, schaut am besten im Heimly Pensjonat (s. u.) vorbei, das Ruderboote und Kanus (50/250 nkr pro Std./Tag), kleine Motorboote (150/500 nkr plus Treibstoff) und rauere Varianten (bis zu sechs Passagiere; 200/700 nkr) vermietet.

Njord (☎ 91 32 66 28; www.fjordpaddlenorway.com) bietet von Flåm aus eine Reihe von Kajakausflügen auf dem Meer: von der zweistündigen Anfängertour bis zu zweitägigen Exkursionen nach Gudvangen.

RADFAHREN

Für gemütliche Radwanderungen an der Küste entlang gibt es Fahrräder zur Miete im Fremdenverkehrsbüro (30/175 nkr pro Std./Tag) oder im Heimly Pensjonat (50/200 nkr pro Std./Tag).

Schlafen & Essen

Fretheim Hotel (☎ 57 63 63 00; www.fretheim-hotel.no; EZ/DZ 1125/1450 nkr; 🕑 April–Nov.; P 💻) Mit einem Touch von englischer Aristokratie des 19. Jhs. (man kam damals zum Angeln her) ist das riesige und dennoch gemütliche und freundliche Fretheim ebenso Sportzentrum und Society-Treff wie Hotel. Es hat ein eigenes Fischrevier (während der Lachs- und Meeresforellensaison im Juli und August kann man die nötige Ausrüstung mieten) und organisiert und hilft mit Tipps für Wander- und Radtouren. Nach den Anstrengungen des Tages ist es herrlich, sich im Pub zu entspannen, manchmal sogar bei Live-Unterhaltung; das Restaurant tischt allerlei Feines auf.

DIE WESTLICHEN FJORDE

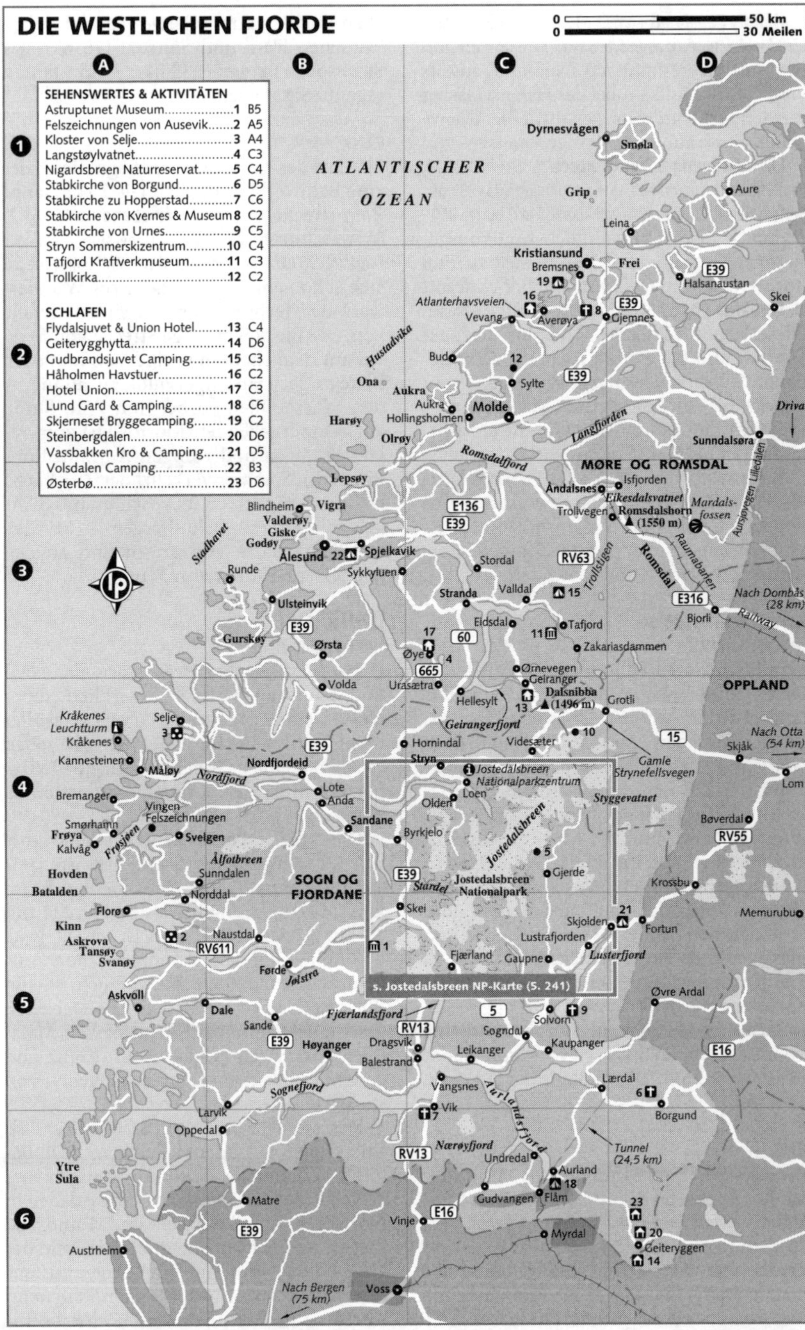

Heimly Pensjonat (☎ 57 63 23 00; www.heimly.no; EZ/DZ inkl. Frühstück ab 685/890 nkr) Diese Pension liegt auf Meereshöhe am Dorfrand, abseits vom Gewühl und Trubel des Hafens. Gästen werden schlichte Zimmer mit einem herrlichen Blick auf den Fjord geboten.

Flåm Camping & Youth Hostel (☎ 57 63 21 21; flaam.hostel@vandrerhejm.no; Campingplätze 75–130 nkr, Bett im Hostel 120 nkr, EZ/DZ ab 200/380 nkr, Hütten 450–700 nkr; ⌚ Mai–Sept.) Freundlicher, gut ausgestatteter Campingplatz mit Hostel, zu Fuß nur wenige Minuten vom Bahnhof entfernt.

Furukroa (☎ 57 63 23 25; Hauptgerichte 60–86 nkr) Dieses große, rustikale „Café plus" liegt am Fährkai und bietet eine Auswahl verschiedener Selbstbedienungsgerichte an – von Snacks bis zu kompletten Mahlzeiten –, während das separate Restaurant ein Mittagsbüfett (175 nkr) parat hält.

Togrestauranten (☎ 57 63 21 55; Hauptgerichte 85–115 nkr) Dieses originelle Restaurant – untergebracht in einigen alten hölzernen Eisenbahnwagen – serviert traditionelle norwegische Gerichte und Blattsalate.

An- & Weiterreise

BOOT/FÄHRE

Von Flåm laufen Fähren zu verschiedenen Orten rund um den Sognefjord aus. Die landschaftlich schönste Tour von Flåm aus ist die Fahrt den Nærøyfjord hinauf nach Gudvangen (einfache Fahrt/Hin- & Rückfahrt 185/228 nkr) über Aurland (60 nkr, 15 Min.), die ganzjährig täglich um 15 Uhr und von Mitte Juni bis Mitte August zusätzlich um 9 und um 13.25 Uhr startet. In Gudvangen fährt ein Anschlussbus nach Voss, wo man den Zug nach Bergen oder Oslo nehmen kann. Das Fremdenverkehrsbüro verkauft alle Fährtickets sowie auch die Kombination Fähre–Bus von Flåm nach Voss (261 nkr).

Zwischen Flåm und Bergen verkehrt mindestens einmal täglich ein Expressboot (530 nkr, 5½ Std.) über Balestrand (185 nkr, 1½ Std.).

BUS

Zwei bis fünf (von Mitte Juni bis Mitte September sechs bis neun) Busse verkehren täglich zwischen Flåm, Gudvangen (36 nkr, 20 Min.), Aurland (28 nkr, 10 Min.) und Lærdal (68 nkr, 1¼ Std.); allerdings sieht man vom spektakulären Panorama ziemlich wenig, weil der größte Teil dieser Strecken durch extrem lange Tunnel führt. Zwischen Flåm und Songdal (75 nkr, 1½ Std.) sowie Bergen (235 nkr, 3 Std.) fahren regelmäßig Busse.

ZUG

Flåm ist der einzige Ort am Sognefjord, der eine Bahnverbindung hat. Die 20 km lange Bahnstrecke mit der **Flåmsbana** (☎ 57 63 21 00; www.flaamsbana.no; Erwachsene/Kinder einfache Fahrt 150/75 nkr, Hin- und Rückfahrt 250/150 nkr) ist an sich schon ein Highlight. Dieses Wunderwerk der Technik fährt auf einem Gefälle von 1:18 die 865 m lange Strecke von Myrdal auf dem eher langweiligen, baumlosen Plateau der Hardangervidda an donnernden Wasserfällen vorbei (mit Foto-Stopp am beeindruckenden Kjosfossen) zum relativ üppigen und ruhigen Aurlandsfjord hinab. Im Sommer verkehrt der Zug bis zu zwölfmal täglich, mit Anschlussmöglichkeit zur Strecke Oslo–Bergen in Myrdal, zur Fähre nach Gudvangen und zu den Sognefjord-Fähren von Flåm.

UNDREDAL

120 Ew., 500 Ziegen

Undredal, auf halber Strecke zwischen Flåm und Gudvangen, ist ein wirklich süßes kleines Dorf, das deshalb umso reizvoller wirkt – und seine traditionellen Qualitäten erhalten konnte –, weil man sich eine Extraportion Mühe geben muss, um dorthin zu kommen.

Die winzige **Dorfkirche** (Erwachsene/Kinder 30 nkr/frei; ⌚ Kernöffnungszeit Mitte Mai–Mitte Sept. 12–17 Uhr) mit ihrem Tonnengewölbe wurde im Jahr 1147 ursprünglich als Stabkirche mit 40 Sitzplätzen erbaut und ist das kleinste Gotteshaus auf dem skandinavischen Festland, das heute noch in Gebrauch ist. Ein Blick nach oben lohnt sich: Die Decke ist geschmückt mit entzückend naiven Malereien von Engeln, Christus am Kreuz und anderen biblischen Figuren, umgeben von stilisierten Sternen.

Das Zweite, wofür Undredal berühmt ist, sind seine Käse. Oder vielleicht nicht unbedingt berühmt, da sie in nur wenigen speziellen Käsegeschäften und Feinkostläden in Norwegen zu bekommen sind. Rund 500 Ziegen streunen auf den grünen Hügeln der Umgebung frei herum und geben zusammen Milch für ca. 10 t Käse jährlich (wenn man mal nachrechnet: eine höchst beeindruckende Ausbeute pro Zitze). Die zwei Molkereien des Dorfes, die von einst zehnen noch übrig sind, produzieren immer noch den festen, gelben Undredal-Käse und dessen braune, leicht süßliche Variante aus der gekochten und konzentrierten Molke. Man sollte sich im Dorfladen – das ist das hellblaue Gebäude am Ufer – von jeder Sorte ein Stück mitnehmen.

Das einsame weiße Gebäude, das ziemlich gefährlich gleich oberhalb der Küste thront, ist der Bauernhof **Stigen** aus dem Jahr 1603; der Pfad hinauf ist so steil, dass man eine *stige* (Leiter) brauchte, um den Hof zu erreichen (die dann kurzerhand entfernt wurde, wenn Steuereintreiber unterwegs waren). Der Bauer holt Besucher in seinem Boot ab, oder man handelt die kurze Fahrt mit einem der lokalen Bootsbesitzer aus.

Undredal liegt 6,5 km nördlich der E 16. Die enge Straße (einspurig aber mit Ausweichbuchten) windet sich steil nach unten entlang eines tosenden Stroms. Bei Busanreise von Flåm oder Gudvangen am östlichen Ende des 11 km langen Tunnels aussteigen, der nach Gudvangen führt. Bei Anreise mit der Fähre den Kapitän bitten, den optionalen Stopp im Hafen von Undredal einzulegen. Am besten jedoch nimmt man den Bus hinaus, geht die wenig befahrene Straße durch das spektakuläre Tal und fährt mit dem Boot zurück (dazu den Wandschalter neben dem gelb blinkenden Licht im Café neben dem Landesteg drücken, damit die nächste Passagierfähre anlegt).

MODERNE WIKINGER ***Miles Roddis***

„Ich bin nämlich eine professionelle Wikingerin", sagte die Dame mit dem wallenden roten Haar, just bevor ihr Mann – zu meiner Verwirrung mit einer pelzigen Kosakenmütze auf dem Kopf – eintraf (er sei eben von einem internationalen Wikingermarkt zurück und habe dort ein paar Tauschgeschäfte getätigt, so seine Erklärung). Freyja und Ragnar (ihre echten Namen habe ich nie erfahren) sind beide von Bournemouth in Großbritannien hierher gezogen – das easy life war nichts für sie. In ihrer zweiten Campersaison außerhalb des Gudvangen Fjordtell wohnten sie in ein paar Filzzelten voller verstreuter Wikingerutensilien, die sie großteils selbst angefertigt hatten. Mit ihrem norwegischen Partner Georg hatten sie den Kiel eines Wikingerschiffs angelegt und planten den Bau eines Dorfes mit ca. 20 Behausungen – um vielleicht anschließend, wie einst ihre Wahlvorfahren, zu neuen Ufern von dannen zu segeln.

GUDVANGEN & NÆRØYFJORD

100 Ew.

Der Nærøyfjord liegt westlich von Flåm und bietet einen Anblick, der norwegischer nicht sein könnte: ein tiefblauer Fjord (an der engsten Stelle nur 250 m breit), gewaltige, 1200 m hohe Felsen, abgeschiedene Bauernhöfe und Wasserfälle, die aus großer Höhe herabstürzen. Er lässt sich leicht in einem Tagesausflug von Flåm unterbringen.

Kjelsfossen, einer der zehn längsten Wasserfälle der Welt, kommt von der südlichen Talwand des Nærøydalen oberhalb des Dorfes Gudvangen herunter. Man beachte auch das **Lawinenschutzsystem** oberhalb von Gudvangen. Die mächtigen Wasserlawinen rasen hier normalerweise mit einer Wucht von 12 t pro Quadratmeter und einer Geschwindigkeit von 50 m pro Sekunde bergab – ausreichend, so wird uns erklärt, um eine Herde von Ziegen über den Fjord zu katapultieren.

Im Hochsommer bietet **Nordic Ventures** (☎ 56 51 00 17; www.nordicventures.com) Meereskajaks zur Miete (375 nkr pro Tag) und ganztägige geführte Kajaktouren (890 nkr).

Die Zimmer im Flügelgebäude des **Gudvangen Fjordtell** (☎ 57 63 39 29; www.gudvangen.com; EZ/DZ ab 590/790 nkr, Hauptgerichte in der Cafeteria 82–112 nkr; Mai–Sept.; P) mit Blick auf den netten Hafen sind attraktiv und komfortabel. Wer sich etwas Besonderes gönnen will, sollte sich in einem der zwölf Wikingerzimmer einbuchen (EZ/DZ 680/980 nkr) – mit hölzernen Schwertern und Schildern an der Wand und Fellen als Bettdecken knapp an der Grenze zum Kitsch. Das Restaurant ist schon wegen des traumhaften Blicks fjordabwärts einen Besuch wert, während das Essen zwar recht akzeptabel ist, aber nichts, was man auf einer Postkarte in die Heimat erwähnen müsste.

Auf beiden Seiten der Straße, 1,25 km von der Fährstelle entfernt, gibt es ein paar Campingplätze. **Gudvangen Camping** (☎ 57 63 39 34; Zelt & 1–3 Camper 50 nkr, mit 4–6 Personen 80 nkr, Hütten für 4 Personen 320 nkr; ⌚ Mai–Okt.) und **Vang Camping** (☎/Fax 57 63 39 26; 15/70 nkr pro Person/Platz, Hütten 200–375 nkr; ⌚ Mitte Mai–Mitte Sept.) liegen beide wunderschön am Fuße steiler Felsen mit herabstürzenden Wasserfällen.

Die Fähren zwischen Gudvangen und Flåm (einfache Fahrt/Hin- und Rückfahrt 185/228 nkr) über Aurland fahren drei- bis fünfmal täglich. Die Autofähre von/nach Kaupanger kostet 167/406 nkr pro Erwachsener/Auto. Busse fahren nach Flåm (36 nkr, 20 Min.), Aurland (48 nkr, 30 Min.) und Voss (72 nkr, 50 Min.).

AURLAND

590 Ew.

Das Städtchen Aurland ist als Endpunkt der beliebten und spektakulären Wanderroute durch das Aurlandsdalen bekannt (s. rechts). Heutzutage ist es sogar noch bekannter als das eine Ende des weltweit längsten Tunnels, nämlich des Lærdalstunnels (der ist über 7 km länger als sein nächster Rivale, der St.-Gotthard-Tunnel in der Schweiz). Eine wichtige Verbindung auf der Fernstraße E 16 zwischen Oslo und Bergen ist die 24,5 km lange Strecke zwischen Aurland und Lærdal. Sie ist eine schnelle Alternative zur wunderschönen, aber kurvenreichen und nur saisonal befahrbaren 45 km langen **Snøvegen** (Schneestraße; ⌚ Juni–Mitte Okt.), die sich von Meereshöhe zum Hochplateau (1309 m), das die beiden Orte voneinander trennt, steil nach oben windet. Tunnelsicht, Geschwindigkeit und Bequemlichkeit stehen einem mitunter haarsträubenden Anstieg gegenüber, der imponierende Aussichten auf ganzer Strecke bietet ...

Zwischen Flåm und Aurland und hoch über dem Fjord liegt das restaurierte Dörfchen **Otternes** (Erwachsene/Kinder 30 nkr/gratis; ⌚ Mitte Juni–Mitte Aug. 10–18 Uhr), das einen kurzen Abstecher lohnt. Wer will, kann sich in der Anlage aus 27 Gebäuden – das älteste stammt aus dem 17. Jh. – nach ländlicher Art betätigen, etwa beim Spinnen, Weben, Backen und – nicht zuletzt – beim Bierbrauen. Am meisten hat man von dem Besuch, wenn man die einstündige Führung mitmacht (50 nkr).

Das **Fremdenverkehrsbüro** in Aurland (☎ 57 63 33 13; www.alr.no; ⌚ Juni–Aug. Mo–Fr 9–19 Uhr, Sa 10–17 Uhr, Sept.–Mai Mo–Fr 8–15.30 Uhr) befindet sich neben der Dorfkirche.

Aktivitäten

WANDERN

Wer die berühmte Trekkingtour durch das Aurlandsdalen von Geiteryggen nach Aurland unternimmt, hat die Chance, einem Fluss von der Quelle bis zur Mündung im Meer zu folgen, und das auf einer der ältesten Handelsrouten zwischen Ost- und Westnorwegen. Im Sommer kann man diesen viertägigen Marsch in Finse auf der Bahnstrecke Oslo–Bergen beginnen, mit Übernachtungsmöglichkeiten in Geiteryghytta, Steinbergdalen und Østerbø. Viele Wanderer entscheiden sich jedoch nur für den landschaftlich schönsten Teil von Østerbø nach Vassbygdi, der an einem Tag machbar ist (6 bis 7 Std. rechnen).

Vom weitläufigen Østerbø-Komplex führt die Route talwärts nach Tirtesva, wo sie sich gabelt. Die beste Option (eine Art Abkürzung) ist der Anstieg auf den Bjørnstigen (1000 m), gefolgt von einem steilen Abstieg gleich hinterher. Eine Stunde später jedoch verflacht sich das Gelände etwas und führt zum weit unten gelegenen Fluss; von dort bis zum Kraftwerk von Vassbygdi verläuft der Weg den Fluss entlang, vorbei an Wasserfällen und Passagen, die aus den steilen Felswänden gesprengt wurden.

Die unteren Etappen dieser Route sind in der Regel von Anfang Juni bis Ende September geöffnet. Von Vassbygdi (25 nkr, 15 Min.) und Østerbø (52 nkr, 1 Std.) fahren täglich drei Busse nach Aurland.

Schlafen & Essen

Aurland Fjordhotell (☎ 57 63 35 05; www.aurlandfjordhotel.com; EZ/DZ Mitte Juni–Aug. ab 735/1070 nkr, übrige Zeit 625/850 nkr, Hauptgerichte 70–120 nkr, Abendbüfett 175 nkr; Ⓟ) In diesem freundlichen Hotel hat man von den meisten der komfortablen, gut eingerichteten Zimmer Aussichten auf den Fjord; außerdem gibt's ein Solarium, ein Dampfbad und eine Sauna.

Vangsgaarden (☎ 57 63 35 80; www.vangsgaarden.no; EZ/DZ mit Dusche 375/575 nkr, DZ mit Bad 775 nkr, Hütten 800–1000 nkr; Ⓟ) Dieser Komplex besteht aus mehreren Gebäuden aus dem 18. Jh.: sechs Hütten auf Meereshöhe und das Dueuset (Taubenhaus) Café & Pub. Die Zimmer haben antiken Look; der Speiseraum etwa könnte durchaus als Stube aus Großmutters Zeiten durchgehen.

Lunde Gard & Camping (☎ 57 63 34 12; Zelt/Wohnwagenplätze 60/80 nkr zzgl. 15 nkr pro Person, Hütten

300–700 nkr; ⌚ Mai–Sept.) Dieser freundliche Campingplatz zieht sich den Flusslauf entlang, 1,4 km talaufwärts.

An- & Weiterreise

Busse verkehren zwei- bis elfmal täglich (am Wochenende seltener) zwischen Aurland und Flåm (28 nkr, 10 Min.) und ein- bis dreimal täglich zwischen Aurland und Lærdal (56 nkr, 30 Min.). Von/nach Bergen fahren täglich zwei bis acht Busse (235 nkr, 3¼ Std.).

Achtung bei den Blitzern im Lærdalstunnel; hier hat man auf Temposünder ein scharfes Auge ...

LÆRDAL & BORGUND

2250 Ew.

Seit der Eröffnung des Lærdalstunnels sind die Besucherzahlen gestiegen. Heute besuchen mehr Touristen denn je die Stabkirche von Borgund, die von Lærdal 30 km talaufwärts liegt. Lærdalsøyri am Fjordende der Ortschaft lädt zu netten Spaziergängen entlang der Holzhäuser aus dem 18. und 19. Jh. ein. Das **Fremdenverkehrsbüro** (☎ 57 64 12 07; Øyraplassen 7; ⌚ Mitte Juni–Juli 9–19 Uhr, Anfang Juni & Aug. 9–16 Uhr) hat einen kostenlosen Stadtplan, der die besten Sehenswürdigkeiten sowie eine Wanderroute beschreibt.

Sehenswertes & Aktivitäten

WILDLACHSZENTRUM

Alles, was es über Atlantiklachs und dessen einzigartige Wander- und Fortpflanzungsgewohnheiten zu wissen gibt, erfährt man in diesem **Museum** (Norsk Villaks Senter; ☎ 57 66 67 71; www.norsk-villakssenter.no; Erwachsene/Kinder 70/35 nkr; ⌚ Mai–Juni & Aug.–Sept 10–17, 18 oder 19 Uhr, Juli bis 22 Uhr). Hier kann man wilden Lachs und Meeresforellen durch Sichtfenster beobachten, einen ausgezeichneten 20-minütigen Film über den Lebenszyklus des Lachses ansehen und das Fliegenknüpfen lernen, um die Chancen für einen eigenen Fang zu erhöhen.

STABKIRCHE VON BORGUND

Diese **Kirche** aus dem 12. Jh. (Erwachsene/Kinder 50/25 nkr; ⌚ Juni–Mitte Aug. 8–20 Uhr, Mai & Mitte Aug.–Sept 10–17 Uhr), rund 30 km südöstlich von Lærdal wurde an einer der wichtigsten Handelsrouten zwischen Ost- und Westnorwegen errichtet. Die Stabkirche von Borgund ist dem heiligen Andreas gewidmet. Sie ist eine der bekanntesten, meistfotografierten und besterhaltenen Stabkirchen Norwegens und lohnt den Abstecher auf jeden Fall. Dabei am besten auch den zweistündigen Rundgang auf alten Pfaden und Wegen einplanen, der bei der Kirche beginnt und endet und durch Sverrestigen und Vindhella führt.

ANGELN

Im Fjord kann man gratis angeln, und der Oberlauf des Lærdal-Flusses ist reich an Forellen. Lizenzen und Informationen über die Lachsfangsaison gibt's im Fremdenverkehrsbüro.

Schlafen & Essen

Lærdal Ferie og Fritidspark (☎ 57 66 66 95; www.laerdalferiepark.com; Campingplätze 120 nkr, EZ/DZ mit Bad 475/495 nkr, Hütten mit 2/3/4 Betten und Bad 550/625/695 nkr) Dieser hübsche Campingplatz am Wasser bietet einen weiten Blick über den Fjord und ein sehr gutes Preis-Leistungs-Verhältnis.

Lindstrøm Hotell (☎ 57 66 62 02; post@lindstroem-hotel.no; EZ inkl. Frühstück 650–785 nkr, DZ inkl. Frühstück 785–1050 nkr; ⌚ Mai–Sept.; Ⓟ 💻) Das reizvollste Haus dieses fünfteiligen Komplexes, heute ein denkmalgeschütztes Gebäude, wird leider nicht mehr für Übernachtungszwecke verwendet. Am besten nach einem Zimmer im Giebelhaus direkt dahinter fragen; dieses wurde 1899 erbaut, mit allen modernen Annehmlichkeiten renoviert und ist eine hervorragende zweite Wahl.

Borlaug Vandrerhjem (☎ 57 66 87 80; borlaug.hostel@vandrerhjem.no; Bett/EZ/DZ 125/200/290 nkr) Im freundlichen, an der Straße gelegene Hostel 10 km östlich von Borgund gibt's gut zu essen; bei Wanderern beliebt.

An- & Weiterreise

Richtung Süden hat man die Wahl, entweder durch den weltweit längsten Tunnel zwischen Aurland und Lærdal zu fahren oder (im Sommer) die Bergroute über Snøvegen zu nehmen. Für Details s. S. 234. Von/nach Bergen fahren täglich zwei bis sechs Busse (275 nkr, 3¾ Std.).

Von/nach Gudvangen verkehren vier Fähren täglich (Erwachsene einfache/Hin- und Rückfahrt 178/238 nkr, Kinder 60/120 nkr, 3 Std.).

VANGSNES

200 Ew.

Das Einzige, wofür diese Landwirtschaftsgemeinde Berühmtheit erlangt hat – sie liegt gegenüber von Balestrand auf der anderen Seite des Fjords –, ist die auf einer Anhöhe thronende 12 m hohe Statue des sagenumwobenen Helden Fridtjof der Tapfere, errichtet 1913 vom deutschen Kaiser Wilhelm II. Zur Statue – und eine recht gute Aussicht auf den Sognefjord – sind es vom Fährkai 1,5 km die Straße hoch. Der Legende nach liegt Fridtjof in der Nähe begraben.

VIK

1100 Ew.

Das **Fremdenverkehrsbüro** von Vik (☎ 57 69 56 86; 🕑 Mitte Juni–Mitte Aug. Mo–Fr 10–19 Uhr, Sa & So 10–15 Uhr; Mai–Mitte Juni & Mitte Aug.–Sept. Mo–Fr 10–16 Uhr, Sa 10–15 Uhr) befindet sich neben der Anlegestelle des Expressboots.

Das Besondere am Fabrikdorf Vik ist die herrliche **Stabkirche zu Hopperstad** (Hopperstad; Erwachsene/Kinder 40 nkr/gratis; 🕑 Mitte Mai–Mitte Sept. 10–17 Uhr, Mitte Juni–Mitte Aug. 9–19 Uhr), rund 1 km südlich vom Ortszentrum. Die 1130 errichtete Kirche wurde im späten 19. Jh. um ein Haar abgerissen. Für einen Aufpreis von 10 nkr kann man mit dem Ticket auch die fast zeitgleich entstandene Steinkirche Hove in 1 km Entfernung besichtigen.

Im kleinen **Kristianhus Båtmotormuseum** (🕑 Juli–Mitte Aug. 10–16 Uhr) gibt's eine Sammlung von Booten und Bootsmotoren zu sehen.

Von/nach Vangsnes verkehren häufig lokale Busse (25 nkr, 15 Min.). Ein- bis zweimal täglich fährt auch ein Bus nach Sogndal (72 nkr, 1½ Std.) und Bergen (235 nkr, 3¼ Std.).

BALESTRAND

800 Ew.

Balestrand, der Haupturlaubsort am Sognefjord, lirgt vor einer schönen Bergkulisse und gibt sich vornehm und dezent. Das **Fremdenverkehrsbüro** (☎ 57 69 12 55; www.sognefjord.no; 🕑 Mitte Juni–Mitte Aug. tgl. 7.30–18 Uhr, Mai, Anfang Juni & Mitte Aug.–Sept. Mo–Fr 9–17.30 Uhr) befindet sich in der Nähe des Fährkais hinter dem Sparmarkt. Es bietet Internetzugang (25 nkr je 15 Min.) und erledigt Buchungen gegen eine Vergütung von 25 nkr.

Sehenswertes & Aktivitäten

Die Straße, die am Südende des Fjords entlang verläuft und von Apfelgärten und Gehöften gesäumt ist, ist wenig befahren. Hier liegt die **Kirche des hl. Olav** (1897). Sie wurde auf Betreiben der englischen Einwohnerin Margaret Green, verheiratet mit dem norwegischen Bergsteiger und Hotelbesitzer Knut Kvikne, im Stil einer traditionellen Stabkirche errichtet. Falls sie geschlossen sein sollte, hat das **Midtnes Pensjonat** (s. S. 234) den Schlüssel.

Weniger als 1 km weiter südlich den Fjord entlang haben Ausgrabungen von zwei **Grabhügeln aus der Wikingerzeit** die Überreste eines Bootes, zwei Skelette, Schmuck und verschiedene Waffen ans Tageslicht befördert. Auf einem der beiden Hügel trifft man eine Statue des legendären **Königs Bele** an, errichtet vom deutschen Kaiser Wilhelm II., der von der nordischen Mythologie besessen war und seine Urlaube vor dem Ersten Weltkrieg hier verbrachte (ein ähnliches Monument zu Ehren von Fridtjof, dem Lover von König Beles Tochter, erhebt sich auf der anderen Seite des Fjords in Vangsnes).

Nicht weit vom Fährkai befindet sich das **Sognefjord Aquarium** (☎ 57 69 13 03; Erwachsene/Kinder 60/30 nkr, inkl. einer Gratisstunde Kanu- oder Ruderbootfahren; 🕑 Mitte Juni–Mitte Aug. 9–22 Uhr; Mitte April–Mitte Juni & Mitte Aug.–Okt. 10–17 Uhr) mit einer guten audiovisuellen Präsentation und zahlreichen Becken mit Meeresgetier.

WANDERN

Der 1 km lange **Waldnaturpfad Granlia** ist ein markierter Rundweg, der gleich oberhalb des Tunnels an der Rv 55 beginnt.

Wer etwas länger marschieren will, nimmt die kleine Passagierfähre vom Landesteg über den Esefjord an die Dragsvik Seite, wo eine verlassene Landstraße die erste Etappe des 8 km langen Fußmarsches zurück nach Balestrand bildet.

Mehr Ideen zu kurzen und langen Wanderungen in diesem Gebiet bietet die *Balestrand Turkart* (70 nkr), eine gute Wanderkarte mit eingezeichneten Pfaden im Maßstab 1:50 000.

Schlafen & Essen

Kvikne's Hotel (☎ 57 69 42 00; www.kviknes.no; EZ 745–1460 nkr, DZ 880–1910 nkr, für Fjordblick im Neben-/Hauptgebäude plus 100/200 nkr pro Person; 🕑 Ostern–Okt.; P 💻) Im blassgelben, aus Holz erbauten Kvikne's Hotel ganz in der Nähe der Fähranlegestelle ist der Luxus, wie man ihn Mitte des 19. Jhs. schätzte, noch lebendig. Aber es hat mehr zu bieten: Den Gästen stehen Whirlpool, Billardraum, Fitnessraum und eine Sauna sowie ein Boot und Anglerausrüstung zur Verfügung. Das neuere Gebäude – dessen Zimmer geradezu übertrieben komfortabel sind – nimmt sich im Vergleich dazu wie ein grotesker Betonklotz aus. Auf das hoteleigene Balholm Bar og Bistro ist bei Snacks und leichten Gerichten Verlass (45 bis 170 nkr). Für die gehobene Gastronomie lohnt sich die Investition von 375 nkr in das großartige Abendbüfett, wo sich die Tische vor Fisch und Meeresfrüchten und üppigen, cremigen Nachspeisen nur so biegen (ein klein wenig Platz sollte man noch für die ebenfalls beeindruckende Käseplatte lassen). Ein Superpreis und gegen jede Diätvorschrift ...

Midtnes Pensjonat (☎ 57 69 11 33; www.midtnes.no; EZ inkl. Frühstück 575–610 nkr, DZ inkl. Frühstück 680–825 nkr; ganzjährig; P) Neben der St.-Olav's-Kirche findet man diese familiengeführte Pension. Sie punktet mit einem Frühstücksraum mit phantastischem Blick aufs Wasser, einer attraktiven Terrasse und einer Rasenfläche, die bis zu einem Landesteg mit Ruderboot (kostenlos für Gäste) hinunterreicht. Es lohnt sich, den Maximalpreis für ein Zimmer mit Balkon und Fjordblick hinzulegen.

Balestrand Hotell (☎ 57 69 11 38; www.balestrand.com; EZ inkl. Frühstück 565–615 nkr, DZ inkl. Frühstück 790–890 nkr; Juni–Aug.; P) Dieses nur zur Sommerzeit geöffnete Hotel, ebenfalls ein Familienbetrieb, ist freundlich, fröhlich und intim und hat wenig für die Reisegruppen übrig, die so viele Betten im Ort okkupieren. Auch hier lohnt sich der kleine Aufpreis für eine herrliche Aussicht auf den Fjord.

Vandrerhjem Kringsjå (☎ 57 69 13 03; www.kringsja.no; Bett inkl. Frühstück 190 nkr, DZ inkl. Frühstück mit Bad 280 nkr; Mitte Juni–Mitte Aug.) Das Hostel von Balestrand, das zum HI gehört, ist während des Schuljahres ein Zentrum für Outdooraktivitäten und ansonsten eine gute Übernachtungsmöglichkeit im Hüttenstil.

Sjøtun Camping (☎ 57 69 12 23; www.camping.sjotun.com; Erwachsene/Kinder 20/10 nkr zzgl. 60 nkr pro Zelt/Wohnwagen, Hütten mit 4–6 Betten 225/310 nkr; Juni–Aug.) In Sjøtun Camping, einen 15-minütigen Fußmarsch in südlicher Richtung den Fjord entlang, kann man sein Zelt mitten zwischen grünen Apfelbäumen aufstellen oder eine rustikale Hütte mieten.

Café Galleri (Salate 50–70 nkr, Snacks & Sandwiches 32–40 nkr) Tür an Tür mit dem Fremdenverkehrsbüro: ein kleines idyllisches Café mit einer Kunstgalerie nebenan. Draußen auf der netten Terrasse sind die Tische mit frischen Schnittblumen dekoriert.

An- & Weiterreise

Zwischen Balestrand und Sogndal gibt es eine Busverbindung (90 nkr, 1¼ Std., 3- bis 5-mal tgl.).

Expressboote von/nach Bergen (385 nkr, vier Std.) legen montags bis samstags zweimal täglich ab und von/nach Sogndal (120 nkr, 45 Min.) einmal täglich.

Von Mai bis September fährt eine beliebte lokale Auto- und Passagierfähre um 8.15 und 12 Uhr ab und folgt dem schmalen Verlauf des Fjærlandsfjord nach Fjærland (einfache Fahrt/Hin- & Rückfahrt 147/220 nkr, 1¼ Std.), dem Tor zu den Gletscherwunderwelten des Jostedalsbreen. Für 395/197 nkr (Erwachsene/Kinder) lässt sich daraus ein toller Tagesausflug machen: Im Preis enthalten sind Hin- und Rückfahrt-Ticket für die Fähre, der Bus zum Gletschermuseum, der Eintritt ins Museum und der Bus zum Gletscher selbst.

Die Panoramastraße Gaularfjellsvegen (Rv 13) garantiert eine aufregende Fahrt nach Førde, auf dem Førdefjord. Man windet sich durch Haarnadelkurven und passiert Norwegens größte Ansammlung von Wasserfällen direkt an der Sraße.

Unterwegs vor Ort

Das Fremdenverkehrsbüro vermietet Fahrräder ab 80/150 nkr pro Halb-/Ganztag.

SOGNDAL

2900 Ew.

Das moderne regionale Zentrum Sogndal ist vielleicht nicht der hübscheste Ort der Gegend, hat aber einige gute Museen in und außerhalb des Ortes zu bieten.

Praktische Informationen

Das **Fremdenverkehrsbüro** (☎ 57 67 30 83; www.sognefjorden.no; Gravensteinsgata; Mitte Juni–Mitte Aug. Mo–Fr 8.30–20 Uhr, Sa 9–15 Uhr, So 15–20 Uhr, übrige Zeit Mo–Fr 8–15.30 Uhr), fünf Minuten zu Fuß östlich vom Busbahnhof, kann Hütten, Apartments und Zimmer in Privathäusern buchen. Wer sich die Beine vertreten möchte, fragt am besten nach der Broschüre über lokale Bergwanderungen. Die Ortsbücherei hat im Obergeschoss einen Internetzugang. Außerhalb der Sommersaison ist das Fremdenverkehrsbüro in der **Spare Bank** (Gravensteinsgata 19) auf der gegenüberliegenden Straßenseite untergebracht.

Sehenswertes & Aktivitäten

Das riesige **Sogn Folkemuseum** (☎ 57 67 82 06; Vestreim; Erwachsene/Kinder 50/25 nkr inkl. Führung auf Englisch; ⏲ Juni–Aug. 10–17 Uhr, Mai & Sept. 10–15 Uhr) veranschaulicht in über 40 Gebäuden 600 Jahre lokale Geschichte; dazu gibt es noch eine informative Ausstellung.

Fjord People (☎ 99 39 88 95; www.fjordpeople.com), 250 m vor der Brücke, vermietet Kanus und Kajaks (ab 150/250 nkr pro Halb-/Ganztag) und bietet eine Reihe von geführten Kajaktouren an.

Im Sommer hat **NorCopter AS** (☎ 88 00 14 14; www.norcopter.com auf Norwegisch) 15-minütige Rundflüge im Programm, bei denen man die Gletscher hautnah erlebt (600 nkr pro Person) – Adrenalinkick garantiert.

Im nahe gelegenen **Kaupanger**, ca. 12 km in Richtung Südosten die Rv 5 entlang, kann man sich im **Sogn Fjordmuseum** (freier Eintritt mit dem Ticket des Sogn Folkemuseum, ansonsten Erwachsene/Kinder 25/10 nkr; ⏲ Juni–Aug. 10–17 Uhr) eine Sammlung von Fischerbooten und Fischerausrüstung aus dem 19. und 20. Jh. ansehen und außerdem Motorboote mieten (350/500 nkr pro Halb-/Ganztag), um damit in der Bucht herumzutuckern.

Kaupangers größte Attraktion ist jedoch seine beeindruckende **Stabkirche** (Erwachsene/Kinder 30/20 nkr; ⏲ Juni–Mitte Aug. 9.30–17.30 Uhr), erbaut im Jahre 1184. Ihr wunderschön ausgeschmückter Innenraum erinnert in der Form an ein umgedrehtes Wikingerschiff. Die Wandmalereien zeigen musikalische Notationen; absolut einzigartig ist der keltisch anmutende Altarbogen.

Schlafen & Essen

Hofslund Fjord Hotel (☎ 57 67 10 22; www.hofslund-hotel.no; EZ/DZ/3BZ 710/910/1110 nkr; P) Dieses altehrwürdige Hotel wird seit seiner Gründung vor vier Generationen von derselben Familie geführt. Das Personal ist höflich und freundlich und die Lage wunderschön. Die meisten Zimmer haben einen Balkon samt Fjordblick, ein pingelig gepflegter Rasen führt zum Wasser hinunter, der Pool ist beheizt, und es gibt Ruderboote und Anglerausrüstung, die sich die Gäste gratis ausleihen können.

Loftesnes Pensjonat (☎ 57 67 15 77; Fjøravegen; EZ/DZ/3BZ 360/580/660 nkr) In der kleinen Pension oberhalb des China House Restaurants wird viel fürs Geld geboten. Neun der zwölf Zimmer haben ein Badezimmer mit Badewanne, und es gibt Einrichtungen für Selbstversorger sowie eine Dachterrasse. Wenn gerade mal keiner da ist, bezieht man einfach ein Zimmer und trägt sich ins Gästeverzeichnis ein – Schlüssel steckt. Und wenn bei der Abreise auch keiner da ist, wird beim Restaurantpersonal gezahlt.

Sogndal Vandrerhjem (☎ 57 67 20 33; sogndal.hostel@vandrerhjem.no; Helgheimsvegen 10; Bett/EZ/DZ 100/175/250 nkr, DZ mit Bad 400 nkr; ⏲ Mitte Juni–Mitte Aug.) Dieses gut ausgestattete HI Hostel in der Nähe der Brücke der Rv 5 ist nur im Sommer in Betrieb. Das restliche Jahr ist hier ein Internat einquartiert.

Quality Hotel Sogndal (☎ 57 62 77 00; www.sogndal-hotel.no; Gravensteinsgata 5; EZ 780–1300 nkr, DZ 990–1400; P) Ist zwar eine etwas neutrale, aber mehr als akzeptable Alternative im Top-Segment. Die drei Restaurants bieten auch so ziemlich das beste Essen in einem Ort, wo kulinarische Highlights eher selten sind.

Kjørnes Camping (☎ 57 67 45 80; www.kjornes.no; Camping 80 nkr plus 25 nkr pro Person; Hütten 250–500 nkr, Apt. 650 nkr; ⏲ Mai–Sept.) Dieser Campingplatz liegt sehr schön, oberhalb vom See, 2 km von der Ortschaft abseits der Rv 5.

Dr Hagen Café (Hauptgerichte 80 bis 195 nkr) hat eine kleine Auswahl à la carte, während das Hauptrestaurant, Compagniet, mit einem üppigen Abendbüfett aufwartet (270 nkr).

Im Domus Supermarkt an der Gravensteinsgata gibt es eine billige, aber recht durchschnittliche Cafeteria.

An- & Weiterreise

Sogndal hat den einzigen **Flughafen** der Sognefjord-Region (☎ 57 67 26 16). Er heißt offiziell Haukåsen. Von dort starten ein bis zwei tägliche Flüge mit Widerøe von/nach Bergen und drei bis fünf von/nach Oslo.

Es gibt eine lokale Busverbindung zwischen Sogndal und Kaupanger (25 nkr, 20 Min., 4-mal montags bis freitags), Fjærland (56 nkr, 45 Min., 4- bis 6-mal tgl.) und Balestrand (90 nkr, 1¼ Std., 3- bis 5-mal tgl.). Zwei tägliche Busse (Mitte Juni bis Ende August) fahren in Richtung Nordosten vor-

STABKIRCHEN

Die meisten der 31 Stabkirchen Norwegens stammen aus dem 12. und 13. Jh. Der Bau begann mit der Verlegung waagerechter Holzbalken auf einem erhöhten Steinfundament, auf dem die senkrechten Plankenwände ruhten. An jeder Ecke befindet sich ein aufrecht stehender Stabpfosten – daher der Name dieses Baustils –, der die Balken unten und eine weitere Balkenlage oben zusammenhält.

Die meisten Stabkirchen haben innen kaum mehr als ein kleines Mittelschiff und einen schmalen Altarbereich. In manchen bilden Mittelschiff und Altarbereich einen einzigen rechteckigen Raum, getrennt nur durch einen Altarschirm. Die aufwändigste heute noch erhaltene Stabkirche in **Borgund** wird am östlichen Ende durch eine halbrunde Apsis ergänzt.

In der Regel wird das Dach des Schiffs von frei stehenden Pfosten gestützt – 2 m voneinander und ca. 1 m von der Mauer entfernt –, wobei manche kleinere Kirchen nur einen einzigen Pfosten in der Mitte hatten. Alle erhaltenen Stabkirchen sind von Außenmauern umgeben, die externe Galerien oder geschützte Umgänge bilden. Sie haben, zusammen mit den geteerten Dächern, zum Überleben der Kirchen beigetragen.

Die Innenwände sind oft aufwändig bemalt, u. a. mit *rosemaling*, der traditionellen Rosenmalerei, und die komplexen Dachlinien zieren häufig schuppenartig geschichtete Holzschindeln und Drachenköpfe aus der Wikingerzeit; sie erinnern etwas an die Geister, die einem von thailändischen Klöstern herunter anstarren. Den raffiniertesten Dekor bilden jedoch oft die Holzschnitzereien an Stützpfosten, Türrahmen und Außenwänden (insbesondere in **Urnes**), die Ranken aus Stielen, Reben und Blättern darstellen. Darin verschlingen sich häufig Schlangen, Drachen und andere Phantasiegestalten, die Norwegens stolze heidnische Vergangenheit mit neueren christlichen Themen verbinden.

bei am Jotunheimen-Nationalpark nach Lom (220 nkr, 3¼ Std.) und Otta (295 nkr, 4¼ Std.).

Boote verkehren zwischen Sogndal und Balestrand (120 nkr, 45 Min., 1- bis 2-mal tgl.) und Bergen (460 nkr, 4¾ Std., 1-mal tgl.).

SKJOLDEN

600 Ew.

Skjolden am Lustrafjord am innersten Ende des Sognefjord ist ein charmantes kleines Dorf. In Fjordstova ist alles Mögliche unter einem Dach versammelt: das **Fremdenverkehrsbüro** (☎ 57 68 67 44; ⌚ Mitte Juni–Mitte Aug. 11–19 Uhr; Anfang Juni & Ende Aug. 14–19 Uhr) mit Internetzugang (25 nkr je 30 Min.), ein Café, ein Swimmingpool und sogar eine Kletterwand. Das draußen ausgestellte Teil, das wie Industriegerümpel aussieht, ist eine Turbine aus dem Wasserkraftwerk von Norsk Hydro.

Rund 2 km östlich von Skjolden liegt der herrliche türkisfarbene Gletschersee **Eidsvatnet**. Das Tal **Mørkridsdalen** nördlich vom Dorf ist ideal zum Wandern.

Weiter talaufwärts in Richtung Fortun und 3 km von Skjolden liegt **Vassbakken Kro & Camping** (☎ 57 68 61 88; vassbakken@skjolden.com auf Norwegisch; Zelt/Wohnwagenplätze 80 nkr zzgl. 20/10 nkr pro Erwachsene/Kinder, Hütten mit 2/4 Betten 350/450 nkr, mit Bad 600 nkr), ein eher kleiner Campingplatz in herrlicher Lage.

Der Bus Nr. 155 fährt bis zu sechsmal täglich zwischen Skjolden und Sogndal (84 nkr, 1¼ Std.) und Fortun (24 nkr, 10 Min.) hin und her. Skjolden wird im Sommer außerdem zweimal täglich vom Bus zwischen Otta und Sogndal (s. S. 238) angefahren.

Wer auf der Rv 55 mit dem Auto Richtung Norden weiterfährt, sollte vorher noch die Tankuhr checken; die Tankstellen in Skjolden sind nämlich für die nächsten 77 km die letzten.

URNES

40 Ew.

Der norwegische Dichter Paal-Helge Haugen schrieb über die Stabkirche zu Urnes:

> Hier kam jemand, eine Mannslast von Visionen tragend, breitete sie aus über Wände, Pfosten, Tiermäuler, Engelsflügel, Drachen unter dem Messer, der Hand und dem Pinsel: eine Ranke aus Ocker Rot Grau Weiß, ein schlingernder kurzer Weg zwischen dem Paradies und der Verdammnis ...

Ihre einzigartigen und aufwändigen Holzverzierungen, die von Paal-Helge Haugen ähnlich überschwänglich beschrieben wurden, verhalfen der **Stabkirche** von Urnes (Erwachsene/Kinder 40/25 nkr; Anfang Juni–Aug. 10.30–17.30 Uhr) auf die Unesco-Liste der Weltkulturdenkmäler.

Dieses herrliche Bauwerk mit Blick auf den Lusterfjord wurde vermutlich zwischen 1130 und 1150 errichtet und ist damit eine der ältesten Stabkirchen Norwegens. Im Lauf der Jahrhunderte wurde so manches an der Kirche verändert, und man geht davon aus, dass die Schnitzereien auf Giebeln, Säulen, Türrahmen und mehreren Partien an der Außenwand von einem Gebäude aus dem 11. Jh. stammen, das zuvor hier stand.

Die Auto- und Passagierfähre *Urnes* pendelt stündlich zwischen Solvorn und Urnes hin und her (Erwachsene/Kinder/Pkw 24/12/65 nkr, 20 Min.); viele Fahrer lassen ihr Fahrzeug aber lieber am Solvorn-Ufer stehen. Der Bus Nr. 155 macht auf seinen häufigen Fahrten zwischen Sogndal (35 nkr, 25 Min.) und Skjolden (60 nkr, 1¼ Std.) auch am Fährterminal von Solvorn Halt. Von der Fähranlegestelle in Urnes geht man zur Stabkirche 1 km bergauf.

JOSTEDALSBREEN

Mit einer Fläche von 487 km² dominiert der Jostedalsbreen samt seinen vielen Ausläufern das Hochland der Provinz Sogn og Fjordane. Er ist die größte Eisdecke des europäischen Festlands, stellenweise bis zu 400 m dick. Die Haupteisfläche und einige der nächsten Zungen sind als Jostedalsbreen-Nationalpark geschützt (nähere Einzelheiten zum Informationszentrum des Parks s. S. 246).

Die beste Wanderkarte für die Region ist die von Statens Kartverk herausgegebene *Jostedalsbreen Turkart* (110 nkr) im Maßstab von 1:100 000. Die Broschüre *Jostedalsbreen Gletscherwanderungen*, erhältlich in Fremdenverkehrsämtern und an vielen anderen Stellen, enthält eine umfassende Liste mit Gletscherwanderungen, Tourenveranstaltern und Preisen.

Nähere Infos zu den Orten Skei, Stryn, Olden und Loen – alle Tore zu diesem Gletscher, s. S. 224.

FJÆRLAND

300 Ew.

Die Bauerngemeinde Fjærland (mit dem Ortskern Mundal) am Ende des idyllischen Fjærlandsfjords liegt nicht weit von zwei besonders gut zugänglichen Gletscherzungen – Supphellebreen und Bøyabreen – und lockt damit bis zu 300 000 Besucher jährlich an. Der winzige Ort, bekannt als die „Buchstadt" Norwegens (www.bokbyen.no), ist das Nirwana aller Bibliophilen – mit einem Dutzend Geschäften, die eine breite Palette gebrauchter Bücher verkaufen. Zwar sind die meisten auf Norwegisch, aber es sind auch viele in anderen europäischen Sprachen dabei. Zur alljährlichen Buchmesse, die auf jenen Samstag fällt, der dem 23. Juni am nächsten ist, pilgern Buchhändler und Antiquare aus dem ganzen Land. Das Dorf erwacht Anfang Mai zum Leben, wenn die Fähre ihren Betrieb aufnimmt, und verfällt ab Oktober praktisch in Winterschlaf. Das **Fremdenverkehrsbüro** (☎ 57 69 32 33; www.fjaerland.org; Mai–Sept. 10–18 Uhr) befindet sich im Buchladen Bok & Bilde an der Hauptstraße, 300 m von der Fähranlegestelle. Am Haupteingang hängt eine vollständige Liste aller Übernachtungsmöglichkeiten inklusive der Preise.

Sehenswertes & Aktivitäten

SUPPHELLEBREEN UND BØYABREEN

Bis auf 300 m kann man an den Supphellebreen-Gletscher heranfahren und dann direkt hinaufsteigen und das Eis angreifen. Eisblöcke von hier wurden als Podien bei den Olympischen Winterspielen 1994 in Lillehammer verwendet.

Anders als in anderen Teilen der Welt werden die Gletscher in Norwegen ständig größer – wobei der knarrende blaue Bøyabreen, der noch um einiges spektakulärer ist als sein Bruder Supphellebreen, schneller wächst als die meisten anderen. Wer Glück hat, sieht vielleicht sogar das Kalben eines Gletschers, wenn nämlich ein dicker Brocken in den Schmelzwasserteich unterhalb der Gletscherzunge stürzt.

DAS NORWEGISCHE GLETSCHERMUSEUM

Alles über die Geschichte des fließenden Eises und wie es die norwegische Landschaft geformt hat, erfährt man in diesem toll gemachten **Museum** (Norsk Bremuseum; ☎ 57 69 32 88; Erwachsene/Kinder 80/40 nkr; Juni–Aug. 9–19 Uhr, April–Mai & Sept.–Okt 10–16 Uhr).

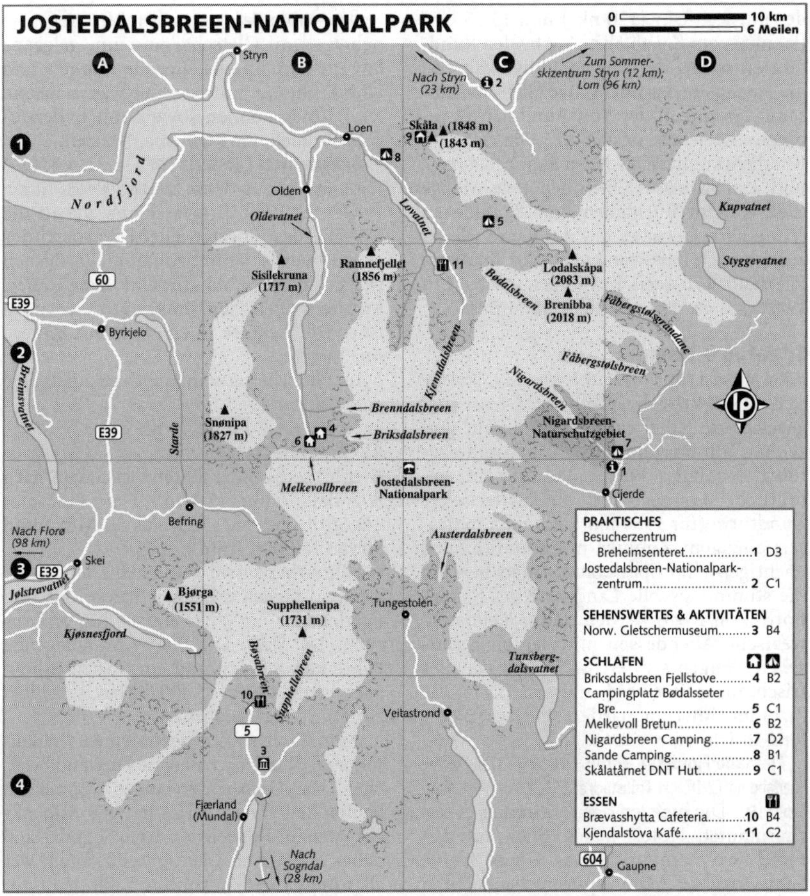

Kids werden von den spielerischen Exponaten begeistert sein. Man erfährt, wie Fjorde entstehen, genießt eine ausgezeichnete 20-minütige audiovisuelle Multiscreen-Präsentation über den Jostedalsbreen, krabbelt durch einen Kunsteis-Tunnel und kann sogar den Stoßzahn eines sibirischen Wollmammuts bewundern, der vor 30 000 Jahren sein eiskaltes Ende fand. In einer weiteren Ausstellung erfährt man alles über „Ötzi", den 5000 Jahre alten Mann aus dem Eis, dessen mumifizierte Leiche 1991 im österreichisch-italienischen Grenzgebiet gefunden wurde.

WANDERN

Im Fremdenverkehrsbüro bekommt man die Gratisbroschüre *Escape the Asphalt*, die elf größere Wanderrouten in der Region vorschlägt; dazu noch die Karte *Turkart Fjærland* (70 nkr) im Maßstab 1:50 000, komplett mit Routenbeschreibungen und eingezeichneten Pfaden. Und dann: Wanderschuhe an und los. Die meisten Wege folgen den Routen, die bis vor kurzem noch von den einheimischen Schafhirten genutzt wurden, wenn sie ihre Herden zu den höher gelegenen Weiden trieben. Wer fünf davon absolviert hat, wird vom lokalen Sportverband registriert und erhält ein Diplom vom Fremdenverkehrsbüro!

Geführte Touren

Zu der zweimal täglich ankommenden Fähre aus Balestrand gibt es einen Anschlussbus, der um 9.40 Uhr (120 nkr) und 13.15 Uhr (90 nkr) vom Kai abfährt. Auf beiden Rundfahrten wartet der Bus geduldig, während die Passagiere das interaktive Gletschermuseum (gratis mit der Tour) und den Bøyabreen-Gletscher besuchen. Die frühere Rundfahrt umfasst auch den Supphellebreen, und am Schluss bleibt noch jede Menge Zeit, um im Buchladen Bok & Bilde zu schmökern, bevor es mit der Fähre wieder zurück nach Balestrand geht. Ein Taxi vom Fjærland-Kai nach Bøyabreen kostet mit Wartezeit ca. 400 nkr hin und zurück.

Schlafen & Essen

Hotel Mundal (☎ 57 69 31 01; hotelmundal@fjordinfo.no; EZ/DZ ab 860/1280 nkr; ⌚ Mai–Sept.) Dieses ausgezeichnete Hotel wurde 1891 erbaut und seither von ein und derselben Familie geführt. Besondere Pluspunkte sind eine gemütliche Lounge und ein malerischer Rundturm (für 1950 nkr kann man in dessen einzigem Zimmer mit Rundumblick nächtigen). Im Speiseraum (man beachte die stimmungsvolle Landkarte des Sognefjords von 1898) werden traditionelle norwegische Abendessen mit vier phantastischen Gängen serviert (415 nkr). Da alles frisch zubereitet wird, müssen Gäste, die nicht im Hotel einquartiert sind, bis spätestens 18 Uhr reservieren.

Fjærland Fjordstue Hotell (☎ 57 69 32 00; www.fjaerland.no; EZ/DZ inkl. Frühstück ab 590/700 nkr; ⌚ Mai–Sept.; Ⓟ) Die meisten der 16 Zimmer dieses charmanten Hotels haben Blick auf den Fjord, wo man mit etwas Glück kleine Schweinswale beim Spielen beobachten kann. Das Restaurant (Hauptgerichte zu Mittag 130 bis 145 nkr, Abendbüfett 290 nkr), beliebt bei Campern, die von Bøyum Camping nur die Straße runterlaufen müssen, bietet grandiose Aussichten sowie Pizzen, Salate und komplette Mahlzeiten.

Fru Haugens Rom (☎ 57 69 32 43, 97 63 78 70; DZ 350–400 nkr; ⌚ ganzjährig) Im weißen Gebäude hinter der Dorfkirche vermietet Frau Alma Haugen ein paar Zimmer, die sich eine Küche und ein brandneues Bad teilen („92 000 nkr hat es uns gekostet", berichtete uns eine stolze Frau Haugen!) – ein Super-Preis-Leistungs-Verhältnis. Die größeren Doppelzimmer kosten etwas mehr.

Bøyum Camping (☎ 57 69 32 52; kfodne@frisurf.no; Matratze im Schlafsaal 125 nkr, Zelt- & Autoplätze 115 nkr, einfache DZ 250–300 nkr, 6-Bett-Hütten 530–630 nkr; ⌚ Juni–Anfang Sept.) Das praktischerweise neben dem Gletschermuseum gelegene Bøyum Camping hat für alle Budgets und Übernachtungspräferenzen etwas zu bieten. Die Hütten können sowohl mit Badezimmer als auch mit Küchen aufwarten.

Brævasshytta Cafeteria (☎ 57 69 32 96; Brötchen 18–36 nkr, Snacks 58–89 nkr, Hauptgerichte 98–115 nkr; ⌚ Mai–Sept.) Die Brævasshytta, die in die Moräne des jüngsten Gletschervorschubs gebaut wurde, ist unbedingt einen Besuch wert, wenn auch bloß für eine Tasse Kaffee. Mit dem Gletscher direkt vor den Augen ist es wie Picknick in einem IMAX-Kino – nur in echt.

Im Gletschermuseum gibt's ebenfalls eine gute Cafeteria.

An- & Weiterreise

Vier bis sechs Busse fahren täglich von/nach Sogndal (56 nkr, 45 Min.), Florø (185 nkr, 2¾ Std.) über Skei (44 nkr, 30 Min.) und Stryn (159 nkr, 2 Std.).

Fähren verkehren von Mai bis September zweimal täglich zwischen Balestrand und Fjærland (147/220 nkr einfach/hin und zurück, 1¼ Std.). Die 9.40 Uhr ablegende Fähre hat in Balestrand ein Anschlussboot nach Flåm, die um 15.40 Uhr hat Anschluss zur Fähre nach Bergen.

Autofahrer sollten besser einen Geldautomaten plündern, bevor sie Fjærland besuchen. Das Graben der langen Tunnel auf beiden Seiten des Dorfes hat 400 Mio. nkr gekostet; für Fahrten von/nach Sogndal sind daher 150 nkr als Maut zu entrichten; wer allerdings von Skei kommt, zahlt nichts.

Unterwegs vor Ort

Das Fremdenverkehrsbüro vermietet Fahrräder (25/125 nkr pro Std/Tag).

NIGARDSBREEN

Unter den Gletscherzungen des Jostedalsbreen, die man von unten sehen kann, ist der Nigardsbreen einer der spektakulärsten und außerdem leicht zugänglich. Dafür lieben ihn Besucher aus aller Welt. Wer die Touristenmassen scheut und motorisiert ist, fährt die Straße weiter hinauf, vorbei an den zopfartig verflochtenen Gletscherflüssen der Fåbergstølsgrandane zu dem Staudamm, der den großen Gletschersee Styggevatnet bildet. Auf dem Weg kommt man an mehreren schönen Gletscherzungen und Tälern vorbei, die sich ideal zum Querfeldein-Wandern eignen.

Sehenswertes

Im Besucherzentrum **Breheimsenteret** (☎ 57 68 32 50; www.jostedal.com; Erwachsene/Kinder 50/35 nkr; ⏲ Mitte Juli–Mitte Aug. 9–19 Uhr, Uhr Mai–Mitte Juli & Mitte Aug.–Sept. 10–17) in Jostedal erzählen Schaukästen die Geschichte von der Entstehung und Bewegung der Gletscher und wie sie die Landschaft formen. Außerdem werden ein zwanzigminütiger Film über die Region und ein Exponat über das Mädchen Jostedalsrypa gezeigt, das seinerzeit als einzige Dorfbewohnerin den schwarzen Tod überlebte.

Aktivitäten

Jostedalen Breførarlag (☎ 57 68 31 11; www.bfl.no) bietet verschiedene geführte Gletschertouren an. Die leichteste ist die Familienwanderung zum Gletschertor und ein Stück die Zunge entlang (ca. 1 Std. auf dem Eis, Erwachsene/Kinder 140/70 nkr). In den Preisen für die zweistündigen (310 nkr) und dreistündigen (390 nkr) Wanderungen auf dem Eis ist auch die kurze Bootsfahrt über den Nigardsvatnet inbegriffen.

Wer den Gletscher aus einer wirklich originellen Perspektive erleben möchte, der macht am besten eine geführte Kajaktour mit **Ice Troll** (☎ 57 68 32 50; www.icetroll.com) mit. Die rund sechsstündigen Exkursionen (600 nkr) sind sowohl für Anfänger als auch Profis geeignet und führen dorthin, wo man ohne Paddel nie hinkommen würde. Die Veranstalter haben auch Overnight-Touren im Programm (1100 nkr) sowie kürzere Trips auf dem zahmeren Nigardsbrevatnet (125 nkr pro Std.), wenn das Wetter mal nicht so mitspielt.

Das Breheimsenteret nimmt Buchungen für beide Veranstalter entgegen.

Schlafen & Essen

Jostedal Hotel (☎ 57 68 31 19; www.jostedalhotel.no; Girde, Jostedal; EZ/DZ inkl. Frühstück 600/800 nkr) Von Breheimsenteret 5 km die Straße entlang, im Dorf Gjerde, findet man dieses frisch renovierte Hotel mit viel Atmosphäre – eine gute Einkehr fernab von allem Trubel.

Nigardsbreen Camping (☎ 57 68 31 35; Jostedal; Zelt/Wohnwagenplätze 90/120 nkr, Hütten 300 nkr; ⏲ Ende Mai–Sept.) Campinggelegenheiten und Hütten neben der Einfahrt zur Mautstraße, 400 m von Breheimsenteret.

Das Breheimsenteret hat ein kleines Café, wo man für die eher happigen Preise durch die tolle Aussicht entschädigt wird.

An- & Weiterreise

Von Ende Juni bis August verkehrt der Bus Nr. 159 ein- bis dreimal täglich zwischen Sogndal und Jostedal Breheimsenteret (96 nkr, 1½ Std.). Einen Großteil des Weges von der Rv 55 bei Gaupne folgt die Straße zum Gletscher dem leuchtend türkisblauen Flusslauf des Jostedalselva. Auf den Felsen entlang der Strecke bilden knallrote Flechten Farbtupfer.

Vom Breheimsenteret führt eine 6 km lange Maustraße (22 nkr je Fahrzeug) bzw. eine hübsche Wanderung zum Parkplatz am Nigardsvatnet, dem See am Gletschertor. Zwischen Mitte Juni und Anfang September pendelt regelmäßig eine Fähre über den kleinen See zur Gletscherfront (30 nkr hin und zurück).

BRIKSDALSBREEN

Von der kleinen Ortschaft Olden am östlichen Ende des Nordfjord führt eine Panoramastraße 23 km weit durch das Oldedal zu den Zwillingsgletscherzungen Melkevollbreen und Briksdalsbreen. Den leichter zugänglichen Briksdalsbreen belagern jedoch ganze Karawanen von Reisebussen; sobald ein Ponyfuhrwerk mit Touristen die strategisch günstig gelegene Brücke über den Fluss überquert, hört man vor allem das Klicken der Kameras. 1997 leckte sich die Zunge des Briksdalsbreen an ihren weitesten Punkt seit 70 Jahren vor, hat sich aber seither um rund 150 m wieder zurückgezogen.

Aktivitäten

Zwei Veranstalter bieten eine ganze Reihe von Outdoor-Aktivitäten zu identischen Preisen.

Briksdal Breføring (☎ 57 87 68 00; www.briksdalsbre.no) liegt in Briksdalsbre Fjellstove am Ende der geteerten Straße, **Olden Aktiv** (☎ 57 87 38 88; www.briksdalsbreen.com) mit Sitz auf dem Campingplatz Melkevoll Bretun findet man fünf Gehminuten weiter unten. Beide organisieren eine gute Auswahl von Gletscherwanderungen und Klettertouren, für die man keine Erfahrung mitbringen muss.

Man hat die Wahl zwischen einem dreistündigen Ausflug (250 nkr) mit einer

Stunde auf dem Eis und einer vierstündigen Variante (300 bis 350 nkr) mit zwei Stunden auf dem Eis. Die Wanderungen starten von Mitte Mai bis September fünfmal täglich entweder von Briksdalsbre Fjellstove oder Melkevoll Bretun aus.

Olden Aktiv bietet auch Einführungen ins Bergsteigen, Bouldern und Klettern (Vorausbuchung erforderlich), dazu noch vier Stunden Unterricht und Praxis im Eisklettern (400 nkr). Briksdal Breføring ist auf Hochgebirgswanderungen spezialisiert und stellt auf Wunsch maßgeschneiderte Trekkingprogramme zusammen.

Der Weg zur Gletscherfront geht ca. 5 km hin und zurück, entweder über den eher steilen Pfad oder über den längeren, sanfteren Karrenweg. **Oldedalen Skysslag** (☎ 57 87 68 05) veranstaltet Fahrten mit dem Ponykarren (260 nkr) und neumodischen Gefährten, die aussehen wie überdimensionierte Golfcars (160 nkr), aber auch da bleibt eine 15-minütige Wanderung über einen unebenen Pfad, um das Eis sehen zu können. Für beide Touren ist eine Vorausbuchung erforderlich.

Der neu errichtete **Aktivitätsturm** gegenüber vom Briksdalsbre Fjellstove bietet verschiedene Kletteraktivitäten für alle Altersgruppen.

DER TIPP VOM AUTOR

Melkevoll Bretun (☎ 57 87 38 64; www.melkevoll.no; einfache Hütten 270–370 nkr, voll ausgestattete Hütten mit 6 Betten 570–690 nkr) Hier gibt es Unterkünfte für jeden Geldbeutel und prachtvolle Aussichten, so weit das Auge reicht. Beim Blick nach Süden streckt der Melkevollbreen-Gletscher seine Zunge entgegen, im Westen stürzt der lange, schmale Wasserfall Volefossen in die Tiefe, im Süden glitzert der lang gestreckte See Oldevatnet, während im Osten der Briksdalbreen-Gletscher den Horizont bildet. Es gibt auch einen herrlich grünen Campingplatz mit viel Platz zwischen den Zeltplätzen. Die größeren Hütten mit sechs Betten (570 bis 690 nkr) sind komplett ausgestattet und gut möbliert, aber auch einfachere Hütten sind zu haben (270 bis 370 nkr). Wer günstig, aber mit Abenteuerfeeling übernachten möchte, breitet den Schlafsack in der „Steinzeithöhle" (90 nkr) oder im Wigwam (50 nkr) aus.

Schlafen & Essen

Briksdalsbre Fjellstove (☎ 57 87 68 00; www.briksdalsbre.no; EZ/DZ 400/800 nkr) Diese gemütliche Bergstation, betrieben von Briksdal Breføring (links), hat sechs komfortable Zimmer, ein paar Hütten, ein Café/Restaurant (Hauptgerichte 63 bis 150 nkr, einschließlich Forellen- und Rentiergerichte) und einen Souvenirladen.

An- & Weiterreise

Zwischen Juni und August fährt ein Bus von Stryn nach Briksdalsbre (64 nkr, 1 Std.) um 9.30 Uhr ab, mit Zwischenstation in Loen und Olden. Der Bus zurück fährt um 13.40 Uhr in Briksdal ab. An Wochentagen gibt es auch einen zweiten Bus von Stryn nach Melkevoll Bretun, mit Abfahrt um 15.45 Uhr.

Wer sein Auto für den Tag in Melkevoll Bretun parkt (40 nkr), bekommt nach der Wanderung eine Gratissauna.

KJENNDALSBREEN & BØDALSBREEN

Der faszinierende Kjenndalsbreen ist 17 km Fahrt vom Dorf Loen am Nordfjord entfernt. Er wird von den vier bekanntesten Gletscherzungen vermutlich am seltensten besucht. Allerdings konkurriert er mit dem Nigardsbreen um die schönste Zufahrt, wenn man den Gletschersee Lovatnet entlangfährt. Der in einem nahen Seitental gelegene Bødalsbreen bietet super Wandermöglichkeiten.

Geführte Touren

Briksdal Breføring (☎ 57 87 68 00; www.briksdalsbre.no) bietet sechsstündige geführte Gletscherwanderungen auf dem Bødalsbreen (350 nkr) und zwölfstündige Samstagstrekkings (500 nkr) für Trainierte auf den 2083 m hohen Nunatak namens Lodalskåpa. Die Touren beginnen beim Campingplatz Bødalsseter Bre.

Schlafen

Sande Camping (☎ 57 87 45 90; www.sande-camping.no; Loen; Zelt/Wohnwagen 80 nkr, Hütten mit 2/4 Betten 250/375 nkr, 4-/6-Bett-Apt. 475/770 nkr) Im beliebten Sande Camping nahe am nördlichen Ende des Lovatnet kann man in Zelten und Wohnwagen sowie in einer der vielen Hütten und Apartments idyllisch am See übernachten.

An- & Weiterreise

Eine wunderbare Art, sich dem Kjenndalsbreen zu nähern, ist die *Kjendal*, die von Sande aus den Lovatnet hinauftuckert (Erwachsene/Kinder unter 10 hin & zurück 160 nkr/frei). Im Preis inbegriffen ist auch die Rückfahrt per Bus zwischen dem Kjendalstova Café am Ende des Sees und dem Gletscherparkplatz. Von hier aus geht man 2 km zu Fuß zum Gletschertor. Von Juni bis August fährt die Kjendal um 10.30 Uhr in Sande und um 13.30 Uhr in Kjendalstova ab. Die Bootsfahrt kann über das **Hotel Alexandra** (☎ 57 87 50 50) in Loen gebucht werden.

Während der Überfahrt sieht man die riesigen Steinbrocken, die sich 1905, 1936 und 1950 vom Ramnefjell lösten und in den See krachten; Ducken nicht vergessen! Die erste Welle tötete 63 Menschen und schleuderte den Seedampfer 400 m landeinwärts, die zweite forderte 72 Menschenleben, während die dritte lediglich eine größere Kerbe im Berg hinterließ.

Achtung Autofahrer: Die Mautstraße (30 nkr) oberhalb des Lovatnet verengt sich auf eine Spur.

SOMMERSKIZENTRUM STRYN

Seinem Namens zum Trotz liegt dieses **Skizentrum** (Sommerskisenter; ☎ 92 25 83 33; www.strynefjellet.com; Videdalen; ⌚ Juni–Aug. 10–16 Uhr) ganz und gar nicht in der Nähe vom Orts Stryn, sondern auf dem Tystigen-Ausläufer des Jostedalsbreen, an dessen nördlichster Stelle. Hier befindet sich Norwegens größtes und bekanntestes Sommerskigebiet. Und hier werden auch die meisten Fotos bikinigekleideter Skifahrerinnen geschossen, die man überall sieht. Die längste Abfahrt ist 2100 m lang mit einem Höhenunterschied von 520 m, aber es gibt auch 10 km Langlaufloipen.

Von Stryn fährt ein Skibus (einfache Fahrt 70 nkr, 1 Std.) um 9 Uhr morgens ab und um 16 Uhr vom Skizentrum wieder zurück, je nach Schneebedingungen etwa zwischen Mitte Juni und Mitte Juli. Autofahrer werden am Gamle Strynefjellsvegen ihre Freude haben, der idyllischen alten Straße zwischen Grotli und Videsæter. Im Fremdenverkehrsbüro von Stryn gibt's eine Gratisbroschüre dazu.

VOM SOGNEFJORD BIS ZUM NORDFJORD

Für die meisten Reisenden ist der 100 km lange Nordfjord bloß ein Trittstein zwischen Sognefjord und Geirangerfjord. Diese beiden beliebten Fjorde sind durch eine Straße verbunden, die sich um das Ende des Nordfjords an den Dörfern Byrkjelo, Olden und Loen vorbei bis zur größeren Ortschaft Stryn schlängelt.

SKEI

390 Ew.

Das landeinwärts gelegene Dorf Skei liegt ganz in der Nähe Ende des Sees Jølstravatnet. Das sehenswerte **Astruptunet Museum** (☎ 57 72 67 82; Erwachsene/Kinder 40 nkr/gratis; ⌚ Juli 10–18 Uhr, Ende Mai–Juni & Aug. 11–17 Uhr, Sept. 11–16 Uhr), 15 km westlich des Dorfes an der Südseite des Sees, ist das frühere Wohnhaus des Künstlers Nikolai Astrup (1880–1928) samt Galerie und Exponaten im Freien.

Jølster Rafting (☎ 90 06 70 70; www.jolster-rafting.no auf Norwegisch) bietet Wildwasserrafting auf den Flüssen Stardal und Jølstra. Kürzere Touren kosten zwischen 550 und 750 nkr, für ein- und zweitägige Exkursionen muss man jeweils 1190 nkr hinlegen.

An der Kreuzung der Rv 5 und der E 39 befindet sich das **Skei Hotel** (☎ 57 72 78 00; www.skeihotel.no; EZ/DZ ab 975/1130 nkr; Ⓟ 💻), die richtige Adresse für echte Sportfreaks. Dort gibt's einen Swimmingpool, eine Sauna, einen Whirlpool, ein Solarium, Ruderboote, Fahrräder – und sogar einen Tennisplatz. Das von außen eher unattraktive Gebäude ist innen wesentlich ansprechender und hat eine gemütliche Bar und ein ganz passables Restaurant zu bieten.

Preisgünstige Mahlzeiten und Snacks bekommt man in der Cafeteria von **Audhild Vikens Vevstove** (☎ 57 72 81 25; Pizza 48 nkr, Hauptgerichte ca. 100 nkr; ⌚ Juli–Aug. 8.30–22 Uhr, Sept.–Juni Kernöffnungszeiten 10–18.30 Uhr), dem größten Taxfree-Shop Norwegens. In diesem freundlichen Laden, nicht mal 100 m vom Straßenkreuz entfernt, kann man sich das ganze Jahr über mit Weihnachtskram eindecken.

In Skei halten viele Fernbusse mit Anschlüssen nach Fjærland (44 nkr, 30 Min., 4- bis 6-mal tgl.), Sogndal (96 nkr, 1 Std., 3- bis 7-mal tgl.), Stryn (120 nkr, 1½ Std.,

3-mal tgl.), Ålesund (225 nkr, 4¾ Std., 2- bis 4-mal tgl.), Florø (155 nkr, 2¼ Std., 2- bis 4-mal tgl.) und Bergen (285 nkr, 4½ Std., 3- bis 4-mal tgl.).

STRYN

2100 Ew.

Die kleine Ortschaft Stryn ist de facto das Zentrum des oberen Nordfjords. Da hier mehrere Fernstraßen vorbeirauschen, legen viele Besucher einen Zwischenstopp in Stryn ein. Das hilfsbereite **Fremdenverkehrsbüro** (☎ 57 87 40 40; www.nordfjord.no; 🕑 Juli 8.30–20 Uhr, Juni & 1.–15. Aug. 8.30–18 Uhr, Mitte Aug.–Mai Mo–Fr 8.30–15.30 Uhr) findet man zwei Querstraßen südlich von Tonningsgata, der Hauptstraße des Ortes. Gegen eine Gebühr von 30 nkr organisiert es die Unterbringung und vermietet Fahrräder (50/190 nkr pro Std/Tag); Internetbenutzung kostet 1 nkr pro Minute. In der Gratisbroschüre *Guide for Stryn* werden u. a. Wanderungen in der Umgebung vorgeschlagen, *På Sykkel i Stryn*, ebenfalls gratis, dagegen beschreibt entsprechende Fahrradrouten. Detaillierter ist die *Kart over fjellturar i Stryn* (30 nkr). Mit den dort angeführten Fahrrad- und Wanderwegen kann man einen ganzen Urlaub bestreiten.

Sehenswertes & Aktivitäten

In Oppstryn, 15 km östlich von Stryn, befindet sich das **Jostedalsbreen-Nationalparkzentrum** (Jostedalsbreen Nasjonalparksenter; ☎ 57 87 72 00; www.jostedalsbre.no; Erwachsene/Kinder 60/30 nkr; 🕑 Mai–Aug. 10–16 oder 18 Uhr). Hier geht's natürlich vor allem um Gletscher, aber es gibt auch einen einzigartigen Garten mit 325 Arten endemischer Vegetation und eine sehr dynamische audiovisuelle Präsentation. Zu guter Letzt werden auch noch Ausstellungen über Lawinen, örtliche Mineralvorkommen und Meteoriten gezeigt, und eine Abteilung widmet sich den Katastrophen am Lovatnet (s. S. 245).

Schlafen & Essen

Stryn Vandrerhjem (☎ 57 87 11 06; stryn.hostel@vandrerhjem.no; Bett inkl. Frühstück 185 nkr, einfaches EZ/DZ inkl. Frühstück 250/400 nkr, DZ mit Bad inkl. Frühstück 500 nkr; 🕑 Juni–Aug.) Dieses ausgezeichnete HI Hostel, 2 km vom Ort den Berg hinauf, war einst eine deutsche Militärkaserne.

Stryn Hotel (☎ 57 87 07 00; www.strynhotel.no; Visnesvegen; EZ/DZ 895/1095 nkr; Ⓟ 💻) Für ein Zimmer mit Fjordblick muss man in diesem modernen Hotel, vom Ortskern aus gleich auf der anderen Seite der Brücke, nichts draufzahlen. Das Mittagsbüfett (150 nkr) sowie sein abendliches Pendant (215 nkr) gehören zum Besten, was man in der Stadt für das Geld kriegen kann; abends kann man auch à la carte dinieren (Hauptgerichte 100 bis 188 nkr).

Stryn Camping (☎ 57 87 11 36; www.stryn-camping.no auf Norwegisch; Bøavegen; Zelt/Wohnwagenplätze 130/160 nkr, Hütten 350 nkr, 6-Bett-Hütten mit Bad 850–950 nkr; 🕑 Juni–Aug.) Im gepflegten Stryn-Campingplatz findet man alles, was man braucht. Er liegt von der Hauptstraße aus nur zwei Straßen weiter bergauf, am östlichen Ende des Ortes.

Restaurant Tonningstova (☎ 57 87 77 30; Tonningsgata 33) Das Restaurant Tonningstova an der Hauptstraße, seit kurzem unter neuer Leitung, hat eine Außenterrasse zur Straße hin und einen gemütlichen Innenbereich, wo auch die Dartscheibe nicht fehlt. Im Angebot sind eine Reihe von Salaten sowie Hits aus aller Welt: Italien, Spanien, Mexiko und noch mehr.

Gesundes lokales Essen mit einem norwegischen Touch ist in der Cafeteria des **Coop-Supermarkts** (Ecke Tonningsgata & Tinggata) sowie im **Kafe Hjorten** (Tinggata) zu bekommen, das dem örtlichen Kulturzentrum angeschlossen ist.

Ausgehen

Base Camp (☎ 57 87 23 83; Tonningsgata 31) Beliebte Bar und Disko.

Scala disco (☎ 57 07 07 00; Visnesvegen; 🕑 Mi & Fr–So bis 2.30 Uhr) Im Club des Stryn Hotel machen Rockbands und andere Livemusiker Stimmung, hauptsächlich für die Altersklasse 18 bis 21.

An- & Weiterreise

Stryn liegt auf den Routen von Nor-Way Bussekspress zwischen Oslo (615 nkr, 8½ Std., 3-mal tgl.) und Måløy (145 nkr, 2 Std.), zwischen Ålesund (220 nkr, 3½ Std., 2- bis 3-mal tgl.) und Bergen (393 nkr, 6 Std., 4- bis 6-mal tgl.) sowie zwischen Bergen und Trondheim (510 nkr, 7½ Std., 2-mal tgl.). Die Busse nach Bergen machen Station in Loen (25 nkr, 10 Min.) und Olden (32 nkr, 15 Min.). Die Ålesund-Route passiert Hellesylt (80 nkr, 1 Std.), wo es Bootsverbindungen nach Geiranger gibt.

OLDEN

540 Ew.

Olden fungiert als Tor zum Jostedalsbreen und hat ein saisonales **Fremdenverkehrsbüro** (☎ 57 87 31 26; ⌚ Mitte Juni–Mitte Aug. 10–18 Uhr).

Singersamlinga (☎ 57 87 31 06; Erwachsene/Kinder 20/10 nkr; ⌚ nach Vereinbarung) zeigt das künstlerische Werk William Henry Singers, eines amerikanischen Millionärs und lokalen Philanthropen. Von 1913 bis zu seinem Tod 1943 verbrachten er und seine Frau ihre Sommer in Olden. Seine Gemälde zeugen von seiner besonderen Liebe zu den Landschaften Westnorwegens.

Für alle, die ihr Anglerglück auf die Probe stellen möchten, organisiert **Isabella** (☎ 91 35 10 42 oder über das Fremdenverkehrsbüro von Olden oder Stryn buchen) zwei- bis dreistündige Ausflüge (150 nkr pro Person inkl. Ausrüstung), mit Abfahrt vom Yachthafen in Olden montags bis freitags um 16 und 19.30 Uhr.

Schlafen & Essen

In der Gegend gibt es rund zehn Campingplätze - der Großteil entlang der Strecke nach Briksdalsbreen und viele davon in phantastischer Lage.

Olden Fjordhotel (☎ 57 87 34 00; www.olden-hotel.no; EZ inkl. Frühstück 900–1050 nkr, DZ inkl. Frühstück 1200–1500 nkr; ⌚ Mai–Sept.) Die automatischen Schwingtüren, die sich bereits in mehreren Metern Entfernung summend öffnen, sind bezeichnend für den freundlichen Empfang, der einen in diesem Fjordhotel erwartet. Alle Zimmer sind komfortabel und haben Blick auf den Fjord, fast alle haben Balkone, und am Abend gibt es ein ausgezeichnetes norwegisches Büfett (350 nkr).

Alda Camping (☎ 57 87 31 38; persaget@online.no; Plätze ohne/mit Pkw 35/60 nkr, 4-Bett-Hütten 240–300 nkr; ⌚ Mitte Mai–Aug.) Am Ortsrand von Olden erstreckt sich dieser freundliche, schlichte Campingplatz zu beiden Seiten der Rv 60, direkt vor der Straßenbrücke.

LOEN

420 Ew.

Loen, ein großartiges, touristisches Örtchen am Ausgang des beeindruckenden Lodalen, ist ein weiterer Ausgangspunkt für Touren zum Jostedalsbreen und seiner Eisdecke; hier gibt es Bus- und Bootsverbindungen auf dem Lovatnet zu den spektakulären Gletscherzungen Bødalen und Kjenndalen.

Eine tolle, aber anstrengende fünf- bis sechsstündige Wanderung führt von Loen zum Turm Skålatårnet (heute eine Selbstbedienungshütte des norwegischen Bergwandervereins Den Norske Turistforening) in der Nähe des 1848 m hohen Gipfels des Skåla. Die Route beginnt in der Nähe des Bauernhofs Tjugen, nördlich des Flusses und unmittelbar östlich von Loen.

Schlafen & Essen

Hotel Alexandra (☎ 57 87 50 00; www.alexandra.no; EZ/DZ inkl. Frühstück ab 960/1480 nkr; Ⓟ 💻) Loens unbestrittener Dreh- und Angelpunkt ist sowohl Urlaubszentrum als auch Hotel und dominiert komplett den Tourismus in diesem Tal. Dazu gehören Restaurants, Bars, Nachtclub, Swimmingpool, Wellness- und Fitness-Center, Tennisplatz, Yachthafen sowie Boots- und Fahrradvermietung. Das Hotel wird zwar seit 1884 als Familienbetrieb geführt, aber die aktuelle Architektur ist nicht gerade eine Augenweide. Wer will, kann dort auch das Ausflugsboot auf dem Lovatnet sowie andere Exkursionen zum Jostedalsbreen buchen.

Hotel Loenfjord (☎ 57 87 50 00; www.loenfjord.no auf Norwegisch; EZ/DZ inkl. Frühstück 800/1200 nkr; Ⓟ) Das Loenfjord gehört denselben Eigentümern wie das Alexandra, ist aber etwas günstiger und insgesamt etwas augenfreundlicher, außerdem weniger überlaufen. Man logiert am Wasser und kann ebenfalls Boote und Fahrräder mieten.

Lo-Vik Camping (☎ 57 87 76 19; fax 57 87 78 11; Zeltplätze ohne/mit Pkw 70/90 nkr plus 20 nkr pro Person, 4-Bett-Hütten 350 nkr, mit Bad 650–850 nkr; ⌚ Mitte Mai–Mitte Sept.) Der Lo-Vik-Campingplatz ist wunderschön im Grünen gelegen mit Blick auf das Wasser.

NORDFJORDEID

Oberhalb des Dorfes Nordfjordeid, auf halber Strecke zwischen Stryn und Måløy, liegen die Stallungen des **Norsk Fjordhestsenter** (☎ 57 86 48 00), das sich auf die Aufzucht der stämmigen, stattlichen Norwegischen Fjordponys mit ihren borstensteifen Mohikanermähnen und der karamellfarbenen Haut spezialisiert hat. Wer einen Ausritt buchen möchte (250 nkr für die erste Stunde, 100 nkr für jede weitere Stunde), sollte unbedingt reservieren, weil die Ponys bei Schulgruppen und Sommercamps der absolute Renner sind.

FLORØ

8100 Ew.

Florø, Norwegens westlichste Gemeinde, ist ein netter kleiner Ort, der bezeichnenderweise drei aufgerichtete Heringe im Wappen hat. Der Ort wurde 1860 wegen des „fischigen Silbers" als Heringshafen gegründet, lebt heute aber von der Fischzucht, dem Schiffsbau und dem schwarzen Gold der Ölindustrie. Als einer der südlichsten Häfen auf der Route der Küstenlinie Hurtigruten bekommt es viele Besucher auf der Durchreise zu sehen, ist aber selbst mindestens einen Tag zur Erkundung und Entspannung wert. Für einen Panoramaüberblick geht's zehn Minuten eine leichte Steigung den Storåsen hinauf, ausgehend von der Florø Ungdomsskule an der Havrenesveien.

Praktische Informationen

Flora Videosenter (Strandgata 56; 1–22 Uhr; 20 nkr pro Std.) Hier gibt es auch Internetzugang.

Fremdenverkehrsbüro (☎ 57 74 75 05; www.vestkysten.no; Strandgata 30; Mitte Juni–Mitte Aug. Mo–Fr 8–18 Uhr, Sa 10–16 Uhr, So 12–16 Uhr; übrige Zeit Mo–Fr 9–15.30 Uhr).

Waschsalon Im Yachthafen.

Sehenswertes

SOGN OG FJORDANE KÜSTENMUSEUM

Die beiden Hauptgebäude dieses **Museums** (☎ 57 74 22 33; Brendøyvegen; Erwachsene/Kinder 35/15 nkr; Mitte Juni–Aug. 11–18 Uhr Mo–Fr, Sa & So 12–16 , Sept.–Mitte Juni Mo–Fr 10–15, So 12–15 Uhr, Sa geschlossen) sind gestopft voll mit Fischereiexponaten, sogar das Modell eines Wohnhauses einer Fischerfamilie um 1900 ist zu bewundern. Zum Komplex gehören auch mehrere alte Speicher, die von Florø und Måløy hierher geschafft wurden, sowie ein altes Heringssalzhaus mit einer Ausstellung, die jenem Fisch Tribut zollt, der Florø groß gemacht hat.

Einem moderneren Thema ist die Ausstellung Snorreankeret gewidmet: Sie veranschaulicht am Beispiel der Ölplattform Snorre die Geschichte, Entdeckung und Nutzung der Öl- und Gasfelder in der Nordsee.

DAS ALTE VIERTEL

Auf und rund um Strandgata, der Hauptstraße, sind die interessantesten Holzhäuser aus dem 19. Jh. gut beschildert und sowohl auf Norwegisch als auch auf Englisch dokumentiert.

VORGELAGERTE INSELN

Fähren mit Abfahrt vom Kai Fugleskjærskaia verbinden das Festland mit den Inseln Kinn, Svanøy, Batalden, Askrova und Tansøy. Die Zeiten sind unregelmäßig und kompliziert; aktuelle Infos am besten im Fremdenverkehrsbüro erfragen, das auch mit Tipps zu Übernachtungen auf den Inseln hilft.

Kinn hat eine wunderschön restaurierte **Kirche** aus dem 12. Jh. (Juli–Mitte Aug. Mo, Mi, Fr 11–12.30 Uhr), von der man glaubt, dass sie von britischen Kelten als Zufluchtsort vor religiösen Verfolgungen gebaut worden ist. Ende Juni wird hier das Historienspiel Kinnaspelet aufgeführt, das von der religiösen Geschichte der Insel Kinn handelt. Kletterer und Wanderer kommen hier ebenfalls zum Zuge: Die Landschaft und ganz besonders die Kinnaklova-Schlucht sind einfach spektakulär.

Auf der Insel **Svanøy** ist Wandern angesagt, außerdem ein Besuch des Norsk Hjortesenter, des **Hirschzentrums** (☎ 57 75 21 80; Führungen Mitte Juni–Mitte Aug. Di & Do), und **Reiten** (☎ 57 74 70 10).

Auf **Batalden** ist die Galerie im hübschen **Batalden Havbu** (☎ 57 74 54 22) einen Besuch wert. Dort kann man auch in einem der sorgfältig restaurierten **Fischerhütten** übernachten (400–450 nkr pro Person; April–Okt.).

Askrova hat eine prähistorische Trollhöhle, deren tiefste Tiefen nie erforscht wurden. Die benachbarte **Tansøy**, die durch eine Brücke mit ihr verbunden ist, erhebt sich bis auf 233 m, von wo man einen herrlichen Panoramablick über die umliegende Inselwelt genießt.

Aktivitäten

BOOTSPORT

Florø Rorbu (rechts) vermietet Motorboote (200 bis 400 nkr pro Tag) und Meereskajaks (200 nkr pro Tag), Krokane Camping (rechts) Ruderboote (50/100 nkr je 3 Std.) und Motorboote (200/300 nkr).

SCHWIMMEN

Wem der Fjord zu kühl ist, springt einfach in einen der drei Indoor-Pools in **Havhesten** (☎ 57 75 67 20) oder schmort in der Sauna.

WANDERN & RADFAHREN

Das Fremdenverkehrsbüro verkauft zwei nützliche Broschüren: *Cycling in Flora* (20 nkr) und *On Foot in Flora* (50 nkr).

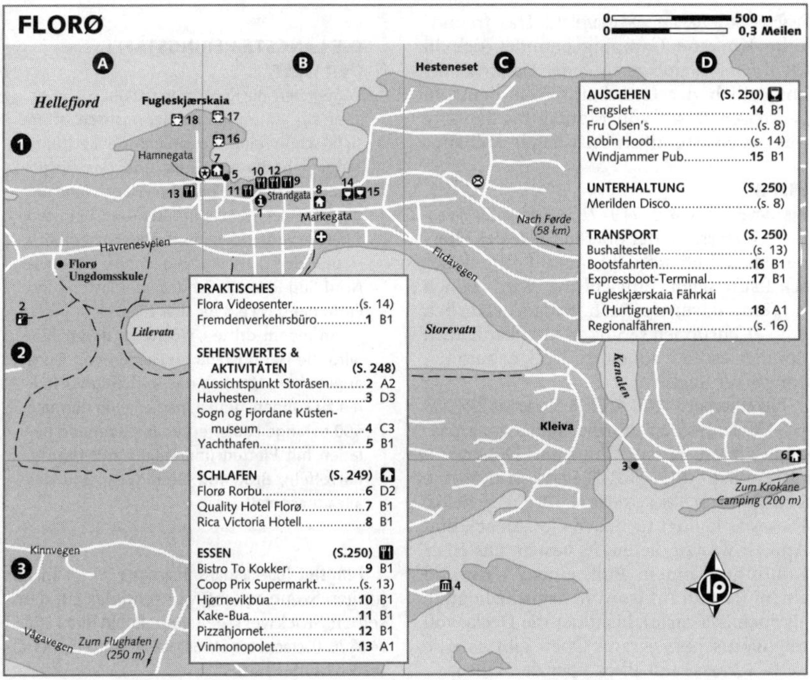

Geführte Touren

Von Ende Juni bis Mitte August hat das Fremdenverkehrsbüro verschiedene sehr reizvolle Touren im Programm. Freitags startet um 10 Uhr vormittags ein herrlicher Tagesausflug mit dem Boot (Erwachsene/Kinder 350/175 nkr) zu den vorgelagerten Leuchttürmen Stabben, Kvanhovden und dem weiter entfernten Ytterøyane (bei Ytterøyane wird nicht angelegt). Diese Tour ist äußerst beliebt, also sicherheitshalber im Voraus buchen.

Ebenfalls zu empfehlen sind die Führungen durch Kinn (Erwachsene/Kinder 160/75 nkr, Mittwoch und Freitag), die um 10 Uhr beginnen und um 15.30 Uhr wieder zurück gehen, sowie die Ausflüge nach Svanøy (Erwachsene/Kinder 225/115 nkr, dienstags und donnerstags) mit Besuch des Gutshofs aus dem 17. Jh und des Hirschzentrums. Mittagsverpflegung muss man selbst mitbringen.

Schlafen

Das Fremdenverkehrsbüro kann Ferienhütten in Einzellagen am Wasser buchen.

Florø Rorbu (☎ 57 74 81 00; www.florbu.com; Krokane Kai; 4-Bett-Apt. 400–550 nkr, 6-Bett-Apt. 500–760 nkr) Die ausgezeichneten, komplett möblierten Apartments diese Familienbetriebs liegen direkt am Wasser und haben eigene Bootsliegeplätze (Boote können gemietet werden, z. B. um bei Sonnenuntergang auf dem Fjord herumzuschippern).

Quality Hotel Florø (☎ 57 75 75 75; www.florahotel.no; Hamnegata 7; EZ/DZ 790/890 nkr; P 💻) Am Kai, direkt neben dem Bootshafen liegt dieses Hotel, dessen Zimmer – ein paar davon mit „Bootsbetten" – ein hervorragendes Preis-Leistungs-Verhältnis bieten. Es betreibt auch ein elegantes Restaurant, **Bryggekanten** (Hauptgerichte 195 bis 225 nkr), das an sich schon einen Besuch wert ist.

Rica Victoria Hotell (☎ 57 74 10 00; www.rica.no; Markegata 43; EZ/DZ ab 750/900 nkr) Auch nicht schlecht ist dieses etwas zurückgezogene Hotel im eindeutigen 70er-Jahre-Ambiente. Es hat ebenfalls ein gutes Restaurant und ein behindertengerechtes Zimmer, eine Sauna und einen Mini-Fitnessraum.

Krokane Camping (☎ 57 75 22 50; Campingplätze 100 nkr, Hütten mit Bad für 2–4 Personen 340–450 nkr, 5–6

Personen 500–700 nkr; ganzjährig) Das freundliche Krokane Camping befindet sich in idyllischer Waldlage auf einer Halbinsel 2,5 km östlich der Ortschaft. Vom Zentrum verkehren Busse von Montag bis Samstag mindestens stündlich; Ausstieg in Solheim.

Essen

Hjørnevikbua (☎ 57 74 01 22; Strandgata 23; Mittagessen 65–125 nkr) In der oberen Etage des Hjørnevikbua Pub und Restaurant mit seiner schiffsmäßigen Einrichtung wird Lunch serviert, darunter auch einige gefährlich gute Fischsuppen (85 nkr). Man kann auch draußen essen – auf einem Floß, das am Kai vor Anker liegt.

Pizzahjørnet (☎ 57 42 23 18; Strandgata 25; Pizzas 150–170 nkr) Im Pizzahjørnet gibt's ganz passable Pizzen, Fish & Chips und Döner.

Kake-Bua (☎ 57 75 01 60; Strandgata 21; Salate & Snacks ca. 70 nkr, Hauptgerichte ca. 120 nkr; Mo–Sa) Dieses Lokal hat für jeden Geschmack und Appetit was zu bieten. Es besteht aus einer Konditorei, einem Pub, einem Café und einem Restaurant (sowohl Selbstbedienung als auch à la carte), bis unter die Decke voll mit nautischem Kram. Oben gibt es eine nette Terrasse mit Blick über den Fjord.

Bistro To Kokker (☎ 57 75 22 33; Strandgata 33, Gerichte 50–120 nkr) Aus Tintenfisch, Lachs, Seeteufel und anderem Seafood macht man in diesem Lokal 50 m östlich vom Fremdenverkehrsbüro einfach alles: leichte Mittagssnacks, Fastfood und Dinners. Wer weniger experimentierfreudig ist, hält sich an Fish & Chips (45 nkr), Burger (55 bis 100 nkr) und die sehr guten Salate (70 nkr).

Vinmonopolet liegt im selben Häuserblock wie der **Coop Prix** Supermarkt, neben dem Busbahnhof.

Ausgehen

Windjammer Pub (☎ 57 74 29 88; Strandgata 58) An Wochenenden teilt sich dieses Lokal in ein belebtes Pub mit Livemusik (donnerstags bis samstags) und eine Disko für die 18- bis 22-Jährigen. Während der restlichen Woche wird hier bloß gepichelt.

Fru Olsen's (☎ 57 74 10 00; Markegata 43) Pub im Rica Victoria Hotell: Hier kann man ganz in Ruhe einen heben.

Bar Blue Nightclub (Eintritt 50 nkr nach 23 Uhr) Dieser ebenfalls zum Rica Victoria Hotell gehörige Club verspricht eine vergnügliche Nacht für alle Altersgruppen und Typen.

DIE LÄNGSTE HERINGSTAFEL DER WELT

Zugegeben, die Konkurrenz ist übersichtlich, aber ein 400 m langer Heringstisch ist an sich schon eine imponierende Leistung. Jedes Jahr hatten Florø und das weiter unten an der Küste gelegene Haugesund um die Ehre der jeweils größten und längsten Tafel des Jahres gekämpft, aber jetzt, da sich Haugesund zurückgezogen hat, ist diese Nord-Süd-Rivalität Schnee von gestern und Florø hat das Feld für sich allein.

An jedem dritten Wochenende im Juni wird die Heringstafel im Herzen von Florø angerichtet. Um sich das so richtig vorstellen zu können, denke man an eine normale 400 m lange Laufstrecke, durchgehend beladen mit Platten und Tellern mit Hering, Kartoffeln, Brot und Getränken, und das alles umsonst!

Fengslet (Obergeschoss, Strandgata 56) ist in der jungen Szene beliebt, während das auf demselben Stockwerk gelegene **Robin Hood** (☎ 57 74 38 70; Obergeschoss, Strandgata 56) eine etwas ältere Klientel hat.

An- & Weiterreise

FLUGZEUG

DAT (www.dat.dk) bietet vom **Flughafen Florø** billige Flüge zwei- bis viermal täglich von/nach Oslo (☎ 57 74 67 00).

BOOT/FÄHRE

In Florø legen auch die Hurtigruten-Küstenfähren zwischen Bergen (510 nkr, 6¼ Std.) und Kirkenes an. Auf dem Weg nach Norden kommen sie um 2.15 Uhr an (Mitte September bis Mitte April um 4.45 Uhr), auf dem Weg nach Süden um 8.15 Uhr. Zu den Stationen weiter nördlich gehören Måløy (162 nkr, 2¼ Std.), Ålesund (475 nkr, 6½ Std.) und Trondheim (1155 nkr, 30 Std.).

Expressboote verkehren zweimal täglich zwischen Bergen (450 nkr, 3½ Std.) und Måløy (160 nkr, 1 Std.), mit Zwischenstation in Florø.

BUS

Florø liegt am Ende der Route des Nor-Way Bussekspress von Oslo (679 nkr, 10½ Std., 2-mal tgl.).

AUTO & MOTORRAD

Die landschaftlich schönste Strecke nach Måløy ist die Straße über die Insel Bremanger.

Unterwegs vor Ort

Der Ort betreibt ein hervorragendes *Sykkelbyen*-Programm: Im Fremdenverkehrsbüro, Quality Hotel Florø oder Krokane Camping kann man ein Citybike ohne Gangschaltung für nur 30 nkr pro Tag mieten. Das Fremdenverkehrsbüro vermietet auch geländetauglichere Mountainbikes.

RUND UM FLORØ

Felszeichnungen von Vingen

Die 1500 frühsteinzeitlichen Felszeichnungen (Helleristninger) von Vingen, an den zum Meer gelegenen Hängen des Vingenfjellet, sind in dieser Konzentration in Nordeuropa einzigartig. Man geht davon aus, dass sie das Werk frühsteinzeitlicher Jäger sind, die sie zwischen 6000 und 4000 v. Chr. in den Fels ritzten. Zu diesen geschützten Zeichnungen führt keine Straße, aber das Fremdenverkehrsbüro von Florø organisiert zweimal wöchentlich ein Boot (270/150 nkr), das zwischen 1. Juli und Mitte August von Florø und/oder Bremanger abfährt.

Felszeichnungen von Ausevik

Diese hervorragenden Felszeichnungen, die Rehe, Hirsche und andere Motive aus der Zeit um ca. 1000 v. Chr. zeigen, sind leichter zugänglich und bloß fünf Minuten zu Fuß von der Fv 611 entfernt (rund 40 Autominuten südlich von Florø).

KALVÅG

Wer auf der Strecke von Florø nach Måløy über die Insel Bremanger unterwegs ist, sollte unbedingt den 5 km langen Abstecher von der Fähranlegestelle in Smørhamn zum gut erhaltenen Fischerdorf Kalvåg (370 Ew.) machen. Das Dorf sieht heute aus wie im Bilderbuch, nur am Ortsrand liegt eine riesige Fisch verarbeitende Fabrik. Zu seiner Glanzzeit gab es in Kalvåg über fünfzig Heringsalzhäuser, die rund 10 000 saisonale Arbeitskräfte beschäftigten. Das eine oder andere dieser Häuser kann auch heute noch besichtigt werden; am besten im freundlichen **Fremdenverkehrsbüro** am Kai nachfragen (☎ 57 79 22 69; ⌚ Juli–Mitte Aug. Mo–Sa 10–16 oder 17 Uhr, So 12–16 Uhr; Mai Do–Fr 10–16 Uhr, Sa & So 12–16 Uhr; Juni Sa–Do 10–16 Uhr), das selbst ein ehemaliges Salzhaus ist.

MÅLØY

3100 Ew.

Der kleine Fischerort Måløy liegt an der Mündung des Nordfjords auf der Insel Vågsøy. Eingebettet zwischen zwei runden Hügeln – von vielen gern mit Megabrüsten verglichen – ist Måløy über eine anmutige S-förmige Brücke, die Måløybrua, mit dem Festland verbunden.

Der Ort selbst hat wenig Interessantes zu bieten, aber die Insel ist voll von Wanderrouten mit super Aussichten aufs Meer (nützlich ist da die Wanderkarte *Friluftskart* im Maßstab 1:50 000, die es im Fremdenverkehrsbüro für 75 nkr gibt). Zwei Sehenswürdigkeiten sollte man aber auf keinen Fall auslassen: Der bizarre Felsen **Kannesteinen**, rund 10 km vom Ort entfernt, erhebt sich aus dem Meer wie ein gigantischer steinerner Pilz, und der Leuchtturm **Kråkenes** balanciert etwas prekär auf einem Felsrücken. Ob Sonne oder Sturm, der Ort mit seinen atemberaubenden Aussichten ist was für Romantiker. Hier kriegt man auch etwas zu essen sowie Kaffee und selbstgebackenen Kuchen – und kann sogar übernachten (s. Kasten S. 252).

Das **Fremdenverkehrsbüro** von Måløy (☎ 57 85 08 50; Gate 1 Nr. 53; ⌚ Juli Mo–Fr 10–18 Uhr, Sa & So 10–16 Uhr, Mitte/Ende Juni & Anfang Aug. Mo–Sa 10–16 Uhr) liegt an der Hauptstraße. Es hat eine Internet-Station (50 nkr pro Std.).

Schlafen & Essen

Norlandia Måløy Hotel (☎ 57 84 94 00; www.norlandia.no auf Norwegisch; Gate 1 Nr. 25; EZ/DZ ab 685/890 nkr) In diesem großen Hotel mit Glasfront spielen sich die meisten touristischen Aktivitäten des Ortes ab. Sein empfohlenes Aquarius Restaurant serviert ein dreigängiges Abendmenü (235 nkr) und eine gute Auswahl à la carte.

Steinvik Camping (☎ 57 85 10 70; oddbnyg@online.no; Person/Zeltplatz 10/80 nkr, 2-Bett-Hütten mit Toilette 350 nkr, 4-Bett-Hütten mit Bad 500 nkr, 4-Bett-Apts. für Selbstversorger 450–600 nkr) Der nächstgelegene Campingplatz von Måløy aus punktet mit spektakulären Aussichten auf den Fjord. Um hinzukommen die Brücke an das östliche Ufer überqueren, nach 2 km neben einer

DER TIPP VOM AUTOR

Kråkenes Leuchtturm (☎/Fax 57 85 55 27; Kråkenes; B 300 nkr, 6-Bett-Suite 650 nkr; ⌚ April–Sept.) Hier mal eine entzückende, wirklich originelle Unterkunft mit hohem Standard, geführt von einem geschäftstüchtigen deutschen Ehepaar, das diesen wilden Küstenstrich zu seinem Zuhause gemacht hat. Übernachten geht entweder im ehemaligen Wärterhaus (für zwei bis vier Personen) mit Selbstversorgerausstattung und externem Bad oder in der genialen Suite mit Bad im obersten Geschoss des Leuchtturms selbst. Auch Mahlzeiten bekommt man, wenn man vorher bestellt.

Schule rechts abbiegen und dem Weg 1,2 km bergab folgen. Busse kann man alle nehmen, die Richtung Osten fahren; Ausstieg bei der Schule.

Galeåsen Pub (☎ 57 85 22 40; Sjøgata) Dieses Pub am Hafen gegenüber vom Norlandia Måløy ist riesig und erinnert ein wenig an einen Bahnhofswarteraum, aber das Essen ist schwer in Ordnung und am Wochenende wird abends gern getanzt.

Havfruen Fiskeutsalg (☎ 57 85 23 36) Die Meerjungfrau neben dem Landesteg des Expressboots ist sowohl ein Frischfischladen („Zum Fischen geboren, zum Arbeiten gezwungen“ sagt die Plakette an der Wand) als auch ein kleines Café, das gehaltvolle Fischsuppen (50 bis 60 nkr), Lachsbrötchen (25 nkr) und andere Fischgerichte serviert.

An- & Weiterreise

Der Nor-Way Bussekspress fährt dreimal täglich von/nach Oslo (735 nkr, 11 Std.), über Stryn (136 nkr, 2¼ Std., 6-mal tgl.).

Das Expressboot von Bergen nach Selje fährt über Florø und Måløy (570 nkr, 4½ Std. von Bergen). Die Hurtigruten-Küstenfähre kommt auf ihrer Fahrt in den Norden tgl. um 4.30 Uhr vorbei (7.30 Uhr von Mitte September bis Mitte April), auf der Fahrt Richtung Süden um 5.45 Uhr.

SELJE & DIE INSEL SELJA

715 Ew.

Nur wenige Besucher verirren sich nach Selje, einem der nördlichsten Außenposten der Provinz Sogn og Fjordane am westlichen Zipfel Norwegens. Diejenigen aber, die es tun, finden ein sehr nettes kleines Dorf und einen der schönsten Strände des Landes vor. Die Fahrt zum Vestkapp, 32 km von Selje, ist ebenfalls eine Überlegung wert. Trotz seines Namens ist dies nicht der westlichste Punkt Norwegens, aber der Meerblick ist trotzdem phantastisch.

Das **Fremdenverkehrsbüro von** Selje(☎ 57 85 66 06; sunniva1@start.no; ⌚ Juli 9–19 Uhr, Juni & Aug 10–16 Uhr, Sept. & April–Mai Mo–Fr 8–15 Uhr, Okt.–März Mo–Di) im Hafen hat Listen von Hütten und Apartments in der Gegend.

Die romantischen Ruinen des **Klosters von Selje** und die **Kirche der St. Sunniva** auf der Insel Selja stammen aus dem 11. und 12. Jh. Wer auf den 40 m hohen Turm klettert, wird mit einem spektakulären Panoramablick belohnt. Zwischen dem 20. Juni und Ende August gibt es tägliche Führungen (Erwachsene/Kinder 120/60 nkr einschließlich der Bootsfahrt hin und zurück, 2 Std.). Die kleine Fähre legt für die 15-minütige Überfahrt zur Insel täglich um 10 Uhr in Selje ab, im Juli gibt es noch zwei zusätzliche Abfahrten. Gezahlt wird im Fremdenverkehrsbüro; hier sicherheitshalber im Vo-raus reservieren.

Das **Selje Hotel** (☎ 57 85 88 80; www.seljehotel.no; EZ/DZ ab 815/1060 nkr) direkt am Strand ist hier das einzige Hotel und Luxus pur – mit Thalasso-Spa, Wellnesszentrum mit Pool, Whirlpool und einem riesigen Angebot an Entspannungsaktivitäten und -behandlungen. So werden die Gäste rundum fit gemacht; das ist mitunter recht angenehm, wenn man bis spät in die Nacht die Livemusik genossen hat (im Sommer tgl. außer sonntags).

Busse zwischen Måløy und Selje (72 nkr, 1 Std.) verkehren wochentags zwei- bis dreimal täglich (wer die Inselführung machen möchte, sollte den Bus um 8.45 Uhr von Måløy nehmen). Selje ist auch die Endstation auf der Route des Nordfjord Expressboots von Bergen (615 nkr, 5 Std.), das ein- bis zweimal täglich fährt.

DIE NÖRDLICHEN FJORDE

Noch verwinkeltere Küstenstriche und noch tiefer eingeschnittene Fjorde erwarten jene Reisenden, die in der Region Møre og Romsdal weiter in den Norden vordringen. Der Geirangerfjord, ein Muss auf den meisten Touren und bei Kreuzfahrtschiffen ein beliebter Platz, um vor Anker zu gehen, hat im Sommer einen gewaltigen Zustrom zu bewältigen. Abseits von diesem Mekka des Wassers findet man jedoch Wasserwege und Straßen, die weniger überlaufen und fast ebenso spektakulär sind. Die hübschen Küstenstädte Ålesund und Kristiansund sind beide eine Zwischenstation mit Übernachtung wert – und die spektakuläre Fahrt über den Trollstigen-Pass vergisst niemand so schnell.

Die offizielle Website der Region, www.visitmr.com (auch auf Deutsch), hat viele nützliche Links dazu.

ÅNDALSNES

2000 Ew.

Für die Anfahrt nach Åndalsnes gibt es zwei Möglichkeiten – eine wie die andere phantastisch: entweder auf der Straße über den Trollstigen-Pass oder mit der landschaftlich wunderschönen Raumabanen. Diese Eisenbahnstrecke von Dombås führt durch ein tief eingeschnittenes Gletschertal, flankiert von steilen Felswänden und herabstürzenden Wasserfällen. Die moderne, während des Zweiten Weltkriegs stark zerbombte Stadt ist weniger interessant, aber die landschaftliche Umgebung ist nicht zu toppen. Das **Fremdenverkehrsbüro** (☎ 71 22 16 22; www.visitandalsnes.com; ⌚ Mitte Juni–Mitte Aug. Mo–Fr 9–18 Uhr, Sa 10–18 Uhr, So 12–18 Uhr; übrige Zeit Mo–Fr 9–15.30 Uhr) ist im Bahnhof untergebracht und hat Internetzugang (20 nkr je 15 Min.).

Sehenswertes

TROLLVEGGEN

Auf der Fahrt von Dombås folgen sowohl Straße als auch Eisenbahnstrecke der gewaltigen, 1800 m hohen Trollveggen (Trollwand), die im Jahr 1965 erstmals von einem norwegisch-englischen Team bezwungen wurde. Diese höchste senkrechte Bergwand Europas gilt mit ihrem zackigen und häufig von Wolken umgegebenen Gipfel in Bergsteigerkreisen als ultimative Herausforderung.

TROLLSTIGEN

Die Trollstigen (Troll-Leiter) südlich von Åndalsnes ist etwas für starke Nerven. Die 1936 nach acht Jahren Arbeit fertig gestellte Straße fordert mit elf Haarnadelkurven und einer Steigung von 1:12 volle Konzentration. Und zur Krönung ist sie praktisch durchgehend einspurig. Auf Anfrage wird für Buspassagiere ein Fotostopp am 180 m hohen Wasserfall Stigfossen und oben eine kurze Pause für einen schwindelerregenden Blick ins Tal eingelegt. Wer mit Auto und Kamera unterwegs ist, sollte unbedingt anhalten, um die spektakulären Gipfel Karitind, Dronningen, Kongen und Bispen – sowie Norwegens einziges Straßenschild „Achtung! Trollüberquerung“ zu fotografieren.

Wer viel Power hat, kann auch die langsamere Variante wählen und zu Fuß den alten, schmalen, weiß gesprenkelten Pferdepfad hinaufkeuchen, der früher die einzige Verbindung zwischen den beiden Tälern war. Beide Strecken sind im Winter geschlossen.

Das kleine **Vegmuseum** (☎ 99 29 20 00; Trollstigen; Eintritt 15 nkr; ⌚ Ende Juni–Mitte Aug. 11–15.30 Uhr) am Pass erzählt die ingenieurtechnische Geschichte des einmaligen Trollstigen.

Aktivitäten

RAUMABANEN

Dieselzüge fahren das ganze Jahr über täglich diese spektakuläre Strecke ab (www.raumabanen.com). Richtig nostalgisch wird es mit der Dampflok (Erwachsene/Kinder/Familie hin und zurück 295/70/660 nkr), die von Ende Juni bis Anfang August zwei- bis dreimal wöchentlich vom Bahnhof am See nach Bjorli auf 600 m hinaufpufft.

WANDERN

Das Fremdenverkehrsbüro hat rund zwanzig Prospekte (zu je 5 nkr), die diverse hervorragende und gut beschilderte Wanderwege in den Romsdalsalpen beschreiben. Dazu braucht man als Ergänzung die Karte *Romsdalsalpene* im Maßstab 1: 80 000, die 98 nkr kostet.

Eine tolle Ganztageswanderung entlang einer rot markierten Route beginnt im Ort,

50 m nördlich des Kreisverkehrs vor der Esso-Tankstelle, und führt bergauf zum Gipfel des Nesaksla (715 m), der markanten Bergspitze oberhalb von Åndalsnes. Als Belohnung für den steilen Aufstieg wartet oben ein phantastisches Panorama. Bei klarem Wetter kann man den Romsdalsfjord entlang-, das Romsdal hinauf- und bis ins Isterdal hineinschauen – keine andere Aussicht in Norwegen hat dagegen eine Chance.

Hinunter geht man entweder dieselbe Route oder unternimmt den unkomplizierten Aufstieg auf den Gipfel des Høgnosa (991 m) und wandert zum Åkesfjellet (1215 m) weiter. Im Sommer kann es beim Aufstieg in der Mittagssonne heiß werden, also lieber früh starten und genug Wasser mitnehmen. Oder stattdessen die markierte Route 5 km Richtung Osten laufen und zum Dorf Isfjorden am Ende des Isfjords absteigen.

KLETTERN

Die besten Klettergebiete der Gegend sind die 1500 m lange Felsenstrecke auf den Trollveggen und das 1550 m hohe Romsdalshorn, aber es gibt noch jede Menge andere. Ernsthafte Kletterer sollten sich *Klatring i Romsdal* (280 nkr) beim Fremdenverkehrsbüro besorgen, das Infos zu Fels- und Eiskletterungen enthält.

Bergsteigern könnte das **Norsk Tindemuseum** (☎ 71 22 16 22; Erwachsene/Kinder 50/10 nkr; ⌚ Ende Juni–Mitte Aug. 18–21 Uhr) mit Exponaten des renommierten Bergsteigers Arne Randers Heen gefallen. Es liegt 1,5 km außerhalb der Ortschaft an der Straße nach Åndalsnes Camping.

ANGELN

Vierstündige Angelausflüge auf dem Romsdalsfjord finden im Sommer dreimal täglich statt, Buchung über das Fremdenverkehrsbüro. Kostenpunkt 300 nkr pro Person, einschließlich Angelmiete.

KANUSPORT

Trollstigen Hytteutleie (s. S. 255) organisiert geführte Kanutouren sowie Bergwanderungen.

Festivals & Events

Passionierte Kletterer sollten Åndalsnes Anfang Juli zum fünftägigen **Norsk Fjellfestivalen** besuchen, einer großen Bergsteigerfete. Das andere Großevent des Dorfes ist **Rauma Rock** (www.raumarock.com), die größte Pop-Veranstaltung Mittelnorwegens, die Anfang August zwei Tage lang steigt.

Schlafen & Essen

Das Fremdenverkehrsbüro führt eine Liste mit Privatpersonen, die Zimmer für ca. 400 nkr vermieten.

Hotel Aak (☎ 71 22 71 71; www.hotelaak.no; EZ/DZ 495/790 nkr Mitte Juni–Mitte Aug., 920/1440 nkr übrige Zeit; Ⓟ) Dieses charmante Haus ist das älteste Urlaubshotel Norwegens und im Sommer ein echtes Schnäppchen. Es liegt an der E 136 Richtung Dombås, rund 5 km vom Ort entfernt. Jedes der 13 komfortablen Zimmer ist nach einem Berg benannt (nach Blånabba fragen, das ist das größte), den man vom Zimmerfenster aus sehen kann (auch wenn man sich in manchen Zimmern ziemlich weit rauslehnen muss!). Das **Restaurant** (Hauptgerichte 150–190 nkr; ⌚ nur Abendessen) im ältesten Teil des Gebäudes ist nicht weniger beeindruckend und überzeugt mit ausgezeichneter traditioneller Küche. Da es so klein ist, sollte man im Voraus reservieren.

Åndalsnes Vandrerhjem Setnes (☎ 71 22 13 82; aandalsnes.hostel@vandrerhjem.no; Mitte Mai–Mitte Sept. Bett/EZ/DZ inkl. Frühstück 200/350/500 nkr, Mitte Sept.–Mitte Mai nur Bett 150 nkr) Dieses freundliche grasgedeckte HI-Hostel liegt 1,5 km vom Bahnhof an der E 136. Der Aufenthalt lohnt sich allein schon wegen des Megafrühstücks mit Pfannkuchen und Bismarckhering. Der Ålesund-Bus, der an den Zug anschließt, fährt direkt dran vorbei.

Grand Hotel Bellevue (☎ 71 22 75 00; www.grandhotel.no; Åndalgata 5; EZ/DZ Juni–Aug. 795/995 nkr, Sept.–Mai 695/795 nkr; Ⓟ 💻) Dieses große, weiß getünchte Haus, bei Reisegruppen sehr beliebt, thront auf einem kleinen Hügel mitten im Ort. Die meisten Zimmer haben schöne Aussichten, v. a. die nach hinten raus. Nur 100 m weiter gibt es ein öffentliches Schwimmbad, und das Hotel vermietet Fahrräder und Kanus (jeweils 50/150 nkr Std./Tag). Im Nachtclub wird Freitag und Samstag abends Livemusik gespielt. Im **Restaurant** (Hauptgerichte 165–215; ⌚ nur Abendessen) bekommt man das formellste Dinner des ganzen Ortes, aber man kann auch ein kleineres Gericht für rund 100 nkr knabbern.

Trollstigen Hytteutleie (☎ 71 22 68 99; www.trollstigen-hytteutleie.no; Zelt mit Pkw/Wohnmobil/Wohnwagen 100/110/125 nkr, Hütten mit 4/5 Betten ab 400/500 nkr) Dieser Platz ist nicht nur gut organisiert und gepflegt, sondern liegt obendrein höchst idyllisch, rund 1,5 km die Rv 63 Richtung Geiranger entlang. Siehe auch S. 254.

Åndalsnes Camping (☎ 71 22 22 79; www.andalsnescamp.no; Auto-/Wohnwagenplätze 100 nkr, Hütten mit 6–7 Betten und Bad 750 nkr; 🕑 Mai–Mitte Sept.; 💻) Weniger als 2 km vom Ort entfernt, liegt der Platz in toller Lage am Fluss Rauma; Internetzugang (60 nkr pro Std.).

Buona Sera (☎ 71 22 60 75; Romsdalsveien 6; Gerichte ab 80 nkr) Das italienisch orientierte Buona Sera ist, oh Wunder, auf Pizzen spezialisiert, hat aber weit mehr Charakter als die meisten norwegischen Pizzerien: ganz in Holz, mit gemütlichen Ecken und Winkeln und echt nettem Personal. Außer Pizza gibt's auch knackige Salate (90 nkr) und saftige Fleischgerichte (165 bis 175 nkr).

Für Brötchen, süße Versuchungen und sonstige Leckereien folgt man am besten den Einheimischen ins **Måndalen Bakeri** (Havnegate 5), unten am Wasser in der Nähe des Bahnhofs.

An- & Weiterreise

BUS

Busse entlang der „goldenen Route" nach Geiranger (146 nkr, 3 Std.) über Trollstigen, die Linge–Eidsdal-Fähre und die Panoramastraße Ørnevegen verkehren zwischen Mitte Juni und August. Der Trollstigen-Pass wird spätestens am 1. Juni geräumt und geöffnet; gerade am Anfang der Saison ist die Fahrt durch ein beliebtes Langlaufgebiet zwischen hohen Schneewänden super beeindruckend. Die Busse fahren täglich um 8.30 und 17.30 Uhr in Åndalsnes ab, und von Geiranger um 13.00 und 18.10 Uhr.

Es gibt auch Verbindungen nach Molde (88 nkr, 1½ Std., 6- bis 9-mal tgl.) und Ålesund (175 nkr, 2½ Std., 2-mal tgl.).

ZUG

Züge von/nach Dombås (179 nkr, 1½ Std.) verkehren ein- bis dreimal täglich, abgestimmt auf die Bahnverbindung Oslo–Trondheim (Infos zur Dampflokbahn im Sommer s. S. 253). In Åndalsnes gibt es von Togbuss zweimal täglich einen Anschlussbus nach Ålesund (182 nkr, 2¼ Std., 2-mal tgl.) und Molde.

VALLDAL & UMGEBUNG

Valldal

In der Saison schieben sich die Menschen durch Valldal, nachdem sie über den berühmten Trollstigen-Pass von Åndalsnes gefahren sind oder die herrliche Fährreise von Geiranger aus genossen haben. Valldal ist eine attraktive Kleinstadt in einem Knick des Norddalsfjords. Seine landwirtschaftliche Umgebung erhebt den Anspruch, Europas nördlichstes Obstgebiet zu sein. Hier gedeihen Äpfel, Birnen und Kirschen – und auch Erdbeeren in Hülle und Fülle. Diesen wird sogar jährlich am letzten Juliwochenende ein eigenes Erdbeerfest gewidmet.

Das **Fremdenverkehrsbüro** (☎ 70 25 77 67; www.visitnorddal.com; 🕑 Mitte Juni–Mitte Aug. 10–19 Uhr tgl., übrige Zeit Mo–Fr 10–17 Uhr) vermietet Fahrräder (200 nkr pro Tag) und vermittelt auch Motorboote zum Leihen (85/400 nkr pro Std./Tag). Außerdem gibt es hier kostenlose Prospekte über Wanderungen in der Gegend.

Von Valldal aus kann man bei einer vierstündigen Wildwasserfahrt den Valldøla runter mitmachen (Mai bis September tgl. 11 Uhr, 490 nkr). Anfragen bei **Valldal Naturopplevingar** (☎ 90 01 40 35), deren Zentrale 200 m vom Fremdenverkehrsbüro liegt.

SCHLAFEN & ESSEN

An Campingplätzen mangelt es nicht; aber viele stehen voll mit Wohnwagen, die schon fast Dauerparker sind. Mehr Atmosphäre hat **Gudbrandsjuvet Camping** (☎ 70 25 86 31; fax 70 25 70 44; Zelt/Wohnwagenplätze 100/130 nkr, Hütten mit 4 Betten 300 nkr; 🕑 Juni–Aug.), 15 km die Rv 63 Richtung Åndalsnes entlang, wo der Fluss durch eine enge Schlucht schießt.

Fjellro Turisthotell (☎ 70 25 75 13; www.fjellro.no auf Norwegisch; Valldal; EZ/DZ inkl. Frühstück 650/850 nkr) Im reizenden „Bergruh" gleich hinter (nordöstlich) der Kirche von Valldal, ist der Empfang herzlich und die Zimmer hübsch eingerichtet. Es gibt ein Café und oben ein Restaurant (Hauptgerichte 75 bis 200 nkr) sowie ein Pub im Erdgeschoss, wo an den meisten Wochenenden Livemusik spielt. Hinterm Haus liegt ein ruhiger Garten mit einem kleinen Kinderspielplatz.

Muritunet/Lupinen Café (☎ 70 25 84 10; Hauptgerichte 50–88 nkr) Dieses Café serviert Pizza sowie Fleisch- und Fischgerichte und hat auch ein günstiges Büfett (155 nkr).

Jordbærstova (☎ 70 25 76 58; 🕑 Mai–Sept.) Etwa 6 km die Åndalsnes-Straße hinauf liegt das Café Jordbærstova, eine Hommage an die allgegenwärtigen Erdbeeren des Tales. Hier muss man unbedingt einkehren und sich ein dickes Stück vom üppigen, cremigen Erdbeerkuchen (40 nkr) gönnen oder die lokale Pfannkuchenspezialität, bekannt als *svele*, serviert mit Erdbeeren und Schlagrahm. Aber man bekommt auch kleine Gerichte und Abendessen sowie sonntags ein Mittagsbüfett (175 nkr).

AN- & WEITERREISE

Valldal liegt an der Busstrecke „Goldene Route", die von Mitte Juni bis August zwischen Åndalsnes (88 nkr, 1¾ Std.) und Geiranger (75 nkr, 1¼ Std.) über den spektakulären Trollstigen-Pass rüber befahren wird. Wer mit dem Auto unterwegs ist, sollte auch in Gudbrandsjuvet eine Pause einlegen, von Valldal 15 km talaufwärts, wo sich der Fluss durch eine 5 m breite und 20 m tiefe Schlucht windet.

Landschaftlich ebenso beeindruckend ist die Rundfahrt mit der Fähre (Erwachsene/Kinder einfache Fahrt 130/65 nkr, hin und zurück 195/95 nkr, 2¼ Std.), die von Mitte Juni bis Mitte August zweimal täglich zwischen Valldal und Geiranger hin- und herpendelt.

Tafjord

1934 ereignete sich ein katastrophaler Unfall. Ein riesiger Felsbrocken, 400 m groß und 22 m breit – insgesamt 8 Mio. m^3 Volumen – löste sich aus dem Berg und donnerte in den Korsnæsfjord. Dabei entstand eine 64 m hohe Flutwelle, die sich 700 m landeinwärts wälzte und in Fjørra und Tafjord vierzig Menschenleben forderte.

Das **Tafjord Kraftverkmuseum** (☎ 70 17 56 00; Eintritt kostenlos; 🕑 12–17 Uhr Mitte Juni–Mitte Aug.), in einem stillgelegten Kraftwerk, veranschaulicht die Veränderungen, die das Tal durch die Ankunft der Wasserkraftenergie erfuhr. Die Straße vom Dorf zum Zakariasdamm verläuft durch einen bizarren Korkenziehertunnel, und ein paar Kilometer weiter oben führt ein kurzer Fußgängerweg zur bröckelnden Brücke am schmalen Dammfuß hinunter, wo man hautnah mitbekommt, welchem Druck der Bau standhalten muss.

Stordal

Wer auf der Rv 650 zwischen Valldal und Ålesund unterwegs ist, sollte kurz in Stordal anhalten, um die **Rosenkirche** (Rosekyrka; Erwachsene/Kinder 30 nkr/gratis; 🕑 Mitte Juni–Mitte Aug. 11–16 Uhr) zu besichtigen. Das von außen eher bescheidene Gotteshaus wurde 1789 am früheren Standort einer Stabkirche erbaut, von der einige Elemente erhalten geblieben sind. Innen wartet dann die Überraschung: Das Dach, die Wände und jede einzelne Säule sind aufwändig bemalt, in einer faszinierend naiven Variante des Hochbarock.

GEIRANGER

210 Ew.

Verstreute Höfe, die meisten vor langer Zeit verlassen, klammern sich immer noch an die wuchtigen Wände des 20 km langen smaragdgrünen Geirangerfjords, und atemberaubende Wasserfälle – De Syv Søstre (Die sieben Schwestern), Friaren (Der Freier) und Brudesløret (Der Brautschleier) – stürzen und brausen herab. Die einstündige Fahrt mit der Fähre zwischen Geiranger und Hellesylt ist ebenso Minikreuzfahrt wie Transportmittel.

Wer von Hellesylt kommt, wird Geiranger selbst, das am Ende des Fjords liegt, vermutlich als Enttäuschung empfinden – trotz der phantastischen Lage, denn hier wälzen sich Horden von Reisegruppen durch. Jedes Jahr leidet Geiranger unter der Anwesenheit von über 600 000 Besuchern und über 150 Kreuzfahrtschiffen (bei unserem letzten Besuch lag die *QE2* vor Anker, die – alles andere als majestätisch – die saubere Luft mit schwarzen Rauchschwaden aus ihrem Schornstein verpestete, während ihre Zubringerboote an der Landungsbrücke Dieseldämpfe spien).

Wenn man hingegen aus dem Norden von Åndalsnes und Valldal die Rv 63 (genannt Ørnevegen, die Adlerstraße) entlangkommt, sind atemberaubende Aussichten auf den engen Fjord von jeder einzelnen der elf Haarnadelkurven dieser steilen Strecke garantiert. Aber egal, von wo man kommt – am Abend kehrt Ruhe wieder in den winzigen Hafen ein, wenn das letzte Kreuzfahrtschiff und der letzte Reisebus abgedampft ist.

Das **Fremdenverkehrsbüro** (☎ 70 26 30 99; www.geiranger.no; 🕑 Mitte Juni–Mitte Aug. 9–19 Uhr, Mitte Mai–Mitte Juni & Mitte Aug.–Mitte Sept 9–17 Uhr) befindet sich gleich neben der Fähranlegestelle von Geiranger.

Sehenswertes & Aktivitäten

DAS NORWEGISCHE FJORDZENTRUM

Dieses **Museum** (Norsk Fjordsenter; ☎ 70 26 18 00; www.fjordsenter.info; Erwachsene/Kinder 75/35 nkr; Mitte Juni–Mitte Aug. 10–19 Uhr; Mai–Mitte Juni & Mitte Aug.–Sept. 10–17 Uhr) hat eine Sammlung alter Artefakte zusammengetragen: Werkzeuge und sogar komplette Gebäude, die abgebaut und hier hergebracht und wieder aufgebaut wurden. Sie sollen die großen Themen veranschaulichen, die Land und Leute geprägt haben – das Postschiff, Lawinen, der Bau der ersten Straßen, der Aufstieg des Fremdenverkehrs etc.

FLYDALSJUVET

Wer kennt es nicht, das klassische Bild – gern auf dem Cover von Broschüren – vom überhängenden Felsen Flydalsjuvet, davor meist eine Person drapiert, die auf ein Kreuzfahrtschiff auf dem Geirangerfjord hinunterschaut? Vom Parkplatz, der mit Flydalsjuvet beschildert ist, rund 5 km von Geiranger die Stryn-Straße hinauf, bietet sich ein grandioser Blick auf den Fjord und das grüne Flusstal. Das aber ist noch nicht die exakte Postkartenansicht. Um die zu bekommen, muss man rund 150 m absteigen, dann einen rutschigen und eher schlecht erkennbaren Weg zum Rand hinuntergehen. Das furchtlose Fotomotiv muss sich dann noch behutsam rund 50 m weiter zum Überhang vorwagen ...

WANDERN

In der ganzen Gegend rund um Geiranger wimmelt es von tollen Wanderrouten zu aufgegebenen Gehöften, Wasserfällen und Aussichtspunkten. In der Karte vom Fremdenverkehrsbüro sind 13 kurze Wanderungen eingezeichnet, die vom Dorf aus unternommen werden können.

Eine beliebte längere Tour beginnt mit einer Fahrt auf dem Fjordsightseeing-Boot (oben rechts). Auf dem Rückweg legt das Boot (auf Anfrage) am Ausgangspunkt der Wanderroute an. Von der Mole klettert man 45 Min. zu dem etwas riskant auf einem Felsen gelegenen Bauernhof namens Skageflå hinauf. Von dort aus ist es eine softe zwei- bis dreistündige Wanderung zurück nach Geiranger.

Eine weitere empfohlene Wandertour folgt einem normalerweise ziemlich schlammigen Weg zum Wasserfall Storseter, wo der Pfad sogar hinter dem Wasser verläuft. Vom Ausgangspunkt im Bauernhof Vesterås sollte man für den Hin- und Rückweg jeweils ca. 45 Min. einplanen.

BOOTSFAHRTEN

Geiranger Fjordservice (☎ 70 26 30 07; www.geirangerfjord.no) bietet 1½-stündige Sightseeing-**Bootstouren** (Erwachsene/Kinder 75/35 nkr, 5- oder 6-mal tgl., Juni–Aug.). Tickets gibt's im Fremdenverkehrsbüro.

KANUSPORT

Coastal Odyssey (☎ 95 11 80 62; www.coastalodyssey.com) vermietet Meereskajaks (150/300/500 nkr je Std./Halbtag/Tag) und organisiert tägliche Wander- und Kanuausflüge zu einem der hochgelegenen Bauernhöfe mit Blick auf den Fjord (500 nkr, 5 bis 7 Std.); Start um 11.30 Uhr.

Schlafen & Essen

Im gesamten Ort sind überall Schilder mit der Aufschrift *rom* zu sehen, die darauf hinweisen, dass Privatzimmer und Hütten vermietet werden (EZ/DZ rund 300/500 nkr). Hotels sind häufig von Reisegruppen ausgebucht, aber den Fjord und die Felsen entlang gibt es ein gutes Dutzend Campingmöglichkeiten.

Unterhalb vom Grande Fjord Hotel liegen ein paar freundliche, ruhige Campingplätze in unschlagbaren Lagen. Auch wer schwer zu schleppen hat, wird den 2 km langen Fußmarsch Richtung Nordwesten nicht bereuen. Beide vermieten Ruder- und Motorboote und haben Internetzugang (60 nkr pro Std.).

Grande Fjord Hotel (☎ 70 26 94 90; www.grandefjordhotel.com; DZ 980 nkr, mit Fjordblick 1080 nkr; P) Dieses wärmstens empfohlene 48-Zimmer-Hotel zaubert großartige Frühstücks- und Abendbüfetts. Und die 100 nkr extra für ein Zimmer mit Balkon und einem phantastischen Fjordblick sind eine gute Investition. Man fährt bloß 2 km über die uferseitige Rv 63 Richtung Åndalsnes und ist bereits eine halbe Welt vom Trubel am Fährterminal entfernt.

Union Hotel (☎ 70 26 83 00; www.union-hotel.no; DZ ohne/mit Fjordblick 745/895 nkr; Feb.–Mitte Dez.; P) Das große Union Hotel liegt spektakulär hoch über dem Ort. Es gibt dort einige Pools (davon ein beheiztes Hallenbad) und seine beiden Lounges haben Blick auf den Fjord – so wie auch die Bar, in der jeden Abend Livemusik gespielt wird. Auch wer nicht hier wohnt, sollte einmal hinaufgehen – und sich dann hinunterrollen lassen, nach reichlicher Bedienung am gigantischen Abendbüfett (365 nkr) mit seinen mindestens 65 verschiedenen Gerichten. Das Restaurant bietet auch Gerichte à la carte (Hauptspeisen 225 bis 325 nkr) und ein zweigängiges Mittagessen (205 nkr).

Geiranger Camping (☎/fax 70 26 31 20; Person/Zeltplatz 15/95 nkr; 🕑 Mitte Mai–Mitte Sept.; 💻) Nur einen kurzen Fußmarsch vom Fährterminal liegt Geiranger Camping, wo's allerdings wenig Schatten gibt; dafür ist es nett und für frühe Fährabfahrten ideal geeignet.

Grande Hytteutleige og Camping (☎ 70 26 30 68; www.grande-hytteutleige.no; Person/Zeltplatz 15/90 nkr, einfache Hütten mit 4 Betten 200–360 nkr, mit Bad 320–680 nkr, 5/6 Betten 390–830 nkr; 🕑 Mai–Sept.; 💻) Die schönsten Aussichten den Fjord hinauf hat man vom kleineren, nördlicheren der beiden Plätze.

Geirangerfjorden Feriesenter (☎ 95 10 75 27; www.geirangerfjorden.net; Person/Zeltplatz 20/90 nkr, Hütten mit 4 Betten 400–660 nkr, Hütten mit 5 Betten 500–840 nkr; 🕑 Mai–Mitte Sept.; 💻) Diese Anlage ganz in der Nähe ist eine weitere super Campingmöglichkeit.

Laixas (☎ 70 26 07 20; 🕑 Mitte April–Sept. 10–22 Uhr) Das junge Team in diesem munteren, freundlichen Lokal am Fährterminal, direkt neben dem Fremdenverkehrsbüro, tischt mehrere leckere warme Gerichte, gute Salate (80 bis 90 nkr) und Snackartigeres wie Focaccia, Wraps und Sandwiches auf.

An- & Weiterreise

Die beliebte, allseits empfohlene Fähre zwischen Geiranger und Hellesylt (Passagiere/Autos 90/180 nkr, 1 Std.), wohl die spektakulärste Fährroute Norwegens, pendelt den Fjord auf und ab. Zwischen Mai und Ende September fährt sie vier- bis zehnmal täglich (alle 90 Min., Mitte Juni bis Mitte August).

Von Mitte April bis Mitte September macht die Hurtigruten-Küstenfähre von Ålesund einen Abstecher nach Geiranger (Abfahrt um 13.30 Uhr), allerdings nur auf dem Weg Richtung Norden.

BUS

Im Sommer fahren die Busse nach Åndalsnes täglich um 13.00 und 18.10 Uhr von Geiranger ab (146 nkr, 3 Std.). Der morgendliche Bus von Åndalsnes und Valldal fährt von Geiranger weiter nach Langvatn und macht auf dem Rückweg nach Geiranger für die Besucher einen 10 km langen Abstecher zum 1496 m hohen Gipfel des Dalsnibba und wieder zurück. Von Geiranger kostet die Hin- und Rückfahrt 105 nkr. Autofahrer müssen für die Mautstraße auf den Dalsnibba 55 nkr pro Fahrzeug locker machen.

Wer nach Molde will, steigt in Åndalsnes um; für die Fahrt nach Ålesund ist ein Umstieg in Linge erforderlich.

HELLESYLT

250 Ew.

Der alte Wikingerhafen Hellesylt, durch den ein donnernder Wasserfall rauscht, ist insgesamt ruhiger, wenn auch eine Spur weniger spektakulär als Geiranger.

Das **Fremdenverkehrsbüro** (☎ 70 26 38 80; 🕑 Juni–Aug. 11–19 Uhr) teilt sich die Räumlichkeiten mit der **Peer Gynt Galleriet** (Erwachsene/Kinder 50 nkr/gratis; 🕑 Juni–Aug. 11–19 Uhr), einer Sammlung ziemlich kitschiger Holzreliefs über die Sage von Peer Gynt, geschaffen vom lokalen Schnitzmeister Oddvin Parr. Vielen sagt das Essen in der Cafeteria des Komplexes mehr zu.

Sowohl Hellesylt Camping als auch das Union Hotel vermieten Ruderboote.

Schlafen & Essen

Grand Hotel (☎ 70 26 51 00; www.grandhotel-hellesylt.no; EZ/DZ ab 560/760 nkr; 🕑 Mai–Sept.; Ⓟ) Die Highlights des rustikalen alten Grand Hotel aus dem Jahr 1875 sind das grandiose Pub und der Speisesaal, der ein gutes Frühstück (65 nkr), ein dreigängiges Abendmenü (265 nkr) sowie phantasievolle Hauptgerichte (170 bis 185 nkr) auftischt. (Für Gäste des Hostels ist das Hotel nur einen kurzen Spaziergang entfernt). Alle Zimmer haben Fjordblick, die meisten auch einen Balkon, und sind in einem motelartigen Block am Wasser untergebracht.

Hellesylt Vandrerhjem (☎/Fax 70 26 51 28; www.vandrerhjem.no/hellesylt; Bett 125 nkr, 4-Bett-Hütten 300 nkr; 🕑 Juni–Aug.) Dieses HI-Hostel, am Hang mit Blick auf Hellesylt gelegen, befindet sich an der Straße nach Stranda, rund 200 m von der Kreuzung. Für Gruppen empfiehlt sich eine der Hütten mit spektakulärem Fjordblick.

Hellesylt Camping (☎ 90 20 68 65; Person/Zeltplatz 15/95 nkr) Für den fehlenden Schatten wird man durch die fjordseitige Lage und Nähe zum Fährterminal mehr als entschädigt.

An- & Weiterreise

Die spektakuläre Fahrt mit der Fähre von/nach Geiranger (Passagiere/Autos, 90/180 nkr, 1 Std., alle 90 Min. Mitte Juni bis Mitte August) gibt es im Sommer vier- bis zehnmal täglich.

Manche Fähren haben Anschlussbusse von/nach Stryn (80 nkr, 1 Std.) und Ålesund (140 nkr, 2¾ Std.). Die ein- bis zweimal täglich verkehrenden Busse des Nor-Way Bussekspress zwischen Bergen (473 nkr, 8¼ Std.) und Ålesund kommen auch durch Hellesylt.

NORANGSDALEN

100 Ew.

Eine der faszinierendsten, aber wenig besuchten Ecken der nördlichen Fjorde ist Norangsdalen, das versteckte Tal, das Hellesylt mit der Leknes-Sæbø-Fähre auf dem idyllischen Hjørundfjord über die Ortschaft Øye verbindet.

Die Landschaft entfaltet sich allmählich hinter hohen schneebedeckten Gipfeln, Überresten verlassener Bauernhöfe und faszinierenden Bergseen. Im oberen Teil des Tales findet man bei Urasætra neben einem dunklen Bergsee die Ruinen mehrerer steinerner Kleinbauernhütten. Etwas weiter kann man noch die Fundamente ehemaliger Bauernhöfe unter der Oberfläche des erbsengrünen Sees Langstøylvatnet erahnen, der 1908 entstand, als ein Bergrutsch die Hänge des Keipen hinunterkrachte.

Wanderer und Kletterer finden ein Eldorado in den dramatischen Gipfeln der angrenzenden Sunnmørsalpane, darunter der atem(be)raubend steile Anstieg auf den Slogen (1564 m) von Øye und die lange, ziemlich heftige Kraxeltour auf den herrlichen Råna (1586 m) von Urke aus.

An der Straße 2 km südlich von Øye steht ein Denkmal zu Ehren eines gewissen C.W. Patchell, eines englischen Bergsteigers, der sein Herz an dieses Tal verlor.

Im historischen **Hotel Union** von 1891 (☎ 70 06 21 00; www.unionoye.no; Øye; EZ/DZ 740/1480 nkr, Hauptgerichte mittags 175–195 nkr, 4-gängiges Abendmenü 410 nkr; Mai–Sept.) nächtigen Bergsteiger, Schriftsteller, Künstler und Könige seit über einem Jahrhundert. Eingerichtet mit stilechter Kunst und gesammelten Originalmöbeln, mit Holzpaneelen verkleidet und einem eigenen, altehrwürdigen Charme ist dieses Haus die reinste Augenweide. Die Zimmer sind nach berühmten Personen benannt, die darin gewohnt haben: Sir Arthur Conan Doyle, Karen Blixen, Kaiser Wilhelm II., Edvard Grieg, Roald Amundsen, Henrik Ibsen, zahlreiche Könige und Königinnen – und sogar Coco Chanel.

RUNDE

160 Ew.

Die Insel Runde, 67 km südwestlich von Ålesund, ist die Heimat einer halben Million Meeresvögel, ca. 230 bis 240 Arten, darunter auch 100 000 Papageientaucherpaare, die im Mai kommen und sich bis Ende Juli niederlassen. Man bekommt außerdem Kolonien von Dreizehenmöwen, Tölpeln, Eissturmvögeln, Sturmschwalben, Tordalken, Krähenscharben und Alken zu sehen sowie siebzig weitere Arten, die hier nisten. Die besten Möglichkeiten zur Beobachtung der Vögel – und der Robbenkolonien vor der Küste – hat man auf einer 2½-stündigen **Bootstour** (Erwachsene/Kinder 150/100 nkr; Abfahrt 11, 13 und 16 Uhr, Mai bis August). Tickets gibt's im Campingplatz-Shop (unten); in der Hochsaison im Sommer ist eine telefonische Reservierung nicht schlecht.

Das **Fremdenverkehrsbüro** (☎ 70 01 37 90) der Insel liegt in Ulsteinvik.

Schlafen

Runde Camping & Vandrerhjem (☎ 70 08 59 16; www.runde.no; 15/60 nkr pro Person/Stellplatz, Bett 120 nkr, EZ/DZ-Hütten 240/300 nkr) Dieses HI-Hostel mit Campingplatz befindet sich in wunderschöner Lage, fast am Ufer.

An- & Weiterreise

Runde ist über eine Brücke mit dem Festland verbunden. Von Mitte Juni bis Mitte September wird an Wochentagen ein sehr netter Tagesausflug zur Insel mit einer Kombination aus Katamaran-Bus-Taxi (Gesamtkosten 266 nkr hin und zurück) angeboten. Der Katamaran legt um 8.30 Uhr vom Skateflukaia in Ålesund nach Hareid ab, wo es einen Anschlussbus nach Fosnavåg gibt. Hier wird man von einem Taxi abgeholt und um 11 Uhr in Runde abgesetzt.

Für die Rückfahrt nach Ålesund am selben Tag fährt das Taxi um 17.05 Uhr in Runde ab, und der Katamaran kommt um 20 Uhr wieder im Hafen an. Auch wenn es kompliziert klingt – die Verbindungen sind verlässlich, und mit nur wenig Eigeninitiative genießt man einen herrlichen Ausflug, den nicht viele Individualreisende so hinbekommen würden.

ÅLESUND

44 000 Ew.

Die liebenswürdige Küstenstadt Ålesund finden viele Leute genauso hübsch wie Bergen, wenn auch im viel kleineren Maßstab. Auf jeden Fall finden weit weniger Touristen hierher.

Nach dem verheerenden Brand am 23. Januar 1904, der 10 000 Einwohner obdachlos machte, schickte der deutsche Kaiser Wilhelm II. Schiffsladungen mit Lebensmitteln und Baumaterial nach Ålesund. Die Stadt wurde in Rekordzeit im charakteristischen Jugendstil wieder aufgebaut, den Teams junger engagierter norwegischer Architekten, großenteils mit Ausbildung in Deutschland, durch traditionelle lokale Motive und Ornamente ergänzten. Gebäude, verziert mit Türmchen und Wasserspeiern findet man überall in der ganzen Stadt, wobei die schönsten Beispiele in der Apotekergata, Kirkegata, Øwregata, Løvenvoldgata und insbesondere der Kongensgata stehen.

Ålesund drängelt sich auf eine schmale, angelhakenförmige Halbinsel. Das Stadtzentrum ist so eng, dass ein Ausbau unmöglich wäre; heute leben die meisten Bewohner auf nahe gelegenen Inseln und Halbinseln verstreut.

Praktische Informationen

Waschsalon (Gästehafen) Im Servicegebäude des Gästehafens gibt es unterhalb vom Kiosk einen Raum zum Wäschewaschen. Er ist zwar lediglich als *„Gjestetoalett"* gekennzeichnet, aber die Maschine ist wirklich da; also nur zu.

Das **Fremdenverkehrsbüro** (☎ 70 15 76 00; www.visitalesund.com; Skaregata 1; Juni–Aug. Mo–Fr 8.30–19 Uhr, Sa 9–17 Uhr, So 11–17 Uhr; Sept.–Mai Mo–Fr 8.30–16.00 Uhr) ist in einem neuen Gebäude am Kai untergebracht. Seine Gratisbroschüre *On Foot in Ålesund* beschreibt einen Rundgang entlang der architektonischen Highlights. Es hat zwei Internetstationen (60 nkr pro Std.), oder man loggt sich in der Bücherei im Rathaus kostenlos ein.

Sehenswertes & Aktivitäten

SUNNMØRE MUSEUM

Dieses gefeierte **Museum** von Ålesund (☎ 70 17 40 00; Borgundgavlen; Erwachsene/Kinder 60/15 nkr; ⏲ Ende Juni–Aug. Mo–Sa 11–17 Uhr, So 12–17 Uhr, Sept.–Mitte Juni Mo–Di & Fr 11–15 Uhr, So 12–16 Uhr) steht dort, wo sich früher das alte Handelszentrum Borgundkaupangen befand, 4 km östlich der Stadtmitte. Es umfasst 55 alte Gebäude, feste und wechselnde Ausstellungen über traditionelles Handwerk und Textilien, und für Schiffsliebhaber eine Sammlung von 30 historischen Booten, einschließlich Kopien von Wikingerbooten und einem Handelsfahrzeug aus der Zeit um 1000 n. Chr. Anfahrt mit Bus Nr. 13 oder 24.

In der Nähe befindet sich auch das **Mittelaltermuseum** (☎ 70 17 40 00; Borgundgavlen; Eintritt im Ticket des Sunnmøre Museum inbegriffen; ⏲ Mitte Juni–Mitte Aug. Di, Do & So 12–15 Uhr, mit archäologischen Ausgrabungen, einem Nachbau des Dorfes Borgundkaupangen aus dem 10. Jh. und Ausstellungen über Handel, Kunst, Handwerk und Religion der westnorwegischen Küstenbevölkerung, die im 10 Jh. dort lebte. Dazu gibt es Informationen über ihre mittelalterlichen Jagd- und Fischkulturen.

ATLANTIKPARK

An der westlichen Spitze der Halbinsel, 3 km vom Zentrum, befindet sich der **Atlantikpark** (Atlanterhavsparken; ☎ 70 10 70 60; Tueneset; Erwachsene/Kinder 90/55 nkr; ⏲ Juni–Aug. 10–19 Uhr So–Fr & Sa 10–16 Uhr; Sept.–Mai Di–So 11–16 Uhr), für den Besucher einen ganzen Tag einplanen sollten. Hier lernt man die Unterwasserwelt des nordatlantischen Ozeans kennen, mit Einblicken in das unglaublich reiche unterseeische Leben in Küstengewässern und Fjorden. Kinder werden von der Abteilung „Schnecken, Muscheln und wunderliche Meerestiere" begeistert sein, während das riesige 4-Mio.-Liter-Aquarium garantiert die ganze Familie fasziniert. Unbedingt dabei sein sollte man, wenn um 13 Uhr die größten Fische des Ozeans von Tauchern gefüttert werden und dabei ein Riesenwirbel und Gedränge veranstalten!

Es gibt auch einen Extrabereich für verwaiste Robben. Das Gelände bietet wunderschöne Küstenlandschaften, Badestrände und Wanderwege. Bus Nr. 18 fährt von Mitte Juni bis August vorbei.

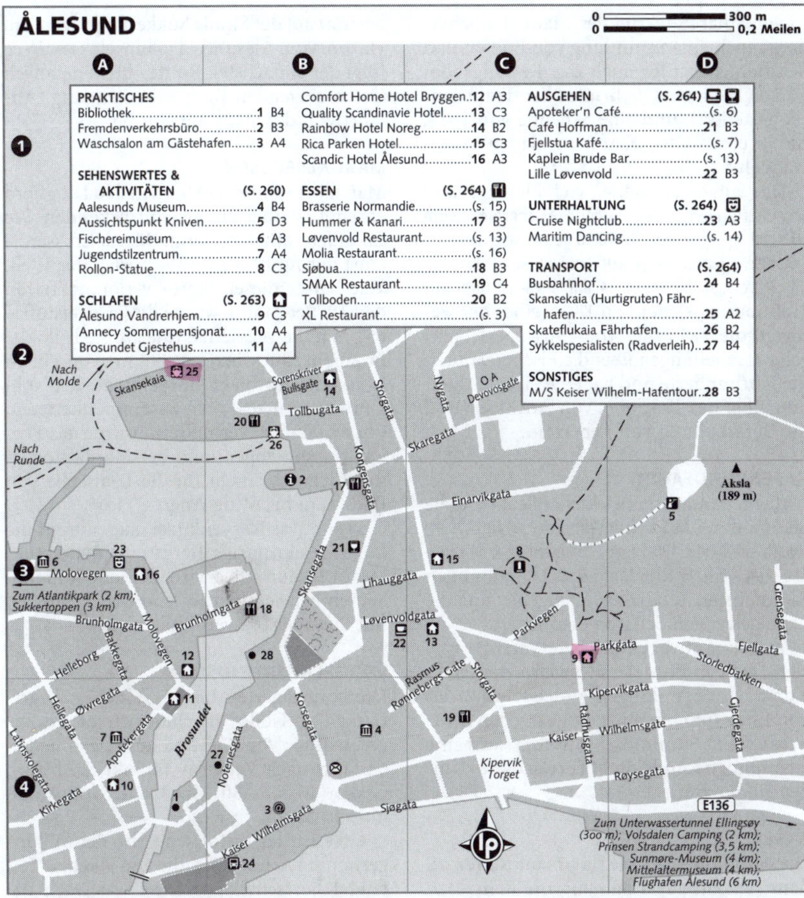

JUGENDSTILZENTRUM

Dieses **Kunstzentrum** (Jugendstilsenteret; ☎ 47 70 10 49 70; www.jugendstilsenteret.no; Apotekergata 16; Erwachsene/Kinder 50/25 nkr; 🕑 Juni–Aug. Mo–Fr 10–19 Uhr, Sa 10–17 Uhr, So 12–17 Uhr, Sept.–Mai Di–Fr 11–17 Uhr, Sa 11–16 Uhr, So 12–16 Uhr) wird sowohl ernsthaften Ästheten als auch neugierigen Kindern gefallen. Die einleitende Zeitmaschinenkapsel präsentiert „Von der Asche zum Jugendstil“, eine sehr anschauliche und mit viel Hightech gestaltete Geschichte über den Wiederaufbau von Ålesund nach dem großen Feuer. In den Ausstellungen kann man dann sorgfältig ausgewählte Textilien, Keramiken und Möbel aus dieser Epoche bewundern. Das Zentrum befindet sich in und oberhalb von einem renovierten alten Apothekerladen (zu erkennen am großen „Apothek“-Schild oberhalb des Eingangs), dessen schöne Spindeltreppe sowie das Esszimmer im ersten Stock erhalten geblieben sind.

AALESUNDS MUSEUM

Das **Stadtmuseum** (☎ 70 12 31 70; Rasmus Rønnebergs Gate 16; Erwachsene/Kinder 30/10 nkr; 🕑 Mitte Juni–Mitte Aug. Mo–Fr 11–16 Uhr, Sa & So 12–15 Uhr; Feb.–Mitte Juni & Mitte Aug.–Dez. Mo–Sa 11–15 Uhr, So 12–15 Uhr, März nur Mo–Fr 11–16 Uhr) konzentriert sich auf die Geschichte der Robbenjagd, Fischerei, Schifffahrt und Industrie in der Region von Sunnmøre, das Feuer von 1904, die deutsche Besetzung während des Zweiten Weltkriegs und die charakteristische

Jugendstilarchitektur der Stadt. Es beherbergt auch eine Sammlung von Booten und Schiffen, darunter auch das Rettungsboot *Uræd* (1904 von Ole Brude über den Atlantik gesteuert), und eine Scheune von 1812, die in einen alten Kaufmannsladen umgewandelt wurde.

Das angeschlossene, viel kleinere und wesentlich seltener geöffnete **Fischereimuseum** (Ålesund Fiskerimuseet; ☎ 70 10 00 84; Molovegen 10; Erwachsene/Kinder 20/10 nkr; 🕑 Juni So 12–15 Uhr ; Juli–Mitte Aug. Mi–Fr 12–14 Uhr & 18–20 Uhr) im Holmbua-Speicher von 1861 (einer der wenigen, die das Feuer von 1904 überlebten) zeigt Ausstellungen über die Fischerei durch die Jahrhunderte und hat eine eigene Abteilung über das Trocknen von Stockfisch und die Verarbeitung von Lebertran.

HAFENRUNDFAHRT

Aus einer andere Perspektive erlebt man die Stadt auf der **M/S Keiser Wilhelm** (☎ 70 19 29 91; Erwachsene/Kinder 100/50 nkr; Abfahrten 12 & 14 Uhr – Juni–Aug. auch 16 & 18 Uhr), die 1¼-stündigen Rundfahrten durch das Hafengebiet und die nahe gelegenen Schären organisiert.

Wer eine etwas exotischere Variante vorzieht, geht an Bord der **Borgundknarren**, einer Kopie eines Wikingerhandelsschiffs, das von Ende Juni bis Mitte August jeden Mittwoch vom Sunnmøre Museum aus eine einstündige Runde dreht (Erwachsene/Kinder 50 nkr/frei).

AKSLA

Die 418 Stufen den Aksla hinauf führen zu dem **Aussichtspunkt Kniven**, von dem man einen herrlichen Blick über Ålesund und die umgebenden Berge und Inseln genießt. Dazu folgt man von der Fußgängereinkaufsstraße Kongensgata dem Straßenverlauf der Lihauggata bis zum Ausgangspunkt des 20-minütigen Anstiegs. Es gibt auch eine Straße nach oben: östlich vom Zentrum die Røysegata nehmen und der Beschilderung nach Fjellstua hinauf folgen.

Oben angelangt kann man im **Fjellstua Kafé** (☎ 70 10 74 00; 🕑 Mitte Mai–Aug.) bei einem Getränk und schönem Ausblick wunderbar wieder zu Puste kommen.

SUKKERTOPPEN

Eine etwas anspruchsvollere Strecke zu einer noch weiter reichenden Aussicht führt zum Gipfel des Sukkertoppen (314 m). Sie beginnt auf der Straße Sukkertoppvegen, am Haken von Ålesunds Halbinsel. Der Weg folgt der einfachsten Route, direkt den nach Osten zeigenden Bergrücken entlang. Anfahrt von der Stadt mit Bus Nr. 13.

MARDALSFOSSEN

Man fährt rund zwei Stunden den Langfjord entlang, vorbei am beeindruckenden See Eikesdalsvatnet bis zum Mardalsfossen – einst der fünfthöchste Wasserfall der Welt. Wie hat er diesen Status verloren? Tja, in den 1970er-Jahren wurde dieser zweistufige 655 m hohe Wasserfall (die größte Fallhöhe in einem Stück beträgt 297 m) von einem Wasserkraftprojekt ausgelöscht. Obwohl Umweltschützer sich zusammenketteten, um den Bau zu verhindern, wurde das Projekt durchgezogen, und der Mardalsfossen fließt jetzt nur mehr für die Touristen, von Ende Juni bis Mitte August.

Wer etwas Nervenkitzel mag, nimmt die holprige einspurige Bergstraße **Aursjøvegen** (Maut 50 nkr), die zwischen Ende Juni und September geöffnet ist und Mardalsfossen mit Sunndalsøra verbindet.

VORGELAGERTE INSELN

Die vorgelagerten Inseln Valderøy, Vigra, Giske und Godøy machen sich gut als Tagesausflüge von Ålesund aus. Der Bus Nr. 64 fährt nach Valderøy (40 nkr, 20 Min.), Giske (46 nkr, 30 Min.) und Godøy (48 nkr, 45 Min.).

Giske ist der historische Sitz der Wikingerfamilie Arnungane, die von 990 bis 1582 feudal herrschte. Die Insel war auch die Heimat von Gange Rolv (wobei Vigra ebenfalls diesen Anspruch erhebt), in Frankreich als Rollon bekannt, dem Wikingerkämpfer, der Paris belagerte und anschließend im Jahr 911 das Herzogtum der Normandie gründete. Zudem war er ein Vorfahre von Wilhelm dem Eroberer. Als die Normandie 1911 ihr tausendjähriges Bestehen feierte, wurde der Stadt Ålesund eine Kopie der Rollon-Statue in Rouen verehrt, wo sie nun im Stadtpark (Byparken) steht. Giskes verschnörkelte **Marmorkirche** (Erwachsene/Kinder 20/10 nkr; 🕑 Juni–Ende Aug. Mo–Sa 10–17 Uhr, So 13–19 Uhr) aus dem 12. Jh. wurde 1756 restauriert. Die Marschlandschaften des Makkevika sind paradiesisch für Vogelbeobachtungen.

Auf den übrigen Inseln haben u. a. die **Skjonghellaren-Höhlen** im Nordwesten von

Valderøy und der weißsandige Strand **Blindheimssanden** (auch Blimsand genannt) im Nordwesten von **Vigra** einen Besuch verdient. An der Nordspitze von **Godøy** versteckt sich im malerischen **Leuchtturm** von 1876 (☎ 70 18 51 96; Erwachsene/Kinder 20/10 nkr; ⌚ Juni–Aug. 12–18 Uhr) im Fischerdorf **Alnes** eine kleine Ausstellung. Sowohl auf Valderøy als auch auf Godøy kann man wunderbare kurze Bergwanderungen unternehmen.

Geführte Touren

Wer sich eingehender mit dem Jugendstil von Ålesund befassen möchte, sollte sich zu der vom Fremdenverkehrsbüro organisierten, ausgezeichneten 1½- bis 2-stündigen **Stadtführung** anmelden (Erwachsene/Kinder 60 nkr/gratis; ⌚ Mitte Juni–Mitte Aug.), die mittags vom Fremdenverkehrsbüro loszieht.

Festivals & Events

Ålesund versteht sich aufs Feiern. In der zweiten Maihälfte findet das **Big Band Festival** statt. Yachtfreaks werden in der ersten Julihälfte beim **Ålesund Bootsfestival** glauben, im siebten Himmel zu sein, während das **Matfestival** in der letzten Augustwoche eine Gaumenfreude für Gourmets und Gourmands gleichermaßen ist.

Schlafen

Beim Fremdenverkehrsbüro gibt's eine Liste von Privatpersonen, die Zimmer ab ungefähr 250 nkr vermieten. Für eine Servicegebühr von 30 nkr bucht es auch Unterkünfte jeglicher Art.

Brosundet Gjestehus (☎ 70 12 10 00; www.brosundet.no; Apotekergata 5; EZ/DZ inkl. Frühstück ab 550/750 nkr Mitte Juni–Mitte Aug., übrige Zeit So–Do 750/990 nkr, Fr & Sa 630/830 nkr; Ⓟ 💻) Freundliches, äußerst günstiges Familienhotel direkt am Wasser; Gäste können eine Sauna, Küche und Waschmaschine/Trockner sowie den Hafenblick ohne Aufpreis in Anspruch nehmen. Der ehemalige, heute denkmalgeschützte Speicher wurde in den 1990er-Jahren umgebaut (besonders beeindruckend sind die wunderschönen alten Deckenbalken und die Neigung und Krängung der Böden).

Comfort Home Hotel Bryggen (☎ 70 12 64 00; www.choicehotels.no; Apotekergata 1–3; EZ/DZ Mitte Juni–Mitte Aug. 690/920 nkr, übrige Zeit So–Do 1250/1560 nkr, Fr & Sa 720/980 nkr; 💻) Dieses herrliche Hotel mit 130 Zimmern am Wasser ist ein weiterer der umgewandelten Fischspeicher, kunstvoll dekoriert mit alten Werkzeugen und Geräten. Im Preis inbegriffen ist ein leichtes Abendessen und eine Gratissauna für Hotelgäste.

Quality Scandinavie Hotel (☎ 70 15 78 00; www.choicehotels.no; Løvenvoldgata 8; Mitte Juni–Mitte Aug. EZ/DZ ab 605/790 nkr, übrige Zeit So–Do 1090/1390 nkr, Fr & Sa 690/890 nkr; Ⓟ 💻) Dieses schöne Hotel wurde – zur Abwechslung – tatsächlich als solches gebaut; es ist das älteste Hotel Ålesunds und das erste, das nach dem Feuer von 1904 errichtet wurde. Mit kleinen Details und Schnörkeln im Jugendstil (die Möblierung ist original und passend und sogar der Flachbildfernseher in der Halle fügt sich ein) strahlt es Stil und Selbstbewusstsein aus. Nicht minder reizvoll ist auch das ausgezeichnete Restaurant Løvenvold (s. S. 264).

Scandic Hotel Ålesund (☎ 21 61 45 00; www.scandic-hotels.com; Molovegen 6; Mitte Juni–Mitte Aug. DZ inkl. Frühstück 790 nkr, übrige Zeit EZ/DZ inkl. Frühstück So–Do ab 945/1395 nkr, Fr & Sa 740/840 nkr; Ⓟ 💻) Fürs Scandic-Hotel spricht einiges: Rund 30 % der Zimmer, allesamt mit Parkettböden, haben Blick auf den Hafen, es gibt eine Gratissauna, und drei Zimmer sind behindertengerecht ausgestattet. Gäste – und andere Besucher – werden auch beim Essen verwöhnt: Die Auswahl am Frühstücksbüfett ist wirklich beachtlich und das Abendbüfett (155 nkr) in seinem Restaurant, dem Molia, ist das reinste Schnäppchen. Familien werden das separate Kinderbüfett und den Spielbereich im Speisesaal zu schätzen wissen.

Rica Parken Hotel (☎ 70 12 50 50; www.rica.no; Storgata 16; EZ/DZ Mitte Juni–Mitte Aug. & Fr & Sa ganzjährig 755/940 nkr, übrige Zeit So–Do 1040/1250 nkr; Ⓟ 💻) Die attraktiven, modernen Zimmer dieses Hotels sind nach dem üblichen hohen Standard der Rica-Kette ausgestattet; manche haben Blick auf den Stadtpark. Seine Brasserie Normande (rechts) hat ebenfalls Küche von Qualität zu bieten.

Annecy Sommerpensjonat (☎ 70 12 96 30; Kirkegata 1b; einf. EZ/DZ 340/360 nkr, DZ mit Bad 470 nkr; ⌚ Mitte Juni–Mitte Aug.) Das einfache Annecy Sommerpensjonat ist eine ausgezeichnete, preisgünstige Pension, die im Sommer geschlossene Studentenzimmer vermietet.

Rainbow Hotel Noreg (☎ 70 12 29 38; www.rainbow-hotels.no; Kongensgata 27; EZ/DZ ab 630/790 nkr; Ⓟ 💻) Das Rainbow-Hotel Noreg hat zwar wesentlich weniger Flair, ist aber ein zuverlässiges Haus, bietet ein gutes Frühstück und komfortable Zimmer mit eigenem Bad und Parkettböden.

Ålesund Vandrerhjem (☎ 70 11 58 30; aalesund.hostel@vandrerhjem.no; Parkgata 14; B/EZ/DZ inkl. Frühstück 200/390/510 nkr; ⌚ Mai–Sept.) HI-Hostel mit Einrichtungen für Selbstversorger.

Volsdalen Camping (☎ 70 12 58 90; Fax 70 12 14 94; Volsdalsberga; Zelt/Wohnwagen 100/150 nkr, 2-/4-Bett-Hütten 300/450 nkr, mit Bad 750 nkr; ⌚ Mai–Mitte Sept.) Oberhalb des Ufers rund 2 km östlich vom Stadtzentrum ist dies nicht nur der freundlichste, sondern auch der am nächsten zur Stadt gelegene Campingplatz. Anfahrt mit Bus Nr. 13, 14, 18 oder 24.

Essen

XL Restaurant (☎ 70 12 42 53; Skaregata 1; Gerichte ab 100 nkr; ⌚ nur Abendessen) Dieses kleine Lokal eine Treppe rauf mit Blick auf den Hafen ist hervorragend, egal ob einem der Sinn eher nach einem Café, einem Restaurant oder einer Bar steht.

Sjøbua (☎ 70 12 71 00; Brunholmgata 1a; Hauptgerichte 250–360 nkr; ⌚ Mo–Sa) In einem weiteren der umgewandelten Gebäude am Kai hat sich das stylische Sjøbua einquartiert, eines der besten Fischrestaurants im nördlichen Westnorwegen, wo man sein Krustentier aus dem Hummertank selbst auswählen darf.

Tollboden (☎ 70 12 86 70; Tollbugata 1; Nudelgerichte 115–135 nkr, andere Hauptgerichte 115–226 nkr) Ein solides Lokal der oberen Kategorie in toller Hafenlage in der Nähe des Hurtigruten-Kais. Tollboden hat eine internationale Speisekarte und serviert einen superleckeren Fischeintopf (220 nkr).

Løvenvold Restaurant (☎ 70 15 78 00; Løvenvoldgata 8; Hauptgerichte 120–230 nkr, Abendbüfett 170 nkr) Dieses Restaurant im Quality Scandinavie Hotel serviert herrliche Mittelmeergerichte unter seiner wunderschön vergoldeten Decke.

Brasserie Normande (☎ 70 13 23 00; Hauptgerichte 250–270 nkr) Die Brasserie Normande ist das Hauptrestaurant im Rica Parken Hotel; es hat eine kleine, aber beeindruckende Speisekarte mit lokalen und internationalen Gerichten.

SMAK Restaurant (☎ 70 12 62 62; Kipervikgata 5; Mittagessen 70 nkr, Abendessen 100 nkr) Das minimalistische SMAK Restaurant, tagsüber eine Cafeteria, wird abends zu einem Restaurant und lebhaften Pub.

DER TIPP VOM AUTOR

Hummer & Kanari (☎ 70 12 80 08; Kongensgata 19; Hauptgerichte 100–275 nkr; ⌚ Mo–Sa) Dieses Lokal ist eine perfekte Doppellösung. Das Bistro unten serviert üppige Portionen Pasta (90 bis 120 nkr) und Pizza (100 nkr). Hinter der Theke reihen sich Liköre und Spirituosen für Mixer und Shaker, dazu stehen noch drei verschiedene Biere vom Fass zur Auswahl. Aber das Beste erwartet einen oben im Restaurant. Um sich die Qual der Wahl zu ersparen, lehnt man sich hier am besten zurück, vertraut dem fähigen Küchenchef und lässt sich das Leckerste kredenzen, was das Meer an diesem Tag zu bieten hat: die verheißungsvolle „Hummer & Kanaris-Komposition aus verfügbaren Delikatessen des Meeres" (265 nkr).

An der Hafenfront neben Skansegata kann man frische Garnelen direkt von den Fischerbooten kaufen.

Ausgehen

Café Hoffmann (☎ 70 12 37 97; Kongensgata 11; Hauptgerichte 85–120 nkr) In diesem Café mit schönem Blick auf den Hafen sucht man sich am besten einen Tisch im Obergeschoss.

Lille Løvenvold (☎ 70 12 54 00; Løvenvoldgata 2; ⌚ Mo–Do 11–24 Uhr, Fr & Sa 11–3 Uhr) Ein gemütliches kleines Lokal: genau das Richtige für einen Kaffee in relaxter Umgebung.

Apoteker'n Café (☎ 70 10 49 70) Dieses stilvolle kleine Café im Jugendstilzentrum (s. S. 261) tischt gute Snacks, verlockende Kuchen und herrlichen Kaffee auf.

Cruise Nightclub (☎ 70 12 84 80; Molovegen) Unmittelbar westlich vom Ortszentrum findet man diesen Club mit Wochenend-Disko und Irish Pub.

Maritim Dancing (⌚ Fr & Sa) Dieses Lokal im Hotel Noreg ist mehr für die ältere Klientel; am Wochenende wird ein DJ engagiert.

Kaptein Brude Bar (☎ 70 15 78 00; Løvenvoldgata 8) Einheimische, die wissen, wo was läuft, treffen sich gern in diesem Lokal des Quality Scandinavie Hotel.

An- & Weiterreise

FLUGZEUG

Vom **Flughafen** in Ålesund (☎ 70 11 48 00) bietet SAS Braathens zwei bis drei tägliche Flüge von/nach Bergen und sechs bis acht von/nach Oslo. Die Billiglinie Norwegian fliegt ebenfalls ein- bis zweimal täglich von/nach Oslo.

BOOT/FÄHRE

Ein Expressboot verkehrt zwischen Ålesund und Molde (177 nkr, 2¼ Std.) an Wochentagen zweimal täglich von der Fähranlegestelle Skateflukaia (nur im Juli). Die Küstenfähre der Hurtigruten kommt um 8.45 Uhr an und legt um 18.45 Uhr ab, wenn sie Richtung Norden unterwegs ist; in Richtung Süden legt sie um 12.45 Uhr ab; auf der Nordstrecke macht sie in der Zeit von Mitte April bis Mitte September einen beliebten Umweg über Geiranger (daher auch der große Zeitunterschied zwischen Ankunft und Abfahrt).

BUS

Der Busbahnhof liegt schräg gegenüber vom Fremdenverkehrsbüro. Busse des Nor-Way Bussekspress fahren von/nach Hellesylt (140 nkr, 2¾ Std., 1- bis 4-mal tgl.), Stryn (220 nkr, 3½ Std., 2- bis 3-mal tgl.) und Bergen (558 nkr, 11½ Std., 2-mal tgl.). Ein- bis zweimal täglich gibt es auch einen Expressbus zwischen Ålesund, Molde (136 nkr, 2 Std.) und Trondheim (494 nkr, 7¾ Std.) und eine zweimal tägliche Verbindung von/nach Oslo (710 nkr, 10 Std.). Lokale Busse fahren von/nach Åndalsnes (175 nkr, 2½ Std., 2-mal tgl.).

Unterwegs vor Ort

Der Flughafen von Ålesund liegt auf der Insel Vigra und ist von der Stadt aus über die Unterwassertunnel nach Ellingsøy (3,6 km) und Valderøy (4,2 km) zu erreichen. Der **Flybuss** (☎ 70 14 47 70) fährt von Skateflukaia (67 nkr, 25 Min.) und dem Busbahnhof eine Stunde vor dem Abflug von Inlandsflügen ab.

Autofahrer, die zum Flughafen und den vorgelagerten Inseln wollen, zahlen Tunnelmaut von insgesamt 60 nkr einfache Fahrt für ein Auto samt Fahrer sowie 19 nkr je zusätzlichen Passagier.

Sykkelspesialisten (☎ 70 12 28 20; Notenesgata 3) vermietet Fahrräder (140 nkr pro Tag).

MOLDE

18 500 Ew.

Molde schmiegt sich an die Ufer des weitläufigen Mündungsgebiets des Romsdalsfjords. Es ist dank seines fruchtbaren Bodens, der üppigen Vegetation und des milden Klimas als „Stadt der Rosen“ bekannt (als wir das letzte Mal dort waren, hat es allerdings ununterbrochen geschüttet). Vor allem aber macht die Stadt mit ihrem alljährliches Jazzfestival im Juli Furore.

Das moderne Molde ist zwar architektonisch nicht weiter aufregend, aber ein freundliches, angenehm kompaktes Städtchen, dessen Küstenlandschaft an Neuseeland oder die Puget-Bucht von Seattle erinnert. Um den Vergleich zu testen, fährt oder wandert man am besten zum Aussichtspunkt auf dem Varden, 400 m oberhalb der Stadt.

Praktische Informationen

Bibliothek (Kirkebakken 1–3) Gegenüber vom Fremdenverkehrsbüro.

Dockside Pub (Torget) Internetzugang.

Fremdenverkehrsbüro (☎ 71 25 71 33; www.visitmolde.com; Storgata 31; 🕒 Mitte Juni–Mitte Aug. Mo–Fr 9–18 Uhr, Sa 9–15 Uhr Sa & So 12–17 Uhr, übrige Zeit Mo–Fr 8.30–15.30 Uhr) Verkauft die *Turkart Molde Fræn* (95 nkr, 1:50 000), die beste Wanderkarte der Gegend. Hier gibt es auch kostenlosen Internetzugang.

Waschsalon (Gästehafen).

Sehenswertes

ROMSDALEN VOLKSKUNDEMUSEUM

In diesem weitläufigen **Freilichtmuseum** (Romsdalsmuseet; ☎ 71 20 24 60; Per Amdams veg 4; freier Eintritt; 🕒 8–22 Uhr) liegen knapp fünfzig alte Gebäude verstreut, die aus der gesamten Romsdal-Region hierher bugsiert wurden. Zu den Highlights gehören Bygata (eine Stadtstraße aus dem frühen 20. Jh.) und eine „zusammengesetzte Kirche“ aus Teilen von heute abgerissenen lokalen Stabkirchen. Sehr zu empfehlen sind die **Führungen** (Erwachsene/Kinder 45 nkr/frei; 🕒 Juli Mo–Sa 11–18 Uhr, So 12–18 Uhr, 15.–30. Juni & 1.–15. Aug. Mo–Sa 11–17 Uhr, So 12–15 Uhr).

FISCHEREIMUSEUM

Dieses **Museum** (Fiskerimuseet; ☎ 71 20 24 60; Hjertøya; Erwachsene/Kinder 45 nkr/gratis; 🕒 Mitte Juni–Anfang Aug. 12–17 Uhr) erreicht man mit einer kurzen Fahrt mit der Fähre vom Torget-Terminal. Es liegt ebenfalls im Freien und veranschaulicht die Küstenfischerei im Mündungsgebiet des Romsdalfjords ab Mitte des 19. Jh. bis heute. Wenn das Museum geöffnet ist, verkehren die **Fähren**

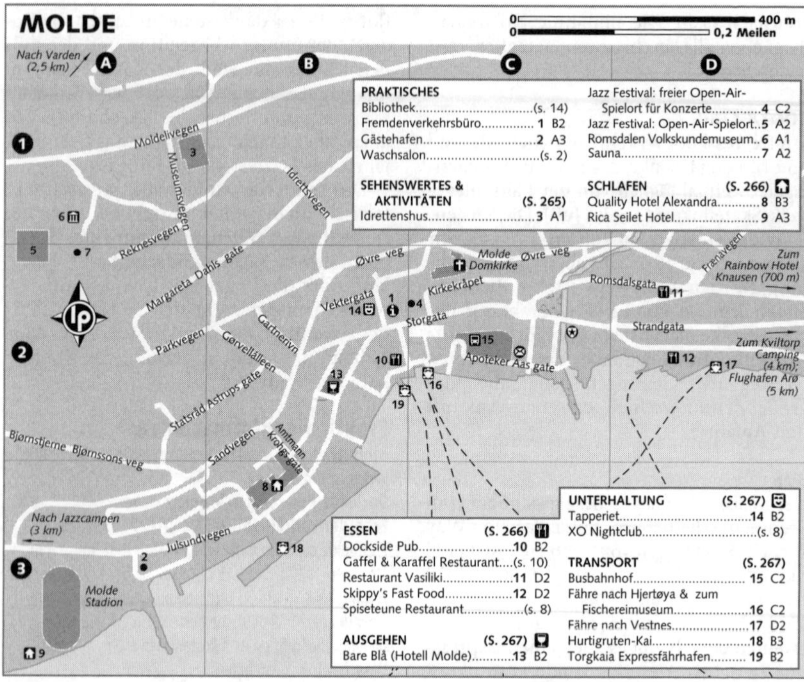

(☎ 99 54 98 94) täglich von Molde um 11, 12, 14 und 16 Uhr und von Hjertøya um 12.45, 13.45, 15.45 und 17.45 Uhr.

Festivals & Events

Das renommierte Internationale Jazzfestival in Molde ist ein Magnet für Jazz-Fans aus ganz Norwegen und darüber hinaus.

Schlafen & Essen

Das Fremdenverkehrsbüro bucht Unterkünfte, ohne Gebühr. Es führt eine Liste einiger Privatzimmer, die meisten mit Kochgelegenheiten, die zwischen 150 bis 200 nkr pro Person kosten. Während des Molde Jazz Festival bieten auch viele private Haushalte Unterkünfte an, und ein großer temporärer Campingplatz, **Jazzcampen** (pro Person 60–100 nkr), wird 3 km westlich vom Zentrum eingerichtet.

Rica Seilet Hotel (☎ 71 11 40 00; www.rica.no; Gideonvegen 2; EZ/DZ Mitte Juni–Mitte Aug. 545/846 nkr, übrige Zeit Mo–Fr 1395/1495 nkr, Sa & So 895/995 nkr; P 🖳) Dieses architektonisch faszinierende Hotel, das neueste in Molde, ragt in die Bucht hinein wie ein riesiges silbernes Segel und bietet im Sommer ein hervorragendes Preis-Leistungs-Verhältnis. Es hat zwei behindertengerechte Zimmer sowie ein Fitnesscenter plus Sauna. Zimmer gibt es bis zum 14. Stock hinauf, jedes mit großen Fenstern und spektakulärer Aussicht; der Zimmerpreis ist übrigens immer gleich, egal wie hoch oben man sich einquartiert.

Quality Hotel Alexandra (☎ 71 20 37 50; www.choicehotels.no; Storgata 1–7; EZ/DZ Mitte Juni–Mitte Aug. 640/790 nkr, übrige Zeit Mo–Do 1245/1395 nkr, Fr–So 795/945 nkr; P 🖳 ♿) Die meisten Zimmer haben einen Balkon und einen großartigen Blick. Es gibt eine Sauna und einen Mini-Fitnessraum, gratis für Gäste, ein gutes Restaurant namens Spisestuene und für einen Aperitif oder zwei die gemütliche Getz Bar, benannt nach dem unsterblichen Saxophonisten. Der Höhepunkt des Hotels (im wörtlichen Sinn: er befindet sich im obersten Stock) ist das beheizte Hallenbad, das ganzjährig geöffnet ist, auch wenn rundherum Schnee liegt.

Kviltorp Camping (☎ 71 21 17 42; www.kviltorpcamping.no auf Norwegisch; Fannestrandveien 142; Zelt/Wohnwagenplätze 100/115 nkr plus 10 nkr pro Person,

2-Bett-Hütten 350 nkr, 4-Bett-Hütten mit Dusche 650 nkr) Dieser fjordseitige Campingplatz liegt in einer potenziell lauten Gegend am Ende der Rollbahn des Flughafens, zum Glück ist der Flugverkehr aber gering. Hütten sind ganzjährig verfügbar. Bus Nr. 214 und der Flybuss fahren direkt vorbei.

Dockside Pub/Gaffel & Karafel Restaurant (☎ 71 21 93 90; Torget; Suppen 45 nkr, Hauptgerichte 150–190 nkr, Salate 82–99 nkr) Dieses erst erst vor kurzem aufpolierte Lokal im Doppelpack ist auf jeden Fall einen Besuch wert. Oben befindet sich Gaffel & Karafel, hauptsächlich ein Restaurant, serviert aber Drinks zum Essen. Unten ist ein mehr als passables Pub, das ebenfalls Mahlzeiten serviert, während man auf der Freiluftterrasse zum Kai raus beides haben kann.

Skippy's Fast Food (☎ 71 25 22 30; Fergeterminalen; Mahlzeiten ca. 100 nkr) Das zwischen zwei Fähranlegestellen gelegene Skippy's bietet nicht mehr und nicht weniger als das, was sein Name verspricht; einzige (etwas bizarre) Ausnahme: seine hawaiianisch-exotische Schweinespezialität (96 nkr).

Restaurant Vasiliki (☎ 71 25 31 00; Romsdalsgata 20) Besonders verlockend auf Vasilikis Speisekarte sind die vielen griechischen Vor- und Hauptspeisen, es gibt aber auch Pizza und Pasta.

Ausgehen

Bare Blå (☎ 71 21 58 88; Storgata 19) ist im Hotell Molde untergebracht und ein beliebtes Pub an der Hauptstraße. Unten am Kai ist das **Dockside Pub** (s. oben) eine weitere gute Tränke, die gelegentlich Live-Veranstaltungen und Shows bietet.

Unterhaltung

Tapperiet (☎ 71 24 13 50; Kirkebakken 1–3) Das von einem Studentenverband betriebene Tapperiet ist ein genialer Ort, um junge Norweger kennen zu lernen. Eintritt wird nur verlangt, wenn es Livemusik gibt.

XO Nightclub (☎ 71 20 37 50; Storgata 1–7; Eintritt ca. 80 nkr) In diesem Club im Quality Hotel Alexandra gibt's am Wochenende Livemusik und DJs; der Club spricht eine etwas ältere Klientel an.

An- & Weiterreise

FLUGZEUG

Der Flughafen von Molde, **Årø** (☎ 71 21 47 80), erstreckt sich neben dem Ufer 5 km östlich vom Stadtzentrum. Der Flybuss (30 nkr, 10 Min.) ist bei allen Ankünften zur Stelle. SAS Braathens hat drei bis fünf Flüge täglich von/nach Oslo und zwei Flüge täglich von/nach Trondheim und Bergen.

MOLDEJAZZ

Jahr für Jahr zieht Moldejazz bis zu 100 000 Fans an sowie Gaststars – hauptsächlich skandinavischer Herkunft, vereinzelt aber auch große internationale Namen (2004 etwa war Stevie Wonder die Mega-Attraktion, und auch Ladysmith Black Mambazo, die Bu-bi-du-Stimmen in Paul Simons Graceland, heizte der Menge ordentlich ein).

Mitte Juli rockt die ganze Stadt von Montag bis Samstag durch. Von den über 100 Konzerten ist ein gutes Drittel gratis, aber auch die Großevents sind mit 100 bis 280 nkr durchaus erschwinglich.

In Perspiration Hall bringt traditioneller Jazz die Luft zum Kochen, die Publikumslieblinge treten im Freien in der Nähe des Romsdalsmuseet auf, Indoor-Konzerte finden im Idrettenshus (Sporthalle) statt und kostenlose Veranstaltungen (einschließlich einer tgl. Straßenparade) ab mittags vor dem Rådhus.

Alle Informationen über die diesjährigen Veranstaltungen sind unter der Nummer ☎ 71 20 31 50 oder im Internet unter www.moldejazz.no zu bekommen. Buchungen mit Kreditkarte sind über **Billett Service** (☎ 81 53 31 33) gegen einen Aufpreis von 10 nkr möglich.

BOOT/FÄHRE

Die Expressfähre zwischen Ålesund und dem Torgkaia-Terminal in Molde (177 nkr, 2¼ Std.) legt an Wochentagen im Juli zweimal täglich ab. Auf ihrer Fahrt in den Norden fährt die Küstenlinie Hurtigruten vom Storkaia in Molde um 22.00 Uhr ab (18.30 Uhr von Mitte September bis Mitte April); auf der Fahrt Richtung Süden um 21.30 Uhr.

BUS

Busse fahren drei- bis neunmal täglich von/nach Kristiansund (140 nkr, 1½ Std.), Åndalsnes (88 nkr, 1½ Std.) und Ålesund (136 nkr, 2 Std.). Für die meisten Busse nach Ålesund muss man zuerst die Fähre von Molde nach Vestnes nehmen.

AUTO & MOTORRAD

Wer mit dem Auto nach Åndalsnes unterwegs ist, zahlt für Auto und Fahrer 65 nkr für die Fahrt durch den Fannefjord-Tunnel, sowie 23 nkr je weiteren Passagier. Auf der Rv 64 Richtung Norden schneidet die Abkürzung durch den Tussentunnel (15 nkr) ein ordentliches Stück ab und spart gute 15 Minuten.

RUND UM MOLDE

Ona

Die wunderschöne Insel Ona mit ihren nackten Felsenlandschaften und ihrem wunderschönen Leuchtturm ist die Heimat einer Fischergemeinde. Das größte Ereignis, das diese kleinen und unauffällige Insel je erlebte, war die riesige Flutwelle, die im Jahre 1670 über sie hinwegspülte. Ein Besuch auf der Insel Ona ist ein beliebter Tagesausflug von Molde aus. Auf dem Weg dorthin liegt die **Gossen Krigsminnesamling** (☎ 71 17 15 77; Gossen; Erwachsene/Kinder 30/15 nkr; ⌚ Ende Juni–Anfang Aug. 12–17 Uhr Di–So) für Leute, die sich für den Zweiten Weltkrieg interessieren. Hier befindet sich eine ehemalige Flugpiste aus der Nazizeit, die von russischen Kriegsgefangenen auf der flachen Insel Gossen gebaut wurde. Die verlassene Sommerhaussiedlung Bjørnsund, wo von Juni bis August ein Café und ein Laden geöffnet sind, ist auf dem Weg zur Insel ebenfalls einen kurzen Zwischenstopp wert.

Bud

Die Küstenstraße Rv 63 zwischen Molde und Kristiansund ist eine angenehme Alternative zur schnelleren, fährlosen E 89. Auf der Strecke liegt das rustikale kleine Fischerdorf Bud, das sich um den kompakten kleinen Hafen drängt. Im 16. und 17. Jh. war es das größte Handelszentrum zwischen Bergen und Trondheim, heute ist es aber eher für seine Rolle in der jüngeren Zeitgeschichte bekannt.

Das als Museum des Zweiten Weltkriegs und Kulturdenkmal dienende **Ergan Küstenfort** (Ergan Kystfort; ☎ 71 26 15 18; Erwachsene/Kinder 50/30 nkr; ⌚ Juni–Aug. 10–18 Uhr) wurde im Mai 1940 von Nazi-Soldaten in aller Hast errichtet. Verschiedene Rüstungsanlagen und ein Netz von Bunkern und Soldatenquartiere ziehen sich um den Hügel, während tief im Berg versenkt Krankenzimmer und Vorratslager untergebracht sind.

HMS GLASGOW

Die Glasgow Bar im Rica Seilet Hotel erinnert an ein Ereignis gegen Ende April 1940, als Molde für kurze Zeit Residenz König Håkons und Hauptstadt Norwegens war. Während deutsche Truppen die Stadt bombardierten, stahl sich die HMS *Glasgow* in den Hafen und brachte den König ins Exil, zusammen mit 36 Tonnen Gold aus den Staatsreserven.

Das Letzte, was der König vor der Abfahrt in sein britisches Exil sah, war die einstürzende Turmspitze der brennenden Kirche. Etwas Positives gab es jedoch: Einem lokalen Helden gelang die Rettung des alten Altargemäldes, Axel Enders *Auferstehung*, indem er es mitten im Bombenregen mit einem Messer herausriss.

Der Campingplatz **Bud Camping** (☎ 71 26 10 23; www.budcamping.no auf Norwegisch; Auto/Wohnwagenplätze 130 nkr, 4-Bett-Hütten 300 nkr, 8-Bett mit Bad 800 nkr) liegt neben einem kleinen Yachthafen, wo man Kanus, Ruderboote und Motorboote für 50/100/300 nkr pro Tag mieten kann.

Das rustikale alte Fischrestaurant **Sjøbua Mat og Vinhus** (☎ 71 26 14 00; Vikaveien; Hauptgerichte 160–195 nkr; ⌚ Mitte Mai–Mitte Sept. tgl., Mitte Sept.–Mitte Mai Fr–So) serviert den Fang des Tages in einem am Hafen gelegenen Speicher mit Holzbodendielen und einem Boot mitten im Raum. Die Fischsuppe kostet 90 nkr; als Hauptgericht wird auch Wal angeboten.

An Wochentagen fährt der Bus Nr. 253 zwischen Molde und Bud (68 nkr, 50 Min.) ein- bis viermal täglich außer sonntags.

Trollkirka

Auf dem Weg in Richtung Bud und Atlanterhavsveien lohnt sich ein kurzer Abstecher zur geheimnisvollen Höhle Trollkirka („Trollkirche"). Die drei Grotten aus weißem Marmor sind durch unterirdische Flüsse miteinander verbunden, und eine birgt einen phantastischen 14 m hohen Wasserfall. Zum Eingang geht man vom beschilderten Parkplatz 2,5 km steil bergauf (für Hin- und Rückweg sollte man 2 bis 3 Std. einplanen). Um die Höhlen vollständig zu erforschen, braucht man eine Taschenlampe und gute Stiefel. Von Molde fährt der Bus Nr. 241 zwei- bis siebenmal täglich am Parkplatz vorbei.

Atlanterhavsveien & Averøya

Die acht sturmgepeitschten Brücken des Atlanterhavsveien zwischen Vevang und der Insel Averøya verbinden insgesamt 17 Inseln. An ruhigen Tagen fragt man sich vielleicht, was daran so besonders sein soll, aber in einem Sturm erlebt man die Wucht der Natur auf dramatischste Weise. Im Meer sind entlang der Strecke manchmal Wale und Robben zu sehen, und vielleicht ist auch ein kurzer Abstecher nördlich der Hauptstraße zum faszinierend exponierten Leuchtturm **Hestskjæret Fyr** drin. Für Felsenfans ist die bizarre Steinausstellung Steinbiten an der Statoil-Tankstelle in Bremsnes das Richtige.

Einen Umweg wert ist auf jeden Fall die **Stabkirche von Kvernes** (Erwachsene/Kinder 30 nkr/gratis; Mitte Juni–Mitte Aug. tgl. 10–17 Uhr, Mitte Mai–Mitte Sept. nur So) auf Averøya, die ursprünglich um 1300 errichtet, dann aber 1633 umgebaut wurde. Die Besonderheiten im Inneren sind ein 300 Jahre altes Votivschiff und eine katholisch-lutherische Mischform eines Lettners aus dem 15. Jahrhundert. In der Nähe gibt es auch ein kleines Freilichtmuseum und eine Galerie mit Handwerksladen.

Ein sehr empfohlener, superfreundlicher Platz ist **Skjerneset Bryggecamping** (71 51 18 94; www.skjerneset.com auf Norwegisch; Sveggevika; Campingplätze 90 nkr, Hütten mit Bad 500–600 nkr, Rorbuer Zi. DZ 350 nkr, 3BZ mit Bad 500 nkr). Der Campingplatz liegt direkt am Meer, 1 km einen Feldweg entlang bei Sveggevika auf Ekkilsøya, westlich von Bremsnes. Die Eigentümer, selbst ehemalige Berufsfischer, organisieren Hochseeausflüge in ihrem eigenen Boot, oder man mietet sich ein Motorboot und versucht sein Glück auf eigene Faust. Die Zimmer befinden sich in einem Fischspeicher, der im obersten Stock ein faszinierendes Familienmuseum beherbergt.

Håholmen Havstuer (71 51 72 50; www.haholmen.no; Håholmen; EZ/DZ 640/980 nkr) ist ziemlich neu; ein ehemaliger Fischerposten auf einem Inselchen nördlich vom Zentrum des Archipels. Betrieben wird es, ebenso wie das großartige Fischrestaurant (Hauptgerichte 135 bis 240 nkr), vom Forschungsreisenden Ragnar Thorseth und seiner Frau Kari. Hier ist auch die letzte Ruhestätte der *Saga Siglar*, einem kopierten Wikingerschiff, das zwischen 1983 und 1986 die Welt umrundete. Von Ende Juni bis Mitte August pendelt ein kleines Boot stündlich zwischen 11 und 21 Uhr zu jeder vollen Stunde vom Parkplatz an der Straße.

Zwischen Molde und Bremsnes fahren täglich zwei bis vier Busse (118 nkr, 1¾ Std.). Von Bremsnes nach Kvernes verkehren täglich außer sonntags drei bis sieben Busse (30 nkr, 115 Min.). Von Bremsnes gibt es häufige Fährverbindungen nach Kristiansund.

KRISTIANSUND

16 900 Ew.

Die historische Stadt Kristiansund, ursprünglich für das Fischen und Trocknen von Dorsch bekannt, verteilt sich auf drei Inseln. Hier lebt man immer noch sehr meerverbunden, auch wenn das Wasser nicht mehr so reichliche Beute beschert wie einst. Aber die Storys von den Riesenfängen vergangener Zeiten stehen Anglermärchen in nichts nach. Die besten Restaurants servieren Gerichte aus der Tiefe, große wie kleine Fischerboote liegen immer noch an ihren Molen vor Anker, und Mellemværftet fungiert, wenn auch vernachlässigt und chaotisch, nach wie vor als aktive Werft.

Praktische Informationen

Ark Buchhandlung (71 57 09 60; Ecke Kaibakken/Nedre Enggate) Gut auch für Landkarten.
Fremdenverkehrsbüro (71 58 54 54; www.visitkristiansund.com; Kongens plass 1; Mitte Juni–Mitte Aug. Mo–Fr 9–18 Uhr, Sa 10–15 Uhr, So 11–16 Uhr; übrige Zeit Mo–Fr 9–16 Uhr). Kostenloser Internetzugang.
Onkel og Vennene (71 67 58 10; Kaibakken 1) Hier gibt es Internetzugang.
Waschsalon (Gästehafen)

Sehenswertes

Kristiansunds Altstadt **Gamle Byen** liegt auf der Insel Innlandet. Hier gibt es schindelgedeckte Gebäude, die bis ins 17. Jh. zurückreichen. Der opulente **Lossiusgården** am östlichen Ende des historischen Viertels war im 18. Jh. das vornehme Wohnhaus eines Kaufmanns. Das ehrwürdige, 300 Jahre alte **Dødeladen Café** – wo man immer noch eine gute Mahlzeit und etwas zu trinken bekommt – veranstaltet Kultur- und Musikevents, darunter auch ein Festival Anfang Juli (nähere Informationen beim Fremdenverkehrsbüro). Vom Zentrum aus erreicht man es am besten mit der Sundbåt-Fähre (s. S. 273) von Piren.

Das in der Stadtmitte gelegene **Festiviteten** von 1914, von außen eher schlicht, ist innen in attraktivem Jugendstil gestaltet und wird für Theater- und Opernaufführungen genutzt. Neben der Fährstation Piren steht eine Statue: **Klippfiskkjerringa** von Tore Bjørn Skjøsvik stellt eine Fischerfrau dar, die Dorsche zu den Trockenständern trägt.

MELLEMVÆRFTET

Er sieht zwar ein wenig aus wie ein nautischer Schrottplatz, aber **Mellemværftet** ist gratis und jederzeit zugänglich. Am besten erreicht man ihn zu Fuß vom Smia Restaurant den Kai entlang. Es ist gar nicht so einfach zu erkennen, was sich in all dem reizenden Wirrwarr befindet, auf jeden Fall dabei sind jedoch die Überreste der Schiffswerft von Kristiansund aus dem 19. Jh., eine Schmiede und Werkstätten sowie die Arbeiterquartiere.

MUSEEN

Kristiansund hat mehrere Museen, großteils in historischen Gebäuden, deren Fassaden allein schon den Besuch wert sind. Zum Glück, muss man sagen, denn einige haben ihre Öffnungszeiten drastisch reduziert – oder sind überhaupt nur nach Vereinbarung zu besichtigen. So war es zumindest, als wir das letzte Mal dort waren, und hat sich mittlerweile hoffentlich zum Besseren gewendet. Das hilfsbereite Fremdenverkehrsbüro ist da auf dem neuesten Stand. Ansonsten kann man sein Glück auch unter ☎ 71 58 70 00 versuchen, der zentralen Rufnummer für alle Museen, oder unter www.nordmore.museum.no.

Alles andere als verstaubt ist das alte **Handelshuset** (Freiveien; freier Eintritt; 🕓 Mitte Juni–Aug. Di–So 12–20 Uhr, Sept.–Mitte Juni nur So). Hier in diesem quirligen Café kann man bei traditionellen norwegischen Gerichten wie etwa *svele* (eine üppige Pfannkuchenspezialität aus dem Romsdal-Gebiet), *rømmegrøt* (eine leckere Grützenvariante mit Sauerrahm, traditionell zur Weihnachtszeit serviert) und *bacalao* (Gericht aus Klippfisch) tüchtig zulangen, alte Poster und Schilder angucken, etwas über die Wirtschaftsgeschichte von Kristiansund erfahren und frischesten Kaffee trinken, geröstet auf dem ältesten noch funktionierenden Kaffeeröster Norwegens. Ältere Gäste werden sich eventuell schwer von der tollen alten Jukebox mit ihren alten 45rpm-Hits von Elvis Presley, den Stones, den Beach Boys und anderen verflossenen Ikonen losreißen können.

Das **Norwegische Klippfischmuseum** (Norsk Klippfiskmuseet; ☎ 71 67 15 78; Erwachsene/Kinder 50 nkr/frei; 🕓 Mitte Juni–Mitte Aug. Mo–Sa 12– 17, So 13–16 Uhr) befindet sich in dem von 1749 stammenden Speicher **Milnbrygga** auf der Halbinsel Gomalandet. Es präsentiert die 300-jährige Geschichte der Trockendorsch-Exportindustrie in Kristiansund, wobei das fischige Szenario genauso faszinierend ist wie das Thema selbst. Anfahrt vom Stadtzentrum mit der Sundbåt-Fähre (um Ausstieg beim Klippfiskmuseet bitten).

Gleich nördlich vom Museum liegen **Hjelkrembrygga**, ein ehemaliger Klippfischspeicher von 1835, und die benachbarte **Woldbrygga**, eine 1875 errichtete Fässerfabrik. Beide sind nur nach Vereinbarung zu besichtigen.

Im **Nordmøre Museum** (Dalaveien; Erwachsene/Kinder 50 nkr/frei; 🕓 nach Vereinbarung) werden u. a. regionale archäologische Fundstücke gezeigt, die bis 7000 v.Chr. zurückreichen, sowie ein altes *stabbur* (erhöhtes Vorratshaus), ein historisches Räucherhaus und ein frühes Wasserrad.

KIRKELANDET-KIRCHE

Die faszinierende **Kirche** des Architekten Odd Østby (Langveien; 🕓 Mai–Aug. 10–18 Uhr, Sept.–April 10–14 Uhr) wurde 1964 errichtet, um jene zu ersetzen, die 1940 beim Bombenangriff der Deutschen verbrannt ist. Das kantige Äußere mit seiner klaren Linienführung und dem Wechsel aus Kupfer und Beton ist nüchtern und genau bemessen. Innen führen alle Linien zu den 320 Buntglasscheiben am Ende des Altarraums. Die Farben unten sind erdig, werden nach oben dann immer heller und gipfeln im „himmlischen Licht".

Hinter der Kirche lockt der Vanndammene Park mit viel Grün, Spazierwegen und dem wunderbaren Ausblickspunkt vom Wachturm Varden.

Schlafen & Essen

Quality Hotel Grand(☎ 71 57 13 00; www.choicehotels.no; Bernstorffstredet 1; EZ/DZ Mitte Juni–Mitte Aug. 790/890 nkr, übrige Zeit So–Do 1205/1415 nkr, Fr & Sa 785/945 nkr; Ⓟ 💻) Mit 109 Zimmern ist das Hotel Grand das größte in Kristiansund. Sechs Zimmer sind behindertengerecht eingerichtet und 30 für Allergiker geeignet. Die Zim-

KRISTIANSUND

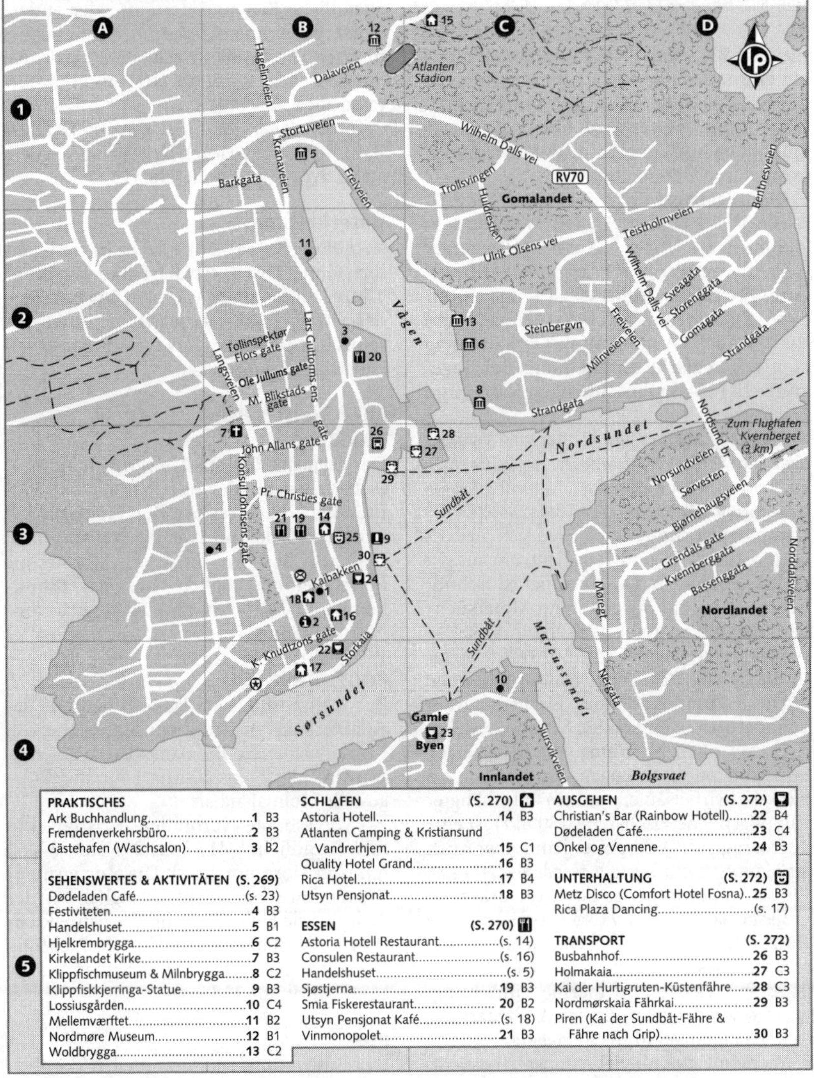

PRAKTISCHES
- Ark Buchhandlung 1 B3
- Fremdenverkehrsbüro 2 B3
- Gästehafen (Waschsalon) 3 B2

SEHENSWERTES & AKTIVITÄTEN (S. 269)
- Dødeladen Café .... (s. 23)
- Festiviteten 4 B3
- Handelshuset 5 B1
- Hjelkrembrygga 6 C2
- Kirkelandet Kirke 7 B3
- Klippfischmuseum & Milnbrygga 8 C2
- Klippfiskkjerringa-Statue 9 B3
- Lossiusgården 10 C4
- Mellemværftet 11 B2
- Nordmøre Museum 12 B1
- Woldbrygga 13 C2

SCHLAFEN (S. 270)
- Astoria Hotell 14 B3
- Atlanten Camping & Kristiansund Vandrerhjem 15 C1
- Quality Hotel Grand 16 B3
- Rica Hotel 17 B4
- Utsyn Pensjonat 18 B3

ESSEN (S. 270)
- Astoria Hotell Restaurant .... (s. 14)
- Consulen Restaurant .... (s. 16)
- Handelshuset .... (s. 5)
- Sjøstjerna 19 B3
- Smia Fiskerestaurant 20 B2
- Utsyn Pensjonat Kafé .... (s. 18)
- Vinmonopolet 21 B3

AUSGEHEN (S. 272)
- Christian's Bar (Rainbow Hotell) 22 B4
- Dødeladen Café 23 C4
- Onkel og Vennene 24 B3

UNTERHALTUNG (S. 272)
- Metz Disco (Comfort Hotel Fosna) 25 B3
- Rica Plaza Dancing .... (s. 17)

TRANSPORT (S. 272)
- Busbahnhof 26 B3
- Holmakaia 27 C3
- Kai der Hurtigruten-Küstenfähre 28 C3
- Nordmørskaia Fährkai 29 B3
- Piren (Kai der Sundbåt-Fähre & Fähre nach Grip) 30 B3

mer sind komfortabel und attraktiv möbliert, und für ein gutes Abendessen braucht man nicht in die Ferne zu schweifen: Im hoteleigenen Consulen Restaurant isst man genauso gut à la carte wie irgendwo sonst in der Stadt.

Astoria Hotell (☎ 71 67 84 37; www.astoriahotell.no auf Norwegisch; Skolegata 2; EZ/DZ/3BZ 695/795/895 nkr) Das erst jüngst eröffnete Astoria ist das einzige familiengeführte Hotel in Kristiansund. Die Zimmer sind generell eher klein, aber es gibt auch ein, zwei größere, die auch nicht mehr kosten. Es hat außerdem ein durchaus passables Restaurant (Hauptgerichte 135 bis 165 nkr), und den Durst kann man in der Bar gleich nebenan löschen.

Rica Hotel (☎ 71 67 64 11; www.rica.no; Storgata 41; Mitte Juni–Mitte Aug. EZ/DZ 790/960 nkr, übrige Zeit So–Do 1260/1460 nkr, Fr & Sa 860/960 nkr; P 💻) Die Zimmer mit Blick aufs Wasser in diesem Hotel am Rande des Fjords sind ohne Aufpreis zu haben, wobei der Blick mit zunehmender Höhe immer besser wird. Für Gäste gibt es eine Sauna und einen Mini-Fitnessraum zur kostenlosen Benutzung.

Utsyn Pensjonat (☎ 71 56 69 70; fax 71 56 69 90; Kongens plass 4; EZ/DZ 450/570 nkr) Mit nur acht Zimmern ist Utsyn („Aussicht") eine ruhige, unkomplizierte Pension wie jede andere. Etwas ausgefallener ist hingegen ihr Café, das neben den üblichen Nudeln und Pizzen auch Wraps, Wok-Gerichte und eine norwegische Empfehlung des Tages auftischt (85 nkr einschließlich Kaffee und Nachspeise).

Atlanten Camping und Kristiansund Vandrerhjem (☎ 71 67 11 04; www.atlanten.no; Dalaveien 22; Zelt/Wohnwagenplätze 100/120 nkr, Hütten 330–450 nkr, mit Bad 550 nkr, Motel EZ/DZ/3BZ mit Bad 350/400/450 nkr) Campingplatz und Motel teilen sich hier das Grundstück und sind vom Zentrum aus gut zu Fuß erreichbar. Das Personal ist freundlich und die gut ausgestattete Motelküche hat sage und schreibe 17 Kühlschränke!

Smia Fiskerestaurant (☎ 71 67 11 70; Fosnagata 30; Hauptgerichte 140–220 nkr) Das mit Blumen reich geschmückte Smia Fischrestaurant befindet sich in einer alten Schmiede, dekoriert von oben bis unten mit Blasebälgen und Schmiedewerkzeugen – dazwischen ein paar Walwirbelsäulen und ein aufgehängter Klippfisch. Die Fischsuppe (80 nkr) ist eine hervorragende Vorspeise, kann aber auch als Hauptgericht bestellt werden (120 nkr). Ein sehr renommiertes Fischrestaurant.

Sjøstjerna (☎ 71 67 87 78; Skolegata 8; Hauptgerichte 170–235 nkr) Dieses Lokal, ebenfalls ein sehr empfohlenes Fischrestaurant, hat eine ähnliche Speisekarte und marine Einrichtung wie das Smia, dazu noch eine Außenterrasse in der Fußgängerstraße Skolegata.

Wer ein Café mit viel Atmosphäre sucht, sollte keine Mühe scheuen, um das Handelshuset aufzusuchen (s. S. 270).

Vinmonopolet (Ecke Langveien/Helsingsgata) ist der Laden für den Einkauf von Wein und Spirituosen.

Ausgehen

Onkel og Vennene (☎ 71 67 58 10; Kaibakken 1) In dem Pub/Café Onkel og Vennene herrscht eine angenehme Atmosphäre, in der das abendliche Bier und der eine oder andere Snack gut schmeckt. Im oberen Geschoss machen die Drinks noch mehr Spaß, bei Sonnenschein toppt die straßenseitige Terrasse alles.

Christian's Bar (☎ 71 57 03 00; Storgata 17) Diese Bar im Rainbow Hotell Kristiansund ist ein attraktives Pub für alle über 25.

Unterhaltung

Metz Disco (☎ 71 67 40 11; Hauggata 16) im Comfort Hotel Fosna, ist die Disko für junge Tänzer und Hopser, während **Rica Plaza Dancing** (☎ 71 67 64 11; Storgata 41), geöffnet nur samstagabends, eher etwas für Freunde des langsamen Walzers ist.

An- & Weiterreise

FLUGZEUG

Der **Flughafen** der Stadt, Kvernberget (☎ 71 68 30 50), liegt auf der Insel Nordlandet. SAS Braathens hat drei bis vier Flüge täglich von/nach Oslo und zwei bis drei von/nach Bergen. Coast Air fliegt von Montag bis Freitag einmal täglich von/nach Trondheim und zwei- bis dreimal täglich von/nach Bergen.

BOOT/FÄHRE

Für Tagesausflüge an das östliche Ende des Atlanterhavsveien und zur Stabkirche von Kvernes fährt die Bremsnes-Fähre (21 nkr, 25 Min., alle 20 bis 30 Min.) von der Anlegestelle Holmakaia ab.

Expressboote verbinden Kristiansund mit Trondheim (415 nkr, 3½ Std., 3-mal tgl. vom Nordmørskaia). Die Hurtigruten-Küstenfähre legt ebenfalls täglich an der Anlegestelle Holmakaia an. Die Fähre Richtung Süden fährt um 17 Uhr ab, Richtung Norden um 1.45 Uhr (Mitte September bis Mitte April um 23 Uhr).

BUS

Der Busbahnhof liegt unmittelbar nördlich vom Fährkai Nordmørskaia. Zu den Verbindungen gehören Molde (140 nkr, 1½ Std., 3- bis 8-mal tgl.) und Trondheim (360 nkr, 3¼ Std., 1- bis 3-mal tgl.).

Der Bussekspress verkehrt zwischen Kristiansund und Oppdal (260 nkr, 3¾ Std., 2- bis 6-mal tgl.) über Sunndalsøra (170 nkr, 2½ Std.), mit Anschlusszügen von/nach Oslo und Trondheim.

Unterwegs vor Ort

Die Stadtbusse kosten 17 nkr pro Fahrt. Zum Flughafen Kvernberget fährt der Flybuss (35 nkr, 20 Min., 3- bis 7-mal tgl.).

Die **Sundbåt-Fähre** (einfache Fahrt Erwachsene/Kinder 15/8 nkr, Tagesticket 40/20 nkr) ist allein schon wegen der Fahrt, aber auch wegen der besonderen Sicht auf den Hafen ihr Geld wert. Sie verbindet das Stadtzentrum und die Inseln Innlandet, Nordlandet und Gomelandet. Abfahrt alle halbe Stunde, montags bis freitags von 7 bis 17.15 Uhr und samstags von 10.15 bis 15.45 Uhr. Die volle Runde dauert zwanzig Minuten.

RUND UM KRISTIANSUND

Grip

Auf einer kleinen felsigen Insel zusammengedrängt liegt das farbenfrohe Dorf Grip mit seinen pastellfarbenen Häusern inmitten eines Archipels von 80 Inselchen und Schären. Im frühen 19. Jh. wurde das Dorf von einem Einbruch der Dorschfischerei und zwei heftigen Stürmen stark in Mitleidenschaft gezogen und praktisch verlassen. Letztlich ist es wieder auf die Beine gekommen und war dann jahrelang Norwegens kleinste Gemeinde, bis es 1964 in Kristiansund eingegliedert wurde.

Die stark restaurierte **Stabkirche** der Insel stammt ursprünglich aus dem späten 15. Jh. und hat ein interessantes, eindeutig katholisches Tabernakel. Die Öffnungszeiten richten sich nach den Ankunftszeiten der Fähre. Auf einer vorgelagerten Schäreninsel steht der 47 m hohe Leuchtturm Bratthårskollen, erbaut 1888, und hebt sich damit von den anderen Schären deutlich ab.

Von Mitte Mai bis Ende August fährt die **M/S Gripskyss** (☎ 92 28 65 63) ein- bis dreimal tgl. die 14 km zwischen Kristiansund und Grip (170 nkr hin und zurück, 30 Min.).

Trøndelag

INHALT

Der mit Abstand größte Anziehungspunkt von Trøndelag ist ohne Frage die faszinierende Stadt Trondheim, Norwegens drittgrößte Stadt und Dreh- und Angelpunkt der gesamten Region. Und es ist der nördlichste Ort Norwegens, der den Titel „Stadt" verdient. Durch die mittelalterlichen Straßen und Hafenanlagen dieser reizvollen Universitätsstadt mit ihrem quirligen Studentenleben und ihren hübschen Hafenrestaurants und -bars zu schlendern ist allein schon ein Vergnügen. Zu den Highlights gehören der Nidarosdom, Skandinaviens größtes mittelalterliches Bauwerk, und das nicht minder beeindruckende Freilicht-Volksmuseum Trøndelag auf Sverresborg.

Die Gegend steht in doppelter Hinsicht für einen Neubeginn: einen in der Vergangenheit und einen heute. Stiklestad ist der Schauplatz von König Olavs (hl. Olav) Martyrium und symbolisiert den Übergang von der Wikingerzeit zum Mittelalter. Das Herz jedes nationalbewussten Norwegers schlägt hier höher. Mit seiner malerischen kleinen Kirche, seinem eindrucksvollen Besucherzentrum und einem Freilichtmuseum lohnt der Ort den kleinen Abstecher vom Arctic Highway. Die Stadt Steinkjer ist dagegen Ausgangspunkt für eine Tour auf der atemberaubenden Küstenstraße „Kystriksveien", die etwas prosaischer auch als „Rv 17" bezeichnet wird. Steinkjers bequem zu erreichendes Fremdenverkehrsbüro in einem Kiosk direkt an der E6 ist gut mit Material über diese faszinierende Route ausgestattet. Sie führt bis nach Bodø, Nordland, und stellt eine reizvolle Alternative zum Arctic Highway dar – zumindest für Leute mit Zeit und Geld für die zusätzlichen Fährkosten. Selbst wenn die Uhr tickt oder ein akuter Mangel an Kronen es unmöglich macht, dem gesamten Kystriksveien zu folgen, bleibt als Möglichkeit: Zu dem kleinen Ort Namsos abbiegen und von dort weiter nach Osten fahren, um bei Grong wieder auf die E6 zu stoßen. So bekommt man immerhin eine Idee von der Küstenstraße.

HIGHLIGHTS

- Sich in Norwegens bedeutendster Kirche, dem **Nidarosdom** (S. 277) in Trondheim, umsehen
- Sich durch die Riesenauswahl an unvergleichlichen **Fassbieren** der Trondheimer Microbryggeri trinken (S. 286)
- Mit der Draisine auf der stillgelegten **Bahnstrecke von Namsos nach Grong** entlangrollen (S. 291)
- Über das mittelalterliche Schlachtfeld von **Stiklestad** streifen (S. 289), wo der hl. Olav allzu früh den Märtyrertod starb
- Den Daheimgebliebenen von einer Reise in die Hölle (**Hell,** S. 288) und zurück erzählen
- Wandern in der Wildnis von **Bymarka** (S. 283), gleich vor den Toren der Stadt

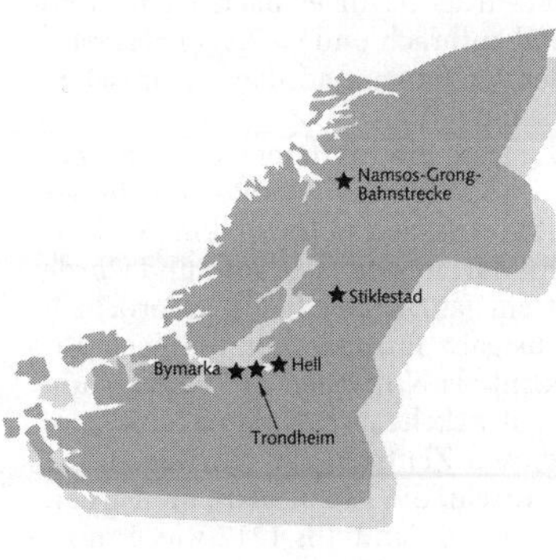

FLÄCHE: 38 615 km² | **HÖCHSTE ERHEBUNG:** KRÅKVASSTIND (1699 m) | **BEVÖLKERUNG:** 398 300

TRONDHEIM

145 700 Ew.

Trondheim war ursprünglich Norwegens Hauptstadt und ist heute die drittgrößte Stadt des Landes nach Oslo und Bergen. Mit ihren breiten Straßen und einer teils autofreien City ist Trondheim einfach eine nette Stadt, noch dazu eine mit einer langen Geschichte. Die vielen Studenten sorgen dafür, dass das Leben brummt. Überall fahren Fahrräder, es gibt gute Cafés und Restaurants und ziemlich viele Museen. Wenn man aus dem dünn besiedelten Norden Norwegens kommt, ist es fast wie ein Schock. Man *kann* diese Stadt an einem einzigen vollgepackten Tag besichtigen; wer jedoch ein bisschen ins Trondheimer Leben eintauchen möchte, wird länger brauchen.

Geschichte

Im Jahre 997 entschied sich der christliche König Olav Tryggvason, sein Langboot auf einer breiten Sandbank in der Mündung des Flusses Nid festzumachen. Nidaros („Mündung des Flusses Nid") erschien mit dem natürlichen Hafen in strategisch günstiger Lage dazu geeignet, sich gegen die kriegerischen heidnischen Stammesfürsten von Lade zur Wehr zu setzen. Diese galten in der Gegend als Bedrohung für das Christentum – und die Stabilität. Es heißt, dass zwei Jahre später Leifur Eiríksson den König aufsuchte und zum Christentum bekehrt wurde, bevor er nach Island und Grönland aufbrach und vielleicht als erster Europäer den Fuß auf nordamerikanischen Boden setzte.

1030 starb ein anderer, diesmal berühmterer König Olav (Haraldsson) in der Schlacht von Stiklestad (ca. 90 km nordöstlich) den Märtyrertod (s. S. 289) und wurde prompt ein Jahr später heilig gesprochen. Pilger aus ganz Europa strömten nach Nidaros. Und als Norwegen 1153 Erzbistum wurde, entwickelte sich Nidaros zum geistig-religiösen Zentrum für Norwegen, die Orkney-Inseln, die Isle of Man, die Färöer, Island und Grönland. Bis 1217 war es norwegische Hauptstadt – die Hauptstadt eines Reiches, das vom westlichen Russland bis (vielleicht) an die Küsten Neufundlands reichte. Der Kult um den hl. Olav ging weiter bis zur Reformation 1537, als Norwegen dem lutherischen Bischof von Dänemark unterstellt wurde.

1681 zerstörte ein Brand den Großteil der Stadt. Dies nahm General Caspar de Cicignon zum Anlass, Trondheim mit breiten Straßen und dem Flair der Renaissance neu aufzubauen.

Im Zweiten Weltkrieg erwies sich die Lage der Stadt einmal mehr als bedeutsam: Die deutsche Marine machte Trondheim zu ihrer Operationsbasis für das nördliche Norwegen. Glücklicherweise wurde die Stadt kaum zerstört.

Orientierung

Das Zentrum von Trondheim bildet eine dreieckige Halbinsel, begrenzt vom Fluss Nidelva im Südwesten und im Osten, im Norden vom Trondheimsfjord. Der Zug- und Busbahnhof Trondheim Sentralstasjon und die Kais drängen sich zwischen dem Kanal unmittelbar nördlich vom Zentrum und dem Trondheimsfjord.

Im Herzen der Stadt liegt Torvet (oder „Torget"), der zentrale Platz, mit einem kleinen Markt, auf dem es täglich Obst und Gemüse zu kaufen gibt, einem schönen Blick auf den Nidarosdom, und der Statue von König Olav Tryggvason, die über allem auf einer Säule thront.

Etwas östlich vom Zentrum, jenseits der Gamle Bybro (Altstadtbrücke), liegt das Viertel Bakklandet. Dort sind in die alten, erst kürzlich renovierten Lager- und Arbeiterhäuser einige der buntesten und abwechslungsreichsten Restaurants und Bars eingezogen. Wer's trendiger möchte, geht in die Cafés und Hafenrestaurants von Solsiden – klein und fein, weil noch frischer restauriert.

Praktische Informationen

Im Stadtzentrum gibt es jede Menge Geldautomaten.

Ark Bruns Bokhandel (☎ 73 51 00 22; Kongens gate 10) hat ein gutes Angebot an fremdsprachigen Büchern.

Bell Internett Café (☎ 73 80 85 42; Kongens gate 34; 30 Min. 20 nkr; 🕑 Mo–Sa 11–22 Uhr, So 14–22 Uhr)

Elefanten Vaskeri (☎ 73 51 29 89; Mellomveien 20; 🕑 Mo–Fri 10–18 Uhr, Sa 11–16 Uhr) Norwegens nördlichster Waschsalon. Kaffee gibt's gratis.

Fremdenverkehrsbüro (☎ 73 80 76 60; www.visit-trondheim.com; Torvet; 🕑 Mitte Mai–Juni Mo–Fr 8.30–18 Uhr, Sa–So 10–16 Uhr; Juli–Aug. Mo–Fr 8.30–22 Uhr, Sa–So 10–18 Uhr; Sept.–Mitte Mai Mo–Fr 9–16 Uhr, Sa–So 10–14 Uhr)

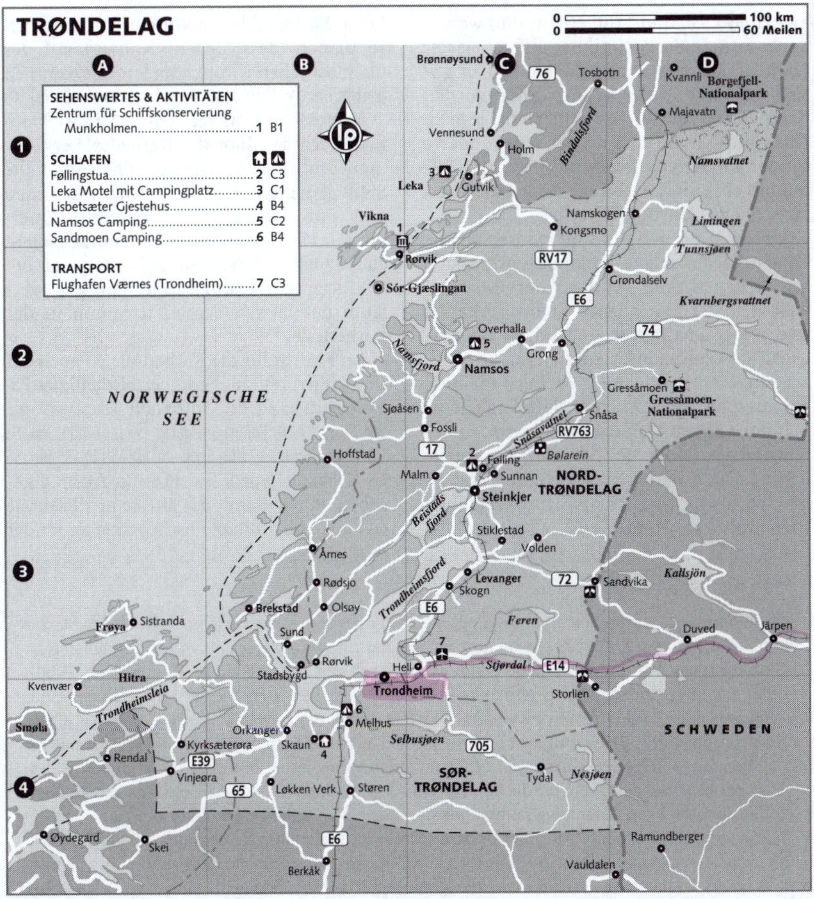

Hauptpost (Dronningens gate 10)

Spacebar (☎ 73 51 53 50; Kongens gate 19; pro Std. 40 nkr; 🕓 So–Do 10–2 Uhr, Fr–Sa rund um die Uhr geöffnet) Internetcafé mit einem weiteren Eingang von der Prinsens gate.

Sehenswertes

NIDAROSDOM & ERZBISCHÖFLICHES PALAIS

Trondheims beherrschendes Wahrzeichen und Skandinaviens größtes mittelalterliches Bauwerk – errichtet im späten 11. Jh. – ist der **Nidarosdom** (Nidaros Domkirche; Kongsgårdsgata; Erwachsene/Kinder 40/20 nkr inkl. Palais des Erzbischofs; 🕓 Mai–Mitte Juni und Mitte Aug.–Mitte Sept. Mo–Fr 9–15 Uhr, Sa 9–14 Uhr, So 13–16 Uhr; Mitte Juni–Mitte Aug Mo–Fr 9–18 Uhr, Sa 9–14 Uhr, So 13–16 Uhr; Mitte Sept.–April Mo–Fr 12–15.30 Uhr, Sa 11.30–14 Uhr, So 13–15 Uhr). Außen fasziniert die reich verzierte Westwand: Sie ist von oben bis unten übersät mit Statuen biblischer Figuren und norwegischer Bischöfe und Könige. Drinnen müssen sich die Augen erst an das gedämpfte Licht gewöhnen. Es schimmert durch die bunten modernen Glasfenster mit ihren intensiven Farben, besonders durch das Rosettenfenster am westlichen Ende.

Der Altar wurde über dem Grab des hl. Olav errichtet, des Wikingerkönigs, der die heidnische nordische Religion durch das Christentum ersetzte. Als Norwegen 1153 ein eigenes Erzbistum wurde, errichtete man eine größere Kathedrale. Das heutige Querschiff und das Domkapitel wurden zwischen 1130 und 1180 erbaut und weisen anglonormannische Einflüsse auf. (Viele der Handwerker kamen aus England.) Der gotische Chor und der Wandelgang wurden dagegen erst im frühen 14. Jh. fertig gestellt. Das Hauptschiff, im Lauf der Jahrhunderte immer wieder von Feuer zerstört, ist größtenteils eine originalgetreue Rekonstruktion aus dem 19. Jahrhundert.

Unten in der Krypta sind zahlreiche alte Grabsteine zu sehen. Die meisten mussten aus Bruchstücken rekonstruiert werden, weil viele der marmornen Steine zerhauen und weggeschafft wurden, um als Baumaterial für Wohnhäuser zu dienen.

Man kann auf eigene Faust herumlaufen, aber es lohnt sich, an einer Führung teilzunehmen (Führungen dauern 15 Min. in der Kurzversion oder 45 Min. etwas detaillierter). Die Anfangszeiten variieren, aber es gibt bis zu vier englische Führungen täglich (normalerweise um 11, 12, 13.30 und 16 Uhr). Musikliebhaber können ihren Besuch so planen, dass sie ein Konzert auf der phantastischen Kirchenorgel mitbekommen (Eintritt frei; ⌚ Mitte Juni–Mitte Aug. Mo–Sa 13 Uhr).

Von Mitte Juni bis Mitte August kann man auch den **Turm** der Kathedrale erklimmen und den großartigen Blick über die Stadt genießen (Aufstieg alle halbe Stunden vom Fuß des Turms im südlichen Querschiff). Die Kronjuwelen, die zurzeit nicht ausgestellt sind, werden 2006 wieder zu bewundern sein – zum hundertjährigen Jubiläum der letzten echten Krönung in der Kathedrale.

Im Eintritt für die Kathedrale ist auch der Besuch im angrenzenden **erzbischöflichen Palais** aus dem 12. Jh. enthalten (Erkebispegården; ☎ 73 53 91 60; Kongsgårdsgata; ⌚ Juni–Aug. Mo–Sa 10–17 Uhr, So 12–17 Uhr, Sept.–Mai Di–Sa 11–15 Uhr, So 12–16 Uhr). Es wurde ca. 1160 in Auftrag gegeben und ist damit das älteste nicht sakrale Gebäude Skandinaviens. Noch spannender

DER PILGERWEG

Der Nidarosdom wurde über dem Grab des hl. Olav errichtet, der nach seinem Tod in der Schlacht von Stiklestad am 29. Juli 1030 heilig gesprochen und zum Märtyrer erklärt wurde. Schnell entwickelte sich ein Kult um den Heiligen. Ihm wurden weltweit 340 Kirchen in Skandinavien, Großbritannien, Russland, den Baltischen Staaten, Polen, Deutschland und den Niederlanden geweiht. Pilger aus ganz Europa reisten zu seinem Grab in Nidaros, das zum beliebtesten Wallfahrtsort in Nordeuropa wurde. Reich und Arm traten von Oslo aus eine 25-tägige Wanderschaft an, andere nahmen lange Seereisen von Island, Grönland, den Orkney-Inseln und den Färöer auf sich. Das Grab des hl. Olav wurde zum nördlichen Ziel der europäischen Pilger, die ansonsten nach Rom im Süden, Jerusalem im Osten und Santiago de Compostela im Westen strömten.

Die Strecke der Pilger führte von Dorf zu Dorf; sie wurde zur Pulsader des Kults um den hl. Olav. Im Mittelalter sah man bereits die Reise selbst als Übung im Einssein mit Gott an. Und mit Sicherheit boten die damaligen Reiserouten, die wilde Berge, Wälder und Flüsse kreuzten, reichlich Gelegenheit, sich Gedanken über die entbehrungsreiche menschliche Reise bis zur Ewigkeit zu machen. Die meisten Pilger waren zu Fuß unterwegs, nur die Reichen konnten per Pferdestärke reisen. Wer arm war, war auf die Gastfreundschaft der an der Wegstrecke lebenden Menschen angewiesen. Aber die reisenden Pilger standen in Norwegen in hohem Ansehen und wurden daher immer willkommen geheißen.

Im Jahr 1997 wurde der Pilgerweg – alles in allem 926 km, wenn man die Alternativstrecken mitrechnet – neu eröffnet und damit die alte Route zwischen Oslo und Trondheim wiederbelebt. Die holperige Wegstrecke – größtenteils bestehend aus Bergpfaden und Schotterstraßen – ist außerdem ordentlich markiert worden. Man muss nur immer nach dem Logo Ausschau halten: das Olavskreuz, verflochten mit dem vierblättrigen Knoten, den man überall sieht, wo eine Sehenswürdigkeit lauert. Die Route folgt, soweit als möglich, den alten, historisch dokumentierten Pfaden. Am Weg weisen Schilder auf Ortsnamen und Gedenkstätten hin, die etwas mit Leben und Wirken des hl. Olav zu tun haben, aber auch auf alte Hügelgräber und andere historische Stätten.

Weitere Informationen im **Pilgerbüro** (Pilegrimskontoret; ☎ 22 33 03 11; www.pilegrim.no; Kirkegata 34a, N-0153 Oslo) oder unter der genannten Internetadresse.

The Pilgrim Road to Nidaros (2003) von Alison Raju, veröffentlicht von Cicerone Press, ist ein unverzichtbarer englischsprachiger Führer für alle, die sich auf den Weg machen wollen.

aber ist das neue **Museum**, das zur gleichen Anlage gehört. Nachdem man Statuen, Wasserspeier und Reliefs besichtigt hat, geht's ein Geschoss tiefer, wo eine kleine Auswahl der unzähligen Artefakte präsentiert wird, die beim Bau des Museums in den späten 1990er-Jahren ans Tageslicht kamen. Der begleitende 15-minütige Film ist sehenswert.

Das angrenzende **Nationale Militärmuseum** (☎ 73 99 52 80; Rustkammeret; Eintritt frei; ⏲ nur Juni–Aug Mo–Fr 9–15 Uhr, Sa–So 11–16 Uhr) im gleichen Hof ist voll von alten Schwertern, Rüstungen und Kanonen. Es gibt Auskunft über die Zeit zwischen 1700 und 1900, als der Palast des Erzbischofs als dänische Militäreinrichtung diente. Im Obergeschoss befindet sich eine Ausstellung über die **Hjemmesfront** (Heimatfront). Hier geht es um Trondheims Rolle im Widerstand während des Zweiten Weltkriegs.

SVERRESBORG FREILICHTMUSEUM TRØNDELAG

Westlich vom Zentrum liegt das **Freilichtmuseum** (☎ 73 89 01 00; Sverresborg Allé; Erwachsene/Kinder/Familien 70/25/185 nkr; ⏲ Juni–Aug. tgl. 11–18 Uhr; Sept.–Mai Mo–Fr 11–15 Uhr, Sa–So 12–16 Uhr) – eines der besten in ganz Norwegen. Die Ausstellung „Livsbilder" (Lebensbilder) im Hauptgebäude zeigt Alltagsgegenstände von Kleidung über Schulausrüstung bis zu Fahrrädern von der Mitte des 19. Jhs. bis heute. Dazu gibt's eine kurze Multimediashow. Führungen auf Englisch finden fast jede Stunde statt.

Der Rest des Museums mit mehr als 60 alten Gebäuden ist open air. Nebenan stehen die Ruinen von König Sverres Burg, von denen man einen herrlichen Blick über die Stadt genießt. Im städtischen Teil des Museums gruppieren sich Häuser, ein Postamt, eine Zahnarztpraxis und ein paar Läden um einen Marktplatz. Dazu gibt es Bauernhäuser aus dem ländlichen Trøndelag und die kleine Stabkirche von Haltdalen (1170) zu sehen; zwei kleinere Museen widmen sich der Telekommunikation (schicke alte Telefone!) und dem Skifahren (mit reich verzierten Holzskiern).

In der Vertshuset Tavern, dem Restaurant des Museums (s. S. 285), kann man norwegische Spezialitäten probieren. Der Bus der Linie Nr. 8 (Richtung Stavset oder Byåsen Heimdal) fährt ab Dronningens gate.

NOCH MEHR MUSEEN

Das **Ringve Museum** (☎ 73 87 02 80; Lade Allé 60; Erwachsene/Kinder/Familien 70/25/140 nkr; ⏲ Mitte April–Mitte Mai Mo–Fr 11–15 Uhr, So 11–16 Uhr; Mitte Mai–Mitte Juni und Anfang Aug.–Mitte Sept. 11–15 Uhr, Mitte Juni–Anfang Aug. 11–17 Uhr; Mitte Sept.–Mitte April nur So 11–16 Uhr) ist Norwegens nationales Museum für Musik und Musikinstrumente. Der Besitzer, ein gebürtiger Russe, hat mit Begeisterung die alten und seltenen Musikinstrumente gesammelt, die man hier zu sehen – und zu hören – bekommt: Bei den Führungen durch das Haupthaus werden sie von Musikstudenten vorgeführt. In der alten Scheune kann man außerdem die reichhaltige Sammlung von Instrumenten aus aller Welt durchstöbern. Der botanische Garten innerhalb des umgebenden Landsitzes aus dem 18. Jh. bietet die Möglichkeit zum Abschalten im Grünen. Anfahrt mit Bus Nr. 3 oder 4, dann den Hügel hinauf.

Das kleine **Seefahrtsmuseum der Stadt Trondheim** (Trondheims Sjøfartsmuseum; ☎ 73 89 01 00; Fjordgata 6a; Erwachsene/ermäßigt 25/15 nkr; ⏲ Juni–Aug. 10–16 Uhr) ist in einem alten Gefängnis untergebracht – ein ansprechendes kleines Museum voll mit Überresten von alten Walfangschiffen und Fregatten aus dem 18. Jh. bis hin zu Navigationsinstrumenten und Modellen, Ölbildern und Fotos historischer Segelschiffe.

Das **Museum für Naturgeschichte und Archäologie** (Vitenskapsmuseet NTNU; ☎ 73 59 21 45; Erling Skakkes gate 47; Erwachsene/Kinder/Familien 25/10/50 nkr; ⏲ Mai–Mitte Sept. Mo–Fr 9–16 Uhr, Sa–So 11–16 Uhr; Mitte Sept.–April Di–Fr 9–14 Uhr, Sa–So 12–16 Uhr) gehört zur NTNU, der norwegischen Universität für Wissenschaft und Technologie. Den Besucher erwartet ein buntes Sammelsurium von Ausstellungsstücken zur Geschichte von Mensch und Natur in der Umgebung der Stadt Trondheim. Es geht um Straßen und Häuser, archäologische Ausgrabungen und die Kultur der Südsamen. Besser geordnet ist eine kleine, verlockende Abteilung über die Geschichte der Kirche in einem Nebengebäude. Faszinierend sind die Alltagsgegenstände in der Mittelalterabteilung. Hier geht es um Trondheims Geschichte bis zum großen Brand im Jahre 1681.

Das **Nationale Kunsthandwerksmuseum** (Nordenfjeldske Kunstindustrimuseum; ☎ 73 80 89 50; Munkegata 5; Erwachsene/Kinder 50/25 nkr; ⏲ Juni–Ende Aug. Mo–Sa 10–17 Uhr, So 12–17 Uhr; Sept.–Mai Di–Sa 10–15

TRONDHEIM

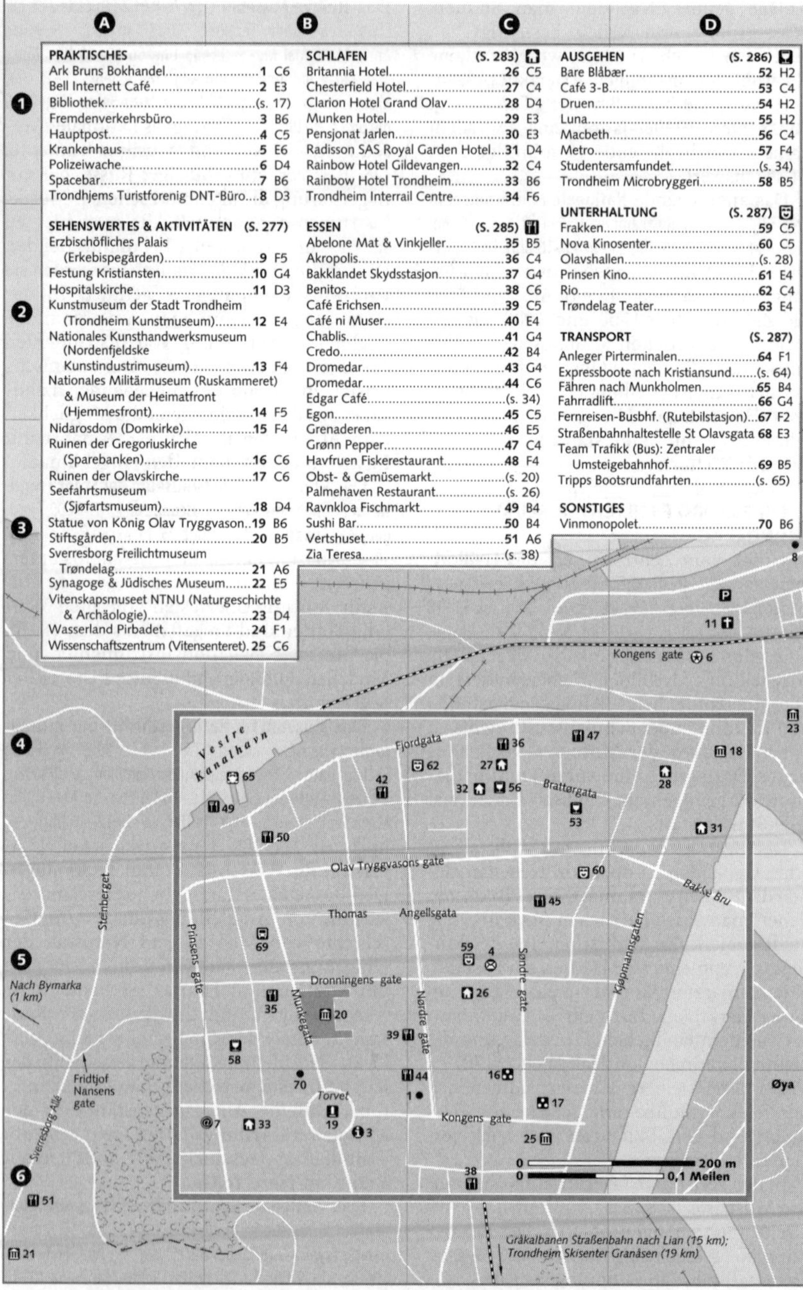

PRAKTISCHES
Ark Bruns Bokhandel ... 1 C6
Bell Internett Café ... 2 E3
Bibliothek ... (s. 17)
Fremdenverkehrsbüro ... 3 B6
Hauptpost ... 4 C5
Krankenhaus ... 5 E6
Polizeiwache ... 6 D4
Spacebar ... 7 B6
Trondhjems Turistforenig DNT-Büro ... 8 D3

SEHENSWERTES & AKTIVITÄTEN (S. 277)
Erzbischöfliches Palais (Erkebispegården) ... 9 F5
Festung Kristiansten ... 10 G4
Hospitalskirche ... 11 D3
Kunstmuseum der Stadt Trondheim (Trondheim Kunstmuseum) ... 12 E4
Nationales Kunsthandwerksmuseum (Nordenfjeldske Kunstindustrimuseum) ... 13 F4
Nationales Militärmuseum (Ruskammeret) & Museum der Heimatfront (Hjemmesfront) ... 14 F5
Nidarosdom (Domkirke) ... 15 F4
Ruinen der Gregoriuskirche (Sparebanken) ... 16 C6
Ruinen der Olavskirche ... 17 C6
Seefahrtsmuseum (Sjøfartsmuseum) ... 18 D4
Statue von König Olav Tryggvason ... 19 B6
Stiftsgården ... 20 B5
Sverresborg Freilichtmuseum Trøndelag ... 21 A6
Synagoge & Jüdisches Museum ... 22 E5
Vitenskapsmuseet NTNU (Naturgeschichte & Archäologie) ... 23 D4
Wasserland Pirbadet ... 24 F1
Wissenschaftszentrum (Vitensenteret) ... 25 C6

SCHLAFEN (S. 283)
Britannia Hotel ... 26 C5
Chesterfield Hotel ... 27 C4
Clarion Hotel Grand Olav ... 28 D4
Munken Hotel ... 29 E3
Pensjonat Jarlen ... 30 E3
Radisson SAS Royal Garden Hotel ... 31 D4
Rainbow Hotel Gildevangen ... 32 C4
Rainbow Hotel Trondheim ... 33 B6
Trondheim Interrail Centre ... 34 F6

ESSEN (S. 285)
Abelone Mat & Vinkjeller ... 35 B5
Akropolis ... 36 C4
Bakklandet Skydsstasjon ... 37 G4
Benitos ... 38 C6
Café Erichsen ... 39 C5
Café ni Muser ... 40 E4
Chablis ... 41 G4
Credo ... 42 B4
Dromedar ... 43 G4
Dromedar ... 44 C6
Edgar Café ... (s. 34)
Egon ... 45 C5
Grenaderen ... 46 E5
Grønn Pepper ... 47 C4
Havfruen Fiskerestaurant ... 48 F4
Obst- & Gemüsemarkt ... (s. 20)
Palmehaven Restaurant ... (s. 26)
Ravnkloa Fischmarkt ... 49 B4
Sushi Bar ... 50 B4
Vertshuset ... 51 A6
Zia Teresa ... (s. 38)

AUSGEHEN (S. 286)
Bare Blåbær ... 52 H2
Café 3-B ... 53 C4
Druen ... 54 H2
Luna ... 55 H2
Macbeth ... 56 C4
Metro ... 57 F4
Studentersamfundet ... (s. 34)
Trondheim Microbryggeri ... 58 B5

UNTERHALTUNG (S. 287)
Frakken ... 59 C5
Nova Kinosenter ... 60 C5
Olavshallen ... (s. 28)
Prinsen Kino ... 61 E4
Rio ... 62 C4
Trøndelag Teater ... 63 E4

TRANSPORT (S. 287)
Anleger Pirterminalen ... 64 F1
Expressboote nach Kristiansund ... (s. 64)
Fähren nach Munkholmen ... 65 B4
Fahrradlift ... 66 G4
Fernreisen-Busbhf. (Rutebilstasjon) ... 67 F2
Straßenbahnhaltestelle St Olavsgata 68 E3
Team Trafikk (Bus): Zentraler Umsteigebahnhof ... 69 B5
Tripps Bootsrundfahrten ... (s. 65)

SONSTIGES
Vinmonopolet ... 70 B6

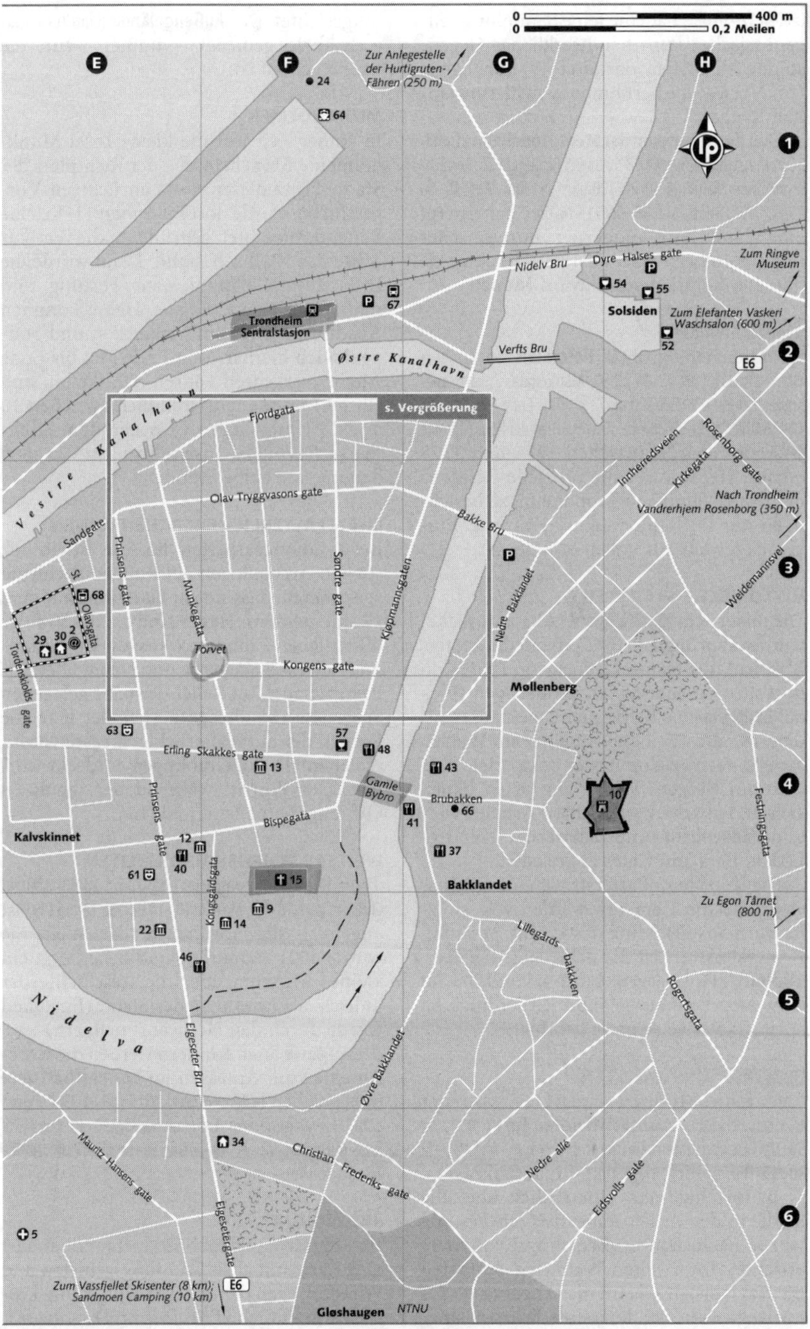
0 400 m
0 0,2 Meilen
E
F
G
H
1
2
3
4
5
6
Zur Anlegestelle der Hurtigruten-Fähren (250 m)
24
64
Nidelv Bru
Dyre Halses gate
Zum Ringve Museum
54
55
67
Trondheim Sentralstasjon
Solsiden
Zum Elefanten Vaskeri Waschsalon (600 m)
52
Verfts Bru
Østre Kanalhavn
E6
s. Vergrößerung
Fjordgata
Vestre Kanalhavn
Innherredsveien
Rosenborg gate
Kirkegata
Nach Trondheim Vandrerhjem Rosenborg (350 m)
Olav Tryggvasons gate
Bakke Bru
Sandgate
Prinsens gate
Munkegata
Søndre gate
Kjøpmannsgaten
Nedre Bakklandet
Weidemannsvei
St. Olavsgata
68
29
30
2
Tordenskiolds gate
Torvet
Kongens gate
Møllenberg
63
57
48
Erling Skakkes gate
13
43
Gamle Bybro
Brubakken
10
66
41
Festningsgata
Bispegata
Kalvskinnet
12
40
37
61
15
Bakklandet
Kongsgårdsgata
9
14
22
Zu Egon Tårnet (800 m)
Lillegårds bakken
46
Nidelva
Rogertsgata
Elgeseter Bru
Øvre Bakklandet
34
Christian Frederiks gate
Nedre allé
Eidsvolls gate
Mauritz Hansens gate
Elgesetergate
5
Zum Vassfjellet Skisenter (8 km); Sandmoen Camping (10 km)
Gløshaugen
NTNU

Uhr, So 12–16 Uhr) hat eine feine Sammlung zeitgenössischer kunsthandwerklicher Gegenstände zu bieten, darunter Wandbehänge von Norwegens berühmter Künstlerin Hannah Ryggen.

Das **Kunstmuseum der Stadt Trondheim** (Trondheim Kunstmuseum; ☎ 73 53 81 80; Bispegata 7b; Erwachsene/Kinder/Familien 40/20/100 nkr; ⏲ Juni–Aug. Di–So 10–17 Uhr, Sept.–Mai Di–So 11–16 Uhr) beherbergt eine Sammlung moderner norwegischer und dänischer Kunst ab 1800, darunter einige Lithografien von Edvard Munch.

STIFTSGÅRDEN

Skandinaviens größtes **Holzpalais** im späten Barockstil (☎ 73 84 28 80; Munkegata; Erwachsene/Kinder/Familien 50/25/100 nkr; ⏲ Juni–Ende Aug. Mo–Sa 10–16 Uhr, So 12–16 Uhr; bei Anwesenheit der Königsfamilie geschlossen) wurde zwischen 1774 und 1778 erbaut. Heute ist er die offizielle Residenz der Königsfamilie in Trondheim, zu besichtigen nur im Rahmen einer Führung. Einlass ist jeweils zur vollen Stunde.

HISTORISCHE STADTTEILE

Die malerische **Gamle Bybro** (Altstadtbrücke) wurde ursprünglich 1681 erbaut; die heutige Konstruktion stammt jedoch von 1861. Von dort aus hat man einen großartigen Blick auf **Bryggen**, eine Reihe alter Lagerhäuser aus dem 18. und 19. Jh. unmittelbar am Wasser. Sie erinnern an ihre besser bekannten Pendants in Bergen. Weiter im Osten haben sich in den schick gemachten Arbeitervierteln **Møllenberg** und **Bakklandet** trendige Läden, Bars and Cafés angesiedelt.

Die Kopfsteinpflasterstraßen unmittelbar westlich vom Zentrum werden von Holzhäusern aus der Mitte des 19. Jhs. gesäumt. Bemerkenswert ist die achteckige **Hospitalskirche** aus Holz (Hospitalsløkka 2–4) von 1705 auf dem Krankenhausgelände. (Allerdings ist sie normalerweise nicht geöffnet.)

FESTUNG KRISTIANSTEN

Nur zehn Minuten dauert es, von der Gamle Bybro zum **Kristiansten Fort** (☎ 73 99 58 31; Festningsgaten; Eintritt frei; ⏲ Juni–Aug. Mo–Fr 10–15 Uhr, Sa–So 11–16 Uhr) hinaufzukraxeln. Von dort hat man einen Blick über die Stadt aus der Vogelperspektive. Die Festung wurde nach dem großen Brand von 1681 errichtet. Im Zweiten Weltkrieg benutzten die Nazis sie als Gefängnis. Angehörige des norwegischen Widerstands wurden hier hingerichtet. Das **Außengelände** (Eintritt frei) ist ganzjährig geöffnet – immer wenn die Fahne gehisst ist.

MUNKHOLMEN

In früher Zeit war die kleine Insel Munkholmen – Mönchsinsel – der Richtplatz der Stadt. Trotz dieser etwas anrüchigen Vorgeschichte wurde dort im frühen 11. Jh. eine Benediktinerabtei gegründet, die bis zur Mitte des 17. Jhs. bestand. Dann wurde die Insel zum Gefängnis, zur Festung und schließlich zum Zollhaus. Heute kommen Ausflügler gern zum Picknicken und Sonnenbaden hierher. Von Ende Mai bis Ende August verkehren Fähren (50 nkr hin und zurück) mindestens stündlich zwischen 10 und 18 Uhr. Abfahrt ist neben dem Fischmarkt Ravnkloa; Inselführungen (25 nkr) dauern eine halbe Stunde.

MITTELALTERLICHE KIRCHENRUINEN

Bei Grabungsarbeiten für die Bibliothek stießen Archäologen auf Ruinen. Fachleute spekulieren, dass sie zur **Olavskirche** aus dem 12. Jh. gehören. Heute sind sie im Hof der öffentlichen Bibliothek ausgestellt, zusammen mit zwei Skeletten und einem überzähligen Schädel. Im Keller der nahe gelegenen Sparkasse (Søndre gate 4) findet man die Ruinen der mittelalterlichen **Gregoriuskirche**, die ebenfalls bei Grabungen entdeckt wurden. Der Eintritt während der regulären Öffnungszeiten ist jeweils frei.

WEITERE SEHENSWÜRDIGKEITEN

Trondheims **Synagoge** (☎ 73 52 20 30; Arkitekt Christies gate 1B; ⏲ Mo–Do 10–14 Uhr, So 12–15 Uhr) ist angeblich die nördlichste der Welt. Sie wurde 2001 restauriert und beherbergt ein kleines Museum über die Geschichte der jüdischen Einwohner der Stadt. (Ihre Zahl wurde durch den Holocaust halbiert.)

Aufgeweckten Kindern werden die Experimente zum Anfassen im **Wissenschaftszentrum** gefallen (Vitensenteret; ☎ 73 59 61 23; Kongens gate 1; Erwachsene/erm./Familien 60/35/120 nkr; ⏲ Mitte Juni–Mitte Aug. Mo–Fr 10–17 Uhr, Sa–So 11–17 Uhr; übrige Zeit bis 16 Uhr).

Aktivitäten

Im Fremdenverkehrsbüro in Trondheim ist eine Karte mit allen Erholungsgebieten und Wanderwegen der näheren Umgebung kostenlos erhältlich: *Friluftsliv i Trondheims-*

regionen (Outdoor-Leben in der Region Trondheim; Text auf Norwegisch).

WANDERN

Westlich von Trondheim erstreckt sich die Bymarka, ein traumhaft grünes Waldgebiet, durchzogen von verwilderten Fußwegen und Langlaufloipen. Die Straßenbahn Gråkalbanen fährt von der Haltestelle in der St. Olavsgata nach **Lian** – schon für sich genommen eine lohnende, landschaftlich reizvolle Fahrt durch grüne Vororte. Am Ziel angekommen, erwarten den Besucher ein toller Blick über die Stadt und ein schöner Badesee, der Kyvannet.

Wer ernsthaft wandern möchte, wende sich an das örtliche Büro des norwegischen Wandervereins DNT **Trondhjems Turistforenig** (☎ 73 92 42 00; Sand gate 30).

SKIFAHREN

Die Vassfjellet-Berge im Süden von Trondheim bieten die Möglichkeit für Abfahrts- und Langlauf. In der Saison fährt ein Skibus täglich von der Munkegata direkt zum Vassfjellet Skisenter nur 8 km außerhalb der Stadt. Auch die Bymarka bietet ausgezeichnete Langlaufmöglichkeiten, ebenso das Trondheim Skisenter Granåsen. Dort können Mutige oder Übermütige von der weltweit größten Skischanze mit Platikbelag springen.

BOOTSFAHRTEN

Tripps (☎ 73 52 87 15; Erwachsene/Kinder 120/50 nkr; 🕑 Juni–Mitte Aug. Di–So) veranstaltet eine gemütliche, anderthalbstündige Bootsfahrt die Mündung des Nid hinunter und raus auf den Fjord; Abfahrt täglich um 14 Uhr, bei Bedarf auch um 16 und 18.30 Uhr. Fahrkarten gibt's an Bord.

WASSERLAND PIRBADET

Pirbadet (☎ 73 83 18 00; Erwachsene/Kinder Mo–Fr 95/60 nkr, Sa–So 115/70 nkr; 🕑 Mo–Sa 10–21 Uhr, So 10–19 Uhr) auf dem Pirterminalen-Kai ist Norwegens größtes Indoor-Badeland: Wasserspaß ohne Ende mit Wellenbad, Sauna, einer 100-m-Rutsche und mehr.

Geführte Touren

Von Ende Mai bis August bietet **Trondheim Aktivum** eine zweistündige geführte Bustour durch die Stadt an, bei der man einen guten Überblick über die Stadt erhält (Erwachsene/Kinder 180/75 nkr); Abfahrt ist täglich am Fremdenverkehrsbüro, wo man auch Plätze reservieren kann.

Festivals/Feste & Events

In der Woche um den 29. Juli finden die **Olavsfestdagene** (www.olavsfestdagene.no auf Norwegisch) statt, ein großes Kulturfestival zu Ehren des hl. Olav. Auf dem Programm stehen eine Prozession, ein mittelalterlicher Markt und jede Menge Konzerte mit klassischer Musik, Jazz und Pop.

Alle zwei Jahre laden Trondheims 25 000 Hochschulstudenten im Oktober und November zu Norwegens größtem Kulturfestival ein, dem **UKA-Fest** (www.uka.no auf Norwegisch) Drei Wochen lang wird nonstop gefeiert mit Konzerten, Theateraufführungen und anderen Festivitäten – alles rund um das runde rote Studentenzentrum Studentersamfundet. Das nächste Mal wird die Stadt 2007 auf den Kopf gestellt.

Im Februar und März veranstalten die Studenten alle zwei Jahre das **ISFiT** (www.isfit.org), ein internationales Studententreffen mit Teilnehmern aus mehr als 100 Ländern. Charakter und Absicht sind durchaus ernsthaft, aber die Pausen werden mit reichlich Konzerten und Events gefüllt. Das nächste große Treffen ist für Februar/März 2007 angesetzt.

Schlafen

Gegen eine Gebühr von 20 nkr bucht das Fremdenverkehrsbüro Privatzimmer (Einzelzimmer ca. 250 bis 330 nkr, Doppelzimmer 400 bis 450 nkr).

Trondheim InterRail Centre (☎ 73 89 95 38; Elgesetergate 1; B inkl. Frühstück 115 nkr; 🕑 Ende Juni–Mitte Aug.) Okay, hier schläft man auf einer Art Feldbett in einem Schlafsaal zusammen mit 15 bis 40 schwitzenden, schnarchenden Zeitgenossen, doch die Vorteile überwiegen: Dies ist ein geselliger, zwangloser Ort zum Übernachten mit super Preis-Leistungs-Verhältnis, verwaltet vom Studentenzentrum. Internetzugang ist umsonst, in der Sportbar können Großereignisse auf entsprechendem Bildschirm verfolgt werden, häufig ist Livemusik angesagt und „Sperrstunde" gilt als Unwort. Im Edgar-Café gibt's Essen und Bier für wenig Geld. (Am Backpacker-Abend, jeden Dienstag und Freitag von 21 bis 23 Uhr, kostet das Bier nur 25 nkr.) Sollten des nachts, wenn die Party vorbei ist, seltsame

DER TIPP VOM AUTOR

Lisbetsæter Gjestehus (☎ 72 86 42 10; www.lisbetseter.no, Skaun; EZ/DZ inkl. Frühstück 700/950 Nkr; Mitte Mai-Mitte Okt.) Mitte des 19. Jhs. wurde Dr. Eyvind Kraft Leibarzt des Königs von Hawaii. Als sich jedoch eine der Prinzessinnen in ihn verliebte, zahlte der König Kraft viel Geld, damit er in die Heimat zurückzukehrte. 1890 eröffnete der Arzt mit diesem Vermögen ein Sanatorium und ein Kurhotel für Wassertherapien auf einer mittelalterlichen Milchfarm in der hügeligen Landschaft 25 km südwestlich von Trondheim. Auf einer Anhöhe gelegen und Wald weit und breit, ist dieses hübsche Holzhaus mit seinen großen Balkonen ideal, um sich etwas zurückzuziehen.

Schlurfgeräusche zu hören sein, ist das nur der Geist eines Studenten namens S. Møller, der hier in den 1930er-Jahren auf mysteriöse Weise verschwand.

Trondheim Vandrerhjem Rosenborg (☎ 73 87 44 50; trondheim.hostel@wandrerhjem.no; Weidemannsvei 41; B inkl. Frühstück 210 nkr, EZ/DZ inkl. Frühstück 395/445 nkr, mit Bad 500/570 nkr) Ein eher konventionelles Hostel 2 km östlich vom Bahnhof am Berg gelegen mit unterschiedlichen Schlafmöglichkeiten – vom simplen Schlafsaal bis zur Luxussuite für vier (1200 nkr). Internetzugang ist möglich.

Britannia Hotel (☎ 73 80 08 00; www.britannia.no; Dronningens gate 5; EZ/DZ Mitte Juni–Mitte Aug.750/900 nkr, übrige Zeit So–Do ab 1430/1630 nkr, Fr–Sa 825/990 nkr; P) Dieses Mammuthotel mit seinen fast 250 Zimmern wurde 1897 erbaut und ist das ehrwürdigste Haus am Platz. Die Bedienung ist aufmerksam, und das Gebäude versprüht einen altmodischen Charme – von der Patina der Holzverkleidung in den Public Areas bis zum ovalen Restaurant Palmehaven mit Springbrunnen in der Mitte. Hier wird zum Diner ein sensationelles Büffet für 275 nkr angeboten; dabei ist es nur einer von drei Orten, an denen man etwas zu essen bekommt.

Clarion Hotel Grand Olav (☎ 73 80 80 80; www.choicehotels.no; Kjøpmannsgata 48; EZ/DZ Mitte Juni–Mitte Aug. und Sa–So ganzjährig ab 750/970 nkr; übrige Zeit So–Do ab 1150 nkr) Das Clarion bietet eleganten Luxus. Es liegt über einer luftigen Einkaufspassage und dem Konzertsaal Olavshallen. Seine 100 Zimmer sind in sieben verschiedenen Stilen eingerichtet: Wer die Wahl hat, hat die Qual!

Chesterfield Hotel (☎ 73 50 37 50; www.bestwestern.no; Søndre gate 26; EZ/DZ Mitte Juni–Mitte Aug. und Fr–Sa ganzjährig 670/895 nkr, übrige Zeit So–Do 995/1095 nkr;) Was macht ihn aus, diesen „Touch of England", den das Hotel für sich beansprucht? Sind es der Kaminsims und die tiefen Ledersesseln in der Lounge oder etwa die Hosenbügler in jedem Zimmer? Wie auch immer – alle 43 Zimmer sind gut ausgestattet und geräumig. Die besten aber sind die im siebten (obersten) Stock mit riesigen Oberlichten, durch die man weit über die Stadt schauen kann. Im Sommer sind die Preise besonders günstig (EZ/DZ 595/695 nkr), wenn man ein Bahnticket hat. Und sei es nur bis zur nächsten Haltestelle.

Radisson SAS Royal Garden Hotel (☎ 73 80 30 00; www.radissonsas.com; Kjøpmannsgata 73; EZ/DZ Mitte Juni–Mitte Aug. 950/1050 nkr, übrige Zeit So–Do 1275/1525 nkr, Fr–Sa 900/1000 nkr; P) Dieses moderne First-Class-Hotel am Flussufer (in einigen Zimmern kann man direkt die Angel aus dem Fenster halten) verfügt über den einzigen Hotelpool und Fitnessraum in Trondheim. Es ist hell und luftig und besonders familienfreundlich. Kinder übernachten umsonst, es gibt ein Spielzimmer und ein eigenes Frühstücksbüfett für Kids.

Munken Hotel (☎ 73 53 45 40; www.munken.no; Kongens gate 44; EZ/DZ Mitte Juni–Mitte Aug. und Fr–Sa ganzjährig 495/590 nkr, mit Bad 595/790 nkr, übrige Zeit So–Do 550/690 nkr, mit Bad 650/890 nkr) Wer will, bekommt in diesem schlichten, zentral gelegenen Hotel ein Zimmer mit Küche, sogar ohne Aufpreis – so freundlich wird man hier betreut. Gleich gegenüber liegt ein großer öffentlicher Parkplatz.

Rainbow Hotel Trondheim (☎ 73 88 47 88; www.rainbow-hotels.no; Kongens gate 15; EZ/DZ Mitte Juni–Mitte Aug. 630/790 nkr, übrige Zeit So–Do 995/1245 nkr, Fr–Sa 680/880 nkr) Angenehme Unterkunft mit moderner Ausstattung. Das Innere ist freundlicher, als das schlichte, würfelförmige Äußere vermuten lässt. Vielleicht wird die eine Seitenwand ja mal gestrichen.

Rainbow Hotel Gildevangen (☎ 73 87 01 30; www.rainbow-hotels.no; Søndre gate 22b; EZ/DZ Mitte Juni–Mitte Aug. 630/790 nkr, übrige Zeit So–Do 995/1245 nkr, Fr–Sa 680/880 nkr; P) Dieses Hotel gehört auch zur Rainbow-Kette und bietet die entsprechenden Annehmlichkeiten. Es befindet sich nur wenige Minuten zu Fuß vom Bahnhof entfernt.

Pensjonat Jarlen (☎ 73 51 32 18; www.jarlen.st.no auf Norwegisch; Kongens gate 40; EZ/DZ 400/500 nkr) Zu dieser zentral gelegenen Unterkunft gibt es nichts Besonderes zu sagen, aber der Preis spricht für sich. Alle Zimmer der Pension sind mit Bad und fast alle mit Etagenbetten ausgestattet.

Camping Sandmoen (☎ 72 88 61 35; www.sandmoen.no; Stellplätze für Auto/Wohnwagen 130/175 nkr, Hütten 450 nkr, mit Bad ab 650 nkr; Mai–Mitte Okt.) Dieser Campingplatz – rund 12 km südlich der Stadt – liegt günstig, wenn man die E6 entlangkommt. Etwa 1 km entfernt befindet sich ein angegliedertes Motel.

Essen

RESTAURANTS

Vertshuset (☎ 73 87 80 70; Sverresborg Allé 11; Mahlzeiten 110–250 nkr) Dieses historische Restaurant (1739) stand früher mitten in Trondheim. Dann wurde es, Brett für Brett, Balken für Balken, aufgeladen und abtransportiert. Heute findet man es zusammen mit ähnlich alten Gebäuden im Freilichtmuseum von Trøndelag. Einheimische wie Besucher kommen in Scharen hierher, um die besondere Atmosphäre in den niedrigen holzgedeckten Räumen zu genießen, sich mit den wechselnden Spezialitäten der traditionellen norwegischen Küche den Bauch vollzuschlagen oder einfach Waffeln zum Kaffee zu knabbern.

Abelone Mat & Vinkjeller (☎ 73 53 24 70; Dronningens gate 15; Hauptgerichte 156–200 nkr) Ein superelegantes Restaurant, in dem die Angestellten mit gestärkten weißen Hemden und Krawatten herumwuseln. Tief drinnen im Gewölbekeller von 1842 geht es allerdings weniger steif zu, und das Essen ist unter Garantie gut.

DER TIPP VOM AUTOR

Chablis (☎ 73 87 42 50; Hauptgerichte 160-210 Nkr) Das Chablis liegt am Fluss und sogar z. T. auf dem Wasser. Wer mag, reserviert einen Platz auf dem schwimmenden Ponton, der mit dem Restaurant über einen Steg verbunden ist. Für Outdoor-Muffel: Das Innere der Brasserie ist hell und freundlich. Und aus der Küche kommen die leckersten Gerichte – norwegische und internationale Küche, die eine gewisse Affinität zu mediterranen Gefilden nicht leugnen kann.

Credo (☎ 73 53 03 88; Ørjaveita 4; 3-/5-Gänge-Menüs 420/510 nkr) Für ein umständliches À-la-carte-Menü ist dieser experimentierfreudige, spanisch beeinflusste Vorposten der Weltküche nicht der richtige Ort. Der Küchenchef wählt die besten Gerichte des Tages aus und serviert sie mit viel Stil. Eine Treppe drüber gibt es noch eine trendige Bar.

Grenaderen (☎ 73 51 66 80; Kongsgårda 1; Hauptgerichte 164–270 nkr) Das zentral gelegene historische Restaurant gleich hinter dem erzbischöflichen Palais hat sich in einer alten Schmiede (erbaut 1790) einquartiert. Hier gibt es landestypische Gerichte, die drinnen bei gemütlichem Kerzenschein oder draußen auf der Terrasse serviert werden. Das sommerliche Salatbüffet zur Mittagszeit ist nicht zu verachten (130 nkr).

Havfruen Fiskerestaurant (☎ 73 87 40 70; Kjøpmannsgata 7; Hauptgerichte 210–285 nkr; Mo–Sa) In diesem schicken Restaurant am Fluss delektiert man sich an Austern, Hummer und frischem Fisch. Die Qualität, die sich in den Preisen widerspiegelt, ist ausgezeichnet. Das gilt auch für die Weine, die zum Essen gereicht werden.

Grønn Pepper (☎ 73 51 66 44; Fjordgata 7; Hauptgerichte 165–210 nkr) Bunte mexikanische Decken und – man hat es befürchtet – Sombreros bringen Farbe und Leben in das architektonisch wenig aufregende Pepper. Zum Tex-Mex-Food kann man den ein oder anderen Tequila kippen. Montags sind vier Tacos mit Reis und Salat für 90 nkr im Angebot.

Benitos/Zia Teresa (☎ 73 52 64 22; Vår Frue gate 4; Hauptgerichte ab 90 nkr) Der leutselige und extrovertierte Wirt dieser beiden verschwägerten Restaurants – schicke italienische Trattoria und lockerer Pizza- und Pastatreff – erinnert verdammt an Luciano Pavarotti und garniert das Essen locker mit einem Opernpotpourri.

Akropolis (☎ 73 51 67 51; Fjordgata 19; Hauptgerichte 130–200 nkr) Grieche mit leckeren gemischten Platten auf der Karte, darunter auch eine vegetarische (108 nkr).

Sushi Bar (☎ 73 52 10 20; Munkegata 39; Hauptgerichte 175–240 nkr) Auch die Fleisch- und Fischgerichte sind hier nicht zu verachten, aber der Name sagt alles: Die Spezialität des Hauses ist Sushi in jeder Form. Um so richtig auf den Geschmack zu kommen, am besten die 16-teilige Sushi-Auswahl für 200 nkr bestellen.

Egon (☎ 73 51 79 75; Thomas Angellsgata 8; Hauptgerichte 160–200 nkr) Trondheims beliebtestes Restaurant ist ein riesiger Gebäudekomplex mit mehreren Etagen. Die Speisekarte ist fast genauso hoch wie das Haus und bietet für jeden Geschmack etwas. Wer richtigen Hunger hat, nimmt am besten Pizza satt mit Salat vom Büfett (Mo–Sa bis 18 Uhr).

Egon Tårnet (☎ 73 87 35 00; Otto Nielsens veg 4) Egons Schwesterrestaurant serviert dieselben Gerichte und rotiert dabei in 74 m Höhe um einen Telekommunikationsturm östlich der Stadt; vom Zentrum zu erreichen mit Bus Nr. 20 oder 60.

CAFÉS

Trondheim hat diverse schöne Cafés, wo es Kaffee und Kuchen gibt. Manche verwandeln sich abends in quirlige Kneipen.

Café Erichsen (☎ 73 87 45 50; Nørdre gate 8; kleine Gerichte um 100 nkr) Dieses charmante Café besteht seit 1856. Man bekommt Kaffee, kleine Snacks oder auch etwas Handfesteres – entweder im stilvollen Innern oder auf der Terrasse (an sonnigen Tagen sind die freien Stühle allerdings rar) an der verkehrsberuhigten Nørdre Gate. Selbstbedienung in Höchstgeschwindigkeit.

Dromedar (☎ 73 50 25 02; Nedre Bakklandet 3) Ein weiterer Geheimtipp unter Einheimischen: ebenfalls ein Self-service-Café mit kleinen Gerichten wie Focaccia und Bagels und – selbstverständlich – hervorragendem Kaffee in jeder Größe, Stärke und Geschmacksrichtung. Drinnen ist es ziemlich eng. Also sitzt man – wenn es das Wetter zulässt – relaxter auf der Terrasse an der Kopfsteinpflasterstraße. Das Café hat auch noch eine **Filiale** (☎ 73 53 00 60; Nørdre gate 2), ähnlich im Stil, auch mit Tischen auf dem Bürgersteig und genauso aromatischem und leckerem Kaffee.

Café ni Muser (☎ 73 53 25 50; Bispegata 9; kleine Gerichte 60–100 nkr) Wer preiswert eine Kleinigkeit essen möchte und gern unter Künstlern ist, geht ins Café ni Muser im Trondheimer Kunstmuseum. An sonnigen Nachmittagen verwandelt sich die Terrasse in einen Biergarten.

Baklandet Skydsstasjon (☎ 73 92 10 44; Øvre Bakklandet 33; Hauptgerichte 115–170 nkr) Schnuckelige kleine Räume und eine beheizte Veranda, wo man eins der leckeren Hauptgerichte oder das berühmte *bacalao* (Fischgericht mit Kabeljau) einfahren kann. Dabei unbedingt im Magen Platz lassen für das riesige Kuchenangebot zum Dessert (40–55 nkr).

SELBSTVERSORGER

Selbstversorger können sich jeden Morgen auf dem tollen kleinen Obst- und Gemüsemarkt am Torvet eindecken und auf dem Fischmarkt Ravnkloa preiswert Fischfrikadellen und anderes Seafood futtern.

Ausgehen

Als Studentenstadt bietet Trondheim Nachtleben ohne Ende, allerdings wechseln die In-Locations alle naselang. Die kostenlosen Zeitungen *Natt & Dag* und *Plan B* geben Listings heraus, meist auf Norwegisch.

Trondheim Microbryggeri (☎ 73 51 75 15; Prinsens gate 39) Diese Kneipe mitsamt ihrem selbstgebrauten Bier ist eine Pilgerfahrt ebenso wert wie sämtliche Olav-Memorials – zumindest für erklärte *øl-(Bier-)*Fans. Mit den bis zu acht verschiedenen Selbstgebrauten und leckeren kleinen Gerichten aus der Küche kann man es hier in netter Gesellschaft gut eine Weile aushalten und einen (oder mehr) heben.

Macbeth (☎ 73 50 35 63; Søndregate 22b) Der richtige Ort für heimwehkranke Schotten, inklusive Newcastle Brown vom Fass und einem Mega-Bildschirm für Fußball oder Pferderennen. (Aber besser nicht zu den Rennfanatikern setzen – sonst wird man schnell zur Persona non grata.) Ein Genuss für absolut jeden ist dagegen ein Gläschen (oder zwei) von den mehr als 20 Malt-Whisky-Sorten im Angebot.

Studentersamfundet (Studentenzentrum; ☎ 73 89 95 38, Elgeseter gate 1) Mehrere angesagte Bars, ein Kino und häufig Livemusik. Während des Semesters steigen die größten Partys freitags; im Sommer ist hier vor allem Backpacker-Unterkunft (s. S. 283).

Café 3-B (☎ 73 53 15 50; Brattørgata 3b) Laute Rockmusik; Schwarzgekleidete und selbsternannte Alternative bevorzugt.

Metro (☎ 73 52 05 52; Kjøpmannsgata 12; ⌚ Mi, Fr, Sa 10–14 Uhr) Als dieses Buch geschrieben wurde, war das Metro die einzige Schwulenbar in Trondheim; außerdem Kneipe, Lounge, Disko und Treffpunkt für Jugendliche (männlich und weiblich). Mehr Infos (allerdings extrem knapp) auf www.gaytrondheim.com.

Seit dem Bau einer neuen Fußgängerbrücke ist die Shopping Mall mit dem freundlichen Namen Solsiden (Sonnenseite) voll im Trend. Von den diversen Bars und Restaurants am Wasser ist das Bare Blåbær mit Abstand am angesagtesten – so verlautet in informierten einheimischen Kreisen. Im Luna gibt's Tapas und im Druen nebenan eine breite Terrasse mit Blick auf das ehemalige Dock.

Unterhaltung

Frakken (☎ 73 52 24 42; Dronningens gate 12) Nightclub und Pianobar über mehrere Etagen. Hier treten Musiker aus Norwegen und aller Welt auf.

Rio (☎ 73 52 70 20, Nordregate 23; Di–So) ist der derzeit hippste Tanzclub; an Wochenenden aber ziemlich überfüllt.

Der große Konzertsaal **Olavshallen** (☎ 73 99 40 50; Kjøpmannsgata 44) im Kulturzentrum Olavskvartalet ist die Heimat des Trondheimer Sinfonieorchesters. Hier finden auch internationale Rock- und Jazzkonzerte statt, meist zwischen September und Mai.

Im schön renovierten **Trøndelag Teater** (☎ 73 80 51 00; Prinsens gate) finden großformatige Tanz- und Musikaufführungen statt.

Die beiden bedeutendsten **Kinos** in Trondheim sind das **Nova Kinosenter** (☎ 82 05 43 33; Olav Tryggvasons gate 5) und das **Prinsen Kino** (☎ 82 05 43 33; Prinsens gate 2b).

An- & Weiterreise

FLUG

Der Flughafen Værnes, 32 km östlich von Trondheim, ist durch SAS Braathens mit allen größeren norwegischen Städten und mit Kopenhagen verbunden. Widerøe fliegt zwischen Værnes and Sandefjord (bei Oslo, 1 Std. 5 Min.), Namsos (35 Min.), Rørvik (35 Min.), Brønnøysund (45 Min.) und anderen Destinationen im nördlichen Norwegen. Aus den kleinen Maschinen hat man einen phantastischen Ausblick über die norwegische Landschaft.

Von den gut gedeihenden norwegischen Billigfliegern bietet Coast Air Flüge von/nach Kristiansund einmal täglich (Mo bis Fr) an; Norwegian Air verkehrt zwischen Trondheim und Oslo fünf- bis achtmal täglich. Bergen und Tromsø werden fünfmal pro Woche angeflogen.

SCHIFF/FÄHRE

Die Hurtigruten-Küstenfähre macht einen Stopp in Trondheim; sie läuft um 12 Uhr mittags in Richtung Norden und um 6.30 Uhr morgens in Richtung Süden aus. Personenexpressboote verkehren zwischen Trondheim und Kristiansund (415 nkr, 3½ Std.); Abfahrt am Anleger Pirterminalen.

BUS

Der Busbahnhof für Fernbusse (Rutebilstasjon) ist gleich neben dem Hauptbahnhof Trondheim Sentralstasjon (auch als Trondheim S bekannt).

Als wichtigste Verbindung zwischen dem südlichen und dem nördlichen Norwegen ist Trondheim Buslinienknotenpunkt. Nor-Way Bussekspress fährt mindestens einmal am Tag nach Ålesund (494 nkr, 7¾ Std.), Bergen (803 nkr, 16½ Std.), Namsos (285

TROND-*WAS BITTE?*

Hört man den Trondheimern zu, wenn sie über ihre Stadt sprechen, fragt man sich, ob sie eigentlich alle denselben Ort meinen.

Seit dem späten Mittelalter hieß diese Stadt Trondhjem, ausgesprochen „Trond-jem", was so viel heißt wie „Heimat des guten Lebens". Doch zu Beginn des 20. Jhs. war die junge norwegische Regierung fest entschlossen, die norwegischen Städte wieder mit ihren historischen, „echt norwegischen" Namen zu beglücken. Christiania bekam seinen alten Namen Oslo zurück, und Trondhjem hieß ab dem 1. Januar 1930 wieder Nidaros.

Rund 20 000 Einwohner, die wahrscheinlich einigermaßen verstört darüber waren, dass sie ihre Heimat des guten Lebens verloren hatten, ohne überhaupt umgezogen zu sein, gingen protestierenderweise auf die Straße. Am 6. März gab die Regierung nach, zumindest ein Stück weit. Der Kompromiss lautete „Trondheim": Man hatte das von der Etymologie her dänische *hj* verbannt.

Heute spricht man die Stadt offiziell „Trond-hejm", wobei viele Einwohner immer noch „Trond-jem" sagen. Und wie es der örtliche Dialekt will, hört man hier und da auch „Trond-jahm". Es ist typisch für diese tolerante Stadt, dass alle Varianten akzeptiert werden und auch das „Trond-heim" der meisten deutschen Sprecher.

nkr, 3¾ Std.) und Oslo (610 nkr, 8½ Std.). Reisende nach Narvik und anderen Orten im Norden kommen schneller ans Ziel, wenn sie den Zug nach Fauske oder Bodø (Endstation) nehmen und dann mit dem Bus weiterfahren.

AUTO & MOTORRAD

Es gibt die Möglichkeit, Trondheim auf der E 6 zu umfahren. Aber warum sollte man das tun? Die Hauptstraße pflügt sich mitten durch die Stadt. Zwischen 6 und 18 Uhr (Mo–Fr) müssen Fahrer, die in die Innenstadt wollen, 15 nkr zahlen (die Gebühr für die Autobahn in die Stadt beinhaltet auch die Gebühr für die Innenstadt, also Beleg aufheben) und die Spur mit der Bezeichnung „Manuell" benutzen. Wer nicht zahlt, riskiert eine happige Geldstrafe.

Autos verleihen u. a. **Avis** (☎ 73 84 17 90; Kjøpmannsgata 34), **Europcar** (☎ 73 82 88 50; Thonning Owesens gate 36) und **National** (☎ 73 50 94 40; Ladeveien 24). Alle drei Unternehmen findet man auch am Flughafen.

ZUG

Fahrplaninformationen unter ☎ 81 50 08 88. Es gibt täglich drei oder vier Züge nach Oslo (748 nkr, 6½ Std.) und zwei nach Bodø (861 nkr, 10¾ Std.) via Mosjøen (582 nkr, 4¼ Std.), Mo i Rana (690 nkr, 6½ Std.) and Fauske (830 nkr, 10 Std.). Zugverbindungen gibt's auch nach Steinkjer (196 nkr, 2 Std., stündl.).

Unterwegs vor Ort

ZUM FLUGHAFEN

Flybussen (☎ 73 82 25 00; 60 nkr) Der Flughafenbus verkehrt von 5 bis 20 Uhr alle 15 Minuten (an Wochenenden seltener) und braucht etwa vierzig Minuten. Haltestellen sind u. a. das Studentersamfundet, das Trondheim Hotell am Torvet, das Britannia Hotel und der Bahnhof.

Auch Züge fahren häufig zwischen Trondheim Sentralstasjon und der Haltestelle am Flughafen Værnes (60 nkr, 35 Min.).

FAHRRÄDER

Im Zentrum von Trondheim findet man überall Fahrradständer mit ca. 200 grünen Fahrrädern, die man kostenlos ausleihen kann, um damit auf der Halbinsel herumzufahren. Aber kaum sucht man eins, ist kein einziges mehr zu sehen – so ist die menschliche Natur. Sie werden nach und nach gestohlen, zu Schrott gefahren oder einfach nicht zurückgestellt. Wer das Glück hat, eins zu finden, sollte es für sich behalten, ein 20-Kronen-Stück einwerfen und schnell wegfahren. Das Geld wird wieder ausgespuckt, wenn man das Fahrrad wieder an einem der offiziellen Fahrradständer anschließt.

Radfahrer, die von der Gamle Bybro den Brubakken hinauf zum Kristiansten Fort wollen (und auch für alle anderen lohnt sich der Umweg für einen kurzen Blick), können sich am Trampe einhängen, dem einzigen Fahrradlift der Welt. Tickets für den Lift gibt es gegen eine Kaution von 100 nkr im Fremdenverkehrsbüro oder im Dromedar Café in Bakklandet.

AUTO & MOTORRAD

Die Tiefgaragen überall in der Stadt sind in der Regel günstiger und bequemer als die gierigen Parkautomaten am Straßenrand.

ÖFFENTLICHE VERKEHRSMITTEL

Der zentrale Umsteigebahnhof der Stadtbusse von **Team Trafikk** (☎ 73 50 28 70) befindet sich an der Ecke Munkegata/Dronningens gate; hier halten alle Linien. Bus und Straßenbahn kosten 22 nkr pro Fahrt (65 nkr für ein 24-Std.-Ticket). Passendes Kleingeld sollte man dabeihaben.

Trondheims Straßenbahnlinie Gråkalbanen verläuft von der St Olavsgata in westlicher Richtung nach Lian im Herzen der Bymarka. Auf dieser Route fahren im Sommer an Samstagen auch Museumstriebwagen. Umsteigen von und zu den Stadtbussen ist möglich.

TAXI

Die Taxirufnummern sind ☎ 07373 oder ☎ 08000.

DER WEG NACH NORDEN

HELL

An Hell ist nicht viel Aufregendes – außer seinem Namen, der im Norwegischen etwas wie „Wohlstand" bedeutet – und im Englischen „Hölle". Viele englischsprachige Reisende kommen hierher, um einmal breit zu grinsen oder wenigstens ein Foto von dem Schild im Bahnhof zu schießen. Falls dann jemand vorschlägt, man solle doch zur

Hölle fahren, kann man für alle Zeiten ehrlich sagen, man sei schon da gewesen. Und so schlimm war es gar nicht.

STIKLESTAD

In Stiklestad wird eines Ereignisses gedacht, das vom tatsächlichen Ausmaß her ein kleines Scharmützel war, mit seinen Auswirkungen aber zum Kernstück des norwegischen Nationalgefühls wurde. Die Norweger strömen zu Tausenden hierher, manche als Pilger, um die mit dem hl. Olav verbundene Kirche zu besuchen; die meisten aber wollen picknicken, die frische Luft und die Natur genießen und die Ausstellungen angucken.

Am 29. Juli 1030 traf ein Trupp von knapp 100 Mann unter dem Befehl des christlichen Königs Olav Haraldsson in Stiklestad auf die zahlenmäßig überlegenen und besser ausgerüsteten Streitkräfte regionaler Stammesfürsten – und wurde glorreich geschlagen. König Olav war von König Knut von Dänemark und England zum Rücktritt gezwungen worden und daraufhin nach Russland geflohen. Als er kurze Zeit später zurückkehrte, stieß er auf den Widerstand der einheimischen Häuptlinge. Denn die waren nur wenig erfreut über Olavs Angewohnheit, heidnische Stätten zu zerstören und jeden hinrichten zu lassen, der die alten Kulte praktizierte.

Die Schlacht von Stiklestad markiert für Norwegen den Übergang von der Wikingerzeit zum Mittelalter, von der Frühgeschichte zur modernen Zeit. Obwohl Olav in der Schlacht fiel, wird sie im Allgemeinen als ein Sieg für die Christenheit in Norwegen gefeiert. Und den gefallenen Helden feiert man als Märtyrer und Heiligen.

Der hl. Olav wurde in ganz Nordeuropa zum Idol und sein Grab im Nidarosdom in Trondheim zum Wallfahrtsort für Pilger aus allen Ecken des Kontinents. Die ganze Anlage, in der man größtenteils umsonst herumwandern kann, erinnert an einen weitläufigen Themenpark – mit Ausstellungsstücken zur Schlacht von Stiklestad, einem Freilichtmuseum und der deutlich älteren Kirche von Stiklestad aus dem 12. Jahrhundert.

Sehenswertes & Aktivitäten

Im **Kulturzentrum von Stiklestad** (Stiklestad Kulturhus; ☎ 74 04 42 00; www.stiklestad.no; Erwachsene/Kinder Mitte Juni–Mitte Aug. 95/50 nkr; übrige Zeit 40/30 nkr; 🕑 Mitte Juni–Mitte Aug. 9–19 Uhr; übrige Zeit 11–17.30 Uhr) gibt es eine gut gemachte Ausstellung über den hl. Olav sowie eine bewegende Darstellung der Schlacht von **Stiklestad 1030;** außerdem ein kleines Museum über den Widerstand.

Drumherum liegt das **Freilichtmuseum** (Eintritt frei) mit mehr als 30 historischen Gebäuden – von schlichten kleinen Höfen und Werkstätten bis zum Molån, einem imposanten Bauernhaus. In der Sommersaison ist dort ein kleines Café untergebracht.

Auf der anderen Straßenseite erhebt sich die hübsche **Kirche** von Stiklestad, erbaut 1150 bis 1180 über dem Stein, auf den sich der sterbende Olav gestützt haben soll. Das Original soll sogar Heilkräfte besessen haben. Während der Reformation wurde es jedoch entfernt und ist seither nicht wieder aufgetaucht.

Es lohnt sich, die Dienste eines Führers durch das Freilichtmuseum und die Kirche in Anspruch zu nehmen (Erwachsene/Kinder 40/30 nkr). Wer das nicht möchte, kauft im Kulturzentrum das Büchlein *Stiklestad Yesterday & Today*. Es liefert kurze Hintergrundfacts über den Ort und seine Bedeutung für die Norweger.

Festivals/Feste & Events

Alljährlich findet in der Woche vor dem St.-Olavs-Tag (29. Juli) in Stiklestad das **St.-Olavs-Festival** statt – mit einem Mittelaltermarkt, vielen Möchtegern-Wikingern in Kostümen und einer Menge anderer volkstümlicher Aktivitäten. Höhepunkt des Festivals ist das viertägige „Spiel vom hl. Olav" im Freilichttheater, das 2004 zum 50. Mal stattfand. Traditionell werden die Hauptrollen mit berühmten norwegischen Schauspielern und Schauspielerinnen – darunter jüngst Liv Ullman – besetzt, während Einheimische die Nebenrollen übernehmen und die Massenszenen bevölkern. Der Text von Olav Gullvåt und die Musik von Paul Okkenhaug beschwören den Konflikt zwischen dem König und den lokalen Bauern und Stammesführern herauf.

Schlafen

Stiklestad Camping (☎ 74 04 12 94; www.stiklestadcamping.no; E757; Stellplatz für Zelt/Wohnwagen 70/100 nkr, Hütte 290–670 nkr; 🕑 Juni–Aug.) Ungefähr 3 km vom Kulturzentrum entfernt, nah am

Fluss Verdal. Es gibt recht ordentliche Hütten; die Stellpätze sind grasbewachsen.

STEINKJER & WEITER NÖRDLICH

11 200 Ew.

Steinkjer wird in alten Sagen als wichtiger Handelsort erwähnt. Bis heute ist er ein Verkehrsknotenpunkt. Reisende in Richtung Norden müssen sich hier entscheiden: entweder für den großartigen Kystriksveien, die Küstenstraße Rv 17 nach Bodø, oder für die Weiterfahrt nach Norden auf der E 6 (dem „Arctic Highway"). Das **Fremdenverkehrsbüro** (☎ 74 16 36 17; www.steinkjer-turist.com; Namdalsvegen 11; ⌚ Ende Juni–Anfang Aug. Mo–Fr 9–18 Uhr, Sa 10–20 Uhr, So 12–20 Uhr; übrige Zeit Mo–Fr 9–16 Uhr) liegt an der E 6. Vom Bahnhof führt ein Fußgängertunnel dorthin. Hier gibt's auch Infomaterial zum Kystriksveien; Unterkünfte in der Stadt und entlang der Küstenstraße werden kostenlos reserviert, man kann Fahrräder gratis (30/100 nkr pro Std./Tag) und durchs Internet surfen (pro Std. 60 nkr).

Sehenswertes & Aktivitäten

Steinkjers Hauptattraktion ist das **Egge Museum** (☎ 74 16 31 10; Fylkesmannsgården; Erwachsene/Kinder 40 nkr/Eintritt frei; ⌚ Mitte Juni–Mitte Aug. Di–Fr 10–15.30 Uhr, So 12–16 Uhr), ein großer Bauernhof 2 ½ km nördlich der Stadt, vollgestopft mit alten Möbeln und Werkzeugen. Auf der gleichen Anhöhe finden sich mehrere Hügelgräber sowie Steinkreise der Wikinger.

Nördlich von Steinkjer folgt die E 6 der Nordküste des 45 km langen, überaus schmalen Sees **Snåsavatnet**, gesäumt von majestätischen immergrünen Wäldern. Wahlweise kann man die Rv 763 entlang der ruhigeren Südküste des Sees nehmen. Dort sollte man sich das **Bølarein**, ein vor 5000 bis 6000 Jahren in Stein geritztes Rentier sowie ein paar andere Felsritzungen ansehen. Bis jetzt werden immer noch welche entdeckt – zuletzt ein Mann in einem Boot im Juli 2001. Infos gibt's im **Souvenirshop** des **Bølabua Restaurants** ganz in der Nähe (☎ 45 42 65 88; ⌚ Ende Juni–Anfang Aug.).

Wer vierbeinige Geweihträger lieber in echt anschauen möchte, kann mit Arnfinn Vesterhus auf eine vierstündige **Elchsafari** gehen (Erwachsene/Kinder 350/150 nkr; Mitte Juni–Mitte Aug. Mo–Fr) gehen; Elchfleisch vom Grill ist inklusive. Reservieren muss man im Fremdenverkehrsbüro. Von dort fahren auch die Minibusse ab.

Schlafen & Essen

Føllingstua (☎ 74 14 71 90; www.follingstua.com; E 6, Følling; Stellplatz für Zelt/Wohnwagen 100/120 nkr, Hütte 630 nkr, 3-/4-Bett-Zi. mit Gemeinschaftsbad 450 nkr) Dieser hübsche, einladende Campingplatz, 14 km nördlich von Steinkjer an der E 6 am Südwestende des Sees gelegen, verleitet dazu, ein oder zwei Tage Pause zu machen, im See zu angeln und eins der Boote oder Kanus zu leihen.

Guldbergaunet Sommerhotel & Camping (☎ 74 16 20 45; g-book@online.no; Elvenget 34; Stellplatz für Zelt/Wohnwagen 140/150 nkr, EZ/DZ 490/590 nkr, DZ mit Bad 690 nkr, Hütte 330–450 nkr; ⌚ Hotel Mitte Juni–Mitte Aug., Hütten ganzjährig) Der Campingplatz und das Sommerhotel auf einem Wiesengelände 2,25 km vor der Stadt dienen normalerweise als Studentenunterkunft. Ein kleiner Fluss, ideal zum Paddeln und Baden, plätschert daran vorbei.

Rainbow Hotel Tingvold Park (☎ 74 14 11 00; www.tingvoldhotel.no auf Norwegisch; Gamle Kongeveien 47; EZ/DZ Mitte Juni–Mitte Aug. & Fr–Sa ganzjährig 660/840 nkr; übrige Zeit So–Do 1070/1370 nkr; Ⓟ 💻) Ein ruhiges, preiswertes Hotel mit Blick über Steinkjer, direkt neben einem alten Wikingerfriedhof gelegen, mit schönen Rasen- und Gartenanlagen.

Brod & Cirkus (☎ 74 16 21 00; Kongensgate 40; ⌚ Mo–Sa) Helles Restaurant in modernem und attrakiven Design an der Hauptstraße 150 m vom Bahnhof entfernt; täglich wird frisches Brot gebacken, die À-la-carte-Gerichte klingen verlockend, und auf Wunsch (und Vorbestellung) wird sogar eine sechsstöckige Hochzeitstorte errichtet – sollte ein entsprechendes Ereignis in Sicht sein.

NAMSOS

8900 Ew.

Namsos ist die erste reizvolle Hafenstadt an der Küstenstraße, die Trondheim und Bodø verbindet. Hier ist ein Zwischenstopp mit Übernachtung eine super Idee, denn die Stadt hat einiges zu bieten.

So kann sie sich etwa rühmen, über die kürzeste Mautstraße Norwegens zu verfügen: 500 m für 15 nkr. Die muss locker machen, wer sie wochentags zwischen 6 und 18 Uhr drauf fahren will.

Das **Fremdenverkehrsbüro** (☎ 95 98 81 48; www.namsosinfo.no; Damskipskaia; ⌚ Mitte Juni–Mitte Aug. Mo–Fr 9–18 Uhr, Sa 10–16 Uhr, So 12–16 Uhr; übrige Zeit 9–15.30 Uhr) ist am Hafen von Namsos zu finden, zusammen mit den örtlichen Bus- und

Fährunternehmen. Hier kann man Fahrräder ausleihen (halber/ganzer Tag 80/150 nkr) und Informationen über den Kystriksveien einholen.

Cumberland Café (☎ 74 28 74 55; Kirkegata 11; pro Std. 40 nkr; ⌚ Mo–Sa 12–22 Uhr, So 15–22 Uhr) hat mehrere Internet-Terminals.

Sehenswertes & Aktivitäten

Ein hübscher, recht softer Spaziergang von zwanzig Minuten führt vom Zentrum die Kirkegata hinauf zum Aussichtspunkt auf dem **Bjørumsklumpen** (114 m) – einem auffälligen Felsen, der an ein Brot erinnert. Von dort bietet sich ein herrlicher Blick über den Namsfjord, die Stadt und die Umgebung. Nach einem Drittel des Weges begegnet man einem Schild, das auf einen Pfad zu einigen beeindruckenden deutschen Bunkern aus der Zeit des Zweiten Weltkriegs hinweist, die direkt in den Fels gehauen wurden.

Sportliche Nostalgiker können ab dem Campingplatz in Namsos (s. rechts) eine Draisine mieten (1 Fahrer 200 nkr, bis 4 Fahrer 300 nkr) und damit die 15 km lange stillgelegte Bahnstrecke zwischen Namsos und Grong am sanften Fluss Namsen entlangtuckern.

Wer sich fürs Holzhacken und -häckseln interessiert, sollte unbedingt das **Norsk Sagbruksmuseum** (☎ 74 27 13 00; Spillumsvika; Eintritt 30 nkr; ⌚ Mai–Aug. Di–Sa 9–17 Uhr, Führungen Mitte Juni–Mitte Aug. 10, 12, 14 und 16 Uhr), über die Brücke 4 km östlich der Stadt, aufsuchen. Es erinnert an Norwegens erstes dampfgetriebenes Sägewerk von 1853.

Thema des **Namdal-Museums** (Namdalsmuseet; ☎ 74 27 40 72; Kjærlighetstien 1; Erwachsene/Kinder 30 nkr/Eintritt frei; ⌚ Ende Juni–Mitte Aug. Di–So 11–15 Uhr) ist die Geschichte der Region; zu sehen sind u. a. die typischen hölzernen Segelboote der Gegend. Und es ist – man höre und staune – „Norwegens einziges Museum, in dem Krankenhausausstattungen in chronologischer Reihenfolge ausgestellt werden".

Für ein bisschen Action zwischendurch schaut man in der neuen **Oasen-Schwimmhalle** vorbei (☎ 74 21 90 40; Jarle Hildrums veg; Erwachsene/Kinder/Familien 70/35/170 nkr; ⌚ Mo–Fr 10–20 Uhr, Sa–So 10–16 Uhr), ungefähr 1 km östlich der Stadt: Hier gibt's drei beheizte Pools und eine 37 m lange Rutsche, die tief in den Berg hineingebaut wurde – eine konstruktive Meisterleistung.

Erstaunlich echt wirken die Formkerzen (z. B. tropische Blumen und – paradoxerweise – Eistüten), die in der **Namsos-Kerzengießerei** (Lysstøperiet; ☎ 74 21 29 01; Lokstallen) hergestellt und verkauft werden. Die Werkstatt befindet sich in einem ehemaligen Lokschuppen.

Schlafen & Essen

Namsos Camping (☎ 74 27 53 44; namsoscamp@online.no; Stellplatz für Zelt/Wohnwagen 120/160 nkr, 4-Bett-Hütte 300–400 nkr, mit Bad 750–800 nkr) Ein Campingplatz der Spitzenklasse mit großer Küche, Essraum, einem Spiel- und einem Minigolfplatz. Die einfachen Hütten sind echte Schnäppchen, die teuren haben eine super Ausstattung. Der Platz liegt am Wasser – und am Ende der Flugplatzlandebahn. Glücklicherweise starten und landen nicht viele Maschinen und die wenigen sind auch noch sehr leicht. Um hinzukommen, fährt man die Rv 17 Richtung Grong und folgt dann den Flughafenschildern.

Borstad Gjestgiveri (☎ 74 27 21 31; gjestgive@online.no; Carl Gubransons gate 19; EZ/DZ Mitte Juni–Mitte Aug. So–Do & Fr–Sa ganzjährig 670/890 nkr; übrige Zeit So–Do ab 800/1040 nkr; Ⓟ) Das helle, freundliche Borstad, gleich gegenüber der Post, hat große sonnige Zimmer und einen schönen Garten zum Draußensitzen. Die Lounge mit Klavier ist sehr gemütlich, und an dem riesigen Eichentisch, an dem das Frühstück serviert wird, fanden früher Vorstandssitzungen statt. Ein Zimmer ist behindertengerecht ausgestattet.

Tino's Hotell (☎ 74 21 80 00; Verftsgata 5; EZ/DZ Juli–Mitte Aug. ab 700/800 nkr, übrige Zeit So–Do 900/1100 nkr, Fr–Sa 700/900 nkr) liegt nur einen Steinwurf vom Wasser entfernt. Die Zimmer sind groß und bequem. Tino, der Besitzer, ist auch nach vielen Jahren in Norwegen ein echter Italiener geblieben. In seinem phantastischen kleinen Restaurant serviert er internationale Gerichte und feinste italienische Küche – kein Vergleich mit den üblichen norwegischen Pizza-und-Pasta-Treffs.

Cumberland Café (☎ 74 28 74 55; Kirkegata 11; ⌚ Mo–Sa 12–22 Uhr, So 15–22 Uhr) Wirklich nicht die gleiche Kragenweite wie Tino's, aber hier gibt's anständige Burger in drei Größen, belegte Ciabatta-Brote und Fleisch vom Grill. Alles zu sehr vernünftigen Preisen (48 nkr bis 115 nkr).

Aakervik (☎ 74 27 20 90; Herlaugs gate 16) Ein tolles kleines Restaurant für Lachs und

Fisch aller Art sowie für Wild und anderes Fleisch. Entweder fürs Picknick einpacken oder draußen an den hölzernen Tischen essen. Drinnen gibt's eine ganze Menagerie an ausgestopften Tieren und Vögeln, deren Glasaugen einem überallhin folgen. Besonderen Respekt verdient der freundliche braune Bär.

An- & Weiterreise

Der Nor-Way Bussekspress verkehrt zweimal täglich zwischen Namsos und Trondheim (285 nkr, 3¾ Std.). Busse fahren auch von Namsos nach Brønnøysund (273 nkr, 6 Std.) weiter den Kystriksveien hinauf.

RØRVIK

Den meisten Besucher liegt Rørvik viel zu weit ab vom Schuss. Dabei ist hier täglich der Bär los, wenn die Hurtigruten-Fähren Richtung Süden und Norden gleichzeitig (21.15 Uhr) anlegen. Was die Passagiere veranlasst, vorzeitig vom Abendessen aufzustehen, ist das **Nationale Zentrum für Küstenkultur und -wirtschaft** (Senter for Kystkultur og Kystnæring; ☎ 74 39 04 41; Woxengs Samlinger; Erwachsene/Kinder/Familien 80/40/220 nkr; ⌚ Mitte Juni–Aug 10–22 Uhr; Sept.–Mitte Juni 10–17 Uhr und wenn die Hurtigrutenfähren anlegen). Aus der Ferne und aus dem richtigen Winkel betrachtet, sieht das brandneue Zentrum für Küstenkultur und -wirtschaft aus wie ein riesiges Segelschiff. Es berichtet über 10 000 Jahre Küstengeschichte und verwendet dafür eine Vielfalt von Medien, darunter einen Audioguide über die Ausstellung in deutscher Sprache.

Das Museum betreut außerdem das **Zentrum für Schiffskonservierung** auf der Insel Munkholmen 1 km von der Stadt entfernt und das **Fischerdorf Sør-Gjæslingan** auf einer anderen Insel, die in 35 Minuten mit der Fähre zu erreichen ist.

Busse von Rørvik nach Namsos (184 nkr, 3 Std.) fahren mehrmals täglich. Von und nach Namsos gelangt man mit dem Personenexpressboot (143 nkr, 1¾ Std.) mehrmals in der Woche oder mit Autofähren (Person/Auto mit Fahrer 27/77 nkr, 25 Min.), die öfter am Tag zwischen den Häfen Hofles und Lund verkehren.

LEKA

645 Ew.

Wohl keiner wird einen kurzen Abstecher zur wilden Insel Leka mit den wunderbar rötlichen Serpentinbergen bedauern. Für Wanderer ist besonders die wüstenähnliche Wildwestlandschaft reizvoll. Hier ist der Seeadler zu Hause (lieber den Nachwuchs im Auge behalten – 1932 wurde ein dreijähriges Mädchen von einem besonders vorwitzigen Exemplar davongetragen). Außerdem locken mehrere Hügelgräber aus der Wikingerzeit und steinzeitliche Felsmalereien zur Entdeckungstour.

Übernachtungsmöglichkeiten bietet das **Leka Motel mit Campingplatz** (☎ 74 39 98 23; www.leka-camp.no; Stellplatz für Zelt/Wohnwagen 80/120 nkr, Hütte 250–700 nkr, DZ/4BZ mit Bad & Küche 600/700 nkr). Im Juni 2004 beehrten der König und die Königin diesen hoch angesehenen Komplex. Wer es gern bequem hat, sollte eins der gut ausgestatteten und preiswerten Motelzimmer reservieren. Etwas ausgefallener und spartanischer sind dagegen die steinernen Hütten mit Grasdach (350 nkr), in denen bis zu vier Personen in Etagenbetten schlafen können.

Leka erreicht man mit der Fähre von Gutvik (pro Person/Auto mit Fahrer 23/60 nkr, 20 Min.). Von der Küstenstraße Rv 17 sind es ungefähr zwanzig Minuten bis dorthin. Wochentags fahren Busse von Rørvik nach Gutvik (102 nkr, 2¾ Std.).

Nordland

INHALT

Wer weiter nach Norden fährt, muss eine schwierige Entscheidung treffen: Nimmt er die spektakuläre Küstenstraße Kystriksveien mit diversen Fähren und vielleicht dem ein oder anderen Abstecher zu einem Gletscher? Oder lieber den fast ebenso beeindruckenden Arctic Highway durchs Inland, schneller, direkter und trotzdem nicht überfüllt?

Wie auch immer die Entscheidung ausfällt – auf alle Fälle sollte man versuchen, Zeit einzuplanen, um übers Meer zu den Lofoten überzusetzen, einer Kette von Inseln vor der Küste mit rasiermesserscharfen Gipfeln und Buchten in den Farben der Karibik. Hier ist der Kabeljau immer noch König – das beweisen das kleine Fischereimuseum, die Rorbuer (Fischerhütten) und die wackeligen Trockengestelle. Die Inseln sind mit dem Festland durch Brücken verbunden, und die öffentlichen Verkehrsverbindungen sind ganz passabel – Inselhopping ist also kein Problem. Wer länger bleiben möchte, kann ein Fahrrad leihen oder die Wanderstiefel aus dem Gepäck holen; Radeln ist hier ziemlich soft und die Wanderungen sind so leicht oder schwer, wie man es eben einrichtet. Noch weiter im Norden, von Andenes an der Nordspitze von Andøya (einer Fortsetzung des Lofoten-Archipels) aus, hat man die besten Chancen zur Walbeobachtung in ganz Norwegen.

Auf dem Weg nach Norden durch die lange, schmale Region Nordland ist die Überquerung des Polarkreises fast mit Händen zu greifen: Die Felder werden abgelöst von Seen und Wäldern, der Blick wird weit, die Gipfel werden spitzer, und die Baumgrenze auf den Berghängen sinkt immer weiter. Im Sommer ist dies der Ort, an dem Reisende in Richtung Norden einen ersten Geschmack von der Mitternachtssonne bekommen; im Winter flackern die Nordlichter über den Nachthimmel.

Zusätzlich zum Nordland geht es in diesem Kapitel auch um den nordöstlichen Teil der Vesterålen, eine Fortsetzung des Lofoten-Archipels, die verwaltungstechnisch zur Provinz Troms gehört.

HIGHLIGHTS

- Fähren-Hopping vor großartiger Kulisse: **die Küstenstraße Kystriksveien** (S. 310)
- Im **norwegischen Luftfahrtmuseum** in Bodø staunen wie ein Kind (S. 311)
- Durch das winzige, gut erhaltene Fischerdorf **Å** auf den Lofoten bummeln (S. 329)
- Wandern auf den Vesterålen: die Queen's Route entlang der Küste nach **Stø** (S. 337)
- Von Narvik zur schwedischen Grenze ganz easy mit der **Ofotbanen** runterfahren (S. 309) – und dann zu Fuß weiter zum Fjord
- Sich mal eine Auszeit nehmen und durch **Mosjøens** (S. 295) historische Sjøgata mit ihren Galerien, Museen und Cafés flanieren
- Kalte Füße auf einem der Gletscher im **Saltfjellet-Svartisen-Nationalpark** bekommen (S. 300)

FLÄCHE: 36 300 km²	**HÖCHSTE ERHEBUNG:** OKSSKOLTEN (1916 m)	**BEVÖLKERUNG:** 237 100

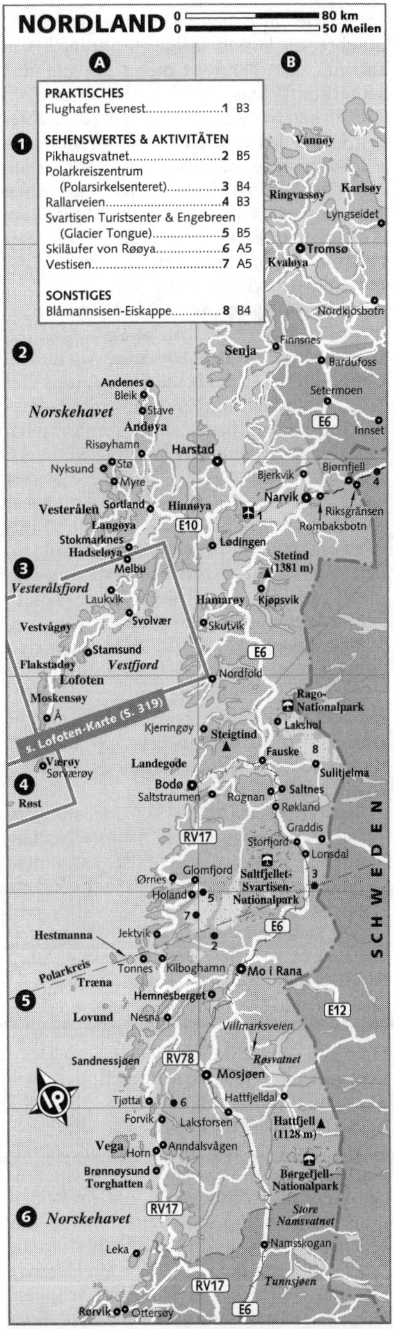

An- & Weiterreise

Durchs Nordland zu reisen lohnt sich in jedem Fall, aber der Wirrwarr von Fahrplänen, Busgesellschaften und Linien der Küstenfähren wirkt manchmal etwas abschreckend. Dabei lässt sich diese Herausforderung mit einer gewissen Planung hervorragend meistern.

Die Fremdenverkehrsbüros vor Ort wissen bestens Bescheid, wie man in der Region herumkommt, und das Büchlein *Kystriksveien* (Küstenstraße), veröffentlicht vom **Kystriksveien Infozentrum** (☎ 74 16 36 17; www.rv17.no) in Steinkjer, ist sehr nützlich. Die telefonische Nordland-Reiseinformation (☎ 177) kann auch helfen, allerdings kennt man sich hier in den kleineren Ortschaften nicht so gut aus. Allgemeine Reiseinformationen über die Region gibt es bei **Nordland Reiseliv** (☎ 75 54 52 00; www.nordlandreiseliv.no; Bodø).

DER ARCTIC HIGHWAY

MOSJØEN

9600 Ew.

Reisende, die von der E 6 nach Mosjøen (ausgesprochen Mu-scher-en) reinkommen, sind vielleicht von dieser Industriestadt mit ihren Aluminiumwerken zunächst enttäuscht. Aber nicht abschrecken lassen. Etwa 1 km südlich, am seeähnlichen Vefsnfjorden, gehören die historische Sjøgata und ein oder zwei Straßen in der Nähe zu den charmantesten im nördlichen Norwegen – es lohnt sich wirklich, hier ein bisschen herumzubummeln.

Die Stadt hat eine starke historische Verbindung zu Großbritannien: Mitte des 19. Jhs. importierten fünf Engländer hochmoderne Dampf- und Sägewerkmaschinen und begründeten die North of Europe Land & Mining Company Ltd., die Holz an Großbritanniens aufblühende Industriestädte liefern sollte. Aus einer winzigen Ansiedlung an der Küste wurde in null Komma nix die erste echte Stadt der Region. Das **Fremdenverkehrsbüro** (☎ 75 11 12 40; www.visithelgeland.com; 🕒 Mitte–Ende Juni & Anfang Aug. Mo–Fr 9–18 Uhr; Juli Mo–Fr 9–19 Uhr, Sa–So 11–16 Uhr, Anfang Aug.–Mitte Juni Mo–Fr 9–15.30 Uhr) liegt am Südende der Sjøgata. Hier gibt es Internetzugang (20 nkr pro 15 Min.) und gute Tipps zu den besten Wanderrouten in der Gegend und wo man in der Vefsna am besten angeln kann.

Sehenswertes & Aktivitäten

SJØGATA

Ein gemütlicher Spaziergang rund um die Sjøgata mit ihren mehr als 100 unter Denkmalschutz stehenden Gebäuden führt an Galerien, Cafés, Restaurants und Privatwohnungen in schön renovierten ehemaligen Lagerhäusern, Werkstätten und Bootshäusern vorbei. *The History of a Town* (25 nkr), erhältlich im Museum, ist ein ausgezeichnetes kleines Büchlein, in dem Mosjøens Vergangenheit lebendig gemacht wird.

VEFSN MUSEUM

Das **Museum** in Mosjøen (☎ 75 17 23 95; Austerbrygdveien 2; Kombiticket 20 nkr; ⌚ Mo–Fr 10–15.30 Uhr, So 11–15 Uhr) besteht aus zwei Teilen.

Das **Lagerhaus Jakobsensbrygga** in der Sjøgata (Sjøgata 31B; ⌚ Juli Mo–Fr 10–21 Uhr, Sa bis 14 Uhr; Aug.–Juni Mo–Fr 10–15.30 Uhr, Sa bis 14 Uhr) ist ein hervorragendes kleines Museum, in dem mit Hilfe extrem eindrucksvoller, vergrößerter Fotos die Geschichte Mosjøens seit dem frühen 19. Jh. dargestellt wird.

Nordöstlich vom Ortszentrum werden in der **Sammlung ländlicher Gebäude** (Bygdesamlinga) zwölf Bauernhäuser, Läden und Ähnliches aus dem 18. und 19. Jh. gezeigt, die man sich von außen anschauen kann. Gleich nebenan befindet sich die **Dolstad-Kirche** (⌚ Mitte Juni–Mitte Aug. Mo–Fr 8–15.30 Uhr) aus dem Jahre 1735. Sie wurde anstelle einer mittelalterlichen Kirche errichtet, die dem hl. Michael geweiht war. Sollte die Kirche geschlossen sein, bekommt man den Schlüssel im Museum.

LAKSFORSEN

Ungefähr 30 km südlich von Mosjøen und nur 600 m von der E 6 entfernt braust der **Wasserfall** Laksforsen 17 m in die Tiefe. Zur richtigen Jahreszeit sieht man hier springende Lachse und findet tolle Picknickplätze – auch wenn es nicht ganz einfach ist, das Ufer unterhalb des Sturzbaches zu erreichen. Das etwas kleinliche Café mit Hinweisschildern wie „Keine Fotos" und „Gäste nur bis zu diesem Punkt" sollte man sich sparen.

Schlafen & Essen

Fru Haugans Hotel (☎ 75 11 41 00; www.fruhaugans.no; Strandgata 39; EZ/DZ Mitte Juni–Mitte Aug. ab 570/780 nkr, übrige Zeit So–Do ab 1125/1175 nkr, Fr–Sa 625/850 nkr) Nicht durch die kahle Hauptfassade (die es irgendwie am Bauamt vorbeigeschafft hat) abschrecken lassen: Sie hat absolut nichts zu tun mit dem der Rest dieser einladenden Unterkunft. Das Hotel – das älteste im nördlichen Norwegen – besteht aus mehreren Gebäuden und ist mit den Jahren gewachsen. Teile stammen von 1794. Vom hübschen grünen Garten hat man einen Panoramablick direkt auf den Fjord. Im Anbau gibt es ein paar billigere Zimmer (EZ/DZ 425/650 nkr) mit Gemeinschaftsbad und sehr viel Atmosphäre.

Mosjøen Camping (☎ 75 17 79 00; www.mosjoencamping.no; Mathias Bruuns gata 24; Stellplatz für Zelt/Wohnwagen 90/130 nkr, Hütte 350–480 nkr) Auf diesem Campingplatz in der Nähe der E 6, ungefähr 500 m südöstlich vom Zentrum, gibt es Hütten von schlicht bis deutlich komfortabler, und wer mag, kann Bowling spielen.

Mosjøen Hotell (☎ 75 17 11 55; www.mosjoencamping.no; Vollanveien 35; EZ/DZ 350/450 nkr, mit Bad ab 490/750 nkr; Ⓟ 💻) Null-Acht-Fuffzehn Rasthaus ca. 100 m nördlich vom Bahnhof von den gleichen Besitzern wie der Campingplatz: gemütliche, preiswerte, aber eben in keiner Weise besondere Zimmer.

Heimebakeriet (☎ 75 17 20 90; Ecke Jurgensens & CM Havings gates) Ein klassischer Treffpunkt: Es lohnt sich, hier auf eine Sprung vorbeizuschauen, Waffeln zu essen und die intime Atmosphäre in der historischen Bäckerei (von 1842) zu genießen. Es gibt auch Kaffee, Kuchen und kleine Gerichte.

Oksen Ferdinand (☎ 75 11 99 91; Sjøgata 23; Hauptgerichte 180–290 nkr) Noch ein historisches Gebäude. In diesem Steakhouse kann man wirklich sehr gut essen – sogar sehr leckere Fischgerichte.

Café Kulturverkstedet (☎ 75 17 27 60; Sjøgata 22–24) Vom örtlichen Heimatverein geführt, ist dieses nette Café verdientermaßen in einem der größten und am schönsten renovierten Gebäude der Sjøgata untergebracht. Hier gibt's jede Menge Bücher zum Drinherumblättern, und manchmal finden auch Kunstausstellungen statt.

Lille Torget (☎ 75 17 04 14; Strandgate 24; ⌚ Mo–Sa) Dieses Lokal mit Terrasse zum Marktplatz hat schon so einiges mitgemacht: Aus der ehemaligen Bank wurde erst ein Bekleidungsgeschäft und später eine Kneipe (aus deren Interieur stammt auch die hübsche Jugendstil-Jungfrau mit Lampe am Herzen). Heute treffen sich hier alle Altersgruppen. Der Kaffee ist absolute Spitzenklasse: Fünf

Mitarbeiter erreichten 2003 das Finale des alljährlichen Wettstreits um die beste Kaffeezubereitung in Norwegen.

Zwei Toprestaurants gibt es im Fru Haugans Hotel (s. links): **Ellenstuen** (Hauptgerichte 200–240 nkr), ein intimes Restaurant, ausgestattet mit einem Großteil der ursprünglichen Inneneinrichtung des Hotels, und **Hagestuen** (Hauptgerichte 155–245 nkr), insgesamt deutlich größer, das der Arctic-Menu-Initiative angeschlossen ist.

An- & Weiterreise

Widerøe fliegt zweimal am Tag von/nach Mo i Rana (25 Min.).

Mosjøen liegt an der Bahnstrecke zwischen Trondheim (582 nkr, 5¼ Std.) und Fauske (439 nkr, 3½ Std.).

Busse verkehren ein- oder zweimal am Tag (außer samstags) zwischen Mosjøen und Brønnøysund (195 nkr, 3½ Std.); außerdem gibt es Anschlussverbindungen via Sandnessjøen (102 nkr, 1½ Std., 2- oder 3-mal am Tag).

Wer mit dem Auto unterwegs ist, kann einen reizvollen Abstecher unternehmen und dem wilden, landschaftlich reizvollen Villmarksveien parallel zur E 6 östlich von Mosjøen folgen – bis fast zum bizarren, 1128 m hohen Gipfel Hatten (oder Hattfjell). Vom Ende der Straße dauert die Wanderung zum Gipfel noch ungefähr zwei Stunden. Diese Strecke führt allerdings nicht durch den Ort Mosjøen.

MO I RANA

17 900 Ew.

Mo i Rana (von denen, die es kennen, kurz Mo genannt) hat den Ruf, Norwegens freundlichste Stadt zu sein. Sie ist die drittgrößte Stadt im Norden und das Tor zu Nadelwäldern, Höhlen und Gletschern der Region am Polarkreis – kurz: zu einem der größten Wildnisgebiete ganz Europas. Die besonders freundliche Atmosphäre mag daher kommen, dass Mo nach dem Bau einer Stahlfabrik rapide gewachsen ist: Fast jeder hier weiß, wie es sich anfühlt, fremd in einer Stadt zu sein.

Zwar dominiert bislang ein kastenförmiger Architekturstil das Stadtbild von Mo i Rana, doch der Gesamteindruck lockert

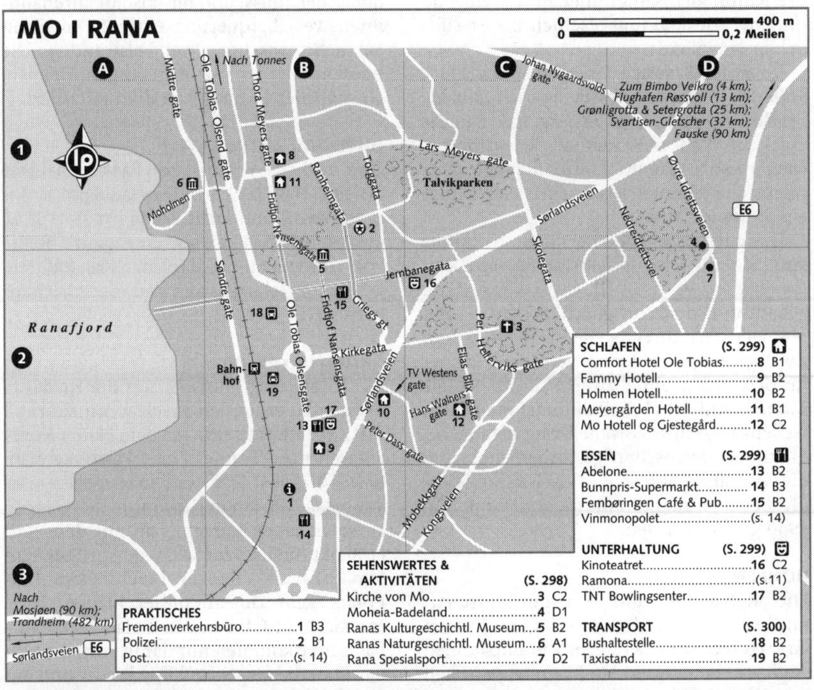

sich immer mehr auf, je mehr die Schwerindustrie von einer technologiebasierten Wirtschaft abgelöst wird. Im **Fremdenverkehrsbüro** (☎ 75 13 92 00; www.arctic-circle.no; Ole Tobias Olsens Gate 3; Mitte Juni–Mitte Aug. Mo–Fr 9–20 Uhr, Sa bis 16 Uhr, So bis 19 Uhr; übrige Zeit Mo–Fr 9–16 Uhr) sind die Mitarbeiter ganz besonders hilfsbereit. Hier bekommen Reisende Rat zu möglichen Aktivitäten in der Umgebung und können diese auch gleich buchen. Das Büro hilft auch bei der Organisation eines Sammeltaxis, um zum gewünschten Ziel zu gelangen und wieder zurück.

Sehenswertes & Aktivitäten

Mit einem Kombiticket (20 nkr) können beide örtlichen **Museen** (Di–Fr ganzjährig 10–15 Uhr & Mitte Juni–Aug. Do 18–21 Uhr, Sa 10–14 Uhr) besucht werden.

Ranas Naturgeschichtliches Museum (☎ 75 14 61 80; Moholmen) konzentriert sich auf Geologie, Ökologie sowie Flora und Fauna der Polarregion; ein paar Objekte zum Anfassen sind besonders für die Kinder ein Hit. **Ranas Kulturgeschichtliches Museum** (☎ 75 14 61 70; Fridtjof Nansensgata 22) hingegen widmet sich der Kultur der Samen hier in der Gegend und der Besiedlungsgeschichte des südlichen Nordlands.

Im **Moheia Badeland** (Moheia Fritidspark; ☎ 75 14 60 60; Øvre Idrettsveien 1; Erwachsene/Kinder 75/50 nkr; Mo–Fr 12–20 Uhr, Sa–So12–18 Uhr) hat man die Qual der Wahl zwischen vier Schwimmbecken und drei Saunas. Die 42 m lange Wasserrutsche hinunterzusausen ist allerdings ein absolutes Muss.

Das älteste Gebäude der Stadt, die **Kirche** von Mo (Mo Kirke; kostenlose Führungen Mitte Juni–Mitte Aug. Mo–Fr 7.30–21.30 Uhr) wurde 1724 gebaut und noch im gleichen Jahrhundert renoviert. Mit ihrem steilen Dach und dem Zwiebelturm würde sie es verdienen, länger für Besucher geöffnet zu sein als nur wenige Monate. Auf dem Friedhof findet man einen Gedenkstein für russische Kriegsgefangene, die in Gefangenschaft gestorben sind, und die Grabsteine von acht britischen Soldaten, die bei Kommandounternehmen im Mai 1940 getötet wurden.

HÖHLEN

Die Kalkstein- und Marmorlandschaft nordwestlich von Mo i Rana ist durchzogen von Höhlen und Kratern, die entstanden sind, als Flusswasser den Marmor zwischen Schichten von Glimmerschiefer herauslöste. Aufgrund mineralischer Ablagerungen kann das Gletscherwasser, das sich in Teiche und Flüsse ergießt, zwischen Grün, Grau und Blau changieren, wenn man sich den Höhlen nähert.

Am leichtesten zugänglich und daher am häufigsten Ziel von Besuchern ist die **Grønligrotta** (☎ 75 13 25 06; Grønli; Erwachsene/Kinder 85/40 nkr; Führungen Mitte Juni–Aug. stündl. 10–19 Uhr). Sie ist seit fast einem Jahrhundert in Betrieb und liegt 25 km nördlich von Mo. Es gibt sogar elektrisches Licht (es ist die einzige beleuchtete touristische Höhle in Skandinavien). Die dreißigminütige Rundwanderung führt an einem unterirdischen Fluss entlang, durch ein Felslabyrinth und an einem Granitblock vorbei, der von einem Gletscher abgerissen und durch die gewaltige Kraft des fließenden Wassers in die Höhle gespült wurde.

Der zweistündige Trip in die **Setergrotta** (☎ 75 16 23 50; Røvassdalen; 175 nkr; Führungen Anfang Juni–Ende Aug. 11.30 & 15 Uhr), etwa 1 km näher an der Stadt gelegen, ist noch deutlich abenteuerlicher. Die Highlights: ein paar extreme Engstellen, durch die man sich quetschen muss, und die absolut adrenalinintensive Überquerung einer 15 m tiefen Schlucht zwischen zwei Felswänden. Die Besucher werden mit Stirnlampen, Helmen, Gummistiefeln und Overalls ausstaffiert.

OUTDOOR-AKTIVITÄTEN

Zwei örtliche Veranstalter, **Rana Spesialsport** (☎ 90 95 11 08, 75 12 70 88; www.spesialsport.no; Øvre Idrettsveien 35) und **Arctic Viking** (☎ 75 19 38 00; www.arctic-viking.no), bieten eine ganze Reihe von Aktivitäten an, darunter Kajakfahren, geführte Treckingtouren und Gletscherwanderungen.

Geführte Touren

Mo i Rana liegt günstig, um die **Fjorde** im Westen zu erkunden (auch wenn sie rund 110 km entfernt sind). Ab dem Hafen Konsvikosen nahe Tonnes bietet **Polarsirkel Maritime** (☎ 75 09 47 90; www.polarsirkel-maritime.no auf Norwegisch) Fahrten in die Fjorde der Gegend an sowie einen kurzen Trip mit dem Raft (100 nkr hin und zurück, von April bis September) nach Vikingen (auch bekannt als Polarsirkeløya). Auf dieser kleinen Insel markiert ein Globus den Polarkreis. Fährpassagiere kommen nur daran vorbei, wenn das Boot die magische Linie kreuzt und anlässlich des feierlichen Ereignisses einmal kräftig tutet. Ausflüge zur Insel Hestmanna (s. Kasten S. 33) sind ebenfalls möglich.

Für Touren auf den **Svartisen-Gletscher** s. S. 300. Ab Mo verkehren keine öffentlichen Verkehrsmittel, aber man kann beim Fremdenverkehrsbüro Fahrräder leihen (s. S. 300) und die 32 km je Strecke zum Fähranleger am See Svartisen strampeln.

Das Fremdenverkehrsbüro veranstaltet täglich zwei **geführte Wanderungen** (50 nkr; ⌚ Juli–Ende Aug.); Treffpunkt jeweils dort um 20 Uhr. Man kann sich für den einstündigen Stadtspaziergang entscheiden oder, wenn einem der Sinn nach spektakulären Ausblicken steht, für die 90-minütige Bergwanderung (hört sich schlimmer an, als es ist – keine Sorge). Anmeldungen bis 16 Uhr am gleichen Tag.

Schlafen

Fammy Hotell (☎ 75 15 19 99; www.fammy.no auf Norwegisch; Ole Tobias Olsens Gate 4; EZ/DZ/3BZ 595/695/895 nkr) Zentral gelegenes, günstiges Hotel mit hellen Zimmern inklusive Miniküche. Die Zimmer im Erdgeschoss (100 nkr extra) sind noch eine Nummer größer und gehen über zwei Ebenen: Oben ist der Schlafbereich. Am besten lässt man sich ein Zimmer nach hinten raus geben; denn es kann von der Straße ziemlich laut sein, solange noch Verkehr herrscht. Die Gäste bekommen im Restaurant Abelone (s. rechts) direkt nebenan 15 % Rabatt.

Mo Hotell og Gjestegård (☎ 75 15 22 11; Fax 75 15 23 38; Elias Blix gate 3; EZ/DZ inkl. Frühstück 500/600 nkr) Freundliches Gästehaus mit 15 Zimmern, ruhig am Hang gelegen. Im kleinen Garten kann man phantastisch sitzen und relaxen.

Meyergården Hotell (☎ 75 13 40 00; www.meyergarden.no; 28 Fridtjof Nansens gate 28; EZ/DZ Mitte Juni–Mitte Aug. 670/840 nkr, übrige Zeit So–Do 1150/1350 nkr, Fr–Sa 615/790 nkr; P 💻) Der Rica-Kette angeschlossen, ist dies das älteste Hotel in Mo: mit viel Stil, wunderschönen Zimmern, dem Romona-Nachtclub und einem renommierten Arctic-Menu-Restaurant. Wer sparen möchte, nimmt eins der sechs günstigen Zimmer mit Gemeinschaftsbad im ursprünglichen Flügel aus dem späten 19. Jh., der zudem viel mehr Atmosphäre hat. Die Mitarbeiter an der Rezeption sind freundlich, wenngleich etwas schlecht organisiert.

Holmen Hotell (☎ 75 15 14 44; www.rainbow-hotels.no; TV Westens gate 2; EZ/DZ Mitte Juni–Mitte Aug. 685/890 nkr, übrige Zeit So–Do 925/1025 nkr, Fr–Sa 650/790 nkr; P) Ein freundlicher Empfang und ziemlich noble Zimmer – ganz im Kontrast zum tristen Äußeren.

Comfort Hotel Ole Tobias (☎ 75 15 77 77; www.ole-tobias.no; Thora Meyersgate 2; EZ/DZ inkl. Frühstück Mitte Juni–Mitte Aug. 740/1040 nkr, übrige Zeit So–Do 1125/1295 nkr, Fr–Sa 690/850 nkr) Dieses Hotel mit Eisenbahnflair – der Teppich im Flur täuscht Bahnschienen vor, und die Zimmer sind nach Bahnhöfen benannt – erinnert an den örtlichen Lehrer und Pastor, der die Regierung davon überzeugte, die Bahnstrecke Nordlandsbanen zu bauen; sie verbindet Trondheim mit Fauske und Bodø. Im Preis eingeschlossen sind das Frühstück und ein leichtes Abendessen.

Essen

Abelone (☎ 75 15 38 88; Ole Tobias Olsens Gate 6; Hauptgerichte 174–194 nkr) Das Abelone sieht von der Straße nicht wirklich einladend aus, aber drinnen gibt das Holzhütten-Ambiente doch eine angenehme Umgebung für ein gemütliches Abendessen her. Im Mittelpunkt: hochwertige Fleischgerichte, besonders Rind.

Bimbo Veikro (☎ 75 15 10 01; Saltfjelletveien 34; Hauptgerichte 65–190 nkr) Das Rasthaus befindet sich nördlich der Stadt und hat für jeden Geschmack etwas zu bieten. Man bekommt die üblichen Sandwiches, Pizzen und Grillteller. (Das „Special" für Trucker besteht aus Eiern, Schinken, Bohnen und Kartoffeln für 80 nkr.) Gleichzeitig ist dies ein Arctic-Menu-Restaurant mit etwas anspruchsvolleren Gerichten.

Flüssiges für unterwegs gibt's im Bunnpris-Supermarkt und im Vinmonopolet, beide unmittelbar südlich des Fremdenverkehrsbüros.

Ausgehen

Hinein durch die schmale Tür, dann eine Treppe rauf und man steht im **Fembøringen Café & Pub** (☎ 75 15 09 77; Jernbanegata 12), einer gemütlichen, zwanglosen Kneipe, die in den guten alten Zeiten vor dem Rauchverbot völlig verqualmt gewesen sein muss.

Unterhaltung

Ramona (☎ 75 13 40 00; Fridtjof Nansensgata 28) Dieser Nachtclub im Meyergården Hotell behauptet von sich, der größte im nördlichen Norwegen zu sein.

ARCTIC-MENU-PROGRAMM

Gourmets sollten in Nordnorwegen unbedingt jene Restaurants aufsuchen, die dem Arctic-Menu-Netzwerk angeschlossen sind. Die Mitglieder – von kleinen Familienbetrieben bis zu Restaurants von Hotelketten – kochen traditionelle norwegische Gerichte und/oder verwenden natürliche Zutaten aus der Region. Das kann eine Soße sein, in der einheimische Beeren schmurgeln, ein Wandersaibling (eine Art Lachsfisch) aus dem eisigen Wasser der Umgebung, Rentier, Seehund, Wal oder natürlich Kabeljau – jedes noch so kleine Stückchen davon, sei es das nahrhafte Fleisch oder örtliche Delikatessen wie die Backen, der Rogen, die Leber, der Magen oder die Zunge.

Hinweise auf die entsprechenden Restaurants sind unter der Rubrik „Essen" zu finden. Auf der Website des Programms (www.arktiskmeny.no) sind alle rund dreißig Teilnehmer verzeichnet, und in den meisten Fremdenverkehrsbüros gibt es eine entsprechende Broschüre. Darin stehen auch ein paar Rezepte, sodass man zu Hause das eine oder andere Gericht nachkochen kann – natürlich nur, wenn es gelingt, die frischen nordnorwegischen Zutaten zu bekommen ...

Kinoteatret (☎ 75 14 60 50; Rådhusplass 1) Mo i Ranas Kino liegt am oberen Ende der Jernbanegata.

TNT Bowlingsenter (☎ 75 15 78 00; Fridtjof Nansensgata 1) Die Location für Freunde des Bowlings. Kostenpunkt: 50 nkr pro Runde zu Spitzenzeiten.

An- & Weiterreise

Widerøe fliegt ab Mo i Ranas Flughafen Røssvoll, 14 km außerhalb der Stadt, von/nach Bodø (2- bis 4-mal am Tag), Mosjøen (2-mal am Tag) und Trondheim (1-mal am Tag). Die Flüge sind super, solange es unter einem nicht diesig ist: Der Blick auf die Eiskappe des Svartisen-Gletschers ist einfach phantastisch.

Für Busreisende sind die Möglichkeiten begrenzt. Es gibt tägliche Verbindungen (außer samstags) zwischen Mo i Rana und Sandnessjøen (153 nkr, 3¼ Std.). Von Sonntag bis Freitag fährt mindestens einmal am Tag ein Ranaekspressen-Bus von/nach Mosjøen (98 nkr, 2 Std.). Für Informationen über Reisen von/nach Umeå in Schweden siehe S. 432.

Die meisten Besucher kommen auf Mo i Ranas akttraktivem, achteckigem **Bahnhof** (☎ 75 15 01 77) an – mit den zwei oder drei täglichen Zügen von Trondheim (690 nkr, 6½ Std.) oder Fauske (270 nkr, 2¼ Std.).

Unterwegs vor Ort

Flytaxi (☎ 90 16 21 57) fährt rechtzeitig zu allen Flügen zum Flughafen und hält bei den größeren Hotels.

Wer mit dem Auto unterwegs ist, kann sich eine kostenlose Parkgenehmigung für Besucher holen. Sie ist vier Stunden gültig und im Fremdenverkehrsbüro erhältlich. Dort kann man auch Fahrräder ausleihen (40/150 nkr pro Stunde/Tag).

Taxiruf unter der Nummer ☎ 7550.

SALTFJELLET-SVARTISEN-NATIONALPARK

Der 2105 km² große Saltfjellet-Svartisen-Nationalpark verbindet den Svartisen-Gletscher (Norwegens zweitgrößtes Eisfeld mit zerklüfteten Gipfeln und einer Gesamtfläche von 369 km²) mit der hoch gelegenen, leicht gewellten Moorlandschaft des Salfjellet-Massivs nahe der schwedischen Grenze.

Praktische Informationen

Die beste Karte ist Statens Kartverks *Turkart Saltfjellet* im Maßstab 1:100 000.

Bodø og Omegn Turistforening DNT-Büro (☎ 75 52 14 13; Storgata 17) Hier erhält man Informationen über die Westseite des Svartisen-Gletschers. Über die Ostseite gibt es die besten Informationen im Fremdenverkehrsbüro in Mo i Rana.

Statskog-Helgeland National Foresty Authority (Staatliche Waldbehörde in Mo i Rana ☎ 75 15 79 50, in Fauske ☎ 75 64 59 66) Hier gibt es Informationen über den Nationalpark.

Svartisen

Die beiden Eiskappen des Svartisen-Gletschers, getrennt durch das Tal Vesterdalen, liegen direkt auf dem Polarkreis zwischen Mo i Rana und der Halbinsel Meløy. An den höchsten Stellen ist die Eiskappe ungefähr 1500 m hoch, doch einige ihrer Zungen reichen bis in die Täler und machen den Svartisen dadurch zum niedrigst gelegenen Gletscher Europas außerhalb von Island und Svalbard. Den Svartisen kann man entweder von Osten oder von Westen her angehen.

Wer aber von einem Hauptzugang zum anderen gelangen will, muss eine technisch aufwändige Expedition zu Fuß oder einen Umweg von ein oder zwei Tagen mit dem Auto auf sich nehmen. Die meisten Besucher des Gletschers ziehen eine kurze Seetour vor; wer unbedingt wandern möchte, findet den leichteren Zugang von Osten.

VESTISEN (WESTEIS)

Die Vestisen-Eiskappe zieht möglicherweise mehr Besucher an als jeder andere Teil des Parks. Leute, die den Kystriksveien entlangfahren, können von den Fähren Kilboghamn–Jektvik und Ågskardet–Forøy einen Blick auf den Svartisen-Gletscher werfen; vom Highway hat man eine schöne Aussicht entlang des Holandsfjords. Von Holand verkehren **Fähren** (☎ 94 86 55 16; Erwachsene/Kinder hin und zurück 60/30 nkr) mindestens viermal am Tag über den Holandsfjord zur Spitze der Engebreen-Gletscherzunge. **Polarsirkel Maritime** (☎ 75 09 47 90; www.polarsirkel-maritime.no auf Norwegisch) unternimmt Ausflüge zum Gletscher vom Hafen Tonnes, wenn man im Voraus reserviert.

Ein Fußweg von 15 Minuten ab Fähranleger führt einen zum **Svartisen Turistsenter** (☎ 75 75 00 11; www.svartisen.no; ⌚ Juni–Mitte Aug.) mit Café und Shop. Hier werden fünfstündige Gletscherwanderungen (500 nkr einschließlich Ausrüstung) mit Start am Ende des Sees Engabrevatnet angeboten. Unbedingt im Voraus anmelden. Wer auf eigene Faust loswandert, kann sich die steile Route am Gletscherrand entlang zur Tåkeheimen-Hütte nahe dem Gipfel Helgelandsbukken (1454 m) hinaufquälen.

Für Passagiere der Hurtigruten-Küstenfähre in Richtung Norden gibt's den Besuch des Svartisen-Gletschers als optionales Zusatzangebot zu ihrer Reise. Auch eine kombinierte Schiffs-/Busreise von Bodø dorthin ist möglich (Informationen über Abfahrtszeiten im Fremdenverkehrsbüro).

ØSTISEN (OSTEIS)

Vom Ende der Straße durch das Svartisdalen, 20 km das Tal hinauf ab Røssvoll (Mo i Ranas Flughafen), überqueren **Fähren** (☎ 75 16 23 79; Erwachsene/Kinder 80/40 nkr hin und zurück; ⌚ Mitte Juni–Aug.) den Svartisen-See (Svartisvatnet) mindestens viermal am Tag. Die Überfahrt dauert zwanzig Minuten. Vom Fähranleger am westlichen Ende des Sees ist es eine 3 km lange Wanderung zum Beginn der Austerdalsisen-Gletscherzunge, die sich in den letzten zwei Jahrzehnten ungefähr 1 km weit zurückgezogen hat. Am Seeufer gibt es einen Kiosk und einen Campingplatz.

Vom Ende der Straße kann man auch zur Hütte am Ufer des Bergsees Pikhaugsvatnet hinaufwandern, der von Gipfeln und Eis umgeben ist. Die Hütte ist eine phantastische Ausgangsbasis für Tagestouren in das Glomdal oder zum Flatisen-Gletscher. Erfahrene Kletterer finden tolle Routen am Nordre Kamplitinden (1532 m) und Skiptinden (1591 m).

NORDLAND

Saltfjellet

Die Landschaft am Polarkreis ist geprägt von den weiten Hochlandplateaus des Saltfjellet-Massivs, das sich von den Gipfeln um den Svartisen-Gletscher bis zur schwedischen Grenze hinzieht. In dieser eher ungastlichen Wildnis stößt man immer wieder auf Zaunanlagen und Sakralstätten, die den Samen zugeschrieben werden. Manche dieser Plätze stammen aus dem 9. Jh. oder früher, und alles deutet darauf hin, dass hier bereits im 16. Jh. Rentierherden gehalten wurden.

Eine 15 km lange Wanderung nach Osten führt nach Graddis nahe der schwedischen Grenze und zum altehrwürdigen **Graddis Fjellstue og Camping** (☎ 75 69 43 41; Fax 75 69 43 88; EZ 400 nkr, DZ 520–620 nkr; ⌚ Mitte Juni–Mitte Aug.). Dieses gemütliche kleine Gästehaus, das seit seiner Gründung 1867 von ein und derselben Familie geführt wird, ist ein ausgezeichneter Ausgangspunkt, um in eins der am wenigsten frequentierten Wandergebiete Norwegens aufzubrechen. Campingmöglichkeiten sind vorhanden. (Es lohnt sich, einen Blick auf Methusalem zu werfen, die 100 Jahre alte Kiefer, die 200 m von der Herberge entfernt steht.)

Ein toller Kurztrip führt durch die wild gewundene Junkerdalsura-Schlucht, ein botanisch ergiebiges Pflanzenschutzgebiet. Von Storfjord, wo E 6 und Rv 77 sich kreuzen, geht man Richtung Osten und überquert die Hängebrücke über den Junkerdal-Fluss. Nach 200 m ist eine Infotafel erreicht. Von dort führt ein Wanderweg auf einem alten Feldweg 4 km weit die Schlucht hinauf zur Junkerdalen-Brücke nahe dem Dorf Solvågli.

An- & Weiterreise

Bahnfahrer können in Lønsdal zwischen Fauske und Trondheim aussteigen, aber sie sollten sicherheitshalber vorher fragen, ob der Zug auch wirklich dort hält. Mit dem Auto erreicht man das Saltfjellet entweder über die E 6 oder die Rv 77, die auf der südlichen Seite des Junkerdalen verläuft.

POLARKREISZENTRUM

Genau 66° 33′, nördlicher Breite markieren den südlichsten Stand der Mitternachtssonne bei der Sommersonnenwende und den fransigen Rand der Polarnacht zur Wintersonnenwende. Wenn der Arctic Highway zwischen Mo i Rana und Fauske diese imaginäre Grenze überschreitet, sollte das ein magischer Moment der Reise sein.

Allerdings – das **Polarsirkelsenteret** (☎ 75 12 96 96; E 6, Rognan; Ausstellung Erwachsene/Kinder/Familien 50/20/100 nkr, 🕒 Mitte Mai–Mitte Sept. 8 oder 10–22 Uhr) an der E 6, inmitten der öden Moore, die an den Saltfjellet-Svartisen-Nationalpark angrenzen, ist schon fast eine Touristenfalle. Es werden zwar auch eine Ausstellung ausgestopfter Tiere und ein Video über die Arktis präsentiert, aber im Wesentlichen geht es darum, Postkarten mit einem besonderen Polarkreisstempel zu versehen und Besuchern Bescheinigungen auszustellen (50 nkr), dass sie den Polarkreis tatsächlich überschritten haben. Dazu gibt es alle nur erdenklichen Arten von Nordkitsch – Mini-Eisbären, Trolle und andere Fellwesen, und das gleich körbeweise. Nüchterner und ernster sind die Gedenksteine für die slawischen Zwangsarbeiter, die im Zweiten Weltkrieg den Arctic Highway für die deutschen Besatzer gebaut haben.

Reisende in Richtung Norden werden sich wieder wohler fühlen, wenn sie in die üppig grüne Landschaft hinunterfahren, die für das nördliche Norwegen eigentlich viel typischer ist.

FAUSKE

6000 Ew.

Fauske ist vor allem für seine Marmorsteinbrüche bekannt. „Norwegisch Rosé“ verschönert viele bedeutende Gebäude, etwa das Rådhus von Oslo, das UN-Hauptquartier in New York und den Kaiserpalast in Tokio. Von hier aus kommt man aber auch optimal nach Sulitjelma und zum Rago-Nationalpark. Reisende, die bisher per Bahn Richtung Norden unterwegs waren, müssen in Fauske in den Bus umsteigen, um nach Tromsø weiterzukommen.

Wer es nicht ganz so eilig hat, sollte einen Abstecher Richtung Westen nach Bodø machen, dem Nordende der Küstenstraße Kystriksveien. Bodø ist für sich genommen schon interessant; zusätzlich gibt's von hier eine beliebte Fährverbindung zu den südlichen Lofoten. Das **Fremdenverkehrsbüro** (☎ 75 64 33 03; www.saltenreiseliv.no; Sjøgata 86; 🕒 Mitte Juni–Mitte Aug. Mo–Fr 9–18 Uhr, Sa–So 10–17 Uhr; übrige Zeit Mo–Fr 8.30–15 Uhr) informiert über die Natur der Umgebung. Außerdem kann man hier Marmorstücke und alle möglichen Dinge aus Marmor kaufen – vom handlichen Hosentaschenformat bis zu richtigen Brocken. Alles aus dem gebänderten lachsfarbenen Fausker Marmor. Im Juli gibt es Führungen (Erwachsene/Kinder 100/50 nkr) durch den größten örtlichen Steinbruch.

Sehenswertes

Zu den Sehenswürdigkeiten im Ort gehören der **Marktplatz**, der ganz dem Marmor gewidmet ist, und die historischen Gebäude des parkähnlichen **Fauske-Bygdetun-Museums** (☎ 75 64 46 98; Sjøgata; Erwachsene/Kinder/Familien 30/15/50 nkr; 🕒 Ende Juni–Ende Aug. Mo–Fr 10–18 Uhr, Sa–So 7.30–15 Uhr ; Ende Aug.–Ende Juni Mo–Fr 7.30–15 Uhr, aktuelle Änderungen vor Ort erfragen); übrigens ein hübsches Plätzchen zum Picknicken.

Schlafen & Essen

Lundhøgda Camp & Café (☎ 75 64 39 66; lunghogda@c2i.net; Lundveien; Stellplatz 100 nkr, 4-Bett-Hütte 250–550 nkr) Dieser Komplex liegt 3 km westlich der Stadt und hat eine tolle Aussicht auf den Fjord und die Gipfel in der Umgebung.

Seljestua (☎ 90 73 46 96; seljestua@hotmail.com; Seljeveien 2; EZ/DZ 350/400 nkr; 🕒 Ende Juni–Mitte Aug.) Das Studentenwohnheim, 500 m vom Bahnhof entfernt, dient im Sommer als Hotel und verfügt über Familienzimmer mit Bad.

Fauske Hotell (☎ 75 60 20 00; www.rica.no; Storgata 82; Mitte Juni–Mitte Aug. EZ/DZ 700/850 nkr; übrige Zeit So–Do 875/1380 nkr, Fr–Sa 832/1059 nkr; 💻) Die einzige ganzjährig geöffnete Unterkunft in der oberen Preisklasse mit frisch renovierten, freundlichen Zimmern; die Public Areas scheinen allerdings schon ein wenig in die Jahre gekommen zu sein. Das Restaurant macht mit bei der Arctic-Menu-Initiative.

Brygga Hotell (☎ 75 64 63 45; EZ/DZ 700/850 nkr; 🕒 Mitte Juni–Juli) Dieser weniger monolithische Anbau des Fauske Hotell mit dreißig Zimmern liegt direkt am Fjord und ist eine reizvolle Alternative – falls man während der kurzen Öffnungszeit hier sein sollte.

Huset (☎ 75 64 41 01; Storgata 74) Attraktives Restaurant an der Hauptstraße. Die erstklassigen Fleischgerichte mit Beilage werden nach Gewicht abgerechnet, aber es gibt auch andere Hauptgerichte mit Fleisch (150 bis 210 nkr). Außerdem im Angebot: eine Auswahl phantasievoller Snacks und Salate (78 bis 90 nkr) plus – natürlich – Pizza.

An- & Weiterreise

BUS

Der beliebte Bus Nord-Norgeekspressen zwischen Bodø (99 nkr, 1¼ Std.) und Narvik (381 nkr, 5½ Std.) kommt zweimal am Tag durch Fauske. Auf der landschaftlich schönen Strecke nach Narvik erhalten Inhaber von Scanrail-, Interrail- und Eurail-Pässen Rabatt. Mit dem Fauske–Lofoten Ekspressen, der nach Sortland (367 nkr, 5¼ Std., 2-mal am Tag) übersetzt, kann man auch direkt zu den Lofoten reisen; ein Bus am Tag fährt weiter nach Svolvær (517 nkr, 8½ Std.).

Von/nach Harstad auf der Vesterålen-Insel Hinnøya kann man den täglichen Togbus nehmen (343 nkr, 5½ Std.). Der örtliche Saltens-Bilruter-Bus zwischen Fauske und Bodø (90 nkr, 1¼ Std.) verkehrt mindestens dreimal am Tag.

ZUG

Züge verkehren auf der Nordlandsbanen zwischen Trondheim (830 nkr, 10 Std.) und Bodø (92 nkr, 45 Min.) via Fauske mindestens zweimal am Tag. Daneben gibt es weitere Züge (bis zu fünf am Tag) zwischen Fauske und Bodø.

RUND UM FAUSKE

Saltdal & Blutstraßenmuseum

Das **historische Dorf Saltdal** (☎ 75 68 22 90; Saltdal; Erwachsene/Kinder/Familien 30/15/50 nkr; 🕑 20. Juni–20. Aug. Mo–Fr 11–18 Uhr, Sa 13–16 Uhr, So 13–18 Uhr) nicht weit von der E 6 nahe Saltnes ist eine kleine Ansammlung von Bauernhöfen und Fischerhäusern. Auf dem Gelände befindet sich auch das so genannte **Blutstraßenmuseum**. In einer ehemaligen deutschen Baracke wird den Besuchern klargemacht, unter welchen Bedingungen alliierte Kriegsgefangene den Highway zwischen Saltnes und Saksenvik bauen mussten. Nicht wenige kamen dabei ums Leben. Der Friedhof der Gefangenen (rund 7000) befindet sich ca. 3 km weiter nördlich in Botn.

Sulitjelma

Ein Schild etwas nördlich von Fauske verkündet, dass man nun genau die Hälfte der Strecke auf der E 6 zurückgelegt habe – ein passender Moment, um sich mal für kurze Zeit vom Arctic Highway zu entfernen.

Eine wunderschöne 40 km lange Fahrt auf der Rv 830 durch das landschaftlich reizvolle Langvassdalen führt zum winzigen Ort Sulitjelma. Hier war es nicht immer so ruhig wie heute. Im Jahr 1860 entdeckte ein samischer Hirte im Wald nördlich des Langvatnet Kupfererz – mit dem Resultat, dass plötzlich alle möglichen Glücksritter aus dem norwegischen Süden hier einfielen. Es wurden riesige Erzvorkommen ausgemacht und 1891 die Sulitjelma-Gruber-Bergwerkskompanie gegründet. Bis zum Jahr 1928 forderte das mit Holz befeuerte Hüttenwerk von den Birkenwäldern in der Umgebung seinen Tribut; eine Belastung stellten auch die hohen Konzentrationen mit CO_2 dar, einem Nebenprodukt des Verhüttungsvorgangs. Heute qualmen die Schlote schon lange nicht mehr, und die Umwelt ist dabei, sich zu erholen.

SEHENSWERTES & AKTIVITÄTEN

Zu der einstündigen Führung durch das **Sulitjelma-Besucherbergwerk** (Besøksgruve; ☎ 75 64 06 95; Erwachsene/Kinder 125/50 nkr; 🕑 Mitte Mai–Anfang Aug. 13 Uhr) gehört auch eine 1,5 km lange Fahrt mit einer Bahn tief in den Berg.

Im **Sulitjelma-Bergwerksmuseum** (Gruvemuseum; ☎ 75 64 02 40; Erwachsene/Kinder/Familien 20/10/50 nkr; 🕑 Mitte Juni–Anfang Aug. So–Fr 10–18 Uhr, Sa 12–15 Uhr), unmittelbar am Fjord gelegen, erfährt man alles über die 100-jährige Bergwerksgeschichte der Gegend und kann sich einige sehr eindrucksvolle, inzwischen vor sich hin rostende Ausrüstungsgegenstände ansehen.

Östlich und südlich von Sulitjelma ist die vergletscherte Landschaft einfach phantastisch und für **Wanderer** ideal. Sie haben mehrere Routen zur Auswahl und können in neun verschiedenen Hütten übernachten. Im Fausker Fremdenverkehrsbüro gibt es einen Führer des norwegischen Wandervereins DNT.

Kletterer zieht es v.a. zu den **drei Nunataks** (Bergspitzen, die aus einem Gletscher oder einer Eiskappe herausragen) Vardetoppen (1722 m), Stortoppen (1830 m) und Sulistoppen (1930 m) – alle auf dem Gletscher Sulitjelmasisen. Die 123 km² große **Blåmannsisen-Eiskappe** (1571 m) weiter im Norden ist ebenfalls sehr beliebt und noch dazu sagenumwoben (s. Kasten auf S. 33).

Die richtigen topografischen Karten sind *Låmivatnet* (Blatt 2229-III), *Sulitjelma* (Blatt 2129-II) und *Balvatnet* (Blatt 2128-I), alle im Maßstab 1:50 000.

SCHLAFEN

Jakobsbakken Fjellsenter (☎ 75 64 02 90; B 110 nkr, Apt. mit Bad und Küche 550 nkr; ⌚ März–Dez.) Diese etwas weiter oben gelegene Unterkunft befindet sich in einer ehemaligen Bergarbeitersiedlung am Ende der Straße und wird von der Kirche betrieben. Sie bietet einen großartigen Ausblick auf die Täler der Umgebung und ist eine ausgezeichnete, preiswerte Ausgangsbasis für verlockende Tageswanderungen. Die Schlafsäle haben zwei bis sechs Betten.

Sulitjelma Turistsenter (☎/Fax 75 64 04 33; scamfri@online.no; Daja; Stellplatz für Zelt/Wohnwagen 100/120 nkr, Hütte mit Bad 500 nkr) Ein hübsch gelegener Campingplatz in der Nähe eines kleinen Sees 3,5 km hinter dem Bergwerksmuseum; die letzten ca. 750 m sind Feldweg. Unter der Regie eines schweigsamen Ehepaares ist der Platz ganzjährig geöffnet und man kann Ruderboote oder Kanus leihen (30 nkr pro Stunde). Auch hier gibt es großartige Wandermöglichkeiten. Ein ausgeschilderter Weg beginnt direkt am Campingplatz.

Rago-Nationalpark

Der kleine, selten besuchte **Rago-Nationalpark** (167 km²) ist eine raue Scholle mit bewaldeten Granitbergen und Heidelandschaft, durchzogen von tiefen Einschnitten und bedeckt mit Eisfeldern. Rago gehört zusammen mit den großen angrenzenden schwedischen Parks Pakjelanta, Sarek und Stora Sjöfjallet zu einem Schutzgebiet von insgesamt 5500 km² Größe. An Tieren kriegt man hier nicht nur Biber im tiefen Tal des Laksåga (auch Nordfjord genannt) zu Gesicht, sondern in höheren Lagen auch Vielfraße.

Vor allen Dingen ist Rago jedoch für die schäumenden Kaskaden und spektakulären Wasserfälle bekannt, die sich im üppig grünen Tal Storskogdalen aneinander reihen. Sie heißen – von unten nach oben –Værivassfoss (200 m), Trollfoss (43 m) und Storskogsfoss (18 m).

Für passionierte Wanderer, die keine Lust auf Menschenmassen, hotelähnliche Hütten und autobahnartige Wanderwege haben, wie sie für die beliebtesten norwegischen Nationalparks typisch sind, ist Rago genau das Richtige. Vom wichtigsten Starting Point in Lakshol ist es eine dreistündige Wanderung 7 km das Tal hinauf zu den kostenlosen Hütten Storskogvasshytta und Ragohytta, dann eine ziemlich happige Kletterei auf den Grat und hinüber nach Schweden, wo man Anschluss an das gut ausgebaute Wegenetz auf der anderen Seite der Grenze bekommt.

Geeignete Karten für den Park sind *Sisovatnet* (Blatt 2129-I) im Maßstab 1:50 000 oder *Sørfold* mit 1:75 000. Lakshol erreicht man, indem man an der Trengsel-Brücke von der E 6 nach Osten abbiegt und 6 km weiterfährt bis zum Ende der Straße.

Mehrere Busse am Tag (Nr. 2 und Nr. 841) fahren ab Fauske (40 nkr, 1 Std.). Auf Wunsch hält der Fahrer an der Trengsel bru, wenn man sagt, dass man in den Rago-Nationalpark möchte.

NARVIK

14 200 Ew.

Narvik wurde 1902 als eisfreier Hafen für die ergiebigen Eisenerzbergwerke von Kiruna im schwedischen Lappland eingerichtet. In jüngerer Zeit hat man begonnen, aus den einzigartigen Sportmöglichkeiten und Sehenswürdigkeiten der majestätischen, wilden und historisch interessanten Umgebung (darunter die spektakuläre Ofotbanen nach Schweden) Kapital zu schlagen.

Geschichte

In der Umgebung von Narvik lebten schon in der Steinzeit Menschen. Der Beweis: die deutlich erkennbare Steinritzung eines Elchs, die man in Vassvik nordwestlich vom Zentrum fand.

Im Zweiten Weltkrieg war die Kontrolle über diesen strategisch wichtigen Hafen von größter Bedeutung für die Kriegsmaschinerie der Nazis. Sie hatten es darauf abgesehen, die Eisenerzlieferungen an die Alliierten zu unterbrechen und diese Ressourcen selbst in die Hände zu bekommen. Im April 1940 kämpften sich zehn deutsche Zerstörer durch einen Schneesturm, drangen in den Hafen ein und versenkten zwei norwegische Schlachtschiffe. Am folgenden Tag griffen fünf britische Zerstörer an, und eine heftige Seeschlacht führte zum Verlust von zwei Schiffen auf jeder Seite. Im Mai landeten britische, norwegische, französische und exilpolnische Truppen und brachten die Deutschen in eine äußerst prekäre Lage.

Doch die Deutschen traten keineswegs den Rückzug an, sondern versuchten, die Stadt zu halten. Von den schweren Kämpfen zeugen die Soldatengräber auf den Friedhöfen und 34 Schiffe von fünf Nationen (Norwegen, Großbritannien, Frankreich, den Niederlanden und Deutschland) im Hafen. Nachdem die Alliierten Narvik aufgegeben hatten, rückten die Deutschen am 8. Juni 1940 wieder ein und kontrollierten die Stadt bis zum 8. Mai 1945.

Obwohl die Stadt in bewundernswerter Weise wieder aufgebaut wurde, ist die Innenstadt von Narvik nicht gerade ein Traum (manche würden sie sogar als hässlich bezeichnen). Doch der Fjord, die Wälder und Berge rundherum sind nahezu spektakulär, und die Umschlaganlage, die die Stadt in zwei Hälften teilt, lädt immer noch Erz von Bahnwagen auf Schiffe und ist als Mega-Maschinerie irgendwie faszinierend.

Orientierung

Narvik teilt sich ein Tal mit den gewaltigen Docks für die Eisenerzverschiffung. Westlich der Stadt liegen ein paar Inseln, auf allen anderen Seiten Berge; die spektakulären Fjorde erstrecken sich Richtung Norden und Süden. Die E 6 (Kongens gate) führt mitten durchs Stadtzentrum. Der Bahnhof liegt am Nordende der Stadt, ebenso der Busbahnhof, gleich neben dem AMFI-Einkaufszentrum.

Praktische Informationen

Competia (☎ 76 97 72 22; 52 Dronningens gate; 1 nkr/Min.; ⌚ Mo–Fr 9–16 Uhr) Zugang ins Internet.

Fremdenverkehrsbüro(☎ 76 94 33 09; www.destinationnarvik.com; Kongens gate 26; ⌚ Anfang Juni Mo–Fr 9–17 Uhr, Sa 10–14 Uhr, So 11–14 Uhr; Mitte Juni–Mitte Aug. Mo–Fr 9–19 Uhr, Sa 10–17 Uhr, So 11–17 Uhr; Ende Aug. Mo–Fr 9–17 Uhr, Sa 10–15 Uhr; Sept.–Mai Mo–Fr 8.30–15.30 Uhr) Hat eine besonders gute Website. Verwaltet die Schlüssel für Hütten des DNT-Wandervereins.

Sehenswertes

Dem **Rot-Kreuz-Kriegsmuseum** in Narvik (Nordland Røde Kors Krigsminnemuseum; ☎ 76 94 44 26; Kongens gate; Erwachsene/Kinder 50/25 nkr; ⌚ Mitte Juni–Mitte Aug. Mo–Sa 10–12 Uhr, So 12–18 Uhr; übrige Zeit tgl. 11–15 Uhr) gelingt es, die militärischen Aktionen, die hier in der Gegend zu Beginn des Zweiten Weltkriegs geführt wurden, absolut anschaulich darzustellen.

Das einzigartige **Ofot-Museum** (☎ 76 96 00 50; Administrasjonsveien 3; Erwachsene/Kinder 30/15 nkr; ⌚ Ende Juni–Anfang Aug. Mo–Fr 10–15 Uhr, Sa–So 12–15 Uhr; Anfang Aug.–Ende Juni Mo–Fr 10–15 Uhr) hat sich in einem wundervollen, farbenfrohen Gebäude aus dem frühen 20. Jh. einquartiert. Es erzählt von der Landwirtschaft, dem Bau der Ofotbanen und der Eisenerzverschiffung in Narvik. Am spannendsten ist die Sammlung historischer Fotografien, die im Kontrast zu modernen Fotos präsentiert werden, welche aus dem gleichen Blickwinkel aufgenommen wurden.

Im Park, ein paar Schritte die Straße hinauf, stößt man auf das restaurierte Gebäude, das von 1888 bis 1898 als **Postamt** diente.

Die gewaltige **LKAB-Eisenerzumschlaganlage** ist ein beeindruckender Wirrwarr von rostigen Industriemaschinen, Förderbändern, Öfen, Bahnen und bergeweise Eisenpellets. Sie wirkt auf Besucher merkwürdig einschüchternd und macht auf einen Blick deutlich, warum es Narvik überhaupt gibt. Eine durchschnittliche Schiffsladung Eisenerz wiegt zwischen 125 000 und 175 000 t. Es dauert einen ganzen Tag, sie zu verladen. Führungen (Erwachsene/Kinder 40/20 nkr, mindestens sechs Teilnehmer) beginnen am LKAB-Büro um 15 Uhr von Mitte Juni bis Mitte August. Die Zeit wird auch manchmal verschoben; daher sicherheitshalber im Fremdenverkehrsbüro nachfragen.

Über der Stadt hangelt sich die **Fjellheisen-Gondelbahn** (☎ 76 94 16 05; Mårveien; Erwachsene/Kinder 100/60 nkr hin und zurück; ⌚ Anfang Juni & Aug. 13–21 Uhr, Mitte Juni–Juli 10–1 Uhr) auf 656 m Höhe. Oben hat man eine atemberaubende Aussicht auf die Berge und Fjorde in der Umgebung – vorausgesetzt, das Wetter ist gut. Von diesem hoch gelegenen Punkt aus führen markierte Wanderwege in verschiedene Richtungen.

Aktivitäten

Wer Anregungen zum **Wandern** sucht, findet sie in *Seven Easy Walking Tours in the Fringe*

of Urban Narvik (20 nkr), erhältlich im Fremdenverkehrsbüro. Ein ähnlicher illustrierter Führer für Mountainbike-Routen ist in Vorbereitung. **Narvik og Omegns Turistforening** (www.narvikfjell.no) hat ausgezeichnete Tipps zu Wanderwegen und Hütten in petto.

Eine sehr beliebte Wanderung verläuft parallel zur **Ofotbanen** (☎ 76 92 32 50) auf dem alten Bahnarbeiter-Trail, dem **Rallarveien**. Nur wenige laufen tatsächlich die ganze Strecke vom Abisko-Nationalpark in Schweden bis ans Meer ab, meist wählt man stattdessen den Abstieg von Riksgränsen oder Bjørnfell (in Norwegen) nach Rombaksbotn an der Spitze des Fjords – oder ein Teilstück davon. In Rombaksbotn befand sich das Hauptlager der Arbeiter, als die Bahn gebaut wurde (heute ist alles wieder Natur). Die E 10 verläuft ungefähr parallel; von Rombaksbotn kann man auch mit dem Boot zurück nach Narvik fahren. Das Fremdenverkehrsbüro verkauft *Hikes Along the Navvy Road* (45 nkr), eine Büchlein, das auch eine gute Karte der Route von Abisko nach Rombaksbotn enthält. Nähere Informationen über die Ofotbanen siehe S. 309.

Skifahrer gelangen von Spätherbst bis Juni mit der Fjellheisen-Gondelbahn und diversen Liften auf etwa 1000 m Höhe ins Narviker Skigebiet mit festen Abfahrten und guten Möglichkeiten, auch abseits der Pisten zu fahren. Dabei können sie die herrliche Aussicht genießen (☎ 76 96 04 94; ski@narvikinfo.no). Man kann außerdem gut in Riksgränsen

Ski laufen, gleich hinter der schwedischen Grenze (s. S. 309).

Narvik Dyk & Aventyr (☎ 99 51 22 05) und **Narvik Wreck Diving** (☎ 76 94 41 44) statten Interessierte mit Tauchausrüstung aus, um die örtlichen Gewässer zu erkunden, die voll von versunkenen Schiffen aus dem Zweiten Weltkrieg sind.

Die Fahrt am Fjordufer entlang zum **Narvik Golfklubb** (☎ 76 95 12 01; komplette Runde 350 nkr, Schlägermiete 100 nkr) im Skjomendalen ist wunderbar (der Beschilderung ins Skjomdal folgen, unmittelbar vor der Skjomen-Brücke an der E 6 ungefähr 18 km südlich der Stadt.) Angesichts der steilen, nackten Felswände fragt man sich, wo hier denn ein Golfplatz sein soll. Doch die Natur schafft Wunder: Zwischen all den Gipfeln liegt ein Tal verborgen. Kein Golfer? In der Nähe gibt es auch lohnende Wanderwege.

Geführte Touren

Bootstouren auf dem Fjord (Erwachsene/Kinder/Familie 180/110/450 nkr Hin- & Rückfahrt) finden ab dem Vassvikkaia-Anleger in Narvik statt: von Anfang Juli bis Mitte August nach Rombaksbotn am Samstag und Sonntag um 17 Uhr; Rückfahrt ab Rombaksbotn um 18 Uhr. Fahrkarten gibt es im Bahnhof.

Festivals & Events

Jedes Jahr im März steigt in Narvik das **Vinterfestuka**: eine Winterwoche mit viel Action und zahlreichen Events – teilweise auch zur Erinnerung an die Arbeiter, die die Bahnstrecke gebaut haben.

Am letzten Samstag im Juni steigen rund 2000 Wanderer in den Zug, fahren zu den verschiedenen Haltestellen am Rallarveien und wandern zurück, um in Rombaksbotn ein großes Fest zu feiern. Geländeradfahrer hingegen sollten versuchen, Ende Juni hier zu sein: Dann findet das alljährliche **Scandinavian Free Ride Festival** (www.freeridefestival.com) statt, eine ganze Woche mit Mountainbike-Events.

Schlafen

Spor 1 Gjestegård (☎ 76 94 60 20; post@spor1.no; Brugata 2a; B 160–200 nkr, EZ/DZ 450/500) Der erste Willkommensgruß auf „Gleis 1" sind die bunten Blumentöpfe gleich neben dem Eingang. In ehemaligen Bahnhütten sind eine Sauna, eine Küche und eine tolle Kneipe mit Terrasse unter freiem Himmel untergebracht. Ein Gesprächsthema ist schnell gefunden – die engagierten Gastgeber sind selbst erfahrene Backpacker.

Breidablikk Gjestehus (☎ 76 94 14 18; www.breidablikk.no auf Norwegisch; Tore Hunds gate 41; B/EZ/DZ 185/425/550 nkr; Ⓟ 💻) ist eine nette Pension am Hang; von den Zimmern in den oberen Stockwerken kann man weit über die Stadt schauen. Weitere Pluspunkte: gute Laune, eine gemütliche Lounge für alle und ein superleckeres Frühstücksbüffett. Vierbettzimmer.

Narvik Camping (☎ 76 94 58 10; Rombaksveien 75; Stellplatz für Zelt/Wohnwagen 100/180 nkr; 4-/6-Bett-Hütte mit Bad 550/650 nkr) Campingplatz mit Blick auf den Fjord und die Hauptstraße, 2 km nordöstlich vom Zentrum. Ein Leser weist darauf hin, dass die Stellplätze für Zelte nahe der E 6 ziemlich laut seien.

Narvik Vandrerhjem (☎ 76 96 22 00; narvik.hostel@wandrerhjem.no; Dronningens gate 58; B 140–170 nkr, EZ/DZ 350/450; Ⓟ) Narviks Jugendherberge ist vor kurzer Zeit in schicke neue Räume in einem ehemaligen Hotel umgezogen. Die dreißig Betten sind im Sommer schnell belegt, daher besser im Voraus reservieren.

Norlandia Narvik Hotell (☎ 76 96 48 00; www.norlandia.no; Skistuaveien 8; EZ/DZ ab 625/790 nkr) Am Fuß der Gondelbahn liegt dieses Hotel. Hier erwartet die Gäste eine rustikale Atmosphäre, komfortable Zimmer und freundliche Hotelangestellte.

Raddison SAS Grand Royal Hotel (☎ 76 97 70 00; www.radissonsas.com; Kongens gate 64; EZ/DZ Mitte Juni–Mitte Aug. 770/980 nkr; Fr–Sa ganzjährig, So–Do übrige Zeit 1090/1230 nkr; Ⓟ 💻) Das Top-Hotel von Narvik: ein Klotz, der von außen wenig einladend wirkt, aber trotzdem eine attraktive Übernachtungsmöglichkeit. Die Gäste können es sich in der kostenlosen Sauna oder im Schönheitssalon gut gehen lassen; mehrere der Zimmer sind behindertengerecht eingerichtet.

Essen

Grand Royal Hotel (www.radissonsas.com; Kongens gate 64) In diesem Hotel gibt es zwei Möglichkeiten, hervorragend zu Abend zu essen: Im **Royal Blue Restaurant** (☎ 76 97 70 76) wird ein verlockendes „Arctic Menu" mit drei Gängen angeboten. Und wer wirklich Hunger hat, haut beim üppigen Abendbüffett rein. Leichtere Kost gibt es im **Rallar'n** (☎ 76 97 70 77), einer Kneipe, die Pizza, Pasta

DER TIPP VOM AUTOR

Norumgården Bed & Breakfast (☎ 76 94 48 57; http://norumgaarden.narviknett.no; Framnesveien 127; EZ/DZ 350/500 nkr, DZ mit Küche 600 nkr; ⌚ Ende Jan.–Nov.) Dieses wunderbare kleine B & B (mit nur vier Zimmern, daher unbedingt reservieren) ist was ganz Besonderes – und ist seinen Preis unbedingt wert. Während des Zweiten Weltkriegs befand sich hier eine deutsche Offiziersmesse: Der Inhaber zeigt Besuchern stolz eine Flasche Coca-Cola von 1940, in Lizenz produziert in Hamburg. Heute quillt das ganze Haus über vor Antiquitäten und hübschen Details. Wer im Heidi-Zimmer übernachtet (es ist das einzige ohne Dusche, aber der kleine Balkon gleicht das mehr als aus), schläft im gleichen Bett wie einst König Olav.

und kreative Hauptgerichte (160 bis 220 nkr) auftischt, z. B. Saiblingsfilet aus der Pfanne (160 nkr).

Astrupkjelleren (☎ 76 94 04 02; Kinobakken 1; Hauptgerichte 160–235 nkr) Der Astrupkjelleren wurde 1903 eröffnet, ein Jahr nach der Stadtgründung. Mit seinen dicken Steinwänden, der schummerigen Beleuchtung und den abgeschirmten Sitzecken hat er eine geradezu verschwörerische Atmosphäre. Fischgerichte sind die starke Seite dieses Lokals, beliebt ist auch das Rentierfilet für 295 nkr (nicht auf der Karte). Ansonsten gibt es gewaltige Nudelportionen, Steaks und andere örtliche Spezialitäten.

Narvik Vandrerhjem (☎ 76 96 22 00; narvik.hostel@vandrerhjem.no; Dronningens gate 58; Abendessen 14 nkr) In diesem hellen, freundlichen Café mit Selbstbedienung gibt's Essen zwischen 11 und 17.30 Uhr.

Taket (☎ 76 96 34 30; AFMI-Einkaufszentrum; Hauptgerichte 69–168 nkr) Außer den üblichen Snacks und Sandwiches gibt es im Taket auch eine Auswahl Wraps und gebratene Nudeln. Wenn man einen Platz am Fenster am Fenster ergattert hat, genießt man einen großartigen Blick über die Stadt.

Narviks Vinmonopolet befindet sich im dritten Stock des Narvik Storsenter.

Unterhaltung

Telegrafen (☎ 76 95 43 00; Dronningens gate 56) Diese beliebte Location ist besonders etwas für die 20- bis und 35-Jährigen. Sportveranstaltungen flimmern über einen riesigen Bildschirm, und gelegentlich treten Live-Bands auf.

Taket (☎ 76 96 34 30; AFMI Einkaufszentrum) Tagsüber ein Café, das pünktlich um 20 Uhr ein anderes Gesicht bekommt: Die lange Bar wird abgestaubt, und das Ganze verwandelt sich in eine lebhafte Kneipe. Disko am Mittwoch, Freitag und Samstag.

Im Winter ist die Bar im **Norlandia Narvik Hotell** (☎ 76 96 48 00; www.norlandia.no; Skistuaveien 8) Narviks hippester Après-Ski-Treff.

Andere nette Kneipen befinden sich vom Zentrum aus jenseits der Brücke: **Resepten** (☎ 76 94 26 38; Industriveien 5) hat eine intime Atmosphäre, während das **Tørst** (☎ 76 95 51 50; Brugata 3) mehr der typische, solide Einheimischentreff ist.

Die Wochenenddisko im **Malmen** (☎ 76 94 20 00; Kongens gate 44) zieht hauptsächlich Studenten an.

An- & Weiterreise

FLUG

Es gibt zwei bis fünf Flüge am Tag von/nach Bodø (40 Min.) ab Narviks kleinem Framneslia-Flughafen auf der Halbinsel Framnes ungefähr 3 km westlich vom Zentrum. Alle anderen Flüge starten vom Evenes-Flughafen, 1¼ Std. entfernt, den sich Narvik mit Harstad teilt.

SCHIFF

Der Arctic Fjord Express fährt von Juni bis September einmal am Tag (2-mal die Woche im Winter) von/nach Svolvær (310 nkr, 3½ Std.) ab dem Dampskipskaia-Dock in der Havnegata, 1 km südlich vom Zentrum die Kongens gate hinunter.

BUS

Nor-Way Bussekspress verkehrt zweimal täglich zwischen Narvik und Bodø (467 nkr, 6½ Std.) via Fauske (381 nkr, 4½ Std.). Der Narvik–Lofoten Ekspressen fährt einmal am Tag zwischen Narvik und Leknes (501 nkr, 6¼ Std.) via Sortland (297 nkr, 3¼ Std.) und Svolvær (436 nkr, 5¾ Std.).

Nord-Norgeekspressen-Busse verbinden Narvik und Tromsø (320 nkr, 4¼ Std.) mindestens dreimal am Tag.

ZUG

In Richtung Schweden gibt es mindestens zwei Verbindungen am Tag zwischen Narvik und Bjørnfjell (50 Min.) und weiter nach Riksgränsen (1 Std.) und Kiruna (3 Std.) und schließlich bis nach Boden (6 Std.); von dort hat man Anschluss nach Stockholm (20½ Std.) und Göteborg (25¼ Std.).

Die Route führt über die spektakuläre Ofotbanen-Strecke und in Schweden am Abisko-Nationalpark vorbei. Er bietet ausgezeichnete Wandermöglichkeiten und wunderschöne arktische Landschaft.

Unterwegs vor Ort

Der Framneslia-Flughafen von Narvik ist 3 km vom Zentrum entfernt. Busse der Linie Flybussen verkehren sechs- bis zehnmal am Tag (95 nkr, 1¼ Std.) zwischen Narvik und dem Evenes-Flughafen von Harstad. Taxiruf unter der Nummer ☎ 07550.

OFOTBANEN & RALLARVEIEN

Die **Ofotbanen** (☎ 76 92 32 50) fährt über die Berge durch die unterschiedlichsten Landschaften – Klippen am Fjordufer, Birkenwälder und felsige Plateaus –, und das alles innerhalb von 55 Minuten auf der Strecke zwischen Narvik und der schwedischen Grenze. Sie wurde Ende des 19. Jhs. von Wanderarbeitern (Rallare) gebaut, um Narvik mit den Eisenerzbergwerken von Kiruna im hohen schwedischen Norden zu verbinden. König Oskar II. eröffnete sie 1903. Momentan werden auf der Ofotbanen jährlich 14 bis 16 Mio. t Eisenerz transportiert, zusätzlich ist sie ein echter Besuchermagnet.

Fährt man vom Bahnhof Narvik nach Riksgränsen, dem schwedischen Skiort kurz hinter der Grenze (1 Std., Erwachsene 100 nkr einfache Fahrt inkl. zwei Kinder), passiert man zahlreiche Tunnel und Schneeschutzdächer. Und man kann unterwegs die beeindruckende Norddal-Brücke bewundern, die von 1902 bis 1988 in Gebrauch war, ehe die Linie weiter nach Norden verlegt wurde. Die deutsche Firma MAN hat sie für die Ewigkeit gebaut, und ironischerweise haben es nicht einmal die Nazis im Zweiten Weltkrieg geschafft, sie zu zerstören. Richtung Narvik ist am Rande des Fjords das Wrack des deutschen Schiffes *Georg Thiele* zu sehen.

Die Fahrt auf dieser Bahnstrecke eignet sich als Tages- oder Halbtagesausflug. In Narvik geht es um 11.10 Uhr los; die Rückfahrt von Svenskegrensen, der Grenzstation, ist um 12.50 oder 17.20 Uhr.

SVARTABJØRN

Niemand weiß mit Sicherheit zu sagen, ob es tatsächlich eine gut aussehende Köchin mit dem Spitznamen Svartabjørn (Schwarzbär) gab, die beim Bau der Ofotenban den Streckenarbeitern das Essen vorsetzte. Doch ihr Name lebt auf alle Fälle weiter in Legenden und Geschichten. In seiner Romantrilogie *Erz*, erschienen 1914, hat der Schriftsteller Ernst Didring einige Storys verewigt, die ihm Arbeiter berichteten.

So wird erzählt, dass dieses dunkelhäutige, schöne Mädchen – eigentlich noch zu jung, um so weit von zu Hause zu arbeiten – prima mit den Streckenarbeitern ausgekommen und obendrein eine großartige kleine Köchin gewesen sei. Allerdings verliebte sie sich in einen Mann, auf den auch eine andere ihr Auge geworfen hatte, und wurde mit dem Wäschelöffel totgeschlagen.

Die Arbeiter sorgten dafür, dass sie auf dem Friedhof von Tornehamn beigesetzt wurde. Heute steht auf dem Grab der Name Anna Norge, aber das Todesdatum ist mindestens dreimal geändert worden – um jeweils auf die Frau zu passen, von der man gerade glaubte, sie sei die echte Svartabjørn gewesen.

Die große Sommerattraktion in Riksgränsen ist eine **Ausstellung** (☎ 46-0980 431 11 in Schweden; Riksgränsen; Ausstellung und Diashow 60 nkr) mit phantastischen Naturfotografien aus der Region von Sven Hörnell, dem schwedischen Fotografen, der hier ein halbes Jahrhundert lebte (bis zu seinem Tod im Jahr 1992). Die begleitende Diashow ist üblicherweise auf Schwedisch, aber Fotos und Musik sprechen für sich.

In Riksgränsen gibt's ein großes Skihotel namens **Riksgränsen Turiststation** (☎ 46-980 400 80 in Schweden; www.riksgransen.nu; Riksgränsen; EZ/DZ ab 630/950 nkr; ⏲ Mitte Feb.–Sept.). Die Skisaison dauert normalerweise von Mitte Februar bis Mittsommer.

In Schweden gehen von der Bahn strahlenförmig mehrere Fernwanderwege aus, darunter die Verbindungsroute zum Øvre-Dividal-Nationalpark in der norwegischen Provinz Troms sowie der weltbekannte Kungsleden, der von Abisko Richtung Süden ins schwedische Kernland führt.

NORDLAND

KYSTRIKSVEIEN – DIE KÜSTENSTRASSE

In Steinkjer in Trøndelag haben Autofahrer die Qual der Wahl: weiter auf dem Arctic Highway nach Narvik oder über die langsamere, weniger befahrene, teurere – aber unglaublich schöne – E 17, die 650 km lange Küstenstraße Kystriksveien mit Bodø am nördlichen Ende? Magische Momente (und Gelegenheiten zum Fotografieren) erwarten einen auf dieser Straße praktisch hinter jeder Kurve. Wer ein Auto hat und das nötige Kleingeld für die Fähren – oder genug Zeit und Muße, um mit dem Bus zu fahren –, wird den Kystriksveien wohl kaum auslassen. Viele Norweger sind sich einig, dass es sich um das schönste Stück des norwegischen Festlands handelt – oder zumindest fast.

Den Hinweis auf S. 295 beachten. Das kostenlose *Kystriksveien*-Büchlein, ausgegeben von den Fremdenverkehrsbüros und vielen Unterkünften am Weg, ist eine Art Mini-Bibel, und auf der Webseite der Küstenstraße, www.rv17.no, findet man noch detailliertere Infos. Informationen über den südlichen Kystriksveien auf S. 290.

BRØNNØYSUND

4300 Ew.

Brønnøysund ist auf der einen Seite von einem Inselarchipel in einem tropisch anmutenden Meer umgeben und auf der anderen von reizvollem Bauernland. Das **Fremdenverkehrsbüro** (☎ 75 01 80 00; www.visithelgeland.com; ⌚ Mitte Juni–Mitte Aug. Mo–Fr 9–19 Uhr, Sa 10–18 Uhr, So 12–18 Uhr; übrige Zeit 9–16 Uhr) verleiht Fahrräder (30/100 nkr pro Stunde/Tag). Es verkauft auch Fahrkarten für eine beliebte Mini-Kreuzfahrt (Erwachsene/Kinder 303/152 nkr, 7½ Std.) mit den Hurtigruten-Schiffen. Die Tour Richtung Süden ab Brønnøysund kommt auf dem Weg nach Rørvik in Trøndelag am Torghatten (s. rechts) vorbei; Rückfahrt am gleichen Tag.

Sehenswertes & Aktivitäten

Mit ihrer Sammlung von 400 Kräuterarten, 100 Rosensorten und ungefähr 1000 Kakteen ist diese **Kräuterfarm** (Hildur's Urterarium; ☎ 75 02 52 12; Tilrem estate, Rv 17, Tilrem; Erwachsene/Kinder 30 nkr/Eintritt frei; ⌚ Mitte Juni–Mitte Aug. 10–17 Uhr) ungefähr 6 km nördlich von Brønnøysund eine Fahrtunterbrechung wert. Zu ihr gehören mehrere rustikale alte Hofgebäude, eine kleine Kunstgalerie und ein Laden mit Produkten aus der Region. Im Garten kann man auch sehr hübsch zu Mittag essen – die Gerichte sind natürlich mit Kräutern gewürzt, die vor Ort gezogen wurden.

Rund 15 km südlich von Brønnøysund kommt man am **Torghatten** auf der Insel Torget vorbei, einer der bizarrsten Felsformationen ganz Norwegens – und einer wichtigen lokalen Landmarke. In der Spitze des Felsens befindet sich ein Loch, 160 m tief, 35 m hoch und 15 bis 20 m breit; man erreicht es in einer gut 20-minütigen Wanderung. Zur Insel kommt man über eine Brücke vom Ort aus, aber wirklich optimal ist das Loch von der Hurtigruten-Fähre Richtung Süden zu sehen, wenn sie die Insel umrundet. Informationen über die Legende von Torghatten s. Kasten auf S. 33.

Schlafen & Essen

Das Fremdenverkehrsbüro von Brønnøysund kann private Hütten auf Bauernhöfen und *Rorbuer* (Fischerhütten, 500 bis 800 nkr) für vier bis acht Personen vermitteln.

Torghatten Hotell (☎ 75 00 89 00; www.torghattenhotell.no auf Norwegisch; Valveien 11; EZ/DZ Mitte Juni–Mitte Aug. 775/900 nkr; übrige Zeit So–Do 1160/1360 nkr, Fr–Sa 850/950 nkr) Trotz des langweiligen Äußeren die beste Unterkunft in Brønnøysund mit stilvoll eingerichteten Zimmern. Im netten Restaurant Schrøders Stue (Hauptgerichte 175 bis 280 nkr) bekommt man Wal, Seeteufel, Wild und auch ganz konventionelle Gerichte serviert.

Torghatten Camping (☎ 75 02 54 95; pkha@online.no; Torghatten; Stellplatz für Zelt/Wohnwagen 80/120 nkr, 4-/6-Bett-Hütte mit Bad 750 nkr) Ein hübscher Campingplatz mit kleinem Strand an einem künstlichen See – ideal für Kinder und nur 15 Minuten zu Fuß von der Spitze des Torghatten entfernt. Man kann ein Fahrrad (60 nkr am Tag) oder ein Motorboot (450 bis 550 nkr) leihen und sogar einen Tauchgang in unergründliche Tiefen mitmachen.

Galeasen Hotell (☎ 75 00 85 50; www.galeasen.com auf Norwegisch; Havnegata 32–36; EZ/DZ tgl. Mitte Juni–Mitte Aug. & Fr–Sa ganzjährig 725/925 nkr; übrige Zeit So–Do 1060/1250 nkr) Das kleine, ansprechende Galeasen mit seinen 22 Zimmern liegt günstig direkt am Hafen und verfügt über ein nettes Restaurant.

An- & Weiterreise

Widerøe (☎ 75 01 81 20) fliegt nach Brønnøysund ab Sandnessjœn und Trondheim; der Anflug erfolgt direkt über dem Felsen Torghatten und azurblauem Meer.

Busse von Helgeland Trafikkselskap verbinden Brønnøysund mit Sandnessjøen (170 nkr, 3Std.). In Brønnøysund halten auch die Hurtigruten-Küstenfähren.

TRÆNA & LOVUND

Wenn man während der Fahrt auf dem Kystriksveien nur für einen einzigen Ausflug übers Meer Zeit hat, ist Træna eine sehr gute Idee. Dieser Archipel besteht aus mehr als tausend kleinen, flachen Schären, von denen fünf bewohnt sind.

Fähren vom Festland machen auf der Insel Husøy fest; dort lebt der Großteil der Bevölkerung von Træna und dort befinden sich auch die Unterkünfte. Die Hauptsehenswürdigkeiten hat jedoch die benachbarte Insel Sanna für sich gepachtet. Sanna ist etwas mehr als 1 km lang; den Inselrücken bildet eine Mini-Bergkette, die am nördlichen Ende zu einem 318 m hohen Berg ansteigt, dem Trænstaven.

Am südlichen Ende der Insel Sanna haben Archäologen in der kathedralenartigen **Kirkehelleren-Höhle** einen Friedhof und Artefakte entdeckt, die gut 9000 Jahre alt sind (jetzt im Museum in Tromsø).

Die einzige Attraktion auf Husøy ist die bezaubernde **Petter-Dass-Kapelle** (Spende 20 nkr) von 1996 mit Gemälden des Bodøer Künstlers Karl-Erik Harr. Vom Hügel um die Kapelle hat man den besten Blick auf Sanna. Schlüssel gibt es in den Unterkünften.

Die Insel Lovund mit ihren steilen Felsen, auf denen sich eine riesige Vogelkolonie und 240 Menschen niedergelassen haben, erhebt sich 623 m aus dem Meer. An jedem 14. April feiert die Insel Lundkommerdag, den Tag, an dem 200 000 Papageientaucher auf die Insel zurückkehren, um dort bis Mitte August zu brüten.

Schlafen

Lovund Rorbuhotell (☎ 75 09 45 32; rorbu@lovund.net; Lovund; EZ/DZ ab 700/900 nkr, 2-/4-Bett-Hütte mit Bad 800/1000 nkr) Die einzige Übernachtungsmöglichkeit auf Lovund, aber keine schlechte. Die Zimmer sind gepflegt, und von den gemütlichen Hütten kann man fast die Füße ins Wasser baumeln lassen. Außerdem hat das Hotel ein Restaurant und – erstaunlich für so einen kleinen Ort – zwei Bars. Eine noch größere Überraschung ist der Squash-Court, auf jeden Fall ein Kandidat für das Attribut, der nördlichste der Welt zu sein.

Træna Gjestegård (☎ 75 09 52 28; fax 75 09 52 29; Husøy; EZ/DZ inkl. Frühstück 550/700 nkr) Hier gibt es einfache Zimmer mit Gemeinschaftsbad. Dazu gehört ein kleines Restaurant; Transport vom/zum Fähranleger ist möglich.

An- & Weiterreise

Helgelandske (☎ 75 06 41 00) fährt mit Express-Katamaranen zwischen Sandnessjøen und Træna (168 nkr, 2½ Std., montags bis samstags) sowie mit Autofähren dreimal in der Woche (6 Std.).

SANDNESSJØEN

5700 Ew.

Hinter Sandnessjøen, dem wichtigsten wirtschaftlichen Zentrum an der nordländischen Südküste, ragt die beeindruckende Bergkette der Syv Søstre (Sieben Schwestern; 1072 m) auf. Trainierte Wanderer können die sieben Gipfel ohne technische Hilfsmittel besteigen, und alle paar Jahre findet ein Wettwandern auf alle Gipfel statt. Man sollte sich allerdings nicht kaputtmachen und versuchen den Rekord zu unterbieten, der bei drei Stunden, 54 Minuten liegt.

Die Hauptstraße im Zentrum von Sandnessjøen ist die verkehrsberuhigte Torolv Kveldulvsons gate, eine Parallelstraße zum Hafen. Das **Fremdenverkehrsbüro** (☎ 75 04 25 80; www.helgelandskysten.com auf Norwegisch; 🕓 Mitte Juni–Mitte Aug. Mo–Fr 9–18 Uhr, Sa 10–16 Uhr, So 11–15 Uhr; übrige Zeit Mo–Fr 9–15 Uhr) liegt direkt am Hafen und verleiht Fahrräder (30/100 nkr pro Stunde/Tag).

Tagestouren

Das Fremdenverkehrsbüro macht Wandervorschläge für die Syv-Søstre-Kette, die man am besten von Breimo aus erreicht, 1 km von der Stadt entfernt an der Rv 17. Von dort läuft man ungefähr 2 km bis zum Fuß der steilen Berge.

Vom Hafen Tjøtta (40 km südlich von Sandnessjøen) kann man mit der Fähre zur Insel Tro fahren und versuchen, den **Skiläufer von Røøya** zu erkennen, eine zwischen 3000 und 4000 Jahre alte Felszeichnung. Sie diente als Logo der olympischen Winterspiele in Lillehammer im Jahr 1994. Am besten bittet man den Kapitän, gleich wenn man an Bord geht, einen abzusetzen und wieder mitzunehmen.

Schlafen & Essen

Rica Hotel Sandnessjøen (☎ 75 06 50 00; www.rica.no; Torolv Kveldulvsons gate 16; EZ/DZ Mitte Juni–Mitte Aug. 715/880 nkr; übrige Zeit So–Do 1142/1270 nkr, Fr–Sa 695/850 nkr) Das Oberklassehotel in Sandnessjøen bietet jeglichen Komfort, den man von einem Mitglied der Rica-Kette erwarten darf.

Buri's Bistro (☎ 75 04 40 40; Torolv Kveldulvsons gate 71; Hauptgerichte 120–235 nkr) Dieses Lokal im ländlichen Stil liegt in der gleichen Straße. Hier kann man hervorragend zu Abend essen.

An- & Weiterreise

Busse verkehren täglich außer sonntags zwischen Sandnessjøen und Brønnøysund (165 nkr, 3 Std.). In Sandnessjøen halten die Hurtigruten-Küstenfähren.

ØRNES

1500 Ew.

Ørnes, einer der kleinsten Häfen, in dem die Hurtigruten-Küstenfähren anlegen, ist ein niedlicher kleiner Ort in wunderschöner Umgebung mit jeder Menge Wandermöglichkeiten in der Nähe des Svartisen-Gletschers (siehe S. 300).

Das kleine Hotel am Hafen, **Ørnes Hotell** (☎ 75 75 45 99; Fax 75 75 47 69; Havneveien 12; EZ/DZ Mitte Juni–Mitte Aug. 700/850 nkr; übrige Zeit 890/995 nkr) ist ein bisschen kastenförmig, aber die 24 Zimmer sind gut in Schuss.

Mehrmals am Tag verbinden Busse Bodø mit Ørnes (176 nkr, 2½ Std.); die meisten von ihnen fahren weiter zum Engebreen-Fähranleger in Holand (72 nkr, 1 Std.).

BODØ

33 500 Ew.

Bodø, die größte Stadt im Nordland, liegt in einem Gebiet mit ganz unterschiedlichen Attraktionen. 1816 als Handelszentrum gegründet, wandte die Stadt sich 1860 während eines besonders lukrativen Heringsbooms dem Fischfang zu. Das Stadtzentrum wurde im Zweiten Weltkrieg dem Erdboden gleichgemacht und danach wieder aufgebaut. Es ist architektonisch völlig unspektakulär – und im Sommer kann es hier übel nach Fisch riechen, der Lebensgrundlage der Stadt. Aber alles ist offen, ordentlich und man hat einen Blick aufs Meer mit einem hübschen, modernen Sportboothafen. Der besondere Charme der Stadt liegt außerdem in ihrer phantastischen Kulisse mit rauen Gipfeln in der Ferne, einem weiten Himmel und zerklüfteten Inseln, die in nördlicher Richtung im Meer verstreut liegen. Dort leben im Übrigen mehr Seeadler auf einem Haufen als irgendwo sonst auf der Welt – nicht umsonst ist Bodø als „Hauptstadt der Seeadler" bekannt.

Viele Urlauber lassen die Stadt aus, weil sie es eilig haben, in den hohen Norden zu gelangen oder per Fähre zu den Lofoten überzusetzen. Doch man kann hier wunderbar ein, zwei Tage verbringen (Bodø liegt nur 63 km westlich von Fauske am Arctic Highway und ist der nördliche Endpunkt der Nordlandsbanen). Auch das Hinterland hält ein paar erstklassige Sehenswürdigkeiten parat.

Orientierung

Das Zentrum von Bodø liegt an einem mäßig steilen Hang, der sich zum Ufer hinunter schwingt. Die beiden Hauptstraßen, Sjøgata und die überwiegend autofreie Storgata, verlaufen parallel zueinander, verbunden durch die riesige Einkaufspassage Glasshuset. Das Fremdenverkehrsbüro, der Busbahnhof und der Anleger für die Expressboote liegen nah beieinander, zwei Querstraßen westlich vom Glasshuset.

Praktische Informationen

Fremdenverkehrsbüro (☎ 75 54 80 00; www.visitbodo.com; Sjøgata 3; 🕑 Mitte Mai–Aug. Mo–Fr 9–20 Uhr, Sa 10–18 Uhr, So 12–20 Uhr; Sept.–Mitte Mai Mo–Fr 9–16 Uhr, Sa 10–15 Uhr) Veröffentlicht die ausgezeichnete kostenlose Broschüre *Bodø Guide*. Verfügt über zwei Internet-Terminals (60 nkr pro Stunde).

Ludvig's Bruktbokhandel (☎ 75 52 02 99; Dronningens gate 42) Gute Auswahl an gebrauchten Büchern, außerdem alte Schallplatten, Comics und Videos. Eine Fundgrube für alle, die gern in Ruhe stöbern wollen.

Sundem Libris (Glasshuset) Brauchbare Auswahl an fremdsprachigen Büchern.

Sehenswertes & Aktivitäten

NORWEGISCHES LUFTFAHRTMUSEUM

Es macht eine riesigen Spaß, durch dieses **Museum** (Norsk Luftfartsmuseum; ☎ 75 50 78 50; Olav V gata; Erwachsene/ermäßigt/Kinder/Familien 75/50/40/180 nkr; 🕑 Mitte Juni–Mitte Aug. So–Fr 10–19 Uhr, Sa 10–17 Uhr; übrige Zeit Mo–Fr 10–16 Uhr, Sa–So11–17 Uhr) zu wandern, selbst wenn man nur ein flüchtiges Interesse am Fliegen und der Geschichte der Fliegerei hat. Wenn man wirklich alles sehen will, sollte man mindestens einen halben Tag einplanen.

Zur Ausstellung gehören ein kompletter Flughafentower und alles Mögliche zum Anfassen und Ausprobieren. Im angeschlossenen norwegischen Luftwaffenmuseum stehen außerdem jede Menge historische Flugzeuge – militärische und zivile – von der Tiger Moth bis zum U2-Spionageflugzeug. (Das unglückselige US-Flugzeug, das 1960 über der Sowjetunion abgeschossen wurde und damit eine schwere diplomatische Krise auslöste, befand sich auf dem Flug von Peschawar in Pakistan nach Bodø.) Kinder und kindliche Gemüter werden sich begeistert in dem kleinen Flugsimulator durchrütteln lassen, der seine Passagiere gegen einen Aufpreis auf allerlei nervenaufreibende virtuelle Flüge mitnimmt, u. a. in einem Kampfjet.

Wer tatsächlich nach Bodø fliegt, sieht von oben, dass das bemerkenswerte moderne Hauptgebäude des Museums die Form eines Flugzeugpropellers hat.

NORDLAND-MUSEUM

Dieses kleine **Museum** (Nordlandmuseet; ☎ 75 52 16 40; Prinsens gate 116; Erwachsene/Kinder 30/15 nkr; ⏲ Di–Fr 9–15 Uhr, Sa–So 12–15 Uhr) zeigt einen witzigen 20-minütigen Film über Bodøs Geschichte. Zu den Highlights der Sammlung gehören eine Reihe von Silbergegenständen aus der Wikingerzeit. Andere Objekte illustrieren die Kultur der Samen, die Geschichte der Frauen im nördlichen Norwegen, die regionale Kultur des Fischfangs und die Naturgeschichte.

Ein Teil des Museum, das **Bodøsjøen Freilichtmuseums**, liegt unter freiem Himmel 3 km von der Stadt entfernt beim Bodøsjøen-Campingplatz. Hier sind auf 4 ha Ausstellungsfläche alte Wohnhäuser, Hofgebäude, Bootshäuser sowie Bunker aus dem Zweiten Weltkrieg und der Rahsegler *Anna Karoline af Hopen zu besichtigen.* Auf dem Gelände kann man herumlaufen, ohne Eintritt zu bezahlen; in die Gebäude rein kommt man nur nach Abspache. Am Museum beginnt auch ein **Fernwanderweg** am Fluss Bodøgårdselva entlang, der schließlich in den wilden, landschaftlich reizvollen Bodømarka-Wäldern ausläuft.

BODIN-KIRCHE

Diese hübsche kleine **Steinkirche** (☎ 75 56 54 20; Gamle riksvei 68; ⏲ Mitte Juni–Mitte Aug. 10–19 Uhr) mit ihrem Zwiebelturm stammt etwa aus dem Jahr 1240. In der Reformation machte ihr Äußeres eine ziemliche Veränderung durch, u. a. wurde der Turm angebaut. Eine Menge bewegter Barockelemente aus dem 17. und 18. Jh. schmücken den Innenraum.

WANDERN

Bodø og Omegns Turistforening (BOT; ☎ 75 52 14 13; bot@online.no; 2. Stock, Storgata 17; ⏲ Di, Mi, Fr 12–15 Uhr, Do 11–17 Uhr) gibt Schlüssel für die DNT-Hütten aus. **Intersport Bodø** (☎ 75 54 98 50; 4. Stock, Glasshuset) erstellt einen ausgezeichneten lokalen Wanderführer und verwaltet ebenfalls Schlüssel für DNT-Hütten.

BOOTSFAHRTEN

Von Juli bis Mitte August kann man eine herrliche dreistündige Kreuzfahrt zu den äußeren Schären unternehmen (390 nkr), Abfahrt um 11 Uhr; ein kleiner Lunch im Leuchtturm von Landego ist im Preis inbegriffen. Die entsprechende Abendtour (440 nkr) startet um 19.30 Uhr. Anmeldungen im Fremdenverkehrsbüro.

Festivals & Events

Das **Nordlands Music Festival** in der ersten Augusthälfte heißt volle zehn Tage Musik jeder erdenklichen Art – mit Sinfonieorchestern, Jazzmusikern, Rock- und Folkgruppen.

Schlafen

Norrøna Hotell (☎ 75 51 90 60; www.hotell-norrona.no; Storgata 4b; Mitte Juni–Mitte Aug. EZ/DZ 490/630 nkr; Mitte Aug.–Mitte Juni EZ 390–690 nkr, DZ 860 nkr; Ⓟ) B & B in Bodøs ältestem Hotelgebäude – ein freundlicher Ort mit persönlicher Note. Die Zimmer sind bequem und preiswert, besonders für Alleinreisende. Achtung: Es könnte von Reisegruppen belagert sein.

Bodø Gjestegård (☎ 75 52 04 02; johansst@online.no; Storgata 90; EZ/DZ 370/470 nkr, DZ mit Bad 570 nkr) Dieser Komplex bietet für jeden etwas. Herzstück ist die Frühstückspension im charmant renovierten Haupthaus. Im Nachbargebäude können sich Gäste in komplett möblierten Apartments (890 bis 980 nkr) ausbreiten.

Bodø Vandrerheim (bodo.hostel@wandrerhjem.no; B/EZ/DZ 150/250/350 nkr) Seit Mitte 2004 verwaltet das Gjestegård auch die Jugendherberge

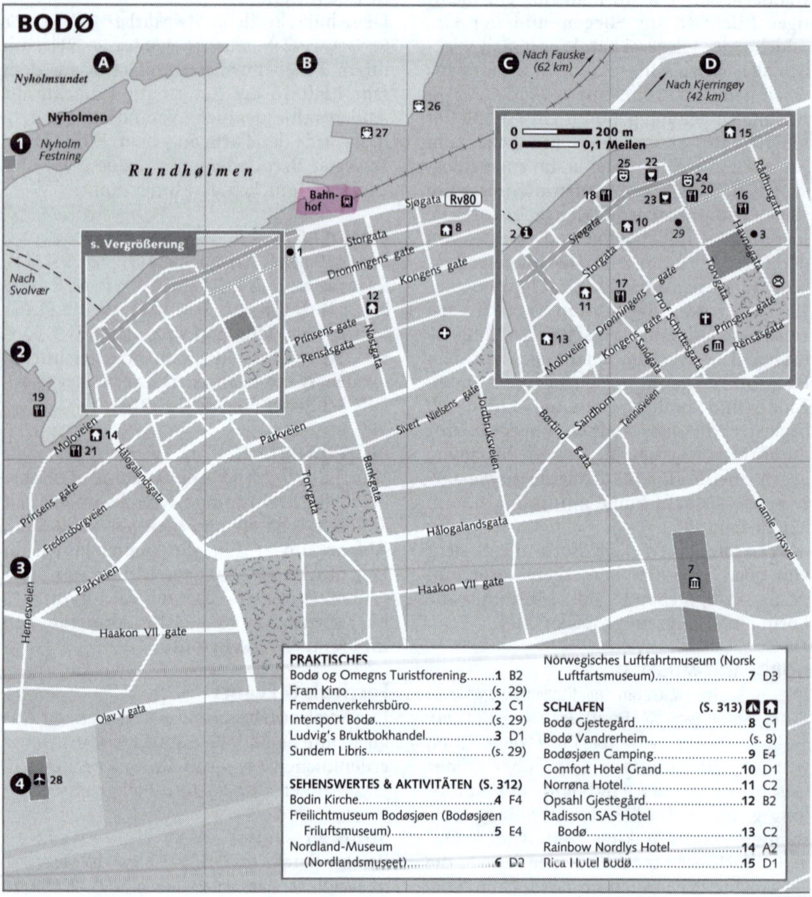

im großen roten Gebäude nebenan. Die gemeinsame Rezeption befindet sich im Gjestegård.

Rainbow Hotel Nordlys (☎ 75 53 19 00; www.rainbow-hotels.no; Moloveien 14; EZ/DZ Mitte Juni–Mitte Aug. & Fr–Sa ganzjährig 630/790 nkr; übrige Zeit So–Do 1115/1145 nkr) Sehr schickes und brandneues Hotel der Rainbow-Kette, durch und durch im skandinavischen Design; zusätzliche Pluspunkte: der Blick auf den Hafen und das Egon – ein tolles Restaurant mit großen Panoramafenstern.

Rica Hotel Bodø (☎ 75 54 70 00; www.rica.no; Sjøgata 23; EZ/DZ Mitte Juni–Mitte Aug. 625/790 nkr; übrige Zeit So–Do 1175/1440 nkr, Fr–Sa 625/825 nkr) Einladendes neues Hotel der Rica-Kette unter kompetenter Leitung: 2002 gründlich renoviert und verschönert mit phantastisch großen Zimmern. Um im Restaurant Blix zu Abend zu essen, der Top-Adresse in Bodø (siehe S. 315), muss man keinen Schritt vor die Tür setzen; es gibt einen direkten Zugang.

Opsahl Gjestegård (☎ 75 52 07 04; post@opsahl-gjestegaard.no; Prinsens gate 131; EZ/DZ 430/600 nkr) Gemütliches Gästehaus mit 15 Zimmern, im Charakter ähnlich dem Bodø Gjestegård. Das Innendekor reicht vom romantischen Blumenlook bis zum etwas schlichteren Blütenzauber.

Comfort Hotel Grand (☎ 75 54 61 00; www.choicehotels.no; Storgata 3; EZ/DZ Mitte Juni–Mitte Aug. 590/790 nkr, übrige Zeit So–Do 1170/1470 nkr, Fr–Sa 620/820 nkr;

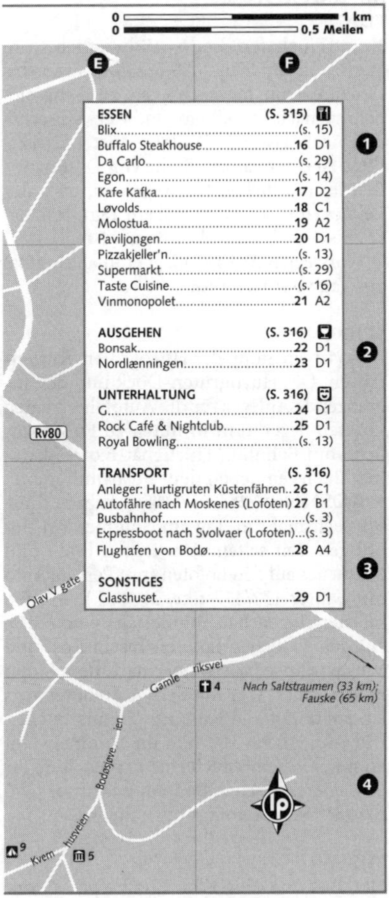

(P) Direkt neben dem Glasshuset-Einkaufszentrum und nur einen Spaziergang vom Wasser entfernt, liegt das Grand Hotel mit seinen komfortablen Zimmern absolut ideal. Im Preis eingeschlossen sind das Frühstück und ein leichtes Abendbüffet. Sauna und Dampfbad können von Gästen kostenlos genutzt werden.

Bodøsjøen Camping (☎ 75 56 36 80; Fax 75 56 46 89; Kvernhusveien 1; Stellplatz für Zelt 100 nkr plus 30 nkr pro Person, Stellplatz für Wohnwagen 190 nkr, Hütte 250–500 nkr, mit Bad 600–950 nkr) Campingplatz am Wasser, 3 km vom Zentrum entfernt. Zum Platz gehört eine Wiese mit Picknicktischen, Camper only. Bus Nr. 12 und Nr. 23 halten 250 m entfernt.

Radisson SAS Hotel Bodø (☎ 75 51 90 00; www.radissonsas.com; Storgata 2; EZ/DZ Mitte Juni–Mitte Aug. 650/820 nkr; übrige Zeit So–Do 950–1250 nkr, Fr–Sa 695/890 nkr; P) Supermodernes Hotel mit hellen Zimmer und einer Bar auf dem Dach für den optimalen Blick auf Hafen und Berge. Frühstück für die Gäste gibt's im Restaurant Sjøsiden mit tollen Panoramafenstern, während der Pizzakjeller'n (siehe unten) eine der beliebtesten Adressen in ganz Bodø ist.

Essen

Blix (☎ 75 54 70 99; Sjøgata 25; Hauptgerichte um 200 nkr) Für Bodøs anspruchsvolle Gäste ist das Blix die erste Wahl. Die exquisite Küche und die ausgewählten, edlen Weine rechtfertigen seinen phantastischen Ruf voll und ganz. Am besten einen Tisch am Fenster mit Blick auf den Hafen reservieren.

Molostua (☎ 75 52 05 30; Moloveien 9; Hauptgerichte 85–210 nkr) Dieses Restaurant am Hafen gehört ebenfalls zur Oberklasse: ein Spezialist für Fisch und regionale Spezialitäten – und der Blick von hier ist sogar noch besser!

Paviljongen (☎ 75 52 01 11; Torget; Hauptgerichte 90–130 nkr) Ein tolles Straßencafé direkt am Marktplatz – genau richtig, um einen Kaffee oder eine preiswerte Kleinigkeit zu Mittag einzufahren und alle Welt an sich vorbeiziehen zu lassen (übrigens hübsch, wie die Leute ihren Schritt dem Rhythmus der Straßenmusikanten anpassen, die hier überall klimpern und klampfen).

Løvold's (☎ 75 52 02 61; Tollbugata 9; Gerichte 25–98 nkr) In der beliebten historische Cafeteria am Wasser, Bodøs ältestem Restaurant, kommen Sandwiches, Grillgerichte und deftige norwegische Kost auf den Tisch – ein schöner Blick aufs Wasser inklusive.

Pizzakjeller'n (☎ 75 51 90 00) Der Name dieses populären zwanglosen Lokals im Keller des Radisson SAS Hotels führt etwas in die Irre: Ja, es gibt jede Menge Pizzen, Snacks und auch etwas üppigere Sachen. Wer aber mehr für Originelleres ist, kann das Tagesgericht (100 nkr) nehmen, das tatsächlich täglich wechselt, oder das entsprechende Wochengericht (160 nkr).

Da Carlo (☎ 75 50 46 05; 2. St., Glasshuset) Ein nettes Lokal mit viel Grün, beliebt besonders bei Bodøs jüngerem Publikum, das hier die üblichen kleinen Gerichte, Pizzen und Hamburger einfährt. Es liegt teilweise auf der verglasten Brücke über der Hauptstraße des Einkaufszentrums, so dass man die Shopper unten ein bisschen unter die Lupe nehmen kann.

Buffalo Steakhouse (☎ 75 52 15 40; Havnegata 1; Hauptgerichte 99–340 nkr) Für Fleischfresser genau die richtige Adresse. Alle, die Sehnsucht nach großen Rindersteaks – saftig und gut zubereitet nach Western-Art – haben, werden hier selig.

Taste Cuisine (☎ 75 51 90 26; Havnegata 1; Hauptgerichte 135–225 nkr) Ein Stockwerk unter dem Buffalo und ein Wechsel von Kontinent und Küche: Hier bekommt man hoch angesehene panasiatische Spezialitäten in künstlerischem Ambiente.

Kafé Kafka (☎ 75 52 35 50; Sandgata 5b; Hauptgerichte 58–118 nkr) Stylisches Café und Coffee Bar, wo's Hamburger, Mexican Food und Salate gibt; außerdem ein gratis Internet-Terminal für die Gäste. Manchmal verwandelt sich das Kafé Kafka samstags in einen Club samt DJ.

Am Hafen von Bodø kann man supergünstig frische Krabben kaufen; das Vinmonopolet liegt nur zwei Straßen weiter westlich. Im Glasshuset-Einkaufszentrum findet man einen Supermarkt und mehrere Schnellimbisse.

Unterhaltung

Rock Café & Nightclub (☎ 75 50 46 33; Tollbugata 13b) Die größten Disko der Stadt; manchmal finden auch Konzerte statt.

Bonsak (☎ 75 52 29 90; Sjøgata 17) Ein paar Türen weiter vom Rock Café & Nightclub kann man wohltönenden Keyboard-Klängen lauschen und in einer gemütlichen, intimen Atmosphäre entspannen, trinken und reden.

G (☎ 75 56 17 00; Sjøgata; Fr–Sa 21–3 Uhr) Mit ihrem höhlenartigen Eingang von der Sjøgata, unterhalb vom Marktplatz, ist Bodøs neueste *Discoteka* der Anziehungspunkt für die über 25-Jährigen.

Nordlænningen (☎ 75 52 06 00; Storgata 16) Kellerkneipe am Marktplatz mit gelegentlicher Livemusik.

Fram Kino (Storgata 8) In Bodøs Kino, gleich beim Eingang zum Glasshuset, finden mehrere Vorführungen am Tag statt; dazu gehört eine Kneipe im Untergeschoss.

Wer gern die Kegel fallen sehen möchte, kann das im **Royal Bowling** (☎ 75 52 28 80; Storgata 2) im Erdgeschoss des Radisson SAS Hotels tun.

An- & Weiterreise

FLUG

Vom Flughafen Bodø, südwestlich vom Stadtzentrum, fliegt SAS Braathens vier- bis siebenmal am Tag nach Oslo, zwei- bis siebenmal nach Trondheim und vier- bis sechsmal nach Tromsø. Widerøe bietet Direktflüge zu einer ganzen Reihe von Destinationen im nördlichen Norwegen an, darunter Leknes (drei- bis sechsmal am Tag), Harstad (2- bis 4-mal) und Mo i Rana (4-mal).

Norwegian Airlines fliegt einmal/zweimal am Tag von/nach Oslo.

SCHIFF

Bodø ist ein Stopp der Hurtigruten-Küstenfähren. Das Hurtigruten-Dock und der angrenzende Anleger für die Autofähre zu den Lofoten liegen fünf Minuten zu Fuß nördlich vom Bahnhof. Hurtigbåt-Expresskatamarane legen neben dem Busbahnhof an.

OVDS-Fähren (☎ 76 96 76 00) verkehren fünf- bis sechsmal am Tag im Sommer (in der übrigen Zeit seltener) zwischen Bodø und Moskenes auf den Lofoten (pro Person/Auto mit Fahrer 132/477 nkr, 3½ Std.). An den meisten Tagen hält mindestens eine Fähre auf den südlichen Lofoten-Inseln Røst und Værøy, entweder vor oder nach dem Stopp in Moskenes. Wer mit dem Auto unterwegs ist, sollte auf alle Fälle im Voraus buchen (für zusätzliche 150 nkr im Sommer). Im Sommer verkehrt auch eine Expressfähre für Passagiere zwischen Bodø und Svolvær (290 nkr, 3½ Std., sonntags bis freitags).

BUS

Der Bus von Nor-Way Bussekspress von/nach Narvik (467 nkr, 6½ Std.) über Fauske (99 nkr, 1¼ Std.) fährt zweimal am Tag. Entlang der Küstenstraße Kystriksveien verkehren drei Busse am Tag zwischen Bodø und Ørnes (176 nkr, 2½ Std.).

ZUG

Von Bodø geht es mit dem Zug auf direktem Weg nach Fauske (92 nkr, 45 Min., 3- bis 7-mal am Tag), Mo I Rana (374 nkr, 3 Std., zwei- bis viermal am Tag) und Trondheim (861 nkr, 10¾ Std., 2-mal am Tag).

Unterwegs vor Ort

Stadtbusse kosten 22 nkr pro Fahrt. Das Fremdenverkehrsbüro verleiht Fahrräder ab 70 nkr pro Tag.

RUND UM BODØ

Kjerringøy

Es ist nicht zu übersehen, warum diese verschlafene Halbinsel, umspült von leuchtend blauem Meer und mit hoch aufragenden Granitgipfeln im Hintergrund, von den norwegischen Filmemachern immer wieder gern als Location ausgewählt wird. Sie liegt rund 40 km nördlich von Bodø. Ihr wichtigstes von Menschen gemachtes Merkmal ist die Handelsstation Kjerringøy aus dem 19. Jahrhundert. Hier richteten der Unternehmer (manche würden sagen: Ausbeuter) Erasmus Zahl und seine Sippe einen wichtigen Handelsposten ein, der die Fischerfamilien am Ort mit Vorräten versorgte – im Tausch gegen ihren Fang. Nachdem sie daraus reichlich Profit geschlagen hatten, steckten sie ihr Geld in die Bergwerksindustrie sowie ins Bank- und Speditionswesen.

Der Großteil des historischen Stadtkerns aus Holzhäusern ist als **Freilichtmuseum** (☎ 75 51 12 57; Kjerringøy; Erwachsene/ermäßigt40/20 nkr; ⌚ Ende Mai–Mitte Aug. 11–17 Uhr) erhalten: Die spartanischen Wohnungen und Küchen der Fischerfamilien sind Welten entfernt von den üppig dekorierten Häusern und dem Lebensstandard der Händler. Eine Diashow ist im Preis enthalten; Eintritt ins Hauptgebäude (Erwachsene/Kinder 25/15 nkr) nur mit Führung.

Mehrere Busse fahren täglich die Strecke Bodø–Kjerringøy (86 nkr, 1½ Std.), und im Sommer kann man noch am selben Tag wieder zurückfahren. Informationen über den aktuellen Fahrplan gibt's im Fremdenverkehrsbüro in Bodø.

Ob mit dem Bus oder mit dem Auto – die Fährüberfahrt von Festvåg nach Misten gehört dazu. Die Fähre verkehrt montags bis freitags relativ häufig, am Wochenende seltener. Unterwegs passiert man die **Insel Landegode** mit ihrem charakteristischen Profil (s. Kasten S. 33), die weißen Sandstrände von **Mjelle** (der Parkplatz ist 20 Minuten zu Fuß entfernt) und den dramatischen Gipfel **Steigtind**, der sich wenige Kilometer südlich von Festvåg erhebt.

Saltstraumen Mahlstrom

Man sollte den Tag unbedingt so planen, dass man dieses Naturphänomen nicht verpasst, das sich todsicher viermal am Tag ereignet: In der 3 km langen und 150 m breiten Meerenge Saltstraumen führt der Wechsel der Gezeiten dazu, dass ein Fjord sich in den anderen ergießt. Dabei entsteht etwas, das man einen Wasserfall auf dem Meer nennen könnte: ein brodelndes Chaos, bei dem mehr als 400 Mio. m^3 Wasser mit 20 Knoten erst in die eine, dann in die andere Richtung bewegt werden, und das alle sechs Stunden. Eine ideale Umgebung für Plankton, das sowohl Scharen von Fischen als auch von Anglern anzieht. Im Frühjahr kann man die kreischenden Möwen beobachten, die auf der Insel Storholmen mitten im Wasser nisten.

Dieser Mahlstrom soll der größte der Welt sein. Tatsächlich besteht er aus einer ganzen Reihe von kleineren Strudeln, die entstehen, aufwallen, ineinander fließen und schließlich verschwinden. Der Eindruck von der Küste aus ist unmittelbarer, aber für den optimalen Überblick geht man am besten auf die Nordseite der geschwungenen Saltstraumbrua-Brücke über die Wasserstraße, und zwar an ihren höchsten Punkt: Dort sieht man das Wasser wie smaragdgrüne Nebel aufstäuben.

Ganz in der Nähe an der Nordküste führt das **Saltstraumen Opplevelsessenter** (☎ 75 56 06 55; Erwachsene/Kinder/Familien 80/45/225 nkr; ⌚ Mai–Aug. 11–20 Uhr) mit einer 15-minütigen Multimediashow in das Thema Meeresströmungen ein und informiert über die örtliche Natur und Geschichte. Mit dem Original kann es diese Show aber nicht im Geringsten aufnehmen.

Im Fremdenverkehrsbüro in Bodø und im Opplevelsessenter bekommt man Gezeitentabellen. Hier erfährt man auch, wann der Mahlstrom voraussichtlich besonders beeindruckend ist.

LOFOTEN

Aus der Entfernung sieht die „Lofotenwand“ aus unheimlichen, von Gletschern gemeißelten Gipfeln wie eine solide Masse ohne Einschnitte aus. Doch wenn man näher kommt, wird einem klar, warum die Lofoten als Ort unglaublicher, ja, intimer Schönheit gelten – als Seele des nördlichen Norwegen.

Die Hauptinseln Austvågøy, Vestvågøy, Flakstadøy und Moskenesøy sind vom Festland durch den Vestfjord getrennt. Auf allen findet man geschützte Buchten, Schafweiden und malerische Dörfer, während man die hoch aufragenden Felsen im Hintergrund glatt für gemalte Hollywood-Kulissen halten könnte. Diese überwältigende Landschaft und die besondere Qualität des arktischen Lichts ziehen seit langem Künstler hierher, deren Bilder in Galerien überall auf den Inseln ausgestellt sind.

Doch die Lofoten sind auf alle Fälle auch ein wirtschaftlich aktiver Ort. Das Zusammentreffen von lauem Golfstrom und eisigem Eismeer sorgt dafür, dass der arktische Kabeljau jeden Winter von der Barentssee hierher zum Laichen übersiedelt. Seit Jahrhunderten zog dieses Phänomen die umherziehenden Bauern-Fischer der Nordküste auf die Inseln, die hier ebenes Land und ertragreichen Boden fanden, um ihre Arbeit auf See durch ein wenig Landwirtschaft zu ergänzen. Obwohl die Kabeljaubestände in den letzten Jahren dramatisch zurückgegangen sind, konkurriert der Fischfang immer noch mit dem Tourismus um den Ehrentitel, größter Wirtschaftszweig der Lofoten zu sein – wie sich schon an den hölzernen Trockengestellen ablesen lässt, die praktisch jedes Dorf auf den Inseln mit ihrem Gitterwerk überziehen.

Über www.lofoten-tourist.no und www.lofoten-online.de erhält man nützliche Infos und Tipps zum Archipel.

Sich fortzubewegen ist nicht besonders schwierig, weil die vier Hauptinseln durch Brücken oder Tunnel verbunden sind und Busse die gesamte E 10 entlangfahren, von der Fiskebøl-Melbu-Fähre im Norden bis Å am Ende der Straße im Südwesten.

Geschichte

Die Geschichte der Lofoten ist im Wesentlichen die Geschichte ihrer Fischindustrie. Immer wieder schlug man sich die Köpfe wegen dieser Gewässer ein, die besonders reich an laichendem Kabeljau sind, seit die Gletscher sich vor rund 10 000 Jahren zurückzogen. 1120 ließ König Øystein die erste Kirche und eine Anzahl *Rorbuer* (wörtlich „Rudererhäuser") erbauen, 4 x 4 m große Holzhütten für die Fischer mit einer Feuerstelle, einem Boden aus festgestampfter Erde und einem kleinen Vorbau. So gewann er die Kontrolle über die örtliche Wirtschaft und sicherte sich reiche Steuereinnahmen.

Im 13. Jh. kamen Kaufleute der deutschen Hanse auf die Lofoten und übernahmen das Ruder. Obwohl die Exporte zunahmen, lebte das Gros der Bevölkerung in elender Armut. Doch um 1750 musste das Handelsmonopol seinen Griff lockern, und die Einheimischen, unterstützt von Abenteurern aus dem südlichen Norwegen, nahmen ihre wirtschaftlichen Unternehmungen selbst in die Hand.

Mit Beginn des 19. Jhs. rissen sich die örtlichen *Nessekonger* – „Handelsherren", die Land erworben hatten – die Macht über den Handel unter den Nagel. Diese neuen Großgrundbesitzer zwangen die Bewohner der *Rorbuer,* ihren gesamten Fang zu einem Preis abzuliefern, den sie selbst festsetzten. Das Lofotengesetz von 1857 schränkte die Macht der *Nessekonger* deutlich ein, aber erst mit dem Gesetz über den Absatz von Rohfisch von 1936 verloren sie die Macht, die Preise festzulegen. Ende des Zweiten Weltkriegs wurde der Handel wieder völlig freigegeben, und die Fischerfamilien auf den Lofoten konnten endlich ihren eigenen Geschäften nachgehen, die Preise bestimmen und ihren Fang mit einem Minimum an Einmischung von außen exportieren.

Wohnen auf den Lofoten

König Øysteins Erbe ist noch lebendig: Die Unterkunft auf den Lofoten ist nach wie vor das *Rorbu* oder sein Cousin, das *Sjøhus.* Während man aber früher mit *Rorbu* (Mehrzahl *Rorbuer*) eine schäbige, winzige, rot gestrichene Fischerhütte im Hafen bezeichnete, bezeichnet man damit heute praktisch jedes ochsenblutrote oder ocker farbene Gebäude aus Holz – ob es sich nun um eine historische Hütte, eine einfache Ferienunterkunft oder ein schickes Maisonette-Apartment für Selbstversorger mit mehreren Zimmern und kompletter Ausstattung handelt. Richtig billig sind *Rorbuer* selten, aber dafür oft sehr stimmungsvoll, und es lohnt sich, mindestens eine Nacht in einer solchen traditionellen Hütte zu verbringen.

Ein *Sjøhus* (wörtlich „Meerhaus") war üblicherweise eine Gemeinschaftsunterkunft auf den Anlegern, wo die Arbeiter den Fang verarbeiteten und praktischerweise auch gleich essen und schlafen konnten. Während einige *Sjøhus* diesen traditionellen Charakter noch bewahrt haben, sind andere in touristische Sommerunter-

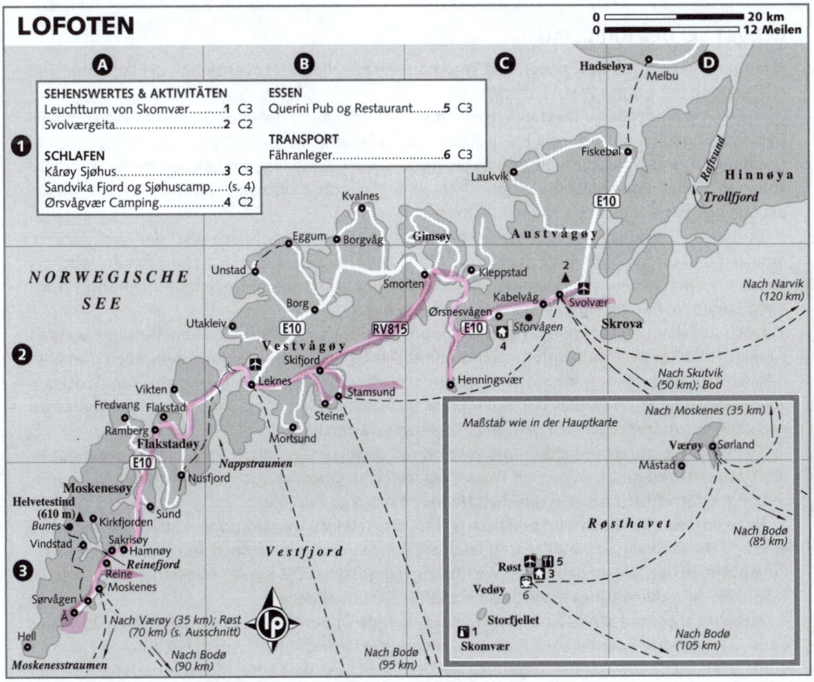

künfte und Apartments umgebaut worden, meist von der schlichten und preiswerten Sorte. Daneben gibt es auch Spitzenhotels und superidyllische Campingplätze.

Während die Sommerpreise im übrigen Norwegen meist niedriger sind, gilt für die Lofoten das Umgekehrte: In den Hotels muss man damit rechnen, 250 nkr und mehr pro Zimmer über dem Preis für die übrige Zeit zu bezahlen. In den *Rorbuer* und *Sjøhus* ist der Unterschied nicht so groß. Reservierungen telefonisch oder über die Website, wenn es eine gibt.

AUSTVÅGØY

9250 Ew.

Viele Besucher machen ihre erste Bekanntschaft mit den Lofoten auf Austvågøy, der nördlichsten Insel der Gruppe, wo es auch die meisten Einrichtungen für Besucher gibt. Wer im modernen Hafen von Svolvær ankommt, wird von den besten Hotels und Restaurants der Lofoten begrüßt. Reist man hingegen mit der Fähre von Melbu auf den Vesterålen an, winken zuerst nur wilde, felsige Gipfel.

Svolvær

4150 Ew.

Die moderne Hafenstadt Svolvær ist so betriebsam, wie eben auf den Lofoten möglich. Früher erstreckte sich die Stadt über mehrere Schären, heute werden die Zwischenräume aufgefüllt, um daraus eine Halbinsel zu schaffen.

Das **Fremdenverkehrsbüro** (☎ 76 06 98 00; www.lofoten.info; 🕓 Ende Mai–Mitte Juni & Aug. Mo–Fr 9–16 Uhr, Sa 10–14 Uhr; Mitte Juni–Juli Mo–Fr 9–16 Uhr & 17–21.30 Uhr, Sa bis 20 Uhr, So 10–21.30 Uhr; Sept.–Ende Mai Mo–Fr 9–16 Uhr) gleich neben den Fähranlegern informiert über den gesamten Archipel. Es hat einen Internetzugang (20 nkr pro Viertelstunde). Aber man kann sich auch in der **Bibliothek** (Vestfjordgate; 🕓 Mo–Fr 11–15 Uhr, Mi bis 19 Uhr) einloggen.

SEHENSWERTES & AKTIVITÄTEN

Das **Lofoten-Kriegsmuseum** (Krigsminne-museum; ☎ 76 07 00 49; Fiskergata 12; Erwachsene/Kinder 50/20 nkr; 🕓 Juni–Sept. 10–16 Uhr & 18.30–22 Uhr; Mai & Anfang Okt. 18.30–22 Uhr) ist eins der besten in ganz Norwegen mit einer großen Sammlung originaler Militäruniformen und größtenteils

GELOBT SEI DER KABELJAU

Jahrhunderte lang war das Fangen und Trocknen von Kabeljau der Lebensinhalt der Lofotener und mit Abstand der größte Wirtschaftszweig.

Auch wenn die Kabeljaubestände heute durch Überfischung gefährdet sind, ist die gefangene Gesamtmenge immer noch erheblich: 50 000 t im Jahr (30 000 t ohne Köpfe). Der Höhepunkt der Fischfangsaison ist die Zeit von Januar bis April, wenn die Fische zum Laichen in den Vestfjord kommen. Gegen Ende März findet jedes Jahr in Svolvær die inoffizielle Weltmeisterschaft im Kabeljaufang statt – mit bis zu 300 Teilnehmern.

Es gibt zwei Möglichkeiten, Kabeljau haltbar zu machen. Für Salzfisch wird der Fisch filetiert, gesalzen und ungefähr drei Wochen lang getrocknet. Um daraus Klippfisch zu machen, wird der gesalzene Fisch gesäubert, nochmals eingesalzen und wiederum getrocknet – ursprünglich auf den Klippen (daher der Name), heute in großen beheizten Hallen.

Doch auf den Lofoten geht es zuallererst um Stockfisch. Bei dieser uralten Methode werden jährlich 15 000 t Fisch enthauptet, nach Größe sortiert, paarweise zusammengebunden und über den riesigen hölzernen, A-förmigen Gestellen, die man überall auf der Insel sieht, zum Trocknen aufgehängt. Der Fisch verliert dabei ungefähr 80 % seines Gewichts. Der meiste Stockfisch wird nach Italien exportiert, ein Teil geht nach Spanien und Portugal.

Stockfisch ist jahrelang haltbar und wird oft roh gegessen (ein bisschen zäh, aber passt gut zu Bier), oder er wird gesalzen oder in Wasser eingeweicht. Er ist ein hoch konzentriertes Nahrungsmittel: 1 kg Stockfisch hat den gleichen Nährwert wie 5 kg Frischfisch.

Noch vor dem Trocknen wird praktisch nichts vom Kabeljau weggeworfen: Kabeljauzungen sind eine örtliche Delikatesse (Kinder extrahieren die Zungen und werden nach Stück bezahlt), und der Rogen wird in gewaltigen deutschen Weinfässern eingesalzen. Die Köpfe schickt man nach Nigeria, wo sie die Grundlage für ein beliebtes herzhaftes Gericht abgeben.

Aus der Leber wird schließlich das Vitamin-D-haltige Öl gewonnen. Es ist schon lange berühmt dafür, dass es vorbeugend gegen Rachitis wirkt und die Depressionen lindert, die durch die langen, dunklen arktischen Winter hervorgerufen werden. 1854 beschloss Peter Møller, Apotheker auf den Lofoten, dieses Flaschenwunder der Welt zu präsentieren. Er entwickelte einen Dampfkessel, um die Dorsch-(Kabeljau-)lebern zu erhitzen. Das gewonnene Öl wurde auf Messen in Europa und überall auf der Welt mit Preisen ausgezeichnet. Nachdem das erste Öl abgeschöpft war, wurden die Lebern in großen Eichenfässern weiter unter Dampf gesetzt und ausgepresst, um auch noch den letzten profitablen Tropfen herzugeben. Jeden Sommer verschiffte man Tausende Fässer nach ganz Europa. Der unverkennbare Gestank waberte durch das Dorf Å, dessen Bewohner gern behaupteten, es sei der Geruch des Geldes.

Und was hat es mit dem bekanntermaßen üblen Geschmack des Lebertrans auf sich? Die Einheimischen behaupten, er schmeckt nur dann schlecht, wenn er ranzig ist. Frischer Lebertran kann gut schmecken, fast wie Salatöl mit einem leichten Fischbukett.

Die modernen norwegischen Fischer beschützen ihre Haupteinnahmequelle lautstark: In einigen nördlichen Distrikten waren bis zu 90 % der Stimmberechtigten gegen die Mitgliedschaft in der EU. Denn würde Norwegen der EU beitreten, erhielten die spanischen Fischereiflotten und andere Zugang zu norwegischen Gewässern – eine Niederlage im Kampf um die Meere, die die norwegischen Fischer mit aller Kraft abwenden wollen. Es hat sogar schon Scharmützel mit isländischen Fischern wegen territorialer Fangrechte gegeben.

Kleine Anekdote am Rande: Einer von 20 000 Kabeljaus ist ein Königskabeljau. Die charakteristische Schwellung auf der Stirn soll auf hohe Intelligenz hinweisen und der Fischerfamilie, die den Königskabeljau fängt, Glück bringen. Ein solcher Fisch wird getrocknet und an einem Faden an der Decke aufgehängt. Weil der Faden sich je nach Luftfeuchtigkeit ausdehnt und wieder zusammenzieht, dreht sich der Fisch gewissermaßen als Barometer hin und her, daher der Spitzname „Wetterdorsch".

Die neuesten Nachrichten aus der Welt des Kabeljaus betreffen seine Brunftrufe. Es scheint, dass die Grunzlaute, die die Dorsche ausstoßen, um Partner anzulocken, so laut sein können, dass sie die Sonargeräte der U-Boote irritieren, wodurch die Navigation unter Wasser fast unmöglich wird.

Mark Kurlanskys Buch *Kabeljau* (1999 auf Deutsch erschienen) ist eine ausgezeichnete, absolut unterhaltsame Studie über diesen vielseitigsten aller Fische.

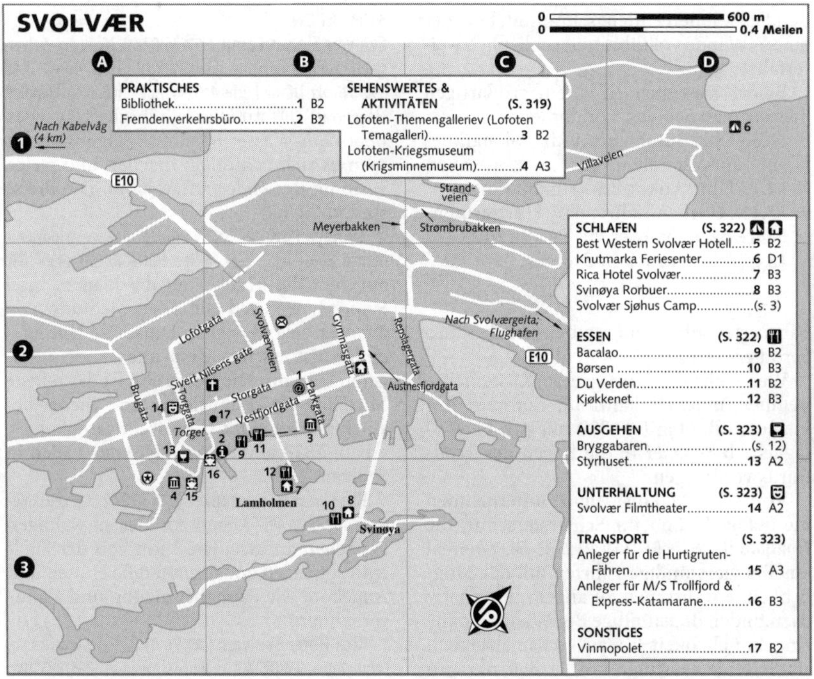

unveröffentlichter Fotos aus der Zeit des Zweiten Weltkriegs.

Die **Lofoten-Themengalerie** (Lofoten Temagalleri; ☎ 7607 0336; Erwachsene/Kinder 50/25 nkr; ⌚ ganzjährig 10–15 Uhr & 18–21 Uhr) verdankt ihr Entstehen im Wesentlichen einem Mann, Geir Nøtnes, der selbst aus einer alten Fischerfamilie stammt. Ein Raum der Galerie ist dem Kabeljaufang gewidmet, ein anderer dem Walfang. Außerdem wird ein 25-minütiger Film gezeigt.

Die Broschüre *Sykkelguide* (120 nkr), das in der Stadt und im Fremdenverkehrsbüro erhältlich ist, beschreibt mit kompletter Karte zehn Fahrradrouten über die Lofoten, alle zwischen 20 und 50 km lang.

Svolværgeita, die Ziege von Svolvær und eines der Symbole der Lofoten, ist ein charakteristischer Doppelgipfel, der über der Stadt aufragt. Wagemutige erklimmen den Gipfel und springen dann von einem „Horn" zum anderen. Und obwohl dieser Hüpfer als Adrenalinkick Nummer eins in ganz Norwegen gilt, sollte man ihn auf keinen Fall allein unternehmen. Bis zum Fuß der Svolværgeita kommt praktisch jeder problemlos, aber um die Spitzen Storhornet und Lillehornet zu erreichen, muss man 40 m regelrecht klettern, ehe es darangehen kann, den 1,5 m weiten Sprung zwischen den beiden Hörnern zu wagen. Die Nordnorwegische Kletterschule (s. S. 325) veranstaltet fast täglich Touren mit Führer und kompletter Ausrüstung.

Die Insel **Skrova** ist das ideale Ziel für einen netten Tagesausflug von Svolvær aus; sie bietet einige kurze Wanderwege. Die Fähre ab Svolvær (28 nkr, 30 Min.) verkehrt viermal am Tag im Sommer und fährt dann weiter nach Skutvik auf dem Festland (s. S. 323). Dort besteht Anschluss an Busse nach Bodø.

GEFÜHRTE TOUREN

Ein Highlight auf der Route der Hurtigruten-Fähren ist die schmale Wasserstraße Raftsund zwischen Austvågøy und der Vesterålen-Insel Hinnøya. Der kurze Abstecher in den Trollfjord – nur 2 km lang, aber irrsinnig steil und am Ende nur noch 100 m breit – bleibt Passagieren ganz besonders in Erinnerung, weil der Dampfer praktisch an den Felswänden entlangschrammt, bevor er eine Y-Wende vollführt und schließlich weiterfährt.

Beides lässt sich zu einem großartigen Tagestrip ab Svolvær kombinieren:

- 12.30 Uhr: Busabfahrt nach Stokmarknes auf den Vesterålen;
- 14.15 Uhr: Ankunft in Stokmarknes;
- 15.15 Uhr: Abfahrt der Hurtigruten-Fähre nach Svolvær via Trollfjord;
- 18.15 Uhr: zurück in Svolvær.

Fahrkarten gibt's im Fremdenverkehrsbüro (pro Person/Paar 300/430 nkr).

Wer nicht die Hurtigruten-Küstenfähre nehmen möchte, kann im Sommer mit kleineren Booten (ca. 300 nkr pro Person) täglich ab Svolvær in die Engen des Trollfjords vordringen.

Von Mitte Mai bis August unternehmen die **Trollfjord I** und ihr Schwesterschiff, die **Trollfjord II** (☎ 76 07 17 90, 92 23 13 23), zweimal am Tag vierstündige Fahrten mit der Möglichkeit, ein bisschen zu angeln. Alternativ dazu finden dreistündige Bootsfahrten ohne Angelmöglichkeit bis zu sechsmal täglich statt. Beide Ausflüge kosten 300 nkr pro Passagier.

Lofoten Seafari (☎ 47 90 29 40; pro Person 350 nkr), zu finden im Rica Hotel, hüpft täglich um 11 und 14 Uhr in einem aufblasbaren Zodiac-Raft über die Wellen nach Skrova und durch die Buchten.

Lofoten Activ (☎ 76 07 89 10, 99 23 11 00; www.lofoten-aktiv.no) arrangiert geführte Bergwanderungen (200 bis 600 nkr pro Person) oder eine Kombination aus Wander- und Radtour (445 nkr einschließlich Leihfahrrad) sowie eine achtstündige Seekajak-Safari (800 nkr einschließlich Transport und Leihkajak). Angeschlossen sind die Seekajakschule im Sandvika Fjord og Sjøhuscamp in Kabelvåg (s. S. 323).

FESTIVALS & EVENTS

Das alljährliche **Fischfestival** in Svolvær steigt in der letzten Märzwoche. Gefeiert wird einfach alles, was mit dem Fischfang zu tun hat.

Alle zwei Jahre (in der Regel in jedem ungeraden Jahr) findet in Svolvær drei Wochen lang im Juni das **Lofoten-Kunstfestival** statt. Ein weiteres Festival ist die **Komponistenwoche** jedes Jahr im April.

SCHLAFEN

Svolvær Sjøhus Camp (☎ 76 07 03 36; www.svolver-sjohuscamp.no auf Norwegisch; Parkgata 12; 2-/4-Bett-Zi. ab 390/640 nkr; DZ mit Küche 440 nkr, Apt. mit Balkon, komplett eingerichtet 1100 nkr) Dieses hübsche Häuschen über dem Wasser ist ein geselliger Ort, wo man es sich gemütlich machen und gleich gesinnte Reisende treffen kann. Die Preise sind völlig ok.

Svinøya Rorbuer (☎ 76 06 99 30; www.svinoya.no; Gunnar Bergs vei 2; 2-/4-/6-Bett Hütte ab 990/1400/1680 nkr) Über die Brücke, auf der kleinen Insel Svinøya, wo sich die erste Siedlung von Svolvær befand, stehen Dutzende Hütten – einige historischen Ursprungs, andere jüngeren Datums. Die Rezeption ist das reinste Museum: ein restaurierter und wieder bestückter *Krambua* (Gemischtwarenladen), erbaut 1828 und damals der erste Laden in Svolvær.

Knutmarka Feriesenter (☎ 76 07 21 64; Leirskoleveien 10; Hütte 495–895 nkr) An diesem waldigen Plätzchen am Seeufer, 3 km von der Stadt entfernt, laden gut ausgestattete Hütten und Angebote wie Saunabenutzung und Kanuverleih ein.

Rica Hotel Svolvær (☎ 76 07 22 22; www.rica.no; Lamholmen; EZ/DZ Mitte Juni–Mitte Aug. 795/995 nkr; übrige Zeit So–Do 1004/1257 nkr, Fr–Sa 802/1004 nkr) Auch das Rica-Hotel wurde auf einer winzigen Insel erbaut bzw. eigentlich auf Säulen über dem Wasser. Manche Zimmer sind mit Balkon, Zimmer 121 hat hingegen ein Loch im Fußboden, damit die Gäste ihre Angelleine direkt ins Meer hinunterlassen können. Vom Restaurant in Bootsform hat man einen ausgezeichneten Blick auf den Hafen. Das Abendbüffet ist gigantisch und kostet 235 nkr.

Best Western Svolvær Hotell (☎ 76 07 19 99; www.svolvar-hotell.no; Austnesfjordgata 12; EZ/DZ Juni–Aug. 1020/1195 nkr; Sept.–Mai So–Do 915/1020 nkr, Fr–Sa 620/720 nkr; Ⓟ) Klein (nur 21 Zimmer) und ruhig, liegt dieses Hotel in einer Wohngegend abseits vom geschäftigen Hafen – eine komfortable Unterkunft, aber nichts Besonderes. Manche Zimmer haben einen Balkon, andere eine Küche; in der Halle hängen Drucke von Edvard Munch, dem Großonkel des Besitzers.

ESSEN

Zwei sehr stilvolle Lokale liegen unten am Hafen fast nebeneinander: das Du Verden und das Bacalao. Beide sind sehr schick und modern eingerichtet und haben Terrassen am Wasser.

Børsen (☎ 76 06 99 31; Svinøya; Hauptgerichte 215–230 nkr) Dieses Arctic-Menu-Restaurant hat jede Menge Atmosphäre. Das ehemalige Fischhaus wurde „Informationsbörse" genannt. Der Grund: Davor stand eine Bank mit Blick zum Hafen, auf der die älteren Männer des Ortes den Zustand der Welt durchdiskutierten. Im Speisesaal mit den rissigen und durchgebogenen Bodendielen riecht es auch heute noch nach Teer und Lebertran.

Du Verden (☎ 76 07 70 99; JE Paulensgate 12; Hauptgerichte am Abend 250–270 nkr) Schickes Lokal mit klaren Linien und zeitgenössischer Kunst an den Wänden – sehr nett, um dort zu Abend zu essen. Gutes Essen – und hier ist es wirklich sehr gut – ist selten billig, aber die Mittagsgerichte (70 bis 145 nkr) bieten ein exzellentes Preis-Leistungs-Verhältnis.

Bacalao (☎ 76 07 94 00; 🕑 So–Do 11–23 Uhr, Fr–Sa bis 1.30 Uhr) Hippes Café mit lockerer Atmosphäre. Auf der Karte: kleine Gerichte, darunter innovative grüne Salate (110 bis 125 nkr), Sandwiches und kreative Nudelgerichte. Die scharfen Krabbennudeln (*Hot Rekepasta*; 130 nkr) bringen die Geschmacksnerven auf Trab. Außerdem wird hier der beste Espresso von ganz Norwegen gebrüht, einem Land, in dem man sich nur allzu oft mit einer wässrigen schwarzen Brühe zufrieden gibt.

Kjøkkenet (☎ 76 06 84 80; Lamholmen; Hauptgerichte 240–260 nkr) Das Kjøkennet wurde wie eine altmodische Küche ausstaffiert; die Bar ist ein Rettungsboot von einem polnischen Truppentransporter aus dem Zweiten Weltkrieg, das im Jahr 1946 in Svolvær an Land gespült wurde. Zu empfehlen ist natürlich der Fisch.

AUSGEHEN

Styrhuset (OJ Kaarsbøs gate 5) Die älteste Kneipe in Svolvær ist voller dunkler Winkel, die von den Seeleuten längst vergangener Zeiten sprechen.

Bryggabaren, im gleichen Block wie das Kjøkennet, ist ein gemütliches Lokal mit niedriger Balkendecke. An den Wänden hängen Werkzeuge in allen Farben, Formen und Größen.

Wer seine Getränke lieber selbst mixen möchte, findet das Vinmonopolet an der Vestfjordgata.

UNTERHALTUNG

Svolvær Filmtheater (☎ 75 42 00 00; Storgata 28) Hier laufen aktuelle Filme und Hollywood-Blockbuster.

AN- & WEITERREISE

Von Svolværs kleinem Flughafen aus kann man nach Bodø fliegen (25 Min.).

Über das Wasser gibt es drei Routen zwischen Svolvær und dem Festland. Die kürzeste und beliebteste Überfahrt ist die von/nach Skutvik (Erwachsene/Kinder 65/22 nkr, Auto und Fahrer 222 nkr, 2 Std., 9-mal am Tag) über Skrova. Außerdem gibt es jeweils eine Verbindung am Tag außer samstags von/nach Bodø (290 nkr, 3½ Std.) und von/nach Narvik (350 nkr, 3½ Std.). Diese Fähren legen an der Kaimauer an, wo früher die Kais Nr. 16 und 17 waren.

Svolvær ist auch ein Stopp der Hurtigruten-Küstenfähren.

Wer von oder nach den Vesterålen unterwegs ist, kann den Bus Nr. 8 von Svolvær nach Sortland (136 nkr, 2½ Std. 3- bis 4-mal am Tag) nehmen. Busse nach Leknes (98 nkr, 1½ Std.) mit Anschluss nach Å (178 nkr, 3½ Std.) fahren ab Svolvær vier- bis sechsmal am Tag.

UNTERWEGS VOR ORT

Vom oder zum Flughafen nimmt man am besten ein **Taxi** (☎ 76 07 06 00). Die Gegend um Svolvær ist ideal zum Radfahren. Leihfahrräder gibt es bei **Lofoten Sykkelutleie** (☎ 92 23 13 24). Weil dieser Fahrradladen häufig umzieht, fragt man am besten im Fremdenverkehrsbüro nach der aktuellen Adresse.

Kabelvåg

Kabelvåg, nur 5 km von Svolvær entfernt, ist insgesamt etwas intimer und gemütlicher. Im Herzen des Ortes liegen ein kleiner Marktplatz und ein winziger Hafen. Ganz in der Nähe beherbergt Storvågan (2 km abseits der E 10 nach Süden) ein verlockendes Trio von Museen und Galerien.

STORVÅGAN

Hinter dem alten Gefängnis führt ein Fußweg zur Statue von König Øystein hinauf, der im Jahre 1120 den Bau des ersten *Rorbu* befahl – als Unterkunft für die Fischer, die bis dahin unter ihren umgedrehten Ruderbooten geschlafen hatten. Allerdings war dies nicht nur ein Akt von Mitmenschlich-

> **KOMBITICKET**
>
> Mit einem Kombiticket für drei Museen (130 nkr) kommt man ins Lofoten-Museum, das Lofoten-Aquarium und die Galleri Espolin. Für Kinder ist es günstiger, in jedem Museum separat zu bezahlen.

keit; denn die Steuer auf den exportierten Trockenfisch war die wichtigste Einnahmequelle für den König.

Einige dieser originalen *Rorbuer* sind als Teil des **Lofoten-Museums** (☎ 76 06 97 90; Storvågan; Erwachsene/ermäßigt/Kinder 50/35/15 nkr; ⌚ Juni–Aug. 9–18 Uhr; Sept.–Mai Mo–Fr 9–15 Uhr & Mai Sa–So 11–15 Uhr & Sept. So 11–15 Uhr) freigelegt und wieder aufgestellt worden – an dem Ort, der als die erste Stadt in der Polarregion gelten darf. Ständig werden dort neue Artefakte gefunden. Ein Thema des Museums ist auch der Kontrast zwischen den einfachen Leuten und den reichen, mächtigen Landherren, als die Stadt durch den Handel mit Stockfisch aufgeblüht war. (Eine Theorie besagt, dass der spanische Name für Kabeljau, *bacalao*, von dem Ortsnamen Kabelvåg abgeleitet ist.)

Ganz in der Nähe zeigt das **Lofoten-Aquarium** (☎ 76 07 86 65; Storvågan; Erwachsene/Kinder/Familien 80/40/220 nkr; ⌚ Feb.–April & Sept.–Nov. So Fr 11–15 Uhr; Mai 11–15 Uhr; Juni–Aug. 10–19 Uhr; Dez.–Jan. geschlossen) am Wasser einige der Gesichter, die die Lofoten groß gemacht haben, darunter den legendären Kabeljau und arktische Meeressäugetiere. Kinder sind meistens ganz wild darauf, den Seehunden und Seeottern bei der Fütterung zuzusehen (12, 15 und 18 Uhr).

In der **Galleri Espolin** (☎ 76 07 84 05; Storvågan; Erwachsene/Erm./Kinder 50/40/15 nkr; ⌚ Feb.–April & Sept.–Dez. So– Fr 11–15 Uhr; Mai tgl. 11–15 Uhr; Juni–Mitte Aug. tgl. 10–18/19 Uhr) sind die beeindruckenden Radierungen und Lithografien von Kaare Espolin-Johnson (1907–94) ausgestellt, einem der größten norwegischen Künstler. Sein Werk ist umso bemerkenswerter, als er den Großteil seines Lebens blind war. Espolin liebte die Lofoten und verewigte neben anderen arktischen Themen oft die hiesigen Fischer in seinen Werken.

Die **Kirche von Vågan** (Vågan Kirke; Eintritt 20 nkr; ⌚ Ende Juni–Mitte Aug. Mo–Sa 9.30–18 Uhr, So 12–18 Uhr) wurde 1898 erbaut und ist die zweitgrößte Holzkirche in Norwegen. Sie erhebt sich über der E 10 nördlich der Stadt. Sie wurde ursprünglich erbaut, um den vielen Saisonfischern Seelsorge zu bieten, aber heute überschreitet ihre Kapazität mit 1200 Sitzplätzen deutlich die Einwohnerzahl von Kabelvåg.

SCHLAFEN & ESSEN

Zwei Buchten und 3 km westlich von Kabelvåg gibt es zwei großartige Campingplätze, einen neben dem anderen.

Kabelvåg Hotell (☎ 76 07 88 00; kabelvaag@dvgl.no; Kong Øysteinsgate 4; EZ/DZ 675/950 nkr; ⌚ Mitte Mai–Mitte Aug.) Das Hotel im Zentrum von Kabelvåg wurde im Jahr 1995 im originalen Art-Deco-Stil wieder aufgebaut. Es ist bei Busreisegruppen höchst beliebt und beherbergt das Krambua Restaurant (Hauptgerichte 185 bis 210 nkr), spezialisiert auf Fischgerichte.

Nyvågar Rorbuhotell (☎ 76 06 97 00; booking@nyvagar.dvgl.no; Storvåganveien 22; 4-Bett-Rorbuer inkl. Frühstück ab 1400 nkr) Unterhalb des Museumskomplexes in Storvågan gelegen, ist dieses schicke, moderne Hotel am Meer alles andere als historisch, aber die *Rorbuer* sind hübsch anzusehen und komplett ausgestattet. Im berühmten Restaurant (Hauptgerichte 185 bis 210 nkr) kommen v. a. lokale Spezialitäten auf den Tisch.

Kabelvåg Vandrerhjem & Sommerhotell (☎ 76 06 98 98; kabelvag.hostel@wandrerhjem.no; Finnesveien 24; B/EZ/DZ inkl. Frühstück 200/380/560 nkr; ⌚ Juni–Mitte Aug.) Weniger als 1 km nördlich vom Zentrum. Das Schulgebäude der Vågan Folkehøgskole wird außerhalb des Schuljahres zu einem beliebten Hostel. Für die Gäste gibt es eine Küche und einen Internetzugang (10 nkr pro halbe Stunde). Die Schlafräume haben zwei, vier oder zehn Betten.

Sandvika Fjord og Sjøhuscamp (☎ 76 07 81 45; www.sandvika-camping.no; Stellplatz mit Fahrrad oder

> **KOFFEINKÖNIG**
>
> Nein, nicht noch ein „nördlichstes Irgendwas", aber doch eine hübsche Zahl für die Statistik: Die freundlichen Mitarbeiter vom Præstenbrygga schwören, dass sich einst ein Neuseeländer auf ihre Terrasse verirrte – es war ein sonniger Tag – und da saß und las und saß und las. Wobei er 54 Tassen Kaffee in sich hineinschüttete, ehe er sich verabschiedete, so als wäre er nur gerade auf eine Tasse zum Frühstück vorbeigekommen.

Auto/Wohnwagen 80/130 nkr; Hütte 350–500 nkr, mit Bad ab 650 nkr, Sjøhus-Apt. 700 nkr) Dieser idyllische Campingplatz gleich nebenan vom Ørsvågvær Camping hat einen eigenen Strand und vermietet Motorboote (110 nkr pro Std.).

Ørsvågvær Camping (☎ 76 07 81 80; www.orsvag.no auf Norwegisch; Stellplatz mit Fahrrad/Auto/Wohnwagen 50/100/130 nkr; 4-Bett-Hütte 390 nkr, 7-Bett-Apt. im Sjøhus 790–940 nkr; ⏲ Mitte Mai–Mitte Aug.) Die Hütten sind ziemlich primitiv, aber in den *Rorbuer* genießt man jeglichen Komfort und eine großartige Aussicht. Zum Platz gehören eine Sauna und ein Motorbootverleih (170/500 nkr pro Stunde/Tag).

Præstenbrygga (☎ 76 07 80 60; Torget) In dieser Kneipe im Zentrum von Kabelvåg bekommt man Fisch, Sandwiches und Pizza. Sie hat viel Atmosphäre, eine lange Tradition und leckere Hauptgerichte auf der Karte (35 bis 150 nkr). Oft gibt es Livemusik, und für 20 nkr kann man den ganzen Tag Kaffee trinken, soviel man will – eingeschenkt wird auf der belebten Terrasse.

AN- & WEITERREISE

Von Svolvær kann man die 5 km nach Kabelvåg laufen oder den Stadtbus nehmen (26 nkr, 15 Min.), der mehr oder weniger stündlich fährt. Am Wochenende sind die Verbindungen ziemlich problematisch.

Henningsvær

Es ist eine angenehme, 8 km lange Fahrt entlang der Küste nach Süden zum immer noch aktiven Fischerdorf Henningsvær am Ende einer schmalen Landzunge. Sein Spitzname, „Venedig der Lofoten", mag etwas hoch gegriffen sein, aber dies ist mit Sicherheit der lockerste, lebendigste und trendigste Ort der Inselgruppe. Zwar handelt es sich um den größten und aktivsten Fischereihafen der Region, doch heute herrscht im Hafen mindestens ebensoviel Betrieb durch Ausflugs- wie durch Fischerboote. Wer draußen vor den Bars und Restaurants am Wasser sitzt, kann wunderbar den ganzen Trubel beobachten.

SEHENSWERTES & AKTIVITÄTEN

Die **Lofoten Hus Galerie** (☎ 76 07 15 73; Hjellskjæret; Erwachsene/ermäßigt/Kinder 60/50/25 nkr; ⏲ Ende Mai–Anfang Sept. 10–18 Uhr; Mitte Juni–Mitte Aug. 9–19 Uhr) in einem Haus, das ehemals der Fischverarbeitung diente, zeigt eine erstklassige Sammlung von Gemälden aus der Zeit, die als Goldenes Zeitalter der norwegischen Malerei gilt (zwischen 1870 und 1930). Der Eintritt schließt eine 18-minütige Diashow mit Fotos von Frank Jenssen ein, die alle vollen Stunden über die Leinwand geht. Inhalt sind die Menschen und die Landschaft der Lofoten im Wechsel der Jahreszeiten. Störend ist nur die süßliche Hintergrundmusik.

Die **Nordnorwegische Kletterschule** (Nord Norsk Klatreskole; ☎ 90 57 42 08; www.nordnorskklatreskole.no auf Norwegisch; Misværveien 10; ⏲ März–Ende Sept.) bietet eine große Auswahl an Kursen im Freiklettern und Skifahren an – überall im nördlichen Norwegen und sogar im Himalaya. Eine Tour auf die Svolværgeita (s. S. 321) oder einen anderen Lofotengipfel kostet (mit einem erfahrenen Führer sowie Ausrüstung) 1500 nkr für bis zu vier Leute; Buchungen mindestens einen Tag im Voraus. Wer Anregungen sucht, kann auch im 320 Seiten starken *Climbing in the Magic Islands* von Ed Webster (leider nur auf englisch) nachschlagen, dem einschlägigen Kletterführer für die Lofoten, der im angeschlossenen Bergshop verkauft wird.

Engelskmannsbrygga (☎ 76 07 52 85; Dreyersgate 1; Eintritt frei; ⏲ Mitte Juni–Anfang Aug. 10–20 Uhr; Anfang Aug.–Mitte Juni Di–Fr 12–17 Uhr, Sa–So bis 16 Uhr) ist die offene Werkstatt und Galerie von drei Künstlern: einem Glasbläser, einem Fotografen und einer Töpferin, deren Werke man hier anschauen und kaufen kann.

Festvåg (☎ 91 65 55 00; www.festvag.no), 2 km nördlich vom Ort neben einer großen, gewölbten Brücke, verleiht Seekajaks (ab 200 nkr) und veranstaltet dreistündige Ausflüge (Erwachsene/Kinder 300/150 nkr). Angeboten werden auch Kanutouren, Hochseeangeln und diverse sportliche Aktivitäten an Land. Der Minibus (100 nkr pro Person hin und zurück) holt Teilnehmer in ihrer Unterkunft ab, egal ob in Henningsvær, Kabelvåg oder Svolvær.

SCHLAFEN & ESSEN

Schilder, die auf Fremdenzimmer hinweisen, sieht man im Ort überall.

Nord Norsk Klatreskole (☎ 90 57 42 08; www.nordnorskklatreskole.no auf Norwegisch; Misværveien 10; ⏲ März–Ende Sept.; B 175 nkr) Das Café und das Hostel der Kletterschule (Reservierung empfohlen) liegen in einer Seitenstraße einander gegenüber. Beide Locations sind freundlich und locker – eine Mischung aus

Lofoten-*Rorbu* mit englischem Pub und Wandererlodge im Himalaya. Nächtigen kann man im Schlafsaal oder in Viererzimmern; Snacks und eine kleine Auswahl an guten hausgemachten Gerichten (75 bis 130 nkr) gibt es im Klatrekafeen.

Henningsvær Bryggehotel (☎ 76 07 47 50; Hjellskjæret; EZ/DZ ab 1025/1190 nkr; ⌚ Mitte Jan.–Nov.) Ein schönes Hotel mit Blick über den Hafen – das beste am Platz. Das Haus ist modern – die Zimmer sind komfortabel und schick eingerichtet – und trotzdem im traditionellen Stil gebaut, sodass es sich harmonisch in die Nachbarschaft einfügt. Ähnlich stilvoll ist das Arctic-Menu-Restaurant (Hauptgerichte 165 bis 230 nkr).

Johs H Giæver Sjøhus og Rorbuer (☎ 76 07 47 19; www.giaever-rorbuer.no; Hellandsgata 790; Rorbuer 400–900 nkr, Zi. im Sjøhus 350–550 nkr) Im Sommer werden die Arbeiterunterkünfte in einem modernen Haus, das der örtlichen Fischfabrik gehört, an Besucher vermietet. Zu den gepflegten Zimmern gehören Gemeinschaftsbäder, eine große Küche und ein Essbereich; die Preise sind absolut angemessen. Der Fabrik gehören auch drei *Rorbuer*, preislich ebenfalls günstig, aber zentraler gelegen.

Fiskekrogen (☎ 76 07 46 52; Dreyersgate 29; Hauptgerichte 195–245 nkr) Das Arctic-Menu-Lokal am Wasser liegt am Ende einer Helling mit Blick über den Hafen. Es ist ein Lieblingsrestaurant der norwegischen Königsfamilie – womit sich Henningsværs Anspruch auf kulinarische Berühmtheit begründet. Die hervorragende Fischsuppe (115 nkr) sollte man unbedingt probieren.

AN- & WEITERREISE

Der Bus Nr. 510 verkehrt zwischen Svolvær (40 nkr, 35 Min.), Kabelvåg (38 nkr, 30 Min.) und Henningsvær mindestens viermal am Tag.

VESTVÅGØY

10 750 Ew.

Die E 10 schlängelt sich durch das Herz der Insel Vestvågøy, deren einzige erwähnenswerte Attraktion das Lofotr Wikingermuseum ist. Eine schönere Route führt auf der weniger befahrenen und nur wenig längeren Rv 815 an atemberaubender Küsten- und Berglandschaft vorbei. Sie wendet sich erst in Leknes Richtung Osten.

Im eher farblosen Ort Leknes befindet sich das Fremdenverkehrsbüro im Rådhus. Dort kann man Fahrräder für 150 nkr pro Tag leihen.

Die meisten Unterkünfte befinden sich an der Südküste von Vestvågøy, in der Nähe von Stamsund.

Sehenswertes & Aktivitäten

LOFOTR WIKINGERMUSEUM

1981 stieß ein Bauer in Borg, in der Nähe vom Zentrum, beim Pflügen auf die Überreste eines 83 m langen Wohnhauses aus der Wikingerzeit. Es gehörte einem mächtigen Wikingerfürsten und ist das größte Gebäude aus dieser Zeit, das je in Skandinavien gefunden wurde.

Das **Lofotr Wikingermuseum** (☎ 76 08 49 00; www.lofotr.no auf Norwegisch; Borg; Erwachsene/Kinder/Familien inkl. Führung 90/45/225 nkr; ⌚ Ende Mai–31. Aug. 10–19 Uhr) 14 km nördlich von Leknes gibt einen Einblick in das Leben zur Zeit der Wikinger. Wenn man den 1,5 km langen Rundweg durchs offene Hügelland unternimmt, kommt man nicht nur an der nachgebauten Halle des Wikingerfürsten (dem Hauptgebäude, das wie ein auf den Kopf gestelltes Boot geformt ist) und an einem nachgebauten Wikingerschiffs unten am Wasser vorbei, sondern auch an grasenden Pferden. Führer in adretten Wikingerkostümen kommentieren alles in mehreren Sprachen, und in der Fürstenhalle erläutern Handwerker ihre Arbeit. Täglich um 14 Uhr kann man als Mannschaftsmitglied das Wikingerschiff rudern – ein Privileg, das 20 nkr kostet.

Im Sommer werden die Besucher genötigt, eine Schale Lammsuppe (60 nkr) zu probieren; dazu gibt es dicke Scheiben Bauernbrot oder ein Glas Met (45 nkr). Im Café werden zeitgenössische Gerichte serviert.

Der Bus von Svolvær nach Leknes fährt am Eingang zum Museum vorbei.

VON UNSTAD NACH EGGUM

Eine beliebte Wanderung verbindet diese beiden winzigen Dörfer an der Westküste der Insel. Ein 9 km langer Küstenpfad windet sich an mehreren Landzungen und einem einsamen Leuchtturm vorbei – mit herrlicher Aussicht aufs Meer. Eggum ist bekannt für den Blick auf die Mitternachtssonne und die Vesterålen und für die Ruinen einer Festung am Meer, während Unstad die einzige Unterkunft in der Gegend bietet (s. rechts).

DER TIPP VOM AUTOR

Justad Rorbuer og Vandrerhjem (☎ 76 08 93 34; Fax 76 08 97 39; Stamsund; B/EZ/DZ 90/250/300 nkr, 4-Bett-Hütte 450–700 nkr; ⌚ Mitte Dez.–Mitte Okt.) Die Jugendherberge der Insel Vestvågøy liegt 1,2 km von der Hurtigruten-Anlegestelle entfernt. Sie hat viele Stammgäste, die jedes Jahr wiederkommen. Ein besonders treuer Gast hat schon mehr als 50-mal hier gewohnt – also besser reservieren. Keine Frage, was die Leute immer wieder an diesen Ort zieht: Die Herberge liegt direkt am Wasser in einem alten Fischereikomplex, es gibt eine Waschküche und Einrichtungen für Selbstversorger, der freundliche Manager weiß über die örtlichen Wanderwege Bescheid und verleiht Fahrräder (80 bis 100 nkr pro Tag) sowie Ruderboote und Angelleinen (kostenlos).

Vorsicht nach Regenfällen! Besonders um Unstad kann der Wanderweg matschig und rutschig sein – wenn man Pech hat, von Schafdung, wie ein Leser berichtet. Eggum und Unstad liegen beide ungefähr 9 km von der Hauptstraße entfernt; die Busverbindungen sind unregelmäßig.

Schlafen & Essen

Statles Rorbusenter (☎ 76 05 50 60; www.statles.no; Mortsund; 2- bis 8-Bett-Hütte 500–2400 nkr) Um wirklich einmal die ausgetretenen Pfade zu verlassen, fährt man am besten in der landschaftlich schönen Gemeinde Mortsund eine ruhige Straße hinunter bis zum Ende, wo sich diese freundliche Einrichtung mit vierzig hübschen Hütten über ein felsiges Vorland erstreckt. Das Restaurant serviert lokale Gerichte und Kleinigkeiten. Man kann Fahrräder und Boote leihen, und auch Wandermöglichkeiten gibt es ganz in der Nähe.

Brustranda Sjøcamping (☎ 76 08 71 00; bl-tjoen@online.no; Rolvsfjord; Zelt mit Fahrrad/Auto 60/100 nkr, Stellplatz für Wohnwagen/Hütte 120/350 nkr, Hütte mit Bad 600–1000 nkr) Ein gepflegter, wunderschön gelegener Platz am Meer, 14 km nordöstlich von Stamsund an der Rv 815, mit einer Kunstgalerie und einem Café.

Ebenfalls zu empfehlen:

Unstad Camping (☎ 97 06 12 01; www.lofot-ferie.com auf Norwegisch; Unstad; Stellplatz für Zelt/Wohnwagen/Hütte 100/130/750 nkr; ⌚ Mai–Mitte Sept.)

An- & Weiterreise

Der Flughafen von Leknes verbindet die Insel Vestvågøy mit Bodø. Leknes ist auch der Verkehrsknotenpunkt der Insel; es gibt Busverbindungen zum Städtchen Å (95 nkr, 1½ Std., 4- bis 5-mal am Tag), nach Stamsund (35 nkr, 25 Min., 2- bis 5-mal am Tag außer sonntags) und Svolvær (98 nkr, 1½ Std., 4- bis 6-mal am Tag). Stamsund ist der Inselhafen, wo die Hurtigruten-Küstenfähren anlegen.

FLAKSTADØY

1540 Ew.

Die meisten Bewohner von Flakstadøy haben es sich an der flachen Nordküste um den Ort Ramberg herum bequem gemacht, die dramatischere Landschaft hat jedoch die felsige Südküste zu bieten. Viele Reisende zischen einfach durch, aber es lohnt sich, anzuhalten und ein Sonnenbad zu nehmen (Sandstrände sind auf den Lofoten die Ausnahme) und vielleicht auch einen Abstecher zum pittoresken Dorf Nusfjord einzuplanen.

Der ausgezeichnete, kostenlose Führer *Flakstad & Moskenes Guide* ist vielerorts erhältlich.

Sehenswertes

NUSFJORD

Dieses abgelegene Dorf um einen winzigkleinen Hafen an der Südküste eignet sich hervorragend für eine Tagestour. Außer ganz bezaubernden, malerischen Häusern am Wasser und einem liebevoll restaurierten Tante-Emma-Laden gibt es verschiedene *Rorbuer*. Für viele Künstler ist dieser Ort der Inbegriff der Lofoten, aber Vorsicht: Das sehen die Ausflugsveranstalter genauso.

RAMBERG & FLAKSTAD

Ein Halbrund aus tropisch weißem Sand an einer leuchtend blaugrünen Bucht mit schneebedeckten arktischen Gipfeln im Hintergrund – so sehen die Strände von **Ramberg** und **Flakstad** an der Nordküste aus, wenn die Sonne gnädigerweise scheint. Wer einen solchen Tag erwischt, dem wird zu Hause keiner glauben, dass die Urlaubsschnappschüsse von einem Ort nördlich des Polarkreises stammen. Man glaubt es aber sofort, wenn man den großen Zeh ins Wasser hält.

NORDLAND

FISCHIGE MEDIZIN

Wer unter den Älteren erinnert sich nicht an das Theater beim Frühstück? Mit Gewalt wurde einem ein Löffel in dem Mund geschoben, und plötzlich schmeckte es nur noch nach Fisch und nicht mehr nach knusprigen Cornflakes. Und die Eltern glaubten, sie hätten etwas besonders Gutes getan, um die winterliche Erkältung abzuwehren.

Das war nicht immer so. Lebertran (Dorschleberöl) wurde ursprünglich als Brennstoff für Lampen oder zum Gerben von Häuten verwendet. Kein Mensch hätte daran gedacht, das Zeug zu sich zu nehmen. Doch nach und nach kapierte man, was für ein medizinisches Wundermittel man vor sich hatte. Ein früher – und äußerst erfolgreicher – Marketing-Feldzug machte aus dem Brennstoff ein Allheilmittel: Dorschleberöl wurde zu dem europäischen Präventionsmittel schlechthin. Es hat ein bisschen Ähnlichkeit mit Olivenöl: Die erste Pressung, das native Öl, gilt als das reinste, während die Erzeugung durch Dampferhitzen – ein technischer Fortschritt, der die Produktionskosten senkte und den Ertrag erhöhte – es möglich macht, sehr viel mehr von dem begehrten Öl zu erhalten.

Die medizinischen Spekulationen früherer Zeit werden heute durch wissenschaftliche Analysen untermauert: Dorschleberöl enthält reichlich Vitamin A und D, außerdem Omega-3-Fettsäuren; es ist gut fürs Herz und den Blutkreislauf, für die Augen, die Haut, die Entwicklung des Skeletts und das Gehirn.

Also: Tief durchatmen, Nase zuhalten, das Gleiche tun wie jeder dritte Norweger und die bittere Medizin schlucken ...

Etwas zurückgesetzt vom Flakstader Strand und heute nicht mehr direkt an der E 10 ragt der rote Zwiebelturm der **Flakstad-Kirche** (Eintritt 20 nkr; Ende Juni–Anfang Aug. 11–15 Uhr) in die Höhe. Sie wurde 1780 erbaut, aber seither umfangreich restauriert. Das ursprünglich verwendete Holz wurde großenteils von sibirischen Flüssen, die in Richtung Arktis strömen, aus dem Boden gerissen und hier als Treibholz angeschwemmt.

GLASSHYTTA

Sehr lohnend ist ein 4 km langer Abstecher nach Vikten, wo man die **Galerie** (☎ 76 09 44 42; Mai–Aug. 10–19 Uhr) des Glasbläsers Åsvar Tangrand besuchen kann. Er hat die Lofoten-Rune entworfen, das Logo der Region mit sieben Spitzen, das an ein Langboot erinnert. Seine Glas- und Keramikarbeiten kosten zwischen 400 und 3500 nkr.

FISCHEREIMUSEUM SUND

Das **Fischereimuseum** (☎ 76 09 36 29; Sund; Erwachsene/Kinder 40/10 nkr; Mai–Aug. 10–16/18 Uhr.) nahe der Brücke nach Moskenesøy besteht aus mehreren Schuppen, in denen Ausstellungsstücke zum Fischfang, zur Arbeit eines Schmieds und zum Antrieb von Booten untergebracht sind. Der Museumsschmied, der hier auch eine Verkaufsausstellung hat, ist berühmt für seine eisernen Kormoran-Skulpturen.

Schlafen & Essen

Ramberg Gjestegård (☎ 76 09 35 00; www.ramberg-gjestegard.no; E10; Zelt mit Fahrrad/Auto 90/110 nkr, Wohnwagen 120 nkr, 2-/4-Bett-Hütte mit Bad 700/900 nkr) Der freundliche Campingplatz direkt am Strand ist ein großartiger Ort, um Anker zu werfen und ein, zwei Tage zu bleiben. Man kann ein Kajak oder ein Ruderboot leihen (25/100 nkr pro Stunde/Tag), sich zu einem Motorboot steigern (100/350 nkr) oder auf der Insel mit dem Rad herumfahren (25/100 nkr). Das Arctic-Menu-Restaurant (Hauptgerichte 160 bis 200 nkr) ist aus gutem Grund beliebt. Es bietet eine Auswahl kreativer Fischgerichte und preiswerte, aber immer noch sehr leckere Tagesgerichte zum Mittagessen (80 bis 100 nkr).

MOSKENESØY

1270 Ew.

Die 34 km lange vergletscherte Insel Moskenesøy mit ihrer scharf gezackten Bergkette vulkanischen Ursprungs ragt direkt aus dem Meer empor und ist zerrissen von tiefen Seen und Fjorden. Diesen Ort hätte J.R.R. Tolkien wahrhaft geliebt; die Insel scheint direkt seiner Phantasie entsprungen zu sein. Die Gipfelformationen sind zuallererst ein Paradies für Bergsteiger, aber es gibt auch ein paar Orte, wo normale Bergwanderer die höheren Regionen dieser wildschroffen Insel erklimmen können, darunter auch ihren höchsten Punkt, den Hermannsdalstind (1029 m).

ORIENTIERUNG & PRAKTISCHE INFORMATIONEN

Die E 10 verläuft entlang der Südküste der Insel an den Gemeinden Hamnøy, Sakrisøy und Reine vorbei (Reine wurde mal zum landschaftlich schönsten Ort Norwegens gewählt), ehe sie die rein funktionale Ortschaft Moskenes mit dem Fähranleger erreicht. Die Route endet im Dort Å (100 Ew.), einem lebendigen Museum. Der Rest der Insel ist von Bergen bedeckt.

Das **Fremdenverkehrsbüro** (☎ 76 09 15 99; www.lofoten-info.no; ⌚ Juli tgl. 10–18 Uhr; Juni & Aug. Mo–Fr 10–17 Uhr; Sept.–Mai Mo–Fr 10–14 Uhr) im Hafen von Moskenes versorgt Besucher mit Infos zu den Inseln Moskenesøy und Flakstadøy. Sie gibt den kostenlosen *Flakstad & Moskenes Guide* (auch auf Deutsch) heraus, hat einen Internetzugang (60 nkr pro Stunde), gibt Tipps zu Ausflügen und nimmt Reservierungen entgegen. Im *Flakstad & Moskenes Guide* findet man mehrere Vorschläge für Wanderrouten; außerdem gibt es in der Jugendherberge in Å ein kostenloses Infoblatt, das sechs Wanderungen auf der Insel beschreibt (zwischen 2 und 7 Std.). Hochseefischen (300 nkr) ist als Tagestour ab verschiedenen Häfen auf Moskenesøy möglich; dabei werden die traditionellen Langleinen verwendet. Auf dem Meer kann man wunderbar Seevögel beobachten und hat die Chance, Wale zu sehen. Außerdem kann man entweder im Reinefjord vor dem Nusfjord oder nahe dem Mahlstrom vor Å angeln.

Die „Sjøhus"-Schilder entlang der E 10 signalisieren freie Privatzimmer.

AN- & WEITERREISE

Vier bis fünf Busse fahren zwischen Leknes und Å (95 nkr, 1½ Std.) im Sommer täglich; sie halten in allen größeren Dörfern entlang der E 10.

OVDS (☎ 76 96 76 00) Autofähren verkehren im Sommer fünf- bis sechsmal am Tag (in der übrigen Zeit seltener) zwischen Bødo und Moskenes (Person/Auto und Fahrer 132/477 nkr, 3½ Std.). An den meisten Tagen legt mindestens eine der Fähren auf den südlichen Lofoten-Inseln Røst und Værøy an, entweder vor oder nach dem Halt in Moskenes.

Å

Am äußersten Ende von Moskenesøy liegt das bezaubernde Dörfchen Å (der letzte Buchstabe im norwegischen Alphabet), ein altes, gut erhaltenes Fischerdorf mit vielen roten *Rorbuer* an der Küste, Gestellen zum Trocknen von Kabeljau und Postkartenansichten hinter jeder Wegbiegung. Å ist schon ein fast feudaler Ort, aufgeteilt zwischen zwei Familien, der heute v.a. vom Tourismus lebt, früher aber ein wichtiger Fischereihafen war (mehr als 700 000 Kabeljaus wurden hier vor dem Zweiten Weltkrieg zum Trocknen aufgehängt).

Im Prinzip ist Å autofrei. Daher lässt man sein Auto am besten auf dem Parkplatz oben auf dem Hügel hinter dem Tunnel stehen und macht sich zu Fuß auf den Weg.

NORDLANDBOOTE

Beim Reisen durchs Nordland trifft man früher oder später mit Sicherheit auf eins der berühmten, ganz speziell geformten Nordlandboote. Diese Bootsform, inspiriert von den alten Wikingerschiffen, diente den örtlichen Fischern seit den frühesten Tagen der Besiedlung zum Fischfang. Heute sind die Boote ein Symbol für den traditionellen Lebensstil der Menschen, die vielfach als Selbstversorger an der oft unwirtlichen Küste im hohen Norden leben. Nordlandboote werden im ganzen Norden eingesetzt – von Namsos im nördlichen Trøndelag bis zur Kola-Halbinsel im arktischen Russland –, aber am stärksten sind sie auf den Lofoten vertreten.

Die kleinsten Nordlandboote heißen *Færing* (bis zu 5 m Länge), die größeren *Hundromsfæring* (6 m), *Seksring* (7 m), *Halvfjerderomning* (7,5 m), *Firroing* (8 m), *Halvfemterømming* (9 m), *Åttring* (10 bis 11 m) und *Femboring* (11 bis 13 m).

Traditionell gilt: Je größer das Boot, desto höher der Status des Kapitäns oder *Høvedmanns*. Aber egal wie groß – Nordlandboote eignen sich perfekt zum Rudern und Segeln, selbst auf dem rauen Nordmeer. Bis vor kurzer Zeit waren Segelwettbewerbe unter den Fischergemeinden wichtige soziale Ereignisse im Jahreslauf.

Ein guter Ort, um einige Exemplare dieser Boote zu sehen, ist der Hafen von Å i Lofoten.

SEHENSWERTES

14 der Boots- und Lagerhäuser, der Fischerhütten, Bauernhäuser und Handelsgebäude von Å aus dem 19. Jh. bilden das **Norwegische Fischerdorfmuseum** (Norsk Fiskeværs Museum; ☎ 76 09 14 88; Erwachsene/Kinder 45/25 nkr; ⌚ Mitte Juni–Mitte Aug. 10–17.30 Uhr; übrige Zeit Mo–Fr 11–15 Uhr). Zu den Highlights der Führung (im Eintritt inbegriffen) gehören die älteste Trankocherei in Europa, wo man einen Schluck der Hausmarke probieren und gleich eine Flasche (40 nkr) mitnehmen darf – als Abwehrgeschoss gegen den winterliche Schnupfen; außerdem die Schmiede, wo bis heute Lampen hergestellt werden, die mit Dorschleberöl brennen; die noch aktive Bäckerei aus dem Jahre 1844; die alten *Rorbuer* mit originaler Einrichtung; und ein paar traditionelle Lofoten-Fischerboote.

In einem ehemaligen Fischlagerhaus ganz in der Nähe konzentriert sich das **Lofoten-Stockfischmuseum** (Lofoten Tørrfiskmuseum; ☎ 91 15 05 60; Erwachsene/Erm./Kinder 40/25 nkr/Eintritt frei; ⌚ Ende Juni–Mitte Aug. 11–17.30 Uhr; restlicher Juni & Aug. Mo–Fr 11–16 Uhr) voll und ganz auf den traditionellen Hauptlebenserwerb auf den Lofoten: das Fangen und Trocknen von Kabeljau für den Export, speziell nach Italien. Schautafeln erläutern den Vorgang: vom Einholen des Fangs aus dem Meer über das Trocknen und Sortieren bis hin zum Versand. Die Begeisterungsfähigkeit des Museumsbesitzers (und Kurators) kann den einen oder anderen Besucher durchaus dazu veranlassen, über ein einfacheres Leben und einen neuen Beruf nachzudenken ...

Hinter dem Campingplatz gleich südlich von Å hat man von einem Berghang einen ausgezeichneten Blick über die Meerenge Moskenesstraumen hinweg auf die Insel Værøy. Der gewaltige **Mahlstrom**, der hier durch die Gezeitenströmungen zwischen den beiden Inseln brodelt, wurde erstmals vor 2000 Jahren von dem alten Griechen Pytheas beschrieben und tauchte später auf phantasievollen, frühen Seekarten als Angst einflößender Bösewicht auf. Er inspirierte auch die Geschichten von Jules Verne und Edgar Allan Poe – und soll immer noch zu den gefährlichsten Gewässern der Welt gehören. Diese furchterregende Wasserstraße ist ganz besonders reich an Fisch, weshalb sie ständig von Scharen von Meeresvögeln und Meeressäugern belagert wird.

SCHLAFEN & ESSEN

Moskenesstraumen Camping (☎/Fax 76 09 11 48; Zelten für 1/2/3 Personen 70/90/100 nkr, Wohnwagen 100 nkr, 2-/4-Bett-Hütte 300/400 nkr, mit Bad 400/600 nkr; ⌚ Juni–Aug.) Ein phantastischer Campingplatz hoch auf den Klippen südlich vom Dorf mit ebenen Wiesenstellplätzen zwischen den Felsen, gerade groß genug für ein Biwak. Von den Hütten hat man eine großartige Aussicht – an einem klaren Tag reicht der Blick bis zum Festland.

Å Vandrerhjem og Rorbuer (☎ 76 09 11 21; aa.hostel@wandrerhjem.no; www.lofoten-rorbu.com; B im Hostel 130 nkr, DZ/3BZ im Sjøhus pro Person 225 nkr; Rorbuer 800–1350 nkr) vermittelt Unterkünfte in allen Preislagen, die überall im Dorf in den historischen Gebäuden von Å verteilt sind. Die teureren sind komplett ausgestattet und mit Antiquitäten eingerichtet. Dieses Büro ist der Mittelpunkt des Dorfes. Es bietet allgemeine Informationen für Touristen, verleiht Fahrräder (30/150 nkr pro Stunde/Tag) und vermietet *Rorbuer* in dem nahe gelegenen und ruhigeren Dorf Tind (1 km weiter nördlich).

Å-Hamna Rorbuer & Hennumgården (☎ 76 09 12 11; www.lofotenferie.com; 2- bis 4-Bett-Zi. pro Person 100 nkr, 4- bis 8-Bett-Rorbuer 600–950 nkr) Im Sommer kann man hier in restaurierten Fischerhütten oder im Hennumgasjøhus-Hostel übernachten. Außerhalb des Hochsommers fallen die Preise rapide.

Brygga restaurant (☎ 76 09 11 21; Hauptgerichte ca. 200 nkr; ⌚ Juni–Sept.) Dieses ausgezeichnete Lokal über dem Wasser ist der einzige Ort in Å, wo man ein vernünftiges Abendessen bekommt. Die Karte – einem Dorf mit so ausgeprägter Fischfangtradition vollkommen angemessen – bestehlt vor allen Dingen aus ehemals schwimmender Kost, phantasievoll zubereitet. Außerdem gibt es ein vegetarisches Tagesgericht (110 nkr) und Hühnchen, gebacken in Zitrone, mit Apfelbutter (190 nkr) – sehr verlockend! Man kann aber auch einfach nur was trinken, während das Wasser unter den Füßen hin und her schwappt.

Sørvågen

Neben der E 10 in Sørvågen, südlich von Moskenes, präsentiert sich das **Norwegische Telekommunikationsmuseum** (☎ 76 09 14 88; Erwachsene/Kinder 30/20 nkr; ⌚ Kernzeit Ende Juni–Mitte Aug.12–16 Uhr) als Studie zum Thema „Kabeljau und Kommunikation". Das mag auf den ersten Blick etwas absurd klingen, doch tatsächlich erinnert das kleine Museum an einen gewaltigen Fortschritt in der Technik des Fischfangs. 1906 wurde in dieser winzigen Gemeinde Norwegens zweite Funktelefonstation eingerichtet. Von jenem Tag an konnten Wetterwarnungen schnell weitergegeben werden, und die Fischerboote konnten untereinander kommunizieren, Köderboote rufen und weitergeben, wohin die Schwärme zogen.

Moskenes

Das **Fremdenverkehrsbüro** (☎ 76 09 15 99; www.lofoten-info.no; ⏲ Juli tgl. 10–18 Uhr; Juni & Aug. Mo–Fr 10–17 Uhr; Sept.–Mai Mo–Fr 10–14 Uhr) in Moskenes informiert über vielfältige Ausflugsmöglichkeiten auf der Insel, die hier auch gebucht werden können. Man bekommt den *Flakstad & Moskenes Guide* und es gibt einen Internetzugang (60 nkr pro Stunde).

Trotz großartiger Ausblicke über das Wasser ist **Moskenes Camping** (☎ 76 09 13 44; Moskenes; Stellplatz für Zelt/Wohnwagen 70/110 nkr; ⏲ Mai–Sept.) ein eher spartanischer Schotterplatz, wobei es auch eine Wiese für leichtgewichtige Zelter gibt. Er liegt allerdings äußerst günstig, wenn man von der Fähre aus schnell einen Lagerplatz finden möchte: nur 400 m vom Anleger entfernt.

Lofoten Sykkelutleie (☎ 92 23 13 24) betreibt im Sommer einen Fahrradverleih direkt neben dem Ausgang von der Fähre (175 nkr pro Tag).

Reine

Reine ist ein relativ charakterloser Ort, aber ehrlich: von oben sieht er einfach großartig aus – an der stillen, friedlichen Lagune und mit spitzen Gipfeln im Hintergrund. Schon von der Straße aus, die von der E 10 zum Ort hinunterführt, hat man eine tolle Aussicht, aber ein wirklich bemerkenswerter Panoramablick auf das Wasser und die Inseln tut sich erst auf, wenn man den Pfad zum Gipfel des Reinebringen (670 m) hinaufkraxelt. Der **Wanderweg** beginnt am Tunneleingang ungefähr 1,2 km südlich der Abzweigung nach Reine von der E 10. Er steigt steil bis zur Kammhöhe (448 m) hinauf. Erfahrene Wanderer können bis zum Gipfel weitergehen und haben von dort einen spektakulären Blick auf den Süßwassersee weiter unten. Danach geht es steil wieder hinunter über eine reichlich ungeschützte Route zum Col des Navaren und weiter zum 730 m hohen Navaren-Gipfel.

Von Reine aus hat man im Sommer die Wahl zwischen mehreren lohnenden Bootstouren. Am beliebtesten ist eine sechsstündige Fahrt im Schein der Mitternachtssonne (Erwachsene/Kinder 600/300 nkr) am Mahlstrom vorbei zur Höhle **Refsvikhula**, einer 115 m tiefen, 50 m hohen natürlichen Felskathedrale. Um Mittsommer scheint die Mitternachtssonne direkt in den Eingang der Höhle und beleuchtet zahllose steinzeitliche Strichmännchen, die hier seit mindestens 3000 Jahren an den Wänden entlanglaufen.

Eine Alternative ist die dreistündige Bootssafari (Erwachsene/Kinder 500/250 nkr) zum turbulenten und fischreichen Mahlstrom **Moskenesstraumen**, wo es Meeresvögel und -säuger in rauen Mengen zu beobachten gibt.

Adventure Rafting Lofoten (☎ 76 09 20 00) bietet auch Touren zu den Vogelklippen auf Værøy an (900 nkr, 6 Std.), außerdem zur Refsvikhula und zum Moskenesstraumen; beide Fahrten ab Reine.

Rund um Reine

Im Sommer verkehren Fähren zwischen Reine und **Vindstad** (64 nkr hin und zurück, 30 Min.) über den reizvollen Reinefjord. Von Vindstad ist es eine einstündige Wanderung über den Grat zur verlassenen Strandsiedlung **Bunes**. Dort findet man einen sehr einfachen Campingplatz im Schatten des eindruckvollen 610 m hohen Felsens Helvetestind vor.

Für eine andere, anspruchsvollere Route müssen die Wanderer zunächst mit der regulären Fähre über den Fjord nach **Forsfjord** (den Stopp anfordern!) übersetzen und der Betonpipeline zum See Tennesvatnet folgen. Auf ungefähr 450 m über dem Meeresspiegel geht es weiter auf einem Pfad, der zwischen dem Tennesvatnet und dem See Fjerdalsvann hinunter zur Munkebu-Hütte des DNT führt (die Lebensmittelläden Å Dagligvarer, Sørvågen Handel und Reine Handel haben alle einen Schlüssel). Diese Wanderung soll ungefähr vier Stunden dauern. Wer lieber direkt nach Soågen in der Nähe von Moskenes weitergehen möchte, wird von einem mäßig anstrengenden, mit Steinmännchen markierten Weg über das Djupfjordheia-Moor geleitet (etwa 5 Std.).

DER TIPP VOM AUTOR

Hamnøy Mat og Vinbu (☎ 76 09 21 45; Hamnøy; Hautpgerichte 140–165 nkr; ⌚ Mai–Sept.) Dieses freundliche Restaurant, von zwei Generationen einer Familie geführt, hat sich mit seinen lokalen Spezialitäten einen Namen gemacht, darunter Stockfisch und Dorschzungen. Die Mutter bereitet die traditionellen Gerichte zu – unbedingt ihre Fischfrikadellen probieren, während ihr Sohn als Hauptküchenchef fungiert. Der Fisch ist so frisch, frischer geht's nicht: Er wird täglich im Hafen eingekauft, keine 100 m entfernt.

Sakrisøy

Auf Sakrisøy hat eine Einheimische 2500 Puppen, alte Teddybären und historisches Spielzeug in **Dagmars Puppen- und Spielzeugmuseum** (Dagmars Dukke og Legetøy Museum; ☎ 76 09 21 43; Erwachsene/ermäßigt/Kinder 40/35/20 nkr; ⌚ Juni–Aug. 10–18/20 Uhr; Mai Sa–So 12–17 Uhr) zusammengetragen. In der oberen Etage befindet sich ein Antikladen.

Im Puppenmuseum kann man eine Übernachtung in den **Sakrisøy Rorbuer** (☎ 76 09 21 43; sakrisoy@lofoten-info.no; Sakrisøy; Rorbuer 650–1150 nkr) reservieren, einem recht authentischen Komplex ockerfarbener Hütten über dem Wasser. Außerdem kann man Motorboote leihen (400 bis 550 nkr pro Tag).

Ein Tipp für Selbstversorger: Der Fischstand **Sjømat** (☎ 90 06 15 66; Sakrisøy) gegenüber vom Puppenmuseum ist berühmt für seinen Räucherlachs, seine Garnelen, Walsteaks und – nur Mut! – Möweneier.

Hamnøy

Eliassan Rorbuer (☎ 76 09 23 05; rorbuer@online.no; Hamnøy; 2-/4-Bett-Rorbuer 550/750 nkr) In dem kleinen hübschen Fischerdorf Hamnøy ist nicht viel los, aber der Ort liegt so nah am Wasser, dass man fast das Gefühl hat, man könnte zu den hoch aufragenden Bergen auf der anderen Seite hinüberlaufen.

SÜDLICHE INSELN

Die südlichen Lofoten-Inseln Værøy und Røst sind das Nonplusultra der Vogelbeobachtung in Norwegen. Hobbyornithologen kommen v. a. wegen der kleinen Papageientaucher, aber weil die Heringe weniger werden, ist auch ihre Zahl zurückgegangen – um mehr als 50 % im vergangenen Jahrzehnt. Obwohl Værøy im Wesentlichen hoch und zerklüftet ist und Røst so flach wie ein Pfannkuchen, kann man auf beiden Inseln sehr gut wandern. Beide versprechen auch ein gewisses Maß an Einsamkeit, was auf den touristisch voll erschlossenen Lofoten eher selten ist.

Værøy

780 Ew.

Die felsige Insel ist ein idyllisches Ausflugsziel. Ihre 780 Einwohner werden zahlenmäßig weit überflügelt von den mehr als 100 000 Meeresvögeln, die hier nisten – Eissturmvögel, Basstölpel, Küstenseeschwalben, Lummen, Möwen, Seeadler, Papageientaucher, Dreizehenmöwen, Kormorane, Sturmvögel und viele, viele mehr. Die Kombination aus weißen Sandstränden, hoch aufragenden Graten, winzigen abgeschotteten Dörfer, granitenen Vogelklippen und einem leuchtend blauen Meer macht diesen Ort zu einem norwegischen Kleinod erster Güte.

Das **Fremdenverkehrsbüro** (☎ 76 09 52 10; ⌚ Mitte Juni–Mitte Aug. Mo–Sa 10–15 Uhr) liegt ungefähr 200 m nördlich vom Fähranleger in Sørland, dem größten Ort auf der Ostseite. Immer wenn die Autofähre anlegt, hat sie zusätzlich geöffnet.

SEHENSWERTES & AKTIVITÄTEN

Optimal ist es, Værøy zu Fuß zu erkunden: **Wanderrouten** führen zu den meisten großen Seevogelkolonien. Der landschaftlich schönste und beliebteste Weg beginnt am Ende der Straße rund um den Norden der Insel, ungefähr 6 km von Sørland entfernt und 300 m hinter der ehemaligen Landebahn. Er führt Richtung Süden entlang der Westküste über die Eidet-Landenge zum weitgehend verlassenen Fischerdorf Måstad an der Ostküste. Dort lebten früher mal 150 Menschen vom Fleisch und den Eiern der Papageientaucher. Die Route ist stellenweise ausgesetzt, daher besser bei schlechtem Wetter nicht begehen.

Trainierte Wanderer, die eine Herausforderung suchen, können sich am steilen Anstieg von Måstad zur Spitze des Måhornet (431 m) verausgaben; Wegzeit ungefähr eine Stunde in jeder Richtung.

Alternativ kann man vom Anleger in Sørland der Straße bergauf folgen (oder vielleicht doch den interessanteren Weg über den Grat nehmen) bis zur NATO-Einrichtung in Håen (438 m).

SCHLAFEN & ESSEN

Gamle Prestegård (Old Vicarage; ☎ 76 09 54 11; www.prestegaarden.no auf Norwegisch; Nordland; EZ/DZ inkl. Frühstück 350/580 nkr, mit Bad 450/640 nkr) Værøys beste Adresse für Unterkunft und Abendessen befindet sich auf der Nordseite der Insel. Ein Schild gibt es nicht, aber es handelt sich um das große Haus mit der Fahnenstange im Garten, links von der Kirche (da, wo man das Pastorat vermuten würde).

Langodden Rorbucamp og Vandrerhjem (☎ 76 09 52 25; www.langodden.com; Sørland; B 125 nkr; pro Person 125 nkr; Mai–Aug.) Diese Anlage, die sich seit fünf Generationen im Besitz der gleichen Familie befindet, bietet besonders authentische *Rorbu*-Unterkünfte (jede Hütte hat 5 bis 15 Betten) – der Fischgeruch, der gelegentlich von draußen hereinweht, gehört dazu! Selbstversorgern steht eine Küche zur Verfügung. Vom Fähranleger ist es ungefähr eine Stunde Fußweg Richtung Norden. Hier gibt's auch einen Fahrradverleih und Bootsausflüge auf Anfrage.

Kornelius Kro (☎ 76 09 52 99; korn-kro@online.no; Sørland; EZ/DZ 300/450 nkr), der einzige Ort auf der Insel Væroy, der so eine Art Nachtleben zu bieten hat (samstags mit Live-Musik), besteht aus einer Kneipe, einem Restaurant (Hauptgerichte 70 bis 170 nkr) und ein paar schlichten, aber sauberen Hütten hinter dem Haus. Berühmt-berüchtigt sind die Partys rund um den Holzbottich mit heißem Meerwasser.

AN- & WEITERREISE

Im Sommer besteht die Möglichkeit, mit dem Hubschrauber von/nach Bodø zu fliegen. Normalsterbliche können die **OVDS-Fähre** (☎ 76 96 76 00) ab Bodø oder Moskenes nehmen. Mit der gleichen Fähre kommt man auch nach Røst.

Røst

655 Ew.

Die 356 Inseln und Schären von Røst bilden den fransigen Südrand der Lofoten. Røst unterscheidet sich deutlich von den zerklüfteten Nachbarinseln weiter im Norden. Ohne den kleinen Huckel in der Mitte wäre die mit Teichen übersäte Hauptinsel Røstlandet völlig flach. Im Herzen des Golfstroms gelegen, genießt diese Inselgruppe ein für norwegische Verhältnisse besonders mildes Klima und zieht 2,5 Mio. Seevögel an, die hier in großen Kolonien in den Klippen der äußeren Inseln nisten.

Einen ungewöhnlichen Einblick ins mittelalterliche Leben auf der Insel verschafft einem der Bericht eines venezianischen Händlers, der hier einst Schiffbruch erlitt. 1432 wurde Pietro Querini in Sandøy an Land gespült. Angeblich soll er den Stockfisch in Italien eingeführt haben. Das **Fremdenverkehrsbüro** (☎ 76 09 64 11; Mitte Juni–Mitte Aug.), einen kurzen Fußweg vom Fähranleger entfernt, hat ein Infoblatt da, das die Geschichte erzählt.

GEFÜHRTE TOUREN

Von Juni bis Mitte August arrangiert das **Kårøy Sjøhus** (☎ 76 09 62 38; rt-finni@online.no) fünfstündige Bootstouren (250 nkr) an mehreren Vogelklippen vorbei und hofft, den Passagieren auch den ein oder anderen Seehund präsentieren zu können und mit viel, viel Glück sogar einen Orca. Der Ausflug wird für eine kurze Wanderung zum Leuchtturm von Skomvær von 1887 unterbrochen, in dem früher mal der Künstler Theodor Kittelsen gewohnt hat. Wer lieber am Anleger bleibt, kann versuchen, ein bisschen zu angeln (Material wird gestellt). Die Tour führt auch an den Möwenkolonien von Vedøy vorbei. Damit sind die organisierten Aktivitäten auf Røst allerdings erschöpft, und die Besucher sind auf sich gestellt, bis die Fähre ablegt.

SCHLAFEN & ESSEN

Kårøy Sjøhus (☎ 76 09 62 38; rt-finni@online.no; B 125 nkr; Mai–Aug.) Diese drei „Meerhäuser", aufgeteilt in Zimmer für zwei, vier oder sechs Personen, sind eine sehr preiswerte Übernachtungsmöglichkeit.

Røst Bryggehotel (☎ 76 05 08 00; www.rostbryggehotell.no auf Norwegisch) Das Bryggehotel ist ein modernes Hotel im traditionellen Stil direkt an der Anlegestelle. Es hat 16 bequeme Doppelzimmer und kann Angeltouren oder Bootsfahrten zur Vogelbeobachtung organisieren.

Querini Pub og Restaurant (☎ 76 09 64 80) Dieses Restaurant ist die optimale Adresse, wenn man Hunger hat. Es wurde nach dem schiffbrüchigen Kaufmann aus Venedig benannt.

AN- & WEITERREISE

Røst wird genau wie Værøy von der **OVDS-Fähre** (☎ 76 96 76 00) angelaufen, die zwischen Bodø und Moskenes verkehrt.

VESTERÅLEN

33 500 Ew.

Verwaltungstechnisch sind die Vesterålen-Inseln (die nördliche Fortsetzung des Archipels, zu dem auch die Lofoten gehören) zwischen den Provinzen Nordland und Troms aufgeteilt. Aus praktischen Gründen behandeln wir aber das gesamte Gebiet in diesem Kapitel. Zwar ist die Landschaft nicht so spektakulär wie auf den Lofoten. Doch die Vesterålen sind viel unberührter, und die bewaldete Bergregion der Insel Hinnøya ist ein absolut einzigartiges Fleckchen an der im Allgemeinen baumlosen norwegischen Nordküste.

Das zentrale **Fremdenverkehrsbüro** der Vesterålen (☎ 76 11 14 80; www.visitvesteralen.com; Kjøpmannsgata 2; 🕑 Juni–Aug. Mo–Fr 9–18 Uhr, Sa 10–16 Uhr, So 12–18 Uhr; Sept.–Mai Mo–Fr 8–16 Uhr) befindet sich in der Hauptstadt Sortland. Seine Website deckt die gesamte Region ab. Eine andere gute Informationsquelle auf Deutsch ist das Buch *Begegnung mit Vesterålen – Kultur, Natur und Geschichte* (170 nkr) mit einem geschichtlichen Überblick und Beiträgen zu sehenswerten Plätzen und Wanderrouten in der Region, erhältlich in den Fremdenverkehrsbüros.

HADSELØYA

8050 Ew.

Die Verbindung der Vesterålen zu den Lofoten stellt die südlichste Insel Hadseløya her – per Fähre vom Hafen Melbu nach Fiskebøl auf Austvågøy. Melbu hat ein Fischmuseum, das einen Abstecher lohnt, und ein zunehmend bekanntes Sommermusikfestival. Der andere größere Ort, Stokmarknes, ist ein beschaulicher Marktflecken, v. a. bekannt als Herkunftsort der Hurtigruten-Küstenfähre.

Das **Fremdenverkehrsbüro** (☎ 76 16 46 60; 🕑 nur Mitte Juni–Mitte Aug. Mo–Fr 10–17 Uhr, Sa–So 11–16 Uhr,) liegt in Stokmarknes am Wasser.

Sehenswertes & Aktivitäten

Die Hurtigruten-Küstenlinie wurde im Jahre 1893 von Richard Bernhard in Stokmarknes ins Leben gerufen, zunächst mit einem einzigen Schiff, der S/S *Vesterålen*. Sie machte Station in neun Häfen zwischen Trondheim und Hammerfest und transportierte Post, Passagiere und lebensnotwendige Versorgungsgüter. Heute hat die Linie elf Schiffe, befördert eine halbe Million Passagiere pro Jahr, läuft 35 Städte und Dörfer an und ist für Norwegen eine absolut unverzichtbare Verkehrsader – als Transportmittel für die Einheimischen und als landschaftlich spektakuläre kreuzfahrtähnliche Erfahrung für Besucher.

Die Geschichte der Fährlinie wird im **Hurtigruten-Museum** (Hurtigrutemuseet; ☎ 76 11 81 90; Markedsgata 1; Eintritt ins Museum Erwachsene/Kinder 60/30 nkr, M/S Finnmarken 40/20 nkr, Kombiticket 80/30 nkr; 🕑 Mitte Mai–Mitte Juni & Mitte Aug.–Mitte Sept. 12–16 Uhr; Mitte Juni–Mitte Aug. 10–18 Uhr; Mitte Sept.–Mitte Mai Mo–Fr 14–16 Uhr, Sa 12–16 Uhr) in aller Pracht und Herrlichkeit dargestellt. Wer nicht sowieso schon mit einer Hurtigrutenfähre hergekommen ist, wird das ausgemusterte Schiff M/S *Finnmarken* besonders interessant finden – angeblich das größte Museumsstück der Welt. Es befuhr die Küstenstrecke von 1956 bis 1993.

In einer ehemaligen Heringsölfabrik (mit dem romantischen Namen Neptun, trotz ihrer nackten Funktionalität) in Melbu befindet sich das **Norwegische Fischindustriemuseum** (Norsk Fiskerindustrimuseum; ☎ 76 15 98 25; Neptunveien; Erwachsene/Kinder 50/20 nkr; 🕑 Mo–Fr 9–15 Uhr). Hier begleitet man einen Fisch auf seinem Weg aus der Tiefsee bis auf den Küchentisch. Für Kinder gibt es eine besondere Ausstellung über das Leben auf dem Meeresgrund. Man findet das Museum am Hafen gegenüber vom Fähranleger, 750 m von der E 10 entfernt. Im Sommer gibt es Führungen (im Eintrittspreis enthalten).

Festivals & Events

Das **Sommerfestival in Melbu**, das jedes Jahr im Juli stattfindet, ist eines der spannendsten Kulturevents im nördlichen Norwegen mit attraktiven Angeboten in Hülle und Fülle: Seminare, Vorträge, Konzerte, Theateraufführungen und Kunstausstellungen.

Schlafen

In Stokmarknes gibt es nur ganz wenige Unterkünfte.

Hurtigrutenshus (☎ 76 15 29 99; Markedsgata 1; EZ/DZ 995/1190 nkr) Die Zimmer in diesem Lu-

> **DER TIPP VOM AUTOR**
>
> **Isqueen** (☎ 76 15 29 99; Hauptgerichte 233–280 nkr; 18–23 Uhr) Dieses ziemlich ungewöhnliche Restaurant befindet sich auf dem Gelände des Turistcenter. Das ehemalige Walfängerschiff, für immer gestrandet, ist ein ausgezeichnetes Arctic-Menu-Restaurant. Essen kann man wahlweise im Schiffsrumpf, im angebauten Restaurant mit Rundum-Fenstern oder auf der Terrasse draußen mit herrlichem Blick übers Meer.

xushotel, Konferenz- und Kunstzentrum sind ihr Geld allemal wert. Es befindet sich im gleichen Gebäudekomplex wie das Museum und ist einer der wenigen Orte auf der Welt, wo man lieber allein als in Begleitung ist: Die Einzelzimmer sind im Schiffskabinen-Look eingerichtet.

Hurtigrutenshus Turistsenter (☎ 76 15 29 99; Stellplatz für Zelt/Wohnwagen 50/120 nkr) Eine hübsche Erweiterung des Hurtigruten-Komplexes. Hütten und Zimmer sind eindeutig zu teuer, der Zeltplatz ist dagegen ein echtes Schnäppchen. Jenseits der Brücke gelegen.

Rødbrygge Pub (☎ 76 15 26 66; Markedgata 6a; Hauptgerichte 60–190 nkr) Ahoi, die beliebte Kneipe ganz in Holz gegenüber dem Hurtigruten-Museum holt Leckeres vom Grill und serviert Meeresfrüchte und Pizza zu vernünftigen Preisen. Aber man kann hier auch einfach gemütlich sitzen und sich einen frischen Drink auf der Zunge zergehen lassen.

An- & Weiterreise

Natürlich machen die Hurtigruten-Fähren immer noch einen Abstecher, um in ihrem Heimathafen Stokmarknes anzulegen.

Busse zwischen Melbu und Stokmarknes (45 nkr, 45 Min.) verkehren mehrmals täglich an Wochentagen und zweimal täglich am Wochenende. Die gleiche Entfernung legt man langsamer, aber erlebnisreicher zurück, indem man dem relativ niedrig gelegenen, 22 km langen Wanderweg von Melbu ins Trolldalen in der Nähe von Stokmarknes folgt. Die Ørnheihytta ist ideal für eine Mittagspause samt herrlichem Blick auf die nördlichen Lofoten. Taffe Wanderer brauchen für die Strecke ungefähr sechs Stunden.

LANGØYA

14 500 Ew.

Die Höhepunkte Langøyas, Zentralinsel der Vesterålen, sind im wörtlichen wie im übertragenen Sinn die alten Fischerdörfer an der Nordspitze, wo sich nur selten jemand hinverliert. Wer gegen Abend nach Sortland kommt, findet dort eine ordentliche Unterkunft und ein anständiges Abendessen.

FESTIVALS & EVENTS

Das alljährliche **Arctic Sea Kayak Race** (www.askr.no) über 170 km ist die ultimative Herausforderung im Seekajaksport. Nicht ganz so Hartgesottene können sich für eine kürzere Strecke anmelden oder einen Einführungskurs im Seekajakfahren belegen und dann im nächsten Jahr beim Rennen mitmachen. Anmeldungen sind auch online möglich.

Sortland Jazz ist ein langes Septemberwochenende mit viel Fun und fetziger Jazzmusik; alljährlich.

AN- & WEITERREISE

Im Sommer verbinden zwei bis vier Busse am Tag Sortland mit Risøyhamn (78 nkr, 1 Std.) und Andenes (126 nkr, 2 Std.).

Busse von/nach Harstad (125 nkr, 2¼ Std.) verkehren ein- bis dreimal am Tag. Man kann auch den Expressbus nehmen, der ein- oder zweimal am Tag durch den Ort kommt – auf dem Weg nach Narvik (297 nkr, 3¾ Std.) auf dem Festland oder nach Svolvær (150 nkr, 2¼ Std.). Der Fauske-Lofoten-Expressbus zwischen Fauske (367 nkr, 5¼ Std.) und Svolvær verkehrt ebenfalls täglich.

In Sortland hält auch die Hurtigruten-Küstenfähre.

UNTERWEGS VOR ORT

Busse zwischen Sortland und Myre (56 nkr, 50 Min.) fahren drei- bis fünfmal am Tag; einige weiter nach Stø (29 nkr, 20 Min.).

Öffentliche Verkehrsverbindungen nach Nyksund gibt es nicht, und die Straße von Myre ist ein schmaler Sandweg, der ziemlich schlecht in Schuss ist. Davon abgesehen ist die Queen's Route (S. 336) ab Stø eine wunderschöne Wanderung.

Sortland

4600 Ew.

Sortland, wirtschaftliches Zentrum der Vesterålen und Verkehrsknotenpunkt, liegt in einer Nische an der Ostküste der Insel. Der typische Architekturstil des Ortes ist groß und kastenförmig. (Allerdings versucht man, den Eindruck etwas aufzulockern, indem die Gebäude beruhigend meerblau angemalt werden.) Hier befinden sich die meisten Unterkünfte und Restaurants der Insel sowie das höchst hilfreiche Fremdenverkehrsbüro für die Vesterålen (siehe S. 334).

Sortland Camping og Motell (☎ 76 71 03 00; www.sortland-camping.no; Vestervegen 51; Zeltplätze 75/100 nkr, Wohnwagenplätze 150 nkr, Hütte 250–400 nkr, für 5/7 Personen mit Bad 750/850 nkr) Dieser Familiencampingplatz, die einzige Zeltmöglichkeit in Sortland, ist 1,25 km vom Zentrum entfernt. Selbst wenn man woanders untergekommen ist – der Platz ist einen Besuch wert, schon wegen des guten, hausgemachten Essens aus der nordnorwegischer Küche. Hier wird noch dazu ein nützliches Infoblatt über die Gegend produziert, und man kann verschiedene Sightseeingtouren buchen.

Sjøhus Senteret (☎ 76 12 37 40; sjoehus@online.no; Ånstadsjøen; DZ/3-Bett-Zi. 550/625 nkr, 3-/5-Bett-Hütte 925/1175 nkr) Die Anlage gleich bei der Brücke hat sowohl komfortable Zimmer also auch nette Hütten direkt am Wasser im Angebot. Es lohnt sich aber auch, nur wegen des Arctic-Menu-Restaurants herzukommen: Der dänische Küchenchef kocht eine ganze Reihe sehr leckerer À-la-carte-Gerichte.

Strand Hotell (☎ 76 11 00 80; www.strandhotell.no auf Norwegisch; Strandgata 34; Mitte Juni–Mitte Aug. EZ 625–840 nkr, DZ 840–1000 nkr; übrige Zeit EZ 95–940 nkr, DZ 965/1110 nkr; P 💻) Das Strandhotel am Wasser befindet sich in Familienbesitz und ist eine echte Rarität auf den Inseln – ein Hotel, das im Sommer billiger ist als im restlichen Jahr. Die 37 Zimmer sind freundlich und absolute Spitzenklasse; außerdem gibt es einen Nightclub mit Livemusik am Wochenende. **Spisestua** (☎ 76 12 28 78), das dazugehörige Arctic-Menu-Restaurant, ist ebenfalls nicht von schlechten Eltern.

Davida (☎ 76 12 77 00; Strandgata 9; Hauptgerichte 130–245 nkr) Das neueste und eleganteste Restaurant im Ort mit einer ausgezeichneten Auswahl an Lamm- und Fischgerichten.

Nyksund

Dieses Fischerdorf wurde schon vor Ewigkeiten verlassen, hatte aber ein Revival als Künstlerkolonie. Von den bröckelnden alten Gebäuden bis hin zu den getreulich restaurierten Geschäften – es sieht alles aus „wie aus dem Bilderbuch". Und gerade wenn hier im Sommer viel los ist, kann sich wohl keiner vorstellen, dass Nyksund bis vor kurzem noch eine Geisterstadt war.

1874 erweiterte die ums Überleben kämpfende Fischergemeinde ihren Hafen und baute eine Mole, um Schiffe und Häuser vor dem offenen Meer zu schützen. 1880 wurde eine Kirche errichtet, und bald hatte Nyksund auch eine Telegrafenstation, eine Bäckerei, diverse Läden und ein Dampfboot. 1934 zerstörte ein Feuer den Hafen. Die Regierung fand, es sei zu teuer, alles neu aufzubauen. Außerdem erwies sich der Hafen als zu klein für die neuen motorisierten Fischerboote.

Viele Einwohner verließen den Ort, aber die, die geblieben waren, bauten nach dem Zweiten Weltkrieg einen Großteil von Nyksund in Stein wieder auf und vergrößerten den Hafen. In den 1960ern mussten die Bäckerei und die Post schließen, und praktisch alle anderen Einwohner zogen 1975 weg, nachdem ein Sturm die Mole zerstört hatte. Der letzte Nyksunder, der Schmied Olav Larsen, packte 1977 seine Taschen.

Bis 1984 hausten in Nyksund Schafe und Vandalen. Dann wurden im Rahmen eines internationalen Projekts Jugendliche aus ganz Europa hierher verfrachtet, um den Ort wieder in Schuss zu bringen. Die Jugendlichen bauten Wohnhäuser wieder auf und installierten elektrische Leitungen. Potenzielle Einwohner fingen an, von einem Utopia zu träumen. 1995 wurden ein Café und ein Gästehaus eingerichtet, außerdem entstanden Künstlerateliers und gemütliche Kneipen. Im modernen Nyksund leben im Sommer dreißig bis vierzig Menschen, und ungefähr ein halbes Dutzend ganz Harte bleibt auch den Winter über.

Wer wissen will, wie es sich so anfühlt, das ganze Jahr über in Nyksund zu leben, fragt am besten den begeisterten deutschen Besitzer des gemütlichen historischen **Holmvik Brygge** (☎ 76 13 47 96; www.nyksund.com; Zi. pro Person 225 nkr; 🕑 ganzjährig geöffnet), das heute als Herberge genutzt wird. In Nyksund kann man sich selbst versorgen oder im Kai Café einen Snack (ab 55 nkr), ein Getränk oder ein ordentliches Abendbrot (120 nkr) zu sich nehmen.

Stø

An die äußerste Nordspitze von Langøya klammert sich das kleine, charakteristische

Fischerdorf Stø. Von Juni bis August bietet der Veranstalter **Whale Tours** (☎ 76 13 44 99; www.whaletours.no) täglich siebenstündige Fahrten zur Walbeobachtung an (Erwachsene/Kinder 675/425 nkr); Abfahrt um 11 Uhr. Auf dem Weg zu den Nahrungsgründen der Pottwale werden immer wieder Pausen eingelegt, um Meeresvögel und Seehundkolonien zu beobachten.

Wer noch näher heranwill, kann mit **Vesterålen Nature Events** (☎ 91 80 32 21; www.vesteraalen-nature-events.no) zweistündige Ausflüge mit dem Raft (Erwachsene/Kinder 350/200 nkr) zu den Seehunden und den Vögeln unternehmen (Reservierungen über Whale Tours). Der gleiche Veranstalter bietet auch Angelausflüge für 450/250 nkr an; Abfahrt ab Stø oder Nyksund.

Die Wanderung über die Landzunge zwischen Nyksund und Stø, die sog. *Queen's Route*, führt durch eine wunderschöne Umgebung. Die meisten Leute wählen für den Hinweg dieser fünfstündigen Rundwanderung die Tour über den 517 m hohen Sørkulen und kehren über die erheblich leichtere Route auf Meereshöhe zurück. Der Name stammt von einer Wanderung, die Königin Sonja hier 1994 unternommen hat. Kostenlose Karten mit Hinweisen auf alles Mögliche Sehenswerte am Weg sollen in Nyksund, Stø und Sortland erhältlich sein. Das Wegzeichen ist ein rotes T.

Die Küste hinunter gelangt man nach Alsvåg und zu einem attraktiven Platz am Wasser: **Tøftenes Sjøhus-camping** (☎ 76 13 14 55; tofta@online.no; Alsvåg; Zeltplatz 90 nkr plus 10 nkr pro Person; Stellplatz für Wohnwagen 160 nkr, 4-Bett-Hütte mit Bad 550 nkr, Zi. 500 nkr) liegt an einem Ort, wo sich früher eine Handelsstation befand. Zum Platz gehört ein Restaurant mit gutem Ruf und einer kleinen Auswahl an örtlichen Spezialitäten (Hauptgerichte 135 bis 160 nkr).

Stø Bobilcamp (☎ 76 13 25 30; loleinan@frisurf.no; Zeltplatz mit Fahrrad/Auto 100/120 nkr, Stellplatz für Wohnwagen 120 nkr; 🕓 Mitte Mai–Mitte Aug.) Ein kleiner Campingplatz am Wasser: ziemlich kahl, aber es gibt ein ordentliches kleines Restaurant, in dem es v. a. Fisch gibt.

ANDØYA

5900 Ew.

Das 1000 m tiefe, dunkle, kalte Wasser an der Nordwestküste von Andøya lockt jede Menge Tintenfische an, darunter einige besonders große Exemplare. Diese wiederum machen die Gegend für die tintenfischliebenden Pottwale besonders attraktiv. Kein Wunder also, dass man vor Andøya mit ziemlicher Sicherheit Wale zu sehen bekommt. Ein guter Teil des Tourismusgeschäfts in der Gegend konzentriert sich auf die Ortschaft Andenes.

ORIENTIERUNG & PRAKTISCHE INFORMATIONEN

Andøya, lang, schmal und flach mit Ausnahme der Berge an seiner westlichen Flanke, ist nicht sonderlich typisch für die Vesterålen. Am Nordende liegt Andenes, der einzige größere Ort und Ausgangspunkt für Schiffstouren zur Walbeobachtung. Andere Natursafaris starten in den winzigen Ortschaften Bleik und Stave etwa 10 und 25 km südwestlich von Andenes.

In der Südostecke der Insel gibt es noch Risøyhamn, einen ruhigen Ort mit wenig Besuchern von außen, obwohl er der einzige Hurtigruten-Hafen der Insel ist.

AN- & WEITERREISE

Die Widerøe-Route zwischen Andenes und Tromsø hat im Wettbewerb um den landschaftlich schönsten Flug alle Chancen, und die Widerøe-Flüge von Narvik oder Bodø stehen ihr kaum nach: Die Aussicht auf die Landschaft, das Meer und die Felder ist einfach nicht zu toppen.

Per Bus kann man Andenes von Sortland (126 nkr, 2 Std., 2- bis 4-mal am Tag) über Risøyhamn (70 nkr, 1¼ Std.) erreichen. Von dort bestehen häufigere Verbindungen (ein Bus von/nach Andenes erreicht die Hurtigruten-Fähre in Risøyhamn). Fährt man auf der Rv 82 auf Andenes zu, kommt man durch eine weite, sumpfige Moorlandschaft – ein extremer Kontrast zum Panoramablick auf die zerklüfteten Gipfel in der Ferne.

Von Juni bis August verbindet eine **Autofähre** (☎ 77 64 81 00; www.senjafergene.no) Andenes mit dem Hafen Gryllefjord (Erwachsene/Auto 110/630 nkr, 2 Std., 2- bis 3-mal am Tag) auf der Insel Senja (s. S. 355). Die Fahrt geht an der großartigsten norwegischen Küstenlandschaft südlich von Svalbard vorbei.

Andøy Cycling (☎ 76 14 12 22), ein Ableger der Norlandia-Kette in Andenes, verleiht Fahrräder von Mitte Mai bis Mitte September.

NORDLAND

Andenes

2800 Ew.

Dieses weit verstreute Dorf hat eine interessante Fischfanggeschichte und ist im nördlichen Norwegen der Ort, von dem die meisten Whale-Watching-Touren starten. Die Hafenfront ist ein charmantes Durcheinander von hölzernen Bootsschuppen und allerlei Zeug, das irgendwie mit dem Meer zu tun hat.

Das **Fremdenverkehrsbüro** (☎ 76 14 18 10; www.andoyturist.no; Hamnegata 1, Andenes; ⌚ Mitte Juni–Mitte Aug. 10–18 Uhr; übrige Zeit Mo–Fr 9–16 Uhr) betreut die gesamte Insel und teilt sich die Räumlichkeiten mit dem Hisnakul-Zentrum für Naturgeschichte. In dem Faltblatt *Andanes Vær* (25 nkr) wird ein Spaziergang durch die Altstadt beschrieben. Internetzugang im ersten Stock (60 nkr pro Stunde).

SEHENSWERTES & AKTIVITÄTEN

Beim Fremdenverkehrsbüro bekommt man ein Kombiticket (Erwachsene/Kinder 100/50 nkr) für den Eintritt zu allen unten genannten Sehenswürdigkeiten außer dem Wal-Zentrum.

Das **Hisnakul-Zentrum für Naturgeschichte** (☎ 76 14 12 03; Hamnegata 1; Erwachsene/ermäßigt 50/25 nkr; ⌚ Mitte Juni–Aug. 10–18 Uhr; Sept.–Mitte Juni 9–16 Uhr) teilt sich ein restauriertes hölzernes Lagerhaus mit dem Fremdenverkehrsbüro. Hier geht es um die nordnorwegische Naturgeschichte, also um die Topografie Meeresvögel und -säugetiere, Landwirtschaft, Fischerei und die lokale Kultur.

Gleich neben dem Hisnakul-Zentrum befindet sich das **Nordlichtzentrum** (Erwachsene/Kinder 40/20 nkr; ⌚ Ende Juni–Ende Aug.12–16 Uhr), eine beeindruckende High-Tech-Ausstellung über das Phänomen der Aurora Borealis, die bei den olympischen Spielen in Lillehammer 1994 gezeigt wurde.

Im **Wal-Zentrum** (Hvalsenter; ☎ 76 11 56 00; Havnegate 1; Erwachsene/Kinder 60/30 nkr; ⌚ Ende Mai–Mitte Juni & Mitte Aug.–Mitte Sept. 8–16 Uhr; Mitte Juni–Mitte Aug. 8–19.30 Uhr) können sich Walbeobachter rundum inormieren: über die Walforschung, die Waljagd und den Lebenszyklus der Wale. Die meisten Besucher kommen in Verbindung mit einer Walbeobachtungstour hierher (s. rechts).

Das schlichte **Polarmuseum** (☎ 76 14 20 88; Havnegate; Erwachsene/Kinder 35/20 nkr; ⌚ Mitte Juni–Aug. 10–18 Uhr) umfasst eine Ausstellung über die Jagd in der Arktis und die Traditionen des Fischfangs. Besonders ausführlich werden die 38 Jagdexpeditionen von Hilmar Nøis nach Svalbard im Winter behandelt. Er hat auch die meisten Ausstellungsstücke beigetragen.

Ein nicht zu übersehendes Wahrzeichen ist das rote **Andenes Fyr** (Leuchtfeuer), das 1859 in Betrieb genommen wurde. Seit Jahren funktioniert es automatisch, aber es hat immer noch die klassische Form. **Führungen** (Erwachsene/Kinder 25/15 nkr; ⌚ Ende Juni–Aug.), die zwangsläufig mit einem 40 m hohen Aufstieg über 148 Stufen verbunden sind, finden zwischen 12 und 16 Uhr jeweils zur vollen Stunde statt.

GEFÜHRTE TOUREN

Der größte Veranstalter der Insel Andenes, **Whale Safari** (☎ 76 11 56 00; www.whalesafari.no), mit Sitz im Walzentrum unternimmt zwischen Ende Mai und Mitte September sehr erfolgreiche Kreuzfahrten aufs Meer hinaus (Erwachsene/Erm./Kinder 695/450/350 nkr). Die Fahrt beginnt mit einer Führung durch das Zentrum und einer Diashow, gefolgt von einem drei- bis fünfstündigen Bootsausflug. Den Passagieren wird garantiert, dass sie Pottwale zu Gesicht bekommen – sonst ist die nächste Fahrt umsonst. Mit etwas Glück ist sogar eine Begegnung mit nördlichen Zwergwalen, Grind- und Buckelwalen drin – und gegen Ende der Saison mit Schwertwalen (Orcas). Abfahrt ist mindestens einmal am Tag (um 10.30 Uhr), im Hochsommer öfter. Die Mitarbeiter verteilen Tabletten gegen Seekrankheit herum wie Stewardessen Bonbons beim Start. Ein Tipp: Wetter und unruhige See lassen die Tour nur selten ins Wasser fallen, aber sicherheitshalber sollte man einen Tag mehr auf der Insel einplanen.

SCHLAFEN & ESSEN

Das Fremdenverkehrsbüro kann für ungefähr 200/300 nkr ein EZ/DZ mit Gemeinschaftsbad in Privathäusern reservieren. Abgesehen von dieser Möglichkeit scheint die Norlandia-Hotelkette die Restaurants und Unterkünfte in Andøya fest im Griff zu haben, sogar den Fahrradverleih.

Den Gamle Fyrmesterbolig (☎ 76 14 10 27; Richard Withs gate 11; Zi. 400 nkr) Im Schatten des roten Leuchtturms von Andenes: Diese charmante Nicht-Norlandia-Unterkunft befindet sich im ehemaligen Häuschen des

Leuchtturmwärters. Von Lesern sehr empfohlen. Es gibt nur vier Zimmer, daher im Voraus buchen. Zusätzlich gibt es ein komplett möbliertes Apartment (600 nkr) in einem separaten Gebäude.

Sjøgata Gjestehus (☎ 76 14 16 37; tovekhan@online.no; Sjøgata 4; EZ/DZ/3BZ 350/400/450 nkr) Ein simples, aber superschönes Holzhaus mit Zimmern ohne eigenes Bad; das Preis-Leistungs-Verhältnis ist okay. Für die Gäste gibt's eine Küche.

Norlandia Andrikken Hotell (☎ 76 14 12 22; www.norlandia.no/andrikken auf Norwegisch; Storgata 53; EZ/DZ Mitte Juni–Mitte Aug. ab 420/840 nkr; übrige Zeit So–Do 950/1295 nkr, Fr–Sa 805/1005 nkr; P) Diese Unterkunft der Hausmarke Norlandia ist von außen ein ziemlicher Kasten, aber die Zimmer sind bequem und modern. Zum Hotel gehört ein ganz ordentliches Restaurant (Hauptgerichte 110 bis 200 nkr).

Andenes Camping (☎ 76 14 12 22; Fax 76 14 19 33; Stellplatz für Zelt/Wohnwagen 90/120 nkr) Gehört zur Norlandia-Kette. Ein eher schlichter Campingplatz, 3,5 km vom Ort entfernt, auf einer Wiese am Meer.

Andenes Vandrerhjem (☎ 76 14 28 50; Fax 76 14 28 55; Havnegata 31; B/DZ pro Person 150 nkr; ⏲ Juni–Aug.) Dieses HI-Hostel, ein hübsches Holzhaus nicht weit vom Hafen, ist nur in der Saison geöffnet. Es gehört ebenfalls zum Norlandia-Imperium.

Lysthuset (☎ 76 14 14 99; Storgata 51; Hauptgerichte 100–225 nkr) In dem flexiblen Restaurant bekommt man einfach alles: von Pizzen und anderen Schnellgerichten bis hin zu großartigen Salaten und Hauptgerichten. Am besten konzentriert man sich auf die erstklassigen Fischspezialitäten.

Rund um Andenes

GEFÜHRTE TOUREN

Northern Wildlife Safari (☎ 76 14 28 50) veranstaltet zwei- bis dreistündige Bootsfahrten (Erwachsene/Kinder 390/190 nkr, von Ende Mai bis Mitte August) ab Stave. Das Schiff fährt dicht an Norwegens größter Seehundkolonie vorbei, bevor es zu einem Vogelreservat mit Scharen von Krabbentauchern, Papageientauchern und anderen Meeresvögeln weitertuckert.

Puffin Safari (☎ 76 14 57 75; www.puffinsafari.no) in Bleik bietet auch Schiffsausflüge zur Beobachtung von Meeresvögeln an (Erwachsene/Kinder 300/150 nkr), Abfahrt von Mai bis Mitte August täglich um 13 und 15 Uhr, und außerdem Hochseeangelfahrten (Erwachsene/Kinder 400/200 nkr).

SCHLAFEN

Havhusene Bleik (☎ 76 14 57 40; Fax 76 14 55 51, Fiskeværsveien, Bleik; 4BZ 995 nkr) Die hübschen Meerhäuser oberhalb des ruhigen Hafens von Bleik sind eine höchst bequeme Art, das einfache Leben kennenlernen. Natürlich kann man auch über Norlandia buchen ...

HINNØYA

Verwaltungstechnisch gehört Hinnøya, die größte Insel vor der norwegischen Küste, mit der einen Hälfte zu Troms, mit der anderen zu Nordland. Im Gegensatz zu den Inseln weiter im Süden besteht diese v. a. aus bewaldetem grünem Hochland mit einzelnen Schneekappen; höchst beeindruckende Fjorde bilden tiefe Einschnitte. Vor Hinnøyas Westküste trennen der schmale Raftsund und der noch schmalere, landschaftlich absolut überwältigende Trollfjord die Vesterålen von den Lofoten. Die steilen Wände des Trollfjords erheben sich direkt aus dem Wasser und lassen alles darunter zwergenhaft erscheinen.

Harstad

19 500 Ew.

Harstad liegt an einem Hang fast am Nordende von Hinnøya und ist der größte und quirligste Ort in der Region Vesterålen (auch wenn er streng genommen zum Bezirk Troms gehört): eine kleine Industriestadt mit Militärpräsenz, jeder Menge Hafenanlegern, Tanks und Lagerhäusern. Im Kontrast zu den gemütlichen Touristen- und-Fischer-Orten weiter im Süden pulsiert die Stadt vor Zielstrebigkeit und Aktivität. Das **Fremdenverkehrsbüro** (☎ 77 01 89 89; www.destinationharstad.no; ⏲ Juni–Mitte Aug. Mo–Fr 8–17 Uhr, Sa 10–15 Uhr, So 11–14 Uhr; Mitte Aug.–Mai 8–15.30 Uhr) ist unter einem Dach mit dem Busbahnhof.

SEHENSWERTES & AKTIVITÄTEN

Die meisten Sehenswürdigkeiten liegen auf der Halbinsel **Trondenes** nördlich der Stadt. Busverbindungen s. S. 342.

Das **Historische Zentrum von Trondenes** (Trondenes Historiske Senter; ☎ 77 01 83 80; Trondenesveien 122; Erwachsene/ermäßigt/Kinder 70/50/25 nkr; ⏲ Anfang Juni–Mitte Aug. Mo–Fr 11–17 Uhr, Sa–So 12–17 Uhr; Mitte Aug.–Anfang Juni nur So 11–16 Uhr) ist ein Muss für alle, die sich auch nur entfernt für die mittelalterliche Geschichte Skandinaviens interessieren. Es erzählt aus der Wikingervergangenheit von Hinnøya und Bjarkøy, von wo aus die Stammesfürsten den Großteil von Troms und Vesterålen beherrschten. Ein anderes Thema ist der Umbruch von der Wikingerzeit zur christlichen Epoche inklusive der blutigen Schlachten, ohne die dieser Wandel nicht abging.

Die **Kirche von Trondenes** (Trondenes Kirke) gleich nebenan ließ König Øystein um 1150 herum erbauen, nachdem die Wikingerfürsten den Kampf gegen die Einigung Norwegens unter christlicher Herrschaft verloren hatten. Lange Zeit war sie die nördlichste Kirche der Christenheit – und noch heute wird behauptet, sie sei die nördlichste Steinkirche in Norwegen. Die ursprüngliche Holzkirche wurde gegen 1250 durch die heutige Steinkonstruktion ersetzt und musste schon bald als Festung gegen russische Angriffe herhalten. Ihre Schätze sind die drei kunstvoll gestalteten Marienaltäre am östlichen Ende. Am interessantesten ist der Altar in der Mitte: Maria, umgeben von ihrer riesigen Familie, mit Kleinkindern auf jedem Arm und an den Rockzipfeln. Wer nach oben guckt, sieht ein Paar trompetende Cherubim, die höchst wackelig auf der Hauptsäule des Lettners balancieren. Von Juni bis Anfang August gibt es mindestens zweimal am Tag Führungen auf Englisch und einmal am Tag auf Deutsch außer samstags (Erwachsene/Kinder 25/10 nkr, 14 und 16 Uhr). Zwischen den Führungen ist der Eintritt frei.

Und gleich noch ein Harstader Superlativ: Die sog. **Adolf-Kanone,** eine furchtbare Mordwaffe aus dem Zweiten Weltkrieg, soll mit einem Kaliber von 40,6 cm und einer Rückstoßkraft von 635 t die größte landgestützte Kanone der Welt sein. Weil sie sich auf militärischem Gelände befindet, muss man an einer **Führung** (55 nkr; Juni–Mitte Aug. 11, 13, 15 & 17 Uhr) teilnehmen und über ein eigenes Fahrzeug verfügen. Am besten schaut man einfach zehn Minuten vor Beginn vorbei. Im Bunker gibt es außerdem eine Sammlung von Schusswaffen, militärischer Ausrüstung und Instrumenten, die von deutschen Küstenbatterien im Zweiten Weltkrieg verwendet wurden.

Grottebadet (☎ 77 04 17 70; Håkonsgate 7; Erwachsene/Kinder/Familien 130/85/360 nkr; ⌚ Mo–Fr 10–20 Uhr, Sa–So11–18 Uhr) ist ein beheizter Indoor-Badekomplex, der in den Berg hineingebaut wurde, mit Schwimmbecken, Stromschnellen, Rutschen, Dampfbädern und diversen anderen Attraktionen. Wasserspaß pur für die ganze Familie – nur dem Jaulen der Kinder nach einem *Grottyburger* (100 nkr) sollte man widerstehen können!

SCHLAFEN

Centrum Gjestehus (☎ 77 06 29 38; www.centrumgjestehus.no; Magnusgata 5; EZ/DZ 340/440 nkr, mit Bad 390/490 nkr) Ein ganz besonders freundliches und entspanntes Gästehaus mit schlichten Zimmern, die ihr Geld aber wert sind. Den Gästen stehen zwei Küchen zur Verfügung.

Quality Hotel Arcticus (☎ 77 04 08 00; www.choicehotels.no; Havnegata 3; EZ/DZ Mitte Juni–Mitte Aug. 640/840 nkr: übrige Zeit So–Do 1250/1460 nkr, Fr–Sa 600/800 nkr; Ⓟ) Dieses Hotel in einem harmonischen, modernen Gebäude (in dem auch das Kulturzentrum von Harstad untergebracht ist) liegt nur einen kurzen Spaziergang vom Zentrum entfernt und hat extrem große Zimmer. Wer absolut sichergehen möchte, kann für 150 nkr extra ein Zimmer auf der Wasserseite mit Blick über den Fjord und auf die Berge dahinter reservieren. Manchmal haben Reisende aber einfach Glück, und es ist gerade ein Zimmer mit Fjordblick frei, wenn sie vorbeischauen – es sei denn, es hat gerade eine Invasion von Reisebussen stattgefunden.

Harstad Vandrerhjem (☎ 77 04 00 78; harstad.hostel@wandrerhjem.no; Trondenesveien 110; EZ/DZ/3BZ inkl. Frühstück 290/480/570 nkr) Das Sommerhostel dient den Rest des Jahres als Schule; die Aussicht auf den Hafen ist perfekt. Busverbindung vom Zentrum mit der Linie Nr. 117.

Grand Nordic Hotel (☎ 77 00 30 00; www.rica.no; Strandgata 9; EZ/DZ Mitte Juni–Mitte Aug.r590/690 nkr; übrige Zeit So–Do 1250/1460 nkr, Fr–Sa 590/790 nkr; Ⓟ 💻) Die Grande Dame der Harstader Hotels. Die Zimmer im Neubau sind größer und schöner.

Rainbow Hotel Harstad (☎ 77 00 08 00; www.rainbow-hotels.no; Sjøgaten 11; EZ/DZ Mitte Juni–Mitte Aug. 630/790 nkr; übrige Zeit So–Do 1190/1490 nkr, Fr–Sa 650/790 nkr) Alle 141 Zimmer in diesem sehr ordentlichen Kettenhotel, dem neuesten in Harstad, haben schönen Parkettfußboden und die meisten einen Blick über den Fjord, wenn auch nicht aus der ersten Reihe.

Harstad Camping (☎ 77 07 36 62; www.harstad-camping.no; Nesseveien 55; 4-Bett-Hütte 330 nkr, mit Bad

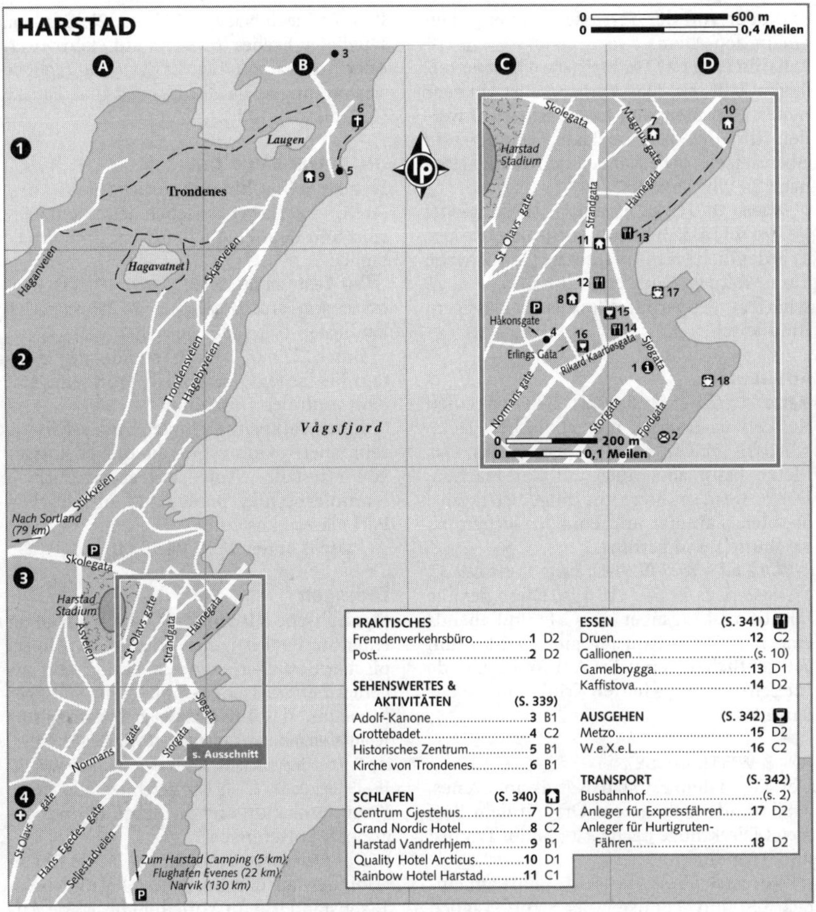

700–800 nkr; Stellplatz für Zelt/Wohnwagen 140 nkr; ganzjährig) Es geht 4 km weit auf der Rv 83 in Richtung Narvik, dann über einen Sandweg mit Schlaglöchern bis zu diesem kleinen Platz am Wasser, wo man Ruderboote (80/230 nkr pro Std./Tag) und Motorboote (140/550 nkr) mieten kann.

ESSEN

Gamelbrygga (☎ 77 00 10 20, Havnegata 23b; Hauptgerichte 210–245 nkr; Mo–Sa) In einem ehemaligen Lagerhaus am Hafen wird dieses attraktive kleine Restaurant von der Piano Bar im Erdgeschoss (von wo Musik nach oben klingt) und dem Nightclub (mit Disko am Wochenende) obendrüber in die Zange genommen. Man fühlt sich im Gamelbrygga sofort willkommen und absolut wohl. Die Küche ist gepflegt und das Essen eins a angerichtet. Das Zepter über allem schwingt ein förmlich gekleidetes Paar aus dem 19. Jh., abgebildet auf einem schlichten Fotoporträt. Sie prosten einander zu – und damit auch den Gästen im Lokal.

Gallionen (☎ 77 04 08 00; Hauptgerichte 245–265 nkr) Das Restaurant des Quality Hotel Arcticus ist ein Arctic-Menu-Restaurant mit einem verlockenden Tages-Special (130 bis 150 nkr). Fischgerichte sind seine große Stärke, und ganz besonders das gegrillte Wolfsbarschfilet (245 nkr). Die Aussicht, sei es durch das große Fenster im Speisesaal oder von der Terrasse aus, verschlägt einem den Atem.

Kaffistova (☎ 77 06 12 57; Rikard Kaarbøsgata 6; Gerichte 40–135 nkr) Das Kaffistova ist ein sehr nettes Plätzchen zum Essen. Seit 1913 werden in dem Lokal am Hafen Mittag- und Abendessen sowie Kaffee und Kleinigkeiten nach 24 Uhr serviert.

Druen (☎ 77 07 50 75; Strandgata 14b; Hauptgerichte 140–260 nkr) In dem hübschen Steakhouse gibt es ordentliche transatlantische Gerichte wie Texas Ranger, Mexican Hot und – noch schärfer – Pepperbiff, alles aus erstklassigem Rindfleisch.

AUSGEHEN

Metzo (☎ 77 07 58 58; Strandgata 12) In der coolen Kaffeehaus-Kneipe mit stylischer Deko gibt's bis 21 Uhr die üblichen Snacks. Das Metzo kann aber auch auf Bar machen. Dann werden hier unzählige Cocktails, Shooter, Slammer und Longdrinks gemixt, geschüttelt und gerührt.

W.e.X.e.L (☎ 77 07 50 00; Rikard Kaarbøsgata 17; ⏲ Mo–Fr bis 23 Uhr, Sa–So bis 4 Uhr) Diese flexible Location ist tagsüber ein Café und abends eine Bar; jeden Samstag gibt's Disko und gelegentlich Livemusik. Am Wochenende verziehen sich die harten Trinker in die Bar darunter.

AN- & WEITERREISE

Der Flughafen Harstad Narvik in Evenes, eine Stunde östlich vom Ort mit dem Bus, bietet Direktflüge nach Oslo, Bodø, Tromsø und Trondheim.

Wer nach Tromsø möchte, fährt am einfachsten und schönsten per Schiff. Täglich verkehren zwei bis drei Expressfähren von **TFDS** (☎ 77 64 81 00) für Passagiere zwischen Harstad und Tromsø (430 nkr, 2¼ Std.) via Finnsnes (235 nkr, 1½ Std.).

TFDS fährt auch das ganze Jahr über mit täglichen Personen-Expressfähren von Harstad nach Skrolsvik am Südende der Insel Senja und zurück (100 nkr, 1¼ Std.). Von dort gibt es Verbindungen nach Finnsnes und weiter nach Tromsø. Zwischen Mitte Juni und Mitte August verkehrt außerdem eine **Autofähre** (www.senjafergene.no) von/nach Skrolsvik (Erwachsene/Auto 100/575 nkr, 1½ Std., 2- bis 4-mal am Tag). In Harstad halten die Hurtigruten-Küstenfähren.

Busse von/nach Sortland (125 nkr, 2¼ Std.) verkehren ein- bis dreimal am Tag. Der Bus von/nach Narvik (142 nkr, 2½ Std.) via Flughafen Evenes (65 nkr, 1 Std.) fährt zwei- oder dreimal am Tag. Es gibt eine tägliche Verbindung zwischen Harstad und Fauske (393 nkr, 5¾ Std.).

UNTERWEGS VOR ORT

Flybussen (hin/hin und zurück 110/170 nkr, 50 Min.) verkehrt zwischen dem Stadtzentrum und dem Flughafen Evenes mehrmals täglich.

Im **Centrum Gjestehus** (☎ 77 06 29 38; www.centrumgjestehus.no; Magnusgata 5; 70–100 nkr pro Tag) kann man Fahrräder ausleihen.

Busse (22 nkr, 10 Min., stündl., nur montags bis freitags) verbinden Trondenes mit dem zentralen Busbahnhof.

Einen Parkplatz zu finden kann schwierig sein, aber – Gott segne die braven Bürger von Harstad – Autos mit ausländischem Nummernschild parken auf öffentlichen Parkplätzen kostenlos.

Taxiruf unter ☎ 77 04 10 00.

Lødingen

Das hübsche Küstendorf Lødingen liegt an einer Straßenkreuzung. Zwar ist es kein typischer Besuchermagnet, aber doch ein angenehmer Zwischenstopp. Sein einziges Museum, das **Lotsenmuseum & Norwegische Telegrafenmuseum Lødingen** (☎ 76 98 66 00; Ringveien 5; Erwachsene/Kinder 30/10 nkr; ⏲ Juni–Aug. Mi 16–19 Uhr, Do–Sa 12–15 Uhr) zeichnet 130 Jahre Kommunikation und die Arbeit der norwegischen Lotsen nach.

Das **Fremdenverkehrsbüro** (☎ 76 93 23 12) von Lødingen an der Bushaltestelle und beim Taxenstand ist von Mitte Juni bis Mitte August geöffnet.

Im freundlichen Gästehaus **Centrum Overnatting** (☎ 76 93 12 94; fax 76 93 15 45, Signalveien; B/DZ 150/400 nkr) am anderen Ufer sind die Zimmer und Apartments tiptop und die meisten haben ein eigenes Bad. Die Schlafsäle sind Vier-Bett-Zimmer. Draußen gibt es eine Grillhütte.

Die Expressfähre M/S *Børtind* von Svolvær (176 nkr, 2 Std.) nach Narvik (146 nkr, 1¼ Std.) legt täglich außer an Samstagen hier an. Lødingen ist außerdem eine Haltestelle auf den meisten Busstrecken zwischen Narvik (176 nkr, 3 Std.) oder Fauske (229 nkr, 4 Std.) und Harstad (97 nkr, 1¼ Std.), Sortland (82 nkr, 1 Std.) und Svolvær (201 nkr, 3¾ Std.).

INSEL JAN MAYEN

Die norwegische Insel Jan Mayen liegt 600 km nördlich von Island, 500 km östlich von Grönland und ganze 1000 km westlich vom norwegischen Festland. Sie sitzt direkt auf dem nördlichen Ende des mittelatlantischen Rückens. An ihrer Nordspitze, bekannt als Nord-Jan, erhebt sich der einzige aktive Vulkan Norwegens, der Beerenberg (2277 m). Die Insel ist 54 km lang und bis 16 km breit bei einer Gesamtfläche von 380 km² – das 3,5 km² große Nylandet, das durch einen Ausbruch des Beerenberg im September 1970 entstanden ist, mitgerecht.

Wahrscheinlich waren schon die Wikinger auf die kleine Insel gestoßen, sogar von irischen Mönchen des 6. Jhs. ist verschiedentlich die Rede. Relativ sicher ist, dass der Seefahrer Henry Hudson sie auf einer seiner vielen Expeditionen 1607 (wieder)entdeckte. Ab 1611 ließen sich die Holländer hier nieder und machten die Insel zu ihrer Walfangbasis. Kein Wunder also, dass es ein holländischer Walfangkapitän war, der der Insel 1614 seinen Namen verpasste: Jan Jacobs May van Schellinkhout. Im Winter 1633/37 schickten die Holländer erstmal sieben Seeleute zum Überwintern auf die Insel. Nebenbei sollte der holländische Anspruch auf die Insel deutlich gemacht werden, da auch die Engländer, Dänen und Basken ihr Interesse angemeldet hatten. Doch die Mission scheiterte, weil die gesamte Truppe an Skorbut starb. Das war allerdings noch nicht das Ende des Walfangs auf Jan Mayen; der Grönlandwal wurde in diesen Gewässern nahezu ausgerottet, und der kommerzielle Walfang endete erst 1640.

Danach diente die Insel als Zwischenstation für Polarexpeditionen und als Wetterstation. Während des Zweiten Weltkriegs operierten von hier aus exilierte norwegische Streitkräfte. 1943 richteten die Amerikaner auf Jan Mayen einen Radiosender namens Atlantic City ein, und nach dem Krieg begründeten Norwegen und die USA gemeinsam eine Loran-Station zur Funknavigation. Heute ist von alldem nur noch eine kleine norwegische Wetterstation übrig.

Ein Streit zwischen Norwegen und Dänemark über die Fischereischutzzone zwischen Jan Mayen und Grönland wurde 1988 beigelegt, wobei Dänemark das größere Hoheitsgebiet zufiel. Jan Mayen gehört heute zum Bezirk Nordland und wird von Bodø aus verwaltet.

Ein Besuch auf Jan Mayen

Auf eigene Faust nach Jan Mayen zu kommen ist praktisch unmöglich, und sogar organisierte Reisen sind extrem selten. Der Gründe sind klar: Zum einen gibt es hier keinen Hafen, zum anderen man kann nie sicher sein, ob das Wetter mitspielt, und für jeden Landgang müssen die Schiffe einen Antrag bei der norwegischen Regierung stellen, dessen Bewilligung nicht mal garantiert ist. Trotzdem steht Jan Mayen auf dem Programm einer Handvoll Expeditionen von Island, Grönland und Schottland aus – aber man achte auf das Kleingedruckte: Geht es wirklich an Land oder bleibt es bei einem flüchtigen Blick vom Meer? Veranstalter, die Jan Mayen in die Liste ihrer Arktistouren aufgenommen haben, sind u. a. **Arcturus Expeditions** (www.arcturusexpeditions.co.uk) und der norwegische Anbieter **terra polaris** mit Informationsbüro in Deutschland (info@terrapolaris.com).

Der hohe Norden

INHALT

Norwegens nördliche Provinzen Troms und Finnmark spannen einen Bogen über die oberste Spitze Europas und bilden die äußerste europäische Festlandsgrenze. Einsame Landschaften mit weiten Horizonten wechseln hier ab mit dichten Wäldern, und es gibt einem noch einen Extra-Kick, dass man es dorthin geschafft hat, wo sich sonst kaum jemand hin verirrt.

Tromsø, der einzige größere Ort der Gegend, lohnt sehr wohl einen Aufenthalt von mehreren Tagen, um noch mal durchzuatmen, ehe man tiefer in die dünn besiedelten Regionen weiter im Norden und Osten vordringt. Tromsø ist eine lebhafte, selbstbewusste Stadt. Seine Museen bereiten den Besucher auf die arktische Landschaft drumrum vor. Wer sich hier für längere Zeit einrichten will, für den bietet es eine großartige Ausgangsbasis für Wintersport und Wandertouren im Sommer – oder für einen Abstecher zur zerklüfteten Insel Senja.

Ziel vieler Reisender ist das Nordkap, näher am Nordpol als an Oslo gelegen und der nördlichste Punkt des europäischen Festlands. Oder jedenfalls beinahe. Um wirklich ans äußerste Fleckchen zu gelangen, muss man die Wanderstiefel rausholen – und eine 18 km lange Rundwanderung durch die Tundra auf sich nehmen.

Die Plateaus der inneren Finnmark und die wilde Nordostküste sind das norwegische Kernland der Samen, deren Territorium (früher als Lappland bekannt) sich entlang der Grenzen zu Schweden, Finnland und Russland erstreckt. Reisende von oder nach Finnland sollten unbedingt einen Stopp in Karasjok einlegen, der „Hauptstadt" der Samen, und dort den Sápmi-Park besuchen (den geschmackvollsten Themenpark, den man sich vorstellen kann), außerdem das vergleichsweise nüchterne Nationalmuseum der Samen und ihr architektonisch überwältigendes Parlamentsgebäude ganz aus Holz.

Einen Umweg lohnt auch das Ministädtchen Kirkenes, der letzte Anlegehafen der Hurtigruten-Küstenfähre. Es hat die Atmosphäre einer Grenzstadt. Die Schilder sind auf Norwegisch und Kyrillisch, und in den Straßen hört man fast ebenso viel Russisch wie Norwegisch.

HIGHLIGHTS

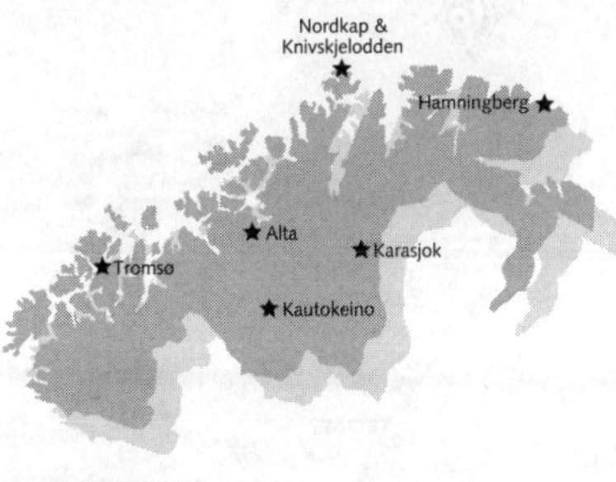

- Nach langer Fahrt gen Norden das phantastische **Nordkap** (S. 365) erreichen, die Massen hinter sich lassen und nach **Knivskjelodden** wandern (S. 366), zum nördlichsten Punkt des europäischen Kontinents
- Die einzigartige Kultur der Samen kennen lernen: in **Karasjok** (S. 386) und **Kautokeino** (S. 383)
- **Die steinzeitlichen Felszeichnungen in Alta** (S. 358) gehören zum Weltkulturerbe der Unesco: Mehr darüber erfährt man im preisgekrönten Museum
- Mit dem Hundeschlitten durch den Schnee und das blau schimmernde Winterlicht in der Nähe von **Karasjok** touren (S. 386)
- An Rentierherden vorbei durch eine beeindruckende Mondlandschaft fahren – bis ins winzige **Hamningberg** (S. 377) in der Nähe von Vardø
- Dem Klang der Orgel lauschen, während die Mitternachtssonne durch die Fenster der **Eismeerkathedrale in Tromsø** (S. 348) strahlt – und sich dann ins sommerliche Nachtleben der Stadt stürzen

FLÄCHE: 71 025 km²	**HÖCHSTE ERHEBUNG:** NJUNES (1713 m)	**BEVÖLKERUNG:** 225 800

TROMS

An dieser Stelle geht es nur um die nördlichen zwei Drittel der Provinz Troms; der Teil der Insel Hinnøya, der zu Troms gehört, wird im Nordland-Kapitel abgehandelt.

TROMSØ

52 100 Ew.

Einfach ausgedrückt: Tromsø swingt. Die Hauptstadt der Provinz Troms – mit Abstand die größte Stadt im nördlichen Teil Norwegens – sprüht vor Vitalität: Hier gibt's jede Menge Kulturangebote, überall Leben auf der Straße mit Straßenmusik und -künstlern, Marathon im Schein der Mitternachtssonne – und dann wären da noch die geheiligte Brauerei Mack und mehr Kneipen pro Kopf als in jeder anderen norwegischen Stadt. Die schneebedeckten Gipfel rund um die Stadt Tromsø bieten einen herrliche Kulisse und zudem ausgezeichnete Wandermöglichkeiten im Sommer und beste Bedingungen fürs Ski- und Hundeschlittenfahren im Winter.

Viele der Sehenswürdigkeiten und Institutionen von Tromsø behaupten mit Vorliebe, die nördlichsten ihrer Art zu sein: wie etwa die Universität, die protestantische Kathedrale, die Brauerei (die es streng genommen aber nicht ist – mehr dazu weiter unten im Text), der botanische Garten und sogar der allernördlichste Burger King. Die Stadt befindet sich direkt am Eismeer auf fast siebzig Grad nördlicher Breite – knapp 400 km nördlich vom Polarkreis. Trotzdem ist das Klima durch den Golfstrom angenehm gemäßigt, und die lange Dunkelheit im Winter wird wettgemacht durch Rund-um-die-Uhr-Action im Sommer, wenn die Sonne gar nicht untergeht.

Tromsø erhielt die Stadtrechte im Jahr 1794; zu dieser Zeit mauserte sich der Ort gerade zum Handelszentrum. Aber die Geschichte von Tromsø reicht bis ins 13. Jh. zurück, als hier die erste Kirche errichtet wurde. In jüngerer Zeit startete von Tromsø aus die eine oder andere Polarexpedition, was der Stadt den Ehrentitel „Pforte zum Eismeer" einbrachte (was eindeutig besser passt als „Paris des Nordens", wie

DER HOHE NORDEN

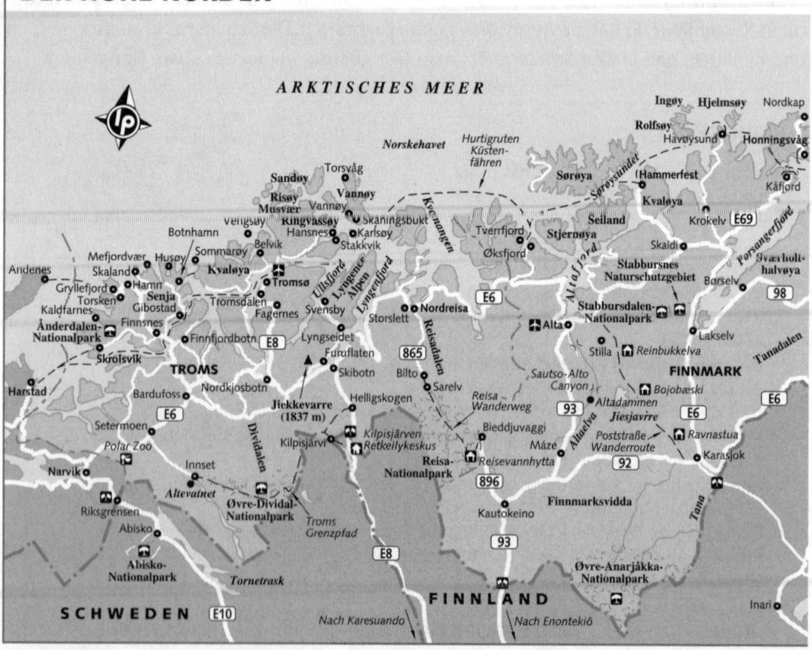

von einem offensichtlich kurzsichtigen deutschen Besucher zu Beginn des 20. Jhs. vorgeschlagen wurde).

Orientierung

Das Stadtzentrum von Tromsø befindet sich an der Ostküste der Insel Tromsøya (Karte S. 348). Sie wird von der Westküste und dem Flughafen durch Berge getrennt. Die belebten, zentral gelegenen Hafenanlagen erstrecken sich von den Skansen-Docks am Stor Torget (Marktplatz) und der Fähranlegestelle für die Hurtigruten-Schiffe bis zur Brauerei Mack und dem Polaria-Museum am Wasser. Aber die Stadt schwappt auch über eine schmale Wasserrinne hinweg aufs Festland über. Dort liegt der Stadtteil Tromsdalen mit Vororten auf der Insel Kvaløya im Westen. Inseln und Festland sind durch zwei elegant geschwungene Brücken miteinander verbunden.

Praktische Informationen

Centrum Libris (Karte S. 349; ☎ 77 66 72 00; Sjøgata 31/33) Zentral gelegene Buchhandlung.

Dark Light (Karte S. 349; ☎ 77 68 74 44; 1. Stock, Stortorget 1; pro Std. 60 nkr; 🕑 Mo–Fr 15–23 Uhr, Sa 12–23 Uhr, So 18–23 Uhr) Hier gibt's Zugang ins Internet.

Fremdenverkehrsbüro (Karte S. 349; ☎ 77 61 00 00; www.destinasjontromso.no; Storgata 61–63; 🕑 Juni–Mitte Aug. Mo–Fr 8.30–18 Uhr, Sa 10–17 Uhr, So 10.30–17 Uhr; Mitte Aug.–Mai Mo–Fr 8.30–16 Uhr, Sa–So 10.30–14 Uhr; Mitte Sept.–Mitte Mai So geschlossen) Ausgesprochen gut informiert. Tipp: den umfassenden *Infoguide* einstecken.

Hauptpost (Strandgata 41)

Troms Turlag DNT-Büro (Karte S. 349; ☎ 77 68 51 75; www.turistforeningen.no; Grønnegata 32; 🕑 Di–Mi & Fr 10–14 Uhr, Do 10–18 Uhr) Wanderkarten, Bücher und Hüttenreservierungen.

Tromsø Bruktbokhandel (Karte S. 349; ☎ 77 68 39 40; hinter der Kirkegata 6) Gebrauchter Lesestoff für Bücherwürmer.

Via Ferieverden (Karte S. 349; ☎ 77 64 80 02; Storgata 48) Organisiert maßgeschneiderte Ausflüge nach Svalbard.

Sehenswertes & Aktivitäten

TROMSØ-MUSEUM

Das **Museum** (Karte S. 349; ☎ 77 64 50 00; Lars Thøringsvei 10; Erwachsene/Kinder 30/15 nkr; 🕑 Mitte Juni–Mitte Aug. 9–20 Uhr; Mitte Mai–Mitte Juni & Mitte Aug.–Mitte Sept. 9–18 Uhr; Mitte Sept.–Mitte Mai Mo–Fr 9–15.30 Uhr, Sa–So 11–17 Uhr) fast am südlichen Ende von Tromsøya ist das größte im nördlichen Norwegen; mit sehr schönen Ausstellungen über arktische Tiere, Kirchenarchitektur, die Kultur der Samen und die Geschichte der Region. Ein kurzes Video vermittelt einen Eindruck von den Nordlichtern. Busverbindung mit der Nr. 28 vom Torget.

POLARIA

Tromsøs ungewöhnlich gestaltetes **Museum** über die Arktis (Karte S. 349; ☎ 77 75 01 00; Hjalmar Johansens gate 12; Erwachsene/Kinder 80/40 nkr; 🕑 Mitte Mai–Mitte Aug. 10–19 Uhr; Mitte Aug.–Mitte Mai 12–17 Uhr). Ein Panoramafilm nimmt den Betrachter mit nach Svalbard, einer Inselgruppe um den 80. Breitengrad (Ausflüge ab Tromsø, falls die Animation gewirkt hat, s. links). In einem phantasievollen Aquarium tummeln sich Fische und anderes Getier aus dem Eismeer. Die Hauptattraktion sind allerdings fünf ausgesprochen muntere Bartrobben. Anderen Ausstellungsstücke widmen sich der Natur und den menschlichen Behausungen an beiden Polen. Gar nicht so leicht, das Museum ohne eine Eisbärenmaske aus dem Souvenirshop zu verlassen ...

POLARMUSEUM

Dieses **Museum** (Karte S. 349; Polarmuseet; ☎ 77 68 43 73; Søndre Tollbugata 11; Erwachsene/Kinder/Familien 45/10/90 nkr; ⌚ Mitte Juni–Mitte Aug. 10–19 Uhr; übrige Zeit 11–15 oder 17 Uhr) hat sich in einem restaurierten Zollhaus in der Nähe der belebten Skansen-Docks am Hafen einquartiert. Der Fokus liegt auf der Erforschung und Entdeckung des Nordpols und ganz besonders auf Roald Amundsen. Aber auch weniger erfreuliche Dinge werden thematisiert: etwa die Jagd mit Fallen und Gewehren auf die wuscheligen Felltiere der Arktis.

SEILBAHN

Der Blick über die Stadt und auf die Mitternachtssonne ist phänomenal, wenn man mit der Seilbahn **Storsteinen Fjellheis** (Karte S. 349; ☎ 77 63 87 37; Erwachsene/Kinder hin & zurück 70/30 nkr; ⌚ Ende Mai–Mitte Aug. 10–1 Uhr; April–Ende Mai & Mitte Aug.–Sept. 10–17 Uhr) auf den 420 m hohen Berg Storsteinen schaukelt. Oben gibt es ein Restaurant und Wanderwege in alle Richtungen. Wer mit Bus Nr. 26 kommt, kann ein kombiniertes Bus-Seilbahn-Ticket (Erwachsene/Kinder 80/40 nkr) kaufen.

BRAUEREI MACK

Okay, diese **Brauerei** (Karte S. 349; Mack Ølbryggeri; ☎ 77 62 45 80; Storgata 5) ist nicht wirklich die nördlichste der Welt. Eine neu eröffnete Minibrauerei in Honningsvåg nicht weit vom **Nordkap** (S. 349) darf diesen Titel für sich beanspruchen. Trotzdem ist die Brauerei Mack eine Institution, die eine Pilgerfahrt lohnt. 1877 gegründet, produziert sie heute 16 Sorten Bier, darunter das süffige Macks Pilsner, Isbjørn, Haakon und mehrere Dunkelbiere. Um 13 Uhr das ganze Jahr hindurch – plus 15.30 Uhr von Juni bis August – starten die Führungen (100 nkr inkl. Bierkrug, Anstecknadel und einem Halben) bei der brauereieigenen Kneipe **Ølhallen Pub** (Karte S. 349; ⌚ Juni–Aug. Mo–Sa 9–17.30 Uhr; Sept.–Mai Mo–Do 9–17.30 Uhr, Fr 9–18 Uhr, Sa 9–15 Uhr). Vielleicht die einzige überhaupt, auf alle Fälle aber die nördlichste Kneipe der Welt, die abends geschlossen bleibt. Mit acht Biersorten vom Fass.

GLASBLÄSEREI

Blast (Karte S. 349; ☎ 47 77 68 34 60; Peder Hansens Gate; Eintritt frei; ⌚ Mo–Fr 10–17 Uhr, Sa 10–15 Uhr) ist die nördlichste Glasbläserei der Welt. Es lohnt sich vorbeizuschauen und dem jungen Team dabei zuzusehen, wie sie die Backen aufblähen. Als Andenken kann man auch das eine oder andere Stück mitnehmen.

KIRCHEN

Die **Eismeerkathedrale** (Ishavaskatedralen; Karte S. 349; ☎ 77 64 76 11; Hans Nilsensvei 41; Erwachsene/Kinder 22

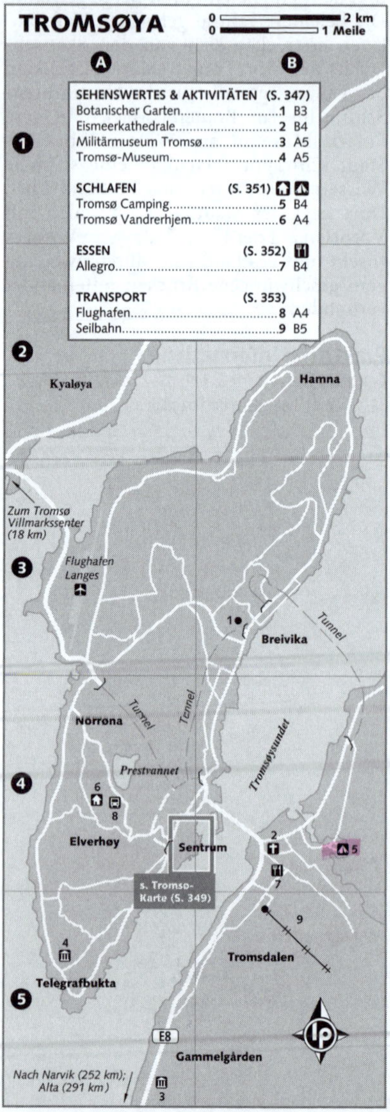

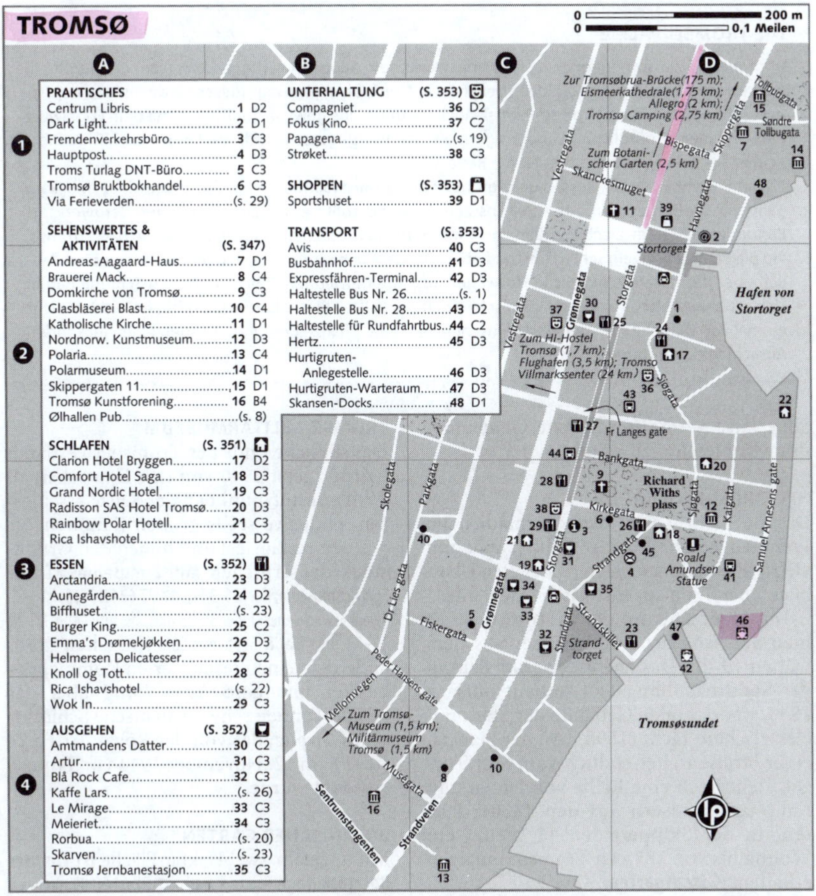

nkr/Eintritt frei; ⌚ Juni–Mitte Aug. Mo–Sa 10–20 Uhr, So 13–20 Uhr), so der gängige Name für die Kirche von Tromsdalen, verdankt ihre auffallende Gestalt dem Architekten Jan Inge Hovig (1964). Die elf hohen Giebeldreiecke, aus denen sie besteht, erinnern an Gletscherspalten und Nordlichtschleier. Absolut faszinierend ist das wunderbare, leuchtende Buntglasfenster – Christi Wiederkunft darstellend –, das fast die gesamte Ostwand einnimmt. Entworfen und ausgeführt wurde es von Victor Sparre fast ein Jahrzehnt nach dem Bau, weil viele die Kirche in ihrer ursprünglichen Gestalt doch sehr schlicht fanden. Dreht man sich nach Westen um, fällt der Blick sofort auf die moderne Orgel, schon rein äußerlich ein Kunstwerk aus Stahl. Von oben herab hängen Lampen aus tschechischem Kristall, die wie Eiszapfen wirken. **Konzerte** (70 nkr; ⌚ Juni–Mitte Aug.) finden jeden Abend um 23.30 Uhr statt. Der brausende Orgelklang und das Licht der Mitternachtssonne, die durch das riesige Westfenster fällt, sorgen dafür, dass so eine Aufführung zur Reiseerfahrung der besonderen Art wird.

Im Zentrum der Stadt befinden sich die protestantische **Domkirche von Tromsø** (Karte S. 349; Storgata 25; ⌚ Juni–Aug. Di–Sa 10–16 Uhr, So 12–16 Uhr; Sept.–Mai Di–Sa 10–14 Uhr, So 12–16 Uhr), eine der größten Holzkirchen Norwegens, und die **Katholische Kirche** (Karte S. 349; Storgata 94; ⌚ 9–19.30 Uhr). Beide wurden 1861 erbaut und beide behaupten von sich – noch ein

> **DIE TROMSØ-PALME**
>
> In und um Tromsø begegnet man zwangsweise dem allgegenwärtigen *Heracleum laciniatum*, in Deutschland als „Riesenbärenklau" bekannt. In Nordnorwegen trägt dieses Gewächs den euphemistischen Spitznamen „Tromsø-Palme". Auch wenn sie eine gewisse Ähnlichkeit mit dem Engelwurz aufweist (der in nördlichen Ländern gern als Gemüse gegessen wird), darf man das giftige Biest keinesfalls anknabbern – sonst ist die Reue groß.
>
> Der Riesenbärenklau, dessen gelb-grüne Blüten zu ausladenden Schirmen angeordnet sind, kam 1850 via Großbritannien aus Asien ins Land. Damals sollte er als Zierpflanze den Bergwerksort Kåfjord verschönern. Doch das Klima dort war zu trocken, und man brachte die Samen nach Tromsø, wo die Pflanze Wurzeln schlug und gedieh. In Windeseile breitete sie sich über die Insel und schließlich über das gesamte nördliche Norwegen aus. Ihre gewaltigen, 2 bis 3 m hohen Schirme haben sich als unausrottbar erwiesen. Und schlimmer noch: Weil Riesenbärenklau giftig ist, wird er nicht einmal von Kühen gefressen, und Menschen, die diese Pflanze berühren, können einen juckenden Ausschlag davontragen.

Superlativ – „die nördlichste Gemeinde" ihrer Konfession zu sein.

HISTORISCHE GEBÄUDE

Das Büchlein *Town Walks,* erhältlich im Fremdenverkehrsbüro (60 nkr), gibt mit vielen Illustrationen einen recht guten Überblick über Tromsøs historische Gebäude.

Im Stadtzentrum von Tromsø stößt man auf zahlreiche Holzhäuser aus dem frühen 19. Jh. Das **Andreas-Aagaard-Haus** in der Søndre Tollbugate 1, erbaut im Jahr 1838, war das erste Gebäude der Stadt mit elektrischem Licht (1898). An der Sjøgata, einer Straße weiter südlich vom Stor Torget, steht noch eine Reihe von Läden und Kaufmannshäusern aus den 1830er-Jahren. In der Skippergaten 11 grenzt ein Wohnhaus von 1833 an Tromsøs einzigen erhaltenen **Stadtgarten.**

NORDNORWEGISCHES KUNSTMUSEUM

Das **Kunstmuseum** (Nordnorsk Kunstmuseum; Karte S. 349; ☎ 77 64 70 20; Sjøgata 1; Erwachsene/Kinder/Familien 30/20/70 nkr; ⌚ Di–Fr 10–17 Uhr, Sa–So 12–17 Uhr) zeigt vor allem Skulpturen, Fotografien, Gemälde und Kunsthandwerk von Künstlern aus Nordnorwegen. Regelmäßig finden wechselnde Ausstellungen statt.

TROMSØ KUNSTFORENING

Der Tromsøer Ableger dieser landesweiten zeitgenössischen **Kunststiftung** (Karte 349; ☎ 77 65 58 27; Muségata 2; Erwachsene/ermäßigt/Kinder 30/15 nkr/Eintritt frei; ⌚ Di–So 12–17 Uhr) veranstaltet in seinen Räumlichkeiten aus dem späten 19. Jh. wechselnde Ausstellungen moderner Kunst.

TROMSØ MILITÄRMUSEUM

Das südliche Ende des Tromsøer Festlands wurde zuerst 1940 von den Deutschen als Artilleriestützpunkt an der Küste erschlossen, inklusive sechs großen Kanonen. Sie wurden restauriert und bilden den Grundstock des örtlichen **Militärmuseums** (Tromsø Forsvarsmuseum; Karte S. 349; ☎ 77 62 88 36; Solstrandveien; Erwachsene/Kinder 30/15 nkr; ⌚ Juni–Aug. Mi–So 12–17 Uhr; Mai & Sept. nur So). Zu sehen gibt's außerdem einen restaurierten Kommandobunker und eine Ausstellung über das 56 200 Tonnen schwere deutsche Schlachtschiff *Tirpitz,* das von der Royal Air Force (RAF) am 12. November 1944 vor Tromsø versenkt wurde.

BOTANISCHER GARTEN

Mit ungefähr zwei Hektar Fläche ist **Tromsøs Botanisk Hage** (Karte S. 349; ☎ 77 64 50 00; Breivika; Eintritt frei; ⌚ rund um die Uhr geöffnet) eher klein, doch die alpinen und arktischen Landschaften machen das durch die Qualität ihrer Flora aus den kälteren Regionen der Erde wett. Und ja, natürlich, es ist der nördlichste Botanische Garten der Welt. Busverbindung mit der Nr. 20.

WINTERAKTIVITÄTEN

Im Winter kann beim **Sportshuset** (Karte S. 349; ☎ 77 66 11 00; Storgata 87) eine Skiausrüstung ausgeliehen werden. Kurse sowohl im Langlauf (ungefähr 70 km gespurte Loipen) als auch im Abfahrtslauf (auch die typisch norwegische Variante Telemark) vermittelt das Fremdenverkehrsbüro.

Tromsø Villmarkssenter (Karte S. 349; ☎ 77 69 60 02; www.villmarkssenter.no; Kvaløysletta), von Lesern wärmstens empfohlen, bietet Ausflüge mit dem Hundeschlitten an – von einer kurzen Probefahrt bis zum viertägigen Treck mit Zeltübernachtung. 24 km südlich der Stadt auf der Insel Kvaløy gelegen. (Das Center bietet auch eine Reihe Sommeraktivitäten an, etwa mehrtägige Wanderungen und Seekajakfahrten.)

Geführte Touren

Eine **Rundfahrt mit dem Bus** (Karte 349; Erwachsene/Kinder 210/105 nkr; Juni–Aug.) beginnt täglich um 15 Uhr gegenüber der protestantischen Kathedrale. Die Tour mit Erläuterungen in englischer Sprache dauert zweieinhalb Stunden. Im Ticketpreis inbegriffen sind ein Besuch des Tromsø-Museums und der Eismeerkathedrale.

Dreistündige **Angeltouren** (Erwachsene/Kinder 275/175 nkr; Mitte Juni–Mitte Aug.) starten beim kleinen Anleger gleich südwestlich des Expressfähren-Terminals um 18 Uhr. Die meisten Teilnehmer bezahlen auf dem Schiff, aber die Plätze sind sehr begehrt. Wer schlau ist, reserviert im Voraus im Fremdenverkehrsbüro.

Festivals & Events

Der klassische **Mitternachtssonnen-Marathon** (☎ 77 67 33 63; www.msm.no) bietet etwas für jeden Level. Der komplette Marathonlauf über 42 km ist der nördlichste der Welt im Programm der AIMS (Association of International Marathons and Road Races). Außerdem gibt es einen Halbmarathon, einen Lauf über 10 km, einen Minimarathon über 4,2 km und einen Lauf für Kinder. Die Veranstaltungen finden jedes Jahr an einem anderen Sonntag statt; näheres auf der Website (dort kann man sich auch anmelden) oder per Telefon.

Deutlich genussbetonter ist Tromsøs dreitägiges **Øl-Festival** (Bierfestival) im August. (Auch dieser Termin ist flexibel. Nähere Auskunft im Fremdenverkehrsbüro.)

Schlafen

Gegen eine Gebühr von 45 nkr reserviert das Fremdenverkehrsbüro Unterkünfte – auch privat. EZ/DZ kosten dort im Durchschnitt 300/500 nkr.

Clarion Hotel Bryggen (Karte 349); ☎ 77 78 11 00; www.choicehotels.no; Sjøgata 19/21; EZ 840–1395 nkr, DZ 980–1595 nkr; P) Hochelegantes Hotel am Wasser mit aufregender Architektur: schiefe Winkel, viel Aluminium, Bilder an den Decken. Sauna und ein Whirlpool befinden sich im obersten Stock: Bubbelnd baden mit malerischem Blick über Hafen und Berge.

Comfort Hotel Saga (Karte 349; ☎ 77 60 70 00; www.sagahotel.no; Richard Withs plass 2; Mitte Juni–Mitte Aug. EZ/DZ 775/795 nkr, übrige Zeit So–Do 1050/1350 nkr, Fr–Sa 775/795 nkr; P) Der Name hält, was er verspricht: komfortables Hotel mit modernen Zimmern, Frühstücksbüfett, leichtem Büfett zum Abendessen und – wann hat man das zuletzt gesehen? – einem Hosenbügler in jedem Zimmer.

Grand Nordic Hotel (Karte 349; ☎ 77 75 37 77; www.nordic.no auf Norwegisch; Storgata 44; Mitte Juni–Mitte Aug. EZ/DZ 750/890 nkr, übrige Zeit EZ 800–1200 nkr, DZ 1000–1500 nkr;) Im Preis enthalten ist ein leichtes Abendbrot (außer im Sommer). Das Grand Nordic ist ein Ort zum Wohlfühlen. Tromsøs ältestes Hotel feierte jüngst sein hundertjähriges Bestehen. Allerdings findet man drinnen nur wenig Altes, da das Hotel zweimal abgebrannt ist, zuletzt 1969.

Radisson SAS Hotel Tromsø (Karte 349; ☎ 77 60 00 00; www.radissonsas.com; Sjøgata 7; Mitte Juni–Mitte Aug. EZ/DZ 795–945 nkr, übrige Zeit So–Do 1330/1530 nkr, Fr–Sa 895/1095 nkr) Der hohe Turm, der dick und breit mitten im Stadtzentrum steht, ist bestimmt nicht hübsch, aber die Zimmer sind super komfortabel und der Service ist berühmt für seine Professionalität. (Bei unserem letzten Besuch waren die Angestellten an der Rezeption allerdings reichlich schlecht informiert und wenig interessiert.) Zum Hotel gehört eine ganz ordentliche Kneipe, das Rorbua.

Rica Ishavshotel (Karte 349; ☎ 77 66 64 00; www.rica.no; Fredrik Langes gate 2; EZ/DZ 1400/1536 nkr;) Dieses Hotel unten am Hafen ist mit seinen 180 Zimmern das größte der Stadt und wird häufig von Reisegruppen frequentiert. Die Zimmer sind ansprechend, meistens mit einem hervorragenden Blick auf die Bucht. Die Public Areas wird mancher allerdings höhlenartig und charakterlos finden und die Damen und Herren an der Rezeption etwas wortkarg. Das **Restaurant** (Hauptgerichte 186–280 nkr) hingegen ist exzellent. Beispielsweise gibt es Rentier mit Karottenpüree und Blaubeersauce (280 nkr) – unbedingt zu empfehlen!

Rainbow Polar Hotell (Karte 349; ☎ 77 75 17 00; www.rainbow-hotels.no/polar; Grønnegata 45; EZ/DZ Juni–Mitte Aug. 630/790 nkr, Mitte Aug.–Mai 925/1025 nkr, inkl. Frühstück; P) Ein relativ einfaches

Hotel mit modernen Zimmern und einem freundlichen Frühstücksbereich mit Blick auf die Stadt. Die Preise im Sommer sind sehr ansprechend – und egal zu welcher Jahreszeit: Dies ist das nördlichste Hotel der Rainbow-Kette.

Tromsø Camping (Karte S. 349; ☎ 77 63 80 37; www.tromsocamping.no; Tromsdalen; Stellplatz für Zelt/Wohnwagen 150/170 nkr, 2-Bett-Hütte 400 nkr, 4-Bett-Hütte 500–600 nkr, 4-/5-Bett-Hütte mit Bad 700 nkr) Dieser attraktive Campingplatz ist der einzige in der Gegend von Tromsø. Hütten und Stellplätze liegen idyllisch im Grünen, und ein träger Fluss schlängelt sich durch die Anlage. Es gibt eine Cafeteria. Busverbindung mit der Nr. 24.

Tromsø Vandrerhjem (Karte S. 349; ☎ 77 65 76 28; tromso.hostel@vandrerhjem.no; Åsgårdveien 9; B/EZ/DZ 150/290/380 nkr; ⌚ Mitte Juni–Mitte Aug.) Die Studentenwohnheime werden im Sommer als Jugendherberge genutzt; rund 1,5 km westlich vom Stadtzentrum, zu erreichen mit Bus Nr. 26.

DER HOHE NORDEN

Essen

In Tromsø unterscheidet man kaum zwischen Restaurants, Cafés und Kneipen. Viele Lokale gehören in alle drei Kategorien gleichzeitig oder wechseln zu unterschiedlichen Tageszeiten.

Emma's Drømekjøkken & Kaffe Lars (Karte S. 349; ☎ 77 63 77 30; Kirkegata 8; Hauptgerichte 260–298 nkr; ⌚ Mo–Sa) Dieses durchgestylte Lokal ist das perfekte Beispiel für Tromsøs Flexibilität. Kaffe Lars, tagsüber ein gemütliches Café, verwandelt sich Punkt 18 Uhr auf wundersame Weise in eine anheimelnde Kneipe. Doch die Hauptattraktion für Gäste mit Geschmack ist das renommierte Restaurant **Emma's Drømekjøkken** (⌚ Mo–Sa 6–22 Uhr) in der oberen Etage mit seiner phantasievollen Küche.

Knoll og Tott (Karte S. 349; ☎ 77 66 68 80; Storgata 62; ⌚ Mo–Sa) Das beliebte Restaurant über zwei Stockwerke, geführt von einem fröhlichen jungen Team, ist mit seinen frischen Salaten (90 nkr), knackigen Baguettestangen (50 nkr) und selbstgemachten Teigtaschen (90 nkr) ideal, um sich mittags satt zu essen.

Wok In (Karte S. 349; ☎ 77 69 65 46; Storgata; ⌚ So–Di 11–24 Uhr, Mi–Sa 11–2 oder 4 Uhr) Nicht weit entfernt vom Knoll og Tott. Dieses Selbstbedienungsrestaurant ist genau das Richtige, wenn man spät in der Nacht – oder auch zu jeder anderen Tageszeit – dringend etwas in den Magen braucht, z. B. gewürzten Reis oder Nudeln.

Allegro (Karte S. 349; ☎ 77 68 80 71; Turistveien 19; Pizza 60–240 nkr) In der Pizzeria zwischen Eismeerkathedrale und der Seilbahn bäckt man die italienischen Spezialitäten in einem Ofen am Birkenfeuer. Außerdem gibt's Salate (85 nkr), Steaks (180 nkr) und das eine oder andere mexikanische Gericht.

Arctandria (Karte S. 349; ☎ 77 60 07 25; Strandtorget 1; Fischgerichte 195–240 nkr) Im oberen Stock und im oberen Preisbereich: Das Arctandria serviert alles, was das Meer zu bieten hat, darunter auch das eine oder andere Gericht, das der sensible Gast nicht so gern auf der Speisekarte lesen mag: etwa Walsteak oder Robbenfleisch als Vorspeise (85 nkr). Weniger heikel und wirklich lecker ist das Spezialitätenmenü (340 nkr), bestehend aus Ziegenpastete, Seeteufel und Crême Brulée mit Multbeeren. Das Arctandria, das Biffhuset und das Kneipenrestaurant Skarven haben einen gemeinsamen Eingang (s. S. 349).

Biffhuset (Karte S. 349; ☎ 77 60 07 28; Strandtorget 1; Hauptgerichte 110–160 nkr) Über zwei Stockwerke mit Holztäfelung und niedrigen Balkendecken erstreckt sich das „Beef-Haus", ein Restaurant für echte Fleischfans. Einfach auf der Speisekarte ankreuzen/abhaken, welche Größe, welches Stück und welche Sauce man möchte, und sie beim Kellner abgeben.

Helmersen Delikatesser (Karte S. 349; ☎ 77 65 40 50; Storgata 66) Alles, was aufs Sandwich passt, bekommt man hier: Der kleine Feinkostladen bietet eine gute Auswahl an Käse, Wurstaufschnitt und Salaten.

Wem nichts vom oben Genannten am Gaumen kitzelt, kann sich immer noch in den nördlichsten **Burger King** der Welt setzen (Karte S. 349; ☎ 77 65 89 55; Storgata 84).

An der Wasserseite des Stor Torget kann man direkt vom Kutter frisch gekochte Krabben kaufen.

Ausgehen

Tromsø hat keinen Mangel an florierenden Nachtlokalen. Freitags und samstags bleiben die meisten bis 4 Uhr morgens geöffnet, und in vielen der Lokale werden auch kleine Mahlzeiten serviert.

Der erste Rang gebührt dem Ølhallen Pub (s. S. 349). Dort kann man das Mack

Øl direkt da verkosten, wo es hergestellt wird – Tür an Tür mit der Brauerei.

Blå Rock Café (Karte S. 349; ☎ 77 61 00 20; Strangata 14/16) Dieser lebhafte Treffpunkt für Jugendliche ist ein beliebter Rock-Club mit Themenabenden, 75 Sorten Bier, ab und zu Live-Konzerten und Disko-Musik am Wochenende.

Le Mirage (Karte S. 349; ☎ 77 68 52 34; Storgata 42) Nicht ganz so turbulent geht es im Le Mirage zu, wo belegte Brote, Salate, Pasta und Aufläufe zu vernünftigen Preisen zu bekommen sind.

Meieriet (Karte S. 349; ☎ 77 61 36 39; Grønnegata 37/39; 🕑 12–2 Uhr, Fr–Sa bis 3.30 Uhr) Café/Kneipe, wo ziemlich viel los ist; Billardtische und eine Speisekarte mit Burgern, mexikanischen und chinesischen Gerichten.

Skarven (Karte S. 349; ☎ 77 60 07 43; Strandtorget 1) Dieser Treff am Wasser, beliebt bei Leuten über 25, bietet leckere Bargerichte an (inklusive ausgewählte Speisen der Restaurants Arctandria und Biffhuset).

Tromsø Jernbanestasjon (Karte S. 349; ☎ 77 61 23 48; Strandgata 33) In dieser Kneipe widmet man sich ganz dem Thema „Bahn" – ein typisches Beispiel für den örtlichen Humor, denn ein Bahnhof in Tromsø ist reines Wunschdenken.

Rorbua (Karte S. 349; ☎ 77 75 90 86; Sjøgata 7) Gehört zum Radisson SAS Hotel. Das Rorbua bezeichnet sich als Norwegens berühmteste Kneipe (hier wurde einmal eine Fernsehshow gedreht) und bietet regelmäßig Live-Musik.

Amtmandens Datter (Karte S. 349; ☎ 77 68 49 06; Grønnegata 81) Diese etwas gediegenere Kneipe – der Name stammt aus einem Roman von Camilla Collett aus den 1830er Jahren – wendet sich an ein kunstbeflissenes Publikum zwischen 25 und 35. Gäste können Zeitungen und Bücher lesen, spielen oder den kostenlosen, wenn auch unzuverlässigen Internetzugang nutzen.

Artur (Karte S. 349; ☎ 77 64 79 85; Storgata 57) Das Artur ist ein nettes, freundliches und schön renoviertes Lokal.

Unterhaltung

Compagniet (Karte S. 349; ☎ 77 65 42 22; Sjøgate 12) ist ein beliebtes Tanzlokal.

Frischfleisch gibt's in Tromsø überwiegend im **Strøket** zu sehen (Karte S. 349; ☎ 77 68 44 00; Storgata 52), während das **Papagena** (Karte S. 349; Storgata 44) im Grand Nordic Hotel humorvoll als „Secondhandshop" bezeichnet wird: Hier sind die Besucher meist über 35 Jahre alt. Für Schwule und Lesben gibt es kein spezielles Lokal, doch die Einheimischen weisen stolz darauf hin, dass sie überall willkommen sind.

Fokus Kino (Karte S. 349; ☎ 77 75 30 95; Grønnegata 94) ist das größte Kino am Ort.

An- & Weiterreise

FLUGZEUG

Tromsøs **Langnes Airport** (Karte S. 349; ☎ 77 64 84 00), der Hauptflughafen für den hohen Norden, wird von SAS Braathens, Widerøe und Norwegian Air angeflogen. Direktverbindungen gibt es nach Oslo, Harstad (Evenes), Bodø, Trondheim, Alta, Hammerfest, Kirkenes und Longyearbyen.

SCHIFF/FÄHRE

TFDS (☎ 77 64 81 00) Expressfähren verbinden Tromsø und Harstad (430 nkr, 2¾ Std.) via Finnsnes (195 nkr, 1½ Std.) mindestens zweimal am Tag. In Tromsø halten auch die Schiffe der Hurtigruten-Linie.

BUS

Der Busbahnhof (mitunter Prostneset genannt) befindet sich an der Kaigata. Nor-Way Bussekspress fährt mindestens zweimal täglich mit Expressbussen von und nach Narvik (340 nkr, 4¼ Std.) und mindestens einmal von/nach Alta (380 nkr, 6¼ Std.). Ab dort geht es weiter mit dem Bus nach Honningsvåg, und von dort zum Nordkap.

AUTO & MOTORRAD

Ein eigenes Fahrzeug mit zwei oder vier Rädern ist die beste Art und Weise, sich im äußersten norwegischen Norden fortzubewegen. Ein Auto zu leihen ist nicht billig, aber möglich bei **Avis** (Karte S. 349; ☎ 77 61 58 50; Strandskillet 5), **Europcar** ☎ 77 67 56 00; Alkeveien 5), **Hertz** (Karte S. 349; ☎ 77 62 44 00; Richard Withs plass 4) und **Budget** ☎ 77 65 19 00; Vestregate 2). Alle vier Unternehmen sind auch am Flughafen vertreten.

Unterwegs vor Ort

VOM/ZUM FLUGHAFEN

Tromsøs Flughafen liegt ungefähr 5 km vom Zentrum entfernt auf der Westseite der Insel Tromsøy. Der **Flybuss** (☎ 77 67 75 00; Erwachsene/Kinder 45/22 nkr) verkehrt zwischen dem

DER HOHE NORDEN

Flughafen und dem Radisson SAS Hotel (35 nkr, 15 Min.). Er fährt entsprechend den Ankunfts- und Abflugzeiten und hält unterwegs bei den größeren Hotels. Man kann auch den Stadtbus Nr. 42 nehmen (20 nkr). Richtung Stadt hält er an der Straße gegenüber dem Flughafeneingang.

Der Preis für ein Taxi vom Flughafen zum Zentrum bewegt sich irgendwo zwischen 100 bis 150 nkr.

FAHRRAD

Fahrräder für die Stadt kann man im **Sportshuset** (Karte S. 349; ☎ 77 66 11 00; Storgata 87; 175 nkr pro Tag) ausleihen.

BUS

Stadtbusse kosten 20 nkr pro Fahrt und 60 nkr für eine 24-Stunden-Karte.

AUTO & MOTORRAD

In Tromsø gibt es jede Menge Möglichkeiten zum Parken im Zentrum. Eine Alternative ist das riesige, direkt in den Berg gebaute Trygg-Parkhaus mit einer Zufahrt von der Vestregata (nicht für Wohnanhänger und Wohnmobile).

TAXI

Rufnummer ☎ 77 60 30 00.

DER HOHE NORDEN

RUND UM TROMSØ

Fährfahrt ab Belvik

Dieser reizvolle Ausflug mit öffentlichen Verkehrsmitteln (Bus und Fähre) führt zu den kleinen Inseln und Gemeinden im Westen. Die Reise beginnt mit einer Fahrt mit dem Bus Nr. 3 von Tromsø nach Belvik (52 nkr, 45 Min.). Dort geht man an Bord der Fähre und schippert ungefähr viereinhalb Stunden auf dem Meer. Man erreicht Belvik gerade rechtzeitig, um den Bus zurück nach Tromsø zu bekommen.

Zwar verkehrt die Fähre jeden Tag, doch die Verbindungen sind so eingerichtet, dass man die komplette Tour mit öffentlichen Verkehrsmitteln nur montags, mittwochs, freitags und sonntags schaffen kann, und zwar von Ende Juni bis Mitte August. Die Abfahrt ist vom Busbahnhof in Tromsø um 16.10 Uhr, und gegen 22 Uhr ist man wieder von der Tour zurück. Das Fremdenverkehrsbüro verkauft ein kombiniertes Bus/Fähre/Bus-Ticket (Hin- und Rückfahrt) für 180 nkr.

Sommarøy

265 Ew.

Auf der kleinen Insel Sommarøy, westlich von Kvaløya, gibt es einen wunderschönen Strand, der bei den Einwohnern von Tromsø sehr beliebt ist. Viele Einheimische haben hier ihre Sommerhäuser.

Für einen Ausflug mit Übernachtung ist das **Sommarøy Kurs & Feriesenter** eine gute Option (☎ 77 66 40 00; www.sommaroy.no auf Norwegisch; Hillesøy; EZ/DZ/3-Bett-Zi. 690/890/990 nkr, Hütte 690–1500 nkr). Hier kann man so richtig entspannen und in Hotel oder Hütte im traditionellen Stil übernachten.

Zu erreichen ist Sommarøy mit dem Bus in Richtung Hillesøy (94 nkr, 1½ Std., 1- oder 2-mal am Tag), Abfahrt vom Busbahnhof in Tromsø.

Der Hafen Brensholmen auf Sommarøy ist ein günstiger Ausgangspunkt für eine Fahrt nach Senja (s. S. 355).

Karlsøy

2400 Ew.

Karlsøy ist eine Insel mit einer einzigartigen und dazu sehr ermutigenden jüngeren Geschichte. Nach dem Zweiten Weltkrieg wurde die hier lebende traditionelle Fischergemeinde immer kleiner, bis 1970 nur noch 45 Menschen übrig waren, die meisten von ihnen älter.

Dieser Trend kehrte sich dramatisch um, als eine junge Gegenkultur die Attraktivität dieser abgelegenen Insel entdeckte. Während des folgenden Jahrzehnts kamen nach und nach junge Leute aus allen möglichen Orten Norwegens und aus dem Ausland auf die Insel, um eine Art „arktisches Utopia" zu schaffen – mit allem drum und dran: Kommunen, Flowerpower, einer Künstlerkolonie, Anbau weicher Drogen und ganz allgemein anarchistischen Tendenzen. Neues Ackerland wurde kultiviert, und es entwickelte sich wirtschaftliches Wachstum auf den Grundlagen von Kunst, Tourismus und der Erzeugung von Ziegenmilch. Bis heute ist die Gemeinschaft etwas ganz Besonderes und einen Besuch wert.

Die gesamte Geschichte von Karlsøy ist nachzulesen in dem Büchlein *Among Church Cottages & Goats in Alfred Eriksen's Kingdom* (60 nkr), erhältlich im Fremdenverkehrsbüro in Tromsø.

Bus Nr. 6 verbindet den Hauptanleger in Tromsø mit dem Fähranleger in Hansnes

(105 nkr, 1¼ Std., 1- oder 2-mal am Tag) auf der Insel Ringvassøy. Dort legt die Fähre nach Karlsøy ab.

Von hier aus bietet sich ein Abstecher zur nahe gelegenen Insel Vannøy an, mit Sandstränden, einem klassischen Leuchtturm und einer wilden Küste. Der Hafen Skåningsbukt ist täglich per Fähre von Hansnes zu erreichen (40 nkr, 40 Min.) und mehrmals in der Woche auch von Karlsøy.

Lyngener Alpen

Einige der wildesten Gipfel ganz Norwegens bilden das Rückgrat der stark vergletscherten Halbinsel Lyngen, die sich östlich von Tromsø befindet. Den besten Blick auf diese stark zerklüftete Bergwelt hat man von der Ostküste des 150 km langen Lyngenfjords. Die Gipfel, darunter als höchster der Jiekkevarre (1837 m), sind ein Paradies für Bergsteiger. Allerdings sollten sich nur ganz alte Hasen der Herausforderung dieses vergletscherten Geländes stellen.

Das am besten zugängliche und beliebteste Wandergebiet ist das Tal Lyngsdalen oberhalb des Dorfes Furuflaten. Die klassische Wanderroute beginnt am Fußballplatz südlich der Brücke über den Lyngdalselva und führt das Tal hinauf bis zur äußersten Spitze des Sydbreen-Gletschers, 500 m über dem Meeresspiegel. (Vorsicht, das Eis ist brüchig und vom Schmelzwasser aufgeweicht. Unbedingt Abstand halten!)

Die beste Wanderkarte ist Statens Kartverk's *M711 Storfjord*, Blatt 1633IV; weitere Informationen gibt's beim Fremdenverkehrsbüro in **Furuflaten** (☎ 77 71 06 92; Fax 77 71 02 08; ⌚ Ende Juni–Aug. 10–14 Uhr) oder **Svensby** (☎ 77 71 22 25; ⌚ Juni–Aug. 8.30–20 Uhr).

SCHLAFEN

Svensby Tursenter (☎ 77 71 22 25; svensby.tursenter@c2i.net, Svensby; Hütte mit Bad 750 nkr) Hier, nur wenige Meter vom Fähranleger entfernt, werden Outdoor-Aktivitäten aller Art organisiert, z. B. Angelausflüge, Wildnisabende, Gletscherwanderungen, Bergbesteigungen und Hundeschlittentouren.

AN- & WEITERREISE

Die Busse von Nor-Way Bussekspress zwischen Tromsø (78 nkr, 1¼ Std., 1- bis 3-mal tgl.) und Alta fahren durch Svensby. Mit dem Auto ist Svensby am besten mit der Fähre ab Breivikeidet (östlich von Tromsø) zu erreichen.

SENJA

14 000 Ew.

Norwegens zweitgrößte Insel, Senja, ist landschaftlich ebenso schön wie die Lofoten. Aber nur ein Bruchteil der dortigen Besucher verläuft sich hierhin. Die Innersida, die Ostküste gegenüber dem Festland, ist eine breite, landwirtschaftlich genutzte Ebene. Im Inland hingegen erstrecken sich riesige wilde Wälder. Entlang der Westküste, der Yttersida, erhebt sich eine gewundene Reihe von Gipfeln mit messerscharfen Graten direkt aus dem Eismeer. Farbenfrohe, abgelegene Fischerdörfer wie Gryllefjord, Hamn, Skaland, Mefjordvær, Husøy und Botnhamn sind über winzige Nebenstraßen zu erreichen; sie sind perfekt, um sich mal ein bisschen zurückzuziehen. Die Straße nach Mefjordvær ist besonders spektakulär. Das **Fremdenverkehrsbüro** (☎ 77 85 07 30; www.midtitroms.no; Ringveien) bietet Infos über Senja und Umgebung. In der eher farblosen Ortschaft Finnsnes auf dem Festland (jenseits der Brücke) gibt's bei Midt i Troms den hilfreichen *Holiday Guide Midt i Troms mit ausgewählten* Tourenvorschlägen.

Schlafen

Fjordbotn Camping (☎ 77 84 93 10; Fax 77 84 94 80; Botnhamn; Auto/Wohnwagen 70/120 nkr, 4-Bett-Hütte 350 nkr, 5-/7-Bett-Hütte mit Bad 650/750 nkr; ⌚ ganzjährig) Dieser schlichte, aber freundliche Campingplatz an Senjas Nordküste liegt sehr hübsch am Wasser.

Hamn i Senja (☎ 77 85 98 80; www.hamnisenja.no; Hamn; Apt. 1175 nkr), ein restauriertes Fischerdorf mit einem, vielleicht auch zwei neueren Gebäuden, ist ein prima Rückzugsort. Wer nicht selber kochen möchte, kann im Restaurant essen: Die Storbrygga Spiseri (geöffnet von Mitte Juni bis Mitte August) gehörte früher zur Fischfangstation; hier wurden einst die Fische ausgenommen. In der Nähe befindet sich der kleine Damm, der das Wasser für – so wird behauptet – das erste Wasserkraftwerk der Welt staute (errichtet 1882).

Finnsnes Hotell Rica (☎ 77 87 07 77; www.rica.no; Strandveien 2, Finnsnes; EZ/DZ Mitte Juni–Mitte Aug. 696/892 nkr) Im Zentrum von Finnsnes, nur wenige Minuten von der Anlegestelle der Hurtigruten-Fähren entfernt: Das kastenförmige Äußere verleitet zu falschen Rückschlüssen über den Komfort im Innern. Aus den oberen Stockwerken hat man einen schönen Ausblick.

An- & Weiterreise

Busse fahren vom **Busbahnhof** in Finnsnes (☎ 77 85 35 09) nach Tromsø (185 nkr, 2¾ Std.) und Narvik (220 nkr, 3½ Std.).

Expressfähren von **TFDS** (☎ 77 64 81 00) verbinden Finnsnes mit Tromsø (195 nkr, 1½ Std.) und Harstad (235 nkr, 1¼ Std.) zwei- bis dreimal am Tag. Im Sommer verkehrt eine Autofähre zwischen Skrolsvik an Senjas Südküste und Harstad (Erwachsene/Auto mit Fahrer 100/575 nkr, 1½ Std., 2- bis 4-mal am Tag). Eine andere Fähre stellt praktischerweise die Verbindung zwischen Botnhamn an Senjas Nordküste und Brensholmen westlich von Tromsø her (Erwachsene/Auto mit Fahrer 50/240 nkr, 45 Min., 4- bis 7-mal am Tag).

Im Sommer verkehren Busse zwischen Finnsnes und den Dörfern Skaland, Hamn, Botnhamn, Gryllefjord, Skrolsvik, Torsken und Mefjordvær auf Senja, aber nicht unbedingt jeden Tag.

In Finnsnes halten auch die Hurtigruten-Fährschiffe.

BARDU

Setermoen, eine Stadt ganz aus Holz, ist das wirtschaftliche Zentrum der Region Bardu und ein Zwischenstopp für Besucher des Øvre-Dividal-Nationalparks.

Das **Fremdenverkehrsbüro** von Setermoen (☎ 77 18 53 00) befindet sich im Rathaus. Norweger kennen den Ort vor allen Dingen als militärisches Trainingszentrum.

Sehenswertes

In der Kirche von Setermoen (⏲ Ende Juni–Anfang Aug. Mo–Sa 10–17 Uhr), erbaut 1825 bis 1829, läutet eine Glocke von 1698. Das geniale Heizsystem mit Holzöfen und Heißwasserrohren unter den Kirchenbänken muss selbst bei sehr langen Predigten für eine passable Besucherzahl sorgen.

Im **Polarzoo** (☎ 77 18 66 30; Bardu; Erwachsene/Kinder/Familien 135/70/340 nkr; ⏲ Juni & Aug. 9–18, Juli 9–20 Uhr; Mai & Sept. 9–16 Uhr) leben einheimische Tiere der nordeuropäischen Taiga (sumpfiger Wald) in großzügigen Gehegen, die sich – sieht man über die Metallgitter hinweg – kaum vom Birkenwald der Umgebung abheben. Hier kann man jene scheuen Genossen beobachten und fotografieren, die einem überall in Norwegen von Postkarten entgegenblicken: Elche, Braunbären, Hirsche, Moschusochsen, Rentiere, Wölfe, Luchse, Vielfraße, Dachse und Füchse. Der Zoo liegt 3,5 km östlich der E 6; die Abzweigung befindet sich 23 km südwestlich von Setermoen. Ein besonderes Erlebnis ist es, die Tierpfleger auf ihrer Fütterungstour zu begleiten (Ende Juni bis September 14 Uhr, Anfang Juni montags bis freitags 12 Uhr, samstags und sonntags 14 Uhr).

Wer gern Soldat spielt, fühlt sich im **Forsvarsmuseet** wohl (Forsvarsmuseet; Erwachsene/Kinder 30 nkr/Eintritt frei; ⏲ Mitte Juni–Mitte Aug. Mo–Fr 10–18 Uhr, Sa–So 12–16 Uhr; übrige Zeit tgl. 10–15 Uhr).

Schlafen

Die meisten Unterkünfte befinden sich in Setermoen.

Bardu Hotell (☎ 77 18 59 40; barduhotell@bardu.online.no; Toftakerlia 1; Mitte Juni–Mitte Aug. EZ/DZ 650/800 nkr, übrige Zeit So–Do 950/1200 nkr, Fr–Sa 800/950 nkr; P 💻 ♿) In der Lobby dieses Hotels hängen lauter Tierfelle an den Wänden, was ein echtes Jagdhütten-Feeling hervorruft. Die Zimmer dagegen sind thematisch dekoriert: Frühling und Sommer, Adam und Eva. Eine brauchbare Option, wenn man nicht gleich bis Tromsø durchfahren will. Die Herrschaften von der Rezeption allerdings gehen alles (auch die Wünsche ihrer Gäste) recht gelassen an. Es gibt eine Sauna, einen Whirlpool und ein ganzjährig geheiztes Schwimmbad.

Bardu Camping (☎ 77 18 15 58; Fax 77 18 15 98; Zelt 100 nkr, pro Person 10 nkr, 2-/3-/4-Bett-Hütte 260/360/460 nkr, mit Bad 600 nkr; ⏲ Juni–Aug.) Am Fuß der Berge an der E 6 gelegen, hat dieser Campingplatz einen Minigolfplatz und Angelmöglichkeiten im Fluss zu bieten.

An- & Weiterreise

Der Busbahnhof von Setermoen befindet sich auf einem Parkplatz knapp östlich von der Abzweigung E 6/Altevannsveien. Der Expressbus zwischen Narvik (131 nkr, 1½ Std.) und Tromsø (220 nkr, 2¾ Std.) hält hier drei- oder viermal am Tag und fährt in 2 km Entfernung am Polarzoo vorbei.

ØVRE-DIVIDAL-NATIONALPARK

Zwischen Setermoen und der Grenze zu Schweden und Finnland liegt der wilde, von Seen (dafür nicht von Straßen) durchzogene Øvre-Dividal-Nationalpark. Hier fehlen die grandiosen Steilwände der norwegischen Küstenlandschaften. Trotzdem hat diese abgelegene, zur Hälfte bewaldete, 750 km² große Hochlandwildnis reichlich alpine Gipfel und Ausblicke zu bieten.

Aktivitäten

Die beliebteste Wandertour ist der **Troms Grenzpfad** (acht Tage), an dem sieben unbewirtschaftete DNT-Hütten liegen. Die Route beginnt an der Nordküste des künstlichen Sees Altevatnet, ungefähr 3 km östlich der Siedlung Innset, und verläuft dann in Richtung Nordosten. Der Weg kringelt sich nach Schweden hinein und wieder heraus, ehe er zu dem Punkt hinaufklettert, wo Schweden, Finnland und Norwegen aneinander stoßen. An der östlichsten der Hütten, Galdahytta, teilt sich der Wanderweg. Und man hat die Wahl zwischen dem Weg nach Helligskogen in Norwegen und dem in Richtung Kilpisjärvi in Finnland. Viele Wanderer nutzen den Trail auch als Verbindungsglied zwischen dem westlichen Ende des Altevatnet im Øvre-Dividal-Nationalpark und dem Abisko-Nationalpark in Nordschweden, wo nämlich der berühmte schwedische Kungsleden-Wanderweg beginnt.

Die richtige Karte für den Troms Border Trail und die Verbindung zum Abisko Nationalpark ist Statens Kartverk's *Turkart Indre Troms* im Maßstab 1:100 000. Im Sommer machen die Mücken einen fast verrückt. Es empfiehlt sich, sich ein Netz über den Kopf zu stülpen, sich mit Mückenmittel zu übergießen und noch den letzten summenden Mistkerl, dessen man habhaft werden kann, zu erschlagen – schon im Interesse derjenigen, die nach einem kommen.

Geführte Touren

Wer im Winter hierher kommt, kann eine Hundeschlittenfahrt durch das arktische Norwegen mitmachen, geführt von dem berühmten und erfahrenen Musher **Bjørn Klauer** (☎ 77 18 45 03; www.huskyfarm.de). Er unternimmt Touren durch den Nationalpark, führt aber auch Expeditionen weit in die Finnmark hinein. Die Kosten (alles inklusive) liegen bei 14 500 nkr für acht Tage und 24 100 nkr für 13 Tage.

Im Sommer organisiert er mit seinem Team Rad- und Kanuausflüge. Man kann allerdings auch auf eigene Faust etwas unternehmen, z. B. auf einem der ausgewiesenen Trails in der Nähe wandern. Bjørns Farm bietet sich auch zum Übernachten an (s. unten).

Schlafen

Sieben unbewirtschaftete DNT-Hütten verteilen sich entlang der Hauptwanderroute durch den Øvre Dividal Nationalpark: Gaskashytta, Vuomahytta, Dividalshytta, Dærtahytta, Rostahytta, Gappohytta und Galdahytta. Schlüssel und Reservierungen beim Troms Turlag DNT-Büro in Tromsø (s. S. 347).

Klauerhytta (☎ 77 18 45 03; www.huskyfarm.de; pro Person 190 nkr) Der Hundeführer Bjørn Klauer ist Inhaber dieser netten rustikalen Unterkunft für Wanderer und andere Reisende. Dazu gehört auch eine separate Hütte für bis zu sechs Personen (660 nkr). Den Gästen steht eine gut ausgestattete Küche zur Verfügung, den Aktiven unter ihnen außerdem ein Fahrrad- und Kanuverleih (beides ab 70 nkr pro Tag).

Helligskogen Fjellstua (☎ 77 71 54 60; helligskogen.hostel@vandrerhjem.no; B 120 nkr; 🕒 Ende Juni–Mitte Aug.) In der Nähe des östlichen Endes des Nationalparks an der E 8, 30 km östlich von Skibotn. Das Hostel ist umgeben von wildem, offenem Hochland. Es liegt günstig für Reisende zwischen Norwegen und Finnland und ist die Endstation für Wanderer, die den Troms Border Trail absolviert haben. Man folgt den Schildern mit der Aufschrift „Vandrerhjem".

Kilpisjärven Retkeilykeskus (☎ 358-16 537 771; www.kilpisjarvi.info auf Finnisch; Kilpisjärvi, Finnland; 2-/4-Bett-Zi. 522/630 nkr, 4-Bett-Hütte 522 nkr; 🕒 März–Sept.) Gleich hinter der finnischen Grenze markiert dieser freundliche, preiswerte Ort das östliche Ende des Troms Border Trails. Die Zimmer sind einfach, im Café bekommt man preiswertes und gutes Essen, und wer möchte, kann seine Mahlzeiten auch selbst zubereiten. Von hier kann man auch einen Bootsausflug auf dem See Kilpisjärvi unternehmen oder auf einem der landschaftlich wunderschönen Trails durch Finnlands höchste Berge wandern.

WESTLICHE FINNMARK

Die Finnmark, Norwegens nördlichster Festlandsbezirk, ist seit mehr als 12 000 Jahren besiedelt. Die ersten waren die Komsa, die als Jäger in der Küstenregion lebten. Später bewohnten die Samen als Fischer oder Rentierhirten entweder die Küste oder das weite Inland.

Die Landschaft des Bezirks Finnmark ist klar zweigeteilt: Die wilde Nordküste, gesprenkelt mit Fischerdörfern, ist tief eingeschnitten von riesigen Fjorden, während das ausgedehnte Inland von dem breiten Plateau der Finnmarksvidda beherrscht wird, einer kahlen Wildnis mit nur zwei größeren Ortschaften: Karasjok und Kautokeino.

Buchstäblich jede Ortschaft der Finnmark wurde am Ende des Zweiten Weltkriegs von den zurückweichenden Nazitruppen zerstört. Diese Politik der verbrannten Erde sollte dazu dienen, die vorrückenden Sowjets aufzuhalten. Die Ortschaften wurden bald wieder aufgebaut, aber leider hielt man einen kastenförmigen Gebäudestil für den effizientesten. Daher sind – ganz im Gegensatz zu der großartigen natürlichen Umgebung – die meisten Orte der Finnmark heute architektonisch äußerst langweilig.

Sicherheit

Sie sind nicht gefährlich und eigentlich eher eine Freude als ein Ärgernis, aber sie können einen ganz schön aufhalten und Autofahrer sehr abrupt zum Halten bringen: Also auf der Straße immer auf Rentiere achten! Manchmal sind sie in kleinen Gruppen unterwegs, hin und wieder aber auch in riesigen Herden – so oder so: Ein lebloses Auto lässt sie völlig kalt. Wenn sie sich nicht von der Stelle rühren: einfach aussteigen und auf die Tiere zugehen; dann werden sie sich gemächlich davonmachen.

ALTA

12 000 Ew.

Obwohl der Fischerort Alta mit seinem Schiefersteinbruch auf 70 Grad nördlicher Breite liegt, ist das Klima recht mild und – so wird behauptet – es gibt weniger Niederschläge als in der Sahara. Ein Besuch im Alta-Museum, wo uralte Felszeichnungen ausgestellt sind, ist ein Muss. Und der üppig grüne Sautso-Alta-Canyon – nur einen Katzensprung entfernt – ist absolut atemberaubend und hat einzigartige Attraktionen zu bieten (s. S. 361).

Der Fluss Altaelva östlich der Stadt war einst Fanggebiet der Samen und im 19. Jh. beliebter Aufenthaltsort sportlich ambitionierter englischer Aristokraten. Vor noch nicht allzu langer Zeit wurde Altaelva plötzlich zum heißest umkämpften Wasserlauf Nordeuropas: In den späten 1970er-Jahren wurde trotz vehementer lokaler und nationaler Proteste ein 100 m hoher Damm, der Altadammen, gebaut, um die Wasserkraft dieses lachsreichen Fluss zur Energieerzeugung zu nutzen.

Orientierung

Alta ist recht weitläufig und erstreckt sich 15 km die Küste entlang. Die beiden Hauptzentren liegen etwa 2 km voneinander entfernt: das bergige Bossekop im Westen und weiter östlich Sentrum, mehr eine Art Büropark – dabei ist der autofreie Kernbereich eigentlich ganz nett.

Praktische Informationen

Alta Bok og Papirhandel (☎ 78 43 46 22; Altaveien 99) Hier gibt es Karten und Bücher.

Fremdenverkehrsbüro (☎ 78 44 50 50; Parksentret building, Sentrum; Mo–Fr 8.30–16.30, ganzjährig 10–16 Uhr)

Fremdenverkehrsbüro (☎ 78 44 95 55; www.altatours.no; Sorekskriverveien, Bossekop; Juni–Aug. Mo–Fr 10–20 Uhr, Sa 10–17 Uhr, So 12–18 Uhr); Internetzugang (15 nkr pro 10 Min.).

Studentbokhandelen (☎ 78 43 58 77; Sentrumsparken 2) Auch hier: Karten und Bücher.

Sehenswertes

An den Felsen, die zum Weltkulturerbe der Unesco erklärt wurden, befinden sich rund 5000 Steinritzungen aus der späten Steinzeit; schätzungsweise sind sie zwischen 6000 und 2000 Jahre alt. Je mehr der Meeresspiegel nach der letzten Eiszeit sank, desto tiefer kratzten unsere Vorfahren ihre Gemälde in den Fels: Jagdszenen, Fruchtbarkeitssymbole, Bären, Elche, Rentiere und bemannte Boote, alle ausgefüllt mit ockerroter Farbe (was auch ihre usprüngliche Farbe gewesen sein soll). Sie sind durch einen 3 km langen Weg, beginnend am Hauptgebäude, untereinander verbunden. Der kurze Rundgang

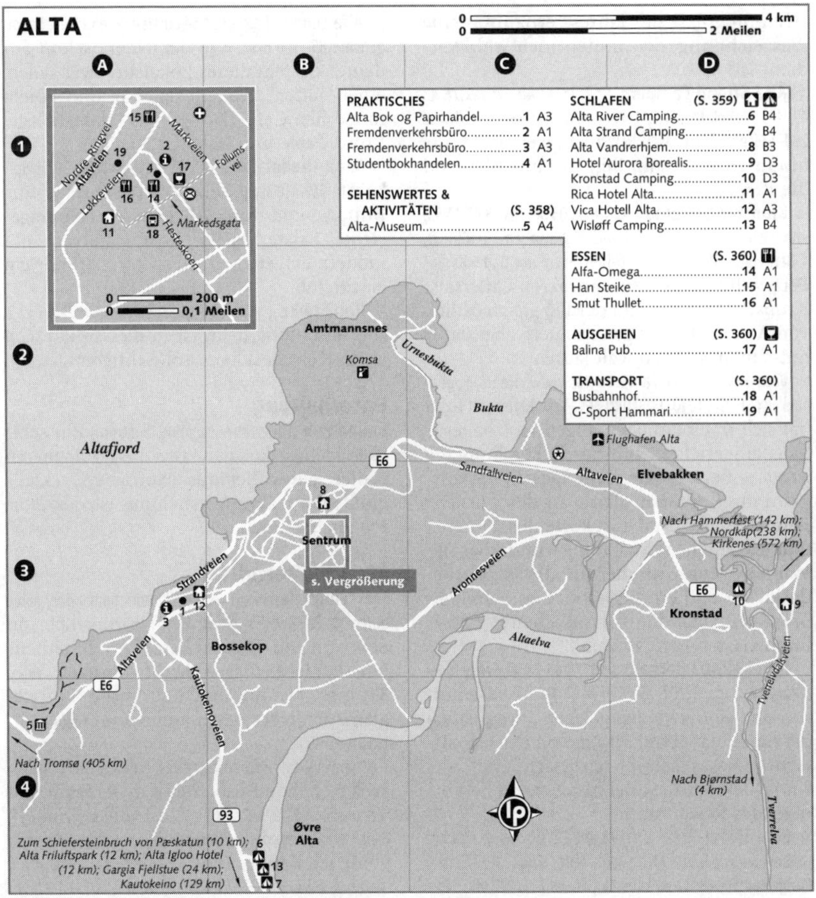

(1,2 km, ca. 45 Min. einschließlich der Zeit zum Betrachten) ist am beliebtesten. Aber er lässt sich auf eine zweite Runde ausdehnen (Gesamtentfernung 2,1 km): ein angenehmer Spaziergang am Meer, der zu weiteren Bildern führt.

In Hjemmeluft am westlichen Ende der Stadt liegt das **Alta-Museum** (☎ 78 45 63 30; Altaveien 19; Erwachsene/Kinder 75 nkr/ frei; ⌚ Juni–Aug. tgl. 8–19 Uhr; Mai & Sept. tgl. 9–18 Uhr; Okt.–April Mo–Fr 9–15 Uhr, Sa–So 11–16 Uhr). In diesem Museum informieren Ausstellungsstücke und Schautafeln über die Kultur der Samen, die militärische Geschichte der Finnmark, das Alta-Staudammprojekt und über Beobachtungen der faszinierenden Aurora Borealis (Nordlichter).

Schlafen

Gleich drei hervorragende Campingplätze direkt am Fluss gibt es in Øvre Alta, 3,5 km südlich von der E 6 an der Rv 93, Richtung Kautokeino. Alle sind das ganze Jahr über geöffnet.

Alta River Camping (☎ 78 43 43 53; www.alta-river-camping.no; Person/Stellplatz 20/80 nkr, Hütte 350–500 nkr, mit Bad für bis zu 6 Personen 1000 nkr) Highlight ist die Sauna, von der man direkt in den Fluss springen kann; außerdem gibt es mehrere hübsche kleine Grillhütten, die mit Fellen ausgekleidet sind.

Wisløff Camping (☎ 78 43 43 03; www.wisloeff.no in Norwegian; Person/Stellplatz 10/110 nkr, Hütte 290–400 nkr, mit Bad 500–750 nkr) wurde im Jahr 2000 vom norwegischen Campingclub zum

„Campingplatz des Jahres" ernannt – eine Auszeichnung, die immer noch wohl verdient ist.

Alta Strand Camping (☎ 78 43 40 22; Fax 78 43 42 40; Stellplatz für 2/4 Personen 140/180 nkr, Hütte 260–560 nkr) Von Wisløff nicht weit die Straße hinunter; ein Campingplatz mit Blick auf die Berge.

Kronstad Camping (☎ 78 43 03 60; Fax 78 43 11 55; Altaveien 375; Stellplatz für Zelt/Wohnwagen 70/100 nkr, 4-Bett-Hütte 350–450 nkr, 6-Bett-Hütte mit Bad 600 nkr) Perfekt für Leute ohne fahrbaren Untersatz: Kronstad Camping an der E 6 gleich östlich von Alta liegt nicht ganz so nett, aber dafür muss man nicht so weit laufen.

Vica Hotell (☎ 78 43 47 11; www.vica.no; Fogdebakken 6; EZ/DZ 1010/1190 nkr; P 🖳) Dieses Hotel hat sich in einem ehemaligen Holzbauernhaus eingerichtet. Ein herzlicher Empfang ist garantiert. Dafür sorgt speziell der ausgestopfte Braunbär gleich an der Tür. Die Benutzung der Sauna ist kostenlos, draußen gibt es einen Whirlpool (wunderbar im Winter, wenn drumherum alles schneebedeckt ist) und ein nettes kleines Familienmuseum, das die freundlichen Besitzer ihren Gästen gern zeigen.

Hotel Aurora Borealis (☎ 78 45 78 00; www.hotelaurora.no; Saga; EZ/DZ 750/910 nkr; P 🖳) Gemütlich und abgeschieden gelegen etwas östlich der Stadt, dabei nur 200 m von der E 6 entfernt. Dieses schön renovierte, mit viel Kunst dekorierte Hotel hat auch ein hervorragendes Restaurant.

Rica Hotel Alta (☎ 78 48 27 00; www.rica.no; Løkkeveien 61; EZ/DZ Mitte Juni–Mitte Aug. 730/875 nkr, übrige Zeit So–Do 1250/1395 nkr, Fr–Sa 715/890 nkr; P) Modern, offen und freundlich liegt das Rica – quadratisch, praktisch, gut – mit Blick auf die Parkplätze der Innenstadt: Es gehört zum Ortsteil Sentrum. Das Hotel hat ein gutes Arctic-Menu-Restaurant.

Alta Vandrerhjem (☎ 78 43 44 09; alta.hostel@vandrerhjem.no; Midtbakken 52; B/EZ/DZ 140/255/285 nkr; 🕑 Mitte Juni–Mitte Aug.) Altas Jugendherberge liegt in einem waldigen Wohngebiet, zehn Minuten zu Fuß von der Bushaltestelle Sentrum entfernt. Am besten im Voraus reservieren.

Essen

Abgesehen von den Hotelrestaurants (das Rica, das Vica und das Aurora Borealis haben einen guten Ruf) ist die Auswahl eher bescheiden.

Alfa-Omega (☎ 78 44 54 00; Hestekoen 22/24; Hauptgerichte 85–120 nkr) Wie der Name schon andeutet, besteht dieses Lokal aus zwei Teilen: einer netten, zwanglosen Bar und einem modernen Café. Dort gibt es Salate, belegte Brote, Pasta und leckeren Kuchen.

Smut Thullet (☎ 78 44 05 11; Løkkeveien 35; Hauptgerichte 55–210 nkr) Beliebtes Restaurant fürs Mittag- und fürs Abendessen: Nudelgerichte, Salate, leichte Kost – hübsch und modern eingerichtet; zu späterer Stunde ein Nachtclub.

Han Steike (☎ 78 44 08 88; Løkkeveien 2) Wer's roh und blutig liebt, ist in diesem kürzlich eröffneten Steakhaus am richtigen Ort.

Unterhaltung

Balina Pub (Parksentret building, Sentrum) Ein schickes kleines Lokal, wo es ausgezeichneten Kaffee, gutes Bier und exotische Cocktails gibt. Eine wahre Versuchung ist der *Blow Job* (sic!; 63 nkr).

An- & Weiterreise

Der **Flughafen** von Alta (Informationen über Flüge unter ☎ 78 44 95 55) liegt 4 km nordöstlich von Sentrum am Elvebakken. SAS Braathens oder Widerøe fliegen direkt von/nach Oslo, Tromsø, Hammerfest und Vadsø. Norwegian Air fliegt täglich außer sonntags von/nach Oslo.

Nor-Way Bussekspress verkehrt täglich zwischen dem Busbahnhof in Sentrum und Tromsø (370 nkr, 6¼ Std.). Busse von **FFR** (Finnmark Fylkesrederi og Ruteselkap; www.ffr.no) fahren von/nach Kautokeino (193 nkr, 2¼ Std., vier Tage die Woche), Hammerfest (205 nkr, 2¾ Std., 3 mal am Tag) und Honningsvåg (292 nkr, 4 Std., 1- oder 2-mal am Tag).

Unterwegs vor Ort

Glücklicherweise gibt es in dieser langgestreckten Stadt eine Buslinie, mit der man von einem Ende zum anderen Ende fahren kann. An Wochentagen verkehren Busse mehr oder weniger stündlich zwischen den wichtigsten Stadtteilen und dem Flughafen. Am Samstag sind die Verbindungen schlechter, am Sonntag nicht vorhanden.

Taxis (☎ 78 43 53 53) kosten ungefähr 80 nkr vom Flughafen in die Stadt; die Abholung am Hotel wird extra berechnet.

Fahrräder kann man bei **G-Sport Hammari** (☎ 78 43 61 33; Løkkeveien 10, Sentrum; 100 nkr pro Tag) ausleihen.

RUND UM ALTA

Nicht weit von Alta entfernt gibt es allerlei Interessantes zu sehen, gute Wandermöglichkeiten und ein ganz besonderes Hotel.

Sehenswertes

SAUTSO-ALTA-CANYON

Der Bau des Wasserkraftwerks am Altaelva hat kaum Auswirkungen auf den landschaftlich schönsten Teil des Flusses gehabt, der durch den 400 m tiefen Sautso-Canyon fließt, Nordeuropas gewaltigste Schlucht. Am einfachsten bekommt man diesen beeindruckenden bewaldeten Canyon zu sehen, wenn man den vierstündigen Ausflug (350 nkr) bucht, den das Fremdenverkehrsbüro im Juli täglich organisiert. Die Abfahrt ist um 16 Uhr, wenn genug Teilnehmer zusammenkommen (Minimum fünf Personen). Die Tour bietet großartige Ausblicke auf die Schlucht, einen Eindruck vom Staudamm des Wasserkraftwerks und einen Imbiss aus Kaffee, samischem *Máze*-Kuchen und getrocknetem Rentierfleisch in einem traditionellen Samenzelt, das *Lavvo* genannt wird.

SCHIEFERSTEINBRUCH VON PÆSKATUN

Alta Skiferprodukter (☎ 78 43 33 45; Pæskatun; Erwachsene/Kinder 40 nkr/Eintritt frei; ⏲ Mo–Do 11–15 Uhr, Fr 11–13 Uhr), 13 km südlich der Stadt gelegen, ist ein wichtiges wirtschaftliches Standbein der Stadt. Der Steinbruch und einige historische Ausstellungsstücke stehen zur Besichtigung offen, ein wunderschöner Blick über den Canyon ist inklusive. Die beeindruckenden und scharfen Schneidwerkzeuge für Schiefer dürfen angefasst und ausprobiert werden. Mineralien aus der Finnmark und Souvenirs aus Schieferprodukten werden zum Verkauf angeboten.

Aktivitäten

TREKKING

Zahlreiche Fernwanderwege folgen historischen Routen über das Plateau der Finnmarksvidda nach Süden. Dazu gehört die fünftägige, 120 km lange Poststraßenwanderung zwischen Alta und Karasjok; sie startet in Bjørnstad im Tal Tverrelvdalen, klettert auf 500 m und führt durch hoch gelegene Birkenwälder. Endpunkt ist Assebakti an der Rv 92, 14 km westlich von Karasjok. Die Organisation Alta og Omegn Turlag (sie hat kein Büro, aber das Fremdenverkehrsbüro kann Kontakt zu den Vereinsvorsitzenden herstellen) unterhält nicht bewirtschaftete Berghütten an den Flüssen Reinbukkelva und Bojobæski, 16 km voneinander entfernt. Ungefähr 35 km weiter südlich, nur vier Stunden vom Trailende entfernt, befindet sich eine weitere Hütte, die **Ravnastua Mountain Lodge** (☎ 94 80 06 88). Für die dritte Übernachtung unterwegs braucht man ein Zelt. Wanderkarten von der Waldregion gibt es in Alta im Alta Bok og Papirhandel oder im Studentbokhandelen (s. S. 358).

BOOTSAUSFLÜGE

Vom **Alta Friluftspark** (☎ 78 43 33 78; www.alta-friluftspark.no) aus, 16 km südlich der Stadt am Altaelva gelegen, hat man die Wahl zwischen mehreren Bootsausflügen auf dem Fluss. Sie dauern von 20 Minuten bis drei Stunden und kosten zwischen 115 und 350 nkr pro Person. Abfahrten täglich um 13 und 15 Uhr im Juni und August. Vom 15. Juli bis zum 15. August werden von **AKU Finnmark** (☎ 78 43 48 40; ulf@thomassen.priv.no) auch organisierte halbtägige und ganztägige Seekajak-Touren auf dem Altafjord angeboten; ausreichende Wasserstände jeweils vorausgesetzt.

Schlafen & Essen

Alta Igloo Hotel (☎ 78 43 33 78; www.alta-friluftspark.no; Storelvdalen; pro Person mit Frühstück & Sauna am Morgen 1295 nkr, mit zusätzlichem Abendessen 1595 nkr; ⏲ Mitte Januar–Mitte April) Dieses Winterhotel, 20 Minuten mit dem Auto von Alta entfernt an der Straße nach Kautokeino, ist Norwegens erste Unterkunft, die ganz und gar aus Schnee und Eis besteht – bis hin zu den Trinkgläsern!

Gargia Fjellstue (☎ 78 43 33 51; www.gargia-fjellstue.no auf Norwegisch und Deutsch; EZ/DZ 680/850 nkr, Hütte 500 nkr, mit Bad 800 nkr) Ungefähr 25 km südlich von Alta in Richtung Kautokeino gelegen, ist diese Hütte in den Bergen ein ideales Versteck im Wald. Außerdem bietet sie eine ganze Reihe von Outdoor-Aktivitäten, z. B. den besten Zugang in den Sautso-Alta-Canyon für Wanderer.

HAMMERFEST

6700 Ew.

Hammerfest ist bereits seit 1620 bewohnt und wurde im Jahr 1789 offiziell zur Stadt erklärt. Aufgrund seiner strategisch wichtigen Lage und des ausgezeichneten Hafens war es lange Zeit eine wichtige Anlaufstation für die Schifffahrt, die Fischerei und die Jagd in der Arktis. In Hammerfests Blütezeit trugen die Damen feinste Pariser Moden, und die Stadt hatte die erste elektrische Straßenbeleuchtung Europas (1890). Heute brüstet sich Hammerfest, die nördlichste Stadt Europas zu sein. (Andere norwegische Gemeinden, die weiter im Norden liegen, seien zu klein, um als Stadt durchzugehen – so wird argumentiert.)

Weder Mensch noch Natur haben Hammerfest gut behandelt. 1856 richtete ein Sturm beträchtlichen Schaden an, 1890 brannte die Stadt komplett ab, und 1944 wurde sie erneut von den Nazis in Brand gesteckt. Doch jetzt scheint sich das Blatt zu wenden: Die mit 143 Kilometern längste untermeerische Pipeline der Welt verbindet die riesigen natürlichen Gasfelder in der Barentssee mit der kleinen Insel Melkøya in der Bucht vor Hammerfest. Bei geschätzten Reserven von 193 Mia. (ja: *Milliarden!*) Kubikmetern sollen die Pumpen 2006 ihre Arbeit aufnehmen und rund 25 bis 30 Jahre lang laufen.

Wer mit der Hurtigruten Fähre kommt, hat nur wenig Zeit, herumzulaufen, ein Arktis-Souvenir zu ergattern und am Hafen ein paar frische Krabben zu futtern. Vielen Leuten ist das genug.

Praktische Informationen

Bibliothek (Sjøgata; kostenloser Internetzugang)

Fremdenverkehrsbüro (☎ 78 41 31 00; www.hammerfest-turist.no; Hamnegata 3; ⌚ Juni–Mitte Aug. tgl. 9–17 Uhr, Mo–Fr 11–16 Uhr, Sa–So und Mitte Aug.–Mai 10.30–13.30 Uhr) Zimmerreservierungen sind möglich, wenn man vorbeischaut.

Linux Café (Nissen Senter, Sjøgata 6; pro Std. 40 nkr) 10 Min. Pause bei einer Tasse ausgezeichneten Kaffees; gleich hinter dem Haupteingang ins Einkaufszentrum.

Sehenswertes

KÖNIGLICHE EISBÄRENGESELLSCHAFT

Hier hat man sich vorgenommen, die Kultur Hammerfests hochzuhalten: Die **Royal & Ancient Polar Bear Society** (Königliche Eisbärengesellschaft) (☎ 78 41 31 00; Hamnegata 3; Erwachsene/Kinder 20 nkr/Eintritt frei; ⌚ Juni–Mitte Aug. tgl. 9–17 Uhr; Mitte Aug.–Mai Mo–Fr 11–16 Uhr, Sa–So 10.30–13.30 Uhr) informiert mit ihrer Ausstellung über die Jagd in der Arktis und die Geschichte der Region. Die Eisbärengesellschaft sollte kurz nach unserem letzten Besuch in neue Räumlichkeiten umziehen und dort zusammen mit dem Fremdenverkehrsbüro untergebracht werden. Wir gehen davon aus, dass das Paar silberfarbener Bären vor der Tür, Fotomotiv für Generationen begeisterter Nordlichtfans, den Umzug überstanden hat.

Die Ausstellung haut einen nicht um, aber es geht um eine gute Sache, und jeder kann Mitglied auf Lebenszeit werden (150 nkr), inklusive Urkunde, Ausweis, Sticker und Anstecknadel. Für 185 nkr kann man sogar mit Champagner – na gut, Perlwein – anstoßen und, wie die sittsame junge Dame an der Rezeption erklärt, ohne blass (oder rot) zu werden, mit dem Knochen aus einem Walrosspenis zum Ritter geschlagen werden. Die zusätzliche Investition von 35 nkr zahlt sich mit Sicherheit aus – allein schon, weil diese besondere Ehrung ein Top-Gesprächsthema in der heimatlichen Stammkneipe abgeben wird.

GJENREISNINGSMUSEET

Hammerfests **Wiederaufbaumuseum** (☎ 78 42 26 30; Kirkegata 21; Erwachsene/Kinder 40/15 nkr; ⌚ Mitte Juni–Mitte Aug. 9–17 Uhr; übrige Zeit 11–14 Uhr) erinnert an die Zeit des Wiederaufbaus nach der Zerstörung der Stadt durch die deutschen Bomben 1944 und zeigt, unter welchen Entbehrungen die Einwohner im darauf folgenden Winter zu leiden hatten.

Und auch die „Norwegisierung" der ursprünglichen Samenkultur im nördlichen Norwegen kommt aufs Tapet. Die Ausstellung ist wirklich gut, aber die Beschriftungen sind alle auf Norwegisch und der kostenlose Audioguide wird der Sache leider nicht gerecht.

FREILICHTMUSEUM

Am Ende der Halbinsel Fuglenes stehen ein **Bootshaus und eine Holzhütte** mit ihrer originalen Einrichtung: Hunderte vorgefertigte Hütten dieser Art wurden Ende des Zweiten Weltkriegs als Notunterkünfte errichtet. Diese beiden stammen von der Insel Melkøya und wurden hierher verpflanzt, als sich dort die Gasindustrie breit machte. Außerdem findet man auf der Halbinsel die Fundamente der **Festung Skansen** aus den napoleonischen Kriegen, als die Briten kurzzeitig die Stadt einnahmen und

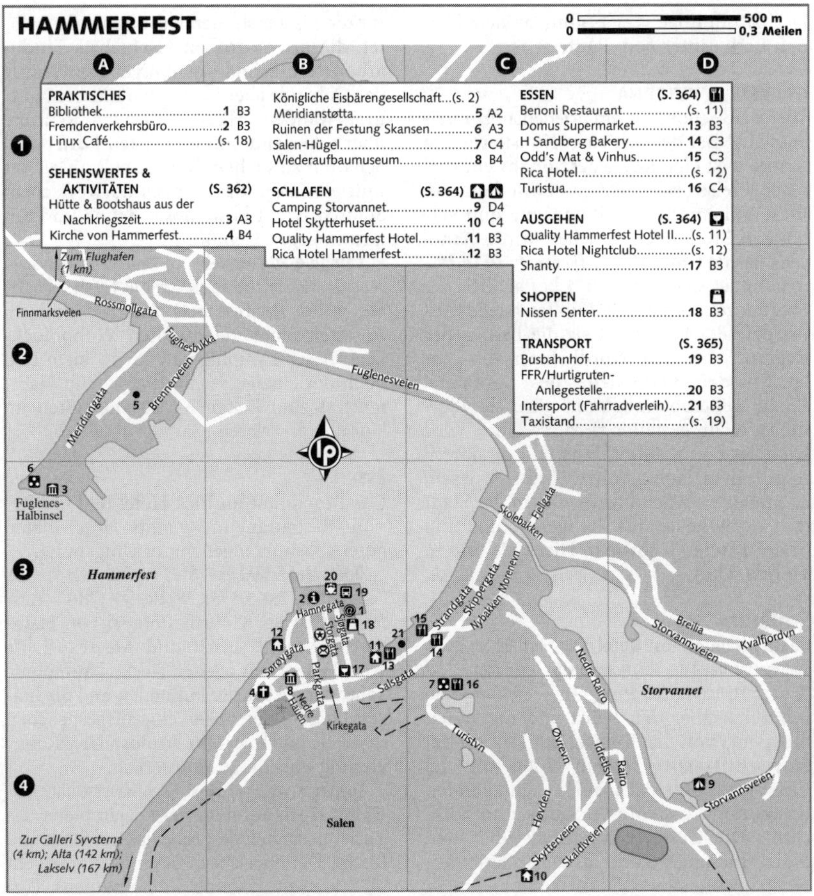

plünderten, sowie die **Meridianstøtta**, eine marmorne Säule, die an den ersten Versuch (1816–52) erinnert, den Kreisbogen des Erdmeridians zu bestimmen und so Größe und Form der Erde zu berechnen. Der Eintritt ist frei, wenn man eine Eintrittskarte für das Wiederaufbaumuseum gelöst hat; der Komplex ist montags bis freitags von 12 bis 15 Uhr geöffnet.

KIRCHE VON HAMMERFEST

Die moderne **Kirche** von Hammerfest (Kirkegata 33; Mitte Juni–Mitte Aug. Mo–Fr 8–15 Uhr, Sa 11–15 Uhr, So 12–13 Uhr) lohnt eine Besichtigung. Sie wurde 1961 geweiht und hat hinter dem Altar ein schönes Buntglasfenster. Der Holzfries an der Orgelempore ist das Werk des örtlichen Holzschnitzern Knut Arnesen: Er zeigt Szenen aus der Geschichte der Stadt. Auf dem Friedhof grasen mitunter Rentiere, und die Kapelle (1933) auf der anderen Straßenseite jenseits des Friedhofs ist das einzige Gebäude der Stadt, das den Zweiten Weltkrieg überlebt hat.

SALEN

Wer einen Panoramablick auf die Stadt Hammerfest, die Küste und die Berge genießen möchte, sollte den **Salen-Hügel** (86 m) erklettern. Durch das (kostenlose) Fernglas kann man wunderbar den Blick über die Bucht schweifen lassen. Auf der Spitze befinden sich auch das Turistua Restaurant (s. S. 364) und einige samische Torfhütten.

Der 10-minütige Weg beginnt an dem kleinen Park hinter dem Rådhus.

GALERIE SYVSTERNA

Wer weiß schon, wie ein Friedensnobelpreis aussieht? Bei der örtlichen Künstlerin Eva Arnesen ist eine Kopie des von ihr entworfenen Preises von 1997 zu bewundern, der Jody Williams für ihre Kampagne zum Verbot von Landminen verliehen wurde. Arnesens **Galerie** (☎ 78 41 01 60; Fjordaveien 27; ⏲ Mo–Fr) befindet sich ungefähr 4 km südlich der Stadt gegenüber der Statoil-Tankstelle. Auf ihren Bilder beschwört sie die Farben der Region, von den Nordlichtern bis zur leuchtenden Farbpalette des Sommers. Einen weiteren Nobelpreis wird sie allerdings nicht gestalten – diese Ehre wird Künstlern nur einmal zuteil. Von ihrem Mann, dem Holzschnitzer Knut Arnesen, stammen viele Schnitzarbeiten in der Stadt (am Gebäude der Eisbärengesellschaft und in der Kirche) – sowie in Disney World in Florida, USA.

Schlafen

Quality Hammerfest Hotel (☎ 78 42 96 00; www.hammerfesthotel.no auf Norwegisch; Strandgata 2–4; EZ/DZ ab 1170/1370 nkr; Ⓟ 🖳) In perfekter Lage mit Blick über den Fjord und nur einen Steinwurf von der Anlegestelle der Kreuzfahrtschiffe entfernt: ein Hotel mit viel Charakter, drei Bars, einem einladenden Restaurant, kostenloser Sauna und Solarium. Die Zimmer mit Blick über den Fjord sind nicht teurer als die anderen. Im Neubau sind sie wie Schiffskabinen eingerichtet – mit Kojen, dunklem Holz und nautischem Dekor.

Rica Hotel Hammerfest (☎ 78 41 13 33; www.rica.no; Sørøygata 15; Mitte Juni–Mitte Aug. So–Do EZ/DZ 770/970 nkr, übrige Zeit So–Do nkr1195/1395, Fr–Sa ganzjährig 750/950 nkr; Ⓟ) Aus dekorativen Ziegeln gebaut, bietet auch das Rica einen Blick auf den Hafen, eine attraktive Bar/Lounge und gut ausgestattete Zimmer. Die Benutzung von Sauna und Fitnessraum ist für Gäste kostenlos.

Hotel Skytterhuset (☎ 78 41 15 11; www.skytterhuset.no; Skytterveien 24; EZ/DZ 675/875 nkr; Ⓟ 🖳) Die drei Flügel dieses abgelegenen Hotels am Berg (mit wunderschönem Blick über die Stadt) erinnern von außen sehr an Baracken. Nicht ohne Grund: Das Gebäude wurde ursprünglich als Sommerunterkunft für die Fischersfrauen aus Finnland errichtet, die in der großen Fischfabrik Findus arbeiteten. Schon vor einiger Zeit wurde das Gebäude aber in ein gemütliches Hotel umgewandelt. Häufig springen Rentiere über den Zaun, um im Garten Futter und Schatten zu suchen. Eine gute Wahl in der mittleren Preisklasse (nach norwegischem Standard) mit kostenloser Sauna und Solarium gegen Gebühr.

Camping Storvannet (☎ 78 41 10 10; Storvannsveien; Stellplatz für Zelt/Wohnwagen 110/120 nkr, Hütte 350 nkr; ⏲ Ende Mai–Ende Sept.) Am See und im Schatten eines gigantischen Wohnblocks liegt dieser Campingplatz. Er ist klein und doch der einzige vernünftige Ort in Hammerfest zum Zelten – also am besten im Voraus reservieren.

Essen

Das Restaurant im Rica Hotel und das Benoni Restaurant im Quality Hotel bieten gutes Essen in angenehmer Umgebung.

Odd's Mat & Vinhus (☎ 78 41 37 66; Strandgata 24; Hauptgerichte 200–325 nkr; ⏲ Mo–Sa) Odd's Restaurant ist der Gourmettempel von Hammerfest: Wild, Fisch und Meeresfrüchte vom Feinsten. Von der Decke baumelnde Taue, der gekachelte Fußboden und die hölzernen Bänke erzeugen eine ausgesprochen rustikale und maritime Atmosphäre. Reservierung unbedingt erforderlich.

Turistua (☎ 78 42 96 00; Salen; Hauptgerichte 135–178 nkr) Hoch auf dem Berg Salen bietet das Turistua einen tollen Ausblick auf Stadt und Bucht. Der eher abschreckende Name geht in Wahrheit auf eine Dame namens Turi zurück, auch wenn „T(o)uristen“ Busse hier oft einen Essensstopp einlegen.

In der **H Sandberg Bäckerei** (☎ 78 41 18 08; Strandgata 19) bekommt man gut was für Zwischendurch; der **Domus Supermarkt** (Strandgata 14/18) hat eine preiswerte Cafeteria.

Unterhaltung

Shanty (☎ 78 41 49 00; Storgata 27) ist der richtige Ort für ein Bier und eine Partie Billard – außerdem ein Nachtclub am Freitag und Samstag.

Das **Rica Hotel** öffnet am Wochenende ebenfalls seinen Nachtclub, und von den drei Bars des **Quality** ist die Terrasse an der frischen Luft der richtige Platz für einen Sundowner – auch wenn die Sonne nicht vorhat unterzugehen.

An- & Weiterreise

Busse verkehren von/nach Alta (205 nkr, 2¾ Std., 3-mal am Tag) und Karasjok (283 nkr, 4¼ Std., 2-mal am Tag). Eine Linie hat Anschluss bis Kirkenes (740 nkr, 10 bis 12 Std.) via Tana Bru (552 nkr, 7½ bis 10 Std., montags, mittwochs und freitags).

Die Küstenfähren der Hurtigruten-Linie halten auch im schönen Hammerfest, für 1½ Stunden in beiden Richtungen.

Unterwegs vor Ort

Die einzige Möglichkeit, ein Fahrrad zu leihen, ist **Intersport** (Strandgata 16). Dort gibt es exakt ein Fahrrad für 50 nkr pro Tag.

Taxiruf ☎ 78 41 12 34.

NORDKAP & MAGERØYA

3470 Ew.

Was der Eiffelturm für Paris ist, ist das Nordkap für das nördliche Norwegen – die Attraktion, an der keiner vorbeikommt – selbst wenn es sich um eine Touristenfalle handelt. Das Nordkap hat sich selbst zum nördlichsten Punkt des europäischen Kontinents gekürt. Und der größte Teil der Insel Magerøya (zu der es gehört) scheint darauf aus zu sein, ganze Busladungen von Besuchern dorthin zu verfrachten – um die 200 000 jeden Sommer.

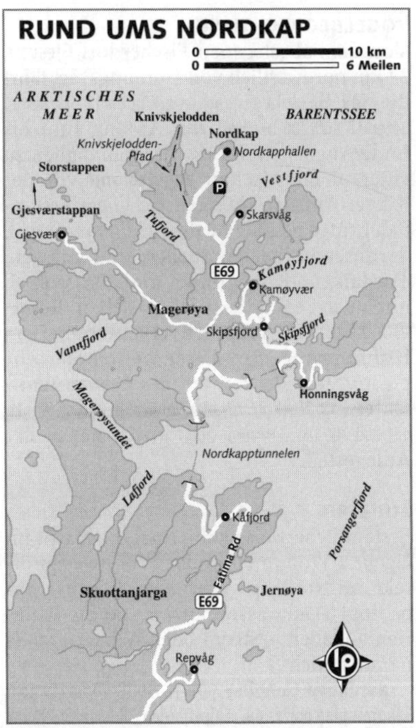

Das Nordkap, das näher am Nordpol als an Oslo liegt, befindet sich auf einer nördlichen Breite von 71° 10′ 21″. Von Mitte Mai bis Ende Juli steht dort durchgehend die Sonne am Himmel. Lange bevor andere Europäer sich dafür interessierten, betrachteten die Samen das Nordkap als eine Art Kraftzentrum und Opferstätte. Richard Chancellor, der englische Entdecker, der sich im Jahre 1553 auf der Suche nach der Nordwestpassage hierher verirrte, gab diesem Ort als Erster den Namen Nordkap. Aber erst viel später, nach dem viel beachteten Besuch von König Oskar II. im Jahr 1873, wurde das Nordkap zu einem Wallfahrtsort für die Norweger. Bizarrerweise ist es auch eine Pilgerstätte der Thailänder (!), deren König Chulalongkorn dem Nordkap 1907 einen Besuch abstattete. Heute stehen an dieser Stelle die Nordkapphallen, ein klotziges (und königlich teures) Touristenzentrum.

Und hier noch ein Geheimnis: Das Nordkap ist nicht der nördlichste Punkt des Kontinents. Diese Ehre gebührt Knivskjelodden, eine 18 km lange Rundwanderung entfernt: weniger dramatisch, nicht mit dem Auto zu erreichen – und umso schätzenswerter.

Orientierung & Prakt. Informationen

Vom Nordkap im Uhrzeigersinn rund um Magerøya findet man an der Ostküste die Dörfer Skarsvåg, Kamøyvær, Skipsfjord und Honningsvåg (mit rund 2900 Einwohnern mit Abstand die größte Siedlung der Insel) und Gjesvær an der Westküste. Das **Fremdenverkehrsbüro** (☎ 78 47 70 30; www.northcape.no; Fiskeriveien 4B; Mitte Juni–Mitte Aug. Mo–Fr 8.30–20 Uhr, Sa–So 12–20 Uhr; übrige Zeit Mo–Fr 8.30–16 Uhr) befindet sich am Hafen in Honningsvåg. Hier ist man freundlich und hilfsbereit; auch Internetbenutzung ist möglich (23 nkr pro Viertelstunde). Die Angestellten an der Rezeption der Nordkapphallen helfen ebenfalls weiter.

Sehenswertes & Aktivitäten

NORDKAPPHALLEN

Geschafft: Die nördlichste Touristenfalle Europas ist erreicht. Diese Bewertung wird von vielen Briefen bestätigt, die wir regelmäßig von sich geneppt fühlenden Lesern erhalten. Um die äußerste Spitze des europäischen Kontinents zu erreichen – sei es mit dem Auto, mit dem Fahrrad, mit dem Bus oder zu Fuß –, muss man eine Art **Wegezoll** (Erwachsene/Kinder/Familien 190/55/380 nkr) entrichten. Damit hat man unbegrenzten Zutritt für zwei Tage, doch das entschädigt kaum für die Massen, die hier anrollen, sich einmal umsehen, glücklich sind, dass sie es geschafft haben, und wieder abrollen.

Die **Nordkapphallen** direkt am Nordkap (☎ 78 47 68 60; 🕒 Mitte Juni–Juli 9–2 Uhr; Mitte Mai–Mitte Juni 12–1 Uhr; Aug. 12–24 Uhr; Anfang Mai & Sept.–Mitte Okt. 12–16 Uhr; Mitte Okt.–April 12.30–14 Uhr) werden geliebt und gehasst. Drinnen gibt es eine kleine Ausstellung über die Region, ihre Natur und Geschichte, eine Cafeteria, ein Restaurant, die beeindruckende Grottenbar, ein Thai-Museum (ein Raum), die St.-Johannes-Kapelle („die nördlichste ökumenische Kapelle der Welt"), ein Postamt (wegen des ungeheuer wichtigen Nordkap-Stempels) und einen Souvernirladen. In einem 180-Grad-Saal mit fünf Bildschirmen läuft ein sehenswerter Panoramafilm.

Aber den echten Kick gibt der Ausblick. Bei gutem Wetter – und das Wetter ist entgegen verbreiteten Vorurteilen meistens gut – kann man auf die wilde Brandung in 307 m Tiefe hinunterblicken, den Nebel heraufwabern sehen, Knivskjelodden auf einer kleinen Landspitze weiter links die Ehre erweisen – und vielleicht sogar von Svalbard, weit im Norden, träumen.

KNIVSKJELODDEN

Der wirklich und wahrhaftig nördlichste Punkt des Kontinents, Knivskjelodden, ist glücklicherweise mit Fahrzeugen nicht zu erreichen und frei von touristischem Schnickschnack. Von einem ausgewiesenen Parkplatz 6 km südlich der Zollstation fürs Nordkap kann man zu diesem hübschen Felsvorsprung wandern. Die 9 km lange Wanderung ist nicht schwierig, allerdings geht es ein wenig auf und ab. Am besten zieht man Wanderschuhe an, denn nach Niederschlägen ist es manchmal ziemlich matschig. Wenn man die nördliche Breite 71° 11′ 08″ (auf Meereshöhe) erreicht hat, kann man sich in ein Gästebuch eintragen. Wer möchte, schreibt sich seine laufende Nummer aus dem Buch ab und holt sich beim Nordkapp Camping oder im Fremdenverkehrsbüro gegen 50 nkr – außer der Wanderung ist auf dieser Insel nichts umsonst – ein Zertifikat, welches die Heldentat bestätigt. Die Wanderung hin und zurück dauert ungefähr fünf Stunden.

NORDKAPP MUSEUM

Das kleine **Museum** in Honningsvåg (☎ 78 47 72 00; Fiskeriveien 4; Erwachsene/Kinder nkr30/5; 🕒 Mitte Juni–Mitte Aug. Mo–Sa 10–19 Uhr, So 12–19 Uhr; übrige Zeit 12–16 Uhr), gleich neben dem Fremdenverkehrsbüro, widmet sich besonders dem Fischfang in der Arktis. Viele finden diese Ausstellung ebenso gut wie die in den Nordkapphallen – bei deutlich geringerer Nervenbelastung.

KIRCHE VON HONNINGSVÅG

Die **Kirche** von Honningsvåg stammt aus dem 19. Jh. (Kirkegata; 🕒 Juni–Anfang Sept. 8–22 Uhr) und ist das einzige Gebäude am Ort, das den Rückzug der Nazis 1944 überlebte. Eine Zeit lang diente die Kirche als Gemeinschaftsunterkunft für die Dorfbewohner, bis in aller Eile erste neue Häuser errichtet werden konnten.

VOGELBEOBACHTUNG

Von dem abgelegenen Fischerdorf **Gjesvær**, 34 km nordwestlich von Honningsvåg, fährt die **MV Havsula** (Erwachsene/Kinder 12–15/Kinder unter 12 400/200 nkr/frei) von Anfang Juni bis Ende August zwei- oder dreimal täglich zu einer phantastischen **Vogelkolonie** vor der Küste: Auf der Inselgruppe Gjesværstappan brüten geschätzte drei *Millionen* Vögel, darunter Papageientaucher, Raubmöwen, Tordalken, Kormorane und Basstölpel; und auch Seehunde gibt's zu sehen. Reservierungen im Fremdenverkehrsbüro von Honningsvåg. Ein Leser berichtete sehr positiv über die Hütten des **Gjesvær Turistsenter** (☎ 78 47 57 73; olat@birdsafari.com; 500 nkr, mit Bad 700 nkr; 🕒 Juni–Aug.) gleich neben der Anlegestelle.

Schlafen

Erstaunlicherweise kann man die Nacht im eigenen Wohnmobil oder Wohnwagen direkt am Nordkap verbringen. (Vorher unbedingt Trinkwasser tanken und die Batterien aufladen – Strom oder Wasser gibt es nämlich nicht.)

Nordkapp Camping (☎ 78 47 33 77; www.nordkappcamping.no; E 69, Skipsfjorden; Person/Stellplatz

DER TIPP VOM AUTOR

Wenn es Abend wird, sollte man sich unbedingt von der Lemmingherde am Nordkap verabschieden und einen kurzen Abstecher von der E 69 in die winzige, geschützt liegende Fischergemeinde Kamøyvær unternehmen, wo pastellfarbene Häuschen den kleinen Hafen umrahmen. Hier gibt es gleich zwei tolle Unterkünfte, obwohl der Ort nicht groß ist. Wir können allerdings nicht verschweigen, dass sie sehr bekannt sind. Reservierungen sind also nötig.

Havstua Kamøy (☎ 78 47 51 50; www.havstua.no; EZ/DZ 550/800 nkr; 🕑 Juni–Aug.; P) In einem ehemaligen Fischerhäuschen direkt am Hafen werden fünf kleine Zimmer an Gäste vermietet; das Rauschen der Wellen wiegt einen in den Schlaf, und es gibt eine große Holzterrasse, auf der man es sich bequem machen und die Angel ins Wasser halten kann. Das Esszimmer ist ein erfreuliches Durcheinander nautischer Gegenstände und das Essen eine glückliche Mischung aus frischem Fisch, garniert mit mediterranen Kräutern und Gewürzen.

Arran (☎ 78 47 51 29; www.arran.as; EZ/DZ 750/950 nkr; 🕑 Mitte Mai–Mitte Sept.; P) Deutlich eine Nummer größer ist das Arran mit 50 Zimmern in drei Gebäuden am Hafen. Die Samenfamilie, die hier regiert, bäckt ihr eigenes Brot, und auf der Speisekarte steht immer frischer Fisch, der normalerweise mit dem eigenen Boot gefangen wird. Wer länger bleibt, wird gern mit einem Rentierspecial verwöhnt (nkr 115) – so kommt etwas Abwechslung ins Menü.

Wenn beide Unterkünfte belegt sein sollten, bieten mehrere andere Häuser im Ort Zimmer zum Übernachten an. Und wen es nach kulturellen Genüssen verlangt, der klopfe bei der netten Galerie „East of the Sun" an die Tür. Dort gibt es Arbeiten von örtlichen Künstlern zu sehen; der Besitzer führt einen gern herum.

25/90 nkr, B 175 nkr, 4-Bett-Hütte 460 nkr, mit Bad 500–840 nkr; 🕑 Mitte Mai–Mitte Sept.) Die freundliche Betreuung und die Auswahl an Übernachtungsmöglichkeiten gleichen die öde Lage dieses Platzes nördlich vom Skipsfjord mehr als aus.

Kirkeporten Camping (☎ 78 47 52 33; www.kirkeporten.no; Storvannsveien 2, Skarsvåg; Person/Stellplatz 25/100 nkr, Hütte 400–500 nkr, 4-Bett-Hütte mit Bad 550–750 nkr, 6-Bett-Hütte 575–950 nkr) Ein weiterer netter Campingplatz, der besonders bei britischen Abenteuerreisegruppen beliebt ist. Die Behauptung, es handle sich um den „nördlichsten Campingplatz der Welt", kann aufrechterhalten werden; zwar gibt es am Flugplatz auf Svalbard einen spartanischen Platz, aber der hat weder Hütten noch andere Einrichtungen. Im gemütlichen Café dieses Campingplatzes gibt es täglich frischen Fisch (115 bis 145 nkr) und Rentier (115 nkr).

Honningsvåg Brygge (☎ 78 47 64 64; www.hvg.brygge.no; Vågen 1a; EZ/DZ 950/1150 nkr; 🕑 ganzjährig) Die originellste Wahl, wenn man in Honningsvåg übernachten möchte, ist dieses ehemaliges Lagerhaus für Fisch, frisch renoviert. Die Lage am Hafen macht die Aussicht unschlagbar.

Essen

In Honningsvåg gibt es das **Corner** (☎ 78 47 63 40; Fiskerveien 1; Hauptgerichte 100–170 nkr) mit einem Café, das Meeresfrüchte und Pizza serviert, einer Bar und am Wochenende manchmal Disko. Von der einladenden Terrasse draußen hat man einen Blick übers Wasser. Auf dem Pier findet man dann noch das **Sjøhuset** (☎ 78 47 36 16; Vågen 1; Hauptgerichte 170–225 nkr; nur Abendessen), das eleganteste Restaurant der Stadt – mit reichlichen Portionen.

Ausgehen

Auch auf diesem Gebiet hat Honningsvåg am meisten zu bieten.

Bryggerie (☎ 78 47 26 00; Nordkappgate 1) Die berühmte Brauerei Mack in Tromsø hat seine Position als nördlichste Brauerei der Welt an Honningsvågs Mikrobrauerei abtreten müssen. Ein beliebtes Gebräu, das gelegentlich angeboten wird, heißt „Sårry Makk" – „Sorry Mack, aber jetzt liegen wir weiter im Norden."

Nøden Pub (☎ 78 47 27 11; Larsjorda 1) In der beliebten Kneipe beim Rica Hotel gibt's oft Livemusik.

Ice Bar (☎ 78 47 15 00; Sjøgata 1; 🕑 9–21 Uhr) Dieser Ort gilt als die „nördlichste Eisbar der Welt". Nähere Auskünfte gibt's telefonisch (über Öffnungszeiten, Preise und was darin enthalten ist).

Wenn die Mitternachtssonne scheint, ist Partytime in der **Grotten Bar** (Nordkapphallen).

An- & Weiterreise

SCHIFF

Die Hurtigruten-Fährschiffe legen in Honningsvåg an. Der 3½-stündige Stopp auf der Fahrt nach Norden reicht aus, um schnell zum Nordkap zu sausen; die Hurtigruten-Linie bietet ihren Passagieren diesen Ausflug an (580 nkr).

BUS

Ein Expressbus verbindet Honningsvåg mit Alta (292 nkr, 4 Std., 1- oder 2-mal am Tag) und Hammerfest (251 nkr, 3 Std., 2-mal tgl. außer samstags).

AUTO & MOTORRAD

Für die Anfahrt auf vier oder zwei Rädern nimmt man die E 6 über Olderfjord, wo die E 69 nach Norden abzweigt. Die Gebühr für den 6,8 km langen Nordkapptunnel beträgt happige 140 nkr für eine Limousine mit Fahrer plus 46/23 nkr für Erwachsene/Kinder.

Unterwegs vor Ort

FAHRRAD

Das Fremdenverkehrsbüro verleiht Fahrräder für 150/250 nkr pro halben/ganzen Tag (600 nkr für drei Tage). Auf der ungeschützten Straße zum Kap kann es ganz schön pusten – also auf alle Fälle die Windjacke mitnehmen!

BUS

Von Mitte Juni bis ungefähr zum 20. August fährt ein Bus (Erwachsene/Kinder 80/40 nkr, 45 Min.) täglich um 10.45 Uhr und um 20.30 Uhr nach Honningsvåg und zum Nordkap; Rückfahrt vom Kap um 13.15 bzw. 00.15 Uhr (damit man die Mitternachtssonne auch um Mitternacht sehen kann). Wer knapp bei Kasse ist, sollte die angebotenen Inklusivtouren sorgfältig prüfen; hier wird für die gleiche Leistung möglicherweise deutlich mehr berechnet. Und nicht vergessen: Auch wer mit dem Bus kommt, muss immer noch die 190 nkr Eintritt bezahlen.

Solange nicht zu viel Schnee liegt, fährt in der übrigen Zeit ein Bus ab Anleger Honningsvåg zum Nordkap um 12 Uhr, Rückfahrt um 14.15 Uhr. Reservierungen bis 16 Uhr am Vortag entweder über das Fremdenverkehrsbüro oder bei der **FFR Busgesellschaft** (☎ 78 47 58 44).

AUTO & MOTORRAD

Bevor in den 1950er-Jahren die Asphaltstraße zum Nordkap gebaut worden war, konnte das Kap nur mit dem Boot erreicht werden. Heute windet sich ein grauschwarzes Band über das felsige Plateau, vorbei an Herden grasender Rentiere. Je nach Schneelage ist die Straße für den Verkehr privater Fahrzeuge von April bis Mitte Oktober geöffnet. In den Randmonaten bei heiklem Wetter lieber erst das Fremdenverkehrsbüro befragen.

Ein Taxi von Honningsvåg zum Nordkap hin und zurück kostet 900 nkr – plus die bewussten 190 nkr Eintritt pro Passagier. Dafür wartet es eine Stunde am Kap.

In Honningsvåg bietet **Avis** (☎ 78 47 62 62) ein besonderes Schnäppchen an: einen Leihwagen für fünf Stunden, einschließlich Sprit und Versicherung, für 725 nkr. Wem das teuer vorkommt, der hat in Norwegen vielleicht noch kein Auto gemietet oder Benzin getankt.

LAKSELV & UMGEBUNG

2200 Ew.

Das kleine, schlichte Fischerdorf Lakselv am oberen Ende des großen Porsangerfjords hat dem Reisenden nicht wirklich viel zu bieten. Der Name bedeutet „Lachsfluss“, und damit ist schon gesagt, was den Ort für den Norwegenurlauber letztlich attraktiv macht.

Praktische Informationen

Lakselv hat alles, was Durchreisende benötigen: Restaurants, Supermärkte, Unterkünfte und Benzin. Das **Fremdenverkehrsbüro** (☎ 78 46 07 00; www.visitarcticnorway.no; 🕑 Anfang Juni–Mitte Aug. Mo–Fr 9–17 Uhr, Sa–So 10–17 Uhr) befindet sich im eher traurigen Porsanger Versthus Hotel.

Sehenswertes

NORTH CAPE WINE

Zwar werden die Produkte hier nicht aus Traubensaft hergestellt, aber **North Cape Wine** (☎ 78 46 23 73; Meieriveien 11) ist trotzdem der nördlichste Weinproduzent der Welt. Hier keltert man ganz besondere – und noch dazu extrem süffige – Weine aus den Beeren der Arktis. Anmeldungen für eine Führung mit Weinprobe (95 nkr) im Fremdenverkehrsbüro oder beim Weinproduzenten selbst. Flaschen zum Mitnehmen

DER TIPP VOM AUTOR

Bungalåven Vertshus (☎ 78 46 48 01; www.bungalaaven.tk; Børselv; einfache EZ/DZ 250/450 nkr) liegt nordöstlich von Lakselv, ungefähr 40 km weit die Rv 98 hinunter. Die Abzweigung ist ausgeschildert: 2 km hinter einer Brücke über einen Seitenarm des Porsangerfjords. Das gesellige Lokal in einem umgebauten Bauernhaus ist bei den Fischern beliebt; zum Abendessen werden traditionelle Gerichte für schlappe 125 nkr serviert, während das Frühstück mit heimischem Lachs 100 nkr kostet. In der Lounge kann man prima abtauchen, der Inhaber spielt Quetschkommode – und schneller, als man es für möglich hält, ist man wieder in der Senkrechte und schwingt das Tanzbein. Hier gibt's auch Hütten für Einzelpersonen (200 nkr) und eine große Hütte mit Bad und einer Mini-Küche (700 nkr), in der bis zu sechs Personen Unterkunft finden.

gibt es im Vinmonopolet im Einkaufszentrum Torgsenteret.

NATURRESERVAT STABBURSNES

Das Naturreservat Stabbursnes umfasst riesige Feuchtwiesen und Schlammzonen nördlich von Lakselv an der Westküste des Porsangerfjords. Besonders beliebt ist es bei Hobby-Ornithologen. Sie können hier viele Arten Enten, Gänse, Taucher und Strandläufer beobachten, die auf dem Zug von der Arktis in gemäßigtere Zonen einen Zwischenstopp einlegen. Zu den selteneren Arten gehören die Blässgans, die Pfuhlschnepfe und der Knutt. Zu den Marschen an der Küste haben die Besucher während der Brutzeit (Mai und Juni) keinen Zutritt.

Besucherzentrum und Museum (☎ 78 46 47 65; Erwachsene/Kinder 40/10 nkr; ⌚ Juli 9–20 Uhr; Juni & Aug. 11–18 Uhr; Sept.–Mai 12–15 Uhr) befinden sich in Stabbursnes, 15 km nördlich von Lakselv an der E 6. Hier gibt es Naturführer und topografische Karten zu kaufen; das Museum zeigt Ausstellungsstücke über die Kultur der Samen und eine Diashow.

STABBURSDALEN-NATIONALPARK

Er ist kompakt (98 km²) und viel zu wenig besucht: Der Stabbursdalen-Nationalpark hat eine spektakuläre Gletscherschlucht und ausgezeichnete Wandermöglichkeiten im nördlichsten Kiefernwald der Welt zu bieten. Wanderer finden in zwei Berghütten, Rurkulphytta und Ivarstua, sowie in einer Torfhütte Unterschlupf. Nähere Informationen über Trails sowie die richtigen Wanderkarten (Statens Kartverk's Blätter 1935II und 2035III im Maßstab 1:50 000) gibt's im Besucherzentrum in Stabbursnes.

Schlafen & Essen

Lakselv Vandrerhjem (☎ 78 46 14 76; lakselv.hostel@vandrerhjem.no; B 200 nkr, Hütten mit Bad & Küche 500–600 nkr; ⌚ Juni–Aug.) Dieses Hostel liegt abgeschieden im Wald; hier ist es ausgesprochen friedlich. Umgeben von kleinen Seen ist das Vandrerhjem eine großartige Ausgangsbasis für gemütliche Spaziergänge; Möglichkeiten zur Selbstversorgung sind vorhanden. Wer dorthin gelangen möchte, folgt der E 6 südlich von Lakselv 6 km weit und dann einem Feldweg nach links bis zum Ende nach 2 km.

Lakselv Hotell (☎ 78 46 54 00; www.finnmarkhotellforening.no; Karasjokveien; Mitte Juni–Mitte Aug. EZ/DZ 735/835 nkr, übrige Zeit 875/1075 nkr; Ⓟ 💻) Ein Hotel der Oberklasse 2 km außerhalb des Ortes, gleich an der E 6. Die Zimmer sind gemütlich mit Blick auf Berge und Fjord. Eine (für Gäste kostenlose) Sauna ist vorhanden sowie ein Restaurant, das im Sommer ein leckeres Büfett zum Abendessen anbietet.

Solstad Camping (☎ 78 46 14 04; Fax 78 46 12 14; Stellplatz für Zelt/Wohnwagen 140/160 nkr, Hütte 300–450 nkr, mit Bad 500–900 nkr) Dieser Campingplatz liegt günstig 2 km östlich von Lakselv entfernt an der Rv 98.

Im Ort selbst gibt es keine besonderen kulinarischen Highlights. Die beste Wahl unter den wenigen Möglichkeiten ist das **Åstedet Café & Bistro** (☎ 78 46 13 77) neben dem Porsanger Versthus und dem Fremdenverkehrsbüro. In diesem Lokal, das gleichzeitig Kneipe und Café-Restaurant ist, werden einige recht ordentliche Fleischgerichte angeboten (115 bis 145 nkr), außerdem die üblichen Burger, Pizzas und Salate.

An- & Weiterreise

Der Nordkap-Flughafen von Lakselv ist eine wichtige Verbindung in die innere Finnmark. Von hier gehen täglich Flüge mit Widerøe von/nach Tromsø. Die Fluggesellschaft Finnair fliegt nur im Sommer von/nach Helsinki und Rovaniemi.

Busse fahren von/nach Alta (247 nkr, 3½ Std.) und Karasjok (110 nkr, 1¼ Std.) zweimal täglich außer samstags. Sie verbinden auch Lakselv mit Honningsvåg (238 nkr, 3¼ Std., 1- oder 2-mal am Tag außer samstags). Im Sommer hält hier ein Bus, der täglich zwischen dem Nordkap und Rovaniemi via Ivalo (beide in Finnland) pendelt.

ÖSTLICHE FINNMARK

Besucher muss man hier wirklich mit der Lupe suchen. Doch die östliche Finnmark hat Küstenatmosphäre, einige reizvolle Dörfer und eine einzigartige Geschichte zu bieten, in der Finnen, Hexen, Entdecker und Kriegszerstörungen eine Rolle spielen. Außerdem ist sie das Zentrum der östlichen Samenkultur.

HALBINSEL NORDKYN

2650 Ew.

Der Felsen **Finnkirke** markiert mit seiner charakteristischen, an einer Kirche erinnernden Form den Ortseingang von Kjøllefjord: eine wahrlich majestätische Einladung in diese abgelegene Ecke der Finnmark, die ein wahres Schatzkästlein für Sammler von „nördlichsten Irgendwas" ist.

Auf der anderen Seite der Halbinsel Nordkyn behauptet das winzige Küstendorf Gamvik, hier befinde sich das nördlichste Museum der Welt, das **Latitude 71 Museum** (☎ 78 49 79 49; Strandveien 94; Gamvik; Erwachsene/ermäßigt 50/25 nkr; ⌚ Mitte Juni–Mitte Aug. tgl. 9–16 Uhr; übrige Zeit Mo–Fr 9–16.30 Uhr). In der Ausstellung geht es um die Kultur der Fischer in der weitläufigen Umgebung. Ganz in der Nähe verläuft ein Wanderpfad für Vogelbeobachter durch das **Slettnes-Naturreservat**. Hier halten sich nistende oder durchziehende Enten und Watvögel auf (erreichbar nur zu Fuß oder mit dem eigenen Auto). Und **Slettnes Fyr** ist der nördlichste Festlandsleuchtturm der Welt.

In der Mitte der Halbinsel liegt **Kinnarodden**, der nördlichste Punkt des europäischen Festlands (Knivskjelodden, am Nordkap, liegt auf einer Insel). Die Ortschaft Mehamn ist nicht weiter bemerkenswert, höchstens als Schauplatz einer sehr frühen Auseinandersetzung über den Umweltschutz in Norwegen: 1903 wurden Soldaten hierher geschickt, um die örtlichen Fischer zur Räson zu bringen. Die protestierten dagegen, dass durch den Walfang diejenigen Wale ausgerottet würden, die in früherer Zeit den Fischfang erleichtert hätten, indem sie den Kabeljau der Küste zutrieben.

Gamvik Gjestehus (☎ 78 49 62 12; vassvik@start.no; Strandveien 78, Gamvik; EZ/DZ 450/550 nkr) Einsam am Meer gelegen, befindet sich in dieser kürzlich renovierten Fischerhütte ein gutes, schlichtes Restaurant.

Hotel Nordkyn (☎ 78 49 81 51; nordkyn@online.no; Strandveien 136, Kjøllefjord; EZ/DZ 675/850 nkr) Von diesem bescheidenen Hotel aus kann man weit über den Y-förmigen Kjøllefjord blicken; dazu gehört ein beliebtes Kneipenrestaurant.

Busse verbinden Mehamn mit Lakselv (207 nkr, 4½ Std., tgl.), Gamvik (36 nkr, 30 Min., montags bis freitags) und Kjøllefjord (44 nkr, 40 Min., montags bis freitags). Kjøllefjord und Mehamn sind auch Kurzstopps der Hurtigruten-Fähren.

BERLEVÅG

1100 Ew.

Dieses winzige Fischerdorf hat etwas wirklich Großes hervorgebracht: den **Berlevåg Mannsangforening**, einen Männerchor, den Knut Erik Jensen zum Thema seiner Dokumentation *Heftig og Begeistret* (Cool und verrückt) von 2001 machte. Als der Film, eine Art nordischer *Buena Vista Social Club*, herauskam, war er eine nationale Sensation und erntete auch internationale Anerkennung. Die CDs des Chores sieht man überall im Norden; auf einem Cover sind die nicht mehr ganz taufrischen Jungs mit den leuchtenden Augen mit ihren charakteristischen Fischermützen abgebildet, wie sie hoffnungsvoll gen Himmel blicken.

Sehenswertes & Aktivitäten

Das **Hafenmuseum** (Havne-museum; ☎ 78 98 08 97; Havnegate; Erwachsene/Kinder 30/10 nkr; ⌚ Mitte Juni–Mitte Aug. Mo–Fr 10–18 Uhr, Sa–So 13–18 Uhr; übrige Zeit Mo–Fr 12–15 Uhr) in der Ortschaft präsentiert die üblichen maritimen Objekte sowie ein ungewöhnliches altes Expeditionsboot, die *Berlevåg II*.

Ungefähr 12 km entfernt befindet sich eine **Opferstätte der Samen** auf dem 269 m hohen Tanahorn mit einem wunderbaren Blick auf das Eismeer. Die 8 km lange Wanderung (hin und zurück) beginnt 8 km westlich vom Ort an der Schotterstraße, die zu dem ebenso interessanten verlassenen Fischerdorf Store Malvik (20 km westlich von Berlevåg) führt.

Schlafen

Berlevåg Camping og Appartement (☎ 78 98 16 10; berlevag.camping@online.no; Havnegate 8b; Stellplatz für Zelt/Wohnwagen 85 nkr plus 10 nkr pro Person, EZ/DZ 350/425 nkr) Freundlicher, gepflegter Komplex, in dem auch das Fremdenverkehrsbüro untergebracht ist. Hier kann man den Besuch einer Fischfarm, Flaschentauchen und Angelausflüge buchen sowie Fahrräder leihen.

Ishavshotellet (☎ 78 98 14 15; Fax 78 98 16 63; Storgata 30) Eigentlich handelt es sich um zwei aneinander angrenzende grundverschiedene Hotels: Im neueren Gebäude (EZ/DZ 800/1050 nkr) lebt es sich höchst komfortabel, im älteren Nachbargebäude dagegen preiswert und schlicht mit Bad auf dem Flur (EZ/DZ 350/550 nkr).

An- & Weiterreise

Busse fahren von Tana Bru (193 nkr, 2½ hours) und Båtsfjord (131 nkr, 1¾ hours) mindestens einmal am Tag, sonntags bis freitags. In Berlevåg halten auch die Hurtigruten-Schiffe auf ihrer Küstenfahrt.

OPORINIA AUTUMNATA

Überall in der Finnmark und auch jenseits der Grenze in Finnland trifft man immer wieder auf desolate Birkenwälder – ohne Blätter, die Stämme schwarz, als habe ein Feuer gewütet. Doch schuld daran ist etwas viel Kleineres, Langsameres, Hinterhältigeres und mindestens ebenso Zerstörerisches.

Der Birkenspanner *Oporinia autumnata* sieht harmlos aus: Die Raupen sind leuchtend grün, bis zu 2 cm lang und hungrig wie Wölfe. Sie verschlingen die Blätter eines Baumes und schwingen sich dann an hauchdünnen Fäden zur nächsten chlorophyllhaltigen Mahlzeit.

Am Ende fressen sie sich selbst um Haus und Hof, und dann sinken ihre Zahlen. Doch bis das geschieht, können die Auswirkungen für den empfindlichen Taiga-Wald verheerend sein. Nur wenn es zwei Tage lang mindestens –35 °C kalt ist, werden die Schädlinge ausgerottet. Doch obwohl die Winter hier oben kalt sind, kann es Jahre dauern, ehe solche Temperaturen erreicht werden.

BÅTSFJORD

2300 Ew.

Gegenüber dem ländlichen Berlevåg wirkt der Nachbarort Båtsfjord, der größte Fischereihafen im hohen Norden, geschäftig und industriell.

Im Ort gibt es ein **Fremdenverkehrsbüro** (☎ 78 98 55 20; www.baatsfjordnett.no; Hindberggate 16; 🕑 Mo–Fr 8–13.30 Uhr).

Sehenswertes & Aktivitäten

BÅTSFJORD-KIRCHE

Das Highlight des Ortes ist die **Kirche** (☎ 78 98 33 33; 🕑 Mitte Juni–Mitte Aug.). 1971 erbaut, steht ihr sachliches Äußeres in scharfem Kontrast zum Inneneindruck. Hier leuchten satte 85 m² Buntglasfenster.

MAKKAUR

Eine 25 km lange Wanderung an der Südküste des Fjords nach Osten führt nach Makkaur, einem **verlassenen Fischerdorf** aus mittelalterlicher Zeit, das im Zweiten Weltkrieg nicht bombardiert wurde. Aller mögliche – durchaus spannende – Krempel ist hier übrig geblieben, außerdem die Reste eines deutschen Kriegsgefangenenlagers. Der einzige ständige Bewohner ist der Wärter des Leuchtturms von 1928, einer der ganz wenigen in Norwegen, die nicht vollautomatisch betrieben werden.

Das 113 km² große **Makkaurhalvøya-Naturreservat** unmittelbar östlich wurde im Jahr 1983 eingerichtet, um die 4 km langen und 200 m hohen Vogelfelsen von Syltefjordstauren zu schützen. Im Sommer brüten hier um die 250 Basstölpel-Paare, außerdem Seeadler, Kormorane, Tordalken, Papageientaucher, Dickschnabel- und Trottellummen sowie 150 000 Brutpaare der Dreizehenmöwe. Besucher haben gute Chancen, Seehunde zu Gesicht zu bekommen. Das Fremdenverkehrsbüro organisiert Schiffsausflüge.

Schlafen

Havly Fiskarheim (☎ 78 98 42 05; Fax 78 98 34 81; Havnegata 31; EZ/DZ 400/600 nkr) Die billigste Unterkunft in Båtsfjord ist diese einfache Seemannsmission mit angeschlossener Cafeteria. Von den 13 Zimmern sind sechs miteinander verbunden. Weil es sich um eine kirchliche Einrichtung handelt, ist Alkohol verboten, und wie überall sonst in Norwegen darf man nicht rauchen. Man fragt sich, was eigentlich die russischen Seeleute in jenem Zimmer machen, das ausschließlich ihnen vorbehalten ist ...

Polar Hotell (☎ 78 98 31 00; polarhotell@c2e.net; EZ/DZ 895/1455 nkr) Ein neues Management hat diesem Hotel vor Kurzem ein radikales Facelifting verpasst. In begrenzter Anzahl stehen neben dem Hotel auch **Campingstellplätze** (Auto/Wohnwagen 150 nkr) zur Verfügung (mit Nutzung der Sanitäreinrichtungen im Hotel). Die Kneipe hat eine kurze Speisekarte. Anders als in den meisten norwegischen Hotels wird hier das Hauptgeschäft in der Winterzeit gemacht. Wer im Sommer vorbeikommen möchte, sollte lieber vorher anrufen.

An- & Weiterreise

Der Flughafen, 5 km vom Ort entfernt, wird von Widerøe angeflogen. Direktflüge gibt's nur nach Mehamn und Vadsø, ein phantastischer Blick über die arktische Landschaft, komplett mit grasenden Rentieren ist dabei inklusive.

Busse verbinden Båtsfjord mit Tana Bru (152 nkr, 2 Std.). In Båtsfjord halten auch die Hurtigruten-Fähren.

TANA BRU

590 Ew.

Das winzige Tana Bru verdankt seinen Namen der malerischen Brücke über den großen Fluss Tana, an dem es liegt. Er ist eins der besten Forellengewässer Europas. Die Einheimischen errichten Stauwehre, um die Fische am Weiterziehen zu hindern; das natürliche Stauwehr der Storfossen-Wasserfälle, ungefähr 30 km flussaufwärts, ist einer der schönsten Angelplätze überhaupt. Ein Versuch lohnt sich, aber man muss schon ein besonderer Glückspilz sein, um etwas an Land zu ziehen, das sich mit der Rekordforelle von 36 kg vergleichen lässt, die hier einst angelandet wurde.

Sehenswertes & Aktivitäten

Bei **Tana Gull og Sølvsmie** (☎ 78 92 80 06; www.tanagullogsolv.com) sollte man kurz anhalten und ein wenig herumstöbern. Vor mehr als 25 Jahren wurde diese erste Gold- und Silberschmiede der östlichen Finnmark aufgemacht. Heute wird dort sehr schöner Gold- und Silberschmuck hergestellt, der inspiriert von traditionellen samischen Formen ist.

Schlafen

Comfort Hotel Tana (☎ 78 92 81 98; www.choicehotels.no; Stellplatz für Zelt/Wohnwagen 50/150 nkr plus 25 nkr pro Person, Mitte Juni–Mitte Aug. EZ/DZ 740/940 nkr; übrige Zeit So–Do 995/1230 nkr, Fr–Sa 740/790 nkr; P) Eine praktische Zwischenstation, wo Rv 98 und E 6/E 75 aufeinander treffen: mit Campingmöglichkeiten, bequemen Zimmern, einem Restaurant, einer Bar und dem Fremdenverkehrsbüro.

Polmakmoen Gjestegård (☎ 78 92 89 90; Polmak; EZ/DZ 650/1000 nkr) In diesem Komplex 20 km flussaufwärts von Tana Bru kann man in einer anheimelnden *Gamma* (Torfhütte) im samischen Stil übernachten (mit angrenzendem Badezimmer). Draußen warten ein Badezuber aus Holz und eine Sauna, die ein finnischer Leser und Kenner der Materie für eine der besten in Norwegen hält. Ab hier werden auch Bootsfahrten auf dem Fluss angeboten (100 nkr, 1½ Std.).

An- & Weiterreise

Der Expressbus zwischen Hammerfest (552 nkr, 7¼ Std.) und Kirkenes (201 nkr, 2½ Std.) verkehrt dreimal in der Woche montags, mittwochs und freitags und fährt über die Brücke bei Tana Bru. Nahverkehrsbusse gibt es von/nach Berlevåg (193 nkr, 2½ Std.), Båtsfjord (152 nkr, 2 Std., mindestens 1-mal am Tag) und von/nach Vadsø (98 nkr, 1¼ Std., 2- bis 4-mal am Tag, tgl. außer samstags).

Auf dem Weg nach Båtsfjord oder Berlevåg kommt man an den bunten gefalteten Sedimentschichten der Gamasfjellet-Felsen an der Ostküste des Tanafjords vorbei – ein spektakulärer Anblick!

SAMENMUSEEN

Zwischen Tana Bru und Vadsø befinden sich zwei wichtige samische Kulturstätten, die beide einen Besuch wert sind.

In Varangerbotn steht das ausgezeichnete und sehr zu empfehlende **Varanger-Samenmuseum** (Várjjat Sámi Musea; ☎ 78 95 99 20; Varangerbotn; Erwachsene/Kinder 49/20 nkr; Mitte Juni–Mitte Aug. 10–18 Uhr; übrige Zeit Mo–Fr 10–15 Uhr). Mit Hilfe diverser Medien führt es in die Geschichte, die Religion und die Bräuche der an der Küste lebenden Samen ein. Weitere Ausstellungen sind zeitgenössischen samischen Künstlern gewidmet.

An der E 75, ungefähr 15 km in Richtung Vadsø, liegt ein Gebiet, das eng mit dem Museum verbunden ist: der **Ceavccageadge** (Fischölstein ☎ 78 95 99 20; Mortensnes; Eintritt frei; ⌚ Mitte Juni–Ende Aug. 12–18 Uhr). Auf Schritt und Tritt stolpert man hier über die verschiedensten Überbleibsel von 10 000 Jahren Samenkultur. Rund 8 km Wanderwege winden sich die Berge hinauf und wieder hinunter ans Meer. Am westlichen Ende der Anlage, nachdem man Grabstätten, Ruinen von Wohnstätten und eine rekonstruierte Torfhütte hinter sich gelassen hat, steht man endlich vor dem Namensgeber *Ceavccageadge:* einem säulenartigen Stein in Wassernähe, der mit Lebertran eingesalbt wurde, um Glück beim Fischfang herbeizuwünschen. Auf einem Berg weiter östlich findet man den Bjørnstein (Bärenfelsen), der die früher hier siedelnden Samen wohl an einen Bären erinnert haben muss. Auf jeden Fall hielten sie ihn für verehrungswürdig. Die ganze Gegend kann man kostenlos durchstreifen, wird allerdings hinterher genauso schlau sein wie vorher – es sei denn, man kauft sich das überaus hilfreiche und informative Buch (50 nkr) im Samenmuseum von Varanger oder meldet sich dort zu einer Führung an (Erwachsene/Kinder 50/25 nkr).

VADSØ

5200 Ew.

Vadsø, die Verwaltungshauptstadt der Finnmark, war früher Anlaufpunkt vieler finnischer Immigranten; Mitte des 19. Jhs. bestand die Einwohnerschaft des Ortes zu 50% aus Kven, wie man die Finnen damals nannte. Ein Gedenkstein von 1977 am Nordende der Tollbugata erinnert an dieses kulturelle Erbe. Vadsø ist außerdem prominenter Ausgangsort für die Erforschung des Nordpols; hier begannen bzw. endeten mehrere Expeditionen – darunter auch welche mit weniger glücklichem Ausgang.

Auf dem Friedhof auf der Insel Vadsø, die über eine kurze Brücke zu erreichen ist, kann man Zeugnisse von der Existenz der Pomoren entdecken, russischer Händler und Fischer aus der Gegend am Weißmeer, die hier im 17. Jh. zu Wohlstand gelangten. Außerdem sind hier noch zahlreiche Überreste von prähistorischen Torfhütten zu finden. Im Frühsommer sollte man auf die seltene Scheckeente achten, die hier nistet.

Wie die anderen Orte der Finnmark auch wurde Vadsø im Zweiten Weltkrieg stark beschädigt, sowohl durch russische Bombardierungen als auch durch die sich zurückziehenden deutschen Truppen. Das **Fremdenverkehrsbüro** (☎ 78 94 04 44; www.vadso.no; ⌚ Mitte Juni–Mitte Aug. Mo–Fr 10–18 Uhr, Sa–So 10–16 Uhr) befindet sich in der Kierkegate 15.

Sehenswertes

Das **Vadsø-Museum** (☎ 78 94 28 90; Erwachsene/Kinder 20/30 nkr; ⌚ Mitte Juni–Mitte Aug. Mo–Fr 10–18 Uhr, Sa–So 10–16 Uhr; übrige Zeit Mo–Fr 10–14 Uhr) besteht aus drei Teilen: **Tuomainengården** (Tuomainen-Besitzung, Slettengate 21) ist ein finnisches Bauernhaus aus der Mitte des 19. Jhs. inklusive Bäckerei, Sauna und Schmiede, **Esbensengården** (Esbensen-Besitzung, Hvistendalsgata) aus der gleichen Gegend dagegen ist ein deutlich großzügigeres Kaufmannshaus, vollständig erhalten mit Ställen und Dienstbotenunterkünften. Der Eintritt kostet jeweils 20 nkr (30 nkr für beide Besitzungen); Kinder kommen kostenlos rein.

Für den dritten Teil, die **Kjeldsen-Fischfabrik** (Erwachsene/Kinder 20 nkr/ frei; ⌚ Mitte Juni–Mitte Aug. 12–18 Uhr), muss man sich nach Ekkerøy, 15 km östlich der Stadt, aufmachen. Man findet dort alte Lagerräume und Unterkünfte vor, eine ganze Masse höchst rätselhafter Ausrüstungsgegenstände zum Fischen, den Raum, wo früher Krabben verarbeitet und verpackt wurden, und – da werden Kindheitserinnerungen wach – ein riesiges schwarzes Fass zum Kochen von Lebertran. Wer vom Rumlaufen Hunger bekommen hat, kann sich im **Havhesten Restaurant** (☎ 90 50 60 80; Hauptgerichte 120–180 nkr; ⌚ Di–So) über eins der ausgezeichneten Fischgerichte hermachen. Das Restaurant ist in einem Nebengebäude untergebracht. Mit seinen vielen maritimen Dekoobjekten würde es glatt als Erweiterung des Museums durchgehen. Wenn der Wind nicht zu sehr pustet, kann man draußen auf dem Steg essen, während unter und neben dem Tisch das Meer schwappt.

Der **Luftskipsmasta** (Vertäuungsmast) auf der Insel Vadsø, der in seiner Form an eine Bohrinsel erinnert, wurde in der Mitte der 1920er-Jahre aufgestellt. Hier machte man die Luftschiffe fest, mit denen die Polarforscher auf Reise gingen. Die Expedition von Roald Amundsen, Umberto Nobile und Lincoln Ellsworth, die mit dem Luftschiff *Norge N-1* via Nordpol nach Alaska flogen, weihte den Mast im April 1926 ein.

FRIDTJOF NANSEN

Wer einen modernen Helden sucht, hat ihn mit dem Norweger Fridtjof Nansen (1861–1930) gefunden: erst Entdecker, dann Diplomat – einer, der die Grenze dessen, was Menschen auszuhalten vermögen, aber auch die Grenze des menschlichen Mitgefühls weiter hinausgeschoben hat.

Nansen wuchs im ländlichen Store Frøen außerhalb von Oslo auf und genoss eine privilegierte Kindheit. Er war ein ausgezeichneter Sportler, gewann mindestens ein Dutzend nationale Meisterschaften im nordischen Skisport und stellte den Weltrekord im Eisschnelllauf über eine Meile auf. Das Studium der Zoologie an der Universität von Christiania führte zu einer Reise an Bord des Seehundfängers *Viking*, um Meeresströmungen, Eisbewegungen und die Tierwelt zu studieren. Vom Meer erblickte Nansen die verlockende Insel Grönland. Dadurch erwachte in ihm der Traum, das grönländische Inlandeis zu überqueren.

Dieser Traum sollte Wirklichkeit werden. 1888, damals gerade 27 Jahre alt, übernahm Nansen die Führung einer Expedition von sechs Männern. Er überwinterte auf Grönland; seine genauen Beobachtungen der Inuit (Eskimo) bildeten die Grundlage für sein Buch *Eskimoleben* von 1891.

Im Juni 1893 verließ Nansens nächste Expedition an Bord des 400-Tonnen-Schiffes *Fram* (mit Eichenrumpf und Stahlverstärkung) Christiania in Richtung Arktis – mit Vorräten für ganze sechs Jahre. Nansen ließ seine Frau Eva und seine sechs Monate alte Tochter Liv zurück, ohne zu wissen, wann und ob er wiederkommen würde.

Am 14. März 1895 brachen er und Hjalmar Johansen mit der *Fram* zum Nordpol auf. Insgesamt waren sie fünf Monate unterwegs, einschließlich einer 550 km langen Wanderung zu Fuß über das Eis, ehe sie sich für neun Wintermonate in eine winzige Steinhütte zurückzogen, die sie auf einer Insel errichtet hatten. Auf dem Weg nach Süden begegneten sie dem einsamen britischen Entdecker Frederick Jackson (nach dem Fridtjof Nansen später großzügigerweise die Insel benannte, auf der sie den Winter verbracht hatten). Alle drei gaben es auf, den Nordpol zu erreichen, und kehrten nach Vardø zurück.

1905 kam es zu einer politischen Krise: Norwegen verlangte die Unabhängigkeit von Schweden. Nansen, inzwischen ein norwegischer Nationalheld, wurde nach Kopenhagen und Großbritannien entsandt, um das Anliegen der Norweger vorzutragen.

Als Norwegen unabhängig wurde, bot man Nansen an, Premierminister zu werden, doch er lehnte ab, um weiter der Wissenschaft zu dienen und Entdeckungsfahrten zu unternehmen, beispielsweise eine geplante Expedition zum Südpol. (Es kursieren auch Gerüchte, man habe ihm angetragen, König oder Präsident zu werden.) Doch König Håkons Angebot, als Botschafter nach Großbritannien zu gehen, nahm Nansen an. 1907, nach dem plötzlichen Tod seiner Frau, überließ er dem befreundeten norwegischen Entdecker Roald Amundsen die *Fram* für eine Expedition nördlich von Sibirien und gab damit die eigenen Südpolträume auf.

Nach dem Ersten Weltkrieg setzte sich Nansen für humanitäre Bestrebungen im großen Stil ein: Er engagierte sich für die neue Liga der Nationen, für die Wiedereingliederung einer halben Million deutscher Soldaten aus sowjetischen Gefangenenlagern und für ein internationales Programm des Roten Kreuzes gegen Hunger und Seuchen in Russland. Als rund zwei Millionen Russen und Ukrainer durch ihre Flucht vor der bolschewistischen Revolution von 1917 staatenlos wurden, erlaubten so genannte „Nansen-Pässe" Tausenden von ihnen, sich anderswo niederzulassen.

Seine möglicherweise größte diplomatische Leistung war jedoch die Wiederansiedlung von mehreren Hunderttausend Griechen und Türken nach den Turbulenzen des Ersten Weltkriegs.

1922 erhielt Fritdtjof Nansen den Friedensnobelpreis – und er hatte ihn redlich verdient. Das Preisgeld spendete er komplett für internationale Hilfsaktionen. Nach 1925 wurde die Abrüstung sein größtes Anliegen; außerdem setzte er sich für eine nichtsowjetische Heimat für die armenischen Flüchtlinge ein. Obwohl dieses Projekt scheiterte, wird Nansen immer noch von Armeniern auf der ganzen Welt verehrt.

Am 13. Mai 1930 starb Fridtjof Nansen in aller Stille in seinem Haus in Polhøgda nahe Oslo und wurde in einem nahe gelegenen Garten beerdigt.

Mehr über diesen außergewöhnlichen Mann erfährt man in der Biografie *Nansen* von Roland Huntford (veröffentlicht in Großbritannien 1997 und leider nicht ins Deutsche übersetzt) oder aus dem Buch von E. E. Reynolds gleichen Titels, das erstmals 1932 erschien (ebenfalls nicht auf Deutsch erhältlich). Auf Deutsch u. a. erhältlich: *Fridtjof Nansen* von Detlef Brennecke (1990).

Zwei Jahre später dockte hier Umberto Nobiles Luftschiff *Italia* an, das die Tour wiederholen sollte, aber auf Spitzbergen zerschellte. Roald Amundsen war auch bei der Rettungsexpedition dabei – zusammen mit zwölf Dampfschiffen, 13 Flugzeugen und 1500 Menschen – und verschwand auf Nimmerwiedersehen; so wurde er zum Helden und zum nationalen Märtyrer. Es lohnt sich, die windigen 600 m durch die Wiesen auf sich zu nehmen – nicht zuletzt wegen der Vielfalt an quakenden und krächzenden Wasservögeln auf dem kleinen See weiter hinten.

Neben besagtem Mast gibt's eine kleine Ausstellung über die Zeit der Luftschiffe – plus, seltsamerweise, eine Präsentation einiger Websites über die *Nautilus*, das erste U-Boot, das den Nordpol von unten erreichte. Im Sommer ist die Ausstellung von 8 bis 9 Uhr geöffnet, wenn die Hurtigruten-Fähre anlegt.

Wie so oft in diesen kleinen Finnmarksgemeinden ist die **Kirche** (Amtmannsgate 1B; Mitte Juni–Mitte Aug. Mo–Fr 9–14 Uhr) das architektonisch interessanteste Gebäude – und oft auch das einzige, das den Vandalismus der abziehenden deutschen Soldaten überstanden hat. Nicht so die Kirche von Vadsøs! 1958 errichtet, ist sie eher schlicht, aber dennoch voll Symbolik und kultureller Bezüge. Die beiden Türme sollen an einen Eisberg erinnern, der auf dem Eismeer schwimmt, der Altar riskiert einen Blick über die (konfessionelle) Grenze – er ist orthodox inspiriert –, und das herrliche Buntglasfenster erinnert an die Göttlichkeit von Wasser und Jahreszeiten.

Schlafen & Essen

Rica Hotel Vadsø (78 95 16 81; www.rica.no; Oscarsgate 4; Mitte Juni–Mitte Aug. EZ/DZ 611/796 nkr; übrige Zeit Mo–Do 1195/1395 nkr, Fr–Sa 745/945; P) Das freundliche Rica Hotel liegt mitten im Zentrum von Vadsø; die Zimmer sind wunderschön renoviert und haben alle Parkettfußboden. Es ist das beste Haus am Platz – mit kostenloser Saunabenutzung und Fitnessraum. Auch das zum Hotel gehörige Restaurant Oscar Mat og Vinhus ist Spitze; hier schlemmt man beim großen Frühstücksbüfett, und jeden Tag wird ein spezielles Fisch- und Fleischgericht angeboten (130 nkr).

Nobile Hotell (78 95 33 35; www.nobilehotell.no; Brugata 2, Vadsøya island; Juni–Juli EZ/DZ 400/800 nkr, übrige Zeit So–Do 795/1195 nkr, Fr–Sa 695/895 nkr; P) Dieses Hotel wurde nach dem arktischen Entdecker benannt, dessen überdimensioniertes Konterfei zusammen mit Bildern seiner Zeitgenossen von den Wänden runterguckt. Das Nobile hat kürzlich den Inhaber gewechselt, und die neuen jungen Besitzer möbeln die bislang eher kärgliche Institution nach und nach auf. Von der Anlegestelle der Hurtigruten-Fähren ist es nur ein Katzensprung (oder vielleicht zwei) hierher. Das Restaurant bietet eine super Aussicht auf die Bucht; im Preis sind das Frühstück und ein leichtes Abendbrot inbegriffen. Das Zimmer Nr. 217 ist etwas größer als die anderen und bietet einen besonders schönen Blick auf die Stadt und die Bucht.

Vadsø Apartments (78 95 44 00, 92 06 80 30; Tibergveien 3; EZ/DZ 400/500 nkr) Die einzige Unterkunft in der mittleren Preisklasse liegt drei Straßen vom Hafen entfernt. Das Preis-Leistungs-Verhältnis ist gut (alle Zimmer haben Bad und eine Miniküche), doch die Kapazitäten sind begrenzt, daher unbedingt im Voraus reservieren.

Vestre Jakobselv (78 95 60 64; ungd.senteret@c2i.net; Lilledalsveien; Stellplatz für Zelt/Wohnwagen 75/90 nkr plus 10 nkr pro Person, 4-/6-Bett-Hütte 300/400 nkr) Der nächstgelegene Campingplatz, 17 km westlich von Vadsø.

Påls Matoppleveiser (78 95 33 84; Hvistendalsgata 6b; Mo–Fr 9–17 Uhr, Sa 10–15 Uhr) Pål versteht sich auf leckere Sandwiches (25 nkr), Baguettes (30 bis 50 nkr) und Salate (90 nkr). Man kann sie gleich dort essen oder mitnehmen.

Indigo (78 95 16 81; Tollbugata 12; Hauptgerichte 145–245 nkr; Di–Sa) Das seit Jahren bestehende Restaurant Indigo behauptet von sich nicht, etwas Besonderes zu sein – aber mit seinem täglichen Spezialmenü für 175 nkr müsste es eigentlich das nördlichste indische Restaurant in Europa, wenn nicht gar auf der ganzen Welt sein.

An- & Weiterreise

In Vadsø halten die Hurtigruten-Fähren nur auf der Fahrt nach Norden, nach Kirkenes, um 8.15 Uhr. Zwei bis vier Busse verkehren täglich von/nach Tana Bru (98 nkr, 1¼ Std.) und Vardø (110 nkr, 1½ Std.).

Eine tägliche Busverbindung gibt's auch nach Rovaniemi (615 nkr) via Ivalo (325 nkr) in Finnland.

VARDØ

2100 Ew.

Vardø darf für sich in Anspruch nehmen, Norwegens östlichste Siedlung zu sein. Obwohl diese schmetterlingsförmige Insel mit dem Festland lediglich durch den 2,9 km langen Ishavstunnelen (Eismeertunnel) verbunden ist, behaupten die Einheimischen, sie sei der einzige norwegische Ort auf dem „Festland" innerhalb der arktischen Klimazone (die Jahresdurchschnittstemperatur liegt unter 10 °C). Früher war Vardø eine Hochburg des Handels mit den russischen Pomoren; heute ist der Ort ein wichtiger Fischereihafen und Heimat vieler Einwanderer aus Russland und Sri Lanka.

Fremdenverkehrsbüro (☎ 78 98 69 07; kontact@vardovekst.no; P.O. Box 203; 🕑 Mitte Juni–Mitte Aug. Mo–Fr 10–19 Uhr, Sa–So 12–19 Uhr)

Sehenswertes & Aktivitäten

Das Fremdenverkehrsbüro organisiert kurze Schiffsfahrten (175 nkr) zur Insel **Hornøya**, der Konkurrentin um das Attribut „Norwegens östlichster Punkt". Mit ihrem malerischen Leuchtturm und den von Gefiedertem wimmelnden Vogelklippen ist die Insel Hornøya ein wahres Paradies für jeden Hobby Ornithologen.

Die sternförmige **Vardøhus Festning** (Festung; ☎ 78 98 85 02; Festningsgate 20; Eintritt 30 nkr; 🕑 Mitte April–Mitte Sept. 10–21 Uhr; übrige Zeit 10–18 Uhr), selbstverständlich die nördlichste der Welt, wurde im Jahr 1737 von König Christian VI. erbaut. Für eine Festung etwa überraschend ist der märchenhafte Look, den die sanften Farben erzeugen. An einem schönen, sonnigen Tag lässt es sich zwischen den blumengeschmückten Bastionen, alten Gebäuden mit Torfdach und den russischen Kanonen, die von den Deutschen im Zweiten Weltkrieg erbeutet wurden, wunderbar flanieren. Das Eintrittsgeld wird man entweder bei der Wache los oder wirft es in die am Eingang stehende Seemine aus dem Zweiten Weltkrieg.

Zwischen 1621 und 1692 wurden etwa 90 Frauen aus Vardø der Hexerei bezichtigt und verbrannt; eine Tafel und eine Fahne in der Kristian IV gate 24 erinnern daran. Auf dem 156 m hohen Hügel **Domen** etwa 2 km südlich des Ortes auf dem Festland kann man die Höhle besichtigen, wo ihre satanischen Riten und heimlichen Treffen mit dem Teufel stattgefunden haben sollen.

Im Zentrum von Vardø erinnert das **Pomor Museum** (☎ 78 98 80 75 Per Larsens gate 32) an die historischen Handelsbeziehungen zwischen Russland und Norwegen, die bis zur bolschewistischen Revolution von 1917 bestanden.

Wer die **Kirche von Vardø** (Kirkegaten; Eintritt frei; 🕑 Mo–Do 10–13 Uhr und wenn die Hurtigruten-Fähre anlegt) von 1958 angucken möchte, wird von einem sehr ernsthaften Führer begleitet.

Und die riesigen Kugeln auf den Gipfeln der Berge um Vardø? Nach offizieller Version handelt es sich um Geräte zur Beobachtung des Weltalls.

Geführte Touren

Hexeria (☎ 78 98 84 05; www.hexeria.no; Kaigata 12) organisiert Ausflüge zur Vogelbeobachtung und zum Angeln und verleiht auch Boote und Fahrräder. In ähnlicher Art und Weise bietet **Arctic Nature Adventure** (☎ 47 64 74 59; www.ana.no) von Mitte Juli bis Ende August vierstündige Fotosafaris nach Hamningberg (750 nkr) an, außerdem Angeln im See (850 nkr) – und eine Königskrabben-Safari (650 nkr) auf der Suche nach den Monsterkrustentieren, die einen Gesamtdurchmesser von 2 m erreichen können.

Schlafen & Essen

Die Auswahl an Unterkünften in Vadsø ist nicht besonders berauschend.

Svartnes Camping (☎ 78 98 71 60; Svartnes) Vardøs einzige preiswerte Unterkunft ist eine triste Schlafstätte, 2 km die Straße nach Hamningberg hinunter. Die öden, barackenähnlichen Zimmer sollte man sich eigentlich nur im äußersten Notfall zumuten. Camper sind besser beraten, wenn sie sich einen Stellplatz in den Bergen oder am Strand suchen.

Vardø Hotell (☎ 78 98 77 61; Fax 78 98 83 97; Kaigata 8; Mitte Juni–Mitte Aug. EZ/DZ 450/500 nkr; übrige Zeit Mo–Do 910/990 nkr, Fr–Sa 700/800 nkr) Das Hotel könnte ebensogut „Vardøs einziges Hotell" heißen. Die Angestellten hier sind hilfsbereit und gut drauf, die Zimmer und Flure allerdings ausgesprochen karg und altmodisch. Pluspunkte sind die sehr vernünftigen Preise im Sommer und der Ausblick über den Hafen, den man von vielen Zimmern aus genießen kann; einige von ihnen sind behindertengerecht ausgestattet.

In den Sommerferien vermietet Hexeria (s. oben) Zimmer in einigen Studentenwohn-

CHRISTOPHER WOOD

Atemberaubender Blick über einen Fjord nahe Flåm (S. 230)

ANDERS BLOMQVIST

Eiskletterer am Jostedalsbreen-Gletscher (S. 240)

Uferhäuser im Küstenort Ålesund (S. 260)

DEANNA SWANEY

ANDERS BLOMQVIST

Der gotische Nidarosdom (S. 277) in Trondheim

DEANNA SWA

Eine Küstensee-
schwalbe fliegt über
die Bymarka (S. 283)

Lagerhäuser am Ufer von Trondheim (S. 276)

NED FRI

DEANNA SWANEY

Hohe Berge und tiefe Fjorde säumen die Küstenstraße Kystriksveien (S. 310)

Gestell zum Trocknen von Fischen im Hafen von Svolvær auf der Insel Austvågøy (S. 319)

CHRISTIAN ASLUND

Jugendherberge im Städtchen Å (S. 329)

NED FRIARY

DAVID TIPL

Rentiere überqueren eine winterliche Straße nördlich des Polarkreises (S. 358)

CHRISTIAN ASLUND

Ein echtes Highlight: Skilaufen unter der Mitternachtssonne in Tromsø (S. 346)

INGRID RODDIS

Eismeerkathedrale (S. 348)

Reisende gehen beim Magdalenefjord (S. 406) nördlich von Spitzbergen an Land

DEANNA SWANEY

HAMNINGBERG

Eine 72 km lange Rundreise von Vardø die Küste entlang nach Norden bringt einen zur winzigen, halb verlassenen Siedlung Hamningberg, die einst ganz aus Holz erbaut wurde. Mit dem Ende der Straße scheint gleichzeitig das Ende der Welt erreicht, doch die Einheimischen behaupten, hier fange Norwegen erst an.

Entlang der schmalen Straße trifft man auf eines der faszinierendsten geologischen Phänomene Nordnorwegens: mit Flechten bedeckte Wälder aus erodierten Steinsäulen, Überreste von Sedimentschichten, die senkrecht gestellt wurden. Wen die Mondlandschaft an irgendwas erinnert, der hat möglicherweise den James-Bond-Film *Moonraker* gesehen. Unterwegs begegnet man Rentierherden und kommt an mehreren Sandstränden vorbei. Eimer und Schaufel sollten allerdings bis zur Rückfahrt im Wagen bleiben, dann kann man 7,25 km südlich von Hamningberg zum allerbreitesten Strand wandern: durch das kleine Naturreservat **Sandfjordneset,** dessen geschützte Sanddünen etwas von der Küste zurückliegen.

Was das Dorf so besonders macht, ist seine totale Abgeschiedenheit, die es auch vor der allgemeinen Zerstörung durch die deutschen Soldaten auf ihrem Rückzug im Zweiten Weltkrieg rettete. Nur ein Haus wurde zerstört, und zwar von einem russischen Bomber. Der Rest steht noch da als lebendige Erinnerung an das, was einmal einer der größten Fischerorte in der östlichen Finnmark war. Seit den 1960er-Jahren ist er verlassen, wenn man von den Sommergästen absieht.

Svein Harald (☎ 97 71 65 78), ein Lehrer aus dem Ort, renoviert eine der alten Fischerhütten, in der es dann vier Doppelzimmer mit gemeinsamem Bad geben soll. Das Ganze sollte eigentlich 2005 fertig sein, doch bei Redaktionsschluss war noch viel zu tun, daher lieber anrufen, um zu klären, ob geöffnet ist. Bereits fertig ist ein Apartment mit Bad und Küche zum günstigen Preis von 700 Nkr für drei Personen. Außerdem gibt es ein kleines Café (🕒 Juni–Aug. 12–20 Uhr), in dem **Kaffee** und Snacks serviert werden, darunter – und das ist definitiv keine hiesige Spezialität – getrocknetes Rentierherz.

Während der alljährlich Anfang August gefeierten Pomordagene (Pomorentage) in Vardø machen sich massenweise Menschen auf, um die landschaftlich schönen 37 km von Vardø nach Hamningberg zu Fuß zurückzulegen. Die Ankommenden werden an der Kirche mit Gegrilltem bewirtet. Besucher dürfen sich gern anschließen.

heimen (EZ/DZ 275/450 nkr; von Juni bis August) mit Badezimmer auf dem Flur und Möglichkeit zur Selbstversorgung. Dort gibt's auch Apartments für 600 bis 1000 nkr.

Naustet (☎ 78 98 74 74; Strandgata 8) Ein nettes Lokal – teils Bar, teils Restaurant. Hier gibt's täglich ein Menü aus Hauptgericht und Dessert für 100 nkr. Sehr lecker ist auch die Platte mit drei verschiedenen Sorten Fisch (95 nkr), und da Fisch bekanntlich schwimmen muss: zwei Sorten Mack-Bier im Angebot. Außerdem belegte Brote, kleine Gerichte und Pizza.

Nein, der **Nordpol Kro** (Nordpolkrug) ist nicht noch ein „nördlichstes Irgendwas", aber mit seinen Holzdielen und den vielen Antiquitäten hat er gute Chancen, als ältestes Lokal im nördlichen Norwegen anerkannt zu werden.

An- & Weiterreise

In Vardø befindet sich eine Anlegestelle der Hurtigruten-Küstenfähren, ansonsten kommen nur ganz besonders hartgesottene Travellers hierher. Busse fahren zwei- oder dreimal am Tag die landschaftlich schöne Strecke am Meer zwischen Vadsø und Vardø (110 nkr, 1½ Std.).

KIRKENES

3300 Ew.

Kirkenes befindet sich genauso weit östlich wie Kairo oder Istanbul und ist die letzte Station der Hurtigruten-Linie. Und trotzdem: Nach den übrigen Küstenabschnitten der Finnmark wirkt diese abgelegene Ortschaft geradezu wie eine Großstadt. Die felsige, bewaldete Landschaft ist üppig und einladend, besonders das wilde Tal des Flusses Pasvik mit seinem speziellen Mikroklima. Von Kirkenes aus kann man auch gut Ausflüge ins arktische Russland unternehmen. Allerdings muss auch für eine kurze Stippvisite lange im Voraus ein Visum beantragt werden. Der Eiserne Vorhang mag ja gefallen sein, aber „einfach mal schnell"

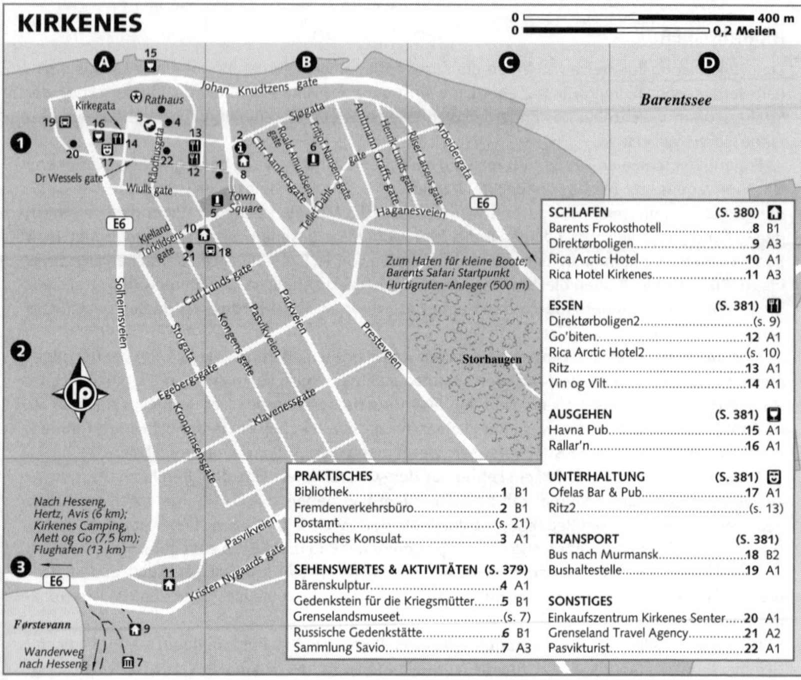

über die Grenze zu gehen ist dann doch nicht drin.

Einige Einrichtungen und der Campingplatz befinden sich in dem nahegelegenen Dorf Hesseng.

Geschichte

Der Distrikt Sør-Varanger mit Kirkenes als Hauptort war bis 1926, als die russischen, finnischen und norwegischen Grenzen festgelegt wurden, gemeinsam von Norwegen und Russland besetzt. (Heute steigt die Zahl der russischen Einwanderer in der Ortschaft wieder, und Kirkenes ist der einzige Ort in Norwegen, wo große Straßen sowohl in westlicher als auch in kyrillischer Schrift beschildert sind).

1906 wurde in der Nähe Eisenerz entdeckt, und im Ersten Weltkrieg war Kirkenes ein Hauptlieferant für Rohmaterial der Artillerie. Bereits zu Beginn des Zweiten Weltkriegs erkannten auch die Nazis die Ressourcen und die günstige strategische Position nahe dem freien russischen Hafen Murmansk. Sie besetzten den Ort und stationierten hier 100 000 Soldaten. Ein Resultat war, dass das winzige Kirkenes nach Malta der am zweithäufigsten bombardierte Ort im Zweiten Weltkrieg wurde: Mindestens dreihundertzwanzigmal griffen es die Sowjets an. In Kirkenes gab es auch ein Internierungslager für Norweger aus allen Landesteilen, die nicht mit den Besatzern kooperierten.

Im Oktober 1944 wurde Kirkenes von sowjetischen Truppen befreit, und wie überall in der Finnmark brannten die Deutschen auf ihrem Rückzug alles nieder, was noch übrig war. Später baute man Kirkenes wieder auf – allerdings nicht besonders glanzvoll. Der Ort lieferte weiterhin Eisenerz an große Teile Europas, doch die Förderkosten waren zu hoch, und 1996 wurden die Bergwerke geschlossen.

Praktische Informationen

Bibliothek (Bibliotek; ☎ 78 99 32 51; Marktplatz; ⏲ Kernzeit Mo–Fr 11–15 Uhr)
Fremdenverkehrsbüro (☎ 78 99 25 44; www.kirkenesinfo.no auf Norwegisch und Deutsch; Presteveien 1; ⏲ Mitte Juni–Mitte Aug. Mo–Fr 8.30–17.30, Uhr Sa–So 10–17.30 Uhr; übrige Zeit Mo–Fr

8.30–16 Uhr; Anfang Mai–Mitte Juni & Ende Aug. Sa–So 10–13 Uhr)

Sicherheit

Die russische Grenze verläuft nur wenige Kilometer von Kirkenes entfernt, was nicht heißt, dass man „einfach mal kurz" hinüber kann, um ein paar Fotos zu schießen. Heute achten die Norweger als Unterzeichnerstaat des Schengener Abkommens sehr genau darauf, dass keine illegalen Einwanderer ins Land kommen. Auch gibt es auf beiden Seiten immer noch Ängste aus der Zeit des Kalten Krieges. Sowohl norwegische als auch russische Wachtposten sind mit Beobachtungsgerät ausgestattet, und die Geldstrafe für einen illegalen Grenzübertritt, und sei es tatsächlich nur für einen Moment, beträgt mindestens 5000 nkr. Menschen auf der anderen Seite zu grüßen, etwas hinüberzuwerfen, Tele- oder Zoomobjektive zu verwenden oder auch nur ein Stativ aufzustellen – all dies gilt als Grenzverletzung und kann Geldstrafen nach sich ziehen. Vorsicht also! In den entsprechenden Verhaltensvorschriften wird streng gewarnt: „Jeder Versuch einer Grenzverletzung wird genauso bestraft, als wäre er ausgeführt worden."

Sehenswertes & Aktivitäten

GRENSELANDSMUSEET

Etwa einen Kilometer vom Zentrum der Stadt entfernt, präsentiert dieses **Grenzmuseum** (☎ 78 99 48 80; Førstevannslia; Erwachsene/Kinder 40/30 nkr; ⏲ Anfang Juni–Mitte Aug. 10–18 Uhr; übrige Zeit 10–15.30 Uhr) mit seiner gut gemachten Ausstellung Geografie und Kultur der Grenzregion. Besondere Ausstellungsteile sind dem Zweiten Weltkrieg und der Bergwerksindustrie gewidmet.

Zum Museum gehört auch die **Sammlung Savio** mit charakteristischen, samisch inspirierten Holzdrucken des örtlichen Künstlers John A. Savio (1902–38).

GEDENKSTEINE & SKULPTUREN

Die **Russische Gedenkstätte** oben auf einem Hügel ist den Soldaten der Roten Armee gewidmet, die die Stadt im Jahr 1944 befreiten. Der **Gedenkstein für die Kriegsmütter** auf dem Marktplatz von Kirkenes erinnert an die Strapazen, die die Frauen im Krieg erleiden mussten, und dann ist da noch die anrührende kleine **Skulptur** eines Bären, der vor dem russischen Konsulat einen Laternenpfahl erklettert.

DER FRANZOSE, DER TROTZDEM LACHTE

Im Fremdenverkehrsbüro von Kirkenes erzählt man sich gerne die Story von dem Franzosen, der mit einem Lächeln auf den Lippen hereinkam und um Übersetzungshilfe bat. Er war zur Grenze gefahren, um sich dort umzuschauen, und hatte den großen Zeh über die magische Linie gesetzt. Sofort tauchten norwegische Wachtposten auf, nahmen ihn mit und tippten einen vierseitigen Bericht, in dem jede seiner Bewegungen genauestens beschrieben war – vom Aussteigen aus dem Auto bis zum Begehen des abscheulichen Verbrechens. Dann verlangten sie 5000 nkr Geldstrafe von ihm.

Der Franzose verließ das Fremdenverkehrsbüro um einiges ärmer, doch immer noch fröhlich und in der festen Absicht, das belastende Dokument zu Hause eingerahmt an die Wand zu hängen.

RUSSISCHER MARKT

Am letzten Donnerstag der meisten Monate bauen russische Händler im Stadtzentrum ihre Stände auf. Hier wird alles Mögliche verhökert: von Kunsthandwerk und gehäkelten Tischdeckchen bis hin zu Ferngläsern. Die Preise sind nicht so niedrig wie in Russland, aber für Norwegen immer noch billig genug.

Geführte Touren

Für einen so kleinen Ort hat Kirkenes eine beeindruckende Menge an Attraktionen zu bieten. Aktivitäten, im Sommer wie im Winter, können allesamt im Fremdenverkehrsbüro oder über die Tourenveranstalter gebucht werden.

Das Reisebüro Grenseland (s. S. 380) veranstaltet täglich einstündige Stadtführungen (100 nkr); Beginn um 13.30 Uhr am Rica Arctic Hotel.

Barents Safari (☎ 90 19 05 94; www.barentssafari.no) hat eine dreistündige Bootsfahrt im Angebot (Erwachsene/Kinder 740/400 nkr; von Juni bis September mindestens 2-mal am Tag). Die Tour geht vom kleinen Hafen in Kirkenes los, den Fluss Pasvik hinauf bis an die russische Grenze bei der historischen

Stadt Boris Gleb (auf Russisch Borisoglebsk). Die Nachmittagstour schließt ein Lachsessen in einer Hütte im samischen Stil an der Grenze ein.

Wem danach ist, im Eismeer nach Riesenkrabben zu tauchen, der wende sich an **Arctic Dive Adventure Resort** (☎ 95 15 07 55; www.arctic-dive.no; Jarfjordbotn; ⌚ März–Okt.). Etwa 25 km von Kirkenes entfernt werden hier zwei Tauchgänge plus eine Übernachtung in einer Hütte am Meer ab 750 nkr pro Tag angeboten (Ausrüstung inbegriffen). Die größte gefangene Krabbe hatte einen Durchmesser von 170 cm – also von Zeit zu Zeit ruhig einen Blick über die Schulter werfen! Es werden aber auch ruhigere Floßtouren auf dem Meer und Tagesfahrten mit einem Fischerboot aus Holz angeboten (Erwachsene/Kinder 990/450 nkr).

Für Abenteuer in der Wildnis von Pasvik s. S. 382.

Abstecher nach Russland

Kirkenes' Lage und Geschichte machen den Ort ganz von selbst zum Ausgangspunkt für einen Trip nach Russland, speziell zum Hafen von Murmansk: gerade exotisch und preiswert genug, dass es sich lohnt. Aber obwohl der Kalte Krieg vorbei ist, gibt sich die Bürokratie hier oben noch immer sehr unterkühlt. Jeder muss selbst wissen, ob es den Aufwand wert ist: Ein Visum zu beantragen dauert seine Zeit (ca. 14 Tage Bearbeitungsdauer) und ist obendrein teuer. Man benötigt außerdem eine offizielle Einladung nach Russland. Ohne die braucht man gar nicht auf die Hilfe des russischen Konsulats in Kirkenes (☎ 78 99 37 37) zu hoffen. Angehörige mancher Nationalitäten bekommen Visa auch im russischen Konsulat in Oslo, aber wer diesen Papierkrieg auf sich nehmen will, sollte noch frühzeitiger Kontakt aufnehmen.

Aber trotz dieser bürokratischen Hindernisse hat der Grenzverkehr zugenommen. 1990 gab es nur etwa 10 000 Grenzübertritte im Jahr, 2002 waren es 135 000 – meist für den Handel und aus anderen wirtschaftlichen Gründen.

Glücklicherweise gibt es in Kirkenes zwei Dienstleister, die auf Reisen nach Russland spezialisiert sind und sich um Einladungen und Visa für Alleinreisende oder Gruppen kümmern. Man kann seinen Reisepass sogar aus dem Ausland vor der geplanten Reise per Einschreiben zur Bearbeitung und Rückgabe dorthin schicken.

Die von der Regierung festgelegten Visagebühren sind abhängig von der Staatsangehörigkeit – ein Ein-Tages-Visum beispielsweise kostet zwischen 100 nkr für Japaner und 550 nkr für Amerikaner – und der Dauer des Aufenthalts: Ein Reisender mit deutschem Pass zahlt 590 nkr für ein Zwei-Tage-Visum. 450 nkr Bearbeitungsgebühren pro Person (zwischen 1200 und 1525 nkr für eine Bearbeitung am gleichen Tag) darf man zusätzlich hinblättern. Der Reisepass des Antragstellers muss mindestens sechs Monate gültig sein, und man muss genau angeben, welche Orte man besuchen möchte.

Einen knappen Eindruck vom industriellen Russland vermittelt die **Grenseland Travel Agency** (☎ 78 99 25 01; www.grenseland.no; Kongensgate 1–3) mit organisierten Ein-Tages-Touren nach Nikel und Zapolyarny (690 nkr plus Visum, Mittagessen und Führung inklusive). Eine Zwei-Nächte-/Drei-Tages-Reise nach Murmansk kostet ab 925 nkr plus Visum. („Glauben Sie nicht, was Sie über die Mafia und über die nukleare Verseuchung gehört haben", heißt es vorsorglich im Informationsblatt.)

Pasvikturist (☎ 78 99 50 80; www.pasvikturist.no; Dr Wessels gate 9), der andere Hauptveranstalter, bietet auch einen Wochenendausflug nach Murmansk an (ab 1750 nkr) sowie Tagestouren über die Grenze, beispielsweise zum Schlachtfeld im Litza-Tal (1200 nkr), einem Kriegsschauplatz des Zweiten Weltkriegs an der „Eismeerfront". Hier haben deutsche gegen sowjetische Soldaten gekämpft.

Beide Reiseagenturen bieten außerdem Ausflüge innerhalb Norwegens an.

Einzelreisende mit einem Visum können einfach in den öffentlichen Grenseland-Bus nach Murmansk einsteigen (350/590 nkr hin/hin und zurück, 5 Std.). Er fährt täglich vom Rica Hotel in Kirkenes ab (montags bis freitags um 14 Uhr, samstags und sonntags um 16 Uhr) und zurück vom Hotel Polyarnie Zory in Murmansk (um 8 Uhr morgens, sonntags um 12 Uhr). Weitere Informationen für Indiviualreisende im Lonely-Planet-Führer *Russia and Belarus*.

Schlafen

Direktørboligen (☎ 78 99 18 09; www.dirboligen.no; Kristen Nygaardsgate 37; Mitte Juni–Ende Aug. EZ/DZ

800/975 nkr; übrige Zeit 1040/1240 nkr; P) Ein zauberhaftes, überschaubares Hotel in der ehemaligen Residenz der Eisenindustriedirektoren von Kirkenes mit nur sechs großzügigen Zimmern; daher unbedingt im Voraus reservieren. Es ist ein ruhiges, bequemes und intimes Plätzchen mit großen Fenstern, auf einer Anhöhe inmitten eines Gartens gelegen. Die Saunabenutzung ist für Gäste kostenlos.

Rica Arctic Hotel (☎ 78 99 29 29; www.rica.no; Kongensgate 1–3; Mitte Juni–Mitte Aug. EZ/DZ 766/966, übrige Zeit So–Do 1195/1325 nkr, Fr–Sa 750/895 nkr; P) Im Rica Arctic, einem angenehmen modernen Hotelblock, kann man in Norwegens östlichstem Swimmingpool (beheizt und ganzjährig geöffnet) plantschen. Das Hotelrestaurant ist das beste im Ort.

Barents Frokosthotell (☎ 78 99 32 99; Fax 78 99 30 96; Presteveien 3; einfache EZ/DZ 500/700 nkr, mit Bad 650/800 nkr) Ein Hotel ohne viel Schnickschnack, dessen Zimmer vor kurzem renoviert wurden. Seltsamerweise war es das einzige Hotel unter allen, die wir in Norwegen besucht haben, in dem die Angestellten kein Wort Englisch sprachen.

Kirkenes Camping (☎ 78 99 80 28; Maggadalen, Hesseng; Stellplatz für Zelt/Wohnwagen 90/120 nkr plus 15 nkr pro Person, 4-Bett-Hütte 350–700 nkr; Anfang Juni–Aug.) Dieser freundliche, aber etwas heruntergekommene Platz 8 km westlich von Kirkenes an der E 6 ist die einzige Möglichkeit zum Zelten.

Rica Hotel Kirkenes (☎ 78 99 14 91; www.rica.no; Pasvikveien 63; EZ/DZ 756/956 nkr; Juni–Sept.) Irgendwie macht dieses Rica-Hotel den Eindruck, als sei es überflüssig. Die Preise sind die gleichen wie im Rica Arctic, aber es hat nicht den gleichen Charme. Immerhin ist es recht bequem, und weil es oberhalb der Stadt liegt, hat man einen schönen Blick vom Restaurant und aus vielen Zimmern.

Essen

Ritz (☎ 78 99 34 81; Dr Wessels gate 17; Hauptgerichte 60–220 nkr) Die Pizzeria von Kirkenes bietet am Mittwochabend ein All-you-can-eat-Taco-Büfett (98 nkr) und freitags ein Pizza-Büfett (95 nkr) an. Zum Restaurant gehört das **Go'biten** (☎ 78 99 34 80), ein nettes kleines Café mit einer guten Auswahl an belegten Broten und Kuchen. Drinnen ist es ebenso angenehm wie draußen auf der Terrasse (wenn es nicht zu windig ist) an der verkehrsberuhigten Dr Wessels gate.

Vin og Vilt (☎ 78 99 38 11; Kierkegata 5; Hauptgerichte 170–360 nkr) Hier speist der Gourmet. Die Auswahl an À-la-carte-Gerichten ist verführerisch: Es gibt Rentier, Moorhuhn (zur Jagdsaison) und Saibling. Das Dekor erinnert an eine elegante Jagdhütte.

Direktørboligen (☎ 78 99 18 09; Kristen Nygaardsgate 37; Hauptgerichte 255–325 nkr) Die mediterran beeinflusste Küche dieses Restaurants – der Küchenchef hat mehrere Jahre in Italien gelebt – ist genauso exquisit wie das Hotel selbst. Unbedingt vorher reservieren.

In der Nähe vom Campingplatz hält einen die Cafeteria Mett og Go mit ihrem kleinen Lebensmittellladen über Wasser.

Ausgehen

Havna Pub (☎ 78 99 30 10; Johan Knudtzens gate 1) Matrosenkneipe mit Blick über den Hafen und auf einen rostenden russischen Koloss. Man spielt Billard oder Darts.

Rallar'n (☎ 78 99 18 73; Solheimsveien 1) Oben in der Stadt gelegen; nicht übertrieben fein, aber doch weniger rustikal als das Havna.

Unterhaltung

Ritz (☎ 78 99 34 81; Dr Wessels gate 17) Der beliebteste Ort in Kirkenes zum Abhängen. Disko und Kneipe ziehen ein überwiegend junges Publikum an.

Ofelas Bar & Pub (☎ 78 99 21 68; Dr Wessels gate 3) Hier sind die Gäste etwas älter. Fast jeden Abend gibt es Livemusik.

An- & Weiterreise

SAS Braathens, Widerøe und Air Norwegian fliegen den **Flughafen Kirkenes** (☎ 78 97 35 20) an; Direktflüge gibt es nach Oslo, Tromsø, Lakselv, Vadsø und Vardø. Clevere Einheimische sparen einen Haufen Geld, indem sie im Sommer von/nach Ivalo in Finnland fliegen, wenn täglich ein Bus (s. unten) die 250 km zwischen Kirkenes und dem Flughafen von Ivalo zurücklegt.

Busse fahren nach Karasjok (452 nkr, 5½ Std.), Hammerfest (740 nkr, 10 bis 12 Std.) und Alta (780 nkr, 12¾ Std.) und halten unterwegs an vielen Orten. Von Juli bis Mitte August fährt **Lapin Linjat** (www.eskelisen-lapinjat.com) nach Ivalo – in die Stadt und zum Flughafen (310 nkr, 3¼ Std., tgl. außer sonntags).

Kirkenes ist die Endstation der Hurtigruten-Küstenfähre. Ein Bus wartet an der Anlegestelle und bringt die Passagiere in

DER HOHE NORDEN

die Stadt (22 nkr) oder weiter zum Flughafen (64 nkr).

Unterwegs vor Ort

Der Flughafen, ungefähr 15 km südwestlich der Stadt, wird von Flybuss bedient (64 nkr, 25 Min.); Verbindungen zum Busbahnhof, zu den beiden Rica-Hotels und nach Hesseng (23 nkr, 12 Min.) zu allen An- und Abflugzeiten. Busse verkehren zwischen dem Zentrum und Hesseng (16 nkr, 15 Min.) alle ein oder zwei Stunden an Werktagen, mindestens fünfmal am Samstag und einmal am Sonntag. Es gibt übrigens auch einen schönen Wanderweg nach Hesseng. Er ist etwa 6 km lang und führt teils am Seeufer entlang.

Autos vermieten u. a. **Hertz** (☎ 78 99 39 73) und **Avis** (☎ 78 97 37 05), beide in Hesseng. Sie bringen den Wagen auch zum Hotel.

DAS PASVIKTAL

Selbst wenn die teuflischen Mückenschwärme warmblütigen Lebewesen das Leben zur Hölle machen – gerade die abgelegenen Seen, die feuchten Sümpfe der Tundra und Norwegens größter *Taiga*-Urwald sind es, die den originellen kleinen Øvre-Pasvik-Nationalpark so besonderes attraktiv machen. Er liegt am oberen Ende des Tals, durch das der Pasvikfluss verläuft, ungefähr 100 km von Kirkenes entfernt. Dies ist das letzte Fleckchen des Landes, wo Wölfe, Vielfraße, Luchse und Braunbären noch in freier Wildbahn leben. Man fühlt sich hier mehr wie in Finnland, Sibirien oder Alaska als in Norwegen. Im Park leben auch Elche und – zur Freude der Vogelliebhaber unter den Besuchern – eine ganze Menge seltener Vögel: u. a. Unglückshäher, Hakengimpel, eine Seidenschwanzart (Bombycilla cedrorum), Prachttaucher, Mittelsäger, Auerhähne, Rauhfußbussarde, Dunkelwasserläufer, Habichtskauze, Bartkauze und sogar Fischadler.

Die Kultur der steinzeitlichen Komsa-Jäger hat in der Gegend ihre Spuren hinterlassen: Rund um den See Ødevann und an anderen Orten in der Region findet man Fallgruben der Jäger; manche stammen aus der Zeit um 4000 v. Chr.

Praktische Informationen

Infos bekommt man im **Pasvikdalen Villmarkssenter** (☎ 78 99 50 01) neben dem Umweltschutzzentrum Svanhøvd in seinem wunderhübschen Garten ungefähr 40 km südlich von Kirkenes. Hier gibt es Material über die landschaftlich schönsten Plätze der Region. Außerdem werden Hunde- und Rentierschlittenfahrten angeboten sowie Safaris mit dem Schneemobil. Und es liegt ein Faltblatt über *Bären in Pasvik* aus mit Verhaltenstipps, falls man unterwegs mit einem grimmigen Meister Petz zusammenstößt.

Sehenswertes & Aktivitäten

Ein kurzer Stopp beim Ableger des **Sør-Varanger-Museums** in Strand (☎ 78 99 48 80; 🕑 Juli–Mitte Aug.) ist eine gute Idee. Dort ist Norwegens ältestes staatliches Internat erhalten; weitere Themen sind die unterschiedlichen Volkszugehörigkeiten in der Region. Zum Museum gehören außerdem die hölzerne **Svanvik-Kapelle** von 1934 und der Bauernhof **Bjørklund Gård** aus dem 19. Jh.

Vom Aussichtsturm **Høyden 96** (20 nkr) kann man Richtung Osten bis zur russischen Bergwerksstadt Nikel schauen.

TREKKING

Wanderer, die sich in die Wildnis schlagen wollen, sollten keinesfalls an Mückenmittel sparen. Die beste Route ist die ziemlich jämmerliche Straße, die 1,5 km südlich von Vaggetem nach Südwesten abzweigt und nach 9 km auf einem Parkplatz am Nordostende des Sees Sortbrysttjørna endet. Von dort führt ein markierter Wanderweg 5 km weit nach Südosten, an mehreren schön gelegenen Seen vorbei, durch Sümpfe und Moraste bis zum Endpunkt an der Ellenvannskoia-Hütte am großen See Ellenvatn. Man kann die Wanderung auch auf zwei Tage ausdehnen und ganz um den See herum wandern. Allerdings sollte man da nicht auf Markierungen hoffen.

Vom Parkplatz Ødevasskoia aus sind es ungefähr 8 km zu Fuß geradewegs nach Süden zum Krokfjell (145 m) und dem Denkmal **Treriksrøysa**, das den Punkt markiert, wo Norwegen, Finnland und Russland aneinander stoßen. Es ist möglich, nahe heranzukommen und Fotos zu machen. Aber drumherumgehen sollte man lieber nicht – das wäre eine illegale Grenzverletzung.

Die richtige topografische Karte ist Statens Kartverk's *Krokfjellet 2333-I*. Darauf ist praktischerweise der gesamte Park im Maßstab 1:25 000 verzeichnet.

Schlafen & Essen

Im Park verstreut liegen mehrere Jagd- und Angelhütten, aber die einzige, die für Gelegenheitswanderer in Frage kommt, ist die Ellenvannskoia (Benutzung kostenlos). Mit einem Angelschein darf auch im See geangelt werden. Dort leben Barsche, Äschen und Hechte.

Øvre Pasvik Café & Camping (☎ 78 99 55 30; ordre@pasvik-cafe.no; Vaggetem; Hütten 250/500 nkr) Hier kann man Kanus und Fahrräder leihen und bekommt Informationen über die Natur und die besonderen Attraktionen der Umgebung.

Pasvikdalen Villmarkssenter (☎ 78 99 50 01; post@pasvikdalen.no, Svanhøvd; Zi. mit Dusche & Küche ab 450 nkr) in der Nähe von Høyden 96 und dem Umweltschutzzentrum Svanhøvd hat ungefähr 40 Zimmer. Der Inhaber ist begeisterter Fan der Gegend und der Schönheit der hiesigen Natur.

Pasvik Taiga Restaurant (☎ 78 99 54 44; www.pasvik-taiga.no; Skogfoss; EZ/DZ 500/1000 nkr inkl. Frühstück, 3-/4-Gänge-Abendmenü 500 nkr) Dieses hoch gelobte Restaurant ist das Richtige für Feinschmecker: Fisch- und Wildgerichte werden mit einheimischen Kräutern und Beeren zubereitet. Es gibt nur sieben Zimmer, also unbedingt im Voraus reservieren. Das Gleiche gilt fürs Restaurant, weil alle Gerichte stets frisch zubereitet werden.

An- & Weiterreise

Ein Bus fährt viermal in der Woche von Kirkenes nach Vaggetem (135 nkr, 2½ Std.). Er hält auf seiner Route an den meisten interessanten Orten an, so auch in Skogfoss (86 nkr, 1½ Std.).

GRENSE JAKOBSELV

Eine erste Siedlung gab es in Grense Jakobselv möglicherweise vor 8000 Jahren, als der Meeresspiegel 60 m niedriger war als heute. Nur ein kleiner Fluss trennt hier Norwegen von Russland, und entlang der Straße sieht man die Grenzsteine auf beiden Seiten. Die einzige wirkliche Attraktion – abgesehen von der Möglichkeit, einen Blick über die magische Linie zu werfen – ist die Steinkirche von 1869. Sie wurde in Sichtweite des Meeres gebaut, um Norwegens territorialen Ansprüchen Nachruck zu verleihen, nachdem Einheimische sich bei den Behörden beschwert hatten, russische Fischerboote würden illegal in norwegische Gewässer vordringen. Man hoffte, die Eindringlinge würden eine Kirche respektieren und umkehren. Als König Oskar II. 1873 zu Besuch kam, gab er der Kirche ihren Namen.

In den Schulferien kann man montags, mittwochs und freitags von Kirkenes nach Grense Jakobselv und wieder zurück fahren (90 nkr, 1½ Std.). Der Bus startet um 9 Uhr in Kirkenes und macht sich um 11.30 Uhr wieder auf den Rückweg, so dass man eine Stunde Aufenthalt im Dorf hat.

INNERE FINNMARK

Norwegens „Land der weiten Himmel", dicht an die finnische Grenze geschmiegt, ist eine üppig grüne Gegend und zudem das Kerngebiet des halbpolitischen Gebildes, das als Sápmi, „Land der Samen", bekannt ist. Kautokeino, ein klassisches Straßendorf, ist das traditionelle Herz der Region, auch wenn in Karasjok insgesamt mehr los ist und mehr samische Institutionen dort ihren Standort haben.

KAUTOKEINO

3000 Ew.

Während man sich in Karasjok an die norwegische Kultur angepasst hat, ist Kautokeino, seit jeher das Winterlager der Rentiere (im Unterschied zum Samland an der Küste), betont samisch geblieben. Rund 85 % der Einwohner sprechen Samisch als erste Sprache, und es ist keineswegs ungewöhnlich, hin und wieder Einheimische, die nichts mit dem Tourismus zu tun haben, in traditioneller Kleidung zu sehen. Offen gesagt ist es im Sommer hier eher langweilig. Das einzige Hotel ist kürzlich abgebrannt, und viele Einwohner sind mit den Rentieren auf und davon zu den Sommerweiden. Wirklich lohnend ist ein Besuch in Juhls' Silbergalerie kurz vor der Stadt: Hier gibt es eine großartige Auswahl des besten skandinavischen Schmuckdesigns.

Die Besiedlung der Gegend lässt sich zurückverfolgen bis zum Ende der letzten Eiszeit vor 11 000 Jahren. Schon für 1553, während des allmählichen Übergangs vom nomadischen zum sesshaften Leben, gibt es schriftliche Zeugnisse über eine dauerhafte

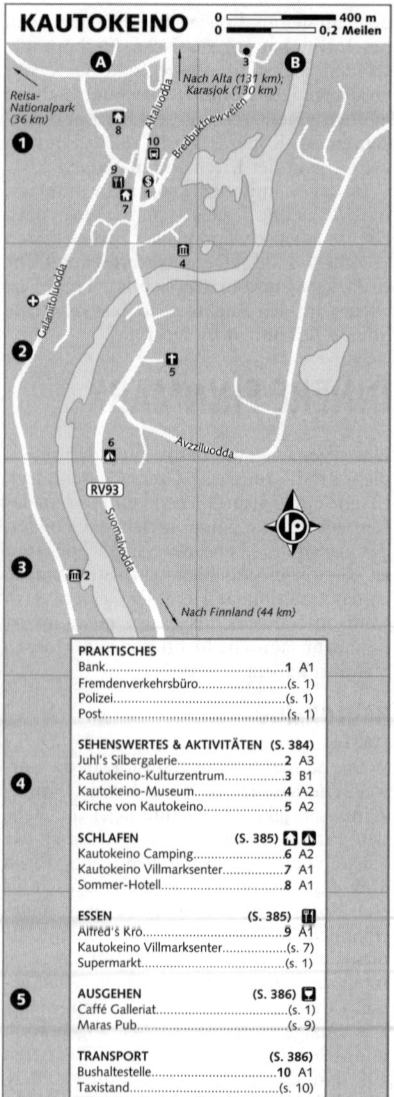

Siedlung. Das Christentum fasste hier früh Fuß, und 1641 wurde die erste Kirche gebaut. Das **Fremdenverkehrsbüro** (☎ 78 48 79 00; destinasjonkautokeino@trollnet.no; ⏲ Mitte Juni–Mitte Aug. 9–18 Uhr) befindet sich im Erdgeschoss des Allzweckgebäudes an der Hauptstraße, in dem auch eine Bank und das städtische Postamt untergebracht sind. Die Angestellten sind freundlich, allerdings nicht besonders gut informiert. Leser berichten, die Öffnungszeiten würden „ausgesprochen flexibel" gehandhabt.

Sehenswertes & Aktivitäten

JUHLS' SILBERGALERIE

Juhls' Solvsmie ist ein wunderbares Gebäude: lauter weiche Kurven und abgerundete Ecken; entworfen und gebaut wurde es von den Inhabern Regine und Frank Juhls, die vor fast einem halben Jahrhundert begannen, mit den Samen zusammenzuarbeiten. Ihre viel gelobte **Galerie** (☎ 78 48 61 89; www.juhls.no; Galaniitoluodda; Eintritt frei; ⏲ Mitte Juni–Mitte Aug. 8.30–21 Uhr; übrige Zeit 9–18 Uhr) stellt traditionellen und modernen Silberschmuck her sowie Kunsthandwerk. Hier kann man bestes skandinavisches Design bewundern. Ein Seitengebäude – das Ganze ist nach und nach organisch gewachsen, ausgehend von einer einfachen Holzhütte – beherbergt eine sehenswerte Sammlung orientalischer Teppiche und Kunstgegenstände: Erinnerungen an die Arbeit der beiden Juhlses zur Unterstützung afghanischer Flüchtlinge während der sowjetischen Besetzung jenes gebeutelten Landes. Die Angestellten zeigen gern alles, und man darf auch gern etwas kaufen.

KAUTOKEINO-KULTURZENTRUM

Wer sich für moderne Architektur interessiert, kann einen weiteren kleinen Umweg machen und dem **Kautokeino-Kulturzentrum** (Bredbuktnesveien 50) am Stadtrand einen Besuch abstatten. Das Kulturzentrum wurde bereits mehrfach mit Preisen ausgezeichnet. Hier ist das Nordic Sami Institute zur Erforschung der Kultur der Samen untergebracht. Außerdem ist in dem Zentrum Beaivváš zu Hause, die einzige professionelle samische Theatertruppe weltweit, die in der Region herumtourt.

KAUTOKEINO-MUSEUM

In seinem Außenbereich zeigt dieses charmante kleine **Museum** (☎ 78 48 71 00; Boaronjárga 23; Erwachsene/Kinder 20 nkr/Eintritt frei; ⏲ Mitte Juni–Mitte Aug. Mo–Sa 9–19 Uhr, So 12–19 Uhr; übrige Zeit Mo–Fr 9–15 Uhr) eine traditionelle Samensiedlung, komplett mit einer frühen Wohnstatt, Behelfsunterkünften und Außengebäuden wie Küche, Sauna und Hütten zur Aufbewahrung von Fisch, Kartoffeln und Flechten

KULTUR & GEBRÄUCHE DER SAMEN

Das Leben der Samen basierte ursprünglich auf Jagd und Fischfang, doch irgendwann im 16. Jh. waren die meisten Rentiere domestiziert, und die Gesellschaft der Jäger wandelte sich zur Gesellschaft umherziehender Rentierhirten. Noch immer spielen die Rentiere eine wichtige Rolle im Leben der Samen, aber nur noch ca. 16 % von ihnen sind unmittelbar mit dem Hüten der Tiere und dem Transport mit dem Rentierschlitten beschäftigt. Und nur noch eine Hand voll Traditionalisten führt weiterhin ein echtes Nomadenleben. Die meisten widmen sich heute dem Fischfang oder haben mit dem Tourismus zu tun.

Ein wichtiges und charakteristisches Element der samischen Kultur ist der *Joik*, ein rhythmisches Gedicht, gemacht für eine ganz bestimmte Person, das ihr inneres Wesen beschreibt. Es geht damit praktisch ins Eigentum der betreffenden Person über (S. 39). Andere traditionelle Elemente sind die Volksmedizin, Schamanismus, künstlerische Betätigung (besonders Holzschnitzen und Silberschmieden) und das Streben nach ökologischer Harmonie.

Die samische Nationaltracht ist die einzige echte Volkstracht, die in Norwegen immer noch im Alltag vorkommt; in Kautokeino und Karasjok kann man sie auf der Straße bewundern. Jeder Distrikt hat seine eigenen charakteristischen Merkmale, aber immer handelt es sich um eine reich verzierte und bestickte Kombination von roten und blauen Filzhemden oder Kitteln und Hosen oder Röcken sowie Stiefeln und Hüten. Zu besonderen Anlässen wird das Outfit der Frauen mit einer Perlenkrone und einem Kranz aus seidenen Haarbändern aufgepeppt.

Wer mehr wissen möchte, kann in das Buch *The Sami People* von Davvi Girji (1990) hineinschauen oder in *The Sami: Indigenous People of the Arctic* von Odd Mathis Hælta, beide in englischer Übersetzung erhältlich. Auf Deutsch gibt es u. a.: *Sápmi. Mythen und Sagen der Samen und ihr religiöser Hintergrund* von Hans U. Schwaar (1996) und *Die Samen im Norden von Hans Lindkjoelen* (1995). *The Magic of Sami Yoik* von Dejoda ist eine von mehreren CDs, die diesem besonderen Genre gewidmet sind; die Tracks auf *Eight Seasons* von Mari Boine, einer Sängerin aus Karasjok, bieten jedoch eine breitere Auswahl samischer Musik.

(auch Rentiermoos genannt und bestes Rentierfutter). Drinnen gibt es samisches Kunsthandwerk zu sehen, Gerätschaften der Bauern und der Rentierhirten, religiöse Bilder und andere Gegenstände sowie Transportausrüstung für den Winter.

KIRCHE VON KAUTOKEINO

Die **Holzkirche** von Kautokeino (Suomalvodda; ⌚ Juni–Mitte Aug. 9–22 Uhr) wurde 1958 errichtet und ist eine der meistbenutzten in Norwegen, besonders zu Ostern. In ihrem heiteren und durch die leuchtenden samischen Farben lebendig wirkenden Innenraum stammen einige Inventarstücke noch aus der früheren Kirche aus dem Jahr 1701. Sie konnten gerade noch gerettet werden, als die Kirche im Zweiten Weltkrieg in Brand gesteckt wurde.

KANUFAHREN

In der Zeit von Juni bis August kann man in Kautokeino Kanus ausleihen (250 nkr pro Tag) und damit auf dem Fluss herumfahren. Auskunft gibt's in Alfred's Kro oder unter ☎ 95 96 49 01.

Festivals & Events

Ostern ist Hochzeitssaison und außerdem ein willkommener Anlass, im großen Kreis das Ende der dunklen Jahreszeit zu feiern, bevor sich Menschen und Tiere auf die weit verstreut liegenden Sommerweiden begeben. Entsprechend wird Ostern mit großem Tamtam begangen: Dann finden die Weltmeisterschaft im Rentierrennen, der Grand Prix der Samen – nein, kein Rennen mit frisierten Schneemobilen, sondern ein *Joik*-Wettbewerb – statt sowie andere traditionelle samische und religiöse Feierlichkeiten. Nähere Informationen und Auskunft zum Programm unter www.saami-easterfestival.org.

Schlafen & Essen

Kautokeino Camping (☎ 78 48 54 00; samicamp@start.no; Suomaluodda 16; Stellplatz für Zelt/Wohnwagen 130 nkr, Hütte 300 nkr, mit Bad 650–800 nkr, Zi. Im Motel 500 nkr) Zelt- und Hüttenbewohner haben auf diesem freundlichen Platz Zugang zur Gemeinschaftsküche. Außerdem gibt es ein großes samisches *lavvo*, einen warmen und gemütlichen Ort, wo man am Holzfeuer relaxen und dampfenden Kaffee schlürfen kann, der noch spät abends um 21 Uhr gekocht wird. Wenn man darum bittet, wird im kleinen Café auch *bidos* zubereitet, der traditionelle Eintopf mit Rentierfleisch, der sonst bei samischen Hochzeiten und anderen Familienfesten auf den Tisch kommt.

Kautokeino Villmarkssenter (☎ 78 48 76 02; isakmathis@hotmail.com; Hannoluohkka 2; EZ/DZ 500/700 nkr, 4-Bett-Hütte 400 nkr) Die einzige verlässliche Alternative findet man oberhalb der Hauptstraße. Kürzlich eröffnet und ganzjährig geöffnet, betreibt diese Unterkunft auch ein ordentliches Café-Restaurant (Hauptgerichte 85 bis 140 nkr) mit der Möglichkeit, im Freien zu sitzen.

Sommer-Hotell (☎ 41 84 87 03, 90 83 99 39; Zi. 290 nkr, Apt. 450 nkr) Der Weg zum etwas abgelegenen Studentenhostel – in den Sommerferien für jedermann geöffnet – ist gut ausgeschildert. Prinzipiell ist zwischen 12 und 18 Uhr immer jemand da.

Alfred's Kro (☎ 78 48 61 18; Hannoluohkka 4) Jeden Tag geöffnet. Hier gibt es Mack-Bier vom Fass und Hamburger (65 bis 90 nkr). Im Sommer ist die Speisekarte ein bisschen origineller; dann gibt es auch eine ganze Reihe traditioneller samischer Gerichte (115 bis 135 nkr).

DER HOHE NORDEN

Ausgehen

Das **Caffé Galleriat** über dem Fremdenverkehrsbüro mit Haupteingang an der Hauptstraße ist ein gemütliches kleines Lokal. Hier kann man in aller Ruhe einen Kaffee trinken gehen.

Maras Pub, eine Etage tiefer als Alfred's Kro und unter anderer Leitung, ist deutlich intimer als das Lokal in der oberen Etage. Wenn hier am Wochenende das Bier in Strömen fließt, stimmen die Inhaber gern spontan den ein oder anderen *Joik* an – so wird berichtet.

An- & Weiterreise

Busse verbinden Kautokeino mit Alta (193 nkr, 2¼ Std., 4-mal die Woche). Von Juni bis August kann man mit dem Lapin-Linjat-Bus zwischen Kautokeino und Rovaniemi in Finnland reisen (280 nkr, 7¼ Std.).

REISA-NATIONALPARK

Auch wenn er streng genommen im Bezirk Troms liegt, erreicht man den Reisa-Nationalpark mit dem Auto am besten von Kautokeino aus. Für Wanderer ist die 50 km lange Strecke durch diese abgelegene Gegend der Finnmarksvidda eine der abenteuerlichsten und körperlich anstrengendsten Routen Norwegens. Das Nordende des Wanderwegs in Sarelv erreicht man über die Rv 865, 47 km südlich von Storslett, das Südende über die Schotterstraße nach Reisevannhytta, 4 km westlich von Bieddjuvaggi an der Rv 896, wenn man von Kautokeino nach Nordwesten fährt.

Die meisten Besucher wandern von Norden nach Süden. Von Bilto oder Sarelv folgt man entweder dem Weg auf der Westseite des schmalen Tals, in dem der Fluss Reisaelva verläuft, oder man mietet ein Boot für die dreistündige Fahrt flussaufwärts nach Nedrefoss (27 km). Dort steht eine Hütte des DNT. Unterwegs kann man östlich des Weges am Nebenfluss Molleselva den 269 m hohen Wasserfall Mollesfossen bestaunen. Ab Nedrefoss führt die Wanderung 35 km weit nach Süden zur Reisavannhytta, einer Hütte am See Reisajávri in der Nähe des südlichen Wegendes.

KARASJOK

2900 Ew.

Die Fahrt von Kautokeino nach Karasjok ist wunderschön – ganz besonders der Teil, der dem Fluss Iiešjokka folgt.

Mag sein, dass in Kautokeino mehr Samen leben, aber Karasjok (Kárásjohka auf Samisch) ist zweifellos die Hauptstadt der norwegischen Samen. Hier befinden sich das Samenparlament und die Samenbibliothek, NRK Sami Radio sendet aus Karasjok, es gibt ein wunderbares Samenmuseum und einen beeindruckenden Samen-Themenpark. Überdies steht in Karasjok die älteste Holzkirche der Finnmark, die **Gamlekirke** von 1807. Als einziges Gebäude der Stadt überstand die Kirche den Bombenhagel und die Brände des Zweiten Weltkriegs. Nur 18 km von der finnischen Grenze entfernt, kommen hier Busse, Wohnmobile und Autos zu Hunderten vorbei, alle auf dem Weg zum Nordkap.

Das **Fremdenverkehrsbüro** (☎ 78 46 88 10; www.koas.no; ⏲ Juni–Mitte Aug. 9–19 Uhr; Mitte Aug.–Mai Mo–Fr 9–16 Uhr) liegt im Sápmi-Park, etwa dort, wo E 6 und Rv 92 aufeinander treffen. Hier besteht die Möglichkeit, Geld zu wechseln, sollten aus Finnland noch Euros übrig geblieben sein.

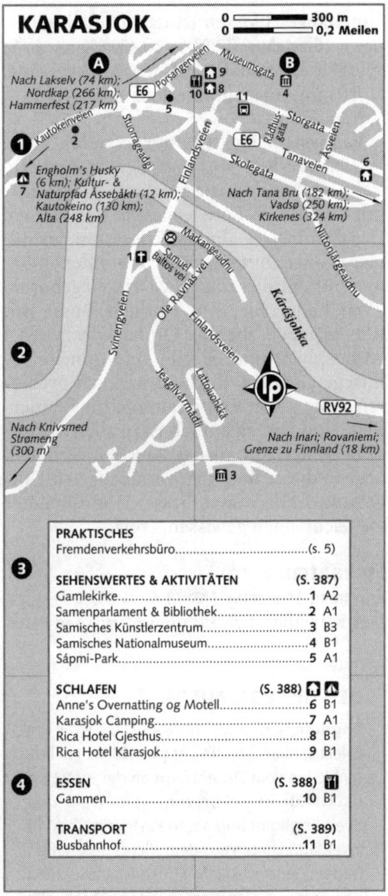

Sehenswertes & Aktivitäten

SÁPMI-PARK

Die Kultur der Samen wird hier bestens vermarktet, es konnte also nur eine Frage der Zeit sein, bis ein entsprechender **Themenpark** entstand (☎ 78 46 88 00; Porsangerveien; Erwachsene/Kinder 95/60 nkr; ⌚ Juni–Mitte Aug. 9–19 Uhr; Mitte Aug.–Mai Mo–Fr 9–16 Uhr). Im „Magischen Theater" führt eine melancholische Multimediashow ins Thema ein, außerdem sind im Gelände Sommer- und Winterlager der Samen sowie andere Wohnstätten aufgebaut – Souvenirshop und Café inklusive. Die Anlage ist wirklich sehr gut, und die Samen werden als normale Mitmenschen vorgestellt, nicht als ein exotischer Anachronismus. Wer Hintergrundinformationen sucht, findet sie in den Samenmuseen von Karasjok und Kautokeino: weniger gefällig aufbereitet, dafür akademischer.

SAMENPARLAMENT

Das samische **Parlament** (Sámediggi; ☎ 78 47 40 00; Kautokeinoveien 50; Eintritt frei) wurde 1989 ins Leben gerufen; im Jahr 2000 zog es in ein tolles neues Gebäude um: von außen verkleidet mit sibirischem Holz, von innen mit Birke, Eiche und Kiefer. Die Haupthalle hat die Form eines samischen *Gamma*-Zelts, und die Bibliothek der Samen, beleuchtet mit einem Sternenhimmel aus lauter winzigen Lichtern, birgt mehr als 35 000 Bücher sowie andere Medien. Im Sommer finden von Montag bis Samstag zwischen 8.30 und 14.30 Uhr (außer 11.30 Uhr) stündlich halbstündige Führungen statt. In der übrigen Zeit beginnen die Führungen an Wochentagen um 13.30 Uhr. In Schweden und Finnland gibt's ebenfalls solche Samenparlamente.

SAMISCHES NATIONALMUSEUM

Dieses **Museum** (Sámiid Vuorká Dávvirat; ☎ 78 46 99 50; Museumsgata 17; Erwachsene/Kinder 25/5 nkr; ⌚ Anfang Juni–Ende Aug. Mo–Sa 9–18 Uhr, So 10–18 Uhr; übrige Zeit Mo–Fr 9–15 Uhr, Sa–So 10 oder 12–15 Uhr) ist kleiner und ernsthafter als der sympathische Rummel weiter die Straße hinunter und steht etwas in dessen Schatten. Die Ausstellungsstücke sind der Geschichte und Kultur der Samen gewidmet: bunte, traditionelle samische Kleidung, eine verwirrende Vielfalt von Werkzeugen und Artefakten sowie von Werken zeitgenössischer samischer Künstler. Draußen wird auf einem kleinen Gehöft die Einfachheit traditionellen samischen Lebens demonstriert. Beschriftung nur auf Norwegisch und Samisch.

SAMISCHES KÜNSTLERZENTRUM

In dieser dynamischen **Galerie** (☎ 78 46 90 02; Jeagilvármádii 54; ⌚ Mo–Fr 10–15 Uhr, So 12–17 Uhr) finden wechselnde Ausstellungen zeitgenössischer samischer Künstler statt. Es lohnt sich, den kurzen Abstecher an den Stadtrand zu unternehmen.

ÁSSEBÁKTI KULTUR- & NATURTRAIL

An der Rv 92, 12 km südlich von Karasjok Richtung Kautokeino, befindet sich dieser 3,5 km lange Trail (auf der Straße ausgeschildert als „Kulturminner"). Es lohnt sich durchaus, ihn entlangzuwandern, um ein bisschen Waldluft zu schnuppern. Kultur hat der Pfad, trotz seines Namens, allerdings nicht viel zu bieten. Immerhin kommt man nach ungefähr 25 Minuten (zwei Std. sollten für Hin- und Rückweg eingeplant werden) an Überresten von Trappergruben, Vorratshaufen und Torfhütten (am anderen Flussufer) vorbei.

Geführte Touren

Engholm's Husky (s. Kasten unten) bietet Winterausflüge mit dem Hundeschlitten und Cross-Country-Touren auf Skiern an, außerdem Wandertouren im Sommer, bei denen ein Hund das Gepäck trägt (oder zumindest einen Teil davon), sowie Reitausflüge. All-inclusive-Expeditionen reichen von Eintagestouren mit dem Hundeschlitten (pro Person 1000 nkr) bis zu achttägigen Arktis-Safaris (9500 nkr). Die Website www.engholm.no informiert über das komplette Angebot.

Schlafen & Essen

Karasjok Camping (☎ 78 46 61 35; halonen@online.no; Kautokeinoveien; Person/Stellplatz 10/100 nkr, B 130 nkr, Hütte 250–410 nkr, mit Bad 550–850 nkr) Der freundliche Campingplatz von Karasjok liegt am Berg mit Blick über den Fluss und besitzt eine große Auswahl an Hütten. Im gemütlichen *lavvo* kann man sich beim Knistern des nächtlichen Birkenholzfeuers auf Rentierfellen ausstrecken. Oder man bruzzelt sich sein eigenes Essen in der ebenso anheimelnden Grillhütte.

Anne's Overnatting og Motell (☎/Fax 78 46 64 32; Tanaveien 40; 2-/4-Bett-Hütte 375/450 nkr, EZ/DZ mit Bad 400/535 nkr; Ⓟ) Hier regiert eine samische Lady. Essen gibt's keines, aber die Zimmer haben Fernseher, und die Küche kann auch benutzt werden. Glück für den, der eigenes Bettzeug oder einen Schlafsack dabeihat, denn sonst ist der Zuschlag recht ordentlich. Anne, die nicht mehr jung ist, hört vielleicht bald auf zu arbeiten, daher sollte man lieber vorher anrufen.

Rica Hotel Karasjok (☎ 78 46 74 00; www.rica.no; Porsangerveien; EZ/DZ Mitte Juni–Mitte Aug. 780/980 nkr, übrige Zeit So–Do 1220/1330 nkr, Fr–Sa 745/930 nkr; Ⓟ 💻) Gleich am Sápmi-Park. Dies ist Karasjoks beste Unterkunft mit hübschen Zimmern und samischen Motiven an allen Ecken und Enden sowie einem beeindruckenden Arctic-Menu-Restaurant. An das Hotel angeschlossen ist das deutlich günstigere **Gjestehus** (EZ/DZ So–Do 600/800 nkr, Fr–Sa 550/650 nkr), ebenfalls auf dem Parkgelände. Dort muss man mindestens einen Tag im Voraus reservieren.

Gammen (☎ 78 46 74 00; Hauptgerichte 200–310 nkr; 🕒 Mitte Juni–Mitte Aug.) Auf der Speisekarte steht Rentier und wieder Rentier, vielleicht mit einem Alibi-Forellengericht dazwischen: Das Gammen ist ein rustikaler Komplex mit vier großen, miteinander verbundenen Samenhütten, die zum Rica Hotel gehören. Zwar halten hier mit Vorliebe Busse mit Reisegruppen, aber der Ort hat wirklich viel Atmosphäre und es gibt traditionelle samische Gerichte, die man wirklich probieren sollte – von Rentiereintopf bis Rentierfilet. Und hey, eigentlich ist in allen norwegischen Restaurants das Rauchen verboten, aber in dieser dunklen, verräucherten Umgebung finden unverbesserliche Qualmer vielleicht einen gewissen Trost.

Einkaufen

Knivsmed Strømeng (☎ 78 46 71 05; Badjenjárga) Der Kunsthandwerksladen Knivsmed Strø-

DER TIPP VOM AUTOR

Engholm's Husky (☎ 78 46 71 66; www.engholm.no; Hütte 200–300 nkr plus 100 nkr pro Person), 6 km vom Ort entfernt an der Rv 92, ist ein wunderbarer Rückzugsort im Wald, den Sven Engholm und seine Partnerin Bodil in zwei Jahrzehnten aus dem Nichts geschaffen haben. Jede rustikale Hütte ist individuell und mit viel Geschmack eingerichtet, alle haben eine gut ausgestattete Küche und eine hat ein Bad. Man sinkt in den Schlaf zum Klimpern von Pferdegeschirr und dem gelegentlichen Bellen und Jaulen der Schlittenhunde. Im Sommer erwartet einen beim Aufwachen ein Frühstück (70 nkr) mit Eiern von Bodils freilaufenden Hühnern, die im Hof herumscharren. Ein reichliches Abendessen kostet 200 nkr in der eigenen Hütte oder 350 nkr, wenn man es in der traditionellen samischen Torfhütte einnimmt. Im Wald gibt es ausgeschilderte Wanderwege und einen Lachsfluss mit einem schönen Strand nur fünf Minuten zu Fuß entfernt.

Svens Unterkunft ist auch Karasjoks **Jugendherberge** (B/EZ/DZ 175/300/450 nkr).

meg kann auf vier Generationen einheimischer Erfahrung bei der Herstellung der einzigartigen und original handgefertigten Samenmesser zurückblicken. Diese Messer können für alle möglichen Zwecke benutzt werden; sie können draußen oder in der Küche zum Einsatz kommen. Ähnliche Stücke samischen Kunsthandwerks findet man im **Sápmi Park Gift Shop**.

An- & Weiterreise

Tägliche Busverbindung von Karasjok nach Alta (350 nkr, 4¾ Std.) via Lakselv (110 nkr, 1½ Std.), Hammerfest (308 nkr, 4¼ Std.) und Kirkenes (452 nkr, 5½ Std.).

Das ganze Jahr hindurch fährt täglich ab Karasjok ein finnischer Lapin-Linjat-Bus nach Rovaniemi (350 nkr, 8 Std.) via Ivalo (160 nkr, 2½ Std.) in Finnland.

Svalbard (Spitzbergen)

INHALT

Svalbard wirkt wie ein Sturmangriff auf die Sinne. Diese erstaunliche Inselgruppe ist der am leichtesten zugängliche Punkt der Nordpolregion und einer der spektakulärsten Orte der Welt überhaupt. Riesige Eisberge und Eisschollen treiben im Meer, die einsamen Berge sind von Eisfeldern und Gletschern bedeckt. Doch wenn man genau hinschaut, entdeckt man kleine Kostbarkeiten wie Flechten, zarte Gräser und Blumen, die der arktische Wüstenboden, so karg und unfruchtbar er aussieht, trotz der rauen Bedingungen hervorbringt. Aber auch größere Lebewesen sind in dieser Umgebung anzutreffen: Wale, Seehunde, Walrosse, Polarfüchse, kurzbeinige Svalbard-Rentiere – und jede Menge Eisbären.

Leicht macht es einem Svalbard nicht – und schon gar nicht dem Geldbeutel. Von Tromsø, dem nächstgelegenen größeren Flughafen auf dem Festland, ist es ein Flug von fast 1000 km. Eigentlich ist es heute billiger denn je, auf die Inselgruppe zu fliegen. Preiswerte Unterkünfte allerdings sind rar. Als Individualreisender gibt man auf diesen Inseln eine seltenere Erscheinung ab als die Eisbären; die allermeisten Besucher schließen sich einer Reisegruppe an oder buchen – was auch wir empfehlen – eine organisierte Tour, sobald sie in Longyearbyen angekommen sind. Hier kommen normalerweise alle die an, die nicht mit dem Kreuzfahrtschiff unterwegs sind.

Was die Kosten wirklich in die Höhe treibt, sind die organisierten Touren und Aktivitäten. Aber weil Ausflüge außerhalb von Longyearbyen bestenfalls schwierig sind und ausgesprochen gefährlich werden können, verpasst jeder eine Menge, der nicht ein oder zwei dieser Touren bucht. Also, am besten schon bei der Reiseplanung das Budget für einen Gletscherspaziergang, eine Bootstour oder eine Bergwerksbesichtigung einkalkulieren und zusehen, dass man damit auskommt.

HIGHLIGHTS

- Bootsfahrten (S. 395) im Slalom um die Eisschollen; mit viel Glück lassen sich Seehunde, Walrosse und Eisbären erspähen
- Die unberührte Natur der Arktis auf einer **organisierten Wandertour** erleben (S. 395)
- In die tiefsten Schächte der stillgelegten **Mine Nr. 3** (S. 400) in der Nähe von Longyearbyen kriechen und hinterher aufatmen, dass man kein Bergmann ist
- Eine Stippvisite in der russischen Bergarbeitersiedlung **Barentsburg** (S. 401)
- Einen sonnigen Morgen genießen, umgeben von den schimmernden Gletschern und dem türkisfarbenen Wasser des **Magdalenefjords** (S. 406)

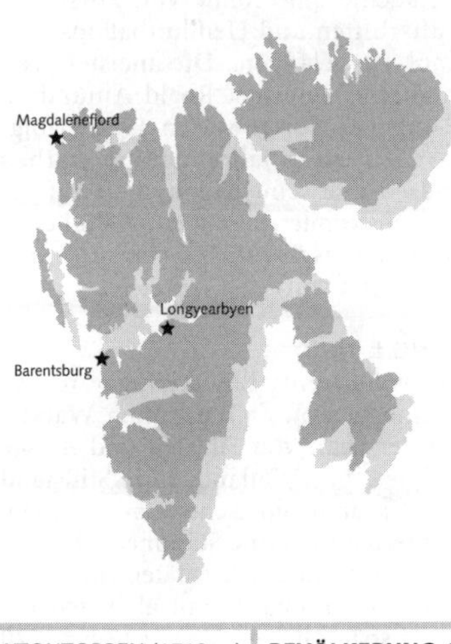

FLÄCHE: 61 400 km²	**HÖCHSTE ERHEBUNG**: NEWTONTOPPEN (1713 m)	**BEVÖLKERUNG**: 2700

Geschichte

Das erste Mal ist von Svalbard in einer isländischen Saga aus dem Jahre 1194 die Rede. Offiziell aber gilt der niederländische Seefahrer Willem Barents, der sich auf der Suche nach einer Nordost-Passage nach China befand, als erster Besucher vom europäischen Festland (1596). Er nannte die Inseln Spitsbergen („spitze Berge"); der norwegische Name Svalbard stammt aus dem Altnordischen und heißt soviel wie „kalte Küste". Und in den Sagas wird von einem „Land ganz im Norden, am Ende des Ozeans" erzählt. Heute ist Spitzbergen der Name der größten Insel von Svalbard. Mit dem Svalbardtraktat von 1920 erhielt Norwegen die Souveränität über den Archipel, was eingeschränkte militärische Einsätze einschloss. Den ursprünglich neun Nationen, die das Abkommen unterzeichneten, haben sich inzwischen über vierzig weitere angeschlossen; deren Staatsbürger haben auf den Inseln die gleichen Rechte und Pflichten wie die Norweger selbst.

POLARERFORSCHUNG

Longyearbyen liegt genau 1338 km vom Nordpol entfernt (so genau aber auch wieder nicht, denn Svalbard bewegt sich pro Jahr 2 mm Richtung Norden und wird bei der Lektüre dieses Reiseführers wieder ein Stückchen näher an den Pol herangerückt sein). Ende des 19. und zu Beginn des 20. Jhs. versuchte eine Reihe von Forschern mit Luftschiffen und Heißluftballons zum Nordpol zu gelangen. Die meisten von ihnen aber scheiterten. Roald Amundsen und Umberto Nobile waren 1926 erfolgreich, doch zwei Jahre darauf starben Amundsen und seine Mannschaft auf der Suche nach Nobile, der auf einer ähnlichen Expedition verschwunden war und erst später gerettet wurde.

WALFANG & JAGD

Zur Zeit von Barents' Entdeckung waren die Inseln unbewohnt, da die frühen Wanderungen der Inuit von Sibirien und Alaska nach Osten in Grönland zum Stillstand kamen. Wie archäologische Funde belegen, überwinterten russische Stämme zu Beginn des 17. Jhs. hier. Erste Aktivitäten von Westeuropäern in Svalbard sind aber erst ein Jahrzehnt später belegt. Von 1612 bis 1720 machten englische, niederländische, französische, norwegische und dänische Schiffe vor der Westküste der Insel Spitzbergen Jagd auf Wale; allein die Niederländer erlegten schätzungsweise 60 000 Wale.

Die erste bekannte Überwinterung einer englischen Gruppe fand 1630 in Bellsund statt, gefolgt von einer dänischen Gruppe 1633 in Smeerenburg. Als der Skorbut im Winter des nächsten Jahres Opfer forderte, wurde die Siedlung verlassen – einige wenige Verwalter blieben, kamen jedoch allesamt um. Anfang des 18. Jhs. richteten Pomoren, an der Küste lebende russische Jäger und Händler, ihr Interesse auf die Svalbard-Inseln und machten Jagd auf Walrosse, Elche, Seehunde und Belugas. Ab 1795 begannen auch die Norweger sich für die Fauna des Archipels zu interessieren und Eisbären und Polarfüchse zu jagen.

KOHLEBERGBAU

Gut möglich, dass Walfänger bereits 1612 Kohle bei Ny Ålesund (S. 403) entdeckten. Doch das erste moderne Bergwerk wurde erst 1906 eröffnet, als die Arctic Coal Company (ACC) begann, aus dem reichen Flöz Kohle abzubauen. Die rund um dieses Bergwerk entstandene Siedlung wurde nach dem amerikanischen Besitzer der ACC John Munroe Longyear benannt. 1916 ging die ACC an die Store Norske Spitsbergen Kull Compani (SNSK). Im Laufe der nächsten Jahre nahmen zwei weitere Bergwerksgesellschaften ihren Betrieb auf Bjørnøya auf, der südlichsten Insel des Archipels, und die Kings Bay Kull Compani eröffnete eine Mine bei Ny Ålesund.

Im Zweiten Weltkrieg wurden der Bergbau gestoppt und am 3. September 1941 die Inseln evakuiert. Dennoch bombardierte die Wehrmacht Longyearbyen und die Siedlungen in Barentsburg und Sveagruva (Mine Nr. 2, am Hang gleich östlich von Longyearbyen, wurde beschossen, angezündet und brannte insgesamt 14 Jahre). Nachdem die Deutschen 1945 kapituliert hatten, kehrten die norwegischen Zivilisten zurück; Longyearbyen wurde wieder aufgebaut, die Russen wieder angesiedelt und der Kohleabbau in Pyramiden und Barentsburg wieder aufgenommen.

Auch Ny Ålesund wurde wieder in Betrieb genommen, jedoch 1962 nach einer Minenexplosion geschlossen und zu einem Wissenschaftszentrum umgebaut.

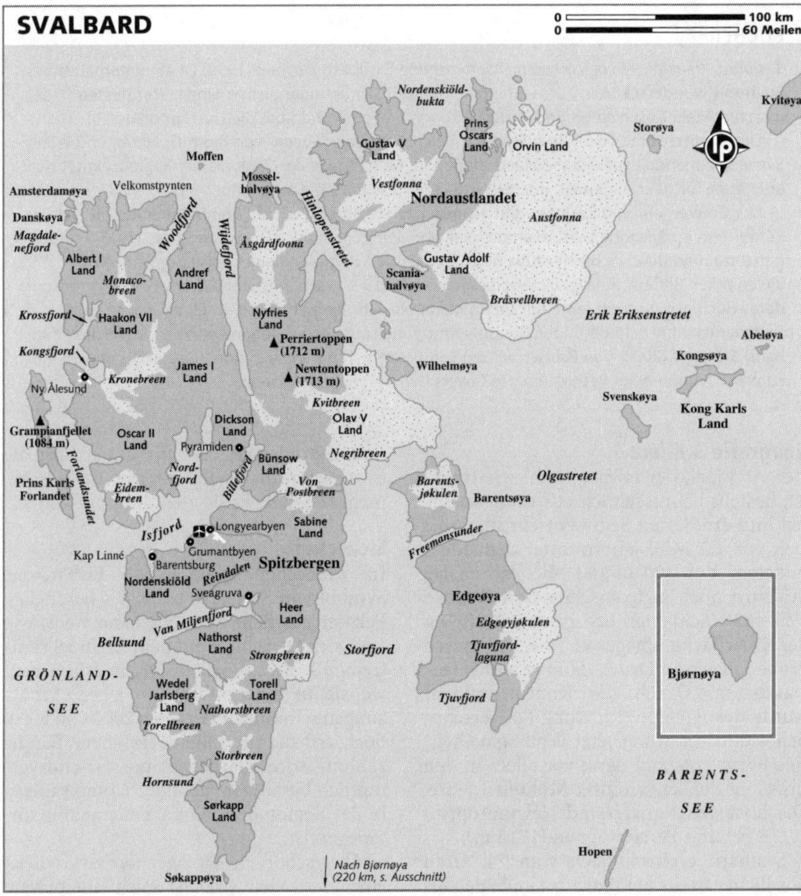

Heute ist Mine Nr. 7 die einzige um Longyearbyen, die nach fast vierzig Jahren noch in Betrieb ist; jährlich werden an die 70 000 Tonnen Kohle zur Befeuerung des städtischen Kraftwerks oder für den Export nach Deutschland gefördert.

Das große Kohlerevier dieser Tage ist das von Svea Nord, 44 km von Longyearbyen entfernt. Die Größe dieses Unternehmens lässt einen schwindelig werden. 2003 wurden hier 2,7 Mio. Tonnen abgebaut – in einer Woche mehr als Mine Nr. 7 in einem Jahr –, wovon der größte Teil nach Finnland, Deutschland und Dänemark exportiert wurde. Die Reserven belaufen sich auf schätzungsweise 40 Mio. Tonnen, und die Förderung wird bis mindestens 2013 fortgesetzt werden. Auf der anderen Seite ist die Mannschaft von Arbeitern sehr klein, die diese gewaltige, hochmoderne Maschinerie bedient, die sich durch den Berg frisst. Sie leben in Longyearbyen und werden für einwöchige Schichten nach Sveagruva geflogen.

WEITERE ROHSTOFFE

Optimistische Schätzungen gehen davon aus, dass die Goldreserven unter dem arktischen Boden von Svalbard genauso reich sind wie die in Südafrika. Auch gibt es riesige Potenziale zur Ölgewinnung, und als dieser Reiseführer in Druck ging, standen die Russen kurz davor, ihr erstes Bohrloch in den Boden zu treiben.

BÜCHER

Svalbard, Kreuzfahrt in den arktischen Sommer von Elisabeth Barthelt (1999) ist ein unterhaltsames Buch mit wunderschönen Fotos, aber kein Reiseführer im eigentlichen Sinne. Stattdessen findet man hier viele Geschichten und Berichte über die Region und über die Hurtigrouten.

Der englischsprachige Führer *Svalbard & the Life in Polar Oceans* von Bjorn Gulliksen und Erling Svensen behandelt speziell die Meeresflora und -fauna sowie die Ökologie der Region, eignet sich aber auch für ganz allgemein interessierte Leser und hat viele tolle Fotos.

Der Gouverneur von Svalbard gibt ausgezeichnete Broschüren auf Englisch heraus, die sich als Führer und ergänzende Lektüre empfehlen. *Von Spitzbergen nach Franz-Josef-Land* (1993) von Jürgen Ritter und Ulrich Schacht ist die beeindruckende Schilderung einer Reise durch die Region mit vielen tollen Bildern. *Eine Frau erlebt die Polarnacht* (1997) von Christiane Ritter ist ein ganz besonderes Buch: Die Autorin lebte mit ihrem Mann ein Jahr lang (1933/34) in einer kleinen Hütte auf Spitzbergen. Ihre Schilderungen der Überwinterung sind hoch spannend. Mit dem herrlichen Bildband *Svalbard* (2003) von Pal Hermansen kann man sich perfekt auf eine Reise in die Region einstimmen. Schon beim Betrachten des Covers beginnt man zu frösteln.

Geografie & Klima

Der Archipel, der etwa so groß wie Irland ist, besteht hauptsächlich aus vergletscherten und erodierten Sedimentschichten, die sich vor 1,2 Mio. Jahren unter dem Meer bildeten. Vor 300 bis 60 Mio. Jahren lag Svalbard noch in tropischen Gefilden, wo sich dicke Schichten organischer Stoffe an der Oberfläche ablagerten, die sich durch große Hitze und Druck dann in Kohle verwandelten. Durch die Kontinentaldrift wurde der Archipel Richtung Pol verschoben – dorthin, wo er jetzt liegt. Seine heutige Form entstand dann vor allem in den Eiszeiten der letzten zwei Millionen Jahre. Die höchsten Punkte sind Newtontoppen (1713 m) und Perriertoppen (1712 m).

Svalbard erstreckt sich vom 74. Grad nördlicher Breite bei Bjørnøya im Süden bis zu über 80 Grad nördlicher Breite im nördlichen Spitzbergen und Nordaustlandet. In Longyearbyen scheint die Mitternachtssonne vom 19. April bis zum 23. August, während die Polarnacht vom 28. Oktober bis zum 14. Februar dauert.

Auf dem Archipel herrscht ein frisches polares Wüstenklima mit nur 200 bis 300 mm jährlichem Niederschlag. Zwar bleibt die Westküste den größten Teil des Sommers eisfrei, doch im Norden treibt vor der Hauptinsel das ganze Jahr über Packeis, und etwa 60 % der Landfläche sind von Eisschichten bedeckt. Mit Schnee und Frost ist jederzeit zu rechnen; die jährliche Durchschnittstemperatur liegt bei –4 °C und auch im Juli bei nur 6 °C. Dennoch – auch Temperaturen von bis zu 20 °C und mehr kann man mitunter erleben. Im Januar liegt die durchschnittliche Temperatur bei –16 °C, nicht selten sinkt sie aber auch auf –30 °C.

Sicherheit

Im wirklichen Leben ist der Eisbär, das Symbol von Svalbard, nicht das kuschelige Pelztier aus dem Zoo. Niemand weiß, wie viele sich tatsächlich auf dem Archipel rumtreiben – dem einzigen Ort in Norwegen, wo sie in freier Wildbahn leben. Schätzungen schwanken zwischen 2000 und 5000, doch erst die für 2005 vorgesehene Bärenzählung wird Klarheit bringen – und vermutlich bestätigen, dass der Homo sapiens in der Region dem Bären zahlenmäßig unterlegen ist.

Aber schon ein einziger Bär vis-à-vis ist ein Bär zu viel. Zwar ist solch eine private Begegnung der pelzigen Art höchst unwahrscheinlich, aber trotzdem ist es ratsam, sich einer organisierten Tour anzuschließen, wenn man in der Umgebung von Longyearbyen wandern will. Die hiesigen Wanderführer haben normalerweise ein Gewehr dabei und wissen, wie man damit umgeht. Zur Standardausrüstung, besonders beim Zelten in der Wildnis, gehören auch Stolperdrähte sowie Leuchtsignale und Leuchtkugeln – und zwar nicht, um Hilfe zu rufen, auf deren Eintreffen man u. U. Stunden warten müsste, sondern um sie dem Bären vor die Tatzen zu knallen.

Wer trotz allem nicht davon abzubringen ist, sich ohne Führer auf den Weg zu machen, sollte dieselbe Ausrüstung dabeihaben; in der Stadt gibt es mehrere Stellen, die diese Sachen verleihen. Und falls man das eine Ende eines Gewehrs nicht vom anderen unterscheiden kann, sind vor dem Trip dringend Schießübungen anzuraten. Gewehre verleihen das Spitsbergen Guesthouse und Svalbard Snøscooterutleie (100 nkr pro Tag).

Übertriebene Sorge ist aber nicht nötig. Da die Leute tatsächlich richtig aufpassen, ist es inzwischen fast zehn Jahre her, dass sich die Szene „Abgang Knut, verfolgt von einem Bären" abspielte: Damals fand ein schwedischer Lehrer sein jähes und tragisches Ende.

Geführte Touren

Eine Individualreise nach Svalbard zu organisieren oder auf eigene Faust dort Ausflüge zu unternehmen ist nicht die leichteste Übung. Daher buchen die meisten Besucher organisierte Touren. Optionen gibt es zum Glück jede Menge: vom Tagesausflug mit dem Hundeschlitten oder einem Schneemobil bis zur zweiwöchigen Exkursion zum Nordpol. Die **Website des Fremdenverkehrsbüros** (www.svalbard.net) listet Dutzende von Touren auf; eine Auswahl der beliebtesten folgt hier en detail. Weitere Vorschläge für Tagesausflüge s. S. 398.

SPITSBERGEN TRAVEL

Der Gigant unter den Svalbarder Reiseanbietern, **Spitsbergen Travel** (☎ 79 02 61 00; www.spitsbergentravel.no; Postboks 548, N-9171 Longyearbyen), veranstaltet zwischen Mitte Juni und Mitte September sechstägige Touren an Bord des ehemaligen Hurtigruten-Küstenschiffes *Nordstjernena:* eine viertägige geführte Kreuzfahrt mit Zwischenhalten in Barentsburg und Ny Ålesund. Die Kosten ohne den Rundflug von Tromsø aus liegen zwischen 7100 und 11 700 nkr pro Person ohne/mit eigener Dusche.

SVALBARD WILDLIFE SERVICE

Viele der üblichen und einige ungewöhnliche Trips bietet **Svalbard Wildlife Service** (☎ 79 02 56 60; www.wildlife.no; Postboks 164, N-9171 Longyearbyen): z. B. drei Tage Zelten, Wandern und Kajakfahren im Rahmen einer Exkursion zum Esmark-Gletscher (4950 nkr) oder eine Sieben-Tage-Tour zu den Gletschern, Seehunden und Walrossen der Prins-Karls-Forland-Insel (12 800 nkr).

SPITSBERGEN TOURS

Der Pionier unter den ortsansässigen Tourenveranstaltern, **Spitsbergen Tours** (☎ 79 02 10 68; Postboks 6, N-9171 Longyearbyen), ist bereits seit 1987 im Geschäft. Betreiber Andreas Umbreit hat das englische Standardwerk über die Inselgruppe geschrieben (s. Kasten S. 394).

Auf der langen Liste an Abenteuerangeboten findet sich auch eine arktische Woche in Longyearbyen, und zwar in drei Varianten: während der langen, dunklen Polarnächte (10 200 nkr), im noch winterlich-kalten Frühling im April (13 800 nkr) oder während der Hochsaison im Sommer; dann bewegen sich die Preise von 7650 nkr (wenn man zeltet) bis 19 000 nkr für ein Einzelzimmer. Im Preis enthalten sind Tagesexkursionen von den Siedlungen aus (z. B. zwei Tage Hundeschlittenfahren, eine Tour mit dem Schneemobil, Bootsfahrten und Wanderungen je nach Saison). Wintertouren mit dem Hundeschlitten kosten zwischen 1000 and 2000 nkr pro Tag; früh buchen ist angesagt. Für Abgehärtete werden im Winter Schneeschuh-Wanderungen (12 800 nkr) mit Übernachtung im Zelt (unbedingt einen Allwetter-Schlafsack mitbringen!) angeboten; man darf auch ein Iglu selber bauen – und auch darin schlafen, wenn man will.

Spitsbergen Tours organisiert auch Wandertouren, die sich aus einzelnen Bausteinen zusammensetzen und damit für jeden machbar sind, der einigermaßen fit ist. Abwechselnd stehen Tageswanderungen und Trecks zu bestimmten Zielen auf dem Programm. Pauschalpreise für eine/zwei/drei Wochen belaufen sich auf 7300/13 200/21 000 nkr.

EISBÄREN IM COMPUTER

Absolut gefahrlos lassen sich Eisbären bei einem Besuch der Website des **World Wildlife Fund** (www.panda.org/polarbears) aufspüren. Hier kann man die Fährten von Samantha und Marianne verfolgen, zwei ausgewachsenen Weibchen, die von Wissenschaftlern mit einem Halsband samt Satellitensender beglückt wurden. So erfährt man wesentlich mehr darüber, wie diese majestätischen und robusten Tiere unter den harten Bedingungen überleben.

BASECAMP

Basecamp (☎ 79 02 46 00; www.basecampexplorer.com; Postboks 316, N-9171 Longyearbyen) hat sich auf Winteraktivitäten spezialisiert. Eine davon ist ein Aufenthalt an Bord der *Noorderlicht*, einem holländischen Segelschiff, das immer dann ins Fjordeis ausläuft, wenn im Herbst der lange Frost einsetzt.

SVALBARD VILLMARKSSENTER

Der Experte für Hundefahrten ist das **Svalbard Villmarkssenter** (☎ 79 02 19 86; www.svalbard-adventure.com; Postboks 396, N-9171 Longyearbyen) – ob im Winter mit dem Schlitten oder im Sommer auf Rollen (ok, das ist nicht dasselbe, aber man ahnt ein bisschen das Feeling einer winterlichen Hundeschlittenfahrt).

LONGYEARBYEN

1500 Ew.

Diese bodenständige Gemeinde, Hauptstadt und „Metropole" von Svalbard, wurde als Umschlagplatz für die reichen Kohlevorkommen der Insel geboren.

Die moderne Stadt, in der man überall über verlassene Überreste aus Zeiten des Kohlebergbaus (die meisten sind als Industriedenkmäler geschützt) stolpert, liegt vor der großartigen Kulisse der Gletscherzungen Longyearbreen und Lars Hjertabreen. Wer hier ein Haus baut, passt sich dem harten arktischen Klima an; die meisten Gebäude werden auf Pfählen errichtet, damit der Dauerfrostboden durch die beheizten Häuser nicht schmilzt. Da er nie tiefer als einen Meter ist, würden sie sonst einfach darin einsinken! Auch die gut isolierten Rohrleitungen werden oberirdisch verlegt.

Wie in den Zeiten, als die Bergarbeiter an der Tür ihre von Kohlestaub verkrusteten Stiefel auszogen, ist es in den meisten Häusern der Stadt immer noch Usus, dass die Leute ihre Schuhe ausziehen, bevor sie reingehen. Ausnahmen bilden die meisten Geschäfte und Restaurants.

Praktische Informationen

Basecamp (20 nkr pro 10 Min.) Hier kommt man ins Internet (ein Terminal).

Bibliothek (Lompensenteret; kostenloser Internetzugang; 🕑 Mo, Mi, Do 11–18 Uhr; Di–Sa 11–14 Uhr)

Fremdenverkehrsbüro (☎ 79 02 55 50; www.svalbard.net; Næringsbrygget; 🕑 Mitte Juni–Aug. Mo–Fr 8–18 Uhr, Sa 9–16 Uhr, So 12–16 Uhr; übrige Zeit Mo–Fr 8–16 Uhr sowie Sept. & Ostern–Mitte Juni Sa 10–12 Uhr). Bringt die Broschüre *Svalbard* heraus, einen super Führer über den Archipel und das ganze Spektrum an Outdoor-Aktivitäten, die angeboten werden.

Longyearbyen Unfallklinik (☎ 79 02 42 00)

Norwegisches Polarinstitut (Næringsbrygget) Praktisch für Bücher über die Region, Plakate und Karten.

Postamt An der Hauptstraße.

Sparebanke 1 Norge Bank im Postgebäude, wo man Fragen in allen Geldangelegenheiten loswerden kann.

Telenor Büro In der Nähe des Büros des Sysselmans (Gouverneur)

Sehenswertes & Aktivitäten

SVALBARD-MUSEUM

Das kleine **Museum** von Longyearbyen (☎ 79 02 13 84; Skjæringa; Erwachsene/Kinder 30/15 nkr; 🕑 Juni–Aug. Mo–Sa 11–18 Uhr, So 13–18 Uhr; übrige Zeit kürzere Öffnungszeiten) ist in einem der ältesten Gebäude der Stadt untergebracht – einem ehemaligen Schweinestall. Bewundern kann man Ausstellungsstücke zu den Themen Geschichte, Klima, Geologie, Tierwelt, Erforschung des Archipels sowie zum wirtschaftlichen Grundpfeiler von Svalbard, dem Bergbau. Die lebensechte Darstellung eines Bergmanns vermittelt eindrucksvoll, wie unbequem es war, in den niedrigen, engen Schächten zu liegen. Wer diese Erfahrung hautnah erleben will, kann die Ausrüstung eines Bergmanns anziehen und in einen nachgebauten Tunnel kriechen. 2006 soll das Museum in größere Räume in der Nähe des Geländes der Universität UNIS umziehen.

MINE NR. 3

Um eine Vorstellung davon zu bekommen, wie der Arbeitsalltag in Longyearbyen aussah, bevor der Tourismus einsetzte, kann man mit Svalbard Wildlife Service oder Spitzbergen Travel (s. S. 395) eine Reise tief in **Mine Nr. 3** unternehmen (590 nkr inkl. Anfahrt von der Unterkunft, Dauer etwa 3 Std., Mindestalter 14). Die von 1971 bis 1996 betriebene Mine war der letzte Stollen, in dem mit Hand gearbeitet wurde; er wurde 5,5 km tief in den Berg hineingetrieben. Die Seitenstollen, aus deren Adern die Kohle herausgehackt wurde, waren nur 80 cm hoch; in einen von ihnen können die Besucher hineinkriechen, um einen Eindruck davon zu bekommen, wie das harte Leben unter Tage wirklich war.

Es wird hier zwar keine Kohle mehr abgebaut, aber die Mine ist alles andere als

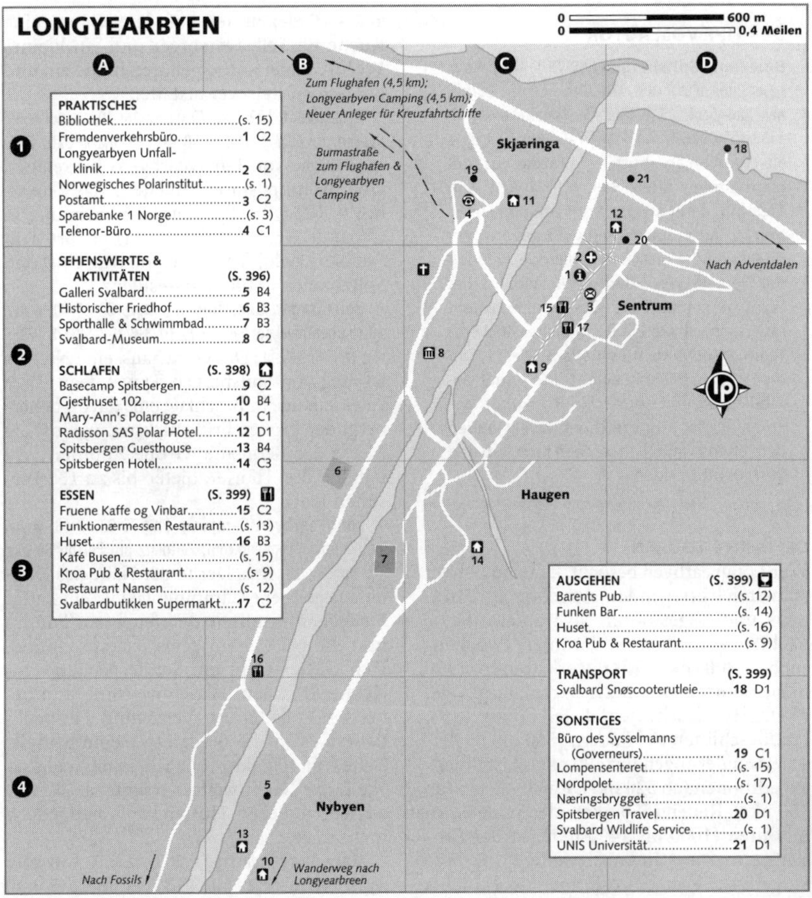

tot. In einem Stollen ist eine Genbank mit über 7000 verschiedenen Samenarten untergebracht, die dort im Dauerfrostboden bei idealer Umgebungstemperatur aufbewahrt werden.

FRIEDHOF

Der unheimliche kleine Friedhof am Hang über der Stadt wurde zu Beginn des 20. Jhs. angelegt. Im Oktober 1918 wurden innerhalb von ein paar Tagen sieben junge Männer in Longyearbyen von der spanischen Grippe dahingerafft, einem teuflischen Virus, das insgesamt vierzig Millionen Menschen in Europa, Asien und Nordamerika das Leben kostete.

GALLERI SVALBARD

Das, was in Longyearbyen einem Kunstmuseum am nächsten kommt, ist die **Galerie Svalbard** (☎ 79 02 23 40; Nybyen; Eintritt 40 nkr; ⏲ Juni–Aug. tgl. 11–17 Uhr, übrige Zeit Fr–Mo 12–17 Uhr, Di–Do 14–17 Uhr). Hier gibt's historische Karten und Bücher, Arbeiten der Künstlerin Kåre Tveter – die meisten zum Thema Svalbard – sowie eine kurze Diashow über die Magie des Polarlichts zu sehen.

SCHWIMMEN

Wer am Ende des Tages noch über ein paar Kraftreserven verfügt, kann in der Sporthalle von Longyearbyen ins Schwimmbecken springen.

DER TIPP VOM AUTOR

Basecamp Spitsbergen (☎ 79 02 46 00; www.basecampexplorer.com; Okt.–Jan.: EZ/DZ 800/950 nkr; Juni–Sept.: 1150/1360 nkr; März–Mai: Mo–Di 1350/1550 nkr, Fr–So 1550/1750 nkr; 💻) Eine alte Robbenjägerhütte – teilweise aus aufgearbeiteten alten Balken, Planken und Treibgut; darin diverse Artefakte und Dekoobjekte: ausrangierte Bergwerksgeräte oder direkt von der örtlichen Müllkippe, veredelt mit Elementen aus dem 21. Jh.: ein Internet Point, geschmackvolles Design, eine kostenlose Sauna sowie ein freundliches, lockeres Team. So etwa sieht es hier aus. Die 15 Zimmer – ähnlich wie in einer Hütte – sind Gemütlichkeit und Komfort in Reinkultur, das Frühstück ist ausgezeichnet. Direkt neben dem ebenso atmosphärischen Kroa Pub und Restaurant gelegen.

GEFÜHRTE TOUREN

Wer Longyearbyen besucht, kann aus einem Schwindel erregenden Angebot an Kurztrips und Tagestouren auswählen, die je nach Saison variieren; darunter: Fossiliensuche (300 nkr), Bergwerkstouren (590 nkr), Bootsfahrten nach Barentsburg (990 nkr), Hundeschlittenfahrten (800 nkr), Hundeschlitten auf *Rädern* (550 nkr), Gletscherwanderungen (ab 490 nkr), Eishöhlenexpeditionen (ab 520 nkr), Kajakfahrten (ab 550 nkr), Reiten (550 nkr) oder Schneemobiltouren (1000 bis 1400 nkr). In der Broschüre *Svalbard* sind noch weitere Angebote aufgeführt. Wer dann immer noch nichts Passendes gefunden hat, sollte einfach mal nachfragen.

Weitere Informationen über längere geführte Touren s. S. 395.

KURSE

Bei der hiesigen Universität **UNIS** (☎ 79 02 33 00; www.unis.no) kann man Kurse in arktischer Technologie, Geologie, Biologie und Geophysik belegen.

Schlafen

In Longyearbyen gibt es ein paar – jedenfalls für die Insel – preiswerte Übernachtungsmöglichkeiten am südlichsten Zipfel der Stadt, etwa zwanzig Minuten Fußweg vom Zentrum entfernt. Die ehemaligen Bergmannsunterkünfte sehen alle gleich aus – Badezimmer auf dem Gang, eine Küche für Selbstversorger und ein kleines Wohnzimmer – und gehören heute ein und demselben Reiseveranstalter.

Gjesthuset 102 (☎ 79 02 57 16; 102@wildlife.no; Nybyen; B/EZ/DZ 295/450/750 nkr; 🕒 März–Okt.) Die modernste von Longyearbyens begrenzten Übernachtungsmöglichkeiten, das Guesthouse 102 (zur allgemeinen Verwirrung in Gebäude Nr. 7 untergebracht) gehört dem Svalbard Wildlife Service und trug einst den Spitznamen „Millionärsresidenz".

Spitsbergen Guesthouse (☎ 79 02 63 00; www.spitsbergentravel.no; Nybyen; EZ/DZ/3-Bett-Zi. 495/840/985 nkr; 🕒 März–Sept.) Das Gästehaus, eine Niederlassung von Spitsbergen Travel, legt ganze vier Gebäude in Beschlag; eins davon beherbergt den großen Frühstücksraum, einst die Messe der Bergleute. Große Zimmer, verteilt auf drei Häuser, bieten bis zu 136 Personen Platz.

Longyearbyen Camping (☎ 79 02 10 68; www.longyearbyen-camping.com; Zeltplatz pro Person 80 nkr; 🕒 Juni–Anfang Sept.) Der in der Nähe des Flughafens gelegene Campingplatz ist ein nettes Fleckchen inmitten der feuchten Tundra und die bei weitem preiswerteste Option. Den Gästen steht ein Servicegebäude mit Küche, Duschen, Waschmaschine und beheizten Toiletten zur Verfügung. Per pedes dauert es in die Stadt etwa eine Stunde. Zelte (für 100 nkr pro Nacht) und Schlafsäcke (erste Nacht/weitere Nächte 50/20 nkr) werden verliehen, Hütten kann man jedoch nicht mieten.

Mary-Ann's Polarrigg (☎ 79 02 37 02; www.polarriggen.com; Skjæringa; EZ/DZ 595/850 nkr, mit Bad 1500 nkr) Für die Mehrzahl der 43 Zimmer in diesem Gästehaus gibt es gemeinsame Toiletten und Duschen; die kleine Küche steht allen Gästen zur Verfügung.

Spitsbergen Hotel (☎ 79 02 62 00; www.spitsbergentravel.no; EZ/DZ 1260/1485 nkr; 🕒 Mitte März–bis Mitte Okt.; 💻) Das Hotel zwischen Zentrum und Nybyen ist das Kontrastprogramm zu den beiden Gästehäusern in den eher spartanischen Unterkünften der Bergleute. Das ehemalige Wohnhaus der Minenbosse bietet viel Komfort – in den großen Ledersessel im Salon kann man herrlich versinken.

Radisson SAS Polar Hotel (☎ 79 02 34 50; www.radissonsas.com; EZ/DZ Mitte Mai–Dez. 1145/1275 nkr, Jan.–Mitte Mai 1280/1500 nkr; 💻) Das luxuriöseste Hotel der Stadt und „das nördlichste Fullservice-Hotel der Welt" – Mitglied einer großen Hotelkette – mit 95 stilvoll eingerichteten Zimmern, kostenloser Sauna plus Solarium und direkt am Advent Fjord gelegen. Es lohnt sich, 100 nkr für ein Zimmer mit Ausblick auf den Fjord und den Berg Hiorthfjellet dahinter draufzulegen. Sein Anbau wurde während der Olympischen Winterspiele in Lillehammer als Unterkunft benutzt und dann hierher transportiert.

Essen

Es gibt zwei Hotels mit einer hervorragenden Küche: das Restaurant Nansen im Radisson SAS Polar und das Funktionærmessen Restaurant im Spitsbergen Hotel. Davon abgesehen, werden einem die Einheimischen versichern, am besten esse und trinke man im Pub oder im „Haus" – allerdings nicht in jedem.

Huset (The House; ☎ 79 02 25 00) Während des kleinen Marsches bis zum Huset kann man gut Appetit auf das köstliche Essen entwickeln, das dort serviert wird. Das renommierte Restaurant bietet regelmäßig wechselnde Menüs für 360 bzw. 425 nkr. Wer sich etwas Besonderes gönnen will, sollte das Menü „Touch of the Arctic" probieren; es startet mit Saibling, gefolgt von Jakobsmuscheln, Rentier, Moorhuhn und Dessert des Hauses. Im Weinkeller lagern über 30 000 Flaschen – kurios für einen Ort, der so weit vom nächsten Weinberg entfernt ist. Für den schmaleren Geldbeutel gibt's an der Bar die üblichen Schnellgerichte sowie Wal in Pfeffersauce (135 nkr) und Seehundeintopf (118 nkr).

Fruene Kaffe og Vinbar (☎ 79 02 76 40; Lompensenteret) „Die bessere Hälfte", geführt von drei taffen jungen Frauen, ist ein freundliches Lokal, das tagsüber als Café fungiert und einen anständigen Kaffee, Pasta, Pizza und Snacks anbietet. Um 17 Uhr wirft es sich dann in Schale und verwandelt sich in ein Weinlokal.

Kafé Busen (☎ 79 02 36 50; Lompensenteret) Auf der Karte des Kafé Busen – im gleichen Komplex wie Fruene Kaffe og Vinbar – finden sich die üblichen Bistroangebote sowie Tagesgerichte

Der Supermarkt in Svalbardbutikken bietet ein gutes Sortiment an Lebensmitteln.

Ausgehen

Das Kroa ist meist ganz schön voll; überwiegend gehen dort die jüngeren Einheimischen hin. Die Barhocker aus Metall sind aus alten Schachtstützen hergestellt. Etwas formeller und gesitteter geht's im vor kurzem renovierten Radisson's Barents Pub und der Funken Bar oben im Spitsbergen Hotel zu.

Huset (☎ 79 02 25 00) ist ein Allround-Nachtlokal mit Bar, Nachtclub (Kosten für das Unterhaltungsprogramm 50 nkr), Musik und am Wochenende einem ziemlich quirligen Publikum. Hier befindet sich auch das Kino der Stadt, in dem an ein paar Abenden in der Woche Spielfilme gezeigt werden.

Alkohol ist in Svalbard zwar zollfrei, für die Einheimischen jedoch rationiert; Besucher, die sich hier mit Alkohol eindecken wollen, müssen ein gültiges Rückflugticket vorlegen, um zu beweisen, dass sie die Inselgruppe wieder verlassen werden. Die Nordpolet-Verkaufsstelle für Bier, Wein und Spirituosen versteckt sich hinter der Svalbardbutikken.

DER TIPP VOM AUTOR

Kroa (The Pub; ☎ 79 02 13 00; Hauptgerichte um 175 nkr) Dieses Lokal wurde vor knapp zehn Jahren aus den Teilen eines Hauses aus der russischen Siedlung Barentsburg aufgebaut, die extra hierher transportiert wurden (die riesige weiße Leninbüste, die verstohlen hinter der Bar hervorguckt, erinnert daran). Trotzdem wirkt diese fröhliche, ganz aus Holz bestehende Kneipe ganz und gar so, als gebe es sie schon seit Ewigkeiten. Der Service ist freundlich, die Hauptgerichte enorm. Nicht ganz so üppig sind die Vorspeisen; besonders lecker ist das Rentiercarpaccio (72 nkr) und der marinierte Saibling (79 nkr).

An- & Weiterreise

Bei klarem Wetter bietet der Anflug auf Longyearbyen nahezu überirdische Ausblicke. SAS Braathens und Norwegian fliegen regelmäßig die 957 km zwischen Tromsø und Longyearbyen. SAS Braathens bietet im Sommer Direktflüge von/nach Oslo und in der übrigen Zeit des Jahres über Tromsø an. Die Preise sind vor kurzem kräftig gefallen – für einen Rückflug von Tromsø bezahlt man manchmal nur 1700 nkr.

Unterwegs vor Ort

Svalbard Maxi Taxi (☎ 79 02 13 05) und **Longyearbyen Taxi** (☎ 79 02 13 75) verlangen 80 bis 120 nkr für eine Fahrt zwischen Stadt und Flughafen. Der Flughafenbus (40 nkr) verkehrt zu An- und Abflugszeiten und hält an den beiden Gästehäusern am Südrand der Stadt sowie an den Hotels.

Autos können bei **Longyearbyen Bilutleie** (☎ 78 02 11 88) und **Svalbard Auto** (☎ 79 02 13 30) gemietet werden. Tanken kann man hier das günstigste Benzin von ganz Norwegen (etwa 5 nkr pro Liter), aber es gibt nur 45 km Straße, und vom Auto aus ist nicht besonders viel zu sehen.

Fahrräder (pro halben/ganzen Tag etwa 75 bis 100 nkr) sind da eindeutig die bessere Wahl. Man kann sie im **Basecamp** (☎ 79 02 46 00) oder im **Spitsbergen Guesthouse** (☎ 79 02 63 00) ausleihen – sehr praktisch, um den Berg hinunter ins Stadtzentrum zu brettern, falls man an diesem Ende der Stadt wohnt.

Um im Winter mit einem Schneemobil in der Umgebung von Svalbard herumkurven zu können, muss man seinen Führerschein vorlegen. Außerdem ist es eine gute Idee, sich im Fremdenverkehrsbüro die kostenlose Broschüre *Visiting Svalbard* zu besorgen. Neben Tipps zum Umweltschutz enthält sie eine Karte der Gebiete, in denen Schneemobile erlaubt sind; viele sind gesperrt, um den Tieren ein wenig Ruhe und Frieden zu gönnen. Verleihe sind u. a. **Svalbard Snøscooterutleie** (☎ 79 02 16 66; www.scooterutleie.svalbard.no) und **Svalbard Reiser** (☎ 79 02 56 50). Mit 1000 bis 1400 nkr pro Tag muss gerechnet werden.

SVALBARD (SPITZBERGEN)

RUND UM LONGYEARBYEN

Platåberget & Bjørndalen

Das ausgedehnte Hochland im Westen von Longyearbyen heißt Platåberget (meist Plateau genannt); es ist ein ideales Ziel für eine Tageswanderung. Man beginnt den Aufstieg entweder beim Büro des Sysselmanns (Karte S. 397) in der Stadt – eine steile, geröllige Strecke – oder wählt den bequemeren Flanierweg von Blomsterdalen in der Nähe von **Mine Nr. 3** aus. Aber auch über Bjørndalen (in der Tat: „Bärental") südlich des Flughafens gelangt man zum Platåberget. Von dort aus kann man weiter bis zum Gipfel des Nordenskiöldsfjellet (1050 m) wandern, wo einst ein schwedisches Observatorium betrieben wurde.

Longyearbreen

Die berühmten Gletscherzungen bei den höher gelegenen, südwestlichen Ausläufern von Longyearbyen haben sich durch viele Schichten von Sedimentmaterial gefressen und gebohrt – darunter auch fossile Schichten, die entstanden, als man sich in Svalbard noch über ein eher tropisches Klimas freute. Als Folge davon spuckt die Endmoräne Pflanzenfossilien aus – Blätter und Zweige, die vor vierzig bis sechzig Millionen Jahren ihre Spuren im Stein hinterlassen haben. Von Mitte Juni bis September bietet **Nox Polaris** (☎ 91 71 70 72; www.nox.no) zweistündige geführte Wanderungen (295 nkr) zu den Fossilienfeldern an, wo man die einmalige Chance bekommt, selbst über das eine oder andere Fossil zu stolpern.

Wer auf eigene Faust hinaufkraxeln will, geht am Huset vorbei am linken Flussufer entlang, lässt die verlassenen Minengebäude hinter sich und gelangt dann auf einen holprigen Weg. Nachdem man linkerhand die Überreste einer Brücke passiert hat, nähert man sich der Endmoräne und überquert einen Bach, der links vorbeifließt. Dann führt der Weg über einige steile Abhänge, überquert den Fluss (manchmal gibt's auch eine Brücke) und geht dann weiter flussaufwärts, bis er bei den Fossilienfeldern endet. Der 5 km lange Rückweg von Huset dauert etwa 1½ Stunden, Fossiliensuche nicht mitgerechnet.

Burmastraße

Die Burmastraße, heute ein Spazierweg, folgt der alten Minenseilbahn bis zur ehemaligen Aufbereitungsanlage und Mine Nr. 3 in der Nähe des Flughafens. Sie eignet sich für eine leichte Wanderung, die etwa einen halben Tag dauert.

Adventdalen

Das kahle, weit geöffnete Adventdalen lockt den Besucher mit wilden arktischen Landschaften. Hier lässt es sich großartig wandern; allerdings können einem – wie das Schild am talseitigen Ende der Stadt deutlich macht, Eisbären über den Weg laufen. Daher sollte man eine Feuerwaffe dabeihaben, wenn man die Stadt verlässt.

Nacheinander passiert man die streng riechenden Huskyzwinger, den Süßwassersee Isdammen, der Trinkwasser für Longyearbyen liefert, und eine Nordlichtstation, die mit ähnlichen Einrichtungen in Alaska und Tromsø verbunden ist. Über den Hängen des Operafjellet, des Berges im Norden des Tals, stürzte 1996 eine russische Tupolev ab; dabei kamen 140 russische und ukrainische Passagiere sowie die gesamte Crew ums Leben. Mit dem Auto gelangt man in etwa einer Stunde zu den stillgelegten **Minen Nr. 5 und 6** und kann einen Blick auf **Nr. 7** werfen, die als einzige noch in Betrieb ist. Auch mit dem Fahrrad sind die Minen relativ leicht zu erreichen.

BARENTSBURG

800 Ew.

Das erste, was man von Barentsburg, der einzigen noch bestehenden russische Siedlung von Svalbard, zu sehen bekommt, ist der Schornstein des Kraftwerks, der dichten schwarzen Rauch in den blauen Himmel hustet. Dieses isolierte Dorf baut unverdrossen Kohle ab und produziert noch immer bis zu 350 000 Tonnen pro Jahr. Ein dauerhaftes Problem stellt allerdings der Verkauf auf dem freien Markt dar – und die Halden sind riesig. Alles ist ein bisschen heruntergekommen, chaotisch und rußig. Schilder in kyrillischer Schrift, eine übrig gebliebene Leninbüste und Wandbilder, die muskulöse Arbeiter in heroischen Posen zeigen – das alles vermittelt dem Besucher einen Eindruck von dieser ganz speziellen, auf der Insel verwurzelten Gemeinde.

Geschichte

Das am Grønfjorden gelegene Barentsburg wurde erstmals um 1900 als Kohlefördergebiet ausgewiesen, als die Kullkompaniet Isefjord Spitsbergen ihren Betrieb aufnahm. Auch verschiedene andere Gesellschaften gruben hier Schächte, und 1920 gründete die holländische Gesellschaft Nespico die Stadt. Zwölf Jahre später trat man sie dann dem sowjetischen Trust Arktikugol ab.

1941 wurde nicht nur Longyearbyen, sondern auch Barentsburg teilweise von der British Royal Navy zerstört. Damit sollte verhindert werden, dass es in die Hände der Nazis fiel (ironischerweise beendete die deutsche Kriegsmarine diese Arbeit später selbst). 1948 baute Arktikugol die Stadt wieder auf. Bis zum Zusammenbruch der Sowjetunion erlebte sie eine Zeit des Wachstums, der Entwicklung und wissenschaftlichen Forschung.

Wie jede andere Grube auf Svalbard hat auch die von Barentsburg große Tragödien erlebt. Als 1996 ein Flugzeug im Schneesturm nahe Adventdalen abstürzte (S. 400), waren unter den Opfern zahlreiche Bergarbeiterfamilien aus der Ukraine. 1997 starben 23 Bergleute bei einer verheerenden Grubenexplosion.

Heute geht die meiste Kohle des Trust Arktikugol direkt in den Westen, vor allem an Kraftwerke in den Niederlanden. Die Löhne werden von der Inflation in Russland aufgefressen; es gibt keine Flüge mehr von und nach Murmansk, und die veralteten Förderanlagen brechen allmählich zusammen. Die Wissenschaftler sind verschwunden, die Bevölkerung auf etwa 800 Menschen geschrumpft.

Da die Versorgung nur spärlich ist, baut man in Barentsburg nach wie vor selber Lebensmittel an, so z. B. Tomaten, Zwiebeln und Paprika. Der größte Teil der ehemaligen Schweinefarm ist jedoch im Kochtopf gelandet – nur ein paar einsame Kühe sieht man noch durch die Siedlung streunen. Trotzdem geht es den meisten Menschen hier besser als zu Hause im russichen Heimatland (oder in der Ukraine, aus der etwa die Hälfte der Bewohner von Barentsburg stammt), und viele entscheiden sich dafür zu bleiben, nachdem ihr erster Zweijahresvertrag abgelaufen ist.

Sehenswertes & Aktivitäten

Die meisten Besucher kommen per organisierter Tour nach Barentsburg. Wenn die Führung vorbei ist, sollte man die kurze Zeit, bis das Boot ablegt, dazu nutzen, das kleine Pomor Museum sowie die winzige Gemeindekirche zu besichtigen.

POMOR-MUSEUM

Dieses einfache und sympathische kleine **Museum** (☎ 79 02 18 14; Eintritt 35 nkr; ⌚ wenn Ausflugsboote im Hafen sind) dokumentiert (leider nur auf Russisch) den historischen Pomorhandel mit dem russischen Festland, den Bergbau sowie die Geschichte der Russen auf Svalbard. Besonders beeindruckend sind die ausgezeichneten geologischen Exponate und die interessante Sammlung von Artefakten, die auf russische Aktivitäten in Svalbard schon vor der offiziellen Entdeckung des Archipels durch Willem Barents hinweisen.

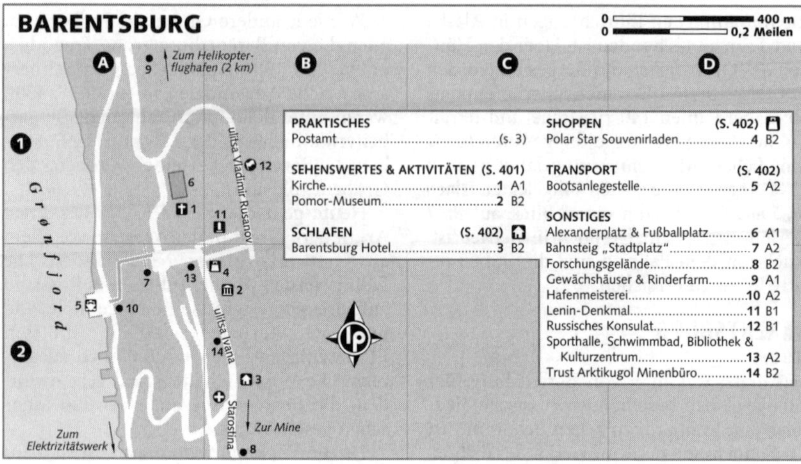

KAPELLE

Die kleine orthodoxe **Holzkapelle** wurde zum Gedenken an die Katastrophen von 1996 und 1997 (s. S. 401) errichtet. Sie steht oberhalb des Fußballplatzes, abseits der übrigen Häuser der Gemeinde, und es lohnt sich, einen Blick hineinzuwerfen.

Schlafen & Essen

Barentsburg Hotel (☎ 79 02 10 80, 79 02 18 14; DZ 550 nkr) Die einzige Besucherunterkunft der Siedlung serviert traditionelle russische Gerichte, darunter so leckere Spezialitäten wie gekochtes Schweinefleisch mit Kartoffeln und Sauerampfer, Petersilie und Sauerrahm. Wer hier übernachtet, sollte sich auch für das Gourmet Dinner anmelden, bei dem russische und ukrainische Spezialitäten sowie Krimsekt und Wodka auf den Tisch kommen.

In der Bar kann man sich einen erfreulich erschwinglichen und großzügigen Schluck Wodka (10 nkr) oder ein russisches Bier (33 nkr) genehmigen. Hier werden auch große Dosen mit echtem Kaviar zu Preisen verkauft, die man nirgendwo sonst im Westen, geschweige denn in Norwegen, findet.

Shoppen

Der Polar Star Souvenire (sic!) Shop, liegt genau dort, wo die 238 Stufen hinab zum Kai beginnen. Er lohnt einen Abstecher, wenn man es auf eine Babuschka, einen Leninanstecker fürs Revers oder sowjetische Militaria abgesehen hat.

An- & Weiterreise

Einige Reiseveranstalter (S. 398) bieten im Sommer neun- bis zehnstündige **Bootstouren** (Erwachsene/Kinder 990/690 nkr) von Longyearbyen nach Barentsburg an. Die Kreuzfahrt, die nur halb so viel Spaß macht, führt an der einstigen russischen Zeche von Grumantbyen vorbei, die in den 60er-Jahren stillgelegt wurde, und schrammt auf dem Rückweg auch knapp am riesigen Esmark-Gletscher vorbei. Im Preis enthalten sind ein leichtes Mittagessen sowie etwa eine Stunde Aufenthalt in Barentsburg, die aber überwiegend für die Führung draufgeht. Auch die meisten längeren Kreuzfahrten legen einen Stopp in Barentsburg ein.

Im Winter kann man Schneemobiltouren buchen (ab 1950 nkr pro Person), bei denen man über Schnee und Eis rast. Der Rekord für die Strecke Longyearbyen–Barentsburg liegt bei genau 22 Minuten, aber die geleiteten Touren dehnen die Fahrt auf gemächlichere und wesentlich angenehmere drei Stunden aus.

PYRAMIDEN

Pyramiden, die zweite russische Siedlung in Svalbard, wurde nach dem beeindruckenden, pyramidenförmigen Berg benannt, der ganz in der Nähe aufragt. Mitte der 1910er-Jahre wurde hier Kohle entdeckt, und der gleiche schwedische Konzern, der auch Sveagruva betrieb, begann mit dem Abbau. 1926 wurde er vom sowjetischen Unternehmen Russkiy Grumant übernommen, das 1931 wiederum an eine andere sowjetische Gesellschaft, den Trust Arktikugol, verkaufte. In den 50er-Jahren zählte die Siedlung 1100 Bewohner und konnte in ihrer Blütezeit zu Beginn der 90er-Jahre mit Stollen von insgesamt 60 km Länge, 130 Häusern, landwirtschaftlichen Betriebe ähnlich denen in Barentsburg sowie dem nördlichste Hotel und Schwimmbad der Welt aufwarten.

Ende der 90er-Jahre war nicht mehr genügend Kohle für einen profitablen Abbau übrig, und da Russland nicht mehr willens oder in der Lage war, die Mine zu subventionieren, wurde Pyramiden 2001 vollständig aufgegeben. Es steht aber immer noch auf dem Programm verschiedener Tour- und Kreuzfahrtveranstalter mit Sitz in Longyearbyen.

NY ÅLESUND

40–150 Ew.

Auch wenn der Breitengrad (79° N) nicht der einladendste ist – nur mit Mühe wird man irgendwo anders auf der Welt eine beeindruckendere Kulisse als die des Wissenschaftszentrums von Ny Ålesund (gegründet 1916 von der Kings Bay Kull Compani) finden. Ny Ålesund nimmt für sich in Anspruch, die nördlichste dauerhaft bewohnte Siedlung zu sein (was allerdings drei Orte in Russland und Kanada ebenfalls für sich reklamieren).

Im 20. Jh. baute die Kings Bay lange Zeit die tief gelegenen Kohlefelder ab. Hier lebten und arbeiteten einst 300 Menschen. Aber nachdem bei der letzten Explosion 21 Menschen ums Leben gekommen waren, wurde die Förderung 1963 eingestellt. Ny Ålesund hat sich seitdem zu einem renommierten Zentrum der Wissenschaften entwickelt, in dem das ganze Jahr über etwa 40 Menschen leben – Abgesandte von Forschungsstationen aus verschiedenen Nationen, darunter Japan, Frankreich, Großbritannien und Deutschland. Seit Juli 2004 zählt auch China dazu. Wenn im Sommer Forscher aus der ganzen Welt hierher strömen, um an ihren Projekten zu arbeiten, steigt ihre Zahl auf ca. 100.

Praktische Informationen

Kings Bay (☎ 79 02 72 00; www.kingsbay.no) ist die offizielle Anlaufstelle für alle Besucher, wenn auch seine eigentliche Aufgabe darin besteht, der lokalen Wissenschaftsgemeinde behilflich zu sein, die bei Flügen und Unterkünften eigentlich Vorrang hat. Daher können die Buchungen von Urlaubern nicht länger als fünf Tage im Voraus bestätigt werden.

Die Wissenschaftler scheinen denn auch keine allzu hohe Meinung von den Freizeitforschern zu haben. Der kühle Empfang ist z. T. wohl berechtigt, da achtlose Besucher immer wieder unwissentlich die Messungen von Instrumenten beeinflussen, die Umgebung verändern oder empfindliche Geräte beschädigen können. Also heißt es, die Straßen nicht verlassen, sich von den wissenschaftlichen Instrumenten fernhalten, mit denen das Zentrum nur so gespickt ist, und auch nicht den kleinsten Schnipsel Müll wegwerfen.

Auch die in der Stadt nistenden Seeschwalben bereiten dem Besucher keinen allzu freundlichen Empfang. Am besten besorgt man sich einen Schwalbenstock (kostenlos am Dock erhältlich), den man über dem Kopf hin und her schwenkt, damit einem keine paranoide Mutterschwalbe darauf herumhackt.

Im nördlichsten Souvenirladen der Welt kann man Postkarten kaufen und sie dann sofort im nördlichsten Postamt der Welt verschicken.

Sehenswertes

Ein 1,5 km langer Weg mit mehrsprachigen Erklärungstafeln führt den Besucher an den wichtigsten Sehenswürdigkeiten dieser winzigen Siedlung entlang.

Zu Beginn des 20. Jhs. brachen einige Polarforscher von Ny Ålesund auf, unter ihnen Roald Amundsen, Lincoln Ellsworth, Admiral Byrd und Umberto Nobile. Der **Ankermast** wurde 1926 von Nobile und Amundsen für ihr Luftschiff *Norge* benutzt; von hier starteten sie zu ihrem erfolgreichen Flug über den Nordpol nach Alaska. Zwei Jahre später kam er wieder zum Einsatz, als Nobile zurückkehrte, um mit der *Italia* seinen zweiten, diesmal verhängnisvollen Versuch zu starten. In der Stadt wimmelt es von Denkmäler, die an die beiden Expeditionen erinnern.

Der vermutlich ungewöhnlichste Anblick ist die gestrandete **Dampflokomotive** in der Nähe des Docks. 1917 wurde eine Schmalspureisenbahn gebaut, um die Kohlefelder mit dem Hafen zu verbinden; sie war bis

ROALD AMUNDSEN

Der Norweger Fridtjof Nansen (s. Kasten S. 374) hatte vielleicht das größte Herz aller Polarforscher, sein Landsmann Roald Amundsen aber wohl am meisten Mut und Entschlossenheit. Geboren 1872 in Borge nahe Sarpsborg, träumte er davon, Polarforscher zu werden, und verschlang jedes Buch zu diesem Thema, das er in die Finger bekam. Auf Wunsch seiner Mutter studierte er Medizin, aber als sie 1893 starb, wandte er sich wieder seinen Träumen vom Pol zu und ließ sich davon nicht mehr abbringen.

1897 segelte er als Erster Maat an Bord der *Belgica* mit einer belgischen Expedition in die Antarktis. Das Schiff fror im Eis in der Nähe der Peter-I.-Insel fest und wurde – ganz unbeabsichtigt – die erste Expedition, die in der Antarktis überwinterte. Als der Kapitän an Skorbut erkrankte, übernahm Amundsen das Kommando und bewies seine Fähigkeiten in einer Krisensituation.

Nachdem er sich einen Namen als Kapitän gemacht hatte, strebte Amundsen die Nordwestpassage und die Erforschung des antarktischen Magnetpols an. Die Expedition brach im Juni 1930 mit der 47-Tonnen Schaluppe *Gjøa* in Oslo auf und überwinterte in einem natürlichen Hafen der König-Wilhelm-Insel, den die Expedition „Gjøahavn" nannte. Zwei Jahre lang bauten die Männer Observatorien, nahmen magnetische Messungen vor, bestimmten die Position des antarktischen Magnetpols, studierten das Leben der Inuit und lernten, wie man einen Hundezug lenkt. Im August 1905 gelangten sie in Gewässer, die bisher auf keiner Karte erfasst waren, und durchquerten als Erste die Nordwestpassage. Als die *Gjøa* erneut im Eis überwintern musste, machten sich Amundsen und ein amerikanischer Begleiter mit dem Hundeschlitten auf zur über 900 km entfernten Telegrafenstation in Eagle City, Alaska, um die Welt von ihrem Erfolg zu informieren.

Amundsen hatte das Ziel gehabt, als erster Mensch den Nordpol zu erreichen. Doch im April 1909 verkündete Robert Peary, dass er bereits dort gewesen sei. Also steuerte Amundsen stattdessen 1910 den Südpol an – um dann zu erfahren, dass die *Terra Nova*-Expedition des Briten Robert Falcon Scott bereits mit dem gleichen Ziel von Neuseeland aus aufgebrochen war.

Amundsens Schiff ging im Januar 1911 vor der Roosevelt-Insel vor Anker, 60 km näher am Südpol als Scotts Basis. Mit vier Begleitern und vier von jeweils 13 Hunden gezogenen Schlitten erreichte er am 14. Dezember 1911 den Südpol. Scott – der später zusammen mit vier Mitgliedern seiner Expedition auf dem Rückweg an Kälte und Hunger starb – kam am 17. Januar 1912 am Pol an. Doch von dort leuchtete ihm schon die norwegische Flagge entgegen.

1925 hatte Amundsen die Idee, als erster Mensch den Nordpol zu überfliegen. Der Amerikaner Lincoln Ellsworth finanzierte die Expedition, und zwei Flugzeuge starteten von Svalbard nach Alaska. Wegen defekter Instrumente mussten sie jedoch etwa 150 km vom Pol entfernt auf dem Packeis landen. Der Pilot Hjalmar Riiser-Larsen hackte mit einfachen Werkzeugen eine Startbahn in das Eis, brachte eines der Flugzeuge mit sechs Mann in die Luft und schaffte es zurück nach Nordaustlandet in Svalbard. Dort stürzte das Flugzeug ins Meer, doch alle Passagiere konnten gerettet werden.

Im folgenden Jahr startete Roald Amundsen einen neuen Versuch – diesmal mit dem Luftschiff *Norge* –, begleitet von Ellsworth, Riiser-Larsen und dem italienischen Forscher Umberto Nobile. Die Männer verließen Spitzbergen am 11. Mai 1926 und warfen 16 Stunden später die norwegische, die amerikanische und die italienische Flagge über dem Nordpol ab. Am 14. Mai landeten sie triumphierend in Teller, Alaska, nachdem sie in 72 Stunden 5456 km zurückgelegt hatten. Es war der erste Flug zwischen Europa und Nordamerika.

Im Mai 1928 unternahm Nobile eine weitere Expedition mit dem Luftschiff *Italia*. Als dieses in der Arktis abstürzte, schloss Amundsen sich dem Rettungstrupp an. Nobile und seine Mannschaft konnten gerettet werden, aber Amundsens letzte Signale wurden nur drei Stunden nach dem Start empfangen – er wurde nie mehr gesehen.

1958 in Betrieb. Die restaurierte Lokomotive ist – ohne Zweifel – das nördlichste Eisenbahnrelikt.

Das Städtchen unterhält außerdem ein sehr kleines und liebenswertes **Bergbaumuseum** (Gruvemuseum; Spenden erbeten; rund um die Uhr) im alten Tiedemanns Tabakladen, das an die Geschichte und Traditionen des Kohlebergbaus in Ny Ålesund und Umgebung erinnern soll.

Schlafen & Essen

Nur die wenigsten Reisenden übernachten in Ny Ålesund, wo Vollpension (etwa 500 nkr) selbst für Camper obligatorisch ist.

Nordpolhotellet (☎ 79 02 72 00; www.kingsbay.no; EZ/DZ mit Vollpension 1390/2060 nkr) Das einzige Hotel der Siedlung öffnete am 3. September 1939 die Tore, schloss sie allerdings gleich am nächsten Tag wieder – der Zweite Weltkrieg war ausgebrochen; natürlich wurde längst wiedereröffnet. Heute müssen alle Gäste Vollpension buchen und zu jeder Jahreszeit im Voraus reservieren (booking@kingsbay.no).

Der extrem karge Campingplatz (100 nkr pro Person) liegt in der Nähe von Nobiles Luftschiffmast.

Die Messe bietet Frühstück/Mittagessen/Abendessen für 80/220/220 nkr an, und zwar sowohl für die Wissenschaftler als auch für die Gäste.

An- & Weiterreise

Wie fast überall auf Svalbard kommen die weitaus meisten Besucher, die nicht beruflich hier zu tun haben, im Rahmen von Kreuzfahrten nach Ny Ålesund und halten sich nur etwa ein bis zwei Stunden auf. Alternativ verkehrt **Kings Bay** (☎ 79 02 72 00; www.kingsbay.no) mit 16-sitzigen Maschinen nach/von Longyearbyen (einfacher Flug/Rückflug 1496/2992 nkr, 25 Min.): montags und donnerstags das ganze Jahr über und im Sommer zusätzlich ein- oder mehrmals pro Woche.

RUND UM NY ÅLESUND

Kongsfjorden

Der Kongsfjord (Namensgeber der Kings Bay Kull Compani) bildet die spektakuläre Kulisse von Ny Ålesund. In etwas traurigem Kontrast dazu stehen die graubraunen Ufern mit ausgedehnten Eisfeldern. Aus dem Eis ragen die charakteristischen Gipfel des Tre Kroner, Dana (1175 m), Svea (1226 m) und Nora (1226 m) – zu Ehren von Dänemark, Schweden bzw. Norwegen so benannt – heraus. Sie gehören zu den bekanntesten Wahrzeichen von Svalbard.

Blomstrandhalvøya

Das steinige Blomstrandhalvøya war ursprünglich eine Halbinsel. Allerdings wurde es Anfang der 90er-Jahre am nördlichen Ende dem Zugriff des Eises entzogen und ist heute eine Insel. Im Sommer erscheint der Name Blomstrand („Blumenstrand") durchaus angemessen – auch wenn er in Wahrheit auf einen norwegischen Geologen zurückgeht. Ny London am südlichen Ende der Insel erinnert an einen gewissen Ernest Mansfield von der Northern Exploration Company, der hier 1911 Marmor abbauen wollte, zu seinem Leidwesen jedoch feststellen musste, dass das Gestein durch Äonen Jahre des Tauens und Gefrierens wertlos geworden war. Ein paar Häuser und verlassene Geräte sind noch übrig geblieben.

RUND UM SPITZBERGEN

Sveagruva

Anfang der 1910er-Jahre wurde in Sveagruva erstmals Kohle entdeckt und dann von einem schwedischen Unternehmen gefördert. Die Grube wechselte mehrfach den Besitzer und überstand sogar ein Feuer. Als die SNSK sie 1934 übernahm, warf sie 400 000 Tonnen Kohle pro Jahr ab. Der Betrieb musste 1944 wegen eines U-Boot-Angriffs eingestellt werden, wurde aber nach dem Krieg erfolgreich wieder aufgenommen. Ende der 70er-Jahre war Sveagruva zu einer Siedlung von 300 Arbeitern herangewachsen, wo es sich fast so gut leben ließ wie in Longyearbyen.

Im Laufe der Jahre ging es durch die erhöhte Produktion rund um das leichter erreichbare Longyearbyen dann mit der ursprünglichen Grube von Sveagruva bergab. Mitte der 90er-Jahre war die Siedlung auf eine Hand voll Bergarbeiter und Verwalter geschrumpft. Heute hat das nahe gelegene Svea Nord (s. S. 393) die Rolle von Sveagruva übernommen und ist eine der größten aktiven Minen in Europa.

Prins Karls Forlandet

Vor der Westküste von Spitzbergen liegt die seltsam geformte, 86 km lange Insel Prins Karls Forlandet – ein Nationalpark, der dem Schutz brütender Schwimmfüßler dient. Die bergigen Gebiete im Norden, die bis zum Grampianfjellet (1084 m) aufsteigen, sind am südlichen Ende durch eine lange, flache Ebene namens Forlandsletta mit dem Saltfjellet (430 m) verbunden.

Krossfjord

Dank des grandiosen Gezeitengletschers Lillehöökbreen und einiger kultureller Re-

ÄUSSERE INSELN

Die folgenden Inseln sind äußerst abgelegen, und man kommt nur per organisierter Tour dorthin. Aber Klima und Geografie machen den Besuch auch dann teuer und kompliziert.

Bjørnøya

Die 178 km² große Insel Bjørnøya ist die südlichste von Svalbard und wird gelegentlich von privaten Yachten und Kreuzfahrtschiffen angelaufen. Viel zu sehen gibt es nicht gerade – ausgenommen ein winziges Museum, die norwegische Wetterstation Norwegian Bjørnøya Radio und ein paar historische Gebäude. Die interessanteste Sehenswürdigkeit ist ein ehemaliger Schweinestall namens Hammerfesthuset; er wurde 1823 gebaut und ist damit das älteste erhaltene Bauwerk von Svalbard. Ihren Namen verdankt die Insel einem umherstreifenden Bär, der hier hauste, als Willem Barents zum ersten Mal anlegte.

Hopen

1942 erlitt der sowjetische Frachter Dekabrist vor der schmalen und einsamen Insel Schiffbruch. Nur drei der 80 Passagiere und Besatzungsmitglieder überlebten unter den nahezu aussichtslosen Bedingungen des Winters. Ein Jahr später wurde eine deutsche Wetterstation auf der Insel errichtet, die die Norweger später wieder umbauten, um zunächst die klimatischen Bedingungen und später die Bewegungen des Eises und die Aurora Borealis zu studieren. Die Wetterstation wird heute noch von einem kleinen Team von Mitarbeitern betrieben, die dort auch wohnen.

Nordaustlandet

Die Insel Nordaustlandet ist mit über 14 700 km² die zweitgrößte Svalbards, jedoch sind 75 % von Eis bedeckt. Die einsame Ostküste wird von der Austfonna-Eisfläche dominiert, welche den längsten Gezeitengletscher in der arktischen Region hervorbringt.

likte zieht auch der Krossfjord viele Kreuzfahrtschiffe an. Bei Ebeltoftbukta in der Nähe der Fjordmündung kann man Gräber von Walfängern sowie jede Menge zurückgelassenes Gerümpel eines 1912 gebauten deutschen Telegrafenamts sehen, das 1914 komplett nach Ny Ålesund verlegt wurde. Gegenüber dem Eingang ragen ein paar stark bevölkerte Vogelklippen auf, von denen man einen guten Ausblick auf einen der grünsten, mit Blumen, Moos und sogar Gras bewachsenen Flecken von Svalbard genießen kann.

Magdalenefjord

Die herrliche blau-grüne Bucht des Magdalenefjords, umgeben von hoch aufragenden Klippen und geradezu einschüchternden Gezeitengletschern, ist der beliebteste Ankerplatz an der Westküste von Spitzbergen. Im 17 Jh. betrieben die Holländer in diesem Gebiet in großem Stile Walfang; bei Graveneset nahe der Fjordmündung kann man noch heute die Überreste zweier Tranöfen sehen. Hier stolpert man auch über jede Menge Gräber von Walfängern aus dem 17. und 18. Jh. Sie sind heute geschützte Kulturdenkmäler, markiert durch einen 1930 aufgestellten Gedenkstein.

Wer hier mit oder zeitgleich mit einem großen Kreuzfahrtschiff ankommt, dürfte eine, sagen wir, etwas spezielle Erfahrung machen. Besatzungsmitglieder von Kreuzfahrtschiffen sind dafür bekannt, Grillpartys am Strand aufzupeppen, indem sie sich als Eisbären oder gar Pinguine verkleiden und auf einer dafür geeigneten Eisscholle herumhopsen. Die besseren Schiffe pflegen ihre Touren hingegen durch die Verpflichtung angesehener Historiker und Wissenschaftler zu bereichern.

Danskøya

Einer der faszinierendsten Orte im Nordwesten Spitzbergens ist Virgohamna auf der kargen und steinigen Insel Danskøya. Am einsamen Strand liegen diverse Überbleibsel zerplatzter Träume verstreut herum. Dazu gehören die Trümmer von drei Tranöfen einer Walfangstation aus dem 17. Jh. sowie acht Steingräber aus der gleichen Epoche. Außerdem stößt man hier auf die Ruine eines kleinen Häuschens, gebaut von dem englischen Abenteurer Arnold Pike. Er hatte es sich in den Kopf gesetzt, mit seiner Yacht *Siggen* nach Norden zu segeln und sich einen Winter lang von Eisbären und Rentieren zu ernähren.

Der nächste Abenteurer, der Virgohamna beehrte, war der schwedische Ingenieur Salomon August Andrée. Im Sommer 1897 startete er von hier mit einem Luftschiff – voller Hoffnung, den Nordpol zu erreichen. Das Schicksal dieser Expedition, an der auch seine Landsleute Frænkel und Strindberg teilnahmen, wurde erst 1930 bekannt, als Matrosen eines Robbenfangschiffs bei einem Landgang auf ihr letztes Basislager auf Kvitøya stießen.

1906 versuchte dann auch der Journalist Walter Wellman mit freundlicher Unterstützung einer amerikanischen Zeitung, den Nordpol per Luftschiff zu erreichen – was ihm indes misslang. Ein Jahr später kam er wieder, um es erneut zu versuchen, aber unglücklicherweise wurde sein Schiff in einem Sturm stark ramponiert. Bei seinem dritten Versuch 1909 schwebte er bis auf 60 km an den Pol heran. Dann stellten sich technische Probleme ein, und als er hörte, dass Robert Peary den Pol bereits erreicht hatte, gab er endgültig auf. Der gesamte zurückgebliebene Schrott (darunter Dutzende verrostete, 165 Liter fassende Treibstofffässer) ist geschützt. Die wenigen Besucher, die es hierher verschlägt, verursachen beträchtliche Erosionsschäden. Daher der dringende Rat, auf den markierten Pfaden zu bleiben.

Amsterdamøya & Fairhaven

Die Insel Amsterdamøya war Standort der großen Walstation Smeerenburg (was auf Holländisch „Transtadt" bedeutet), 1617 von einem holländischen und einem dänischen Konzern gemeinsam gegründet. Heute zeugen davon nur noch sieben Öfen und ein paar Gräber. Rund um den nahe gelegenen Sund Fairhaven sind weitere Gräber verstreut.

Moffen

Die meisten Touristenschiffe versuchen die flache, steinige Insel Moffen anzulaufen, die für ihre Walrosspopulation bekannt ist. Oft werden sie aber von Pack- oder Treibeis daran gehindert. Von Mitte Mai bis Mitte September ist es Booten ohnehin nicht erlaubt, sich der Insel auf mehr als 300 m zu nähern – damit sich dort Walrossmännchen und -weibchen ungestört näher kommen und paaren können.

Allgemeine Informationen

INHALT

AKTIVITÄTEN

Wer die unberührte Natur liebt, findet auf der Weltkarte kaum ein anderes Land, das so viel zu bieten hat wie Norwegen. Es genießt einen besonders guten Ruf durch seine Kombination aus spektakulärer Landschaft und einer gut organisierten Reisebranche, die sich auf Abenteuerurlaub spezialisiert hat. Die enorme Auswahl reicht von der beschaulichen Kunst des Angelns über Wandern, Skilaufen und Bergsteigen bis zu adrenalinintensiven Aktivitäten wie Wildwasser-Rafting, Bungeejumping und Parasailing. Überall im Buch finden sich Textboxen, die einige der Top-Angebote in den einzelnen Regionen hervorheben; außerdem haben wir eine Reiseroute (S. 17) für alle zusammengestellt, die in Norwegen Aktivurlaub machen wollen.

Die 1000-jährige norwegische Tradition des *allemannsretten* und das *friluftsleven*, einer Art Outdoor-Freizeit-Gesetz, erlauben es jedem, sich per pedes oder per Ski durch die unberührte Natur zu bewegen – abgelegene Felder und Weiden inklusive. Auch wildes Zelten ist überall bis zu zwei Tagen okay, solange der Platz mehr als 150 m von einer Siedlung entfernt ist. Auf allen Pfaden und Straßen darf man Fahrrad fahren und reiten, auf allen Flüssen und Seen rudern, Kajak fahren und segeln. Mit diesen Freiheiten sind aber auch ein paar Regeln verbunden: zwischen dem 15. April und dem

PRAKTISCH & KONKRET

- Die Stromspannung beträgt in Norwegen 220 Volt und 50 Hertz (Schlafwagen haben 110 oder 220 Volt Wechselstrom); üblich sind runde, zweipolige Stecker
- Internationale Presse ist in den größeren Städten einen Tag nach Veröffentlichung zu kriegen. Wichtige norwegische Tageszeitungen sind *Aftenposten, Dagbladet, Verdens Gang* und *Bergens Tidende*.
- Der öffentlich-rechtliche Sender NRK (ein Fernsehkanal und drei Radiosender) muss sich gegen die Privatsender TV2 und TV Norge und den Satellitensender von TV3 verteidigen. Fremdsprachige Programme sind untertitelt, nicht synchronisiert. In den Hotels mit Kabelfernsehen sind häufig CNN und englischsprachige Sportkanäle zu empfangen.
- Wie die meisten westeuropäischen Länder (außer Frankreich) verwendet auch Norwegen das PAL-System.
- Es gilt das metrische System. Häufig wird auch die norwegische *mil* (Meile) verwendet – sie entspricht nicht 1,6, sondern 10 km.

11 GEBOTE FÜR ANGLER

1 Ausländer dürfen an der norwegischen Küste kostenlos angeln, ihren Fang aber nicht zu Geld machen.

2 Im Umkreis von 100 m von Fischzuchten und am Ufer festgemachten oder verankerten Seilen und Netzen ist Angeln verboten.

3 Wer Angelausrüstungen beschädigt, muss für den Schaden aufkommen.

4 Es ist nicht gestattet, in der Nähe von Treibnetzen und Angelplätzen vor Anker zu gehen.

5 Es ist verboten, Schusswaffen abzufeuern und Geräusche zu verursachen, durch die Fische gestört werden können.

6 Mit lebenden Ködern zu angeln ist untersagt.

7 Es ist verboten, Angelzeug oder anderen Abfall zurückzulassen, der den Fischfang oder Fischerboote stören, aufhalten oder beschädigen könnte.

8 Der Hummerfang ist norwegischen Staatsbürgern oder Personen mit festem Wohnsitz in Norwegen vorbehalten.

9 Nach Lachsen, Forellen und Saiblingen darf man seine Angelroute das ganze Jahr über auswerfen. An Flüssen mit Angelverbot ist das Angeln 100 m von der Flussmündung entfernt erlaubt. Vom 1. Juni bis 4. August zwischen 6 Uhr am Freitag und 8 Uhr am Montag darf man auf Lachse, Forellen und Saiblinge mit Haken und künstlichen Ködern angeln. Wer diese Fische im Visier hat, braucht allerdings eine nationale Angelerlaubnis und muss auch andere lokale Angelbestimmungen beachten (z. B. die Desinfektion der Angelausrüstung).

10 Wer von einem Boot aus angelt, muss eine Schwimmweste tragen.

11 Abfälle dürfen nicht ins Wasser geworfen oder das Wasser auf andere Art verunreinigt werden.

15. September kein Feuer zu machen; die Landschaft nicht zu verschmutzen, Tiere und Pflanzen zu schonen, Kulturstätten absolut intakt zu halten und die Landschaft so unberührt zu verlassen, wie man sie vorgefunden hat.

Angeln

Schon im 19. Jh. zogen Norwegens Flüsse und Seen europäische Aristokraten und passionierte amerikanische Angler an. Hier sind die Lachswanderungen noch immer sagenumwoben, und im Juni und Juli sind die Flüsse der Finnmark nicht zu toppen. Neben dem Lachs bevölkern noch 41 weitere Fischarten die 200 000 Flüsse und Seen des Landes. Von Juni bis September ist im Süden beste Angelsaison, in Juli und August dagegen im Norden. In Svalbard sind die besten Angelplätze top-secret. Hier trifft man in manchen Flüssen und Seen Saiblinge an. Wo man dagegen die meisten Lachse und Forellen aus dem Wasser zieht, kann man auf 175 Seiten in *Angling in Norway* nachlesen, das in den Fremdenverkehrs-büros für 185 nkr zu kaufen ist. In dem Buch steht auch alles über Gebühren und Bestimmungen.

Die Vorschriften sind von Fluss zu Fluss verschieden. Im Allgemeinen müssen Fische, die kleiner als 20 cm sind, von Mitte September bis November wieder eingesetzt werden. Zwischen August und Mai gilt dies für Fische, die kleiner als 30 cm sind.

Auf jeden Fall braucht man eine Jahreslizenz (200 nkr für Lachse, Forellen und Saiblinge, 100 nkr für andere Fische). Sie wird in Postämtern verkauft. Daneben gibt es auch Wochenlizenzen für 50 nkr. Wer auf Privatgrundstücken angeln möchte, muss außerdem eine örtliche Angellizenz erwerben (50 bis 350 nkr pro Tag). Sie ist in Sportgeschäften, Hotels, Fremdenverkehrsbüros und auf Campingplätzen erhältlich. Und in einigen Gebieten wird zudem noch eine Bescheinigung über eine desinfizierte Ausrüstung verlangt (100 nkr).

Hundeschlittenfahren

Zwar ist Hundeschlittenfahren kein typisch norwegischer Sport, doch passt diese Transportart der Inuit auch in die norwegische

Wildnis. Mehrere Veranstalter bieten Winterabenteuer dieser Art an. Vielen Zeitgenossen reicht bereits ein halbtägiger Appetizer – für sie organisiert das Touristenbüro in Røros zwei- bis fünfstündige Expeditionen (S. 168). Ambitionierte Hundeschlittenführer in spe können hingegen aufs Ganze gehen und eine zweiwöchige Hundeschlitten-Safari durch Troms, die Finnmark oder Svalbard buchen. in Svalbard (S. 395) organisiert jeder Reiseveranstalter, der etwas auf sich hält, Hundeschlittenexpeditionen. In anderen Gegenden gehören Bjørn Klauer (S. 357), Den Norske Turistforening (S. 75) und Engholm's Husky (S. 388) zu den besten Anbietern.

Klettern & Bergsteigen

Was niemanden überrascht: Ein Land mit der erstaunlichen Höhenlage Norwegens ist ein Paradies für Kletterer mit einem Faible für Felsen, Eis und alpine Herausforderungen. Von den Alpen abgesehen ist Norwegen wohl Europas bestes Kletterrevier. Allerdings tragen die topographischen und klimatischen Extreme Norwegens dazu bei, dass Kletterer mit weit härteren Bedingungen, einer kürzeren Saison und wesentlich mehr Einschränkungen für Wanderer oder Rucksacktouristen konfrontiert werden. Beliebte alpine Regionen sind v. a. die Gegend um Åndalsnes (S. 254), die Lyngen Alpen (S. 355) und die Lofoten (S. 325) – dort gibt es auch eine gute Kletterschule, die Expeditionen in Norwegen und darüber hinaus organisiert. Åndalsnes hat nicht nur grandiose Gipfel in seiner Umgebung zu bieten, sondern auch ein Bergsteigermuseum (S. 254) sowie das höchst beliebte Bergsteigerfest Norsk Fjellfestivalen (S. 254). Und in Lom lohnt ein Besuch des Norwegischen Gebirgsmuseums (S. 180).

Mehr zum Thema Klettern in Norwegen ist beim **Norsk Tindeklub** (☎ 22 50 54 66; www.ntk.no; c/o Egil Fredriksen, Sorkedalsveien 202b, N0754, Oslo) zu erfahren.

Neben dem Klassiker *Climbing in the Magic Islands* (1994) von Ed Webster, in welchem die meisten der gangbaren Routen auf den Lofoten beschrieben sind, ist angehenden Kletterern *Ice Fall in Norway* (1972) von Sir Ranulph Fiennes zu empfehlen, der Bericht über eine Tour um Jostedalsbreen im Jahr 1970. Praktischer angelegt ist *Go north! Klettern in Süd-Norwegen* (1993) von Götz Wiechmann.

Paragliding, Parasailing & Bungeejumping

Ganz Unerschrockene und solche, die einfach mal einen Blick aus der Vogelperspektive auf einige der spektakulärsten Landschaften Europas werfen wollen, sollten nach Voss fahren. Dort organisiert **Nordic Ventures** (☎ 56 51 00 17; www.nordicventures.com) Tandem-Paraglidingflüge, Parasailing und Bungeejumping (s. Kasten S. 210). Aber auch in Rjukan wird Bungeejumping angeboten (s. Kasten S. 147).

Wer darauf steht, mit halsbrecherischer Geschwindigkeit Richtung Erde zu stürzen, macht base jumping von den steilen Klippen des Lysefjords (S. 225).

Radfahren

Norwegen mit dem Fahrrad zu bereisen, ist ideal, um viel vom Land zu sehen. Allerdings muss man dazu einigermaßen fit sein, denn die Straßen sind manchmal ziemlich steil. Norwegische Autofahrer sind Radfahrer gewöhnt und nehmen auf sie Rücksicht. Aber viele Straßen in ländlichen Regionen sind schmal und erfordern besondere Wachsamkeit.

Die meisten Fremdenverkehrsbüros haben Tipps zu Fahrradrouten in ihrer Gegend auf Lager (einige haben auch Karten im Angebot). Wer mit seinem Fahrrad eine längere Tour durch Norwegen und Skandinavien plant, ist bei **Syklistenes Landsforening** gut aufgehoben (☎ 22 47 30 30; post@slf.no; Storgata 23C, Oslo).

Besonders lohnt sich eine Tour über das Hardangervidda Plateau in der Nähe von Rjukan; s. Kasten S. 147.

Skifahren

Das Wort „Ski“ stammt aus dem Norwegischen – und mithilfe jahrtausendealter Felszeichnungen, die Jäger auf Skiern darstellen, erheben die Norweger glaubhaft Anspruch darauf, den Sport erfunden zu haben. Und ein Nachlassen des Interesses ist in der Vergangenheit nicht feststellbar. Ohne Übertreibung: Skifahren ist das Hobby der Nation. Üblich ist hier die nordische Variante: Langlauf. Norwegen hat Tausende von Kilometern gut gespurte Loipen durch Wiesen und Wälder. Trotzdem sind Besucher gut beraten, wenn sie vor dem Start die Routen gut studiert haben (Loipen durch Wiesen und Wälder sind durch Farbcodes auf Karten und Wegweisern markiert) und mit angemessener Kleidung, genügend Proviant sowie für den Notfall mit Streichhölzern und etwas Warmem zum Anziehen ausgestattet sind! Man kann sein eigenes Equipment mitbringen oder sich Skier, Stöcke und Schuhe vor Ort ausleihen oder kaufen. Am günstigsten sind wahrscheinlich Secondhand-Ausrüstungen auf den Wochenend-Flohmärkten.

In den meisten Städten und Dörfern sind die Loipen beleuchtet. Aber woanders sollte man eine gute Taschenlampe dabeihaben: Wintertage sind sehr kurz, und im Norden gibt es im Dezember und Januar überhaupt kein Tageslicht. Skisaison ist von Anfang Dezember bis April. Die Schneebedingungen wechseln von Jahr zu Jahr und von Region zu Region. Februar und März sowie die Osterferien sind sie meist am besten – aber dann ist auch Hochbetrieb.

Auch jede Menge Abfahrtspisten hat Norwegen zu bieten. Hier wird man schnell viel Geld los: Skilifte, Unterkunft und Trinkgelage beim Après-Ski tragen dazu nach Kräften bei. Die Frühjahrssaison dauert länger als in den Alpen. Außerdem ist die Schneequalität besser. Besonders groß ist der Run auf die Skigebiete von Holmenkollen (S. 86) in der Nähe von Oslo, Geilo (S. 185) an der spektakulären Eisenbahnstrecke Oslo–Bergen, Voss (s. Kasten S. 210), Lillehammer (S. 160) und Hovden (S. 153). Im Sommer nehmen Ski-Fans Kurs auf Stryn (S. 245), Folgefonn (S. 213) oder in den Jotunheimen Nationalpark (S. 182).

Allgemeine Infos zum Skifahren in Norwegen gibt's beim DNT (S. 412) oder unter www.skiingnorway.com, auch auf Deutsch.

Wandern

Norwegen ist eines der Top-Wanderländer in Europa – mit einem Netz von ungefähr 20 000 km markierten Wegen: – leichte Spaziergänge durch die grünen Gürtel der Städte sind ebenso dabei wie Langstrecken durch die Nationalparks und die Wildnis. Viele dieser Wanderwege unterhält der DNT; markiert sind sie in Abständen von 100 oder 200 m mit Steinhügeln oder einem roten T.

Die Wandersaison dauert etwa von Ende Mai bis Anfang Oktober, ist aber in den höher gelegenen Bergregionen noch wesentlich kürzer. Im Hochland bleibt der Schnee oft bis Juni liegen und ab September fällt neuer. Die beliebtesten Wandergebiete sind die Nationalparks von Jotunheimen (S. 181) und Rondane (S. 174), das Hardangervidda Plateau (s. Kasten S. 147).

DIE VORTEILE DÜNNER SKIER

Skilanglauf, Skispringen und Biathlon – eine Kombination aus Langlauf und Luftgewehrschießen – dominieren nicht nur die norwegischen Bemühungen bei Olympischen Spielen. Sie gehören auch zu den Lieblinshobbys einer Nation, deren längste Jahreszeit der Winter ist. Außerhalb der großen Städte läuft praktisch jeder Ski, und jedes Dorf hat Loipen und Pisten mit Flutlicht. Langlauf ist nicht nur als Sport eine tolle Sache, er ist auch die Eintrittskarte in die unberührte Natur – und das, wenn sich sonst kaum einer dazu aufraffen kann, das heimische Kaminfeuer zu verlassen.

Die Technik ist im Prinzip einfach, doch Erwachsene tun sich oft reichlich schwer, sie zu erlernen. Am besten kommt man voran, wenn man sich auf dem ruhenden Ski abstößt, sodass die gewachste Unterseite mit dem Schnee in Kontakt kommt und selbst bei leichten Steigungen darüber gleitet. Wenn sich der Läufer mit einem Fuß abstößt, verringert sich das Gewicht auf den anderen, in der Mitte leicht nach oben gewölbten Ski; die gewachste Fläche befindet sich dann über dem Schnee, und der Ski kann nach vorne gleiten. Bewegungen und Rhythmus werden durch die Skistöcke unterstützt. Ist die Loipe schon gespurt, ist der Bewegungsablauf noch einfacher.

Wer steiler hinaufwill, muss eventuell so genannte Strips aus angerautem Nylon unter den Skiern befestigen, um den maximalen Grip zu erreichen.

Die norwegische Region Telemark hat einem besonders eleganten Schwung den Namen verliehen, der neuerdings wieder in ist. Die Telemark-Bindung fixiert den Skischuh nur vorne an der Fußspitze, sodass sich die Ferse frei bewegen kann. Für die Wendung wird mit einem Knie Druck auf die Oberfläche des Skis ausgeübt, während das andere Knie durchgedrückt bleibt. Die Skier werden hintereinander aufgesetzt, sodass der Läufer sanft in Richtung des gebeugten Knies um die Kurve gleiten kann.

Wer allerdings echte Abenteuer in der Wildnis sucht, sollte die Nationalparks Dovrefjell-Sunnsdalfjella (S. 178), Stabbursdalen (S. 369), Rago (S. 304), Reisa (S. 386), Saltfjellet-Svartisen (S. 300) und Øvre Dividal (S. 356) ausprobieren – oder eine der zahlreichen unberührten Regionen des Landes wie Trollheimen (S. 172) in der Nähe von Oppdal. Wanderfreaks haben hier unbegrenzte Möglichkeiten!

Es gibt viele exzellente Bücher für Wanderer in Norwegen. Erling Welle-Strands Buch *Bergwandern in Norwegen* (2000) enthält Routenvorschläge, Kartenskizzen und Infos zu Hütten. Wirklich passionierte Wanderer sind aber mit *Norwegian Mountains on Foot* vom DNT wahrscheinlich besser bedient – der englischen Ausgabe des norwegischen Klassikers *Til Fots i Fjellet*. Andere Wanderbücher sind z. B. *Wandern in Norwegen* (2001) von Sabine Gorsemann und Christian Kaiser und *Wandern & Erleben, Südliches Norwegen* (2000) von Peter und Ute Freier.

Informationen und Beschreibungen von Norwegens Nationalparks sind auf S. 57 zu finden.

DEN NORSKE TURISTFORENING

Der Norske Turistforening (DNT, der Norwegische Bergwanderverein) und seine verschiedenen Ortsgruppen unterhalten im ganzen Land mehr als 370 Berghütten. Einzelheiten zur Benutzung dieser Hütten und Preise s. S. 424.

Die Mitgliedschaft im DNT lohnt sich auf jeden Fall für Leute, die regelmäßig auf Wandertouren gehen. Die normale Mitgliedschaft kostet pro Jahr ab 410 nkr; für 470 nkr bekommt man auch das DNT-Buch und sieben Ausgaben der Zeitschrift *Fjell og Vidde*. Kinder, Jugendliche unter 23 und Senioren zahlen 50, 200 bzw. 240 nkr; Familienangehörige von Mitgliedern pro Person 140 nkr. Weitere Informationen gibt's beim **DNT** (Karte S. 78–80; ☎ 22 82 28 22; www.turistforeningen.no) in Oslo. DNT verkauft auch Wanderkarten und topographische Blätter (s. S. 416).

> **ACHTUNG**
>
> Wer klettert, querfeldein wandert oder ungeschütztes Gebiet durchquert, muss auf plötzliche Wetterwechsel gefasst sein. In manchen Gegenden herrscht auch Lawinengefahr, besonders in Jotunheimen. Auf Gletscher sollte sich nur wagen, wer gut ausgerüstet ist und genügend Erfahrung auf Gletschereis hat.

Wildwasser-Rafting

Steile Hänge und die eisigen, malerischen Flüsse in Norwegen lassen die Herzen leidenschaftlicher Rafter höher schlagen. Mehrere namhafte Veranstalter bieten entsprechende Trips an: kleinere Paddeltouren (Klasse II), Abenteuerfahrten (Klassen III und IV) sowie Extremtouren der Klasse V – eine Strafe!! Solche „Spritztouren" sind zwar nicht gerade billig, garantieren aber einen echten Adrenalinkick. Im Preis enthalten sind die komplette Ausrüstung und Kleidung. Zu den besten Locations gehören Evje (Setesdalen; s. Kasten S. 151), Sjoa (Heidalen; s. Kasten S. 174), Oppdal (Drivadalen; s. Kasten S. 171) und Voss (s. Kasten S. 210).

Norges Padleforbund (☎ 21 02 98 35; www.padling.no; Service boks 1, Ullevål stadion, 0840 Oslo) gibt eine umfangreiche Liste mit Rafting-Anbietern heraus. Viele von ihnen bieten auch Kajakfahrten auf dem Meer und Bootswanderungen an.

ARBEITEN

Wer in Norwegen arbeiten will, muss zumindest über Grundkenntnisse der norwegischen Sprache verfügen. Norwegen ist Mitglied der EWR. Und so dürfen Bürger aus anderen EWR-Ländern (im Wesentlichen EU-Länder plus Schweiz, Liechtenstein, Grönland und die Färöer) hier drei Monate ohne Arbeitserlaubnis nach Arbeit suchen. Und wer welche gefunden hat, darf für die Dauer seiner Beschäftigung im Land bleiben. Für Bürger anderer Länder ist es komplizierter; sie müssen vor der Einreise bei der norwegischen Botschaft oder dem norwegischen Konsulat ihres Heimatlandes eine Arbeitserlaubnis beantragen.

Wer Hilfe bei der Arbeitssuche möchte, wendet sich zuerst am besten an die Abteilung EURES des **Directorate of Labour** (www.aetat.no), die zwei kostenlose Broschüren– *Looking for Work in Norway* and *Norway – Access to Job Vacancies* – herausgibt, oder an Use-It (S. 76).

ÜBERQUERUNG VON FLÜSSEN

Glücklicherweise führen in Norwegen über die meisten langen Flüsse entlang der Hauptwanderrouten Brücken. Trotzdem müssen Wanderer und Bergsteiger darauf gefasst sein, hier und da auf einen angeschwollenen Bach oder einen Fluss ohne Brücke zu treffen. Das ist aber meistens kein Grund, sich aufhalten zu lassen.

Sonne und Tageswärme sind in der Regel daran Schuld, dass Schnee und Gletschereis im Hochland schmelzen und die Wasserpegel ansteigen; die beste Zeit, um einen Fluss zu überqueren, ist also der frühe Morgen. Nach schweren Regenfällen sollten mindestens 24 Stunden vergangen sein. Und noch ein paar Tipps: Flüsse mit schmalem Flussbett und vielen Engstellen sind sehr tief – der breiteste Fjord ist mit hoher Wahrscheinlichkeit der seichteste. Die schnellste und stärkste Strömung herrscht bei geraden Flussabschnitten in der Regel in der Nähe der Flussmitte, an Flussbiegungen dagegen an den Rändern. Am besten beobachtet man das Verhalten des fließenden Wassers und sucht sich eine Stelle, wo der Fluss nur träge dahinplätschert.

Auf keinen Fall sollte man versuchen, einen Fluss direkt über einem Wasserfall zu überqueren. Und auch Hochwasser führende Flüsse zu überqueren, ist keine wirklich gute Idee. Sie erkennt man an schmutzigem, langsam fließendem Wasser, das viel Geröll und Vegetation mit sich führt. Eine glatte Oberfläche weist dagegen darauf hin, dass der Fluss zu tief ist, um ihn zu Fuß zu überqueren. Alles, was über Kniehöhe ist, sollte ohne die nötige Erfahrung und zusätzliche Ausrüstung für „unüberquerbar" befunden werden.

Bevor man versucht, tiefe oder schnell fließende Ströme zu überqueren, muss man sichergehen, dass man sein Gepäck notfalls in der Mitte des Gewässers über Bord werfen kann. Was nicht nass werden darf, sollte in stabilen, wasserdichten Taschen verstaut werden. Dann Hüft- und Schultergurt vom Rucksack lösen und sämtliche dicken Kleidungsstücke und Hosen ausziehen, die beim Schwimmen stören. Wer allein unterwegs ist, sollte sich mit einem Wanderstock im Flussbett vorantasten und abstützen, um nicht das Gleichgewicht zu verlieren.

Nie einen Fluss barfuß durchqueren. Während man geht, flussaufwärts schauen und es vermeiden, nach unten zu sehen, weil man sonst das Gleichgewicht verlieren könnte. Zwei Wanderer können einander den Arm um die Schulter legen und sich so stützen. Mehr als zwei Wanderer sollten einen Keil bilden – mit der Spitze flussaufwärts; die hinteren umfassen dabei Taille und Schultern des vorne Gehenden.

Wer hinfällt, während er einen Fluss überquert, sollte nicht versuchen aufzustehen: Rucksack abnehmen (nicht loslassen!), auf den Rücken rollen, die Füße flussabwärts richten und dann zusehen, einen seichten Strudel oder das Ufer zu erreichen und wieder Boden unter die Füße zu bekommen.

BOTSCHAFTEN & KONSULATE

Norwegische Botschaften & Konsulate

Eine aktuelle Auflistung norwegischer Botschaften und Konsulate kann man im Internet unter der Website www.embassies.mfa.no. finden:

Deutschland (☎ 030-505050; emb.berlin@mfa.no; Rauchstrasse 1, D-10787 Berlin)

Österreich (☎ 01-7156692; emb.vienna@mfa.no; Reisnerstrasse 55–57, A-1030 Wien)

Schweiz (☎ 31 310 55 55; emb.bern@mfa.no; Bubenbergplatz 10, CH-3011 Bern)

Botschaften & Konsulate in Norwegen

Deutschland (☎ 22 27 54 00; www.deutschebotschaft.no/de/home; Oscars gate 45, N-0244 Oslo)

Österreich (☎ 22 55 23 48; www.bmaa.gv.at; Thomas Heftyes Gate 19–21, N- 0244 Oslo)

Schweiz (☎ 22 54 23 90; www.eda.admin.ch/oslo; Bygdøy Allé 78, N- 0244 Oslo)

ERMÄSSIGUNGEN

Welche Vorteile der Kauf einer HI-Karte schon vor Abreise hat s. S. 426.

Seniorenkarten

Ab einem Alter von 67 Jahren gilt man in Norwegen normalerweise als *Honnør* (Senior) und darf sich über reduzierte Preise in Museen, öffentlichen Schwimmbädern, öffentlichen Verkehrsmitteln etc. freuen. Gewöhnlich sind Seniorenrabatte geringer als die für Kinder (meist 75 % des vollen Preises). Spezielle Karten braucht man nicht. Aber wer besonders jugendlich aussieht, sollte sein Alter nachweisen können und darf sich nebenbei über das Kompliment freuen: Die immer freundlichen norwegischen Ticketverkäufer glauben einem nicht, auch nur einen Tag älter als 39 Jahre zu sein.

Karten für Studenten & Jugendliche

Für Studenten ist die International Student Identity Card (ISIC) – eine kleine Plastikkarte mit Foto – Gold wert. Es kann nämlich laut Erfahrungsberichten passieren, dass normale Studentenausweise nicht akzeptiert werden (wenn sie nicht gerade von einer norwegischen Uni ausgestellt wurden). Da ist die ISIC-Card eine wirklich gute Investition. Mit dieser Karte gibt's Nachlässe bei verschiedenen Verkehrsmitteln (einschließlich Fluggesellschaften, internationalen Fähren und öffentlichen Verkehrsmitteln vor Ort) sowie in Internetcafés, reduzierten oder freien Eintritt in Museen und bei anderen Sehenswürdigkeiten, außerdem preiswerte Mahlzeiten in einigen Studentenrestaurants – ein lohnendes Mittel, Reisekosten zu sparen.

ESSEN

Einen Überblick über das Essen in Norwegen, sowohl für fleischfressende Pflanzen als auch für Vegetarier, gibt es auf S. 64.

Infos über Restaurants in diesem Buch enthalten auch, ob die jeweiligen Restaurants zum Frühstück, Mittagessen und/oder Abendessen öffnen.

Normalerweise sind die Essenszeiten in Norwegen folgende: von 8 bis 11 Uhr, 12 bis 15 Uhr und 18 bis 23 Uhr.

Im Buch werden außerdem verschiedene Preise für Vorspeisen, Hauptgerichte, leichte Mahlzeiten und/oder die durchschnittlichen Preise für ein Menü in dem jeweiligen Restaurant genannt.

FEIERTAGE

Offizielle Feiertage

Die norwegischen Feiertage:

Neujahr (Nyttårsdag) 1. Januar
Gründonnerstag (Skjærtorsdag) März/April
Karfreitag (Langfredag) März/April
Ostermontag (Annen Påskedag) März/April
Erster Mai/Tag der Arbeit (Første Mai, Arbeidetsdag) 1. Mai
Nationalfeiertag (Nasjonaldag) 17. Mai
Christi Himmelfahrt (Kristi Himmelfartsdag) Vierzigster Tag nach Ostern, Mai/Juni
Pfingstmontag (Annen Pinsedag) Achter Montag nach Ostern, Mai/Juni
1. Weihnachtstag (Første Juledag) 25. Dezember
2. Weihnachtstag (Annen Juledag) 26. Dezember

Schulferien

Norwegische Schulkinder freuen sich über folgende Ferienzeiten: acht Wochen von Mitte Juni bis Mitte August; zwei Wochen über Weihnachten und Neujahr; eine Woche Ende September oder Anfang Oktober; eine Woche Ende Februar und eine Woche an Ostern.

FESTE & EVENTS

Norwegen hat einen rappelvollen Eventkalender; das ganze Jahr über werden in allen Städten und Dörfern Feste gefeiert. Die großen und beliebten werden meist in den Regionenkapiteln dieses Buches erwähnt; darüber hinaus bekommt man eine Liste mit fast 50 größeren Spektakeln in Norwegen von **Norway Festivals** (Norske Festivaler; www.norwayfestivals.com).

Ein paar Ereignisse haben landesweite Bedeutung, vor allem natürlich der Tag der Verfassung, der Nationalfeiertag am 17. Mai. Dann legen die Norweger ihre Landestracht an und feiern auf der Straße; und überall im Land finden Festlichkeiten statt. Die größte Party steigt in Oslo. Dort marschieren Blaskapellen und Tausende von Schulkindern die Karl Johans Gate bis zum Königlichen Schloss hinunter, wo sie von der Königsfamilie begrüßt werden.

Die Sommersonnenwende oder *Jonsok* wird am Johannistag begangen (23. Juni). Von Halden bis Grense Jakobselv brennen überall Lagerfeuer, und es wird gefeiert, was das Zeug hält.

Am 13. Dezember begehen die Kinder das christliche Fest der hl. Lucia mit einer Kerzenprozession – ganz in Weiß gekleidet, die Jungen mit kegelförmigen Hüten, die Mädchen mit silbernem Glitzerschmuck im Haar.

Eine Auswahl unserer regionalen Lieblingsfeste und -veranstaltungen s. S. 11.

FOTOS

Filme

In den größeren Städten Norwegens bekommt man zwar problemlos Foto- und Diafilme, muss dafür aber ganz schön tief in die Tasche greifen. Besser ist, man bringt

WEIHNACHTEN IN NORWEGEN

Wer Weihnachten *(jul)* in Norwegen verbringt, erlebt garantiert eine wundervolle Zeit. *Jul* kommt von *joulu* oder *lol*. So hieß ein heidnisches Fruchtbarkeitsfest, das in vorchristlicher Zeit in ganz Europa gefeiert wurde – praktischerweise etwa zu gleichen Zeit wie die Feiertage zu Christi Geburt. Heute feiern die meisten Norweger von Heiligabend bis Epiphanias oder zwölf Nächte lang ab dem 20. oder 21. Dezember. Manche feiern aber auch bis zum Fest des hl. Knut am 20. Tag nach Weihnachten durch.

Ein Weihnachtsbaum gehört fast überall in Norwegen zur Festtagsdekoration, und am Heiligabend gibt's Geschenke. Auf dem Land wird draußen ein Pfahl aufgestellt und daran eine Hafergarbe – ein so genanntes *julenek* – für die Vögel befestigt. Und dem *Nisse* stellt man eine Schale mit Haferbrei hin. Der *Nisse* ist eine Art Heinzelmännchen, dem die Bauern mit dem Brei dafür danken, dass er ihnen das Jahr über Glück gebracht hat. Mit dem Weihnachtsmann ist er inzwischen zur Gestalt des *Julenissen* verschmolzen. Die Norweger glauben, dass er in dem Städtchen Drøbak (S. 103) südlich von Oslo wohnt. (Dort steht auch ein Verkehrsschild mit einem die Straße überquerenden Weihnachtsmann zum Beweis!)

Auf der weihnachtlichen Speisekarte finden sich alle möglichen Skurrilitäten und Köstlichkeiten: *rømmegrøt* z. B., ein extrem süßer Haferbrei mit Sahne; *rupa*, Moorschneehuhn; *lutefisk*, ein klebriges, definitiv gewöhnungsbedürftiges Fischgericht; *pinneribbe*, über Birken- oder Wacholderästen gedünstete Hammelrippchen; und Schweinebraten – den verdanken die Norweger den Wikingern, die an Weihnachten traditionell ein Schwein opferten. Kinder mampfen Rosinenbrötchen und die vielen verschiedenen Plätzchensorten, darunter *strull*, *krumkake* und *goro*. Und alle trinken *gløgg*, schlicht mit „Grog" übersetzt. Für einen guten *gløgg* werden Zimt, Rosinen, Mandeln, Ingwer, Nelken, Kardamone und andere Gewürze mit Saft gemischt, der vergoren sein kann – aber nicht unbedingt sein muss. Viele tanken auch fleißig *julaøl:* ein „Festtagsbier", das auch auf die Zeit der Wikinger zurückgeht und etwas mit dem heidnischen Opfern zu tun hatte. Es ist wie mit dem *lutefisk*: Nichtnorweger sind davon nicht unbedingt begeistert. Ganz Trinkfeste greifen an den Feiertagen gern zu Norwegens eigenem Kartoffelschnaps *aquavit* (s. Kasten S. 65) – und das nicht zu knapp.

In Lillehammer mit seinem Weihnachts-Festival (vgl. S. 161) ist es um Weihnachten einfach sensationell. Aber auch Bergen ist in der Weihnachtszeit fantastisch. Mehr Infos und jede Menge historische Hintergründe kann man in der Broschüre *Christmas in Norway* nachlesen. Die gibt's gratis in den Touristenbüros.

sich welche von zu Hause mit. Ein Film mit 24/36 Bildern von Fuji Superia kostet ungefähr 55/65 nkr, die Entwicklung ab 59/79 nkr; wenn man die Bilder innerhalb einer Stunde haben will, zahlt man bis zu 129/149 nkr. Für einen Fujichrome Sensia/Velvia 36er-Diafilm wird man locker 62/90 nkr los. Mit Abstand am günstigsten ist die Kette Japan Photo, die auch Rabatte bei Großaufträgen gibt.

Fotos von Menschen

Obwohl die meisten Norweger sich gerne fotografieren lassen und nur wenige kamerascheu sind, gebietet es dennoch die Höflichkeit, um Erlaubnis zu fragen, bevor drauflosgeknipst wird. Dies ist besonders in den Gebieten der Samen wichtig, wo man auf eine gewisse Empfindlichkeit gegenüber Kameras treffen kann; außerdem in Dörfern, die vom Walfang leben – die Fischer könnten besorgt sein, dass die Fotos von Umweltschützern gegen sie verwendet werden.

Technische Tipps

Fotografen auf der ganzen Welt singen ein Loblied auf das magische Nordlicht und die kristallklare Luft; zusammen mit den langen, roten Strahlen einer niedrig stehenden Sonne sorgt diese für tolle Effekte. Dazu eine spektakuläre Landschaft mit einem malerischen Fischerdorf für den Vordergrund – und das Fotografenparadies ist perfekt. Aber Fotos mit nach Hause zu bringen, die den Erinnerungen gerecht werden, erfordert eine gewisse Sorgfalt. Das intensive Nordlicht und das Glitzern und Funkeln von Wasser, Eis und Schnee lassen den Fotoprofi zum UV- oder Oberlichtfilter sowie zur Gegenlichtblende greifen. Im Winter sollte man seine Kamera am besten rundherum „einölen“, damit der Mechanismus nicht einfriert. Digitalkameras können bei Temperaturen unter –20 °C vorübergehend ausfallen.

Allgemeine Tipps zum Thema Fotografieren gibt das von Lonely Planet herausgegebenen Buch *Travel Photography* von Richard I'Anson.

FRAUEN UNTERWEGS

Frauen, die allein in Norwegen unterwegs sind, haben kaum Grund zur Sorge. Nüchterne norwegische Männer sind normalerweise ein Muster an Anstand. Von Alkohol beeinträchtigte Männer können zwar lästig und unangenehm werden, gehören jedoch vermutlich zur gleichen Sorte, die frau von zu Hause kennt.

Die wichtigste feministische Organisation in Norwegen ist **Kvinnefronten** (Frauenfront; ☎ 23 01 03 13; kvinne fronten@online.no; Storgata 11, Oslo). Frauen, die überfallen oder vergewaltigt wurden, können sich an das **Krisesenter** (☎ 22 37 47 00) in Oslo wenden oder landesweit die Nummer ☎ 112 wählen.

Frauen, die zum ersten Mal in Norwegen unterwegs sind, sollten sich das überaus praktische *Ohne Mann auf Reisen. Ein Handbuch für Frauen.* von Maggie und Gemma Moss besorgen. Allerdings sind die meisten der darin beschriebenen Situationen in Norwegen ebenso unwahrscheinlich wie im Heimatland.

Ein wirkliches Highlight unter den allgemeinen Websites für weibliche Reisende ist **Journeywoman** (www.journeywoman.com) Auch im **Thorn Tree Forum** der Website von Lonely Planet gibt es jede Menge Einträge zum Thema Frauen unterwegs. (www.thorntree.lonelyplanet.com).

GELD

Die norwegische Krone wird meist als nkr (vor oder hinter dem Betrag, wie hier im Buch), NOK (ISO-Code) oder einfach als kr (hinter dem Betrag) dargestellt. Eine norwegische Krone (1 nkr) entspricht 100 Øre. Es gibt Münzen à 50 øre, 1, 5, 10 und 20 nkr sowie Scheine im Wert von 50, 100, 200, 500 und 1000 nkr.

Die Wechselkurse zur Zeit der Veröffentlichung dieses Buches stehen vorne auf der Innenseite des Einbands.

Geldautomaten

An norwegischen Bankautomaten kann man mit seiner Bankkarte vom heimatlichen Konto Bargeld abheben. „Mini-Banks“ (der norwegische Name für Geldautomaten) finden sich an vielen Banken und fast allen viel besuchten öffentlichen Plätzen wie z. B. Einkaufszentren. Sie akzeptieren außerdem alle bekannten Kreditkarten sowie Cirrus, Visa Electron und/oder Plus Bankkarten.

Bargeld & Reiseschecks

Postämter, einige Fremdenverkehrsbüros und Banken tauschen geläufige ausländische Währungen und akzeptieren alle Arten von Travellerschecks, bei denen der Wechselkurs übrigens um etwa 2 % besser ist als bei Bargeld. Generell bieten Postämter und Fremdenverkehrsbüros etwas schlechtere Kurse als Banken; sie können sich aber als sehr nützlich erweisen, wenn diese geschlossen sind. Postämter erheben eine Wechselgebühr von 10 nkr pro Travellerscheck (Minimum 25 nkr, Maximum 100 nkr) bzw. 30 nkr pro Bargeldtransaktion. Einige Banken, darunter Kreditkassen und Den Norske Bank, verlangen etwas höhere Gebühren, haben aber ähnliche Wechselkurse. Andere Banken verlangen meist eine höhere Kommission für Travellerschecks (1 bis 5 %).

Kreditkarten

Karten von Visa, Eurocard, MasterCard, American Express und Diners Club werden fast überall in Norwegen akzeptiert. Und meistens ist man auch gut beraten, sie zu benutzen. Denn so lassen sich die Gebühren einsparen, die beim Wechseln von Bargeld oder Travellerschecks anfallen. Auch Zugtickets können mit Kreditkarte bezahlt werden sowie manche (z. B. Hurtigruten), wenn auch nicht alle Fährtickets.

Wird die Karte in Norwegen gestohlen oder geht verloren, sofort der zuständigen Geschäftsstelle melden:

American Express (☎ 80 03 32 44)
Diners Club (☎ 23 00 10 00)
Eurocard/MasterCard (☎ 80 03 02 50)
Visa (☎ 22 01 34 20, 80 03 02 50)

Trinkgeld

Service und Trinkgeld sind bei Restaurantrechnungen und Taxigebühren inklusive. Zusätzliches Trinkgeld wird nicht erwartet. Aber natürlich ruft es auch kein Entsetzen hervor, wenn man sich für besonders guten Service erkenntlich zeigen will.

INTERNETZUGANG

Außerhalb der größeren Städte gibt es in Norwegen weniger Internetcafés, als man annehmen würde. Dafür ist aber der Internetzugang in den meisten Stadtbüchereien kostenlos. Die Nachfrage ist groß, deshalb ist es eine gute Idee, sich schon früh am Tag einen Platz zu reservieren; und an besonders belebten Orten kann es sein, dass man ihn nach einer halben Stunde schon wieder räumen muss. Auch viele Touristenbüros bieten Internet an (40 bis 80 nkr pro Std.). In privaten Internetcafés muss man mit etwa 30/50 nkr pro 30/60 Minuten rechnen; Studenten zahlen etwa 25 % weniger.

Wer mit seinem Laptop unterwegs ist und in Norwegen ins Internet gehen möchte, findet bei **Tele-Adapt** (www.teleadapt.com) Infos über Anschlussmöglichkeiten. **AOL** (www.aol.com) und **Compuserve** (www.compuserve.com) vergeben Einwahlnummern fürs ISDN-Modem vor Ort.

Am einfachsten geht es mit einem Laptop, das mit Wirelass LAN ausgerüstet ist. Damit kommt man in fast allen Hotels und sogar in einigen Hostels und Gästehäusern ins Netz. Man braucht nur eine Scratch card, die man entweder im Hotel oder im Touristenbüro bekommt. Kostenpunkt: üblicherweise 150 nkr für 24 Stunden. Zu den angenehmeren und außergewöhnlicheren Locations im Wireless Local Loop zählt das extrem coole Café QBA in Oslo (S. 74) oder die Yacht im Gästehafen von Grimstad (S. 128).

KARTEN & STADTPLÄNE

Für alle Norwegenreisenden hat Nortrabooks die bunte und allgemein geschätzte *Bilkart over Norge* herausgebracht. Diese detaillierte topographische Karte stellt das gesamte Land auf einem Bogen im Maßstab 1:1 000 000 dar.

Statens Kartverk presst dagegen das Land auf 21 Blätter im Maßstab 1:250 000 und hat auch Wanderkarten im Maßstab 1:50 000 (90 nkr) im Angebot. Das Verzeichnis findet man im Internet unter http://showcase.netins.net/web/travelgenie/norway.htm.

Die meisten lokalen Fremdenverkehrsbüros vergeben außerdem benutzerfreundliche, kostenlose Stadtpläne.

Wanderkarten

Die beste Quelle für Wanderkarten ist **Den Norske Turistforening** (Karte S. 78–80; DNT; Norwegian Mountain Touring Club; ☎ 22 82 28 22; www.turistforeningen.no; Storgata 3, Oslo). Wanderer können sich Blätter mit topographischen Karten in jedem DNT-Büro besorgen, wobei die Büros in den größeren Städten mehr Karten über die Region hinaus auf Lager haben.

Kartenläden

Allgemeine Karten bekommt man in Norwegen in Buchläden, Narvesen-Kiosken, auf dem Land in Gemischtwarenläden, in DNT-Büros und den meisten Fremdenverkehrsbüros. Wer sich schon daheim Karten besorgen will, findet bei den folgenden Adressen umfassende Kataloge und kann bei den meisten auch online bestellen:

Atlantis (☎ 030/294 79 00; Karl-Marx-Allee 98, 10243 Berlin)
Geobuchhandlung (☎ 04 31-9 10 02; www.geobuchhandlung.de; Geobuchhandlung Kiel, Schülperbaum 9, 24103 Kiel)
Globetrotter (☎ 030/850 89 20; www.globetrotter.de)
MapFox (☎ 04 31-66 50 51; www.mapfox.net; Mollenhauer & Treichel GbR, Am Sandberg 15, 24113 Kiel)
Nordland-Shop (☎ 054 65-4 76; www.nordland-shop.de)
Norwegeninfo (www.norwegeninfo.net/karten.html; eine Liste mit Links zu Online-Karten)

Straßenkarten

Die besten Straßenkarten für Auto- und Motorradfahrer sind die der Cappelens-Serie, die in norwegischen Buchläden für 99 nkr über den Tisch gehen. Es gibt drei Karten im Maßstab 1:335 000: *Nr. 1 Sør-Norge Sør*, *Nr. 2 Sør-Norge Nord* und *Nr. 3 Møre og Trøndelag*. Nordnorwegen gibt es nochmal auf zwei Bögen à 130 nkr im Maßstab 1:400 000: *Nr. 4 Nordland og Sør-Troms* und *Nr. 5 Troms og Finnmark*. Der *Veiatlas Norge* (Norwegischer Straßenatlas für 235 nkr), herausgegeben von Statens Kartverk (dem nationalen Kartenamt), wird alle zwei Jahre überarbeitet.

KINDER

Mit Kindern durch Norwegen zu reisen könnte kaum einfacher sein, aber ein bisschen planen muss man das schon. Vor allem nicht übertreiben! Wenn man versucht, zu viel in die zur Verfügung stehende Zeit zu stopfen, sind Probleme vorprogrammiert –

auch für Erwachsene. Wichtig ist, dass Kinder einbezogen werden. Wenn sie das Ausflugsziel mit ausgesucht haben, stehen die Chancen gut, dass sie auch noch interessiert sind, wenn man dort angekommen ist. Der Lonely-Planet-Band *Travel with Children* (2002) von Cathy Lanigan gibt weitere Infos.

Praktisch & Konkret

Autovermietungen verleihen Kindersitze zu sehr geringen Preisen, aber man muss sie unbedingt im Voraus buchen. Das gilt auch für Hochstühle und Kinderbetten: Sie sind in vielen Restaurants Standard, aber ihre Zahl ist begrenzt. Die Auswahl an Babynahrung, Säuglingsmilchpräparaten, Soja- und Kuhmilch, Einwegwindeln etc. ist in Norwegen groß. Haben die Supermärkte geschlossen, kann man auf die teureren Convenience-Läden ausweichen.

Kinder unter zwei Jahren reisen für 10 % des vollen Preises (bei manchen Airlines auch umsonst) – jedenfalls solange sie keinen eigenen Sitzplatz beanspruchen. In diesem Fall haben sie auch keinen Anspruch auf Freigepäck. Bettchen („Skycots"), Babynahrung und Windeln werden in der Regel von der Fluggesellschaft zur Verfügung gestellt, wenn man sie im Voraus anfordert. Kinder zwischen zwei und zwölf Jahren zahlen meistens die Hälfte oder zwei Drittel des vollen Preises und erhalten das übliche Freigepäck.

Hotels, HI-Hostels, Campingplätze und andere Unterkünfte bieten oft Familienzimmer oder Hütten für bis zu zwei Erwachsene und zwei Kinder an. In Hotels können solche Zimmer etwas teurer sein als reguläre Doppelzimmer. Informationen über kinderfreundliche Restaurants s. S. 67.

Sehenswertes & Aktivitäten

Norwegen ist ein Land für Kinder – in vielerlei Hinsicht. Der einheimische Tourismus hat sich Kinderfreundlichkeit auf die Fahnen geschrieben: Die meisten Städte bieten Attraktionen und Museen speziell für die lieben Kleinen, Regionalmuseen haben ausnahmslos Kinderbereiche mit Spielzeug und Mitmachangeboten, und in vielen öffentlichen Parks ist Spielen ausdrücklich erlaubt. Bei den meisten Sehenswürdigkeiten gibt's großzügige Kinderrabatte: Kinder bis sechs Jahre haben freien Eintritt; Kinder bis 16 Jahren zahlen den halben (oder einen stark reduzierten) Eintrittspreis, und auch Familientickets sind üblich.

Mehr Details zu den kinderfreundlichsten Plätzen in Norwegen s. S. 11.

KLIMATABELLEN

Norwegen liegt auf dem gleichen Breitengrad wie Alaska (wenn man Svalbard dazurechnet, sogar noch weiter nördlich). Dafür ist das Klima aber überraschend gemäßigt. Schuld ist der Golfstrom, der entlang der Küste nach Norden fließt. Die durchschnittliche Höchsttemperatur im Juli liegt bei etwa 16 °C im Süden und 13 °C im Norden. Im Januar liegt die durchschnittliche Höchsttemperatur bei 1 °C bzw. –3 °C. Die Stadt Bergen an der Südwestküste ist mit einer jährlichen Niederschlagsmenge von 2250 mm besonders regnerisch. Rondane und Gudbrandsdal werden dagegen durch eine Bergkette an der Küste vor den üblicherweise sehr feuchten Winden aus Südwesten geschützt. Mit einer jährlichen Niederschlagsmenge von weniger als 500 mm gehören sie zu den trockensten Gegenden Norwegens.

Selbst in den arktischen Regionen erreicht das Thermometer zuweilen Spitzenwerte. Im Juli 1998 schwitzte man sogar in Narvik bei über 30 °C, einen Monat später wurden in Svalbard über 20 °C gemessen. Andererseits können die Winter extrem kalt sein – im Januar 1999 fiel das Thermometer in Kirkenes für kurze Zeit auf recht frische –56 °C – und in den Bergen kann sich der Schnee bis zu 10 m hoch auftürmen. In den tieferen Gebieten liegt der Schnee gewöhnlich 2 bis 3 m hoch.

Und wer jetzt meint, die Launen des norwegischen Klimas verstanden zu haben, dem sei ergänzend mitgeteilt, dass in Alta, im hohen Norden des Landes, weniger Regen fällt als in der Sahara!

Informationen zum Wetter sind beim **Norwegian Meteorological Institute** (www.dnmi.no) erhältlich.

ÖFFNUNGSZEITEN

Geschäfte öffnen in Norwegen wochentags von 10 bis 17 Uhr und samstags von 10 bis 14 Uhr; Postämter wochentags von 9 bis 17 Uhr und samstags von 10 bis 14 Uhr; Banken wochentags von 8.15 bis 15 Uhr; Büros von 9 bis 17 Uhr; Supermärkte wochentags von 9 bis 21 Uhr und samstags von 9 bis 18 Uhr; Restaurants von 8 bis 11 Uhr, 12 bis 15 Uhr und 18 bis 23 Uhr. Die Öffnungszeiten der Touristenbüros sind in diesem Buch immer unter den einzelnen Städten aufgeführt. Die landesweiten Öffnungszeiten sind auf der Umschlagsinnenseite zusammengefasst.

POST

Norwegen verfügt über ein effizientes Postsystem, doch die Postgebühren sind in den letzten Jahren explodiert. Postkarten und Briefe bis 20 g kosten 6,50 nkr innerhalb Norwegens, 8,50 nkr in skandinavische Länder, 9,50 nkr in andere europäische Länder und 10,50 nkr in den Rest der Welt. Größere Pakete (bis zu 20 kg) werden zu einem günstigen Preis von Verdenspakke innerhalb von 15 Werktagen an Bestimmungsorte in der ganzen Welt befördert. Postlagernde Sendungen sind bis auf wenige Ausnahmen bei allen norwegischen Postämtern möglich.

Informationen über die Öffnungszeiten von Postämtern s. S. 418.

REISEN MIT BEHINDERUNG

Norwegen tut mehr als die meisten Länder für Reisende mit Handicap. Alle neu gebauten öffentlichen Gebäude müssen z. B. mit einem Zugang für Rollstuhlfahrer ausgestattet sein. Trotzdem hat das Land für den behinderten Besucher manche Herausforderung in petto. Daher sei jedem, der besondere Bedürfnisse hat, eine gute Vorausplanung empfohlen.

Die meisten norwegischen Fremdenverkehrsbüros führen Listen von rollstuhlgeeigneten Hotels und Hostels. Am sichersten ist es, sich an den Norwegischen Behindertenverband zu wenden (s. S. 420). Fast alle Straßenübergänge sind entweder mit einer Rampe oder einem sehr niedrigen

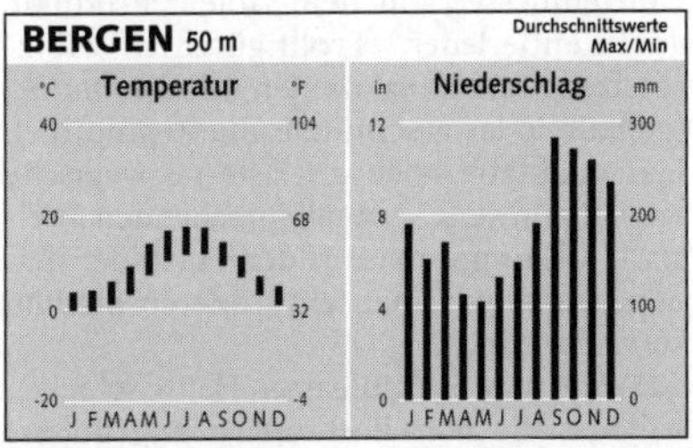

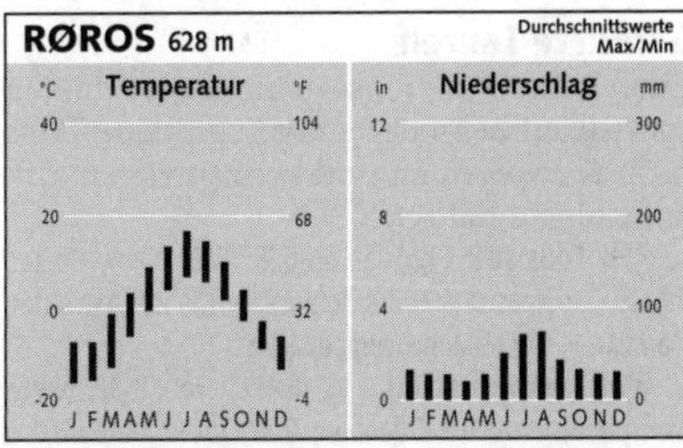

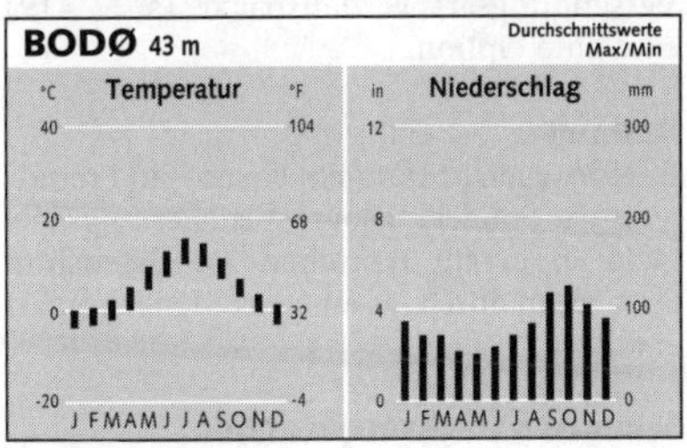

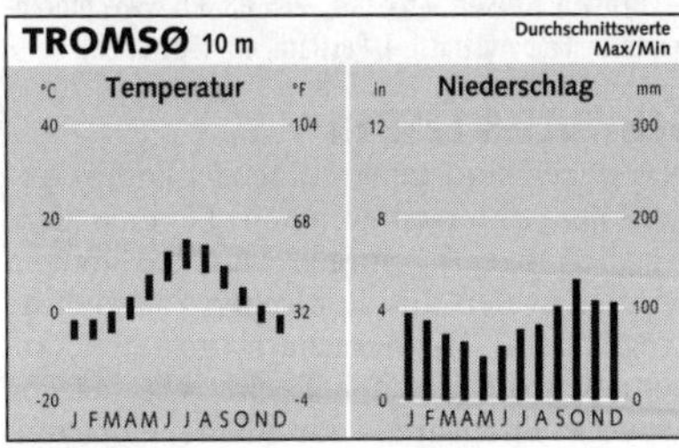

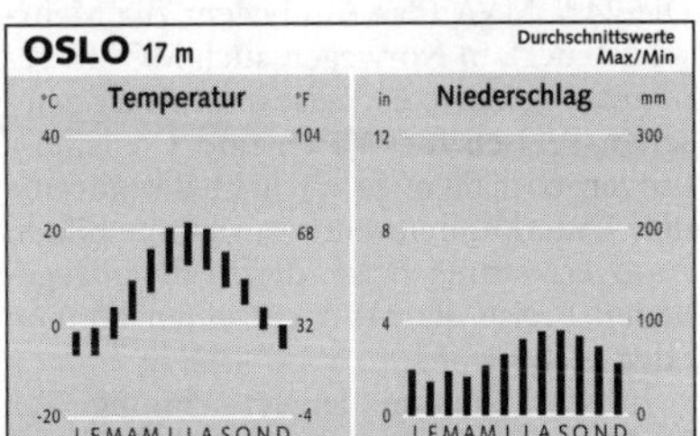

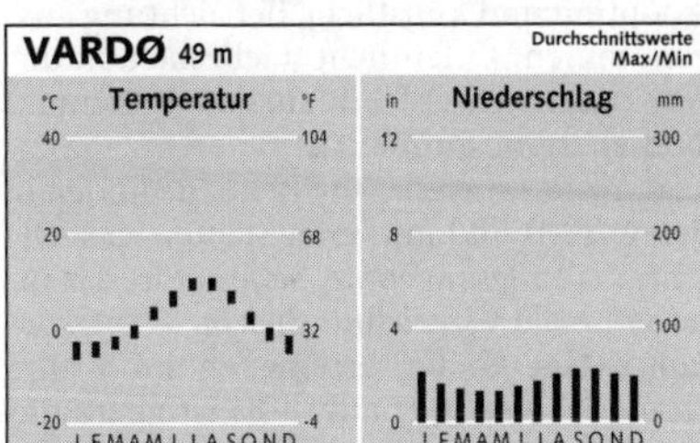

Bordstein versehen, und an Fußgängerampeln ertönt ein akustisches Signal – ein längerer Piepton heißt sicheres Überqueren, ein kürzerer Piepton: Ampel schaltet bald um. Auch die meisten (wenn auch nicht alle) Züge haben Waggons mit genügend Platz für Rollstuhlfahrer.

Organisationen

Informationen zum Reisen mit Handikap und wichtige Adressen in Norwegen erhält man beim **Norwegischen Behindertenverband** (Norges Handikapforbund; ☎ 22 17 02 55; www.nhf.no; Schweigaardsgate 12, Grønland, Oslo).

Andere Informationsquellen zum Thema Reisen mit Behinderungen sind:

Mobility International Schweiz (MIS; ☎ 062-2 06 88 35; www.mis-infothek.ch; Froburgstrasse 4, CH-4600 Olten)

Handicap Network (☎ 08 21-252 79 70; www.handicap-network.de)

Handicap.de (☎ 08 21-252 79 70; www.handicap.de)

Geführte Touren

Eine Reihe von Reiseveranstaltern bieten speziell auf Behinderte zugeschnittene Trips nach Norwegen an und konzentrieren sich auf Rollstuhlfahrer.

RFB Touristik (☎ 021 66-618 90 20; www.rfb-touristik.de, im Hause Reisebüro Clemens, Lufthansa City Center, Marktstr. 5, 41236 Mönchengladbach)

Weitsprung Reisen (☎ 064 21- 68 68 32; www.weitsprung-reisen.de; Gutenbergstr.27, 35037 Marburg)

Procap Reisen (☎ 062 -206 88 30; www.procap-reisen.ch; Froburgstrasse 4, Postfach, CH-4601 Olten)

SCHWULE & LESBEN

Norweger sind generell sehr tolerant gegenüber unterschiedlichen Lebensstilen. Ähnlich wie in einigen Nachbarländern wird schwulen und lesbischen Paaren eine „registrierte Partnerschaft" gestattet; sie genießen die gleichen Rechte wie heterosexuelle Ehepaare – kirchliche Hochzeit, Adoption und künstliche Befruchtung ausgenommen. Öffentliche Liebesbekundungen (ungeachtet der sexuellen Präferenz) sind allerdings unüblich.

Schwule und lesbische Reisende finden in den großen und mittleren Städten spezielle Unterhaltungsangebote. Sehr gut ist das internationale Verzeichnis *Spartacus International Gay Guide*, erschienen im Bruno Gmünder Verlag (Berlin). Es ist allerdings ziemlich veraltet. Am besten benutzt man es zusammen mit aktuellen Listings in den Lokalzeitungen. Beliebte Szenelokale wechseln schließlich schnell.

Oslo hat die lebendigste Schwulen- und Lesbenszene Norwegens (s. Kasten S. 99). Die neuesten Infos dazu stehen im „Gay Guide"-Kapitel der hervorragenden Broschüre *Streetwise*, die jedes Jahr von Use-It herausgegeben wird (S. 76).

Mehr zum Thema beim **Landsforeningen for Lesbisk og Homofil frigjøring** (LLH; ☎ 22 36 19 48; www.llh.no in Norwegian; St Olavs plass 2, Oslo).

SHOPPEN

In Anbetracht der gesalzenen Preise dürften nur die wenigsten in Norwegen Shopping-Urlaub machen. Die in den Geschäften angebotenen Waren sind meist hochwertig; nur in touristischen Gebieten lauert auch billiger Kitsch. Typische Mitbringsel sind Wollpullover und Handgestricktes aller Art, Zinngeschirr, kunstvoller Silberschmuck, Fahrtenmesser von den Samen, Produkte aus Rentierleder, Trollfigürchen, Holzspielzeug und Holzarbeiten mit *rosemaling* (gemalte oder geschnitzte Blumenmotive). Das qualitativ hochwertigste norwegische Kunsthandwerk – zu entsprechenden Preisen – bekommt man in den Husfliden-Läden, die in den meisten größeren Städten zu finden sind.

Wenn man Einkäufe nach Hause schicken will, ist die von Postämtern angebotene Versendungsart Verdenspakke (s. S. 419) eine gute Option.

Handeln

In Norwegen ist Handeln ebenso ein Fremdwort wie Sonderangebot. Wer allerdings viel Geld in einem typischen Touristenshop lässt, kann durchaus eine Art Mengenrabatt erwarten.

Steuern & Rückvergütungen

Die 24 % MVA (das Äquivalent zur Mehrwertsteuer), in Norwegen auch MOMS genannt, sind normalerweise in den ausgewiesenen Preisen für Waren und Dienstleistungen enthalten, so auch in Restaurants und Unterkünften. Eine Ausnahme bilden Autovermietungen, bei denen die angegebenen Preise die MVA enthalten können oder auch nicht.

In Geschäften mit der Bezeichnung „Tax Free for Tourists" ist eine MVA-Rückver-

REISEWARNUNGEN

Obwohl es unwahrscheinlich ist, dass man sie in Norwegen braucht: Die meisten Regierungen haben Beratungsdienste für Reisende eingerichtet, die über potenzielle Gefahren und zu meidende Gebiete Auskunft geben. Hier eine Auswahl:

Auswärtiges Amt der Bundesrepublik Deutschland (☎ 030-5000-0; www.auswaertigesamt.de/www/de/laenderinfos)

Bundesministerium für auswärtige Angelegenheiten Österreich (☎ 5 01150-0; www.bmaa.gv.at)

Eidgenössisches Department für Auswärtige Angelegenheiten in der Schweiz (☎ 031 322 21 11; www.eda.admin.ch)

gütung abzüglich einer Service-Gebühr möglich (11 bis 18,5 % des Kaufpreises), vorausgesetzt, der Kaufpreis liegt höher als 318 nkr. Das heißt: an der Kasse nach einem „Tax-Free Shopping Cheque" fragen und ihn zusammen mit den Einkäufen an dem Ort vorlegen, an dem man das Land verlässt (Fährpassagiere erhalten ihre Rückerstattung normalerweise nach Ablegen des Schiffes beim Zahlmeister).

In den meisten Fremdenverkehrsbüros und in manchen Touristshops bekommt man die Broschüre *How to Shop Tax Free in Norway*. Darin wird das Verfahren erklärt und sind die Grenzübergänge aufgeführt, an denen Rückvergütungen ausgezahlt werden.

SICHERHEIT

Die persönlichen Habseligkeiten sind in Norwegen sicherer als in den Heimatländern der meisten Besucher. Auch die Städte – sogar der Osten von Oslo, der einen relativ schlechten Ruf hat – sind nachts ziemlich sicher. Leichtsinnig sollte man trotzdem nicht werden. Vorsicht ist in der Nähe von Nachtclubs im Bezirk Rosenkrantz Gate in Oslo geboten; Taschendiebe sind besonders im Bezirk Torget in Bergen unterwegs. Die größte Belästigung stellen normalerweise Drogenabhängige, Betrunkene und/oder Bettler dar – vor allem in Oslo. Sie erkennen einen naiven Touristen schon von weitem. Oslo und andere größere Städte leiden unter einem wachsenden Drogenproblem. Cannabis ist mancherorts leicht zu bekommen, aber keinesfalls legal.

Das Diebstahlrisiko in Norwegen ist gering. Trotzdem ist es klug, Kopien der wichtigsten Dokumente (Reisepass, Flugticket, Versicherungspolice, Seriennummern von Travellerschecks) getrennt von den Originalen aufzubewahren. Für den Fall der Fälle sollte man 100 Euro beiseite stecken – und einen Satz Kopien der Reiseunterlagen außerdem zu Hause deponieren.

TELEFON & FAX

Norwegische Telefonnummern bestehen aus acht Ziffern. Münzfernsprecher nehmen in der Regel 1-, 5-, 10- und 20-Kronen-Münzen an und spucken das Restgeld wieder aus. Da sie jedoch kein Wechselgeld herausgeben, sollte man nur den Mindestbetrag für die Herstellung einer Verbindung einwerfen (5 nkr für alle Anrufe). Ortstarife gibt es in Norwegen nicht. Egal, wo man sich im Land befindet, und egal, wohin man telefoniert – man zahlt eine festgelegte landesweite Gebühr. Bei Inlandsgesprächen gibt es zwischen 17 und 8 Uhr an Werktagen und generell an Wochenenden einen Nachlass von 33 % auf die normalen Telefongebühren. Die Auskunft (☎ 180) kann von überall im Land angerufen werden und kostet 9 nkr pro Minute.

Ein Telefongespräch zur Hauptzeit kostet 7 nkr und dann 0,60 nkr pro Minute. Internationale Gespräche sind manchmal fast unbezahlbar, sodass man sich besser eine spezielle internationale Telefonkarte von privaten Anbietern zulegt (s. S. 422).

Fax

In den meisten Hotels kann man Faxe verschicken und empfangen. Viel günstiger ist es, sie in Postämtern zu verschicken.

Handys

Das Mobiltelefonnetz GSM deckt über 80 % der bewohnten Gebiete Norwegens ab. Die zwei Hauptanbieter sind **Telenor Mobil** (☎ 22 78 50 00) und **NetCom** (☎ 23 88 80 00).

Wer das heimische Handy in Norwegen benutzen will, informiert sich am besten vorher bei seinem Anbieter über die Kosten im Ausland. Sonst könnte es bei der nächsten Rechnung eine böse Überraschung geben. Zwar wurden zwischen europäischen

Ländern Vereinbarungen getroffen, die die Telefonkosten in den letzten Jahren deutlich reduziert haben. Aber die Tarife sind nach wie vor heftig.

Auch wenn man eine norwegische SIM-Karte benutzen will, ist vorher eine Anfrage beim Anbieter angesagt, da einige (z. B. Vodafone) ihre Apparate für die Nutzung durch andere Anbieter blockieren. Besitzt man aber ein Handy, das fremde SIM-Karten akzeptiert, kann man diese in jedem 7-Eleven und in einigen Narvesen-Kiosken kaufen. Da die Gebrauchsanleitung ausschließlich auf Norwegisch erhältlich ist, kauft man die Karte besser in einer Verkaufsstelle von Telehuset, wo man Soforthilfe bei der Verbindungsherstellung erhält. SIM-Karten gibt es ab 200 nkr, ein Gesprächsguthaben über 100 nkr inklusive.

In Norwegen kann man keine Handys ausleihen, aber in jedem Laden von Telehuset kaufen (ab 399 nkr einschließlich Charge Card).

Vorwahlnummern

In Norwegen gibt es keine Vorwahlnummern.

Um von Norwegen ins Ausland zu telefonieren, benutzt man die Vorwahl ☎ 00.

Telefonkarten

Kartentelefone akzeptieren Telenor-Telefonkarten und meist auch Kreditkarten. Karten- und Münztelefone gibt es in Postämtern, an Transportterminals, in Kiosken und an anderen öffentlichen Orten. Allerdings sind sie nicht so weit verbreitet, wie man erwarten würde. *Telekort* (Telenor-Telefonkarten) gibt es für 40, 90 und 140 nkr und sind etwas günstiger als Münztelefone. Man bekommt sie in Postämtern und Narvesen-Kiosken. Vorsicht vor „Freephones", die einem jedes Mal um 5 nkr erleichtern, wenn man eine so genannte 800er-Nummer von einem öffentlichen Telefon aus anwählt.

Für internationale Ferngespräche sollte man Telenor am besten vergessen und sich eine Telefonkarte von einem privaten Anbieter besorgen. Sie kosten in aller Regel 100 nkr, und man kann mit ihnen über sechs Stunden telefonieren. Diese Karten werden nicht in das Telefon gesteckt. Auf der Rückseite stehen örtliche Zugangsnummern (meistens eine Freephone 800er-Nummer) und eine PIN, die nach der entsprechenden Aufforderung eingewählt werden müssen. Sobald die Verbindung da ist, ertönt eine mehrsprachige Instruktion. Die Karten lassen sich in Münzfernsprechern (5 nkr), privaten oder Hoteltelefonen (kostenlos) benutzen. Für Telefonate innerhalb Westeuropas empfehlen sich besonders die Karten Eurocity und Unity. Besser aber, man fragt beim Kauf, wohin und wie lang man mit einer Karte telefonieren kann. Der Nachteil dieser Karten: Sie sind manchmal schwer zu bekommen – wir haben sie nur in Oslo, Bergen und Kristiansand gefunden. Es gibt sie zwar gelegentlich am Kiosk, aber am meisten Chancen hat man in einem „ethnischen" Lebensmittelgeschäft.

TOILETTEN

Die Toiletten in Norwegen entsprechen dem westlichen Standard, und in fast jeder Stadt gibt es öffentliche Toiletten. Allerdings muss man in den meisten Einkaufszentren, Bahnhöfen, Busbahnhöfen und sogar in einigen Restaurants (!) für die Toilettenbenutzung bis zu 10 nkr bezahlen. Wer es ablehnt, für ein lebensnotwendiges und natürliches Bedürfnis zu bezahlen, sollte bis zur Mittagszeit oder bis zur Rückkehr ins Hotel warten. Orte in Oslo, an denen man sich kostenlos erleichtern kann, sind auf S. 75 angegeben.

TOURISTENINFORMATION

Lokale Fremdenverkehrsbüros

Die Fremdenverkehrsbüros in Norwegen sind einfach phänomenal. Die meisten bieten allgemeine Informationen sowie Buchungen von Unterkünften und Unternehmungen – ein echter All-in-one-Service. Fast jede größere und kleinere Stadt – und sogar fast jedes noch so winzige Dorf – hat ein eigenes Fremdenverkehrsbüro. Komplett und superaktuell sind die Infos in den meist jährlich herausgegebenen Broschüren zum Ort.

Die Büros in kleineren Städten können manchmal nur während der Hauptsaison in den Sommermonaten geöffnet sein; in den großen Städten haben sie das ganze Jahr über auf, allerdings mit kürzeren Öffnungszeiten in der Nebensaison. Öffnungszeiten und Adressen sind in diesem Buch unter der jeweiligen Stadt angegeben.

Übrigens laufen Fremdenverkehrsbüros unter einer Vielzahl von Namen – *turistkon-*

tor und *reiseliv* gehören zu den gebräuchlichsten –, haben aber alle das Symbol (i) für Information deutlich sichtbar außen angebracht. So sind sie leicht zu erkennen und zu finden.

Allgemeine Infos über das Reisen in Norwegen erhält man beim **Norwegischen Tourismusverband** (Norges Turistråd; ☎ 24 14 46 00; www.visitnorway.com; PO Box 722, Sentrum, N-0105 Oslo).

Fremdenverkehrsbüros im Ausland

Wo man zu Hause das nächste norwegische Fremdenverkehrsbüro findet, erfährt man bei der nächsten norwegischen Botschaft; Details auf S. 413.

Deutschland (Norwegisches Fremdenverkehrsamt; ☎ 01-80 50 01 54 8; germany@ntr.no; Postfach 113317, D-20433 Hamburg)

Österreich/Schweiz Das norwegische Verkehrsamt in Hamburg ist auch zuständig für Anfragen aus Österreich und der Schweiz.

UNTERKUNFT

Campingplätze, Herbergen, Pensionen und Hotels nach internationalem Standard – es gibt viele Möglichkeiten, in Norwegen unterzukommen. Zwar zahlt man in Norwegen für alles deutlich mehr als in anderen Ländern, aber dafür ist auch der Standard ziemlich hoch. Manchmal werden die Preise pro Person angegeben. Wer sich über Preise für Unterkünfte informiert, sollte deshalb immer nachfragen.

Wenn nicht anders angegeben, gelten die Preise in diesem Buch immer für ein Zimmer mit Bad. Bei Hostels und Campingplätzen kann man davon ausgehen, dass man sich die Nasszelle mit anderen teilen muss.

Laut Gesetz darf in Norwegen in Bars und Restaurants und in 50 % der Hotelzimmer nicht geraucht werden. Manche Hotels haben überhaupt nur Nichtraucherzimmer. Süchtige müssen sich also damit anfreunden, zusammen mit anderen Ausgestoßenen im Freien zu qualmen.

Leute, die ihre Kronen beisammenhalten wollen, finden Infos und Rabatte bei **VIP Backpackers** (☎ 22 17 37 70; www.vipbackpackers.no; Schweigaardsgate 34E, 3. OG, Oslo).

Die preiswerten Unterkünfte, die hier im Buch empfohlen werden, liegen durchweg bei einem Preis zwischen 80 und 130 nkr für Camping und 300/500 nkr für alle anderen Arten von Behausungen. Unterkünfte der Mittelklasse – meistens in Hotels – kosten pro Einzelzimmer/Doppelzimmer bis zu 725/925 nkr; in Spitzenhotels kann man allerdings auch locker 2000 nkr für ein Doppelzimmer loswerden.

Bed & Breakfast, Pensionen & Private Unterkünfte

In den Touristenbüros der meisten Städte mittlerer Größe bekommt man Listen mit Privatunterkünften. Das ist eine besonders preiswerte Möglichkeit, für die Nacht unterzukommen. Manchmal ist es einem sogar vergönnt, von einer norwegischen Familie aufgenommen zu werden, was eine viel persönlichere Erfahrung sein kann als die Übernachtung in einem Hostel oder einem Hotel. Die Preise sind unterschiedlich hoch, liegen aber selten über 250/375 nkr für ein EZ/DZ. Frühstück ist meistens nicht im Preis enthalten, Duschen kostet manchmal 5 bis 10 nkr extra.

Manche Unterkünfte rangieren unter Bed & Breakfast. Im günstisten Fall löhnt man 200/400 nkr pro EZ/DZ, maximal 450/750 nkr. **Bed & Breakfast Norway** (www.bbnorway.com) hat Listen mit Bed & Breakfasts für Oslo und Bergen und verkauft das *The Norway Bed & Breakfast Book* mit Verzeichnissen für das ganze Land. Dort findet man alle Infos, die man braucht.

In vielen Städten gibt es auch *Pensjonat* (Pensionen) und *Gjestehus* (Gästehäuser). Die Preise fangen meist bei 300/500 nkr an, Bettwäsche und/oder Frühstück sind aber nur bei den teureren inklusive. Aber von denen sind gerade in Oslo manche wirklich vom Feinsten.

Entlang der Landstraßen entdeckt man des Öfteren Schilder mit der Aufschrift *rom*. Das sind preiswerte und schlichte Unterkünfte für 125 bis 250 nkr pro Zimmer (ohne Frühstück). Wer Bettwäsche oder Schlafsack mitbringt, bekommt oft einen Preisnachlass.

Camping

In Norwegen gibt's um die 1000 Campingplätze. Ein Zeltstellplatz auf einem einfachen Campingplatz kostet ab 80 nkr, auf Campingplätzen mit besserer Ausstattung oder in besonders attraktiven und teuren Gegenden wie Oslo und Bergen bis zu 130 nkr. Normalerweise ist der Stellplatz für Auto, Motorrad bzw. Caravan im Preis enthalten;

WILD ZELTEN

Camper, die ihr Zelt abseits ausgewiesener Campingplätze aufstellen, sollten Folgendes beachten:

- Bei Regen einen Platz mit gutem Wasserabfluss suchen und eine wasserdichte Bodenplane verwenden, um keine Abflussgräben ausheben zu müssen.
- An beliebten Strecken, besonders im Jotunheimen oder im Rondane Nationalpark, sein Zelt auf schon früher benutzten Plätzen aufstellen.
- Sämtliche Abfälle mitnehmen, auch Zigarettenkippen. Biologisch abbaubare Abfälle können vergraben, Lebensmittelreste müssen entfernt werden, damit sie nicht von Tieren ausgegraben und überall verteilt werden.
- Vorhandene Toiletten benutzen. Wenn es keine gibt, sucht man sich einen Platz, der mindestens 50 m von einer Wasserquelle entfernt ist, und vergräbt die Ausscheidungen mindestens 20 cm tief im Boden. Benutztes Toilettenpapier entfernen (dafür eine stabile, dichte Plastiktüte benutzen) oder vergraben.
- Zum Waschen möglichst biologisch abbaubare Waschmittel und kaltes Wasser verwenden. Wenn man mit heißem Wasser wäscht, sollte man es vor dem Ausschütten abkühlen lassen oder sich eine kiesige, unbewachsene Stelle suchen, um keine Pflanzen zu beschädigen.
- Beim Feuermachen (erlaubt nur vom 15. September bis 15. April) bereits vorhandene Feuerstellen benutzen und das Feuer so klein wie möglich halten. Nur totes Fallholz verwenden und sicherstellen, dass die Asche erkaltet und vergraben ist, bevor man die Stelle verlässt.
- Wohnwagen und Wohnmobile müssen ausgewiesene Müllentsorgungsstellen benutzen.

Letztere kosten manchmal aber auch 150 nkr extra. Hier und da wird außerdem ein zusätzlicher Betrag pro Person verlangt. Auch Strom kostet häufig ein paar Kronen extra, und einige Plätze verlangen fürs Duschen 5 bis 10 nkr.

Die meisten Campingplätze vermieten auch einfache Hütten mit Kochgelegenheit ab 250 nkr für eine ganz bescheidene Behausung mit zwei oder vier Betten. Schlafsäcke sollten mitgebracht werden, denn Bettzeug und Decken kosten immer extra – pro Aufenthalt zwischen 50 und 80 nkr.

Wer sich nicht gerade eine Luxushütte mit eigener Dusche und Toilette ausgesucht hat (450–1000 nkr), muss normalerweise für Dusche und Wasser bezahlen (wenige rühmliche Ausnahmen ausgenommen). Vor der Abreise muss jeder seine Hütte putzen, sonst ist eine Reinigungsgebühr fällig, die im Durchschnitt etwa 120 nkr beträgt.

Wichtig ist noch, dass zwar einige Anlagen das ganze Jahr über geöffnet sind, die meisten Zelt- und Caravanplätze aber außerhalb der Saison (Anfang September bis Mitte Mai) geschlossen sind.

Die Broschüre *Camping* mit Beschreibungen der meisten norwegischen Campingplätze gibt's gratis in den meisten Fremdenverkehrsbüros. Im Internet ist sie auf www.camping.no zu finden.

Dann gibt es in Norwegen noch eine uralte Tradition, das sog. *allemannsretten* („Jedermannsrecht"). Es ist eine Art „Zugriffsrecht": Danach darf man bis zu zwei Tage auf unbebautem Gebiet kostenlos campen. Einzige Voraussetzung: Man schlägt sein Lager mindestens 150 m entfernt von der nächsten festen Behausung auf – besser aber noch weiter und außer Sichtweite. Diese Option entlastet das Reiseportemonnaie erheblich – und es ist eine sichere Sache angesichts einer extrem niedrigen Kriminalitätsrate in Norwegen. Es gilt aber die goldene Regel: Keine Spuren hinterlassen, die Schönheit der Landschaft erhalten und sich mit den Einheimischen gut stellen. Dazu sollte man die gängigen Bräuche des wilden Zeltens beachten – Details s. Kasten links.

DNT & andere Berghütten

Den Norske Turistforening (Karte S. 78–80; DNT; Norwegian Mountain Touring Club; ☎ 22 82 28 22; www.turistforeningen.no; Storgata 3) betreibt ein Netzwerk von über 378 Berghütten, die jeweils eine Tageswanderung voneinander entfernt an den 20 000 km gut markierten und ge-

DARF ICH BITTE IHREN AUSWEIS SEHEN?

Der Ordnung halber:

- Das gesetzliche Mindestalter für den Konsum von Bier ist 18, von Spirituosen und Wein jedoch 20 Jahre!
- Wählen dürfen die Norweger ab 18.
- Und den Führerschein machen auch.
- Das gesetzliche Alter für die Zustimmung zu sexuellen Handlungen (ob heterosexuell oder homosexuell) ist 16 Jahre.

pflegten Wanderwegen des Landes liegen. Die Palette reicht von unbewirtschafteten Hütten (335 im ganzen Land) mit zwei Betten bis zu großen bewirtschafteten Hütten (43) mit über 100 Betten sowie anerkannten Servicestandards. Alle unbewirtschafteten Hütten bieten Kochgelegenheiten; in den meisten braucht man einen eigenen Schlafsack oder zumindest einen Jugendherbergsschlafsack. Den bekommt man oft in den bewirtschafteten Hütten oder er ist im Preis enthalten. In den bewirtschafteten Hütten können Gäste normalerweise nicht selbst kochen, dagegen gibt es in den unbewirtschafteten Hütten außer einer Küche manchmal einen kleinen Selbstbedienungsladen.

In den bewirtschafteten Hütten – die meisten befinden sich im Süden – kann man ohne Anmeldung einfach auftauchen und seine Übenachtung bezahlen. Gemäß den in den Bergen geltenden internationalen Höflichkeitsgeboten wird niemand abgewiesen, selbst wenn es nur noch auf dem Boden Platz gibt. Für DNT-Mitglieder über 50 ist ein Bett garantiert, auch wenn dies bedeutet, dass ein jüngerer Wanderer dafür seines räumen muss! Die Hütten sind an Ostern meist rappelvoll und im Sommer durchweg gut ausgelastet.

Details über eine DNT-Mitgliedschaft s. S. 412.

In den bewirtschafteten Hütten bezahlen DNT-Mitglieder/Nichtmitglieder für eine Übernachtung in einem Zimmer mit einem bis drei Betten 185/240 nkr; in einem Zimmer mit vier bis sechs Betten 145/210 nkr; Schlafsäle 95/160 nkr und wenn sie wegen Überfüllung auf dem Boden schlafen müssen 70/135 nkr. Unterkunft mit Vollpension (nur für DNT-Mitglieder) in einem Zimmer mit einem bis drei Betten/Schlafsaal kostet 480/445 nkr in der Nebensaison, 500/460 nkr im Sommer und 550/510 nkr an Ostern. Außerdem gibt es ein komplettes Frühstück (Mitglieder/Nichtmitglieder 75/95 nkr) oder Abendessen (175/210 nkr) sowie Sandwichs (10/15 nkr), eine Thermoskanne mit Tee oder Kaffee (25/40 nkr) und ein leichteres Abendessen (110/130 nkr). Zum Abendessen gibt es manchmal regionale Spezialitäten, was sehr lecker sein kann.

Mitglieder/Nichtmitglieder, die lieber im Freien kampieren, aber trotzdem die Hütteneinrichtungen benutzen möchten, bezahlen 45/55 nkr. Ansonsten müssen Camper ihr Zelt mindestens 150 m von der Hütte entfernt aufstellen und dürfen die Einrichtungen nicht benutzen. Das Frühstück kostet 70/90 nkr, eine Thermoskanne Kaffee oder Tee 20/25 nkr, Sandwichs 10/13 nkr, leichtes Abendessen 105/120 nkr und ein Essen mit drei Gängen 155/185 nkr. Bettzeug gibt es für 45/55 nkr.

Für unbewirtschaftete Hütten muss man sich vorher in einem DNT-Büro oder einer anderen bewirtschafteten Hütte einen Schlüssel abholen (gegen 100 bis 150 nkr Pfand). Die Bezahlung funktioniert, indem man einen Schein für eine einmalige Erlaubnis ausfüllt und entweder Bargeld oder Kreditkartennummer in einem dafür vorgesehenen Kasten hinterlässt. Es gibt zwei Kategorien von unbewirtschafteten Hütten. Selbstbedienerhütten sind mit Decken und Kissen ausgestattet, und es gibt einen Herd, Holzöfen, Feuerholz, Gaskocher sowie eine große Auswahl an Konservendosen oder gefriergetrockneten Lebensmitteln, die man nach dem Ehrenprinzip kaufen kann. Hier bezahlen DNT-Mitglieder/Nichtmitglieder 145/240 nkr für ein Bett. In anderen unbewirtschafteten Hütten müssen Besucher ihren Proviant selbst mitbringen.

In allen Hütten gibt es Ermäßigungen für Kinder.

Die meisten DNT-Hütten sind zwischen dem 15. Oktober und dem 15. Februar geschlossen. Im Winter haben bewirtschaftete Hütten zwischen dem Samstag vor Palmsonntag und Ostermontag geöffnet; Die Hütten entlang der Eisenbahnstrecke Oslo–Bergen sowie einige andere öffnen bereits im Februar für die Skilanglaufsaison. Listen mit den Öffnungszeiten sind über DNT erhältlich.

Außerdem gibt es in den meisten Bergregionen einige private Wanderhütten, die jedoch nicht alle der Öffentlichkeit zugänglich sind. Einige gewähren einen Rabatt für DNT-Mitglieder.

Hostels

Relativ preiswerte Hostels *(vandrerhjem)* bieten in Norwegen ein Bett für die Nacht plus Benutzung von Gemeinschaftsräumen an: in der Regel eine Küche für Selbstversorger (wobei es ratsam ist, Kochutensilien und Lebensmittel selbst mitzubringen), Badezimmer und Internetanschluss. Die Hostels sind in ihrer Art völlig unterschiedlich. Immer mehr haben aber länger geöffnet. Und familienbetriebene Hostels haben die Jugendherbergen ersetzt, in denen ein Herbergsvater mit Feldwebelmentalität Wache hält. (Alkohol ist allerdings trotzdem tabu.) Außerdem geht der Trend zu kleineren Zimmern mit nur zwei bis sechs Betten. Bettwäsche muss mitgebracht werden; allerdings verleihen die meisten Hostels Schlafsäcke für etwa 50 nkr.

Es gibt mehrere Hostel Guides, darunter ein jährlich aktualisiertes Europa-Handbuch von Hostelling International (HI), dem Internationalen Jugendherbergswerk. Die kostenlose sechsseitige Broschüre *Hostels in Norway* ist beim norwegischen Herbergsverband **Norske Vandrerhjem** (☎ 23 13 93 00; www.vandrerhjem.no; Torggata 1, Oslo) erhältlich. Darin sind alle Hostels und die aktuellen Preise aufgelistet.

Manche Hostels sind ziemlich komfortable lodgeartige Unterkünfte und haben das ganze Jahr über geöffnet. Andere sind in den Schlafsälen von Schulen untergebracht und folglich nur im Sommer geöffnet. Die meisten haben Zimmer mit zwei bis sechs Betten, und die Übernachtung kostet zwischen 130 und 220 nkr. In den teureren Herbergen gehört zur Übernachtung meist noch ein Frühstücksbüfett, während in anderen das Frühstück 40 bis 60 nkr extra kostet. Manche bieten auch ein ordentliches Abendessen für um die 100 nkr an.

Im Sommer ist reservieren eine gute Idee, besonders auf den beliebten Reiserouten. Das geht meistens problemlos per Telefon. Gegen eine kleine Gebühr (von ca. 20 nkr) kann man von einem Hostel aus gleich sein Bett im nächsten reservieren lassen. Achtung: Beliebte Hostels in Oslo und Bergen sind im Sommer oft total ausgebucht!

Die hier angegebenen Preise gelten für HI-Mitglieder. Nichtmitglieder müssen pro Nacht zusätzlich 25 nkr löhnen. Wer kein Mitglied im Jugendherbergswerk seines Heimatlandes ist, kann sich eine Welcome Card besorgen. Dann zahlt man sechs Nächte als Nichtmitglied – und danach die günstigeren HI-Mitgliederpreise. Am besten legt man sich diese Karte gleich bei der ersten Übernachtung zu und lässt sich jede weitere Nacht abstempeln.

Private Herbergen gibt es in Norwegen fast keine.

Hotels

Hotels sind meistens ziemlich teuer, aber die meisten bieten im Sommer (Mitte Juni bis Mitte August, manchmal auch nur im Juli) und an Wochenenden großzügige Rabatte an, denn zu dieser Zeit ist für Geschäftsreisende Nebensaison.

Einige norwegische Hotels haben das ganze Jahr über die gleichen Preise. Die meisten verlangen allerdings wochentags außerhalb der Sommermonate lächerlich hohe Summen (EZ/DZ ab 1050/1450 nkr) – vermutlich, weil dann nur Geschäftsleute auf Spesen unterwegs sind. Wer also zu dieser Zeit reist, sollte im Hotel nach Angeboten und Preisnachlässen fragen.

Solche Angebote haben etwa norwegische Hotelketten. Sie funktionieren meist so: Man kauft einen Pass für eine Hotelkette (bis zu 100 nkr; nur im Sommer) und darf dann einmal kostenlos übernachten, wenn man oft genug in Hotels dieser Kette logiert hat. Was in diesem Land horrender Essenspreise unbedingt zu bedenken ist: Hotels bieten – anders als *pensions* – normalerweise ein riesiges All-you-can-eat-Frühstücksbüfett an. Hier die größten landesweiten Ketten bzw. Hotelpässe (Rabatte gelten manchmal auch für andere skandinavische Länder):

Best Western (www.bestwestern.no; EZ/DZ 695/830 nkr) Bietet einen kostenlosen Pass von Juni bis August. Die dritte aufeinander folgende Nacht im selben Hotel ist damit zum Nulltarif.

Fjord Pass (www.fjordpass.no; EZ/DZ 470/580 nkr) Für100 nkr das ganze Jahr über in 225 Hotels erhältlich. Er verspricht keine Gratisübernachtungen, dafür aber reduzierte Zimmerpreise.

Nordisk Hotellpass (www.choicehotels.no; EZ/DZ 550/640 nkr) Für 100 nkr von Mitte Juni bis Mitte August sowie an Wochenenden in den Comfort, Quality und Clarion Hotels erhältlich. Die fünfte Übernachtung ist in jedem Hotel der Kette frei.

Rica Feriepass (www.rica.no; EZ/DZ 695/945 nkr) Gibt's von Mitte Juni bis Mitte August in den Rica Hotels; die fünfte Übernachtung ist in jedem Hotel der Kette frei.

Skanplus (www.skanplus.com; EZ/DZ 495/625 NOK) Kostet 100 NOK nkr und ist in den Rainbow, Norlandia und Golden Tulip Hotels von Mitte Juni bis Mitte August erhältlich; die sechste Übernachtung ist in jedem Hotel der Kette frei.

In einigen Comfort Hotels ist ein kleines Essen im Preis inbegriffen – meist als Büffet wie das Frühstück.

Sommerhäuser & Hütten

Listen mit Hütten und Sommerhäusern, die von privat vermietet werden, wenn die Besitzer sie nicht selbst nutzen, gibt es in den meisten Touristenbüros in den beliebten Feriengebieten. Die Preise für eine Woche beginnen bei etwa 1100 nkr für ein einfaches Haus in der Nebensaison und reichen bis ca. 13 500 nkr für das luxuriöse Chalet im Hochsommer. In den meisten Hütten können mindestens vier Personen schlafen und manche bieten sogar bis zu zwölf Leuten Platz. Diese Option lohnt sich für Gruppen, die einen längeren Aufenthalt in einer bestimmten Gegend planen. Normalerweise muss man im Voraus buchen und zudem ein Pfand von ungefähr 500 nkr oder 20 % des Gesamtpreises hinterlegen – je nachdem, was weniger ist.

Näheres erfährt man bei **Novasol** (☎ 81 54 42 70; www.novasol.com). Dort liegt auch ein bebilderter Katalog auf Englisch vor – mit fast 2000 Hütten für Selbstversorger und Chalets in Norwegen. Ähnliches bietet das dänische Unternehmen **Dansommer** (☎ +45 86 17 61 22; www.dansommer.com) an.

VERSICHERUNG

Es lohnt, ernsthaft über eine Reiseversicherung nachzudenken, die nicht nur Arztkosten und Gepäckdiebstahl oder -verlust abdeckt, sondern auch Stornierung oder Verzögerungen der Reisepläne (wegen Krankheit, Ticketverlust, Streik etc.). Am besten schließt man die Versicherung so früh wie möglich ab, sonst hilft sie z. B. nicht mehr bei Streiks, die bereits vor Abschluss begonnen haben. Einige Policen springen übrigens auch bei „ungewöhnlichen und gefährlichen Beschäftigungen" wie Motorradfahren, Skifahren, Bergsteigen, Tauchen oder sogar Wandern nicht ein. Die Versicherung sollte unbedingt Krankenwagentransporte und im Notfall Überführung ins Heimatland abdecken. Außerdem kann eine Police von Vorteil sein, die Arzt- oder Krankenhausrechnungen sofort begleicht und nicht erst die Kosten erstattet, nachdem man sie vor Ort selbst bezahlt hat. Dann aber muss man unbedingt alle Unterlagen aufbewahren.

In Norwegen wird von EU-Bürger unter Umständen eine Gebühr für Notfallbehandlungen verlangt. Die Vorlage eines E111-Formulars hilft, die Dinge zu beschleunigen und reduziert den anfallenden Papierkram auf ein Minimum. Man sollte sich schon weit im Voraus bei seiner Krankenkasse oder dem Reiseveranstalter danach erkundigen. Eine Reiseversicherung ist trotzdem ratsam – jedenfalls dann, wenn sie eine flexible Behandlung ermöglicht und auch die Kosten für Krankenwagen- und Heimtransport abdeckt.

Für Details zu Krankenversicherungen s. S. 446, zu Autoversicherungen s. S. 440.

VISA

Dänen, Finnen, Isländer und Schweden können ohne Pass nach Norwegen einreisen. Besucher aus der EU und dem EWR (Europäischer Wirtschaftsraum) brauchen einen gültigen Pass, aber kein Visum für einen Aufenthalt von weniger als drei Monaten. Da Norwegen zu den Unterzeichnerstaaten des Schengener Abkommens (das freies Reisen innerhalb der EU-Länder erlaubt) gehört, wird an norwegischen Grenzen auch nur eingeschränkt kontrolliert.

WASCHSALON/WÄSCHEREI

Myntvaskeri (Waschmaschinen mit Münzeinwurf) sind teuer und schwer zu finden – mit zwei Ausnahmen: In den Gästehäfen der meisten Städte entlang der norwegischen Küste (v. a. im Süden) zahlt man 35 bis 50 nkr für Waschmaschinen- und Trocknerbenutzung. Einige dieser Häfen sind unter den einzelnen Städteeinträgen in den Regionenkapiteln aufgeführt. Außerdem stehen in Hostels und auf Campingplätzen oft Waschmaschinen und Trockner mit Münzbetrieb für die Gäste zur Verfügung.

Die Preise sind meistens ganz okay, wobei man eventuell trotzdem Waschpulver für die Handwäsche mitbringen sollte.

In Oslo (S. 74) und Bergen (S. 191) gibt es Wäschereien, die reinigen, waschen, trocknen und die Wäsche sogar ordentlich zusammenlegen; der Full-service kostet etwa 60 nkr zwei bis drei Stunden Wartezeit. In einigen dieser Wäschereien kann man seine Wäsche auch selbst waschen (billiger!) oder sie liefern sie sogar ins Hotel (teurer!). Auf den Wäsche- und Reinigungsservice in Hotels sollte man tunlichst verzichten. Es sei denn, man kann ihn vom Spesenkonto abbuchen.

ZEIT

Wie die meisten europäischen Länder hat auch Norwegen die Sommerzeit eingeführt. Sie gilt vom letzten Sonntag im März bis zum letzten Sonntag im Oktober.

ZOLL

Alkohol und Tabak sind in Norwegen extrem teuer. Darum sollte man zumindest für den Anfang seine zollfreie Ration mitnehmen: 1 l Spirituosen und 1 l Wein (oder 2 l Wein) plus 2 l Bier sind erlaubt. Aber Vorsicht! Drinks mit einem Alkoholgehalt von über 60 % könnten als Rauschgift eingestuft werden! Wer selbst nicht trinkt, hat mit einer Flasche Wein ein fast immer willkommenes Geschenk für norwegische Freunde in der Tasche. Zollfrei ist auch die Einfuhr von 200 Zigaretten. Frische Lebensmittel und verschreibungspflichtige Medikamente dürfen hingegen nicht ins Land eingeführt werden.

Verkehrsmittel & -wege

INHALT

AN- & WEITERREISE

EINREISE

Nach Norwegen einzureisen stellt normalerweise kein Problem dar, besonders dann nicht, wenn man mit dem Auto unterwegs ist. Eine dunklere Hautfarbe löst manchmal einen etwas intensiveren Blick aufs Gepäck aus als bei anderen Reisenden. Wer aus einem Land kommt, das nicht zur EU gehört, sollte auch damit rechnen, dass seine Papiere genauer unter die Lupe genommen werden. Details zu Visabestimmungen s. S. 427.

AUF DEM LANDWEG

Grenzverkehr

Der Grenzverkehr zwischen Norwegen und Schweden oder Finnland verläuft unkompliziert; nur selten wird nach dem Ausweis gefragt. Häufig bekommt man nicht einmal mit, dass man soeben den Fuß über die Grenze gesetzt hat. Bei der Einreise mit dem Bus wirft der Zoll schon mal einen Blick in die Koffer, was normalerweise nicht länger als ein paar Minuten dauert. Für Russland ist allerdings ein Visum Pflicht, und Reisende werden hier strenger begutachtet.

DIE DINGE ÄNDERN SICH

Die Informationen in diesem Kapitel sind besonders anfällig für Veränderungen: Preise für internationale Reisen schwanken, Verkehrslinien werden neu eingeführt oder eingestellt, Fahrpläne ändern sich, Sonderangebote kommen und gehen, Vorschriften und Visabestimmungen werden ergänzt. Die in diesem Kapitel aufgeführten Details sollten als Tipps betrachtet werden; man sollte nicht darauf verzichten, selbst nachzuforschen, Fakten zu checken und sich auf den neuesten Stand zu bringen.

Bus

Für praktisch alle Busreisen nach und von Norwegen ist www.eurolines.de die beste Website. Sie organisieren die Angebote kleinerer nationaler Busunternehmen.

Zug

Das norwegische Bahnnetz erstreckt sich von der Südküste bis an die Küste Nordlands. Einige der Hauptrouten bieten eindrucksvolle Panoramablicke (v. a. die Strecken Oslo–Bergen sowie Oslo–Trondheim). Hochgeschwindigkeitszüge der norwegisch-schwedischen Bahngesellschaft Linx verkehren zwischen den skandinavischen Hauptstädten Kopenhagen, Stockholm und Oslo. Fahrplanauskünfte auch in englischer Sprache bei den **Norwegischen Staatsbahnen** (NSB; ☎ 81 50 08 88; www.nsb.no).

RAILPÄSSE

Interrail

Mit **Interrail** kann jeder Europäer (vorausgesetzt, er besitzt seit mindestens sechs Monaten einen entsprechenden Pass) bis zu einem Monat lang durch ganz Europa mit dem Zug fahren. Im Heimatland gibt es allerdings nur eine Ermäßigung von 50 % auf den regulären Fahrpreis und man darf nur 2. Klasse fahren.

Mit InterRail 26+ können Reisende über 26 durch fast alle Länder Europas reisen, Skandinavien inklusive. Das Preissystem von Interrail ist in regionale Zonen eingeteilt: Norwegen liegt mit Schweden und

Finnland in der Zone B. Ein Ticket für die 16-tägige Nutzung der Bahnstrecken einer Zone kostet 286 € (für 12- bis 26-Jährige 195 €). Ein Ticket, das alle europäischen Zonen abdeckt und für einen ganzen Monat gilt, kostet 546 € (385 €). Besitzer eines Interrailtickets kommen oft auch in den Genuss von Ermäßigungen in Bussen, etwa auf den Strecken Mosjøen-Sandnessjøen (Helgeland AS, 50%), Oppdal–Kristiansund (Nettbuss Møre, 50%), Åndalsnes–Ålesund (A/S Ålesund bilruter, 50%) und Andalsnes–Molde (Veøy Buss AS, 50%). Weitere Infos auf www.interrailers.net.

Euro Domino

Mit dem Euro-Domino-Ticket kann man drei bis acht Tage innerhalb eines Monats ein Land seiner Wahl per Bahn erkunden. Erwachsene ab 26 bezahlen in Norwegen für drei Tage in der 2. Klasse 170 €, Jugendliche 128 €. Jeder weitere Tage kostet 30 (23) € zusätzlich.

Scanrail

Der flexible **Scanrail-Pass** (www.scanrail.de) deckt Dänemark, Norwegen, Schweden und Finnland ab.

Es gibt ihn in drei Varianten. Ein 2.-Klasse-Ticket für fünf beliebige Tagen innerhalb von zwei Monaten kostet 230 € (160 € für Reisende unter 26), für 10 Tage innerhalb von zwei Monaten 308 € (215 € für Reisende unter 26). Für einen Pass, der an 21 aufeinander folgenden Tagen in der 2. Klasse gültig ist, muss man 358 € (249 € für Reisende unter 26) hinlegen.

Für Menschen über 55 ist das Ticket ScanRail 55+ eine interessante Alternative. Damit kann man in der 2. Klasse innerhalb von zwei Monaten an fünf Tagen für 204 €, an 10 Tagen für 274 € bzw. an 21 aufeinander folgenden Tagen für 316 € Skandinavien unsicher machen.

Um die ScanRail-Pässe zu den angegebenen Preisen zu bekommen, muss man sie vor der Ankunft in Skandinavien kaufen (auf der ScanRail-Website gibt's eine Liste mit weltweiten Verkaufsstellen, ansonsten bekommt man den Pass in den meisten größeren Bahnhöfen). Sie sind zwar auch in Skandinavien erhältlich; dort zahlt man aber je nach Wechselkurs etwa 10–20 % drauf.

Der Scanrail-Pass bietet auch freie Fahrt auf einer Reihe innernorwegischer Buslinien, darunter Grong–Brønnøysund, Åndalsnes–Ålesund, Oppdal–Kristiansund, Åndalsnes–Molde und Mosjøen–Sandnessjøen. Zudem winken 30 % Nachlass bei der Flåm–Myrdal Flåmsbana (S. 232) und Ermäßigungen auf den Fähren Rostock–Hanko/Hangö (Special Price, Superfast Ferries), Rostock–Helsinki (Special Price, Silja Line), Trelleborg–Travemünde (TT-Line, 50 %), Trelleborg–Rostock (TT-Line, 50 %), Frederiks-havn–Oslo (30 %, Stena Lines), Larvik–Hirtshals (50 %, Color Line), Bergen–Stavanger (50 %, Flaggruten) sowie auf Hardangerfjord- und südlichen Hordaland-Fähren (50 %, HSD Snoggbåtene).

Dänemark

BUS

Nor-Way Bussekspress (www.nor-way.no) Busverkehr zwischen Kopenhagen und Oslo (305 dkr, 8 Std., mindestens 2-mal tgl.). Die Busse fahren via Göteborg, Malmö und Øresund-Brücke. Drei Busse von **Swebus Express** (☎ 8070 3300) starten außerdem täglich von/nach Kopenhagen.

ZUG

Mindestens zwei Züge verkehren täglich zwischen Kopenhagen und Oslo (610 dkr, ab 8 Std.) über die Øresund-Brücke und Malmö; Reisende nach Oslo müssen eventuell in Malmö oder Göteborg umsteigen.

Deutschland

BUS

Der **Berlinlinienbus** (www.berlinlinienbus.de) fährt täglich von Berlin nach Oslo via Rostock und Göteborg (81 €, gute 15 Std.).

Nor-Way Bussekspress bieten dreimal die Woche die Strecke Hamburg–Stavanger via Flensburg an (Hin- und Rückfahrt 197 €), außerdem die Tour von München (252 €) über Nürnberg (252 €), Kassel (209 €), Hannover (183 €), Frankfurt (252 €), Köln (224 €), Dortmund (209 €), Bremen (170 €) und Hamburg (151 €) nach Oslo. Ein Bus vom gleichen Anbieter fährt täglich von Hamburg über Lübeck nach Oslo (Tickets und Fahrplan: www.deutsche-touring.com).

ZUG

Mit bis zu fünf Zügen täglich nach Kopenhagen oder Malmø ist Hamburg das Tor zu Skandinavien; zwei dieser Verbindungen haben Anschluss nach Oslo.

MIT DEM BUS AUS FINNLAND

Von	Nach	Preis	Dauer	Zeitraum
Oulu	Tromsø	88,55 €	8 Std.	1. Juni–18. Sep.
Rovaniemi	Tana Bru	65,60 €	7 Std.	1. Juni–5. Okt.
Rovaniemi	Kautokeino	74,10 €	6 Std.	1. Juni–14. Aug.
Rovaniemi	Karasjok	55,20 €	7 Std.	4. Juni–30. Sep.
Rovaniemi	Lakselv	65,90 €	12½ Std.	4. Juni–30. Sep.
Rovaniemi	Nordkap	101,50 €	12 Std.	4. Juni–30. Sep.
Ivalo	Kirkenes	35,20 €	3½ Std.	28. Juni–8. Aug.

Der **Berlin Night Express** (www.berlin-night-express.com) fährt täglich über Nacht von Berlin Ostbahnhof nach Oslo (ab 165 € inklusive Liegewagen, 17 Std.); er nutzt die Fähre Sassnitz–Trelleborg (Schweden) und hält in Malmö. Wenn man nach/von Oslo reist, muss man dort umsteigen, von Ende August bis Mitte Juni in Göteborg.

Für Informationen zu diesen Verbindungen und Onlinebuchungen ist man bei der **Deutschen Bahn** (www.bahn.de) an der richtigen Adresse.

Finnland

BUS

Die Autobahn E8 führt von Tornio in Finnland nach Tromsø; Nebenstraßen verbinden Finnland mit den nordsamischen Städten Karasjok und Kautokeino. Auf allen drei Routen gibt es Linienbusse.

Für Details zum Verkehr über die Grenze (nur 1-mal pro Tag) – betrieben von der finnischen Verkehrsgesellschaft **Eskelisen Lapin Linjat** (☎ 016-342 2160; www.eskelisen-lapinlinjat.com) – s. Tabelle oben.

Nor-Way Bussekspress (www.nor-way.no) bietet ebenfalls einmal am Tag Verbindungen zwischen Oslo und Helsinki an (662 nkr, 25 Std.); allerdings muss man in Stockholm umsteigen.

Österreich

BUS

Direkte Busverbindungen zwischen Österreich und Norwegen werden nur sehr selten oder gar nicht angeboten. Es gibt allerdings regelmäßige Transfers nach Deutschland, von wo es dann weiter in Richtung Norden geht. So wird etwa eine Busverbindung von der **Deutschen Touring Gesellschaft** (www.deutsche-touring.de) für 47 € zwischen Wien und Nürnberg eingesetzt.

ZUG

Zweimal täglich rollt in Wien ein Zug in Richtung Oslo – über Nürnberg, Kopenhagen und Göteborg (ca. 30 Std.) oder München, Hamburg, Kopenhagen und Malmö (ca. 25 Std.). Über aktuelle Preise und Sondertarife kann man sich am besten auf der Seite der **Österreichischen Bahn** (www.öbb.at) informieren.

Schweden

BUS

Mit den Bussen von **Nor-Way Bussekspress** (☎ 08-762 59 60) ist man schnell von Oslo in Göteborg (225 skr, 4 Std., 6-mal am Tag) und Malmö (365 skr, 7 Std. 3-mal am Tag). Dreimal täglich verkehren außerdem Busse von **Swebus Express** (☎ 0200 218 218; www.swebusexpress.se) zwischen Stockholm und Oslo (365 skr, 8 Std.).

Busse verkehren auch zwischen Bodø und Skellefteå (510 skr, 8 Std., tgl. außer Samstag) und entlang der Blå Vägen zwischen Mo i Rana und Umeå (268 skr, 8 Std., 1-mal tgl.).

AUTO & MOTORRAD

Große Autobahnen verbinden Schweden und Norwegen: die E 6 von Göteborg nach Oslo, die E 18 von Stockholm nach Oslo, die E 14 von Sundsvall nach Trondheim und die E 12 von Umeå nach Mo i Rana. Zusätzlich führen auch zahlreiche Nebenstraßen über die Grenze.

ZUG

Von Stockholm nach Oslo (ab 695 skr, 7 Std.) und Narvik (1450 skr, 18. Std.) rollen täglich mehrere Züge. Bei Bahnreisen von Trondheim nach Schweden über Storlien und Östersund muss man an der Grenze umsteigen. Züge fahren auch von Oslo nach

FÄHRVERBINDUNGEN ZWISCHEN DÄNEMARK & NORWEGEN

Nach	Von	Preis	Dauer	Fahrten pro Woche	Gesellschaft
Bergen	Hanstholm	110 €	18 Std.	3	Fjord Line
Egersund	Hanstholm	70 €	8½ Std.	3	Fjord Line
Kristiansand	Hirtshals	59 €	4½ Std.	15	Color Line
Larvik	Fredrikshavn	59 €	6½ Std.	7	Color Line
Olso	Kopenhagen	86 €	16 Std.	7	DFDS Seaways
Oslo	Fredrikshavn	53 €	12½ Std.	6	Stena Line
Oslo	Hirtshals	59 €	12½ Std.	6	Color Line
Stavanger	Hirtshals	30 €	11 Std.	3–4	Color Line

Malmö (698 skr, 8 Std., 2-mal tgl.) über Göteborg (537 skr, 4 Std., 4-mal tgl.).

Schweiz

BUS

In der Schweiz können kaum direkte Busreisen nach Norwegen gebucht werden. Eine Reihe von Busunternehmen hat aber regelmäßige Transfers nach Deutschland im Angebot. Mit **Alsa und Eggmann** (www.alsa-eggmann.ch) etwa kommt man für 38 sfr von St. Gallen nach München. Von dort aus kann es dann mit dem Nor-Way Bussekspress (s. S. 430) weitergehen.

ZUG

Von Bern fährt mehrmals am Tag ein Zug über Mannheim und Berlin oder Basel und Hamburg nach Oslo. Die Fahrt dauert je nach Routenvariante 22 bis 27 Stunden. Aktuelle Preise und Onlinetickets bekommt man am einfachsten bei der **Deutschen Bahn** (www.bahn.de).

FÄHRE

Mit den Fährverbindungen zwischen Norwegen und Dänemark, Deutschland, Island, den Färöern, Schweden und Großbritannien erreicht man direkt und unkompliziert seinen Zielort, v. a. wenn man mit dem eigenen Auto unterwegs ist. Für vier Personen im Auto gibt's häufig Sonderpreise, und bei den meisten Gesellschaften kommen Senioren, Studenten und Kinder ermäßigt an Bord. Vor dem Buchen nachzufragen lohnt sich also. Wer sein Fahrrad mitnehmen will, muss eine kleine Zusatzgebühr drauflegen.

Wenn man mit einer internationalen Fähre unterwegs ist, sollte man dran denken, sein maximales zollfreies Alkoholkontingent auf dem Schiff wirklich auszuschöpfen. Alkohol ist in Norwegen irrsinnig teuer, und wer selbst nicht trinkt, kann norwegischen Freunden mit einem solchen Gastgeschenk eine richtige Freude machen.

DÄNEMARK

Folgende Unternehmen betreiben Fähren zwischen Norwegen und Dänemark:

Color Line (in Dänemark ☎ 99 56 19 77, in Norwegen ☎ 81 00 08 11; www.colorline.no)

DFDS Seaways (in Dänemark ☎ 33 42 33 42, in Norwegen ☎ 22 41 90 90; www.dfdsseaways.com)

Fjord Line (in Norwegen ☎ 81 53 35 00, in Dänemark ☎ 97 96 14 01; www.fjordline.com)

Stena Line (in Norwegen ☎ 02010, in Dänemark ☎ 96 20 02 00; www.stenaline.no)

Die obenstehende Tabelle listet die möglichen Routen auf, dazu Fahrpreise in der Hochsaison (Mitte Juni bis Mitte August) und Abfahrtszeiten; außerhalb der Hochsaison kosten die Tickets manchmal nur halb so viel, die Fähren legen allerdings weitaus seltener ab.

Die meisten Betreiber haben Angebotspakete für ein Auto inklusive Passagiere. Auf der Route von Frederikshavn nach Larvik bezahlt man beim Fährunternehmen Color Line für ein Auto mit bis zu fünf Insassen 125 €; bei DFDS Seaways für ein Auto plus zwei Personen 195 € und bei der Stena Line für ein Auto mit Fahrer bis zu 160 €. Der Fährtransfer nach Bergen mit Fjord Line kostet etwa 165 € für den Fahrer und einen weiteren Insassen. Und es gibt ein Hochsaison-Angebot für Hin- und Rückfahrt nach Egersund für ein Auto plus fünf Personen für 199 € von Montag bis Mittwoch bzw. 279 € von Donnerstag bis Sonntag.

FÄHRVERBINDUNGEN ZWISCHEN SCHWEDEN & NORWEGEN

Von	Nach	Preis	Dauer	Fahrten pro Woche	Gesellschaft
Fredrikstad	Strömstad	12 €	1¼ Std.	bis zu 10	Fjordlink
Oslo	Helsingborg	65 €	14 Std.	7	DFDS Seaways
Strömstad	Sandefjord	24 €	2½ Std.	34	Prinsesse Ragnhild

DEUTSCHLAND

Die Fähren der **Color Line** (☎ 0431-730 03 00; www.colorline.de und in Norwegen ☎ 81 00 08 11; www.colorline.no) kreuzen täglich zwischen Kiel und Oslo (20 Std.). Von Mitte Juni bis Mitte August kostet die Überfahrt pro Person und mit Kabine 156 € (Sonntag bis Donnerstag) bzw. 166 € (Freitag und Samstag); der Aufschlag fürs Auto beträgt 52 €. Außerhalb der Hochsaison ist die einfache Fahrt mit einem Auto und einfacher Kabine für zwei Personen im Paket für 338 € zu haben.

ISLAND & FÄRÖER

Smyril Line (auf den Färöern ☎ 34 59 00, in Norwegen ☎ 55 59 65 20; www.smyril-line.fo) verkehrt einmal wöchentlich von Mai bis Mitte September zwischen Bergen und Seyðisfjörður (Island), über Lerwick (Shetland) und Färöer. Für eine einfache Fahrt von Bergen nach Tórshavn (25 Std.) auf den Färöern muss man mit mindestens 180 € rechnen; von Bergen nach Seyðisfjörður (46 Std.) in Island mit 275 €.

SCHWEDEN

Folgende Gesellschaften oder Schiffe betreiben Fähren zwischen Schweden und Norwegen:

Color Line (in Schweden ☎ 05 26-620 00, in Norwegen ☎ 81 00 08 11; www.colorline.no)

DFDS Seaways (in Schweden ☎ 031-65 06 00, in Norwegen ☎ 22 41 90 90; www.dfdsseaways.com)

Fjordlink & M/S Silverpilen (in Schweden ☎ 052-66 15 60, in Norwegen ☎ 69 39 65 04; www.silverpilen.com)

In der obenstehenden Tabelle sind Fährverbindungen zwischen Schweden und Norwegen aufgeführt – mit den Hochsaison-Preisen und Abfahrtszeiten.

Auf der Route Göteborg–Kristiansand–Göteborg zahlt man für ein Auto ab 27 €, auf der Strecke Strömstad–Sandefjord 22 €.

Die Fähre **M/S Sagasund** (☎ 90 99 81 11) verbindet Halden und Ströstad (115 skr, 2 Std.). Allerdings sind das eher schwedisch-norwegische Sauftouren als echte Verkehrsverbindungen (an Bord sind zollfreie Waren zu bekommen).

FLUGZEUG

Flughäfen- & Fluggesellschaften

Die wichtigsten internationalen Flughäfen in Norwegen:

Flesland Airport, Bergen (Flughafencode BGO; ☎ 55 99 80 00; infosenteret.bergen@avinor.no)

Gardermoen Airport, Oslo (Flughafencode OSL; ☎ 64 81 20 00; www.osl.no)

Karmøy Airport, Haugesund (Flughafencode HAU; ☎ 52 85 79 00; haugesund.lufthavn@avinor.no)

Kjevik Airport, Kristiansand (Flughafencode KRS; ☎ 38 06 56 00; fax 38 06 31 22)

Sola Airport, Stavanger (Flughafencode SVG; ☎ 51 65 80 00; stavanger.lufthavn@avinor.no)

Torp Airport, Sandefjord (Flughafencode TRF; ☎ 33 42 70 02; www.torp.no)

Værnes Airport, Trondheim (Flughafencode TRD; ☎ 74 84 30 00; info.vaernes@avinor.no)

Fluggesellschaften mit Heimatflughafen in Norwegen:

Coast Air (IATA-Code BX; ☎ 52 84 85 00; www.coastair.no) Fliegt nur innerhalb von Norwegen.

Norwegian Air Shuttle (IATA-Code DY; ☎ 81 52 18 15; www.norwegian.no) Billigflieger, der 14 europäische Städte ansteuert, u. a. Hamburg, Berlin, Genf und Salzburg.

SAS Braathens (IATA-Code BU oder SK; ☎ 91 50 54 00; www.sasbraathens.no) Über 30 Ziele in Europa inklusive Berlin, Düsseldorf, Wien, Zürich sowie viele weitere Städte weltweit.

Widerøe (IATA-Code WF; ☎ 81 00 12 00; www.wideroe.no) Rund 30 Ziele v. a. in Norwegen. Sonderpreise.

Weitere internationale Fluggesellschaften, die nach oder von Norwegen fliegen:

Air France (IATA-Code AF; ☎ 23 50 20 01; www.airfrance.com; Drehkreuz Paris)

British Airways (IATA-Code BA; ☎ 81 53 31 42; www.britishairways.com; Drehkreuz London)

Finnair (IATA-Code AY; ☎ 81 00 11 00; www.finnair.fi; Drehkreuz Helsinki)

Germanwings (IATA-Code 4U; www.germanwings.com; Drehkreuz Köln/Bonn) Billigflieger.
KLM-Royal Dutch Airlines (IATA-Code KL; ☎ 22 64 37 52; www.klm.com; Drehkreuz Amsterdam)
Lufthansa (IATA-Code LH; ☎ 23 35 54 00; www.lufthansa.com; Drehkreuz Frankfurt) Nonstop von Stavanger nach Frankfurt a. M.
Maersk (IATA-Code DM; ☎ 81 50 07 40; www.maersk-air.com; Drehkreuz Billund, Dänemark)
Nordic Airlink (IATA-Code LF; ☎ 24 14 87 58; www.flynordic.com; Drehkreuz Stockholm)
Ryanair (IATA-Code XY; ☎ 33 42 75 00; www.ryanair.com; Drehkreuz Dublin) Billigflieger.
Sterling (IATA-Code NB; www.sterling.dk; Drehkreuz Kopenhagen) Billigflieger.

Details zum Sicherheitsfaktor dieser und anderer Airlines unter www.airsafe.com oder www.waasinfo.net.

Tickets

Norwegen wird in erster Linie von den deutschen Flughäfen in Hamburg, Berlin, Frankfurt, München und Köln/Bonn angeflogen. In der Schweiz und in Österreich kann man am besten von Bern, Zürich oder Wien starten. Jedoch muss man hier meistens einen Zwischenstopp in München oder Frankfurt in Kauf nehmen, wie z. B. mit Lufthansa.

Günstige Flugtickets sind eher im Reisebüro zu bekommen als direkt bei den Fluggesellschaften, die normalerweise nur zum offiziellen Preis verkaufen. Ausnahme von der Regel ist die immer größer werdende Zahl von Unternehmen, die Flüge „ohne Extras" anbieten. Diese Billigflieger verkaufen die Tickets direkt an den Reisenden (oftmals über das Internet); Infos zu Billigfliegern s. oben.

Zuverlässige Websites für Onlinebuchungen:

DEUTSCHLAND

Travelchannel.de (www.travelchannel.de)
Ebookers (www.ebookers.de)
Last Minute (www.de.lastminute.com)
Opodo (www.opodo.de)
Travel-Overland (www.travel-overland.de)
Expedia (www.expedia.de)
Just Travel (☎ 089-747 33 30; www.justtravel.de)

ÖSTERREICH

STA Travel (☎ 01805 456 422; www.statravel.at)
Austrian Airlines (☎ 05 17 89; www.aua.com)

SCHWEIZ

Reisen.ch (www.reisen.ch)
Travel.ch (www.travel.ch)
Planetholiday (www.planetholiday.ch)

Tickets via Internet zu bestellen geht superschnell. Aber das ist natürlich kein Ersatz für einen netten Reisefachmann, der jede Menge Sonderangebote und Tipps für die individuelle Tour auf Lager hat.

GEFÜHRTE TOUREN

Durch Norwegen zu reisen geht enorm ins Geld. Deshalb lohnt es sich auf jeden Fall, Angebote für organisierte Reisen abzuchecken. Es gibt jede Menge seriöse Veranstalter, die erschwingliche Touren nach Skandinavien oder speziell nach Norwegen im Angebot haben.

In den Filialen des **Skandinavischen Reisebüros** (☎ 040-3600150, 030-884 60 40; www.skandinavisches-reisebuero.de) in Berlin, Stuttgart, Düsseldorf und Hamburg können Rundreisen, Ferienhäuser und Kreuzfahrten gebucht werden.

Haman Scandinavia (☎ 0229-413 79; www.haman.se) bietet Rundreisen und Routenplanungen für den gesamten skandinavischen Raum und insbesondere in Norwegen an.

Kodiak (☎ 0233-190 48 10; www.kodiak-reisen.de) hat eine große Zahl skandinavischer Reiseziele im Programm. Rundfahrten, Schiffsreisen und PKW-Touren werden hier genauso angeboten wie Motorschlitten- und Huskysafaris.

Der Reiseveranstalter **Troll Tours** (☎ 029-829 22 10; www.trolltours.de) hat ein breit gefächertes Angebot von Wander- und PKW-Rundreisen sowie norwegischen Hotels in seinem Programm.

Im Programm von **Tuja-Reisen** (☎ 7144-84 11 15; www.tujareisen.de) finden sich v. a. individuelle Norwegenreisen, aber auch Städtetouren und Gruppenreisen.

Der Hamburger Anbieter **Novasol** (☎ 040-238 85 90; www.novasol.de) hat sich auf Ferienhäuser spezialisiert.

Ausschließlich Abenteuer- und Erlebnisreisen stehen im Katalog der **Nordicreisen** (☎ 040–41 00 62 58, www.nordic-reisen.de).

Nordisch (☎ 0447-83 20 20; www.nordisch.ch) ist ein Schweizer Anbieter, der v.a. in den Bereichen Wohnmobilreisen und Ferienhäuser viele Angebote hat.

www.reisen.ch ist ein großes Reiseportal, wo man auch eine Reihe von Angeboten für Skandinavien findet.

Spi-Reisen (☎ 032-331 12 34; www.spi-reisen.ch) können mit vielen Reisen nach Norwegen, Dänemark, Schweden, Färöer, Island und Grönland aufwarten.

Auf Skandinavien, Schottland und das Baltikum konzentriert sich der Katalog von **Kontiki** (☎ 056-203 66 66; www.kontiki.ch).

Der Anbieter **Finnladia-Reisen** (☎ 044-242 22 88; www.finlandia-reisen.ch) ist schon lange im Geschäft und bietet auch eine große Zahl von Norwegentouren an.

Das **Reisebüro Glur** (☎ 061-205 94 94, www.glur.ch) ist der Schweizer Spezialist für den ganzen skandinavischen Raum.

UNTERWEGS VOR ORT

Zu Norwegens höchst effizientem Nahverkehrssystem gehören Züge, Busse und Fähren, die meist sogar zeitlich aufeinander abgestimmt sind. Mit dem praktischen *NSB Togruter* – kostenlos in Bahnhöfen erhältlich – hat man Zugfahrpläne und Informationen über Anschlussbusse jederzeit zur Hand. Die Abfahrtszeiten von Schiffen und Bussen sind unterschiedlich je nach Jahreszeit und Wochentag (Verbindungen an Samstagen sind dünn gesät). Man sollte sich also im Fremdenverkehrsbüro den aktuellsten *ruteplan* (Fahrplan) schnappen.

In Richtung Norden kommt man mit dem Zug bis nach Bodø (Narvik ist auch von Schweden aus mit dem Zug zu erreichen); noch weiter im Norden ist man auf Busse und Fähren angewiesen. Wegen der großen Entfernungen kommt bei den Buspreisen einiges zusammen; immerhin erhalten die glücklichen Besitzer von Interrail- und Scanrail-Pässen auf einigen Routen im Norden Ermäßigungen. Manche Schnellboote und -busse bieten 50 % Nachlass für die Begleitperson – nachfragen lohnt sich auf jeden Fall. Eine schöne Alternative zur Reise über Land ist die Hurtigruten-Küstenfähre. Sie läuft zwischen Bergen und Kirkenes jeden größeren Hafen an. Obendrein kann man den Anblick wirklich atemberaubender Küstenlandschaften genießen; sie zählen zu den schönsten in Europa.

AUTO & MOTORRAD

Automobilclubs

Dank einer gegenseitigen Vereinbarung haben Mitglieder von Automobilclubs, die der AIT (Alliance Internationale de Tourisme) angehören, Anspruch auf einen 24-Stunden-Pannendienst durch den **Norges Automobil-Forbund** (NAF; Pannendienst ☎ 81 00 05 00, Anfragen ☎ 22 34 14 00). Die NAF-Fahrzeuge sind von Mitte Juni bis Mitte August auf den wichtigsten Straßen unterwegs. Notrufsäulen befinden sich auf Autobahnen, in Tunnels und auf einigen Gebirgspässen.

Ein empfehlenswerter Pannendienst ist auch **Falken Redningskorps** (☎ 80 03 00 50).

Einreise mit dem eigenen Auto

Bei der Einreise nach Norwegen mit dem eigenen Auto muss nichts weiter beachtet werden. Für Details zu Fährverbindungen nach Norwegen s. S. 432.

Führerschein

Um ein Auto mieten zu können, braucht man nur seinen Führerschein. Mit einem *lettre de recommendation* (Empfehlungsschreiben) seines Automobilclubs können Dienstleistungen durch Partnerorganisationen in Norwegen in Anspruch genommen werden, normalerweise kostenlos. Dazu zählen Straßenkarten und Informationen, Pannenhilfe, technische und juristische Beratung etc.

Tipps für die Reise mit dem eigenen Auto in Norwegen s. S. 438.

Sprit & Ersatzteile

An den meisten Tankstellen wird verbleites und bleifreies Benzin sowie Diesel angeboten. Die Preise können von Tag zu Tag schwanken; das hängt von den internationalen Ölpreisen ab. Bei Redaktionsschluss lag der Benzinpreis bei 9,50 und 12 nkr. Diesel kostet normalerweise 1 nkr pro Liter weniger. Kreditkarten werden fast überall an den norwegischen Tankstellen akzeptiert. In kleineren Städten haben Tankstellen bis 22 Uhr oder Mitternacht geöffnet, es gibt aber auch 24-Stunden-Tankstellen. Auf dem Land machen viele Tankstellen am frühen Abend dicht und öffnen an Wochenenden gar nicht. Dafür haben manche von ihnen automatische Zapfsäulen, die mit Kreditkarten oder Banknoten zum Sprudeln gebracht werden können.

Das Auto sollte vor der Reise nach Norwegen in absolute Topform gebracht werden. Ersatzteile gibt es zwar, können einen allerdings arm machen.

Autovermietung

Norwegische Autovermietungen sind teuer und daher in erster Linie etwas für Geschäftsreisende mit einem fetten Spesenkonto. Für einen Kompaktwagen mit 200 Freikilometern muss man im Schnitt über 1000 nkr am Tag lockermachen, Mehrwertsteuer ist schon dabei. Die Versicherung schlägt allerdings mit 50 nkr am Tag zusätzlich zu Buche.

Je länger der Mietzeitraum, desto günstiger sind die Angebote. Und im Sommer sollte man stets nach Sonderangeboten Ausschau halten. Dabei kann man den kleinsten Wagen (z. B. VW Lupo) für drei bis fünf Tage für 440 nkr am Tag mit 50 Freikilometern oder für 555 nkr mit 200 Freikilometern bekommen; jeder Kilometer darüber hinaus kostet 2,50 nkr. Die entsprechenden Tarife für einen Zeitraum von acht bis 13 Tagen beginnen bei 378 bzw. 478 nkr; bei über 14 Tagen sinkt der Preis auf 351 bzw. 444 nkr.

Einige größere Autovermietungen bieten auch Wochenendtarife an: Für 1200 nkr kann man den Wagen am Freitag nachmittag abholen und ihn bis Montag 10 Uhr behalten – auf unbegrenzte Kilometer achten!

Größere Autovermietungen wie Hertz, Avis, Budget und Europcar haben Vertretungen am Flughafen Gardermoen International von Oslo und anderen norwegischen Flughäfen sowie in den Stadtzentren. Wenn man in einen „Blitzer" gerauscht ist, wird das Bußgeld automatisch von der vorher angegebenen Kreditkarte abgebucht. Vorsicht – einige Autovermietungen sind bekannt dafür, auf die Kreditkartenrechnung noch ein paar „Extras" zu setzen. Also immer die Kontoauszüge auch noch einige Monate hinterher gründlich unter die Lupe nehmen.

Im Allgemeinen haben lokale Firmen bessere Angebote als die großen internationalen Unternehmen.

Einige Autovermietungen:

Avis (www.avis.no) Oslo (☎ 81 56 90 44; Munkedamsveien 27); Bergen (☎ 55 55 39 55; Lars Hilles gate 20B)
Bislet Bilutleie (☎ 22 60 00 00; www.bislet.no; Pilestredet 70, Oslo)
Budget (www.budget.no) Oslo (☎ 81 56 06 00; Hedgehaugsveien 4); Bergen (☎ 55 27 39 90; Storetveitveien 58)
Europcar (☎ 22 83 12 42; www.europcar.no; Haakon VIIs gate 9, Oslo)
Hertz (☎ 22 21 00 00; www.hertz.no; SAS Hotel, Holbergs gate 30, Oslo)
Rent-a-Wreck (☎ 81 52 20 50; www.rent-a-wreck.no; Filipstadveien 5, Oslo)

Mietwagen sind in Norwegen so unsäglich teuer, dass man ernsthaft darüber nachdenken sollte, ein Auto unmittelbar jenseits der schwedischen Grenze zu mieten und später dorthin zurückzubringen; legt man noch was drauf, kann das Auto in Schweden abgeholt und in Norwegen wieder zurückgegeben werden. Mit Abstand die beste Online-Autovermietung ist die hoch gelobte **Auto Europe** (www.autoeurope.com): Die Firma vermittelt Billigtarifangebote größerer Unternehmen und bietet zahllose Abhol- und Rückgabeoptionen in Norwegen und ganz Europa an.

Versicherung

Eine Haftpflichtversicherung (unbegrenzte Deckung für Personenschäden und 1 000 000 nkr für Sachschäden) ist obligatorisch. Wer mit dem Auto einreist, wird sich mit einer „Green Card" von seiner Autoversicherung wesentlich wohler fühlen. Dabei sicherstellen, dass das Fahrzeug auch auf der Fähre versichert ist.

Zustand der Straßen

Wenn Norwegen Nepal wäre, gäbe es garantiert eine Straße auf den Mount Everest (oder drunter durch). Bei manchen Straßen in Norwegen ist man einfach baff vor Staunen darüber, was Ingenieure alles so leisten können. Im Norwegischen Straßenbaumuseum (S. 160) in Lillehammer bekommt man eine vage Vorstellung davon, was für eine Wahnsinnsarbeit hinter den unzähligen Straßen und Bergtunneln in Norwegen steckt.

Auf den wichtigsten Autobahnen, z. B. der E 16 von Oslo nach Bergen und der gesamten E 6 von Oslo nach Kirkenes, hat man das ganze Jahr über freie Fahrt. Das Straßennetz wird ständig ausgebaut; jedes Jahr tauchen neue Brücken und Tunnel auf. Längere Tunnel führen durch Berge von einem Tal zum anderen; kleinere sind meist Abkürzungen durch felsige Hindernisse. Die meisten Tunnel sind beleuchtet, viele längere sind mit Abgasventilatoren ausgestattet. Andere sind von einer Art Isolationsschicht umgeben, die Abgase und Lärm absorbieren soll. Wegen der Abgase gilt für Biker in längeren Tunnels: Nicht so tief Luft holen, oder vielleicht sogar gleich nach einem anderem Weg Ausschau halten. Der Lærdalstunnelen (zwischen Lærdal und Aurland) ist mit 24,51 km der längste Autotunnel der Welt; mehr Infos dazu s. Kasten S. 439.

Trotz allem haben wir zwei Beschwerden vorzubringen: Zum einen scheinen die norwegischen Verkehrsbehörden bei aller Sachkenntnis im Straßenbau nicht zu begreifen, wie frustrierend es ist, stundenlang hinter einem langsamen Fahrzeug herzockeln zu müssen. Wenigstens im Flachland, wo es machbar wäre, sollten Straßen verbreitert werden: Mit Ausnahme weniger Kilometer rings um die größeren Städte gibt's auf Norwegens Hauptstraßen in jede Richtung nur eine Spur, Überholspuren sind äußerst rar.

Damit wären wir auch schon bei Punkt zwei: Hat man gerade drei Stunden damit verbracht, 200 km auf einer der Autobahnen hinter sich zu bringen, ist es vorsichtig ausgedrückt ärgerlich, dafür auch noch eine Benutzungsgebühr (bis zu 150 nkr) abdrücken zu müssen. Im Süden des Landes existiert eine regelrechte Mautgebühren-Plage. Man sollte daher immer eine Rolle Münzen parat halten. Neue Straßenabschnitte, Tunnel und Brücken werden über Benutzungsgebühren finanziert, die bis zu 145 nkr pro Auto betragen können. Theoretisch haben sich die Mautgebühren erledigt, sobald das Projekt abbezahlt ist. Allerdings erweisen sich einige privat finanzierte Projekte als so angenehm sprudelnde Einnahmequellen, dass es nicht immer dazu kommt. Oslo, Bergen, Trondheim, Stavanger und Kristiansand halten die Hand bei jeder Einfahrt in die Stadt auf. Die Maut ist hier allerdings reine Besuchersteuer, denn man versucht keineswegs, die Autofahrer zum Umsteigen auf Busse zu bewegen. Man sollte außerdem darauf achten, Straßen, die für Besitzer von Abonnement-Pässen reserviert sind, nicht zu benutzen; das Bußgeld liegt bei 325 nkr. Motorräder müssen generell keine Mautgebühren zahlen.

Für Infos zum Straßenzustand, der erhöhte Umsicht fordert, s. S. 436.

Ein geniales Handbuch für alle, die mehr darüber wissen wollen, ist *Motoring in Norway* von Erling Welle-Strand.

ENTFERNUNGEN (KM)

	Ålesund	Alta	Bergen	Bodø	Florø	Hammerfest	Harstad	Kautokeino	Kirkenes	Kristiansand	Kristiansund	Lillehammer	Narvik	Odda	Oslo	Røros	Stavanger	Tromsø	Trondheim
Ålesund	---																		
Alta	1701	---																	
Bergen	384	2071	---																
Bodø	1008	814	1378	---															
Florø	201	1970	248	1277	---														
Hammerfest	1845	144	2215	959	2114	---													
Harstad	1186	557	1556	300	1455	701	---												
Kautokeino	1827	131	2197	941	2096	276	684	---											
Kirkenes	2215	519	2585	1329	2484	498	1072	451	---										
Kristiansand	811	2226	492	1533	652	2370	1711	2352	2740	---									
Kristiansund	142	1609	517	916	329	1753	1094	1735	2123	867	---								
Lillehammer	382	1756	439	1063	466	1900	1241	1882	2270	473	396	---							
Narvik	1190	511	1560	304	1459	655	119	637	1025	1715	1098	1245	---						
Odda	416	2064	159	1371	320	2208	1549	2190	2578	333	549	362	1553	---					
Oslo	533	1909	478	1216	512	2053	1394	2035	2423	322	562	168	1398	357	---				
Røros	401	1569	635	876	535	1713	1054	1695	2083	704	327	263	1058	624	382	---			
Stavanger	603	2251	179	1558	426	2395	1736	2377	2765	245	736	587	1740	187	453	836	---		
Tromsø	1440	290	1810	554	1709	435	296	417	805	1965	1348	1495	250	1803	1648	1308	1990	---	
Trondheim	287	1414	657	721	556	1558	899	1540	1928	812	195	342	903	650	495	155	837	1153	---

EILE MIT WEILE

In Norwegen darf man auf freier Strecke nicht mehr als 80 km/h fahren. An Häusern oder Firmengeländen muss auf 70 km/h oder sogar 60 km/h runtergebremst werden. In Ortschaften liegt die Geschwindigkeitsbegrenzung bei 50 bis 60 km/h, in Wohngebieten bei 30 km/h. Auf einigen Straßen gibt es Abschnitte, auf denen 90 km/h möglich sind, und auf einem kleinen Streckenabschnitt der E 6 sind sogar 100 km/h gestattet. Die Geschwindigkeitsbeschränkung für Wohnwagen (und PKWs mit Anhängern) liegt in der Regel 10 km/h unter der für Autos.

Verglichen mit den heimatlichen Verhältnissen sind diese Geschwindigkeitsbegrenzungen wirklich zum Wegnicken. Allerdings werden sie extrem ernst genommen, und deshalb sollte man wirklich der Versuchung widerstehen, das Gaspedal durchzudrücken. Am Straßenrand lauern nämlich mobile Polizeikontrollen. Achtung bei Schildern *Automatisk Trafikkontrol*: Das bedeutet, dass man sich einem „Starenkasten" nähert; diese großen und hässlichen grauen Kästen kennen keine Gnade.

Bereits bei 5 km/h über dem Tempolimit wird man rausgezogen – keine mildernden Umstände, keine Kompromisse. 1000 bis weit über 10 000 nkr Bußgeld sind üblich. Als norwegischer Staatsbürger riskiert man den Entzug der Fahrerlaubnis und kann sogar hinter Gitter wandern.

Wer sein Schicksal herausfordern möchte, hält sich an die Straßen in der Gegend der nordländischen Stadt Fauske (S. 302) – sie gilt als Hauptstadt der Radarfallen.

Gefahren im Straßenverkehr

Ältere Straßen und Bergstrecken sind ziemlich eng; es gibt jede Menge Haarnadelkurven, und oft geht's steil bergauf. Auch wenn man in Norwegen mit dem Auto fast überall hinkommt – so manche selten genutzte Strecke hat nur einen dürftigen bzw. ungeteerten Straßenbelag; da geht's nur mit Allradantrieb weiter. Einige Straßen, die auf den ersten Blick ganz harmlos erscheinen, verengen sich zuweilen extrem ohne große Vorankündigung. Einige Bergstraßen sind für Wohnwagen und -mobile ganz gesperrt oder nur erfahrenen Fahrern zu empfehlen; da ist es nämlich fast Standard, dass man zurücksetzen und entgegenkommenden Verkehr vorbeilassen muss. **Vegdirektoratet** (☎ 22 07 35 00; www.vegvesen.no; Brynsengfaret 6A, 0667 Oslo) gibt eine Karte mit den Straßen heraus, auf denen Wohnwagen nicht zugelassen sind.

Im Winter, Frühjahr oder Frühsommer sollte man vorher abchecken, ob die Pässe geöffnet sind, denn viele bleiben bis Mai oder Juni geschlossen. **Vegmeldingssentralen** (☎ 175), das rund um die Uhr geöffnete Informationscenter von Statens Vegvesen, gibt aktualisierte Hinweise über Straßensperrungen und Straßenbedingungen im ganzen Land. Ist Eis oder Schnee angesagt: Spikes benutzen oder Schneeketten einpacken. Schneeketten kann man in Oslo bei **Hakres** (☎ 35 51 48 57; Fax 35 51 52 50) leihen: Der Preis für eine/zwei Wochen, inklusive Reifenwechsel, liegt bei 1000/1300 nkr. Die Originalreifen werden als Pfand einbehalten.

Verkehrsregeln

In Norwegen herrscht Rechtsverkehr. Sicherheitsgurte sind obligatorisch und Anschnallen ist Pflicht. Kinder unter vier Jahren brauchen einen Kindersitz oder eine Rückhalteeinrichtung. Das Abblendlicht muss immer an sein – auch beim Motorrad. Das rote Warndreieck hat man immer dabeizuhaben, am Zebrastreifen haben Fußgänger „Vorfahrt", und bei Fahrzeugen aus dem Ausland muss das Länderkennzeichen am Heck sichtbar angebracht sein. Motorräder dürfen nicht auf dem Gehweg geparkt werden; für sie gelten die gleichen Parkbestimmungen wie für Autos.

Alkohol am Steuer wird in Norwegen streng geahndet. Die Grenze liegt bei 0,2 Promille; wer drüber liegt, muss mit hohen Geldstrafen und/oder Gefängnis rechnen. In Norwegen kommt auch derjenige in Konflikt mit dem Gesetz, der den Alkohol an den Fahrer ausgeschenkt hat. Daher ist es gut möglich, dass man nicht einen Schluck Bier bekommt, wenn der Wirt oder die Bedienung wittert, dass man mit dem Auto unterwegs ist.

Die meisten Verkehrszeichen sind international. Allerdings gibt's auch andere Schilder: Ein weißes M auf blauem Hintergrund deutet auf eine Ausweichstelle auf einer einspurigen Straße hin (das „M" steht für *møteplass*). *All Stans Forbudt* bedeutet

„Halteverbot"; *Enveiskjøring* ist eine „Einbahnstraße"; *Kjøring Forbudt* heißt „Einfahrt verboten"; *Parkering Forbudt* ist „Parkverbot"; und das kryptische *Rekverk Mangler* bedeutet „Fehlende Leitplanke".

Autofähren

Absolute Spitzenklasse ist die Fahrt entlang der landschaftlich einmaligen – wenn auch ziemlich bergigen und von Fjorden zerklüfteten – Westküste. Allerdings gehören diverse Überfahrten mit der Fähre dazu, die unter Umständen jede Menge Geld und Zeit kosten. Reservieren kann man in der Regel nicht, ist aber auch nicht notwendig. Eine komplette Liste der Fährverbindungen, Preise und Telefonnummern der Betreiber stehen im *Rutebok for Norge*, einem Fahrplanbuch in der Größe eines Telefonverzeichnisses, das für 225 nkr in Buchhandlungen und an größeren Kiosken zu bekommen ist. Ansonsten direkt bestellen bei **Norsk Reiseinformasjon** (☎ 22 47 73 40; www.reiseinfo.no; Karl Johans gate 12A, 0154 Oslo) oder aus dem Internet herunter laden unter www.rutebok.no.

BUS

In Norwegen gibt's ein weit verzweigtes Netz von Fernbussen; diese sind ziemlich komfortabel und in der Regel auch pünktlich.

Nor-Way Bussekspress (☎ 82 02 13 00; www.nor-way.no) betreibt das größte Netz von Schnellbussen in Norwegen. Sie verbinden die meisten Städte und Großstädte, von Mandal ganz im Süden bis Alta im hohen Norden. Daneben gibt's eine Reihe unabhängiger Busgesellschaften für Langstrecken mit ähnlichen Preisen und Servicestandards.

Im Norden Norwegens bekommen Reisende mit Interrail- oder Scanrail-Pässen auf mehreren Strecken von Togbuss (Bahnbus) Fahrkarten zum halben Preis. Details auf S. 429.

Es gibt auch jede Menge Nahverkehrsbusse, meist auf eine einzelne *fylke* (Gemeinde) beschränkt. Diese Linien haben zwar Nummern; die stehen aber selten am Bus. Stattdessen steht dort der Zielort, sodass man den Bus dann doch identifizieren kann. Um die Konfusion komplett zu machen, haben manche Busse eine zweite

TUNNEL IN NORWEGEN

Wer nach Norwegen kommt, ist für gewöhnlich (und zu Recht) von den technischen Wunderwerken tief beeindruckt; sie bestimmen landesweit den Güter- und Personenverkehr, v.a. in den Fjorden des Westens, in Nordland und im hohen Norden. Zu den außergewöhnlichsten Straßentunnels gehören jene, die sich aufwärts durch Berge schrauben, tief unter dem Meer zu küstennahen Inseln vordringen oder unter Gletschern begrabene Berge durchbohren.

Im November 2000 wurde – nach fast sechs Jahren Bauzeit – der längste Straßentunnel der Welt vollendet. Die Gesamtkosten für den Tunnel von Lærdal nach Aurland (24,51 km lang, 7,59 km länger als der St. Gotthard-Tunnel in der Schweiz) belaufen sich auf über eine Million nkr. Weil dieses Meisterwerk komplett staatlich finanziert ist, kann man gebührenfrei durchfahren. Der zweispurige Tunnel, Teil der wichtigen E 16 zwischen Oslo und Bergen, erleichtert das Autofahren im Winter, und man kann sich die ermüdend lange Fährverbindung Gudvangen–Lærdal sparen. Der Tunnel wurde durch enorm harten Gneis aus dem Präkambrium gebohrt; an einer Stelle befand sich darüber 1400 m freiliegender Fels. Im Innern befinden sich eine Filteranlage für Staub und Stickstoffdioxid, 34 riesige Ventilatoren, Notrufsäulen alle 500 m sowie drei bizarre „Galerien" mit blauer Beleuchtung, um die zwanzigminütige Fahrt aufzupeppen.

Bei der Tunneldurchfahrt sollten Autofahrer für Notfälle den Sender NRK-Radio P1 einstellen (ja, man hat tatsächlich Radioempfang!).

Andere lange Autotunnels in Norwegen sind der Gudvangentunnel in Sogn og Fjordane (11,43 km, ebenfalls auf der E 16); der Folgefonntunnel in Hardanger (11,15 km, auf der Rv 551 unter dem Folgefonn-Gletscher durch); der Steigentunnel in Nordland (8,06 km, Rv 835); der Svartisentunnel in Nordland (7,61 km, auf der Rv 17 unter dem Svartisen-Gletscher).

Interessante Unterwassertunnel, die normalerweise etwa 40 m unterhalb des Meeresbodens liegen, sind der Oslofjordtunnel (7,2 km, auf der Rv 23, südlich von Oslo); der Nordkapptunnel (6,87 km, auf der E 69 als Verbindung zwischen der Insel Magerøya und dem Festland); der Byfjordtunnel (5, 86 km, auf der E 39 gleich nördlich von Stavanger); der Nappstraumentunnel (1,78 km, auf der E 10 als Verbindung zwischen Vestvågøy und Flakstadøy auf den Lofoten).

Liniennummer; die gilt in der jeweiligen Region, in welcher der Bus verkehrt, und ist deutlich am Bus angebracht.

Reisende seien gewarnt: Die meisten Nahverkehrs- und sogar einige Fernbuslinien werden an Samstagen drastisch eingeschränkt. Auch an Sonntagen und in der Nebensaison (normalerweise Mitte August bis Mitte Juni) fahren die Busse seltener – oder gar nicht.

Wer alle landesweiten Busfahrpläne dabeihaben will (sowie Preise für die wichtigsten Zwischenstopps auf den meisten Routen), sollte sich ein Exemplar der *Rutehefte* besorgen; diese sind in jedem größeren Busbahnhof erhältlich und liegen in einigen Fremdenverkehrsbüros aus. In Busbahnhöfen und Fremdenverkehrsbüros gibt's außerdem Fahrpläne für die entsprechenden Stadtlinien.

Infos zu Nahverkehrsbussen s. S. 444.

Buspässe

Mit dem nicht übertragbaren Nor-Way Bus-Pass (2300 nkr) von Nor-Way Bussekspress kann man innerhalb von 21 aufeinander folgenden Tagen ohne Limit durchs ganze Land gondeln; Kinder zwischen vier und fünfzehn Jahren fahren für 1725 nkr mit. Der Pass gilt auch für den Flughafenbus in Oslo. Die Tickets sind in den meisten Busbahnhöfen des Landes zu bekommen, am zentralen Busbahnhof in Oslo auf jeden Fall. Verkaufsbüros weltweit findet man unter www.nor-way.no; hier dem Link „Nor-Way BusPass“ folgen.

Preise

Fahrscheine bekommt man im Bus oder vor Fahrtantritt im Busbahnhof. Die Preise richten sich nach der Entfernung; sie liegen für die ersten 100 km ungefähr bei 145 nkr. Bei den offiziellen Ticketpreisen vieler Busgesellschaften sind die Kosten für Fährüberfahrten nicht mit drin. Bei den Preisen, die in diesem Buch für Busfahrscheine angegeben werden, sind Fährtickets, wo angebracht, inklusive.

Zahlreiche Busgesellschaften bieten Studenten-, Kinder-, Senioren- und Familienermäßigungen von 25 bis 50 %. Es zahlt sich also aus, beim Kauf nachzufragen. Auch Gruppen (das sind bereits zwei Personen) können mit Rabatten rechnen. In Nordnorwegen bekommt man mit einem Interrail- oder Scanrail-Pass (s. S. 430) auf manchen Strecken ebenfalls vergünstigte Tickets.

Im Sommer gibt's oft spezielle „*Minipris*“-Tickets auf manchen beliebten Langstrecken, etwa von Oslo nach Bergen *Minipris*/normaler Fahrpreis 265/640 nkr), Trondheim (290/610 nkr) und Røros (290/465 nkr).

Reservierungen

Im Voraus reservieren muss man in Norwegen so gut wie nie. Nor-Way Bussekspress gibt sogar eine Platzgarantie ohne Reservierung. Das Unternehmen ist fest davon überzeugt, dass es alle Reisenden zu jeder Zeit an jeden gewünschten Ort befördern kann.

FAHRRAD

Große Entfernungen, hügelige Landschaften und schmale Straßen bewegen nur eingefleischte Radfahrer zu größeren Touren in Norwegen. Hat sich der Langstreckenfahrer aber mental darauf vorbereitet, einen Berg nach dem anderen zu erklimmen, bereiten ihm nun auch noch die Tunnel (s. Kasten S. 439) Kopfschmerzen – und davon gibt es Tausende. Viele sind aufgrund der Schadstoffbelastung für alle nicht motorisierten Verkehrsteilnehmer gesperrt, v. a. in der Fjordregion im Westen. Dies setzt der Bewegungsfreiheit des Radfahrers deutliche Grenzen. Da, wo es Alternativen gibt, heißt es oft tagelang in die Pedale treten, um einen langen Fjord zu umfahren oder einen Gebirgspass zu erklimmen.

Eine ausgezeichnete Website mit Wegbeschreibungen der angenehmeren Langstreckentouren durch Norwegen ist www.bike-norway.com. Dort kann man auch gleich Radwanderkarten bestellen. Weitere Informationen über Radwanderwege und Tunnel gibt's bei **Syklistenes Landsforening** (☎ 22 47 30 30; post@slf.no; Storgata 23C, Oslo), der zentralen Kontaktstelle für Norwegens Radfahrerclubs. Die Karte *Sykkelruter i Norge* (120 nkr) wird von Syklistenes Landsforening angeboten; allerdings ist sie nur auf Norwegisch zu bekommen. Die *Sykkelguide*-Radkarten in Heftform sind dagegen dreisprachig (englisch, deutsch, norwegisch) und kosten jeweils 125 nkr/18,50 €. Es gibt sie u. a. für die Lofoten, Rallarvegen, den Nordseeküstenradweg von der schwedischen Grenze bei Svinesund nach Bergen und andere Routen.

Regionalbusse, Express-Fähren und Regionalzüge nehmen Fahrräder gegen Aufpreis (etwa 100 nkr) mit. In Schnellzügen sind sie hingegen nicht zugelassen; in internationalen Zügen werden Bikes als Sperrgut behandelt (250 nkr). Bei Nor-Way Bussekspress zahlt man für sein Rad die Hälfte vom Normalpreis.

Wer aus Leidenschaft Fahrrad fährt und es nicht bloß als Form der Fortbewegung betrachtet, der findet Hunderte regionale Radstrecken. Fremdenverkehrsbüros im ganzen Land haben Touren zusammengestellt und Karten der besten Routen erstellt.

Weitere Infos zum Radfahren in Norwegen s. S. 410.

Fahrrad mieten

Es gibt zwar kaum eigenständige Fahrradvermietungen, aber die meisten Fremdenverkehrsbüros, zahlreiche Jugendherbergen und Campingplätze verleihen Fahrräder – und wenn nicht, weiß man dort bestimmt, wo welche zu bekommen sind. Die Preise liegen normalerweise bei 30 bis 50 nkr pro Stunde und nur selten über 200 nkr am Tag. Man kann den Tagespreis auf 100 nkr drücken, wenn man ein Bike gleich für einige Tage nimmt.

FÄHRE

Ohne das exzellente Fährnetz bestünde der Großteil der norwegischen Küste aus schwer erreichbaren, isolierten Gemeinden – getrennt durch sehr viel Wasser und zerklüftete Berge. Die Fähren sind die Lebensader eines großen Teils von Westnorwegen. Ein ausgedehntes Netz von häufig verkehrenden Autofähren zieht sich kreuz und quer durch die Fjorde; Schnellboote verbinden die Inseln vor der Küste mit dem Festland. Die meisten Fähren entlang der Autobahnen nehmen Fahrzeuge mit, Expressschiffe normalerweise nur Fußgänger und Radfahrer, ebenso die Dampfschiffe auf den Seen. Details zu speziellen Reisezielen finden sich in den jeweiligen Kapiteln in diesem Buch.

Autofähren sind subventioniert und daher nicht übermäßig teuer (zumindest für norwegische Verhältnisse). Allerdings kommt es im Sommer zu langen Schlangen und Verspätungen bei beliebten Überfahrten, und Reservierungen sind nur selten möglich. Dafür legen die Fähren bis spät in die Nacht ab (besonders im Sommer), manche sogar rund um die Uhr, allerdings in der Nacht nicht so oft. Einzelheiten zu Fahrplänen und Preisen für Autofähren und Seedampfer stehen in den Fahrplänen vom Norwegischen Fremdenverkehrsamt bzw. im *Rutebok for Norge*. Fremdenverkehrsbüros geben Fahrpläne für Fähren in der jeweiligen Region heraus.

Kanalreisen

Die südnorwegische Region Telemark wird von einem riesigen Netz von Kanälen, Flüssen und Seen durchzogen. Es gibt reguläre Fährverbindungen, man kann aber auch mit dem eigenen Boot auf den Gewässern herumschippern. Einzelheiten s. S. 143.

Hurtigruten-Küstenschiffe

Die legendären **Hurtigruten** (☎ 810 30 000; www.hurtigruten.com) sind seit mehr als einem Jahrhundert eine echte Lebensader Norwegens, die die Städte und Dörfer an der Küste miteinander verbindet. Heute gehören sie zu den Top-Möglichkeiten, Norwegen zu erkunden. Jahrein, jahraus startet fast jede Nacht eines der elf Hurtigruten-Schiffe nördlich von Bergen zu einer sechstägigen Reise, auf der es in 34 Häfen andockt. Zielpunkt ist Kirkenes; dort wendet es wieder und fährt zurück nach Süden. Auf der zwölftägigen Rundreise legen die Fähren eine Entfernung von 2500 Seemeilen zurück. Bei gutem Wetter ist die Sicht auf die Fjorde und Berglandschaften entlang der Fahrroute absolut spektakulär. Die meisten Schiffe sind supermodern, manche sind sogar fast so luxuriös wie die großen Kreuzfahrtdampfer. Anderen wiederum sieht man ihr Alter an; das älteste lief 1982 vom Stapel. Die gesamte Flotte wurde allerdings in den 90er-Jahren umgebaut.

Reisenden der Deckklasse stehen Gepäckaufbewahrung, Duschkabinen, ein Waschsalon und eine rund um die Uhr geöffnete Cafeteria zur Verfügung. Das Dinner wird im Restaurant serviert; Kleinigkeiten und Snacks gibt's in der Cafeteria. Nachts rollen manche Leute ihren Schlafsack auf dem Flur in einem der Salons aus. Allerdings herrscht die ganze Nacht über solche Unruhe, dass kurze Nächte mit wenig Schlaf vorprogrammiert sind – v. a. bei 24-stündigem Sommerlicht. Von mindestens einem LP-Autor wird berichtet, er habe zusammengerollt in einem Geschirrschrank seligen Schlaf gefunden.

Preise für die Deckklasse sind etwa: von Bergen nach Trondheim 1488 nkr, nach Stamsund 2536 nkr, nach Tromsø 3053 nkr, nach Honningsvåg 3848 nkr und nach Kirkenes 4736 nkr. Gegen Aufpreis können auch Autos mitgenommen werden. Kinder von 4 bis 16 Jahren, Studenten und Senioren über 67 fahren 50 % ermäßigt, ebenso mitreisende Ehepartner und Kinder von 16 bis 25 Jahren.

Außerdem gibt's super Nebensaisonangebote. Vom 1. September bis 30. April erhalten Passagiere 40 % Nachlass auf den Normalpreis an jedem Tag außer Dienstag und weitere 50 % Ermäßigung auf die Rückfahrt. Von September bis April wird für Passagiere von 16 bis 26 Jahren ein 21 Tage gültiger Küstenpass für nkr 1875 angeboten.

Wer eine Kabine mit eigenem Bad bevorzugt – und das tun die meisten –, zahlt von Mitte April bis Mitte September zusätzlich 300 bis 1000 nkr pro Nacht und 135 bis 435 nkr in der Nebensaison. Einfache Kabinen mit Gemeinschaftsbad sind das ganze Jahr über ab 90 nkr pro Nacht zu haben. Die Kabinen sind extrem beliebt; rechtzeitig buchen ist also sinnvoll.

Eine Unterbrechung der Tour durch einen kurzen Trip an Land ist ab und an sicher angesagt – besonders, wenn man die ganze Rundfahrt mitmacht. Dann kann man die organisierten Angebote der Schifffahrtsgesellschaft nutzen (Ausflüge in Richtung Norden/Süden sind mit N/S gekennzeichnet): eine Tour über Land zwischen Geiranger und Ålesund oder Molde (N; 3 bzw. 7 Std.); ein Kurztrip nach Trondheim (S; 2 Std.); eine Tagesreise nach Svartisen (N; 6 Std.); Spritztouren um die Lofoten (S; 3 Std.) und Vesterålen (S; 4 Std.); ein Trip von Honningsvåg zum Nordkap (N; 4 Std.); eine Landtour zwischen Honningsvåg und Hammerfest via Nordkap (S; 7 Std.); und ein Ausflug von Kirkenes, am Zielort der Fahrt, zur russischen Grenze (2 Std.). Man bekommt für sein Geld (Preise beim Veranstalter erfragen) einiges geboten, allerdings verpasst man manchmal das Küstenpanorama.

Hurtigruten erreicht man unter der angegebenen gebührenfreien Rufnummer und über die Website; zusätzlich kann man sich entweder mit **Troms Fylkes Dampskibsselskap** (☎ 77 64 82 00; booking@tfds.no) in Tromsø oder mit **Ofotens og Vesterålens Dampskibsselskab** (☎ 76 96 76 96; booking@ovds.no) in Narvik in Verbindung setzen.

Auf der Hurtigruten-Website www.hurtigruten.de findet man sämtliche internationalen Verkaufsbüros.

Yacht

An Bord der eigenen Yacht die norwegische Küstenlinie zu entdecken ist eine der fantastischsten Erfahrungen, die man im Leben machen kann. Allerdings hängt es stark von den rauen Wetterbedingungen ab, wie weit man in den Norden vordringen kann. Fast jede Stadt an der norwegischen Südküste besitzt einen ausgezeichneten *gjestehavn* (Gästehafen), zu dessen Annehmlichkeiten mindestens Duschen, Toiletten, Strom und Waschsalons gehören. Andere wiederum, etwa Grimstad (S. 128), toppen mit einem kostenlosen Fahrradverleih und kabellosem Internetzugang. Die Anlegegebühren bewegen sich im Allgemeinen zwischen 75 und 125 nkr für 24 Stunden.

FLUGZEUG

Fluggesellschaften

In Norwegen gibt es etwa fünfzig Flughäfen mit planmäßigem Flugverkehr – von Kristiansand im Süden bis Longyearbyen und Ny Ålesund im Norden. Um Zeit zu sparen und die großen Entfernungen zu überbrücken, die Überlandfahrten mit sich bringen, kann selbst der preisbewusste Traveller in Versuchung kommen, einige Strecken per Luftlinie zurückzulegen.

Diese vier Fluggesellschaften bieten Inlandsflüge an:

Coast Air (☎ 52 84 85 00; www.coastair.no)
Norwegian Air Shuttle (☎ 81 52 18 15; www.norwegian.no)
SAS Braathens (☎ 81 52 00 00, 81 52 40 00, 05400; www.sasbraathens.no)
Widerøe (☎ 81 00 12 00; www.wideroe.no)

Die wichtigsten inländischen Flugrouten in Norwegen werden von den Airlines ziemlich hart umkämpft. Deswegen ist es möglich (Flexibilität bei Abflugzeiten und frühe Buchung vorausgesetzt), bei SAS Braathens für die Strecke von Oslo nach Bergen (739 nkr), Stavanger (739 nkr), Tromsø (808 nkr), Trondheim (553 nkr) oder Ålesund (553 nkr) Tickets für nur wenig mehr zu ergattern, als man für die Bahn zahlt. Widerøe bietet vergleichbare Preise und ein ähnlich ausgedehntes Streckennetz; die regulären Preise liegen erheblich unter denen der großen Fluggesellschaften. Coast Air mit Standort Haugesund setzt kleine Maschinen ein und konzentriert sich auf die wichtigsten Flughäfen im Süden.

Flugpässe

Da die meisten Fluggesellschaften die Preise für reguläre Flugtickets drastisch gesenkt haben, sind Flugpässe fast nicht mehr interessant. Bei SAS Braathens kostet das „Minipris"-Rückflugticket nur knapp 10 % mehr als reguläre Hinflüge. Hin und wieder gibt's Werbeaktionen; da sind Hin- und Rückflug noch billiger als ein einfacher Flug. Obendrein erhalten Ehepartner (auch homosexuelle Partner), Kinder von zwei bis fünfzehn Jahren sowie Senioren über 67 eine Ermäßigung von 50 %. Spezielle Sommerangebote für Rückflüge gibt's zwischen Mitte Juni und Mitte August.

Sowohl SAS Braathens als auch Widerøe bieten erheblich vergünstigte Tickets für Reisende unter 26 (Studenten unter 32).

Internationale Passagiere, die ihren Wohnsitz nicht in Skandinavien haben, können bei SAS Braathens Prepaid-Coupons für 850 bis 1200 nkr lösen: Sie gelten für Direktflüge zwischen zwei beliebigen skandinavischen Flughäfen aus dem Streckennetz der Airline, darunter auch einige in Norwegen. Die Coupons gelten auf den meisten SAS-Flügen in der Region und müssen mindestens sieben Tage im Voraus erworben werden. Man kann bis zu acht Coupons für jeweils einen Flugabschnitt kaufen.

Darüber hinaus gibt es günstige Flugpässe und andere Tickets. Widerøe bietet günstige Sommerpässe (gültig von Juni bis August) für 550 nkr; diese Pässe gelten für einfache Flüge innerhalb einer von vier Zonen: Trondheim, Bodø und Tromsø markieren die Zonengrenzen (einige Kurzstrecken kosten 400 nkr). Flüge zwischen zwei/drei/vier Zonen kosten 1000/1500/2000 nkr. Diese Tickets sind nur außerhalb Norwegens erhältlich. Widerøes *Minipris* ist einen Monat lang gültig und ist 40 % günstiger als der reguläre Rückflug. Allerdings muss man entweder von Samstag auf Sonntag am Zielort übernachten oder den Rückflug an einem Samstag oder Sonntag antreten.

GEFÜHRTE TOUREN

In Norwegen sind zahlreiche lokale Tourveranstalter aktiv. In jedem Fremdenverkehrsbüro finden sich Handzettel, Flyer und Broschüren ohne Ende zu entsprechenden Angeboten in dem jeweiligen Gebiet.

Fjordtouren

NORWAY IN A NUTSHELL

Äußerst beliebt ist die „Norway in a Nutshell"-Tour; sie wird ganzjährig von Reisebüros, den Norwegischen Staatsbahnen und Fremdenverkehrsbüros in Südnorwegen angeboten. Mehr Infos gibt's bei **Fjord Tours** (☎ 81 56 82 22; www.fjordtours.no). Die Touren variieren, aber meistens handelt es sich um ein- oder zweitägige Ausflüge von Oslo nach Myrdal per Bahn, mit der Flåmbahn nach Flåm, per Schiff am Nærøyfjord entlang nach Gudvangen, mit dem Bus nach Voss und dann mit der Bahn nach Bergen und zurück nach Oslo (z. B. über Nacht). Für die gesamte Tour von Oslo nach Bergen ist man mit 1065 nkr dabei, inklusive Rückfahrt nach Oslo mit 1735 nkr. Billiger (und kürzer) geht's von Bergen (750 nkr) und Voss (480 nkr) aus. Eine Alternative zu dieser Route ist es, mit dem Zug von Oslo nach Stavanger zu tuckern. Für mehr Infos s. Kapitel Oslo (S. 91), Bergen (S. 199), Flåm (S. 230), Voss (S. 207) und Stavanger (S. 220).

ANDERE TOUREN

Fjord Tours organisiert auch eine Reihe anderer, ähnlich individueller Touren in Süd- und Westnorwegen. Dazu zählen die Dreieckstour (Rundreise nach/von Oslo über Kristiansand, Stavanger, Haugesund, Bergen und Geilo; 1585 nkr); die Goldene Route (Rundreise nach/von Oslo über Lillehammer, Otta, Geiranger, Åndalsnes, Trondheim und Dombås; 1597 nkr); „Entdecke den Hardangerfjord" (Rundreise nach/von Bergen über Voss, Ulvik, Eidfjord und Norheimsund; 610 nkr); sowie die Polartour (Rundreise nach/von Trondheim über Mo i Rana, Fauske, Svolvær, Bodø und Hurtigruten-Küstenfähre; 3840 nkr). Wie „Norway in a Nutshell" können diese Touren komplett oder in Teilen unternommen werden. Nur „Norway in a Nutshell" und die Dreieckstour können außerhalb Norwegens gebucht werden.

Sämtliche Einzelheiten zu diesen Touren stehen auf der Website von Fjord Tours.

Den Norske Turistforening

Den Norske Turistforening (DNT; Norwegian Mountain Touring Club; ☎ 22 82 28 22; www.turistforeningen.no; Storgata 3) organisiert das ganze Jahr über unzählige Adventure-Touren in den norwegischen Bergen – inklusive Radfahren, Angeln, Wandern, Skifahren, Gletscherwanderungen, Fels- und Eisklettern, Familienaktivitäten, Bergwandern von Hütte zu Hütte, Svalbardtouren etc. Fünf-/achttägige Wandertouren kosten ab etwa 3090/4170 nkr (Rundreise von Oslo). Infos zu den Touren findet man auf der Website von DNT, ansonsten hilft auch die Broschüre *Norwegian Summer* weiter, die in allen DNT-Büros ausliegt.

NAHVERKEHR

Bus, Straßenbahn, U-Bahn & Fähre

In so gut wie jeder norwegischen Stadt gibt es ein Verkehrsnetz aus Bussen und Fähren, die rund ums Stadtzentrum fahren und dieses mit den Außenbezirken verbinden. In vielen kleineren Städten befindet sich der Busbahnhof gleich neben dem Bahnhof, Fährkai und/oder Fernbusbahnhof. Die Fahrpreise bewegen sich zwischen 15 und 23 nkr pro Fahrt. Es gibt Tageskarten bzw. Tickets für mehrere Fahrten.

Taxi

Taxis erwischt man am leichtesten an Taxiständen, kann sie aber auch telefonisch vorbestellen. Wer ein Taxi bestellt, sollte wissen, dass das Taxameter bereits ab dem Moment des Anrufs rattert. Tagsüber, von 6 bis 19 Uhr an Werktagen und 6 bis 15 Uhr an Samstagen, beginnt der Fahrpreis bei 29,70 nkr (in größeren Städten mehr) mit Einschalten des Taxameters; pro Kilometer kommen noch 12 bis 18 nkr dazu. Abends erhöhen sich die Fahrpreise an Werktagen um 22 %, am frühen Morgen, an Samstagnachmittagen und -abenden um 30 %. An Feiertagen kommen 45 % obendrauf. Diese Fahrpreise gelten für bis zu vier Personen. Zuweilen stößt man aber auch auf „Maxi-Taxis“, die für das gleiche Geld bis zu acht Passagiere mitnehmen.

TRAMPEN

Trampen ist unter Garantie nicht die sicherste Art zu reisen, und wir empfehlen es nicht. Wer sich dennoch dazu entschließt, sollte sich darüber im Klaren sein, ein zwar geringes, aber potenzielles Risiko einzugehen. Wenn es denn sein muss, sollte man wenigstens zu zweit losziehen und vorab jemanden darüber informieren, wohin die Reise geht. Darüber hinaus betrachtet die norwegische Regierung den Besitz eines Autos grundsätzlich als Luxus, den sie entsprechend besteuert. Autofahrer gucken jeden schief an, der sich kein Auto leisten kann. Trampen ist daher auch nicht besonders verbreitet.

Wer dennoch entschlossen ist, den Daumen in den Wind zu halten, wird feststellen, dass Norweger im Allgemeinen freundlich sind und verstehen, dass nicht allen Ausländern ein üppiges Reisebudget zur Verfügung steht. Mit ein bisschen Glück und Geduld finden die meisten Anhalter eine Mitfahrgelegenheit. Auf den großen Hauptstraßen sind die Erfolgschancen besser, bei schlechtem Wetter muss man aber auch hier stundenlang warten, wenn man Pech hat. In Westnorwegen haben es Anhalter schwer; der eher entspannte Norden ist dagegen vielleicht das beste Gebiet zum Trampen. Eine gute Methode, eine Mitfahrgelegenheit zu erwischen, ist, LKW-Fahrer an Fährstationen und Tankstellen anzusprechen; dabei ist einem normalerweise auch ein warmes und trockenes Plätzchen beim Warten sicher.

ZUG

Die Norwegischen Staatsbahnen (Norges Statsbaner; NSB; ☎ 81 50 08 88; www.nsb.no) betreiben ein spitzenmäßiges, aber begrenztes Schienennetz, das Oslo mit Stavanger, Bergen, Åndalsnes, Trondheim, Fauske und Bodø verbindet. Weitere Linien verkehren zwischen Schweden und Oslo, Trondheim und Narvik. In den meisten Bahnhöfen gibt es Gepäckschließfächer für 15 bis 50 nkr, häufig auch Gepäckaufbewahrungen.

Normalerweise haben die Fernzüge Waggons der 1. und der 2. Klasse sowie einen Büfettwagen oder eine Minibar. Alle Express- und die meisten Intercityzüge verfügen über öffentliche Telefone. Die Türen sind breit und es gibt genügend Platz für sperriges Gepäck wie Rucksäcke oder Skiausrüstung.

Klassen

Bequeme, verstellbare Lehnstühle mit Fußstützen machen die 2. Klasse in den Fernzügen so richtig gemütlich. In der 1. Klasse, die 50 % mehr kostet, hat man ein Quäntchen mehr Platz und häufig eine Minibar, doch das ist den Aufpreis nicht wert.

Preise

„*Minipris*"-Tickets sind auf sämtlichen Fernstrecken für Direktverbindungen gültig; allerdings müssen die Tickets mindestens fünf Tage im Voraus gekauft werden. Reguläre/*Minipris*-Fahrpreise von Oslo liegen bei 670/390 nkr nach Bergen, 644/325 nkr nach Åndalsnes und 783/400 nkr nach Stavanger (inklusive 35 nkr für die Platzreservierung).

Passagiere über 67 sowie Kinder unter 16 bekommen 50 % Ermäßigung. Kinder unter vier Jahren fahren gratis. Bei Zugverbindungen, die auf den Fahrplänen grün/weiß eingezeichnet sind, erhalten Studenten 60/40 % Nachlass.

In den Schlafwagen der 2. Klasse träumt es sich gut und günstig: Für eine Liege in einer Dreibettkabine zahlt man 125 nkr; Zweibettkabinen kosten 210/270 nkr pro Person in alten/neuen Schlafwagen.

Reservierungen

Reservierungen kosten zusätzlich 35 nkr und sind auf einigen Fernstrecken, z. B. von Oslo nach Bergen, obligatorisch.

Railpässe

Für Details zu Railpässen, mit denen man in Norwegen gut rumkommen kann (die man sich aber am besten schon vor der Reise zulegen sollte), s. S. 429.

Mehr Infos unter www.railpass.com.

Gesundheit

INHALT

Gesundheit unterwegs ist eine Sache guter Reisevorbereitung, der täglichen Hygiene und dem Umgang mit einer Krankheit. Wen's tatsächlich erwischt, ist in Norwegen gut aufgehoben; die Gesundheitsversorgung ist exzellent.

Grundsätzlich ist eine Norwegenreise eine sehr gesunde Angelegenheit. Bevor man losfährt, sind also keine speziellen Vorsorgemaßnahmen nötig. Die größten Katastrophen könnten eine Virusinfektion im Winter oder Sonnenbrand und Insektenstiche im Sommer sein – und natürlich Blasen an den Füßen von den langen Wandertouren.

Die Notfall-Nummer ist ☎ 113. Bei kleineren Wehwehchen hilft es schon, die örtliche Apotheke oder eine Ambulanz aufzusuchen – vorausgesetzt, man kann erklären, wo es zwickt. Bei ernsteren Problemen ist man in den Unfallstationen der Krankenhäuser gut aufgehoben. Fast alle Ärzte und Krankenschwestern sprechen Englisch. Touristenbüros und Hotels können gute Ärzte nennen.

VOR DER REISE

Vorsorge ist das Stichwort. Wer ein bisschen plant, besonders was schon vorhandene Zipperlein angeht, kann sich viel Ärger ersparen: also vor der Reise beim Zahnarzt vorbeischauen und die Ersatzbrille bzw. Kontaktlinsen einpacken (Brillenpass/Rezept vom Augenarzt nicht vergessen!). Es ist zwar kein Problem, in Norwegen eine neue Brille oder neue Kontaktlinsen zu bekommen, aber der schnelle Service vom Profi hat auch seinen Preis. Medikamente nimmt man am besten in der Originalverpackung mit. Auch ein datierter und unterschriebener Brief des Hausarztes, in dem Krankheiten und benötigte Medikamente notiert sind, kann nicht schaden. Die meisten Präparate von zu Hause bekommt man auch in Norwegen, manchmal allerdings unter anderem Namen. Deshalb sollte man auch den Hersteller seines Medikamentes parat haben. Wer Spritzen und Kanülen bei sich haben muss, sollte sich das vom Arzt bescheinigen lassen.

VERSICHERUNG

EU-Bürger brauchen die neue Europäische Krankenversicherungskarte (EHIC), die den Auslandskrankenschein (E 111) ersetzt. Beides schicken einem die Krankenkassen. Damit sind die Kosten für die meisten Notfallbehandlungen abgedeckt, nur der Rücktransport ins Heimatland nicht. Nicht-EU-Bürger sind gut beraten, wenn sie sich vorab informieren, ob es vergleichbare Übereinkünfte gibt. Wer eine Zusatzversicherung abschließen will, sollte auch den schlimmsten anzunehmenden Fall mitversichern lassen, z. B. einen Unfall, der einen Heimflug erforderlich macht. Zu prüfen ist außerdem, ob die Versicherung direkt an die Leistungserbringer zahlt oder ob Kosten erst zu Hause erstattet werden. Ersteres ist immer vorzuziehen, da das Reisebudget dabei nicht belastet wird.

EMPFOHLENE IMPFUNGEN

Unabhängig vom jeweiligen Reiseziel empfiehlt die Weltgesundheitsorganisation (WHO) allen Reisenden die Impfung gegen Diphtherie, Tetanus, Masern, Mumps, Röteln und Polio. Weil die Wirkung der meisten Impfungen nicht sofort einsetzt, sondern frühestens nach zwei Wochen, ist ein Arztbesuch bis spätestens 6 Wochen vor Abreise ratsam.

REISEAPOTHEKE

Das sollte in der Reiseapotheke nicht fehlen – Ärzte und Apotheker können einem die entsprechenden Präparate nennen:

- Antibiotika – wer abseits der Touristenstrecken unterwegs ist, könnte sie brauchen. Verschreibungspflichtig. Deshalb beim Arzt nachfragen und Rezepte mitnehmen
- Antihistaminika – helfen bei Allergien, Heuschnupfen, Insektenstichen und schützen vor Reisekrankheit.
- Aspirin oder Paracetamol – gegen Schmerzen oder Fieber
- Augentropfen
- Bandagen, Pflaster und anderes Verbandsmaterial
- Desinfektionsmittel (wie Polividonjod) – nützlich bei Schnittwunden oder Schürfungen
- Elektrolyt-Pulver – gegen Dehydrierung, z. B. bei Durchfall. Besonders wichtig, wenn Kinder mit von der Partie sind
- Erkältungsmittel, Lutschtabletten gegen Halsschmerzen, Nasentropfen
- Zinksalbe gegen Stiche und Juckreiz, oder Aloe Vera – hilft bei Sonnenbrand, Insektenstichen und Schmerzen
- Insektenschutzmittel
- Loperamid oder andere Mittel gegen Durchfall
- Multivitamintabletten – besonders dann, wenn man auf langen Reisen nicht genug Vitamine zu sich nehmen kann
- Metoclopramid gegen Übelkeit und Erbrechen
- Salben oder Puder gegen Pilzerkrankungen
- Schere und Pinzette
- Sonnencreme und Lippenpflegestift
- Thermometer (Achtung: Quecksilberthermometer sind im Flugzeug nicht erlaubt)
- Wasseraufbereitungsmittel oder Jodtabletten

VOR DER REISE CHECKEN

Es ist auf jeden Fall immer eine gute Idee, vor der Reise auf die offizielle Website des Gesundheitsministeriums zu gehen:
Deutschland: www.auswaertiges-amt.de
Österreich: www.bmgf.gv.at
Schweiz: www.bag.admin.ch

INTERNETADRESSEN

Die WHO-Veröffentlichung *International Travel and Health* wird jährlich überarbeitet und ist im Netz unter www.who.int/ith zu finden. Eine weitere nützliche Website ist www.mdtravelhealth.com. Sie enthält Gesundheitsempfehlungen für jedes Land und wird täglich aktualisiert.

IN NORWEGEN

MEDIZINISCHE VERSORGUNG & KOSTEN

Norwegen hat ein ausgezeichnetes Gesundheitssystem. Bei leichten Erkrankungen hilft schon der Gang zur Apotheke. Dort wird man beraten und bekommt frei verkäufliche Medikamente. Apotheker schicken einen auch zum Arzt, wenn ein Spezialist ranmuss. Auch die zahnärztliche Versorgung ist sehr gut; aber man sollte sich besser vor der Reise einen Check-up gönnen. Denn jede ärztliche Behandlung ist wahnsinnig teuer.

INFEKTIONEN

Zeckenbisse können eine Hirnhautentzündung auslösen – eine ernsthafte Infektion des Gehirns. Wer in Risikogebiete fährt und sich nicht ausreichend schützen kann (etwa Camper, Waldarbeiter oder Wanderer), sollte sich unbedingt impfen lassen. Zwei Impfungen geben Schutz für ein Jahr, drei Impfungen für drei bis fünf Jahre.

DURCHFALLERKRANKUNGEN

Den Magen kann man sich in Norwegen genau so verrenken wie zu Hause. Also sollte man auch genauso gut aufpassen: Fisch und Meeresfrüchte nur mit großer Vorsicht genießen (es ist z. B. gefährlich, Muscheln zu essen, die sich beim Kochen nicht richtig geöffnet haben). Im Herbst ist das Sammeln von Pilzen zwar ein beliebter Zeitvertreib in Norwegen – auf den Teller gehören aber nur solche, die man auch eindeutig als essbar identifizieren kann.

Wenn's aber doch passiert ist, viel Flüssigkeit zu sich nehmen, und zwar möglichst Elektrolytlösungen. Ist der Stuhl nur ein paar Mal nicht fest, braucht man keine Behandlung. Hat man öfter als vier oder fünf Mal flüssigen Stuhl, sollte man ein Antibiotikum nehmen und außerdem ein typisches Durchfallmittel wie Loperamid. Ein Arzt muss her, wenn der Durchfall blutig ist, länger als 72 Stunden dauert oder zusätzlich Fieber, Schüttelfrost, Frösteln oder schwere Bauchschmerzen auftreten.

GESUNDHEITSRISIKEN

Giardia (Würmer)

Giardia lamblia sind Darmparasiten, die in den Ausscheidungen von Menschen und Tieren leben und durch verunreinigtes Trinkwasser aufgenommen werden. Gesundheitsprobleme können mehrere Wochen nach dem Befall mit Giardia auftreten. Manchmal lassen die Symptome für ein paar Tage nach, bevor sie dann wiederkommen – und das kann über mehrere Wochen oder noch länger so gehen.

Erstes Anzeichen ist ein geblähter Bauch, anschließend heller Stuhlgang, Durchfall, häufige Winde, oft auch Kopfschmerzen, Übelkeit und Niedergeschlagenheit. Bei diesen Symptomen sollte man sich von einem Arzt behandeln lassen.

Leitungswasser ist in Norwegen immer bedenkenlos trinkbar; das Wasser aus Flüssen und Bächen aber nicht. Selbst wenn es klar und sauber aussieht, könnte es Giardia und andere Parasiten enthalten. Auf langen Wanderungen ist man auf Wasser aus solchen natürlichen Quellen angewiesen. Abkochen ist die einfachste Methode, klares Wasser trinkbar zu machen. Einmal kräftig aufkochen lassen – das reicht schon. Nur in großen Höhen, wo Wasser schon bei niedrigeren Temperaturen kocht (auf 3000 m etwa schon bei ca. 90 °C), muss Wasser länger abgekocht werden (bis zu 10 Min.).

Wer das Wasser nicht abkochen kann, sollte es chemisch aufbereiten. Mittel mit Chlor und Silberionen (z. B. Micropur) töten zwar die meisten Keime ab, helfen aber nicht gegen Giardia und Amöben. Besser sind Wasserfilter.

Obwohl in einigen unbewohnten Gegenden Norwegens Schafe weiden, gibt es offenbar kaum Giardia. Aber selbst wenn die meisten ohne Bedenken unbehandeltes Wasser trinken – immer besteht die Gefahr, sich Giardia einzufangen.

Unterkühlung

Wer ohne die richtige Ausrüstung unterwegs ist, riskiert eine Unterkühlung. Selbst an einem heißen Tag kann in den Bergen das Wetter plötzlich umschlagen. Wasserdichte und warme Kleidung ist deshalb ein Muss; außerdem sollten andere von der geplanten Tour informiert werden.

Akute Unterkühlung wird durch einen plötzlichen Temperatursturz verursacht. Eine chronische Unterkühlung entsteht bei einem Temperaturverlust über Stunden.

Als erstes zeigt sich eine Unterkühlung durch Symptome wie unkontrolliertes Zittern, Verlust des Urteilsvermögens und ungelenke Bewegungen. Ohne Gegenmaßnahmen drohen Apathie, Halluzinationen und Koma. Um weiteren Wärmeverlust zu verhindern, vor Feuchtigkeit und Kälte schützen, warme, trockene Kleidung anziehen, heiße, stark gesüßte Getränke trinken und gegenseitig warm halten.

Erfrierungen entstehen durch Frost und ziehen Gewebeschädigungen der Extremitäten nach sich. Ursachen sind Auskühlung durch Wind und sehr niedrige Temperaturen; der Grad der Erfrierung hängt davon ab, wie lange der Körper der Kälte ausgesetzt war. Leichtere Erfrierungen erscheinen als weiß verfärbte, taube Stellen. Wieder in der Wärme, sollten dann keine Schäden bleiben. Bei stärkeren Erfrierungen wirft die Haut Blasen und wird schwarz. Die Konsequenz kann u. U. der Verlust des beschädigten Gewebes sein. Deshalb: passende Kleidung tragen, sich trocken halten, genug essen und trinken. Leichtere Erfrierungen langsam erwärmen; erfrorene Stellen nicht wieder der Kälte aussetzen und nicht reiben oder massieren.

Insektenstiche und -bisse

Eine echte Plage sind die Mücken, die im Sommer die Sümpfe und Seen der Tundra Nordnorwegens in Massen umschwärmen. Malaria gibt es zum Glück nicht, aber auch die Wirkung aufs Gemüt sollte niemand unterschätzen – angesichts der Mückenhorden ist schon mancher regelrecht durchgedreht. Der Hochsommer ist die schlimmste Zeit, und die üblichen Mittel gegen Insekten wie etwa Sprays erweisen sich oft als wirkungslos. Wanderer sollten die Haut bedeckt halten, und auch Kopfnetze um Augen, Nase, Ohren und Hals können als Schutz vor den Sturmangriffen der kleinen Biester nicht schaden. Für Camper ist ein Zelt mit Moskitonetz absolut notwendig. Meist gewöhnt man sich nach ein paar Tagen an die Mückenstiche. Sie jucken nicht mehr so stark und schwellen weniger an. Mit Antihistamin-Creme bekommt man die Symptome schnell in den Griff; gute Prophylaxemittel haben Diethyltoluamid (DEET) als Wirkstoff.

Bienen und Wespen machen nur Allergikern wirklich zu schaffen. Sie sollten Adrenalinsprays und Kortisontabletten im Gepäck haben.

Tollwut

Tollwut tritt nur in Svalbard und (gelegentlich) in der östlichen Finnmark auf. Übertragen wird die Krankheit durch den Biss oder Kratzer eines infizierten Säugetiers – Hunde sind notorische Tollwutüberträger, aber auch Katzen, Füchse und Fledermäuse können gefährlich sein. Bisse, Kratzer oder Stellen, die ein warmblütiges Pelztier auch nur abgeleckt hat, sofort mit Seife unter fließendem Wasser schrubben, danach mit Alkohol oder einer Jodlösung desinfizieren. Wer von einem tollwütigen Tier infiziert wurde, sollte sich sofort vom Arzt behandeln lassen.

Schlangen

Schlangen trifft man in Norwegen selten an, und Ottern (die einzige giftige Sorte) kommen nördlich von Tysfjorden in Nordland überhaupt nicht vor. Wer durch Unterholz läuft, in dem sich Schlangen verkrochen haben könnten, trägt am besten Stiefel, Strümpfe und lange Hosen. Hände nicht in Löcher und Felsspalten stecken; Vorsicht beim Sammeln von Feuerholz!

Otternbisse sind selten tödlich; für den Fall der Fälle gibt es Seren. Die Bissstelle sofort straff verbinden (wie bei einem verstauchten Knöchel) und schienen. Das Opfer ruhig stellen und medizinische Hilfe einholen – die tote Schlange mitnehmen, damit das Tier nach Möglichkeit identifiziert werden kann. Vorsicht: Finger weg von einer noch lebenden Schlange, denn sie könnte noch mal zubeißen. Die Wunde abzubinden oder das Gift auszusaugen ist bekanntermaßen Quatsch.

Sonnenbrand

Einen Sonnenbrand holt man sich schneller als man denkt, sogar bei bewölktem Himmel. Davor schützen: ein Sonnenschirm, ein Sonnenhut und eine Schutzcreme für Nase und Lippen. Bei leichten Sonnenbränden hilft Zinksalbe oder Sonnenmilch. Die Augen sind am besten geschützt hinter einer ordentlichen Sonnenbrille, besonders wenn's in die Nähe von Wasser, Sand und in den Schnee geht.

Zecken

Nach einer Wanderung durch zeckenverseuchte Gegenden sollte man seinen Körper nach Zecken absuchen – schließlich übertragen diese Tierchen Hautinfektionen und auch schwerwiegendere Krankheiten. Um Zecken aus der Haut zu ziehen, drückt man eine Pinzette um den Kopf des Insekts, packt es dann daran und zieht es vorsichtig nach oben heraus. Die Zecke nicht am Rücken fassen, sonst quetscht man den Bauchinhalt des Tiers durch das Mundwerkzeug unter die Haut – was die Gefahr einer Infektion oder Krankheitsübertragung noch erhöht.

MIT KINDERN REISEN

Reisende mit Kindern sollten wissen, wie sie kleinere Verletzungen behandeln müssen und wann eine ärztliche Behandlung nötig ist. Wichtig ist, dass die Standardimpfungen nicht zu lange her sind. Außerdem sollte man sich rechtzeitig vor der Abreise mit dem Arzt beraten, ob spezielle Impfungen notwendig sind, denn manche Impfungen sind für Kinder unter einem Jahr nicht geeignet.

Verunreinigte Lebensmittel und Wasser sind unbedingt zu meiden. Falls sich das Kind erbrechen muss oder Durchfall bekommt, muss die verlorene Flüssigkeit samt der darin enthaltenen Salze sofort wieder ersetzt werden. Elektrolyt-Pulver zum Auflösen in Wasser kann helfen.

Eltern sollten ihren Kindern auch angewöhnen, zu Hunden und anderen Säugetieren Abstand zu halten, v. a. wegen der Gefahr von Tollwut und anderen Krankheiten. Wenn ein warmblütiges Pelztier das Kind gebissen, gekratzt oder abgeleckt hat, muss die entsprechende Stelle sofort sorgfältig gereinigt werden. Beim Verdacht einer Tollwuterkrankung des Tieres sollte man sofort zum Arzt gehen.

SEX & GESUNDHEIT

Kondome gibt's in jeder *apótek* (Apotheke). Am besten zu einer Marke mit dem CE-Zeichen greifen, denn diese Produkte werden streng kontrolliert. An einem kühlen und trockenen Platz aufheben, sonst reißen sie und die Wirkung ist dahin.

Die „Pille danach" kann die Situation nach ungeschütztem Verkehr retten – allerdings nur innerhalb von 24 Stunden. Bei der **International Planned Parent Federation (www.ippf.org)** bekommt man genauere Infos darüber, wo Verhütungsmittel in verschiedenen Ländern zu bekommen sind.

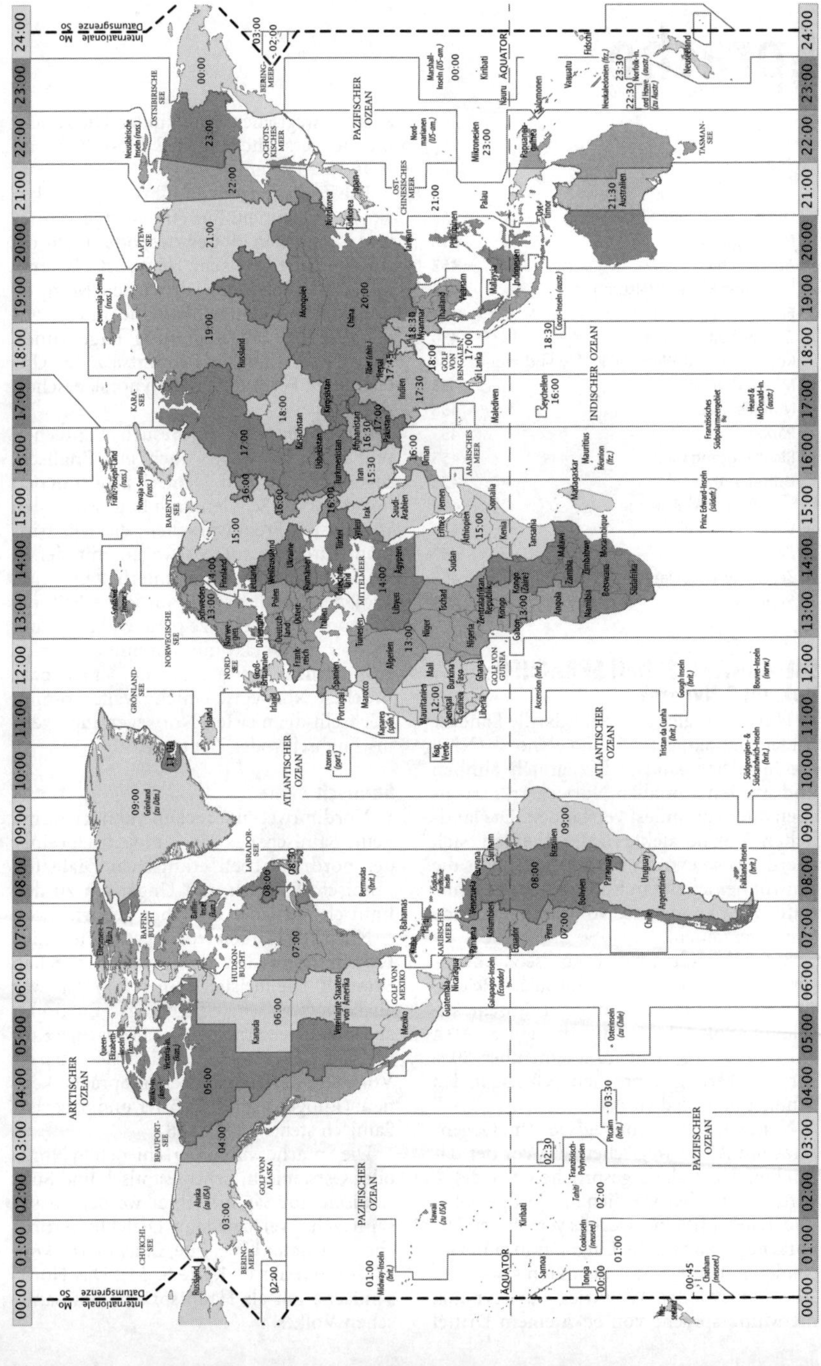

Internationale Datumsgrenze Mo So
00:00
01:00
02:00
03:00
04:00
05:00
06:00
07:00
08:00
09:00
10:00
11:00
12:00
13:00
14:00
15:00
16:00
17:00
18:00
19:00
20:00
21:00
22:00
23:00
24:00
ARKTISCHER OZEAN
PAZIFISCHER OZEAN
ATLANTISCHER OZEAN
INDISCHER OZEAN
ÄQUATOR
Alaska (zu USA)
Kanada
Vereinigte Staaten von Amerika
Mexiko
Grönland (zu Dän.)
Island
Brasilien
Argentinien
Chile
Peru
Bolivien
Russland
China
Mongolei
Indien
Kasachstan
Australien
Neuseeland
Japan
Indonesien
Ägypten
Libyen
Algerien
Sudan
Südafrika
Madagaskar
Iran
Saudi-Arabien
Deutschland
Frankreich
Spanien
Portugal
Italien
Polen
Schweden
Norwegen
Finnland
Türkei
Ukraine
Weißrussland
Pakistan
Afghanistan
Myanmar
Thailand
Vietnam
Philippinen
Nordkorea
Südkorea
Taiwan
Sri Lanka
Malediven
Seychellen
Mauritius

Sprache

INHALT

DIE NORWEGISCHEN SPRACHEN

Bokmål & Nynorsk

In Norwegen gibt es zwei offizielle Landessprachen: Bokmål (BM) und Nynorsk (NN); die Sprachen sind sich ziemlich ähnlich und werden von allen Norwegern gesprochen oder zumindest verstanden. Die ländlichen Lokaldialekte unterscheiden sich allerdings so extrem voneinander, dass die Einwohner an einem Ende des Landes mitunter ihre Landsleute vom anderen Ende kaum verstehen.

Bokmål heißt wörtlich übersetzt „Buchsprache" (auch bekannt als Riksmål, „Reichssprache"). Sie ist stark an das Dänische angelehnt. Bokmål wird v.a. in den Städten Norwegens und von insgesamt über 80% der Bevölkerung gesprochen – ebenso in den Schulen und Medien.

Nynorsk – „Neunorwegisch" (im Gegensatz zum Altnorwegischen, das vor der dänischen Herrschaft gesprochen wurde) – wird v.a. in den westlichen Fjordgebieten und Teilen Mittelnorwegens verwendet. Die Sprache ist zudem die Lingua franca in Gegenden mit einem oder mehreren Dialekten. Vor dem Zweiten Weltkrieg war Nynorsk die Muttersprache von etwa einem Drittel aller norwegischen Schulkinder. Die zunehmende Verstädterung ließ diese Zahl auf etwa 15% sinken.

Die Zweisprachigkeit führt zu einem kuriosen Phänomen: Für eine Menge Wörter und Ortsnamen gibt es zwei oder mehr offizielle Schreibweisen. Heute ist Nynorsk die Amtssprache der Provinzen Møre og Romsdal und Sogn og Fjordane. Interessanterweise hat die Regierung angeordnet, dass ein bestimmter Prozentsatz der Untertitel im Fernsehen auf Nynorsk erscheinen muss.

Zum Glück für die Besucher sprechen sehr viele Norweger auch gut Englisch, sogar auf dem Land. Deutsch gehört in den norwegischen Schulen nach Englisch zu den wichtigsten Fremdsprachen; deshalb trifft man durchaus auf Norweger, mit denen man sich auf Deutsch unterhalten kann. Trotzdem lohnt es sich auf jeden Fall, ein paar norwegische Sätze parat zu haben, um leichter in Kontakt mit den Einheimischen zu kommen. Wenn man mit seinen paar Brocken Norwegisch nicht weiterkommt, wechseln die meisten Norweger auch gern ins Englische oder Deutsche.

Samisch

In Nordnorwegen sprechen nur noch wenig Leute Samisch, das wie Samojedisch (einer der nordrussischen ethnischen Dialekte), Finnisch, Estnisch und Ungarisch zu den finnisch-ugrischen Sprachen gehört.

Noch etwa 20 000 Norweger sowie einige Finnen, Schweden und Russen sprechen Samisch. Die meisten Samen können zwar auch Norwegisch (einige sogar Englisch), aber Besucher lernen diese einzigartige Kultur viel besser kennen, wenn sie ein paar Vokabeln der einheimischen Sprache kennen. (Einige wichtige Wörter und Sätze auf Samisch stehen auf S. 458.)

Die Sprache wird unterschieden in Nord- oder Ostsamisch, Zentralsamisch und Südsamisch. Im Sápmi-Gebiet werden insgesamt zehn verschiedene Dialekte gesprochen, darunter Ume, Pite, Lule, Inari, Skolt, Kildin und Ter (s. Karte S. 34). Das Nordsamische gilt als Hauptsprache der samischen Volkes.

NORWEGISCH

Obwohl es in Norwegen zwei offizielle Landessprachen gibt, haben wir in diesem Führer ausschließlich Bokmål benutzt, denn Reisende werden dieser Sprache am häufigsten begegnen.

Im Buchhandel sind jede Menge Norwegischkurse und zahlreiche norwegische Wörterbücher erhältlich – viele mit Audio-CDs oder Kassetten. Wer es sich zutraut, kann sich auch die norwegischen Lehrbücher *Ny i Norge* und *Bo i Norge* vornehmen. Für diejenigen, die fit in Englisch sind, bietet das *Scandinavian Phrasebook* von Lonely Planet eine ausführliche Einführung ins Norwegische.

Das norwegische Alphabet hat 29 Buchstaben, nämlich unsere 26 und zusätzlich die Vokale **æ**, **ø** and **å**, die am Ende des Alphabets stehen. Die Konsonanten **c**, **q**, **w**, **x**, and **z** gehören zwar zum Alphabet, werden aber hauptsächlich in Fremdwörtern gebraucht. Bei vielen norwegischen Ortsnamen wird der bestimmte Artikel, der wie im Deutschen männlich *(-en)*, weiblich *(-en/-a)* oder sächlich *(-et)* sein kann, an das Wort angehängt. Z. B. wird Jotunheim zu Jotunheimen und Horningdalsvatn zu Horningdalsvatnet. Der Plural von Hauptwörtern wird meistens durch Anhängen der Endungen *-e* oder *–er* gebildet.

AUSSPRACHE

Die norwegische Aussprache ist eine ziemlich knifflige Angelegenheit für deutsche Muttersprachler. In diesem Kapitel haben wir die Aussprache in Lautschrift mit angegeben, um die Sache etwas leichter zu machen. Die beste Methode für eine ordentliche Aussprache ist natürlich Zuhören und Sprechen.

Vokale

Wie im Deutschen können die norwegischen Vokale unterschiedlich ausgesprochen werden. Die Länge der Vokale ist bei der norwegischen Aussprache ein sehr wichtiger Faktor. In betonten Silben können Vokale sehr lang oder sehr kurz gesprochen werden. Es gilt die Regel, dass ein Vokal vor einem einzelnen Konsonant kurz, vor mehreren Konsonanten lang ausgesprochen wird.

	Ausspracheregeln
a	**a** – kurz wie das „a“ in „machen“; lang gesprochen wie das „a“ in „Vater“
å	**o** – kurz wie das „o“ in „Gott“; lang gesprochen wie das „o“ in „Sohn“
e/æ	**e/ə** – kurz wie das „e“ in „Bett“; lang gesprochen wie in „Reh“; in unbetonten Silben wie das zweite „e“ in „sehen“
i	**i** – kurz wie das „i“ in „sitzen“; lang gesprochen wie in „liegen“
o	**o** – kurz wie „soll“; lang wie in „Zoo“; kurz wie das „u“ in Mutter; lang wie in „Sorge“
ø	**ö** – wie das „ö“ in „können“
u	**u** – kurz wie in „Suppe“; lang wie in „tun“
y	**ü** – helles kurzes „ü“ wie in „über“

Konsonanten

	Ausspracheregeln
d	**d** – am Wortende oder zwischen zwei Vokalen oft stumm
g	**g/j** – wie in „gut“ außer vor **ei**, **i**, **j**, **øy** und **y** , wo es wie „j“ in „Jäger“ ausgesprochen wird
h	**h** – wie in „hier“; stumm vor **v** und **j**
j	**j** – immer wie das „j“ in „Jäger“
k	**k/ch** – ein Explosivlaut wie in „Kind“; vor den Buchstaben oder Doppelvokalen **ei**, **i**, **j**, **øy** und **y** meistens wie „ch“ in „Ich“ ausgesprochen
l	**l/ll** – wie das „l“ in „Liste“, außer nach „a“- und „o“-Lauten; dann klingt es wie das „ll“ in „alle“
ng	**ng** – meistens wie „ng“ in „singen“
r	**r** – gerollt wie das spanische „r“; in Südwestnorwegen wird das **r** guttural ausgesprochen wie im Französischen „rien“; **rs** wird wie „sch“ in „Schule“ ausgesprochen.
s	**s/sch** – wie in „so“; folgt auf das **sk** ein **ei**, **i**, **j**, **øy** oder **y** wird es als „sch“ gesprochen, z. B. wird das norwegische Wort ski wie „schi“ ausgesprochen
t	**t** – wie in „toll“; nur in zwei Fällen ist es stumm: in dem Wort det (es, dieses) und in dem bestimmten Artikel des Neutrums -et
v	**v** – wie „w“ in „Wasser“

EINKAUFEN & DIENSTLEISTUNGEN

Ich möchte gerne … kaufen.
Jeg kan få ... Jaj kann fo ...

Was kostet das?
Hvor mye koster det? Wuhr müe kos-ter deh?

Das gefällt mir (nicht).
Det liker jeg (ikke). Deh lie-ker jaj (ik-ke).
Darf ich mir das mal anschauen?
Kan jeg få se på det? Kann jaj fo sseh po deh?
Ich wollte mich nur mal umgucken.
Jeg bare ser meg rundt. Jaj bare ssehr maj rünt.
Das hätte ich gerne.
Jeg tar det. Jaj tahr deh.

Nimmst du auch ...?
Tar du imot...?
Tahr dü i-muht..?
Kreditkarten
kredittkort kre-dit-kort
Travellerschecks
reise-sjekk raj-sse scheck

mehr	*mer*	mehr
weniger	*mindre*	min-dre
klein	*liten*	lie-ten
groß	*stor*	sstuhr

Ich suche ...
Jeg leter etter...
yay le-tər et-tər...
eine Bank
banken ban-ken
die Kirche
kirken chir-ken
das Stadtzentrum
sentrum ssennn-trum
die Botschaft von ...
den ... ambassade dehn ... am-ba-ssah-de
ein Krankenhaus
sykehus ssü-ke-hühs
den Markt
torget tor-ge
das Museum
museet müh-se-e
die Polizeiwache
politiet pu-li-ti-je
die Post
postkontoret post-kun-tuh-re
eine öffentliche Toilette
et offentlig toalett ett of-fent-li to-a-lett
das Fremdenverkehrsbüro
turistinformasjon tu-rist-in-for-ma-schohn

FRAGEWÖRTER

Wer?	*Hvem?*	Wemm?
Was?	*Hva*	Wa?
Was ist das?	*Hva er det?*	Wa ar deh?
Wann?	*Når?*	Nor?
Wo?	*Hvor?*	Wuhr?
Welcher/e/es?	*Hvilken?*	Will-ken?
Warum?	*Hvorfor?*	Wuhr-forr?
Wie?	*Hvordan?*	Wuhr-dann?

GESUNDHEIT

Ich bin krank.
Eg er syk.
Jaj ar ssük.
Hier tut es weh.
Dette gjør vondt.
Det-te jör wunt.

Ich bin ...
Jeg har ...
Jaj har ...

Asthmatiker	*astma*	ast-ma
Diabetiker	*sukkersyke*	suk-ker-ssük-ke
Epileptiker	*fallesyke*	fal-le-ssük-ke

Ich habe eine Allergie gegen ...
Jeg er allergisk mot ...
Jaj ar al-ler-gisk muht ...

Antibiotika	*antibiotika*	an-ti-biu-ti-ka
Penicillin	*penicillin*	pen-ni-si-lin
Bienen	*bier*	bi-jer
Nüsse	*nøtter*	nöt-ter
Erdnüsse	*peanøtter*	pi-ja-nö-ter

Antiseptikum
sårsalve sohr-sal-we
Aspirin
aspirin/parasett/dispril a-spi-rin/pa-ra-sset/dis-priel
Kondom
kondomer kon-duh-mer
Verhütungsmittel
prevensjons middel preh-wenn-schohns mid-del
Antibabypille
P-Pille peh pil-le
Durchfall
diare dee-ya-ray
Medizin
medisin me-di-ssin
Übelkeit
kvalm kwalm
Sonnenschutzcreme
solfaktor ssuhl fak-tor
Tampons/Binden
tamponger/bind tam-pong-er/bin

KONVERSATION & WICHTIGE REDEWENDUNGEN

Guten Tag.
Goddag. Gud-dahg.
Tschüs.
Ha det. Ha-deh.

SPRACHE

Ja.
Ja. Ja.
Nein.
Nei. Naj.
Danke.
Takk. Takk.
Bitte/Gern geschehen.
Ingen årsak. Ing-en o-shak.
Entschuldigung.
Unnskyld. Ünn-shül.
Tut mir Leid.
Beklager. Be-kla-ger.
Wie heißt du?
Hva heter du? Wa hehter dü?
Ich heiße ...
Jeg heter ... Jaj heh-ter ...
Wo kommst du her?
Hvor er du fra? Wuhr ar dü fra?
Ich komme aus ...
Jeg er fra ... Jaj ar fra ...
Ich mag ...
Yay lee-kər... *Jaj lie-ker ...*
Ich mag nicht ...
Yay lee-kər ik-kə ... *Jaj lie-ker ik-ke ...*
Einen Moment.
Vent litt. Went lit.
Et øyeblikk. Ett öj-je-blick.

MIT KINDERN REISEN

Gibt es (einen/e/en)...?
Finnes det...?
Fin-ness deh...?

Ich brauche (einen/e/en) ...
Jeg trenger ...
Jaj treng-er ...

Wickelraum	*et stellerom*	et stel-la-room
Autokindersitz	*et barnesete*	ett bar-ne-seh-te
Babysitter	*en barnevakt*	ehn bar-ne-wakt
Kindermenu	*en barnemeny*	ehn baar-ne-me-nüh
Pampers/Windeln	*bleier*	bla·jer
Babymilchpulver	*morsmelktillegg*	mors·melk·til·eg
Deutsch sprechender Babysitter	*en tysktalende barnevakt*	ehn tüsk-ta-len-de bar-ne-wakt
Hochstuhl	*en høy barnestol*	en höj bar-ne-sstuhl
Töpfchen	*en potte*	ehn pot-te
Kinderwagen	*en sportsvogn*	ehn ssports-wonn

Darf ich hier stillen?
Kan jeg amme her? Kann jaj am-me har?

Kann ich die Kinder mitbringen?
Er det tillat for barn? Ar deh til-lat for barn?

NOTFÄLLE

Hilfe!
Hjelp! Jelp!
Ein Notfall!
Det er en nødsituasjon!
Deh ar ehn nööd-ssi-tu-a-schohn!
Da ist ein Unfall passiert!
Det har skjedd en ulykke!
De har sched ehn uh-lü-kke!
Ich habe mich verlaufen.
Jeg har gått meg vill. Jaj har gott maj will.
Aus dem Weg!
Forsvinn! Forr-schwinn!

Rufen Sie ...!	*Ring ...!*	Ring ...!
einen Arzt	*ein lege*	ehn leh-ge
die Polizei	*politiet*	puh-li-ti-je?

PAPIERE

Name
navn na-wn
Nationalität
nasjonalitet na-schu-na-li-teht
Geburtsdatum
fødselsdato föt-ssels-da-tu
Geburtsort
fødested fö-de-steht
Geschlecht
kjønn chönn
Pass
pass pass
Visum
visum wie-ssum

RICHTUNGSANGABEN

Wo ist ...?
Hvor er ...? Wuhr ar ...?
Geradeaus
Det er rett fram. Deh ar rett fraamm.
Links ab
Ta til venstre. Tah till wenstre.
Rechts ab
Ta til høyre. Tah till höj-re.
An der nächsten Ecke
ved neste hjørne weh nes-te jör-ne
Bei der nächsten Ampel
ved lyskrysset weh lühs-krü-sseh

hinter	*bak*	back
vor	*foran*	fo-rann
weit	*langt*	langt

nah	*nær*	nar
gegenüber	*overfor*	o-wer-for
Strand	*strand*	sstran
Brücke	*bru*	bruh
Schloss	*slott*	schlott
Dom	*katedral*	ka-te-drahl
Kirche	*kirke*	chir-ke
Insel	*øy*	öj
See	*vann/vatn*	wann/wah-tn
Hauptstraße	*(stor)torget*	(sstuhr) tor-ge
Markt	*torget*	tor-ge
Altstadt	*gammel by*	gam-mel bü
Quai	*brygge*	brü-ge
Ufer	*elvebredd*	el-we bräd
Ruinen	*ruiner*	ru-i-ner
Meer	*sjø*	schö
Platz	*torget*	tor-ge
Turm	*tårn*	torn

HINWEISTAFELN

Inngang	Eingang
Utgang	Ausgang
Opplysninger	Information
Åpen	Geöffnet
Stengt	Geschlossen
Forbudt	Verboten
Politistasjon	Polizeiwache
Toaletter	Toiletten
Herrer	Herren
Damer	Damen

UNTERKUNFT

Ich suche ein/e/en ...
Jeg leter etter ...
Jaj leh-ter et-ter ...

Campingplatz	
camping-plass	kam-ping plass
Pension	
gjestehus	jes-te-hüs
Hotel	
hotell	hu-tell
Jugendherberge	
vandrehjem	wan-draj-emm

Wo finde ich ein billiges Hotel?
Hvor er et billig hotell? Wuhr ar ett bil-li hu-tell?

Wie ist die Adresse?
Hva er adressen? Wa ar a-dress-ssen?

Kannst du das bitte aufschreiben?
Kan du skrive det ned? Kann dü skri-we deh neh?

Hast du noch freie Zimmer?
Har du ledige rom? Har dü leh-di rumm?

Ich hätte gerne ein ...
Jeg vil gjerne ha ...
Jaj will jar-ne ha ...

Bett	
en seng	ehn ssäng
Einzelzimmer	
et enkeltrom	ett eng-kelt-rumm
Doppelbett	
en dobbeltseng	ehn dobb-elt-ssäng
Zimmer	
et rom	ett rumm
Doppelzimmer	
et dobbeltrom	ett dobb-elt-rumm
Zimmer mit Bad	
et rom med bad	ett rumm meh bahd

Ich hätte gerne einen Platz in einem Schlafsaal.
Jeg vil gjerne ligge på sovesalen.
Jaj will jar-ne lig-ge po sso-we-ssah-len.

Was kostet das ...?
Hvor mye er det ...?
Wuhr mü-je ar deh ...?

pro Nacht	
pr dag	par dahg
pro Person	
pr person	par pä-schuhn

Kann ich mir das mal anschauen?
Kan jeg få se det? Kann jaj fo sseh deh?

Wo ist das WC?
Hvor er wc? Wuhr ar we sseh?

Ich reise jetzt/morgen ab.
Jeg reiser nå/i morgen. Jaj raj-sser no/i morn.

VERKEHRSMITTEL & -WEGE

Öffentliche Verkehrsmittel

Wann fährt der/die/das ... ab?
Når går ...?
Naw gaw ...?

Wann kommt der/die/das ... an?
Når kommer ...?
Naw kom-mer ...?

Schiff	*båten*	boh-ten
Bus	*(by)bussen*	(bü)buss-en
Flugzeug	*flyet*	flüh-je
Zug	*toget*	toh-ge
Straßenbahn	*trikken*	trik-ken

Ich hätte gerne eine ... Fahrkarte.
Jeg vil gjerne ha ... billett.
Jaj will jar-ne ha ... bil-lett.

Hin	*enkelt*	en-kelt
Rück	*tur-retur*	ur re-tür
1. Klasse	*første klasse*	fösch-te klas-se
2. Klasse	*annen klasse*	an-nen klas-se

SPRACHE

Ich möchte gerne nach ...
Jeg skal til ...
Jaj skall till ...
Der Zug ist verspätet/gestrichen.
Toget er forsinket/innstilt.
Tog-geh ar fo-schin-ket/ins-tilt

der erste	*første*	fösch-te
der letzte	*siste*	ssiss-te
der nächste	*neste*	ness-te
Bahnsteig	*perrong*	peh-rong
Ticketschalter	*billettluka*	bi-lett-luh-ka
Fahrplan	*tidtabell*	tiet-ta-bell
Bahnhof	*stasjon*	ssta-schohn

Private Transportmittel

Wo kann ich ein ... mieten?
Hvor kan jeg leie ...?
wuhr kann jaj laje ...?

ein Auto	*en bil*	ehn biel
ein 4WD	*firehjulstrekk*	fie-re-juls-trekk
ein Motorrad	*(motor)sykkel*	(mo-tor-)ssük-kel
ein Fahrrad	*tråsykkel*	tro-ssükel

Ist das die Straße nach ...?
Er dette veien til ...?
Ar detta wa-jen till ...?
Wo ist die nächste Tankstelle?
Hvor er nærmeste bensinstasjon?
Wuhr ar nar-mes-te ben-ssien-sta-schon?
Diesel
diesel die-ssel
Bleifrei
blyfri blüh-frie

(Wie lange) Kann ich hier parken?
(Hvor lenge) Kan bilen min stå her?
(Wuhr leng-e) Kann bie-len mien sto har?
Wo kann ich bezahlen?
Hvor betaler jeg?
Wuhr be-tah-ler jaj?
Ich brauche eine Werkstatt.
Jeg trenger en bilmekaniker.
Jaj treng-er ehn biel-me-ka-ni-ker.

VERKEHRSZEICHEN

Vikeplikt	Vorfahrt beachten
Parkering Forbudt	Parkverbot
Omkjøring	Umleitung
Inngang	Einfahrt
Utgang	Ausfahrt
Selvbetjent	Selbstbedienung
Veiarbeid	Straßenbauarbeiten

Das Auto/Motorrad hat eine Panne in ...
Bilen/Sykkelen har fått motorstopp ...
Bielen/Ssük-kel-len har fott motor-sstopp ...
Das Auto/Motorrad springt nicht an.
Bilen/Sykkelen starter ikke.
Bielen/Ssük-kel-len sstar-ter ik-ke.
Ich habe einen Platten.
Hjulet er punktert.
Jüh-le ar punk-tert.
Mein Benzin ist alle.
Jeg er tom for bensin.
Jaj ar tumm for ben-ssien.
Ich hatte einen Unfall.
Jeg har vært i en ulykke.
Jaj har wart i ehn ü-lük-ke.

VERSTÄNDIGUNG

Sprichst du deutsch?
Snakker du tysk?
Snak-ker dü tüsk?
Spricht hier jemand deutsch?
Er det noen som snakker tysk?
Ar deh nuh-en somm snak-ker tüsk?
Wie heißt auf norwegisch ...?
Hva heter ... på norsk?
Wa heh-ter ... po noschk?
Was heißt ...?
Hva betyr ...?
Wa be-tür ...?
Ich verstehe.
Jeg forstår.
Jaj fosch-tor.
Ich verstehe nicht.
Jeg forstår ikke.
Jaj fosch-tor ik-ke.
Könntest du bitte langsamer sprechen?
Kan du snakke sakte?
Kann dü snak-ke sak-te?
Könntest du mir ... zeigen (auf der Landkarte)?
Kan du vise meg (på kartet)?
Kann dü wie-sse mal (po kar-te)?

ZAHLEN

0	*null*	null
1	*en*	ehn
2	*to*	tu
3	*tre*	tre
4	*fire*	fie-re
5	*fem*	femm
6	*seks*	sseks
7	*sju*	schüh
8	*åtte*	ot-te
9	*ni*	nie
10	*ti*	tie
11	*elleve*	ell-we

12	*tolv*	toll
13	*tretten*	tret-ten
14	*fjorten*	fjur-ten
15	*femten*	fem-ten
16	*seksten*	ssaj-sten
17	*sytten*	söt-ten
18	*atten*	at-ten
19	*nitten*	nit-ten
20	*tjue*	chü-e
21	*tjueen*	chüe-ehn
30	*tretti/tredve*	tret-ti/tred-ve
40	*førti*	förr-ti
50	*femti*	femm-ti
60	*seksti*	seks-ti
70	*sytti*	ssüt-ti
80	*åtti*	ot-ti
90	*nitti*	nit-ti
100	*hundre*	hün-dre
1000	*tusen*	tü-ssen

ZEITANGABEN & DATEN

Wie viel Uhr ist es?
Hva er klokka? Wa ar klok-ka?
Es ist ... Uhr.
Klokka er ... klok-ka ar ...
Vormittags
om formiddagen omm for-mit-dah-gen
Nachmittags
om ettermiddagen omm et-ter-mit-dah-gen
Abends
om kvelden omm kweln

Wann?	*Når?*	nor?
heute	*i dag*	i-dahg
morgen	*i morgen*	i-morn
gestern	*i går*	i-gor

Montag	*mandag*	man-dah(g)
Dienstag	*tirsdag*	tisch-dah(g)
Mittwoch	*onsdag*	uns-dah(g)
Donnerstag	*torsdag*	tosch-dah(g)
Freitag	*fredag*	fre-dah(g)
Samstag	*lørdag*	lör-dah(g)
Sonntag	*søndag*	sönn-dah(g)

Januar	*januar*	ja-nu-ahr
Februar	*februar*	fe-bru-ahr
März	*mars*	mahsch
April	*april*	a-prill
Mai	*mai*	maj
Juni	*juni*	jü-ni
Juli	*juli*	jü-li
August	*august*	öj-güst
September	*september*	sep-tem-ber
Oktober	*oktober*	ok-toh-ber
November	*november*	nu-wem-ber
Dezember	*desember*	de-ssem-ber

SAMISCH

Das geschriebene Nordsamisch hat einige weitere Buchstaben mit Akzenten. Trotzdem gelingt es nicht so richtig, die gesprochene Sprache abzubilden; sogar die Samen selbst finden es schwierig, die Schriftsprache zu lernen. So wird z. B. giitu (Danke) „gietch-tu" ausgesprochen; das sehr stark aspirierte „h" wird nicht geschrieben.

Hier ein paar samische Redewendungen. Um die richtige Aussprache zu lernen, lässt man sie sich am besten von einem Einheimischen laut vorlesen.

Hallo.	*Buorre beaivi.*
Hallo. (Antwort)	*Ipmel atti.*
Auf Wiedersehen. (zur Person, die geht)	*Mana dearvan.*
Auf Wiedersehen. (zur Person, die bleibt)	*Báze dearvan.*
Danke.	*Giitu.*
Bitte.	*Leage buorre.*
Ja.	*De lea.*
Nein.	*Li.*
Wie geht's?	*Mot manna?*
Danke, gut.	*Buorre dat manna.*

1	*okta*
2	*guokte*
3	*golbma*
4	*njeallje*
5	*vihta*
6	*guhta*
7	*cieza*
8	*gávcci*
9	*ovcci*
10	*logi*

Glossar

Wer in Norwegen unterwegs ist, wird sicher auf einige der folgenden Begriffe und Abkürzungen stoßen. Norwegische Vokabeln zum Thema Essen und Trinken stehen auf S. 68/69.

Bitte beachten: Die Buchstaben æ, ø and å stehen ganz am Ende des norwegischen Alphabets!

abonnement – Abonnement
allemannsretten – „Jedermannsrecht"; eine uralte Tradition (inzwischen Gesetz), die den allgemeinen Zugang zu Privateigentum (mit einigen Einschränkungen), öffentlichem Grund und Boden sowie der freien Natur erlaubt
apótek – Apotheke
Arctic Menu – „Arktisches Menü"; Netzwerk norwegischer Gastronomen, die traditionelle, norwegische und auch neue Gerichte anbieten und dabei vorzugsweise Produkte der Region verwenden
arête –Scharfer Grat zwischen zwei Gletschertälern
arsamerit – Bezeichnung der Inuit (Eskimos) für die Aurora Borealis (Nordlicht)
automatisk trafikkontrol – Blitzer

bakke – Hügel
berg – Berg
bever – Biber
bibliotek – Bibliothek
bilutleie – Autovermietung
billett – Ticket
Bjørnstein – Bärenfelsen
blodveien – wortwörtlich „Blutstraße"; Beiname der arktischen Schnellstraße, den sie den vielen Todesopfern unter den Arbeitern bei den Bauarbeiten verdankt
blåsel – Bartrobben
bokhandel – Buchladen
bondegård – Bauernhof, Farm
bru, bro – Brücke
brygge – Anlegestelle, Kai
bryggeri – Brauerei
bukt, bukta – Bucht
bunad – norwegische Volkstracht; jede Region hat ihre eigene farbenprächtige Tracht
by – Stadt

dal – Tal
DNT – Den Norske Turistforening (Norwegischer Bergwanderverein)
domkirke – Kathedrale, Dom
dressin –Fahrrad auf Schienen

Eiskappe, Eisfeld – dauerhafte und feste Ansammlung von komprimiertem Eis und Schnee, Quelle von Talgletschern; meist größer als ein Eisfeld; bedeckt manchmal eine gesamte Landmasse wie z. B. in Grönland oder in der Antarktis, dann auch unter dem Namen Kontinentalgletscher bekannt
Eisscholle – ein flacher Brocken Treibeis; meist Packeis, auch kleine Eisberge
elg – Elch
elv, elva – Fluss, Strom

femboring – kleines Nordlandboot, zwischen 11 m und 13 m lang
ferje – Fähre
Festeis – feste Eisdecke, die an gestrandeten Eisbergen oder an Packeis festfriert
festning – Festung, Fort
firroing – kleines Nordlandboot, bis zu 5 m lang
fiskeskrue – Fischpresse
fjell, fell, fjall – Gebirge
fjord – weit ins Land vordringende Bucht; entstanden nach dem Abschmelzen eines Talgletschers
fonn – Gletscher, Schneeverwehung
forening – Club, Verein
foss – Wasserfall
Fv – Fylkesvei; Provinzstraße
fylke – Provinz
fyr, fyrtårn – Leuchtturm
færing – kleines Nordlandboot, bis zu 5 m lang
galleriet – Galerie, Shoppingarkaden

gamma, gammen – samische Torfhütte, manchmal z. T. unterirdisch
gamle, gamla, gammel – alt
gamlebyen – Altstadt; das historische Stadtviertel
gate, gata – Straße (oft abgekürzt zu g or gt)
gatekjøkken –„Straßenküche"; Imbissbude, die fettiges Fastfood verkauft
gjestehavn –„Gästehafen"; Bereich einer Hafenstadt, in dem Boote und Yachten vor Anker gehen können; meistens mit Waschsalon und Küche.
gjestehus – Gästehaus
Gletscherspalten – verstecken sich auch gern unterm Schnee; entstanden durch zahlreiche Eisströme, als sich die Gletscher abwärts bewegten
gravlund, gravplass – Friedhof
grevling – Dachs
grindhval – Grindwal
gruve, gruva – Bergwerk, Grube
grønlandssel – Grönlandrobbe

hage – Garten
halvfemterømming – kleines Nordlandboot, bis zu 9 m lang
halvfjerdomning – kleines Nordlandboot, bis zu 7,5 m lang
halvøya – Halbinsel
Hanse – Zusammenschluss deutscher Händler, die den Handel in Bergen vom 12. bis zum 16. Jh. beherrschten
Hare – Schneehase
hav – Ozean
havert – Kegelrobbe
havn – Hafen
HI – Hostelling International; Internationaler Jugendherbergsverband
honnør – älterer Mitbürger
hulder – schwer fassbare Gestalt der norwegischen Mythologie – eine Elfe oder ein Waldgeist –, die Milch von den Sommerweiden stiehlt
Hurtigruten –„Expressroute"; Küstenschiffe, die die Strecke Bergen–Kirkenes befahren
hus – Haus
husmannskost – „Hausmannskost"; traditionelles norwegisches Essen
hval – Wal
hvalross – Walross
hvithal – Belugawal
hytte – Hütte
hytteutleie – Hüttenvermietung
høvedmann – Kapitän eines Nordlandboots

iddis –buntes Etikett von Sardinenkonserven; Stavanger Dialekt für „Etikett"
isbjørn – Eisbär
jarls – Herzöge

jernbanestasjon – Bahnhof
jerv – Vielfraß
joik – Gesang der Samen, in dem meist das Leben in der kargen Landschaft der Polarregion beschrieben wird
jul – Weihnachten

kai, kaia – Kai
kalben – Abbrechen von Eisbergen aus Flutwasser-gletschern
kanoutleie – Kanuvermietung
kappleiker – Tanzturnier
Kar – Tal in Form eines Amphitheaters; ausgehöhlt von einem Gletscher
kart – Landkarte
kirke, kirkja, kirkje, kerk – Kirche
klappmyss – Klappmütze oder Blasenrobbe
knolhavl – Buckelwal
knörr – kleine Frachtschiffe, Plural *knerrir*
kort – Karte
krambua – Kramladen
krone – norwegische Währungseinheit
Kulturhus – „Kulturhaus"; Komplex, in dem sich vom Kino bis zur öffentlichen Bücherei, Museen usw. alles findet
kvadraturen – Stadtteil, in dem die Straßen rechtwinklig in einem Planquadrat (im Schachbrettmuster) angelegt sind
kyst – Küste

Landsmål – frühere Bezeichnung für *Nynorsk*, eine der beiden norwegischen Landessprachen
lavvo, lavvu – samisches Wohnzelt
legevakten – Ambulanz
leikarringer – Volkstänzer
lemen – Lemminge
libris – Bücher; Hinweis auf einen Buchladen
lufthavn – Flughafen

mil – norwegische Meile (etwas mehr als 11 km)
minkehval – Minkwal
MOMS – Mehrwertsteuer
moskusokse – Moschusochse
M/S – Motorschiff; taucht in Schiffsnamen häufig auf
museum, museet – Museum
mush – Hundeschlitten fahren (das Wort stammt aus Alaska)
MVA – s. MOMS
myntvaskeri – Waschsalon

nartival – Narwal
nasjonalpark – Nationalpark
naturreservat – Naturreservat
navvy – Bahnarbeiter
nessekonger – reiche Kaufleute zu Beginn des 19. Jhs.
nord – Norden
nordlys – Nordlicht, Aurora Borealis
Norge – Norwegen
Norges Turistråd – Norwegisches Fremdenverkehrsbüro, früher NORTRA
Norsk – Norweger, norwegisch
Norway in a Nutshell – verschiedene Touren, bei denen eilige Reisende in ein oder zwei Tagen die Highlights von Norwegen besichtigen können
NSB – Norges Statsbaner (Norwegische Staatsbahn)
nunatak – grönländisches Wort; bezeichnet eine Bergspitze, die aus einem Gletscher oder einer *Eiskappe* herausragt
ny – neu
Nynorsk – eine der beiden norwegischen Landessprachen; s. *Landsmål*

og – und
oter – Otter

Packeis – besteht aus aufeinander geschobenen Eis-schollen aus Meerwasser; große schwimmende Eismassen; oft ein unüberwindliches und gefährliches Hindernis für die Schifffahrt

pensjonat – Pension
pinnsvin – Igel
plass – Platz
polarsirkelen – Polarkreis; 66° 33′ nördlicher Breite
Polynya – russisches Wort für eine eisfreie Zone mitten im Packeis
Pomoren – russische Händler und Fischer, die im 17. Jh. einen prosperierenden Handel mit Nordnorwegen trieben
postkontor – Post

reinsdyr – Rentier
reiseliv – Fremdenverkehrsbüro
riksdaler – alte norwegische Währung
ringsel – Ringelrobbe
rom – oft auf Schildern; macht auf eine private Zimmervermietung aufmerksam
rorbuer – Fischerhütte, Behausung der Fischer zur Fangzeit
rosemaling – Blumendekor; norwegische Bauernkunst zur Ornamentierung von Holzgegenständen
russ – „Amok laufen"; ein Brauch, bei dem frisch geba-ckene Abiturienten, mit roten Mützen und Overalls bekleidet, ihr Unwesen treiben
rutebilstasjon – Busbahnhof
ruteplan – Fahrplan
Rv – Riksvei; Bundesstraße
rådhus – Rathaus
rødruss – s. *russ*; rote Mütze der Abiturienten
røyskatt – Großes Wiesel, Hermelin

Schären – Archipel kleiner Felseninseln im Meer
schøtstue – großer Versammlungsraum, in dem sich die Kaufleute der Hanse trafen und zusammen bei Tisch saßen
seksring – kleines Nordlandboot, bis zu 7 m lang
selskap – (Handels-)Gesellschaft
sentrum – Stadtzentrum
siida – kleine Gruppen von Samen, die gemeinsam jagen oder Fallen stellen
sjø – Meer
sjøhus – Bootshäuser oder Speicher an den Docks; viele werden heute an Reisende vermietet
skald – „Gedicht"; die altnordischen Dichter (Skalden) haben ihre Gedichte häufig an den Fürstenhöfen vorgetragen; die Skaldendichtung hatte ihre Blütezeit vom 9. bis 11. Jh.
skog – Wald
skoglemen – im Wald lebende Lemminge
skogmår – Baummarder
sla låm – Slalompiste
slott – Schloss
snø – Schnee
solarsteinn – Navigationsinstrument der Wikinger; kam zum Einsatz, wenn der Himmel bewölkt oder die Sonne hinterm Horizont verschwunden war
spekkhogger – Schwertwal
stabbur – auf Holzpfosten gebautes Vorratshaus
stasjon – Bahnhof
Statens Kartverk – Staatlicher Landkartenverlag
stavkirke – Stabkirche
steinkobbe – Steinrobbe
stige – Leiter
stoll – Stollen
stormagasin – Kaufhaus
storting – Parlament
strand – Strand
stuer – Handelsgesellschaften
sund – Meerenge, Sund
Svalbard rein – Svalbard-Rentier
Sverige – Schweden
svømmehall, svømmebad – Schwimmbad
sykehus – Krankenhaus
sykkel – Fahrrad
sykkelutleie – Fahrradvermietung
sæter – Almhütte
sør – Süden
søyle – Säule, Pfeiler

Taiga – Nadelwaldgebiet, das sich von Nordeuropa über Sibirien bis Nordamerika erstreckt
teater – Theater
telekort – Telenor-Telefonkarte
tog – Zug
togbuss – NSB-Buslinien in Romsdalen und Nordland, die Kopfbahnhöfe mit anderen beliebten Zielen verbinden
torget, torvet – Markt, Marktplatz
tran – Tran, Lebertran
turistkontor – Fremdenverkehrsbüro
tårn – Turm

utleie – Verleih, Vermietung

vandrerhjem – Jugendherberge, Hostel
vann, vatn, vannet, vatnet – See
vaskeri – Wäscherei
vei, veg – Straße (oft v oder vn abgekürzt)
vest – Westen
vetter – mythischer norwegischer Schutzgeist der wildesten Küsten
vidde, vidda – Hochebene, Plateau
vinmonopolet – „Weinmonopol"-Geschäft; von der Regierung betriebener Alkoholverkauf
Vogelklippen – Klippen, die von Kolonien nistender Vögel bewohnt werden

yoik – s. *joik*
øl – Bier
ølutsalg – Bierverkauf
øst – Osten
øvre – obere
øy – Insel

åttring – kleines Nordlandboot, ca. 10 bis 11 m lang

Hinter den Kulissen

ZU DIESEM BUCH

Dies ist die 1. deutsche Auflage von Norwegen, basierend auf der mittlerweile 3. englischen Auflage von Anthony Ham, der auch die einleitenden Kapitel sowie die Kapitel Allgemeine Informationen, Verkehrsmittel & -wege, Gesundheit, Oslo, Südnorwegen, Mittelnorwegen und Bergen & Die südwestlichen Fjorde geschrieben hat. Tatkräftig unterstützt wurde er von seinem Koautor Miles Roddis; von ihm sind die Kapitel Westliche Fjorde, Trøndelag, Nordland, Der hohe Norden und Svalbard. Vorlage für das Kapitel Gesundheit war ein Text von Dr. Caroline Evans.

Die 2. Auflage von *Norwegen* stammte aus der Feder von Graeme Cornwallis und Andrew Bender. Deanna Swaney schrieb die 1. Auflage, für die sie auf das Norwegenkapitel von *Scandinavian & Baltic Europe* (3. Auflage), ursprünglich von Glenda Bendure und Ned Friary, zurückgriff.

DANK DER AUTOREN

Anthony Ham Vor allen anderen möchte ich – wie immer – Marina dafür danken, dass sie allein durch ihre Anwesenheit aus jedem Ort etwas Besonderes macht. Meine lange Abwesenheit hat sie mir nicht krumm genommen und sie macht jede Heimkehr zu etwas Wunderbarem.

Was wäre ich für ein glücklicher Mensch, wenn ich alle meine Bücher mit Miles Roddis als Koautor und Alan Murphy als Herausgeber schreiben könnte! Beide waren durchweg fantastische und verständnisvolle Kompagnons. Einen großen Dank auch an Stefanie Di Trocchio, Danielle De Maio und Tony Fankhauser für den glatten und reibungslosen Herstellungsprozess.

Vor den Mitarbeitern der unzähligen norwegischen Fremdenverkehrsbüros kann man nur den Hut ziehen – es gibt nur wenige Länder mit besseren oder hilfsbereiteren Botschaftern ihrer Heimat. Besonders großzügig mit ihrer Zeit und ihren Informationen waren Cécile Poppe (Gamlebyen, Fredrikstad), Beathe Romsdalen (Risør), Nancy Thomsen (Grimstad), Mette Olsson (Hovden), Kari Kluge (Røros), Lene (Kristiansand), Martin Henriksen (Oslo) sowie Johannes Berg und Moussa Masumbuko (Use-It, Oslo).

Ein außerordentliches Vergnügen war es, auf der Fahrt zum Lysefjord Tony Stewart und Bjœrn Kolberg kennen zu lernen; und Piers Crocker vom Konservenmuseum in Stavanger muss ich unbedingt für seine inspirierende und perfekte Gastfreundlichkeit danken.

Mein Dank geht auch an Ron, Lisa, Greg, Alex, Greta, Marina, Alberto, Paco, Esperanza, Eva, Nacho, Alex und Dulce sowie an meine Freunde und Familie in Madrid, Melbourne und vielen anderen Anlaufstationen. Besondere Erwähnung verdient natürlich Antonio, der auf die Welt kam, als dieses Buch geschrieben wurde – möge deine Welt ein wunderschöner Ort sein.

Miles Roddis Riesigen Dank an Ingrid dafür, dass sie Nacht für Nacht und Hütte für Hütte da war und mit mir die Einsamkeit des Reisenden im

DIE LONELY PLANET STORY

Die Geschichte begann mit einem klassischen Reiseabenteuer: Tony and Maureen Wheeler tourten 1972 durch Europa und Asien nach Australien. Damals gab es für die Reise über Land keine wirklich hilfreichen Informationen, also veröffentlichten Tony and Maureen ihren ersten Lonely-Planet-Führer, der dem ständig wachsenden Bedarf nach solchen Informationen entsprach.

Am Küchentisch fing alles an – heute ist Lonely Planet der weltweit größte unabhängige Verlag für Reiseliteratur mit Büros in Melbourne (Australien), Oakland (USA) und London. Lonely Planet deckt den ganzen Globus ab, und die Liste der veröffentlichten Bücher und der Infos in verschiedenen Medien wird immer länger. Manche Dinge haben sich bis heute nicht verändert: Das Hauptziel ist nach wie vor, abenteuerlustigen Reisenden das an die Hand zu geben, was sie brauchen, um die Welt zu entdecken und besser zu verstehen.

Wir von Lonely Planet glauben, dass Traveller die Länder, die sie besuchen, bereichern können – sofern sie sich als Gäste respektvoll benehmen und ihr Geld klug ausgeben. Jedes Jahr spenden wir 5 % des Firmengewinns an karitative Einrichtungen rund um den Globus.

weiten Norden von Norwegen geteilt hat. Mit Anthony Ham zusammenzuarbeiten, meinem Mittäter bei unseren literarischen Verbrechen, war das reinste Vergnügen. Und Alan Murphy war ein genialer Herausgeber und eine nie versiegende Quelle praktischer Ratschläge. Ganz besonderer Dank gilt auch Andreas Umbreit, der seine Weisheit und sein riesiges Wissen über Svalbard mit mir teilte.

Die Leser Karoline Winkler, Jochen Domscheit, Mariska Schrever und Donny Thieme schickten besonders informative E-Mails. Neroli Foster versorgte mich mit wertvollen Tipps zu Outdoor-Aktivitäten.

Leider kann ich hier nicht all jene supertüchtigen Mitarbeiter der Fremdenverkehrsbüros in Nordnorwegen namentlich nennen, die so bereitwillig mithalfen. Viele von ihnen sind selbst in ihrer Freizeit leidenschaftliche und erfahrene Lonely-Planet-Reisende, sodass wir sofort auf derselben Wellenlänge waren. Und meistens sprachen sie mit ansteckendem Enthusiasmus über ihre Städte.

Einige von ihnen waren ganz außergewöhnlich hilfsbereit. Mein besonderer Dank geht an Anja Jenssen und Florian Pfeiffer (Tromsø), Camilla Sandnes Holvim und Birgitte Bjørkno (Mo i Rana), sowie an Monica Buan und Lise Rechsteiner (Trondheim).

Zuletzt danke ich dir, Robert Ptacnik, dafür, dass du Ingrid so geholfen hast, als es auf einer Tour hart auf hart ging.

MITWIRKENDE

Dieser Titel wurde im Londoner Lonely-Planet-Büro von Alan Murphy mit der Unterstützung von Stefanie Di Trocchio (Büro Melbourne) betreut und entwickelt. Die Karten dieses Reiseführers stammen von Mark Griffiths und Jolyon Philcox.

Helen Rowley und Tony Fankhauser (Kartografie) haben die Herstellung für Lonely PLanet koordiniert. Dabei wurden sie unterstützt von Adrian Persoglia, Anthony Phelan, Barbara Benson, Louise Klep und Sarah Sloane (Kartografie), James Hardy (Umschlaggestaltung), Indra Kilfoyle (künstlerische Gestaltung des Umschlags), Quentin Frayne, Lee Frayne, Tone Frayne (Sprache) und Charles Rawlings-Way (Projektmanagement).

Die Koordination der Herstellung für Palmer Higgs Pty Ltd. lag in den Händen von Danielle De Maio, Tony Davidson, Jane Fitzpatrick, Rod Faulkner (Herausgeber), Andrew Seymour (Layout und Fotoredaktion), Selina Brendish (Projektmanagement) und John Simkin (Register) unter Mitarbeit von Simon Longstaff.

WIR FREUEN UNS ÜBER EIN FEEDBACK

Post von Travellern zu bekommen ist für uns ungemein hilfreich – Kritik und Anregungen halten uns auf dem Laufenden und helfen, unsere Bücher zu verbessern. Unser reiseerfahrenes Team liest alle Zuschriften genau durch, um zu erfahren, was an unseren Reiseführern gut und was schlecht ist. Wir können solche Post zwar nicht individuell beantworten, aber jedes Feedback wird garantiert schnurstracks an die jeweiligen Autoren weitergeleitet, rechtzeitig vor der nächsten Nachauflage.

Wer uns schreiben will, schickt einfach eine Mail an lonelyplanet@mairdumont.com. Hinweis: Da wir Beiträge möglicherweise in Lonely-Planet-Produkten (Reiseführer, Websites, digitale Medien) veröffentlichen, ggf. auch in gekürzter Form, bitten wir um Mitteilung, falls ein Kommentar nicht veröffentlicht oder ein Name nicht genannt werden soll. Wer Näheres über unsere Datenschutzpolitik wissen will, erfährt das unter www.lonelyplanet.com/privacy.

DANK VON LONELY PLANET

Vielen Dank an alle Reisenden, die die letzte Auflage benutzt und uns mit hilfreichen Hinweisen, nützlichen Ratschlägen und interessanten Anekdoten versorgt haben:

A Kristin Alberti **B** Ann Best, Alan Bowring, Robert L. Brown, Marianne Bruvoll, Johan Burman **C** Ken & Diana Campbell, John Carmody, Denise Cheng, Emmelena Christiansen, Guido Claessen **D** Karinna Damo, Edward Dang, Lestyn Davies, Geert De Coninck, Ron Deacon, Daniele Defranchis, Jochen Domscheit, John Donovan, Sarah Dyer **E** Moray Easdale, Oivind Egeland, David Eklund, Giorgos Epitidios, Tor Ercleve **F** Katina Fossum, Les Fraser, Sarah Fuell **G** Esther Goldsby, Annie & Lawrence Green, Liese Greensfelder **H** Paal Hangeraas, Tanja Heller, Nora Holst **J** Nils Jacobsen **K** Wendy King, Jan Klovstad, Ole Bjoern Kolflaath **L** Foh Lin Lim, Kai Roger Lindberget **M** Duncan Maggs, Hank Manning, Suzanne Martin, Brian McConaghy, JS McLintock, Joanna Miller, Ove Mjatveit, Hakon Mosseby, Clemens Muller-Landau, Tatu Myohanen **N** Pearl Ng, Thorkild Nielsen, Sarah Nortcliffe, Sally Ann Northcliffe **O** Dag Oien, Phil Olsen **P** Stéphan Paccou, Annie Paterson, Michael & John Patrick Plunkett, Jack Priestley **R** Mace Ramsay, Hank Raymond, Finn Roed **S** Fay Sampson, Sabrina Scaravetti, Dr. K. Sewell, J. Sharp, David K Smith, Riccardo Soffritti, Jean Stanyon, Susan Stevens, David Szylit **T** Kevin Taylor, Sanchia Templar, Alessandro Turato, Juha Turpeinen **V** Karin Vaagen **W** Ulli Waas, Christine Weber, Brent Weston, Kristin Wilhelmsen, Karoline Winkler **Z** Peter Zombori

Register

000 Karten & Stadtpläne
000 Farbfotografien

REGISTER

N

000 Karten & Stadtpläne
000 Farbfotografien

REGISTER

KARTENLEGENDE

STRASSEN

Mautstraße
Autobahn
Fernverkehrsstraße
Hauptstraße
Sonstige Straße
Weg
Wanderroute
Wanderweg
Unbefestigter Weg
Fußgängerzone
Stufen
Tunnel
Einbahnstraße
Wanderroute – Start

TRANSPORT

Fähre
U-Bahn
Einschienenbahn
Eisenbahn
Eisenbahntunnel
Straßenbahn

GEWÄSSER

Fluss, Flussarm
Saisonaler Fluss
Kanal
Gletscher
Trockensee
Salzsee
Schlick
Riff
Sumpf
Wasser

GRENZEN

International
Staat, Provinz
Regional, Stadt
Historischer Wall
Kliff
Küstenschutzgebiet

STÄDTE

Hauptstadt (Staat)
Großstadt
Kleinstadt
Hauptstadt (Teilstaat)
mittelgroße Stadt
Ortschaft, Dorf

GEBIETSFORM

Anderer Friedhof
Christlicher Friedhof
Einkaufszentrum
Bebauung
Interessante Gegend
Land
Markt
Park
Sport
Stadtgebiet
Strand, Wüste
Wald

SYMBOLE

Interessantes
Buddhistisch
Christlich
Denkmal
Hinduistisch
Islamisch
Jainistisch
Jüdisch
Konfuzianisch
Museum, Galerie
Rastplatz
Ruine
Schloss, Festung
Sehenswerter Ort
Shinto
Sikh
Skifahren
Strand
Taoistisch
Tauchen, Schnorcheln
Weingut, Weinberg
Zoo, Vogelreservat

Praktisches
Auskunft
Bank, Geldautomat
Botschaft/Konsulat
Internetzugang
Krankenhaus, Arzt
Parkplatz
Polizei
Post
Tankstelle
Telefon
Toiletten

Schlafen
Schlafen
Camping

ESSEN
Essen

Ausgehen
Ausgehen
Café

Unterhaltung
Unterhaltung

Shoppen
Shoppen

Transport
Bushaltestelle
Flughafen, Flugplatz
Grenzübergang
Radfahren, Radweg
Sonstiger Verkehr
Taxistand
Wanderweg – Start

Geografie
Aussichtspunkt
Berg, Vulkan
Gefahr
Höhe
Hütte
Leuchtturm
Nationalpark
Oase
Pass, Schlucht
Strömungsrichtung
Wasserfall

HINWEIS: Nicht alle Symbole erscheinen in diesem Reiseführer.

Lonely Planet Publications, Locked Bag 1, Footscray, Victoria 3011, Australia

Verlag der deutschen Ausgabe:
MAIRDUMONT, Marco-Polo-Str. 1, 73760 Ostfildern, www.mairdumont.com, lonelyplanet@mairdumont.com

Chefredakteurin deutsche Ausgabe: Marion Zorn
Übersetzung: Claudia Arlinghaus, Peter Beyer, Ute Mareik, Nina Sattler-Hovdar, Rainer Steffen
Redaktion: Delius Producing Berlin/Juliane v. Laffert; Redaktionsassistenz: Jeannine Anders, Stefanie Hart, Sven-Oliver Kiesow
Technischer Support: Typomedia, Ostfildern/Scharnhausen

Norwegen
1. deutsche Auflage Mai 2006, übersetzt von *Norway 3rd edition,* April 2005 Lonely Planet Publications Pty

Titelfotos: Hafen in Bergsfjord auf der Insel Loppa vor der Küste Finnmarks, John Cleare/Alamy (vorne); Lagerhäuser im Hafen von Trondheim, Norwegen, Ned Friary/Lonely Planet Images (hinten).

Die meisten Fotos in diesem Reiseführer können bei Lonely Planet Images, www.lonelyplanetimages.com, lizenziert werden.